Böcking's

Pandekten

des römischen Privatrechts

oder

Institutionen

des gemeinen deutschen Civilrechts.

Erster Band.

Pandekten

des römischen Privatrechts

aus dem Standpuncte unseres heutigen Rechtssystems

oder

Institutionen

des gemeinen deutschen Civilrechts.

Nebst

Einleitung

in das Studium des römischen Rechts.

Von

Eduard Böcking.

Erster Band.

Die Einleitung und die Lehre von den Voraussetzungen der Privatrechte.

Zweite vermehrte Auflage.

Bonn,

bei Adolf Marcus.

1853.

Einleitung

in die

Pandekten des gemeinen Civilrechts.

Von

Eduard Böcking.

Zweite vermehrte Auflage.

Bonn,
bei Adolf Marcus.
1853.

Vorrede
[der ersten Auflage.]

Indem ich mich anschicke mein Buch zu lehren, wie es bei seinem Auftreten auf der Bühne der litterarischen Welt, wo nach begreiflichen Gesetzen der mitagierenden immer mehr, der unbefangen züschauenden immer weniger werden, seine Verbeugung zu machen habe (und die Leser eines Buches, wie das vorliegende ist, dürfen erwarten, vom Verfaßer in einer Vorrede begrüßt zu werden), wiederholt sich in mir, mich selbst zu freudiger und zugleich wehmuthsvoller Befriedigung, den Leser aber zu ernstem Wolwollen zu ermahnen gar wol geeignet, die Betrachtung des Dichters: „Der zur Thätigkeit geborene Mensch über„nimmt sich in Planen und überladet sich mit Arbeiten. Das gelingt „denn auch ganz gut, bis irgend ein physisches oder moralisches Hin„dernis dazutritt, um das unverhältnismäßige der Kräfte zu dem Un„ternehmen ins klare zu bringen." Als ich vor fast fünfzehn Jahren nach eben beendigter Ausgabe des Brachylogus zuerst Hand anlegte, die unvollendbare Arbeit eines [äußerlich nun freilich vollendeten] Commentars zur der damals auch in kritischer Hinsicht noch durch|aus unge- VI. sichteten Notitia Dignitatum zu beginnen, und gemeinschaftlich mit nun theils verstorbenen, theils durch sonstige Entfernungen mir fast entzogenen Freunden die Sammlungen und Sichtungen zu bewerkstelligen, welche das Bonner Corpus Juris antejustiniani zu zieren bestimmt waren, hatte ich an mir selbst noch nicht erfahren, wie stäts reifende und sich mehrende Berufsthätigkeit, zumal von solchen Sorgen unbefreiete, welche hinwegzunehmen doch billig als Beruf des Berufes anerkannt werden sollte, wie Familien-Glück und Wehe und die mancherlei Anforderungen der uns umgarnenden Alltäglichkeit weitaussehende Pläne verengen nnd die Fäden des Geistes nicht allzufern nach allen Seiten hin ausschießen zu laßen nöthigen. Füge ich hinzu, wie meine Erleb-

nisse der drei Jahre, seit der Druck dieses Bandes begonnen hat, wie
langes Leiden und freudiger Tod derjenigen, die mir auf Erden die
liebste war, und das Hinscheiden anderer mir theuerer Menschen, wie
das seit Jahren immer schärfer nagende Gefühl eigner Krankhaftigkeit,
anderer Widerwärtigkeiten zu geschweigen, meinen Muth zu schwächen
nur allzusehr geeignet scheinen, so müste ich fast verzagen auch nur den
vorgezeichneten Plan dieses Werkes ausführen, um so mehr die früher
begonnenen litterarischen Arbeiten vollenden zu können. Aber eben das
beruhigt mich, daß das, was Goethe das unverhältnismäßige der Kräfte
zu den Unternehmungen nennt, nichts als das allgemeine Looß des zur
Thätigkeit geborenen ist; wie sich ja auch der Vernünftige gerne trö-
stet sterben zu müßen, weil er das unverhältnismäßige der individuel-
len zu den allgemeinen Natur-Kräften selbst als ein wahres Verhältnis
begreift: und sind die Kräfte des einzelnen schon im Verhältnis zu
VII. der unwahren Ewigkeit der Natur so überge|ring, wie sollten sie denn
zu der wahren Ewigkeit des Geistes und der Wißenschaft eine günsti-
gere Proportion haben! So will ich denn auch fernerhin getrost nicht
allein den Plan dieses Lehrbuches auszuführen unabläßig bemüht sein,
sondern auch meine sonstigen Arbeiten zu vollenden suchen, soweit meine
geistigen und physischen Kräfte es zulaßen werden.

Diese Betrachtung soll es rechtfertigen, daß dieses Lehrbuch, ehe
es vom Verfaßer vollendet ist, in Theilen, die denn freilich vorläufig
als Stücke angesehen zu werden sich gefallen laßen müßen, erscheint,
zu welcher Einrichtung mich überdieß das persönliche Bedürfnis, mei-
nes eignen Lehrbuches mit meinen Zuhörern mich zu bedienen, nöthigt.
Zugleich diene das gesagte als Grund meines Anspruches auf Nach-
sicht wegen solcher Unebenheiten, Unverhältnismäßigkeiten und anderer
Unvollkommenheiten, welche fast nicht zu vermeiden sind, wenn ein um-
faßenderes Werk nicht vollständig ausgearbeitet ist, bevor der Anfang
in die Hände des Setzers kommt. Namentlich gehört hierher auch,
daß ich nicht überall von den wichtigeren meine Arbeit nahe berühren-
den litterarischen Erscheinungen gleichmäßigen Gebrauch machen konnte,

wie denn z. B. Savigny's System des heutigen römischen Rechts und Puchta's Cursus der Institutionen, die ja beide noch nicht vollendet sind und wovon das erste nun auch wol leider nie vollendet werden wird, erst während der Abfaßung und des Druckes der vorliegenden Bogen, zum Theil für diese zu spät erschienen sind. Soweit | es mir thunlich war, VIII.
habe ich die genannten und andere treffliche Hilfsmittel benutzt, und bemerke nur noch über das häufig nicht bloß receptive Verhalten meiner Darstellung zu denselben, daß nach meiner Ueberzeugung eine wißenschaftliche Bekämpfung schon dann ihre Berechtigung als Förderung der Wahrheit hat, wenn nur das angegriffene das unrichtige oder unwahre ist, sollte auch dem Angreifer selbst, das richtige und wahre entgegen zu setzen, nicht gelungen sein: so werden, denk ich, die von mir erhobenen Widersprüche, oder sie widersprechen selbst meiner ernstesten Absicht, überall gegen unrichtiges oder unwahres gerichtet sein; daß ich überall das richtige und wahre getroffen haben sollte, wäre wol eine zu kühne Hoffnung. Auf neues bin ich nicht ausgegangen, sondern auf wahres, und doch muß ich, erwägend wie selten mir so viele Neuigkeiten unserer Litteratur als neue Wahrheiten erschienen sind, fast fürchten, mein Bestreben, das wirkliche Recht zu begreifen, habe zu häufig ganz andere Auffaßungsweisen und Resultate herbeigeführt, als man in anderen Darstellungen des römischen Privatrechts findet: Recensenten werden dieses eben so leicht bestätigen, als schwer beweisen: die Zeit und fortzusetzende eigene Forschungen müßen mich belehren, ob ich ein Recht habe, mit dem Vorredner der plautinischen Casina zu sagen:

> Novum attulerunt quod fit nusquam gentium.
> At ego aio hoc fieri in Graecia et Carthagini
> Et hic in nostra terra, in [ipsa] Appulia.

Einer besonderen Rechtfertigung zu erscheinen bedarf mein Buch nicht, oder es ist ihrer nicht werth; und meine Gedanken über das System kann der geneigte Leser vorläufig aus den §§ 27.ff. dieses Bandes ersehen; rechtfertigen laßen sich diese in Wirklichkeit nur durch die ganze | Ausführung selbst, und widerlegen in Wahrheit nur durch beße- IX.

res. Daß ich aber ein so umfaßendes Lehrbuch, wie das hier theilweise vorliegende, auf drei Bände berechnete, als 'Institutionen' bezeichne, dürfte wol manchem einer Rechtfertigung zu bedürfen scheinen. Darüber habe ich nun hier (vergl. §§ 4...6.) etwa folgendes zu sagen. Die römischen Juristen bezeichneten als Institutiones die Einleitungswerke in 'ihr heutiges römisches Recht', und diese Einleitungen waren, wie die ausführlichen Darstellungen, selbst 'reines römisches Recht'. Was wir Deutschen nicht gut, weil eigentlich widersprechend, als 'unser heutiges römisches Recht' bezeichnen, der Gegenstand unsrer heutigen Pandekten, ist vom Standpuncte des römischen Rechts aus betrachtet ein unreines römisches, vom Standpuncte unseres Rechts aus gesehen gar kein römisches, sondern eben unser eigenes Recht, wie es sich unter dem bedeutenden Einfluße des fremden und insbesondere des römischen gestaltet hat. Unsere Institutionen, unsere Einleitungen in jenes sogenannte heutige römische Recht, müßen aus jetzt allgemein anerkannten wißenschaftlichen und praktischen Gründen Darstellung des reinen römischen Privatrechts sein; ihr Inhalt muß sich also anders zu dem unserer Pandekten verhalten, als der römischer Institutionenwerke zu den von Römern und für Römer verfaßten ausführlichen Darstellungen des römischen Rechts: bei den Römern war der Unterschied nicht ein materieller, sondern ein formeller, methodologischer, etwa auch daneben quantitativer, obgleich z.B. Marcians Institutionen sechszehn, Modestins Pandekten nur zwölf Bücher ausmachten; bei uns muß er auch den Inhalt betreffen, und der größere oder geringere Umfang der Darstellung tritt dabei als zufällig ganz in den Hintergrund: es ist
x. eine fast kindische | Vorstellung des Verhältnisses unserer heutigen Institutionen und Pandekten, daß jene eine dünne, diese eine dicke Darstellung des römischen Privatrechts seien, eine Vorstellung, deren Unzuläßigkeit mehr als ein neues treffliches Institutionenwerk, ich will hier nur Schilling und Puchta nennen, durch die rüstigste That widerlegen. Unsere Institutionen müßen, als Vorbereitungs- und Einleitungs-Werke in unsere Civilrechtswißenschaft, das reine römische Privatrecht

darstellen, aber in dér Gestaltung und dém inneren Zusammenhange seiner Bestandtheile (und diese sind Begriffe), in denen es unserem Geiste als eine römische Nationalthat, als ein Werk des römischen Volksgeistes erfaßbar ist: wir müßen das reine römische Recht durch unsere Construction für uns hervorbringen, aber nur aus den Quellen des römischen Rechts; das Recht ist das römische, die Betrachtung und Auffaßung die unsrige. Haben wir so das reine römische Recht, unserer selbst bewust, erfaßt, so wird sich durch die Selbsterkenntniss, daß wir nicht Römer, sondern Deutsche und wie wir es geworden sind, auch die Erkenntniss, wie und in wieweit das römische Recht deutsch und unser heutiges Recht geworden sei, vermitteln: wir besitzen den Heimatsschein der bei uns nationalisierten und von uns selbst naturalisierten ewigen römischen Geistesthat. Diese Darstellung bildet die Aufgabe unserer Pandekten: in ihnen betrachten wir das römische Privatrecht als unser eigenes deutsches Werk. Als unser eigenes deutsches, sage ich; denn wir haben es uns redlich erworben und angeeignet; wir haben ihn wiederbelebt, den abgestorbenen römischen Buchstaben, und haben ihm neuen Geist eingehaucht. Wir sind, um diese Bildnerei des Rechtes zu erlernen, schon im zwölften Jahrhundert auf die Wanderschaft gezogen | nach Lombar- XI.
dien, und haben dann, wenngleich noch sehr nach der zünftig gewordenen Manier der Italiäner, daheim die Arbeit eine Zeitlang für uns selbst, nicht eben allzugeschickt, betrieben. Die Lehrjahre und Gesellenschaft einer Nation, die es zur Meisterschaft zu bringen bestimmt ist, mögen gerne Jahrhunderte ausfüllen: wie lange hat doch Griechenland an seiner Kunst, wie lange Rom an seinem Rechte, das moderne Rom an seiner Kirche, wie lange England an seiner Staatsverfaßung, seiner Handelspolitik gelernt und sich geübt! Seit dem sechszehnten Jahrhundert erschloßen uns Reformation und (die Verwandtschaft läßt sich darthun) die Pflege, welche die großen französischen Exegeten unserer Wißenschaft widmeten, nachmals nach einer anderen Seite hin die linguistische und antiquarische Eleganz der Niederländer, die Quellen des römischen Rechts zu freierer und tieferer Ergründung; un-

terdeßen deutsche Innerlichkeit und Anschmiegsamkeit sich dem römischen
Nationalwerke und dieses sich aneignete, nicht ohne geistige Tiefe, wenn
auch oft nicht geschmackvoll. Auch die Vegetation des Geistes, deßen
Blüthen selbst die Früchte sind, hat ihre Jahreszeiten, wie ihre örtlichen
Bedingungen: das achtzehnte Jahrhundert war für die deutsche Civil-
rechtswißenschaft eine heilsame Winterszeit, manches brauchbare Geräth
für die Arbeiten der folgenden Generationen ist damals zurecht gemacht
worden und mancher Frostschauer hat das Feld unserer Wißenschaft
zu desto größerer Ergiebigkeit bereitet. Unser Zeitalter hat die Erkennt-
niss unseres Eigenthumsrechts an dem römischen Rechte zugleich mit
der Erkenntniss der wahren Bedeutung seiner Reception hervorgebracht,
und begriffen, wie unser deutsches Recht neben und in unserem römi-
XII. schen Rechte gelte. So muste | mit dem eigentlichen Aufleben des letzte-
ren in unserem Jahrhundert, und zumal mit dem Wiederbeginn deutsches
Lebens in den deutschen Landen auch das germanische Recht wieder aufle-
ben, und der Unterschied des kanonischen Rechts und unseres Kirchen-
rechts, der noch längst nicht durchgeführte, sich zu entfalten beginnen.
Deutschlands gröste Thaten sind seine Gedanken: durch sie beherrscht es
sich und sie gürten ihm, thut es Noth, die tapfren Waffen um zur Wehr
und zum Schutze des Rechtes: wo dieses herrscht, da sind die Linien der
Staatsgränzen unübersteiglicher als Wälle und Mauern, und fest ste-
hen innen die Säulen der Throne, wie auch einzelne Bethörte unten oder
oben daran rütteln mögen. Es nahet deutscher Rechtswißenschaft die
Zeit eigenthümlicher Gestaltung des öffentlichen Rechts, und, es kann
nicht anders sein, des Rechtes der Kirche.

Und so versuche denn an seinem Theile dieses Buch durch das
römische Recht in das Heiligthum der Begriffe des Rechts überhaupt
einzuleiten, und zeige, so gut es vermag, daß die römischen Juristen
wol Grund gehabt haben, in den Tempel ihres Rechtes einzuladen,
als worin wahrhaft göttliches verehrt werde.

Bonn, 28. Januar 1843.

Der Verfaßer.

Vorrede
dieser zweiten Auflage.

Was ich mit diesem Lehrbuche beabsichtige, ist zwar schon in der vorstehenden Vorrede gesagt, aber, soweit meine Erfahrung von dessen Wirksamkeit reicht, wie sich etwa erwarten ließ, von denjenigen, welchen ich es nicht auch mündlich erklärt habe, meinen Zuhörern, nicht verstanden oder gar nicht bemerkt worden, obgleich das Buch im einzelnen vielfältig, auch namentlich, noch häufiger ohne genannt zu werden, benutzt worden ist: ich habe jene Absicht nun schon auf dem Titelblatte, dem Theile des Buches, der ja doch am unbefangensten und meisten gelesen zu werden pflegt, auszudrücken gesucht. Das Studium unseres Civilrechts wird noch lange mit dem des römischen Privatrechts beginnen müßen, auch wenn die gemeinsame deutsche Rechtsüberzeugung, die bei allem Mangel sonstiger nationaler Gemeinsamkeit den Deutschen doch (Gott sei Dank!) nicht abzusprechen ist und hoffentlich bleiben wird, die Form des römischen Rechts überwunden und sich aus ihr als einer Entwickelungshülle herausgearbeitet haben wird. Die gründliche Kenntniß des reinen römischen Rechts ist recht eigentlich ein nationaldeutsches Interesse, nicht damit jenem Geltung oder deren Fortdauer bereitet werde, sondern gerade im Gegentheil, damit wir seiner, soweit es unserem Rechtsleben unentsprechend ist, ledig werden, was, wie die Erfahrung gelehrt hat und zu lehren nicht ablaßen wird, durch Codificationen nicht zu bewerkstelligen ist: die Gesetzgebung kann das Rechtsbewustsein zwar fördern oder stören, aber nicht schaffen. Unzählige Anwendungen des römischen Rechts auf Fälle unseres Rechtslebens sind gemacht worden und werden gemacht, weil jenes nicht richtig verstanden worden ist und wird: ich führe, des öffentlichen Rechtes zu geschweigen, nur beispielsweise das Familienrecht an: sollte man nicht, wenn man unsere civilistische Litteratur, und nicht bloß die von Universitätslehrern ausgehende, ansieht, meinen, unsere Familie und die römische Familia seien eins und dasselbe, unsere väterliche Gewalt stellten die Römer unter dem Namen patria potestas dar, der römische Begriff des status sei nur im Namen von den heutigen s.g. Zustandsrechten verschieden, und die capitis minutio könne bei uns nur etwa als maxima und allenfalls media nicht mehr vorkommen? Und das Erbrecht! Schon unsere Erbverträge beweisen, daß die römische hereditas von unserer Erbfolge grundsätzlich eben so verschieden ist, als es die römischrechtliche familia von unserer Familie ist. Die Verunreinigung unsres Erbrechts rührt gröstentheils von der unreinlichen Behandlung des römischen her, und es ist recht praktisch wichtig, die Einheit, universitas und fingierte Persönlichkeit der hereditas erkannt zu haben, damit man die auf diesen Begriff sich gründenden Bestimmungen des römischen Rechts nicht auf den Nachlaß und die Erbfolge des heutigen Rechts anwende: die Hinterlaßenschaft ist nach unserem Recht nur eine Summe von Vermögensrechten und es ist für den heutigen Erben eben so unrichtig, daß er die vermögensrechtliche Persönlichkeit des Erblaßers in sich aufnehme, als dieses gerade das Wesen des römischen heres ausmachte. Viele Zweifel und Streitigkeiten über die materiellen Wirkungen des Processes lösen sich durch das Verständniss, was die römische obligatio und actio und daß diese nicht mit unserer 'Klage', noch weniger jene mit unserer 'Obligation' identisch sei, und daß der römische Unterschied der civiles und der naturales obligationes bei uns nicht gelte; aber daß und warum er nicht gelte, zu begreifen, ist wesentlich bedingt durch die Erkenntniss seiner eigentlichen ursprünglichen Bedeutung. Die oben geforderte gründliche Kenntniss des römischen Rechts muß aber wesentlich dadurch gefördert werden, daß wir das seit etwa anderthalbtausend Jahren in seiner nationalen Gestaltung abgeschloßene, in seiner systematischen Gliederung, wie es uns als ein ganzes erscheint, auffaßen, nicht bloß historisch oder gar nur antiquarisch, noch auch bloß aprioristisch und nach irgend einer beliebigen logischen Anordnung, sondern in der organischen Einheit, zu welcher sich die geschichtlich erforschten einzelnen Bestimmungen vor dem Blicke unserer deutschen Wißenschaft unserer Zeit verlebendigen. Daß jede solche

Darstellung nur ein Versuch sein kann, theilt sie mit allen wißenschaftlichen Darstellungen; sie braucht aber deshalb nicht ein mislungener Versuch zu sein. Gegen die Willkürlichkeit des Systematisierens, eine Hauptgefahr des Gelingens, schützt am sichersten die Gründlichkeit der Erforschung des einzelnen, verbunden mit dem Bestreben, in ihm den Ausdruck, die Bewährung des allgemeinen zu erkennen und darzustellen, was seinerseits zu genauer Entwickelung und präcisem Ausdrucke der Begriffe und diesen entsprechender Scheidung und Verbindung führt, löblichen Eigenschaften, die selbst übelwollende Beurtheiler der ersten Auflage dieses Buches an ihm zu rühmen geneigten. Ich habe dieselben in dieser zu vervollkommnen und zu vermehren gesucht, was sich freilich wegen sorgfältigerer Raumbenutzung nicht durch Vergleichung der Seitenzahlen, aber letzteres gewiss und hoffentlich auch ersteres durch den Inhalt des Buches bewähren wird. Die Digestenstellen sind, sofern nicht einiges aus der vorigen Ausgabe stehen geblieben ist was zu ändern gewesen wäre, nach der Florentina gegeben, was ich der Rechtschreibung wegen bemerke, an welcher sich sonst vielleicht ein Unvorsichtiger stieße.

Der besondere Titel, wodurch diesesmal der vorliegende Band von dem meines Erachtens ihm zukommenden Rechte Gebrauch macht, sich auch als ein selbständiges Einleitungswerk in die römische Civilrechtswißenschaft zu geben, soll nicht ansagen, daß die Fortsetzung ausbleiben werde; vielmehr wird diese meine nächste litterarische Hauptaufgabe sein, und ich hoffe, im kommenden Jahre mindestens die Ausführung dessen, was auf Seite 133. Zeilen 2 bis 5. dieses Bandes summiert ist, meinen Zuhörern und sonst etwa geneigten oder ungeneigten Liebhabern des Buches preisgeben zu können. Vielleicht sehen Manche ein Zeichen meines Unfleißes darin, daß ich diese Fortsetzung nur erst zu einem kleinen Theile zur Herausgabe bereit gearbeitet habe, so wie es Andere vielleicht für Selbstgefälligkeit halten, daß ich davon hier rede. Den letzteren bekenne ich, daß ich zwar vollkommen begreife, wie sehr ein Lehrbuch, zumal in unseren Zeitläuften, eine kleine That sei, dennoch die Vollendung meiner Arbeit im Verhältnisse zu meiner Stellung und meinen Kräften gar nicht für unbedeutend halte. Den ersteren dürfte ich wol zu meiner Rechtfertigung anführen, daß ich durch den desperaten Commentar zur Notitia Dignitatum, welcher jetzt, freilich nicht so wie ich in meiner Jugend gehofft hatte, zu Ende gebracht ist, anderer Arbeiten, die sich zwischengedrängt haben, zu geschweigen, von jener Fortsetzung abgehalten worden sei. Gewichtiger aber ist mir zur Rechtfertigung, daß ich als Universitätslehrer meinen Hauptberuf mehr im mündlichen als im schriftlichen Lehren erkenne, wie mir eine gute Zahl ehemaliger und jetziger Zuhörer gerne bezeugen wird; und diesem Beruf ergebe ich mich um so getroster, je mehr mir die Erfahrung die Einsicht aufdrängt, daß, manchen anderen Krisen, welche man für Entwickelungskrankheiten zu halten pflegt, hierin vergleichbar, auch die Kräfte, welche wißenschaftliche Krisen wirken, sich durchschnittlich nur in Jüngere übertragen laßen. Und so schließe ich mit dem Wunsche, daß meine ausgesäeten mündlichen und schriftlichen Worte in den Jüngern der Rechtswißenschaft und folgeweise in unserem Rechtsleben gute Früchte hervorbringen möchten.

Bonn, 20. Mai 1853.

E. Böcking.

Inhalts-Uebersicht.

Einleitung in das Studium des römischen Rechts.

Erstes Buch. Die Voraussetzungen der Privatrechte.

Erstes Kapitel. Die Rechtssubjecte, oder von der Rechts- und Handlungs-Fähigkeit der Personen.

Erster Abschnitt. Von den physischen Personen.

Erster Unterabschnitt. Rechts- und Handlungs-Fähigkeit der physischen Personen.

Zweiter Unterabschnitt. Verschiedenheit der Rechts- und Handlungs-Fähigkeit der physischen Personen:

Zweiter Abschnitt. Von den unkörperlichen Rechtsgegenständen.

Drittes Kapitel. Von den Rechten überhaupt

oder von der Beziehung des Willens des Subjects auf das ihm Objective im Verhältnisse zu dem allgemeinen Willen.

Erster Abschnitt. Die Rechtsbestimmung oder das s.g. objective Recht.

Zweiter Abschnitt. Die rechtlichen Befugnisse oder das s.g. subjective Recht.

Erster Unterabschnitt. Begriff und Arten.

Zweiter Unterabschnitt. Entstehung und Ende.

Anhänge.

Einleitung

in das Studium des römischen Rechts.

---

§. 1. Wißenschaft, Rechtswißenschaft.

'*Institutionen*' oder '*Institutionen des römischen* § a. *Rechts*' nennt man jetzt in Deutschland vorzugsweise die wißenschaftliche Darstellung, welche in das Studium des römischen Privatrechts einleitend zugleich eine Einleitung in das Studium der positiven Rechtswißenschaft überhaupt zu sein bestimmt ist (§§ 5.6.). *Wißenschaft* ist die durch das Denken vermittelte Form, in § b. welcher dem Menschen die Wahrheit erscheint. Diese ist uns nicht ein unmittelbar gegebenes, sondern ein objectiv und subjectiv sich entwickelndes: sie führt sich durch die verschiedenen Gebiete von Gegenständen durch, und wir begreifen sie nur in ihrer Selbstentfaltung. Indem sie Wahrheit ist, wo und wie sie von uns be- § c. griffen wird, geht der Begriff der *Wahrheit* für uns in den von *Wahrheiten* auseinander. So nimmt die Wahrheit für den sie erfaßenden menschlichen Gedanken die Form der *Wißenschaften* an. Dem die Wahrheit denkenden, begreifenden, erkennenden Men- § d. schen wird auch er selbst, es wird der Mensch in der Wißenschaft sich selbst Gegenstand, sowol nach der Seite seiner natürlichen, unmittelbaren Existenz, als physischer und psychischer Organismus, im Verhältnisse zu sich selbst und der ganzen übrigen Natur; als auch nach der Seite seiner Vernünftigkeit, wie er für sich, nicht bloß als einzelner, sondern zugleich als ein allgemeines ist, wie der Mensch als dieser existierend sich zugleich als Ausdruck des Begriffs der Menschheit erkennt: der Mensch ist allein zugleich Object und Subject der Wißenschaft, und jenes wieder als natürliches und als geistiges Wesen. In seiner Bewegung von dem natür- § e. lichen zum geistigen geht er aus von dem Selbstbewustsein, dem unmittelbaren Wißen seiner selbst in seiner Einzelnheit, hin zu dem Wißen seiner selbst als eines allgemeinen; sich so begreifend weiß und will sich der Mensch als den vernünftigen im Verhältnisse zu

sich selbst und in dem zu den anderen Menschen, den ebenfalls vernünftigen; die Bestimmungen der Wahrheit des vernünftig für sich thätigen Menschen im Verhältnisse zu den anderen als eben solchen sind das Recht; die für das Verhältniſs des Vernünftigen zu sich und die für seine sonstigen Verhältnisse zu Anderen geltenden Bestimmungen liegen außer dem Gebiete des Rechts, in dem der Sitt-
§f. lichkeit und der Religion. Das sich ausführende Wollen ist das Thun, die gewollte That ist die Handlung, und diese als die vernünftige in ihrem wahren Verhältnisse zu den Anderen und zum Ganzen ist die gerechte. In diesem Sinne ist die Wißenschaft vom Rechte Erkenntniſs der Wahrheit des Handelns des Menschen für sich im Verhältnisse zu den andern Menschen in ihrer Einzelnheit und ihrer Allgemeinheit [1], und so als Wißenschaft des menschlichen als des vernünftigen und Erkenntniſs des Unrechts als der Unwahrheit oder des unvernünftigen, eine Wißenschaft des göttlichen [2].

§. 2. Recht im objectiven und subjectiven Sinne. Oeffentliches und Privat-Recht.

§a. Wendet man die allgemeine Begriffsbestimmung des Rechts als der Wahrheit des sich für sich in seinem Verhältnisse zu Anderen bethätigenden Willens auf die einzelnen Willensäußerungen oder (so-

---

(1) *Ulp. L.1.pr.D. de iustitia et iure 1*,1. „.. eleganter Celsus definit: Ius est ars boni et aequi". Das bonum ist das der Vernünftigkeit des Menschen angemeßene, abstract gefaßt; das aequum dieses angemeßene in seiner concreten Gestalt, unter gegebenen Umständen, utilitatis ratio. (2) Hiernach hat es auch seine speculative Richtigkeit mit *Ulp.L.10.D.tit.cit.1*,1. „Iustitia est constans et perpetua voluntas ius suum cuique tribuendi. § 1. Iuris praecepta sunt haec HONESTE VIVERE, ALTERVM NON LAEDERE, SVVM CVIQVE TRIBVERE. § 2. Iuris prudentia est divinarum atque humanarum rerum notitia, iusti atque iniusti scientia". (*Pr.*§§ 1.3.*I.de iust.et iure 1*,1.) Ulpian geht hier von der Definition der Gerechtigkeit als des zum vernünftigen Handeln, also nach Grundsätzen, welche die Zufalligkeit und das wandelbare des Beliebens ausschließen, sich bestimmenden Willens (constans et perpetua voluntas) zur Angabe der obersten oder Grund-Vorschriften, aus denen die rechtlichen Vorschriften hervorgehen (iuris praecepta, nicht 'juristische Vorschriften'), und so zur Bestimmung der Rechtswißenschaft als einer Erkenntniſs des wahrhaft menschlichen und damit göttlichen über. Daß er bei seiner (traditionellen) Definition der Jurisprudenz an das römische ius sacrum als Theil des ius publicum gedacht habe (§ 2. Note 1.), soll eben nicht geläugnet werden. Die Definition der iustitia und die drei obersten Sätze, die hier als Ausgangspuncte des Rechts aufgestellt werden, 1) Thätigkeit des Menschen in Gemäßheit seiner eigenen Würde, 2) ohne Eingriff in die Sphäre der vernunftgemäßen Thätigkeit oder der Freiheit Anderer, vielmehr 3) mit positiver Anerkennung der Vernünftigkeit derselben), finden sich im wesentlichen eben so bei Platon, Cicero und Seneca. s. Schrader's Corp.iur.civ.ad Inst.locc.citt.] vgl. über die tria praecepta iuris v. Savigny's System des heut. röm. R. I. S.407.ff.

wol positiven als negativen) Handlungen an, so nennt man die für
diese geltenden Bestimmungen oder Vorschriften das 'Recht im ob-
jectiven Sinne' (d. h. den rechtlichen Willen in seiner Allgemein-
heit); die vernunft- (recht-) gemäße Möglichkeit (oder die Befugniss
zu) der Bethätigung des Willens, zum Handeln (einem Thun oder
Unterlaßen), 'das Recht im subjectiven Sinne', 'Berechtigung' ('Ge-
rechtsame', mitunter auch 'eine [z. B. Pfand-, Wege-, Weide-] Ge-
rechtigkeit'), d. h. den rechtlichen Willen in seiner concreten Erschei-
nung [a]. Der vernünftig thätige Mensch in seinem wahren Verhält- §b.
nisse zu anderen als eben solchen ist der Mensch im Staate, das
Staatsmitglied (§3.); der Staat ist die durch die Vernünftigkeit
des Menschen gegebene Gesammtheit Einzelner als in ihren man-
nichfaltigen Beziehungen zu einander wollender und wirkender.
Danach ist das gesammte Recht als allgemeine Willensnorm ent- §c.
weder **öffentliches Recht**, der Inbegriff der für die Mitglieder
des Staates im Verhältniss zu ihm, und der für die Handlungen
des Staates selbst geltenden Bestimmungen, oder **Privat-Recht**,
der Inbegriff der für die Willensäußerungen der Staatsmitglieder
als für sich berechtigter einzelner Subjecte, privati, im Verhältnisse
zu anderen als eben solchen geltenden Normen [1]. Das öffentliche §d.
Recht umfaßt einerseits die für den Staat in seinem praktischen
Verhältnisse zu anderen Staaten und deren Mitgliedern geltenden

---

(*a*) Allerdings ist jene Unterscheidung durch den Gegensatz des s. g. ob- und sub-jectiven Rechts nicht gut bezeichnet und unrichtig, wenn man sie so erklärt, das obj. Recht habe den Menschen zum Object, das subjective ihn zum Subject (Puchta, Inst. §6.); aber diese falsche Erklärung widerlegt nicht die wißenschaftlich unentbehrliche Unterscheidung des rechtlichen Willens an sich als des allgemeinen, der eben deshalb auch der Wille des wahren Rechtssubjects ist, und des rechtlichen Willens des Subjects als des Grundes seiner Bethätigung im einzelnen. Auch das beweist nur die Unentbehrlichkeit jener Unterscheidung, daß der Wille des Subjects sich nur insoweit geltend zu machen berechtigt ist, als er mit dem allgemeinen, dem Rechtswillen übereinstimmt. vgl. §§ 93. 98.

(1) *Ulp. L.* 1. § 2. *D. de iust. et iure 1*, 1. (§ 4. *Inst. eod. 1*, 1.) „Huius [*iuris*] studii [i. e. *disciplinae*] duae sunt positiones [i. e. *duo membra, δύο θέσεις ἤγουν εἴδη*, zwei Fächer, Entwickelungs-Gebiete], publicum et privatum. publicum ius est quod ad statum rei Romanae spectat; privatum, quod ad singulorum utilitatem: sunt enim quaedam publice utilia [i. e. *publicae utilitatis causa constituta*, mit Rücksicht auf die Verhältnisse des Staates als allgemeine Normen geltende Bestimmungen], quaedam privatim". Das folgende „Publicum ius in sacris, in sacerdotibus, in magistratibus consistit" bezieht sich speciell auf die römische Staatsverfaßung, in welcher auch die auf das Religionswesen bezüglichen Einrichtungen lediglich Staatseinrichtungen waren. s. unten § 61. *Auson. Idyll. 11*, 61. sq. bezeichnet als Inhalt der zwölf Tafeln das ius triplex, „Sacrum, privatum, populi commune quod usquam est".

Bestimmungen (s. g. Völkerrecht und äußeres Staatsrecht), andererseits die für seine Thätigkeit im Verhältniß zu seinen eigenen Gliederungen und seinen eigenen Mitgliedern als solchen geltenden (inneres oder eigentliches Staatsrecht, Verfaßungs- und Regierungs-Recht).

§. 3. Positives Recht und dessen nothwendige Verschiedenheit.

§a. Wie die einzelnen Menschen im Staate, so stehen auch die Staaten als Individualitäten in einem Verhältnisse zu einander, jeder für sich existierend. In diesem Verhältniß erscheinen die einzelnen Individuen bei oberflächlicher Betrachtung nur neben einander zu stehen; in Wahrheit aber sind sie in wesentlicher Beziehung auf einander, sich in ihren mannichfaltigen Berührungen bedingend und bestimmend: das Wollen und Handeln der Individuen greift
§b. in endloser Vielseitigkeit in einander ein. Das Recht, als die Wahrheit des sich in Handlungen für sich äußernden Willens, ist bedingt durch das Erkennen [1]. Wie nun der Mensch seiner Vernünftigkeit gemäß als Glied des Volkes im Staate seinen Willen für sich zur Ausführung bringt, handelt, so erkennen wir das Recht auch als das im Staate und für ihn wirkliche [2]: ohne Staat giebt es kein vernünftiges Handeln, kein wirkliches Recht [3]; dieses selbst ist wirk-

(1) Schelling Vorlesungen über die Methode des academ. Studium. 2te Ausg. Stuttg. 1813. 8°. (2) *Pap. L. 1. D. de legib. 1, 3.* „Lex est commune praeceptum, .. communis rei publicae sponsio“. *Marcian. L. 2. eod.* „Nam et Demosthenes orator [I. adv. Aristogit. vol. I. p. 774. ed. Reiske] sic definit: *Τοῦτό ἐστι νόμος, ᾧ πάντας ἀνθρώπους προσήκει πείθεσθαι, ... πόλεως δὲ συνθήκη κοινή, καθ' ἣν ἅπασι προσήκει ζῆν τοῖς ἐν τῇ πόλει* ... Sed et philosophus summae Stoicae sapientiae Chrysippus sic incipit libro quem fecit *περὶ νόμου· Ὁ νόμος πάντων ἐστὶ βασιλεὺς θείων τε καὶ ἀνθρωπίνων πραγμάτων. δεῖ δὲ αὐτὸν προστάτην τε εἶναι τῶν καλῶν καὶ τῶν αἰσχρῶν, καὶ ἄρχοντα καὶ ἡγεμόνα, καὶ κατὰ τοῦτο κανονα τε εἶναι δικαίων καὶ ἀδίκων καὶ τῶν φύσει πολιτικῶν ζώων, προστακτικὸν μὲν ὧν ποιητέον, ἀπαγορευτικὸν δὲ ὧν οὐ ποιητέον*“. (Demosthenes: „Das ist das Wesen des Gesetzes (Rechts), daß ihm alle Menschen gehorchen; .. es ist die gemeinsame Staatsübereinkunft, wonach alle Staatsmitglieder leben müßen“. Chrysippus: „Das Gesetz (Recht) ist der Herrscher über alle göttlichen und menschlichen Angelegenheiten: es muß über alle gute und böse Handlungen gesetzt, und Leiter und Führer sein, und demnach eine Richtschnur über gerechtes und ungerechtes, und für die durch die Natur zur Staatsmitgliedschaft bestimmten Individuen; ein Gebieter dessen was man thun soll und ein Verbieter dessen was man nicht thun soll“.) (3) Ein vom Staate abstrahierendes, aus sogenannten reinen Vernunftprincipien abgeleitetes Recht, s. g. Naturrecht, ist kein wirkliches Recht, sondern etwas hohles, erträumtes, und seinem Inhalte nach eine nach den An- und Einsichten des Verfaßers hervorgebrachte Mischung von Abstractionen oder Vorschriften aus positiven Rechten und subjectiven Vorstellungen. Die wahre Philosophie des Rechts bescheidet sich, das Recht nicht erst hervorzubringen, sondern sie will das wirkliche Recht begreifen, d. h. das allgemeine,

licher Wille des Staates, positives Recht. Als Individuum § c. muß daher jeder Staat ein positives Recht, sein Recht haben[4]; wobei es jedoch hier gleichgiltig ist, ob und in wie weit dieses dem Inhalte nach mit dem Rechte anderer Staaten übereinstimmt[5]. Mit der Individualität des Staates und seiner Natur als einer in § d. der Geschichte erscheinenden Vernunftform ist seine Veränderlichkeit, und folgeweise die seines positiven Rechts gegeben: das positive Recht des Staates ist in verschiedenen Zeiten verschieden[6].

§. 4. Gegenstand dieser Darstellung.

Aufgabe dieses Werkes ist die wißenschaftliche Darstellung § a. (§ 9.) des römischen Privatrechts, wie wir es von dem Standpuncte unseres Rechtssystems aus in den uns erhaltenen, vorzüglich in den bei uns recipierten Quellen des römischen Rechts (§ 21.) erkennen. Vollkommene Rechtsfähigkeit auch in privatrechtlicher Be- § b. ziehung genoß im römischen Staate, nach römischem Rechte, nur der civis Romanus (§ 33.); manche Rechtseinrichtungen waren dem römischen Staate ausschließlich eigen: daher nennen schon die Römer häufig ihr Privatrecht (im objectiven Sinne) 'ius civile' (§ 92*.). Manche bedienen sich bei uns der Bezeichnung 'Civilrecht' zur Unter- § c. scheidung des römischen Privatrechts vorzüglich von dem deutschen[1].

---

das sich im positiven Rechte in concreten Gestaltungen bekundet, auffaßen; und so ist sie selbst eine wesentliche Seite der Rechtswißenschaft. Was seit Ende des vorigen Jahrhunderts 'Philosophie des positiven Rechts' genannt wird, ist Vergleichung des positiven Rechts mit Principien, welchen man absolute oder relative Allgemeingiltigkeit beilegt, und theilt daher großentheils das Schicksal der Unwirklichkeit mit jenem Naturrecht. (Bei diesem und ähnlichem Tadel vergeßen wir nicht den Dank, den man dem getadelten schuldet: es ist etwas wahrhaftes, der Wahrheit nachzustreben — nicht als ob wir sie errungen hätten! vgl. Puchta Inst. § 32.)

(4) *Gai. 1*, 1. s. unten § 92*.

(5) Wie die allen Staatsmitgliedern gemeinsamen Rechtsbestimmungen nicht bei allen einzelnen gleichmäßig zur Anwendung kommen, indem nicht alle dieselben Handlungen, noch in derselben Weise vornehmen; sondern die Rechtsverhaltnisse der Individuen sich in der größten Mannichfaltigkeit je nach Verschiedenheit des Geschlechts, des Alters, des Standes, nach Neigungen und Fähigkeiten u. s. w. verschieden gestalten: so könnte, wenngleich der Mensch die absolute Wahrheit in ihrer Gestaltung als Recht zu erfaßen vermöchte, auch für die einzelnen Staaten wegen ihrer Individualität, wegen ihrer besonderen quantitativen und qualitativen Eigenschaften, wegen ihrer besonderen Beziehungen und Bedürfnisse u. s. f., nicht dasselbe positive Recht zur Anwendung kommen. Man vergleiche z. B. die Rechtsverhältnisse eines Kaufmanns, eines Schiffers, mit denen eines Bauern, eines Jägers u. dgl., die eines Handelsstaates mit denen eines ackerbauenden Volkes, eines Küstenstaates mit denen eines Binnenlandes.

(6) *Liv. 7*, 17. „In duodecim tabulis legem esse, ut quodcunque postremum populus iussisset, id ius ratumque esset". § 11. *I. de iure nat. 1*, 2. „.. ea vero, quae ipsa sibi quaeque civitas constituit, saepe mutari solent ..". cf. *Ulp. L. 2. D. de const. princ. 1*, 4.

(1) Ius civile bezeichnet 1) ius alicuius civitatis proprium (§ 92*.); 2) ius

§. 5. Verhältniſs der Inſtitutionen-Vorträge zu anderen, welche ebenfalls römiſches Recht zum Gegenſtande haben.

§ a. Daß die in das Studium des poſitiven Rechts überhaupt und insbeſondere des römiſchen Privatrechts einleitenden akademiſchen Vorträge bei uns den Namen der Inſtitutionen führen (§ 1.*a.*), hat, wie der Name der Pandekten-Vorleſungen, einen bloß hiſtoriſchen Grund, nämlich in der ſeit dem Wiederaufblühen der juriſtiſchen Studien auf den lombardiſchen studia oder ſ. g. Univerſitäten üblichen Lehrmethode (§ 24.*n.*). Außer den Inſtitutionen-Vorträgen behandeln auch folgende, theils ausſchließlich, theils zugleich mit
§ b. anderen Lehrgegenſtänden, das römiſche Privatrecht: 1) die Encyclopädie der Rechtswißenſchaft; dieſe aber ſoll, als Einleitung in die Geſammtheit der juriſtiſchen Diſciplinen [1], das römiſche Privatrecht nicht als einen ſelbſtändigen Lehrgegenſtand darſtellen, ſondern nur deſſen Bedeutung in unſerem Rechtsſyſteme nachweiſen und durch eine allgemeine Charakteriſtik deſſen Verhältniſs zu anderen poſitiven Rechten, für uns vorzüglich dem kanoniſchen und dem germaniſchen, in philoſophiſcher und hiſtoriſcher Beziehung erörtern.
§ c. 2) Die Geſchichte des römiſchen Rechts beſchränkt ſich nicht auf das Privatrecht; ſie hat nach der heutiges Tages üblichen Behandlungsweiſe zu ihrem Gegenſtande die Darſtellung *a*) der Entwickelungsgeſchichte des römiſchen Staates und ſeiner inneren Einrichtung, der Bildungsverhältniſſe der römiſchen Staatsverfaßung, und wie, in welchen Formen, dieſer gemäß die Rechtsbeſtimmungen aufgeſtellt wurden (die Lehre von den rechtsconſtituierenden Formen und deren Bedingungen): dieſe Darſtellung nennen die Neueren ‘äußere Rechtsgeſchichte, historia iuris’ [2]; *b*) der öffentlichen und Privat-Rechtsin-

privatum, im Gegenſatz zu dem ius publicum, und insbeſondere zu dem Strafrecht, in der ſpäteren Kaiſerzeit auch wol im Gegenſatze zu dem Militärrecht; 3) das alte römiſche Privatrecht, beſonders das durch die alten Volksgeſetze, leges, gegründete, im Gegenſatze zu dem durch andere rechtsconſtituierende Formen gebildeten, namentlich aus den Edicten der magistratus, dem ius honorarium (§ 16.); womit auch zuſammenhängt, daß das durch die Thätigkeit des Juriſtenſtandes entwickelte Recht vorzugsweiſe ius civile genannt wird. ſ. § 11. Note 9.

(*1*) Nach dieſer Auffaßung vermeidet ſich leicht die Oberflächlichkeit der Trennung der Encyclopädie von der Methodologie als beſonderer Diſciplinen.
(2) Einen Abriſs der älteren röm. Verfaßungs- und Quellen-Geſchichte giebt W. Rein Das röm. Privatr. u. der Civilproc. bis in das erſte Jahrh. der Kaiſerherrſchaft. Lpz. 1836. 8°. S. 14...100. Die Geſchichte der Rechtsquellen und ihrer Bearbeitung behandeln Zimmern Geſch. des Röm. Privatr. bis Juſtinian. Bd. I. Abth. 1. Hdlbg. 1826. 8°. u. die Compilation von F. W. v. Tigerſtröm Aeußere Geſch. des R. R. Berl. 1841. 8°. | Noch nicht entbehrlich iſt auch *Io. Aug. Bachii* Historia iurispru-

stitute und Rechtssätze, wie sie sich allmählich entwickelt, umgestaltet
und das justinianische Recht, mit welchem sich die Geschichte des ei-
gentlichen römischen Rechts abschließt, vorbereitet haben; daher 'in-
nere Rechtsgeschichte, antiquitates iuris' genannt [3]. 3) Die s.g. Pan- § d.
dektenvorlesungen, von denen die über das römische Erbrecht häufig,
jedoch nur wegen äußerlicher Rücksichten, getrennt werden, haben
das gesammte in Deutschland geltende römische Privatrecht, d. h.
soweit dieses auf römischen Rechtsquellen beruhet, und durch neuere
Rechtsbestimmungen nur modificiert worden ist, zum Gegenstande.
Man nennt diese Disciplin auch wol das 'gemeine deutsche Civil-
recht', aber unrichtig 'heutiges römisches Recht' (§§ 4.6.). Das auf § e.
germanischen Rechtseinrichtungen und Rechtssätzen beruhende Civil-
recht ist das deutsche Privatrecht; und die Privatrechtslehren, wel-
che sich auf die christliche Kirche beziehen, auch großentheils durch
die kirchliche Gesetzgebung bestimmt worden sind, werden in dem
Kirchenrechte (verschieden von ius canonicum) dargestellt. Die In- § f.
stitutionenvorträge sollen keineswegs nur eine kürzere Darstellung
der Pandekten, sondern vielmehr eine Grundlage für diese sein [4],
und auch diejenigen römischen Rechtseinrichtungen und Rechtsleh-
ren befaßen, welche äußerlich nicht Bestandtheile des gemeingilti-
gen römischen Privatrechts, wol aber Voraussetzungen des Verständ-
nisses desselben sind. Das römische ius publicum mit Einschluß des § g.
ius sacrum [5] ist durchaus wegen der wesentlichen Verschiedenheit
unserer Staats- und Kirchen-Verfaßungen bei uns nicht von un-
mittelbarer Anwendbarkeit; es fällt der römischen Rechtsgeschichte
anheim, und ist überdieß als Moment in den einzelnen Lehren des

---

dentiae Rom. edit. VI. oder VII.) auxit *A. C. Stockmann*. Lips. 1807. 8°.

(3) Rein, ein Hilfsbuch für Philologen, bezieht sich nicht auf das justinianische Recht; Zimmerns Werk umfaßt von der innern Rechtsg. nur das Familienrecht (Bd. 1. Abth. 2.) und (das Actionenrecht nebst) Civilproceß (Bd. 2. Hdlbg. 1829. 8°.). Noch immer von Nutzen ist *I. G. Heineccii* Antiquitatum Romm iurisprudentiam illustrantium syntagma sec. ordin. Institutionum Iustiniani. ed. *Haubold*. Ffurti ad M. 1822. ed. *Mühlenbruch* ibid. 1841. 8°. | Unter den neueren Bearbeitungen hat die wesentlichsten Verdienste G. Hugo Lehrb. der Gesch. des R. R. bis auf Justinian. 11. Aufl. Götting. 1832. 8°. Noch unvollendet ist F. A. Schilling Lehrb. für Institt. u. Gesch. des röm. Privatr. Leipz. 1834. ff. 8°. Die neuesten Bearbeitungen sind F. Walter Gesch. des R. R. bis auf Justinian. Bonn 1840. ed. II. 1845. f. 8°. H. A. A. Danz Lehrb. der Gesch. des röm. R. Lpz. 1840. 8°. G. C. Burchardi Lehrb. des röm. R. I. Thl. Staats- u. Rechtsgesch. Stuttg. 1841. 8°. Sehr empfehlenswerth G. F. Puchta Institutionen. 3. Ausg. besorgt von Rudorff. Lpz. 1850. f. 8°. 3 Bde.

(4) s. die Vorrede der 1. Ausg. dieses Buches.

(5) s. § 2. Note 1.

Staats-, Straf- und Process-Rechtes, so wie des Kirchenrechtes zu berücksichtigen.

§. 6. Bedeutung dieser Darstellung.

§ a. Das reine römische Privatrecht ist für uns von der grösten wißenschaftlichen und praktischen Wichtigkeit: jenes, indem kein anderes Volk sein bürgerliches Recht zu einem so hohen Grade der Ausbildung gefördert hat, als die Römer; einer Ausbildung, welche von rein nationalen Anfängen bis zu einer möglichst vollkommenen begriffmäßigen Allgemeingiltigkeit aufgestiegen ist. Auch abgesehen von dem praktischen Nutzen des römischen Rechts macht daher die Kenntniss des Bildungsganges desselben einen wesentli-
§ b. chen Bestandtheil der Rechtswißenschaft überhaupt aus. Aber das römische Privatrecht ist zugleich die Grundlage des bürgerlichen Rechts vieler heutiger europäischer, insbesondere der germanischen, und durchaus aller Staaten des jetzigen Deutschlands: in vielen dieser gelten die Quellen des römischen Rechts, wie sie unter Justinian I. gesammelt und publiciert worden sind, das s. g. Corpus iuris civilis, noch unmittelbar als Quellen des Privatrechts [1], und die neueren bürgerlichen Gesetzbücher gründen sich hauptsächlich auf
§ c. jene Sammlung. Auch diejenigen römischen Rechtsbestimmungen, welche bei uns, sei es weil das dadurch normierte Rechtsverhältniss bei uns nicht besteht [2], oder weil neuere Rechtsbestimmungen entgegen stehen [3], nicht mehr zur Anwendung kommen, sind nicht ohne Bedeutung für das praktische Recht, wie sich aus dem folgenden §. ergiebt.

§. 7. Entwickelung des Rechtszustandes eines Volkes im allgemeinen.

§ a. Die gesammte Bildung und insbesondere auch der Rechtszustand eines jeden Volkes und Staates zu jeder Zeit ist ein gewordenes, historisch gegebenes, ein Ergebniss des ganzen Lebens dieses Volkes und Staates; das objective Recht ist nicht ein Product der Willkür einzelner Menschen, nicht eine Masse beliebiger Vorschriften einer zur Aufstellung von Gesetzen berechtigten Macht, die ohne inneren Zusammenhang mit dem übrigen Staats- und Volks-Leben ihr Gutdünken bekannt machte, das dann als Richtschnur der Hand-

(1) s. unten § 24. t, u, v. (2) z. B. die Sclaverei, die manus und mancipii causa, die römischen formellen contractus, die bonorum possessio u. dgl. (3) s. § 24. Note 75.

lungen befolgt werden müßte. Die Gesetze sind vielmehr in Wahr-
heit Aeußerungen des dem Staatsganzen inwohnenden geistigen
Bildungstriebes in Beziehung auf das Recht. Der Bildungsgang § b.
eines Volkes und Staates läßt sich füglich dem des einzelnen Men-
schen vergleichen [1]. Wie der Mensch in das Leben, so tritt ein Volk
in die Geschichte ein, begabt mit gewissen Anlagen, d. h. Möglich-
keiten von Kräften, welche durch Pflege und Uebung sich zu wirk-
lichen Kräften entfalten. Die Verschiedenheit dieser Anlagen und
ihrer Ausbildung macht, wie die Individualität des einzelnen Men-
schen, so die Nationalität [2] oder Volksthümlichkeit des einzelnen
Volkes aus, sic natus atque educatus est et homo et populus; und
wie die Leiblichkeit des einzelnen Menschen eine Seite seiner gan-
zen Individualität ist, so sind die geographischen, klimatischen und
sonstigen natürlichen Bestimmtheiten des Staates eine Seite seiner
Existenz. In beginnenden Staaten sind die Beziehungen und Ver- § c.
hältnisse der Volksglieder zu einander und zu dem Ganzen, dessen
Glieder sie sind, zu dem ihnen gemeinen Wesen, dem Staate, ein-
fach; ebenso die dieselben normierenden Bestimmungen, das Recht,
als Privat- und öffentliches Recht: dieser Verhältnisse und der da-
für geltenden Bestimmungen ist sich noch ein jeder unmittelbar be-
wust; so befolgt er diese ohne besondere Reflexionen im bürgerli-
chen Verkehr, wie er die Volkssitte gleich als ein rein natürliches
übt; in den Handlungen der Staatsmitglieder spricht sich ihr Recht
aus, das allgemeine erscheint nur in der concreten Gestalt der
durch dasselbe bestimmten Willensäußerungen; das Recht ist, wie
wir zu sagen pflegen, nur noch Gewohnheitsrecht (§ 11.), nicht ein
Inbegriff bis in ihre einzelnen Folgerungen ausgebildeter, syste-
matisch aufgefaßter Lehrsätze: es giebt noch nicht Gesetzbücher, noch
nicht eine Rechtswißenschaft und einen dieser sich ausschließlich
hingebenden Stand. Aber die geselligen und bürgerlichen Verhält- § d.
nisse und Bedürfnisse vermannichfaltigen sich, und gehen aus ihrer

(1) Wie schon *Florus* (Epit. *1*, 1.) in Beziehung auf den römischen Staat thut: „Si quis ergo populum Romanum quasi unum hominem consideret totamque eius aetatem percenseat, ut coeperit, utque adoleverit, ut quasi ad quandam iuventae frugem pervenerit, ut postea velut consenuerit, quattuor gradibus“ *rell.* Noch mehr als von einem peculium gilt von einem Staate und von einem Volke, was Marcian (*L.* 40. *D. de pecul.* *15*, 1.) von jenem sagt, „nascitur, crescit, decrescit, moritur“; denn Staat und Volk sind lebendige Organismen.   (2) von nasci.

ursprünglichen Einfachheit in immer feinere Unterscheidungen auseinander; der Mensch ist ohne Maß seiner Bedürfnisse Schöpfer und Vermannichfaltiger der Mittel ihrer Befriedigung: so vermehren und verfeinern sich auch die Rechtsvorschriften; diese müßen in Zeichen und Schrift niedergelegt werden, ihre Kenntniß fällt immer ausschließlicher einem besonderen Stande anheim; ihre Fortbildung, das Geschäft die Rechtsbestimmungen den Verfeinerungen der Lebensverhältnisse angemeßen zu machen und zu erhalten, wird ein besonderer Zweig der Staatsthätigkeit, Gesetzgebung und Rechtswißenschaft treten immer mehr an die Stelle der früher unmittelbar durch das Volk sich äußernden rechtsbildenden Kraft.

§ e. Auch die Rechtswißenschaft selbst besondert sich, wie die übrigen Zweige der geistigen und körperlichen Thätigkeit im Staate, allmählich nach ihren einzelnen Seiten hin, und es bilden sich Unterscheidungen, wie die der Theoretiker und Praktiker, der Rechts-Philosophen, der Historiker und Systematiker, der Publicisten, der Criminalisten, Processualisten, und der Civilisten, der Romanisten, der Kanonisten, Germanisten u. dgl. m., welche alle als einzelne Seiten und Zweige der gesammten Jurisprudenz ihre Wahrheit haben.

§ f. Das Rechtsleben des Volkes ist eine Seite seines gesammten geistigen Lebens, und entfaltet sich, wie dieser Organismus, allmählich, nicht nach plötzlichen scharf abgegränzten Stufen: deshalb laßen sich die einzelnen Entwickelungsmomente, deren jedes selbst wieder eine Mannichfaltigkeit von Zusammenwirken der unterschiedlichsten Kräfte ist, in ihrer Aufeinanderfolge von der ursprünglichen Einfachheit eines Urstaates an bis zu der Civilisation, in welcher und durch welche sich endlich der Staat selbst gewissermaßen verflüchtigt und der Geschichte zu neuen Gestaltungen Raum macht, nicht leicht und immer nur beziehungsweise chronologisch feststellen. Anders müste sich dieses alles verhalten, wenn das Recht nicht lebendig wäre, sondern die nun verschwindende trostlose Auffaßung desselben als eines Inbegriffs geschriebener Gesetze sein Wesen begriffen hätte [3].

---

(3) vgl. Hugo Civilist. Magaz. IV. Abh. 4. „Die Gesetze sind nicht die einzige Quelle der Rechtswahrheiten". v. Savigny Hall. Liter. Zeit. 1806. n°. 251. Vom Beruf unserer Zeit zur Gesetzg. S. 8. ff. Zeitschr. für gesch. R. W. I. S. 1. ff. System des heut. R. R. I. §§ 7. ff. Thibaut in den Heidelb. Jahrb. für Jurispr. 1808. S. 1. ff. Puchta Das Gewohnheitsrecht. 2 Bde. Lpz. 1828. 1837. 8°.

§. 8. Entwickelungsgang des römischen Rechts.

Für die Entwickelungsgeschichte des römischen Rechts von der § a.
Gründung des römischen Staates an bis zum Abschluße der nationalen Fortbildung des erstern unter Justinian I. († 565.) können wir, in dem so eben (§7. *f.*) angegebenen Sinne, nicht als feste Zeitgränzen, sondern nur als Andeutungen der charakteristischen Aenderungen, wie sie sich an wichtigere Ereignisse aus der Geschichte des römischen Staates anknüpfen laßen, folgende vier Perioden unterscheiden: 1) die theokratische, die der Ununterschiedenheit der religiösen, politischen und juristischen Einrichtungen und Bestimmungen. Die Patricier üben im Namen der Nationalgötter die Staatsbürgerrechte ausschließlich; aber schon frühe beginnen die nationalverschiedenen Plebejer den Kampf um politische und rechtliche Gleichheit. Von einer selbständigen Ausbildung des Privatrechts finden sich nur schwache, aus der folgenden Periode zu schließende Anfänge: unsere ganze Kenntniß dieser ältesten Zeit gründet sich nur auf Berichte einer weit neueren und auf Schlüße aus diesen und geschichtliche Analogien. 2) Die andere Periode können § b.
wir im ganzen mit dem vierten Jahrhundert der Stadt beginnen, und sie als die der politischen und rechtlichen Gegensätze bezeichnen. Die alte römische National-Religion erstirbt; der Kampf der Plebejer mit den Patriciern, zuerst um festes Recht, dann um dessen Ausgleichung in privatrechtlicher und politischer Beziehung [1], mehr und mehr zu Gunsten der Plebejer geführt, erzeugt immer andere staatsrechtliche Gegensätze, welche zuletzt die Einheit der s. g. republicanischen Verfaßungsform [2] auflösen und den unvermeidlichen Versuch veranlaßen, den Staat unter der Herrschaft eines einzelnen mindestens äußerlich zusammen zu halten. Auch im Privatrechte äußern sich die Gegensätze durch den stäts wachsenden Einfluß des ius gentium, der von der Nationalität bestimmter Völker und Staaten unabhängigen Rechts-Einrichtungen und Sätze, auf das strengnationale ius civile (§ 92*.):

---

(1) vgl. Klenze, Lehrb. der Gesch. des r. R. 2te Ausg. Berl. 1835. 8°. §§ 25. ff.

(2) Auch hier ist nicht zu übersehen, daß wir in dem Namen des römischen Freistaats sehr verschiedene Gestaltungen der römischen Staatsverfaßung zusammenfaßen. Mit Servius Tullius beginnt eigentlich diese Verfaßung, die aber bis zu des Marcus Tullius Tod mehrere so wichtige Umgestaltungen erfahren hatte, als nur immer die bald darauf erfolgende Ernennung Octavians zum imperator perpetuus sein mochte, obgleich diese durch unsere Bezeichnung der nun folgenden als der römischen 'Kaiserzeit' über Gebühr hervorgehoben wird.

einerseits ein Festhalten an diesem, besonders wie es durch die zwölf Tafeln und an diese sich anschließende Volksgesetze, leges, aufgestellt war, andererseits das bewegliche Recht, vorzüglich der
§ c. prätorischen Edicte (§ 16.). 3) In der dritten Periode finden wir den Staat monarchisch beherrscht, mit republicanischen Einrichtungen, welche äußerlich und dem Scheine nach erhalten werden, in Wirklichkeit aber, durch neue Institutionen und Magistraturen entkräftet, allmählich absterben [3]. Von Augustus bis zum Tode des Severus Alexander ist die Blüthezeit des römischen Privatrechts; mit dem Sinken des öffentlichen Lebens und dem Verfall der alten Tapferkeit des Bürgerthums steigt jenes zu einer wunderbaren Höhe [4]: die rechtsbildende Kraft zieht sich seit Augusts Herrschaft immer entschiedener in den besonderen, nun auch politisch bedeutenden Stand der Rechtsgelehrten, iuris consulti, iuris conditores, zurück, welche, den Principat stützend und von ihm gehoben (§ 17.), den zu allen Zeiten bewunderten Stoff erarbeiten, aus welchem, mit verhältnißmäßig unbedeutenden Zuthaten, das nicht selten überschätzte, häufiger aber zu sehr getadelte Gebäude des justinianischen Rechts einige Jahrhunderte später aufgeführt worden ist (§ 21.).
§ d. 4) In der letzten Periode, der des gänzlichen Verfalls der römischen Nationalität, erliegt der Staat dem äußeren Andrange der germanischen Stämme und dem inneren Drucke der despotischen Verfaßungsformen; im Lichte der christlichen Religion erblaßt das Heidenthum. Die altrömische Volksthümlichkeit erlischt; das römische Reich zertheilt sich und lebt in seinen Resten, die sich dem Orient acclimatisieren, getrennt von seinem Stamme fort. Das wißenschaftliche Leben und die Kunst sterben ab; die Gesetzgebung verwillkürlicht, ihres wahrhaften Haltes an Sitte und Wißenschaft verlustig: nur äußerlich wird das früher erarbeitete zusammengehalten; statt eigentlicher Fortbildung des Rechts begegnen wir nun Compilationen der Quellen aus der vorhergegangenen Zeit [5].

---

(3) *Tac.*Ann.*1*,1. „(Augustus) cuncta discordiis civilibus fessa nomine principis sub imperium accepit". *Id.1*,3.*i.f.*4. „..eadem magistratuum vocabula.." „..verso civitatis statu ... omnes, exuta aequalitate, iussa principis aspectare". *Dio Cass.*53,17. „*Οὕτω μὲν δὴ τότε τοῦ δήμου καὶ τὸ τῆς γερουσίας κράτος πᾶν ἐς τὸν Αὔγουστον μετέστη, καὶ ἀπ' αὐτοῦ καὶ ἀκριβὴς μοναρχία κατέστη*". (4) *Taciti* de oratoribus (sive de causis corruptae eloquentiae) dialogus läßt uns tiefe Blicke in diese Aenderungen thun. (5) s. § 17. a. E. §§ 19. ff.

§. 9. Verschiedene Seiten der Darstellung.

§ a. Da das Recht eines Volkes nur éine Seite seines geistigen Lebens, die Rechtsbestimmungen nicht ein Aggregat willkürlicher Gebote und Verbote sind, sondern mit dem ganzen Volksgeiste und unter sich selbst in einem inneren, begriffmäßigen Zusammenhange leben, so hat die Darstellung eines positiven Rechtes diesen aufzuzeigen, ist also wesentlich eine systematische. § b. Zugleich ist jedes positive Recht ein gewordenes, durch längere oder kürzere Zeiten hindurch entwickeltes, unter gegebenen Einwirkungen gebildetes oder verbildetes; daher die Nothwendigkeit der historischen Seite der Darstellung, welche ihrerseits Quellen, aus denen wir die Kenntniss jenes Entwickelungsganges schöpfen können, und die Auslegung dieser Quellen voraussetzt, weshalb die geschichtliche Darstellung nicht ohne exegetische Thätigkeit möglich ist. § c. Was aber im Systeme als ein historisch gewordenes begriffen werden soll, das sind die für die Rechtsverhältnisse geltenden Bestimmungen oder Sätze, δόγματα, deren lebendiger Inbegriff eben den Gegenstand der positiven Rechtswißenschaft ausmacht, dogmatische Seite. § d. Je vollendeter uns die Darstellung des römischen Privatrechts nach diesen drei sich gegenseitig berührenden und bedingenden Seiten gelingt, desto vollständiger lösen wir unsere Aufgabe [1].

Quellen der Darstellung.

§. 10. I. Allgemeine Begriffe.

§ a. Die eigentliche Quelle der Rechtsbestimmungen (denn von den Entstehungsgründen der Rechtsverhältnisse ist an diesem Orte nicht die Rede: s. § 93. Note 4.) ist, um hier nicht höher auszuholen, die menschliche Vernunft: in dieser hat die Wahrheit des Handelns ihren Grund und Ursprung. § b. Unter dem Worte Rechtsquellen versteht man aber bei uns gemeinlich die Mittel (media), aus denen wir die Kenntniss der Rechtsbestimmungen schöpfen. § c. Diese sind nun für jedes positive und so auch für das römische Recht zwiefacher Art: 1) eigentliche oder Rechtsquellen im engeren Sinne,

(1) Die Neueren unterscheiden die periodenweise Form der Darstellung als synchronistische oder periodisierende Methode von der, welche die einzelnen Rechtsinstitute nach einem bestimmten Plane von ihrem Anfange bis zu der Zeit, womit die Darstellung endigen soll, abhandelt, als der ethnographischen oder chronologischen. Die Ausdrücke und die der Unterscheidung zum Grunde liegende Vorstellung sind nicht zu billigen.

d. h. die Formen, in denen die Rechtsbestimmungen selbst ursprünglich sich kundgegeben haben, rechtsconstituierende Formen; 2) rechtswißenschaftliche oder beßer **rechtsgeschichtliche Quellen**, d. h. die Monumente, Thatsachen und Mittel, woraus wir uns Kenntniss der positiven Rechtsbestimmungen verschaffen; daher sind alle uns erhaltenen Rechtsquellen im engeren Sinne zugleich rechts-
§ *d.* geschichtliche Quellen. Beide Arten der Rechtserkenntnissquellen theilen wir nach der Verschiedenheit ihrer Form ein, indem der-
§ *e.* selbe Inhalt in verschiedenen Formen ausgedrückt sein kann. So unterscheiden schon die Römer selbst die eigentlichen Quellen des ius civile, jenachdem sie in Form der Schrift, oder ohne diese, Rechtsbestimmungen aufstellen [1].

II. Insbesondere A. Rechtsquellen:

§. 11. 1. Jus non scriptum.

Ulpian. § 4. vor tit. 1. *Dig.* *1*,3. de Legibus senatusque consultis et longa consuetudine. *Th. C.* 5,12. de Longa consuetudine. *Cod.* 8,53. Quae sit longa consuetudo. (*Nov. 106.*) *)

§ *a.* Die unmittelbare Form der Existenz von Rechtsbestimmungen ist deren Anerkanntsein im nationalen Bewusstsein der Staatsmitglieder, deren Handlungen dadurch normiert werden sollen [1]. Dieses nicht in äußeren, zum Zweck es den Staatsmitgliedern als Rechtsvorschrift erkennbar zu machen, angewandten Formen, nicht durch (schriftliche oder mündliche) Bekanntmachung als Willensäußerungs-Norm kundgegebene Recht nennen deshalb die Römer 'ius quod sine scripto venit', 'ius non scriptum' [2], wir '**Gewohn**-

---

(*1*) *Ulp. L.* 6 § 1. *D. de iust. et iure* *1*,1. (cf. § 3. *I. de iure nat.* *1*,2.) „Hoc .. ius nostrum constat aut ex scripto aut sine scripto, ut apud Graecos *τῶν νόμων οἱ μὲν ἔγγραφοι, οἱ δὲ ἄγραφοι*". cf §§ 9. *sq. I. eod.* *L.* 2. §§ 5.12. *D. de orig. iur.* *1*,2. *Cic.* de partit. orat. *cap.* 37.

(*) Puchta § 7. Note 3. cit. Deff. Institt. §§ 12...18. Savigny Syst. §§ 12. 18. 25. ff.

(*1*) *Iul. L.* 32. § 1. *D. h. t.* *1*,3. „..ea quae sine ullo scripto populus probavit" .. „..tacito consensu omnium..", d. h. der gesammten Nation, nicht aller einzelnen Glieder derselben zu einer gegebenen Zeit. *Ulp.* § 4. „Mores sunt tacitus consensus populi, longa consuetudine inveteratus". (2) Die bloße schriftliche Abfaßung des ius non scriptum ändert dasselbe nicht in ius scriptum um (z. B. die Aufnahme eines gewohnheitsrechtlichen Satzes in ein wißenschaftliches Werk oder in ein publiciertes Urtheil, oder die Verzeichnung der Rechtsbücher des Mittelalters); denn das ius scriptum gilt, weil es durch eine dazu berechtigte Macht als Rechtsbestimmung in irgend einer Form, welche nicht nothwendig Schrift sein muß (z. B. öffentliches Ausrufen, oder, wie in manchen Gegenden Deutschlands Policeivorschriften mitunter durch bemalte Tafeln kund gemacht werden), erkennbar gemacht worden ist. Wol aber wird das Gewohnheitsrecht ius scriptum, wenn sein Inhalt durch die gesetzgebende Gewalt

heitsrecht', weil es, wie die Gewohnheit uns zur anderen Natur wird, aus der unmittelbaren nationalen Ueberzeugung von seiner verbindenden Kraft in den Handlungen hervortritt[3]; die consuetudo ist nicht die Quelle, sondern die Erscheinungsform dieses Rechtes, daher auch Erkenntnißmittel desselben, es bekundet und bewährt sich durch die Befolgung, den usus, als Recht. Hiemit soll nicht geläugnet, sondern zugleich angezeigt werden, daß diese Rechtsbewährung selbst auch eine Recht erzeugende und früher geltendes absorbierende Kraft habe: alle Kraftbewährung eines lebendigen Organismus ist wesentlich zugleich Erzeugung und Verzehrung der Kraft. α') (§§ 9.7.) Das Gewohnheitsrecht kann daher § b. auch nicht unmittelbar, durch Vorlegung und Auslegung eines Bekanntmachungsmittels, wodurch der Rechtssatz als ein solcher existent geworden wäre, wie das urkundliche Recht, sondern nur durch Beweis solcher Handlungen bewiesen werden, welche den Schluß auf die Existenz des gewohnheitsrechtlichen Satzes rechtfertigen β'). Diese Handlungen müßen als Erkenntnißmittel einer nationalen Rechtsüberzeugung nicht vereinzelte, zufällige, nicht bloße Aeußerungen subjectiver Willkür (+actus merae facultatis) sein, sie müßen bekunden, daß ihnen der fragliche Rechtssatz zum Grunde liege γ'); sie müßen, entsprechend der innerlichen Continuität einer

---

als Gesetz publiciert wird, wie Nov. 106. dazu ein Beispiel bietet. Dagegen wird das ius scriptum zum Gewohnheitsrecht, wenn es nur noch in so weit Geltung hat, als es im gemeinsamen Bewustsein der Nation fortlebt (wie es nach der fränkischen Zeit mit den deutschen Volksrechten und den Gesetzen der fränkischen Könige ergangen ist).

(3) *Iul. L. 32. § 1. D. h. t.* „rebus ipsis et factis populus voluntatem suam declarat“. *Alex. L. 1. C. h. t.* „.. ratio quae consuetudinem suasit, custodienda est ..“. s. Note β'.

(α') Eine Hauptschwierigkeit richtiger Auffaßung und Darstellung des Gewohnheitsrechts, die auch Puchta nicht besiegt hat, liegt in der Continuitat des Rechtsbegriffs als eines lebendigen Momentes der zugleich geistig und natürlich existierenden und lebenden Begriffe Nation und Staat. Indem wir das wirkliche Recht wißenschaftlich darstellen oder es im Leben wahrhaft anwenden, bilden wir es, im einzelnen meist ganz unmerklich, zugleich auch materiell fort: die wahre Reproduction und Application ist zugleich Production, wie wir bei Betrachtung ganzer Perioden der theoretischen oder praktischen Wirksamkeit wahrnehmen. Alles Wachsen ist zugleich ein Absterben und auch das Absterben ist als continuierliche Metamorphose eine Neugestaltung.

(β') § 118. Not. 1. cit. *L. 1. C. h. t.* „.. probatis his quae .. frequenter .. servata sunt ..“. *L. 3. eod.* „.. quod .. praestitum fuisse cognoscitur“. *L. 3. i. f. D. de testib.* 22, 4.

(γ') In der Bestimmung des s. g. Gew. Rechts als unmittelbarer nationaler Rechtsüberzeugung liegen auch diese beiden Erfordernisse: 1) der Rationabilität: das Recht ist Norm für die Willensäußerungen der Subjecte als vernünftiger, als der Staatsmitglieder (§§ 2. 128. *b.*); daher auch *Cels. L. 39. D. h. t.* „Quod non ratione introductum, sed errore primum, deinde consuetudine optentum est, in aliis similibus non optinet“;

nationellen Ueberzeugung, eine Continuität in der Erscheinung sein, also mehrere, seit ausreichend langer Zeit vorgekommene, jenen Schluß rechtfertigende, und insofern gleichförmige, und unversteckte, auch nicht durch solche, aus denen das Gegentheil des zu erweisenden Satzes zu schließen ist, unterbrochene oder seit so langer Zeit unterbliebene, daß auf desuetudo (s. Note 6.) zu schließen ist δ'). Ausdrückliche gerichtliche ε') oder legislatorische ς') Anerkennung einer

---

eine auf Irrthum gegründete Gewohnheit ist nicht Erscheinungsform eines Gewohnheitsrechts; 2) die s.g. opinio necessitatis: die Rechtsbestimmung ist als Norm für Willensäußerungen wesentlich ein allgemeines, nicht durch das bloße Belieben der Person gesetztes: ob ich den durch eine Rechtsbestimmung normierten Willen äußern will oder nicht, kann in meinem Belieben stehen; aber daß jene Rechtsbestimmung gelte, ist nicht durch mein Belieben bedingt. Das 'ius quod necessitas constituit' (*Mod.L.*40.*D.h.t.*) ist nach meiner Auslegung weder das auf Kaiserconstitutionen oder SCta beruhende, noch auch das ius gentium überhaupt (§ 92*.), sondern das auf die allgemeinmenschliche Sittlichkeit nach deren römisch-volksthümlicher Auffaßung gegründete, im Unterschiede von dem ius quod „firmavit consuetudo", dem Gewohnheitsrechte als Ausfluß der eigenthümlichen römischen Nationalsitte, den positiven mores maiorum, dem als Consequenz der historisch gegebenen römischen Staats- u. Rechts-Einrichtungen auf Grund nationaler Ueberzeugung rebus ipsis et factis sich bekundenden, ohne daß es der 'consensus' gemacht, der populus es als lex aufgestellt hatte: Modestinus bezeichnet also wol dieselben zwei Hauptformen mit doppelter Gliederung der zweiten, wie *Cic.*de part.orat.37. cf.*Id.*de inv.2,22.65. „[1] quae scripta sunt, [2] quae sine litteris aut [*a*] gentium iure aut [*b*] maiorum more retinentur". Ganz anders beruht z.B. die Monogamie, als die Beschränkung der Schenkungen unter Ehegatten auf mores maiorum.

(δ') *Ulp.* in Note 1. Ferner: „Sine scripto ius venit quod usus approbavit: nam diuturni mores consensu utentium comprobati legem imitantur". (§ 9. *I. de iure nat. 1*,2.) „Inveterata consuetudo pro lege non inmerito custoditur et hoc est ius quod dicitur moribus constitutum .." (*L.*32.§1.*D.h.t.*); „Diuturna consuetudo pro iure [d.h. scripto] et lege in his quae non ex scriptis descendunt, observari solet". (*L.*33.*eod.*); „Sed et ea quae longa consuetudine comprobata sunt ac per annos plurimos observata, velut tacita civium conventio non minus quam ea quae scripta sunt iura, servantur" (*L.*35.*eod.*); „.. consuetudinem aut rerum perpetuo similiter iudicatarum auctoritatem vim legis optinere debere" (*L.*38.*eod.*); „.. explorare quae consuetudo fuerit; nam si probabitur saepe ... plerosque evocatos, non esse dubitandum quin evocandi sint ..". (*L.*3.*i.f. D.de testib.*) „:.. quae .. frequenter .. servata sunt .." „.. et ne quid contra longam consuetudinem fiat ..". (*L.*1.*C.h.t.*); „Consuetudinis ususque longaevi non vilis auctoritas est .." (*L.*2.*eod.*); „.. instare veteribus institutis", „quae diu servata sunt, permanebunt" (*L.*1.*Th.C.h.t.*); „Leges quoque ipsas antiquitus probata et servata tenaciter consuetudo imitatur"; „perpetuae legis vicem optinere statuimus" (*L.*3.*C.h.t.*); „.. mos namque retinendus est fidelissimae vetustatis .." (*L.*4.*Th.C.de testam.4*,4.); „.. mos iudiciorum qui hac tenus optinuit .." (*L.*11.*C.de iniur.9*,35.); „.. pro consuetudine vetustissima et iugiter observata .. praebere iubemus ..". (*L.*3.*pr. C. de priv.schol. 12*,30.)

(ε') *Ulp.L.*34.*D.h.t.* sagt nur, eine contradicto aliquando iudicio firmata consuetudo bewähre sich eben dadurch, daß sie gerichtliche Anerkennung gefunden habe.

(ς') Daß ein mos regionis im Widerspruche mit einer geltenden lex keine giltige Rechtsnorm sei (*Pap.* in Note 6.), beweist weder das Erfordernifs legislatorischer Anerkennung eines Gewohnheitsrechts, noch daß dieses gegen gebietende

gewohnheitsrechtlichen Bestimmung als Erforderniss ihrer Giltigkeit aufstellen, ist ein die Geltung des Gewohnheitsrechts selbst läugnender Irrthum. Der Unterschied des Gewohnheitsrechts und des § c. urkundlichen oder publicierten ist ein formeller, die Form der Erkennbarkeit als geltender Rechtsnorm betreffender: beide können und sollen, jenes muß auf nationaler Ueberzeugung beruhen und ein geltender Rechtssatz kann sine scripto oder als scriptum ius entstanden sein[4]: beide haben gleiche Geltung und im Verhältniss zu einander abändernde oder aufhebende Kraft[5]: das Gewohnheitsrecht kann geschriebene sowol, als auch selbst gewohnheitsrechtliche Bestimmungen ganz oder theilweise aufheben (desuetudo), so wie es selbst oder urkundliches Recht durch solches letztere geändert oder aufgehoben werden kann[6]. Die Römer unterscheiden je nach den § d. Organen, aus deren Thätigkeit oder Handlungen das Gewohnheitsrecht zu erkennen ist, die eigentliche (longa, diuturna, inveterata, antiquitus probata) consuetudo, mores maiorum, das im unmittelbaren Nationalbewustsein gemeinsam lebende Recht γ'); die rerum perpetuo similiter iudicatarum auctoritas oder res iudicatae[7], das

---

und verbietende Gesetze aufkommen könne, sondern spricht nur aus, daß ein solcher mos regionis kein Gewohnheits r e ch t sei. (4) s. die Stellen in der Note zum vorigen §10. u. vgl. die zahlreichen Aeußerungen der vorstehenden Note δ'.: populus probavit, legem imitantur, pro iure et lege observari solet, velut tacita civium conventio *etc.*, *Paul.L.*36.*D.h.t.* „Immo magnae auctoritatis hoc ius habetur, quod in tantum probatum est, ut non fuerit necesse scripto id comprehendere“. (5) „vim legis, perpetuae legis vicem optinere; legem, leges imitatur; ne quid contra longam consuetudinem fiat; non minus quam scripta iura servantur, *etc.* in Nott. δ'. u. 4. (6) *Iul. L.*32.*i.f.D.h.t.* „.. rectissime etiam illud receptum est, ut leges non solum suffragio legislatoris, sed etiam tacito consensu omnium per desuetudinem abrogentur“. *L.*1.*Th.C.h.t.* „.. cum nihil per causam publicam intervenit..“. *L.*1.§1.*D.de interr.act.11*,1. „.. hodie non utimur ... in desuetudinem abierunt“. *Nov.*89.*c.*15.*pr.* „.. *διὰ τῆς ἀχρηστίας ἀνῄρηται* ..“. *Gai.1*,111. „.. hoc totum ius partim legibus sublatum est, partim ipsa desuetudine oblitteratum est“. In desuetudinem abire: *Gai.*2,103. (im Gegensatze des in usu retineri), 3,17. u. §3.*I.de libertin.1*,1. | *Iust.L.*1.*i.f.C.de usuc.transf.7*,31. „.. cum res dividi [in] mancipi et nec mancipi sane antiquum est et merito antiquari oportet..“. cf.§12. Note 10.| Daß nach Constantinus *L.*2.*C.h.t.* die consuetudo nicht rationem vincit aut legem, erklärt Savigny Syst.I.S.420.ff. nicht richtig; consuetudo bezeichnet hier nur die Gewohnheit als bloße Thatsache, nicht Gewohnheits r e ch t. vgl.*Pap.L.*1.*pr.D.de usufr.*22,1. „..ut legi non offendat“ [s. Note ς'.], *Cels.L.*39.*D.h.t.* in Note γ'. vgl. Puchta Vorl.I.Beil.1. (7) *L.*38.*D.h.t.* in Note δ'. cf.*L.*34.*eod.* *L.*1. *C.h.t.* *Cic.*Top.c.5. *Quintil.*Inst.or.5,2. Justinian in *L.*13.*C.de sentent.7*,45. „non exemplis, sed legibus iudicandum“ spricht nicht dem Gerichtsgebrauche derogatorische Kraft ab, sondern erklärt, daß frühere Entscheidungen nach vermeintlich geltenden Rechtsbestimmungen, Präjudicien in d.S. (cf.§131. Note 13.), den Richter weder verpflichten noch berechtigen, bei nunmehr nach erkannter Ungegründetheit des

durch die continuierliche Gleichmäßigkeit der gerichtlichen Erkenntnisse sich bekundende; und die auch die disputatio fori[8] befaßende prudentium auctoritas oder das ius civile in diesem Sinne[9], das durch die sonstige Thätigkeit des Juristenstandes[10], besonders auf
§ e. dem Wege der Wißenschaft ζ) entstandene. Das ius non scriptum

---

in den früheren Urtheilen angewandten Rechtssatzes, zu entscheidenden Rechtssachen denselben Satz anzuwenden. (8) *Pomp. L.* 2. § 5. *D. de O. I.* 1,2. „His legibus [XII tabb.] latis coepit, ut naturaliter evenire solet ut interpretatio desideraret prudentium auctoritate[*m*], necessariam esse [Haloander: necessariamque] disputationem fori". *Cic.* Top. *c.* 14. „.. in respondendo disputationes". Zimmern R.G. I. 1. S. 57. ff. Puchta Inst. § 76. Note *l*. (9) *Pomp. l. c.* „Haec disputatio et hoc ius quod sine scripto venit compositum a prudentibus, propria parte aliqua non appellatur..., sed communi nomine appellatur ius civile", d. h. es führt sammt den leges u.s.w. den Namen ius civile. *Pomp.* ibid. §§ 6. 8. 12. „.. proprium ius civile quod sine scripto in sola prudentium auctoritate consistit". *Iul. L.* 11. *D. h. t.* „interpretatione statuendum est". *Gai.* 1,2.7. cf. § 12. Note 5. § 96. Note 3. Hierauf gehen vorzugsweise die häufig vorkommenden Formen 'receptum est', 'placuit', 'optinuit', auch wol 'hoc iure utimur' u. dgl. (*Thierbach* Hoc iure utimur. Lps. 1819. 4°.) (10) Die bei uns üblichen Beuennungen 'Herkommen, Gerichtsgebrauch, Observanz, Curialstil, Präjudicien, Praxis' werden auch zur Bezeichnung von Formen des Gewohnheitsrechts gebraucht, wozu sie aber nur insofern gehören, als sie Kundgebungen eines nationellen Bewustseins von der verbindenden Kraft einer Norm in Handlungen fingierter Personen, Corporationen, Gemeinden, Behörden, Gerichte u. dgl. sind (*Iust. L.* 12. § 5. *C. de R. C.* 4,1. „.. observationem iudicialem permanere censemus .."; *Zeno L.* 11. *C. de iniur.* 9,35. „.. in ceteris mos iudiciorum qui hactenus optinuit, in posterum servetur intactus". *Alex. L.* 4. *C. de sentent.* 7,45. „.. contra solitum iudiciorum ordinem .. non optinere .."); nicht aber sofern sie bloß ungeschriebene autonomische Normen für die Wirksamkeit der fingierten Personen oder die Willensäußerungen ihrer Mitglieder als solcher sind: das Herkommen, die Observanz, Gerichtsgebrauch u.s.w. in diesem letztren Sinne ist eben so wenig Gewohnheitsrecht, eig. ius non scriptum, als die geschriebenen autonomischen Bestimmungen einer Corporation, die Statute, ius scriptum oder auch Nichtcorporationsmitglieder bindende Rechtsvorschriften sind. Auch die physische Person kann ihre autonomischen Maximen oder Normen ihrer Willensäußerungen, gewohnheitliche oder schriftlich verzeichnete, haben, ist aber an sie nur als an von ihr selbst, nicht als für sie vom Staat aufgestellte Gesetze gebunden.

(ζ) Puchta (Inst. § 18. Pand. § 16.) will ein 'Recht der Wißenschaft' neben das urkundliche und das Gewohnheits-Recht als eine dritte coordinierte Rechtsquelle setzen; aber 'die Sätze, welche aus den Principien des bestehenden Rechts mit innerer Nothwendigkeit folgen', sind ihrem Inhalte nach mit diesen Principien identisch; sonach ist das von Puchta s. g. Recht der Wißenschaft, wofür beßer die übliche Bezeichnung 'Doctrin', 'Theorie' beibehalten wird, soweit es 'productiv', materielle Fortbildung des Rechts, Hervorbringung neuer Rechtssätze ist, nur eine Form des Gewohnheitsrechts, Kundgebung der nationellen Rechtsüberzeugung durch dasjenige Organ des Staatswillens, welches die Rechtsbestimmungen in ihrer begriffmäßigen Einheit als historisch gewordene, in dogmatischer Gliederung verbundene, auffaßt und darstellt, durch die Rechtswißenschaft; soweit es dagegen 'receptiv', formelle und interpretative Fortbildung ist, zu welcher auch die Geltendmachung der Analogie (§ 96. *c.*) gehört, ist jenes 'Recht der Wißenschaft' eine Seite der Rechtsanwendung, gleich dem s. g. Juristenrecht oder der Praxis, sofern sich durch diese nicht gewohnheitsrechtlich entstehende neue Rechtsbestimmungen, sondern nur Anwendungen des schon bestehenden ius non scriptum

der Römer können wir nur noch mittelbar erkennen, soweit es entweder später urkundliches Recht (z. B. durch Aufnahme in das prätorische Edict, die responsa prudentium oder Kaiserconstitutionen [9']) geworden ist, oder uns Bestimmungen desselben in Schriften oder sonstigen Denkmälern überliefert sind.

2. Ius scriptum *. a. Die römischen Formen.

§. 12. α. Das gemeinschaftliche.

Gai.1,2. § 3. I. de iure naturali 1,2. Pap. L.7.pr. D. de iust. et iure 1,1. Dositheus de manumissionibus. §§ 1...3.

Ius scriptum, geschriebenes, urkundliches, publiciertes Recht § a.
ist das durch Kundmachung in einer äußeren Form (welche regelmäßig schriftliche Aufzeichnung ist) geltende [1]. Auch dieses Recht [2] classificieren die Römer nach den es aufstellenden rechtsbildenden Organen, wie diese nach der römischen Staatsverfaßung zu verschiedenen Zeiten berechtigt waren positives Recht zu machen [3]. Hiernach unterscheiden die Institutionen [4] als Quellen oder Formen des geschriebenen Civilrechts leges und plebi scita, senatus consulta, constitutiones principum, magistratuum edicta, responsa prudentium [5]. Die älteste dieser Formen, der Volksschluß, lex, war § b.

---

oder scriptum kund geben. Und eben dieselbe Bedeutung hat 'das Ansehen bewährter Rechtslehrer'. vgl. oben Note *d*. (9') vgl. *Cic.* de inv. 2,22,67. *L.2.§12.D.de O.I.* auf S.18.Z.15. *Iustinian.Nov.*106.| Es liegt in der Natur des Gewohnheitsrechts der Drang, sich auch in der Form von Rechtssprichwörtern, Rechtsparömien, eine Erkennungsform zu verschaffen. Auch in den römischen Rechtsquellen finden sich dergleichen, bisher zu wenig berücksichtigt. vgl. Puchta Gew.R. II. S.148...50.

(*) Puchta Die Quellen des röm.R. (1843.) *in* deff.'Kleine civ.Schriften' herausg.v.Rudorff. Lpz.1851.8°. n°.xxxvi. Deff.Institt.§§ 74...83.96...117.

(*1*) Wesentlich ist also allerdings, daß das die Rechtsbestimmung verkündende Subject ein rechtsconstituierendes Organ des Staates, eine zur Aufstellung von Rechtsnormen berechtigte Macht sei; die Prätoren und die iuris consulti, wenigstens seit Augustus, konnten nach röm. Staatsrechte zwar nicht Gesetze, leges, wol aber ius, positive Rechtsbestimmungen, machen (z. B. *Ulp.L.*23.*D.qui test.*28,1. „utroque iure tam civili quam praetorio" und §17.Note 11). Daß die Entstehung eines Gewohnheitsrechts mit einer schriftlichen Aufzeichnung desselben verbunden sei, ist undenkbar; geht eine schriftlich aufgezeichnete Bestimmung in Gewohnheitsrecht über, so entsteht sie als positive Rechtsbestimmung nicht durch jene Aufzeichnung, sondern durch die gemeinsame Ueberzeugung der Nation von ihrer verbindenden Kraft. (2) vgl.§11. (3) Nicht nach seinem Inhalte, wie z. B. unsere Eintheilungen „bürgerliches Gesetzbuch, Strafgesetzbuch" u. dgl. Aber auch in den heutigen Staaten kommen Classificationen des ius scriptum nach der rechtsconstituierenden Gewalt vor, z. B. Gesetze, Cabinets-Ordres, Ministerial-Verfügungen; lois, ordonnances, arrêts; acts of the parliament, proclamations u.dgl. (4) *Gai.1*,2. § 3.*I*.cit. (5) *Pap.* l.c. nennt statt der ***responsa*** die allgemeinere, auch eine Form des Gewohnheitsrechts befaßende ***auctoritas*** prudentium (§ 11. zu Note 9.); *Pomp.* (cit.Note 9.) das ius civile als prudentium interpretatio.

ursprünglich neben dem Gewohnheitsrechte die einzige, in welcher allgemein- (für den ganzen römischen Staat) giltige Rechtsvorschriften aufgestellt wurden; allmählich kamen die anderen Formen mit gleicher Bedeutung hinzu; nur die magistratuum edicta waren nicht lex, noch hatten sie legis vicem, indem der magistratus nicht allgemein und für alle Zukunft giltige Rechtsvorschriften aufstellen, sondern nur edicieren konnte, wie er Rechtsbestimmungen zur Anwendung bringen werde; die verbindende Kraft seiner edicta erstreckte sich daher auch nicht über die Zeit und das Gebiet seines imperii hinaus[6].

§ *c.* Die Eintheilungen der Rechtsbestimmungen nach dem Umfange ihrer Giltigkeit in generelle und specielle[7], nach ihrem Grunde in ius commune und singulare[8], nach ihrer Absicht in gebietende, verbietende und erlaubende[9], u. dgl. beziehen sich nicht bloß auf das ius scriptum. Auch die von den Römern vorzugsweise auf die leges angewendeten Bezeichnungen der Wirksamkeit einer neueren Rechtsbestimmung im Verhältnisse zu einer älteren, abrogare, derogare, (exrogare), subrogare, obrogare[10], sind allgemeiner Natur (§ 11. *c*).

§ *d.* Erhalten ist uns von dem ius scriptum der Römer in der ursprünglichen Form verhältnismäßig nur wenig[11]. § *e.* Die Sprache der römischen Rechtsquellen ist, mit geringen Ausnahmen, bis zum

---

(6) Diesen Unterschied des ius honorarium von dem civile hat Savigny (Syst. I. S. 116. ff.) erklärt. cf. Puchta Inst. I. § 82. Analog dem der Bestimmungen, welche ipso iure (als lex oder legis vicem oder vim habende) und denen, die nur tuitione oder iuris dictione praetoris wirksam werden, ist auch der zwischen den legitima iudicia und denen quae imperio continentur (*Gai. 4*, 103. *sqq. Keller* Röm. Civilproc. Lpz. 1852. 16°. §§ 45. 70. vgl. *Gai. 1*,. 3. 4. 5. 7. 83. *4*, 118. *L.* 14. *D. de condic. inst.* 28, 7.

(7) s. § 94. Note 8.

(8) s. § 94. *a.*

(9) *Mod. L. 7. D. de LL. 1*, 3. „Legis virtus haec est, imperare, vetare, permittere, punire“. *Cic.* de inv. 2, 49. §§ 145. *sq.* „..ultra lex iubeat aliquid, utra permittat ... deinde utra lex iubeat, utra vetet ..“. cf. *Auct. ad Herenn.* 2, 10. § 15. s. unten § 69. Note 20. u. § 93.

(10) *Ulp.* (ante tit. I.) § 3. „Lex aut *rogatur*, id est fertur; aut *abrogatur*, id est prior lex tollitur; aut *derogatur*, id est pars prima[e] tollitur; aut *subrogatur*, id est adicitur aliquid primae legi; aut *obrogatur*, id est mutatur aliquid ex prima lege“. cf. *Mod. L.* 102. *D. de R. I.* „Derogatur legi aut abrogatur ..“. *Paul. Diac.* ex Festo hat auch '*exrogare*, ex lege aliquid eximere per novam legem', also was auch er selbst derogare nennt.

(11) Außer den zu den ff. §§. anzuführenden Werken sind hier zu nennen *Barn. Brissonii* de formulis libri 8., zuletzt ed. Bach. Lips. 1754. fol., und die von Haubold angelegte, nach dessen Tod von Spangenberg äußerst unsorgfältig edierte Sammlung Antiquitatis Romanae monumenta legalia extra libros iuris Rom. sparsa. Berol. 1830. 8°. Nicht empfehlenswerth ist *C. Zell* Delectus inscriptionum Romm. Hdlb. 1850. 8°. dessen pagg. 204. sqq. hierher gehören. Das Bonner Corpus iuris anteiustiniani soll alles von dem röm. ius scriptum erhaltene befaßen.

Untergange des abendländischen Reiches die lateinische [12]; von da an und besonders unter Justinian kommt die griechische oder byzantinische [13], mit häufiger Einmischung aus dem Latein entnommener Kunstwörter, in immer ausschließlicheren Gebrauch.

β. Die einzelnen Formen des ius scriptum †.

§. 13. α. Leges (und plebi scita).

Ulp. §§ 1...3. *Dig.* 1,3. ad § 11. cit. *Cod.* de Legibus et constitutionibus principum et edictis 1,14. | *Gai.* 1,3. § 4. *I. de iure nat.* 1,2. *

Lex (Volksschluß) bezeichnet bis in die Kaiserzeit ausschließlich das von der Versammlung der römischen Staatsbürger genehmigte Gesetz. § a. Nach den drei verschiedenen Formen der römischen Volksversammlungen, comitia, gab es auch dreierlei Formen der leges: 1) *curiatae*, von dem rex oder einem (anderen) magistratus populi Rom. in Antrag gebrachte, und von den nach den dreißig curiae, in welche die drei alten Stämme, tribus, des populus (ursprünglich nur Patricier) abgetheilt waren, versammelten Vollbürgern genehmigte. Diese Form, vor der Verfaßuug des Servius Tullius die einzige, verschwindet dann immer mehr und erhält sich, zum Theil bis in die frühere Kaiserzeit, obgleich nur noch dem Scheine nach, zur Sanction gewisser politisch-religiöser Rechtsanordnungen [1]. 2) Die *centuriatae leges* sind die von den centuriae, den Unterabtheilungen der fünf servianischen Census-

---

(12) Durch *Dirksen* Manuale Latinitatis fontium iur. civ. Berol. 1837. 4°. sind nun das Wörterbuch des *Brissonius* (De verbor. quae ad ius civ. pertinent significatione, zuletzt ed. Böhmer. Hal. 1743. fol.) und die Additamenta dazu von *Wunderlich* (Hamb. 1778. fol.) großentheils entbehrlich geworden. H. G. Heumann Handlexicon zum Corp. iur. civ. Jena 1846. ed. II. 1852. 8°. (13) Ein allgemeines lexicographisches Werk für die byzantinische Rechtssprache haben wir nicht; *Io. Meursii* Glossarium Graeco-Barbarum ed. II. L. B. 1614. 4°. (wozu unbedeut. Nachträge von Metrophanes Critopulos ed. *Franz.* Stendal. 1787. 8°.) und *C. Dufresne dñi du Cange* Glossarium ad scriptores mediae et infimae Graecitatis. Lugd. 1688. II. fol. leisten vieles; besonders gehören hierher die juristischen Worterklärungen, *λέξεις Ῥωμαϊκαί*, Glossae nomicae (ed. *Labbé*. Paris. 1606. 8°., auch in der Valpy-Ausg. des Thesaur. ling. Gr. von Stephanus. Lond. 1825. fol. tom. VIII. und in *Otto*nis Thes. iur. Rom. tom. III.). Zu einzelnen Schriften giebt es treffliche Glossaria, so das von G. O. Reitz in seiner Ausgabe des Theophilus. (Hag. Com. 1751. 4°. p. 1247. sqq.)

(†) In einer Reihe von Artikeln im Leipziger Repertorium der Literatur 1843...45. behandelt *G. E. Heimbach* ausführlich „Was haben die Quellen des R. R. durch die krit. Bestrebungen der neueren Juristen gewonnen?"

(*) Hugo R. G. 11te Ausg. Berl. 1832. S. 371. ff. 709. ff. Zimmern R. G. I. §§ 20. ff. Klenze Lehrb. d. Gesch. des R. R. 2te Ausg. 1835. 8°. S. 20. ff. Puchta Inst. §§ 74. 106. ff.

(1) Ertheilung des imperii, arrogationes, Testamentserrichtung und sacrorum detestatio.

Classen, genehmigten; sie erhalten in der früheren Republik immer vorwiegendere Wichtigkeit, verschmelzen aber zu Ende jener mit den 3) *Plebi scita*[2], welche ursprünglich rein plebejische Form von Gesetzen, von einem plebejischen Magistrat in Antrag gebracht, und von den der Zahl nach wechselnden Bezirks-*tribus* (30, 20, 19, und so wieder aufwärts bis 35) genehmigt, seit der Mitte des fünften Jahrhunderts der Stadt (s. § 14. Note *a.*) für alle Staatsmitglieder verbindliche Kraft erhalten hatte. Mit dem ersten Jahrhundert nach Christus verlieren sich die letzten bemerkenswerthen Spuren von leges gänzlich.

§ *b.* Benannt wurden die leges bald nach den Gegenständen, auf welche sie sich bezogen[3], bald nach den Gentilnamen des oder der magistratus, welche das Gesetz in Antrag gebracht, legem rogaverant[4]; häufig werden beide Bezeichnungsarten mit einander verbunden[5]. Dasselbe Gesetz wird, jenachdem verschiedene Kapitel[6] oder Beziehungen[7] desselben in Betracht kommen, auch wol verschieden bezeichnet; und umgekehrt werden zuweilen verschiedene leges über denselben Gegenstand nur zusammen genannt[8]. Vorzugsweise heißen oft die, auch in der Art ihrer Bezeichnung eine Aus-

(2) Plebi (= plebei) scita, nicht plebis scita, noch auch ist plebi Genitiv eines Nominativs plebus, der wol nie existiert hat. (3) z. B. Lex agraria, frumentaria, annonaria; iudiciaria, tabellaria; fenebris; theatralis, sumptuaria, cibaria; testamentaria, nummaria u.dgl.; oder mit vorgesetzter Präposition, z. B. lex de provocatione, de donis et muneribus, de circumscriptione adulescentium, de maritandis ordinibus (de adulteriis, de fundo dotali), de vi, de sicariis, de falsis, u.dgl.; oder mit dem Genitiv des den Hauptinhalt bezeichnenden Substantivs, z. B. maiestatis, peculatus, repetundarum. (4) z. B. Lex Licinia Sextia, L. Valeria Horatia; Lex Publilia (Philonis), L. Hortensia, L. Maenia; die Plebiscite L. Canuleia, L. Aquilia u.dgl. Zur Unterscheidung verschiedener Gesetze, die von Mitgliedern derselben gens rogiert sind, wird oft der Familienname hinzugefügt, z. B. L. Servilia Caepionis, L. Servilia Glauciae, L. Servilia Rulli, L. Iulia Caesaris und Augusti. (5) z. B. L. Licinia Sextia fenebris und agraria, L. Valeria Horatia de provocatione, L. Cincia muneralis oder de donis et muneribus, L. Plaetoria de circumscriptione adulescentium, L. Cornelia de sicariis, L. Iulia maiestatis u. a. | Auch wichtige Zahlenbestimmungen eines Gesetzes werden mitunter zu dessen Bezeichnung gebraucht, z. B. L. de vicesima oder decima hereditatium als L. vicesimaria, decimaria; so nennt Plautus wegen des darin festgesetzten 25jährigen Termins der Minderjährigkeit die L. Plaetoria „quina vicenaria". s. § 38. Note 19. (6) z. B. Lex Iulia de adulteriis und de fundo dotali, L. Voconia de mulierum hereditatibus und de legatis u. dgl. Auch nach der L. Caecilia Didia (a. 656.), ne leges per saturam ferrentur, kommen leges vermischtes Inhalts vor; nur durfte nun eine solche lex nicht mehr mit éinemmale angenommen oder verworfen werden. (7) z. B. die L. Cornelia de falsis auch als testamentaria und nummaria. (8) z. B. Lex Iulia et Plautia (de usu capione rerum vi possessarum), L. Iulia et Titia (de tutoribus dandis), L. Iulia et Papia Poppaea.

nahme bildenden, leges oder lex duodecim tabularum (a. u. [292...]
303. 304.), und bei den Pandektenjuristen auch die augustischen
Lex Iulia et [lex] Papia Poppaea (a. u. 726...762 ?) 'leges' schlecht-
hin. Die Volksschlüße, durchgängig mit großer Genauigkeit ab- § c.
gefaßt[9], wurden regelmäßig auf Erz- oder Bronze-Tafeln einge-
graben, und einiges davon ist uns noch in ursprünglicher Gestalt
erhalten[10], anderes hat man anderswoher zu restituieren versucht[11].

---

(9) Im Eingange wird angegeben, welcher magistratus den Antrag bei dem populus oder der plebes gemacht, daß (später auch wo und wann) das Volk darüber abgestimmt, welche Abtheilung (curia, centuria oder tribus) zuerst gestimmt habe (principium fuit), und wer zuerst aus dieser Abtheilung. Dann folgte der eigentliche Inhalt der lex, der bei längeren oder verschiedene Bestimmungen umfaßenden in Abtheilungen, capita, gebracht war. Den Schluß machten Formeln über die Befolgung des Gesetzes, daß dasselbe nicht verfaßungswidrige Aenderungen treffe, Zuwiderhandlungen nichtig seien, und auch wol Strafandrohungen gegen dessen Uebertreter, sanctio. s. § 93.*d.* (*10*) s. hauptsächlich *Ant. Augustini* (Agustino) de legibus et SCtis lib. c. notis Fulvii Ursini, Rom. 1583. 4°. und öfters gedruckt, die haubold-spangenbergsche § 12. Note 11. angef. Sammlung, *C. W. Göttling* Fünfzehn röm. Urkunden. Halle 1845. 4°. Sehr brauchbar ist *Baiter* Index legum Romanarum quar. ap. Cic. eiusq. scholiastas, it. ap. Liv., Vell. Paterc., A. Gell. nominatim mentio fit, in Onomastic. Tullian. part. 3. Turic. 1838. 8°. Auszuzeichnen sind außer der bantinischen Tafel, wovon unten § 25. Note 11*a.*, die Bearbeitungen der Lex Servilia (Glauciae, a. u. 648...54.) von *Klenze*, Berol. 1825. 4°. und die von ihm begonnene der Lex Thoria (agraria a. 643.), von Rudorff vollendete, in der Ztschr. für gesch. R. W. X. n°. 1., welche bei Haubold-Spangenb. a. a. O. ganz verkehrt zusammengestellt ist; beide bei *Göttling* p. 30. sqq. (vgl. *Huschke* in Krit. Jahrbb. Lpz. 1841. p. 579. ff. u. bes. *Mommsen* üb. das thor. Ackergesetz in 'Berichte .. der Gesellsch. der Wften zu Lpzg. 1850. 8°. p. 89...101.); die der Lex (Antonia?) de Termensibus a. u. 682. (Dirksen Versuche n°. 4. *Göttling* p. 12. sqq.); ferner der L. Iulia municipalis v. 709. (Savigny, der röm. Volksschl. der Tafel von Heraclea, in Ztschr. f. g. R. W. IX. n°. 11.) oder Tabula Heracleensis von *Dirksen* (Observatt. ad tab. Heracl. part. alteram. Berol. 1817. 8°. und Civilist. Abhandll. II. n°. 2.) und *Marezoll* fgm. legis Rom. in tab. Heracl. Gotting. 1816. 8°., *Göttling* p. 59. sqq.; die der Lex Rubria de Gallia cisalpina a. 711. von *Dirksen* (Obss. ad selecta capp. legis Gall. cisalp. Berol. 1812. 4°.) und Puchta (Ztschr. f. g. R. W. X. n°. 2.), insbes. *F. Ritschl* Legis Rubriae pars superst. Bonn. 1851. 4°. (musterhaft), dazu: Rhein. Mus. für Philol. 1852. 8°. S. 298. ff. 448. ff.; der Lex Mamilia de coloniis in Schriften der röm. Feldmesser I. p. 263. sqq. *cf.* Rudorff (Ztschr. f. g. R. W. IX. n°. 12., *Mommsen* in den citt. Schriften der röm. Feldm. II. p. 221. sqq.); die der Lex de imperio Vespasiani von *Cramer* (de vita et legisl. Vespasiani. Ien. 1785. 8°.), *Göttling* p. 29. sqq. und anderer. vgl. *Heimbach* l. c. III. S. 6. ff. (*11*) So z. B., um die wichtigsten hervorzuheben, 1) die leges regiae: H. E. Dirksen Versuche. Lpz. 1823. 8°. n°. 6. 2) Die zwölf Tafeln: *Iac. Gothofredi* quatuor fontes iur. civ. Genev. 1653. 4°. (u. ö., auch in Otton. Thesaur. iur. civ. vol. III.), Dirksen Uebersicht der Versuche zur Kritik und Herstell. der 12 T. Fragmente. Lpz. 1824. 8°., und der Abdruck dieser Restitution in *Zell* legg. XII tabb. fgm. Friburg. 1825. 4°. s. auch *Haubold* Institutionum ... lineamenta ed. Otto. Lps. 1826. 8°. in Append. p. 3...10. und [*den Tex*] Fontes tres iur. civ. antiqui. LL. XII tabb. L. Iul. et P. P. et Edicti perpetui fragmenta. Amst. 1840. 8°. 3) Die Lex Iulia de adulteriis: *I. G. Hoffmann* ad L. Iul. de adult. Ff. ad Viadr. 1732. 4°. 4) Die Lex Iulia et Papia Poppaea: *I. Balduinus* de L. Iul. et P. P. in Heineccii Ius Att. et Rom. tom. I., *Iac. Gothofredi* quatuor fontes, *Ramos del Manzano* in Meerman. The-

§. 14. b. Senatus consulta.

Dig. de LL. et SCtis *et c. 1*,3. ad § 11. cit. *Cod.* de Senatus consultis *1*,16. | *Gai. 1*,4. § 5. *I. de iure naturali 1*,2. *

§ a. Die Beschlüße der, ursprünglich auf die Curieneintheilung der Staatsbürger gegründeten repräsentativen Versammlung, des Senatus, die Senatus consulta, waren anfänglich, wie schon der Name andeutet, nicht Formen zur Aufstellung neuer Rechtssätze, sondern theils Vorbereitungen hiezu, theils administrative Verfügungen [1]. Mit der Anerkennung der Allgemeinverbindlichkeit der plebi scita durch die lex Hortensia α') hob sich andererseits auch die Wirksamkeit der SCta [2], und schon die lex Iulia municipalis (§13. Note 10.) und Cicero [3] stellen sie, neben den leges, zum ius civile; Gaius [4] erwähnt, daß sie nun, obgleich es früher bestritten gewesen (d. h. ein Verfaßungsstreit darüber geführt worden) sei, legis vicem hätten. Schon vor β') und unter Augustus kommen SCta privatrechtliches Inhalts vor; dergleichen werden in dem Maße häufiger und wichtiger, als die leges im alten Sinne verschwinden; später als diese verliert sich die frühere Bedeutung der SCta in der Form der kaiserlichen Constitutionen allmählich (im 3. Jahrh. n. Chr.) ganz; schon frühe wird die oratio principis als das rechtconstituierende Moment des SCti statt dieses selbst genannt γ'); seit Severus

---

saur. tom. V., *I. G. Heineccius* ad L. Iul. et P. P. Amstel. 1726. u. ö., zuletzt Lips. 1778. 4°. vgl. überh. *Haubold* Institutiones iur. Rom. litterar. Lips. 1809. 8°. p. 297. sqq. | Bearbeitungen römischer leges, welche nicht auf Restitution des Textes gerichtet sind, besitzen wir viele und darunter musterhafte.

(*) Hugo R. G. 11. Aufl. S. 406. ff. Zimmern R. G. I. 1. §§21. a. E. ff. Klenze R. R. G. S. 45. ff. Puchta Inst. §§75. 106. (1) *Dionys. Hal. 9*,37. (p. 439.) läßt (a. u. 283.) die Consuln den die Ausführung eines SCti in Anspruch nehmenden Plebejern opponieren, die SCta seien keine leges, die für alle Zeit gölten, sondern nur Anordnungen von einjähriger Dauer. (α') a. u. 467. *Gai. 1*,3. §4. *I. de iure nat. 1*,2. *Liv.* Epit. 11. *Plin.* H. N. *16*,10. *Gell. 15*. 27,4. (2) *Pomp. L.* 2. § 9. *D. de O. I. 1*,2. *Theophil.* ad §§ 5. 6. I. de iure nat. *1*,2. Dirksen üb. Harmenopul (in Abhh. der Berlin. Acad. 1847.) S. 6. f. (3) *Tab. Heracl.* ✝. 72. „LEG. PL. VE. SC. S. VE. C.", d. h. „lege plebive scito senatusve consulto". *Cic.* Top. c. 5. cf. de Legibus 2,6. *Id.* ap. Ascon. in Cornelian. (ed. Baiter. p. 67. sq.) „Quattuor omnino genera sunt, in quibus per senatum more maiorum statuatur aliquid de legibus: unum est eius modi *Placere legem abrogari*..; alterum *Quae lex lata esse dicatur, ea non videri populum teneri*; ... tertium est *de legum derogationibus* [quartum est Ut quis legibus solveretur]". *cf.* Puchta l. c. (4) *Gai. 1*,4. „Senatus consultum est quod senatus *iubet* atque *constituit*; idque legis vicem optinet, quamvis fuit quaesitum". cf. *Ulp. L. 9. D. de legib. 1*,3. „Non ambigitur senatum ius facere posse". [Daß aber *Gai. 1*,85. das claudian. SC. als lex bezeichne, wie u. A. auch Puchta Inst. §106. Not. *d* meint, ist Irrthum.]

(β') z. B. a. u. 577. *Liv. 41*,9. (γ') *Gai. 2*,285. „.. ex oratione .. Hadriani SC. factum est ..". *L. 9. D. ad SC. Tert.* 38,17. „.. oratione cavetur ..". *Ulp. 26*,7.

Alexander kommen keine mehr vor: die von Kaiser Leo (Novell. 78.) zu Ende des 9. Jahrh. n. Chr. aufgehobene Gesetzgebungsgewalt des Senats hatte eine von der eigentlich römischen durchaus verschiedene Bedeutung: schon im J. 446. hatten die Kaiser erklärt, allgemeine Gesetze nur nach Berathung der obersten Behörden und des Senats erlaßen zu wollen[5].

Die SCta werden bald nur nach ihrem Inhalte bezeichnet[6], § b.
bald nach dem Namen eines der Consuln, welche „senatum consuluerunt“[7], oder des Kaisers, von dem der Antrag ausgegangen[8], oft werden beide Bezeichnungsweisen miteinander verbunden[9]. Nur das SC. Macedonianum (a. u. 800.) hat seinen Namen von der Privatperson, deren Verbrechen Veranlaßung zu dem Beschluße geworden war. Die Form der SCta unterscheidet sich von der der leges wesentlich durch die indirecte Abfaßung[10].

Von den für das Privatrecht wichtigen Senatusconsulten ist § c.
uns auf Originalbronzetafeln nichts erhalten, desto mehr durch Schriftsteller[11].

„.. oratione in senatu recitata id actum est ..“. *Id.24*,28. „..a senatu auctore Hadriano constitutum est ..“. *Id.L.8.D.de transact.*2,15. „.. oratione in senatu recitata“ u. dann oft „oratio“. *Paul.L.*60.*D.de R.N.23*,2. abwechselnd Orationis u. SCti. *Ulp.LL.*23.32.*D.de don.i.v.et ux.24*,1. „.. oratione in senatu recitata auctor fuit senatui censendi“ u. dann oft oratio. vgl. *Ulp.L.*1.*i.f.D.de off.quaestor.* *1*,13. Zimmern R.G.I. § 23. (5) *Theod.et Valent.L.*8.*C.de legib.1*,14.
(6) z.B. SC. de Bacchanalibus, de usufructu earum rerum quae usu consumuntur aut minuuntur, de adsignandis libertis u.dgl. (7) z.B. SC. Silanianum, Libonianum, Velleianum u.s.w. (8) z.B. SC. Neronianum, mehrere SCta Claudiana, SC. Hadriano auctore oder ex auctoritate d. Hadriani factum u. dgl. Seit die Anträge der Kaiser im Senate immer nur genehmigt wurden, bezeichnete man auch ein SCtum geradezu als 'Oratio' des Kaisers.
(9) z.B. SC. Silanianum de publica quaestione a familia necatorum habenda, SC. Velleianum de mulierum intercessionibus u.dgl. (10) Der Eingang enthält ebenfalls Angabe des oder der magistratus, welche den Antrag (der aber hier nicht, wie bei der lex, vorher promulgiert war, und nicht, wie eine lex, nur genehmigt oder verworfen, sondern über welchen berathen und abgestimmt wurde) gemacht, senatum consuluerunt, wann und in welchem Tempel, und wer zugegen gewesen. Der dispositive Theil, der hier nie in Kapitel zerfällt, beginnt regelmäßig de ea re ita censuerunt, ut oder ne u. s. w., oder die Willensmeinung des Senats wurde durch die Formen 'placere oder non placere senatui, senatum velle et aequum censere, existimare, arbitrari, senatui videri' ausgedrückt. Nur bei SCtis über öffentliche Angelegenheiten wurde wol die besondere Sanction hinzugefügt, daß das dem SC. zuwiderlaufende contra rem publicam u. dgl. sei, z.B. *Auctor.ad Herenn.1*,12. (11) Das einzige in ursprünglicher Gestalt vollständig erhaltene, 1640. in Calabrien gefundene SC. oder eigentlich Consularedict an die foederati in Folge jenes SCs ist zugleich das älteste uns genau bekannte, das SC. de Bacchanalibus (a.u.568.); ein schönes Facsimile dieser schönen Bronzetafel findet sich in *Endlicher* Catalog.codd. MSS. bibl. Palat. Vindob. 1836. 4°. s. auch *Göttling* 15 röm. Urkk. p.27. sqq.] Die

§. 15. c. Constitutiones principum.

Dig. de Constitutionibus principum *1*,4. *Th.C.* de Constitutionibus principum et edictis *1*,1. *Cod.1*,14. ad §13.cit.| *Gai.1*,5. §6. *I. de iure naturali 1*,2. | *Notitia Dignitatum* capp. XI.XVII.*IX.*XVI. †

Die Stellung der kaiserlichen Verordnungen zwischen älteren Rechtsquellen, Senatusconsulten und Edicten der magistratus, wie sie sich in beiden Institutionen findet, ist wol dadurch zu erklären, daß schon in der frühen Kaiserzeit diese Form der Aufstellung allgemein verbindlicher Rechtsvorschriften die Bedeutung der alten leges und der SCta in sich aufgenommen hat [1]. Seit dem ersten Jahrhundert unserer Zeitrechnung werden die Benennungen 'lex' und 'senatus consultum' zuweilen miteinander vertauscht, und bald die orationes principum statt der senatus consulta genannt (§ 14.); nach dem Verschwinden der leges und senatus consulta sind die kaiserlichen Constitutionen die einzige übrige Form des ius scriptum mit Gesetzeskraft, und nach dem Sprachgebrauche der späteren Kaiserzeit heißen die nicht durch Juristenschriften überlieferten constitutiones principum '*leges*', im Gegensatze der juristischen Schriften, des '*ius*' (§ 17.). Schon Octavianus hatte durch Vereinigung der consularischen, tribunicischen, censorischen und pontificischen Gewalten in seiner Person das Princip der republicanischen Ver-

---

beiden SCta aus Claudius und Neros Zeit (a.u.801.809.), deren Inhalt *Paul.lib.54. ad Edictum in L.*52.*D.de contr.empt.18*,1. kurz angiebt, sind aus einer um 1600. in Herculanum gefundenen, jetzt wieder verkommenen Bronzetafel erhalten; sehr gut erklärt von Bachofen Ausgew. Lehren des röm. Civilr. Bonn 1848.8°. n°.7.; öfters, am besten herausg. von Mommsen in den Berichten der Leipziger Academie 1852.S.274.ff.| vgl. die §12. Note 11. §13. Note 10. citierten Sammlungen.

(†) Hugo R.G.S.720.ff.740.ff. Zimmern R.G.I.1.S.140.ff. Klenze R.G.S. 145.ff. Puchta Inst.§§109.ff.129.ff.|| Savigny Syst.I.§§ 23.24. *Heimbach* im Lpz. Repertorium der Literatur 1845.8°.IX.S.2.ff.| Löhr Uebersicht der das Privatr. betreffenden Constitt. Wetzl.1811.8°. Einleitung.

(*1*) Die Gesetzeskraft der Kaiserconstitutionen ist nie bestritten worden; cf.*Gai*.et *Inst*.ll.cc. *Ulp.L*.1. §1.*D.de const.princ.1*,4. *Pomp.L*.2.§11.*i.f.D.de O.I.1*,2. Die beiden Institt., Ulpian l.c., Justinian in *const.* Deo auctore §7. (*L*.1.§7.*C.de vet. iure enucl.1*, 17.) schreiben diese Gesetzeskraft einer besonderen lex, lex regia, wodurch der populus alle Gewalt auf den princeps übertrage, oder, wie die justinianischen Quellen es ausdrücken, übertragen habe, zu. Nach der seit Niebuhr sehr verbreiteten Ansicht wurde beim Regierungsantritte jedes Kaisers eine solche lex, dann auch wol SCtum, wie uns das vom J. 70. für Vespasian erlaßene noch zum Theil erhalten ist (§13. Note 10. a.E.), und *Sev.Alex.L*.3.*C.de testam*. der lex imperii gedenkt (s.§97. Note 7.) gemacht, Ueberreste der alten Curiatgesetze, wodurch den magistratus maiores das imperium ertheilt wurde (s. z.B. Heimbach l.c.); dagegen liegt, wie Bernays hoffentlich bald öffentlich lehren wird, in der lex regia eine scharf einschneidende Verfaßungsänderung, das directe Widerspiel der das Königthum abschaffenden leges sacratae, des Fas non est Romae regem esse.

faßungsform zerstört; unter seinen Nachfolgern gewöhnte man sich bald alle Staatsgewalt als ein angebornes Recht des Princeps zu betrachten [2]; die rescripta der principes haben, sofern sie Rechtssätze enthalten, auch die concentrierte Kraft der auctoritas prudentium; die principes sind die energischsten iuris conditores.

Die Institutionen [3] nennen als Arten der kaiserlichen Consti- § b.
tutionen decretum, edictum, epistula. 1) *Decreta* sind die kaiserlichen Entscheidungen in Rechtssachen, Endurtheile oder interlocutiones, d. h. Zwischenbescheide. Dergleichen hatten, als von der obersten Staatsgewalt, regelmäßig nach Verhandlung der Sachen in dem kaiserlichen geheimen Rathe, consilium, seit Ende des 3. Jahrh. consistorium principis genannt und nun fest organisiert [4], ausgegangen, stäts großes Ansehen für die Bildung des Rechts, und nicht erst nach justinianischem Rechte [5] sollen solche Endurtheile [5], nicht aber auch die Zwischenbescheide [6], für ähnliche Fälle Gesetz sein. 2) *Edicta* sind die von dem princeps, ursprünglich § c.
vermöge seiner Magistratur- und Jurisdictions-Gewalt, erlaßenen Bekanntmachungen, also eigentlich zum ius honorarium gehörig und ohne Gesetzeskraft; aber, auch abgesehen von der lex regia [1], muste theils die immerwährende, theils die durch die Vereinigung der höchsten Gewalten in derselben Person erhöhete Macht der principes schon den Edicten Octavians ein nach Bezirk und Dauer der Geltung so unbeschränktes Ansehen verleihen, daß die allgemeine Gesetzeskraft der edicta nach dem Pandektenrechte eine unbestrittene Sache ist. Hiebei machte es auch keinen Unterschied, ob die

---

(2) Schon aus Tacitus ersehen wir die deutlichsten Spuren des bequemen Staatsrechts, wie es *Theophilus* (§ 7.I.de iure nat. *1*,2.) auszusprechen zahm genug war: „*Βασιλεὺς οὐ μόνον τῆς ἡμετέρας περιουσίας, ἀλλὰ καὶ αὐτῶν τῶν σωμάτων ἐστὶ κύριος ... οὐ γὰρ μισεῖ τινὰ βασιλεὺς τῶν ὄντων ὑπὸ τὴν αὐτοῦ πολιτείαν· εἰ δέ τις εὑρεθῇ, τοῖς τελευτῶσι συναριθμηθήσεται*“. vgl. § 97. Note 10. (3) *Gai.1*,5. „Constitutio principis est quod imperator decreto vel edicto vel epistula constituit ..“. § 6.*I.de iure nat.1*,2. „.. quodcunque imperator per epistolam constituit, vel cognoscens decrevit, vel edicto praecepit, legem esse constat. hae sunt quae 'constitutiones appellantur ..“. *Ulp.L.*1.§1.*D.h.t.1*,4. „Quodcunque .. imperator per epistulam et subscriptionem statuit, vel cognoscens decrevit, vel de plano interlocutus est, vel edicto praecepit, legem esse constat. hae sunt, quas volgo 'constitutiones' appellamus“. s. unten Note 14*a*. (4) vgl. Hollweg Hdb. des Civilproc. I. S. 107. ff. u. meinen Commentar zur Not. Dignn. l. c. (5) ***Iustinian. L.*12.*C.h.t. 1*,14.** „.. sciant hanc esse legem non solum illi causae pro qua producta est [sententia], sed et omnibus similibus ..“. (6) ***Theod.*** et ***Val.L.*3.*C.eod.*** „... interlocutionibus .. non in commune praeiudicantibus ..“, cf. ***LL.*1.3. *Th.C.quor.appell.11***,36.

Rechtsbestimmung ius commune oder singulare (§ 94.*a.*) war, d. h.
ob sie allgemeine oder besondere, nur für gewisse Rechtsverhält-
nisse oder Classen von Unterthanen aufgestellte Sätze enthielt; nur
die constitutiones speciales oder personales, die für bestimmte ein-
zelne Fälle oder Personen, wol meist in Briefform (s. § *d.*) erla-
ßenen Verfügungen, Privilegien, erlitten ihrer Natur nach keine
Anwendung als Gesetz auf analoge Fälle [7]. Auch die Form des
Edicts hatte an sich keinen Einfluß auf dessen Wirksamkeit als Ge-
setz [8]. Von Constantins Zeit an werden diese edictales oder ge-
§ d. nerales oder novae leges immer häufiger [9]. 3) *Epistulae* ist die
allgemeine Bezeichnung für die in Briefform erlaßenen Constitu-
tionen; darunter sind außer den eigentlichen sogleich näher zu
betrachtenden rescripta auch befaßt [10] sonstige adnotationes und sub-
scriptiones, kurze Randbeantwortungen dem Kaiser vorgelegter Fra-
gen, und selbständige Briefe, litterae oder epistulae und die prag-
maticae sanctiones, förmlichere Ausfertigungen, die nach Zeno's
§ e. Verordnung [11] nicht super privatis negotiis ergehen sollen. Eigent-
liche *rescripta* sind die von einer Partei durch ein schriftliches
Gesuch, libellus oder preces [12], oder von einer Behörde durch eine

(7) § 6.*I.cit.i.f.*(= *Ulp.L.*1.§ 2.*D.h.t.1*,4.) „.. plane ex his [constitutionibus] quaedam sunt personales, quae nec ad exemplum trahuntur, quoniam non hoc princeps vult. nam quod alicui ob merita indulsit, vel si cui poenam irrogavit, vel si cui sine exemplo subvenit, personam non egreditur ..“. z.B. *L.*8.§1.*i.f.D.de poenis* 48,19. cf.*L.*3.*C.cit.i.f.* (8) *L.*3.*C.cit.*(a.426.) „Leges ut generales ab omnibus aequabiliter in posterum observentur, quae vel missae a nobis ad venerabilem coetum [= *senatum*] *oratione* conduntur, vel inserto *edicti* vocabulo nuncupantur, sive eas nobis spontaneus motus ingesserit, sive precatio sive relatio vel lis mota legis occasionem postulaverit: nam satis est *edicti* eas nuncupatione censeri, vel per omnes populos iudicum programmatibus divulgari, vel expressius continere ‘quod principes censuerint ea quae in certis negotiis statuta sunt, similium quoque causarum fata componere’. sed et si *generalis lex* vocata est, vel *ad omnes* iussa est pertinere, vim obtineat edicti ..“. In *L.*1.§ 2.*D. de fugit. 11*,4. heißt ein solches Edict ‘generalis epistula’, in *L.*3. § 5. *D. de sep.viol. 47*,12. kommen die Namen ‘generalia rescripta’, ‘imperialia statuta’ vor. *L.*9.§ 2.*D.de her.inst.* 28,5. „.. quae sententia rescriptis adiuvatur generalibus“. *L.*89.§ 1.*D. ad L. Falc.*35,1. „Divi S. et A. generaliter rescripserunt ..“. vgl.§ 94.Note 8.
(9) Nach Hugo Lehrb. der Digesten. 2te Ausg. Berl. 1828. 8°. S. 48. sind von den etwa 4652 Constitutionen des justinianischen Codex 2643 Rescripte. (10) *Th. C.de Diversis rescriptis 1*,2. *Cod. de Div.rescr.et pragmaticis sanctionibus 1*,23. Theod. und Val. stellen sacra annotatio, lex pragmatica und mandata nostra zusammen in *Nov.Theod.* tit.34. § 3. (11) *Zenon.L.7.C.tit.cit. 1*,23. cf. *Const.*‘Summa’ § 4. und die justinianische *pragmatica sanctio* ‘Pro petitione Vigilii’ aus Julian, vom Jahr 554. Dirksen über einige ... Verfügungen der röm. Kaiser S. 42. ff. (Abhh. der Berl. Acad. d. W. 1846. 4°.) u. meinen Comm. zur Not. Dignn.
(12) *Cod. de Precibus imperatori offerendis et de quibus rebus supplicare*

relatio oder consultatio [13], suggestio, erbetenen Entscheidungen des Kaisers in einzelnen Rechtsfällen, sacrae iussiones, wonach das Gericht zu sprechen habe [14]. Die Gesetzeskraft der Rescripte, obgleich diese nicht officiell publiciert, sondern nur durch die Schriften und Sammlungen der Juristen den Richtern und Rechtsbeflißenen zugänglich gemacht, daher auch zum ius, nicht zu den leges gerechnet wurden (§ 20.), beschränkte sich nicht auf das darin entschiedene Rechtsverhältniß, vielmehr galten die in denselben aufgestellten allgemeinen Entscheidungsgründe [14a] (daher auch 'rescripta generalia') als imperialia statuta mit vollem legis vigor [14b]. *Mandata* [15] *sf.* waren die Schreiben der Kaiser an die von ihnen abhängigen Behörden, besonders die Provincialmagistrate, worin diesen die Instruction für ihre Geschäftsverwaltung oder diese betreffenden einzelnen Befehle ertheilt wurden. Diese mandata gehören zwar auch zu dem quod principi placuit und waren für den Adressaten Rechtsvorschrift, hatten aber ihrer Bestimmung gemäß nicht die Kraft allgemeiner Gesetze; daher sie auch von den Constitutionen unterschieden, nicht als eine Art derselben aufgeführt werden. Da in ihnen aber manche, auch privatrechtliche Bestimmungen wiederholt zu werden pflegten, auch regelmäßig die mandata für den nachfolgenden Magistrat einer Provinz mit den seinem Vorgänger

---

liceat vel non 1,19. (*13*) *Dig. de Appellationibus et relationibus 49*,1. *De Relationibus Th.C.9*,29. *Iust.Cod.7*,61. *De Appellationibus et consultationibus Th.C.11*,30. *Iust.Cod.7*,62. cf. *Cod. 1*,20...22. *Theophil.* cit. § 6. „.. ἐπιστολή [ἐστιν] ἀντιγραφὴ βασιλέως πρὸς ἄρχοντος ἀναφορὰν περί τινος ἀμφιβόλου πράγματος γενομένη“. (*14*) Nicht *decreta*, Sentenzen des Kaisers als obersten Richters. Justinian verbietet *Novv*.113.125. (vgl. *Cod.1*,21. Ut lite pendente ... nulli liceat imperatori supplicare) den Gerichtsbehörden solcherlei Consultationen. Theophilus l. c. beschränkt den Begriff der Epistola auf die kais. Beantwortung einer Behördenanfrage. Note 13. (*14*a) *Paul. L.*9. § 5. *D. de iur. et f. ign.* 22,6. „.. nam initium constitutionis generale est ..“. Im Jahr 398. verordnen Arcadius und Honorius, in Zukunft sollten rescripta ad consultationem emissa vel emittenda nur in den Rechtssachen gelten, durch welche sie veranlaßt worden seien. *L.*11. *Th.C. de div. rescr. 1*,2. (*14*b) s. oben Noten 3,8. *Iustinian. L.*12. *C. de LL. 1*,14. „Si imperialis maiestas causam cognitionaliter examinaverit et .. sententiam dixerit, omnes omnino iudices qui sub nostro imperio sunt, sciant hanc esse *legem* non solum illi causae pro qua producta est, sed et omnibus similibus ... cum et veteris iuris conditores constitutiones quae ex imperiali decreto processerunt, legis vim optinere .. definiant .... tam conditor quam interpres legum solus imperator iuste existimabitur ..“. Gegen Savigny Syst. I. S. 126. ff. u. die erste Ausg. dieses Werkes s. Puchta Inst. § 111. Heimbach l. c. S. 3. f. (*15*) *De Mandatis principum: Th.C.1*,3. [handelt von mandatis secretis], *Iust.Cod.1*,15. *Nov.*17.

ertheilten dem Inhalte nach übereinstimmten, so wurden auch sie eine wirksame Rechtsquelle [16].

§ g. Die Abfaßung der kaiserlichen Constitutionen geschah, besonders nach der immer complicierter gewordenen Beamteneinrichtung seit Ende des dritten Jahrhunderts, nach bestimmten Canzleivorschriften, verschieden nach den Gegenständen und der Bestimmung der einzelnen Constitutionen [17]. Erhalten ist von denselben manches bei kirchlichen und Profan-Schriftstellern, sehr vieles in den auf unsere Zeit gekommenen Constitutionensammlungen (§§ 20. ff.) [18].

---

(16) *Dio Cass.* 53,15. spricht von dieser durch Augustus begründeten Einrichtung. | Daß die Institt. u. Ulpian die mandata *nicht* unter den Arten der Constitutionen nennen, will Savigny (Syst. I. S. 142.) aus ihrer geringeren Wichtigkeit erklären, „vielleicht auch daher, daß sie auf den Umfang einzelner Provinzen „beschränkt waren, so daß ihnen eben so wenig, als dem ius honorarium, die „den übrigen Constitutionen zukommende legis vis beigelegt werden konnte". Die vorige Ausgabe dieses Buches nahm an, daß die Institt. und Ulpian die mandata mit unter den *epistulae* befaßt haben: die epistolarische Form der mandata erweist sich z. B. aus *L. 6. pr. D. de e. o. crim. 47*, 11., *L. 10. D. de cust. reor.* 48,3. *L. 27. § 2. D. de poenis* 48,19. (*L. 1. pr. D. de test. mil. 29*, 1.) *Nov.* 17. und aus den Adressen-Siglen auf manchen der libri mandatorum in den Bildern der Notitia dignitatum; die Kaiser sprechen in der ersten Person zu dem in der zweiten angeredeten Adressaten; auch widerspricht nicht, daß die Mandata regelmäßig von den Provincialbehörden bekannt gemacht oder doch in vorkommenden Fällen vorgelegt werden musten. Dennoch erscheint nun jene Annahme gleich der von Puchta Inst. § 110. Not. *g.* aufgestellten, die orationes und mandata seien als zu Justinians Zeit längst obsolete Formen der constitutiones aus der Aufzählung der Arten dieser gestrichen worden, verwerflich, und vielmehr die Behauptung von Zimmern I. § 42. zu Note 20. u. Heimbach l. c. S. 6. f. gerechtfertigt, daß die mandata principum *nicht* eine Art der constitutiones und ohne legis vigor waren, woraus aber keineswegs mit diesen Schriftstellern zu folgern ist, daß die mandata zum Gewohnheitsrecht, gar *nicht* zum ius scriptum gehörten. Jene Behauptung stützen wir auf die im Texte angedeuteten Gründe und finden nur eine Bestätigung derselben darin, daß *Marcian. L. 3. pr. § 1. D. de coll. et corp. 47*, 22. von „mandatis et consitutionibus et SCtis" redet und dann „SCtum et mandata et constitutiones" nennt, wie auch *Val. Th. et Arc. L. 4. C. de inc. nupt.* 5,5. „legum praecepta, mandata constitutionesque principum" nebeneinander stellen; wodurch sich sowol jene Annahme Puchtas als auch die in sich haltlose, das aus mandatis fließende Recht sei non scriptum, widerlegt.

(17) Die hier hauptsächlich in Betracht kommenden Constitutionen haben diese Form: 1) inscriptio, Adresse, Name des oder der verfügenden Kaiser und der juristischen oder physischen Person, an welche die Verfügung gerichtet ist. 2) Diese selbst besteht bei den späteren Constitutionen, insbesondere den justinianischen Novellen, häufig aus einer praefatio, *προοίμιον*, über die Veranlaßung u. dgl., dem eigentlichen dispositiven Theile, der oft in Kapitel abgetheilt (diese bei uns wieder in §§., deren erster principium genannt wird, so daß § 1. der zweite Satz ist) und einem epilogus über die Befolgung des Gesetzes. 3) Subscriptio, Zeit und Ort des Erlaßes; auch wol Angabe, daß und wann eine Constitution, die in einem anderen Reichstheile erlaßen worden, im anderen angenommen (accepta, recitata) sei; denn die Constitutionen wurden in beiden Reichstheilen regelmäßig im Namen aller Kaiser abgefaßt. s. § 20. a. E.

(18) In neueren Zeiten hat man im Oriente

§. 16. b. Edicta magistratuum oder ius honorarium.*

Jeder römische magistratus maior war nach der republicani- § a. schen Verfaßung auf ein Jahr rex[1], soweit ihm nicht par maiorve potestas, ein magistratus mit gleicher oder höherer Gewalt, oder der Volkstribunat entgegen trat[2]. Ein Bestandtheil dieser Gewalt war das ius edicendi[3]. Demgemäß erließ der magistratus entweder Verfügungen für einzelne Vorkommenheiten, also auch meist von vorübergehender Bedeutung, edicta prout res incidit proposita, oder er machte im voraus bekannt, welche Normen er bei Ausübung seiner Magistratur befolgen werde, edicta perpetua[α]). Edicte der letzteren Art von magistratus iuri dicundo, regelmäßig bei dem Antritte der Magistratur aufgestellt[4], edicta perpetuae iuris dictionis causa proposita, edicta ut scirent cives quod ius de quaque re quisque dicturus esset, musten vom wesentlichsten Einfluß auf die Rechtsbildung sein[5]; so vorzugsweise die, hier fernerhin

auch Constitutionen, wie sie von den Provincialstatthalten publiciert worden sind, in Steinschriften gefunden. §25. Note 11.

(*) Hugo R.G.S.414.ff.794.ff. Zimmern R.G.I.1.S.118.ff. Klenze R.G.S. 51.ff. Puchta Institt.§§79.ff.114.f.131. (*1*) Die Censur macht eine Ausnahme.| Die sacrale Seite der verschiedenen Magistraturen und deren Thätigkeiten ist mit Vorliebe behandelt von Puchta §79.cit. (2) *Claudii orat.* in tab.Lugd.ap.Nipperdeii Tacit.I.p.223. „.. pertaesum est mentes regni et ad consules, annuos magistratus, administratio rei p. translata est". *Liv.* 2,1. „Omnia iura, omnia insignia primi consules tenuere; id modo cautum est, ne, si ambo fasces haberent, duplicatus terror videretur". Die höheren Magistraturen sind alle aus dem Consulate hervorgegangene, selbständig gemachte Bestandtheile deßselben, mit mannichfaltig ineinander eingreifenden Geschäftskreißen. *Claud.orat.* l.c. „impluris distributum consulare imperium".

(3) Es steht daher den consules, censores und praetores zu; auch den curulischen Aedilen, die nach ihrer ursprünglichen, freilich nicht durchgesetzten, Bestimmung eine patricische, höhere Magistratur sein sollten. Das ius edicendi des Collegii der Volkstribunen (minores magistratus) ist dem Principe der höheren Magistraturen ebenso entgegen, wie die ganze Oppositionsgewalt, welche den Volkstribunat bildet. Das Recht der Provincialmagistrate, Edicte (edicta provincialia) zu erlaßen (*Gai.1*,6. u. die dazu citt. Stellen), ist nur eine besondere Anwendung des allgemeinen Princips. (*α*) Puchta Kl.Schr.S.629.f. vgl.Inst.§81.) unterscheidet zwischen edicta repentina, „über Rechtsvorschriften nach Gelegenheit während der Dauer des Amtes" und prout res incidit proposita, „Edicte, die überall gar keine Rechtsvorschriften enthalten, sondern Anordnungen für einen individuellen Fall". Diese Unterscheidung ist schwerlich zu rechtfertigen: *Ulp.L.7.pr. D. de iuris d.2*,1. unterscheidet id quod iuris dictionis perpetuae causa und quod prout res incidit, in albo propositum ist; und *Cic.* Verr.III.14,36. führt ein peculiare edictum repentinum, nequis frumentum de area tolleret, ante quam cum decumano pactus esset, an. Außer diesen zwei Stellen kommt m. W. keiner dieser beiden Ausdrücke vor, so häufig die Beispiele solcher Edicte und die Benennung edictum perpetuum sind.

(4) *Gai.1*,6. §7.*I.de iure nat.1*,2. (5) *Marcian. L.8.D.de iust.et iure 1*,1. nennt sie daher viva vox iuris civilis.

allein in Betracht zu ziehenden prätorischen Edicte[6], wozu das der
§ b. curulischen Aedilen als Anhang betrachtet wurde[7]. Wie die Magistraturgewalt selbst, so war auch das aus ihr hervorgegangene Edict nach Bezirk und Zeit der Geltung beschränkt[8]; aber bewährt befundene Bestimmungen nahm der Nachfolger in sein Edict auf, und so entstanden die tralaticia edicta*), im Gegensatze zu neuen
§ c. Edictsbestimmungen, nova edicta †), novae clausulae edicti. Vor Cicero's Zeit, ohne Zweifel im Zusammenhange mit durchgreifenden Aenderungen in dem processualischen Verfahren, beginnen die prätorischen Edicte häufiger, umfaßender und mehr als früherhin in die Rechtsbildung eingreifend zu werden[9]; und schon seit jener Zeit schrieben die namhaftesten Juristen, wie z. B. Servius Sulpicius, Ofilius, Labeo und Sabinus, Commentarien über das Edict,
§ d. libros ad edictum. Aber in der Kaiserzeit beginnt alsbald diese rein republicanische Rechtsquelle dürftiger zu fließen, und im dritten Jahrhunderte versiegt sie gänzlich[10]; nun begegnen wir den ersten Spuren von Edicten oder formae der prätorischen Präfecten, wie schon früher die praefecti urbi Edicte aufgestellt hatten, deren Bedeutung jedoch, gegründet auf die maiestas principis, von der der

(6) *Pap.L.7.§ 1.D.eod.* „Ius praetorium est quod praetores introduxerunt adiuvandi vel supplendi vel corrigendi iuris civilis gratia propter utilitatem publicam: quod et 'honorarium' dicitur, ad honorem praetorum sic nominatum". Letzteres, die Benennung 'honorarium', erklärt § 7. *l.cit.* richtiger, „quod qui honores gerunt, i. e. magistratus, auctoritatem [Ursprung] huic iuri dederunt", und *Pomp.L.2.§ 10.D.de O.I.1*,2. „'honorarium' dicitur, quod ab honore praetoris venerat". (7) § 7. *l.cit.* „.. quod edictum iuris honorarii portio est". cf.*Gai.1*,6. *Const.*'Omnem reip.' § 4. cf.*Dig.de Aedilicio edicto 21*,1. *Plaut.*Capt.IV.2,43. (8) § 12. Note 6.| *Cic.* in Verr. *act.2.lib.1*,42. § 109. „.. Qui plurimum tribuunt edicto, praetoris edictum legem annuam dicunt esse ... Si finem edicto afferunt kalendae Ianuarii, cur non initium quoque nascitur a kalendis Ianuarii?"| Die verkehrte Ansicht von der Unrechtmäßigkeit der prätorischen Edicte verdient nicht mehr besonders widerlegt zu werden. Wie die rechtsbildende Macht und Thätigkeit der Magistrate durch Aufstellung von Edicten sich entwickelt habe oder doch haben könne, zeigt Puchta Inst. §§ 80.ff. (*) *Cic.*in Verr.II.1,45. ad Att.V.21,8. ad Fam.3,8. *Gell.3*,18. (†) z.B. *Marcell.L.3.D.de coni.c.em.37*,8. (9) Atticus sagt bei Cicero (*de legib.1*,5.§ 17.) „Non ergo a praetoris edicto, ut plerique nunc, neque a duodecim tabulis, ut superiores [, und wie noch Cicero selbst in seinen Knabenjahren diese auswendig gelernt zu haben berichtet *ibid.2*,23.§ 59.].., hauriendam iuris disciplinam putas".| Die lex Cornelia (a.u.687.) „ut praetores ex suis edictis perpetuis ius dicerent" (cf.*Dio Cass.36*,23. *Ascon.*ad Cic.Cornelian. ed.Baiter.p.58.) setzt den Brauch der Aufstellung von edicta perpetua offenbar voraus. (10) *Ulp.L.7.D.de iurisd.2*,1. spricht noch von der Strafe des album corruptum, und in *L.3.D.de off.praetor.1*,14. von der Giltigkeit der Edicte eines Prätors Barbarius Philippus, eines entlaufenen Sclaven.

prätorischen, wesentlich auf dem Principe der maiestas populi Rom. beruhenden, verschieden war; auch der Form nach kommen jene mehr mit den kaiserlichen Constitutionen überein. Daß jedoch die von § e.
Salvius Julianus unter Hadrianus besorgte Redaction des edictum perpetuum[11], offenbar nicht eine bloß wißenschaftliche Arbeit, sondern eine legislative, der Aufstellung von Edicten überhaupt ein Ende gemacht und daß nur diese Redaction den Namen edictum perpetuum geführt habe, ist sicher unrichtig (β'); unerweislich aber jede Beziehung dieser Arbeit auf die Schulstreitigkeiten der römischen Juristen (§ 17.*g.*)[12].

Die prätorischen Edicte, worunter auch die Römer immer die § f.
der praetores urbani (edictum urbicum) verstehen[13], sind nur aus=

---

(11) *Eutrop*.8,9. (17.ed.Verheyk.) „.. Salvii Iuliani, qui sub divo Hadriano perpetuum composuit edictum", und der Metaphrast *Paeanius*(*H*, *ιζ'*) „.. *ος* [*'Ιουλιανὸς*] *τὸ διηνεκὲς διάταγμα τοῖς 'Αδριανοῦ χρόνοις συνέταξεν, ὃ μέχρι νῦν 'Αδριάνιον καλεῖται, κατὰ τὴν τῶν 'Ιταλῶν φωνὴν ἤδικτον περπέτουον*". *Aur. Vict*.Caess.c.19. „.. qui [Iulianus; aber freilich nicht der Kaiser Didius Iulianus] primus edictum, quod varie inconditeque a praetoribus promebatur, in ordinem composuerit..". cf. *Euseb*.Chron. ad ann.*xv*. imp.Hadr. Auch *Diocl. et Max.* (*L.7.C. de incolis 10*,39.) erwähnen das Edict Hadrians, und Justinian führt (*L.10.C.de condict.indeb.4*,5.) eine Meinung Papinians an, der sich berufe auf „Salvium Iulianum, summae auctoritatis hominem et praetorii edicti ordinatorem", und in der *Const.* 'Tanta' § 18. heißt ihm Iulianus legum et edicti perpetui subtilissimus conditor, auch spricht er daselbst von Hadrians „compositione edicti et SCto quod eam secutum est". cf.*const.Δέδωκεν* § 18. Merkwürdig ist folgende (nach Dirksen üb. Harmenopul in den Abhh. der Berlin.Acad.1847.4°. p.10. auf Vermengung von Namen aus *L.2.D.de O.I.1*,2. beruhende) Stelle aus einer florentin.Hdschr. einer (von *Zachariä* im Anh. des Prochiron Basilii Hdlb.1837. 8°. p.287.sqq. edierten) Epitome legum v.J.920. „... *καὶ μετὰ ταῦτα 'Αδριανὸς ὁ βασιλεὺς ἐπιτρέπει 'Ιουλιανῷ τῷ νομικῷ μετὰ Σερβίου Κορνηλίου συλλέξασθαι ἐπιμελῶς καὶ κατὰ τάξιν ὑποτιτλῶσαι τὰ νομικά. καὶ πρῶτος τὸ ἔδικτον συντέθεικε περὶ ἑκάστης πραγματείας τὰ σποράδην συγκείμενα συναγαγών, καὶ εἰς ἓν συνάψας τὰ περὶ γάμων, ἐν ἑνὶ δὲ περὶ ἐπιτρόπων εἰδικῶς, ὁμοίως δὲ τὰ περὶ λεγάτων, καὶ ἁπλῶς ἕκαστα*". (β') Nicht die im Texte verworfene, aber die mit der des obigen Textes wol vereinbare Ansicht stellt Puchta Inst.§114. im Zusammenhange mit seiner (oben in Note *ά* bezeichneten) Unterscheidung der Edicte auf, „die edicta perpetua als jährliche Erlaße der Magistrate mit fortwährender Möglichkeit einer Veränderung und Umgestaltung" hätten durch Hadrians Gestaltung des Edicts aufgehört, nur noch brevia edicta eines Inhalts, der nicht durch jenes hadrianische edictum perpetuum festgestellt gewesen sei, hätten die Magistrate vermöge des ihnen verbliebenen ius edicendi aufstellen dürfen. (12) Hugos sehr begründeter Widerspruch gegen die angedeuteten älteren Meinungen scheint manche Neueren zu weit in die Negation von Hadrians legislatorischer Thätigkeit zu verleiten. Seine Reformen in der Gerichtsorganisation und seine Thätigkeit im Respondieren und Judicieren sind unbestritten; Eusebius (*Chron. ad ann.vi. imp. Hadr.*) berichtet, dieser Kaiser habe auch den Atheniensern eine Zusammenstellung von Gesetzen aus denen Drakons, Solons und anderen verliehen. vgl. auch § 17. Nott.7.8.
(13) Das Edict des Prätors für Peregrinen wird stäts als solches bezeichnet,

nahmsweise nach ihren Urhebern benannt worden[14]; jedoch finden wir mehrere honorariae actiones[15] und ein Interdict[16] nach Namen von Prätoren benannt; auch nach ihrem Inhalte bezeichnen zuweilen die römischen Juristen die einzelnen Edicte[17]. Die einzelnen Theile des edictum perpetuum, welche als pars, caput, titulus, clausula oder auch edictum bezeichnet werden[18], citieren die Römer zuweilen nach dem Inhalte, oft nach den Anfangsworten des bezüglichen Abschnittes[19].

§ *g*. Die Edicte wurden auf weißgetünchten Holztafeln (album, album praetoris) mit schwarzen Buchstaben[20], die Titelüberschriften mit rothen (rubrica)[21] geschrieben, und auf dem Forum so aufgestellt, daß man sie von ebener Erde aus gehörig lesen konnte[22]. Uebrigens war die Abfaßungsform einfach: actionem oder iudicium oder bonorum possessionem dabo; agere permittam; interdicam, decernam, interdictum dabo, decreto comprehendam; in possessione esse, possidere oder edi, exhibere, restituere, satis dari, caveri iubebo; animadvertam; quo minus ... vim fieri veto, oder exhibeas, restituas, caveas, caveat u. dgl.

§ *h*. Das über die äußere Form der Edicte gesagte erklärt, daß uns von denselben in ihrer ursprünglichen Gestalt nichts erhalten ist; aus den von Schriftstellern, besonders in den justinianischen Digesten, uns erhaltenen[23] Relationen haben Neuere die Wiederherstellung des Textes und des Systems der Edicte versucht[24].

---

so wie auch die edicta consularia, censoria, aedilicia, tribunicia und die provincialia. (14) So Carbonianum edictum. (15) So die Publiciana, zwei Servianae, Pauliana, Faviana, Calvisiana, Rutiliana actiones; Aquiliana, Octaviana formulae; Cascellianum iudicium. (16) Salvianum. (17) z.B. successorium (*Dig.*38,9.), de interrogationibus (*L.* 2.*D.de interrog.i.i.fac.11*,1.), de furtis (*L.*59.§1.*i.f.D.de manum.tto.40*,4.). (18) cf. *Dirksen* Manuale v.*Edictum*. § 4. (19) Von beiden Arten der Anführung liefern die Titelüberschriften des 43sten Buchs der Digesten de interdictis Beispiele genug. Bei der Citierweise des successorischen Edicts Unde liberi, Unde legitimi u.s.w. ist zu subintelligieren ex ea parte edicti, *unde* vocantur *liberi* u.s.w. ad bonorum possessionem, z.B. *Ulp.L.*1.§11.*D.de succ.ed.* 38,9. „.. B.P. ex prima parte, unde liberis defertur .—. ut *Unde legitimi* possit petere, et post hos .. ex illa parte *Unde* proximi *cognati* vocantur“. (20) *Liv.1*,32.*9*,46. *Plaut.*Pers.*1*,2.♈.22.| *Theophil.*§ 12. de actionib.*4*,6. sagt *λευκοῖς γεγράφθαι γράμμασι*, aber *γράμματα* bezeichnet hier das Material, worauf geschrieben ist. cf.*Suid.*v.*λεύκωμα*. (21) *L.*2.§ 3.*D.de interd.43*,1. cf.*Fragm. Vatic.*§227. s.auch *Ovid.*Trist.*1*,1.♈.7. *Pers.*Sat.*5*.♈.90. *Quintil.*Inst. or.*12.c.3.i.f.* (22) A.F.P.V.D.P.R.L.P.P.P.Q. d.h. apud forum palam, ubi de plano recte legi possitur, proscriptum propositumque, wie die *Lex Servilia* ed. Klenze p.78. hat. cf. *Ulp. L.*11.§3.*D. de instit. act.14*,3. und *Valer. Prob.* de notis Romm. (23) Zusammengestellt bei *Haubold* Institt. iur.

§. 17. e. Responsa prudentium*.

Gai.1,7. §8.*I.de iure nat.1,2.* *Pomp.L.2.*§§5...7.12.35.*sqq.D. de orig.iur. 1,2.*| *Th.C.* de Responsis prudentium *1,4.*

In der ältesten Zeit finden wir die Rechtspflege im engsten Zu- § *a.*
sammenhange mit dem Religionswesen, wie dieses ausschließlich
in den Händen der Patricier; ein Mitglied des collegii pontificum,
jährlich dazu angesetzt, ertheilte über Zeit und Form der Rechts-
verfolgung Ausweisung [1]. Als diese Ausschließlichkeit der patri- § *b.*
cischen Rechtskunde zu schwinden begann, machte ein curulischer
Aedil, Gnäus Flavius, früher scriba des Appius Claudius, gegen
die Mitte des fünften Jahrhunderts d. St. zuerst die fasti und Klage-
und Geschäfts-Formeln [2] öffentlich bekannt. Um 550. a. u. erschien § *c.*
das ius Aelianum [3], und um diese Zeit beginnt der Stand der Iuris
consulti, consulti oder prudentes, deutlich sich als ein selbständiger
zu gestalten. Tiberius Coruncanius, der erste plebejische pontifex § *d.*
maximus (a. u. 502.), soll zuerst öffentlich Rechtsunterricht ertheilt
haben [4]; anderthalb Jahrhunderte später zieren den Juristenstand [5]
schon die glänzendsten Namen, Lehrer und Freunde Ciceros. Be- § *e.*
sonders aber stieg das Ansehen und die rechtsbildende Macht des

---

Rom.ed.Otto, in App.p.11...29. und das ädilicische Edict aus dem hiehergehörigen Digestentitel (*21*,1.) p.29 sq. (*24*) Schon *Eg. Baro* (Paris.1547. u.1556.4°.) und *Perraeus* (Paris.1564 4°.), besonders aber *Guil. Ranchin* (Edictum perpet. *et* c.Paris.1597.8°.u.ö.), *Iac.Gothofredi* fontes quatuor (§13.Note 11.), *Abr. Wieling* (Fgmm. edicti perp. Franeq.1733. 4°.), *I. G. Heineccius* (in Opuscc.postum. Hal.1744.4°. p.275.sqq. oder Opp.tom.VII. sect. II. p.281.sqq.), *C.G.L.de Weyhe* (libri tres edicti. Cellis Luneb.1821.4°.) *van Roenen* in *den Tex* zu §13. Not.11.cit. vgl. Haubold in Hugos civilist.Magaz.II. S.288.ff. Heimbach im Lpz.Repertor.1843.III.p.14...20.

(*) Hugo R.G.S.109.f.439.ff.810.ff.1012.ff. Zimmern R.G.S.190.ff. Klenze R.G.S.54.ff.147.ff. Puchta Institt.§§76.ff.96.ff.116.f.134.f. (*1*) *Pomp. l.c.*§6.| Ueber die von einem Papirius veranstaltete Sammlung der leges regiae weichen die Angaben der Alten in Betreff des Namens (Gaius, Sextus od. Publius? Papirius) und der Zeit (unter Tarquinius dem älteren oder nach Vertreibung der Könige?) des Sammlers, so wie über den Umfang seiner Sammlung (die Sacralordnungen oder alle leges regiae?) von einander ab. s.Dirksen zu §13.Note 11.n°.1.cit. (2) *Pomp.l.c.*§7. nennt nur die actiones, *Cic.* ad Att.*6*,1. und *Liv.9*,46. nennen auch den Kalender. cf.*Plin.* H.N.*33*,6. *Macrob.* Sat.*1*,15. vgl.Puchta Inst.§77. (3) *Pomp.l.c.* „S. Aelius alias actiones composuit..“ u.§38. spricht er von einem, vielleicht mit jenem identischen, Werke desselben Aelius, betitelt '*Tripertita*' und drei anderen libri desselben.

(*4*) *Pomp.l.c.*§35. „.. ante Tib.Coruncanium publice professum neminem traditur.“ d.h. er ertheilte seine Responsa in Anwesenheit derer, welche die Jurisprudenz erlernen wollten, ohne Rücksicht auf patricische oder plebejische Abstammung. (5) *Cic.*pro Mur.c.9. de orat.*1*,48.i.f. bezeichnet dessen Thätigkeit als urbana militia respondendi, scribendi, cavendi. s.Puchta Inst.§76.

Juristenstandes (nun nicht mehr die bloße auctoritas prudentium als Form des Gewohnheitsrechts, § 11.*d.*) durch eine Einrichtung[6], welche unter Augustus begründet[7], von Hadrianus befestigt[8] und in ihrer ursprünglichen Gestalt wol zuletzt gegen Ende des dritten Jahrhunderts angewandt[9], unter Theodosius II. und Valentinianus III. auf die, auch schon bei Lebzeiten ihrer Verfaßer gesetzliches Ansehn genießenden Schriften der verstorbenen Iuris consulti ausschließlich übertragen ward[10], nämlich durch das von den principes

(6) s. bes. Hugo a.a.O. S.810.ff. Zimmern a.a.O. S.197.ff. Savigny Syst. I. § 26. Puchta Inst. §§ 116.f. (7) *Pomp. l.c.* § 47. „.. Et ut obiter sciamus, ante tempora Augusti publice respondendi ius non a principibus [!] dabatur, sed qui fiduciam studiorum suorum habebant, consulentibus respondebant; neque responsa utique signata [versiegelt] dabant, sed plerumque iudicibus ipsi scribebant, aut testabantur qui illos consulebant. Primus divus Augustus, ut maior iuris auctoritas haberetur, constituit, ut ex auctoritate eius responderent, et ex illo tempore peti hoc pro beneficio coepit. et ideo optimus princeps Hadrianus, cum ab eo viri praetorii peterent, ut sibi liceret respondere, rescripsit eis '*Hoc non peti, sed praestari solere; et ideo, si quis fiduciam sui haberet, delectari se; populo ad respondendum se praepararet*'. Ergo Sabino concessum est a Tiberio Caesare, ut populo responderet ..". (8) *Gai. l.c.* „Responsa prudentium sunt sententiae et opiniones eorum, quibus permissum est [erat *Inst.*] iura condere. quorum omnium si in unum sententiae concurrant, id quod ita sentiunt legis vicem optinet; si vero dissentiunt, iudici licet quam velit sententiam sequi. idque rescripto divi Hadriani significatur". cf. *Inst. l.c.* *Theoph.* ad h. l. auch § 16. Note 12. (9) *Eunapius* (um 400. n. Chr.) vit. Chrysanthii († nach 364.) init. (ed. Commelin. 1596. 8°, p. 186.) „.. *ἐγεγόνει δὲ αὐτῷ* [dem Chrysanthius] *πάππος Ἰνοκέντιός τις, ὅς γε νομοθετικὴν εἶχε παρὰ τῶν τότε βασιλευόντων* (a Diocletiano et Maximiano?) *ἐπιτετραμμένος* ..". vgl. Innocentius v.p. auctor de litteris et notis iuris exponendis in *Röm. Feldmesser. Berl.* 1848. I. p. 310. sqq. II. 406. sqq. (10) *L.* 3. (ehemals *L. un.*) *Th. C. de responsis prudentium 1,4.* „*Impp. Theodosius et Valentinianus AA. ad Senatum urbis Romae.* Post alia. 'Papiniani, Pauli, Gai, Ulpiani atque Modestini scripta universa firmamus ita, ut Gaium quae [*vulg.* atque] Paulum, Ulpianum et cunctos [*vulg.* ceteros] comitetur auctoritas, lectionesque ex omni eius [*al.* eorum, *al. om.* eius] opere [*al.* corpore] recitentur. Eorum quoque scientiam, quorum tractatus atque sententias praedicti omnes suis operibus miscuerunt, ratam esse censemus, ut Scaevolae, Sabini, Iuliani atque Marcelli, omniumque quos illi celebrarunt, si tamen eorum libri propter antiquitatis incertum [incertitudinem?] codicum collatione firmentur. Ubi autem diversae sententiae proferuntur, potior numerus vincat auctorum, vel si numerus aequalis sit, eius partis praecedat auctoritas, in qua excellentis ingenii vir Papinianus emineat, qui, ut singulos vincit, ita cedit duobus. Notas etiam Pauli atque Ulpiani in Papiniani corpus factas, sicut dudum [*a.* 321. *a Constantino imp. L.* 1. *Th. C. eod.*] statutum est, praecipimus infirmari. ubi autem pares eorum sententiae recitantur, quorum par censetur auctoritas, quod sequi debeat, eligat moderatio iudicantis. Pauli quoque Sententias semper valere praecipimus". [cf. *Constantin. L.* 2. *Th. C. eod., a.* 327. *datam*]. *Dat. VIII. Id. Novemb. Ravennae DD. NN. Theodosio XII. et Valentiniano II. AA. Coss.*" [*a.* 426.] | Diese Constitution wird gewöhnlich so verstanden, als ob hier die 5 zuerst genannten Juristen bevorzugt, und die Schriften aller anderen nur soweit sie in die jener aufgenommen worden, bestätigt werden sollten. Die

einzelnen verliehene ius respondendi, das Recht Responsa zu ertheilen, die, wenn sie übereinstimmten, Gesetzeskraft hatten[11]. Mit §f. dieser Einrichtung steht die Unterscheidung der Veteres oder Antiqui, der voraugustischen Juristen, und der eigentlichen Iuris conditores oder Iuris auctores oder Iuris consulti, der mit dem ius respondendi beliehenen, im Zusammenhange[12]. Daß oder gar wie §g. die Entstehung der beiden unter Augustus durch zwei berühmte Juristen von sehr verschiedener politischer Tendenz, Ateius Capito und Antistius Labeo, begründeten Schulen oder Secten[13], welche nach ausgezeichneten Nachfolgern die der Sabinianer oder Cassianer und die der Proculeianer[14] genannt wurden, mit jenem ius respondendi

---

Bedeutung der Verordnung ist aber vielmehr die, daß (mit Ausnahme der paulinischen und ulpianischen Noten zu Papinians Werken) die Schriften aller Juristen, welche das ius respondendi gehabt hatten, denen hier auch Gaius gleichgestellt wird, nun ebenso zu Rathe gezogen werden können, wie ehemals die responsa mit Einschluß der Schriften derer, denen das ius respondendi verliehen worden war, wobei nur Papinians Ansehen vorzugsweise geehrt wird. (vgl. Puchta über das s. g. Citiergesetz, im Neuen Rhein. Mus. f. Jurispr. I. nº. 6. II. nº. 2. Institt. §134. Der schon von Theodosius II. ausgesprochene, von Justinian ausgeführte Plan, aus den Schriften der Juristen das praktisch noch brauchbare zusammenzustellen, erscheint so, abgerechnet die im Verhältniss zum ganzen unbedeutenden Zuthaten aus Schriften der nachconstantinischen Zeit, nur als eine Ausführung des hier mitgetheilten s. g. Citiergesetzes: die Schriften, auf welche dieses den Richter verweist, werden ihm in den justinianischen Digesten in Excerpten zurecht gemacht. Die wißenschaftliche Kraft ist in dem Jahrhundert zwischen dem Citiergesetz und Justinians Sammlungen noch fortwährend gesunken. Die Ausführung des Plans, welche uns in Justinians Digesten vorliegt, die Schwierigkeit, so wie die Tüchtigkeit dieser Ausführung wollen wir durchaus nicht herabsetzen; aber den Plan selbst halten wir eben so wenig für einen Beweis wißenschaftlicher Kraft, als die von C. F. Hommel veranstaltete und gewiss mit einem nicht zu wenig versprechenden Titel versehene Palingenesia librorum iuris veterum (Lips. 1767. 8º. 3 voll.), die unschwer nach *Iac. Labitti* Index legum omnium quae in Pandectis continentur (Paris. 1557. 8º., zuletzt Ff. et Lips. 1724. 8º.) und *A. Wieling* Iurisp. restituta, s. Index chronolog. in tot. iuris Iust. corpus (Amst. 1727. 8º.), und leicht sorgfältiger, als Hommel es hat thun laßen, aus der torellischen Ausgabe der Pandekten abgedruckt werden konnte. s. Anhang V. S.*21. f.

(*11*) *Gai. l. c.* „.. legis vicem optinet". *Inst. l. c.* „.. ut iudici recedere a responso eorum non liceret ..". *Iustinian. const.* 'Deo auctore' (*L. 1. C. de vet. iure enucl. 1*, 17.) §4. „.. antiquorum prudentium, quibus auctoritatem conscribendarum interpretandarumque legum sacratissimi principes praebuerunt". vgl. auch *Constt.* 'Tanta' und '*Δέδωκεν*' §20. und *L. 12. i. f. C. de legib. 1*, 14., wo überall die Juristen, iuris conditores, als legis latores vermöge kaiserlicher Concession bezeichnet werden.

(*12*) vgl. Dirksen Beiträge zur Kunde des R. R. Lpz. 1825. 8º. nº. 2.

(*13*) Die Hauptquelle über diese Schulen, denen man häufig unverhältnissmäßig große Bedeutung zugeschrieben hat, und auf welche manche alle Relationen über Verschiedenheit von Rechtsansichten (z. B. „quaesitum est, quaeritur, dubitabatur, alii putant" u. dgl.) deuten wollen, sind *Pomp. L. 2. §47. D. de orig. iur. 1*, 2. und über die einzelnen controversen Puncte Gaius' Institutionen. vgl. Dirksen Note 12. cit. nº. 1. Puchta Inst. §§ 98. f.

(*14*) Nur '*Proculeiani*' laßen die Handschrr. zu (cf. *Ulp. 11*, 28. *Vat. Fgm.* §266.

im Zusammenhange stehen, wißen wir nicht; Pomponius deutet das Gegentheil an. Daß diese Schulen sich im zweiten Jahrhundert, etwa auf Veranlaßung der julianischen Bearbeitung des Edicts (§ 16.*e*.), in einer dritten, einer eklektischen Schule der Miscelliones oder gar Herciscundi, verloren haben, ist eine in sich unwahrscheinliche auf verschiedene Irrthümer gebaute [15], und daß sie Justinian durch seine fünfzig Decisionen (§ 21.*m*.) aufgehoben habe, ist eine grundlose Vermutung [16]: das Ende dieser Schulen erklärt sich ohne solche Annahmen aus dem Zustande der Rechtsquellen und deren Bearbeitungsweise unter den Antoninen und dem nun beginnenden öf-
§ *h*. fentlichen Rechtsunterricht. Wie die griechische Bildung und insbesondere die griechische Philosophie überhaupt auf die römische Wißenschaft, vorzüglich seit dem Ende des sechsten Jahrhunderts der Stadt, wesentlich einwirkte, so läßt sich auch mitunter der Einfluß namentlich der dem römischen Geiste am meisten zusagenden stoischen Philosophie auf die Behandlung von Rechtsfragen nicht verkennen; jedoch hat man bei uns, zumal im vorigen Jahrhundert, oft ganz grundlos Spuren jener Philosophie in den Schriften der römischen Juristen finden, ja, diese großentheils als die entschiedensten Anhänger der Stoa ausgeben und zum Theil hieraus auch jene verschiedenen Schulen erklären wollen +).

---

§ 25.*I.de R.D.2*,1. *Pomp.L*.2.§ 47.*D.de O.1.1*,2.); von '*Proculus*' kann zunächst nur '*Proculiani*' gebildet werden; aber die Formen '*Proculeius*', '*Proculeianus*', auch auf Steinschriften häufig, waren übliche Verlängerungen des gemeinen Lebens.| Gaius bezeichnet die Sabinianer regelmäßig als 'nostri praeceptores, nostrae scholae auctores', die Proculeianer als 'diversae scholae auctores'.| Das Pegasianum ius bei dem Scholiasten Juvenals (ad Sat.*4*. ℣.77.) hat viele Neueren zu der Meinung verführt, als ob die Römer die Proculeianer auch 'Pegasianer' genannt hätten. (*15*) Von einer Einwirkung des julianischen Edicts auf die beiden Schulen findet sich in den klassischen Relationen keine Spur von Andeutung; auch vor Julian kannten die Anhänger der einen und der anderen Schule das Edict. Daß einigemal ein oder der andere Jurist, auch wol Anhänger einer Schule, eine Schulcontroverse durch eine vermittelnde Ansicht zu heben versucht hat (z. B. *Gai.L*.7. § 7.*D.de A.R.D.41*,1. vgl.*Gai.2*,79., *Ulp.11*,28.), hat man ganz willkürlich mit der Glosse des Paulus Diaconus aus Festus „*Miscelliones* appellantur qui non certae sunt sententiae, sed variorum mixtorumque iudiciorum sunt" in Verbindung gebracht; und daß die Anhänger der vorgeblichen neuen Schule oder vielmehr die Juristen, wodurch jene Schulgegensätze aufgehoben worden sein sollen, herciscundi geheißen hätten, ist ein Misverständniss von Cujacius (Obss.*10*,4.), der in eine unserem Gegenstande ganz fremde Stelle des *Servius* ad Verg.Aen.3,68., wo 'terris condi' steht, jenes Wort hineinlas. (*16*) vgl. Hugo im Civil.Magaz.V.n°.4. In höchstens 2 der 50 Decisionen Justinians läßt sich eine Beziehung auf die früheren Schulstreitigkeiten finden. (+) Ratjen Einfl. der stoisch. Philos. u. s. w. in Jahrbb. für Bearb. des r. R. Bd. 3. Braunschw. 1844. 8°. S. 66. ff. Puchta Inst. § 102.

Die Lebendigkeit und Anschaulichkeit der Darstellung in den § i. Schriften der römischen Juristen, ihre Gabe, das gemeinsame Bewusstsein der Rechtsgrundsätze in der Behandlung der einzelnen Rechtsfragen auszuprägen, die verhältnissmäßig sehr große Reinheit ihrer Sprache, und wie durch sie das Lateinische recht eigentlich zu einer Rechtssprache ausgebildet worden ist, sind oft genug im allgemeinen gerühmte Dinge; eine erfüllte Anschauung gewährt uns nur das Studium ihrer Schriften und deren Vergleichung mit der übrigen römischen Litteratur. Von dem großen Umfange der § k. römischen juristischen Litteratur, von welcher uns nur so weniges rein erhalten ist, kann das Verzeichniss der in Justinians Digesten excerpierten Schriften, welches sich vor der florentinischen Handschrift jener findet, der s. g. Index Florentinus, eine ungefähre Vorstellung gewähren [17]. Wie seit Ende des dritten Jahrhunderts keine § l. anderen leges vorkommen, als die kaiserlichen Constitutionen, so sind nun auch die juristischen Schriften das 'ius', und seit dem s. g. Citiergesetz ([10]) in der That jenen gleich an Wirksamkeit, weshalb sie auch von Justinian nicht selten 'leges' genannt werden. Seit dem fünften Jahrhundert n. Chr. waren keine juristischen Werke von einiger Bedeutung geschrieben worden, und die nun entstehenden Sammlungen beweisen nur zu sehr, was Niebuhr von einer etwas späteren Zeit sagt „Ein Zeitalter, welches keine tüchtige Bücher hervorbringen kann, vermag auch nicht Bücher zu lesen."

b. Die uns erhaltenen Quellenschriften des römischen Rechts (*).

α. Juristische Werke außer den Constitutionen- und den officiellen Sammlungen.

§. 18. a. In ihrer ächten Form uns überlieferte.

Justinianus verbot nach Abfaßung seiner Sammlungen die Zu- § a.

---

(17) cf. *Const.* 'Tanta circa' § 20. Justinian rühmt (*Constt.* 'Omnem reip.', 'Tanta', '*Δέδωκεν*' § 1.) seine Digesten aus 2000 Büchern, 3.000,000 versus, *στίχοι*, in 150,000 versus zusammengestellt zu haben.| Seit *Ludewig* (Vita Iustiniani p. 215. not. 150.) die Stelle aus *Eunap.* vit. Aedes. p. 73. sq. ed. Commelin. missverstanden hat, können sich die Neueren nicht leicht versagen, den Spaß einander nachzuschreiben, die Schriften der römischen Juristen seien multorum camelorum onus gewesen: Eunapius aber spricht von einem Archiv von Testamenten und Abschriften, Vertragsurkunden und Verkaufscontracten.

(*) Eine treffliche auf ein überaus nützliches Werk gerichtete Absicht, das nur leider bis zur Unbrauchbarkeit flüchtig, ungenau und fehlerhaft ausgeführt ist, schätzen wir an E. Spangenbergs Einleitung in das Römisch-Justinianeische Rechtsbuch oder Corpus iuris civilis Romani, handelnd von dessen Quellen, Entstehung, Plan, Bearbeitung, gesetzlicher Kraft in Teuschland (sic), Verhält-

ziehung der Schriften, aus denen jene geschöpft worden waren[1]; so unterstützte das Gesetz die wißenschaftliche Apathie im byzantinischen Reiche, während im Abendlande neue Bildungen von der Sorge für das römische Recht und dessen Quellen abziehen musten. Außer den theils unter öffentlicher Auctorität, theils durch Private mitunter sehr zerarbeiteten Schriften der römischen Juristen und außer den Relationen bei nichtjuristischen Schriftstellern[2] ist uns aus jener reichen Litteratur (§17.a.E.) nur weniges erhalten.

§b. 1) *Gaï*[3] *Institutionum commentarii quattuor*, in einer palimpsesten Handschrift des Domcapitels zu Verona von Niebuhr 1816. entdeckt, und zuerst von Göschen 1820. und wieder 1824.[4], seitdem öfters von Anderen herausgegeben[5]. Eine der wichtigsten Bereicherungen unserer römischen Litteratur überhaupt, so vieles auch seit dem zweiten Decennium dieses Jahrhunderts wieder entdeckt worden ist. Früher besaßen wir von diesem, den justinianischen Institutionen (§21.*g.*) zum Grunde gelegten, und vielleicht schon seit

---

nisse zu den übrigen teutschen Rechtsquellen, Auslegung, exegetischen und critischen Bearbeitungen, Uebersetzungen, Handschriften und Ausgaben. Hannov. 1817. 8°. | Die Ausgaben der Quellen des vorjustinianischen Rechts vom Jahre 1517. an bis zum Jahr 1792. verzeichnet sorgfältig, aber nicht vollständig *Hugo*, Index editionum omnium corporis iur. civ. fontium, hinter Iulii Pauli Sententiarum receptarum libri 5. Berol. 1795. 8°., wozu vgl. die Vorreden im Bonner Corp. iur. anteiust. s. auch Puchta Inst. §104.

(1) *Constt.* 'Deo auctore' §10., 'Tanta circa' §19., '*Δέδωκεν*' §19., 'Summa reip.' §3. '*Cordi nobis*' §§4.5.

(2) Die von Dirksen gesammelten 'Bruchstücke aus den Schriften der Röm. Juristen' (Königsb. 1814. 8°.) wird das Bonner Corp. iur. anteiust. vervollständigen. vgl. **Heimbach** im Leipziger Repertor. der Literat. (1843.) III. p. 158. f.

(3) Das dreisilbige Wort Gaïus bezeichneten die Römer durch die Sigle C; die Schreibart Caius ist schlecht, und Gajus oder gar Cajus falsch. (*Böcking* praef. ad Gai. Bonn. 1850. 12°. p. V. not. 5. **Lachmann** in Ztschr. f. g. R. W. IX. S. 194. f.) | Von den übrigen Namen und den Lebensumständen dieses Juristen wißen wir nichts sicheres. Geboren ist er wahrscheinlich unter Hadrianus (n. Chr. 117...38.) und seine Blüthezeit fällt in das dritte Viertel des zweiten Jahrhunderts. cf. *Gai.1*,102.2,195. und die cit. praef. p. V. sqq.

(4) Gaii Inst. Comm. 4.... Acc. Fgm. vet. ICti de iure fisci... Berol. 1820. 8°. und Gaii Inst. *et c.* 2. edid. *I. F. L. Goeschen*. Acced. Fgm. vet. ICti *et c.* Berol. 1824. 8°. Die Briefe des heil. Hieronymus waren über den abgeschabten Text des Gaius geschrieben; nur ein einzelnes, schon früher ediertes Blatt (jetzt Gai. 4,134...44.) ist nicht wieder überschrieben ('rescribiert' ist ein neuer schlechter Kunstausdruck). Die Handschrift und die Geschichte ihrer Auffindung und Herausgabe erzählt Göschen in den (auch in die Ausgaben von Böcking aufgenommenen) Vorreden der Ausgaben von 1824. u. 1842. Von einer ferneren Vergleichung der noch lückenhaften Stellen ist wegen der Nachwirkung der bei früheren Vergleichungen angewandten chemischen Mittel gar nichts mehr zu hoffen: *αὐτόπτης λέγω.*

(5) Von den in meiner dritten Ausg. des Gaius (Bonn. 1850. 12°. p. xi...xiii.) aufgezählten 14 Ausgaben ist hier nur die von Lachmann besorgte Goescheniana editio tertia. Berol. 1842. 8°. zu nennen. vgl. auch **Heimbach** l. c. p. 49...57.

dem zweiten Jahrhundert bei dem römischen Rechtsunterrichte vorzugsweise gebrauchten Werke nur die sehr dürftigen und entstellten Excerpte, welche einen Theil der westgothischen lex Romana (§ 22.*h.*) ausmachen[6]. Von dem in den Institutionen des Gaius befolgten Systeme wird unten (§ 28.) die Rede sein. Von einer Abtheilung der einzelnen Commentarien in Titel mit Rubriken finden sich nur zu Anfang des ersten einige Spuren[7].

2) Von Domitius Ulpianus[8], aus dessen Schriften ohnge- § c.
fähr ein Drittel der justinianischen Digesten entnommen ist[9], haben wir außerdem Bruchstücke zweier Werke: *a*) die *Tituli ex corpore Ulpiani*, wie die Ueberschrift der Rubrikenangabe in der vaticanischen Handschrift, aus welcher die übrigen erhaltenen[10] und die Ausgaben[11] abstammen, lautet, oder die *Fragmenta Ulpiani*, wie sie von den Neueren unlateinisch genannt zu werden pflegen. Die Aechtheit dieser, wahrscheinlich aus dem Liber singularis Regularum herrührenden 29 Tituli[12] ist nicht unbestritten[13], obgleich sie nie zu einer germanischen lex Romana gehört haben. *b*) Stephan Endlicher fand 1835. in der kaiserlichen Bibliothek zu Wien an einer Papyrus-Handschrift aus dem 5. oder 6. Jahrhundert vier (eigentlich 5) Pergament-

---

(*6*) Dieser westgothische Gaius oder der s. g. Caius epilomatus in genauer Vergleichung des ächten (cura *E. Böcking*. Bonn. 1831. 4°.) eröffnet den 2ten Theil des ersten Bandes des Bonner Corp. iur. anteiust.

(*7*) Göschen, dem hierin die neueren Ausgaben folgen, hat die einzelnen Commentarien in §§ getheilt, wonach jetzt gewöhnlich citiert wird, z. B. *Gai. 4*, 187. oder IV. § 187. Hugo citiert nach den Seitenzahlen und Zeilen der Veroneser Handschrift.

(*8*) Aus Tyrus in Phönicien stammend, aber wahrscheinlich nicht daselbst geboren, (*L. 1. pr. D. de censib. 50*, 15.); schon zu Ende des zweiten Jahrh. als Schriftsteller wirksam, bekleidete er unter Severus Alexander die höchsten Würden und genoß dieses Kaisers ganze Gunst. Er wurde von den Prätorianern in einem Aufstande ermordet 228.

(*9*) Die Excerpte aus Ulpianus füllen den dritten Band der hommelschen Palingenesia (§ 17. Note 10. a. E.)

(*10*) Diese vaticanische Handschrift (cod. bibl. regin. Christin. Vatic. 1128.) heißt von ihrem früheren Besitzer, du Tillet, häufig 'codex Tilianus'; Abschriften daraus sind die, auch von ehemaligen Besitzern benannten, codices Steph. Auredani und Phil. Gervasii. Savigny in Hugos Civ. Mag. IV. n°. 13. und, gegen G. E. Heimbach (üb. Ulp. Frgmm. Lpz. 1834. 8°.), in Zeitschr. f. g. R. W. IX. n°. 6. Heimbach in Leipz. Repertor. 1843. III. S. 93. ff.

(*11*) Die erste von *Io. Tilius* (du Tillet) Paris. 1549. 8°. Unter den neueren führen wir hier nur an die in *Schultingii* Iurispr. des Commentars wegen, die in *Meerman* Nov. Thesaur. VII. p. 741...73., die mit einem sorgfältigen Abdrucke der vatican. Hdschr. ausgestattete Ausgabe (Dom. Ulp. Fragmenta ed. V. cur. *G. Hugo*. Berol. 1834. 8°.), und die von dem Vf. dieses Lehrb. besorgte dritte Ausg. Bonn. 1845. 12°. [Die Ausg. mit einem Facsimile der vatic. Hdschr. und unedierten schultingschen Noten nebst anderen Subsidien liegt von mir vorbereitet.]

(*12*) Von den Neueren auch in §§. abgetheilt. Wir citieren z. B. *Ulp. 29*, 7., Andere *Ulp. fgm. tit. 29*. § 7.

(*13*) vgl. praef. der cit. Ausg. Bonn. 1845. 12°. p. IX. sq.

streifchen, Abschnitte von zwei Blättern einer zerschnittenen, zwei Spalten auf jeder Seite enthaltenden Folio- (oder Quart-) Handschrift, deren eines ULP. INST., ein anderes LIB. I (oder II)[9] überschrieben ist, Bruchstücke aus dem ersten Buche von *Ulpiani Institutionum libri duo*, zwar von äußerst geringem Umfange, aber dennoch eine Bereicherung unserer Erkenntnißquellen des römischen Rechts[14].

§*d*. 3) Die, nun in 21 §§. abgetheilten, Bruchstücke *de iure fisci*, vielleicht aus dem gleichnamigen Werke, welches Julius **Paulus**[15] in 2 Büchern verfaßt hat[16], aus zwei, auch von Niebuhr (s. §*b*.) aufgefundenen und mitgetheilten[17], dann von Göschen zuerst edierten[18] Quartblättern der veronesischen Capitularbibliothek.

§*e*. 4) Einige dem Umfange nach ganz unbedeutende Stellen[19] von Sextus **Pomponius**[20], Aemilius **Papinianus**[21] und Herennius **Modestinus**[22].

(*14*) Zuerst gab *Endlicher* (De Ulp. fgm. epist. ad F.C. Savigny) Vindob. 1835.8°. diese Bruchstücke heraus, dann fast gleichzeitig *Böcking* (Ulpiani Fgmm. Bonn.1836. [ed.III. 1845.]) 12°., Hugo (Gött. G.A.1836. 10.11.St.), Savigny (Ztsch.f.g.R.W.IX.n°.1.). Zu dem Facsimile der 4 hier in Betracht kommenden Pergamentstreifen (ein fünfter enthält nur einige obere Striche durchgeschnittener Buchstaben), welches nach Endlicher (Catalog.codd.philologicor.lat.bibl.palat.Vindob.1836.4°.), auch im *Ulpian*. tert.emend. Böcking, Bonn.1845. mitgetheilt ist, giebt Mommsen (Ztschr.f.g.R.W.XV.n°.11.) Berichtigungen. s.auch Heimbach Lpz.Repertor.1843.III.S.108...10. (*15*) Paulus, Ulpians Zeitgenoße, und nach diesem, den er an schriftstellerischer Fruchtbarkeit wol noch übertraf, am ergiebigsten für die justinianischen Digesten, wahrscheinlich aus Padua, bekleidete auch unter Severus Alexander die höchsten Würden, und war, wie er selbst in der *L*.'Lecta' 40.*D.de R.C.12*,1. (einer der 7 Digestenstellen, die man wegen ihrer, dem Paulus oft vorzugsweise vorgeworfenen Schwierigkeit 'cruces ICtorum' oder 'leges damnatae' zu nennen beliebt hat: s.S.*5.) berichtet, in auditorio Aemilii Papiniani, als dieser praefectus praetorio war. vgl. den Artikel 'Paulus' von Witte in Ersch u. Grubers Encyclop. (*16*) Aus deren erstem die *L.5.D.de his quae ut ind.34*,9. ein ansehnliches Stück enthält. Aus des Paulus 5tem Buche der Sententiae ist *L.45.D.de I.F.49*,14. entnommen, deren §3. mit §19. der Bruchstücke fast ganz übereinstimmt, was eher ein Grund gegen, als für die Vermutung, daß die Bruchstücke de iure fisci aus des Paulus Sententiae (§22.*i*.) herrührten, zu sein scheint, wenn man das voraufgehende und das nachfolgende in beiden Stellen in Betracht zieht. Von anderen Ansichten über Alter u. Vf. dieser Bruchstücke, namentlich der Walch's, welcher sie der diocletianischen Zeit vindicieren will, s. *Böcking* praef. in deſſ.Ausg. des Ulpianus, Bonn 1845.p.127.sqq. (*17*) Ztschr.f.g.R.W.III.S.150...58. (*18*) Hinter den 1820. und 1824. erschienenen Ausgg. des Gaius. Auch von Böcking seinen Ausgg. der ulpianischen Fgmm. Bonn.1831.1836.1845. hinzugefügt, und bei *Blondeau* Institutes &c. p.321...23. wieder abgedruckt. (*19*) Abgedruckt hinter Ulpian.ed.*Böcking*.Bonn.1836.1845. Daselbst auch ein aus Boethius entnommenes Fragment aus *Pauli lib.2. Institutionum* u. in der neuern Ausgabe p. 141.sq. auch eine Stelle aus *Pauli* Sentent. *lib.3.tit.5*. (*20*) Zeitgenoßen des **Gaius**. Das kleine (§75. Note 15.) abgedruckte Fragment über die Untheil-

§ f. 5) Eine Abhandlung der Verwandtschaftsgrade, sehr ähnlich einer Stelle aus Gaii lib. VIII. ad edictum provinciale[23], nebst einer gemalten in vier Felder getheilten Tafel, welche die Namen und Grade der Verwandtschaft darstellt, und auf deren unteren beiden Feldern zwei Böcke abgebildet sind[24]; zuerst herausgegeben von Böcking[25].

§ g. 6) Für die Kenntniss des römischen Rechnungswesens und zum Verständniss der Quellen über das römische Erbrecht sind von Bedeutung[26] die Schriftchen über die Eintheilung des As; so Volusii Maeciani[27] Assis distributio und das seines gleichartigen Inhalts wegen hergehörige Stückchen einer agrimensorischen Schrift, Balbi Mensoris[28] de Asse libellus.

---

barkeit der Servituten (Ulp. ed. *Böcking*.1845. p.144.), ist wahrscheinlich aus *Pomponii lib.singularis Regularum*, woraus auch *L.*17.*D.de servitutib.*8,1.

(21) Das kleine (auch in der cit.Ausg.des Ulp.p.145.sq. vorfindliche) Stückchen über die Formlosigkeit der pacta zwischen Ehegatten aus *lib.1 Responsorum* dieses edlen und angesehensten, von Caracalla hingerichteten, Juristen steht am Schluße der Lex Rom.Visigothorum und ist die Veranlaßung geworden, daß die Lex Rom.Burgundionum bei uns den Namen 'Papian' führt. s.§22.*n.*

(22) Ulpians Schüler, dem jüngsten der im Eingange des s.g. Citiergesetzes (§17. Note 10.) genannten 5 Juristen. Das hierhergehörige Fragment über die Giltigkeit eines undatierten Testaments ist aus den *Regularum libri* X entlehnt und auch in der cit.Ausg.des Ulp.p.147.mitgetheilt. Eine andere, wahrscheinlich aus dem ersten Buche der *Differentiarum libri* IX, über den Unterschied der Relegation und der Deportation, ist aus Isidor jenem in dem Ulpian von 1845. p.148.ff. hinzugefügt.

(23) *L.*1.*D.de gradib.et adfin.* 38,19. Gerade wegen der Aehnlichkeit unseres Tractats de gradibus mit jener Stelle, wie sie sich ohnehin bei der Behandlung so feststehender Dinge, als die gradus et vocabula cognationis sind, leicht erklärt, ist zu vermuten, daß derselbe weder dem Gaius, noch dem Paulus (cf.*L.*10.*D.tit.cit.*) zuzuschreiben sei.

(24) oder vielleicht hircus et capra. Ad significandam vim ac multitudinem prolis generandae?

(25) nebst einem öfters edierten Stemma „lege quem ad modum hereditates redeant" hinter dem Ulpian, Bonn.1836 u.1845.auch in dem Bonner Corp.iur.anteiust.p.171 sqq. Andere solcher Verwandtschaftstafeln sind ediert von *Haenel* Lex Rom.Visig.Lps.1849.fol.nach p.456. vgl.*Inst.*3,6.de Gradibus cognationis, besonders §9. daselbst, und *Schrader* ad h. l. im Corp.iur.civ. tom.I.p.452.sq.

(26) und deshalb in das Bonner Corp.iur.anteiust. p.183.sqq. aufgenommen, auch besonders ediert worden von Böcking, Bonn.1831. 16°. Zuerst edierte den Mäcian Sichard in der Ausg. der L. Rom.Visig. Basil. 1528.fol., dann Cujacius hinter dem Theod.Cod.Lugd.1566.fol.u.öfters. Einen Baseler Abdruck hinter den Leges Riboariorum *etc.* Basil.1530.(1531.) 8°. beschreibt Heimbach im Lpz.Repertor.1845.IX.p.428.ff.

(27) *L. Volusius Maecianus*, auch in den Digesten benutzt, war Mitglied in dem Consilium des Antoninus Pius (138...61.n.Chr.), Lehrer des Marcus Antoninus (161...81.), unter dessen Regierung er 175. in dem cassianischen Aufstande als Praefectus Augustalis zu Alexandria umkam, treulos gegen jenen, nach *Vulc. Gallicani* Avid.Cass.*c.*7.

(28) Dieser *Balbus Mensor* ist in der Vorr. meiner Ausg. (Note 26.), wie mich Lachmann [vgl.jetzt diesen in „Röm. Feldmesser II. p.131.ff.und Mommsen das.p.176.] belehrt hat, mit einem älteren gleichnamigen

§. 19. b. In Ueberarbeitungen auf uns gekommene Quellenschriften des römischen Rechts.

§ a. Der Zeitfolge nach sind die hierhergehörigen Schriften:

1) Zwei Stücke aus einem durch späteren Gebrauch und daher stammende Abschriften immer mehr verderbten Uebungsbuche zum Uebersetzen aus dem Lateinischen in das Griechische und zum Zurückübersetzen aus diesem in jenes, wie es ein zu Anfange des dritten Jahrhunderts n. Chr. [1], wahrscheinlich in Rom, das Griechische lehrender Schulmeister, der Magister **Dositheus**, wie es scheint, als dritten Theil eines Werkes, dessen erster eine lateinische Grammatik zum Unterricht im Griechischen, der zweite aber griechisch-lateinische und lateinisch-griechische Glossarien enthält, aus verschiedenen Schriften für seine Schüler excerpiert hat [2]. Das Werk selbst nannte er *Interpretamenta*, *Ἑρμηνεύματα*. Aus demselben gehören hierher *a*) *Divi Adriani Sententiae et Epistolae* [3], eine Sammlung von Anekdoten, welche die Gerechtigkeit, den Scharfsinn und die Geistesgegenwart des Kaisers im Respondieren oder auch im gewöhnlichen Antwortgeben darzuthun bestimmt scheint, nebst einem Briefe Hadrians an seine Mutter, einer Einladung zu seiner Geburtstagsfeier zu ihm zu kommen. Original ist auch hier ohne Zweifel der sehr verderbte lateinische Text. *b*) Eine praktisch-

---

Agrimensor aus Octavians Zeit verwechselt. Der Vf. des Schriftchens de Asse ad Celsum ist, wie schon Conr. Gesner (Epit.bibl.Tigur.1555.fol.p.25.) vermutet hatte, auch der des fälschlich dem Frontinus zugeschriebenen Stücks de Agrorum qualitate, das ebenfalls an den Celsus gerichtet ist, (cf. Rei agrar. Auctores. cura *Goesii*. Amst.1674.4°. p.28.sq. Röm. Feldmesser Berl. 1848.8°.I. p.91. sqq.) und unser Schriftchen und der in dem Commentar de Agr. qual. berührte Tractat de mensuris (*Goes*. p.29.sqq. *Lachm*. p.94.sqq.) gehören zu demselben Werke. Das Zeitalter unseres Schriftstellers bestimmt sich sonach aus seiner Angabe, daß er nach der Erschließung Daciens durch Traian sich wieder den Studien und schriftstellerischer Thätigkeit zugewendet habe (*Goes*.p.29. *Lachm*. p.93. „postquam .. max.imperator Daciam proxime reseravit, statim ut e septentrionali plaga annua vice transire permisit, ego ad studium ... sum reversus", also wahrsch. a.p.Chr.103.) s.bes.Lachmann II.p.131.ff.

(1) 207.n.Chr. hat er nach seiner eignen Angabe die hyginsche Genealogie excerpiert. s.p.65.ed.m.

(2) s. *Δοσιθέου τοῦ γραμματικοῦ Ἑρμηνευμάτων βιβλίον γ'*. Dosithei Magistri Interpretamentorum liber 3.ed. *E. Böcking*. Bonn.1832.16°. und daraus die hergehörigen beiden Stücke im Bonner Corp.iur. anteiust.p.201.sqq. Ueber die litterarische Bedeutung und Behandlung des ganzen Werkes weichen von der hier ausgesprochenen Ansicht, welche ebenfalls davon ausgeht, daß das Original lateinisch war, mehrfach ab Schilling und Lachmann s.Not.4. vgl.auch Puchta Inst.§104.n°.13. *Heimbach* im Lpz.Repertor.III.p.58...63.

(3) Zuerst ed. *Henr. Stephanus* (Glossar.1573. fol. p.299.sqq.), zuletzt nach Vergleichung aller Handschrr. in der Note 2. angef. Ausg. p.3...20.§§2...15. Der §16. enthält Bericht über die poena culei des parricida.

juristische Abhandlung über Freilaßungen[4] mit einigen Vorbemerkungen über ius civile und naturale und die Quellen des ersteren, vielleicht aus Iulii Pauli Regularum libri VII, oder aus einem von Paulus benutzten älteren Werke Regularum[5].

2) Die für die Kenntniſs der römischen Staats- und Hof-, Ge- § b.
richts- und Militär-Verfaßung ungemein wichtige *Notitia Dignitatum et Administrationum omnium, tam civilium quam militarium, in partibus Orientis et Occidentis*, eine um 400. n. Chr. aus einem officiellen Werke entnommene oder aus dem Reichsarchive ausgezogene Uebersicht der nichtrepublicanischen Behördenhierarchie, wie sie seit Constantin d. G. sich fast ganz symmetrisch für beide Reichstheile gestaltet, mit Abbildungen der Insignien der civilen, militärischen und Hof-Beamten, nach ihrem Range als illustres, spectabiles und clarissimi, und Angabe der sub dispositione jeder Behörde stehenden Verwaltungszweige und Aemter, Länderbezirke oder Heeresabtheilungen, dann der das Officium jeder Behörde bildenden Beamtungen, und zuletzt, im orientalischen Theile, der Berechtigung der Würdner zur Benutzung der Staatspostanstalten (wie viele Evectiones annuales jeder habe)[6]. Zum Theil gleich- § c.

---

(4) Zuerst im lat. Text ed. *P. Pithoeus* hinter dessen Ausg. der Collatio, Paris. 1573. p. 113. sqq., und daraus als 'Fragmentum Regularum (ut videtur) Ulpiani' oder 'Veteris cuiusdam iuris auctoris fragmentum' in mehreren Ausgg. des theod. Cod. (Genev. 1586. oder 1607. fol., Lugd. 1593. 4°.) und als 'Fragmentum Regularum ex veteri ICto' in Schultings Iurispdentia anteiustin. p. 803. sqq. Dann griech. und lat. von *M. Röver* 'Fgm. veteris ICti de iuris speciebus et de manumissionibus'. Lugd. Bat. 1739. 8°., u. hieraus in Hommels Palingenesia tom. III. p. 614. sqq., im Ius civ. anteiust. p. 251. sqq., stückweise in der Iur. civ. ecloga I. p. 359., und am sorgfältigsten *F. A. Schilling* Diss. crit. de fgm. iur. Rom. Dositheano. Lips. 1819. 8°. Eine neue krit. Bearbeitung ist die in der Note 2. cit. Ausg. p. 39...64. (Corp. iur. anteiust. p. 213...28.) unter der Ueberschrift 'Tractatus forensis maxime de manumissionibus', woraus der lat. Text nachgedruckt bei *Blondeau* Institutes *etc.* tom. II. p. 325...27. Nach meiner Ausg. hat Lachmann (Versuch über Dositheus. Berl. 1837. 4°.) den lateinischen Text so wieder hergestellt, daß nun erst dieses Bruchstück eines römischen Juristen nicht ganz unwürdig erscheint.

(5) Vermutung Lachmanns. Daß er Regulas benutze, sagt Dositheus § 3. [4.] ed. m. selbst, und nach Lachmanns 'Versuch' ist die Aehnlichkeit des hier in Frage stehenden Stückes mit Digestenstellen aus des Paulus Schriften nicht zu verkennen.

(6) Ueber Hdschrr. und Ausgg. dieses Werkes s. Notitia Dignn. edid. *E. Böcking*. Bonn. 1839. 8°. p. I...X. und desselb. Ueb. d. Not. Dignn. Bonn. 1834. 8°. Mit Uebergehung der unvollständigen Ausgg. von Alciati, Fabricius und Schonhoven nennen wir hier nur die gelenische (Basil. 1552. fol.), die pancirolischen mit ausführlichem und durchaus unzuverläßigem Commentar (Venet. 1593. 1602. Lugd. 1608. Genev. 1623. fol., auch [aber nicht, wie so oft der kleine Irrthum Haubolds nachgeschrieben wird, zugleich nach Labbe's Ausg. [in *Graevii* Thes. antiqq. Romm. tom. VII.), und die von *Ph. Labbé* (ohne Bilder, Paris. 1651. 12°. und hinter Codinus de off. Venet. 1729. fol.). Die Kritik dieses Wer-

zeitige Anhänge bilden die in den Hdschrr. der Notitia Dignn. vorkommenden Verzeichnisse von Provinzen des römischen Reichs[7], und andere geographische oder itinerarische Schriften und topographische Notizen[8], Regionenbeschreibungen Roms und Constantinopels[9], eine mit Abbildungen versehene Abhandlung *de bellicis machinis* mit voraufgehenden Kapiteln über Staatsaufwand, Münzwesen, Bestechlichkeit der Richter und Erleichterung der Staatskosten für das Militär; am Schluße dieser nicht genug beachteten Schrift über Verbeßerung der Staatswirthschaft wird der Kaiser (Theodosius I. oder II.?) zur Hebung der Verwirrung und der Widersprüche der Gesetze aufgefordert[10].

§ d. 3) Die s.g. vaticanischen Fragmente, oder wie sie Hugo auch nicht richtig nennt, 'Mai's Palimpsesten', eine von A. Mai in der vatic. Biblioth. in einer palimpsesten Handschrift des Cassianus auf zum Theil der Länge nach durchgeschnittenen Blättern aufgefundene und zuerst herausgegebene[11] Sammlung von ius und

---

kes hatte bisher unglaublich im argen gelegen; wesentliches wird, nachdem nun meine Ausgabe sammt Index erschienen ist (Bonn. 1839...53.), nur noch an dem Commentar zu beßern sein. vgl. Puchta Inst. §128. a. E.

(7) Der s.g. *Libellus Provinciarum Romanarum*, oder, wie die Schrift in den Hdschrr. betitelt ist „Annuntiationes prouinciarum urbium grecarū & pinnarꝫ uel gallicanarum cum priuilegiis suis“: es soll heißen: „Annotationes provinciarum Gallicanarum cum metropolibus suis. Provincia Alpium Graiarum et Penninarum“. nämlich ein Verzeichniſs der Provinzen des röm. Reichs mit Angabe der Hauptstädte, beginnend mit den gallischen, und zwar der der grajischen und penninischen Alpen. Dieses geographische Werk ist oft, aber noch nie vollständig, gedruckt (z.B. in Simlers Ausg. des Itiner. Ant. Basil. 1575. 16°. p. 348. sqq. und mehreren älteren Ausgg. dieses Itinerars, in Schelstrate Antiquitas eccl. Rom. 1697. fol. tom. II. p. 643. sqq., Varia Geographica L. B. 1739. 8°. p. 25. sqq., nach Schonhoven und Cellarius im verheykschen Eutrop. p. 761. sqq. u. s. w.); seine wahre Gestalt ist aus diesen Ausgg. kaum zu erkennen. Es soll nach Vergleichung vieler Hdschrr. im Anhangsbande meiner Ausg. der Notitia Dignn. erscheinen. | Verschieden davon, aus späterer Zeit und nicht in den Hdschrr. der Notitia Dignn. vorkommend, ist die s.g. *Notitia provinciarum Romanarum*, oder „Nomina prouinciarum omnium“ eine Aufzählung von 12 dioeceses mit ihren Provinzen, worauf eine kurze Aufzählung barbarischer Völkerschaften und barbarisch verdorbene nomina civitatum trans Rhenum fluvium quae sunt; gedruckt aus einer veron. Hdschr. in *Maffei* Istoria teologica .. Append. p. 84. sq. Trento 1742. fol.

(8) so namentlich die späte s.g. Aethici Cosmographia, das s.g. Itinerarium Antonini, das nach der Mitte des 8. Jahrh. verfaßte Werk des Irländers *Dicuil* de mensura orbis terrae, und Aufzählungen der 7 Hügel, der Thore und Straßen Roms. vgl. *Böcking* Ueb. die Notit. Dignn. p. 20. ff.

(9) vgl. Böcking l. c. S. 29. f. und nun besonders *L. Preller* Die Regionen der Stadt Rom. Jena 1846. 8°.

(*10*) vgl. Böcking l. c. S. 26. ff. | Die Vorrede dieser Schrift wendet sich an „sacratissimi principes“, das Schlußcapitel hat „sacratissime Imperator“.

(*11*) Zugleich in Rom, Paris 1823. und Berlin 1824. 8°. unter dem Titel Iuris civilis anteiustinianei reliquiae ex cod. rescripto [s. S. 40. 3. 39.] bibl. pontif. Va-

leges, d. h. von Stellen aus den Schriften von Papinian, Paulus und Ulpian, und von kaiserlichen Constitutionen, von den divi fratres an bis auf Valentinianus, Valens und Gratianus (nach 161. bis 372. n. Chr.) [12], und mit Benutzung der Constitutionensammlungen von Gregorianus und Hermogenianus [13] (§ 20.). Die Entstehungszeit dieser wichtigen, aber leider sehr lückenhaften, gewiss nicht officiellen Sammlung ist wahrscheinlich die zwischen 426. und 438. n. Chr. (den Publicationsjahren des s. g. Citiergesetzes und der des theodosischen Codex), das Vaterland Italien oder doch der occidentalische Reichstheil. Sie ist in den Ausgaben [14] in 341 §§. eingetheilt, welche durch die, bei Citierungen unberücksichtigt bleibenden Titel [15] ununterbrochen hindurchlaufen.

4) Die s. g. *Collatio* oder *Mosaicarum et Romanarum legum Collatio*, *Lex dei* oder *Pariator*, eine früherhin irrthümlich dem Juristen Licinius Rufinus, Zeitgenoßen des Paulus, von Huschke [16] § 8. aber dem Presbyter Rufinus von Aquileia († 410.), der sie während seines Aufenthalts im Orient im letzten Viertel des 4. Jahrh. ge-

---

tic.cur. *Angelo Maio*. Schlechter Nachdruck Lips. 1825. 8°.

(*12*) vgl. Vat. Fgm. §§ 168. u. 37.

(*13*) vgl. Vat. Fgm. §§ 266*a*. 272. 285. sq. 288. und §§ 270. sq.

(*14*) vgl. Note 11. *A. A. de Buchholtz* Iur. civ. anteiust. Vatic. fgmm. ... commentar. tum crit. tum exeget. .. instrux. Regiom. 1828. 8°. Die brauchbarste Ausg. ist Locorum ex iure Rom. anteiustiniano ab incerto scriptore collectorum fragmenta quae dicuntur Vaticana .. recogn. *A. Bethmann-Hollweg*. (mit Anmerkk. u. Indices von Böcking) Bonn. 1833. 12°. und im Bonner Corp. iur. civ. anteiust. p. 229 ... 302.; nachgedruckt in *Blondeau* Institutes *etc.* tom. II. p. 328 ... 91. vgl. *Heimbach* im Lpz. Repertor. III. p. 151 ... 54.

(*15*) 1) Ex empto et vendito §§ 1 ... 40. 2) De usu fructu §§ 41 ... 93. 3) De re uxoria et dotibus §§ 94 ... 122. 4) De excusatione §§ 123 ... 247. 5) Quando donator intellegatur revocasse donationem §§ 248 ... 265. 6) De donationibus ad legem Cinciam §§ 266 ... 316. 7) De cognitoribus et procuratoribus §§ 317 ... 341.| Den Plan der lückenhaften Schrift zu erkennen, besitzen wir sie zu unvollständig; was sich aus der Hdschr. über die Reihefolge der uns erhaltenen Stücke entnehmen läßt, giebt die praef. p. IV. sqq. der Bonner Ausg. an.

(*16*) Ueber Verf., Hdschrr., Ausgg. u. Commentationen des Werkes s. die Prolegomenen der Ausgabe von *F. Blume* (Lex dei s. Moss. et Romm. LL. Collatio. Bonn. 1833. 8°. u. im Bonner Corp. iur. antei. p. 309 ... 86. (und dazu Berichtigungen von Blume und Lachmann in Ztsch. f. g. R. W. X. n°. 4. 5.) *Haenel* ad Th. C. p. 846. *Heimbach* im Lpz. Repertor. III. p. 148. ff., Huschke üb. Alter u. Vf. der Coll. in Ztsch. f. g. R. W. XIII. n°. 1. Dirksen üb. die Coll. in Abhdll. der Berl. Acad. 1846. 4°. Puchta Inst. § 104. n°. 7. Außer Bluhmens Ausg. sind hier zu nennen die ed. princeps von *P. Pithou* Fgmm. quaedam Papiniani .... c. Moysis legib. collata. Paris. 1573. 4°., die in *Pithoeorum* Obss. ad Cod. Paris. 1689. fol., in *Schulting* Ipdentia p. 719. sqq., die von *Io. Cannegieter* hinter den Fgmm. Ulpiani. Trai. ad Rh. 1768. 4°. und die von *Biener* im Berliner Ius civ. anteiust. p. 1417. Bluhmens Ausg. [nachgedruckt in *Blondeau* Inst. II. p. 408 ... 57.] hat zuerst die einzelnen Kapitel der 16 Titel in §§. abgetheilt, wonach nun z. B. so citiert wird: Coll. *16*, 9. § 3. = Coll. tit. *16*. cap. 9. § 3.

macht habe, zugeschriebene, und gewiss einem Christen[17] zuzuschreibende Vergleichung mosaischer mit römischen Rechtsbestimmungen in 16 Titeln, deren jeder mosaische Satzungen an der Spitze hat (Moyses dicit), worauf dann zum Beweise der Aehnlichkeit Stellen aus den 5 im Eingang des s. g. Citiergesetzes genannten Juristen und aus den vortheodosianischen Constitutionensammlungen (§ 20. *d*, *e*.) hinzugefügt sind. Die Enstehungszeit dieser an sich schlechten, aber der ausgeschriebenen römischen Quellenstellen wegen wichtigen Sammlung ist vor die Bekanntmachung des theodosischen Coder (438.) zu setzen[16].

§ f. 5) Neuer als der Coder Theodosius' II., aber vor dem Tode dieses Kaisers (450.) oder doch höchstschwerlich nach 506. (s. § 22. *e*. ff.), und zwar in Gallien gemacht ist die Zusammenstellung von Constitutionen aus den drei vorjustinianischen Constitutionen-Codices (§ 20.) und Stellen aus des 'iuridicus' Paulus Sententiae receptae (§ 22. *f*, *i*.) nebst Vor- und Zubemerkungen des Ausfertigers, welche bei uns den nicht passenden Namen *Consultatio*, oder, wegen des Anfanges, mit dem Zusatze '*de pactis*' führt[18].

§ g. Hiermit schließt die Reihe der uns in Ueberarbeitungen erhaltenen Schriften römischer Juristen. Die ehemals zu dieser Classe

(17) Nicht allein die ganze Art des Werkes, sondern auch die Worte 6,7. „..per legem, cum adhuc rudibus populis ex divino nutu condita iisdem adstipulantibus sanciretur..“ beweisen das: ein Jude konnte dieses nicht schreiben.

(18) Ausgaben von: *Cuiacius* hinter seinen Consultationes in Opp. Paris. 1577. und 1584. fol., und in neuer Recension hinter dem Theod. Cod. 1586. und 1507. fol. u. in Opp. ed. *Fabrot*. I. p. 637. sqq., *Schulting* Ipdentia p. 813. sqq., *Biener* im Berliner Ius civ. anteiust. p. 1477. sqq. und zuletzt *Puggé* im Bonner Corp. iur. anteiust. p. 391...408. [nachgedruckt in *Blondeau* Inst. II. p. 392...407.] Diese *Consultatio* ist eine eigentlich dreifache Zusammenstellung gesetzlicher Beweisstellen (lectiones), um welche ein Sachwalter zum Gebrauche vor Gericht, damit dieses nicht contra ius apud se recitatum entscheide, einen mit den nöthigen Rechtsbüchern versehenen Rechtsgelehrten ersucht hatte. Diese Lectiones sind nur aus den im Text angegebenen Quellen entnommen; aber der Vf. spricht (c. 5.) auch von 'responsis prudentum' und erklärt (c. 7. a. E.) die Anführung anderer 'consultorum iura', die ihm also doch wol zu Gebote standen, für unnöthig zu seinem Zwecke. Es sind 9 oder 10 Consultationen, d. h. Aneinanderreihungen gesetzlicher Belegstellen (in der letzten Hälfte des jetzigen c. 7. eine einzige) für die von dem Quärenten zu führenden Rechtssachen, die je als Einleitung zu den einzelnen Stellenpartien, jedoch nicht überall gleichartig bezeichnet werden; das cap. 7. unserer Ausgaben befaßt deren zwei, und die Einleitung der letzten consultatio zu cap. 9. fehlt, wenn nicht etwa die hierin enthaltenen Stellen aus den drei Codices zu vorangehenden Kapiteln gehören. Mitunter fügt der iuris peritus seine Bemerkungen am Schluße der einzelnen Consultationen, öfters auch Zwischenbemerkungen zu den einzelnen Gesetzstellen zu. vgl. *Heimbach* im Leipz. Repertor. III. p. 154...58. Rudorff in Ztsch. f. g. R. W. XIII. n°. 2.

gezählte Vorrede zu dem *Νόμος Ῥοδίων ναυτικός* gehört zu den nachjustinianischen byzantinischen Rechtswerken (§ 23. *k.*); wegen der nahen Beziehung zum römischen Recht und der Wichtigkeit für das Verständniss der Quellen desselben müßen aber schon hier (cf. § 25.) erwähnt werden:

§ *h.* 1) Die Agrimensoren oder *Scriptores rei agrariae*, deren Beschäftigung und Stellung manche Berührungspuncte und Aehnlichkeit mit denen der Juristen hatten, deren Schriften aber in der im siebenten Jahrhundert zu Rom gemachten Sammlung, worin sich Abhandlungen aus dem letzten Viertel des ersten Jahrh. n. Chr. bis in die nachjustinianische Zeit finden, sehr entstellt und überdiess in den früheren Ausgaben schlecht recensiert sind; auch die meisterhaft von Lachmann besorgte der 'Römischen Feldmesser' konnte nicht alle Schäden heilen; ihr sind im zweiten Bande treffliche Abhandlungen über die Verfaßer, Handschriften und Ausgaben, die libri coloniarum und Rudorffs ungemein lehrreiche 'Gromatische Institutionen' beigegeben[18*].

§ *i.* 2) Die Erklärungen der *notae* oder Siglen, deren sich die Römer, besonders auch in den juristischen Monumenten bedienten, dergleichen uns von *Valerius Probus*[19] und dem fränkischen *Magno diaconus*[20] erhalten sind. Sehr schätzbar ist auch das Siglenverzeichniss zum Gaius hinter den göschenschen Ausgaben (§ 18. *b.*).

§ *k.* 3) Des *Ioannes Lydus*, eines Zeitgenoßen Justinians, zwar lückenhafte und noch vielmehr fehlerhafte, aber wegen vieler sonstwoher

---

(*18**) Niebuhr (Röm. Gesch. 1. Ausg. II. S. 532. ff.) hat auch das Verdienst, die Bedeutung dieser Schriften erkannt, darauf aufmerksam gemacht und die neue von meinen Freunden Lachmann, Rudorff, Bluhme und Mommsen nun vollendete Ausgabe 'Die Schriften der röm. Feldmesser'. I. II. 8°. Berl. 1848. 1852. veranlaßt zu haben. Die früheren nun unnützen sind: 1) De agrorum conditionibus *etc.* Paris. ap. *Turnebum*. 1554. 4°. 2) Auctores finium regundorum c. *Nic. Rigaltii* obss. Lutet. 1614. 4°. 3) Rei agrariae auctores ... cura *Wilh. Goesii*. Amst. 1674. 4°. 4) Rei agr. scriptorum ... reliquiae ... ed. *C. Giraud*. Paris. 1842. 8°. s. *Blume* in der cit. Ausg. p. 76 ... 78.

(*19*) dem Grammatiker unter Nero? Sein Werkchen de litteris antiquis ist wol nicht rein auf uns gekommen. Ueber die Hdschrr. s. Mommsen im Rhein. Mus. f. Philol. 1852. 8°. S. 457. Besondere Ausgg. Venet. 1499. und 1525. 4°. und von *H. Ernst*. Sorae 1647. 4°. (abgedruckt nebst Lindenbrogs Obss. in Meerman Nov. Thesaur. iur. civ. et can. Hag. Com. 1751. fol. tom. I. p. 87 ... 132.) Mit Magno u. A. herausg. von *F. Lindenbrog*. L. B. 1599. 8°., auch in den Sammlungen der latein. Grammatiker von *D. Gothofred* (Auctores ling. lat. 1585. 1595. 1602. 1622. 4°.) und *Putsch* (Grammaticae lat. auctores. Hannov. 1605. 4°.) | Dieser Zweig der röm. Litteratur ist einer neuen kritischen Behandlung sehr bedürftig.

(*20*) aus dem Ende des 8. oder dem 9. Jahrhundert; über Ausgaben s. die vorhergehende Note.

nicht bekannter Nachrichten und Notizen besonders für die römische Verfaßungsgeschichte wichtigen drei Bücher von den Magistaturen des römischen Staates, *περὶ ἀρχῶν τῆς Ῥωμαίων πολιτείας*[21].

β. Die Constitutionensammlungen und die officiellen Rechtswerke.

§. 20. a. Die vorjustinianischen Sammlungen kaiserlicher Constitutionen.

§ a. Die schnell wachsende Zahl der Constitutionen und die steigende Auctorität der Rescripte, welche, da sie nicht publiciert wurden (§ 15. *e.*), selbst von den Juristen im Consilium des Princeps leicht übersehen werden konnten, veranlaßten Sammlungen, wozu, abgesehen von den hadrianischen Sententiae (§ 19. *a.*), als älteste uns irgend erhaltene das im florentinischen Index „*Ιουστου* Constitutionon *βιβλια εικοσι*“ genannte Werk des Papirius Justus gehört, wovon die aus dem 1sten und 2ten Buche in den justinianischen Digesten aufgenommenen 15 Stellen Rescripte von Marcus und Verus (161...69. n. Chr.) und die eine aus dem achten Buche[1] ein Rescript des ersteren aus dem J. 175. enthalten[2].

§ b. Auch von Julius Paulus nennt der florentinische Index ein Werk „Sententionon *ητοι* facton *βιβλια εξ*“, obgleich Stellen mit solcher Inscription in den Digesten sich nicht finden, wol aber, außer den aus Pauli Decretorum libri tres entnommenen, Stellen aus dem 1. und 2. Buche eines in jenem Index unter diesem Namen nicht vorkommenden, wahrscheinlich aber auch jenen ersten führenden Werkes „Paulus Imperialium Sententiarum in cognitionibus prolatarum ex libris sex“[3] oder mit dem Zusatze „seu Decretorum“[4], aus denen wir jedoch ersehen, daß dieses Werk nicht eine bloße

§ c. Sammlung kaiserlicher Decrete gewesen ist. Bloße Constitutionen-

(21) Edid. *I.D.Fuss*, Paris (oder Lugd.Bat.) 1812. 8°. und dazu *Fuss* ad C.B. Hase epist. in qua Ioa. Laurentii Lydi ... loci difficiliores illustrantur. Leod. 1820. 8°. Neue Ausg. von *Imm. Bekker*. Bonn. 1837. 8°. (in dem Corpus scriptorum historiae Byzantinae.)

(1) *L.60.D.de pactis 2,14. Papirius Iustus lib.8.Constitutionum.* „Imperator Antoninus Avidio Cassio rescripsit ..“. (2) Dieses ist alles, was wir von dem genannten Juristen und seiner Sammlung aus den Quellen wißen. Daß auch Marcus noch nicht divus im 8. Buche des Werkes heißt, beweist nicht, daß nicht etwa im 20. Buche Rescripte von Severus Alexander gestanden haben.

(3) *L.113.D.de cond.et dem. 35,1. L.10.D. de manum.40,1. L.240.D.de V.S. 50,16.*. (4) *L.92.D.de her.inst.28,5. L.81.D.ad SC.Trebell.36,1. L.24. D.de iure patronatus 37,14.* Die hommelsche Palingenesie stellt (cf. *Cuiac.* Obss. 2, 26.) alle diese Stellen zu den (im florentin. Index außer jenen 6 Büchern Sententiarum sive factorum aufgezählten) „Decreton *βιβλια τρια*“, schwerlich ohne

sammlungen aber waren folgende zwei[a], deren gröster Theil ohne Zweifel auch in den justinianischen Coder übergegangen, aber hier als Bestandtheil jener Sammlungen nicht nachzuweisen ist; außerdem besitzen wir nur einzelne zu denselben gehörige Stücke, hauptsächlich aus den schon genannten vaticanischen Fragmenten, der Collatio und Consultatio (§ 19.) und aus der westgothischen und der burgundischen lex Romana (§ 22.).

1) *Gregorianus Codex*, Corpus Gregoriani[5], dessen uns erhaltene § d.
Constitutionen mit Septimius Severus (196. n. Chr.) beginnen[6] und bis Diocletian und Maximian (285...305. n. Chr.)[7] hinabreichen. Das Werk war in Bücher und diese in Titel[8] eingetheilt, welche die einzelnen Constitutionen, meistens[9], aber nicht bloß[10] Rescripte enthielten. Die Ausgaben[11] sind in Vollständigkeit und Einrichtung sehr abweichend von einander.

2) *Hermogenianus Codex*, Corpus Hermogeniani[12], aus welchem § e.

Verwechselung zwei verschiedener Werke. (*a*) Huschke (Ztsch.f.g.Rt.W. XIII.S.9.) deutet an, der gregorianische Coder möge für den Westen, der hermogenianische für den Osten gemacht worden sein. vgl.auch **Iacobson** de codicib. Gregor.et Hermog.Regiom.1826.8°. u.bes. *Haenel* in Note 11.cit. (5) Nur daß der Name Gregorianus, nicht Gregorius war, wißen wir, außer dem was aus dem folgenden sich von selbst ergiebt, von diesem Juristen. (6) *L.1. Greg.Cod. de his quae vi* 2,1.| Weil die älteste (als *L.1.de testament.*6,23.) in den justinianischen Coder aufgenommene Constitution eine hadrianische ist, wird gewöhnlich angenommen, Gregorianus habe mit den Rescripten Hadrians seine Sammlung anfangen laßen. (7) Die letzte Constitution mit sicherem Datum ist *L.2. Greg.Cod.de nupt.*5,1. aus dem Jahre 295. (8) *Greg. lib.*XIII.*tit.* kommt in den Vat.Fgm. viermal als Inscription vor, und in der *Collat.*3,4.„Gregorianus libro XIIII.(al.XVIIII. Schulting.VIIII.) sub titulo de accusationibus". Eine größere Bücherzahl wird nicht angeführt. (9) Wie die erhaltenen Stücke und mehr noch die Geschichte der kaiserlichen Constitutionen (§ 15.) beweisen. (10) Die *Collat.*6,4. enthält ein Edict Diocl. u. Maxim. aus „Gregorianus libro quinto sub titulo de nuptiis". *L.2. Greg.Cod.de nupt.*5,1. ed.*Haenel*. (11) vollständig (nebst 36 Hdschriften) aufgezählt vor der neuesten und wichtigsten von *G.Haenel* im zweiten Theile des Bonner Corp.iur.anteiust. p.IX.sq. s.auch *Heimbach* im Lpz.Repertor.IX.(1845.)p.11...17.| Edit.princ. in Sichards Ausg.der L.Rom.Visigoth.von 1528. [s.§ 22.Note 9.] fol.164...67*a*, dann in den cujacischen Ausgg.des theodos.Cod.(1566.1586.fol.u.4°.1593.1607.),in Schultings Iurisprudentia vet.p.681.sqq., und von *Beck* im Berliner Corpus iur.civ. anteiust.p.264.sqq.| Sichard giebt bloß den westgoth.Auszug, und so auch Beck, der nur 5 von anderen aus Hdschrr.der L.Rom.Visig. zur sichardschen Ausgabe nachgetragene „constitutiones incertae originis" hinzufügt; die cujacischen Ausgg. vervollständigen allmählich den Inhalt und beginnen dessen Vertheilung in Bücher und Titel, welches letztere Schulting planmäßiger durchführt. Hänels Ausgabe giebt uns das Werk so auf seine ursprüngliche Gestalt zurückgeführt, wie es nach den als dazu gehörig bezeugten dürftigen Resten möglich ist. Eine Vergleichung der Bücher- und Titel-Eintheilungen der Ausgg. von Schulting u. Hänel hat das Bonner Corp.iur.anteiust.l.c.p.*55. (12) Von Hermogenianus (nicht Hermogenes s.Note 5.), wir wißen aber nicht ob von einer oder

uns außer 7 Rescripten von Valens und Valentinianus (n. Chr. 364. f.)[13] nur 24 Constitutionen mit Inscriptionen erhalten sind, alle, bis auf eine von Antoninus (Caracalla)[14], von Diocletian und Maximian aus den Jahren 287. an, und deren zwei älteste auch im gregorianischen Codex standen[15]; nach den Meinungen der Neueren befaßte jene Sammlung, als Nachlese oder zugleich als Ergänzung oder, was sicher falsch ist, nur als Fortsetzung der gregorianischen, Rescripte vorzüglich Diocletians und Maximians, oder nach Anderen auch Constantins, oder selbst, wie die Consultatio ([13]) anzunehmen nöthigt, bis in das vorletzte Viertel des vierten Jahrhunderts. Die einzelnen Constitutionen waren in dieser Sammlung nur nach Titeln[16] zusammengestellt; Bücher werden nicht angeführt. Von den Ausgaben gilt im wesentlichen dasselbe wie von denen des gregorianischen Codex[17].

§ f. Es folgt nun ein Rechtswerk, das an Umfang und sonstiger Bedeutung unter den Quellen des römischen Rechts eine Hauptstelle einnimmt, der *Theodosianus Codex*[17*]. Theodosius II. (408...

---

welcher unter diesem Namen seit dem 4. Jahrh. sonst vorkommenden Personen. s. Note 17.

(*13*) In der *Consult.* cap. 9. init. sind 7 Rescripte von Valens et Valentinianus von 364...65. n. Chr. unter der Rubrik „Ex Corpore Hermogeniani"; i. J. 398. wird die allgemeine Geltung solcher Rescripte aufgehoben. (s. oben §15. Note 14*a*.) Gegen die Annahme, daß der Sammler jener Consultationen ein mit späteren Nachträgen vermehrtes Exemplar des hermogen. Codex vor sich gehabt habe, wie sie u. a. Zimmern R. G. § 46., Hänel im Bonner Corp. iur. anteiust. p. *61. und die erste Ausg. dieses Werks aufstellten, s. Puchta Inst. § 135. *Heimbach* im Lpz. Repertor. III. p. 49. ff.

(*14*) Wenn anders das Basilikenscholion (bei Heimbach Bas. I. p. 704.) sagt und richtig sagt, daß die L. 1. Greg. Cod. ad L. Iul. de adulteriis *14*,2. ed. *Haenel*. p. *41. in beiden Sammlungen gestanden habe. cf. *Haenel* ad l. c.

(*15*) s. *Collat. 6*,5. u. vgl. Hänel zu *Greg. Cod. de nuptiis* 5,1., not. *a*.

(*16*) deren in der L. Rom. Visigoth. nur 2, in der Ausgabe des Hermog. Cod. von Hänel 18 sind, die zwei, worin Constitutionen standen, die auch Gregorianus hatte (s. Noten 14. f.), und einen, worin nur die Rubrik aus der L. Rom. Burg. tit. 23. gebildet ist, eingerechnet; ausgeschloßen aber die 7 Constitutionen aus der Consultatio (s. Note 13.). Heimbach l. c. S. 53. versucht diese Titel nach der Ordnung der Sentenzen des Paulus und der Digesten einzurichten, wonach sie also auch der Ordnung des prätorischen Edicts gefolgt wären.

(*17*) vgl. Note 11. In allen folgt der Hermogenianus auf den Gregorianus Codex; bei Haenel im Bonner Corp. iur. anteiust. p. *61...*80. | „Hermogenianum doctissimum iuris latorem tres editiones sui operis confecisse" sagt zwar *Sedulius* (um 400. n. Chr.) op. pasch. praef. ausdrücklich, nicht aber, daß dieses opus die Constitutionensammlung sei. Aus eines (ob unseres?) Hermogeniani Epitomarum libri sex stehen 106 Stellen und eine (*L. 14. D. ad SC. Trebell. 36*, 1.) mit der Ueberschrift 'Hermogenianus lib. IIII. Fideicommissorum', welches Werk der florentinische Index nicht nennt, in den justinianischen Digesten.

(*17**) Ueber den Th. C. s. nun besonders Haenel in der praef. zu seiner Ausg. (s. Note 34.), womit die praef. zu seiner Ausg. der L. Rom. Visig. Lps. 1849. fol. zu vergleichen ist, und *Heimbach* im Lpz. Repertor. 1845. IX. p. 89. ff. 169. ff. vgl. Puchta

50.) verordnete i. J. 429.[18], es sollte nach der Weise jener beiden Privatsammlungen zu denselben eine officielle Sammlung aller allgemeinen kaiserlichen Constitutionen, chronologisch in die einzelnen Titel gereiht, von Constantin d. Gr. an[19], und dann aus diesen drei Sammlungen und den Schriften der Juristen eine Zusammenstellung des noch geltenden ius veranstaltet werden. Letztere, mit deren nach Beendigung der ersteren vorzunehmender Abfaßung der Kaiser dieselbe Commission[20] sofort beauftragt, ist nicht zu Stande gekommen; zur Veranstaltung der ersteren nach einem ausschließlicher auf die Praxis berechneten Plane ernennt er i. J. 435.[21] wiederum eine größtentheils neue Commission von 16 Staats- und Hof-Beamten[22] mit sehr ausgedehnter Vollmacht zur Behandlung des Stoffes[23]. In einer Constitution vom 15. Febr. 438. bestätigt Theo- § 9.
dosius den nach ihm benannten Codex und verordnet, daß vom 1. Januar ab alles 'ius principale' nur aus dieser Sammlung angeführt werde[24]. Im nämlichen Jahre wurde sie an Valentinianus III. nach Rom geschickt, von diesem bestätigt und im Senate feierlich

Inst. §136.

(*18*) Drei Jahre nach dem s.g. Citiergesetz (§ 17. Note 10.), in einer Constitution, welche in den theodosischen Codex selbst (*L.5. Th. C. 1*, 1.) und in das Protokoll über die im Senat zu Rom gepflogenen Verhandlungen wegen Reception dieses Codex (Gesta in senatu urbis Romae de recipiendo Codice Theodosiano, vor den neuesten Ausgaben) aufgenommen ist.

(*19*) *Const. cit.* „Ad similitudinem Gregoriani atque Hermogeniani Codicis cunctas colligi constitutiones decernimus, quas Constantinus inclitus et post eum divi principes nosque tulimus, edictorum viribus aut sacra generalitate subnixas ...“. *L.6. Th. C. de const. princ. 1*, 1. „Omnes edictales generalesque constitutiones vel in certis provinciis seu locis valere aut proponi iussae, quas d. Constantinus posterioresque principes ac nos tulimus ..“.

(*20*) *Const.* Note 18. *cit.* „.. Ad contexendos codices .. deligendi viri sunt .., qui cum primum Codicem nostrae scientiae et publicae auctoritati obtulerint, aggredientur alium, donec dignus editione fuerit pertractandum .. *Antiochum*, v. ill. ex quaestore et praefecto elegimus, *Antiochum*, v. ill. quaestorem sacri palatii, *Theodorum*, v. sp. comitem et magistrum memoriae, *Eudicium* et *Eusebium*, vv. spectt. magistros scriniorum, *Ioannem* v. sp. excomite nostri sacrarii, *Comazontem* atque *Eubulum*, vv. spectt. exmagistros scriniorum, et *Apellem*, v. disertissimum, scholasticum. Hos .. eruditissimum quemque adhibituros esse confidimus, ut communi studio .. iura excludantur fallacia ..“.

(*21*) In der cit. *L.6. Th. C.*

(22) *L.6. cit.* § 2. „Contextores huius Theodosiani Codicis '*Antiochus*', .. 'Eubulus', .. '*Maximinus*', .. *Sperantius*, .. *Martyrius*, Alipius, Sebastianus, *Apollodorus*, '*Theodorus*', Oron, .. Maximus, *Epigenes*, Diodorus, *Procopius*, .. Erotius, Neuterius ..“ Die cursiv gedruckten Namen sind die von Theodosius 3 Jahre später als die Hauptredactoren gerühmten, die mit ' ' bezeichneten die in der Commission von 429. vorkommenden.

(23) *L.6. cit.* § 1. „.. aggressuris hoc opus et demendi supervacanea verba et adiiciendi necessaria et mutandi ambigua et emendandi incongrua tribuimus potestatem“.

(24) *Const.* de Th. C. auctoritate, vor dem ersten Titel der Sammlung selbst. cf. *Novell. 1. pr. Theod. II.* von 447.

§ *h.* angenommen[25]. Das ganze Werk ist, in seiner Einrichtung ähnlich dem gregorianischen, in 16 Bücher, diese in Titel getheilt, welche die einzelnen Constitutionen in chronologischer Reihefolge enthalten[26]. Nur der kleinere, gerade der uns unvollständiger erhaltene Theil, hauptsächlich das 1ste bis in den Anfang des 5ten und der letzte Theil des 8ten Buches, bezieht sich auf das Privatrecht, nach der Ordnung der Werke ad edictum zusammengestellt, alles übrige auf das öffentliche, und zwar das 9. Buch auf das Straf-, das 16. auf das Kirchen-Recht.

§ *i.* Dieser theodosische Codex wurde bei den folgenden Rechtssammlungen, sowol den justinianischen (§ 21.), als auch bei den in den germanischen Reichen veranstalteten (§ 22.) benutzt, aber dennoch selbst

§ *k.* im Oriente nicht ganz verdrängt. Auszüge aus demselben, nicht zu verwechseln mit den im 7. Jahrhundert, vielleicht auf der ravennatischen Rechtsschule gemachten ganz kurzen Inhaltsangaben der einzelnen Constitutionen, Summaria, wie sie aus einer vaticanischen Handschrift zu den letzten 8 Büchern Hänel herausgegeben hat[27], machen ohngefähr die erste Hälfte der westgothischen Lex Romana (§ 22. *e.* ff.) aus, und dieser s.g. Codex Theodosianus epitomatus ([31]) ist noch der Haupbestandtheil der ersten fünf Bücher, die zwar jetzt auch durch die von Peyron in Turin[28] und von Clossius in Mailand[29] gemachten Entdeckungen, zu denen in neuester Zeit die ebenfalls zu Turin von Carlo Baudi a Vesme[30] gefundenen palimpsesten Blätter auch für das 6. 8. 9. 10. u. 16te Buch hinzukommen, sehr beträchtlich bereichert worden sind. Den von Sichard[31] edier-

---

(25) s. die in Note 18. citt. Gesta.

(26) Die einzelnen Constitutionen, welche wir auch als L. (= lex), Andere durch C. oder const. (= constitutio) zu bezeichnen pflegen, haben Inscriptio, die Verordnung selbst, welche bei uns großentheils in ein principium und §§. abgetheilt ist, und subscriptio. s. § 15. Note 17. Citierart z. B. *L. 1. Th. C. de constitutionib. 1*, 1. oder vollständiger *Constantin. L. 1. Th. C. de const. princ. 1*, 1. (a. 322.)

(27) Aus dem vatican. cod. reg. Suec. n. 886. als Antiqua Summaria Codicis Theod. Lips. 1834. 8°. vgl. *Heimbach* im Lpz. Repertor. IX. p. 177. ff.

(28) Codicis Th. fgmm. inedita ex cod. palimps. bibl. reg. Taurin. Athenaei in lucem protulit atq. illustr. *Amedeus Peyron*, linguar. orient. prof. Exhibita die 30. Ianuar. 1823. Taurin. 4°.

(29) Th. Codicis genuini fgmm. ex membranis bibl. Ambros. Mediolanensis nunc primum edid. *W. F. Clossius*. Tubing. 1824. 8°. | Die Turiner und Mailänder Ergänzungen gab incorrect u. nicht ganz vollständig heraus *E. Puggaeus*, Th. Codicis genuina fgmm. Bonn. 1825. 8°. und sehr gut mit dem aus der L. Rom. Visigoth. erhaltenen *C. F. C. Wenck* Codicis Th. libri V. priores *et c.* Lips. 1825. 8°.

(30) s. Hänel in den Miscellen zu Krit. Jahrbb. der R. W. Lpz. 1836. 8°. S. 91. ff. u. 1844. S. 786. ff. | von Vesme's Ausg. des th. Cod., Taurin. 1839. ff. fol. für welche er seine Entdeckungen Häneln vorenthielt, ist unter billigen Erwartungen geblieben. *Heimbach* im Lpz. Repertor. 1845. S. 89. ff. 169. ff.

(31) s. unten § 22. Note 9.

ten westgothischen Auszug hatte schon Tilius[32] vervollständigt und die Bücher 9...15., aus einer, jetzt vaticanischen, Handschrift des ächten theodosischen Codex herausgegeben; das 6. Buch, mit Ausnahme des Anfangs desselben, das 7. und 8. gab Cujacius[33] vervollständigt mit den übrigen Büchern heraus; und in unseren Tagen hat sich G. Hänel[34] um die Wiederherstellung des ganzen Werkes in seine ursprüngliche Gestalt die glänzendsten Verdienste erworben[35], würdig denen zur Seite zu stehen, welche sich durch seine sachlichen und historischen Erörterungen Jacques Godefroy[36] in seinen auch für die Kenntniss der späteren römischen Kaiserzeit überhaupt sehr schätzbaren Commentarien erworben hat.

Theodosius hatte, wie auch bisheran die kaiserlichen Constitu- §m. tionen im Namen der Kaiser beider Reichstheile abgefaßt worden waren, schon 429. verordnet[37], und 438. bei der Publication seines Codex wiederholt[38], daß die von dem Kaiser des einen Reichstheiles zu erlaßenden Constitutionen, Leges novellae, Novellae constitutiones oder Novellae, dem andern zugesendet und von ihm publiciert werden sollten, jedoch 'emendandi vel revocandi potestate reservata'. Dieses wurde bis gegen die Zeit des Unterganges des abendländi- §n. schen Reichs befolgt, und 447. schickt Theodosius II. seinem Schwiegersohne Valentinianus III. seine bis dahin erlaßenen Novellen und fordert ihn zur Uebersendung der im occidentalischen Reichstheile ergangenen auf[39]; im folgenden Jahre publicierte hier Valentinianus die theodosischen Novellen[40]. Solche, bei uns gemeinlich 'nach- §o.

(32) E libris constitutionum Theodosii A. libri priores octo longe meliores quam adhuc circumferebantur: ... Posteriores octo integri, nunc primum post M annos in lucem reuocati a *Io. Tilio* Engolism. [*Du Tillet* aus *Angoulème*]. Paris. 1550. 8°. (33) Codicis Theod. libri XVI. *et c.* Lugd. 1566. Paris. 1586. fol. u. ö. (34) Codex Th. ad LIV libror. MSS. et prior. edd. fid. recogn. et annot. crit. instruxit *G. Haenel.* Bonn. 1837. sqq. 4°., im Bonner Corp. iur. anteiust. vol. II. p. *81. sqq. | Die letzte Ausg. vor Hänel ist die misrathene (von J. B. G. Beck) im Berliner Ius civ. anteiustin. p. 224...1215. (35) von denen auch der Vf. dieses Buches Worte Theodosius II. selbst, mit geringer Umänderung, gebrauchen darf „... si recte mentis acie futura prospicimus, ad posteros usque deveniemus laboris illius consortio". *Const. de Th. C. auctoritate.* § 2. (36) Nach dessen Tod zuerst herausg. von *A. Marville* [eigentl. *Viguemonté*]: Codex Th. cum perpetuis commentariis *Iac. Gothofredi* ... Opus posthumum ... op. et studio *Antonii Marville.* Tomi VI. Lugd. 1665. fol. Dann von *I. D. Ritter*, Cod. Th. *et c.* Editio nova .. collata cum antiquiss. cod. MS. Wurceburgensi. Tomi VI. Lips. 1736...45., nachgedr. Mantuae 1740...50. fol.
(37) *L. 5. i. f. Th. C. de const. princ. 1*, 1. (s. Note 18.) (38) *Const. de Th. C. auctoritate* §§ 5. 6. (39) *Nov. 1. Theod.* II. De confirmatione legum novellarum Theodosii A. (40) *Nov. Valentin.* tit. 25. de confirmatione

theodosische' genannten (nach dem theodosischen Coder erlaßenen) Novellen einer orientalischen und einer occidentalischen Sammlung von folgenden Kaisern, und zwar

zwei orientalischen,	vier occidentalischen,
Theodosius II. (408...450.)	Valentinianus III. (425...455.)
Marcianus (450...457.)	[*Maximus* 455. März...Juni.]
	Maiorianus (457...461.)
[*Leo I.* (457...474.) und]	Severus (461...465.)
	Anthemius (467...472.)

wurden und werden meistens [41] als Anhang des theodosischen Coder behandelt.

§ p. In der westgothischen Lex Romana sind nur Novellen von Theodosius, Valentinianus, Marcianus, Majorianus und Severus ausgezogen; die sichardsche Ausgabe [42] vermehrten Peter Pithou [43] und Cujas [44]; dann aber besonders Zirardini und Amaduzzi [45]; die früher vollständigste, aber nach unsicheren und großentheils unrichtigen kritischen Grundsätzen gearbeitete Ausgabe war die von Beck [46], welche nun auch durch die von Hänel [47] als beseitigt bezeichnet werden kann.

§ q. Nicht zum theodosischen Coder gehören, aber auch nicht unächt [48]

---

legg. divi Theodosii, ed. *Haenel* p. 210. sq. (Ius civ. anteiust. p. 1331. sq.)

(*41*) Eine Separatausg. von Dan. Rittershusen (Hanov. 1609.?) Ffurt. 1615. 8°. ist auch in den letzten Theil der beiden gothofredischen Ausgg. (Note 36.) übergegangen, und zwar in die rittersche mit Vergleichungen der würzb. und ottobonischen (s. Note 45.) Hdschrr. und erklärenden Anmerkk., nebst Appendix, enthaltend die s. g. sirmondschen Constitutionen (§ *q*.).

(*42*) fol. 85*a*...fol. 119*b*. (pag. 120.).

(*43*) Impp. Theodosii, Valentiniani, Maioriani, Anthemii Novellae constitutiones XLII nunc primum in luc. edd. Paris. 1571. 4°. Auch in *P. Pithoei* Opp. Paris. 1609. 4°. und *P.* et *F. Pithoei* Obss. ad Cod. *et c.* ibid. 1689. fol.

(*44*) Obss. *16*, 22. sqq. u. Theod. Cod. 1586. fol. (s. Not. 33.)

(*45*) Imperatorum Theodosii iunioris et Valentiniani III. Nouellae leges, Caeteris anteiustinianeis ... addendae. Ex Ottoboniano MS. cod. edit, Commentario illustrat .. *Antonius Zirardinus*, Ravennas ICtus. Faventiae 1766. 8°. Beßer: Leges novellae V. anecdotae Theod. iun. et Val. III. c. ceteror. etiam Novellar. editar. titulis et variis lectionib. ex vetustiss. cod. MS. Ottoboniano depromptis. Quibus acc. aliae Valent. III. Constitt. iam editae ... ac tandem Lex Rom. seu Responsum Papiani ... opera et stud. *Io. Chphori Amadutii.* Rom. 1767. fol.

(*46*) Im Berliner Ius civ. anteiust. p. 1217...1416.

(*47*) Novellae Constitutiones imperatorum Theodosii II., Valentiniani III., Maximi [*et Marciani*,] Maioriani, Severi, Anthemii. XVIII Constitutiones, quas Iac. Sirmondus divulgavit. Ad libror. MSS. [*XLII*] et editionum fidem recogn. et annot. crit. [*et praef. utilissima*] instr. *G. Haenel.* Bonn. 1844. 4°. in dem Bonner Corp. iur. anteiust. hinter dem Theod. Cod. vgl. auch *Heimbach* im Lpz. Repertor. IX. p. 209...15.

(48) Gothofred und viele nach ihm hatten dieses vorzüglich wegen der ersten dieser Constitutionen, einer constantinischen, behauptet.

sind, wie beides Hänel[49] gründlich gezeigt hat, die gewöhnlich nach ihrem ersten Herausgeber[50] benannten sirmondischen Constitutionen kirchenrechtliches Inhalts, welche, 18 an Zahl[51], sämmtlich älter als der theodosische Coder[52], in Gallien (Lyon?) zwischen den Jahren 581. u. 720. gesammelt und in den vollständigen Handschriften den Sammlungen von (gallischen) Concilienschlüßen zugefügt worden sind. Eilf dieser nicht chronologisch aneinandergereiheten, ihrer Form nach den vorhin besprochenen Novellen ganz ähnlichen Constitutionen[53] sind, nicht ohne Aenderung oder Abkürzung, in den theodosischen und daraus zum Theil in den justinianischen Coder aufgenommen worden[54].

§ r. Auch auf anderen Wegen als durch die Handschriften der Constitutionen-Sammlungen, von denen die Rede gewesen ist und im folg. §. sein wird, sind einzelne Constitutionen, die meist auch nicht in jene Sammlungen gehören, vorjustinianischer Kaiser und auch justinianische, auf unsre Zeit gekommen[55], sowol als Anhänge oder Zusätze jener Handschriften[56], als auch in anderen[57] und besonders in juristischen[58] und nichtjuristischen[59], namentlich kirchlichen[60] und

---

(49) In der Vorrede zu der von ihm für das Bonner Corp.iur.anteiust. besorgten Ausgabe (s.Not.47.), welche eine zweite Ausg. der 1840. in 4°. erschienenen Diss. über die sirmond.Constitt. ist. (50) Paris.1631.8° u. in Opp. Paris.I.p.705...40. Venet. I. p.403...18.; auch als Anhang zu den Leipz. u. Mantuaner Ausgg. des gothofredischen Coder Theod. von Ritter. (51) Sirmond giebt zwar 21, aber die 3 letzten fügte er der Sammlung, welche sich in einer Handschr. aus dem 8. Jahrh. vorfand, aus andren Hdschrr. hinzu; weshalb mit Recht Hänel diese 3 ausgeschieden und in die Zusammenstellung der uns erhaltenen kirchenrechtlichen Constitutionen verwiesen hat. Bei Cujas (Cod.Theod.1566.) finden sich nur die 3 ersten Constitt., bei andren mehrere, aber nicht alle 18 oder 21. s.Hänel praef.cit. (52) Mit Ausnahme drei constantinischer (1.4.17.) und dreier aus den J. 384...87. (3.7.8.) sind sie alle aus dem ersten Viertel des fünften Jahrh. (53) Die lemmata, welche der Sammler oder Abschreiber den einzelnen Constitt., außer den 3 ersten, vorgesetzt, wurden dann als Titelrubriken behandelt und die Constitt. als zum theodosischen Coder gehörige. (54) vgl.auch *Heimbach* im Lpz.Repertor.IX.p.215...25. (55) daselbst p.257...68. u.unten §21.Note 50. (56) z.B. vier vorjustinian.Constitutionen bei *Haenel* ad Gregor.Cod.V.1.p.*30., eine justinianische im Rh.Mus.f.Jpdz. V.S.121. vgl.Biener Revis.des just.Cod.S.231. (57) So ein ursprünglich epigraphisches Edict Constantins de accusationibus, das der *L.un.Th.C.* oder *L.3.Iust.C. ad L.Iul.maiest.* zum Grunde liegt. Klenze in Ztsch.f.g.R.W. IX. n°.3. Ferner die wichtige, am besten von *Haenel* (Lps.1845...50.) herausgegebene Constitution der Kaiser Honorius und Theodosius II. an den Praefectus praetorio Galliarum Agricola vom J. 418. über die in Arles jährlich abzuhaltenden Landtage. (58) besonders den Digesten, den vatic.Fragmenten, der Collatio und Consultatio. (59) im Anhange der agrimensorischen Schriften; bes. aber bei dem jüng. Plinius, den Panegyrikern, dem Kaiser Iulianus, bei Symmachus, Cassiodorus und deren Zeitgenoßen. s.§25.Noten 3.ff. (60) La-

historischen[61] Schriften, und selbst als Stein- oder Metall-Inschriften[62]. Auch diese großentheils sehr wichtigen und umfangreichen Rechtsquellen wird uns Hänels Aemsigkeit hoffentlich recht bald in einer kritischen Sammlung bieten.

§. 21. b. Die justinianischen Rechtswerke.

Iustiniani imp. 1) Constitutio *'Haec quae necessario'* De novo Codice faciendo, ad Senatum urb. CP. (13.Febr.528.)| 2) Constitutio *'Summa reip.'* De Iustinianeo Codice confirmando, Mennae Pf. P. (7.April 529.).| 3) Constitutio *'Deo auctore'* De conceptione Digestorum, ad Tribonianum (15.Dec.530.).| 4) Prooemium Institutionum, cupidae legum iuventuti (21.Nov.533.).| 5) Constitutio *'Omnem reip.'* (über den Rechtsunterricht), ad antecessores (16. Dec. 533.).| 6.u.7) Constitutiones *'Tanta circa'* und *'Δέδωκεν (Dedit nobis)'* De confirmatione Digestorum, ad Senatum et omnes populos (16. Dec. 533.).| 8) Constitutio *'Cordi'* De emendatione Codicis Iustinianei et secunda eius editione, ad Senatum urb. CP. (16.Nov.534.) *)

§ a. Flavius Justinianus [1], dem wenigstens die byzantinischen Schriftsteller häufig den Beinamen des Großen ertheilen, kam am 1. April 527. neben seinem Oheim und Adoptivvater Justinus auf den byzantinischen Thron, den er 4 Monate darauf (Justinus † 1.Aug. 527.) allein einnahm, nachdem er längst vorher in der Wirklichkeit allein regiert hatte. Schon im frühen Jünglingsalter hatte er zu Constantinopel auch der Rechtswißenschaft eifrige Studien gewidmet,

---

ctantius, Eusebius, und den andern *Kirchenhistorikern* und den *Kirchenvätern*. f. § 25. Note 8. (61) namentlich den f. g. Scriptores historiae Augustae. (§ 25. Note 3.) (62) so das diocletianische Edict über die Preise der Lebensmittel, wovon § 25. Note 11., und die daselbst angeführten Soldatenabschiede. f. auch oben Note 57.

(*) vgl. Spangenberg zu § 18. Note *. Puchta Inst. §§ 138...40.| Die oben citt. Constitutionen stehen: vor den Institutionen n°.4., vor den Digesten n°.3.5.6.7., vor dem Codex n°.1.2.8. Wiederholt sind die Constitutionen 3.6. und 7. *in* vielen Ausgg. als *LL.*1...3. *Cod.* de vetere enucleando et de auctoritate iuris prudentium, qui in Digestis referuntur; in anderen Ausgg., und so auch der neuesten von Herrmann (im kriegelschen Corp.iur.civ.), finden sich unter diesem Titel nur die Constt. *'Deo auctore'* und *'Tanta circa'*. (1) Hauptquelle sind außer den Rechtswerken die byzant. Geschichtsschreiber, besonders Prokopius und dessen *'Ἀνέκδοτα.*| Trefflich Gibbon Gesch. Kapp. 40...44. Etwas diffus und voll geheimräthlicher Ersterbung vor Sr. byzantinischen Majestät ist *Io.P.de Ludewig* Vita Iustiniani M. atque Theodorae, .. nec non Triboniani. Hal. 1731. 4°.; etwas beßer ist *Phil. Invernizi* de rebus Iustiniani M. Rom. 1783. 8°.; nicht bedeutend: *Io. Chiflet* de iur. utriusq. architectis Iustiniano, Triboniano, Gratiano et Raymundo. Antv. 1651. 4°. capp. 2...4. K. W. Böttiger Justinian I. in „Weltgesch. in Biographieen. III. S. 77...110. Berl. 1840. 8°.; mir nicht zu Gebote: *Io. Dow* de Iustiniano et Theodora. Ultraiect. 1729. *Io. Corvini a Belderen* Imp. Iustinianus M. Catholicus. Vindob. 1766. 12°. Chiflet rühmt und schreibt theilweise aus *Franc. Guinet* Iustinianus Magnus.

und während er die höchsten Staats- und Hof-Aemter bekleidete, durch Erfahrungen den Zustand des Rechts und der Gesetze kennen gelernt. Seine Reformen hierin, durch welche sein Name der §b. Nachwelt wichtiger geworden ist, als durch die nicht unbedeutenden politischen Ereignisse, die sich während seiner Regierung zugetragen haben, beginnt er mit Ernennung einer Commission von zehn Männern zu einer neuen, mit fast vollkommener legislatorischer Freiheit vorzunehmenden Redaction und Vervollständigung der drei früheren Sammlungen der kaiserlichen Constitutionen (§.20.*d*.ff.), durch Einfügung der späteren sub congruis titulis, welche die einzelnen Constitutionen in chronologischer Reihefolge enthielten; auch die in diesen, nach dem Kaiser zu benennenden Codex aufgenommenen Rescripte sollten vim generalis constitutionis obtinere[2]. Im folgenden Jahre bestätigt er diesen 'novum *Iustinianeum Codicem*'[3] und hebt, ihm Gesetzeskraft vom 16. April 529. an beilegend und die Publication anordnend, die Giltigkeit der vorangegangenen Sammlungen auf[4], die kurze Dauer der Geltung der seinigen nicht ahnend.

Gegen Ende des folgenden Jahres[5] beauftragt Justinianus §c.

(2) Const.'*Haec quae*' (oben n°.1.) „.. censuimus et prolixitatem litium amputare, multitudine quidem constitutionum, quae tribus Codicibus, Greg., Hermog. atque Theod. continebantur, illarum etiam quae post eosdem Codices a Theodosio .. aliisque post eum retro principibus et a nostra etiam clementia positae sunt, resecanda, uno autem Codice sub felici nostri numinis vocabulo componendo, in quem colligi tam memoratorum trium Codicum, quam novellas post eos positas constitutiones oportet. §1. Ideoque ad hoc ... opus efficiendum elegimus ... *Ioannem*, v.excell.exquaestore, .. *Leontium*, v.sublimiss. mag. mil., .. *Phocam*, v. eminentiss. mag. mil., *Basilidem*, v. excell. expraefecto praet.Orient., .. *Thomam*, v. gloriosiss. quaestorem, .. *Tribonianum*, v.magnificum, magisteria dignitate inter agentes decoratum, *Constantinum*, v.ill.comit. ss. largitt., .. *Theophilum*, v.cl. com. s. nostri consistorii et iuris in hac alma urbe doctorem, *Dioscorum* et *Praesentinum*, disertissimos togatos fori amplissimi praetoriani. §2. Quibus specialiter permisimus, resecatis tam supervacuis .. praefationibus, quam similibus et contrariis, .. illis etiam quae in desuetudinem abierunt, certas et brevi sermone conscriptas ex iisdem tribus Codicibus et novellis constitutionibus leges componere et congruis titulis subdere, adiicientes quidem et detrahentes, immo et mutantes verba earum, ubi hoc rei commoditas exigeret, colligentes vero in unam sanctionem quae variis constitutionibus dispersa sunt, et sensum earum clariorem efficientes, ita tamen ut ordo temporum earum constitutionum non solum ex adiectis diebus consulibusque, sed etiam ex ipsa compositione earum clarescat .... et illas vim generalis constitutionis obtinere palam est, quae ad certas personas rescriptae vel per pragmaticam sanctionem ab initio datae, eidem novo Codici propter utilitatem sanctionis insertae fuerunt ..“. (3) Diese gräcisierende Form gebraucht Justinian selbst; die lateinische ist 'Iustinianus Codex', wie die Namen der drei älteren Codices gebildet sind. (4) Const.'*Summa reip.*' (oben n°.2.)
(5) Const.'*Deo auctore*' (oben n°.3.)

seinen Quästor Tribonianus und eine diesem untergebene, von ihm erwählte und vom Kaiser bestätigte Commission, 'tam ex facundissimis antecessoribus, quam ex viris disertissimis togatis fori amplissimae sedis' [6], mit der Abfaßung eines Werkes, wie es vor ihm noch niemand zu hoffen oder nur zu wünschen gewagt habe [7], einer vollständigen Sammlung des praktischen Rechts aus den Schriften der 'antiqui prudentes, quibus auctoritatem conscribendarum interpretandarumque legum sacratissimi principes praebuerunt', nicht auch derer, 'quorum scripturae nullis auctoribus re-
§ *d.* ceptae, nec usitatae sunt' [8]. Dieses 'totum ius' sollten die Beauftragten 'in libros quinquaginta et certos titulos digerere, tam secundum nostri Constitutionum Codicis, quam edicti perpetui imitationem', und sich bei der Wahl der aufzunehmenden Bestimmungen nicht an Vorschriften binden, wie sie das s. g. Citiergesetz und das constantinische über die Noten zu Papinianus (§ 17. Note 10.) einst aufgestellt hatten, sondern was sie nach freiem Gutdünken aufnehmen, ändern oder zusetzen würden, sollte gelten als hätte es der Kaiser selbst als Gesetz erlaßen: nur veraltetes solle nicht
§ *e.* aufgenommen und Wiederholungen vermieden werden. Dieser iuris enucleati codex sollte den Namen *Digesta* oder *Pandectae* führen, und (ein Irrwahn alter und neuer Gesetzgeber!) zur Verhütung von Rechtsunsicherheit und controversen Meinungen seien nur Indices und Paratitla dazu statthaft, nicht ausführliche Commentarien *); auch müße [9] alles mit Buchstaben vollständig ausgeschrieben werden.

---

(6) Erst aus § 9. der drei Jahre später erlaßenen Constitutionen über Bestätigung der Digesten (oben n°. 6. und 7.) erfahren wir, daß diese Commission außer ihrem Chef *Tribonianus* bestand aus 1) *Constantinus*, comes ss. largitt. et mag. scrinii libellor. ss.que cognitionum, 2) *Theophilus*, magister u. antecessor zu CP., 3) *Dorotheus*, quaestorius u. antecessor zu Berytus, 4) *Anatolius*, magister und ebenfalls apud Berytienses iuris interpres, 5) *Cratinus*, comes ss. largitt. und antecessor zu CP. und folgenden 11 Advocaten am Tribunal des Pf.P. 6) *Stephanus*, 7) *Menna*, 8) *Prosdocius*, 9) *Eutolmius*, 10) *Timotheus*, 11) *Leonidas*, 12) *Leontius*, 13) *Plato*, 14) *Iacobus*, 15) *Constantinus*, 16) *Ioannes*.

(7) *Const. cit.* § 2. Also keine Spur von Kenntniß des unausgeführt gebliebenen theodosischen Planes. s. § 20. *f.*

(8) *Const.* '*Deo auct.*' § 4. „Iubemus igitur vobis, antiquorum prudentium, quibus ... praebuerunt, libros ad ius Rom. pertinentes et legere et elimare, ut ex his omnis materia colligatur, nulla (secundum quod possibile est) neque similitudine neque discordia derelicta, sed ex his hoc colligi quod unum pro omnibus sufficiat..“. s. oben § 17. und *Constt.* '*Tanta circa*' und '*Δέδωκεν*' §§ 20.

(*) s. unten § 23. Note 5. 'Mon code est perdu!' soll Napoleon ausgerufen haben, als er von Malevilles Commentar über denselben die erste Nachricht erhielt.

(9) Ohne Siglen, notae, und Zahlzeichen, wie unsere notarii in abzufaßenden Urkunden keine notae gebrauchen dürfen.

Die Arbeit solle sorgfältigst, aber auch schleunigst zu Stande gebracht werden[10].

Schon in dieser Constitution vom J. 530.[11] giebt Justinian sei- §f. nen Plan zu erkennen, daß er neben seinen Sammlungen von Constitutionen und ius, dem Codex und den Digesten, auch ein kürzeres Werk für den ersten Rechtsunterricht, 'Institutionum vicem obtinens' abfaßen zu laßen gedenke. In der an die Studierenden der Rechtswißenschaft gerichteten Vorrede der *Institutiones*[12] erfahren wir zuerst, daß er deren Abfaßung in 4 Büchern während der Redaction der nun vollendeten Digesten durch einen besonderen Befehl dem Tribonianus, Theophilus und Dorotheus aufgetragen habe; zugleich verleiht er hier diesem Lehrbuche volle Gesetzeskraft[13], und zwar, wie er einige Wochen später[14] ausdrücklich bestimmt, zugleich mit den Digesten vom 30. December 533. an. Von dem §g. Plane der, hauptsächlich auf die Institutiones von Gaius (§ 18.*b.*) gegründeten, 'Institutionum seu Elementorum'[15] sprechen wir unten (§ 28.); hier ist zunächst von dem Verfahren bei der Abfaßung und von der Einrichtung der Digesten zu reden; über diese können wir aus ihnen selbst und aus Justinians drei Constitutionen vom 16. December 533. uns belehren; jenes hat erst in unseren Tagen Bluhme[16] vollständiger nachgewiesen. Die ganze Masse der zu excerpierenden §h. Schriften, welche zu 2000 libri, 3,000,000 versus oder *στίχοι*, angeschlagen werden[17], vertheilte man nämlich an drei Sectionen der aus

---

(10) *Const.'Deo auct.'* §§ 5.*sqq.*] Viele Neueren sagen, Justinian habe zur Anfertigung der Digesten eine zehnjährige Frist anberaumt. Aber davon sagt keine Quelle etwas; sondern in den Constitt. '*Tanta*' und '*Δέδωκεν*' §§ 12. spricht der Kaiser nur seine Freude darüber aus, daß in 3 Jahren zu Stande gebracht worden sei, was er anfänglich kaum in einem Decennium fertig zu sehen gehofft habe. (11) *Const.cit.* § 11. (12) *Prooem.* (oben n°.4.) §§ 3.*sqq.* vgl. *Constitt.'Tanta circa'* und '*Δέδωκεν*' §§ 11. (13) *Prooem.cit.* § 6. „Institutiones, quas ex omnibus antiquorum Institutionibus et praecipue ex Commentariis Gaii nostri tam Institutionum, quam Rerum cotidianarum aliisque multis commentariis compositas, cum tres praedicti viri prudentes nobis obtulerunt, et legimus et cognovimus et plenissimum nostrarum constitutionum robur eius accommodavimus". (14) *Constt.'Tanta circa'* und '*Δέδωκεν*' §§ 23. (15) *Const.'Tanta circa' cit.* § 23. (16) F. Bluhme Die Ordnung der Fragmente in den Pandectentiteln, in Ztschr.f.g.R.W.IV.(1820.) S.256...472. Die Anwendung dieser wichtigen Nachweisung erleichtert sehr das für die Kenntniß der Digesten und des Codex von ihrer systematischen und genetischen Seite schätzbare Lehrbuch der Digesten und des Codex von G. Hugo. 2te Ausg. Berl.1828.8°. vgl. auch G. A. Reimarus Bemerkungen über die Inscriptionenreihen der Pandektenfragmente. Götting.1830.8°. s.auch **Unger** unten § 28. Note* cit.p.21...33. (17) *Constt. 'Tanta circa'* und '*Δέδωκεν*'

16 Mitgliedern bestehenden Commission, an deren Spitze Tribonianus stand; jede dieser Abtheilungen excerpierte die ihr zugewiesene Masse oder Reihe von Schriften, welche wir jetzt nach den dazu gehörigen Hauptwerken die Sabinus-, Edicts- und Papinians-Reihe oder Masse zu nennen pflegen; einige, wie es scheint, nachträglich noch hinzugekommene Schriften bilden zuweilen als Anhang der Papinianusreihe eine vierte Reihe[18]. Nachdem diese Reihen von den einzelnen Abtheilungen der Gesetzgebungscommission, welche sie zum Excerpieren und Umarbeiten erhalten hatten, ausgezogen worden waren (ob dieses gleichzeitig oder, was doch wol unwahrscheinlicher ist, in den drei auf die Redaction verwendeten Jahren successiv von den drei Abtheilungen geschehen sei, wißen wir nicht), ordnete man nun diese Auszüge, deren jedem die Angabe, aus welchem Buche welches Verfaßers er entnommen sei (inscriptio), vorgesetzt worden war[19], unter die betreffenden Rubriken ein, und bildete so die einzelnen Titel, indem man regelmäßig je die Reihe voranstellte, welche die meisten Stellen lieferte; nur ausnahmsweise wiederholen sich die drei Reihen mehrmals in demselben Titel[20].

§ 1. Der Eilfertigkeit jedoch sind manche Umstellungen und viele sonstige Ungenauigkeiten zuzuschreiben, namentlich die Wiederholung derselben Stelle in verschiedenen Titeln (s. g. leges geminatae)[21] und die Stellung mancher Fragmente an einen verkehrten Ort (s. g. leges fugitivae oder erraticae)[22]; ja auch einander wirklich widersprechende Stellen (antinomiae, leges inter se pugnantes) giebt

---

§§ 1. cf. *Const. 'Deo auct.'* § 2.

(18) Die zu den einzelnen Reihen gehörigen Schriften verzeichnet Hugo a. a. O. S. 19...25. Auch in der kriegelschen Pandektenausg. sind die einzelnen Reihen durch die Anfangsbuchstaben S, E, P bezeichnet und durch den am Ende jeder Stelle hinzugefügten Buchstaben ist angegeben, zu welcher Reihe jene gehöre. Die Anhangsreihe bezeichnet Hugo mit pP, d. h. post Papinianum.

(19) *Constt. 'Tanta'* u. *'Δέδωκεν'* §§ 10. „Tanta autem a nobis antiquitati habita est reverentia, ut nomina prudentium taciturnitati tradere nullo patiamur modo, sed unusquisque eorum qui *auctor legis* fuit nostris Digestis inscriptus est".

(20) vgl. Hugo a. a. O. S. 128. ff. | *Dig. 45*, 1. besteht aus 3, in der florent. Hdschr. durch '*το ά, το β́, το γ́ του* de V. O.' bezeichneten Abschnitten: 1) S. 2) SEP. 3) P.

(21) z. B. *L. 13. D. quod met. c.* 4, 2. und *L. 7. D. ad L. Iul. de vi priv. 48*, 7.; *L. 6. pr.* u. *L. 18. D. de re iud. 42*, 1.; *L. 24. D. de V. S. 50*, 16. und *L. 62. D. de R. I. 50*, 17. u. s. w. Solche Geminationen gesteht Justinian selbst ein und sucht sie zu entschuldigen mit der imbecillitas humanae naturae. *Constt. 'Tanta circa'* § 14. *'Δέδωκεν'* § 13.

(22) z. B. *L. 6. D. de transactionib. 2*, 15. gehört in den Titel *Dig. test. quemadm. aper. 29*, 3., vgl. *L. 1. § 1.* daselbst. So gehören *L. 7. D. pro derelicto 41*, 7. und *L. 8. D. ad L. Rhod. de iactu 14*, 2. zusammen.

es [23], trotz dem Befehle [24] und den das Gegentheil behauptenden Versicherungen [25] Justinians. Nicht allein die von den Redactoren Sk. gemachten Zusätze, sondern auch sonstige Aenderungen des ursprünglichen Textes nennen die Neueren 'emblemata Triboniani' oder richtiger 'Interpolationen'. Die Einrichtung der auch zugleich zum Ge- Sl. setz- und Lehr-Buch bestimmten Digesten oder Pandekten ist diese: am Eingange sollte ein Verzeichniss aller dazu benutzten Schriften stehen [26], wie ein solches, nur nicht authentisch, in der florentinischen Handschrift sich findet (der s.g. index Florentinus). Das Werk selbst ist in sieben partes [27] digeriert, welche 50 Bücher befaßen, deren jedes, mit Ausnahme der einen einzigen Titel (de legatis et fidei commissis) bildenden libri XXX...XXXII., in mehrere durch ihre Rubriken dem Inhalte nach allgemein bezeichnete Titel zerfällt; jeder Titel besteht aus einer größeren oder geringeren Anzahl einzelner Stellen, mitunter einer einzigen; diese Stellen, bei uns, wie schon von Justinianus selbst [28], 'leges', von Anderen noch unlateinischer 'fragmenta', früher häufig 'capita' genannt, sind seit der Glossatorenzeit zum großen Theile in einzelne Sätze oder Perioden abgetheilt worden, deren erster nun als pr. (=principium), deren folgende als §§. angeführt werden [29]. Eine vergleichende Uebersicht der Anordnung des Stoffes in Digesten und Codex bieten die Anhänge I. II. dieses Bandes S.*2...*5.

---

(23) z.B. eine Meinung der Sabinianer ist in *L.17.D.de de duob.reis 45,2.* aufgenommen, obgleich die widersprechende der Proculejaner, welche *L.54.§3.D. de leg.1. 30.* enthält, von Justinian selbst *L.un.C.de cad.toll.6,51.* bestätigt ist.
(24) vgl. die Noten 2.8.
(25) *Constt.'Tanta circa', 'Δέδωκεν'* §§15.cf.§§1.
(26) *Constt.citt.*§§20. „Ne autem incognitum vobis fiat, ex quibus veterum libris haec consummatio ordinata est, iussimus et hoc in primordiis Digestorum nostrorum inscribi, ut manifestissimum sit, ex quibus legislatoribus quibusque libris eorum et quot milibus hoc iustitiae Romanae templum aedificatum est". vgl. Note 19.
(27) Von denen ausführlich in den drei Constitutionen vom 16.Dec.533. die Rede ist, *Constt.'Tanta'* und *'Δέδωκεν'* §§2...8., und *Const.'Omnem reip.'*, wie dieselben unter die 4 ersten Jahre der von Justinian neu geregelten fünfjährigen Studienzeit zu vertheilen seien.| Die Wichtigkeit der Eintheilung der Digesten in 7 partes hat Hugo an verschiedenen Orten darzuthun gesucht. Justinianus selbst bezeichnet eine pars auch als congregatio, locus, und vorzugsweise als articulus, woraus ersichtlich ist, daß er das ganze, 'totam compositionem', als eine Sammlung kleinerer Sammlungen, deren jede auch für sich bestehen könne, ansieht.
(28) s. besonders Noten 19.26.
(29) Beim Citieren berücksichtigt man nicht die partes. Die Glossatoren citierten nach den Anfangsworten der leges und §§. unter Beifügund der Rubrik, z.B. statt *L.10.§1. D.quod metus causa 4,2.*, so s oder j (d. h. supra oder infra, jenachdem ein voranstehender oder nachfolgender Titel citiert wird) *quod met. cau.* l. *illud* §. *Si metu.*

§m. Bei der Redaction des (alten) Codex stellten sich manche controverse Rechtsbestimmungen heraus, welche durch kaiserliche Entscheidungen geschlichtet wurden; nicht unwahrscheinlich ist ein Zusammenhang des Plans zu den 50 Büchern der Digesten mit der gewonnenen Ueberzeugung, daß zur Schlichtung der antiqui iuris altercationes eine von Tribonianus vorgeschlagene Sammlung von Decisiones, die gleich anfangs auf 50 angelegt gewesen zu sein scheint [30], nicht ausreichen werde [31]. Als sicher aber nehmen wir an, daß Justinianus aus jenen Entscheidungen, welchen er noch eine geringere Anzahl durch die Digestencompilation veranlaßter hinzufügte, eine besondere Sammlung unter dem Namen '*Quinquaginta Decisiones*' veranstaltet habe [32]; wobei jedoch unsicher bleibt, ob dieselbe publiciert worden sei; so wie wir auch nicht wißen, ob alle 50 Decisiones, wie es wahrscheinlich ist [33], noch auch ob sie in ihrer ursprünglichen Gestalt, was unwahrscheinlicher ist [34], in den neuen Codex, der ihre so wie aller bisherigen Constitutionen und der prima Iustinianei Codicis editio Geltung aufhob [35], aufgenommen worden seien.

§n. Wann die zweite Ausgabe des justinianischen Codex begonnen worden sei, ist unsicher; wir wißen nur aus der sie bestätigenden und ihr Gesetzeskraft vom 29. December 534. an beilegenden Constitution vom 16. Nov. desselben Jahres, daß Justinianus sie durch Tribonianus, den berytischen Antecessor Dorotheos und die Advocaten Menna, Konstantinos und Joannes redigieren ließ, welche in kaiserlichem Namen den alten Codex durch Auslaßungen des entbehrlich gewordenen, Verbeßerungen und Zusätze, und besonders durch Aufnahme der neueren Constitutionen umgestalteten. Daß sich die Compilatoren des Codex, sei es sogleich bei der ersten oder der

---

(30) zu §3. *I. de libertin. 1,5.*, wo Justinian sagt „.. constitutionem nostram, quam promulgavimus inter nostras Decisiones, per quas, suggerente nobis Triboniano ... antiqui iuris altercationes placavimus ..“ hat die Turiner Glosse (Savigny Gesch. des R.R.i.M.A. II. Ausg. 2. S.452. n°. 241. vgl. S.201. f.) „.. sicut libro L constitutionum invenies“. (31) vgl. Biener Geschichte der Novellen S.5. (32) *Const.* '*Cordi*' §1. „.. cum vetus ius considerandum recepimus, tam *quinquaginta decisiones fecimus*, quam alias .. plurimas constitutiones promulgavimus ..“. Ob die Beziehungen der Institt. (s. Not. 30. u. §16. *I. de obll. quae ex del. 4*,1.) auf die Sammlung oder einzelne Decisiones gehen, ist freilich durch die Turiner Glosse (Note 30.) nicht entschieden: ersteres ist wahrscheinlicher. (33) cf. *Const. cit.* §1. mit §§2.3.5. (34) *Const. cit.* §2. (35) *Const. cit.* §5.

uns allein erhaltenen secunda editio oder repetita praelectio geschehen, der ihnen ertheilten Freiheit in Behandlung der aufgenommenen Constitutionen mitunter vollauf bedienten, können wir aus der Vergleichung mancher auch im theodosischen Coder oder sonstwo erhaltenen ersehen. Die Einrichtung dieses zweiten justinianischen Constitutionencoder ist (wir können nur vermuten, aber mit gröster Wahrscheinlichkeit, daß nach dem Muster des uns nicht erhaltenen ersten) diese: die darin aufgenommenen Constitutionen, welche wir ebenfalls als 'leges', Andere als 'constitutiones' citieren [36], und deren älteste (*L.1.C.de testamentis 6*,23.) von Hadrian, deren jüngste (*L.ult.C.de episcop.1*,4.) vom 4. Nov. 534. ist *), sind nach einem, im ganzen mit der Anordnung der Digesten übereinstimmenden (im Anhange II. im allgemeinen bezeichneten) Plane in Titel unter den Inhalt bezeichnenden Rubriken angeordnet; dieser Titel befaßt jedes der 12 Bücher eine bald größere bald geringere Anzahl (zwischen 44 und 77 oder 78), welche in den verschiedenen Ausgaben mitunter abweichend ist. Jede Constitution besteht, sofern sie §p.
vollständig erhalten ist, aus der inscriptio oder Adresse, der Verfügung selbst (die bei uns, wenn sie von einigem Umfange ist, meistens ebenfalls in ein pr. [principium] und §§. getheilt ist), und der Bezeichnung des Orts und der Zeit des Erlaßes oder der subscriptio. Daß solche Constitutionen, auf welche in den Institutionen §q.
Bezug genommen wird, die sich aber im neuen Coder nicht finden, von den Compilatoren ausgelaßen worden seien †), können wir nirgends mit Sicherheit behaupten, da auch manche, zumal griechische, bald von den Abschreibern, bald von den Herausgebern weggelaßen worden sind; eine große Zahl solcher Stellen ist seit dem 16ten Jahrhundert, theils aus Handschriften des Coder, theils aus nachjustinianischen Rechtswerken wieder hergestellt worden (s. g. leges restitutae) [37].

(36) Manche unserer neueren juristischen Schriftsteller bedienen sich des *L.* oder *Lex* und des *c.* oder *const.* so, daß sie dort nicht *D.* oder *Dig.*, hier nicht *C.* oder *Cod.* hinzufügen, z. B. *L.2. de testibus* statt *L.2.D. de testib.22*,5., und *c.2. de testibus* statt *L.2. Cod. de testib. 4*,20.| Wo es auf Unterscheidung des justinianischen von dem theodosischen Coder ankommt, wird ersterer gewöhnlich und zweckmäßig bezeichnet als *Iust.Cod.* oder *I.C.* im Gegensatze zum *Th.C.* oder *Cod. Theod.* (wie die weniger richtige Stellung heutzutage beliebter ist).

(*) vgl. *Papir.Massonis* Elogia. Paris.1638.8°.tom.I.'Iustinianei Caesares, quorum nomina et constitutiones Iustinianus in Codicem retulit'. (†) *I.G. Schaumburg* De constt.impp. antiquis, .. quae in Institt.citantur et in Cod.rep. prael.omissae sunt. Lemgov.1755.4°. (37) s.bes. *K. Witte* Die leges re-

§ r. In seiner Bestätigung des neuen Codex behält sich Justinianus vor, „si quid in posterum melius inveniatur et ad constitutionem necessario sit redigendum, hoc a nobis et constituatur et in aliam *congregationem* referatur, quae *novellarum* nomine *constitutionum* significetur“ [38]. Solcher Novellen, *νεαραὶ διατάξεις*, hat er nun zwar viele vom Jahre 535. an (Nov. 1.) bis zum Jahre 564. oder zum folgenden, seinem Todesjahre (Nov. 137.), publiciert, die meisten in den ersten 5 Jahren nach dem neuen Codex, nur wenige seit Tribonianus Tod (545.), in allem, so viel uns, nicht allein in der jetzigen Hauptsammlung, erhalten ist, 166, meist griechisch, einige in beiden Sprachen erlaßen; aber er hat sie nicht in eine Sammlung gebracht, wie ein jüngerer Zeitgenoße Justi-
§ s. nians nach dessen Tod ausdrücklich bezeugt [39]. Dagegen wurden schon bei seinem Leben Privatsammlungen derselben veranstaltet; drei solcher hat Biener [40] mit Sicherheit, eine vierte als wahrscheinlich nachgewiesen: 1) die der julianischen Epitome (§ 24. c.) zum Grunde liegende von 125 Verordnungen [41]; 2) die Grundlage der gewöhnlichen in den nichtglossierten Ausgaben des Corpus iuris civilis befindlichen Sammlung von 168 Novellen, worunter 4 doppelt vorkommen [42] und denen 7 Novellen der beiden Nachfolger Justinians [43] und 4 Edicte prätorischer Präfecten [44] durch spätere

stitutae des just. Cod. verzeichnet u. geprüft. Bresl. 1830. 8°. F. A. Biener u. C. G. Heimbach Beiträge zur Revision des just. Cod. Berl. 1833. 8°. vgl. Anhang V. S. *15. f.

(38) *Const. 'Cordi'* § 4. i. f. (39) *Ioann. Scholast.* (seit 557. Patriarch zu CP.) Collectio 87. capp. init. (*Heimbach* *Ἀνέκδοτα* Lips. 1840. 4°. tom. II. p. 208.) und aus ihm der schon früher gedruckte Pseudo-Ioannes Scholasticus (wahrscheinl. Theodoretus Bischof von Cyrrus, jetzt Khoros in Syrien (im s. g. Nomocanon L titulor. in Voëlli et Iustelli bibl. iur. canon. Paris. 1661. fol. tom. II. p. 604. „.. *ἐκ τῶν σποράδην κειμένων καὶ ἐκφωνηθεισῶν ὑπὸ τοῦ τῆς θείας λήξεως Ἰουστινιανοῦ μετὰ τὸν κώδικα θείων νεαρῶν διατάξεων* ..“. Die scheinbar entgegenstehenden Aeußerungen anderer Schriftsteller prüft Biener Gesch. der Novellen. Berl. 1824. 8°. S. 38...51. s. unten § 23. *q*. (40) a. a. O. S. 52. ff.

(41) Biener a. a. O. S. 70. ff. (42) *Novv.* 32. 34., 41. 50., 75. 104., 143. 150. s. Anhang IV. (43) Von Justinus II. und Tiberius II. s. in dem cit. Anhang IV. die Novellen 140. 144. 148. 149. u. 161. 163. 164. (44) *Novell.* 165...68. vgl. Heimbach in Ztsch. f. g. R. W. VIII. S. 341...56. Auch eigene Sammlungen dieser edicta oder formae praefectorum praetorio, *τύποι τῶν ἐπαρχόντων*, *ἐπαρχικά*, finden sich als Anhänge der Novellen Justinians oder späterer Rechtswerke, in Handschrr. Eine solche von 33 Nummern hat aus einer Oxforder Hdschr. ediert *C. E. Zachariae* *Ἀνέκδοτα*. Lps. 1843. 4°. p. 265...78. cf. Prolegomena p. 227...64. Das Register einer solchen von 39 Nummern hat derselbe aus der Hdschr. der Marcusbibl. zu Venedig n°. 179. abdrucken laßen in Hist. iur. Graeco-Rom. delin. Hdlbg. 1839. 8°. p. 105...107. vgl. Biener a. a. O. S. 28. f. u. bes. *Zachariae* *Ἀνέκδοτα* (s. zu § 23. Note *), wo p. 227...64. eine ausführliche Abhandlung über die Pf. P. u. ihre Edicte, und p. 265...78. eine einer bodleyschen Handschr. entlehnte

Ergänzer beigefügt worden sind[45]; 3) eine Sammlung von 134 justinianischen Novellen, welche im frühen Mittelalter (wir wißen nicht genau wann, noch wo, und gar nicht, von wem) wortgetreu lateinisch übersetzt, von den Glossatoren, welche sie dem julianischen Novellenauszuge vorzogen, als 'Autenticum' oder 'Liber Autenticorum auf 97 reduciert und in 9 Collationes und (da Nov. 8. in 2 Titel zerfällt) in 98 Titel eingetheilt worden ist (s. Anh. S. *17.); diese s. g. Versio vulgata ist die in den glossierten Ausgaben des Corp. iur. civ. aufgenommene[46]; aber erst jüngst hat uns eine genügende Ausgabe derselben Heimbach geliefert[46*]). § t. Wahrscheinlich aus einer besonderen, jene alle an Vollständigkeit übertreffenden Sammlung entnommen ist der Anhang der griechisch erlaßenen XIII Edicta Iustiniani[47], welcher, zum Theil schon in der Sammlung der 168 Novellen enthalten, dieser später beigeschrieben worden ist. § u. Den neueren Ausgaben sind[48] außer diesen 13 Edicten auch noch hinzugefügt 5 Constitutionen von Justinus II. und 4 von Tiberius II. (oder nach Abrechnung der 7 in der Novellensammlung aufgenommenen nur je eine jedes dieser beiden Kaiser), und aus Julianus, also lateinisch, die justinianische Sanctio pragmatica von 554., nebst einer Constitution de adscripticiis et colonis von 540., welcher eine von Justinus II. und eine von Tiberius II. über denselben Gegenstand angehängt sind[49]. Von den auch in den Sammlungen sich findenden justinianischen Novellen kommen auch manche einzeln in Handschriften vor[50].

§ v. Zur Uebersicht des Verhältnisses der verschiedenen Novellen-Sammlungen zu einander und der Chronologie der Novellen ist der

---

Sammlung 30 solcher Edicte im griech. Text mit latein. Uebersetzung enthalten ist.

(45) Biener a. a. O. S. 85. ff.

(46) Biener a. a. O. S. 243. ff.

(46*) Authenticum. Novellarum Constitutionum Iustiniani Versio Vulgata quam ex codd. MSS., qui Berol. Claustro-Neob., Lutet. Paris., Monachii, Pistorii, Vindob., all. locc. reperiuntur, rec., prolegomenis, adn. crit., appendicib., quae var. lect. cont., instr. *Gust. Ern. Heimbach.* Lps. 1846...51. II. 8°.

(47) Biener a. a. O. S. 114...16.

(48) abgesehen von den ganz außer dem Bereiche dieses Buches liegenden, in den glossierten Ausgg. als Autenticorum decima collatio aufgenommenen libri feudorum oder der langobardischen Lehnrechtssammlung und einigen Gesetzen deutscher Kaiser, so wie von den § 23. näher zu bezeichnenden leonischen Novellen und anderen byzantinischen Verordnungen, auch wol sonstigen Rechtsquellen, namentlich den s. g. Canones ss. Apostolorum, Abdrücken und Restitutionsversuchen der vorjustinianischen Rechtsquellen, in einer Ausgabe (der von Baudoza oder *Baudoche.* s. S. *19. n°. 38.) selbst der den Lehnrechtsbüchern angehängten goldenen Bulle Karls IV., Indices u. dgl.

(49) vgl. Biener a. a. O. S. 482. ff.

(50) Biener a. a. O. S. 486...99. vgl. oben § 20. *r.*

Anhang IV. (S.*7...*11.) aus dem Meisterwerke Bieners zusammengestellt. Der Anhang V. (S.*12...*22.) enthält eine Angabe der wichtigeren Ausgaben der justinianischen Rechtswerke nebst Bemerkungen über die Handschriften und Recensionen derselben.

§ w. Das Verhältniſs der drei von Justinian selbst publicierten Sammlungen und der vierten, kurz nach ihm privatim veranstalteten, der Novellen, zu einander ist dieses: die letzteren bilden, als Gesetze betrachtet, nicht ein ganzes für sich, wie dieses der Fall ist bei jeder der drei vom Gesetzgeber selbst gewissermaßen als drei große Constitutionen publicierten Sammlungen; sondern die Novellen sind einzelne Verordnungen, von denen je die jüngere der älteren, und die älteste jeder jener drei Sammlungen als noch älterem Gesetze vorgeht.

§ x. Wendeten wir den Grundsatz, daß das neuere Recht dem älteren derogiere, weiter auf Institutionen, Digesten und den Codex an, so würde dieser, Gesetz vom 29. December 534., jenen beiden Sammlungen, gleichzeitigen Gesetzen vom 30. December 533., vorgehen. Dieses würde jedoch der die Anwendung jenes Grundsatzes ausschließenden Bedeutung der drei Sammlungen Justinians widersprechen, wonach dieselben eine bis zur Zeit ihrer Publication vollständige, für die Schule und das Gericht ausreichende, den sämmtlichen älteren Rechtsquellen derogierende und in sich selbst harmonische Gesetzgebung bilden sollten [51], wobei es in Beziehung auf die Giltigkeit der drei einzelnen Sammlungen unerheblich erscheint, daß die Digesten aus juristischen Schriften, ius, der Codex aus kaiserlichen Constitutionen, leges, die Institutionen aus beiderlei Quellen ihren Inhalt entlehnt haben [52].

§ y. Da aber andererseits der Gesetzgeber selbst sowol in den Institutionen, wo es am meisten Absicht war und als solche ausgesprochen ist [53], als auch in Digesten und Codex, nicht bloß

(51) cf. *Const. 'Cordi nobis'* § 3. „.. ut undique non solum Institutionum et Digestorum via dilucida et aperta pateat, sed etiam Constitutionum nostri Codicis plenum iubar omnibus pateat..“. So verordnete auch vorher Justinian bei der Publication der Digesten, daß diese und die Institutionen, obgleich neuer, als der erste längst publicierte Codex zugleich mit den hierin aufgenommenen kaiserlichen Constitutionen Geltung und Anwendbarkeit haben sollten. vgl. *Const. 'Tanta circa'* und *'Δέδωκεν'* §§ 23. *Const. 'Omnem reip.' pr.*

(52) So verordnet der Kaiser *Const. 'Cordi'* § 4., der neue Codex solle vom 29. Dec. 534. an ausschließlich in allen Gerichten zugezogen werden „quantum ad divales constitutiones pertinet“. Der Gesetzgeber publiciert dieses Gesetzeswerk als Ergänzung und Vervollständigung der beiden anderen.

(53) *Prooem. Inst.* § 5. „..ut sint totius legitimae scientiae prima elementa, in quibus breviter expositum est

verfügt was für die Zukunft gelten solle, sondern zugleich auch das Material zur Erkenntniss, wie das jetzt geltende Gesetz sich aus dem vorhergehenden Rechte und Rechtszustande entwickelt habe, vorträgt[54]: so folgt, daß nicht allein die nach Promulgation der Institutionen und Digesten erlaßenen, auf Abänderung und Fortbildung des älteren Rechts abzweckenden Constitutionen Justinians vor den dadurch abgeänderten Bestimmungen den Vorzug haben, sondern daß überhaupt in jeder einzelnen der drei Sammlungen und in ihnen, als einem ganzen betrachtet, diejenige Stelle vorgeht, welche und insoweit sie das neueste bei der Promulgation geltende Recht ausspricht[55].

§. 22. c. Die Leges Romanae Barbarorum *).

In unseren heutigen Staaten ist[1] die Person, ohne Rücksicht § a.
auf ihre Nationalabstammung, dem positiven Rechte des Staates, worin sie lebt, unterworfen, was als 'Herrschaft der Territorialrechte' bezeichnet zu werden pflegt. Anders, das ostgothische Reich ausgenommen, in den im abendländischen Theile des ehemaligen römischen Reichs gegründeten germanischen Staaten, wo die Nationalabstammung des einzelnen das Recht, nach welchem er lebte, bestimmte, und die ehemals römischen Unterthanen nebst der Geistlichkeit fortwährend unter römischem Rechte blieben[1*]. Diese § b.

---

et quod antea obtinebat, et quod postea desuetudine inumbratum ab imperiali remedio illuminatum est". (54) Eine nicht hierhergehörige, übrigens keine allgemeingeltende, sondern nur für gegebene Verhältnisse und Zeiten richtige Beantwortung zulaßende Frage ist die, ob und wie eine solche Verbindung des Gesetzes und der Belehrung gut, zweckmäßig u.dgl. sei. (55) Hiebei versteht sich von selbst, daß von einem Vorzuge einer Stelle vor einer anderen gar nicht die Rede ist, wo nicht beide dasselbe Rechtsverhältniss verschieden bestimmen, denselben Fall verschieden entscheiden, sondern eine eine Ausnahme enthält von der anderen, welche die Regel aufstellt, oder beide einander ergänzen, erklären u.dgl. Diese Vereinigung 'verschiedener Stellen' nennt Savigny Syst. I. § 44. 'die systematische', die im Text bezeichnete 'die historische'.

(*) Savigny Gesch. des R. R. i. M. A. 2te Ausg. Kapp. III. XI. VIII. Abschn. I. Kap. VII. Abschn. II. Eichhorn deutsche Staats- und Rechtsgesch. 5te Ausg. §§ 41. ff. 44. Zimmern R. G. §§ 112. 114. Puchta Inst. § 137. (1) abgesehen von dem nicht hierhergehörigen Rechte der Exterritorialität. (1*) Der Bischof Agobard von Lyon sagt in seinem an Ludwig d. Fr. gerichteten liber adv. legem Gundobadi, *cap.* 4. „Nam plerumque contingit, ut simul eant aut sedeant quinque homines, et nullus eorum communem legem cum altero habeat exterius in rebus transitoriis, cum interius in rebus perennibus una Christi lege teneantur. Et... si subito contigerit alicui ex ipsis disceptatio in iudiciis, nullum poterit habere testem de suis carissimis sociis, cum quibus simul gradiebatur, eo quod non recipiatur testimonium alicuius super Gundobadum [d. h. einen Burgunder]".

Geltung der 'persönlichen Rechte' [2] erzeugte oder begleitete, anderer Veranlaßungen zu geschweigen, neben den Aufzeichnungen der Volksrechte der einzelnen nun herrschenden, im Gegensatze zu den Römern sich selbst 'Barbari' nennenden Stämme, den Leges Barbarorum, auch in mehreren germanischen Reichen Leges Romanae, Verzeichnungen des für die Nichtgermanen geltenden römischen Rechts. Jene germanischen Volksrechte sind uns nur so wie sie in den folgenden Jahrhunderten mehr oder weniger umgestaltet worden sind, erhalten; diese drei in germanischen Reichen veranstalteten römischen Rechtswerke aber sind in ihrer ursprünglichen Gestalt auf uns gekommen; das zuerst anzuführende jedoch unterscheidet sich von denen unter 2. und 3. zu bezeichnenden wesentlich dadurch, daß es nicht für die Geltung der persönlichen Rechte zeugt, sondern ein in seinen Bestimmungen ganz römisches Rechtsbuch für die ostgothischen Unterthanen ohne Rücksicht auf deren Nationalität zu sein bestimmt war, auch der Form nach eine ganz neue Redaction römischer Rechtsbestimmungen, nicht bloße Excerpierung und modificierende Paraphrase ist.

§ c. 1) Das *Edictum* [3] *Theodorici regis* (Ostrogothorum. † 526.), nach 506. von dem (noch immer nicht in Unabhängigkeit von dem oströmischen Kaiser stehenden) ostgothischen König in Rom für 'Barbari et Romani' [3a]) publiciert, ganz aus römischen, ihrer ursprüng-

(2) womit Savigny a.a.O. I. S. 116. Note *c.* nicht richtig den alten röm. Grundsatz vergleicht, daß der peregrinus auch in Rom nicht nach röm. Civilrecht, sondern nach dem seiner Nation lebte: dieser gründete sich auf die Ausschließlichkeit der politischen Berechtigung des herrschenden Volkes; jene Geltung der persönl. Rechte dagegen war eine Folge der neuen Gestaltung des Unterthanenverhältnisses der Mitglieder verschiedener Nationen unter demselben Könige, wie solcher nun mehrere seit dem 5. Jahrh. ihre Throne in den Ländern des bezwungenen abendländischen Römerreiches gründeten: der König hatte jeden Freien in seinem Rechte zu schützen, wenn dieser auch nicht Mitglied der Gemeinde seines Aufenthaltes war. Eichhorn l.c. § 46.

(3) Edictum oder edicta bezeichnet jede, allgemeine Normen aufstellende königliche Verordnung, nicht bloß das neuredigierte ganze Rechtsbuch, etwa gar im Gegensatze zu römischen Rechtswerken, oder namentlich zum theodosischen Codex und den vorjustinianischen Novellen, wie die Vergleichung des Sprachgebrauchs bei Cassiodorus und selbst die Schlußworte des Prologs zeigen „quae *Barbari Romanique* sequi debeant super expressis articulis, *Edictis praesentibus* evidenter cognoscant", nebst diesen Stellen des Epilogs „Haec.,.. *cunctis* [nicht: a victis, noch afflictis, noch devictis] *tam Barbaris quam Romanis* sumus profutura complexi, quae omnium *Barbarorum sive Romanorum* debet servare devotio. Quae comprehendere nos vel *Edicti* brevitas vel curae publicae non siverunt, quoties oborta fuerint, custodito legum tramite terminentur .... Quodsi .. *seu Barbari seu Romani* ... *praesentia* non permiserint *Edicta* servari ..".

(3a) Die

lichen Form durchaus beraubten Rechtsbestimmungen, in 154 Kapiteln (außer dem Prolog und Epilog) sehr unzusammenhängend und ohne alle Andeutung der Quellen[4] zusammengesetzt, aber nicht bestimmt, die Geltung des übrigen gemeinen, römischen Rechts auszuschließen[4a]). Athalarich, Theoderichs Enkel, oder vielmehr § d.

Bezeichnung 'Barbari' wollte Türk auf nichtgothische germanische Unterthanen Theoderichs beziehen. Glöden (§§ 9.ff.30.) aber hat gezeigt, daß Barbari = Gothi = Capillati = exercitus und Romani = privati = provinciales = Nichtsoldaten, der Comes Gothorum der iudex militaris im ostgothischen Reiche war; es ist nicht ein fester Titel für ein neu eingeführtes Amt, sondern der auch in der Notitia dignitatum vorkommende Militärobere mittlerer Dignität, dergleichen bald mit dem höheren Rang eines Comes (z.B. Pannoniae, Syracusanae civitatis), bald mit dem niederen eines Dux (z.B. Raetiarum), die einzelnen Provinzen des nun ostgothischen Reichs, wie früher unter römischer Herrschaft, behielten; der ostgothische rex selbst hat nun die magisteria militum potestas. Nur die Competenz eines solchen Gothengrafen ist umfaßender, als unter röm. Herrschaft die eines Comes oder Dux militaris (s.mein.Comm. zur Not.dignn.Occ. p.*211.*sq.*) gewesen war; jener nämlich soll nach Cassiodor.Var.7,3. in der „Formula Comitivae Gothorum per singulas provincias" „secundum Edicta nostra inter duos Gothos litem amputare; si quid etiam inter Gothum et Romanum natum fuerit fortasse negotium, adhibito sibi prudente Romano certamen aequabili ratione discingere"; aber „inter duos Romanos Romani audiant quos per provincias dirigimus cognitores, ut unicuique sua iura serventur et sub diversitate iudicum una iustitia complectatur universos". Das Recht ist für alle Processe dasselbe, das römische (Glöden § 20.); der Richter aber ist, wenn eine oder beide Parteien Gothen, Militär sind, der Gothengraf, wenn beide Parteien Nichtsoldaten, Romani, sind, der Civilprovincialrichter, d.h. ein Provincialstatthalter, Consularis, Corrector oder Praeses. Diese Aenderung der römischen Competenzbestimmung hat später Justinianus wieder aufgehoben Sanct.pragm.c.23. (Eine noch vollständigere Competenz über milites und paganos hatte der Pf.Augustalis: *Iustiniani Edict.*XIII.c.24.)| Das hier über das Edict Theoderichs gesagte weicht von der früheren Ausgabe ab und noch mehr von der vor ihr ziemlich allgemein angenommenen, besonders von Rhon (Note 4.) und von Savigny l.c. vertretenen Ansicht, wonach das Edict in das Jahr 500. gehört und neben oder außer ihm für Gothen gothisches, für Römer römisches Recht galt. Aber von Glöden (Das R.R. im Ostgoth. Reiche. Jena 1843. 8°.) hat jene Ansicht siegreich bekämpft, und ihm sind auch Heimbach (Lpz.Repertor. IX.p.417.ff.), Puchta l.c. u.A. beigetreten. (4) Diese sind in der Ausgabe von *G.F.Rhon* Commentatio ad Edictum Theodorici regis Ostrogothorum. Hal. 1816. 4°. nachgewiesen; wozu jedoch aus Glöden § 5. hinzuzufügen ist, daß in vielen Artikeln (nach Gl.5,14,17,26.ff., 37,42,54,77,120,134,152.) die Lex Romana Visigothorum, besonders die Interpretatio derselben zum Grunde liege, wonach also das Edict nicht vor 506. verfaßt sein kann. Handschriften desselben kennt man jetzt keine. [War die eine der beiden, woraus Pithou das Edict gegeben hat, die in Vie de Pierre Pithou. Par. 1756. 8°. II.p.282. verzeichnete „Cassiodori Formulae"? Pithou's Dedication an Molé von „II.Kal.Ian.M.D.LXXVIIII." macht es sehr wahrscheinlich.]

(4a) Die „praesentia edicta" sollen nur „quae possunt saepe contingere" normieren, „salva iuris publici reverentia et legibus omnibus cunctorum devotione servandis". *Prolog.* vgl. auch *Epilog.* oben in Not.3.u.Glöden § 28. Die editio princeps ist von *P.Pithou* in dem Anhang zu Cassiodor. Paris. 1579. (mit der Jahrzahl 1589. auf dem Titelblatte besitze ich sie) fol. und daraus in mehreren anderen Ausgg. Cassiodors. Außerdem ist wichtig die erste Ausg. in *F.Lindenbrogii* Codex legum antiquarum. Ff. 1613. fol. p. 239...60. Abdrücke in *Gold-*

Amalasuntha, des minderjährigen Königs Mutter, ergänzte jenes Edict durch ein von Cassiodorus verfaßtes neues[5], welchem sich andere auf röm. Recht gegründete Publicationen Athalarichs, deren Verfaßer ebenfalls Cassiodor war, (*Var.* 8,24. 9,2.15.) anschließen; als aber Narses Italien wieder dem Reiche Justinians vereinigt hatte, führte dieser (554.) seine Rechtswerke auch hier ein[6] und so traten jene Edicte um so leichter in den Hintergrund, als sie ohnehin ihrem Inhalte nach selbst römischrechtlich waren.

§ e. 2) Die *Lex Romana Visigothorum*, die umfangreichste und sowol wegen ihres großen und dauernden Einflußes auf die Rechtsbildung in den Ländern ihrer Geltung als auch für uns wegen des darin überlieferten bedeutendste Lex Romana, wurde, nachdem Eurich († 483. od. 84.) für seine nach westgothischem Rechte lebenden Unterthanen eine Lex Visigothorum publiciert hatte, unter dessen Sohne im J. 506., dem 22ten Regierungsjahre Königs Alarich II. (daher seit dem 16. Jahrh. der Name[7] *Breviarium Alaricianum*) zu Aduris (Aire in Gascogne) von einer dazu angesetzten, aus Römern bestehenden Commission, dem Namen nach unter der Leitung des Comes palatii Gojarich, allem Anscheine nach ohne gemeinschaftliche Thätigkeit durch die einzelnen Mitglieder vollendet und von einer Versammlung von Bischöfen nnd vornehmen Provincialen bestätigt, worauf von dem Referendarius des Königs, Anianus[8], unterzeichnete Abschriften des im königlichen Schatze verwahrten Originals an die Comites im Reiche umher versendet wurden[9].

---

ast Collectio constitt. impp. III. p. 18. *sqq.* und in den Sammlungen der deutschen Rechtsquellen von Georgisch, Canciani [und aus diesem Walter]. In dem Bonner Corp. iur. anteiust. sollen die Edicte Theoderichs und Athalarichs auf die posttheodosischen Novellen und die sirmond. Constitutionen folgen. (5) Bei *Cassiodor.* Varr. 9,18. s. *C. C. C. Gretschel* ad Edictum Athalarici regis Ostrogoth. Comm. Lips. 1828. 4°. vgl. *Heimbach* im Lpz. Repertor. IX. p. 425. (6) *Iustiniani Sanctio pragm. cap.* 11. „Iura .. vel leges Codicibus nostris insertas, quas ... in Italiam dudum misimus, obtinere sancimus; sed et eas quas postea promulgavimus constitutiones, iubemus ... etiam per partes Italiae obtinere ..“. (7) Der richtige Name des Werkes ist der im Text zuerst gebrauchte; es bezeichnet sich selbst als Corpus, librum, Codicem de Theodosiani legibus atque sententiis [oder speciebus] iuris vel diversis libris electum, bei Anderen heißt es auch Liber Legum, Liber Legum Romanarum oder Romanorum, Lex Romanorum, Corpus legum, Liber iuridicus u. dgl. Von „breuiario Theod. Cod.“ ist zuerst in Du Tillets Ausg. 1550. 8°. vor p. 1. die Rede. Weil es mit Excerpten aus dem theod. Codex beginnt, wird es auch als *Lex Theodosii* bezeichnet. (8) Der Irrthum, welcher diesem das Werk zuschreibt, hat auch die Benennung '*Breviarium Aniani*' erzeugt. (9) Die Quelle unserer Kenntniſs der Entstehungsgeschichte des Werkes ist das ihm vorgesetzte

Die Quellen, aus denen das Werk ausgezogen ist[10], sind *a*) leges §*f*.
und *b*) ius, zu welchem letzteren auch die beiden vortheodosischen Privatsammlungen der kaiserlichen Constitutionen gestellt sind, nämlich

a) Codicis Theodosiani libri XVI.
Legum Novellarum divi Theodosii A. liber (tituli X.)
„ „ „ Valentiniani A. „ („ XII.)
„ „ „ Marciani „ „ („ V.)
„ „ „ Maioriani „ „ („ II.)
„ . „ „ Severi A. (eine Constitution.)

b) Caii Institutionum libri II.
Iulii Pauli Sententiarum libri V.
Codicis Gregoriani libri V. (nämlich 1...4. und 13.)
Hermogeniani Corporis liber. (tituli 1. und 3.)
Papiniani titulus oder liber I. Responsorum[11].

Die Behandlung dieser, bis auf das Werk des Paulus schon §*g*.
oben[12] in einem andern Zusammenhange besprochenen Stücke sollte auf Abkürzung (excerpere) und Interpretation, nicht auf Umarbeitung durch Aenderung der Quellen gehen. In Beziehung auf die aufgenommenen kaiserlichen Constitutionen ist dieser Plan auch, einige kleine Abweichungen abgerechnet, wirklich befolgt: aus mehreren Büchern der Constitutionensammlung sind nur einige, ja selbst nur eine einzelne Stelle aufgenommen, aber diese meistens ganz; nöthig scheinende Abänderungen enthält hier und da die hinzugefügte Interpretatio. Anders bei den Institutionen des Gaius: von diesen §*h*.
sind Comm. I...III. § 202. (des ächten Werkes) in zwei Bücher[13] barbarisch umgearbeitet und wol deshalb auch ohne Interpretatio[14],

---

Commonitorium oder exemplar auctoritas. s. Savigny a.a.O. II. S. 37. ff. Ueber die Lex Rom. Visig. und ihre ganze Litteratur giebt uns jetzt die Vorrede Hänels zu seiner trefflichen Ausgabe des Rechtsbuchs (Lex Romana Visigothorum, ad LXXVI libror. MSS. fid. recogn., ... annot., append., prolegg. instr. *G. Haenel*. Lips. 1849. imp. 4°.) genügende Belehrungen. Die einzige vorhergehende ist: Codicis Theodosiani libri XVI. qvibus [in manchen Exempll. Qivbus] svnt .... adiectae Novellae. *et c.* Basileae. M.D.XXVIII. fol. (*10*) und deren unmittelbaren Gebrauch es, wie nachmals die justinianischen Constitutionen, verbietet: „.. iuxta eius seriem universa causarum sopiatur intentio, nec aliud cuilibet aut de legibus aut de iure liceat in disceptationem proponere ..“.
(*11*) In der sichardschen Ausgabe füllen die Auszüge aus den leges 120 Blätter, die aus den juristischen Schriften, die beiden Privatsammlungen der Constitutionen mit eingerechnet, nur 47., bei Hänel jene p. 16...313., diese p. 314...452. Die Reihefolge der einzelnen Stücke ist die im Texte angegebene. (*12*) §18. n°. 1. n°. 4. und Note 21. daselbst, und § 20. (*13*) deren erstes in 8, das andere in 10 (eigentlich 11) Titel getheilt ist; in manchen Hdschrr. u. Ausgg. ist lib. II. tit. 1. als tit. 9. u. s. f. gezählt. Die einzelnen Titel sind in den neueren Ausgg. in ein principium u. §§. eingetheilt. (*14*) Unbedeutende Zusätze, wie z. B. *Cai. 1*, 1. § 5. (s. meine §18. Note 6. citierte Ausg. p. 10*. Note 16.) sind vielleicht

während das kleine Stückchen aus Papinianus seiner Unbeträcht-
§ i. lichkeit halber ohne solche gelaßen worden sein mag. Daß Pauli Sententiae durch Abkürzung und Auslaßungen, auch durch Umstellungen, von den Händen des Interpolators arg verderbt worden seien, können wir mit allem Grunde vermuten; manche von ihm nicht aufgenommene Stellen sind uns in den justinianischen Digesten und einige auch in den § 19. n°. 3...5. beschriebenen Sammlungen erhalten; manche Titel des nach der Edictsordnung eingerichteten Werkes haben die westgothischen Römer ganz weggelaßen [15].
§ k. Die Interpretatio [16] hat, abgesehen von den geringen Vortheilen, welche die Kritik hauptsächlich für die Codices und Paulus daraus ziehen kann, für unsere Kenntniß des römischen Rechts zwar keinen Werth, sehr großen aber für die der Verfaßung ihrer
§ l. Zeit. Wahrscheinlich bei der Ausfertigung der authentischen Exemplarien unserer Lex Romana entstand die ganz planlose Zusammenstellung von einigen fünfzig, zum Theil nur hier sich findenden Stellen aus den 3 Constitutionensammlungen und aus Paulus, in welcher Klenze irrthümlich eine selbständige Lex Romana für irgend ein germanisches Reich sah und welche er nach einer

---

nicht einmal von dem Interpolator selbst, sondern von späterer Hand hinzugefügt. (*15*) Ausgaben dieses Werks in den § 20. Noten 31. 33. citt. Sammlungen, mit Commentarien in *Schulting* Iurisprudentia vet. anteiust. p. 211...536. und in *G. Meerman* Nov. Thesaur. iur. civ. et canon. tom. VII. p. 687...737., ohne Commentar und ohne die Interpretatio, auch mit Weglaßung der nicht in der Lex Rom. Visig. aufgenommenen Stellen, herausg. von *F. A. Biener* im Berliner Ius civile anteiust. p. 105...83., mit krit. Anmerkk. u. der Interpretatio von *L. Arndts* im Bonner Corp. iur. anteiust. part. II. p. 46*...162*., und dazu *G. Haenel* Varietas scripturae ex Paul. ebendas. p. 163*...204*. Die jetzt freilich ungenügend gewordene Ausg. von Arndts nebst Hänels Variantensammlung ist auch besonders erschienen Bonn. 1833. 1834. 12°. [Auch in der Iur. civ. Ecloga Paris. 1822. 12°. p. 266...358. und in *Blondeau* Institutes tom. II. p. 263...320. findet sich diese Schrift.] Die Ausg. von *G. Hugo*, Berol. 1795. 8°. verzeichnet in dem angehängten Index alle hier nicht genannten Ausgaben. Die hänelschen in seiner Ausg. der L. Rom. Visig. p. 338...444. mitgetheilten Subsidien machen einen neuen kritischen Versuch der Wiederherstellung der paulinischen Sentenzen möglich und nöthig. vgl. auch Heimbach im Lpz. Repertor. III. p. 137...45. (*16*) „Diese (sagt Savigny a. a. O. S. 54. f.) lag schon im Plan des Werks, .. und sie rührt von denselben Verfaßern her, welche auch die übrige Arbeit besorgt haben. Sie ist also ein gleichzeitiges, geschloßenes Werk... Der Inhalt ist bald wirkliche Erklärung oder Paraphrase, bald Erweiterung und Abänderung des Textes nach örtlichen oder neueren Gewohnheiten oder neueren Gesetzen, bald Verweisung auf andere Stücke desselben Rechtsbuchs. Wo aus keinem dieser Gründe ein Zusatz nöthig schien, da findet sich entweder gar nichts, oder nur die ausdrückliche Anmerkung Ista lex interpretatione non eget ... Gothen waren auch hier nicht die Verfaßer...“.

mißverstandenen Rubrik unter dem Titel *Institutio Gregoriani* herausgegeben hat[17].

Die zahlreichen Handschriften der L. Rom. Visigoth.[18] weichen §m. an Vollständigkeit und besonders in Behandlung der Interpretatio sehr von einander ab. Auch neue mehr oder weniger selbständige Bearbeitungen derselben sind uns mehrere erhalten[19], so die Summae legum[20], ein noch ungedruckter Auszug in einer Wolfenbütteler Handschrift[21], ein anderer in Pariser Handschriften[22], eine in Chur unter dem Bischof Remedius (800...20.) gemachte Bearbeitung, die man bisher für ein Gesetzbuch für den lombardischen oder friaulischen Römer zu halten geneigt war, die sich nun aber nach Hänels Untersuchungen als in ihrer Bedeutung sehr überschätzt herausstellt[23]), ein in England gemachter, von Wilhelm von Malmesbury († 1142.) seiner Abbreviatio de gestis imperatorum angehängt[24], und andere nun von Hänel sorgfältig beschriebene und benutzte.

(*17*) aus drei verkehrt gehefteten Blättern eines Quaternio hinter der jetzt Berliner Hdschr. der L.Rom.Burgundionum. Klenze hat in seiner Ausgabe (Ztschr. f.g.R.W.IX.S.1...65., auch besonders abgedr.Berlin 1838.8°.) diese vermeintlich selbständige Sammlung in 2 Bücher von 12 u. 27 Titeln eingetheilt. Daß Klenzes Meinung von diesem zufällig entstandenen Anhange, den wir als Blätter einer bei der im Texte angegebenen Ausfertigung gemachten Kladde bezeichnen möchten, durchaus unhaltbar sei, hat genügend dargethan G.Hänel in Richters krit.Jahrb.f.deutsche R.W. Lpz.1838.S.587...603. s.Dens. in praef.ad L.Rom.Visig.p.LII.sqq. und Heimbach Lpz.Repertor.IX.p.377.f.

(*18*) Ueber die Handschriften- u. sonstige Kritik-Litteratur zur L.Rom.Visig. ist jetzt statt aller übrigen zu vgl. *Haenel* praef.ad L.Rom.Visig.1849.fol.cap.III.

(*19*) v.Savigny a.a.O.§ 20.u.bes.*Haenel* l.c.p.XXIII.sqq.

(*20*) Von Peter Aegidius aus Antwerpen 1517. in 50 Folioblätt. herausgegeben, unter dem Titel „Summae sive argumenta legum diversorum Imperatorum, ex corpore divi Theodosii" *etc.* s.*Haenel* l.c.p.XXV.sq.LXXV.sqq.

(*21*) s.*Haenel* l.c.p.XXVII.sq.LXXX.sq.

(22) *Haenel* l.c.p.XXVI.sq.LXXIX.sq.

(23) Von dieser aus einer defecten Udiner Handschrift von Canciani (Legg.Barbaror.tom.IV.) schlecht herausgegebenen [in Walters Corp.iur.Germanici tom.III.p.691...755. nachgedruckten] Bearbeitung handelt weitläufig v.Savigny Gesch.d.R.R. ed.II.Bd.I.§§123.ff.VII. S.23...30. Nachdem sie Hänel als Epitome S. Galli aus 2 Sct.Galler Hdschrr., deren eine älter als die Udiner ist, in seiner L. Rom.Visigoth. herausgegeben, (vgl.das.S.XXXI.ff.LXXXIII.sq.) machte er sich die Udiner Hdschr. selbst zugänglich und zeigt (in den Berichten üb. die Verhandll. der Gesellsch. der Wissensch. zu Leipz.1852.8°.p.65.ff.), daß die Udiner Hdschr. zwei verschiedene Werke befaßte, einen Julian (§ 24.*c.*.) mit Anhängen und eine Umarbeitung der westgothischen Lex Romana, und daß sie zwar für die Kritik und theils selbst Ergänzung der justinian. Legislation und des Julian, aber gar nicht die ihr früher beigelegte Bedeutung habe.

(*24*) Savigny II.§ 20.E. u.bes.*Haenel* praef.ad Leg.Rom. Visig.p.LV.sqq. In diesem ungedruckten Auszuge stehen: der theod. Codex, Buch 2...16. aus der westgoth. L.Rom., nur daß das 16te Buch Ergänzungen aus dem ächten Codex hat; die theod.u.posttheod.Novellen, viel vollständiger, als in der

Jn. 3) Die *Lex Romana Burgundionum*[25], bei uns meistens 'Papian' genannt[26], ist zwischen den J.517. und 534.[27], im wesentlichen nach der Ordnung der Lex Burgundionum (zu Ende des 5. Jahrh. unter König Gundobald verfaßt und unter König Sigismund, 517. umgearbeitet und vermehrt) aus burgundischem Recht, aus der westgothischen Lex Romana und den ächten Quellen, woraus auch diese geflossen ist, in 47 Titeln[28] zusammengestellt. Die Arbeit ist roh und dürftig und die ächte Gestalt der Quellen daraus nicht wieder zu erkennen; dennoch ist sie wegen mancher Spuren uns sonst nicht erhaltener Quellen von Wichtigkeit. Ihre praktische Geltung

---

L.Rom.Visigoth.; Gaius u. Paulus in eine ganz neue Summa umgearbeitet. Die übrigen Stücke der westgoth. L. Rom. fehlen. s.auch *C. Witte* De Guilelmi Malmesburiensis Codice legis Rom. Wisigoth. Vratisl. (1831.) 8°.

(25) vgl. *Heimbach* im Lpz. Repertor. IX. p.379...85. v. Savigny Gesch. des R.R. II. S.9...36. u. die Vorr. der bis jetzt neuesten und besten Ausg. Lex Rom. Burg. Ex iure Rom. et Germ. illustravit *A.F. Barkow*. Gryphisw. 1826. 8°., über Hdschrr., Ausgg. u. Geschichte des Werks; dazu über Hdschrr. Merkel in Savigny VII. S.30...35. Die ältesten Ausgg. sind die hinter dem theod. Cod. von Cujacius von 1566. 1586. fol. u. 1593. 4°. 1607. fol., dann folgen die in den 3 Ausgg. von *Schulting* Iurisprudentia vet. anteiust. 1717. u. 1737. 4°. 1744. 12°., die von Amaduzzi (s. §20. Note 45.), die von F.A. Biener im Ius civile anteiust. p.1501...41. Eine Ausg. für das Bonner Corp. iur. anteiust. bereitet Barkow.

(26) Schon in einer pithouschen, jetzt Berliner Hdschr. der L. Rom. Burg. heißt diese am Anfange und am Schluße Papianus; erfunden hat also Cujacius den unpassenden Namen, den Puchta Inst. §137. sogar als von den Burgundern selbst zu Ehren Papinians dem Werke beigelegten zu vertheidigen sucht, keineswegs, sondern nur beibehalten und verbreitet. (Klenze Ztsch. f. g. R.W. IX. p.238. ff. u. Hänel Novellae Val. III. et ... de lege Rom. Burg. Lps. 1850. 4°. Savigny VII. S.36...40.) Cuiacius nämlich fand hinter einer Hdschr. der L. Rom. Visig., welche mit 'Papiani liber Responsorum' schließt, die burgundische L. Rom. ohne Titel und sonstiges Zeichen des Anfanges eines neuen Werkes, und gab die Ueberschrift jener Schlußstelle der L. Rom. Visig. als Titel der L. Rom. Burg., jene Schlußstelle als Anfangsstelle der burgundischen L. Rom. So in der Ausg. hinter dem theod. Coder von 1566. (s. §20. Note 33.) p.694...707. Obgleich die cujacische Ausgabe von 1586. die Schlußstelle der westgoth. L. Rom. (fol. 14*b*.) ganz getrennt von der burgundischen L. Rom. (p.138. ff.) hat, und diese richtig mit der Stelle beginnt, welche in der ersten Ausgabe die zweite ist, so ist doch auch hier der Titel 'Papiani Liber Responsorum' beibehalten worden.

(27) In der neuesten Vorrede der Gundobada oder Lex (nicht Romana) Burgundionum von 517. wird den römischen Unterthanen eine forma et expositio legum conscripta verheißen; im Jahr 534. ist das burgundische Reich von den Franken zerstört worden. Aus diesen beiden Datis bestimmt sich das Alter des Werks.

(28) In der ersten Ausg. sind mit Hinzurechnung der *nicht* dahin gehörigen Schlußstelle der westgoth. Lex Rom. (Not.26.) 47 Titel, in den folgenden, wo diese Schlußstelle fortgeblieben ist, 46; Amaduzzi (Note 25.) hat 48 Titel, indem aus der ottobon. Hdschr. die Titel 26. u. 48. neu hinzugekommen sind; in der bienerschen und der barkowschen Ausg. (Note 25.) ist der 48ste Titel der ottobon. Hdschr., welcher nicht zur der Lex Rom. Burg. gehört, weggelaßen, so daß die im Text angegebene Zahl bleibt. Eine Abweichung in den Titeln ist auch, daß der Titel, welcher bis auf Amaduzzi der 11. war, seitdem aus der ottobon. Hdschr. richtig als der 28. gestellt wird.

verlor sich bald nach dem Untergange des germanischen Reiches selbst, für dessen römische Einwohner sie gemacht worden war.

c. Die nachjustinianischen Rechtswerke.

§. 23. α. Im Orient.*)

Justinians Rechtswerke blieben, großentheils selbst noch nach §a. der Zerstörung des byzantinischen und lateinischen Thrones, im Orient die Grundlage sowol der legislatorischen als der rechtswißenschaftlichen Thätigkeit. Jene war von verhältnißmäßig geringer Bedeutung und verdient so wenig als diese den Namen eigentlicher Fortbildung des Rechts; die Novellen der nachjustinianischen Kaiser bis auf Basileios Makedon (867...86.) sind, abgerechnet die in die Sammlung der justinianischen Novellen und deren Anhänge aufgenommenen[1], in den unten näher zu bezeichnenden officiellen und privaten Sammlungen fast gänzlich unberücksichtigt geblieben[2]. Die Sammlungen der Edicte der prätorischen §b. Präfecte sind bei den justinianischen Novellen, zu welchen sie als Anhänge gehören, schon erwähnt[3].

Die wißenschaftliche Behandlung finden wir nun theils in den §c.

(*) *C. E. Zachariae* Historiae iuris Graeco-Romani delineatio. Heidelb. 1839.8°. *I.A.B.Mortreuil* Histoire du droit Byzantin.I...III.8°.Paris 1843...46.f. u.dazu *Zachariae* in Schneiders Jahrbb.für deutsche R.W.1844.S.794.ff.1083.ff. 1847.S.581.ff. Vieles hierhergehörige findet sich auch in Biener Geschichte der Novellen und *C.E.Heimbach'Ανέκδοτα.* Lips.1838.1840.4°. in den Prolegomena. *C.E.Zachariae'Ανέκδοτα.* Theodori Scholastici Breviarium Novellarum, Collectio Regularum ex Institutionibus, Fragmenta Breviarii Codicis a *Stephano* antecess. compositi, Fragmenta Epitomae Novellarum Graecae ab Anonymo sive *Iuliano* confectae, Fragmenta Novellarum ex Variorum commentariis, Edicta Praefectorum praetorio. Lips.1843.4°.

(*1*) s.§21.*s...u.*

(2) Ueber diese Novellen s. Biener Gesch.d.Nov.S.123.u.in Ztschr.f.g.R.W.VIII. n°.7.zu Witte ebendas.n°.4. Das davon erhaltene bezeichnen *Zachariae* Hist.§9. *Mortreuil* I.p.61...90.339...57. Von vorbasileianischen Novellen sind uns außer justinischen und tiberischen nur einige von Maurikios (582...602.), eine von Leon und Konstantinos (776...80.), zwei von Eirene (797...802.) u. unbedeutende Bruchstücke anderer in Hdschrr., einige des Herakleios (610...41.) in einer kanonistischen Sammlung, der s.g. Collectio constitutionum eccl., wovon unten §*p.*, und Excerpte anderer in den scriptores hist. Byzant. erhalten; von Novellen des Basileios und seiner Nachfolger aber mehreres. (s. unten Note 35*.) Das gedruckte findet sich in *Enim.Bonefidii* Iuris orientalis libri III. Exc.H.Stephan.1573.8°. lib.I., *Io.Leunclavii* Iuris Graeco-Rom. (tom.I.p.72...186. II.p.134...92.) Francof.1596. fol., *Car.Labbaei* Impp.Novellae constitt.Graeco-Lat. X. Paris.1606. 8., *Zachariae* Hist.Append.p.108...37.und *Car. Witte* Impp.Graeco-Romm.Constitutiones IX.Hal.1840.4°. (auch in *Heimbach'Ανέκδοτα* tom.II.p.261...89.) vgl. *Mortreuil* l.c.

(3) s.oben §21.Note 44. und Biener Gesch.S.28.f.und 619.f. *Zachariae* §8.

Schriften der Antecessores oder legum professores sowol auf den von Justinian allein auctorisierten Rechtsschulen in den beiden Hauptstädten und zu Berytus in Phönicien, als auch auf den von ihm verbotenen, aber doch nicht ganz unterdrückten zu Alexandria in Aegypten und Cäsarea in Cappadocien[4], theils in denen der σχολαστικοί, der Advocaten an den höheren Gerichtshöfen; auch die Geistlichkeit nahm in die nun in großer Zahl entstehenden kirchenrechtlichen Sammlungen besonders Constitutionen und Novel-
§ d. len der justinianischen Rechtswerke auf. So wenig auch die wißenschaftlichen Bearbeitungen schöpferisch waren, so musten sie doch die engen Gränzen von Justinians Verboten[5] überschreiten, seine Rechtsbücher nicht anders als etwa durch wörtliche Uebersetzungen (κατὰ πόδα ἑρμηνείας) und kurze Inhaltsangaben der einzelnen Titel mit Verweisungen auf andere und Angabe deren Inhalts (indices und παράτιτλα) zu bearbeiten. Die Kenntniss der lateinischen Sprache verliert sich mit dem sechsten Jahrhundert fast gänzlich aus dem byzantinischen Reiche, und somit gieng auch das Verständniss des grösten Theils der Originalien von Justinians Werken unter[6]. Alle hier in Betracht kommenden Schrif-

(4) cf. *Const. 'Omnem reip.'* §§ 7.9.10. (u. Sanctio pragm. cap. 22. Von der röm. Rechtsschule s. § 24.*h*). Daß Alexandria als Rechtsschule blieb, beweist *Agathias* Hist. II. 15. Ueber den zweifelhaften Bericht des Malalas (um 900.), daß Justinian seine Gesetze nach Athen und Beryt gesendet habe, s. Biener Gesch. S. 41. ff. 581. f. Ueber Beryt vgl. die Dissertt. von *Strauch* (Ien. 1673. 4°.) und *Hasaeus* (Hal. 1716. 8°.)

(5) *Const. 'Tanta circa'* § 21. (cf. *constt. 'Δέδωκεν'* § 21. und *'Deo auctore'* § 12.) „.. tempestivum nobis videtur et in praesenti sancire, ut nemo neque eorum qui in praesenti iuris peritiam habent, neque qui postea fierent, audeat commentarios iisdem legibus adnectere, nisi tantum si velit eas in Graecam vocem transformare sub eodem ordine eademque consequentia, sub qua et voce Romana positae sunt, hoc quod Graeci *κατὰ πόδα* dicunt, et si qui forsitan per titulorum subtilitatem annotare maluerint et ea quae *Paratitla* nuncupantur. alias autem legum interpretationes, immo magis perversiones eos iactare non concedimus ..“. vgl. oben § 21.*e*.

(6) Die Bedeutung der bei den byzant. Juristen häufiger vorkommenden Titel ihrer Werke ist (hauptsächlich wol weil sie gleich der der lateinischen Titel juristischer Schriften, wie sie großentheils im florentinischen Index nachgesehen werden können, nie so scharf bestimmt gewesen ist, daß nicht verschiedene Schriftsteller unterschiedene Werke unter dem nämlichen Titel herausgegeben hätten) zum Theil schwankend. Die Uebersetzungen *κατὰ πόδα* oder *πόδας* gaben Schritt vor Schritt (presso pede, pedetentim) das Original wieder, welches (lateinisch oder ins Griechische übersetzt) im Gegensatze zu kürzeren Umarbeitungen oft als *τὸ πλάτος*, *τὸ πλάτος τῶν νόμων*, der Text *τὸ κείμενον* oder *τὰ κείμενα*, sowol der justinianischen als der nachjustinianischen Publicationen, bezeichnet wird; das justinianische Recht heißt auch öfters, im Gegensatze zu den Basiliken und dem nachfolgenden Rechte, *τὸ παλαιόν*. *Παραγραφαὶ* sind eigentlich Randbemerkungen, annotatio; *παραπομπαὶ* Citate von Parallelstellen, bei Gele-

ten sind in der vielfältig verderbten und durch Aufnahme dem Organismus des Griechischen nicht angeeigneter Wörter entstellten Sprache der Byzantiner verfaßt[7]. Wir nennen zuerst die wol alle aus oder für Vorlesungen hervorgegangenen **Privatbearbeitungen der justinianischen Rechtsbücher:**

1) Die **Institutionenparaphrase des Theophilos**, § e. Mitarbeiters an den justinianischen Institutionen, eine, nach den Vorträgen dieses Antecessors an der Rechtsschule zu CP. vor der Publication des zweiten Codex nachgeschriebene, genau der Ordnung des Originals folgende Erklärung mit häufig vorausgeschickten Protheorien, eingemischten Beispielen und manchen Beziehungen auf die classischen Rechtswerke[8]. Auch noch nach Entdeckung des ächten Gaius ist diese Paraphrase von großer Wichtigkeit für das Studium des justinianischen Rechts; bei den Byzantinern genoß sie, wie die

---

genheit welcher Cujacius (Vorrede zum 60. Buch der Basiliken) des den glossae interlineares und marginales parallelen Unterschiedes der *ἔξωθεν* und der *ἔσωθεν κείμεναι* gedenkt; *ἑρμηνεῖαι* erklärende Bemerkungen, Interpretationen, sowol einzelner Stellen, als auch Uebersetzungen ganzer Werke; *παράτιτλα*, den einzelnen Titeln hinzugefügte Summarien aus anderen Titeln, nebst Aufführung dieser und Erklärung verwandter Gegenstände (Matth. Blastares bezeichnet sie als *καθ' ἕκαστον τίτλον ἀναπληρώσεις ἔχοντα τῶν παραλελειμμένων χρησίμων.*) *Ἴνδιξ*, index, ist nicht ein Register, *πίναξ*, sondern ein Summarium, eine Inhaltsangabe, Summa, brevis expositio; *σχόλιον* ist ein allgemeinerer Name zur Bezeichnung von Anmerkungen, ähnlich dem lombardischen glosa oder glossa. *Ὑπόμνημα* = commentarius; *μονόβιβλος* oder *μονόβιβλον* (*σύγγραμμα*) = liber singularis oder liber unus, u. so ferner *ἑξάβιβλος*, *ἑξηκοντάβιβλος*. *Συναγωγή*, Sammlung, collectio; *σύντομος* (*βίβλος*), *ἐκλογή*, *ἐπιτομή* = breviarium, excerpta, in compendium redactum opus; *παρεκβολαὶ* sind einzelne Excerpte. Auch rein lateinische Namen sind mitunter beibehalten, wie z. B. nicht allein *δίγεστα*, *κῶδιξ*, sondern auch *τρακτᾶτον*, *τίτλος* u. dgl. Andere Benennungen erklären sich gehöriges Orts. vgl. nun auch *Zachariae* in Schneiders Krit. Jahrbb. VIII. 9. p. 795. ff.

(7) Von dem julianischen Novellenauszuge s. d. folg. §. Ueber die byzantin. Sprache s. §12. a. E. Spuren des Neugriechischen (lingua vulgaris, *διάλεκτος κοινή*, *καθομιλουμένη*, *ἁπλῆ*) zeigen sich schon vor der Zeit des lateinischen Reichs.

(8) s. oben §21. *f.* vgl. *Reitzii* praefatio, *Mylii* Historia Theophili (Lips. 1730. u. ö. und am besten als Excurs. III. in der reitzschen Ausg.) und *Ph. B. Degen* Bemerkungen üb. das Zeitalter und die Institt. Paraphrase des Theophilus. Lüneb. 1809. 8°. | Ueber Ausgg. u. Hdschrr. s. *Reitz* praef. u. Excurs. IV., *Zachariae* Hist. p. 26. Die editio princeps von *Viglius Zuichemus* erschien bei Froben in Basel 1534. fol. und in dems. Jahre Parisiis ap. *Chstian Wechel.* 8°.; die übrigen Ausgg. nennt *Reitz* p. 110., wozu noch eine lateinische Lugd. ap. *Ioa. et Franc. Frellon.* 1546. 16°. hinzugefügt werden kann. Die beste ist die mehrgenannte von *Guil. Otto Reitz: Θεοφίλου τοῦ ἀντικήνσωρος τὰ εὑρισκόμενα*, griech. u. lat. mit den Anmerkk. vieler Aelteren und trefflichem Glossar, Hagae Com. 1551. 4°.; woraus Rhallis den Text hat abdrucken laßen, *ἐπιμελείᾳ τοῦ Γ. Α. Ρ[άλλη]. Ἐν Ἀθήναις* 1836. 8°. | Eine auch ihrer Anmerkungen wegen schätzbare deutsche Uebersetzung von K. Wüstemann erschien Berlin 1823. 2 Bde. 8°.

Basiliken und deren Scholien beweisen, das gröste Ansehen [9]; auch hat sich ein Bruchstück einer sehr schwachen Bearbeitung derselben erhalten [10]. Eine in einigen Basilikenscholien [11] erwähnte Uebersetzung der Institutionen von Stephanos [12] ist untergegangen.

§ f. 2) Vollständige Bearbeitungen und Uebersetzungen der Digesten sind nicht auf unsere Zeit gekommen, sondern nur, hauptsächlich in den Basiliken und deren Scholien, theils Auszüge aus theils Citate von solchen Werken [13], unter denen die Ἑρμηνεία oder Ἴνδεξ des Stephanos, welcher *εἰς πλάτος τὰ δίγεστα ἐξηγήσατο*, den ganzen Text übersetzt und durch Anführung von Parallelstellen, *παραγραφαί*, erläutert hat, als die bedeutendste geachtet worden zu sein scheint [13*].

§ g. 3) Unter den Bearbeitungen des justinianischen Codex wird des berytischen Antecessors Thalelaios kurz nach 536. gemachte, großentheils in die Basiliken übergegangene Uebersetzung *κατὰ πόδας* am häufigsten von den späteren Schriftstellern angeführt [14].

§ h. 4) Da über die Novellen Justinians keine Vorlesungen an

---

(9) vgl. *Reitz* l.c.p.929...43. (10) *Haubold* Fgm. Graecum de obligationum causis. Lips. 1817. 4°. u. in Dessen Opuscula acad. vol. II. p. 347...68. (11) Basilic. ed. *Fabrot.* II. p. 554. III. p. 140. (12) nicht dem Mitredactor der Digesten (s. § 21. Note 6.), sondern einem jüngeren gleichnamigen Antecessor zu CP., Lehrer des Julianos und des Theodoros Hermupolites. Bruchstücke der Epitome des Codex des Stephanos hat mit Prolegg. ediert *Zachariae* Ἀνέκδ. p. 176...84. (13) Die Bruchstücke aus des Theophilos Bearbeitung der (oder aus seinen Vorlesungen über die) 3 ersten partes der Digesten, wie es scheint, aus den Jahren 534...36., nach vorgetragenen Institutionen (cf. *Const. 'Omnem reip.'* §§ 2...4.), hat *Reitz* l.c.p.944...57. zusammengestellt. Ueber die Digestencommentarien und Uebersetzungen des Dorotheos (s. § 21. Note 6. u. *f*, *n*), Theodoros, Isidoros und Anatolios (s. die Inscription der citt. *Const. 'Omnem'*, Novell. 82. c. 1. u. oben cit. Note 6.), des Thalelaios (s. die cit. Inscr.), Kyrillos, Kobidas (*Ἰωάννης Κωβίδης, Κωβίδιος* oder *Γοβίδας*), Anastasios und eines Ungenannten s. *Reitz* l.c.p.1234.sqq. unter diesen Namen, *Zachariae* Hist. § 17. u. in *Schneiders* Krit. Jahrbb. f. deutsche R.W. VIII. 9. S. 802. ff. | Von dem Kyrillos citiert ein Basilikenscholion zu XI. 1. cap. 67. (*Heimb.* I. p. 646.) ein *Ὑπόμνημα τῶν δεφινίτων* (commentarium definitionum) und legt ihm Ehrenbenennungen bei, welche denen der Glossatoren nichts nachgeben: „*τὸν ἥρωα καὶ κοινὸν τῆς οἰκουμένης διδάσκαλον Κύριλλον*“ .. „*τελείως καὶ ἀνελλιπῶς καὶ ὡς αὐτῷ μόνῳ δυνατὸν ἦν, συνήγαγεν.*“ (13*) s. Basilic. ed. *Heimb.* III. p. 347. sqq. II. p. 113. *Zachariae* Ἀνέκδ. p. 176. sqq. (14) Auch von den in den vorigen Noten ebenfalls genannten Isidoros, Anatolios, Stephanos (Note 12.) und Kyrillos, von einem hermopolitanischen Advocaten Theodoros, einem Zeitgenoßen Justinians, und von Phokas (s. § 21. Note 2. u. Nov. 82. c. 1. § 1.) werden Bearbeitungen des Codex angeführt; daneben eine berytische *ἑρμηνεία* desselben Werks. Bruchstücke eines Codex mit griech. Scholien (von Thalelaios?) finden sich in der veron. Capitularbibliothek, beschrieben in Göschens Vorrede zu Gaius, ed. 1820. p. LXVII. sqq., ed. 1824. p. LXVI. sqq. vgl. *Reitz* l.c., *Zachariae* Hist. § 18. u. in den Krit. Jahrbb. l.c. S. 815.

den Rechtsschulen gehalten zu werden pflegten und sie zum größten Theile griechisch erlaßen waren, so sind auch die Bearbeitungen seltener; unter ihnen heben, außer einem ungedruckten, dem julianischen sehr ähnelnden Novellenauszuge eines Ungenannten [15], die Basilikenscholien nur den des Theodoros [16] hervor. Für uns ist die unter Justinian und dessen Nachfolger entstandene, auf eine eigenthümliche Novellensammlung gegründete *Ἐπιτομὴ ἐκ τῶν μετὰ τὸν κώδικα νεαρῶν διατάξεων κατὰ τίτλους συγκειμένη μετὰ καὶ τῶν ἑκάστου παρατίτλων, ἐπινοηθεῖσα παρὰ Ἀθανασίου σχολαστικοῦ Ἐμισηνοῦ*, welche uns nun in einer sorgfältigen Ausgabe [17] vorliegt, von Wichtigkeit. Auch der s.g. Novellarum Iustiniani Index reginae gehört hierher [17*].

Von anderen juristischen nichtkirchenrechtlichen Schriften § i.
aus der Zeit vor Basileios [18] erwähnen wir zunächst die *Κανόνες*,

(15) Biener Gesch.d.Nov.S.65. *Zachariae* Hist.§19.n°.1. Heimbach in Richters krit.Jahrb. für deutsche R.W. Lpz.1839.8°.S.970.ff. Von diesem Anonymos, dessen Novellenepitome in ihren Resten *Zachariae* *Ἀνέκδ.* p.208.ff. aus einer bodl.Hdschr. nebst Bruchstücken von Novellenbearbeitungen Verschiedener mittheilt, sagt dieser in d. Krit.Jahrbb.l.c.S.804., er sei, wie schon Biener aufgestellt hatte, „der Antecessor Julianos. [*Zachar.* *Ἀνέκδ.* p.204.sqq.] Er war ein Schüler des Antecessor Stephanos, wurde später selbst Antecessor zu CP. u. lebte bis unter Justin II. Von ihm rührt her die lat. Epitome Novellarum, vielleicht auch die antiqua versio der griech. Stellen in den Digesten; ferner eine griech. Epitome Novellarum, deren Bruchstücke ich in mein. *Ἀνέκδ.* herausgegeben habe; eine Monographie *περὶ λεγάτων καὶ μόρτις καῦσα δωρεῶν*, von welcher wir keine Ueberreste haben..; ein *ἐναντιοφανῶν βιβλίον* oder *μονόβιβλος περὶ ἐναντιοφανιῶν*, d.h. eine der Ordnung der Digesten folgende Monographie über die scheinbaren Antinomien in den Digesten...; endlich eine Summa der Digesten mit *παραγραφαί*. vgl. meine *Ἀνέκδ.*p.197.202.204.sqq."
(16) desselben, wovon in Note 14. s.Biener Gesch.der Nov.S.62...70., *Heimbach* *Ἀνέκδ.* I. p.201.sqq. Dieser *Σύντομος τῶν νεαρῶν διατάξεων σὺν παραπομπαῖς τῆς κειμένης ὁμοίως διαιρέσεως πῆ μὲν ἐν τῷ κώδικι, πῆ δὲ ἐν αὐταῖς ταῖς νεαραῖς Θεοδώρου σχολαστικοῦ Θηβαίου Ἑρμοπολίτου* ist nun mit sehr ausführlichen Prolegomenen herausg. v. *Zachariae* *Ἀνέκδ.* p.xxv...lxi.1...165. aus einer Handschr. des Klosters der heil. Laura auf dem Berge Atho, welche auch den Athanasios (s.folg.Note) enthält. *Heimbach* l.c. hatte das sonst davon erhaltene herausgegeben und zugleich (p.260.sqq.) die Fragmente aus den Novellencommentarien der späteren, ihren Lebensumständen nach unbekannten Commentatoren Philoxenos, Symbatios und Ungenannter. (vgl.auch *Zachariae* Hist.§19. u. in Krit.Jahrb. l.c. p.816.) Von desselben Theodoros *Σύντομος τοῦ κώδικος σὺν παραπομπαῖς* finden sich Auszüge in den Basilikenscholien. *Zachar.* *Ἀνεκδ.*p.xxxvii.sqq. (17) *Heimbach* *Ἀνέκδ.*I.p.ci...cxii.1...184. hat sie mit einer latein.Uebers.u.sehr ausführlichen Prolegomenen (p.i...c.) herausgegeben. Sie besteht aus 22 Titeln, deren jeder eine größere oder kleinere Zahl einzelner Novellen ihrem Inhalte nach durchgeht und am Schluß in Paratitlen aus der ganzen Sammlung die Constitutionen verwandtes Inhalts kurz referiert. (17*) s.Anhang V.S.*17.Z.10.ff. *Mortreuil* I.p.421.
(18) vgl.überh. *Zachariae* Hist.§§20.21.n°.2. *Mortreuil* I.p.373.ff.

τῶν Ἰνστιτούτων, Regulae Institutionum, juristische Regeln aus den justinian. Institutionen mit Parapompen, Angabe von Parallelstellen aus Digesten und Codex [18*]; dann die nicht in den Basilikenscholien stehenden, gedruckten *Λέξεις Ῥωμαϊκαί*, *Glossae nomicae* oder Worterklärungen [19]; das mit Unrecht dem constantinop. Antecessor Eustathios zugeschriebene, in verschiedenen Gestalten und unter verschiedenen Titeln als Anhang anderer byzantinischer Rechtswerke vorkommende Werkchen über die Zeitabschnitte [20];
§ k. die wol ebenfalls im 7. Jahrh. gesammelten und in gleicher Weise in verschiedenen Recensionen anderen Rechtswerken, besonders der leonischen Ekloge angehängten *Νόμος γεωργικός*, *νόμος στρατιωτικός*, und *νόμος Ῥοδίων ναυτικός*, Zusammenstellungen von justinianischen und sonst tradierten Rechtsbestimmungen über Land-
§ l. bau, Kriegs- nnd See- oder Schiffs-Wesen [21]; endlich die mit

---

(*18**) von *Zachariae* *Ἀνέκδ.* p.166...75. bevorredet und herausgegeben.
(*19*) des Kyrillos, Philoxenos und Anderer; jedoch ohne Zweifel nach den Basiliken in die jetzige Gestalt umgearbeitet. s. oben § 12. Note 13. u. *C.G.E.Heimbach* de Basilicor.orig. Lips.1825.8°.p.118.sqq.
(*20*) Dieses ist zuerst unter folgendem Titel erschienen: De varia| temporum in iure| civili observatio|ne, Eustathij olim Constanti-|nopolitani Antecessoris| Libellus.| Item:| Leges Rhodiorum| Navales,| Militares et| Georgicae Ivstiniani: ..|...|...|...| ..|..| Opera et studio Simonis| *Schardii* I.C.| Basileae, per Io-|annem Oporinum| 1561. mense Aug.| 8°.min., nachgedr. Rostoch.1671.4°: dann auch herausgegeben von Cujacius (1562.) und Löwenklau (Ius Gr.Rom.II.p.207...48.); aus letzterem ist der Abdruck Lips. (1791.) 8°. Mit vorausgeschickten Untersuchungen über die Litteraturgeschichte, Hdschrr., Verfaßer, Entstehungszeit und Umarbeitungen hat das Werkchen ediert *C.E.Zachariae Αἱ ῥοπαί*, oder die Schrift über die Zeitabschnitte. Hdlb.1836.8°. Bei Schard führt es den Titel *περὶ χρόνων καὶ προθεσμιῶν ἀπὸ ῥοπῆς ἕως ρ̄ ἐνιαυτῶν*, bei Löwenklau *περὶ χρονικῶν διαστημάτων ἀπὸ ῥοπῆς ἕως ρ̄ ἐτῶν*.
(*21*) Die *Leges rusticae* od. *georgicae* od. *colonariae*, die mit einem (aus Iustiniani Instilt.II. 1. entlehnten) prooemium beginnen und aus 15 Titeln bestehen, führen den Titel *Νόμοι γεωργικοὶ κατ' ἐκλογὴν βιβλίων τοῦ τῆς θείας λήξεως Ἰουστινιανοῦ'* od. *'Ἰουστ. βασίλεως νόμοι γεωργικοί'*, und finden sich in den meisten Hdschrr. u. Ausgg. des Harmenopulos (s. unten Note 64.); besonders ediert von *F.Balduinus* Nov.I. Iustiniani. Lovan.1542.4°., dann bei Schard (s. Note 20.) p. 166...213., in *Leunclav.* Ius Gr.Rom.II.p.256...65. in Heimbachs Harmenopulos p.828...51. Die *Leges militares*, hauptsächlich nach Digestor.*49*,16. und entsprechenden Coderstellen compiliert, führen in der ed.princ. von Schard (Note 20.) p.140...65., wo sie aus 61 Artikeln bestehen, den Titel *'Περι στρατιωτικων καταστασεων καὶ ἐπιτιμιων, Ἰουστινιάνου βασιλέως'* [sic], bei *Leunclav.* l.c.p.249...55., wo sie 65 Artikel ausmachen, diesen *Ἐκ του Ρουφου νόμοι στρατιωτικοί'*; hieraus ist auch die latein. Uebers. abgedruckt in Veget.de re milit. ed.a *P.Scriverio*, ex off.Plantin.1607.4°.p.115...23.| Den 51, in der Wiener Hdschr.47, hauptsächlich aus Digest.*14*. Cod.*11*,2...5. ausgezogenen und umgearbeiteten Artikeln oder Kapiteln des *Νόμος Ῥοδίων ναυτικός* (bei Schard l.c.p.212...69., bei *Leunclav.* l.c.p.265...78., auch in *I.M.Pardessus* Collection des lois maritimes. Paris.1828. 4°. tom.I. p.231...59.) geht ein prooe-

jener Schrift über die Zeitabschnitte öfter zugleich angeführten kleinen Sammlungen von Sätzen über die Klagen, *αἱ ἀγωγαί*[22].

Die **kirchenrechtlichen Sammlungen**[23] nahmen außer §m. den Concilienschlüßen (*κανόνες*) auch vielfach die weltlichen Gesetze (*νόμοι*) über kirchliche Dinge in sich auf: Justinian selbst bestätigt die Geltung jener canones ausdrücklich[24], besonders die der vier ältesten allgemeinen Kirchenversammlungen[25], und die Kirche hielt sich, neben den dogmatischen und disciplinarischen Bestimmungen der Kirchengewalt, an die kaiserlichen Gesetze, welche vielfältig auch solche Gegenstände betrafen, die zu bestimmen sich später die Kirchengewalt ausschließlich vindicierte. Folgende Sammlungen der kirchenrechtlichen Bestimmungen aus den griechischen Bearbeitungen des justinianischen Rechts gelangten, wie die häufigen Anführungen daraus und die zahlreichen Handschriften beweisen, zum grösten Ansehen:

1) Die s. g. *Collectio LXXXVII capitulorum* des **Joannes** §n. **Antiochenos** oder **Scholastikos**, seit 565. Patriarch zu CP., als welcher er diese Sammlung machte und 578. starb. Das jetzt gedruckte[26] Werk, dem ein Register und Vorrede vorausgehen, giebt

---

mium voraus, welches eine Relation über Bestätigung der rhodischen Seegesetze durch die Kaiser Tiberius, Hadrianus, Antoninus, Pertinax und Septimius Severus enthält, die in früheren Zeiten mitunter für vorjustinianisch gehalten worden ist (s. § 20. *g.*); am Schluße steht ein Auszug *ἐκ βιβλίου τινὸς νομίμου τοῦ Δοκίμου* oder *Δοκιμίου*, daß die rhod. Seegesetze den neueren Gesetzen nachstünden. vgl. *Heimbach* de Bas. or. cap. VI. §§ 9. 11. 12. *Zachariae* Hist. § 21. n°. 2. *Mortreuil* I. p. 387. ff. Der Dokimos oder Dokimios, aus dessen juristischem Buche dieser Auszug gemacht ist, war nicht der Verfaßer, sondern der Besitzer des *βιβλίον νόμιμον*. s. *Zachariae* l. c. p. 75. not. 63. (22) Die älteste solcher Sammlungen, welche durch Verderbung des Titels *δὲ ἀκτιονίβους* oft einem *Δατιανήβους* oder *Διαστιανίβους* u. dgl. zugeschrieben worden ist, eine ziemlich planlose Zusammenstellung von processualischen und actionenrechtlichen Bestimmungen, auch wol dem 7. Jahrh. angehörig, hat *C. E. Heimbach* Obss. iur. Gr. Rom. pars I. Lips. 1830. 8°. p. 51...75. herausgegeben. *Mortreuil* I. p. 169...71.

(23) s. Biener Gesch. der Nov. S. 157. ff. und De collectionibus canonum ecclesiae Gr. Berol. 1827. 8°. u. Revision des just. Cod. S. 24. ff. *Witte* Die leges restitutae p. 16. ff. *Zachariae* Hist. §§ 22. 33. 51. u. dessen zahlreiche Notizen von kirchenrechtlichen Sammlungen in den Klosterbibliotheken auf dem Berg Atho, in *Ἀνέκδ.* p. I...XXI. *Heimbach* *Ἀνέκδ.* I. p. XLVII. sq. II. p. XXXIV. sqq. und in Richters krit. Jahrb. 1839. p. 978. ff. *Mortreuil* I. p. 187. ff. II. p. 477. ff. III. p. 377. ff. (24) *L. 45. C. de episc.* 1, 3. (a. 530.) *Nov. 6. c. 1.* § 8. (a. 535.) (25) *Nov. 131. c. 1.* (a. 545.) „*Θεσπίζομεν τάξιν νόμων ἐπέχειν τοὺς ἁγίους ἐκκλησιαστικοὺς κανόνας, τοὺς τῶν ἁγίων τεσσάρων συνόδων ἐκτεθέντας ἢ βεβαιωθέντας, τουτέστι τῆς ἐν Νικαίᾳ* (a. 325.) *καὶ τῆς ἐν Κωνσταντινουπόλει* (a. 381.), *καὶ τῆς ἐν Ἐφέσῳ πρώτης* (a. 431.), *καὶ τῆς ἐν Χαλκηδόνι* (a. 451.)" (26) In *Heimbach* *Ἀνέκδ.* II. p. 202...234. mit latein. Uebers. und Prolegom. p. XLI...LXIII. und bes. Biener Gesch. d. Nov. S. 167. ff., dazu *Zachariae* in Hdlb. Jahrb. der Lit. 1841. S. 534.

in 87 Kapiteln theils wörtliche, theils den Inhalt berichtende Auszüge aus einem dutzend justinianischer Novellen[27].

2) Die nun auch edierte[28] Sammlung, welche Biener *Collectio XXV capitulorum* genannt hat, weil sie 25 Kapitel enthält, deren jedes besonders rubriciert ist; die ersten 21 enthalten eben so viele Constitutionen aus den 4 ersten Titeln des justinianischen Codex, die letzten 4 die Novellen 137., 133., 120., 131. capp. 13. 14. Diese Stücke hat wahrscheinlich ein konstantinopolitanischer Geistlicher um 600. aus dem Archiv des Patriarchen zusammengestellt.

3) Die wahrscheinlich gegen Ende der Regierung des Herakleios (610...41.) entstandene, regelmäßig mit jenen zwei Sammlungen verbundene s. g. *Collectio constitutionum ecclesiasticarum*[29], in drei Theilen, deren erster die ersten 13 Titel des justinianischen Codex in Excerpten, einige Constitutionen auch vollständig, nebst Paratitlen aus Codex und Novellen enthält; der zweite Theil besteht aus 6 Titeln, kirchenrechtlichen Stellen aus Pandekten und Institutionen; im dritten, auf Athanasios (s. § *h.*) gegründeten Theile finden sich in drei Titeln Auszüge aus 34 Novellen, die Geistlichkeit, geistlichen Güter, Ketzer und Juden betreffend, nebst Paratitlen. Angehängt sind 4 Novellen des Herakleios[30]. Von demselben Sammler[31] existiert auch ein Nomokanon in 14 Titeln mit Citaten der Kanones und Auszügen aus den justinianischen Rechtsquellen, welcher in den Nomokanon des Patriarchen Photios (beendet 883.) als erster Theil übergegangen ist[32].

---

(27) 3.5.6.32.46.56.57.67.83.120.123.131. (28) von *Heimbach* Ἀνέκδ. II. p. 145...201. cf. Prolegom. p. XXVII...XL. ibiq. citt. bes. Biener Gesch. d. Nov. p. 173. ff. und dazu *Zachariae* l. c. s. Note 33*. (29) gedruckt, aber irrig dem Theodoros Balsamon (Diakonos, 1193. Patriarch zu Antiochia) zugeschrieben ist diese Sammlung in *Voelli et Iustelli* bibl. iur. can. vet. Paris. 1661. fol. tom. II. p. 1217...1376., das Griech. nach Fabrot, die lat. Uebers. aber nach *Leunclav.* (Paratitla. Ff. 1593. 8°.), der sie nach einer abweichenden griech. Hdschr. gemacht hatte. *Zachariae* Ἀνέκδ. p. 176. sqq. u. Hdlb. Jahrb. l. c. p. 533. f. (30) s. oben Note 2. und *Zachariae* in Hdlb. Jahrb. 1841. p. 533. (31) *Voell. et Iustell.* p. 791. (32) gedruckt ebendas. S. 796...1140. Der zweite Theil, das Syntagma canonum, ist noch nicht gedruckt. | Commentarien und Paraphrasen zu Photios schrieben Balsamon (s. Note 29.) und Joannes Zonaras (um 1120.) gedruckt mit dem Commentar des Balsamon über den zweiten oder kanonistischen Theil des Nomokanon in *Guil. Beveregii* Συνοδικὸν s. Pandectae canonum. Oxon. 1672. fol. Des Harmenopulos (s. unten Note 64.) Ἐπιτομὴ τῶν θείων καὶ ἱερῶν κανόνων (bei *Leunclav.* Ius Gr. Rom. I. p. 1...71.) in 6 τμήματα oder Abschnitten ist auf den von Zonaras umgeänderten Photios gegründet, jedoch mit Weglaßungen. Auch die Auszüge und Synopsen aus Photios, mit anderen Stücken hier und da vermehrt, sind für die kirchenrechtlichen Bestimmungen des justinian. Rechts nicht ganz unwichtig,

§ q. 4) Joannes Antiochenos (s. § *n*.) hatte eine aus Concilienschlüßen und Briefen des h. Basileios († 379.) nebst einer Vorrede bestehende Sammlung in 50 Titeln angelegt [33]; zu den kanonistischen Bestimmungen trugen Spätere die betreffenden der weltlichen Gesetze nach, bald diese bloß citierend, bald dieselben ausschreibend; auch umgekehrt enthalten andere und zwar die älteren Handschriften bloß die Citate der Kanones, den Text der betreffenden justinianischen Stellen (*συνᾳδοντα νόμιμα*), hauptsächlich aus der Collectio LXXXVII capitulorum (n°. 1.) entlehnt, woraus auch ein Anhang von 21 Kapiteln hinzugefügt ist [33*]; aus Codex und Pandekten ist nur weniges aufgenommen: eine Handschrift der letzteren Art ist unter dem Namen Nomokanon des Joannes Scholastikos abgedruckt [34], während andere das Werk dem Theodoretos von Kyrros [35] zuschreiben, noch andere gar keinen Namen des Sammlers nennen.

§ r. Von Herakleios († 641.) bis auf Basileios Makedon (867...86.) vermindert sich der Umfang des byzantinischen Reichs durch innere und äußere Bedrängnisse; mehr noch die Kenntniss und Geltung des römischen Rechts [35*], welche im 9. Jahrhundert wieder neues, wenn auch sehr verändertes, Leben im Orient gewinnen. Selbst die Sprache der Juristen aus Justinians Zeit war allmählich großentheils antiquiert, und namentlich werden nun die von jenen durchgängig gebrauchten lateinischen, oft nur durch griechische

---

so die einem Simeon Magistros und Logothetes zugeschriebene, ungewisses Alters (bei *Voell. et Iustell.* II. p. 710...48.), die dem Alexios Aristenos (um 1170.) beigelegte, aber von diesem nur mit Scholien versehene (ebendas. II. p. 673...709.). Im 13. Jahrh. machte der nachmalige Patriarch Arsenios Monachos aus dem vermehrten und veränderten Photios und Anführungen aus der Collectio 87 capp. die bei *Voell. et Iustell.* II. p. 749...84. gedruckte Synopsis. Das meiste Ansehen aber erhielt das (bei *Beveridge* l. c. II. p. 1...272. gedruckte) Syntagma des Matthaios Blastares oder Monachos (v. 1335.), bestehend aus einer Vorrede u. 303 Titeln, welche nach dem Hauptworte der Titelrubrik alphabetisch geordnet sind, und gewöhnlich zuerst die canones, dann die leges, zuweilen auch nur jene oder nur diese enthalten. (33) Gedruckt bei *Voell. et Iustell.* II. p. 499. ff. (33*) *Διατάξεις νόμων πολιτικῶν ἔκ τε [τοῦ κώδικος καὶ] τῶν νεαρῶν Ἰουστινιανοῦ βασιλ. συνηγοροῦσαι καὶ ἐπικυροῦσαι τοὺς τῶν ἁγίων πατέρων ἐκκλησιαστικοὺς κανόνας* aus *Cod. 1*, 1...14. *Novell.* 137. 133. 120. 123. c. 13. 14. bei *Voell. u. Iust.* II. p. 660...72. als Alia capita ecclesiastica gedruckt. Biener Gesch. d. Nov. S. 173. ff. s. § *c*. (34) bei *Voell. et Iust.* p. 603...72. Den Inhalt des Nomokanon, jedoch unter Hinzufügung darin nicht enthaltener canones, geben die 75 jambischen Verse des Michael Psellos, welche sich hinter dessen Synopsis legum (s. unten § ϛ'.) finden, an. (35) s. § 21. Note 39. (35*) Ueber die Novellen der vorbasileianischen byzant. Kaiser s. oben Note 2., die des Basileios und seiner Nachfolger verzeichnen *Zachariae* Hist. l. c. §§ 31. f., *Mortreuil* II. 279...363. III. 123...92.

Schrift gräcisierten Kunstworte durch die entsprechenden neueren by-
§ s. zantinischen Worte, ἐξελληνισμοί, ersetzt. In der von Leon dem Isau-
rier und Konstantinos Kopronymos 740. publicierten Ἐκλογὴ τῶν
νόμων [36], welche aus einer Vorrede und 18 Titeln [37] besteht, sind die
justinianischen Rechtswerke und Constitutionen der publicierenden
Kaiser großentheils bis zur Unkenntlichkeit verarbeitet und der Ein-
§ t. fluß unrömischer Rechtsbegriffe deutlich. Wichtigere Werke ent-
stehen seit Basileios Makedon (867...86.) [38]: dieser gab zuerst um
878. mit seinen Söhnen Konstantinos und Leon (Philosophos oder
Sapiens) einen uns jetzt gedruckt vorliegenden [39] Πρόχειρος νόμος,
Manuale iuris, heraus, welcher aus einer Vorrede, Rubrikenver-
zeichniß und 40 Titeln [40] besteht, deren einzelne Kapitel meist kurze
Sätze aus den oben genannten Bearbeitungen und Uebersetzungen
des justinianischen Rechts, der leonischen Ekloge und basileianischen
§ u. Constitutionen sind. Eine umgeänderte, früher nur theilweise uns
vorliegende [41], jetzt aber mit ihren Scholien vollständig gedruckte [41*]

---

(36) Das Werk, bisher nur aus der Umarbeitung in *Leunclavii* Ius Gr. Rom. II. p. 100...133. und *Zachariae* Ὁ πρόχειρος νόμος p. XXIII...XL. zusammenzusetzen (s. des letzteren Hist. §§ 10. 27.), hat dieser jetzt in der Collectio libror. iuris Gr. Rom. Lps. 1852. 8°. p. 9...52. mit Prolegomena p. 3...8. ediert. vgl. *Mortreuil* I. p. 357. sqq.

(37) 1...3. Eherecht; 4. Schenkungen; 5. 6. Erbrecht; 7. Vormundschaft; 8. Freilaßungen; 9...13. Obligationen; 14. 15. Zeugniß u. Vergleich; 16. Peculien; 17. Strafrecht; 18. Beute.

(38) Von diesem Kaiser sagt dessen Biograph c. 33. (Theophanes continuat. ed. *Bekker*. Bonn. 1838. 8°. p. 262.): „Auch die bürgerlichen Gesetze fand er in großer Dunkelheit und Verwirrung, wegen der Vermischung der guten und schlechten, nämlich weil die aufgehobenen und die noch giltigen nicht gesondert, noch (letztere) in einer Sammlung verzeichnet waren: er verbeßerte sie daher so viel als thunlich, indem er die unbrauchbaren aufhob und die Menge der noch giltigen sichtete und die vorliegende schwerfällige Masse in einer übersichtlichen Sammlung unter Kapiteln zur Erleichterung für das Gedächtniß zusammenfaßte“.

(39) Ὁ πρόχειρος νόμος ... edid., prolegomenis, [versione Lat.,] annotationibus et indicibus instrux. *C. E. Zachariae*. Hdlb. 1837. 8°. p. 1...258. *Mortreuil* II. p. 22...39.

(40) Die Anordnung ist im wesentlichen wie die der leonischen Ekloge (s. Note 37.): Titt. 1...11. Eherecht; 12. 13. Schenkungen; 14...20. Andere Verträge (Kauf, Emphyteuse, Darlehn und Pfand, Miethe, Depositum, Societät); 21...25. Testamente; 26. Emancipation; 27. Zeugen; 28. Weihe; 29...33. Erbrechtliches; 34. Freilaßungen; 35. Legate; 36. Vormundschaft; 37. Zeit der Klagen gegen Erben des Schuldners; 38. de novis operibus; 39. Strafen; 40. Beute.

(41) Vorr. u. Register haben Witte (Rhein. Mus. f. Jurispr. II. S. 282. III. S. 28. ff. 47. f.) und *Zachariae* ὁ πρόχ. νόμ. p. LXVII. sqq., die ersten 9 u. den 11ten der 40 Titel *Leunclav.* Ius Gr. R. II. p. 82...99. als titt. 1...10. der Ἐκλογὴ τῶν νόμων ediert. vgl. *Zachariae* Hist. § 26. | Noch zu Anfange des 13. Jahrh. wurde das basileianische Procheiron wieder umgearbeitet und aus anderen Rechtsbüchern vermehrt. s. *Zachariae* Hist. § 48. u. Deff. Πρόχ. νόμ. p. CLV...CLXXXV.

(41*) *Zachariae* Coll. libror. iur. Gr. Rom. p. 61...217. u. Prolegomena p. 57...60. nebst Quellenregister p. 224...35.

Ausgabe dieses Werkes ließen Basileios und seine Söhne Leon und Alexandros 885. unter dem Namen *'Επαναγωγὴ τοῦ νόμου* (Repetita legis praelectio) ausgehen. Die hiebei benutzte *'Ανακάθαρσις τῶν παλαιῶν νόμων* (Repurgatio veterum legum) oder das *ἀνακεκαθαρμένον τοῦ νόμου πλάτος* (der gereinigte Text des Rechts) von Basileios in 60 Büchern ist uns nicht erhalten. Daraus aber § v. sind die 60 Bücher der Basiliken[42], das umfaßendste und in jeder Beziehung für uns wichtigste byzantinische Rechtswerk, unter des Basileios Sohn Leon dem Weisen (reg. von 886...911.) hervorgegangen. Dasselbe führt bei den Byzantinern die Titel *'Ανακάθαρσις τῶν παλαιῶν νόμων*, *Τὸ ἑξηκοντάβιβλον*, *'Ο βασιλικός* (nämlich *νόμος*), oder *Τὰ βασιλικά* (nämlich *νόμιμα*), und befaßt 60 Bücher, welche wieder in einzelne Titel unter besonderen Rubriken nach Art der justinianischen Sammlungen abgetheilt sind, mitunter auch aus einem einzigen bestehen; die einzelnen Titel haben ihre Kapitel (*κεφάλαια*), diese §§. oder *θέματα*. Eine das ganze enthaltende Handschrift existiert nicht, jedoch ist aus verschiedenen Handschriften der gröste Theil des Werkes gedruckt[43]. Ihren § w.

(42) s. *I.M.Suaresii* Notitia Basilicor.Rom.1637. (auch in Fabrots Ausg. der Basiliken, der *van Leeuven*schen Ausg. des Corp.iur. Amsterd.1663.fol., u. *Fabricii* bibl.Graec.tom.XII., am besten rec.et obss.aux. *C.F.Pohlius*.Lips.1804.8°.) *Zepernick* zu Beck Diss. de Novell.Leonis. Hal.1779.8°. p.286.sqq. *Assemani* biblioth.iur.oriental. II. p.309...434. *C.G.Heimbach* de Basilicor.orig. Lips.1825. 8°. *Zachariae* Hist.§§ 29.30. *G.E.Heimbach* in Richters krit.Jahrb.1839.S.988.f. *Mortreuil* II.p.62...267.

(43) Die zum Theil seltenen Drucke, welche hierher gehören, besitze ich selbst u. bezeichne sie ausführlicher, weil die anderswo sich findenden Angaben großentheils nicht auf Autopsie beruhen. Der Theologe Gentianus Hervetus gab zuerst in einer lateinischen Uebers. die Bücher 45...48., (p.1...205.) und einzelne Titel der Bücher 28.29. (p.207...356.) heraus. (Libri VIII.| *Βασιλικῶν διατάξεων*,| id est,| Imperialium Constitutionum,| in quibus continetur totum Ius Ciuile,| à Constantino Porphyrogenneta in LX. libros redactum,| Gentiano *Herveto* interprete.| [*Sign.bibliop.*] Lutetiae Parisiorum| Apud Arnulphum L'angelier...|1557.| fol.) Hierauf folgt: *Βασιλικων*| Liber LX.| Qvo Iuris ciuilis Tituli LXX. omnia crimina,| quæque ad illorum causas variáque iudicia ac poenas| spectant, continentes, veterum Græcorum Iurisconsul-|torum Scholiis explicantur.| *Iacobo Cviacio* I.C.interprete.| Ad... Io. Iacobum Cambrayum| ..|..| [*Sign. salamandrae.*] Lvgdvni,| Ad Salamandrae apud Claudium Sennetonium.| M.D.LXVI.| Cum priuilegio Regis.| *fol.* Diese beiden Werke sind wieder gedruckt Hanoviae| Typis Wechelianis apud Claudium Mar-|nium, et heredes Io.Aubrii. MDCVI. *fol.* Dann: *Βασιλικων*| libri XXXVIII| et XXXIX,| qvibvs ivris civilis tituli XXXI| tutelas, curationes et testamenta continentes, veterum| Græcorum Iurisconsultorum scholijs explicantur.| Iac.Cviacio IC.Interprete.| Ex eiusdem Autographo *Carolvs Labbævs*| nunc primum edidit et recensuit.| [*Sign. ciconiar.*] Parisiis,| Ex officina Nivelliana,| Apud Sebastianvm Cramoisy, ..|...| M.DC.IX.|...| *fol.* Das

Inhalt entlehnen die Basiliken aus den Uebersetzungen und Commentarien der von Justinian veranstalteten Sammlungen, der der 168 Novellen und den basileianischen Publicationen: für die Institutionen ist die Paraphrase des Theophilos, für die Digesten das πλάτος des Stephanos, der Commentar des Kyrillos und eines Ungenannten, für den Coder das κατὰ πόδας des Thalelaios und das Werk des Theodoros, für die Novellen außer den 168 die Summen des Theodoros, Athanasios und Philoxenos benutzt. In dem Proömium sagt Kaiser Leon selbst, die justinianischen Digesten, Coder, Institutionen und Novellen schienen ihm nicht bequem genug für die Rechtserlernung, noch auch gehörig geordnet; er habe daher sämmtliche Rechtsbestimmungen in ein Corpus von 6 Bänden gebracht (σωματοποιησάμενοι ἐν τεύχεσιν ἕξ)[44], alles wi-

---

dritte Blatt enthält auf der Vorderseite Index titvlorvm qvi Basilicon libris XXXVIII.XXXIX.XL.XLI.XLII. continentur et explicantur. In der fabrotschen Ausg. finden sich diese Uebersetzungen wieder und griechisch mit latein. Uebers. vollständig die Bücher 20. bis 30. Tit.1,38...42., 45...48., 60.; unvollständig (aus späteren Werken zusammengestellt) die Bücher 1...19.31., Tit.2. bis Buch 37,43,44, 49...59. Diese Ausgabe führt den Titel: *Των Βασιλικων βιβλια ξ'. Βασιλικων* libri LX. In VII. tomos divisi. Carolvs Annibal *Fabrotvs* Antecessorum Aquisextiensium Decanus Latinė vertit, et Græcė edidit Ex bibliotheca regis christianissimi. Parisiis. Sumpt. Seb. Cramoisy. M.DC.XLVII. *fol.* 7 Bde. In seiner Ausg. des Theophilus (p.964...999.1000...1022.) gab Reitz die Titel de Verbor. sign. u. de Reg. iur. griech. u. lateinisch, jedoch noch unvollständig, heraus, den letzteren vollständig *C. Witte.* Vratisl. 1826. 4°. Das 8te Buch edierte griech. u. latein. Dav. Ruhnken in Meerman Nov. Thesaur. tom. III. p.1...44. tom. V. p.1...84. unter dem Titel: Thalelaei, Theodori, Stephani, Cyrilli, aliorumque ICtor. Graecor. Comm. in Tit. D. et Cod. de Procuratoribus et Defensoribus, und in demselben tom. V. p.1...104. Wilh. Otto Reitz die Bücher 49...52, Tit.1. Diese Bücher 8,49...52, Tit.1. erschienen auch mit neuem Titelblatte als Operis Basilici Fabrotiani Supplementum L.B. 1765. fol. In *I. M. Pardessus* Collection des lois maritimes tom. I. Paris. 1828. 4°. p.179...91. sind die auf das Schiffswesen bezüglichen Bestimmungen, vorzüglich aus dem 53sten Buch griech. u. latein. aus verschiedenen Quellen zusammengetragen. Nach diesen Vorgängen und aus neuen Handschriftenvergleichungen enthält nun die Ausgabe von *C. Guil. E. Heimbach* (Basilicorum libri LX. *et c.* Lips. 1833...50. V voll. 4°. [ein sechster Band soll ein neues Manuale Basilicorum enthalten]) vollständig die Bücher I...VII. (zweifelhaft ob vollständig), VIII., IX. (ob ganz vollst.?) XI...XIV. XV. (?), XX...XXVII., XXXVIII...XLII., XLV. ...LII.1., LX. Die Vollständigkeit mancher Bücher ist zweifelhaft, da wir nicht einmal ein zuverläßiges Verzeichniß aller Titel der 60 Bücher der Basiliken haben; daher auch die Angaben der neueren Schriftsteller über diesen Punct nicht überall mit einander übereinstimmen. Die folgenden 17 Bücher sind nur in Restitutionen aus späteren Schriften vorhanden: 19,31...37., 43., 44., 53...59., alles sonst uns überkommene ist ächt.

(*44*) Daß je 10 Bücher, *βιβλία*, auf einen Band, *τεῦχος*, giengen, ist auch aus einer noch ungedruckten Basiliken-Ekloge von 1142., wovon der erste Theil, über die ersten 10 Bücher der Basiliken, erhalten ist, zu vermuten: das vorausgehende Register ist überschrieben *Πίναξ τοῦ πρώτου τεύχους τῶν ἐκλογῶν ἤγουν τῶν δέκα βιβλίων τῆς ἑξηκοντα-βίβλου.* s. *Zachariae* Hist. §46. Auch *Harmenopul.* Promptuar. I.1. §7. stimmt hiemit.

dersprechende und unpraktische, da natürlich die Späteren viele Satzungen des Alterthums geändert hätten, ausgeschieden und das überflüßige weggelaßen, das zusammengehörige an einen Ort gestellt, und so diese sechszig Bücher zum Gebrauche bequem geordnet, ohne irgend etwas brauchbares von dem älteren Rechte an bis auf seine Regierung herab auszulaßen. Hieraus ergiebt sich, daß, so wichtig auch die Basiliken für das justinianische Recht, besonders für Kritik und Interpretation desselben sind[45], dennoch große Vorsicht bei solchem Gebrauche erforderlich ist. Das Gesetzeswerk wurde § x. schon bald nach der Redaction mit Scholien[46] versehen, worin theils die Nachweisungen auf die justinianischen Werke, theils ausführlichere Erklärungen aus den Uebersetzungen und Commentarien derselben angemerkt wurden; diese Scholien wurden dann in den folgenden Jahrhunderten aus den legislatorischen und rechtswißenschaftlichen Schriften, so wie auch durch Auszüge aus Gerichtsacten (*πράξεις, κωδίκια*)[47] vermehrt und umgeändert, ins-

---

(45) Eine Nachweisung, wo die einzelnen Stellen des justinianischen Rechts in den Basiliken und anderen nachjustinianischen Rechtswerken behandelt sind, giebt *Haubold* Manuale Basilicorum, exhibens Collationem iuris Iustinianei cum iure Graeco postiustinianeo, Indicem auctorum recentiorum, qui libros iur. Rom. e Graecis subsidiis vel emendaverunt vel interpretati sunt, ac titulos Basilicor. cum iure Iust. et reliquis monumentis iur. Graeci postiust. comparatos. Lips. 1819. 4°.; hoffentlich wird der sechste Band der heimbachschen Basilikenausgabe nächstens dieses Manuale entbehrlich machen. Auch die Ausgg. des Corp. iur. civ. von Beck nnd Kriegel (s. Anh. V. S. *20. n°. 15. 16.) weisen die Basilikenstellen zu den einzelnen Stellen der justinian. Digesten, des Codex und der Novellen nach, und zwar die kriegelsche Pandektenausgabe am Schluße der einzelnen Stellen.

(46) vgl. *Heimbach* de Basilic. or. cap. 4. *Zachariae* Hist. § 38. und in den Krit. Jahrb. 1844. p. 818. 1083. ff. u. 1847. p. 592...96. Biener und Zachariä vertheidigen gewiss mit Recht gegen Heimbach und Mortreuil die Ansicht, daß auch die älteren Scholien, welche theils Auszüge aus den Schriften der justinian. Juristen (*τὰ παλαιά*), theils *σχόλια* im engeren Sinne, Verweisungen auf Digesten- oder Codex-Stellen, woraus die Basilikenstellen entnommen sind, und auf Parallelstellen der Basiliken selbst, etwa hier und da mit kurzen Erläuterungen, nicht Bestandtheil der ursprünglichen Basilikencompilation selbst seien. Zachariä l. c. p. 818. f. unterscheidet 3 Bestandtheile der Basilikenscholien: 1) Kurze Glossen zum Text der Basiliken, theils zwischen die Zeilen, theils als *σχόλια* beigeschrieben; 2) Auszüge aus den Schriften der justinian. Juristen, *παλαιοί, ἡ τοῦ παλαιοῦ ἑρμηνεία, ἡ παραγραφὴ τοῦ παλαιοῦ*; 3) Erläuterungen neuerer Juristen zu den Basiliken und den Auszügen aus den älteren Juristenexcerpten, die neueren *σχόλια, νέαι παραγραφαί*. Hiezu die p. 822...28. das. mitgetheilten Tabellen.

(47) In den Basilikenscholien wird einigemale (*Fabrot.* VII. p. 677. 916.) die *Πεῖρα τοῦ Ῥωμάνου* angeführt, ein, es scheint um die Mitte des 11. Jahrh. gemachter Auszug aus den Gerichtsacten des Hippodromos, des obersten Gerichtshofes zu CP., nach *Zachariae* Hist. § 41. n°. 2. in 75 Titeln handschriftlich erhalten als *Βιβλίον ὅπερ παρὰ μέν τινων ὀνομάζεται Πεῖρα, παρὰ δέ τινων Διδασκαλία ἐκ τῶν πράξεων τοῦ με-*

besondere wurden auch Citate aus den Basiliken, und zwar mitunter statt der citierten justinianischen Stellen, in Excerpte aus den vor-
§ y. basileianischen Schriften selbst eingefügt[48]. Zu diesen, füglich der glossa ordinaria vergleichbaren Scholien wurden seit Ende des 12. Jahrh. theils wieder neue Noten in den Handschriften hinzugeschrieben, theils wurden sie selbst wieder in kürzere Glossen oder Scholien zusammengezogen und umgearbeitet: die mit Scholien versehenen Basilikenhandschriften haben theils nur die alten Scholien, theils zugleich die neueren, und zwar entweder beide mit-
§ z. einander vermischt oder diese am äußeren Rande neben jenen. Auch alphabetisch (*κατὰ στοιχεῖον*) geordnete Auszüge aus den Basiliken mit Citaten von Parallelstellen (*σὺν παραπομπαῖς*) wurden zum leichteren Gebrauche angelegt: so die, wie es scheint, um 969. gemachte s. g. *Synopsis maior* oder *Ἐκλογὴ καὶ σύνοψις τῶν βασιλικῶν ξ' βιβλίων σὺν παραπομπαῖς κατὰ στοιχεῖον*, die nach den 24 Buchstaben des Alphabets geordnete 348 Titel[49] hat, an deren

---

γάλου κυροῦ Εὐσταθίου τοῦ Ῥωμαίου. Gründlich handelt von der *Πεῖρα* Zachariä Krit.Jahrb.1847.p.596...613. (48) Die ältesten Basilikenscholien sind aus den vorjustinian. Schriften des Heros Eudorios, Heros Patrikios, Domninos und Demosthenes zu den vorjustinian. Constitutionensammlungen und aus den Schriften der Bearbeiter der justinianischen Rechtswerke (vgl. oben Noten 13.ff.). Bis zum 12ten Jahrh. wurden diese Glossen vermehrt durch Zusätze von Schriftstellern, die uns zum Theil nicht einmal dem Namen nach bekannt sind, wie z.B. einige *Ἀνώνυμοι*, von denen einer (der Antecessor Julianos, auch als Enantiophanes vorkommend, s. oben Note 15.) der Zeit vor den Basiliken, ein anderer der nach Alexios Komnenos (1080...83.) angehört, ein *Παλαιός* (Vetus auctor), ein anderer auch nach dem Titel seiner Arbeit *Ἴνδιξ* (s. oben Note 6.) oder *Ἰνδικεύτης* benannt, angeführt werden; von anderen kennen wir nur die Namen, so von Kalokyros Sextos, Konstantinos Nikaios, Romanos, (der auch eine Schrift *περὶ ὑποβόλου* verfaßt hat und unter Basileios Bulgaroktonos, 975...1025., magister officiorum war); nur ohngefähr das Zeitalter kennen wir von folgenden: Leon Garidas (um 1060.), Patzos [*Πατζός*? oder *Πατερός*, *Πατερινός*?] (nach 1080.), Joannes Nomophylax (nach 1100.), Doxapater Gregorios (unter Joannes Komnenos, 1118...43.), Nikolaos Hagiotheodoretos (nach 1150.); nur angeführt werden in Basilikenscholien Heros Amblichos [Jamblichos?], der vor den Basiliken gelebt zu haben scheint, und die ganz unbekannten Leon Anamarzeios, Pythiodoros, Salomon; ein angeblicher Bacchios ist aus dem verderbten Worte *Φαβίου*, nämlich *νόμου*, entstanden (vgl. *Heimbach Ἀνέκδ.* I. p.221.). Gar nicht zu den Basilikenscholiasten gehören die mitunter von Neueren als solche genannten Joannes Briennios, Bestes, Theophilitzes, Georgios Phorbenos, Demetrios Chartophylax, Michael Chumnos. (49) Leider hat Löwenklau in seiner Ausgabe, der einzigen bis jetzt existierenden, die Ordnung der Titel umgeändert und diese nach der Originalanordnung der Basiliken, wie er sie sich vorstellte, herumgeworfen. Diese Ausg. führt den Titel: LX Librorvm| *Βασιλικων*,| id est,| vniversi ivris| Romani, avctoritate| principum Rom. Graecam in linguam traducti, Ecloga sive Synopsis, hactenus| desiderata, nunc edita,| per| *Ioan. Levnclaivm.*| Ex Ioan. Sambvci V.C.| Bibliotheca:|

Spitze der vom christlichen Glauben steht[50], und denen ein Anhang aus nachbasileianischen Novellen und anderen juristischen Stücken hinzugefügt ist[51]. Die *Synopsis minor* oder *Τὸ μικρὸν* §α'. oder *νόμιμον κατὰ στοιχεῖον* oder *Πρόχειρον κατὰ ἀλφάβητον* aus dem 12. oder 13. Jahrh., von welcher Zachariä in der Collectio librorum iuris Graeco Romani eine Ausgabe verheißt[51*]), ist eine, nur als Sprach- und Litteratur-Denkmal ihrer Zeit und als eine Hauptquelle des Harmenopulos bedeutende, alphabetisch geordnete, durch Interpretationen vermehrte Umarbeitung des i. J. 1072. auf Befehl des Kaisers Michael Dukas (1071...78.) aus den Basiliken und späteren Novellen in 37 Titeln zum Zwecke des Gebrauchs beim Rechtsunterricht zusammengestellten *Πόνημα νομικόν, ἤτοι πραγματεία τῶν συνοψισθέντων νομίμων* des Michael Attaleiates (aus Attaleia)[52], welcher einige andere juristische Stücke angehängt sind[53]. Ein nicht ganz gedrucktes, wahrscheinlich nach 1118. verfertigtes §β'. Register zu den Basiliken nach der Reihefolge ihrer Titel mit Paratitla, Nachweisung anderer je zu berücksichtigender Basilikenstellen, ist durch Verderbung der Wörter *τί, ποῦ, κεῖται* häufig einem *Τιπούκειτος*, Tipucitus, zugeschrieben worden[54]. Außer und §γ'. wol nach den Basiliken publicierte Leon Philosophos[55] eine von ihm selbst veranstaltete, wahrscheinlich ursprünglich zahlreichere[56], Sammlung von 113 seiner zwischen 887. und 891. ergangenen Novellen, *νεαραὶ διατάξεις ἢ αἱ τῶν νόμων ἐπαναρθωτικαὶ καθάρ-*

Item| Novellarvm antehac| non pvblicatarvm liber.| Adiunctae sunt et Adnotationes interpretis,..| ...|..| [*sign. Episcopii.*]. ..| Basileae,| Per Evsebivm Episcopivm| et Nicolai Fr. heredes.| MDLXXV.| *fol.* Dazu *Caroli Labbaei* | Observationes| et emendationes| in Synopsim Basilicωn.|... Parisiis,| Apud Adrianvm Beys ...|...| cIↄ.Iↄ.cvi.| 8°.

(50) Wie in Justinians Codex. Weil Christus das *A* und das *Ω*.

(51) *Zachariae* Hist. § 39. *Mortreuil* II. p. 435. ff.

(51*) s. auch *Zachariae* in Krit. Jahrb. 1847. p. 632...36.

(52) Gedruckt, aber in 95 [statt 37 oder 35] Titeln (ohne die Anhänge), als Attaliatae Synopsis bei *Leunclav.* Ius Gr. R. II. p. 1...79., wo auf dem Titelblatte falsch *ποίημα* statt *πόνημα* steht. vgl. *Zachariae* Hist. § 45. und nun in den Krit. Jahrb. 1847. p. 627. *Mortreuil* III. p. 315. ff.

(53) vgl. *Zachariae* Hist. § 47.

(54) s. *Heimbach* '*Ανέκδ.* I. p. 219. sq. *Zachariae* Hist. § 40. und in Krit. Jahrb. l. c. p. 628. f. *Mortreuil* III. p. 252. ff. Bedeutende Stücke des Tipukeitos zu Basil. I...XII. finden sich in der neuen Basilikenausg. II. p. 742...53.

(55) Von Novellen des Basileios Makedon stehen 2 Relationen bei *Bonefid.* p. 12. 13.; unächt sind die bei *Leunclav.* Ius Gr. R. I. 86. sq. s. Heimbach in Richters krit. Jahrb. 1837. 8°. p. 1057. ff.

(56) Theodoros Balsamon (Ende des 12. Jahrh.) citiert die 117te, und Matthaios Blastares (1335.) sagt, Leon habe 120 Novellen erlaßen; in dem vermehrten Procheiron aus dem Anf. des 13. Jahrh. wird sogar die 201te Novelle Leons citiert. s. *Zachariae* Hist. § 31. *Mortreuil* II. p. 291. ff.

σεις, welche seit Scrimger und Agyläus[57] in die Ausgaben des §δ. Corpus iuris civilis aufgenommen zu werden pflegen. Einen ungedruckten Auszug aus dieser Sammlung in 56 Kapiteln (*Ἐκλογὴ τῶν νεαρῶν Λέοντος*) hat der Verfertiger der größeren Basilikensynopse dieser angehängt[58]. Auch einzelne, zum Theil noch unedierte Novellen Leons und seiner Nachfolger bis auf Andronikos Palaiologos (1282...1327.) herab haben sich noch manche erhalten[59].

§ε. Seit dem 10. Jahrhundert machten die Basiliken nebst den Novellen Leons und seiner Nachfolger und das Procheiron oder die Epanagoge, welche, wie in dieser Zeit so manche Schrift des griechischen Alterthums, in einer ganzen Reihe von (handschriftlich erhaltenen) Privatumarbeitungen aus dem 10. u. 11. Jahrhundert[60] für den Gebrauch zugerichtet, abgekürzt, oder auch wol vermehrt und mit Scholien versehen wurden, die Grundlage für die Rechtsanwendung aus, so weit nicht die Bestimmungen jener Pu-§ς'. blicationen durch neuere abgeändert wurden oder veralteten. Namentlich verdient hier hervorgehoben zu werden eine unter Romanos Lekapenos 920. in 50 Titeln verfaßte, handschriftlich vorhandene *Ἐκλογὴ νόμων τῶν ἐν ἐπιτόμῳ ἐκτεθειμένων καὶ ἐς ν' τίτλους διῃρμοσμένων, πῇ μὲν τῶν χρηματικῶν τίτλων μ', πῇ δὲ τῶν ποιναλικῶν τίτλων ι', ἀπό τε τοῦ δυοδεκαδέλτου* [d. h. XII libb. Codicis Iustiniani], *τῶν διγέστων Ἰουστινιανοῦ καὶ ἰνστιτούτων καὶ τῶν καλουμένων νεαρῶν κ.τ.λ.*[60*]). Besonders belehrend über den kläglichen Zustand der Rechtsquellen ist das in 1406 jambischen oder politischen Versen[61] für den nachmaligen Kaiser Michael Dukas (reg.

(57) Scrimgers Text (s. Anhänge S.*17.n°.3.) mit des Agyläus latein. Uebers. (ebend. n°.4.5.) findet sich in den Ausgg. des Corp. iur. civ. von Gebauer-Spangenberg (s. Anh. S.*20.n°.14.) und Beck (ebendas. n°.15.). Die älteren Ausgaben geben nur die Uebersetzung des Agyläus.

(58) s. *Zachariae* Hist. § 31. litt. *b*. *Mortreuil* II. p. 307. ff.

(59) s. die in den Noten 2.35*. citierten Sammlungen und Verzeichnisse und den Novellenanhang der Basilikensynopse des Leunclaius (Note 49.); vgl. *Zachariae* Hist. p. 52...55. *Mortreuil* II. p. 330. ff. III. p. 123. ff.

(60) *Zachariae* Hist. § 42. weist 11 solcher Privatarbeiten nach, welche ohne Zweifel ihrem Inhalte nach einander sehr ähnlich sind. Dazu kommen nun Dess. Ergänzungen in den Krit. Jahrb. 1847. p. 613...26. vgl. auch *Mortreuil* II. p. 391. ff.

(60*) „Weil der Verfaßer die griechischen Bearbeitungen der justinian. Gesetzbücher unabhängig von den Basiliken und deren Scholien benutzt hat, so ist die Epitome für die Kritik und Exegese des röm. Rechts unter allen byzantin. Rechtsbüchern eines der wichtigsten: sie ist aber auch deshalb wichtig, weil sie so vielfach von den späteren byzant. Juristen benutzt worden ist". *Zachariae* Hist. § 37. und in Krit. Jahrb. 1847. p. 583...92. *Mortreuil* II. p. 372...87.

(61) In eben solchen sind die meisten neugriechischen Volkslieder, *τραγουδία Ῥωμαϊκά*, abgefaßt.

1071...78.) verfaßte Lehrgedicht des Michael Psellos[62], ein aus kurzen, ziemlich planlos aneinander gereiheten Sätzen zusammengestoppeltes Rechtscompendium, woraus wir, wie aus manchen anderen Schriften dieser Zeit[63], auch ersehen, daß neben jenen Rechtsquellen noch einige Kenntniß der justinianischen sich erhalten hatte. Selbst nach dem Verfalle des orientalischen Reichs § C.
(1204.) und dessen Spaltung in das lateinische mit der Residenz Constantinopel, das trapezuntische, das epirotische und das griechische mit der Residenz Nicäa, erhielt sich noch die Bekanntschaft mit jenen Quellen, während nun die Spuren von Benutzung des justinianischen Rechts verschwinden, wie das umfangreiche, wahrscheinlich um 1345. verfaßte, aber nach 1354. mit einem Zusatze vermehrte **Procheiron** oder *Ἑξάβιβλος* des Konstantinos **Harmenopulos**[64] beweist, welches außer einigen einleitenden Stücken

---

(62) Unter dem Titel *Τοῦ σοφωτάτου Μιχαὴλ τοῦ Ψέλλου καὶ ὑπερτίμου Σύνοψις τῶν νόμων διὰ στίχων ἰάμβων καὶ πολιτικῶν πρὸς τὸν βασιλέα καίσαρα Μιχαὴλ τὸν Δούκαν ἐκ προστάξεως τοῦ πατρὸς αὐτοῦ καὶ βασίλεως* nebst einem Lehrgedichte desselben in 163 Versen *περὶ δόγματος* und einem anderen in 75 Versen über den Nomokanon (s. Note 32.) aus *F. Bosquets* Ausg. (Paris. 1632. 8°.) mit *Corn. Siebenii* Animadversiones (aus Miscellan. obss. in auct. vett. VI. p. 199. sqq.) von *Archibald Maclaine* verbeßert herausg. in *Meerman.* Thesaur. tom. I. p. 39...86. und hieraus abgedruckt Lips. 1798. 8°. und in *Kuinoel* Auctores Graeci minores. Lips. 1796. II. p. 1. sqq. Nicht von Psellos, sondern etwas älter ist die zuerst Lips. 1836. 8°., dann von *Heimbach Ἀνέκδ.* II. p. 234...37. (cf. ibid. Prolegg. c. 4.) herausgegebene unbedeutende *Σύντομος διαίρεσις τῶν νεαρῶν τοῦ Ἰουστινιανοῦ*, eine kurze Nachweisung, welche justin. Novellen in die Basiliken aufgenommen seien. Dagegen sind uns von jenem Vielschreiber und Versemacher außer dem obbezeichneten auch noch andere Lehrgedichte und sonstige Compilationen erhalten, so 483 *Στίχοι πολιτικοὶ πρὸς τὸν βασιλέα Κωνσταντῖνον τὸν Μονόμαχον* (1042...54.) *περὶ τῆς γραμματικῆς*, in *I. F. Boissonade* Anecdota Graeca tom. III. p. 200...228., die *Αἰνίγματα* ebend. p. 429...36., das 1373 Verse lange *Πόνημα ἰατρικόν*, nebst *Λεξικὸν ἰατρικόν*, ebend. tom. I. p. 175...241. und das pros. Bruchstück *περὶ γεωργικῶν*, ebend. p. 242...47. u. and. Ueber Psellos s. außer den bibliographischen Werken, z. B. von *Vossius, Fabricius, Hoffmann* u. A. die in Pselli de operatione daemonum cur. Boissonade. Norimb. 1838. 8°. p. 189. Citierten u. *Mortreuil* III. p. 208. ff. 326. ff. 470. ff.

(63) vgl. z. B. den von *Heimbach Ἀνέκδ.* II. p. 247...60. edierten Tractatus de peculiis eines Ungenannten (dazu ebendas. p. LXX...LXXII. u. *Zachariae* Hdlb. Jahrb. 1841. p. 537.) u. *Zachariae* Hist. § 50., welcher hierher auch die von *Reitz* (in Meerman. Thesaur. tom. VI. p. 865...72.) edierte s. g. *Σύνοψις ἐκλογὴ ἐκ τῶν κωδίκων Θεοδώρου Ἑρμοπολίτου* stellt und in den Hdlb. Jahrb. 1841. p. 540...52. einen auch der bologn. Novellenhandschrift angehängten *Τρακτάτον περὶ ἐνυποθήκων καὶ προσωπικῶν δανείων κ. τ. λ.*, seit Agustin gewöhnlich Tractatus de privilegiis creditorum genannt, ediert hat. Ueber diese und ähnliche Schriften s. *Zachariae* Hist. § 50. *Mortreuil* II. p. 456...67.

(64) Die erste Ausgabe ist *Πρόχειρον νόμων, τὸ λεγόμενον ἡ Ἑξάβιβλος, συναθροισθὲν πάντοθεν κατ' ἐκλογὴν καὶ κατ' ἐπιτομήν, οὕτω συντεθέν, παρὰ τοῦ πανσεβάστου νομοφύλακος καὶ κριτοῦ Θεσσαλονίκης, Κων-*

und Titelverzeichniß aus 6 Büchern[65] besteht, deren jedes in Titel abgetheilt (ein Anhang von 4 Titeln nebst den s. g. *νόμοι γεωργικοὶ* Justinians[66] ist wol erst später hinzugefügt worden) und aus folgenden, von dem Sammler selbst angeführten Quellen zusammengestellt ist, dem basileianischen Procheiron, den Basilikensynopsen, der Peira und einer von einem Architekten Julianos aus Askalon gemachten Sammlung von Eparchiken über das palästinische Baupo-
§ 4. liceiwesen. Auch unter der Herrschaft der Türken (seit 1453.) hatte sich für die Griechen das byzantinische Recht, wenngleich verwildert, besonders durch Blastares und Harmenopulos erhalten; im 16. u. 17. Jahrh. war eine (1562. verfaßte) Compilation des Manuel Malaxas im gemeinsten Gebrauch; dagegen kam durch die neugriechische zuerst 1744. in Venedig von Alexios Spanos herausgegebene Uebersetzung Harmenopulos wieder allgemeiner auf, und ihn bestätigte noch die Constitution vom 23. Febr. (7. März) 1835.

σταντίνου τοῦ Ἁρμενοπούλου κριτῶν προκατάρχοντος. Epitome Iuris Ciuilis quae legum prochiron et Hexabiblos inscribitur, authore *Constantino* Harmenopulo Nomophylace et iudice Thessalonicensi, iam primum in lucē ædita cura et studio Theodorici Adamaei Suallembergi. Parisiis. Apud Christianum Wechelum..M.D.XL.4°. (Diese Ausg. hat den Titel von der Ordination der Bischöfe und die *νόμους γεωργικοὺς* nicht, obgleich in des Herausg. Vorrede von diesen und in dem *πίναξ* von beiden die Rede ist.) Dann die öfters gedruckten lat. Uebersetzungen von *B. a Rey*, Colon. 1547. 8°., von *Io. Mercerus*, Lugd. 1556. 4°. u. die deutsche von Justin Gobler, Ffurt 1566. fol. Hierauf: *Πρόχειρον Ἁρμενοπούλου.* Promptuarium iuris, Constantino Harmenopulo authore. Interp. Io. Mercero. Dionysii *Gothofredi* I.C. Paratitla .. Variar. lectt. libellus .. Nomenclator Graecar. dictionum iuris .. (Genf) Apud Guilelmum Laemarium. M.D.LXXXVII. (es stand zuerst M.D.LXXVII.) 4°. Die beste Ausg. ist die von *G. O. Reitz* in Meerman. Thesaur. Supplem. oder tom. VIII. p. 1...435., woraus der griech. Text abgedruckt worden ist *ἐν Ἀθήναις.* 1835. 8°. Eine neugriech. Ausg. erschien *παρὰ Κ. Κλοναρῇ ἐν Ναυπλίῳ.* 1833. 8°. Die beste ist Const. Harmenopuli Manuale legum sive hexabiblos c. app. et legib. agrariis. Ad fid. antiquor. libb. MSS. et edd. rec., scholiis nondum editis locupl., latinam Reitzii transl. corr., notis critt., locis parall., glossario illustr. *G. E. Heimbach.* Lps. 1851. 8°. vgl. *Zachariae* Hist. § 49. u. in Krit. Jahrb. 1847. p. 636. ff. *Mortreuil* III. p. 349. ff. 495. ff. | Von der kanonistischen Epitome des Harmenopulos s. oben Note 32.

(65) Diese 6 Bücher handeln: 1) von den Gesetzen (wobei eine Quellengeschichte bis auf die nachleonischen Novellen), Processualischem, der int. rest., Auslegungsregeln, Soldaten, Emancipationen u. Manumissionen. 18 Titel. 2) Besitz, non num. pec., Zurückforderung, Nova opera (hier das Baupoliceiliche und von Servituten), de muneribus, vectigalib. et commercio, vom Thesaurus, Postliminium, Adoption, Asylrecht, Commodat und Nießbrauch, res nauticae. 11 Titel. 3) Schenkung, Kauf, Emphyteuse, Darlehn und Pfand, Bürgschaft, Zinsen, locatio, depositum, societas. 11 Titel. 4) Eherecht. 12 Titel. 5) Erbrecht u. Vormundschaft. 12 Titel. 6) Delicte, Strafen u. Infamia. 15 Titel.

(66) Die 4 Anhangstitel sind: de dignitatibus, de diversis regulis, de significatione verborum, de ordinatione episcoporum et presbyterorum. Ueber die leges rusticae s. Noten 21. 64.

namentlich; in der neuesten Zeit aber scheinen die französischen Codes mit Modificationen ausschließlich Eingang in das neue Königreich Griechenland als ius scriptum zu gewinnen[67].

§. 24. β. Die nachjustinianischen Rechtswerke im Occident*).

Noch in unserem Zeitalter war es herrschende Meinung, daß §a.
mit dem Sturze des abendländischen römischen Reiches auch die Kenntniß und Geltung des römischen Rechts in demselben sich fast spurlos verloren habe und erst zufälliger und ganz willkürlicher Weise siebenhundert Jahre später auf der Universität Bologna wieder erweckt worden sei. Dagegen haben vorzüglich Savignys Untersuchungen ergeben, daß in allen Ländern des ehemaligen occidentalischen Römerreichs Kenntniß und Geltung des römischen Rechts sich erhalten und daß dessen lebendigere Bearbeitung auf den lombardischen Studien, von wo es sich dann insbesondere auch in alle Länder des römischen Reichs deutscher Nation ausbreitete, hinlänglich verständliche Gründe in der ganzen Zeitgeschichte hatte.

Nach dem kurzen Bestande des ostgothischen Reichs kam wie- §b.
der ganz Italien, auf noch kürzere Zeit, an die oströmischen Kaiser[1]; i. J. 568. gründeten die Langobarden hier ihre Herrschaft, und auch Ravenna mit dem Exarchate, Pentapolis, das römische Herzogthum[2], Neapel, Apulien und Calabrien hatten die Oströmer zum grösten Theile schon wieder verloren, als Karl d. Gr. das langobardische Reich der fränkischen Herrschaft unterwarf. Aus dem westgothischen Reiche verdrängten nach der Mitte des 7. Jahrhunderts die in dieser Zeit (und zwar zum Theil auch aus römischen Rechtsbestimmungen) zusammengestellten Leges Visigothorum, welche nun Territorialrecht wurden, die Geltung der

(67) s. *Zachariae* Hist. p. 85...102. u. Deß. Reise in den Orient. Hdlb. 1840. 8°. S. 123...36. Eine Geschichte des griechischen Rechts im türkischen Reiche verheißt *Mortreuil* als Fortsetzung seiner byzantinischen Rechtsgeschichte.

(*) C. F. von Savigny Geschichte des römischen Rechts im Mittelalter. 6 Bde. 8°. Heidelb. 1815...31. Die hier benutzte zweite Auflage. VII. 8°. erschien das. 1834...51.

(1) s. oben §22. *d.*

(2) In diesem Ducat war jedem freigestellt, nach welchem persönlichen Recht er leben wolle; in den anderen germanischen Staaten, auch Italiens, entschied die natio, nach welchem Recht einer lebe; jedoch kommen seit dem 9. Jahrh. die professiones, d. h. die förmlichen Erklärungen, welchem Recht als persönlichem man unterworfen sein wolle, bei Ehefrauen, Geistlichen und zum Theil auch bei Freigelaßenen häufig vor. Savigny I. §§ 39. ff.

Lex Romana Visigothorum als persönliches Rechts [3]. Diese wurde auch in England benutzt, wie die Spuren in den angelsächsischen Gesetzen zeigen; aber als persönliches galt das römische Recht seit der angelsächsischen Eroberung nicht mehr [4]. Die burgundische Lex Romana war bald durch die westgothische verdrängt worden [5]; so erhielt sich daher das römische Recht, theils aus der westgothischen Lex Romana und deren ächten Quellen, theils aus den justinianischen Rechtswerken, am vollständigsten für das fränkische Reich [6] und Italien [7], für die Kirche und den Klerus überhaupt [8]. Auch in Gallien hatte sich, wie bei den Langobarden und in den anderen römisch-germanischen Reichen [9], im wesentlichen die römische Städteverfaßung und die Geltung des römischen als persönlichen Rechts erhalten: die Vereinigung des langobardischen mit dem fränkischen Reiche bewidmete dieses auch mit justinianischem Rechte, wie sie dagegen die Lex Romana der Westgothen den Langobarden zubrachte. Hier hatten die justinianischen Rechtsbücher die Stelle einer langobardischen Lex Romana, eines Rechtsbuches für die römischen Unterthanen, vertreten: natürlich also, daß, nachdem im Laufe von Jahrhunderten Familienverbindungen, Sprach- und Verfaßungs-Aenderungen den Culturzustand wesentlich modificiert, die Geltung der persönlichen Rechte verdrängt und die der Territorialrechte herbeigeführt hatten, da, wo das römische Element das vorwiegende war, wie bei den Langobarden, das justinianische Recht nun als Territorialrecht herrschend wurde. So erzeugte das in politischer Freiheit, Gewerbthätigkeit und Handel aufblühende Leben der lombardischen Städte die selbständige Kraft der Studia, der in vielen Beziehungen ganz neuen Rechtsschulen, und die frische Blüthe der Wißenschaft des römischen Privatrechts als eines Rechtes des ganzen christlichen Europa: das römische Recht sollte, wie es einst in seiner Blüthezeit die Alleinherrschaft gestützt hatte, nach mehr als zwölfhundert Jahren die Landeshoheit der Reichsstände fördern; den Principat der römisch-deutschen Impe-

---

(3) Savigny II. Kap. VIII. | Die LL. Visigothorum sind aus Canciani in Walters Corp. iur. Germ. I. p. 415. sqq. gedruckt. | Von der L. Rom. Visigoth. s. oben § 22. e...l. (4) Savigny II. Kap. X. | 'Die Gesetze der Angelsachsen' sind in der Ursprache mit Uebersetz. herausgeg. in der leider unvollendet gebliebenen Sammlung von Reinhold Schmid. Thl. I. Lpz. 1832. 8°. (5) s. oben § 22. e. ff. (6) Savigny II. Kap. IX. (7) Ders. II. Kap. XI...XIV. (8) Ders. II. Kap. XV. (9) Ders. I. Kap. V.

ratoren stürzen, wie es einst das imperium der römischen principes gehoben hatte.

Am häufigsten schöpfte das Abendland während des Mittelalters bis zur Entstehung der bolognesischen Rechtsschule das justinianische Recht sowol für den Rechtsunterricht als für die Praxis aus dem uns erhaltenen lateinischen Auszug, welchen der constantinopolitanische Antecessor Julianos um 556., wahrscheinlich für das kürzlich dem byzantinischen Reiche wieder vereinigte Italien, aus einer **Sammlung von 125 justinianischen Novellen** verfaßt hat[10]. Die Inscriptionen, Proömien und Epiloge, nicht auch die Subscriptionen, sind hier meist weggelaßen, der Text aber in ziemlich reinem Latein und referierender Faßung abgekürzt wiedergegeben. Die einzelnen Constitutionen sind in den Ausgaben seit 1561. in Kapitel eingetheilt; eine andere Kapitelzählung geht durch das ganze hindurch, so daß die 125 zum eigentlichen Julian gehörigen Constitutionen 564 Kapitel ausmachen; die Rubricierung der Kapitel, so wie die Abtheilung des ganzen in zwei Bücher oder partes oder in neun Collationen sind nebst den sogleich zu erwähnenden Anhängen offenbar erst im Abendlande hinzugekommen[11]. Die Ausgaben[12] sind in Einrichtung und Voll- § c.

(*10*) s. oben § 23. *h*. § 21. *r*. Man hielt diesen Novellenauszug, den man Novella, Novellae, Liber Novellarum nannte, für ein authentisches Werk Justinians und brachte ihn als Novella lex Romana, Novella legis Romanae oder Lex Romana, d. h. hier 'justinianisches Recht', auch in Verbindung mit der Lex Romana Visigothorum und mit der Collatio.| Die 125 Constitutionen Julians in Vergleichung mit den anderen Novellensammlungen s. im Anhang IV.

(*11*) vgl. Biener Gesch. der Novellen S. 70...84. 232...42.

(*12*) Haubold (Ztschr. f. gesch. R. W. IV. 1818...20. n°. 4. u. 9.) zählt die Handschriften und Ausgaben des Julian auf; zu ersteren kommen nun noch 2 seitdem entdeckte in Wien und Vercelli (Biener Gesch. d. N. S. 72.); eine neue Ausgabe erwarten wir von G. Hänel. Besondere Ausgaben sind: 1) Leges longobardo-|rum seu capitulare diui ac sacratissimi Carolima|gni imꝑatoris: ꝛ frãcie regis ac nouelle ꝯstitutões| dñi Iustinia. imꝑatoris cũ p̄faciũcula ꝛ ãnotatio|nibꝰ in ipsas. Il. ꝛ cõstitutiones nouellas ꝑ claris-|simũ ꝛ spectabilẽ virum dñm Nicolaum boherii.| I. U. interpretem. sacri regalis cõsistorii ordina-|rium cõsiliariũ ..|...|...|.. (Druckerzeichen: 3 Lilien in einem von 2 knieenden Figuren gehaltenen gekrönten Wappenfelde.) Cũ priuilegio regio. (Darunter *Boyers* [?] Wappen) s. l. et a. 8°. Diese bei Simon Vincent zu Lyon 1512. gedruckte ed. princeps enthält von fol. CI...CLX. [eigentlich fol. CIV...CLXIV.] 82 rubricierte aber nicht gezählte Constitutionen in 9 Collationen. 2) Von *Louis Le Mire* (*Miraeus*): Imp. Iustiniani Nouellae constitutiones interprete Iuliano *etc*. accesserunt Scholia seu notae incerti auctoris in aliquot constitutiones. Iis subiunximus ipsius etiam Iustiniani, Iustini iunioris, Tiberii constitutiones nonnullas... Lugd. ap. Io. Tornaes. *etc*. 1561. fol. Nachgedruckt Brugis 1565. 4°. u. 1570. 4°. 3) Iuliani antecessoris CP. Nouellarum Iustiniani imp. epitome. *Antoninus Augustinus* .., emend.

ständigkeit, besonders auch in Betreff der Anhänge, von einander abweichend. Zu diesen Anhängen[13] gehören die *Sanctio pragmatica* und die Constitutionen de adscripticiis[14] nebst anderen in verschiedenen Handschriften verschiedenen Novellen; dazu kommen im griechischen Italien geschriebene Stücke, so zum Theil noch ungedruckte Glossen oder Scholien[15], zwei fälschlich dem Julianus zugeschriebene Stücke, das *Dictatum de consiliariis* und die *Collectio de tutoribus*[16] und ein ähnliches ungedrucktes Stück einer Wiener Handschrift, welche für die Geschichte der Benutzung des römischen Rechts im Mittelalter von Wichtigkeit sind.

§ *d.* Dem griechischen Italien gehören auch an die Sammlung der Agrimensoren[17] und die in einer lückenhaften Turiner Institutionenhandschrift erhaltenen, nicht nach dem 10. Jahrhundert geschriebenen Institutionenglossen[18].

§ *e.* Dem lombardischen Italien, und vielleicht der ravennatischen Rechtsschule, dürften wol zuzuschreiben sein die in vielen Handschriften und unvollständig in einigen Drucken vorkommende s. g. *Epitome* '*Exactis a civitate Romana*', ein systematisch geordnetes juristisches Glossarium, aus den justinianischen Rechtsbüchern zusammengestellt[19], und der seit dem 16. Jahrh. s. g. *Brachylogus*

---

et aux. Ilerdae 1567.8°.; auch in Agustins Opp.vol.II.Lucae 1766.fol.p.255...406. 4) Von Franz Pithou: Imp. Iust. Nouellae constitt. per Iulianum ... de Graeco translatae ... Basil.1576.fol.; vermehrt mit Varianten u.Scholien aus n°.3.u.Glossarien der Pithou von Desmarés *in*: P.et F.Pithoei ICtor.Obss.ad Codic.et Novell. Iustiniani imp. per Iulianum translatas. Pairs.1689. fol.mai. Außer diesen Ausgaben findet sich Julian auch in allen denjenigen Ausgaben des Volumen, welche den s.g. Brachylogus enthalten, nämlich 1) Lugd.ap.Senneton.1549.(und 1554.?) fol. 2) Lugd.ap.H.a Porta 1553.1558.fol. 3) Lugd.sub signo erecti leonis 1562.,1567.,1575.,1580.,1585.fol. 4) Aug.Taurin.1576.(u.1620.?)fol. 5)Venet. ap.Iuntas.1592.,1598.,1606.,1621.4°. vgl.meine Ausg.des Brachylogus p.xciv.ff. Auch eine deutsche Uebersetzung von Justin Gobler erschien Ffurt a.M.1564.fol. u.in „Novellae, Daß ist des Allerdurchleuchtigsten Großmechtigsten Keysers Justiniani Neuwe Satzungen ... Welchen deß ... Herrn Juliani, etwan geweßnes Burgermeisters [! antecessoris] zu CP. Summarischer vnd kurtzer Außzug dieser Novellen ... angehenckt ..". Ff.a.M.1566.fol.

(*13*) Biener Gesch.d.Nov.S.239.ff.604.ff.

(*14*) s.oben § 21.*u.*

(*15*) Biener S.229.f.

(*16*) Zuerst gedruckt *in* Pithous Ausg. der Collatio (s.§19.Note 16.) p.59...65.

(*17*) s.oben §19.*h.*

(*18*) Savigny II. § 71.VII.S.56...63.(der sie dem griech.Italien und der Zeit Justinians zuschreibt) und die Ausg. dieser Glossen ebendas.S.429...76. (1ste Ausg. Bd.III.S.651...717.). Sie erstrecken sich über Inst.I.13.§4. bis IV.1.§16.und gehören nur zum Theil in die im Text bezeichnete Zeit, zum Theil sind sie von anderen Händen, als der Text, erst im 12. oder 13. Jahrh. geschrieben, und unter diesen neueren Glossen sind manche interlineare.

(*19*) Diese an wißenschaftlichem Werthe die byzantinischen λέξεις (s.§ 23.*i.*) sicher übertreffende Schrift, deren Alter freilich noch sehr unsicher ist, beginnt mit einer Verfaßungsgeschichte

iuris civilis oder *Corpus legum* (auf dem Rücken einer Wiener Hdschr. ‘Summa novellarum constitutionum Iustiniani imperatoris’ betitelt), ein später mit eigenen Glossen versehenes Lehrbuch des römischen Rechts in 4 Büchern, die in rubricierte Titel abgetheilt sind, ganz nach der Weise der justinianischen Institutionen, nur daß das 4te Buch, wie bei Gaius mit den Actionen beginnend, ausschließlicher den processualischen Lehren gewidmet ist[20]. Mit größerer Si-

---

Roms oder, genauer zu reden, Erklärung auf die Verfaßung und Magistraturen bezüglicher Benennungen. (Der Eingang ist: Exactis a civitate Romana [od. a Rom. civ.] regibus constituti sunt duo consules, ideo sic dicti, quia plurimum reip. consulebant). Der zweite Abschnitt erklärt Wörter, die sich auf die s.g. status hominum, auf Vormundschaft und Erbrecht beziehen, worauf Worterklärungen aus der Lehre von der Verwandtschaft, vom Domicilium und Colonat folgen, an welche sich unmittelbar solche aus der Lehre von den Obligationen und in einem neuen Abschnitt solche aus dem Criminalrecht anschließen; der folgende erklärt allerhand Zeitwörter; der nächste Substantive (quarundam rerum vocabula), schließend mit solchen aus der Lehre von den Obligationen und dem Criminalproceß; der vorletzte Abschnitt, welcher von den Rechtsquellen handelt, beginnt „Nunc priusquam ad varietatem actionum transeamus, dicamus quid sit ius, quid lex, quid SCtum, quid praetoris edictum, quid constitutio imperialis“; der letzte Abschnitt, welcher sich mit den actiones beschäftigt, schließt „Haec autem omnia secundum vocabulorum significationes et actionum proprietates collecta sunt sub compendio ex libro Codicis et Digestorum, inter quae si quis dicat aliquam dictionem esse sic notam, ut non indigeret expositione, sciat necessarium esse introducendis quod supervacuum est provectis“. Also ein juristisches Elementar-Lehrbuch. Den häufigen Gebrauch des Werks beweisen die vielen, auch in Deutschland und Frankreich noch erhaltenen, großentheils von mir verglichenen Handschriften, welche sehr zahlreiche, aber für den Inhalt wenig bedeutende Varianten darbieten; auch an Vollständigkeit der einzelnen Artikel weichen diese Handschriften untereinander ab. Cramer äußerte mir einst bei Uebersendung seiner, jetzt Savigny zugehörigen Handschrift, dieses Glossar habe vieles aus Azo († nach 1230.); vielmehr scheint Azo dieses Glossar gebraucht zu haben, obgleich, was sehr bedenklich ist, keine der von mir benutzten Hdschrr. über den Anfang des 13. Jahrh. hinauszusetzen sein dürfte, wie auch die Hdschrr. des Brachylogus (s. die folg. Note) u. des Petrus (s. Note 30.) nicht älter sind. Gedruckt ist dieses systematische Dictionarium als Epitome| Iuris civi|lis. Opusculum antiqui| at ignoti scriptoris, quod| repertum Cadomi [zu Caen] *etc.* Parisiis| Apud Ioannem Richerium *etc.* 1582. 8°. und hinter Iulii Pauli rec. sent. Biturig. 1595. 12°. (oder 16°.?) Aurel. 1590. 16°. und mit anderem Titelblatte Paris. 1599. 16°.

(*20*) Die Quellen dieses, zuverläßig in der Lombardei nach Ludwig dem Frommen (wie schon die Entgegensetzung des capitulare legis Longobardicae und der leges Romanae in § 18. *Quib. ex caus. pers. prohib.* 4,4. zeigt) geschriebenen Werks sind nicht allein die justinianischen Rechtswerke mit Julians Novellenauszug, sondern auch die westgothische lex Rom., und in einigen Stellen sind auch Cicero u. Sallustius benutzt. Vor der Glossatorenzeit scheint es nach der ganzen Darstellungsweise geschrieben; die bekannten Hdschrr. reichen jedoch schwerlich über den Anfang des 13. Jahrh. hinaus (s. meine Ausg. p. LXXXIV...XCIII.); daß es Quelle des schwäb. Landrechts und vor dessen Abfaßung (um 1276.) schon glossiert gewesen sei, zeigt Merkel bei Savigny Gesch. des R.R. im M.A. VII. S. 69. f.; daß es aber doch in Bologna oder etwa gar von Irnerius († nach 1118.) verfaßt sei, ist gewiss unwahrscheinlicher, als daß es, etwa im 11. Jahrh., in Ravenna, wo zu dieser Zeit eine Rechtsschule war (s. Note 42.), entstanden sei. Gedruckt ist

cherheit läßt sich die Zeit der lombardischen *Quaestiones ac monita*[21], einer kleinen, planlosen Sammlung von Bemerkungen aus germanischen und römischen Rechten, deren letztere aus den justinianischen Werken und Julian entnommen sind, um das Jahr 1000. setzen. Auch die in einer veronesischen Hdschr. der lombardischen Gesetze vorkommenden Formeln und Glossen[22] aus der Zeit Conrads des Saliers (1024...39.) sind dem justinianischen Rechte entlehnt. Die s. g. *Lex Romana Utinensis* hat sich nun als nicht hergehörig ausgewiesen[23]. Ueberaus zahlreich sind die die Erhaltung des justinianischen Rechts in Italien, sowol unter der griechischen Herrschaft, als im lombardischen Reiche und unter Papst und Kaiser beweisenden Urkunden[24].

Im fränkischen Reiche verbreitete sich die westgothische Lex Romana ganz allgemein; daneben aber erhielten sich auch Stücke des ächten theodosischen Codex und die justinianischen Rechtsbücher nebst Julian, wie nicht allein die fränkischen Umarbeitungen jener *Lex Romana*[25], sondern auch die Rechtsbücher der germanischen Völker unter fränkischer Herrschaft[26],

---

das Buch in den den Julian enthaltenden Ausgaben des Volumen (s. Note 12. a. E.) und separat: 1) Corpus legum per modum Institutionum *etc.* Lovan. 1551. 8°. 2) Brachylogos totius iuris civilis, sive Corpus legum *etc.* Lugd. ap. Pesnot. 1553. 8°. u. wieder 1557. oder, wie andere Exemplarien auf dem Titelblatte haben, 1559. 8°. 3) Enchiridium iuris instar imperialium Institutionum... Cum praef. *Io. Boniati* I. C. Hdlbg. 1570. 8°. min. 4) Institutionum, sive Elementorum iur. civ. enucleati libri IIII.... cura *Nic. Reusneri.* Ff. 1585. 8°. 5) Brachylogus iur. civ. sive Corpus legum paulo post Iustinianum [!] conscriptum ed. *H. C. Senckenberg* Ff. et Lips. 1743. 4°. 6) Iuris civ. Compendium autoris incerti [edid. *de Nelis*]. Lovan. 1761. 16°. 7) Corpus legum s. Brachylogus iur. civ.... emendavit, commentarios *etc.* adiecit, Epitomen iur. civ. medio XII. saec. factam... edid. *Ed. Böcking.* Berol. 1829. 8°. vgl. hiezu meine Abhandl. über den Titel des Werks im Rhein. Mus. f. Jurispr. IV. S. 142. ff. u. Savigny Gesch. II. §§ 88...92. | Der zu meiner Ausg. des Brachylogus (p. 253...80.) edierte, um 1150. gemachte, von mir in Titel abgetheilte Auszug aus Institutionum *1*, 1...5. 16. 2, 1. *4*, 9. u. 6., unter Berücksichtigung auch der übrigen justinianischen Rechtswerke, ist eine von dem s. g. Brachylogus ganz unabhängige bononische Arbeit. (*21*) Savigny II. § 86. [abgedruckt in Walters Corp. iur. Germ. III. p. 756...60.] (22) Savigny II. § 87. (23) s. § 22. Note 23. (*24*) Savigny II. §§ 64...68. 72. 73, 80...83. | Am wichtigsten sind hier die Papyrusurkunden von Ravenna und der Umgegend, aus dem 5. bis ins 7. Jahrh., welche der Abate Gaetano Marini (I papiri diplomatici. Rom. 1805. fol.) herausgegeben und Spangenberg (Tabulae negotior. solenn. Lips. 1822. 8°.) großentheils, aber sehr incorrect, wiederholt hat. Auch der von J. B. Bernhart (München 1807. oder auch 1810. 8°. od. auch 4°.) edierte Münchener 'Codex Traditionum Ecclesiae Ravennatensis in papyro scriptus' aus d. 10. Jahrh. schließt sich hier an. (25) s. § 22. Noten 20...22. (*26*) Savigny II. §§ 28...33. Eichhorn Deutsche Staats- u. Rechtsgesch. ed. V. §§ 29. ff. 143. ff. Von diesen Rechtsbüchern enthält die unter Dagobert I. (622...38.) verfaßte ***Lex Baiu-***

die Gesetze der fränkischen Könige[27] und manche Urkunden[28], insbesondere die Formelsammlungen[29] und die ganz auf das justinianische Recht gegründeten *Petri Exceptiones legum Romanorum*[30] beweisen. Auch die Notensammlung des Diaconus Magno[31] gehört hieher.

---

variorum [u. a. bei *Walter* Corp.iur.Germ.I. p.237.sqq.] am meisten röm.R.; in der unter Chlotar II. (613...28.) verzeichneten, zuletzt im Anfange des 8. Jahrh. revidierten *Lex Alamannorum* [*Walter* I.p.194.sqq.] ist nur eine (tit.39.) auch im baierischen Volksrechte sich findende römischrechtliche Stelle aus der L.Rom. Visig.; die unter Chlodwig zu Ende des 5.Jahrh. verzeichnete *Lex Salica* [*Walter* I. p. 1.sqq.] hat ebenfalls nur eine röm.Stelle aus der Interpretatio der L.Rom.Visig., wie die unter Theoderich I. (511...34.) verfaßte, unter Dagobert I. revidierte und umgeänderte *LexRipuariorum* [*Walter* I.p.163.sqq.] zwei Stellen (titt.58.59.) aus dem epitomierten theodosischen Coder.

(27) Savigny II.§§ 34...36. Eichhorn l.c.§§ 142.ff. Die Constitutionen oder Capitularien, capitula, capitularia der fränkischen Könige, von diesen nach Berathung des Adels und der Geistlichkeit erlaßenen Reichsgesetze, sowol die einzeln, als die in den Sammlungen (des Abts Ansegisus v. 827. und deren Fortsetzung von Benedictus Levita oder Diaconus v. 845.) überlieferten, benutzen nicht allein die westgothische lex Rom., sondern auch den ächten theodos. u. den justinian. Coder und besonders den Julian. Jetzt allein brauchbare Ausg. *Pertz* Monumenta German. tom.III. oder Legum tom.I. Hanover.1835.fol.

(28) Savigny II.§§ 37...41.

(29) Ders. II.§§ 44...46. Eichhorn l.c. § 156. Die *Formulae*, von Geistlichen verzeichnete Muster von allerhand Urkunden, welche bis in das 5.Jahrh. zurückgehen, enthalten viele römische Rechtsbestimmungen, indem sie theils für Personen, welche nach röm. Rechte lebten, bestimmt waren, theils auch bei den germanischen Völkern selbst manche röm. Rechtsinstitute Eingang gefunden hatten und römische Bestimmungen in das Gewohnheitsrecht übergegangen waren. Benannt sind diese *Formulae* zum Theil nach dem Verfaßer (so die i. J. 660. von dem Mönch Marculf in 2 Büchern, deren erstes das öffentliche, das andere das Privatrecht betrifft, aufgezeichneten *Marculfinae*), zum Theil nach der Gegend, für welche sie bestimmt waren (so die für Angers, *Andegavenses*, aus d. Anf. des 8.Jahrh., und die mitunter sehr alten für Auvergne, *Arvernenses*, und die *Alsaticae*, meist aus dem 9.Jahrh.), zum Theil nach den ersten Herausgebern (so die *Baluzianae*, *Bignonianae*, *Lindenbrogii*, *Sirmondi*). [Diese Formulae sind auch abgedruckt in Walter Corp.iur.Germ.III.p.285...580.]

(30) Savigny II.§§ 48...56.| Die 8 oder, unter Hinzurechnung einer unvollständigen florentinischen, 9 Hdschrr. dieses Werks übersteigen das 13.Jahrh. nicht. Herausgegeben ist es: 1) Exceptiones Legum| Romanorum cum| tractatu actionum:| earūdemqꝫ longin-|quitate.| auf 4 unfoliierten u. 38 foliierten Blättern 4°. min.; auf der Rückseite des letzten steht „.. Impressum per Iohannem Schott. in inclita| ciuitate Argeñ. Anno M.ccccc. feria quarta| post festum omnium sanctorum. 2) von Barkow in Savigny II. S.321...428. (erste Ausg. II. S.297...392.). Diese *Exceptiones* (d.h. Auszüge, von excipere, fast dem griech. *ἐκλογὴ* entsprechend) sind nach Savignys Meinung in der Gegend von Valençe vor dem letzten Viertel des 11.Jahrh. von einem sonst unbekannten Petrus in 4 Büchern (Personenrecht, Obligationen, Delicte, Proceß) mit Unterabtheilung in Kapitel, aus dem justinianischen Rechte u. aus Julian zusammengestellt, woneben auch aus der Praxis und kanonistischen Quellen entlehnte Stellen vorkommen, welches alles sehr selbständig zu einem ganzen verarbeitet ist. Neuerdings aber hat Merkel (in Savigny Gesch. des R.R.i.M.A. VII.p.50...55.) durch historische und sprachliche Gründe wahrscheinlich gemacht, daß Petrus gegen Ende des 12. Jahrh. das Werk verfaßt habe.| Von den in der Straßburger Ausgabe angehängten Tractaten scheint

§ g. In England sind die Spuren von Bekanntschaft mit römischem Rechte bis zum zwölften Jahrhundert sehr gering [32]; desto zahlreicher und entschiedener in den Briefen der Päpste, den Concilienschlüßen, den Schriften der Geistlichen, unter welchen die des Erzbischofs Hincmar von Rheims († 882.) hervorzuheben sind, und in den abendländischen kirchenrechtlichen Sammlungen, namentlich der dem mailändischen Bischof Anselmus (883...97.) dedicierten, des Prümer Abts Regino († 915.), des Abts Abbo von Fleury († 1004.), des Bischofs Burcard von Worms († 1025.), des Bischofs Anselm von Lucca († 1086.), der um 1100. gemachten s. g. *Collectio trium partium*, der Pannormie und den Briefen des Bischofs Ivo von Chartres († 1115.) und dem demselben früher irrig zugeschriebenen *Decretum*, und anderen [33].

§ h. Von dem genetischen Zusammenhange der ravennatischen Rechtsschule mit der römischen, dann jener und der bononischen, so wie auch von dem litterarischen Verkehr zwischen dem orientalischen römischen Reiche und dem Abendlande wißen wir so wenig, daß die vielfältigen und mitunter stark hervortretenden Parallelen, welche sich zwischen den Schriften der byzantinischen und denen der abendländischen, auch insbesondere der lombardischen Juristen ziehen laßen, bisher fast gänzlich unbeachtet geblieben sind. Wol schon seit den Antoninen gab es Studienanstalten in Rom und den abendländischen Provincialstädten [34], auf denen auch die Rechtswißenschaft gelehrt wurde, für welche in Rom besondere Legum docto-

der erste, ein Bruchstück, beginnend „Nec sine causa diximus", ebenfalls dem südl. Frankreich anzugehören (z. E. Fallacia est cum *afrontant* quod non est; vel negant quod est.); er behandelt Klagen u. Erklärungen juristischer Wörter, meist aus den justinian. Quellen; die Citierweise ist nicht bononisch (z. B. in constitucione Theodosii quae reperitur in VIII. l. C. t. unde vi für L. 7. C. daselbst). Der zweite, ohne Zweifel neuere, Anhang, Tractatus de actionum varietate et earum longitudine, bezeichnet beispielsweise ein Datum so „..imperii illius sacratissimi Augusti: Anno nono imperante. Indictione decima, mense Maii die quinta" [5. Mai 1138.?]. Auch in der Turiner Hdsch. des Petrus finden sich als 5. u. 6. Buch zugefügte Anhänge.

(*31*) s. § 19. i. u. Savigny II. § 47.

(32) s. Noten 4. 62. Savigny II. §§ 58. 59. I. S. 467.

(33) Savigny II. Kap. xv. | Dem zweiten Bande seiner Geschichte (ed. II. p. 477...522.) hat Savigny zwei Quellenverzeichnisse beigefügt, deren erstes alle burgundischen, westgothischen, fränkischen, englischen, ostgothischen, italischen und clericalischen Schriften, welche römische Quellen berücksichtigen, mit Angabe dieser letzteren aufzählt; das zweite weist nach der Ordnung der römischen Rechtswerke selbst nach, welche germanischen u. s. w. Schriften Stellen aus jenen enthalten.

(*34*) s. bes. *L. 11. Th. C. de medicis et professorib. 13, 3.* v. 376., worin insbesondere von Trier in dieser Beziehung die Rede ist.

res[35] oder Iuris civilis professores[36] angestellt waren, während sonstwo, wie noch im späteren Mittelalter, der schulmäßige Rechtsunterricht als Bestandtheil der rhetorischen und dialektischen Disciplinen behandelt wurde[37]; die Provincialen pflegten der eigentlichen Rechtsstudien wegen Rom zu beziehen[38]. Daß hier die Studienanstalt auch unter den Ostgothen sich erhalten, ersehen wir aus Cassiodor[39], und i. J. 554. bestätigte sie Justinian[40] unter ausdrücklicher Erwähnung auch der iuris periti. Odofredus († 1265.) erzählt §i.
an verschiedenen Stellen[41], das Studium, die Rechtsschule, sei von Rom nach Ravenna, von da nach Bologna verlegt worden[42], und hier habe zuerst Pepo (in der letzten Hälfte des 11. Jahrh.) gelehrt, dann der viel berühmtere Irnerius (oder Wernerius, † nach 1118.) von dem Studium der freien Künste hinweg sich dem der allmählich von Ravenna nach Bologna gebrachten justinianischen Rechts-

---

(35) *Ulp. L. 6. § 12. D. de excusationib. 27,1.* (36) *Id. L. 1. § 5. D. de e. o. cognitionib. 50,13.* (37) daher die Declamationes so vielfach juristische Gegenstände behandeln; daher auch in grammatischen Uebungsbüchern die juristischen Stücke, wie z. B. im Dositheus (s. oben § 19. *a.*); daher verbindet auch (i. J. 379.) *Auson.* Mosell. ỳ. 400. sq. die von ihm dereinst zu preisenden „legumque catos fandique potentes, Praesidium sublime reis". | Die Rechtserlernung war im Mittelalter, wie in der alten röm. Republik (§ 17.), durchaus empirisch, und nicht auf Schulunterricht beziehen sich die Ausdrücke legem docere, iuris oder legis doctor, magister u. dgl. Die spärlich vorkommenden Spuren von schulmäßigem Rechtsunterricht im Abendlande deuten alle auf einen solchen, wie er im Texte bezeichnet ist. Savigny I. Kap. vi. (38) Bestimmungen über die Art der Aufnahme und die policeiliche Beaufsichtigung der fremden Studierenden daselbst enthält *L. 1. Th. C. de studiis liberalib. urbis Romae et CP. 14,9.* v. 370.

(39) *Variar. 9,21.*, einem Erlaß im Namen Athalarichs an den röm. Senat (um 534.), worin befohlen wird, daß, wenn ein grammaticus, orator oder *iuris expositor* angestellt werde, er die volle Besoldung seines Vorgängers unverkürzt erhalten solle. (40) *Sanctio pragm. c. 22.* vgl. § 23. Note 4. (41) Savigny III. § 158. IV. § 2. (42) „.. primo coepit studium esse in civitate ista [Bononia] in artibus, et cum studium esset destructum Romae, libri legales fuerunt deportati ad civitatem Ravennae, et de Ravenna ad civitatem istam" und „Debetis scire, studium fuit primo Romae, postea propter bella quae fuerunt in Marchia, destructum est studium, tunc in Italia secundum locum obtinebat Pentapolis, quae dicta Ravenna postea ... postmodum fuit translatum studium ad civitatem istam [Bononiam]". „.. libri .. apud nos primum non fuerunt, sed apud Romanos, postea apud Pentapolim ... et ab illa civitate ad istam civitatem [Bononiam] fuerunt portata ista volumina ..". Daß in Ravenna eine Rechtsschule war, bezeugt auch Petrus Damiani († 1072.); Savigny IV. §§ 1. 2. berücksichtigt im wesentlichen bloß die späten Zeugnisse aus Damiani und Odofredus. Aus Cassiodorus aber, aus Venantius Fortunatus, der selbst um die Mitte des 6. Jahrh. in Ravenna Rechtsstudien, wenn auch mit geringem Erfolge, getrieben, und aus Paulus Diaconus läßt sich zeigen, daß wahrscheinlich, nachdem seit Honorius die Kaiser in Ravenna residiert hatten, unter den Heruler- und Ostgothen-Königen, dort eine Studienanstalt bestanden habe. vgl. Vita Venantii Fortunati in Luchi's Ausg. Rom. 1786. 4°. I. p. xxvii. sqq. *Böcking* Moselgedichte des Ausonius und Venantius. Bonn. 1845. 8°. p. 105.

werke[43] zugewandt und diese zuerst glossiert. „Der Ruhm von Bolognas Schule verbreitet sich weit über die Alpen; die Lehrer dieser Schule gründen ihren Namen auch auf Schriften, deren Trefflichkeit sich noch in unseren Tagen bewährt; zahlreiche Schüler aus allen Theilen von Europa bringen die neue gründliche Kenntniß zurück in ihre Heimat, und verbreiten sie auch hier durch Urtheilssprüche, durch Schriften und bald selbst durch mündliche Lehre in Schulen, die sich nach dem Muster von Bologna bilden“[44].

§k. Die Lehranstalt selbst heißt Studium, Studium generale[45], die Gesammtheit der dazu als einer Corporation gehörigen Mitglieder Universitas; solcher universitates bildeten sich in Bologna mehrere: die Rechtsschule (neben welcher im dreizehnten Jahrhundert auch die der Artistae, und im vierzehnten eine theologische aufkam) bestand aus den beiden Universitates der Citra- und der Ultramontaner, und nur die Scholares, und zwar in vollem Umfange nur die fremden, waren hier die eigentlichen Mitglieder[46], welche nach ihren Studien Civilisten, Legistae, oder Canonisten, Decretistae und Decretalistae hießen[47]. Die Verfaßung dieser Corporationen

---

(43) Zuerst hatte man, nach Odofreds Erzählung, in Bologna den Coder (die ersten 9 Bücher), das Digestum vetus und novum und die Institutionen, dann das Infortiatum mit Ausschluß der Tres partes, danach die Tres libri (*Cod.* X...XII.) und endlich das Authenticum. Mit dieser allmählichen Ueberlieferung der justinianischen Rechtsquellen steht auch deren Eintheilung u. Benennung durch die Glossatoren (drei Digesten, u. s. w., s. Anhang I...IV.) im Zusammenhange. s. Savigny III. Kap. xxii.

(44) Worte Savignys III. S. 83.

(45) Einerlei, ob aus sämmtlichen Facultäten oder nur einer oder einigen bestehend; das allgemeine ist, daß Fremde und Einheimische da studieren können und die daselbst creierten Doctoren überall als solche anerkannt werden. Die Rechtsschulen waren der wichtigste Bestandtheil der meisten mittelalterlichen Universitäten; viele waren bloß Rechtsschulen. Die Universitäten aber waren in jenen Zeiten unverhältnißmäßig bedeutender, als in unseren Tagen, da sie ausschließlich höhere Bildungsanstalten, Bücher sehr selten und die wenigen vorhandenen außer den Dom- und Kloster-Bibliotheken lediglich auf den Universitäten zugänglich waren.

(46) Friedrich I. gab auf dem Reichstage zu Roncaglia (November 1158.) den juristischen Professoren und fremden Studierenden zu Bologna das Privilegium, welches als Authentica '*Habita*' hinter *L.* 5. *C. ne filius pro patre* 4, 13. steht.

(47) Das kanonische Recht machte früher einen Theil der theologischen Studien aus; bald aber veranlaßte die Wiederbelebung der Wißenschaft des römischen Rechts auch neue Sammlungen der Quellen des Rechts der christlichen Kirche, und das 1151. von dem Mönch Gratian zusammengestellte *Decretum* oder *Concordia discordantium canonum*, erlangte sehr schnell allgemeines Ansehen und wurde, gleich den justinianischen Rechtsbüchern, für den Unterricht gebraucht und glossiert. Ihm folgten später theils von Privaten gemachte, theils von den Päpsten publicierte Sammlungen von *Decretales*, unter denen hier die Gregors IX. (1234.), Bonifacius' VIII. (1298.) und Clemens' V. (1313. u. 1317.) zu nennen sind. Das nähere von diesen Quellen des Kirchenrechts s. z. B. Eichhorn Kirchenr. Bd. I. Gött. 1831. 8°. S. 326. ff. Walter Kirchenr. Bonn 1842. 8°. §§ 96. 99...102.

und die Gerichtsbarkeit der städtischen Obrigkeit, der von den Scholaren gewählten Rectoren, des Bischofs und der Professoren, so wie die sonstigen Beamtungen waren nach Zeiten und Studienorten verschieden[48]. Die Vorlesungen, welche in den Häusern § l. der Doctoren oder gemietheten Hörsälen gehalten wurden, waren lecturae ordinariae oder extraordinariae, vor oder nach Mittag gehaltene; auch die Rechtsquellen waren libri ordinarii, Digestum vetus und Coder, oder extraordinarii, die übrigen justinianischen Rechtswerke, über welche nur außerordentliche oder Nachmittags-Vorlesungen gehalten wurden; nur solche durften die außerordentlichen Lehrer halten, die ordentlichen beide Arten. Der regelmäßige Cursus war einjährig (vom 20. Oct. bis 7. Sept.), befaßte jedoch nicht 200 Vorlesungstage. Die Quellen waren ziemlich aus- § m. schließlich außer den justinianischen Rechtswerken (unter denen die Glossatoren, wie schon bemerkt worden ist, von den Novellen die alte lateinische Uebersetzung, Vulgata, das Autenticum, und die julianische Bearbeitung, Novella, hatten) die kanonischen Rechtsbücher, die Lombarda, die Lehnrechtsbücher, die neueren Kaisergesetze und die Statute einzelner Städte. Die Vertheilung und Reihefolge der Vorlesungen und die Dauer der Studienzeit (fünf oder mehr Jahre, später vier für römisches Recht) waren nicht allein nach Zeiten und Orten verschieden, sondern überhaupt nicht durch allgemeine Vorschriften bestimmt. Das Verhältniß des einzelnen Lehrers zu seinen Schülern war ursprünglich nicht so getheilt und vorübergehend, als es bei uns zu sein pflegt, vielmehr hielt sich in der Regel der Scholar ausschließlich oder doch vorzugsweise an einen Lehrer, seinen dominus, magister, dessen Jurisdiction er sich auch in Klagesachen unterwerfen konnte, wenn er nicht die des Ortsbischofs vorzog[49]. Die Lehrmethode war zunächst rein exegetisch; die erklä- § n. renden (ursprünglich rein worterklärenden, dann aber auch Varianten, Parallelstellen und sonstiges zur Erläuterung dienendes enthaltenden) Bemerkungen, glosae oder glossae, schrieb man zwischen die Texteszeilen (glossae interlineares); als aber diese An-

(48) Eine genaue Darstellung der Einrichtungen und Verfaßungen der mittelalterlichen Universitäten giebt Savigny Bd. III., woraus wir die folgenden Bemerkungen entlehnen. C. Meiners Gesch. der hohen Schulen unsers Erdtheils. 4 Bde. 8°. Gött. 1802...5. ist trotz vieler Oberflächlichkeiten noch immer nicht unbrauchbar. (49) *Auth.* 'Habita' *cit. i. f.*

merkungen ausführlicher wurden, an den zu diesem Ende rings um den regelmäßig in zwei Columnen geschriebenen Text freigelaßenen Rand (glossae marginales)[50], und versah die einzelnen Glossen mit einer den Namen des Urhebers bezeichnenden Sigle[51]. Aber auch durch Bildung von Rechtsfällen, casus, und Beziehung der einzelnen Stellen auf dieselben suchte man diese zu erklären, woraus eigene Schriften unter dem Titel Casus (longi und breves) super Digestum vetus u. s. w. entstanden; ebenso auch aus den durch die Erklärung der einzelnen Stellen gewonnenen allgemeinen Rechtssätzen, welche schon in den ältesten Glossen, oft unter Widerlegung scheinbarer Gegengründe, sich finden, und Brocarda oder Generalia genannt wurden. Von den Authentiken ist im Anhange V.S.*16. die Rede. Die Exegese der einzelnen Stellen begannen namentlich die späteren Glossatoren sehr häufig mit Angabe des Inhalts, summa, wie sie in den glossierten Ausgaben des Corpus iuris civilis sich finden, für die Institutionen hauptsächlich aus Franz de Accoltis aus Arezzo (Aretinus, † 1485. od. 86.), für die Digesten, die drei letzten Bücher des Coder und das Au-

(50) Ueber das äußere Bücherwesen Savigny III. Kap. xxv. (51) Ders. III. §10. a. E. V. §80. Die hinter Glossen u. in anderen Schriften vorkommenden Siglen sind folgende: A., Al., Alb'. = Albericus de porta Ravennate (1165...94.), Ald'. = Aldericus (1154...72.), Al. pa. = Albertus Papiensis (1211...40.), Ar. = Jacobus de Ardizone (Schüler Azos und Hugolins), Az. = Azo (Azzo, Acco, Azolinus, † nach 1230.), B., Bu., Bul., Bulg. = Bulgarus (os aureum, † 1166.), Caz., Caza. = Cacciavillanus (1199. als Lehrer in Bologna vereidet), Cy., Cyp., Cip. = Cyprianus (Ende des 12. Jahrh.), G., Guar., (I.?) Ir., Y., Yr. = Irnerius (od. Wernerius od. Guarnerius, s. oben § i, † nach 1118.), die Sigle Yr. bei Glossen ist die des Henricus de Baila (in der letzten Hälfte des 12. Jahrh.), Gz., Wz., Wiz. = Guizardinus († 1222.), H. = Hugolinus (Presbyteri, † nach 1233.), Ia., Iac., Iaco. = Jacobus (de porta Ravennate, † 1178.), Iac. bal. = Jacobus Balduini (Azos Schüler, Odofreds Lehrer, † 1235.), Io. Iob., Io. b., Io. ba. = Johannes Bassianus (Bulgarus Schüler, Azos Lehrer, zu Ende des 12. Jahrh.), K., Ka., Kar. = Carolus de Tocco (Lehrer des Roffredus, s. diesen), La., Lan. = Lanfrancus († 1229.), Lot. = Lotharius (Azos Zeitgenoße, lehrte Ende des 12. u. Anf. des 13. Jahrh. in Bologna), M., Ma., Mar., M. G. = Martinus (Gosia [de' Gosi], copia legum, † nach 1157.), (O.?) Od. = Odericus (de Bonconsiliis, auch de Malconsiliis, in der letzten Hälfte des 12. Jahrh.), (O.?) Ot. = Otto Papiensis (aus ders. Zeit, Placentins Schüler, Lehrer des Carolus de Tocco), P., Pla., Plac. = Placentinus († 1192.), Pi., Py. = Pillius (auch Pyleus u. dgl. † nach 1207.), R., Ro., Rof. = Roffredus († nach 1243.), R., Rog., (Frog.) = Rogerius († 1192. s. Note 54.), U., Ug. = Ugo oder Hugo (de porta Ravennate, † zwischen 1166. u. 71.) Ub. od. Vb., Ub. bo. = Ubertus de Bobio († vor 1245.), Va. = Vacarius (s. unten Note 62.), W., V. de Ca., G. de Ca. = Wilhelmus (oder Guillermus) de Cabriano (in der letzten Hälfte des 12. Jahrh.).| Bulgarus, Martinus, Jacobus und Hugo heißen schon frühe vorzugsweise „die vier Doctoren", und waren nach einer unwahrscheinlichen Tradition Schüler des Irnerius. s. Savigny IV. Kap. xxviii.

thenticum meist aus Bartolus († 1357.), und für den Coder zum grösten Theil aus Baldus († 1400.); auch hieraus wurden später besondere Schriften als Summaria zusammengestellt. Die griechischen Stellen, wovon man nicht, wie von denen im 27. Buche der Digesten, eine lateinische Uebersetzung vorfand, wurden übergangen, non legebantur, bis der Pisaner Burgundio († 1194. [nicht Bulgarus]), von welchem auch lateinische Uebersetzungen nichtjuristischer griechischer Werke handschriftlich erhalten sind, auch die übrigen griechischen Pandektenstellen übersetzte: die nur griechisch überkommenen Coderstellen blieben den Glossatoren verschloßen [52]. Den lecturis folgten häufig repetitiones, ausführlichere Erörterungen der erklärten Stellen durch Beleuchtung der Gründe für und wider die vorgetragene Exegese; die Doctoren und Candidaten hielten auch disputationes über praktische Fragen, quaestiones, wobei die Scholaren opponierten. Solche Repetitionen und Disputationen oder Quästionen wurden dann schriftlich verfaßt und seit dem zwölften Jahrhundert von einzelnen Rechtslehrern als eigene Bücher herausgegeben [53]. Eine der praktischen juristischen Thätigkeit (§ o.) noch näher liegende schriftstellerische war die Abfaßung von Rechtsgutachten, wie dergleichen schon von den ältesten Glossatoren eingeholt und seit dem vierzehnten Jahrhundert in großer Zahl als Consilia dieses oder jenes Juristen herausgegeben wurden [54]. Schon seit dem zwölften Jahrhundert hatte man die Processtheorie fleißig bearbeitet: zu den älteren Schriften über den ordo iudiciarius gehört die unter dem später entstandenen Namen Ulpianus de edendo bekannte [55]; die ältesten namentlich bekannten sind die Summa de iudiciis des Bulgarus, wenn diese wirklich von dem Vater († 1166.) und nicht dem Sohne herrührt (vgl. Note 56), und der schon dem Johannes Andreä unbekannt gebliebene, kürzlich zuerst gedruckte, um 1190. verfaßte Ordo iudiciarius Ricardi Anglici [55*]); die berühmteste ist die wahrscheinlich 1216. vollendete,

---

(52) Savigny IV. §§ 118. ff. (53) Ders. V. § 90. (54) Ders. VII. S. 132. v. Consilia. (55) Diese, erst in diesem Jahrhundert, aber schon neunmal, u. zuletzt von *G. Haenel* (Incerti auctoris Ordo iudiciorum. Lips. 1838. 8o.) edierte, mit Glossen versehene kleine Schrift ist auf das Digestum vetus u. novum u. Coder sammt Authentiken gegründet und von einem Späteren wegen *L. 1. D. de edendo* 2,13., nach welcher Stelle die erste jenes Büchleins, die dem kurzen Vorworte folgt, verfaßt ist, mit der Ueberschrift *Ulpianus de edendo*, welche sich aber nicht in allen Hdschrr. findet, versehen worden. (55*) Magistri

aber in Recensionen Späterer mit Citaten aus der gregorianischen Decretalensammlung (v. 1234.) versehene, des Archidiaconus Tan- Sp. cred von Bologna [56]. Unausbleiblich war, daß über manche dogmatische und exegetische Puncte zwischen den Glossatoren Controversen entstanden, und auch diese brachte man schon seit der Mitte des zwölften Jahrhunderts in eigene Sammlungen [57]. Selbst die Glossen zu den Rechtsbüchern stellte man, als im dreizehnten Jahrhundert die selbständigeren Hervorbringungen merklich seltener wurden, zusammen; so sammelte Franz Accursius (der Vater, †1260.) die Glossen zu den justinianischen Rechtsbüchern, sowol die einzeln als auch die in den Glossensammlungen einzelner Juristen zu verschiedenen Quellenwerken, in den Apparatus, und die in den Summae, den allgemeinen Uebersichten über den Inhalt ganzer Titel, enthaltenen [58]. Diese, nur allzunachläßig, unvollständig und ohne gehörige Bezeichnung der Urheber veranstaltete, von Accursius mit eigenen Glossen vermehrte [59] Sammlung erlangte sehr schnell als *glossa ordinaria* solches Ansehen, daß sie lange und oft dem Texte selbst vorgezogen wurde und die Originalglossen nicht allein aus den Vorlesungen und den Gerichten, sondern vielfach selbst aus den Handschriften verdrängte, in welche man sie nach Abschabung

---

Ricardi Anglici Ordo iudiciarius, ex cod. Duac. nunc prim. ed. *C. Wille*. Halis. 1853. 4°. (56) Die Proceßwerke des Bulgarus [Savigny IV. § 39.], des Damasus Summa de ordine iudiciorum, zwischen 1210...27. [Sav. l. c. § 60.], des Bonaguida von Arezzo Summa introductoria super officio advocatorum in foro ecclesiae, um 1250., [Sav. l. c. § 154.] hat *Ag. Wunderlich* 'Anecdota quae processum civilem spectant' Gotting. 1841. 8°. herausgegeben; des Pillius wahrscheinlich 1197. verfaßte Summa de ordine iudicior. [Sav. l. c. § 101.], des Tancredus Ordo iudiciarius [Sav. l. c. §§ 43. ff.] und des Gratia von Arezzo nach 1243. verfaßte Summa de iudiciario ordine [Sav. V. § 59.] erschienen unter dem Titel Pillii, Tancredi, Gratiae libri de ordine iudiciorum. Ed. *Frid. Bergmann*. Gott. 1842. 4°. Auch von Anderen, z. B. Otto von Pavia (Ende 12. Jahrh.) sind Schriften de ord. iud. vorhanden und gedruckt. Sav. IV. § 113. Selbst ein iudiciarius ordo in Hexametern ist von Eilbert von Bremen um 1200. verfaßt worden. Savigny V. § 61. (57) Vier solcher Sammlungen mit einigen späteren Auszügen besitzen wir in einer trefflichen Ausgabe: Dissensiones dominorum s. Controversiae veterum iuris Rom. interpretum qui Glossatores vocantur. Edid. *G. Haenel*. Lips. 1834. 8°. Die erste dieser Sammlungen ist um die Mitte des 12. Jahrh. verfaßt; die zweite, von Rogerius von Benevent, kurz nachher; die dritte gegen Ende desselben Jahrhunderts; die vierte, umfangreichste, von Hugolinus Presbyteri, aus dem ersten Viertel des 13. Jahrh., hat exegetische Darstellungsweise, während die 3 älteren auf welche sie sich gründet, dogmatische Faßung haben. Savigny V. §§ 86...89. (58) Savigny V. Kap. XLII. (59) Die einer Glosse hinzugefügte Sigle Ac. (= Accursius) bezeichnet nicht die eigenen Anmerkungen des Sammlers, sondern nur, daß solche Glosse zu seiner Sammlung gehöre.

der alten Glossen einschrieb [60]. Auch in Deutschland, wo die glossierten Rechtswerke Justinians als gemeinrechtliche Quellen recipiert wurden, war die Auctorität der Glosse Jahrhunderte hindurch ungemein groß, sank dann aber allzutief.

Von Bologna aus entstanden nicht allein in Italien andere Rechtsschulen [61], sondern auch nach England brachte Vacarius das Rechtsstudium; jedoch war es hier nur von kurzer Dauer und geringem Umfange [62]: zu desto freudigerer Blüthe gedieh es dagegen später auf den Universitäten Frankreichs [63] und Deutschlands [64]; § q.

---

(60) Die Ausgaben des Corpus iuris (s. Anhang V.B.S.*18.ff.) beginnen schon im letzten Decennium des 15. Jahrh. der accursischen Glosse Zusätze, besonders aus Bartolus und Baldus, später auch aus Alciati, Cujas u.A. hinzuzufügen.| Mit der Glosse dürfen die gothofredischen Noten (s. Anh. V.S.*20.n°.11*a*.) nicht verwechselt werden. (61) wie die zu Padua um 1222., die erst im 14. Jahrh. entschiedener hervortretende, nach mancherlei Schicksalen noch bestehende zu Pisa, die nur von 1204...1209. bestehende zu Vicenza, die 1228. versuchte, für die Ausbildung der Rechtswißenschaft nicht bedeutend gewordene zu Vercelli, die im 13. Jahrh. aufkommenden zu Arezzo, Ferrara und Rom, welche letztere sich aus der päpstlichen Hochschule (schola palatina od. studium curiae) bildete und mit der 1303. zum studium generale erhobenen städtischen Lehranstalt unter Leo X. vereinigt wurde; dann die von Kaiser Friedrich II. 1224. gestiftete, eigenthümlich organisierte zu Neapel, die 1307. zum studium generale erhobene Lehranstalt zu Perugia und die im 13. bis 15. Jahrh. blühenden zu Piacenza, Modena, Reggio, Pavia, Turin u.a. Savigny III. §§101...125. (62) Die englischen Universitäten, nach dem Muster der Pariser gebildet, sind für das römische Recht nicht von Wichtigkeit, ebenso die den deutschen ähnlicheren schottischen, unter denen hier nur etwa Edinburgs (1582.) zu gedenken ist. Gegen die Mitte des 12. Jahrh. veranlaßt der Verkehr mit der röm. Curie den Erzbischof Theobald von Canterbury röm. Recht und Rechtsgelehrte nach England zu bringen. Unter letzteren ist besonders der Lombarde Vacarius († nach 1170.) für uns von Wichtigkeit, welcher eine Rechtsschule in Oxford gründete, und von welchem sich ein für die armen Schüler (um 1149.) verfaßter und von ihm mit Glossen versehener Auszug aus Pandekten und Codex in 9 Büchern (Liber ex universo iure enucleato exceptus et pauperibus praesertim destinatus oder Summa pauperum in legibus) handschriftlich erhalten hat. Auszüge daraus nebst Untersuchungen über das Werk u. dessen Verfaßer giebt *C.F.C. Wenck* Magister Vacarius primus iuris Rom. in Anglia professor. Lips. 1820. 8°. vgl. Savigny Kap. 36. Von sonstigen englischen Lehrern des röm. Rechts aus dieser Zeit ist nichts bekannt; Spuren desselben in den Schriften des 12. u. 13. Jahrh. sind jedoch nicht selten, so in denen des Joh. v. Salisbury († 1180.), Glanvilla († 1190.), des Londoner Archidiacons Peter v. Blois († um 1200.), im Bracton (zw. 1240...55.) u.s.w. Im 16. und zu Anf. des 17. Jahrh. lehrte der Anconitaner Albericus Gentilis († 1611.) in Oxford, wo jetzt, wie auf den engl. Universitäten überhaupt die Facultätsprofessuren nur noch dem Namen und der Besoldung nach existieren. *V.A. Huber* Die Englischen Universitäten. 2 Bde. 8°. Cassel 1839. f.| Auch in Irland fand im 12. Jahrh. römisches Recht Eingang, unbekannt, auf welche Veranlaßungen. Die seit 1591. bestehende Dubliner Universität ist für röm. Recht ganz unergiebig.

(63) Hier war, besonders in dem pays de droit écrit, den Landen südlich von der Loire, das römische Recht stäts geltend geblieben, während der Norden pays de droit coutumier geworden war. Die Pariser, mit den Dom- und Kloster-Schulen zusammenhangende theologische Schule reicht über das 12. Jahrh. hinaus;

den ersteren mögen hier die spanischen und portugiesischen, den

---

aber erst gegen dessen Ende beginnt sie in bestimmter Verfaßung hervorzutreten. Diese Verfaßung, nach deren Vorbild hauptsächlich die nördlicheren, auch die deutschen Universitäten eingerichtet wurden, unterscheidet sich wesentlich von der bolognesischen dadurch, daß die verschiedenen Facultäten nicht von einander unabhängige Corporationen, sondern nur éine universitas bilden, und daß die Scholaren keinen Antheil an dem Regiment des ganzen haben, welches vielmehr den Lehrern zukam. Schon die Concilien von Rheims 1131., Montpellier 1162., Tours 1163. untersagten Geistlichen das Studium des röm. Rechts; seit 1219. (*Cap.28.X.de privilegiis* 5,33. von Honorius III.) bis 1679. (das hierhergehörige Edict von Louis XIV. findet sich u. a. bei *Terrasson* hist. de la jpdence Rom. Paris.1750.fol.p.445.) durfte es, mit unbedeutenden Ausnahmen, auf der Pariser Universität nicht gelehrt werden. Ergiebiger sind für das röm.R. geworden die mehr nach dem Muster von Bologna, als dem von Paris gebildeten Rechtsschulen zu Montpellier (welche zu der älteren medicinischen Schule im 13.Jahrh.hinzukam), Orleans, Toulouse (beide ebenfalls aus dem 13. Jahrh.), Grenoble (gestiftet um 1339.), Bourges (gestift.1464.), Valençe (?), Avignon (1303.), Cahors (1332.), Orange (1365.), Angers (1398.), Poitiers (1431.), Caen (1437.), Douay (1562.), Pont a Mousson (1572.) u.a. Auch zu Vienne und Lyon blühten im 13. Jahrh. Rechtsschulen. vgl.Savigny III.§§126...52.| Unter den spanischen Universitäten heben wir nur Salamanca, die im 13. Jahrh. gestiftet wurde, hervor. Auch Lerida, Valladolid, Toledo, Alcala, Granada, Saragossa, Barcelona, Madrid, Sevilla, Compostella, Ossuña, Oviedo, u. a. Städte hatten Universitäten, aber großentheils ohne civilistische Facultäten. In Portugal: Coimbra, 1309. mit Statuten nach dem Muster der bononischen versehen, vorher, seit 1291. in Lisabon; Evora 1558. bis zur Aufhebung des Jesuitenordens. (64) Die hier im ganzen nach dem Vorbilde der Pariser angelegten Universitäten suchten bis zur Reformation päpstliches Privilegium nach, um den Facultäten für Theologie und kanonisches Recht allgemeine Anerkennung zu verschaffen; seit der Reformation suchte man die Promotionsfacultäten durch kaiserliche Privilegien zu sichern; die landesherrliche Genehmigung war der Corporationsverhältnisse wegen erforderlich. Ihrem Alter nach, das im folgenden freilich nur theils nach der Zeit der erlangten Privilegien, theils nach der des Beginns der Wirksamkeit bestimmt werden konnte, sind unter Zuzählung auch derer, die nicht sämmtliche Facultäten haben, die deutschen sammt den niederländischen und schweizerischen Universitäten: Prag 1348., Wien 1365., Heidelberg 1387., wieder eingeweiht 1652., Köln 1388...1798(94.), Erfurt 1392...1816., Leipzig 1409., Rostock 1419., Löwen 1425., Mainz 1441(1477)...1798(94.), Greifswald 1456., Basel 1459.(1517.), und wieder seit 1833., Freiburg (1457.)1460., Trier 1472...1798 (94.), Ingolstadt 1472., nach Landshut verlegt 1802., nach München 1826., Tübingen 1477., Wittenberg 1502., nach öfteren Verlegungen nach Jena mit Halle vereinigt 1815., Frankfurt a.d.O.1506., mit Breslau vereinigt 1810., Marburg 1527., Lausanne 1536., Königsberg 1544., Dillingen 1549(52)...1802., Jena 1556 (1558.), Straßburg (1538.)1556.(1621.privil.), Ollmütz 1566.(1581.), nach Brünn verlegt 1778., jetzt Gymnasium, Genf 1569., Leyden 1575., Helmstädt 1575...1809., Altdorf (1576.) 1578. eingeweiht, mit Erlangen vereint 1807., Würzburg (1403.)1582., Franecker 1585...1816., Grätz 1586. und wieder seit 1827., Giessen 1607., Groningen 1614., Paderborn 1615...1819., Stadthagen 1619...21., Rinteln 1621...1809., Salzburg 1623...1810., Osnabrück 1632...33., Utrecht 1634., Münster (1631.) 1634 (...1818.), jetzt Academie, Linz 1636., Bamberg 1648...1804., Herborn 1654., Harderwijk (1600.) 1655(48) ...1816., Duisburg 1655(45)...1819., Kiel 1665., Innsbruck 1672...1810. und wieder seit 1814., Halle 1694., Breslau 1702., Fulda 1734...1803., Göttingen (1734.)1737., Erlangen 1743., Bützow 1760...88., Stuttgart 1775...94., Bonn 1706(74)...1794., und wieder seit 1818., Berlin 1808. (1810.), München 1826. (s.oben Ingolstadt), Zürich (1521.)1833., Bern 1834.

letzteren die niederländischen und schweizerischen hinzugesellt werden; die ungarischen, und ohne bedeutende Ausnahmen auch die nordischen Universitäten, die dänischen, schwedischen, finnischen, russischen und polnischen, dürfen hier, wo wir zunächst das Wirken für die Wißenschaft des römischen Rechts ins Auge faßen, größtentheils übergangen werden [64*]. Die Universität zu Athen (1837.) vermag, gleich dem jungen Staate des alten Heimatlandes der Wißenschaft und Künste, noch nicht zu selbständiger Entwickelung und Wirksamkeit zu gedeihen.

In dem Abschluß der Glosse durch die accursische Sammlung § r. zeigt sich schon der Verfall der Rechtswißenschaft; seit dem Untergang der Hohenstaufen, dem wichtigen Wendepuncte der politischen und Cultur-Geschichte, tritt er immer entschiedener hervor: während die Reste des morgenländischen Römerreichs zerfielen, im Occident das Reichs- und Kirchen-Staatsrecht sich umgestaltet, die deutschen Städte und die italiänischen Freistaaten aufblühen, Frankreich und England stäte Kämpfe führen, verliert sich die Wißenschaft des Privatrechts fast gänzlich wieder, und als Dante und Petrarca sangen und Boccacio erzählte, ward die Behandlung der Rechtswißenschaft immer geschmackloser: in der Zeit der s. g. Scribentes, Commentatoren oder Consiliatores, bis zum Ende des 15. Jahrhunderts [65], beschränkt sich die Thätigkeit der Schriftsteller und Lehrer hauptsächlich auf geistlose Zusammenstellungen mehr der Ansichten der Glossatoren, als der Quellen selbst, über einzelne Materien in Repetitiones, Consilia, Commentaria, Decisiones, Dissertationes, Quaestiones u. dgl., bei welcher unersprießlichen Casuistik der nachtheilige Einfluß der Scholastik und blinder Auctoritätsglaube überall her-

---

(64*) Wir nennen nur Kopenhagen 1475; Dorpat 1632. und Wilna 1803.; Krakau 1400. und Warschau 1816...32.

(65) Die bedeutenderen Juristen dieser Zeit sind des Accursius Söhne Franz, Cervottus und Wilhelm, ferner Johannes de Deo († nach 1256.), Odofredus († 1265.), der Speculator Wilhelm Durantis († 1296.), Dinus Mugellanus († nach 1298.), Cinus († 1336.), der Kanonist Johannes Andreä († 1346.); der mehr durch sein s. g. Dictionarium, als durch seine leicht beßeren exegetischen Schriften bekannte Albericus de Rosciate († 1354.), Bartolus und Baldus, Bartholomäus de Saliceto († 1412.), Bartholomäus Cäpolla († 1477.), die Socini, der wegen seines 1467. geschriebenen (öfters als Anhang des im 15. Jahrh. verfaßten juristischen Wörterbuchs 'Vocabularius iuris' vorkommenden) Büchleins De modo studendi hier zu nennende Joh. Baptista Caccialupus u. a., über deren Leben und Schriften s. Savigny V. VI. Aus derselben Zeit mit dem Vocabularius und dem Modus studendi ist auch ein oft gedrucktes Werkchen 'Modus legendi abbreviaturas'. vgl. Savigny VI. S. 499. f.

§ s. vortritt. Die Wiederbelebung des Studiums der alten Litteratur seit Ende des fünfzehnten Jahrhunderts[66], und die Verbreitung der Quellen durch Drucke[67] regten bald auch den Sinn für eine gründlichere und gehaltvollere Behandlung der Rechtswißenschaft überhaupt und insbesondere des römischen Rechts auf, und seit dem sechszehnten Jahrhundert häuften sich die Leistungen besonders und zunächst der französischen[68], dann auch der niederländischen[69],

---

(66) Auch die griechische Litteratur hatten nun (nicht erst den Türken entflohene) Griechen dem Abendlande und zunächst Italien eröffnet. Unter denen, welche der neuen Richtung Bahn brachen, verdient vor allen Petrarca Erwähnung, obgleich seine juristischen Studien die juristischen Studien nicht unmittelbar gefördert haben; wir nennen Lorenzo Valla († 1475.), Angelo Poliziano († 1494.), Alessandro ab Alessandro († 1533.). vgl. Savigny VI. Kap. LIX.

(67) vgl. die bibliographischen Nachweisungen in dem Anhange V. | Nicht allein die Kritik und die Exegese der justinianischen Rechtsbücher, sondern sehr bald auch der vorjustinianischen (§§ 18...20.) und nachjustinianischen (§ 23.) machten die erfreulichsten Fortschritte, und veranlaßten die schätzbarsten Vorarbeiten sowol für die Rechtsgeschichte, als für die richtigere Anwendung des römischen Rechts. Die Anhänger der älteren Methode nannten sich 'Realisten', die den Einfluß der s. g. studia humaniora begünstigenden 'Humanisten', wofür die Neueren 'Nominalisten' sagen durch Hierherbeziehung des ganz verschiedenen Gegensatzes der scholastischen Philosophen, Realisten und Nominalisten. Als Hauptnamen stehen hier noch Ulrich Zase (1461...1535.), Guill. Budé (1467...1540.), Andrea Alciati (1492...1550.); andere sind unter den Herausgebern der Quellen schon genannt.

(68) besonders in Bourges, Toulouse, Valence, Orleans und Cahors. Unter den vielen, großentheils sehr bedeutenden Rechtslehrern dieser Zeit ragt besonders hervor Jacques Cujas (Cujacius, geb. 1522. † 1590.), unter dessen zahlreichen Schülern wir die Namen der ausgezeichnetsten Männer des 16. u. 17. Jahrh. finden und dessen umfangreiche Schriften auf immer für das Rechtsstudium ihre Wichtigkeit behalten. (Ausgaben: von Fabrot. Paris. 1658. fol. 10 Bde. Neapol. 1722. sqq. fol. 11 Bde. ebendas. 1757. fol. 11 Bde. Venet. et Mutin. 1758. sqq. fol. 11 Bde. Dazu Dominici Albanensis Promptuarium Neapol. 1763. fol. 2 Bde. Mutin. 1795. fol. 2 Bde. Ein weder durch Correctheit, noch durch Eleganz sich empfehlender Abdruck der fabrotschen Ausg. mit dem Promptuarium ist Prati 1836...43. XIII. voll. 4°. erschienen. Des Cujas Leben von *Berriat St. Prix* hat deutsch bearbeitet E. Spangenberg, Lpz. 1822. 8°. Neben Cujacius ist für das gründliche Studium des röm. Rechts besonders des Duarenus (1509...59.) Schüler und des Cujacius Hauptgegner Hugues Doneau (1527...91.) hervorzuheben. Donelli opera cur. Pellegrini. Lucae. 1762. sqq. fol. 12 Bde. Seine Commentarii iuris civ. erschienen zuletzt Norimb. 1822. sqq. 8°. 16 Bde. Jacques Godefroy (1587...1652.), der gelahrteste und belesenste seiner und vieler Zeiten, bildet einen Wendepunct für die Behandlung des röm. Rechts. s. § 20. *l*, § 13. Note 11.

(69) Die niederländischen und holländischen Juristen des 17. u. 18. Jahrh. (aber neben und mit welchen Philologen lebten auch die meisten!) zeichnen sich aus durch ihre eleganten Kenntnisse der alten Sprachen und ihre sorgfältigen Untersuchungen über einzelne Puncte der Geschichte, Exegese und Kritik, welche mitunter freilich in die Breite unwißenschaftlicher Mikrologie ausschweifen. Wir nennen nur Hugo Grotius († 1645.), Arn. Vinnius († 1657.), Ulr. Huber († 1694.), Joh. Voet († 1714.), Jac. Perizonius († 1715.), Ger. Noodt († 1725.), Ant. Schulting († 1734.), Henr. Brenkman († 1736.), Georg d'Arnaud († 1740.), Joh. van de Water († 1759.), Balth. Branchu († 1767.) unter den auf holländ. Universitäten lehrenden Deutschen haben sich ausgezeichnet A. A. Pagenstecher († 1716.) u. dessen Sohn Wilhelm († 1746.),

spanischen[70], italiänischen[71] und deutschen[72] Rechtslehrer und ausgezeichneter Männer von praktischer Berufsthätigkeit[73], so daß die Theorie des Rechts zu keiner Zeit eine so hohe Bildungsstufe erstiegen hat, als in der unsrigen.

Schon unter den eigentlichen Glossatoren hatten sich auch deut- § t.
sche Jünglinge und Männer in großer Zahl auf den lombardischen Studien die Kenntniſs des römischen Rechts erworben; die Geistlichkeit hatte das ganze Mittelalter hindurch unter römischem Rechte gelebt, und dieses war vielfach in das kanonische übergegangen; eine wißenschaftliche Kenntniſs des germanischen Rechts konnte sich nicht entwickeln, und die geschriebenen Quellen desselben, die alten Volksrechte und die Kapitularien, verloren seit der Auflösung des fränkischen Reichs allmählich ihre Geltung als ius scriptum, wogegen nun schon seit dem eilften Jahrhundert die Aufzeichnungen der Stadt-, Hof- und Dienst-Rechte, seit dem dreizehn-

---

Ortwin Westenberg († 1737.), Eberh. Otto († 1756.), Wilh. Otto Reitz († 1768.), Abrah. Wieling († 1769.), Heinr. Trotz († 1773.) u. A.

(70) Von Spaniern und Portugiesen, deren Schriften uns zum Theil in den Thesauri von Otto und Meerman zugänglicher gemacht worden sind, seien hier aufgeführt Ant. Gouvea (Goveanus † 1565.), Ant. de Quintanadueñas († 1628.), Jo. Altamiranus y Velazquez († nach 1629.), Atanas. de Otenza y Olano († 1661.), Geronimo de Oroz († 1667.), Ant. Perez († 1672.), Jos. Fernand. de Retes († 1679.), Franc. Ramos del Manzano († 1683.), Jos. de Finestres y Monsalvo († 1777.), Gregor Mayans (Majansius † 1781.)

(71) Die beiden Gentili, Albericus (s. Note 62.) und Scipio († 1616.), gehören nur ihrer Geburt nach Italien an. Ant. Merenda († 1655.), Marc Aurel Galvani († 1659.), Barthol. Chesi († 1670.), Janus Vinc. Gravina († 1730.), Jos. Averani († 1738.), u. A.

(72) In Deutschland, wo die realistische Richtung (s. Note 67.) vorherrschend blieb, regte besonders Christian Thomasius (1655., † 1728.) eine neue Behandlungsweise auch des röm. Rechts an, indem nun, wozu auch Leibnitz (1646., † 1716.) wesentlich mitgewirkt hatte, eine strenge Systematisierung der juristischen Disciplinen, Scheidung des geschichtlichen, philosophischen und dogmatischen, so wie des theoretischen und praktischen angestrebt wurde. Zunächst wandte dieses der Behandlung der Rechtsgeschichte, später des s. g. Naturrechts (s. § 3. Note 3. [Christian v. Wolf, 1679., † 1754.]) und der juristischen Encyclopädie und Methodologie die Thätigkeit vieler Rechtslehrer zu. Seit Ende des vorigen Jahrhunderts begannen die deutschen Juristen das allmählich fast einem todten Stoffe gleich behandelte römische Recht durch historische, philosophische und systematische Kritik und Dogmatik in erneuerter Weise wißenschaftlich zu beleben. Die Namen der älteren hergehörigen Juristen sind theils schon genannt, theils sind sie in § 26. zu erwähnen; die der neueren aufzuführen überlaßen wir der juristischen Litteraturgeschichte.

(73) z. B. der Parlamentsrath Tiraqueau († 1558.), der Bischof Du Tillet († 1570.), der Erzbischof Ant. Agustin († 1586.), der Präsident des Pariser Parlaments Barn. Brisson († 1591.), die Gebrüder Pithou, Peter Faber (Du Faur de St. Jory † 1600.) und manche andere Schüler des Cujacius, der wismarsche Vicepräs. Dav. Möwe (Mevius † 1617.), der Präsident des Hofs van Justitie Cornelius van Bynkershoek († 1743.), Gerard von Meerman († 1771.) und viele Anderen.

ten die Territorialgesetzgebungen und die erst später für das Privatrecht wichtig werdenden Reichsgesetze beginnen; wichtiger waren die mit dem Ende des 12. Jahrhunderts anfangenden Verzeichnungen der Gewohnheitsrechte, die Land- u. Lehn-Rechts- und die Rechtsgang-Bücher (processualischen Werke), Stadtrechtsbücher
§ u. (Reformationen) u. dgl. Der Zustand der Rechtsquellen für Deutschland war so im 14. und 15. Jahrhundert überaus schwankend und ungenügend; die deutschrömischen Kaiser hatten sich schon seit dem eilften Jahrhundert als die Reichsnachfolger der römischen und byzantinischen, insbesondere also auch Justinians, zu betrachten gewöhnt ([76]), und bald kamen des römischen Rechts kundige Männer in den Rath der Fürsten und in die höheren
§ v. Staatsämter. Als nun auch seit der Mitte des 15. Jahrhunderts auf den deutschen Universitäten unter kaiserlichen Privilegien Lehrer der kaiserlichen Rechte angestellt, Doctoren beider Rechte (des kanonischen und des kaiserlichen, d. h. vorzüglich des römischen Rechts) gemacht wurden, nahm nicht allein das Ansehen und das Studium des römischen Rechts auf den Lehranstalten sehr zu, sondern auch die Anwendung desselben in den Reichs- und höheren Landes-Gerichten; und die Doctoren der Rechte übten immer größeren Einfluß auch in dem Rath der Städte und in den Untergerichten, wo nun die ungelehrten Schöffen bald ihre frühere Bedeutung als Urtheiler und Rechtweiser verloren. So war das römische Recht, wie es in den glossierten Stücken der justinianischen Werke enthalten ist[74], als gemeines subsidiäres Recht für das deutsche Reich recipiert worden[75], ehe noch die Ordnungen für die kaiserlichen Gerichte ausdrücklich auf dasselbe als giltiges ius
§ w. scriptum hinwiesen[76]. Seitdem ist dasselbe die Grundlage des

---

(74) Quicquid non agnoscit glossa, nec agnoscit curia. (75) d. h. nicht sowol, daß das röm. Recht in Deutschland gelte, wo es diesem an einheimischen Rechtsbestimmungen fehlt, als vielmehr daß die römischen Civilrechtsbestimmungen in Deutschland gelten, soweit hier deren Voraussetzungen, übereinstimmende Lebenseinrichtungen und Verhältnisse, sich finden. Diese Subsidiarität des röm. Rechts kann man die innere nennen; sie wird noch immer nicht genug in ihrer Wichtigkeit und ihrem Verhältniß zu der von jeher hervorgehobenen äußeren gewürdigt, die in den Modificationen oder Beseitigungen des römischen Civilrechts theils durch neuere allgemeine Civilgesetzbücher einzelner Staaten, theils durch mehr oder minder umfaßende Particularrechtsbestimmungen besteht.

(76) In einer Const. de bonis clericor. (bei *Pertz* Mon. Germ. tom. II. Legum p. 139.) von 1165. sagt Friedrich I. „Nos.. praedecessorum nostrorum divorum impp., Magni Constantini videlicet et Iustiniani et Valentiniani, nec non

in Deutschland geltenden Privatrechts geworden und seine Anwendbarkeit im Verhältniss zu dem germanischen Rechte dehnte sich nicht allein seines eigenen Gehaltes wegen, sondern großentheils auch wegen Mangels aller wißenschaftlichen Kenntniss des letzteren viel weiter aus, als dieses in der ursprünglichen Bedeutung jener Reception gelegen hatte: auch die sehr erfolgreichen Bemühungen der neueren Zeiten um wißenschaftliche Erkenntniss und praktische Würdigung der germanischen Rechte werden die Wirksamkeit der Jahrhunderte hindurch gehegten Ansicht, daß die letzteren particuläre Rechte seien, nicht wieder ausgleichen; und die seit dem vorigen Jahrhundert in mehreren deutschen Staaten publicierten bürgerlichen Gesetzbücher, wenn sie gleich die Giltigkeit der gemeinen deutschen Rechte (des römischen und kanonischen Rechts und des langobardischen Lehnrechts) aufgehoben haben, beruhen ihrem Inhalte nach zum grösten Theile auf römischem Recht.

§. 25. B. Rechtsgeschichtliche Quellen.

Den Begriff der rechtsgeschichtlichen oder s. g. rechtswißen- § a.
schaftlichen Quellen haben wir §. 10. angegeben, darauf §§ 12...24. diejenigen, welche zugleich Rechtsquellen im engeren Sinne sind, aufgeführt und eine Uebersicht ihrer Bearbeitung damit verbunden. Hierher gehören nun noch alle sonstigen Quellen, woraus wir Kenntniss des römischen Alterthums schöpfen können:

1) **Schriften**, lateinische und griechische [1], über das römische § b.

Karoli et Ludowici, vestigiis inherentes sacras leges eorum tanquam divina oracula venerantes ..", und in einer Const. contra incendiarios von 1187. (bei *Pertz* l. c. p. 185.) „.. eam [*ordinationem*] legibus praedecessorum nostrorum imperatorum atque regum iussimus interseri et perpetuo iure servari". Der Reichsabsch. Kaiser Ludwigs VI. von 1342. (Emminghaus ed. II. S. 58.) befiehlt ausdrücklich „daz man an unserm hofgericht fürbass allermenniclich richten soll nach unser vorvarn kunigen und keisern gesetzen und geschriben rechten". Cammer-Gerichts-Ordn. v. 1495. § 3. „Item die [Richter und Beisitzer des C. G.] all sollen .. schwören .. nach des Reichs und gemeinen Rechten, auch nach redlichen, erbarn und leidlichen Ordnungen, Statuten und Gewohnheiten .. zu richten". vgl. Camm. Ger. Ordn. v. 1555. Th. I. Tit. 13. §1., Tit. 57., Thl. III. Tit. 53. § 9. Jüngst. Reichs-Absch. v. 1654. §105. Reichshofraths-Ordn. v. 1654. Tit. 1. §15.

(*1*) Unter den griechischen Schriftstellern sind vorzüglich die Historiker hervorzuheben: *a*) *Polybius* aus Megalopolis, 205...123. vor Chr., *Ἱστορία καθολική* (vom 2. punischen Kriege bis auf Macedoniens Fall), von deren 40 Büchern nur 1...5. vollständig, 6...17. in Auszügen, 18...40. bruchstücksweise erhalten sind. *b*) *Diodorus Siculus*, 40. v. Chr., von dessen *βιβλιοθήκη ἱστορική* (allgem. Gesch. von den ältesten Zeiten bis auf Julius Cäsar) in 40 Büchern nur 1...5., 11...20., die übrigen nur bruchstücksweise uns vorliegen. *c*) *Dionysius* von Ha-

Alterthum, sowol poetische[2] als prosaische, sowol der Historiker[3]

---

likarnassos, 30.v.Chr., von dessen Werken nur die in 20 Büchern verfaßte, in den ersten 11 uns fast vollständig, in den letztern 9 nur bruchstücksweise erhaltene 'Ρωμαϊκὴ 'Αρχαιολογία hierhergehört. d) *Plutarchus* aus Chäronea, 50. ..120. n.Chr., dessen *Βίοι παράλληλοι*, besonders soweit sie sich auf Römer beziehen, nebst den *'Ρωμαϊκά*, Quaestiones Romanae, uns zunächst angehen. e) *Appianus* aus Alexandria, um 150. n. Chr., von dessen 24 Büchern römischer Kriegsgeschichten bis auf Augustus uns etwa die Hälfte erhalten ist. f) *Dio Cassius* Cocceianus, 220.n.Chr. von dessen 80 Büchern der römischen Staatsgeschichte bis auf seine Zeit nur B.35.36. theilweise, 37...54. ganz, 55...60. bruchstücksweise auf uns gekommen sind; aus B.35...80. hat der Mönch *Ioannes Xiphilinus* aus Trapezunt um 1070. einen Auszug gemacht, und in die bis 1118. reichenden Annalen des Mönchs *Ioannes Zonaras* ist vieles wörtlich aus Dio Cassius übergegangen. g) *Herodianus*, um 225.v.Chr., Lebensbeschreib. der röm. Kaiser von Commodus bis auf Gordian d. jüng. in 8 Büchern.| Wichtig sind auch die fast vollständig erhaltenen 17 Bücher Erdbeschreibung des 60.v.Chr.geb. Amasseners *Strabo*, und zu wenig benutzt die Reden, Spottschriften und Briefe des Kaisers *Iulianus*, † 363.n.Chr. Selbst die Erotiker Achilles Tatius, Chariton, Heliodorus und sogar Xenophon von Ephesus sind nicht ohne rechtshistorisches Interesse, besonders für Proceß und Strafrecht.| Unter den s.g. Historiae Byzantinae scriptores sind für uns die lehrreichsten: a) *Zosimus*, 6 Bücher Kaisergeschichte von August bis 412. n.Chr. b) *Procopius* aus Cäsarea, um 540. n.Chr., der in 8 Büchern die Geschichten vom Tode des Arcadius an erzählt, und in den *'Ανέκδοτα* oder der Historia arcana Justinians Regierung höchst ungünstig schildert, welchen er in den 6 Büchern *περὶ τῶν τοῦ 'Ιουστινιανοῦ κτισμάτων* eben so unverschämt lobt. c) *Agathias* aus Myrina setzte in 5 Büchern die prokopischen Kriegsgeschichten fort (von 552...59.); ihm folgte d) der Constantinop. *Menander*, aus dessen Geschichte von 558. bis auf Mauricius (582...602.) wir nur Auszüge besitzen. e) Von *Ioannes Laurentii Lydus* s. oben § 19. k.| Unter den Lexicographen ist für uns wichtiger als der Milesier *Hesychius* (um 500.n.Chr.) der Excerpierer *Suidas* (aus dem 11. od. 12. Jahrhundert). (2) Unter den lateinischen Dichtern verdient auch hier die erste Stelle *Maccius* (nicht M. Accius) *Plautus* († 184. v. Chr.) dessen Komödien für das juristische Studium reichlichere Ausbeute gewähren, als die des Africaners *P. Terentius* aus der letzten Hälfte des 6. Jahrh. d. St. Unter den Dichtern des s.g. goldenen Zeitalters ist auch für uns der ergiebigste *Q. Horatius Flaccus* (65...8. v. Chr.), mehr als *P. Vergilius Maro* (70...19.v.Chr.), *P. Ovidius Naso* (43.v.Chr....17.n.Chr.) und die Elegiker *C. Valerius Catullus* (77...47. vor Chr., a. u. 677...707.), *Albius Tibullus*, Horazens Freund, und *S. Aur. Propertius* († 15. v. Chr.); des Didaktikers *T. Lucretius Carus* (95...52. v. Chr.), und der verderbten Fabeln des Freigelaßenen Augusts, *Phaedrus*, zu geschweigen. Aus dem s. g. silbernen Zeitalter gehen uns hauptsächlich an die Epigramme des *M. Valerius Martialis* (42...100.n.Chr.) und die Satiren des *D. Iun. Iuvenalis* (um 42...120. n. Chr.), weniger die des *A. Persius Flaccus* (34...62.n.Chr.), am wenigsten die Epiker *M. Ann. Lucanus* (38...63.n.Chr.), *C. Silius Italicus* (25...100.), *C. Valerius Flaccus* unter Vespasian, *P. Papinius Statius* (61...95.n.Chr.) und die s.g. Tragödien des *C. Annaeus Seneca* (tragicus). Unter den Späteren kommen besonders *D. Magnus Ausonius* (vor 309... nach 392.) und mehr noch *Cl. Claudianus* (um 365...408.) in Betracht, selbst auch die dem Claudian nachgeahmten Verse des *C. Sollius Apollinaris* (428...488.).| Eine bequeme Sammlung der lateinischen Dichter, mit Ausschluß der dramatischen, ist Corpus poetar. Latinor. uno volum. absol. ed. *G. E. Weber*. Ffurt. 1833. 8°. max.

(3) Die griechisch geschriebenen römischen Geschichten s. Note 1.| Die Commentarien des großen *C. Iulius Caesar* (99...44. v. Chr.) sind selbst für die Kenntniß des römischen Privatrechts nicht ganz unwichtig; sehr unbedeutend aber für uns die seinem Freunde *Cornelius Nepos* zugeschriebenen Vitae; wichtiger die beiden

als der Redner und Philosophen[4], so wie auch der Schriftsteller

---

Monographien (Catilina und Jugurtha) des *C. Sallustius Crispus* (86...35.v.Chr.); noch weit mehr würden es die 5 Bücher der Geschichten (von 675...687.a.u.) sein, wenn uns davon mehr als dürftige Bruchstücke gerettet wären; auch die dem Sallust oft beigelegten rhetorischen Uebungsstücke enthalten einiges für Rechtsgeschichte, für welche unter allen Historikern der wichtigste *T. Livius* (58.v.Chr.... 19.n.Chr.) ist, von dessen 142 Büchern röm. Geschichte von Erb.d.St. bis 744.a.u. uns jetzt nur noch 1...10.,21...45.(Gesch. bis 460.a.u., u. von 536...586.a.u.) nebst einem Stücke des 91. und die dürftigen Inhaltsangaben der übrigen erhalten sind; meist aus Livius genommen sind die Epitomae de T.Livio bellorum omnium annorum DCC libri II oder das Breviarium rerum Romanarum des Iulius (L. Annaeus) *Florus* aus ungewisser Zeit. Zu den für uns unwichtigeren Historikern gehört *C. Velleius Paterculus* (19.v.Chr....31.n.Chr.?) u. was uns von Trogus Pompeius durch den s.g. *Iustinus* erhalten ist; zu den wichtigsten *C. Cornelius Tacitus* (um 54...120.n.Chr.?), mit dem Agricola u. der s.g. Germania, besonders aber den Historiarum libri, von denen uns nur die ersten bis zum Anfange des 5. (Gesch.v.69...70.n.Chr.) erhalten sind, und den Ab excessu divi Augusti libri od. den s. g. Annales, der Geschichte von Augusts Ende bis auf Nero, wovon ein Theil des 5. Buches, das 7...10., der Anfang des 11. und der Schluß des 16. Buches verloren sind, und endlich dem oft dem jüng. Plinius oder dem Quintilian, oder Suetonius oder Anderen, mit mehr Grund aber dem Tacitus zugeschriebenen Dialogus de oratoribus. Ferner des Zeitgenoßen der genannten, des *C. Suetonius* Tranquillus Vitae XII Caesarum (Iul. Caesar bis Domitianus) und andere biographischen Ueberreste. Es folgen die als kunstgerechte Historiker eben so unbedeutenden, als wegen ihrer reichhaltigen Notizen für uns bedeutenden Lebensbeschreiber der Kaiser von Hadrian bis auf Carus und dessen Söhne, die s. g. Historiae Augustae scriptores sex aus Diocletians und Constantins Zeit: *Aelius Spartianus*, welcher wol mit dem *Ael. Lampridius* dieselbe Person ist, wie manche auch von *Vulcatius Gallicanus* behaupten, *Trebellius Pollio, Flavius Vopiscus, Iulius Capitolinus.* Auch nicht ganz unwichtig sind uns die Caesares (August bis Julian) des *S. Aur. Victor*, Julians Zeitgenoßen, und die ihm mit Unrecht zugeschriebenen Schriftchen Origo gentis Rom. und De Caesaribus pars altera nebst der Epitome de vita et moribus impp. Romanor. (Augustus bis Theodosius I.); so wie des gleichzeitigen (Flavius) *Eutropius* Breviarium Rom. historiae ad Valentem libri X., welche *Paeanius* (vor dem 5. Jahrh.) ins Griech. metaphrasiert hat, und des s. g. *Sextus* oder *Festus Rufus* Breviarium de victoriis ac provinciis P.R. ad Valentinianum II. Wir schließen diese Reihe mit den höchst schätzbaren Rer. gestar. (von 91...378. p.Chr.) libri XXXI des *Ammianus Marcellinus*, wovon uns der wichtigere Theil (Buch 14...31.: Jahre 353...378.) erhalten ist.| Die unter Tiberius verfaßte Anekdotensammlung des *Valerius Maximus* (factorum dictorumq. memorabilium libri IX, denen ein Stück de nominibus, wahrsch. von dem Epitomator *Iulius Paris*, in Handschr. beigefügt zu sein pflegt) ist eben so reich an uns interessanten Notizen, als deren Verfaßer arm an den einem Historiker nothwendigen Gaben war. (4) Vor allen anderen alten nichtjuristischen Schriften sind die des *M. Tullius Cicero* (106. ..43.v.Chr.) für das Studium des röm. Rechts von Wichtigkeit, nicht allein dessen Werke de re publica und de legibus und seine zahlreichen Reden, sondern auch dessen rhetorische und philosophische Schriften und die unübertroffenen Briefsammlungen; unter jenen sind vorzüglich die Topica hervorzuheben. Auch die dem Cicero von vielen, aber wol ohne zureichende Gründe abgesprochenen Reden, wie die beiden post reditum, die pro domo und de haruspicum responsis, so wie die zuverläßig nicht von Cicero herrührenden 4 Bücher der Rhetorik ad Herennium, ragen an Werth doch weit vor den verstümmelt auf uns gekommenen Controversien und dem Suasoriarum liber des *Marcus Annaeus Seneca* († 32. n.Chr.) und selbst auch vor den philosophischen Schriften seines

über besondere Fächer[5], unter welchen die Grammatiker[6], mit Ein-

---

Sohnes *Lucius Annaeus Seneca* (2...65. n. Chr.) hervor; wie auch die Briefe des letzteren keinen Vergleich mit den ciceronischen aushalten. Bedeutend sind uns des *M. Fabius Quintilianus* (um 42...118. n. Chr.) libri XII de institutione oratoria und selbst auch die ihm fälschlich zugeschriebenen Sammlungen von 19 größeren und 145 (aus 388) uns erhaltenen kleineren Declamationes, denen die 51 des *Calpurnius Flaccus*, welcher unter Hadrian und Antoninus Pius lebte, füglich zugesellt werden. (s. auch Oratorum Romm. fragmenta .. collegit *Meyer*. Turic. 1832. 8°. und Lips. 1837. 8°.) Der unter den Antoninen lebende *Appuleius* aus Madaura in Africa hat nicht bloß in seinen Metamorphosen oder dem Roman vom goldenen Esel, sondern auch in seinen philos. und rhetor. Schriften gar manche rechtshistorische Winke und Notizen; *Boethius* u. A. berühren wir weiter unten; dagegen gehören hierher die an sich meist unerfreulichen, mitunter aber für den Juristen erfreuliche Ausbeute gewährenden Panegyriken, unter denen der des jüngeren *Plinius* auf Trajan (100. n. Chr.), der uns von seinen vielen Reden allein erhalten ist, obenan steht; viel geringer sind die s. g. (am besten von *Schwarz*, Venet. 1728. 4°. und von *Arntzenius*, Tr. ad Rh. 1790. sqq. II. 4°. edierten) XII *Panegyrici veteres* (*Cl. Mamertinus*, 2 Lobreden auf Maximianus, 289. u. 292.; *Eumenius*, 4 Lobr. auf Constantinus, 296, 297, 310, 311. gehalten; eine auf Maximianus u. Constantinus v. 307. und eine auf den letzteren allein von 313., ungewisser Verfaßer; die auf denselben von *Nazarius* v. 321.; die eines anderen *Cl. Mamertinus* auf Julianus v. 362.; die des *Latinus Pacatus Drepanius* auf Theodosius v. 391. und die versificierte des auch in anderen versificierten Werken seinen Kaiser feiernden *Fl. Cresconius Corippus* auf Justinus II., also zw. 565...78.), des *P. Optatianus Porphyrius* versificierte Lobr. auf Constantinus von 326.; des *Ausonius* (s. Note 2.) nach 397. gehaltene Lobrede auf Gratianus, des *Claudianus* (s. die cit. Note) Lob- u. Schmäh-Gedichte, des *Fl. Merobaudes* (446.) Bruchstücke, des *Sidonius Apollinaris* Lobgedichte auf Anthemius (v. 468.), Majorianus († 461.) u. Avitus (v. 456.), des Grammatikers *Priscianus* Lobgedicht auf Anastasius († 518.) und des *Magnus Felix Ennodius* Panegyricus auf den ostgothischen Theoderich, vor 508.| Auch von den Epistolographen ist hier zu reden nöthig, unter welchen, wie schon bemerkt worden ist, *Cicero* ebenfalls obenan steht, von dessen Briefen uns mehrere Sammlungen erhalten sind: ad Diversos libri XVI, ad Atticum libri XVI, ad Quintum fratrem libb. III; dazu die für unächt gehaltenen Briefe ad Brutum. Danach ist vor allen empfehlenswerth die jetzt in 10 Bücher eingetheilte Briefsammlung des jüngeren *Plinius*, deren letztes Buch eine dem Juristen überaus schätzbare Correspondenz mit dem Kaiser Trajan enthält; die von Ang. Mai aufgefundenen Briefe des *M. Cornelius Fronto* an die Kaiser M. Antoninus u. dessen Bruder Verus, und an seine Freunde, sind für uns minder wichtig, als die des (auch durch die von Mai aufgefundenen Bruchstücke seiner Reden uns interessierenden) *Q. Aurelius Symmachus* (Pf. U. 384., Consul 391.), welche nach dem Muster der plinianischen verfaßt sind, und deren 10tes Buch die Wirksamkeit des Verfaßers als Pf. U. darstellt. Unbedeutender sind die 51 Briefe des Bischofs *Meropius Pontius Anicius Paulinus* († 431.) und des Bisch. *C. Sollius Apollinaris Sidonius* (428...484.) zum Theil versificierten Epistolarum libri IX, als die Variarum [näml. epistolarum] libri XII des *M. Aurelius Cassiodorus* (geb. 468., † über 90 Jahre alt), deren erste 10 Bücher Erlaße im Namen der ostgoth. Könige, die 2 letzten aber in eignem Namen während seiner 2...5. prätorischen Präfectur (534...38.) bekannt gemachte Schreiben enthalten. (5) Wir dürfen hier vieler wichtiger von ihnen mitgetheilter Notizen wegen nicht übergehen die Schriftsteller über den Landbau: *M. Porcius Cato* d. ä. (235...148. v. Chr.), *M. Terentius Varro* (um 116...27. v. Chr.), *L. Iunius Moderatus Columella*, unter Claudius, u. den Compilator *Palladius* Rutilius Taurus Aemilianus. (Beste Ausgg. dieser u. a. Scriptores rei rusticae von *Gesner*. 1735. ed. 2. 1773. II. 4°. u. v. *Schneider* Lps. 1794. sqq. VII. 8°.).] Von den Agrimensoren s. oben §19.*h.*| Eine reiche Fundgrube auch für den Juristen sind des (älteren) *C. Plinius* Secundus (23...79.n.Chr.) Historiae naturalis libri XXXVII (mit der uns wenig interessanten Abkürzung des *C. Iulius Solinus*, bestrittenes Zeitalters), des *S. Iulius Frontinus* (Consul 74.u.97.n.Chr.) de Aquae ductibus libb.II aus dem Jahr 100, und mehr als die demselben Schriftsteller zugeschriebenen Strategematicon libri IV, des *Fl. Vegetius Renatus* (um 380.) Epitome Institutionum rei militaris libri V. s. überh. die Schriftsteller über Kriegswesen: Fl. Veget. ed. a *P. Scriverio*. Lugd. Bat. 1607.4°. u. Veteres de re mil. scriptores. Vesal. Cliv. 1670. 8°. vgl. auch oben §19. *b.c.* u. *Graevii* Thes. Antiqq. Romm. Tom. X.| Zu bemerken sind über Baukunst *M. Vitruvius Pollio* (unter Cäsar und August) de Architectura libri X, und über mathematische Chronologie das reichhaltige Werkchen de die natali des *Censorinus* von 238; über annalistische Chronologie des *Eusebius* (264...340.) jüngst aus dem Armenischen ergänzten Chronicorum libri duo und andere Zeittafeln. Auch die Kenntniss des röm. Münz- Maß- u. Gewichts-Wesens (vgl. Anhang IX. u. Prisciani, Rhemnii Fannii *etc.* libri de nummis, ponderibus, mensuris, numeris *etc.* ab El. Vineto emend. Paris. 1665.8°. und *Graevii* Thes. antiqq. Romm. tom. XI. i. f.) und des röm. Kalenderwesens (s. Anhang X.) ist zum Verständniss der Rechtsquellen eben so unentbehrlich, als die der Geographie u. Topographie des römischen Reichs. s. die in neuerer Zeit vervollständigten *Fasti Capitolini* aus Augusts Zeit u. die dem *Verrius Flaccus* zugeschriebenen s.g. *Fasti Praenestini* (Fasti consulares Capitol. ed. *Laurent.* Alton. 1833.8°. Fastorum ... a Verrio Flacco ordinatorum reliquiae *et c.* cura *P. F. F(oggini)* Rom. 1779. fol. *Graev.* Thes. ant. Rom. tom. VIII., die Fasti ex. ed. Baiter in Orelli's Cicero VIII. part. 3. und die „Röm. Zeittafeln" von E. W. Fischer. Altona 1840. f. 4°. Nicht gut, aber noch nicht entbehrlich für die justinianischen Rechtsbücher sind: *P. Relandi* Fasti consulares ad ill. Cod. Iust. ac Theodos. Trai. Bat. 1715.8°. u. *Theod. Iansonii ab Almeloveen* Fast. Romm. libb. II. ed. II. Amst. 1740.8°.| Für Geographie kommen außer *Strabo* (s. Not. 1.) der ältere *Plinius* mit *Solinus* u. *Pomponius Mela*, unter Claudius, de situ orbis, und des *Cl. Ptolemaeus* (um 160. n. Chr.) griech. verfaßten 8 Bücher der Geographie und mehrere der s.g. Geographi Graeci minores (ed. *Hudson*. Oxon. 1698. sqq. IV. 8°.) in Betracht, und für die Choro- u. Topographie die s.g. peutingersche Tafel, eine Welt- u. Straßenkarte nach Originalien der früheren Kaiserzeit, von welcher eine im Mittelalter gemachte Abschrift fast ganz erhalten ist (ediert v. Scheyb, Wien 1753. fol., v. Mannert, Leipz. 1824. fol. u. ö.), das s.g. *Itinerarium Antonini*, ein Stationsregister für Land- u. See-Reisen, in seiner jetzigen Gestalt aus dem 4. Jahrh. n. Chr., aus welcher Zeit auch das gleichartige s.g. *Itinerarium Hierosolymitanum* herrührt, welche am besten ediert sind von *Parthey* et *Pinder*, Berol. 1848. 8°., und sammt dem Provinzen- u. Städte-Verzeichniss des Orients, dem *Συνέκδημος* des *Hierocles*, Justinians Zeitgenoßen, von *Wesseling* Vetera Romm. Itineraria. Amst. 1735. 4°. Das *Itinerarium Alexandri* (um 350.), *Vibius Sequester*, der s.g. *Aethicus*, der *Geographus Ravennas* aus dem 7. Jahrh., und die Regionenbeschreibungen von Rom und Constantinopel u. a. dgl. bedürfen hier keiner näheren Anführung. vgl. auch §19. *c.*

(6) Von Varro's (s. Note 5.) 24 Büchern de lingua Latina sind uns nur 5...10. (unrichtig 4...9.) lückenhaft u. verderbt erhalten. (Beste Ausg. v. *C. O. Mueller*. Lips. 1833. 8°. Des *Verrius Flaccus*, Augusts Zeitgenoßen, großes Werk de verborum significatione ist uns nur noch zum Theil (von dem Buchst. *M* an) in dem Auszuge des *S. Pompeius Festus* aus dem vierten Jahrh. übrig; dem Festus that *Paulus Diaconus* († 799.), was jener dem Verrius gethan hatte, er excerpierte ihn barbarisch. (Beste Ausg. S. Pomp. Festi de V. S. quae supers. c. Pauli Epitome em. a *C. O. Muellero*. Lips. 1839. 4°. Von des *Aulus Gellius* auch dem Juristen unentbehrlichen Noctes Atticae in 20 Büchern (um 150. n. Chr.) fehlt uns das 8te und von allen eine genügende Ausgabe. Unter den zahlreichen neueren Grammatikern heben wir hier nur noch den *Aur. Macrobius* Ambrosius Theodosius (unter Theodos II.) wegen seiner den Noctes Atticae vergleichbaren, aber unbedeutenderen Saturnaliorum libri VII und des sevillanischen Bischofs *Isidorus* († 636.) Originum s. Etymologiarum libri XX hervor. Sammlungen: s. die §19. Note 19.

schluß der Commentatoren und Scholiasten[7], für unseren Gegenstand im allgemeinen die bedeutendsten sind; endlich sowol kirch-
§ c. liche[8] als profane. Zwar sind diese nichtjuristischen Schriften für das Privatrecht im ganzen nicht so unmittelbar ergiebig, als für das öffentliche: insofern aber das Recht, und vorzugsweise das römische, nur als eine besondere Aeußerung der gesammten Nationalthätigkeit begriffen werden kann (§§ 7. 9.), ist die wißenschaftliche Rechtskenntniss bedingt durch die Kenntniss des gesammten Volkslebens, wie wir sie uns in Beziehung auf ein vorübergegangenes Volk hauptsächlich nur aus dessen Litteratur erwerben können. Die römische Litteraturgeschichte[9] ist hiernach eine sehr bedeutende Hilfswißenschaft für das Studium des römischen Rechts.

---

a. E. angeführten und das äußerlich und innerlich unvollendete Corpus grammaticor. Latinor. von *Lindemann*. Lips. 1831. sqq. 4°.

(7) Die wichtigsten für das Rechtsstudium sind die zum Theil mit Recht, zum größeren Theil aber mit Unrecht dem *Q. Asconius Pedianus* (im 1. Jahrh. n. Chr.) zugeschriebenen Commentarien zu ciceronischen Reden und des *Anicius Manlius Torquatus Severinus Boethius* (um 470...524. n. Chr.) Commentarii in Ciceronis Topica, welche Schriften mit anderen Commentarien zu Cicero am besten ediert sind von Baiter in Orelli's Cicero vol. V. Manches findet sich auch in des *Aelius Donatus* (Mitte des 4. Jahrh. n. Chr.) Commentarien zu Terenz, des *Servius Maurus Honoratus* zu Ende desselben Jahrh. verfaßten Commentarien zu Vergil, des *Helenius Acro*, des *Pomponius Porphyrio* u. A. Scholien zum Horaz, aus dem 5. Jahrh., den Scholien zu Juvenal und anderen.

(8) Wir beschränken uns hier, aus den s. g. Kirchenvätern folgende hervorzuheben: *Q. Septimius Florens Tertullianus* († nach 216.), dessen Identität mit dem in den Digesten benutzten Tertullian weder bewiesen, noch widerlegt ist; von dessen zahlreichen Schriften nennen wir nur den Apologeticus adversus gentes (198. n. Chr.) und die verwandten 2 Bücher Ad nationes; *Thascius Caecilius Cyprianus* († 258.), dessen 81 Briefe (von 249...58.) für uns wichtiger als seine übrigen Schriften sind; *Arnobius* (um 300.), dessen libri VII adversus gentes an interessanten Notizen sehr reichhaltig sind, wie auch des *Lucius Lactantius Firmianus* († um 330.) Divinarum Institutionum libri VII u. der liber de Mortibus persecutorum, u. weit minder die zahlreichen Schriften des *Eusebius Hieronymus* († 420.), als des *Aurelius Augustinus* (354...430.) Werke, unter denen die De civitate dei libri XXII hier namhaft zu machen sind. Des Presbyter *Paulus Orosius* elende Historiarum libri VII adv. paganos (bis 417.), des *Sulpicius Severus* († um 410.) Historiae sacrae libri II, des *Salvianus* (um 430.) de gubernatione dei libri VIII und andre patristische Schriften sind für uns nicht ergiebiger, als die Kirchenhistoriker *Eusebius* Pamphili (264...340.), *Socrates* Scholasticus, *Theodoretus* Cyrrensis (s. § 21. Note 39. u. § 23. *q.*), *Hermias*, *Euagrius*. (beste Ausg. nach *H. Vales*. Paris. 1359. fol. u. ö. die von *G. Reading*. Cantabrig. 1720. 3 voll. fol. u. wieder Aug. Taurin. 1746. sqq. fol.) Wie aber auch selbst diese Schriftsteller gelegentlich wichtige Notizen für die Rechtsgeschichte bieten, dazu giebt der cit. rheinländische Presbyter zu Marseille Salvianus adv. avarit. III. 7. in einer Stelle über die Latina libertas ein gutes Beispiel.| Zur Kenntniss mancher Bestimmungen des justinianischen Rechts, besonders in der Lehre von der Ehe und dem Erbrecht sind auch die Concilienschlüße von großem Belang. vgl. oben § 23. *m...q.*

(9) Die litteraturgeschichtlichen Werke von Jo. Alb. Fabricius (1668...1736.) müßen immer noch genannt werden. Neuere Werke: Grundriss der Röm. Litteratur von *G. Bernhardy*. Halle (1830. 8°.) ed. II.

2) **Inschriften** auf Stein, Bronze u. dgl., unter welchen §d. die wichtigeren zu den eigentlichen Rechtsquellen gehörigen oben[10] schon angeführt sind; aber auch unter den übrigen sind so viele mannichfach fördernde, daß die römische **Epigraphik** oder s.g. ars lapidaria[11] für die Rechtsgelehrsamkeit dringend empfohlen

---

1850., geistvoll, was nicht ist die Geschichte der Röm. Litteratur von *I. F. C. Baehr*.3.Ausg. Carlsr.1844.f.8°. Dazu: Suppl.Bd.: Die christl. röm. Literatur. Carlsr.1836.sq.8°. Nicht hierhergehörig ist desselben: Die christl.röm.Literatur des Karoling.Zeitalters.Carlsr.1840.8°.| Brauchbar in bibliograph. Beziehung ist der Grundriss der class. Bibliographie von *F. W. Wagner*.Bresl.1840.8°.

(*10*) s.§13.Note 10., §14.Note 11., §15.Note 1. Von den Consularfasten s.Note 5. Außerdem können hier bemerkt werden die an verschiedenen Orten Kleinasiens theils in latein.Original, theils in griech.Uebersetzung gefundene **Verordnung Diocletians** u. seiner Mitregenten von 301. über die Preise der Lebensmittel und Arbeitslöhne, welche wichtige Inschrift wir in einer trefflichen Bearbeitung Mommsens in 'Berichte der Gesellsch.d.Wsten zu Lpz.Phil.hist.Classe.1851.p. 1...80.383...400.' besitzen; 2 an einem Tempel in der großen Oase entdeckte griech. **Edicte** der **Präfecte** Cn.Vergilius Capito (49.n.Chr.) u.Tib.Iulius Alexander (68.n.Chr.), von Rudorff bearb., (Haub.Spangenb.p.199.sqq.), 2 kleine lat. **Edicte** des *L. Turcius Apronianus*, Pf.U. 339.n.Chr., die große *Praediorum obligatio* oder s.g. tabula alimentaria *Traiani* v.103.n.Chr. (u.a. in Spangenbergs Tabb. negotior.soll.p.312.sqq.); auch eine *tabula alimentaria* von Hadrian ist 1832. im Neapolitanischen aufgefunden worden. Die 1820.u.1830. in 2 Stücken bei Rom gefundenen Steinfragmente des Testaments des Dasumius von 109.n.Chr. hat bearbeitet Rudorff in Ztsch.f.g.R.W.XII.n°.10. Demselben verdanken wir auch eine interessante Abh.üb.die bei Genua gefundene, schon Par.1520. edierte, dann u.a. auch bei *Orelli* n°.3121., *Zell* n°.1730., *Spangenberg* Tabulae p.380...83. wiederholte in agrarrechtlicher Beziehung wichtige Bronzeinschrift Q.et M.Minuciorum sententia inter Genuates et Viturios dicta (a.u.637.) Berol.1842.4°. Aus einer römischen Abschrift T. Flavii Syntrophi donationis instrumentum ineditum' (nebst einigen verwandten Urkunden) 'edid. et illustravit *Ph. E. Huschke*. Vratisl.1838.4°. Eine besondere Wichtigkeit haben die Soldatenabschiede, *militum honestae missiones*, deren 38 auf Bronzetäfelchen, 1 auf Blei aus den Jahren 52...248.n.Chr. uns großentheils ganz vollständig erhalten sind: gesammelt sind sie in *Platzmann* Iur.Rom. testimonia de mil. honest. mission. Lips. 1814.8°. (vermehrt in *Hauboldi* Opuscula. Lips.1829.8°.tom.II.p.783.sqq.) und die neuer aufgefundenen bei *Vernazza*, Diploma di Adriano.Torino 1817.4°. u.*C. Gazzera*, Notizia di alcuni diplomi imperiali di congedo militare.ibid.1831.4°. *Jos. Arneth* Zwölf Röm.Militärdiplome.Wien 1843.4°. Die vollständigste Sammlung ist bis jetzt die von *Clem. Cardinali* Diplomi imperiali di privilegj accordati ai militari.Velletri 1835.4°. s.auch das Verzeichn. in *Massmann* Libellus aurarius s.Tabula cerata *etc.* Lps.1841.4°.p.22.sq.not.8.; dieses Werk behandelt einen aus der Mitte des 2.Jahrh. n.Chr.herrührenden, mit Cursivschrift geschriebenen Beschluß einer siebenbürgischen Begräbnißgesellschaft, der sich auf gewichsten Holztafeln in einem Bergwerke bei Abrudbanya erhalten hatte, und jetzt in München aufbewahrt wird. Eine gleiche Gesellschaft betrifft die 1816. zu Città Lavinia gefundene inscriptio Lanuvina, die *Mommsen* de collegiis. Kil.1843.8°. herausgegeben hat. vgl.über beide Huschke Ztsch.f.g.R.W.XII.n°.5.| s.auch die §12. Note 11. u. §13.Note 10. angeführten Sammlungen v. A.Agustin, B.Brisson, Götling, Haubold u.Spangenberg, so wie des letzteren schon genannten Iur.Rom.tabulae negotiorum sollemnium. Lips.1822.8°.

(*11*) Die Inscriptionensammlungen und anderen Urkundenwerke sind angeführt in *Haubold-Spangenb*.p.LXIV. sqq. u. in alphab. Ordnung nebst Versuch kritischer Würdigung in dem sogleich an=

werden muß. Eine glänzend beginnende Litteratur auch rechtsgeschichtlicher Quellen eröffnet sich in unseren Tagen in den Studien der vorrömischen und der ältesten römischen Sprache gleichzeitigen italischen Dialekte [11*].

§ 6. 3) Urkunden über öffentliche und juristische Verhandlungen, dergleichen in Stein und Bronze (s. n°. 2.), auf Elfenbein, Holz, Leder, Leinwand, Baumrinde und Papier aufgezeichnet wurden, und manche erhalten sind [12]; um so lehrreicher, als sie eine unmittelbare Anschauung von der Anwendung des Rechts auf die Ge-

---

zuführenden Werke von Orelli p. 21...66. Die wichtigsten sind (abgesehen von dem bisher von Böckh und Franz besorgten Corpus inscriptionum Graecarum. III tomi. fol. Berol. 1828...50. ff.) *Iani Gruteri* Inscriptiones antiquae *etc.* cur. *I. G. Graevii.* Amst. 1707. II. fol. wozu hier nur der Sammlungen von Reinesius, Fabretti, Gori, Muratori und Donati zu gedenken ist, die alle entbehrlich werden würden, wenn die Meisterarbeit von *Theod. Mommsen* Inscriptiones regni Neapolitani. Lps. 1852. fol. sich ebenso auf die übrigen Lande des alten Römerreichs erstreckte. Die Inscriptionum Latinar. selectar. amplissima collectio...ed. *I. C. Orellius.* Turic. 1828. II. 8°. mai. kann auch schon aus Mommsens Werk eine neue Gestalt annehmen. Eine von Ritschl und Mommsen zu erwartende epigraphische Sammlung der ältesten Stein- und Bronze-Inschriften wird in Betreff der diplomatischen Genauigkeit Epoche machen, aber auch nicht bloß in sprachlicher Beziehung von Wichtigkeit sein.| An einem genügenden Einleitungswerke in die lateinische Epigraphik, wie es für die griechische *Franz* Elem. epigraphices Graec. Berol. 1840. 4°. gegeben hat, fehlt es noch, indem *Steph. Morcelli* Operum epigraphicor. voll. V. Patav. 1818. sqq. 4°. höchst unsystematisch und trotz ihres Umfangs unvollständig sind und *C. Zell* Hdb. der röm. Epigraphik. II. 8°. Hdlb. 1850. f. gewiß nicht genügend ist.

(*11**) Nur als auf ein hervorleuchtendes Beispiel sei hier, mit Uebergehung verdienstlicher Arbeiten früherer und zum Theil noch lebender Archäologen und Sprachforscher auf Die Unteritalischen Dialekte von *Theod. Mommsen* Lpz. 1850. 4°. hingewiesen. Hier wird p. 145...69. die oft behandelte s. g. Tabula Bantina, eine 1793. zu Oppido in Lucanien gefundene, auf der Vorderseite lateinisch, auf der Rückseite oskisch beschriebene Bronzetafel, wozu sich später noch andere Fragmente fanden, als ein röm. Agrargesetz für das oskische Municipium Bansa, lat. Bantia, jetzt Banzi, aus den Jahren der St. 625...36. erklärt: die nicht columnarisch beschriebene Vorderseite habe das lateinische Original, die columnarisch geschriebene Rückseite, von deren linker Hälfte die Reste erhalten sind, die oskische Uebersetzung enthalten. Klenze (Philol. Abhandll. herausg. v. K. Lachmann. Berl. 1839. 8°. p. 1...24.) hielt das von ihm besprochene und mitgetheilte lateinische Stück (auch bei Göttling 15 röm. Urkk. n°. IV.) für Bruchstück eines Repetundengesetzes; das oskische (p. 125. ff.) enthalte Bestimmungen von Strafen gegen Contraventionen, über Acker-Vermeßung und Vertheilung und Census. Gegen Mommsen sucht *A. Kirchhof* Das Stadtrecht von Bantia. Berl. 1853. 8°. zu zeigen, daß der oskische Text der bantinischen Tafel nicht agrarischen Inhalts sei; sondern „ein Fragment eines in der ersten Hälfte des 7. Jahrh. von röm. Commissarien auf Grund älterer Vereinbarungen der bundesgenößischen Gemeinde des lukan. Bantia...gegebenen Stadtrechts".

(*12*) Von den ravennatischen Urkunden war § 24. Note 24. die Rede. Die dort angeführte Sammlung Spangenbergs enthält 1) Testamente, 2) Vormundschaftswesen betreffende, 3) Schenkungs-, 4) Kauf-Urkunden, 5) dergl. über Emphyteusen, 6) Gerichtsverhandlungen, 7) verschiedenartige Urkunden, 8) Urtheile.

schäfte des Lebens gewähren. Die **Paläographie** und **Diplomatik**[13], ohne welche auch die förderliche Benutzung der Handschriften unmöglich ist, sind daher für den gelehrten Juristen unentbehrliche Hilfswißenschaften.

4) **Münzen** und **Medaillen**, deren Auf- und Umschriften § f. nebst Bildwerken nicht allein in chronologischer und genealogischer Beziehung wichtig sind, sondern auch sonstige rechtsgeschichtliche Puncte vielfältig erklären helfen, weshalb die römische **Numismatik**[14], welche jedoch nicht bloß die Münzen mit lateinischen Um- und Aufschriften befaßt, eine Stelle unter den juristischen Hilfswißenschaften einnimmt.

5) Auch **Denkmäler sonstiger Art**, namentlich plasti- § g. sche und graphische Kunstwerke, selbst Baudenkmale, die Grabgewölbe, Columbarien u. dgl. werden in Zukunft für die Kenntniß des römischen Rechts nicht bloß schätzbare Notizen und mehrere als bisher liefern, wenn sich das Studium der **Archäologie** und das der Jurisprudenz in den Wirkungen wahrer wißenschaftlicher Methode begegnen[15].

---

(13) vgl. *I. Mabillon* de re diplom. Paris. 1681. u. 1709. Neap. 1789. 2 Bde. fol. *I. L. Walther* Lexicon diplomaticum *etc.* Ulm. 1756. 2 Bde. fol. Neues Lehrgebäude der Diplomatik. Erf. 1759. ff. 9 Bde. 4°. Schönemann Versuch eines Systems der Diplomatik. Hamb. 1801. f. 2 Bde. 8°. *U. F. Kopp* Palaeographia critica. Mannh. 1817. 4 Bde. 4°. s. auch *I. Nicolai* de siglis veterum L. B. 1706. 4°. und vgl. Note 10.

(14) Die älteren Werke, unter welchen *Ez. Spanhemii* Dissertt. de usu et praestantia numismatum, Lond. 1706. Amst. 1717. 2 Bde. fol. hervorzuheben sind, sind in dem wichtigsten, der Doctrina numorum veterum von *Ios. Eckhel* (Vindob. 1792...98. 8 Bde. 4°., nebst einem Bändchen Addenda, ebendas. 1826.) vol. I. p. CXLI. sqq. recensiert. vgl. auch *T. E. Mionnet* Description de medailles antiques *etc.* Paris. 1806. sqq. 12 Bde. 8°. Lexicon universae rei numariae ... ed. *I. C. Rasche.* Lips. 1785. sqq. VI tomi in 11 Bden 8°. u. 3 Suppl. Bden, und die im Anhange IX. angeführten Schriften Böckh's und Mommsen's. Ueber die Münzen Justinians besitzen wir eine treffliche, auch in die Zeitsch. f. g. R. W. XII. n°. 1. 4. aufgenommene Abhandlung von Pinder und Friedländer. (Unbedeutend ist *C. F. Hommel* Ipdentia numismatica und dazu *C. A. Klotz* Auctarium.)

(15) Manche für die Rechtswißenschaft förderliche Abhandlung findet sich in den Thesauri antiquitatum Romanarum von *I. G. Graevius* (Trai. ad Rh. 1694. sqq. und Venet. 1735. 12 Bde. fol.), von *A. H. de Sallengre* (Hag. Com. 1716. sqq. 3 Bde. fol.), *I. Polenus* (Venet. 1737. 5 Bde. fol.) und anderen antiquarischen Werken. Auch die Sammelwerke von *Ev. Otto* (Thesaurus iur. Rom. ed. II. Trai. ad Rh. 1733...35. 5 Bde. fol.), *Io. Gl. Heineccius* (Ipdentia Rom. et Att. L. B. 1738...41. 3 Bde. fol.), *Ger. Meerman* (Novus Thes. iur. civ. et can. Hag. 1751...53. 1780. 8 Bde. fol.), *Dan. Fellenberg* (Ipdentia antiqua. Bern. 1760. sq. 2 Bde. 4°.), *Ger. Oelrichs* (Thesaur. Dissertatt. Brem. 1771...76. 4 Bde. 4°.) und manche Abhandlungen in neueren Zeitschriften gehören hierher. Die Lehrbücher über röm. Antiquitäten von *Rosini* (zuletzt Amst. 1743. 4°.), *Nieupoort* (zul. L. B. 1802. 8°.), *Reitz* (Leipz. 1796. 8°.), *Al. Adam* (deutsch zul. 1832. 2 Bde. 8°.), *Fr. Creuzer* (Darmst. 1824. 8°.) u. a. sind bekannt, aber selbst an-

§. 26. Bearbeitungen der Institutionen.

§a. Von der paraphrasierenden Lehrweise der Zeitgenoßen Ju-
stinians haben wir an dem Werke des Theophilus[1] und von der
bei den neueren Byzantinern üblichen willkürlichen Zusammenstel-
lung der theils vollständig, theils auszugsweise übersetzten justi-
nianischen Rechtswerke mit späteren an den übrigen in § 23. be-
§b. zeichneten juristischen Schriften die anschaulichsten Belege. Wäre
der s. g. Brachylogus wirklich ein Document der ravennatischen
Lehrmethode[2], so würden wir diese nicht allein hoch über die Be-
handlungsweise des fränkischen Petrus[3], sondern auch über die zu-
§c. nächst bloß Worte erklärende der Glossatoren[4] stellen müßen. Auch
nach dem Wiederaufleben der humanistischen Studien und deren
Verbindung mit den juristischen blieben die exegetischen Bearbei-
tungen des seit dem 16. Jahrh. sehr häufig zugleich mitabgedruck-
ten Institutionentextes noch bis in das vorige Jahrhundert im Ge-
brauch, und nicht selten gehen diese voluminosen Institutionencom-
mentarien auch auf Particularrechte und den s. g. usus modernus
§d. ein[5]. Die Lehrvorträge befolgten meistens noch bis in dieses Jahr-

---

tiquiert, wie das dürftige Lexicon antiquitatum Romm. von *Sam. Pitiscus* (Leovard. 1713. 2 Bde. fol., abgedr. Venet. 1719. u. wieder Hag. Com. 1737. 3 voll. fol.). Neuere Bearbeitungen sind *G. F. F. Ruperti* Hdb. der Röm. Alterthümer. 3 Bde. 8°. Hannov. 1841...43. und das von Marquardt fortgesetzte Hdb. der röm. Alterth. v. *W. A. Becker*. Lpz. 1843. ff. bis jetzt 3 Bde. 8°. Sehr ungleich gearbeitet und in seinen juristischen Artikeln selten gelungen ist die voluminöse „Real-Encyclopädie der class. Alterthswißensch. in alphab. Ordn. Stuttg. 1839...52. 6 Bde. in 7 Abthll. 8°.

(1) s. § 23. *c*. (2) s. § 24. Note 20. (3) das. Note 30. (4) s. § 24. *n*. Savigny Gesch. des R. R. i. M. (vgl. VII. S. 166.) giebt Nachricht von den Institutionenglossen des *Bulgarus*, *Martinus Gosia*, *Hugo*, *Rogerius*, *Albericus*, *Placentinus*, *Io. Bassianus*, *Pillius*, *Cyprianus*, *Azo*. Die Glossa ordinaria zu den Institutionen hat *Accursius* noch einmal überarbeitet, während zu den übrigen glossierten Rechtsbüchern nur, so zu sagen, eine erste Ausgabe existiert.

(5) Spangenberg Einl. in das röm. just. Rechtsb. S. 307. ff. unterscheidet nach *Ludewig* Vita Iust. p. 45. sqq.: 1) historisch-kritische, 2) exegetische, 3) dogmatische, 4) praktische Bearbeiter, 5) Commentatoren, welche nach Ordnung der Institutionen einzelne Sätze derselben oder ganze Rechtslehren abhandeln, 6) solche, die vorzüglich auf die Vergleichung der Institutionen mit dem vaterländischen Rechte Rücksicht genommen haben, 7) durch kurze Anmerkungen den Text für Anfänger erläuternde, 8) Commentatoren einzelner Bücher u. s. w. Diese auf zu verschiedenen Eintheilungsgründen beruhende Unterscheidung ist wegen der gemischten Natur mancher Bearbeitungen nicht durchführbar. De multitudine nimia Commentatorum in Inst. klagt schon (Helmst. 1701. 4°.) Andreas Homborg († 1714.), der sie selber durch Praelectiones in Inst. (Helmst. 1703. 8°.) vermehrt hat. Der guten Bearbeitungen sind nie zu viele. Statt der im Anhange der ersten Ausg. dieses Buches gegebenen Uebersicht der Institutionenbearbeiter nach Nationen und der Zeitfolge, die hier doch nur als ein litterarisches Todtenregister erscheint, heben wir nur einige bedeutendere Commentatoren nach der s. g. Legalordnung her-

hundert die s. g. Legalordnung, und danach eingerichtete Lehrbücher ohne den Text der Institutionen sind seit der letzten Hälfte des 17. Jahrh. sehr häufig; hierbei wurde ganz regelmäßig nur die Aufeinanderfolge der Titel, nicht der einzelnen Sätze innerhalb dieser, beachtet. Jedoch kommen daneben, der mannichfaltigen Versuche § e. der Erklärung der Institutionen durch Analyses, Synopses, Praelectiones, Claves, Nuclei, Dissertationes, Exercitationes, Quaestiones, Disputationes, Observationes, Theses, Paratitla u. s. w. hier nicht zu gedenken, nach dem Vorgange ausführlicherer systematischer Darstellungen des röm. Privatrechts, z. B. des Connanus, Donellus, u.A., schon seit Ende des 16. Jahrhunderts Lehrbücher [6] und seit der letzten Hälfte des vorigen auch die Lehrvorträge immer ausschließlicher nach einer s. g. systematischen Ordnung vor, welche jedoch meistens nur eine Anpassung des Stoffs an das nicht richtig

---

vor: von den Italiänern Placentinus († 1192.), Azo († nach 1230.), Jo. de Blanosco (um 1250.), Jac. de Ravanis († 1296.), Wilh. Accursii († vor 1314.), Jac. de Buttrigariis († 1384.), Nic. Spinellus († nach 1394.), Baldus de Ubaldis († 1400.), Franc. Aretinus od. de Accoltis († 1486.), den Franzosen Petrus de Bella pertica († 1308.), Jo. Faber (vor 1350.), Barth. a Novaria (nach 1350.) u. dem Deutschen Henr. de Piro († 1470.) spricht Savigny in der Gesch. d. r. R. i. M. A. Außerdem mögen hier genannt werden die Italiäner Ant. Mureti († 1585.) Notae, Iul. Pacii a Beriga († 1635.) Isagogica, Iuris epitome, Synopsis, Analysis Instt. (*in* Opp. L.B. 1617. 6 Bde. fol.); die Franzosen Eguin. Baro († 1550.), Franc. Connanus († 1551.), Franc. Balduinus († 1573.), Cuiacius († 1590.), Franc. Hotomannus († 1590.), Hugo Donellus († 1591.), Alex. Chassaneus († 1631.), Emund. Merillius († 1647.); die Niederländer u. Friesen Hub. Giphanius († 1604.), Petr. Gudelinus († 1619.), Henr. Iac. Zoesius († 1627.), Hug. Grotius († 1645.), Arn. Vinnius († 1657.), Ant. Perez († 1674.), Ulr. Huber († 1694.), Io. Ortw. Westenberg († 1737.), Abr. Wieling († 1746.), und die Deutschen Io. Schneidewin († 1568.), Ioach. Hopper († 1576.), Matth. Wesenbecius († 1586.), Ioach. Mynsinger v. Frundeck († 1588.), Io. v. Borcholten († 1593.), Conr. Rittershusius († 1613.), Herm. Vulteius († 1634.), Reinh. Bachov ab Echt († 1635.), Helfr. Ulr. Hunnius († 1636.), Io. Harpprecht († 1639.), Geo. Frantzke († 1659.), Wilh. Ludwell († 1663.), Io. Brunnemann († 1672.), Casp. Mantz († 1677.), Io. Frid. Böckelmann († 1681.), Io. Schilter († 1705.), Ioach. Hoppius († 1712.), Lüder Menke († 1726.), Io. Glieb Heineccius († 1741.). Iust. Henn. Böhmer († 1749.), Ev. Otto († 1756.), Geo. Chstian Gebauer († 1773.). Von den Handschriften, Ausgaben und Uebersetz. der Institt. s. Anhang V.

(6) Die namhafteren Lehrbücher dieser Art sind von Geo. Ad. Struve († 1692., der s. g. kleine Struve), Carl Chph. Hofacker († 1793.), L. I. F. Höpfner († 1797.), Gust. Hugo († 1844.), C. G. Konopak, L. G. Madihn, Ferd. Mackeldey († 1834.), Theod. Max. Zachariae, Leop. Aug. Warnkönig, Conr. F. Rosshirt, F. A. Schilling, Theod. Marezoll, Chstian. Frid. Mühlenbruch († 1843.), Ad. v. Scheurl. Vor allen aber ist rühmend hervorzuheben Geo. Friedr. Puchta († 1846.) Cursus der Institutionen, zuerst Lpz. 1841. 2 Bde. 8°., dann 3. Ausg. besorgt von Rudorff. Lpz. 1850. f. 3 Bde. 8°. Die von deutschen Schriftstellern seit dem letzten Viertel des vorigen Jahrhunderts verfaßten Institutionencompendien rechnen sich bis auf die, deren Titel die s. g. Legalordnung selbst ankündigt, alle zu den systematischen.

aufgefaßte Institutionensystem (§ 28. und Anhang VI.) ist [7], wozu
in neuerer Zeit immer mehr die Vorausschickung eines s. g. allge-
meinen Theils [7*]) in Gebrauch gekommen ist, um die mitunter gar
nicht privatrechtlichen Begriffe und Bestimmungen, für welche
man unter den Rubriken 'Sachen-, Obligationen-, Familien-
§ f. und Erb-Recht' keine Stelle finden konnte, vorzutragen. Die
Lehrvorträge nach bloßen Grundrissen, denen auch wol Quellen
und Litteratur-Angaben und Chrestomathien hinzugefügt werden,
§ g. sind in diesem Jahrhundert immer häufiger geworden [8]. Die Spie-
lerei des Versificierens [9], so wie die, mnemonische Bilder zu machen [10],
§ h. ist vorzüglich auch auf die Institutionen angewandt worden. Auch
die mancherlei Versuche, den Inhalt in schematischer Form dar-
zustellen [11], sind meistens von geringem Werthe; von weit gerin-
gerem die Begünstigungen der Handwerksmäßigkeit der Rechtser-
lernung, den Inhalt der Institutionen in Fragen und Antworten
(Erotemata) zu faßen [12] oder Textesausgaben zu machen, worin die

---

(7) s. § 27. besonders Note 4. (7*) vgl. § 29. Note 6. (8) Sie sind meistens ohne die Belebung durch den dazu gehörigen Vortrag ganz unbedeutend. Zu nennen sind hier jedoch *Chstian. Glob. Haubold* (†1824.) Institutionum ... lineamenta. Lips. 1814. 8°. Inst. ... epitome, novae edit. prodromus. ib. 1821. 8°. Inst. ... lineamenta edid. *C. E. Otto*. ib. 1826. 8°. (reich an litterar. Nachweisungen), und der nach Savignys Vorlesungen ausgearbeitete Grundriss von Ludw. Pernice, Gesch., Alterth. u. Institt. des R. R. Halle 1821., und wieder 1824. 8°. G. C. Burchardi Gesch. u. Institt. des r. R. Kiel 1834. 8°. (9) *Honorati Draconis* Elem. iur. civ. s. Institt. in carmen contractae. Colon. 1566. 8°. (nach Lipen. auch Caii Inst. l. II. enthaltend) u. Basil. 1784. 8°. Berol. 1789. *Luc. Honorati* Inst. metrica epitome. Lugd. 1581. 16°. *Io. Weinreich* Praecipuae Instt. materiae carmine eleg. expr. Ien. 1621. Die Axiomata des *Scip. Dupleix* u. die Partitiones seines Bruders Franz; *Chr. Hayn a Löwenthal* Synopsis Inst. metrica. Lips. 1638. 12°. *Franc. Metani* Inst. lib. I. carminib. expos. Neapol. 1654. 8°. (10) *Nic. Bulacher* Tabulae Instt. c. imaginib. mnemonicis. Lps. 1617. Memoriale Inst. iur., quod libror. IV. titulos et singulos eor. paragraphos, itemque .. Dig. ... titulor. de V. S. et de R. I. leges singulas emblematibus et imaginibus ita efficta continet, ut ... memoriae imprimantur. Acc. Examen, quo Inst. ... in MCD et plures quaestiones sunt resolutae ... edid. *Ioh. Buno*. Ratzeburg. 1672. 4°. *Eiusd.* Imagines in Institt. Guelferb. 1670. fol. (11) *Dethl. Langenbeck*, Tabulae in Inst. Colon. 1555. fol. Ff. 1613. 4°. *Io. Viviennii* Schematisma *et c.* Colon. 1571. 1607. 8°. *Dan. Kolshorn*, Inst. iur. in tabulis. Ff. ad V. 1721. 4°. *Io. A. Haloander* (nicht der berühmte Kritiker Gregor H.) Inst. imp. *ἀναλυσεις* s. Resolutiones *σχηματισμοῖς* delineatae. Argent. 1575. fol. *Io. Steckii* Tabulae analyticae. Basil. 1615. 4°. *H. Bacmeister* Tab. cont. connexionem Inst. Tubing. 1614. *Pauli* Fuchsen Tabellae iuridicae sec. ord. Institt. Ien. 1665. fol. Die, manchen gothofredischen Ausgaben des Corp. iur. civ. vorgedruckten Tabellen. *Henr. Beza*, alias Friedlieb X tabulae in Inst. Rost. 1626. *Io. Christianaei* Inst. iur. per tabulas. Amst. 1673. *Lud. Mencke* Tractatio synoptica Inst. in tabb. redacta. Lips. 1698. 1711. fol. *Ern. Tentzel* Tabulae Inst. Hal. 1700. fol. *Andr. Mylius* Conspectus *et c.* Ratisb. 1738. fol. Inst. per tabb. synopticas digestae. Florent. 1808. fol. *Benj. Mazet* Tableau analyt. des Instit. de Iustinien. Montpell. 1828. fol. u. a. (12) z. B. von *Lud. Bebio*,

auswendig zu lernenden Sätze und Worte roth, die übrigen schwarz gedruckt sind [13].

System.

§. 27. I. Die Bedeutung des Systems überhaupt.

System ist die wißenschaftliche Darstellung nach der Seite ihrer § a.
inneren Form; es ist die wißenschaftliche Gestaltung der Begriffe und Bestimmtheiten zu einem entsprechenden Ganzen; nicht bloße Anordnung, Aufstellung und Darstellung der Begriffe nach beliebigen Unterscheidungsgründen und Merkmalen, sondern der Ausdruck des Zusammenhanges der Begriffe selbst durch die Darstellung. Dieser Zusammenhang der römischen Rechtsbegriffe muß § b.
sich anders gestalten, je nachdem er von verschiedenen Standpuncten aufgefaßt wird; diese aber sind durch die Verschiedenheit der Volksgeister und Zustände, durch Bildung, Lebens-Verhältnisse und Bedürfnisse, sowol des Volkes, welchem das zu betrachtende Recht, als desjenigen, welchem der Betrachtende angehört, bedingt [1]: auch das Rechtssystem ist der Vervollkommnung wie der Verderbung fähig, nicht unwandelbar (§§ 7. 8.): dem Römer erschien sein Recht als ein anderes System, als es uns von ganz verändertem Standorte aus, unter ganz anderen Bedingungen der Auffaßung erscheint. Als ein historisch gegebenes können wir § c.
das Institutionensystem des Gaius und der justinianischen Institutionen, so wie jede sonstige antike systematische Darstellung des Rechts, sofern es uns nicht an den Erkenntnißmitteln fehlt, begreifen und würdigen; hervorbringen könnten wir es nicht [2].

Conr. Wolff, *Chr. Freisleben* oder *Phreyslebius*, *Aeg. Cassarellus*, das oft gedruckte des *Ant. Perez* u. a. (*13*) z. B. Institutiones typis variae; rubris nucleum exhibentibus. Amst. Wetsten. 1710. 16°. mit dem Motto vor dem Text „... Succum *rubra* dabit littera, nigra nihil".

(*1*) Die ganz individuellen, nur in dem einzelnen Betrachter liegenden Einflüße übergehen wir hier als zufällige absichtlich: ihre Wirkung ist Mangel- oder Fehlerhaftigkeit der Darstellung, wenn diese von einem allgemeinen Standpuncte aus gewürdigt wird. Da aber jene Zufälligkeit sich unvermeidlich an jede systematische Darstellung heftet, so muß sich jede bescheiden, nur als Versuch angesehen zu werden. (2) Wie der Greis seine Jugend ganz, aber gar nicht als Jüngling kennen und darstellen kann, so weit ihn nicht Gedächtnißmangel hindert, so können wir die römischen Rechts-Begriffe und Bestimmungen, so weit es uns nicht an Quellen für das Studium mangelt, alle, aber nur von unserem Rechtssysteme aus wißen und darstellen. In Betreff der Bildung und Erkenntniß des Privatrechts können mehr oder weniger die Juristen in allen heutigen europäischen Staaten Alten verglichen werden im Verhältnisse zu den hierin in der vollesten Lebenskraft stehenden classischen Juristen der Römer.

Aber als Juristen — denn anders verfährt der Erforscher der Rechtsalterthümer als solcher[3] — studieren wir die römischen Rechtsbegriffe und deren Zusammenhang für unser Rechts-Leben und System, und in diesem sind auch die bei uns an sich noch unverändert geltenden römischen Rechtsbestimmungen doch insofern modificiert,
§ d. als die einzelne Bestimmung im System ein Glied ist. Hieraus ergiebt sich für die rechtswißenschaftliche Darstellung des römischen Privatrechts die Aufgabe einerseits wenigstens eine Ansicht des römischen Systems[4] zu geben, wobei wir uns hier auf das der beiden Institutiones beschränken[5] (§ 28.), andererseits eines Versuches der Systematisierung der Bestimmungen des römischen Privatrechts von dem Standpuncte unserer Rechtserkenntniss aus und für diese. (§ 29.)

§. 28. II. Das System der gaianischen und justinianischen Institutionen *).

§ a. Der Untersuchung, in wie weit das von Gaius in seinen In-

(3) Ausdrücklich sei hier vor dem Missverstand gewarnt, als ob die Erkenntniss der Rechtsalterthümer dem Juristen entbehrlich wäre (s. § 25.); der Text sagt nur, die Kunde der Rechtsalterthümer sei noch nicht Rechtswißenschaft.

(4) Das System, als die Darstellung der Begriffe, wie sie in ihrer Bedeutung durch ihr Verhältniss zu einander bedingt sind, nicht bloß ihrer Aufeinanderfolge, ist nur in seiner Ausführung wirklich; aber ein richtiger Plan oder Grundriss des röm. Institutionensystems, wie ihn solchen der Anhang VI. tabellarisch aufzustellen versucht hat, ist nicht allein für das Studium der Ausführung, welche wir in jenen Institutionenwerken selbst besitzen, förderlich; sondern auch deshalb nöthig, weil die gangbaren Ansichten über das röm. Institutionensystem in vielen wesentlichen Stücken der Berichtigung gar sehr bedürfen. Die Anordnung der Materien und die Reihefolge der einzelnen Lehren und Rechtsbestimmungen sind es nicht, aus deren Anschauung das System erkannt wird, sondern die begriffsmäßige Zusammenfügung jener zu einem ganzen; und diese läßt sich in schematischer Form am übersichtlichsten angeben: die wahre Form ist freilich nur die wißenschaftliche Ausführung. Wenn man bei uns so häufig Lehrbücher 'systematische' nennt und im Gegensatze von der s. g. Legalordnung redet (§ 26.), so ist dieses (des in Beziehung auf viele Lehrbücher ganz unbegründeten Euphemismus zu geschweigen) schon darum zu tadeln, weil die letztere wirklich ein System ist, wenn auch nicht ein System *unseres* römischen Rechts.

(5) Von dem das Edict befolgenden Plane der übrigen justinianischen Rechtswerke s. § 21. *h*...*l*, *o* und den Anhang I.| Den Plan der übrigen in den justin. Digesten excerpierten Institutionenwerke von Marcianus (XVI libri), Florentinus (XII libri), Callistratus (III libri), Ulpianus (II libri s. oben § 18. Note 14.) und Paulus (II libri), kennen wir nur unvollständig; er scheint im wesentlichen mit dem der gaianischen Institutionen übereinstimmend. vgl. Hugo Gesch. des R. R. 11. Aufl. S. 43. ff. 847. ff.| Jac. Gothofred (§ 13. Note 11.) hat den Versuch gemacht, die Ordnung der 12 Tafeln, der Lex Iulia und Papia, des Edictum perpetuum und der Schriften des Sabinus, so wie der Commentarien dazu von Pomponius, Ulpianus und Paulus, nachzuweisen.

(*) vgl. § 26. Note 10. *Gebauer* Ordo Inst. Iust. Gotting. 1752. 8°. *G. Th. L. Ma-*

stitutionen durchgeführte System schon älterer Zeit angehöre, fehlt es an den Erkenntnisquellen, um zu einem förderlichen Ergebnisse zu führen. Die justinianischen Institutionen haben, soweit nicht die in den voraufgegangenen fast vier Jahrhunderten eingetretenen Aenderungen des Rechts, und in manchen Puncten auch Missverständnisse und Flüchtigkeiten der Compilatoren Abweichungen herbeigeführt haben, im wesentlichen das gaianische System.

Einleitungsweise wird der Gegensatz des einem einzelnen Staa- § b. te eigenthümlichen Rechts (ius civile, ius quod quisque populus ipse sibi constituit, ius proprium alicuius civitatis) und des ihm mit anderen civilisierten Nationen gemeinsamen (ius gentium, quasi quo iure omnes gentes utuntur) hervorgehoben; darauf werden die Quellen des röm. Civilrechts bezeichnet. Die justinianischen Inst. § c. eröffnet eine Constitution des Kaisers über Entstehung und Bedeutung des Werks und ein hauptsächlich aus Ulpians Institutionen entlehnter einleitender Titel de iustitia et iure; danach behandeln sie, ebenfalls nach Ulpian, jene Unterscheidung des ius civile und gentium im Gegensatze zum ius naturale, zu den Rechtsbestimmungen über Verhältnisse, welche sich auf die animalische Seite der menschlichen Natur beziehen; jedoch ohne den Unterschied des ius naturale und gentium irgend anzuwenden oder fest zu halten [1]. Zur Grundeintheilung einer systematischen Einleitung § d. in das römische Civilrecht, einer elementaren Darstellung der Grundbegriffe desselben, (und nur dieses, nicht eine Darstellung der Privatrechts-Institute und der dafür geltenden Bestimmungen wollen die Institutiones sein) eignet sich jene zwei- oder gar dreigliederige Eintheilung nicht. Der oberste Satz ist vielmehr dieser: § e. Omne ius quo utimur [2] vel ad personas pertinet, vel ad res, vel

---

rezoll Comm. de ordine Institutionum. Gotting. 1815. 4°., Puchta Betrachtungen über alte u. neue Rechtssysteme im Rhein. Mus. für Jurispr. III. S. 115. ff., *Fr. Guil. Unger* de duorum praecipuorum iurisprudentiae apud veteres systematum [näml. der Institutionen u. der Digesten] tam indole quam origine libellus. Hannov. 1834. 4°. p. 9...20., der in den Hauptpuncten den richtigen Weg betreten hat, Savigny Syst. §§ 52...59., meine Tabulae delineationem systematis Gaianarum Iustinianarumque Institutionum inter se comparati exhibentes, ex arte in formam indicis redactae, sowol besonders als auch als Beilage zu Gaius. Bonn. (1841. 1845. und) 1850. 12°., welche ignoriert sind in B. W. Leist Versuch einer Gesch. der röm. Rechtssysteme. Rost. 1850. 8°., wo § 16. über 'das Gaiische und Justinian. Institutionensystem' aus den alten Irrthümern neue gemacht worden sind.

(1) s. unten § 92*. c. d. (2) d. h. das römische ius civile, ohne Rücksicht darauf, ob es ursprünglich commune omnium hominum ius, oder solches sei,

ad actiones [3]. Eine Uebersicht der Ausführung giebt der Anhang VI. unten S. *22...*31.

§. 29. III. System des römischen Privatrechts von unserem Standpuncte aus*).

§ a. Das römische Privatrecht im objectiven Sinne (§§ 8.2.) als die Grundlage unserer heutigen Civilrechtswißenschaft (§§ 23. 24.) begreift in sich viele Rechtsbestimmungen und selbst ganze Rechtseinrichtungen oder Institute [1], welche unser heutiges Rechtsleben abgestreift und gleichsam als Entwickelungshüllen hinter sich gelaßen hat [2]; auch haben, eben weil das Recht ein lebendiges, sich bewegendes (§ 7.) und System (§ 27.) ist, unsere heutigen Rechtseinrichtungen vielfältig eine andere Bedeutung, als die gleichnamigen
§ b. römischen [3]. Diese historische Bewegung des sich bildenden

---

quod populus Romanus ipse sibi constituit. *Gai.1*,1. (3) nicht: ius personarum, ius rerum, ius actionum est. vgl. Savigny Syst. I. S. 401. Note *m*. u. besonders unten Anhang VI. S. *22. ff.

(*) vgl. Puchta u. Savigny zu § 28. Note *, Gaertner in den Jahrb. für wißensch. Kritik 1840. 4°. n°. 16...20. Puchta Institt. §§ 6. 21...30. (*1*) 'Rechtsinstitute' nennen wir das mit dem ganzen Volksleben im Zusammenhange stehende Allgemeine der besonders gestalteten Arten von Verhältnissen der Rechtssubjecte zu einander und zu den Rechtsobjecten, z. B. das Rechtsinstitut der Vormundschaft, des Eigenthums, der Consensual-Contracte u. dgl. „Jedes Rechtsverhältniß steht unter einem entsprechenden Rechtsinstitut als seinem Typus, und wird von diesem auf gleiche Weise beherrscht, wie das einzelne Rechtsurtheil von der Rechtsregel". Savigny Syst. § 5. „Die Rechtssätze, die das Recht eines Volkes bilden, sammeln sich in gewisse Massen, nach den Verhältnissen, die sie bestimmen; solche Massen von Rechtssätzen heißen Rechtsinstitute". Puchta Institt. § 6.
(2) So ist die ganze Lehre von den personis alieno iuri subiectis und insbesondere der patria potestas des römischen Rechts für unsere heutige väterliche Gewalt nur die ganz verdeckte Grundlage, und gleichsam abgestorbenes, unorganisch-gewordenes, nur als Aus- oder Durch-gangsform in historischem Zusammenhange mit dem Eltern- und Kindes-Verhältniß des jetzigen Rechts. So erscheinen in der Lehre von den dinglichen Rechten und den Obligationen nach justinianischem Recht manche, noch zu Gaius Zeit organisch mit dem römischen Rechtsleibe verbundene Gestaltungen als abgestorbene Exuvien. Das Actionenrecht erfuhr in den verschiedenen Perioden des römischen Rechtslebens die wesentlichsten Metamorphosen. Besonders eigenthümlich ist der Bildungsgang des römischen Erbrechts: dieses auf Familienrecht beruhende und aus ihm hervorgehende Vermögensrecht schied nicht sowol die früheren Bildungsformen von sich aus, sie zurücklaßend, als vielmehr diese neueren Gestaltungen die früheren in sich aufnahmen und sie belebten, indem sie dieselben modificierten. Gerade an dem römischen Erbrechte läßt sich am leichtesten und vollständigsten zeigen, wie Rechtsbestimmungen, an sich unverändert, durch Aenderungen ihrer Stellung im Rechtssystem wesentlich andere Bedeutung erhalten, z. B. das civile Erbrecht durch das daneben sich bildende prätorische Erbfolgesystem. (3) Wesentlich hat sich das Familien-Güterrecht durch den veränderten Gehalt des ius über freie Personen, das Vormundschafts- und Erb-Recht durch die veränderte Bedeutung der familia (in personas deducta) und die Verdrängung der agnatio durch die cognatio, das Actionenrecht durch das neue Verfaßungswesen und den Sieg des

Rechts darf im Systeme nicht vernachläßigt werden (§ 9.); die Erkenntniss der Entwickelungsbildungen ist zu der eines Organismus selbst wesentlich[4]; aber so wie Nachweisung der verschiedenen Bildungs-Stufen oder Zustände eines natürlichen Organismus nicht organische Physiologie ist, so ist auch nicht die Geschichte des Rechts System desselben. § c. Die Rechtsdogmen (§ 9.) sind die Glieder, welche sich als die historisch werdenden und gewordenen, zugleich in ihrer Relativität und Abhängigkeit und in ihrer Selbständigkeit und Thätigkeit für sich, gegenseitig sich stützend und tragend, als Rechtssystem zu einem Ganzen verlebendigen. § d. Das System des Privatrechts wird und ist so selbst Glied im ganzen Rechtssystem, wie dieses im System der erscheinenden Geistigkeit des Volks, das Volk im Systeme der Staaten, diese in dem der Menschheit, welche selbst ein Glied im System der dennoch absoluten Einheit des Göttlichen ist (§ 1. *e.*)[5].

§ e. Da wir das Privatrecht, das die Privatrechtsverhältnisse beherrschende allgemeine (§ 2.) darstellen wollen, so muß unser System ein System der Rechtsbestimmungen, der die Privatrechte normierenden Sätze sein[5*]): die Rechtsverhältnisse sind selbst die concreten Ge-

---

ius gentium über das ius civile umgestaltet u.dgl.m. (4) Jeder Organismus, sowol leiblicher als geistiger, ist eben als Organismus selbst ein Process und Progress von Entwickelungsbildungen, ein erscheinendes und als solches endliches; das in ihm und durch ihn erscheinende aber ist das unendliche und wahre. So auch das Recht und die Rechtswißenschaft. (5) Wenn sich, wie es schon geschehen ist, die Behauptung vernehmen läßt, auf das System komme es in der Rechtswißenschaft nicht sehr oder (was nicht schlimmer ist) gar nicht an, sondern nur auf die Richtigkeit der einzelnen Rechtssätze u.dgl., so ist die Gedankenlosigkeit schlimmer, als wenn jemand behauptete, an einem Menschenleibe könne der Kopf die Stelle des Bauches einnehmen und doch Kopf sein, das Obere das Untere, das Hintere das Vordere sein: spectatum admissi risum teneatis amici? — Pes et caput *uni* reddatur formae! Jene Behauptung ist die Verzweifelung der Eitelkeit, welche sich zu belügen sucht, was sie nicht aufzuzeigen habe, existiere nicht; so wie andererseits die Behauptung, das wahre System ganz und vollständig aufgefaßt und dargestellt zu haben, thörichten Hochmut bekunden würde. vgl. § 27. u. Note 1. das. (5*) Puchta Inst. §§ 21...30. unterscheidet 1) ein System der Rechtsverhältnisse, dessen Grund die Verschiedenheit der Persönlichkeit sei, und dessen privatrechtliche Glieder folgende seien: der Mensch als einzelner; Sachen, Kräfte, Eigenthum, Rechte an fremden Sachen, Obligationen (Vermögen); der Mensch als Glied der Familie; Beziehung der Familie auf das Vermögen (privatrechtliche Seite), auf Staat und Kirche (politische und kirchliche Seite); 2) ein System der Rechte, dessen Grund die Thätigkeit der Person sei, dessen Glieder seine Rechte an Sachen, Handlungen, Personen und zwar an anderen und an der eigenen Person. Daß und weshalb wir diese ganze Eintheilung nicht billigen können, ergiebt sich aus dem Texte. vgl. auch unten § 99. Note 3.

staltungen des rechtlichen oder des sich für sich im Verhältniss zu Anderen (durch Handlungen oder Unterlaßungen) ausführenden persönlichen Willens, wie er sich seinem Begriffe, seiner eigenen Wahrheit entsprechend oder widersprechend bestimmt hat; diese Wahrheit ist eben das Recht, die Rechtsbestimmung (§ 1.), so wie die ihr entsprechende Macht der Person das Recht als Befugniss ist (§ 2.). Wir werden aber zuerst die Rechtsbestimmungen, welche die Factore oder Voraussetzungen der Rechte sind, dann diejenigen, welche diese selbst beherrschen, und zwar von den unmittelbarsten zu den vermitteltsten Privatrechten fortschreitend, in drei Büchern, deren jedes aus drei Kapiteln besteht, betrachten:

I. Voraussetzungen der Privatrechte[6]:

A. Von der Rechts- und Handlungs-Fähigkeit der Menschen oder die Lehre von den Personen oder **Rechtssubjecten** und ihrer juristischen Bedeutung.

B. Von den Sachen oder den **Rechtsobjecten** und deren juristischer Natur.

C. Von der Beziehung des Willens des Subjects auf das ihm objective oder von den **Rechten** überhaupt.

---

(6) Im wesentlichen bildet den Inhalt dieses ersten Buches dasjenige, was sonst als 'allgemeiner Theil' (vgl. § 26. e.) dem 'besonderen', welcher unserem zweiten und dritten Buche zwar nicht in der Anordnung, aber dem Stoffe nach entspricht, vorausgeschickt zu werden pflegt; nur daß unser letztes Kapitel, das Actionenrecht, von Anderen sehr verschiedentlich abweichend behandelt und theils zumeist in den allgemeinen Theil, theils zu den einzelnen Rechten, welche in ihrer Sichgeltendmachung die Actionen sind (§ 131. Note 2.), gezogen wird, was zwar einem System unseres heutigen, nicht aber dem des römischen Privatrechts entspricht.| In einem System der Rechtsbestimmungen ist die Bezeichnung 'allgemeiner Theil' für das unter solcher Rubrik vorgetragene unrichtig, indem z. B. die Bestimmungen über Persönlichkeit, über die juristische Bedeutung der Altersstufen, über die Erfordernisse der Rechtsgeschäfte u. dgl. an sich nicht allgemeiner sind, als die Bestimmungen über Eigenthum, über Verträge, ja über die unbedeutendste Servitut, die seltenste Vertragsform: alle diese Bestimmungen sind allgemeine, die Privat-Rechte und Rechtsverhältnisse beherrschende, sie alle sind Obersätze zu dem Urtheil über einzelne Rechte. Nur einem System der Rechtsverhältnisse, welches darauf ausgienge, für alle möglichen Combinationen der rechtlichen Elemente der Thatsachen und Beziehungen der Menschen aufeinander die Regeln aufzustellen, das aber eben wegen der maßlosen Mannichfaltigkeit jener Combinationen eben so unmöglich ist, als es unmöglich ist, das lebendige als ein unveränderliches, unbewegliches, starres in Wahrheit darzustellen, nur einem solchen Systeme würde jene Unterscheidung eines allgemeinen und eines besonderen Theiles angemeßen sein; der besondere Theil aber wäre dann Casuistik, der allgemeine eben die Rechtstheorie.| In wieweit unser erstes Buch dem Inhalte der Quellen-Institutiones (§ 28. Note 3.) entspreche, darüber kann hier nur auf eine Vergleichung des vorigen mit diesem Paragraphen verwiesen werden.

II. Die einfachen Privatrechte: §g.

A. Die Macht des Privatwillens über die Sache: Lehre von (dem Eigenthum und) den dinglichen Rechten. Der Privatwille ist hier der unmittelbar die Sache beherrschende Einzelwille, welcher zu dem Willen Anderer nur ein negatives Verhältniss hat.

B. Die Macht des Privatwillens über den Privatwillen: Lehre von den Obligationen oder Schuldverhältnissen. Auch hier ist der Privatwille der Einzelwille, aber in positivem Verhältniss zum Einzelwillen Anderer; der Creditor hat ein Recht auf Willensäußerung des Debitors, er beherrscht die Sache nur mittelbar, durch die Willensbestimmung des Debitors, durch die Leistung.

C. Die Macht der Privatperson als des Gliedes eines (natürlich-sittlichen) Rechtskreißes über den Privatwillen Anderer als ebenfalls Glieder desselben Rechtskreißes: Lehre von dem (s. g. reinen) Familienrecht. Der Privatwille ist hier nicht mehr der abstracte Einzelwille, sondern der durch den Begriff der Familie und sein Verhältniss in derselben vermittelte; in diesem Verhältniss aber findet nun ohne weiteres, unmittelbar, eine Unter- und Ueber-Ordnung der Willen der Personen, welche Familienglieder sind, statt, weshalb man auch das Familienrecht als unmittelbare Herrschaft des (durch die Familie) vermittelten oder mittelbaren Privatwillens bezeichnen könnte.

III. Die zusammengesetzten Privatrechte oder das Ineinanderwirken derselben: §h.

A. Die Vermögensrechte (II. A. u. B.) unter dem Einfluße der Familienrechte (II. C.), oder die Gestaltungen der dinglichen und obligatorischen Rechte im Zusammentreffen mit Familienrechten in demselben Subjecte: das Familiengüterrecht[7].

B. Die in Vermögensrechte übergehenden Familienrechte oder die Gestaltungen der in andere Subjecte desselben natürlich-sittlichen Rechtskreißes übergehenden dinglichen und obligatorischen Rechte[8]: das Erbrecht.

---

(7) Die Bezeichnung 'angewandtes Familienrecht', von der Anwendung der familienrechtlichen Bestimmungen auf die vermögensrechtlichen, ist schief und daher leicht Missverständnissen ausgesetzt. Nur das s.g. reine Familienrecht ist Familienrecht; das s.g. angewandte ist unter den Familiengliedern geltendes Vermögensrecht.

(8) Es wird sich im dritten Buche herausstellen, daß auch nach römischer Rechtsansicht alles Erbrecht eigentlich ein Recht der Familienglieder, das testamentarische Erbrecht nur aus der Möglichkeit und Statthaftigkeit

C. Der privatrechtliche Wille im Kampfe um Geltung gegen den an sich gleichberechtigten Privatwillen des Andern unter der Herrschaft des allgemeinen Willens oder des Rechts als der von jenen Willen selbst anerkannten und hinwieder deren Rechtlichkeit selbst bedingenden und entscheidenden Macht; oder die Gestaltungen der Privatrechte durch das Streitigwerden derselben: das Actionenrecht[9], an dessen Gränze mit dem Civilprocesse die Theorie des öffentlichen Rechts beginnt.

---

hervorgegangen ist, das natürliche Element in dem sittlichen Bande der Familie durch den rechtlichen Willen zu ersetzen. Das Testament macht den dazu ernannten Erben in Beziehung auf die Nachlaßenschaft des Testators zu dessen Familienglied, wie die Adoption ein von Natur nicht dazu gehöriges Glied in die Familie bringen, die Emancipation (nach älterem Rechte) den von Natur der Familie Angehörigen aus der Mitgliedschaft heraus versetzen kann. Die auch mit der Testamentserrichtung ursprünglich wesentlich verbundene sacrorum detestatio ist für das gesagte, gleich der hier in Betracht kommenden Bedeutung des Worts familia (*Gai.* 2,104. „familiam pecuniamque tuam ... recipio“), hinlänglicher Beweis. vgl. *Gell.* 15,27. „iisdem comitiis ... sacrorum detestatio et testamenta fieri solebant“. s. auch Dens. 5,19. u. 6,12. *Serv.* ad Aen. 2,ⱴ.156. Göttling Gesch. der Röm. Staatsverf. S. 177. 184.

(9) Ueber den Unterschied des Actionen- und des Proceß-Rechts s. vorläufig Anhang VI. S. *30. Z. 5. ff.

Erstes Buch.

Die Voraussetzungen der Privatrechte.

Erstes Kapitel.

Die Rechtssubjecte,

oder von der Rechts- und Handlungs-Fähigkeit der Personen.

---

§. 30. Begriff, Entstehung und Ende der Persönlichkeit.

Die **Persönlichkeit** als die Eigenschaft, einen Willen für § a. sich haben zu können, ist im Gebiete des Rechts identisch mit 'Rechtsfähigkeit', der Eigenschaft, möglicher Weise einen juristischen Willen für sich zu haben, welcher, soweit er nicht dem allgemeinen Willen, dem Rechte, zuwider ist, allgemein gilt, **Rechtssubject** zu sein [1]. Diese Eigenschaft kommt von Natur allen Menschen, aber § b. auch nur den Menschen zu, als welche allein mit Willenseinheit von der Natur begabte Individuen sind [2]: iure naturali sind alle Menschen, und nur die Menschen, Personen und rechtsfähige Individuen [3]. Diese Rechtsfähigkeit unterscheidet sich von der **Handlungsfä-** § c. **higkeit**, wie Möglichkeit von Wirklichkeit: handlungsfähig ist nur die Person, welche wirklich einen Willen für sich hat, denselben zu bethätigen fähig ist, und zwar (nach §§ 2.3.) rechtlich handlungsfähig nur diejenige, deren Wille als wirklicher, durch die Person selbst sich bethätigender im und vom Staate anerkannt ist. Im § d.

---

(1) § 12. *I. de iure nat. 1*, 2. „.. personae, quarum causa (ius) constitutum est ..". *Theophil. pr. de iure person. 1*, 3. *L. 2. D. de statu hom. 1*, 5. § 37. *I. de rer. div.* 2, 1. u. Schraders Note zu dieser Stelle, in welcher auch Genes. I. 26. sqq. angeführt werden konnte. Die **Rechtsfähigkeit** ist der positive, die **Rechtssubjectivität** der negative Bestandtheil im Begriffe der Person als des Staatsmitgliedes. (2) Diese natürliche Eigenschaft, naturalis facultas eius quod cuique facere libet, bezeichnet Florentinus als libertas, und den Gegensatz, die servitus, als constitutio (Institut) iuris gentium, qua quis dominio alieno *contra naturam* subicitur. *L. 4. pr. D. eod.* § 1. *I. de iure pers. 1*, 3. (3) *L.* 32. *D. de R. I.* 50, 17. Die Etymologien persōna von persōnare (*Gaius Bassus* bei *Gell.* 5, 7.) oder von *πρόσωπον*, oder gar von *περιζώνη* oder *περὶ σῶμα*, sind wol alle eben so unrichtig, als für die Erkenntniss des juristischen Begriffs unfruchtbar.

Staate kann aber einerseits selbst der *Willensfähigkeit* von Menschen die rechtliche Anerkennung verweigert werden; so erkennt das römische Recht, gleich dem aller anderen Staaten des Alterthums, die Willensfähigkeit der Sclaven nicht an und erklärt daher,
§ e. der servus sei iure gentium nicht Person[4]. Der servus bildet also als bloßer homo nach römischem Recht einen Gegensatz zu der Person, welche es von Natur *und* im Rechte ist; diese nennen wir die *physische* oder *natürliche* Person, singularis persona, persona schlechthin, in der Mehrzahl auch singuli[5]; das Substrat, der Träger (τὸ ὑποκείμενον) dieser Persönlichkeit ist die
§ f. natürliche leibliche Individualität des Menschen, der homo[6]. Andererseits kann im Staate für die juristische Behandlung die Persönlichkeit an ein Substrat geknüpft werden, welchem leibliche Individualität und natürliche Willenseinheit nicht zukommen; es können Subjecte, welche nicht Menschen sind, als Personen gelten[7]; wir nennen sie daher *juristische Personen*, auch wol, wegen der ihnen beigelegten, von Natur aber mangelnden Willensfähigkeit, *moralische* oder *mystische*, oder, weil in der rechtlichen Behandlung eine Persönlichkeit angenommen wird, wo solche von Natur nicht existiert, *fingierte Personen*; die römische Sprache pflegt den Begriff zu umschreiben, z. B. personae, domini vice, loco esse, fungi, haberi; personam defuncti sustinere, defuncti locum optinere u. dgl.; nur einzelne Arten bezeichnen die Benennungen universitas (hominum), populus, civitas, ordo, curia,

---

(4) Note 2. a. E. Der servus ist nur homo und wird daher vorzugsweise unter dieser Benennung den Personen entgegengesetzt, als res neben cetera animalia genannt, z. B. *Gai*. 2, 32. 260. (5) z. B. *L*. 9. § 1. *D. quod met. c*. 4, 2. „.. sive singularis sit persona, .. vel populus vel curia vel collegium vel corpus ..“. vgl. *L*. 195. § 1. *D. de V. S.* 50, 16. (6) Note 4. Einem Individuum kann die Vertretung einer Persönlichkeit in verschiedenen Rechtskreißen zukommen, so daß es als diese und jene Persönlichkeit gilt; so sagt z. B. *Cic*. de or. 2, 24. § 102. „tres personas unus sustineo, .. meam, adversarii, iudicis“. *Iul. L*. 1. § 4. *D. de stip. serv*. 45, 3. „Communis servus duorum servorum personam sustinet“. Auch sonst wird der servus als mögliche Person, als Mensch 'persona servi oder servilis' genannt. *L*. 215. *D. de V. S.* 50, 16. *L*. 22. *pr. D. de R. I.* 50, 17. *L*. 86. § 2. *D. de leg*. 1. 30. cf. *Gai*. 4, 135. vgl. unten § 36. (7) Die juristische Person hat also nur in so weit Persönlichkeit, als ihr solche zugestanden worden ist, und kann nie Subject solcher Rechte sein, welche leibliche Individualität der Person voraussetzen, z. B. sie kann keine Familiengewalt über Freie haben, nicht Ehe eingehen, Vormundschaft übernehmen, beerbt werden, Testament machen u. s. w. vgl. § 62. *l*. Dagegen konnte die juristische Person solche Familienrechte haben, welche bloß Folgen von Vermögensrechten waren, wie z. B. die *potestas* in servum und folgeweise den Patronat.

collegium, corpus, res publica, fiscus, ecclesia u. s. w.[8]. Als einer bestimmbaren menschlichen Individualität ermangelnde ist die juristische eine incerta persona (§ 62. Note 1.).

Die Entstehung und Beendigung der Persönlichkeit ergiebt sich § *g.* aus deren Begriff von selbst. Es entsteht nämlich die Person dadurch, daß das Substrat, welchem für sich ein Wille zukomme, existiert und dessen Eigenschaft, einen Willen für sich haben zu können, im Staate anerkannt wird. Nach einem Grundsatze unseres Rechts, in welchem die Sclaverei hinweggefallen ist, entsteht also mit jedem Menschen eine Person, und es bedarf für ihn nicht einer besonderen Anerkennung der Persönlichkeit durch den Staat, wie für die juristische Person, welcher die Willenseinheit nicht unmittelbar, von Natur, zukommt, sondern nur durch den Staat und nur in rechtlicher Beziehung beigelegt wird[9]. Das Ende der Persön- § *h.* lichkeit tritt ein mit aufhörender Existenz des Substrats oder mit Entziehung der vom Staate anerkannten Willensmöglichkeit für das Subject, welcher letztere Beendigungsgrund nach dem auch hier geltenden Satze unseres Rechts, daß der Mensch Person sei, bei der physischen Person nicht vorkommt[10].

Erster Abschnitt.

Von den physischen Personen.

§. 31. Uebersicht.

Die Voraussetzungen oder Erfordernisse der Persönlichkeit, der § *a.* Rechtsfähigkeit der menschlichen Individuen (§ 30.) sind nach römischem Rechte nicht bloß natürliche, die physische Existenz (§ 32.), sondern zugleich rechtliche, die vom Staate anerkannte Freiheit (§§ 33. ffe.), welche nach unserem Rechte keinem Menschen fehlen kann. Dann aber sind nicht alle Personen, wenn sie gleich § *b.* alle rechtsfähig sind, es in gleichem Umfange; noch auch ist die Handlungsfähigkeit aller Personen dieselbe: das Recht kann und soll die natürliche und sittliche Ungleichheit der Menschen nicht weiter aufheben, als daß es ihnen allen Persönlichkeit zuerkennt:

(8) Note 5. und §§ 62...66. (9) s. § 63. Note 1. (10) Auch der s.g. bürgerliche Tod heutiger Particularrechte entzieht dem Bestraften nicht die ganze Persönlichkeit. Wer servus wurde, verlor alle wirkliche Persönlichkeit, morti servitus comparatur. (*L.* 32. § 6. *D. de don. i. v. et ux.* 24, 1. *L.* 209. *D. de R. I.* 50, 17. *L.* 59. § 2. *D. de cond. et dem.* 35, 1. *L.* 5. *pr. D. de bon. damn.* 48, 20. vgl. unten § 58. Noten 53. f.

Rechts- und Handlungs-Fähigkeit sind vielfach bedingt und beschränkt theils durch natürliche Eigenschaften oder Zustände der Individuen, theils und hauptsächlich durch ihre Verhältnisse als Mitglieder eines Ganzen zu anderen Mitgliedern desselben, durch ihre Stellung zu und in der Familie, dem Staate und der Religionsgemeinschaft (§§ 37...61.)

§ c. Die neueren Juristen pflegen die Eigenschaften, welche die Rechts- und Handlungs-Fähigkeit der Personen bestimmen, status zu nennen [1], und da jene, wie bemerkt, theils natürliche, theils sittliche oder juristische sind, status naturales und civiles zu unterscheiden, zu ersteren den status humanitatis (menschliche Form), nativitatis (Trennung vom Mutterleibe), sexus, aetatis, integritatis rechnend; den status civilis aber bald, unter scheinbarer Uebereinstimmung der Quellen, als status libertatis, civitatis, familiae bezeichnend, bald ganz willkürlich weiter abtheilend in status 1) publicos: a) principales α) libertatis, a) ingenuitatis, b) libertinitatis, β) civitatis, b) minus principales: α) existimationis, β) ordinis, γ)
§ d. religionis, 2) privatum, nämlich familiae. Als Kunstwort [2] gebrauchen die Römer status nur zur Bezeichnung des Verhältnisses (der condicio), der Stellung des einzelnen, wonach er selbst einen für sich abgeschloßenen Privatrechtskreiß ausmacht oder als Haupt einem solchen vorsteht (sui iuris ist), oder freies, aber abhängiges Mitglied einer römischen Familia (alieno iuri subiecta persona, nicht bloßer homo) ist, status hominis, hominum oder +familiae, häufig status schlechthin [2*]); die Ausdrücke 'status libertatis' zur Bezeichnung der Rechtsfähigkeit, der Persönlichkeit überhaupt [3], und 'status civitatis' zur Bezeichnung der Rechtsfähigkeit eines Gliedes des römischen
§ e. Volkes, sind unrömisch. Die Neueren aber bedienen sich dieser Trichotomie (status libertatis, civitatis, familiae) zur Schematisierung der Rechtsfähigkeit, während unsere Quellen nur bei der

---

(1) vgl. Höpfner Comment. § 62. Feuerbach Civilist. Vers. I. n°. 7. Mühlenbruch Pandekt. § 182. In dem Digestentitel *de statu hominum* 1,5. ist nämlich von jenen Eigenschaften die Rede. (2) In der vulgären etymologischen Bedeutung als Zustand, Beschaffenheit, kommt status auch in Verbindung mit aetatis, sexus, dignitatis, ingenuitatis u. dgl. eben so gut vor, als status patrimonii, peculii, obligationis u. dgl. s. *Dirksen* Manuale v. Status. (2*) s. unten § 58. Savigny Syst. II. Beil. vi. §§ 7. ff. (3) In *L. 5. Th. C. ad SC. Claud. 4,* 11. ist 'statum libertatis' nur = 'libertatem' = rechtliche Geltung als freie Person; wie in *L. 5. § 2. D. de e. o. cognn.* (§ 60. Note 4.) 'statum dignitatis' = dignitatem quam quis habet; so auch statum ingenuitatis unten in § 34. Note 5. u. s. w.

Lehre von der capitis minutio (d. h. der Vernichtung der Eigenschaft einen bestimmten status zu haben, oder der, sui oder alieni iuris in Beziehung auf seine bestimmte familia zu sein) von dem Verluste der bloßen Stellung als Glied einer Familia, oder zugleich auch dem der Civität, oder gar auch der Freiheit reden[4].

Erster Unterabschnitt.

Rechts- und Handlungs-Fähigkeit der physischen Person.

§. 32. I. Die physische Existenz des Individuums.

Die leibliche Individualität, das Substrat der physischen Persönlichkeit, § a. beginnt mit der vollendeten Geburt des lebenden Menschen[1]; erst der partus editus hat ein organisches Leben für sich. Der nur erst empfangene Mensch (fetus, venter, nasciturus, qui § b. in utero, nondum natus est u. dgl.) gilt in Beziehung auf andere Personen als éin Organismus mit der Mutter[2]; wo es sich aber von ihm zukommenden Rechten handelt, gilt er als Person für sich. Erforderlich ist insbesondere zur physischen Persönlichkeit[4], daß § c. der ausgetragene partus[4*]) lebe und die leibliche Bildung eines Men-

---

(4) §§ 43. und 58.

(1) *Paul.L.*129.*D.de V.S.50*,16. „Qui mortui nascuntur, neque nati neque procreati videntur, quia numquam 'liberi' appellari potuerunt". *Ulp.L.*161.*D.eod.* „Non est pupillus qui in utero est". (2) *Ulp.L.*1.§1.*D. de inspiciendo ventre* 25,4. „... partus enim ante quam edatur, mulieris portio est vel viscerum. post editum plane partum a muliere iam potest maritus iure suo filium ... desiderare aut exhiberi sibi aut ducere permitti ..". *L.*9.§ 1.*D.ad L.Falcid.35*,1. (3) *Paul.L.*231.*D.de V.S. 50*,16. „Quod dicimus Eum qui nasci speratur pro superstite esse, tunc verum est cum de ipsius iure quaeritur; aliis autem non prodest nisi natus". cf.*LL.*7.26. *D.de statu hom.1*,5. *LL.*141.153.*D.de V.S.* Daher „Antiqui libero ventri ita prospexerunt, ut in tempus nascendi omnia ei iura integra reservarent". *L.*3.*D.si pars her.pet.*5,4. (4) Ebenso damit den Eltern das Kinderhaben nütze, nicht aber damit ihnen die Kinderlosigkeit nachtheilig sei. s. Note 5. und *L.*135.*D.de V.S.* Durch jene Unterscheidung vereinigen sich auch *LL.*129.132. §1.und *L.*141.*D.de V.S.50*,16. (Savigny Syst.§ 61.) (4*) Der partus muß pariendo editus sein, nicht abortus, durch Verbrechen, culpa, Zufall oder Krankhaftigkeit bewirkte Fehlgeburt: Abtreibung ist kein perfecte nasci: *Paul. S.R.*4,9.§ 6.(4,8.§13.ed.Haenel.) „Aborsus vel abactus venter partum efficere non videtur". *Diocl.et Max.L.*2.*C.de postum.* 6,29. „Uxoris *abortu* testamentum mariti non solvi", wol aber „quamvis *natus* ilico decesserit"; aber er muste perfecte natus sein (s.folg.Note): perfecte nasci ist positiv = Ausgetragensein ('pleni temporis' *Paul.* l.c.§1(8)., ein nicht juristischer, sondern rein naturwißenschaftlicher Begriff, und negativ = ohne Einwirkung anderer, als der natürlichen Gebärkräfte, vom Mutterleibe scheiden; also sind die Gründe der Entscheidung, ob in einem gegebenen Falle der fetus editus die Erfordernisse einer Person erfülle oder erfüllt habe, überhaupt nicht juristische.

schen habe, nicht monstrum oder prodigium sei [5]. Ob er dieses sei oder nicht, bestimmt nicht das Recht, sondern die Physiologie, und nur sofern diese eine Geburt mit menschlich geformtem Kopfe für nichtmonstros erklärt, kann diese Entscheidung der Neueren gelten [6]: an sich ist keine Analogie zwischen der Bestimmung, was als locus religiosus und was in Betreff der zur Existenz der Persönlichkeit ausreichenden normalen Körperbildung einer Geburt

§ d. gelte [7]. Von einem Erfordernisse der Fähigkeit fortzuleben, Vitalität, wißen unsere Quellen nichts, und dasselbe widerspricht ihnen und dem Begriffe des lebenden Organismus [8].

§ e. Wie die Persönlichkeit beginnt mit dem Anfange der selbstän-

---

(5) *Paul.L.*14.*D.de statu hom.* (cf.*S.R.4*,9.§ 3.od.*4*,8.§10.ed.Haenel.) „Non sunt liberi qui contra formam humani generis converso more procreantur, veluti si mulier monstrosum aliquid aut prodigiosum enixa sit. Partus autem qui membrorum humanorum officia ampliavit, aliqua tenus videtur effectus, et ideo inter liberos connumerabitur". So wenig als ein anomales Uebermaß leiblicher Bildung, schadet auch eine Verstümmelung des Gebornen, wenn dieser nur lebt. *L.*12.§1.*D.de liberis et post.*28,2. Also nicht jede Abnormität (ostentum s.*L.*38.*D.de V.S.*) hindert die Persönlichkeit. Die Ausdrücke ostentum, portentum, monstrum, prodigium, weisen übrigens schon durch ihre Etymologie auf römischen Religionswahn. *Cic.* de divin. 42.§ 93. Die natürlichen Erfordernisse der physischen Persönlichkeit eines Gebornen bezeichnet Justinians Decision: *L.3.C.de postum.heredib.6,29.* „Quod certatum est apud Veteres nos decidimus. Cum igitur is qui in ventre portabatur praeteritus fuerat, qui si ad lucem fuisset redactus, suus heres patri exsisteret, si non alius eum antecederet, et nascendo ruptum testamentum faceret, si postumus in hunc quidem orbem devolutus est, voce autem non emissa ab hac luce subtractus est, dubitabatur si is postumus ruptum facere testamentum posset; et Veterum animi turbati sunt quid de paterno elogio statuendum sit: cumque Sabiniani existimabant, si vivus natus esset, etsi vocem non emisit, rumpi testamentum, apparetque quod et si mutus fuerat, hoc ipsum faciebat, eorum etiam nos laudamus sententiam et *sancimus Si vivus perfecte natus est, licet ilico post quam in terram cecidit, vel in manibus obstetricis decessit, nihilo minus testamentum rumpi; hoc tantum modo requirendo si vivus ad orbem totus processit ad nullum declinans monstrum vel prodigium*". (a.530.)

(6) vgl. Meckel Lehrb. der gerichtl. Medic. Halle 1821. 8°. §§ 297. f.

(7) Die Frage, welcher Ort durch das Begräbniß religiosus werde, wenn verschiedene Theile des Leichnams an verschiedenen Orten bestattet sind, beantwortet Paulus (*L.*44.*pr.D.de religiosis 11*,7.) so: „mihi autem videtur illum religiosum esse, ubi quod est principale, conditum est, i.e. caput, cuius imago fit, inde cognoscimur". cf.*Isidor.*Orig.*11*,1.§ 25. vgl. unten § 69.

(8) Daß frühestens im 7. Monate (am 182. Tage) nach der Conception ein Kind geboren werde (*L.*12.*D.de statu hom.1*,5. *L.*3.§§ 11.12.*D.de suis et leg.*38,16. cf.*Cic.*de N.D.2,27.§ 69.), ist ein nur über die Paternität entscheidender Satz. Der Geborene, welcher gelebt hat, war lebensfähig, und wie lange man gelebt haben müße, um als lebensfähig zu gelten, müßte nach jenem irrigen Erfordernisse vom Rechte bestimmt sein. (vgl. Savigny Syst. Bd. II. Beil. III.) Es ist auch nicht mit Puchta das Erforderniß des 'perfecte nasci' (s. Note 4*.) mit dem vorgeblichen der Vitalität zusammenzustellen: auch der ausgetragene perfecte natus et vivus partus kann ilico decedere.

digen organischen Functionen des Individuums, so endigt sie mit deren Aufhören, dem Tode. (Die Beendigung durch Verlust der Freiheit[9] gehört nicht hierher.)

Für den Fall mangelnden Beweises ist zur Entscheidung der factischen Frage, wér von mehreren zuerst geboren sei, der Satz aufgestellt, daß bei Kindern einer Sclavin zu Gunsten der Freiheit zu entscheiden sei[10]; für die Frage, wér von mehreren zuerst gestorben sei[11], die Regel, daß das unmündige Kind vor seinen Eltern[12], diese dagegen vor ihren mündigen Kindern sterben[13]; wo diese Bestimmungen nicht ausreichen, kann keiner als vor dem andern geboren oder gestorben gelten[14]. § f.

Die Lehre von den Verschollenen[15], den Personen, von deren Leben oder Tod keine Kunde zu erlangen ist, und die gerichtliche Todeserklärung solcher Personen, wodurch die juristische Vermutung bewirkt wird, sie seien mit Erreichung eines bestimmten Lebensalters gestorben, gründen sich nicht auf römisches Recht[16]. § g.

II. Die rechtlichen Erfordernisse.

Gai.1,9...35. *Ulp.1*.de Libertis. *3*. de Latinis. *5*. de His qui in potestate sunt. *Dosith.* de manumissionib.§§ 3.sqq. *Inst.*(et *Theophil.*) de Iure personarum *1*,3. de Ingenuis *1*,4. de Libertinis *1*,5. *Dig.* de Statu hominum *1*,5. (cf. *Theod.Cod.* 4,8...10. *Dig.40*. *Iust.Cod.7*,1.sqq.)

§. 33. Römische Auffaßung der Rechtsfähigkeit überhaupt und die beiden Seiten der Privatrechtsfähigkeit insbesondere: connubium und commercium.

Die oberste Eintheilung der Menschen in Beziehung auf die § a.

(*9*) s.§ 30.Note 10. § 58.Note 19. (*10*) *L.*10.§1.*D.de reb.dub.34*,5.

(*11*) Die Neueren nennen sie irrig 'von Commorienten'. Die meisten beschränken ohne haltbaren Grund die römischen Bestimmungen auf Fälle eines gewaltsamen gemeinschaftlichen Todes; aber z.B. *L.*16.*pr.D.de reb.dub.34*,5. spricht nur de pariter mortuis, ähnlich *L.*18.*eod.*; die *L.*34.*D.ad SC.Trebell.36*,1. nur davon qui novissimus mortuus esset, von dem simul diem suum obire, die *L.* 11.*pr.D.de B.P.sec.tabb.37*,11. von duobus peregre defunctis, und die Todesart ist offenbar hier nicht nur gleichgiltig, sondern oft ganz unerweislich.

(*12*) *L.*9.§§1.4. *L.*23.*D.de reb.dub.34*,5. *L.*26.*pr.D.de pact.dot.23*,4. *L.*11.§1. *D.de captiv.49*,15. Andere dehnen diese Bestimmungen auf Unmündige und Mündige überhaupt aus, wie Mühlenbruch im Archiv für civ.Prax.IV.S.399.ff.

(*13*) *L.*9.§4. *L.*16.*pr.L.*22.*D.de reb.dub.34*,5. Nur aus reverentia patronatus wird angenommen, der Freigelaßene habe sein Kind überlebt. *L.*9.*cit.*§2., und umgekehrt zu Gunsten des Fideicommisses, daß auch der mündige Sohn zugleich mit seinem Vater gestorben sei. *L.*17.§7.*D.ad SC.Trebell.36*,1. (*14*) *L.*9. *cit.pr.*§3. *L.*10.§1.*eod.* *LL.*16...18.*eod.* *L.*32.§14.*D.de don.i.v.et ux.24*,1. *L.* 34.*D.ad SC.Trebell.36*,1. *L.*26.*D.de mort.c.don.39*,6. *Marcian.L.*18.*cit.pr.* „In quibus casibus si pariter decesserint, nec appareat quis ante spiritum emisit, non videtur alter alteri supervixisse". (*15*) Vom Zeitwort 'verschallen'.

(*16*) sondern das Gewohnheitsrecht gründet sich auf Psalm 90. (Vulgat.89.) ✝.10. „Unser Leben währet 70 Jahre". vgl. Mühlenbruch Pandekt.§186. Savigny Syst.§63.

Rechtsfähigkeit ist die in Freie und Sclaven, *liberi* und *servi* [1].
Die letzteren sind nur mögliche, nicht wirkliche Personen; sie können
durch juristische Handlungen oder Vorschriften Freie werden [2]), aber
als servi sind sie ohne alle Rechtsfähigkeit und Antheil an einer Familia, caput [3], und insofern alle von juristisch gleicher Bedeutung [4].
Diese Unpersönlichkeit des Sclaven macht ihn nicht bloß nach ius
§ *b.* civile, sondern auch nach ius gentium rechtsunfähig [5]. Die Rechtsfähigkeit der Freien erkennen die Römer denselben theils nur nach ius
gentium [6], theils nach römischem ius civile, bald vollständig [7], bald
beschränkt [8] zu. Die Fähigkeit oder Unfähigkeit zu den öffentlichen
Rechten (civitas optimo iure und non optimo iure), dem ius honorum und dem ius suffragii, kommt hier nicht in Betracht [9]; auch
dem civis non optimo iure kam die volle Privatrechtsfähigkeit des
römischen Civilrechts zu, welche ebenfalls zwei Bestandtheile hat,
§ *c.* das connubium und das commercium. Ersteres ist die Fähigkeit
zu allen nach römischem Civilrecht möglichen Rechten, welche durch
die Mitgliedschaft in einer römischen Familia (§ 42.*a.*) begründet
§ *d.* werden [10]; Commercium die Fähigkeit zu allen nach ius civile mög-
§ *e.* lichen Vermögens-Rechten [11]. Wenden wir nun diese Begriffe

(1) *Gai.1,9. = L.3.D.de statu hom.1,5. Pr.I.de iure personar.1,3.*

(2) f.§§ 36.47.

(3) Servus nullum caput habet. § 4.*I.de cap.min.1*,16. Caput ist die Eigenschaft des Subjects als Mitglied einer röm. familia dem Staate gegenüber, als sui oder alieni iuris persona eine bestimmte Rechtsfähigkeit zu haben. f.§ 58.

(4) In servorum condicione nulla differentia est. § 5.*I. de iure personar.1*,3. *L.5.pr.D.de statu hominum 1*,5.

(5) Servitus autem est constitutio iuris gentium. § 1.*I.eod.tit. L.4.§1.D.de statu hom.* cf.*L. 4.D.de iust.et iure 1*,1. *pr.I.de libertinis 1*,5.

(6) so den peregrinis; die durch Freilaßung dediticiorum numero gewordenen konnten aber auch nicht einmal Rechtsgeschäfte eingehen, die als nach ius gentium giltig von den Römern anerkannt worden wären, sofern dazu Mitgliedschaft in irgend einem bestimmten Staate erforderlich war. *Ulp.20*,14.i.f. *Gai.1*,15.25.sqq.

(7) so nur den civibus Romanis.

(8) so den Latinis.

(9) Zimmern Gesch.des röm.Priv.Rechts.I.§123. Puchta Inst.§60.| Verlust der politischen Rechte bei fortdauernder Civität bewirkte die infamia: § 60.

(10) *Ulp.5*,3. „Connubium est uxoris iure ducendae facultas“. Von der Fähigkeit zu einer römisch-giltigen Ehe hängt die zu den übrigen Familienrechten ab. Von dem connubium im relativen Sinne, der Fähigkeit einer bestimmten Person mit einer bestimmten anderen eine römisch-giltige Ehe einzugehen (connubium cum aliqua habere) ist nicht hier (sondern im Eherechte) die Rede; noch auch von der Bedeutung des Worts als Fähigkeit eines Nichtrömers, eine nach ius gentium giltige Ehe einzugehen (z.B. wenn die Römer besiegten Stämmen das connubium inter se entzogen).

(11) Auch das commercium bezeichnet Ulpian (*19*, 5. cf.4.) als Fähigkeit zu demjenigen Rechtsgeschäfte, von welchem nach älterem röm. Rechte die Vermögensrechte durchgängig abhängig waren, zur Mancipation (f.§ 46.Note 19.): „Commercium est emendi vendendique (d.h. nach § 4. mancipio accipiendi dandique) invicem ius“. vgl.§ 73.Note 9.

auf jene oberste Eintheilung der Menschen an, so sagen wir: der Freie kann connubium und commercium haben, der servus keines von beiden [12].

A. Liberi aut ingenui sunt aut libertini *).

§. 34. I. Ingenui.

s. die Quellen vor § 33. und *Dig.* de Iure aureorum anulorum *40*,10. de Natalibus restituendis *40*,11. *Cod.* de Iure aureorum anulorum et de natalibus restituendis *6*,8.

Die Freigebornen kommen privatrechtlich nur im Gegensatze der Freigelaßenen, der Patronatrechte wegen zur Sprache [1]. Ihre Verschiedenheit gehört dem öffentlichen Rechte an: sie konnten cives (optimo oder non optimo iure und ebenso der verschiedensten Stände, ordines), Latini, socii, peregrini, (foederati, non foederati, dediticii) sein [2]. Ihre privatrechtliche Bedeutung ist (abgesehen von den nur als Folge geringerer öffentlicher Rechtsfähigkeit vorkommenden Beschränkungen in Beziehung auf das Eherecht [3]) bloß die negative, nicht Patronatrechten unterworfen zu sein: daher die iura ingenuitatis, welche salvo iure patronatus ertheilt wurden, wie dieses in der Kaiserzeit durch Verleihung des Rechts der goldenen

(Margin: § a. at "Die Freigebornen …"; § b. at "Ihre privatrechtliche Bedeutung …")

(*12*) *Ulp.5*,5.*19*,4.| Eine anmutige Speculation, aber mit Ausnahme des letzten Satzes unrömisch und wegen Verkennung sowol des Begriffs der Persönlichkeit als des des Eigenthums unrichtig ist v. Vangerows Vorstellung von den s.g. drei Status: Wer von Geburt Eigenthum an seinem eigenen Körper habe, sei ingenuus, und zwar civis Rom., wenn das Eigenthumsrecht das civile (dominium ex iure Quiritium), non civis oder nur nach ius gentium vollkommen rechtsfähig, wenn das Eigenthumsrecht das bloß natürliche (das in bonis habere) sei; libertinus sei wer das Eigenthum über sich selbst von seinem frühern Herrn erst erworben habe; servus der im Eigenthum eines andern stehende Mensch. (s. dagegen auch Puchta Inst. § 218. a. E.) Noch willkürlicher ist Franz Hotmans (*Comm.* in Inst. ad *1*,16.) Einfall: jeder einzelne könne Mitglied dreier Genoßenschaften sein, der der freien Menschen, der römischen Bürger, einer römischen Familie; status libertatis, civitatis, familiae. Die Mitgliedschaft des einzelnen in solchem Kreiße sei das caput; erleide der Kreiß eine Verminderung um ein Mitglied, so ereigne sich eine capitis diminutio; eine maxima, wenn ein Freier servus werdend ausscheide; media, wenn einer die Civität verliere; minima, wenn ein Mitglied aus der Familie heraustrete. Nicht die familia, die Bürgerschaft, u.s.w., sondern das Familienglied, der civis, der Freie erleidet die capitis diminutio. vgl. § 58. u. bes. Note 12. das.

(*) *Gai.1*,10. § 4. *I. de iure person.1*,3. *L.5.pr.D. de statu hom.1*,5. *Dosith.* de manumissionibus § 4. cf. *L.4.i.f.D. de iustitia et iure 1*,1.

(*1*) Gaius giebt daher auch nur kurz den Begriff an: Ingenui sunt qui liberi nati sunt. vgl. Anhang VI. S. *23. Note 6. Die justinian. Institt. sprechen nach dem Vorgange der marcianischen (*L.5.D. de statu hom.1*,5. *L.3.D. de iure aur. anulor.40*,10. *L.2.D. de natal. rest.40*,11.) ausführlicher davon.

(2) vgl. Puchta Institt. I. §§ 42. ff. 60. ff. 89. ff.

(3) s. z. B. *Ulp.13*,1. und *LL*.13.16.*pr*.23.27.31.44. sqq. 58. *D. de R.N.23*,2. vgl. unten § 59.

Ringe geschah, nicht die Rechtsstellung Freigeborener in sich einschlo-
§ c. ßen, obgleich sie für das öffentliche Recht ihre Geltung hatten[4]. Dagegen verliehen aber die Kaiser mitunter auch durch natalium restitutio die Ingenuität als zugleich privatrechtlich wirksame, weshalb dann regelmäßig der Inhaber der Patronatrechte eingewilligt haben muste: in solchem Falle wurde fingiert, der Freigelaßene sei nie Sclave gewesen, wie ursprünglich, iure naturae, ja alle
§ d. Menschen frei gewesen seien[5]. Zu Justinians Zeit hatte die Libertinität nur noch privatrechtliche Bedeutung; er erklärte daher Entsagung auf die Patronatrechte, und später schon die bloße Freilaßung als natalium restitutio, nur daß das Recht des Patrons auf Ehrerbietung und Dankbarkeit bestehen blieb[6].

§ e. Freigeboren ist wer von einer freien, wenngleich freigelaßenen, Mutter geboren ist[7], und die nach altem Recht inconsequente Milde des der Kaiserzeit ließ jeden als freigeboren gelten, dessen Mutter nur zu irgend einer Zeit zwischen Empfängniss und Ent-
§ f. bindung frei gewesen war[8]. Dadurch, daß ein Freigeborner Sclave und wieder freigelaßen ward, verlor er die ihm angeborene Ingenuität nicht: natalibus non officit manu missio[9].

§. 35. 2. Libertini.

s. die Quellen vor § 33. u. *Cod.* de Dediticia libertate tollenda 7,5. de Latina libertate tollenda et per certos modos in civitatem Romanam transfusa 7,6.

§ a. Das Institut der Libertinität, des Rechtszustandes der Person, welche aus der Sclaverei entlaßen, manumittiert ist[1], schreibt das

---

(4) s. die Titel *de iure aureorum anulorum* und *Gai.*3,72.sqq.

(5) *Diocl. et Max.L.2.C.h.t.* 6,8. „Aureorum usus anulorum beneficio principali tributus libertinitatis quoad vivunt imaginem, non statum ingenuitatis praestat. Natalibus autem antiquis restituti liberti ingenui nostro constituuntur beneficio". *Marcian. L.2.D. de nat.rest. 40*,11. „Interdum et servi nati ex post facto iuris interventu ingenui fiunt, ut ecce si libertinus a principe natalibus suis restitutus fuerit: (illis enim utique natalibus restituitur, in quibus initio omnes homines fuerunt [s.§ 36.Note *b.*], non in quibus ipse nascitur, cum servus natus esset.) hic enim quantum ad totum ius pertinet perinde habetur atque si ingenuus natus esset; nec patronus eius potest ad successionem venire: ideoque imperatores non facile solent quemquam natalibus restituere nisi consentiente patrono". Die natalium restitutio lebt bei uns in einer Analogie, der Adelsrehabilitation, fort.

(6) *L.3.C.de bonis libertor.6*,4. *Nov.78.* vgl.überh.Zimmern Gesch.I.§ 216.

(7) vgl.jedoch § 35. Not.1.a.E.

(8) *Pr.I.de ingenuis 1*,4. *L.*5.§§ 2.3.*D.de statu hominum 1*,5. *Nov.89.c.*1.§1.

(9) §1.*I.tit.cit.*

(1) Die Benennungen libertinus und libertus werden in der klassischen Sprache auch der Juristen meist so unterschieden, daß letztere den Freigelaßenen

römische Recht dem ius gentium zu[2]; dennoch gilt jenem nur der als libertinus, welcher aus der vom römischen Recht anerkannten Sclaverei (iusta servitus), freigelaßen worden ist[3]. So wie des Freigebornen § *b.* (§ 34.), so konnte auch der Rechtszustand des Freigelaßenen verschieden sein, von der vollkommensten Civität abwärts bis zur mindestberechtigten Peregrinität, und nur bei den Freigelaßenen tragen Gaius und Ulpian[4] die Unterschiede der cives, Latini und derer qui dediticiorum numero sunt (nicht der Peregrinen überhaupt) vor.

1) *Civis Romanus* ist die freie Person, welche aller, auch der § *c.* im römischen Staate irgend möglichen Privatrechte fähig ist, connubium und commercium (§ 33.) hat[5]. Die Freilaßung gewährte diese Rechtsfähigkeit, wenn alle civilrechtlichen Erfordernisse in Beziehung auf Alter des Freizulaßenden und des Freilaßers, das Eigenthumsrecht dieses über jenen, und die Form der Manumission erfüllt waren[6]. Justinian rühmt sich das älteste Recht wieder herzustellen, indem er jeder giltigen Freilaßung die Wirkung der Civität beilegt[7].

2) Die *Latini*, wie sie im klassischen römischen Privatrechte in § *d.* Betracht kommen[8], sind diejenigen Freigelaßenen, denen wegen

---

in seinem Verhältnisse zum Patron, erstere abstract, in Beziehung auf seinen Rechtszustand, bezeichnet, z. B. bei Terenz, Cicero, Horaz, Ulpian (*L.*5.*D.si ing. esse dic.* *40*,14.) u.a. vgl. *Forcellini* hh.vv. Der alte Sprachgebrauch, libertus den Freigelaßenen selbst, libertinus dessen Nachkommen zu nennen (*Suet.*Claud.24. *Isidor.*Orig.IX.4. § 47.) ist juristisch unrichtig: die Kinder Freigelaßener waren ingenui. § 34. Note 6.

(2) *Fr.I.h.t.1*,5. *L.4.D.de iust.et iure 1*,1.

(3) *Gai.1*,11. = *L.6.D.de st.hom.1*,5. *pr.I.cit.* Das Kind des Germanen, welcher seine Freiheit verspielt hatte (*Tac.* Germ.24.), wäre, freigelaßen, nicht libertinus nach römischem Recht gewesen, sondern ingenuus peregrinus.

(4) *Gai.1*,12...47. *Ulp.1.*

(5) Der so oft mißverstandene (auch von den Alten nicht überall beachtete) Unterschied zwischen civitas Romana und ius Quiritium ist dieser: die civitas bezeichnet die Fähigkeit zu allen Rechten, welche einem röm. Bürger im Vergleich mit noncives zustehen; ius Quiritium die eines früheren noncivis, besonders eines Freigelaßenen, im Vergleich zu der eines civis Romanus: so erbittet z.B. *Plinius* (Epist.*10*,4.sqq.22.sqq.105.sqq.) von Traian freien Nichtrömern die Civität, gewesenen Sclaven das ius Quiritium, durch dessen Erlangung der Freigelaßene einem freigebornen Römer gleich wurde. *Cramer* Kleine Schriften. Leipz.1837.8°.p.25.sqq. Huschke üb. Varro v. d. Liciniern. Hdlb.1835.8°.S.80.ff.

(6) *Gai.1*,17.sqq. s. unten § 47.*c.*

(7) § 3.*I.h.t.1*,5. cf.*citt.titt.C.7*,5.6. *Dosith.* de m.miss. § 5.

(8) Das öff. Recht der Latinen, das alte Bündniß Roms mit den lateinischen Städten, die Unterwerfung Latiens (a.u.414.), die Rechtsverhältnisse der römischen Colonien mit latinischem Rechte (coloniae Latinae, Latini coloniarii), deren nach *Liv.* *27*,9. im J.d.St.543. dreißig waren, und deren Mitglieder das commercium wie cives Romani hatten (cf. *Gai.1*,22. *3*,56. *Ulp.19*,4.), soweit es nicht das con-

Mangels civiler, zum Theil durch die lex Aelia Sentia (a.u.757.)
näher beſtimmter Erforderniſſe der Manumiſſion nicht das volle
§ e. Bürgerrecht, ſondern nur das commercium zu Theil wurde. Solche
Freigelaßene waren vor der lex Iunia des Norbanus (a.u. 772.?)
juriſtiſch servi, nur ſchützte ſie der Prätor durch Nichtgewährung
von Klagen des Herrn; ſie waren servi qui in libertate moraban-
tur, erant, auxilio praetoris in libertatis forma servabantur; die
lex Iunia aber gewährte ihnen die Rechtsfähigkeit, welche den La-
tini coloniarii ([8]) zuſtand, beſtimmte jedoch ausdrücklich, daß ihnen
das (vom connubium abhängige) Recht ein Teſtament zu machen,
daraus nach Civilrecht zu erwerben oder darin zum Tutor einge-
ſetzt zu werden, nicht zuſtehe; daher von dieſen Latini *Iuniani*
geſagt wurde, ſie lebten wie Freie (Freigelaßene), ſtürben aber wie
servi[9]. Jedoch waren ihre Kinder ingenui, und ſie ſelbſt konnten,
§ f. wie andere Latini, zur Civität gelangen[10]. Durch beſondere Geſtat-
tung konnten einzelne auch des Connubiums, beſchränkt[11] oder unbe-
§ g. ſchränkt, theilhaft werden[12]. Schon Caracalla hatte allen freien Ein-
wohnern des römiſchen Reichs (um eine den cives obliegende Steuer
ergiebiger zu machen) die Civität verliehen[13], und ſo verlor ſich all-
mählich die Bedeutung des Unterſchieds zwiſchen Latinität und Ci-
vität, bis Juſtinian denſelben auch dem Buchſtaben nach aufhob[14].
§ h. 3) Nach altrömiſchem Völkerrecht war das Mitglied eines an-
deren Staates nur inſofern dieſer mit dem römiſchen ein Bündniſs
(foedus, sponsio, pactio) geſchloßen hatte, rechtsfähig, außerdem ho-
stis[15], und auch nachdem die Römer Völker kennen gelernt hatten, mit

---

nubium, römiſche Familienrechtsfähigkeit, vorausſetzte (wie das a civibus Rom. hereditates capere posse, *Cic.* pro Caec.35.§102.), die Erhebung dieſer latiniſchen Colonien zum röm. Bürgerrecht durch die Lex Iulia de civitate cum sociis et Latinis communicanda (a.u.664.) und der damit vollendete Untergang der nationalen Latinität ſind in der römiſchen Staats- u. Rechtsgeſch. darzuſtellen. vgl. Göttling §134. Puchta Inſt. §§ 62.ff.

(*9*) *Gai.1*,16.17.22...24. *3*,56.sqq. *Dosith.* de m.miss.§§4...14. *Ulp.1*,10.16. §3.*I.h.t.1*,5. §4.*I.de success.libertor.3*,7. *L.un.pr.*§12.*C.de Lat.lib.toll.7*,6. *Salvian.*adv.avarit.*3*,7.| Die Teſtamentifaction des Latinus Iunianus enthält bloß die Fähigkeit zur Mitwirkung bei Errichtung eines Teſtaments: „et familiae emptor et testis et libripens fieri potest“. *Ulp.20*,8. *11*,16. *22*,3.

(*10*) *Gai.1*,28...35.66.sqq. *3*,72.sq. *Ulp.3. 7*,4.

(*11*) ſo z.B. erhielten Soldaten bei der honesta missio (ſ. §25. Note 10.) das connubium nur für die Frau, welche ſie zuerſt heiraten würden, falls dieſe nicht civis Romana ſein ſollte. *Gai.1*,57.

(*12*) *Ulp.5*,4. vgl. überh. §34.

(*13*) *Ulp.L.*17.*D.de st.hom.1*,5. „In orbe Romano qui sunt, ex constitutione imperatoris Antonini [a.211.p.Chr.] cives Romani effecti sunt“.

(*14*) ſ. Note 7.

(*15*) Die ſpäter hostes heißen, ſind nach

denen sie in keinem Vertrags- und Herrschafts-Verhältnisse standen,
verstanden sie unter *Peregrini*[16] doch gewöhnlich die Bewohner der
Rom unterworfenen Länder und Provinzen, sofern diesen nicht eine
besondere Rechtsfähigkeit ertheilt worden war. In der Regel ge- § *i.*
steht das römische Recht den freien Peregrinen volle Rechtsfähig-
keit nach ius gentium, gar keine nach römischem ius civile (weder con-
nubium noch commercium) zu[17], und schon zu Anfang des 6. Jahrh.
d. St. wurde zur Schlichtung der Rechtsstreitigkeiten, wobei ein
Peregrine Partei war, ein eigner Prätor angesetzt[18]; zur Ver-
folgung seiner Rechtsansprüche wurde jenem dann im erforderli-
chen Falle die civitas Romana fingiert[19]. Nur die Völker, welche § *k.*
sich auf Gnade oder Ungnade der Herrschaft Roms zu unterwer-
fen gezwungen worden waren, populi dediticii, wurden als staat-
lose behandelt und aller Zutritt zur röm. Civität ihnen versagt[20].
Wie den Colonie-Latinen die junianischen durch die lex Iunia, so § *l.*
war durch die lex Aelia Sentia dem Rechtszustande jener dediticischen
Peregrinen die schlechteste Freiheit derer nachgebildet, welche jeg-
licher wegen ihrer Verworfenheit eigentlich unwürdig schienen[21]:
solche Freigelaßene heißen *dediticiorum numero*; sie entbehren auch
derjenigen Rechtsfähigkeit nach ius gentium, welche Mitgliedschaft
in irgend einem bestimmten Staate voraussetzt, wie namentlich bei der
Errichtung eines Testaments und Erwerbung aus solchem der Fall
ist[22]. Diese dediticia libertas hat Justinian aufgehoben[23], nicht § *m.*

---

der alten Sprache perduelles, d. h. cum quibus bellum [duellum] est. *L.*234.*pr.* cf. *L.*118. *D. de V. S. 50*,16. Cicero (de off. *1*,12. § 37.) sagt Equidem illud .. animadverto quod qui proprio nomine *perduellis* esset, is *hostis* vocaretur ... *Hostis* enim apud maiores nostros is dicebatur quem nunc *peregrinum* dicimus. indicant XII tabulae, ut *Status dies cum hoste*, itemque *Adversus hostem aeterna auctoritas*. s. unten § 92*. *f.*

(*16*) Die etymologische Bedeutung ist die rein negative des ausländischen: Rom ist der Mittelpunct.

(*17*) Aber sowol connubium als commercium konnte ihnen besonders verliehen werden. *Gai. 1*,56. *Ulp.* 5,4. *19*,4.

(*18*) *L.* 2. § 28. *D. de O. I. 1*,2. § 92*. *e.*

(*19*) *Gai. 4*,37.105. s. unten § 118. a. E.

(*20*) Die italischen Städte dieser Art wurden praefecturae: *Liv. 26*,16. „corpus nullum civitatis, nec senatus, nec plebis concilium, nec magistratus esse; sine consilio publico, sine imperio multitudinem, nullius rei inter se socium ad consensum inhabilem fore" *etc. Gai. 1*,14. *Isidor.* Or. *9*,4. §§ 49. sq. Deshalb konnte ein Aegyptier nicht unmittelbar, sondern nur nach erlangtem alexandrinischem Bürgerrechte civis Rom. werden. vgl. meine Quaestiones iur. publ. Rom. Bonn. 1835. 4°. p. 10. sqq.

(*21*) damit ab omni colluvione peregrini ac servilis sanguinis incorruptus servaretur populus. *Suet.* Octavian. 40.

(22) *Gai. 1*,12...16. 25...27. 67. sq. 3,74...76. *Ulp. 1*,5. 11. 14. *7*,4. *20*,14. *22*,2.

(23) § 3. *I. de libertinis 1*,5. *L. un. C. h. t. 7*,5.

aber die Peregrinität überhaupt; jedoch hatte auch diese in dem sinkenden röm. Reiche unter dem Einfluße des ius gentium und des Christenthums ihre alte Bedeutung verloren, und das Staatsbürgerrecht unserer Zeit hat eine von der römischen Civität in ihrem Gegensatze zur Peregrinität wesentlich verschiedene Bedeutung.

§. 36. B. Servi *).

§a. Die *Servi* gehören hierher als Gegensatz zu der Persönlichkeit nach ius civile Rom. und nach ius gentium: der Sclave ist zwar den Göttern ein Mensch gleich dem freien (a), und nach dem von dem positiven ius gentium unterschiedenen ius naturale freigeboren (b); aber als servus kann er gar keine Familien- oder Vermögens-Rechte für sich haben, mag er einen Herrn haben oder nicht [§ 47.*h.*]; und vollends versteht sich, daß 'servus iuris civilis
§b. non habeat communionem in totum' (c). Insofern er aber in der potestas seines Herrn steht, muß ihn das Recht doch als handelnden Menschen betrachten und ihm eine Stelle bei den Personen als einem Gliede der Familia, wenngleich nicht als einer Person, gewähren
§c. [§ 44.*g.* § 84.*b.*]. Ja, auch wo der servus als Eigenthumsgegenstand, als Object des dominium, als mancipium, zur Sprache kommt, zeigt es sich, daß eine consequente juristische Durchführung eines in sich unwahren, rechtswidrigen Institutes, wie die Sclaverei ist,
§d. nicht möglich sei (d): denn theils erscheint das Eigenthum des Herrn am Sclaven, welches ursprünglich ein nur durch die Sitte beschränktes Recht über Leben und Tod in sich schloß, besonders seit der Kaiserzeit policeilich durch Verhinderung unmenschlicher Behandlung, und strafrechtlich durch Verpönung eines rechtswidrigen Benehmens des Herrn, in einer Weise beschränkt [1], wie es als wirkliches Eigenthumsrecht nicht beschränkt werden kann, indem diesem gegenüber ein Beschwerderecht des Eigenthumsgegen-

---

*) vgl. Anhang VI. S.*24. Note 7. und §§ 30...33.47. (a) *Ulp.L.2.pr. D.de relig.11*,7. „Locum in quo servus sepultus est, religiosum esse ..“. (b) *Flor.L.4.§ 1.D. de statu hom.1*,5. = *Ulp.L.4.D.de iust.et iure 1*,1. *Id.L.*32. *D.de R.I. Tryph.L.*64.*D.de cond.indeb.12*,6. „.. libertas naturali iure continetur et dominatio ex gentium iure inducta est ..“. cf.*L.2.D.de natal.rest.* oben § 34. Note 5. (c) *Ulp.L.*20.§ 7.*D.qui tta fac.*28,1. (d) vgl. § 99. Note 3. a. E. (1) *Gai.1*,52.sq. = §§ 1.2. *I. de his qui sui 1*,8. cf.*L.2.D. eod.1*,6. *L.*1.§2. *L.*11.§§1.2.*D.ad L.Corn.de sicar.*48,8. *L.*42.*D.de contr.empt.* 18,1. *L.5.D.de accusation.*48,2. *L.un.C.de emendat.servor.9*,14. vgl. auch *Sueton.*Claud.25. *Spartian.*Hadrian.18.

standes, welches doch dem servus zukommt[2], nicht gedacht werden kann; theils widerspricht die Möglichkeit, durch Manumission[3] § e.
oder durch ein sonstiges Ereigniss zufolge allgemeiner Rechtsvorschrift[4] frei zu werden, dem Begriffe des bloßen Rechtsobjects. Mit § f.
Rücksicht auf diese Möglichkeit hat daher auch die Verwandtschaft der Sclaven (servilis cognatio) in Beziehung auf die Eheverbote[5] und nach Justinians Bestimmung[6] auch auf das Erbrecht juristische Bedeutung; der servus konnte naturaliter durch Vertrag Creditor und Debitor werden, und sich durch Delicte selbst so obligieren, daß eine Klage gegen den freigewordenen stattfand[7]. Der ganz § g.
anomale Satz[8], daß ein im Eigenthum des Staats stehender Sclave über die Hälfte seines Peculiums ein Testament zu machen berechtigt sei[9], ist vielleicht dadurch veranlaßt, daß man solche schwerer zu beaufsichtigende Menschen durch Betheiligung für das Interesse der Herrschaft eifriger machen wollte.

Der freigelaßene servus tritt als Person regelmäßig in ein § h.
dem römischen Familienrecht angehöriges[10] Verhältniss zum Freilaßer, welches dem des Kindes zum Erzeuger in vielen Stücken ähnlich ist[11], wie denn auch liberi patresque und liberti patronique etymologisch verwandt sind.

Zweiter Unterabschnitt.

Verschiedenheit der Rechts- und Handlungs-Fähigkeit der physischen Personen

I. nach Verschiedenheit ihrer natürlichen Eigenschaften oder Zustände *).

§. 37. A. Geschlecht.

Ein Mittelgeschlecht zwischen dem männlichen und weiblichen, § a.
Zwitter, hermaphroditi, (weder un-, noch beid-geschlechtige) nahm

---

(2) *L.* 1. § 8. *D. de off. Pf. U.* 1, 12. (3) davon unten § 47. (4) cf. *Dig.* Qui sine m.missione ad libertatem perveniunt 40, 8. *Cod.* 7, 13. 8, 52. u. unten § 47. (5) § 10. *I. de nuptiis* 1, 10. *LL.* 8. 14. §§ 2. sq. *D. de ritu nuptiar.* 23, 2. (6) § 10. *I. de gradib. cognat.* 3, 6. [in vielen Ausgg.: *pr. I. de servili cognatione* 3, 7.] und die restituierte *L.* 4. *C. de bonis libertorum* 6, 1. (7) *Gai.* 4, 77. 78. *L.* 14. *D. de O. et A.* 44, 7. (8) Derselbe widerspricht dem Grundsatze des römischen Rechts, daß der servus gar nicht fähig ist, für sich irgend ein vom Civilrecht anerkanntes Recht zu haben. (9) Wenn anders *Ulp.* 20, 16. seine volle Richtigkeit hat. vgl. meine Anm. zu *Ulp.* l. c. (10) Anhang VI. Note 10. (11) *Dig.* 37, 14. de Iure patronatus, und 37, 15. de Obsequiis parentibus et patronis praestandis. *Cod.* 6, 4. 6. *Ulp. L.* 9. *D. de obseq. par.* „Liberto et filio semper honesta et sancta persona patris ac patroni videri debet“. s. § 42. Note 7. *L.* 27. *pr.* vgl. *LL.* 3. 4. *D. ad municip.* 50, 1.

(*) vgl. unten § 94. *a.*

zwar die römische Physiologie [1], nicht aber das römische Recht an; sondern es rechnet die unvollkommene Geschlechtsbildung zu derjenigen, welcher sie sich am meisten nähert [2].

§ *b.* Als Regel gilt gleiche Rechtsfähigkeit beider Geschlechter; jedoch erkennt das Recht einerseits die frühere Entwickelung (§38.*e.*), andererseits aber auch die mindere Willens-Selbständigkeit der Person weibliches Geschlechts an [3], und nicht allein im öffentlichen [4], sondern auch im Privat-Rechte ist deren Stellung eine untergeordnete: nach altem Rechte hatte die Frau nicht selbständig Handlungsfähigkeit [5]; sie konnte nicht freie Personen in potestate oder in manu haben, woraus nicht allein Unfähigkeit zu den diese Herrschaftsrechte begründenden Geschäften, sondern auch eine geringere Vermögensrechtsfähigkeit sich ergab, indem ihr z. B. deshalb der Vermögenserwerb ihrer Kinder nicht zufiel, wie dem

§ *c.* Vater [6]. Die s. g. Begünstigungen des weiblichen Geschlechts, z. B. in Beziehung auf Unschädlichkeit der Unkenntniſs des Rechts [7], beschränktere Verbindlichkeit aus Bürgschaften [8] u. dgl. sind ebenfalls Anerkenntnisse der fragilitas sexus [9].

§ *d.* Wo es sich nicht aus dem Zusammenhange oder ausdrücklichen Erklärung ergiebt, daß es auf den Geschlechtsunterschied ankomme, da wird bei Nennung des Masculinums das Femininum mitverstanden [10], nicht aber auch umgekehrt [11].

---

(1) *Plin.* H.N.*7*,3.3. vgl.Meckel gerichtl.Med.§§ 310...14. Hier darf auch der doppelte Solöcismus des Grammatikers angeführt werden, der „Haec vota dixit nuptiis: 'Et masculini et feminini gignite, Generisque neutri filios'!“ *Auson.*epigr.*50.*
(2) *Ulp.L.*10.*D.de statu hom.1*,5.„..Hermaphroditum ... puto eius sexus aestimandum qui in eo praevalet“. cf.*L.*15.§1.*D.de testib.*22,5. *L.*6.§2.*D.de liberis et postumis* 28,2. (3) *Pap.L.*9.*D.de st.hom.* „In multis iuris nostri articulis deterior est condicio feminarum quam masculorum“. *Ulp.L.*1.*pr.D.de senator.1*,9. „..maior dignitas est in sexu virili“. *L.*12.§2.*D.de iudic.*5,1. *L.*8. *D.de accus.*48,2. (4) *Ulp.L.*2.*pr.D.de R.I.* „Feminae ab omnibus officiis civilibus vel publicis remotae sunt ...“. (5) *Liv.34*,2. „Maiores nostri nullam, ne privatam quidem rem agere feminas sine auctore voluerunt; in manu esse parentium, fratrum, virorum“. *Gai.1*,144. Sie muste unter der Familiengewalt irgend eines Mannes oder unter Tutel stehen, wie in der Lehre von der Vormundschaft zu zeigen ist. vgl.unten §38.*e.*§84.*f.*
(6) *L.*196.§1.*D.de V.S.1*,16. f.§43.*h.* (7) *LL.*8.9.*pr.D.12*,6. unten §97. Noten 4.5. (8) Ad SC.Velleianum: *Paul.2*,11. *Dig.16*,1. *Cod.4*,29. *Nov.118.c.*5. *134.c.*8. Das nähere im Obligationenrechte. (9) vgl. §39.a.E. §84.*f.* Eben darauf beruhen auch strafrechtliche Singularbestimmungen für das weibliche Geschlecht, z.B. *L.*6.*pr.D.ad L.Iul.pecul.48*,13. *L.*5.§§1.3.*C. ad L.Iul.mai.9*,8. *Nov.134.c.9.* (10) *Ulp.L.*195.*pr.D.de V.S.50*,16. „Pronuntiatio sermonis in sexu masculino ad utrumque sexum plerumque porrigitur“. *Id.L.*1.*eod.* „..*si quis* tam masculos quam feminas complectitur“.

§. 38. B. Altersstufen*).

De Minoribus XXV annorum (*s.* annis): *Paul.* S.R.*1*,9. *Dig.4*,4. De His qui veniam aetatis impetraverunt: *Th.C.* 2,17. *Iust.C*, 2,44(45). cf. *Iust.C.* 2,21 (22)...45(46).

Die Wirklichkeit des Willens entfaltet sich im Menschen nur allmählich und in verschiedenen sehr verschieden; von ihr aber ist die **Handlungs**fähigkeit abhängig (§ 30.). Das positive Recht, als die allgemeine im voraus zu wißende Norm, kann nicht die unbestimmbare Mannichfaltigkeit von Stufen und die maßlose Verschiedenheit der Entwickelung des Willens der Individuen berücksichtigen; sondern nur eine den Entwickelungsperioden im Durchschnitt möglichst entsprechende Begränzung der verschiedenen Lebensalter zur Bestimmung der Handlungsfähigkeit der physischen Personen aufstellen. Das röm. Privatrecht stellt, abweichend von dem öffentlichen[1], folgende meist der alten Physiologie entlehnte Stufen auf: §*a.*

1. *Infantia.* Die ersten sieben Lebensjahre hindurch[2] hat die Person nicht die Fähigkeit den für sie geltenden Willen selbst auszuführen, sie ist handlungsunfähig[3]. Der infantia maior kann (auch §*b.*

---

cf. *LL*.52.101.§3. *L*.172.*D.eod.* *LL*.62.81.*pr.* *L*.93.§3.*D.de leg.*III.32. Geschwister verschiedenes Geschlechts werden als fratres bezeichnet *L*.35.*D.de pact.* 2,14. *L*.38.*D.fam.erc.10*,2. (11) *Pomp.L*.45.*pr.D.de leg.*II.*31*. „..exemplo enim pessimum est feminino vocabulo etiam masculos contineri“.

(*) Savigny Syst.§§106...111. (*1*) Es ist nicht zu bezweifeln, daß ursprünglich die privat- und die öffentlich-rechtlichen Altersstufen miteinander übereinstimmten, soweit sie überhaupt genau bestimmt waren. Pueri sind die öffentlichrechtlich Handlungsunfähigen; Servius Tullius soll die Gränze des zurückgelegten 17. Jahres bestimmt haben (vgl. *L*.1.§3.*D.de postul.3*,1. mit *L*.57.*D. de re iud.42*,1.); von da ab bis zum zurückgelegten 45. war der civis der vollauf Handlungsfähige, besonders auch in Beziehung auf den Heeresdienst; die maiores oder seniores sind die über 45 (46) Jahre Alten. *Dionys.Hal.4*,16. *Liv.* 22,57. *Gell.10*,28. und Niebuhr Röm.Gesch.I. (3.Ausg.) S.190.ff. Huschke Serv. Tull.S.138.ff. Nach den maiores und iuniores sind die Monate Maius und Iunius benannt. *Macrob.*Sat.*1*,12. vgl.*Ovid.*Fast.*6*,83.sqq.| Andere Abstufungen bei *Censorin.* de die nat.14. *Isidor.*Orig.*11*,2.§§1...7. (2) *L*.8.*Th.C.de bon.mat.*8,18. „..sive maturius sive tardius filius fandi sumat auspicia, intra VII annos aetatis ..“. *L*.18.*pr.C.de iure delib.* 6,30. „..infanti, i.e. minori VII annis ..“. cf.§4.*eod.* *Isidor.*Orig.*11*,2.§§2.9. s.unten §*p.* (3) *Gai*.3,107. 109. §§9.sq.*I.de inut.stip.* 3,19. *L*.209.*D.de V.S.50*,16. *L*.14.*D.de sponsalib.* 23,1. *L*.1.§2.*D.de adm.et per.26*,7. *L*.70.*D.de V.O.45*,1.| In vielen Stellen wird von dem qui fari potest, (pupillus, oder auch infans, qui fari potest u.dgl.) gesagt, er könne, zur Beseitigung der sonst für den Verkehr entstehenden Schwierigkeiten und der Nachtheile, welche für die Person selbst eintreten würden (utilitatis causa, gegen die strenge Consequenz des Rechts), wirksam Formeln aussprechen, Besitz ergreifen u.dgl., wo sein Wille durch den Tutor vertreten werden kann. In diesen Stellen ist nicht derjenige gemeint, der zugreifen kann, oder dessen Sprachorgan so ausgebildet ist, daß er die Worte aussprechen, sondern der, dessen Verstand wenigstens so weit entwickelt ist, daß er

ohne Auctorität seines Tutors) wirksam sein Vermögen verbeßernde,
§ c. nicht aber nachtheilige Rechtsgeschäfte abschließen[4]. Der Unterschied zwischen infantiae und pubertati proximiores ist nicht nach festen Jahren begränzt, sondern bezieht sich auf die Ausbildung der Willenskraft: die letzteren sind fähig Rechtswidrigkeiten zu begehen, welche ihnen privat- und straf-rechtlich zugerechnet werden (aetas quae dolo non caret)[5].

§ d. 2. *Pubertas.* Dieses römische Wort bezeichnet ursprünglich die bis zur Zeugungsfähigkeit oder Viripotenz gediehene körperliche Reife[6], während das deutsche 'Mündigkeit' die Reife des Willens, vermöge welcher die Person sich selbst zu schützen vermag[7],
§ e. ausdrückt. Die Viripotenz des weiblichen Geschlechts, welche stäts und in allen Beziehungen mit dem vollendeten 12. Jahre angenommen wurde, war hauptsächlich wegen der Fähigkeit zur Eingehung der Ehe von privatrechtlicher Bedeutung[8], indem bis zum Verschwinden der Tutel über die Frauenzimmer diese regelmäßig dem ius eines Anderen unterworfen sein oder unter einem Tutor stehen musten, und zwar bis zur Viripotenz unter einem pupillaris, nachher einem muliebris tutor, unter dessen Auctorität
§ f. sie nun auch Testamente zu machen fähig waren[9]. Wichtiger ist die

---

auch die Bedeutung der Worte oder Handlung verstehen, wenngleich die Zweckmäßigkeit des Rechtsgeschäfts noch nicht beurtheilen kann. Diese Ausbildung aber hat nach röm. Recht niemand vor dem zurückgelegten 7. Jahre: „septimo anno plene absolvitur integritas loquendi". *Macrob.* Somn. Scip. *1*,6. vgl. z. B. auch *L.*1.§13.*D.de O.et A.44*,7. *L.*141.§2.*D.de V.O.45*,1. *L.*6.*D.rem pupill.46*,6. *L.*32.§2.*D.de adq.v.am.poss.41*,2. *L.*5.*D.de R.I.50*,17.

(4) vgl. Note 3. u. *Pr.I. de auct.1*,21. *L.9.pr.D.eod.26*,8. *L.28.pr.D.de pact.2*,14. *L.*10.*D.de iur.et f.ign.22*,6. *L.*189.*D.de R.I.* Das Alter vom begonnenen 8. Jahre bis zur Pubertät nennen die Römer auch secunda aetas. *Isidor.* Orig. *11*,2.§3.

(5) *Gai.3*,109.208. = §10.*I.de inut.stip.3*,19. §18.*I.de obl.quae ex del.4*,1. *Gai. L.*111.*pr.D.de R.I.* „Pupillum qui proximus pubertati sit, capacem esse et furandi et iniuriae faciendae". *L.*13.*i.f.D.de dolo malo* 4,3. *L.*5.§2.*D.ad L. Aq.9*,2. *L.*4.§26.*D.de exc.d.m.44*,4. *L.*23.*D.de furt.47*,2. Dirksen i. Rh. Mus. f. Jpdz. I. S. 316. ff.

(6) *Fest.* vv. Pubes u. Pubes puer. *Isidor.* Orig. *11*,2. §13. „*Puberes* a pube, i. e. a pudendis corporis nuncupati, quod haec loca primo lanuginem ducunt.... eum puberem esse qui ... generare iam possit".

(7) vgl. *Grimm* Deutsche Rechtsalterth. S. 447. Munt althochd. = manus, potestas, tutela. Auch Servius (bei *Paul.L.*1.*pr.D.de tutel.26*,1. u. §1.*I.eod.1*,13.) bezeichnet den Unmündigen, unter Tutel stehenden, als „eum qui propter aetatem se defendere nequit".

(8) *Dio Cass.54*,16.i.f. „*Δώδεκα γὰρ ταῖς κόραις ἐς τὴν τοῦ γάμου ὥραν ἔτη πλήρη νομίζεται*". Die vor dem 13. Jahre geschloßene Ehe galt nicht einmal als Verlöbniss; war dieses aber vorausgegangen, so begann die vorher ungiltige Ehe mit dem zurückgelegten 12. Jahre nun als rechtlich giltige. *L.*32.§27.*D.de don.i.v.et ux.24*,1. s. unten §116. Note 32.

(9) *Gai.1*,40. 2,113. *Ulp.20*,15. *Paul.* S. R. *3*,4A.§1. s. §37. Note 5.

Pubertät für das männliche Geschlecht, indem nach älterem Recht der pubes von der Vormundschaft frei, vollkommen selbständig handlungsfähig, über sein Vermögen unter Lebenden und auf Todesfall zu verfügen und eine Ehe einzugehen mächtig ist; mit seiner Fähigkeit, nun in der Volksversammlung zu erscheinen, hängt die, erst von Antoninus Pius auch auf Unmündige ausgedehnte, sich arrogieren zu laßen, zusammen [10]. Nach einer bis in die frühere § *g.*
Kaiserzeit fortdauernden Einrichtung legte regelmäßig nach vollendetem 14. Jahre der Knabe an den nächsten Liberalien (17. März) das verbrämte Kinderkleid ab und die männliche Toga (toga libera, pura, virilis) an [11], womit er, wie bemerkt, von der Tutel frei und selbst Herr seines Vermögens ward. Wollte der Pupill gegen seines Tutors Willen dieses Zeichen der Mündigkeit, so sollte nach der Meinung der Proculejaner, welche Justinian auch dem Buchstaben nach zur alleingeltenden erhoben hat, bloß auf das zurückgelegte vierzehnte Jahr gesehen werden, während die Cassianer oder Sabinianer die geschlechtliche Reife (ausgenommen bei spadones) erforderten und einer der hervorragendsten Juristen dieser Schule beides zugleich, Alter und Reife [12]. In Betreff der Testa- § *h.*
mentserrichtung bestimmte sich die Pubertät lediglich nach dem Alter [13]; auf die Heiratsfähigkeit des männlichen Geschlechts aber mag sich doch wol jene Verschiedenheit der Schulmeinungen mit bezogen haben [14], falls die Giltigkeit der Ehe zur Zeit der Zweifelhaftigkeit der Pubertät des Mannes zur Frage gekommen wäre.

---

§ 46. Note *. § 84. *f.* (*10*) *Gai.1*,102. *Ulp.8*,5. *Gell.5*,19. (*11*) *Cic.*ad Att. 6,1. § 9. *Ovid.*Fast.3,771.sqq. Das Jahr („usque ad annum XV.“) bezeichnet ein mittelalterliches *Schol.in Iuvenal.* (ed. Heinrich. I. p. 330.). Daher vesticeps (von vestis und capere) = pubes, und praetextatus oder investis = impubes. cf. *Fest.* v. Vesticeps. *L.3.§6.D.de lib.exh.43*,30. (*12*) *Gai.1*,196. *Ulp.11*,28. (wo man unkritisch statt Priscus hat setzen wollen plerisque visum est). *Pr.I.quib.mod. tut.fin.1*,22. „Pupilli pupillaeque cum puberes esse coeperint, tutela liberantur. Pubertatem autem Veteres quidem non solum ex annis, sed etiam ex habitu corporis in masculis aestimari volebant: nostra autem maiestas dignum esse castitate nostrorum temporum bene putavit, quod in feminis et Antiquis impudicum esse visum est, i.e. inspectionem habitudinis corporis, hoc etiam in masculos extendere, et ideo sancta constitutione promulgata [*L.3.C.quando tut.esse desin.5*,60.] pubertatem in masculis post quartum decimum annum completum ilico initium accipere disposuimus, antiquitatis normam in femininis personis bene positam suo ordine relinquentes, ut post duodecimum annum completum viri potentes esse credantur“.
(*13*) Note 9. und *L.5.D. qui test.fac.28*,1. *L.4.C.eod.6*,22. (*14*) was Savigny (a.a.O. § 110.), dessen Erklärung jenes Sectenstreites wir übrigens beitreten, bezweifelt trotz *Pseudo-Quintilian.* Declam.279.

§i. Zur Begünstigung der mit einem Alimentenvermächtniss bis zur
Pubertät bedachten Personen verstand man auf den Grund eines
Rescripts Caracallas unter 'Pubertät' das zurückgelegte 14. Jahr
§k. bei Mädchen, das 18. bei Jünglingen[15]. Und als sich seit dem
zweiten Jahrhundert n. Chr. der Satz, daß der Adoptierende älter
als der zu Adoptierende sein müße[16], auf 18 Jahre festgestellt
hatte, bezeichnete man diese Differenz als plena pubertas[17], ohne
daß hiermit eine neue für das Privatrecht überhaupt geltende Altersstufe entstanden wäre[18].

§l. 3. *Maior aetas.* Vor der lex Plaetoria gab es für den Mündigen keine weitere der Jugend halber geltende privatrechtliche Beschränkung der Handlungsfähigkeit; jenes schon dem Plautus[19] bekannte Gesetz bedrohte denjenigen, welcher einen unberathenen Jüngling unter 25 Jahren (minor XXV annis oder annorum, minor annis[20] oder minor schlechthin, adulescens oder adultus) in einem Privatrechtsgeschäfte bevortheilen würde, mit einer Criminalan-
§m. klage[21]. Diese maior oder legitima aetas (vom vollendeten 25. Jahre an) wurde eine immer wichtigere Altersstufe, als auch das prätorische Edict allen Minderjährigen Wiedereinsetzung in den vorigen Stand wegen ihnen nachtheiliger Handlungen oder Unterlaßungen verhieß[22], und sich seit Marc Aurel alle minores einen Curator erbitten konnten[23], woraus sich zuletzt die beständige Vor-
§n. mundschaft über Minderjährige entwickelte. Mitunter ertheilten die Kaiser Minderjährigen das Privilegium für großjährig zu gelten (venia aetatis, Jahrgebung, Altersnachlaß), welches jedoch

(15) Die für Unmündige (Kinder unter 12, 14 Jahren) von Traian gegründete Stiftung (vgl. oben § 25. Note 10. med.) kam seit einer Verordnung Hadrians Mädchen bis zum Austritte aus dem 14., Jünglingen bis zum Ende des 18. Jahres zu Gute. Caracalla dehnte die Bestimmung auf alle legierten Alimente aus. *Ulp. L.* 14. § 1. *D. de alim. leg. 34*,1. (Mit der regelmäßigen Mündigkeit tritt nicht leicht auch schon die Fähigkeit ein, sich seinen Lebensunterhalt selbst verdienen zu können.) (16) vgl. *Gai. 1*,106. ibiq. citt. *Cic.* u. *Suet.* (17) § 4. *I. de adopt. 1*,11. *L.* 40. §1. *D. eod. 1*,7. vgl. *Theophil.* ad § 4. *I. cit.* (18) so wenig, als mit den 17 oder 20 Jahren, wovon *Gai. 1*,38. *Ulp. 1*,13. § 7. *I. qui et quib. ex c. 1*,6. und § 4. *I. de iure pers. 1*,3. oder den 18 zum munus des iudex erforderlichen Jahren. *L.* 57. *D. de re iud. 42*,1. (19) *Pseud. 1*,3,68. sqq. cf. *Rud.* 5,3,24. sq. Die lex ('quina vicenaria' s. §13. Note 5.) ist also vor 570. a. u. gegeben. s. § 25. Note 2. Savigny (1831.) in Verm. Schriften II. n°. 18.
(20) daher das mittellateinische minorennis u. minorennitas. (21) daher lex Plaetoria *de circumscriptione adulescentium.* *Cic.* N. D. *3*,30. §74. „inde iudicium publicum rei privatae lege Plaetoria". (22) *L.* 1. §1. *D. de minorib.* s. unten §132. Note 39. (23) *Capitolin.* Marc. 10.

Jünglingen nicht vor dem vollendeten 20., Frauenzimmern nicht vor dem vollendeten 18. Jahre nachzusuchen gestattet ist[24].

§ o. Das Greisenalter, senectus, kommt nicht als eine die Handlungsfähigkeit im allgemeinen[25], sondern nur bei einzelnen Rechtsverhältnissen bestimmende Altersstufe im Privatrechte vor, und ist auch nicht für alle Fälle seiner Wirksamkeit gleichmäßig bestimmt[26]: so verbot die lex Papia Ehen der quinquagenariae und der sexagenarii mit Personen unter diesem Alter[27]; so soll in der Regel nur dem mindestens Sechszigjährigen gestattet sein zu arrogieren[28]; so befreit 70jähriges Alter von allen civilen munera personalia[29] und insbesondere auch von der Uebernahme von Vormundschaften[30].

§ p. Andere Abstufungen, wie z. B. diese constantinische[31], ut prima aetas *pueritiae* sit (bis zu 14 oder 12 Jahren), sequens *adulescentiae* (bis zu 20 oder 18 Jahren), *firmata* haec tertia (bis zum 25. Jahr), quarta *legitima* (Großjährigkeit), quinta *senectus*, haben nicht allgemeine Aufnahme gefunden.

§. 39. C. Gesundheit und Krankheit.

§ a. Wie die physische Person wesentlich lebendiger Organismus ist (§ 30. *e*, *g*. § 32. *e*.) und die Abnormität der organischen Bildung die Rechtsfähigkeit eines Geborenen hindern kann (§ 32. *c*.), so ist auch die Abnormität der organischen Functionen nicht ohne Einfluß auf die Handlungsfähigkeit; jedoch kommt Krankheit[1] im weitesten Sinn im Rechte nur dann in Betracht, wenn sie die Willenskraft an sich oder in ihrer Herrschaft über den Körper lähmt

---

(24) *citt. titt.* De his qui veniam aetatis impetraverunt. Die Bittsteller „morum suorum instituta probitatemque animi et testimonium vitae honestioris edoceant". *L. 2. C. h. t.* 2,45. Nur zur Veräußerung von Immobilien sind solche Privilegierte noch nicht fähig (*L. 3. eod.*), und bei Rechtsgeschäften soll der Ausdruck legitima oder perfecta aetas immer die wirkliche Großjährigkeit bezeichnen (*L. 4. eod.*).

(25) Hierher gehören nicht solche Stellen, in denen senectus die mit dem hohen Alter verbundene Körperschwäche bezeichnet, wie z. B. *L. 61. D. de don. i. v. et ux.* 24,1. oder aetas aut valetudo in *L. 15. D. de rec. arb.* 4,8.

(26) s. Thibaut im Arch. f. civ. Prax. VIII. n°. 2.

(27) *Ulp.* 16,1. *Iustinian. L. 27. C. de nupt.* 5,4.

(28) *L. 15. § 2. D. de adopt.* 1,7.

(29) *L. 2. § 1. D. de vacationibus* 50,5. *L. 3. D. de iure imm.* 50,6.

(30) § 13. *I. de excus. tut.* 1,25. *L. 2. pr. D. eod.* 27,1.

(31) *L. un. § 3. Th. C. de his qui ven.* 2,17. Sechs Stufen giebt *Isidor.* Orig. 11,2. §§ 1. sqq. an: infantia (1...7), pueritia (bis 14), adolescentia (bis 28), iuventus (bis 45), gravitas (bis 70), senectus (über 70 Jahre).

(1) In den Quellen valetudo, mala od. corporis valetudo, aegritudo, aegritudo corporis, aegrotatio, infirmitas, debilitas, morbus, vitium; animi valetudo, furor, dementia, insania u. dgl.

oder vernichtet [2]. Demnach unterſcheidet man ſ. g. geiſtige (richtiger 'pſychiſche') und leibliche (ſomatiſche) Krankheit [3].

§ b. 1) Die Abnormität der organiſchen Functionen des Körpers, morbus oder körperliche Krankheit im weiteren Sinne, hat entweder ihren Grund in Miſsbildung oder Mangel eines Organs oder in einer Störung der regelmäßigen Thätigkeit der Organe, und iſt danach Gebrechen, vitium, oder Krankheit, morbus
§ c. im engeren Sinne [4]. Die den Körpergebrauch ganz hemmende, alſo handlungsunfähig machende Krankheit hieß ſchon in den 12 Tafeln morbus sonticus [5]. Auch Affect, Trunkenheit und ähnliche Zuſtände können die zur freien und rechtlich giltigen
§ d. Handlung erforderliche Willenskraft aufheben [6]. Die vitia, welche in gänzlichem Mangel des Gehörs oder Sprachorgans beſtehen, machen natürlich zu allen Handlungen unfähig, bei welchen Hören und Sprechen weſentlich iſt [7]; ſo wie der Blinde nichts gilt,
§ e. wo es auf das Sehen ankommt [8]. Beſonders häufig iſt von dem Gebrechen der Zeugungsunfähigkeit in den Quellen die Rede. Im weiteren Sinne ſind spadones (σπάδονες oder σπάδοντες) alle qui

---

(2) So definiert Cälius Sabinus (bei *Ulp. L.* 1. § 7. *D. de aed. ed. 21*, 1. *Gell.* 4,2.) morbum als habitum cuiusque corporis contra naturam [anomale Körper-Beſchaffenheit oder Zuſtand], qui usum eius ad id facit deteriorem, cuius causa natura nobis eius corporis sanitatem dedit. (3) Animi aut corporis valetudo: *L.* 4. § 3. *Th. C. de tut. et cur.* 3,17. Corporis aut mentis valetudo: *L.* 45. § 4. *D. de excus.* 27,1. In adversa corporis valetudine mente captus: *Paul.* S. R. 3A. § 11. Dagegen: integra mente et valetudine: *L.* 20. *D. de iniust.* 28,3. Auch die ſ. g. Geiſteskrankheit rechnen alſo die Römer zur valetudo: *L.* 2. § 5. *D. si q. caut.* 2,11. „.. qui *furore* impediatur, *valetudine* impeditur". *Cic.* Tuscul. 4,13. „Quo modo autem in corpore est morbus, est aegrotatio et vitium, sic in animo", und „ut in malis attingit animi naturam corporis similitudo, sic in bonis". (4) *Mod. L.* 101. § 2. *D. de V. S.* 50,16. „Verum est *morbum* esse temporalem corporis imbecillitatem, *vitium* vero perpetuum corporis impedimentum". Jedoch iſt dieſer Sprachgebrauch nicht ganz conſtant; ſo rechnet Ulpian *L.* 1. § 7. *D. cit.* (Note 2.) die Blindheit zum partiellen morbus; *L.* 9. *D. de aed. ed.* 21,1. „*Mutum morbosum* esse ..". *L.* 3. § 8. *D. ad SC. Silan.* 29,5. „*Surdus* per *morbum* nihil audit". Und *Cic.* l. c. ſagt „*Morbum* appellant totius corporis corruptionem; *aegrotationem* morbum cum imbecillitate; *vitium* cum partes corporis inter se dissident, ex quo pravitas membrorum, distortio, deformitas". vgl. auch *Paul. L.* 5. *Ulp. L.* 6. § 2. *D. de aed. ed.* 21,1. u. ſ. w. Beſonders wichtig war die Lehre von den Krankheiten bei der Anwendung des ädiliciſchen Edicts über Verkauf von Thieren und Sclaven. (5) *Fest.* v. Sonticum, v. Insons, cf. v. Sontica causa. *Gell.* 20,1.16,4. *L.* 65. § 1. *D. de aed. ed.* 21,1. *L.* 60. *D. de re iud.* 42,1. *L.* 113. *D. de V. S.* Sonticus = qui cuiusque rei agendae impedimento est, oder qui cuique rei nocet u. dgl. So heißt in *L.* 46. *D. de iudic.* 5,1. auch das Delirieren („licet furere coeperit") 'morbus sonticus'.
(6) ſ. unten § 84. Note 9. (7) z. B. *Gai.* 3,105. *Ulp.* 20,7.13.
(8) z. B. *L.* 3. § 9. *D. ad SC. Silanian.* 29,5.

generare non possunt[9], im engeren diejenigen, welche von Natur oder zufolge Krankheit oder Unfalles an dieser Unfähigkeit leiden[10], im Gegensatz der castrati[11]; nur die letzteren sind zur Ehe und allen Rechtsgeschäften unfähig, welche die Zeugungsfähigkeit voraussetzen[12].

2) Der des Gebrauches der Vernunft beraubte, furiosus, mente § f.
captus, demens, amens, ist gänzlich handlungsunfähig[13], mag nun die Krankheit in abnorme Aeußerungen der Körperkräfte ausbrechen (furor, furiosus im eng. S., Rasende, Delirierende) oder nicht (mente capti, dementes i. e. S., fatui, Irre, Blödsinnige, Wahnsinnige u. dgl.[14]. Daß in den Zeiträumen des nachlaßenden furor, in den lichten § g.
Zwischenräumen[15], die Handlungsfähigkeit ungeschmälert ist[16], liegt eben darin, daß dann die Einwirkung der Krankheit auf den Willen aufgehoben ist. Neben den furiosus stellen unsere Quellen § h.
in Beziehung auf die Unfähigkeit zu Vermögensveräußerungen und den davon abhängigen Rechtsgeschäften den gerichtlich für Verschwender erklärten, eum cui moribus a praetore bonis interdictum est[17].

---

(9) *Gai.1*,103.196. *Ulp*.8,6. *Paul*.S.R.3,4A.§2. §9.*I.de adoptionibus 1*,11. u. *Theoph*. ad h. §., welcher *εὐνοῦχος* (von *εὐνὴν ἔχειν*, lectum curare) als Gattungsnamen aufführt. *Ulp.L*.128.*D.de V.S.50*,16. „*Spadonum* generalis appellatio est, quo nomine tam hi qui natura spadones sunt, item thlibiae, thlasiae [*θλίβειν, θλᾶν*, zerquetschen], sed et si quod aliud genus spadonum est, continentur“. (*10*) Daher auch mitunter heilbar, und nicht allgemein zu den morbosis oder vitiosis gehörig, z.B. *L*.6.§2. vgl. mit *L.7.D.de aed. ed.21*,1. (*11*) „*ἐφ' ὧν γέγονεν ἐκτομὴ τῶν γεννητικῶν μορίων*“. *Theoph*.l.c. cf.*Cod*.de Eunuchis 4,42. *Paul*.S.R.5,23.§13. *L*.3.§4. *L*.4.§2. *L*.6.*D.ad L.Cornel.de sicariis* 48,8. (cf.*Amm.Marc.14*,6,17.cum interpp. *Athenaei* Deipn.*12*.p.514. *Deuteron*.23,1.) (*12*) *L*.39.§1.*D.de I.D.23*,3. und *L.6.pr.* §1.*D.de lib.et post*.28,2. Adoption s. Note 9. u. *L*.2.§1. *L.40.D.de adopt.1*,7. Einsetzung eines postumus zum Erben: *L.6.cit.* (*13*) *Gai*.3,106. = §8.*I. de inutil.stipul*.3,19. *LL*.5.40.*D.de R.I.50*,17. u. in vielen Anwendungen. | Die Rechtsfähigkeit ändert sich nicht: *L.20.D.de st.hom.1*,5. *L.8.D.de his qui sui 1*,6. *L.8.§1.D.de tutorib.et cur.datis* 26,5. (*14*) Am deutlichsten treten die engeren Bedeutungen in ihrer pathologischen Verschiedenheit hervor in *L*. 25.*C.de nupt*.5,4. *L.28.C.de episc.audientia 1*,4. Die juristische Wirksamkeit dieser Zustände ist dieselbe. *L.25.cit.* *LL*.1.i.f.2.*D.de postul*.3,1. *LL*.19.i.f....22. *D.de reb.auct.iud.poss*.42,5. Auch die römische Sprache hat zur Bezeichnung der verschiedenen Richtungen und der verschiedenen Grade der Seelenstörungen sehr verschiedene Wörter; irrig aber ist es, eine auch juristisch wirksame Abstufung in denselben zu sehen, indem es im Rechte nur darauf ankommt, ob ein pathologischer Zustand die Willenswirklichkeit aufhebe oder nicht. Meckel gerichtl. Medicin §§ 364. ff. (*15*) Lucida s. dilucida intervalla, intermissio oder remissio furoris, intermissus furor, induciae furiosi u. dgl. (*16*) *L*.14. *D.de off.praes.1*,14. *L*.22.§7.*D.sol.matr*.24,3. *L.6.C.de curat.furiosi* 5,70. *L*. 2.*C.de contr.empt*.4,39. *L.9.C.qui testam.fac*.6,22. (*17*) *Paul*.S.R.3,4A. §7.(3,5.ed.Haen.) „Moribus per praetorem bonis interdicitur hoc modo: QVANDO TIBI BONA PATERNA AVITAQVE NEQVITIA TVA DISPERDIS LIBEROSQVE TVOS AD

§ i. Den Perſonen, deren Geiſteskräfte von Natur ſchwach ſind (auch wol mente capti *genannt*, fatui, stulti, moriones, simplices u. dgl.) kommt *im allgemeinen* Handlungsfähigkeit zu; jedoch iſt dieſelbe *in einzelnen* Beziehungen beſchränkt, was ſelbſt bei ſolchen Perſonen der Fall iſt, welche wegen Dürftigkeit der Bildung oder Willenskraft, wenigſtens *in* Beziehung *auf juriſtiſche* Dinge (simplicitas militum, rusticitas, fragilitas, infirmitas, imperitia, mediocritas, ineptia, inertia, stultitia, desidia, segnities u. ſ. w.), nachſichtiger behandelt werden [18].

§. 40. D. Räumliche Beziehungen.

Dig. Ad municipalem *) et de incolis *50*,1. *Cod.* de Municipibus et originariis *10*,38. de Incolis et ubi quis domicilium habere videtur et de his qui studiorum causa in aliena civitate degunt *10*,39.

§ a. Die phyſiſche Perſon hat als leibliches Individuum weſentlich auch ein räumliches Verhältniſs ſowol zum Staatsgebiete, als auch zu anderen Perſonen, zu Sachen und Orten vorzunehmender Handlungen. Daher die privatrechtliche Lehre vom Wohnorte, ſo

§ b. wie von der An- und Abweſenheit hier ihre Stelle hat. *Wohnort*, domicilium oder domus ([a]), iſt der Ort, welcher als Mittel-

§ c. punct der juriſtiſchen Thätigkeit der Perſon gilt [1]. Begründet wird er durch das Verweilen irgendwo, verbunden mit der bekundeten

---

EGESTATEM PERDVCIS, OB EAM REM TIBI EA RE COMMERCIOQVE INTERDICO". *Gai.1*,53. *Ulp.12*,2.3.*20*,7.13. § 3.*I.de curat.1*,23. § 2.*I.quib.non est permiss. fac.test.*2,12. (Die für ſich zu allgemeine *L.*40.*D.de R.I.50*,17. erhält ihr richtiges Verſtändniſs durch Verbindung mit *LL.*19.20.*D.de aq.pluv.39*,3.) | Da jedoch der gerichtlich erklärte Verſchwender ſein Vermögen vergrößernde Rechtsgeſchäfte ſchließen kann (*L.*6.*D.de V.O.* unten § 84. Note 5. *L.*3.*D.de novation.46*,2. *L.*5.§ 1.*D.de A.v.O.H.29*,2.) und derſelbe auch doli capax iſt, ſo ſtellt ihn Savigny (Syſt. III. S. 88.) mit dem pupillus pubertati proximus (§ 38.*c.*) zuſammen; aber der Pupill hat einen Tutor, der Prodigus einen Curator.

(*18*) z. B. *L.*7.§ 4.*D.de iurisd.*2,1. *L.*1.§ 5.*D.de edendo* 2,13. *L.*25.§ 1.*D.de probat.*22,3. *L.*3.§ 18.*D.de susp.tut.26*,10. *L.*6.§ 19.*D.de excus.27*,1. *L.*3.§ 22.*D.ad SC.Silan.29*,5. u. a. vgl. § 37.

(*) nämlich Legem, d. h. ‘Municipalverfaßungsgeſetz’. *L.*25.*D.h.t.* *L.*1.*pr. D.de albo scrib.50*,3. *L.*5.§ 1.*D.de iure immun.50*,6. vgl. § 13. Note 10.

(*a*) *Pap.L.*22.§ 2.*D.ad L.Iul.de adult.48*,5. „.. sed *domus* et pro domicilio accipienda est..". (*1*) *Alfen.L.*203.*D.de V.S.50*,16. „.. constitutum esse, eam *domum* unicuique nostrum debere existimari, ubi quisque sedes et tabulas haberet suarumque rerum constitutionem fecisset..". *Diocl.et Max.L.*7.*C.de incol.10*,39. „.. in eodem loco singulos habere *domicilium* non ambigitur, ubi quis larem rerumque ac fortunarum suarum summam constituit; unde non sit discessurus, si nihil avocet; unde cum profectus est, peregrinari videtur; quodsi rediit, peregrinari iam destitit". *L.27.*§ 1.*D.tit.cit.* cf. *L.*17.§ 13.*D.eod.*

rechtsgiltigen Absicht, daselbst seinen Wohnort zu haben; wieder aufgehoben durch das entgegengesetzte Verhalten der Person[2]. Incola ist man, wo man seinen Wohnort hat, ohne daß in Betracht § *d.* kommt, ob man daselbst civis sei[3]. Man kann an mehreren Orten zugleich wohnhaft, so wie auch ohne Domicil sein[4]. In der § *e.* Regel kann ein freier Mensch seinen Wohnort beliebig wählen, und dieses Recht wird als im ius libertatis inbegriffen bezeichnet[5] (domicilium +voluntarium); aus besonderen Gründen ist jedoch das Domicilium häufig necessarium[6].

Die Anwesenheit oder Abwesenheit (praesentia, absentia) der § *f.* Person an oder von ihrem Wohnorte nennen die Neueren 'absolute'[7], die auf bestimmte andere Personen, auf Sachen oder Rechtsgeschäfte bezogene 'relative'[8]. Die erstere wird, wie der Wohnort § *g.* selbst, eingetheilt in freiwillige oder nothwendige[9], und die Abwesenheit, je nachdem das Recht auf sie eine besondere günstige oder nachtheilige oder gar keine besondere Rücksicht nimmt, in lobens-, tadelns-werthe und gleichgiltige[10]. Schief ist das neuere § *h.*

---

(2) ***L.7.C.cit.*** ***Paul.L.20.D.h.t.*** „Domicilium re et facto transfertur, non nuda contestatione ..“. Bloßer Grundbesitz an einem Orte begründet nicht das Domicil: ***L.17.§13.D.eod.*** ***L.4.C.tit.cit.***; ebensowenig das bloße Verweilen an einem Orte, weshalb auch Studierende nicht als solche am Studienorte domiciliert sind: ***L.2.C.eod.*** (3) ***L.239.§2.D.de V.S.50,16.*** ***L.7.C.cit.*** „***Cives*** quidem origo [Abstammung von cives], manu missio [s.§35.*c.*], allectio [Wahl, besonders in die städtische Curie], vel adoptio [Annahme an Kindesstatt]; ***incolas*** vero domicilium facit“. cf.***LL.5.29.D.tit.cit.*** ***Cic.***de off.*1*,34.§105. Der Incolat wurde in demselben Verhältnisse wichtiger, als in der Kaiserzeit die Civität immer unwichtiger wurde. vgl.§35.*m.* (4) ***LL.5.6.27.§2.D.h.t.*** Vagus, Vagabund, ist der ohne Absicht, ein Domicil irgendwo zu haben, umherschweifende. (5) ***L.31.D.h.t.*** ***L.12.C.de op.libert.6,3.*** ***L.71.§2.D. de cond. et dem.35,1.*** s.unten §112.*g.* u.Note 15.das. Die dediticiorum numero entbehren allgemein dieses Recht: *Gai.1,27.* (6) so das domicilium dignitatis: ***L.8.C.h.t.10,39.*** ***L.11.D.de senator.1,9.*** ***L.22.§6.D.h.t.*** cf.***L.2.C. ubi senatores conveniantur*** 3,24.; das Domicil des Soldaten am Dienstorte: ***L.23.§1.D.eod.***; das der Sträflinge am Straforte: ***L.22.§3.D.eod.*** cf.***L.27.§3. eod.***; ferner das der rechtmäßigen (***L.37.§2.D.eod.***) Ehefrau am Wohnorte des Mannes, domicilium matrimonii: ***L.5.D. de R.N.23,2.*** ***L.22.§1.*** ***L.38.§3.D. h.t.*** ***L.9.C.h.t.10,39.*** ***L.65.D.de iudic.5,1.*** ***LL.32.37.pr.D.ad municip.50,1.*** ***L. un.C.*** de Mulieribus et in quo loco munera sexui congruentia vel honores agnoscant *10*,62. Hauskinder und Bevormundete haben nicht immer ein necessarium domic. am Wohnort des Vaters oder Vormunds: ***LL.3.4.6.§1.*** ***L.17. §11.D.h.t.*** ***Dig.*** Ubi pupillus educari vel morari debeat *27*,2. s.Note 2.a.E. (7) z.B. ***LL.5.sqq.10.D.de procuratoribus*** 3,3. (8) z.B. ***LL.10.sq. D.de R.N.23,2.*** ***L.1.§5.D.de O.N.N.39,1.*** ***L.4.§5.D.de damno inf.39,2.*** ***LL.71. 73.pr.§3.D.de iudic.5,1.*** ***L.199.pr.D.de V.S.50,16.*** (9) z.B. ***L.26.§9.D. ex quib.c.mai.4,6.*** ***L.6.D.ubi pupillus educari 27,2.*** (10) Besonders bei der Wiedereinsetzung in den vorigen Stand (§132. Note 40.), bei Proceßhand-

'fingierte Abwesenheit' zur Bezeichnung der trotz ihrer leiblichen Anwesenheit stattfindenden Handlungsunfähigkeit der Personen, welche keinen wirklichen Willen haben, oder ihn nicht in der gerade erforderlichen Weise geltend zu machen vermögen[11].

§ i. Eine besondere technische Bedeutung hat in der Lehre von der Ersitzung die An- und Abwesenheit, indem sie hier darein gesetzt ist, ob die Parteien in demselben Gerichtsbezirke (provincia) domiciliert sind oder nicht[12].

II. Verschiedenheit der Rechts- und Handlungs-Fähigkeit der physischen Personen nach ihrer Beziehung als Glieder eines Ganzen zu anderen diesem Ganzen angehörigen Personen.

§. 41. Vorbemerkung.

Die Person ist nicht bloß der abstract einzelne, sondern wesentlich zugleich Glied einer Familie, eines Staates, einer Religionsgemeinschaft. Sind nun gleich nur die Rechtsverhältnisse, in welchen die Person als Einzelner für sich und als Mitglied einer Familie steht, nur die Vermögens- und Familien-Rechtsverhältnisse (§ 99.), private, dagegen diejenigen, in welchen die Person als Staatsmitglied steht, öffentliche oder staatsrechtliche, und die, in welchen sie als Mitglied einer Religionsgemeinschaft steht, kirchliche oder kirchenrechtliche[1]; also die für die beiden letzteren Arten geltenden Rechtsbestimmungen von unserer Darstellung ausgeschloßen (§ 4.): so ist doch die volle Privatrechtsfähigkeit mehrfach von der vollständigen Staats- und kirchlichen Mitgliedschaft abhängig; gewisse staats- und kirchen-rechtliche Eigenschaften begründen Unterschiede der Privatrechtsfähigkeit. Daher müßen hier die Eigenschaften der Personen als der Glieder der Familie (§§ 42. ff.),

lungen und bei der Verpflichtung zur Uebernahme von persönlichen Lasten kommt diese Unterscheidung zur Anwendung. Als technische kommt sie in unseren Quellen nicht vor, noch weniger die Benennungen absentia laudabilis, vituperabilis, indifferens. (11) z. B. *L. 209. D. de V. S.* *L. 124. D. de R. I.* *L. 22. § 2. L. 23. § 3. D. ex q. c. mai. 4,6.* *L. 1. i. f. D. de auctorit. et cons. 26,8.* Rechtfertigen läßt sich jene Benennung aber für die Fälle, in denen anwesenden Handlungsfähigen die Vortheile der Abwesenheit zugestanden sind, z. B. *LL. 7. sqq. D. eod.*

(12) *Iustinian. L. 12. C. de praescr. l. t. 7,33.* „.. si uterque domicilium in eadem habeat provincia, causam inter praesentes esse videri ..“.

(1) Daß das Kirchenrecht bloß nationaler Religionsgemeinschaften, wie auch die römische war, als ius sacrum einen Theil des öffentlichen Rechts ausmache, s. § 2. Note 1. a. E. § 61.; dagegen ist das Recht der christlichen (nichtnationalen) Kirche eine selbständige Seite des gesammten Rechts, keineswegs ein Theil des Staatsrechts. (vgl. Puchta Inst. §§ 26. ff.)

des Staates (§§ 58...60.) und der Religionsgemeinschaft (§ 61.), welche für die Rechts- und Handlungs-Fähigkeit bestimmend sind, erörtert werden.

A. Die Person als Familienglied.

§ 42. 1. Begriff der Familia als eines natürlichen, sittlichen und rechtlichen Ganzen.

Familia ist der Inbegriff alles dem privatrechtlichen Willen § a.
der selbständigen Person unterworfenen, bestehe es nun in Menschen, freien oder Sclaven, oder in bloßen Vermögensgegenständen[1]. Diese weiteste Bedeutung geht in verschiedene engeren aus- § b.
einander[2]; denn familia bezeichnet insbesondere auch die der privatrechtlichen Botmäßigkeit eines römischen Bürgers unterthanen

(1) Daß alles durch einen Einzelwillen als ganzes zusammengehaltene die familia ausmache, zeigt sich an den engeren Bedeutungen des Worts, und an seiner Etymologie (griech. Stamm *ὁμ* oder *ἁμ* in *ὁμός*, *ὁμιλία*, *ἅμα*, womit das oskische *Famel* = servus [*Paul. Diac. ex Fest.* v. Famuli, cf. v. Familia] auch sinnverwandt ist, indem im Begriffe des abhängigen das Zusammensein mit dem beherrschenden gegeben ist). Auch das griechische *οἶκος* und *οἰκία* (im Gegensatze der *πόλις* und der *κοινωνία πολιτική*) befaßt alles unter der Herrschaft des Privaten stehende, die zur Familie gehörigen Menschen und das Vermögen sammt dem umschließenden Hause. vgl. *Aristot.* de re p. c. 1. | Die sprachlich-abscheuliche Ableitung bei *Ulp. L.* 195. § 4. *D. de V. S.* 50, 16. von fons memoriae berücksichtigt nur die natürliche Seite des Begriffs, wovon unten. vgl. auch außer dem 'familia' der 12 Tafeln (bei *Cic.* de inv. 2, 50.), *L.* 5. *C. de V. S.* 5, 38. u. die Anmerkung zu § 43. a. E.

(2) *Ulp. L.* 195. *D. de V. S.* 50, 16. „§ 1. *Familiae* appellatio ... varie accepta est: nam [1] *et in res* [2] *et in personas deducitur:* [1] *in res* ut puta in lege XII tabularum his verbis ADGNATVS PROXIMVS FAMILIAM HABETO; [2] *ad personas* autem refertur... cum de patrono et liberto loquitur lex; EX EA FAMILIA inquit IN EAM FAMILIAM; et hic de singularibus personis legem loqui constat. § 2. *Familiae* appellatio refertur et ad corporis cuiusdam significationem, quod [α] aut iure proprio ipsorum aut [β] communi universae cognationis continetur: [α] *iure proprio familiam* dicimus plures personas quae sunt sub unius potestate aut natura aut iure subiectae, ut puta patrem *familias*, matrem *familias*, filium *familias*, filiam *familias*, quique deinceps vicem eorum sequuntur, utpote nepotes et neptes et deinceps; ..... [β] *communi iure familiam* dicimus omnium adgnatorum: nam etsi patre familias mortuo singuli singulas familias habent, tamen omnes qui sub unius potestate fuerunt, recte eiusdem familiae appellabuntur, quia ex eadem domo et gente proditi sunt. § 3. Servitutium [= *servorum*] quoque solemus appellare familias, ut in edicto ... praetor loquitur de *familia publicanorum*: sed ibi non omnes servi, sed corpus quoddam servorum demonstratur huius rei causa paratum, h. e. vectigalis causa; alia autem parte edicti omnes servi continentur, ut *De hominibus coactis* ... et interdicto *Unde vi* '*familiae*' appellatio omnes servos comprehendit: sed et filii continentur. § 4. Item appellatur *familia* plurium personarum quae ab eiusdem ultimi genitoris sanguine proficiscuntur, sicuti dicimus *familiam Iuliam;* quasi a *fonte* quodam [al. *eodem*] *memoriae*. § 5. Mulier autem familiae suae et caput et finis est". *Gai. L.* 196. *eod.* „*Familiae* appellatione et ipse princeps familiae continetur. § 1. Feminarum liberos in familia earum non esse palam est..".

§ c. 1) Menschen, und zwar *a*) die freien, welche durch die natürlichen, rechtlich anerkannten Bande der gemeinsamen Abstammung zusammen gehalten sind [3]; *b*) die unfreien, unter derselben domi- § d. nica potestas (§§ 43.47.) stehende Sclaven [4]; 2) bloßen Vermögensgegenstände, körperliche Sachen und Rechte: auch das Vermögen wird durch den Willen des Familienoberhauptes zu einer Gesammtheit von an sich möglicher Weise höchst verschiedenen Objecten. § e. Nur selten wird das Vermögen eines Lebenden als solches, die *res* familiaris, 'familia' genannt [5]; dagegen ganz regelmäßig das einer Person mit Beziehung auf deren Tod, zur Bezeichnung einer jetzt oder ehemals unter deren Willen als Einheit zusammengehaltenen Vielheit von Vermögensbestandtheilen, welche nun von dem Willen anderer Personen beherrscht werden soll; in diesem Sinne ist familia die vermögensrechtliche Persönlichkeit des Inhabers einer pecunia mit Hinsicht oder Rücksicht auf dessen Tod [6].

§ f. Die Familia als Inbegriff aller dem privatrechtlichen Willen eines Oberhaupts unterthanen Personen [7] hat ihren Anfang und Ausgangspunct in den natürlichen Begebenheiten der Zeugung und Geburt [8]; als menschliche Familie aber besteht sie wesentlich nur dadurch, daß sie in das Bewußtsein und den Willen der ihr Angehörigen aufgenommen, eine sittliche Einheit wird, welche auch

---

(3) cit. *L.* 195. §§ 1.2. (Hierher gehört auch familia statt gens in § 4. *eod.* u. sonst öfters.) Zahlreiche andere Beispiele s. in *Dirksen* Manuale v. Familia § 2.

(4) cit. *L.* 195. § 3. *Dirksen* l. c. § 1.

(5) wie z. B. *Ter.* Heaut. V. 1,36. „Decem dierum vix mihi est familia“. Dagegen ist hiefür res familiaris um so häufiger. vgl. *Dirksen* v. Familiaris § 3.

(6) *L.* 195. § 1. cit. *Dirksen* v. Familia § 3. In diesem Sinne wird die familia bei der Mancipationstestamentsform verkauft (*Gai.* 2,104. cf. *Ulp.* 11,14.) s. § 29. Note 8. § 73. Noten 14.15., in diesem Sinne ist das Erbtheilungsverfahren *familiae* erciscundae (nicht hereditatis dividendae) iudicium (vgl. *Gell.* 1,9.) u. s. w. Gerade im Erbrechte ist familia die Vermögenseinheit, die im Willen des Verstorbenen (oder des zwar noch Lebenden, dessen Vermögen aber mit Hinsicht auf seinen Tod in Betracht gezogen wird), ihren Vertreter hatte, nun aber als hereditas andere Vertreter an Lebenden, den Erben, erhalten soll.| Mit der Person endet nothwendig ihre privatrechtliche Herrschaft über Menschen; die über Sachen kann in andere Personen übergehen: die familia eines Gestorbenen ist also bloß Einheit von Vermögensrechten; die *potestas* dominica ist nur Folge der Eigenthumsrechte am servus.

(7) Die Sclaven gehören zu dieser familia nur als mögliche Personen, indem sie durch juristische Handlung des Herrn frei und also Personen werden können, wodurch sie denn von dem Patronus, welcher sie in den Kreiß der Personen gesetzt hat, analog wie die liberi, welche durch den natürlichen Act der Zeugung zu den Personen zu gehören anfangen, vom pater, privatrechtlich abhängig werden. (§ 33. *a.* § 36. *h.*)

(8) vgl. *pr. I. de iure nat.* 1,2. *LL.* 1. §§ 3.4. *D. de iust. et iure* 1,1. „..illud omnibus animalibus..commune..“.

das Recht anerkennt[9]. Nach der hier allein in Betracht kommen- *§ g.* den privatrechtlichen Seite aber erscheint die Familia einerseits als ein auf die natürliche und sittliche Beziehung der Familienglieder aufeinander gegründetes Herrschafts- und Unterwürfigkeits-Verhältniſs derselben unter sich, in welchem überhaupt die Rechtsfähigkeit des einen durch die rechtliche Gewalt des andern gebunden ist (die Lehre von den Familiengewalten oder dem status +familiae; §§ 43...48. vgl. §§ 31.58.); andrerseits als ein Verhältniſs der Fa- *§ h.* milienglieder zu einander, welches Voraussetzung bestimmter Rechte und Rechtsverhältnisse unter ihnen als einzelnen für sich ist (die Lehre von der Verwandtschaft und analogen Verhältnissen §§ 49...57.)[10].

2. Die Stellung der Glieder in der Familie

a. in Beziehung auf deren Rechtsfähigkeit, oder von dem s. g. status familiae.

Gai.1,48...141. *Ulp.4.5.7*,4...*10*. *Greg.Cod.* de Patria potestate *13*,1. *Collat.3*. *Inst.* de His qui sui vel alieni iuris sunt *1*,8. bis Quibus modis ius potestatis solvitur *1*,12. *Dig.* de His qui sui vel alieni iur. sunt *1*,6. de Adoptionibus *etc.* *1*,7. cf.*Inst.3*,28. *4*,7.8. *Dig.9.14.15*. *Cod.* de Patria potestate 8,47[46]. bis de Ingratis liberis 8,50[49]. cf.*Cod.3*,35.41. *4*,25...28.

(*9*) Die bloß natürliche Familie besteht nicht für sich und ihre Mitglieder, sondern nur für andere, wie die Thierfamilie zeigt, welche entstehend alsbald vergeht: nur für den Menschen giebt es Familien unvernünftiger organischer Individuen. Das Wesen der menschlichen Familie besteht nicht in jenem natürlichen Zusammenhange, sondern in der Familien l i e b e, ist also ethischer Natur, wie auch der Sprachgebrauch kundgiebt, welcher die Verwandtschaft als 'Freundschaft', die Familiengenoßen als amicos bezeichnet. (vgl. § 49.*a*. *Cic.* Lael.8.,,amor, ..ex quo amicitia nominata ..“). Das Recht als die Norm des in Handlungen hervortretenden Willens für sich (§ 1.), erfaßt nicht das ganze Wesen der Familie, sondern nur deren Anerkennung in den Willensäußerungen der Personen für sich in ihrem Verhältniſs als Familienglieder oder zu solchen: es müste eine moralisch verworfene Familie sein, deren Mitglieder im Verhältnisse zu einander nur die juristischen Vorschriften befolgten. So wie das Familienglied ein R e ch t gegen das andere geltend macht, abstrahiert es von der Eigenschaft beider als Glieder derselben Familie, und führt seinen Willen als Person für sich durch gegen den andern, diesen ebenfalls nur als Person für sich erfaßend. Nur aus dem juristisch anerkannten sittlichen Wesen der Familie läßt es sich auch begreifen, daß juristische Handlungen die natürliche Begründung oder Auflösung des Familienbandes ersetzen können (§ 29. Note 8. u. § 49.*b*.): „.. aut natura aut iure ..“. cit. *L*.195. § 2. (*10*) So ist das Verhältniſs des Vaters zum Kinde als Potestätsverhältniſs ein ganz anderes als das bloße Verwandtschaftsverhältniſs zwischen beiden, das Verhältniſs der Ehegatten ein ganz anderes als das des Mannes und der in manu stehenden Frauensperson u. s. w., obgleich beide Verhältnisse zugleich zwischen denselben Personen stattfinden können. Die Ehefrau als solche ist so rechtsfähig, als eine Frau sein kann, die in manu stehende Frau entbehrt der Vermögensrechtsfähigkeit für sich (§ 46.); der nicht in potestate stehende Sohn kann alle öffentlichen und privaten Rechte für sich haben, Cognat des Vaters ist er aber so gut als der filius familias (§ 45.)

§. 43. *α*. Quaedam personae sui iuris sunt, quaedam alieno iuri sunt subiectae[1].

§ *a*. Jeder römiſche Bürger, welches Alters oder Geſchlechts er auch ſei, iſt nothwendig Glied einer Familia, wäre dieſe auch § *b*. ſo unvollſtändig, daß ſie aus ihm allein beſtünde[2]. Die in oder von Familienverhältniſſen unabhängige Perſon iſt sui iuris; diejenige, deren Privatrechtsfähigkeit[3] durch die familienrechtliche Gewalt einer anderen Perſon gebunden iſt, iſt alieno iuri subiecta[4]. § *c*. Das poſitive Moment der Begriffe sui iuris persona, pater familias, iſt, daß die Perſon ihre eigene Familia hat oder iſt; das negative, nicht der Familiengewalt eines andern unterworfen zu ſein[5]: die Fähigkeit, alle Arten von Familiengewalt über Andere haben zu können, iſt damit nicht bezeichnet, denn dieſe hängt nicht bloß von der Selbſtändigkeit der Perſon in der Fa- § *d*. milia, ſondern auch von Alter und Geſchlecht ab. Von den sui

---

(1) *Gai.1*,48.(= *pr.I.de his q.sui 1*,8.) ſtellt dieſe als alia divisio der Menſchen, nämlich als eine rein römiſchrechtliche auf, nachdem er vorher die nach ius gentium und civile geltende Eintheilung aller Menſchen in Freie und Sclaven (I.9.) erörtert hat. (ſ.S.*23.Z.5.u.16. vgl.§§ 33...36.) Dieſe Eintheilung betrifft die Rechtsfähigkeit nach röm.Civilrecht in ihren Gegenſätzen (Sclaven und Nichtbürger), die ſ.g. status libertatis und civitatis; unter jener alia divisio aber, daß *Quaedam* personae sui iuris ſind u.ſ.w. folgt nun die Lehre von dem ſ.g. status familiae, der alſo keineswegs als dritter, mit jenen beiden gleichartiger status daſteht, wie in der Trichotomie der Neueren. Jene beiden ſ.g. status gehen darauf, ob man, der eigentliche status hominis, dieſer dritte, darauf, wie man nach röm. Civilrecht rechtsfähig iſt. (2) *L.195.§ 2.D.de V.S.* „.. quamvis filium non habeat ..". (3) Auf die öffentliche Rechtsfähigkeit iſt die Stellung des civis in ſeiner Familia, ob er sui oder alieni iuris iſt, ohne Einfluß. vgl.§ 33.und z.B. *Pomp.L.9.D.de his q. sui 1*,6. „Filius familias in publicis causis loco patris fam. habetur ..". *Herm.L.14.pr.D.ad SC.Treb.36*,1. „.. ius publicum .. non sequitur ius potestatis". (4) Das ius, wovon hier die Rede iſt, gründet ſich ausſchließlich auf die familia des civis Romanus (*Gai. 1*,55.108.117. vgl.119.128. *Ulp.10*,3.4.); von einem Latinus oder peregrinus kann nicht geſagt werden, er ſei sui oder alieni iuris; beide ſind Freie ohne die römiſche Familienrechtsfähigkeit, connubium, und als Perſonen können ſie auch nicht, wie der Sclave, durch einen Act des Haupts der Familia zu Cives und Angehörigen einer Familia gemacht werden. Aus der ſtreng civilrechtlichen Natur der hier in Rede ſtehenden Familiengewalten über Freie folgt auch der wichtige, meiſt überſehene Satz, daß ſie nur die Rechtsfähigkeit nach ius civile Rom., nicht die nach ius gentium, ſoweit dieſe von jener praktiſch unterſcheidbar iſt, beſchränken, §§ 45.ff.u. das Familiengüterrecht. (5) *Gai.1*,50. läßt es bei der Angabe dieſes negativen Moments bewenden; *Ulp.4*,1. aber ſagt poſitiv „Sui iuris sunt familiarum suarum principes, i.e. pater familiae, itemque mater familiae"; und in *L.195.§ 2.D.de V.S.* „*pater* autem *familias* appellatur qui in domo dominium habet, .. quamvis filium non habeat; non enim solam personam eius, sed et ius [d.h. den Rechtsbegriff] demonstramus; denique et pupillum *patrem familias* appellamus". vgl. *Ulp.lib.1.Inst.* in *L.4.D. de his qui sui 1*,6. „*Patres familiarum* sunt qui sunt suae potestatis, sive puberes sive impuberes; simili modo *matres familiarum* ..".

iuris personae ist sonach in Betreff der Privatrechtsfähigkeit nur zu sagen, daß ihnen diese ohne Beschränkung durch die Familiengewalt eines Andern zukomme; ihre Handlungsfähigkeit aber ist noch verschieden, je nachdem sie unter Vormundschaft stehen oder nicht[6]. Da nun die volle Privatrechtsfähigkeit nach röm. Recht § *e.* aus den beiden, schon in der Civität enthaltenen Bestandtheilen, connubium und commercium besteht (§ 33.), so muß diese an sich auch den freien personis alieno iuri subiectis zustehen; dagegen aber muß das ius, die familienrechtliche Herrschaft als die Rechtsfähigkeit der Person bestimmend, bewirken, daß die alieno iuri subiecta persona das connubium und commercium in anderer Weise habe, als die sui iuris persona: der das connubium und commercium verwirklichende Wille der letzteren ist ungebunden, von der Familia unabhängig, während der der alieno iuri subiecta persona gebunden, von der Familia abhängig ist. Die so das § *f.* connubium und das commercium bindende Familienbotmäßigkeit heißt technisch *potestas* und kann über freie oder über unfreie Mitglieder stattfinden. Das nur das commercium bindende ius über ei- § *g.* nen andren ist nur über Freie möglich, und heißt als Analogon der patria potestas, der über freie Familienglieder, welche auch an den Familienrechten Theil haben, *manus viri*; als Analogon der dominica potestas, der über unfreie, an den Familienrechten nicht participierenden Familienangehörigen, *in mancipio esse* (§ 44.). Die potestas über Freie, die patria pot., und die ihr analoge manus § *h.* kann nur der an der Spitze der Familia als deren princeps stehende civis Romanus, nur ein *pater* familias haben[7]; der potestas über Unfreie und der analogen Gewalt über eine mancipierte freie Person ist auch die *mater* familias fähig[8]: nur der Mann kann die § *i.* Familia als ein ganzes nach außen hin vertreten; im inneren und für das Familienvermögen zu sorgen, ist die so auch vom Rechte anerkannte sittliche Aufgabe der Hausfrau[9].

---

(6) s. Anhang VI. Note 11. (S.*25. f.). In unserer Darstellung muß die Vormundschaft als selbständiges Familienrechtsverhältniss ihre Stelle finden, und nicht, wie im System des Gaius, bloß bei der Lehre von den Rechtssubjecten, dem ius quod ad personas pertinet. (7) *L.* 195. § 5. *L.* 196. § 1. *D. de V. S.* (S. 161.) *Gai. 1*, 104. 114. sqq. 136. sq. (8) cf. *Gai. 1*, 117. (9) *Paul. L.* 2. *D. de iniur.* „.. defendi uxores a viris, non viros ab uxore aequum est“. Die Frau „in officio mariti esse debet“: *L.* 48. *D. de operis libertor.* 38, 1. Die patria potestas über Freie und die manus beziehen sich ihrem Inhalte nach wesentlich auch nach außen, wo nur der Mann, der pater familias, vollkommen

§k. Anmerkung. Die Parallele zwischen der Gestaltung des römischen Staates und der römischen Familia reicht sehr weit: wie an der Spitze des politischen Kreißes, der civitas oder res publica populi Romani, die das imperium populi R. bekleidenden magistratus maiores, der dictator, princeps, imperator u. dgl., so steht an der Spitze des privatrechtlichen Kreißes, der domus oder familia (der res familiaris civis Rom. „Omne tenet cuius regimen pater“ *Ps. Iuvenal.* Sat.16.v.55. oder „qui in domo dominium habet“, wie *Ulp.L.*195.§2. *D.de V.S.* sagt), der das domesticum imperium bekleidende princeps familiae, imperator familiae, mit der „vitae necisque potestas endo filium“, wie der Staat über Leben und Tod seiner Bürger die potestas hat; der aber auch ***pater*** familiae ist, wie der princeps ***pater*** patriae. (*Pomp.L.2.D.de iust.et iure* „.. parentibus et patriae pareamus“. *Paul.L.*215.*D.de V.S.* „*Potestatis* verbo plura significantur, in persona magistratuum *imperium*, in persona liberorum *patria*
§l. *potestas*, in persona servi *dominium*“.) Die Eintheilung der Menschen in Freie und Unfreie gilt für die Familia wie für den Staat. Aber wie im Verhältniſs zum Staate die Menschen cives oder non cives sind, so sind sie in dem zur Familia Gesippte oder Gesinde: Kinder und Weib sind domestici cives, Familienbürger; die ministeria, die servi und die servorum loco sind, d.h. die man-
§m. cipia und die in mancipio sunt, sind domestici ***non*** cives. Wie die cives im Staate entweder das ius suffragii oder honorum haben oder non optima lege cives sind, so sind die filii familias optima lege Familienbürger, die aus dem connubium und die aus dem commercium für die Familia resultierenden Rechte fallen ihnen dereinst anheim, wenn sie das domesticum imperium erlangen; aber wie die cives Romanae von Geschlechts wegen cives sine iure suffragii et honorum sind, so sind sie auch in domo der Herrschaft über Familienbürger unfähig, die uxor in manu ist Familienbürgerin non optima lege, sie kann der Familia nur commerciale Rechte zubringen und nur an eben solchen Rechten der Familia ihren freien Antheil erhalten, wenn sie beim Ausfalle des Familienoberhaupts sui iuris wird: auch die filia familias kann der Familia keine connubialen Rechte zubringen, so wenig als die uxor in manu, welche filiae familias *loco* ist; aber sie unterscheidet sich von dieser eben dadurch, daß die familia, der pater familias, bei Ausübung ihres connubii wesentlich mitzuwirken

---

handlungsfähig ist (§37.): sie ändern die Stellung eines civis Romanus oder einer civis Romana zu andern römischen Familien. Dagegen haben die potestas über Unfreie und die analoge Herrschaft über mancipierte Freie im innern des Hauses ihre Wirksamkeit. Denn wenngleich der servus in Beziehung auf connubium und commercium gewiſs so beschränkt ist, als es der filius f. nur immerhin sein kann, so ist ja doch diese Beschränkung nicht erst durch die familia, sondern schon durch die oberste Eintheilung aller Menschen (Note 1.) gegeben. Der Freie aber, welcher mancipiert ist, ist während er in mancipio est, ein Hausmensch, wie der servus, er bringt dem Familienoberhaupte nichts zu, weder Vermögens- noch Familien-Rechte: erstre nicht, weil er, auch als er mancipiert wurde, eine alieno iuri subiecta persona und also ohne Vermögen für sich war; letztre nicht, weil er, auch nicht beim Tode seines Mancipators und Paterfamilias, die potestas über seine Kinder oder die manus über seine Frau nicht auf denjenigen, in dessen mancipio er ist, bringt, (wie ein Arrogierter diese Gewalten dem Arrogator zubringt); indem vielmehr die Familiengewalten, die dem Mancipierten zustehen würden, wenn er sui iuris wäre, einstweilen in suspenso sind, nicht aber dem zustehen, an welchen jener mancipiert worden ist.| Daß jener anthropologische Unterschied des Geschlechts in der angedeuteten Weise dem nationalen röm. Recht zum Grunde liege, zeigt sich auch in dem Satze, daß die mater familias zur civilrechtlichen Verfügung über das Vermögen nach außen hin der Auctorität des Tutors bedurfte. (Die Auffaßung der vät. Gewalt als einer Spermogonie, wie sie neuerdings Walter R.G. [in ed.II. etwas verhüllter, als in der ersten] versucht, führt unter anderem auch auf die verkehrte Annahme eines Eigenthumsrechts des Vaters über die Kinder.)

hat, während das connubium der uxor in manu durch ihre Familienmitgliedschaft gar nicht gebunden ist (*Gai.1*,137.). Wie die politischen non cives entweder peregrini oder Latini sind, so sind die non cives der Familia entweder servi oder in mancipii causa: die mancipierten Freien haben das commercium für die Familia, der sie dienen, ohne Antheil an den Familienrechten für sich — und, wollte man die Parallele noch weiter fortführen, so wären füglich die nur dicis gratia mancipati den coloniarischen Latinen, dagegen die noxae causa in mancipio sind, den junianischen zu vergleichen.

§. 44. β. Die verschiedenen Formen des ius über Andere oder der Familienbotmäßigkeit.

„Sed rursus earum personarum quae alieno iuri subiectae sunt, aliae *in potestate*, aliae *in manu*, aliae *in mancipio* sunt“ [1]. — § *a.*
Die Privatrechtsfähigkeit der mit der römischen Civität begabten Person ist im Unterschiede von der des non civis, daß ihr connubium und commercium zukommt (§ 33.); nur die cives aber gehören einer solchen Familia an, von deren Mitgliedern gesagt werden kann, daß sie sui iuris oder alieno iuri unterthan seien [2]: das Mitglied einer römischen Familia, welches überhaupt Persönlichkeit hat, d. h. jedes freie, muß also auch connubium und commercium haben. § *b.*
Die Wirksamkeit dieser Rechtsfähigkeit hat für die Person, welche sui iuris ist, keine Schranken, sondern ist, von dem Standpuncte der Familia aus, sowol nach innen als nach außen frei: dagegen hat die alieno iuri subiecta persona die Rechtsfähigkeit, welche wir als connubium und commercium bezeichnen, entweder in beiden Beziehungen, oder nur in der letzteren, so, daß die civilrechtliche Wirksamkeit sich innerhalb der Familia hält, d. h. daß die zufolge jener Wirksamkeit wirklich erworbenen Rechte der Familia zustehen, nach außen hin also nur für den pater familias erworben gelten. § *c.*
Hat nun aber die so durch die Familia gebundene, die alieno iuri subiecta persona zugleich die entsprechende Berechtigung, die der Familia oder deren Pater erworbenen Rechte für sich zu haben, sobald für sie jener bindende Wille des Paterfamilias, welcher jetzt die Familia als Einheit nach außen zusammenhält, durch dessen Tod oder ein gleichwirkendes Ereigniß hinweggefallen, sobald die jetzt noch hausunterthänige Person sui iuris geworden sein wird; so erscheint sie erst als vollständiger freier Familiengenoße, den wir ‘actives Familienglied’ nen- § *d.*

(1) *Gai.1*,49. | In meiner Dissert. de mancipii causis. Berol. 1826. 8°., die schon mit einem falschen Titel anhebt, ist keines der Herrschaftsrechte über freie Glieder der Familia richtig erkannt. (2) s. § 43. Note 4.

nen können, weil die Thätigkeit der *Familia* auch für ihn, wie die
§ *e.* seinige für die *Familia* wirksam wird. Entspricht dagegen jener Gebundenheit nicht diese Berechtigung, wirkt der der *Familia* angehörige Mensch nur für sie, ohne daß er hinwiederum durch den Ausfall des die Familienrechte jetzt beherrschenden Willens des Paterfamilias sui iuris werdend Theil an denselben hat, so ist der iuri alieno subiectus homo nur unvollständiger Familiengenoße, 'passives Familienglied', er muß für die *Familia* wirken, diese wirkt ihm keine Rechte und er wird nicht einmal ohne Manumission sui iuris: die *Familia* behält ihn, während das *active* Familienglied
§ *f.* nun die *Familia* bekommt. Ferner: ist das *active* Familienglied in Beziehung *auf* connubium und commercium *in* der bezeichneten Weise gebunden, so steht es *in* der *patria potestas*, ist filius familias, filia familias; ist es nur in Beziehung *auf* commercium, nicht auch in Beziehung auf connubium also gebunden, so ist es *in manu* des Mannes, es ist filiae familias *loco*, *quasi* filia familias, ius filiae
§ *g.* familias nanciscitur [3]. Das unfreie passive Familienglied hat weder connubium noch commercium; aber iure naturali kann auch der servus *in* Familien- und Vermögens-Verhältnissen stehen, deren juristische Wirkungen jedoch nur als Vermögensrechte der herrschaftlichen *Familia zu gute kommen* [4]. Daß dennoch dem dominus eine *potestas* über den Sclaven zugeschrieben wird, hat seinen Grund eben darin, daß jener als pater *familias* (nicht bloß als dominus), dieser als ein Mensch, welchem naturali iure Persönlichkeit gebührt,
§ *h.* (nicht als res, mancipium) *aufgefaßt* wird [5]. Das freie passive Familienglied, welches nur sein commercium für die herrschaftliche *Familia* hat, für diese, wie der Sclave, allen Vermögenserwerb macht, der Familienrechte aber so wenig als der servus theilhaftig wird, ist eben deshalb servi *loco*, es ist in mancipio, in man-

(3) Das Verhältniſs der non matrimonii causa in manu eines anderen als ihres Ehemannes stehenden Frauensperson ist nur der äußern Form nach manus, in seinem Wesen aber dem dicis gratia in mancipio esse gleich. cf. § 46. *o,p.*| Den Gegensatz zwischen der femina quae coemptionem fecit und der mancipierten Person, daß nur diese, nicht auch jene, servilem condicionem patitur in der Familia des Inhabers des ius, bezeichnet ausdrücklich *Gai.1*,123.
(4) Die Sclavenkinder sind wieder Vermögensstücke der herrschaftlichen Familia, welcher auch aller Vermögenserwerb des Sclaven zufällt. § 47. Note 14.
(5) *L.*215.*D.de V.S.* [oben S.166.Z.12.ff.] *Ulp.L.*3.§3.*D.de don. int. vir. et ux.* 24,1. „Verbum *potestatis* non solum ad liberos trahimus, verum etiam ad servos ..". *Gai.1*,52. *Senec.*ep.47. „.. dominum *patrem familias* appellaverunt, servos *familiares* ..".

cipii causa, während jener 'servus, mancipium', Eigenthumsobject ist: man könnte daher die mancipierte Person, qui quaeve in mancipio est, 'Diener', 'dienstbar', im Gegensatz zum Sclaven nennen [6].

Aus dem angegebenen Inhalt dieser Formen von Familien- §i. botmäßigkeit ergiebt sich von selbst, daß zu derselben Zeit dieselbe Person nur in éiner dieser Formen subiecta, nicht mehreren Familiae zugleich angehörig sein konnte, nicht z. B. eine Frau in potestate ihres Vaters und in manu ihres Ehemannes u. s. w., noch auch in derselben Familia verschiedenartig subjiciert, indem hier jede Form des ius die andere ausschließt [7]. Dagegen konnte ein Paterfamilias alle diese Arten von ius über Familienglieder ohne Beschränkung haben.

Allerdings besteht von den angegebenen Formen der Familien- §k. botmäßigkeit im justinianischen Rechte nur noch die potestas (über Kinder und Sclaven); ein Irrthum aber ist es, aus einer Stelle Ulpians zeigen zu wollen, potestas und ius seien identisch [8].

Anmerkung. Trefflich sagt Huschke Studien S. 198. „Der rechtliche Zu- §l. stand der Frau, welche coemptio gemacht, besteht nicht so, wie der des mancipatus, in einem sclavenähnlichen Verhältnisse; sondern gehört mit zu den persönlichen Entfaltungen des Menschen in der Familie, deren es überhaupt 2 giebt, Kindesverhältniss und eheliches Verhältniss und die in den 3 Personen und Ausdrücken erscheinen pater f., mater f., filius f. +) Diese 3 sind generisch éin freies §m. Wesen, welches seinen Mittelpunct in dem Vater als dem die übrigen beiden

(6) Passender wäre vielleicht an sich, da die Dienste des nur dicis gratia Mancipierten gewiss selten von Belang waren, der Ausdruck 'höriger Freier'; er würde aber leicht gar nicht hierhergehörige Nebenvorstellungen erwecken. Wer das Verhältniss der in mancipio stehenden Person richtig erkannt, bezeichnet sie nicht als 'Mancipium'. (7) Die von ihrem Vater in manum gegebene Tochter transibat in familiam viri. Die potestas über Kinder steht der über servi durch die Unfreiheit der letzteren, der manus durch die Ergreifung auch des connubii, und dem Recht über die dienstbaren Freien außerdem noch durch die Berechtigung der Kinder auf die Familienrechte entgegen, und so jede andere Art jeder anderen. (8) Ulpian sagt *L. 1. § 4. D. de tribut. actione 14, 4.* nichts als „Was das Edict in Betreff der tributorischen Klage von denen, die in potestate sind, sagt, ist auch auf diejenigen, die in manu oder in mancipio sind, zu beziehen, obgleich das Edict diese nicht nennt; denn sie erwerben, was sie erwerben, sowenig als das Hauskind oder der Sclave, für sich, sondern nur für den, dessen ius sie unterthan sind". Für jene Klage kam es bloß darauf an, ob man Vermögen für sich oder nur für einen andern, in dessen ius man stand, erwerben konnte. Die justinianischen Compilatoren hätten die Stelle Ulpians als nun überflüßig weglaßen müßen: das porrigere, welches Ulpian verlangt, war nun, wo es keine in manu oder in mancipii causa stehenden Personen mehr gab, unmöglich geworden. [+) *Lois de Manou.* Paris 1833. 8°. IX. 45. p. 322. „Celui-la seul est un homme parfait qui se compose de trois personnes réunies, savoir sa femme, lui-même et son fils; et les Brâhmanes ont déclaré cette maxime: „Le mari ne fait qu'une même personne avec son épouse".]

bedingenden Individuum hat, und dessen beide bedingte Entfaltungen, Ehefrau und Kind, nur insoweit sie vom Individuum des Vaters getrennte Individuen sind, civilrechtlich in dessen Rechte stehen, mithin nicht so, wie jemanden seine Sachen, sondern wie ihm seine Gliedmaßen gehören, nicht aus seinem Gute, sondern aus seinem Blut. § n. Daher sobald der Vater durch Tod oder auf andere Weise aus der Familie entrückt wird, sofort die generisch vorhandene Freiheit von Frau und Kind individuell hervortritt, und der Vater, so wie er von diesen ab intestato als von sui oder quasi sui heredes beerbt wird, durch Testament ihnen, als durch seinen Tod von selbst Familienfreien, Erbschaft und Legate hinterlaßen kann. § o. Ganz anders dagegen mit den Sclaven und den liberi homines mancipati. Diese gehören nicht mit zu den persönlichen Entfaltungen des Menschen, sondern stehen nach der sächlichen Natur, die der Mensch auch an sich trägt, weil er Körper ist, in dem Rechte des Herrn oder dessen, der sie gekauft; sie stammen ihm aus dem Gute, nicht aus dem Blute; daher sie nicht so von selbst frei werden, wenn der, der das Recht über sie hat, stirbt, folglich auch keine sui heredes desselben sein und an sich nicht Erbschaften und Legate von ihm erwerben können, sondern es erst einer Aufhebung ihrer Versächlichung § p. d.h. der Manumission bedarf. Der Unterschied zwischen Sclaven und solchen die im mancipium stehn ist nur der, daß bei ersteren, die von Grund, d.h. von der Staatsnatur aus unfrei sind, die Versächlichung eine wirkliche, bei den letzteren dagegen, welche dem Staat nach frei und der Familie nach ebenfalls nicht in einer persönlich bedingten Lage sind, nur eine imaginäre, gleichsam nur in der Schale bestehende ist".

a. Das ius über vollständige freie Familienglieder.

§. 45. aa. Patria potestas *).

§ a. Das Hauskind (wie wir das in der potestas eines Familienoberhaupts stehende freie Familienglied, den filius und die filia familias, den nepos und die neptis in avi potestate u.s.f. zu bezeichnen pflegen) hat vollkommene Privatrechtsfähigkeit nach römischem Civilrecht; der Erfolg des von ihm ausgeübten Connubiums und Commerciums äußert sich aber nicht in der Form von Rechten, welche ihm als einer selbständigen Privatperson zuständen, sondern in der von Rechten der Familia, welche daher der Paterfamilias nach außen hin als die seinigen hat, welche dagegen dem Hauskinde zufallen, sobald jener von seiner Stelle als Oberhaupt der Familia durch Tod oder eine nur ihn treffende juristische Ursache hinweggerückt ist.

§ b. 1) Das connubium anlangend, so kann das Hauskind eine römisch vollgiltige Ehe (iustum, legitimum matrimonium, iustas nuptias) eingehen und führen. Zur Eingehung und Scheidung aber ist das Mitwollen des Familienoberhaupts erforderlich [1], weil die dadurch bewirkten juristischen Rechte und Pflichten [2] der Fa-

(*) s. die vor §43. citierten Quellen.

(1) *Pr. I. de nupt. 1*,10. *L.* 1. § 5. *D. de lib. exh.* 43,30. *Paul.* S.R. 2,19. § 1.

(2) Die sittlichen Rechte und Pflichten

milia, und also als private, als Rechte einer Person, dem Paterfamilias zufallen. So sind die aus vollgiltiger Ehe des in potestate stehenden Sohnes, Enkels u. s. f. (eines filius familias pater, avus u. s. f.) erzeugten Kinder cives, iusti parentium liberi und selbst in väterlicher Gewalt, welche aber der princeps familiae hat, bis der Erzeuger selbst princeps der Familia wird, welcher sein Kind angehört[3]. § c. So kann der filius familias maritus die manus über seine Ehefrau erwerben; über die darin enthaltenen Rechte aber erst dann schalten, wenn er selbst Oberhaupt der Familia geworden ist, in welcher seine Frau filiae loco ist[4]. § d. Auch zur Vormundschaft ist der filius familias vollkommen fähig[5]. § e. Die filia familias, neptis in avi potestate u. s. f. ist Geschlechts halber nicht fähig eine Familiengewalt über active Familienglieder zu haben (§ 43. *h*). § f.

2) Das commercium anlangend, so ergiebt sich schon aus dem bisherigen, daß das Hauskind nach Civilrecht gar kein Vermögen für sich haben (nihil suum habere), wol aber Vermögensrechte aller Art erwerben kann, welche zunächst zwar dem Familienoberhaupte erworben sind (filius familias quicquid adquirit, id patri adquiritur); dagegen aber auch, ganz oder theilweise, dem Hauskinde zufallen, sobald dieses, allein oder zugleich mit anderen activen Familiengliedern, den Principat in der Familia erlangt, welcher jener bisher vorgestanden hatte[6]. § g. So verhält es sich zunächst mit § h.

---

der hausunterthanen Gatten werden durch das reinjuristische ius, die väterliche Gewalt, eben so wenig afficiert, als die sittlichen Verhältnisse der Familiengenoßen überhaupt durch irgend eine Form jener juristischen Botmäßigkeit, des ius über andere. § 42. Note 9.

(3) *Ulp. L. 21. D. ad L. Iul. de adult.* 48,5. „.. in sua enim potestate non videtur habere qui non est suae potestatis". *Gai. 1*,127. = *pr. I. quib. mod. ius 1*,12. s. Note 18. Umgekehrt aber kann der Vater ohne den Willen des Sohnes („si filius auctor factus non esset") keine patria potestas durch Annahme an Kindes statt bewirken, die nach des Vaters Tode dem Sohne zufiele. *L. 11. D. de adopt. 1*,7.

(4) *Gai. 1*,148. 2,159. 3,3. [= *Collat. 16*,2. § 3.] 3,41. *Ulp. 22*,14. *Gell. 18*,6. i. f.

(5) z. B. *Pr. I. qui test. tut. 1*,14. *L. 7. D. de tutel. 26*,1. *L. 21. D. de adm. et per. 26*,7. Die aus der Vormundschaft resultierende Obligation des filiusfam. tutor oder curator macht aber den Paterfamilias nur wie andere Quasicontracte des Hauskindes zum Schuldner. s. § *i*.

(6) *Gai. 2*,157. § 3. *I. de her. q. ab int. 3*,1. *Paul. L. 11. D. de lib. et post.* 28,2. „In suis heredibus evidentius apparet continuationem dominii eo rem perducere, ut nulla videatur hereditas fuisse, quasi olim hi domini essent qui etiam vivo patre quodam modo domini existimantur: unde etiam *filius familias* appellatur, sicut *pater familias*, sola nota hac adiecta, per quam distinguitur genitor ab eo qui genitus sit: itaque post mortem patris non hereditatem percipere videntur; sed magis liberam bonorum administrationem consequuntur; hac ex causa, licet non sint heredes instituti, domini sunt; nec obstat quod licet eos exheredare, quod et occidere licebat".

allem Vermögen, welches Menschen erwerben, die dem ius des Haus-
kindes unterthan sein würden, wenn dieses suae potestatis wäre
(§ c.); aber auch das Hauskind selbst erwirbt Besitz, Eigenthum
§ i. und dingliche Rechte durchaus nur dem Familienoberhaupte [7]. Auch
in Beziehung auf Schuldverhältnisse, Obligationen und Actionen,
hat das Hauskind an sich commercium; aber auch hier wird das
daraus fließende Vermögensrecht der Familia, d. h. deren Ober-
haupte erworben, so daß dieser die Forderungsrechte hat, welche
das Hauskind erwirbt [8]; dagegen kann es jenen ohne dessen Mit-
wirkung civilrechtlich nicht zum Vertragsschuldner machen [9], wol
aber sich selbst [10], obgleich es als nihil suum habens jetzt noch
§ k. nichts leisten kann. Durch Delictshandlungen obligiert sich das
Hauskind ebenso in klagbarer Weise [11], den Paterfamilias aber
nur, sofern er die Potestas über den Beschädiger nicht aufgeben
will [12], oder nach des Beschädigers Tod, soweit er diesem Berech-
tigung ertheilt hatte, ihn, den Vater, zum Schuldner zu machen,
oder soweit des Vaters Vermögen durch die dem Dritten zugefügte
§ l. Beschädigung vergrößert ist [13]. Naturalobligationen, d.h. denen die
civile Eigenschaft der Klagbarkeit mangelt, können zwischen Filius
und Pater-Familias vollkommen bestehen [14], nicht aber Klagen, in-

---

(7) *Gai.2*,86.88.89.90.95. *Ulp.19*,18.19. *Inst.* Per quas personas nobis adquiritur 2,9. *L*.10.*pr*... §2.*D.de A.R.D. 41*,1. *L*.49. § 1.*D.de A.v.A.P. 41*,2. Nur konnte natürlich das Hauskind solche Rechtsgeschäfte gar nicht abschließen, welche die Fähigkeit, etwas als Person für sich zu haben, voraussetzten, z.B. die in iure cessio. *Gai.2.96*. Mancipiert konnte ihm werden. locc.citt.| Daß die personae quae in manu mancipiove sunt vom Gewalthaber nicht besessen werden, sagt *Gai.2*,90., nicht aber, daß Hauskinder besessen würden, in 2,89.
(8) *Gai*.2,86. §3.*I.tit.cit.* „..sive quid stipulentur..“. *Gai.3*,163. *pr.I.per quas personas obligatio nobis acquiritur* 3,28[29.]. vgl.*Gai* 4,46.sq. *L*.8.*pr.D.de procur*.3,3. *LL*.13.9.*D.de O.et A. 44*,7. *L*.18.§ 1.*D.de iudic*.5,1. *L*.17.*D. de R.C. 12*,1. (9) vgl.*Gai.4*,69.sqq. *Inst.*Quod cum eo qui in aliena potestate est, negotium gestum esse dicetur 4,7. (10) *L*.57.*D.de iudiciis* 5,1. *LL*. 44.45.*D.de pecul.15*,1. *L*.39.*D.de O.et A.44*,7. *L*.141.§ 2.*D.de V.O.45*,1. *L*.8. § 4.*D.de acceptil.46*,3. „Filius f. promittendo patrem civiliter non obligat, sed se obligat..“. cf.*L*.132.*D.de R.I.50*,17. Singuläre Ausnahmen sind das SC.Macedonianum (§ 7.*I.quod cum eo 4*,7. *L*.1.*pr.D.de SC.Maced.14*,6.) und daß sich nur ein pater f. durch Gelübde, gegen die Götter, obligieren kann. *L*.2.§ 1.*D.de pollicitationib.50*,12. Auch für die Schuld des Vaters selbst kann der Filiusfam. einem Dritten Bürge und dadurch civiliter obligiert werden. *L*.10.§ 2.*D.de fide iussor.46*,1. (11) *cit. L*.57.*de iudic.* „Tam ex contractibus quam ex delictis in filium f. competit actio; sed filio mortuo post litis contestationem [vor der lit. cont. hat der Beschädigte noch die reine Noxalklage] transfertur iudicium in patrem dumtaxat de peculio et quod in rem eius versum est..“.
(12) *Gai.4*,75.sqq. De Noxalibus actionibus : *Inst.4*,8. *Dig.9*,14. *Cod.3*,41.
(13) Note 11.a.E. (14) vgl.§36.Note 7. u. *L*.38.*pr*.§§ 1.2.*D.de cond.*

dem des erstern Vermögensrechtsfähigkeit für sich civilrechtlich durch seine Abhängigkeit von letzterem gebunden ist[15]. Auch die Erbrechts- §m. fähigkeit hat das Hauskind vollständig; aber Erben kann es nicht haben, noch Testament machen, weil es kein Vermögen für sich hat[16]; dagegen ist es fähig Erbe zu werden, nur daß dann der wirkliche Vermögenserwerb, wie der aus andern Gründen, in das Familienvermögen fällt (⁷); die Fähigkeit zur Mitwirkung bei Errichtung des Testaments einer nicht seiner Familia angehörigen Person steht ihm wie einer sui iuris persona zu[17]. Mit Hinweg- §n. räumung der Persönlichkeit, welche der Träger des Familienprincipats gewesen ist, werden die Familienrechte des jenem bisher unmittelbar unterworfenen Filiusfamilias frei: dieser erhält nun selbst die potestas über seine Kinder und deren Kinder u.s.f., die manus über seine Frau und über die in manu stehenden Frauen seiner männlichen Hauskinder insgesammt[18]. Auch die Vermö- §o. gensrechte der Familia werden nun für ihn von der bisherigen Gebundenheit frei; und, soweit er nicht durch die gleichen Rechte anderer, itzt ebenfalls sui iuris werdender activer Familiengenoßen beschränkt wird, erwirbt er nun jene Vermögensrechte vollständig und alle, auch die für die Familia nur als Vermögensrechte wirksam werdenden Arten des ius über bloß passive Familienglieder, die Sclaven und die dienstbaren Freien: der Filius-, die Filia-Familias wird suus, sua heres[19].

Aus diesem allem ergiebt sich, wie unrichtig und verwirrend §p.

---

ind.12,6.

(15) *LL*.4.11.*D.de iudic*.5,1. *L*.16.*D.de furt.47*,2. Daher ist die Bürgschaft, die ein Dritter für die Schuld des Sohns an den Vater leistet, wirksam, nicht aber für die des Vaters an das Hauskind; denn leistete in letzterem Falle der Bürge, so erhielte der Vater, der doch vor dem Bürgen zur Leistung verbindlich ist, das geleistete: *L*.56.§1.*D.de fideiuss.46*,1. „.. non potest (der Bürge) pro eodem et eidem esse obligatus“. | Das Querelrecht des Kindes gehört nicht hierher.

(16) *Ulp.20*,10. *Pr.I.quib.non est permissum test.facere* 2,12.

(17) *Gai*.2,105.sqq. *Ulp.20*,3.sqq. §9.*I.de test. ord*.2,10.

(18) Noten 3.4. *Gai.1*,127. „Hi vero qui in potestate parentis sunt, mortuo eo sui iuris fiunt. sed hoc distinctionem recipit: nam mortuo patre sane omni modo filii filiaeve sui iuris efficiuntur; mortuo vero avo non omnimodo nepotes neptesque sui iuris fiunt, sed ita si post mortem avi in patris sui potestatem recasuri non sunt: itaque si moriente avo pater eorum et vivat et in potestate patris [sui] fuerit, tunc post obitum avi in potestate patris sui fiunt; si vero is, quo tempore avus moritur, aut iam mortuus est aut exiit de potestate patris, tunc hi, quia in potestatem eius cadere non possunt, sui iuris fiunt“. *Ulp.10*,2.

(19) s. Note 6. *Gai.3*,26. *Ulp*.22,14. 29,1. *L*.1.§2.*D.de suis et legit*.38,16. *L*.220.*pr. D.de V.S.50*,16.

die Lehre der Neueren von einer Personeneinheit des Vaters und des Hauskindes sei[20].

§ q. Wir haben hier den Einfluß der reinen römischen väterlichen Gewalt in ihrer nationalen Gestaltung auf die Privatrechtsfähigkeit dargestellt: die Umgestaltungen derselben in ein väterliches Elternrecht durch das Recht der Kaiserzeit und insbesondere die allmählich sich entwickelnde vermögensrechtliche Selbständigkeit der Hauskinder finden im Familiengüter- und Erb-Rechte ihre Stelle.

§ r. Die Entstehungs- und Beendigungsgründe der väterlichen Gewalt[21] sind im Familienrechte darzustellen: das vorjustinianische Recht hat das Eltern- und Kindes-Verhältniß fast ausschließlich als Herrschaftsverhältniß des Parens über seine Kinder entwickelt.

§. 46. bb. Manus *).

Gai.1,49.108...115b. Ulp.9.

§ a. Das active Familienglied, welches filiae familias *loco*, *quasi* filia familias, nicht filia familias ist, die uxor quae in manum

---

(20) z.B. bei Mühlenbruch Pand.§ 562. u. Göschen Vorless.§§ 726.ff. wird diese falsche Vorstellung von dem ius alienum als eine römische Grundansicht hingestellt und mehrere oben in ihrem Zusammenhange vorgetragene Bestimmungen, welche die Unhaltbarkeit jener klar beweisen, als Folgesätze derselben angesehen. In jener Vorstellung ist richtig, daß die Familia eine Einheit (nicht aber eine Person) ist, welche durch alle ihre Glieder rechtlich thätig sein kann, nach Civilrecht aber nur durch den Willen, welcher die unter der familia befaßte Vielheit als Einheit zusammenhält, nach außen hin wirksam werden kann (vgl.§ 62. Note 10.). So nimmt z.B. Göschen zwei juristische Einheiten an, „zuerst die zwischen Vater und Kind, dann die unter den Kindern selbst“: also zwei Einheiten oder eine Zweiheit! Man beruft sich, um glaublich zu machen, daß die Römer von der s.g. unitas personarum patris ac filii familias ausgegangen seien, hauptsächlich auf § 4.*I. de inut.stip.3*,19[20]. „..Ei qui iuri tuo subiectus est si stipulatus sis, tibi acquiris, quia vox tua *tanquam* filii sit, sic uti filii vox *tanquam* tua intellegitur in iis rebus quae tibi acquiri possunt“. (cf.*L*.56. § 2. *L*.130.*D.de V.O.45*,1. *L*.16.*D.de furt.47*,2. *L.2.C.de contr.stip*.8,38.) und auf *Iustinian.L*.11.*C.de imp.subst.6*,26. „.. cum et natura pater et filius eadem esse persona *paene* intellegantur..“. Als ob sich diese Aeußerungen, welche überdieß geradezu (tanquam, paene) sagen, Vater und Kind seien nicht wirklich für die juristische Betrachtung eine Persönlichkeit, nicht viel richtiger als bloße Redefiguren zur Erklärung, daß einer dem andern durch seine Handlung Rechte erwerbe, auffaßen ließen. Schon Zimmern R.G.§ 184. erklärt sich mit Recht gegen diese vorgebliche Personeneinheit, konnte jedoch wegen mangelhafter Auffaßung des Wesens der verschiedenen Familiengewalten nicht zeigen, daß jene geradezu damit unvereinbar sei. vgl.v.d.Pfordten Abhh.Erl.1840.8°.S.129.ff.

(21) Die Quelleninstitutionen tragen diese Gründe sofort bei der Lehre von den Arten der Familienbotmäßigkeit vor, weil sie kein Familienrecht, sondern nur ein Personenrecht geben wollen. s.§ 28.Note 3.u.Anhang VI.Noten 2.8.f.12.

(*) Wir nehmen das Wort hier nur in seiner technischen civilrechtlichen Bedeutung, nicht in der weiteren, in welcher es auch andere unmittelbare Herrschaft bedeutet (vgl.§ 38. Note 7.), wie bei *Plaut*.Mercat.2,3,137. Besitz, wie bei

mariti convēnit, steht in Beziehung auf das Connubium einer sui iuris persona, in Beziehung auf das Commercium einer unter väterlicher Gewalt befindlichen gleich.

1) Die Benennung 'mater familias' (§ 43.*h.*) wird gerade von § *b.*
der in manu des Mannes stehenden Ehefrau gebraucht [1]: nur durch die in manum conventio wird sie Mitglied der Familia des Ehemanns [2]. Die Freiheit ihres Connubiums kann sich hier nur in der an den Willen des Mannes nicht gebundenen Scheidungsfreiheit äußern [3]; im übrigen können ihr zu gute kommende Wirkungen ihres Connubiums, so lange sie Ehefrau und in manu ihres Mannes ist, nicht in Frage kommen.

2) Das Commercium anlangend, so ist die Stellung der Frau § *c.*
in manu sowol in Beziehung auf ihren Erwerb für die Familia oder den Paterfamilias, als auch auf ihre Ansprüche an das Familienvermögen, im Falle sie durch den Ausfall von jenem sui iuris wird, der der Filiafamilias in allem wesentlichen gleich [4]; nur kann sie, gleich anderen durch eine juristische Handlung in die Familia versetzten hausunterthänigen Freien, dem, in dessen ius sie steht, Vertrags- oder Delictsschulden zubringen, welche dieser auf sich nehmen muß, widrigenfalls das Vermögen, welches das ihrige sein würde, wenn sie nicht in manum gekommen wäre, wirklich als das ihrige behandelt wird, was bei einer leiblichen Haustochter nicht

---

Gell.18,6. u. *Serv.*ad Aen.*11*,476. der in väterlicher Gewalt als in manu mancipioque stehende bezeichnet wird, (wogegen anderswo die Manus 'potestas viri' heißt: *Tac.*Ann.*4*,16. „flaminica Dialis sacrorum causa *in potestate viri*", *Serv.* ad Aen.*4*,103. „coemptione facta mulier *in potestatem viri* cedit".) Bei *Liv.* 34,2. braucht Cato manus für jede familienrechtliche Beschränkung einer Frau, potestas, agnatische Tutel und eigentliche Manus: „feminas...in manu esse parentium, fratrum, virorum". s.§37.Note 5. (*1*) *Cic.*Top.c.3.§14. „Genus enim est *uxor*; eius duae formae, una *matrum familias*, earum quae in manum convenerunt; altera earum quae *tantum modo uxores* habentur". *Boeth.* ad h.l. *Quintil.*Inst.or.5,10.§62. *Gell.18*,6.i.f. *Serv.*ad Aen.*4*,103. *11*,476. *Isid.*Or.*9*,5. §8. *9*,7.§13. Nach *Paul.Diac.ex Festo* v.Mater familias führte sie diesen Namen nur bei Lebzeiten ihres sui iuris gewordenen Ehemannes und nur wenn sie Kinder hatte. (2) cf.locc.citt. u. *Gai.1*,111.115*b*.136. 2,139.159. *3*,3.24. 114. *4*,38. „in familiam viri transiebat locumque filiae optinebat". *Dionys.* Hal.2,25. *ὡς θυγάτηρ πατρός.* (3) *Gai.1*,137. „..haec autem [*virum*] *repudio misso* proinde compellere [zur Entlaßung aus der manus] potest, atque si ei numquam nupta fuisset". (*4*) s.Note 2.und §45.*i.ff.*ibiq.citt.ll. Nur ob die in manu stehende Frau in Beziehung auf Besitzerwerb für den Gewalthaber dem Hauskinde gleich stehe, war bestritten nach *Gai.*2,90. „Per eas.. personas quas in manu mancipiove habemus... an.. possessio adquiratur, quaeri solet, quia ipsas non possidemus".

§ d. vorkommen kann, wol aber bei einer arrogierten[5]. Eine Injurienklage, wie ſie wegen der dem freien bloß paſſiven Familiengliede von dem Familienoberhaupte zugefügten Beleidigung statthaft iſt[6], ſtand ſolcher uxor (oder gar ihrem Vater, aus deſſen Familia ſie ausgeſchieden war) gewiſs ſo wenig zu, als dem Hauskinde[7], da beide gleichmäßig in allen das Commercium betreffenden Beziehungen unmittelbar nur für die Familia wirken können.

§ e. Dagegen hatte der Mann die nur aus der *potestas* fließenden Rechte über Leben und Tod und das des freien Verkaufs (d. h. abgeſehen von der Remancipation) zuverläßig niemals über ſeine in manu ſtehende Ehefrau[8].

§ f. Der Unterſchied zwiſchen der in manu *mariti sui* und der in manu eines ihr nicht verehelichten Mannes ſtehenden Frau iſt bei der letzten der drei Begründungsformen des erſten Verhältniſſes darzuſtellen. Dieſe Formen[9], deren erſte Göttling als ſabiniſch, die andere als etruriſch, die dritte als latiniſch bezeichnet, waren

§ g. 1) Confarreatio, auch far, farreum, farreatio genannt[10], eine nach abgehaltenen Auſpicien, Opfern und anderen religiöſen Feierlichkeiten vom Pontifex maximus und Flamen Dialis in Gegenwart von zehn Zeugen, unter Ausſprechung uns unbekannter Formeln und Darbringung eines Spelt- oder Dinkel-Kuchens (farreum farreus panis, farreum libum, fruges et mola salsa) geweihte

---

(5) *Gai.3*,84. *4*,38.80. cf.*L.2.*§ 2.*D.de cap.min.4*,5.| Das Miſsverſtändniſs, daß man von allen Delicts- und Vertrags-Schulden der in manu ſtehenden Frau dasſelbe annahm, was Gaius von den v o r der in manum conventio begründeten ſagt [wie auch das Edict in *L.*2.§1.*D.de cap.min.4*,5. ausdrücklich ſagt „postea quam quid cum his actum contractumve sit"], hat mehrere Neueren zu der Behauptung verleitet, ſolche Frau hätte nicht ein Peculium haben und der Mann der de peculio actio ausſetzen können u.dgl. Die eigentlichen Peculien kamen überhaupt nur bei alieno iuri subiectis maribus vor; aber ſo gut als die Filia familias konnte auch die Frau in manu ein Peculium haben. (Hiemit iſt auch im Zuſammenhange, daß peculium für die nichtdotalen Güter der Frau ſteht *L.9.*§ 3.*D.de iure dot.23*,3. *L.*31.§ 1.*D.de donat.39*,5. cf. *Caes*.B.G.*6*,19.) (6) *Gai.1*,141. ſ.§48.Noten 12.13. (7) *Ulp. L.*7.§ 3.*D.de iniuriis 47*,10. (8) Daß er ſie nicht, wie eine Haustochter (§ 7.*I.de nox.act.4*,8.) wegen Delicts mancipieren konnte (wie wieder Göttling röm.Staatsv.S.95. meint), geht aus Note 5. und aus der Natur der noxae datio hervor, welche weſentlich Ausfluß der potestas iſt. Das Recht des Ehemannes als Strafrichters über die Frau gehört nicht in die Lehre von der manus.

(9) *Gai.1*,110. „Olim itaque tribus modis in manum conveniebant, usu, farreo, coëmptione". (10) *Gai.1*,112.136. *Ulp.9*. *Dionys.2*,25. (*φαῤῥεακεία*). *Plin*.H.N.*18*,3. *Tac*.Ann.*4*,16. *Arnob*.adv.gent.*4*,20. *Boeth*.in Top. 3.§14. *Serv*.ad Georg.*1*,13. ad Aen.*4*,103.374. *Paul.ex Festo* v.Farreum. *Orelli* Inscriptt.n°.2650.2648.

Verbindung, die wol schon zu Ciceros, gewiss zu Gaius Zeit bloß § *h.*
noch um gewisser Priesterthümer willen, zu denen allein aus con-
farreierten Ehen entsproßene Zutritt hatten, in Gebrauch war,
aber auch noch von Ulpian als geltende Form erwähnt wird [11].
Jedoch wirkte schon wenigstens seit Tiberius [12] die durch Confar-
reation begründete Manus nur noch in Beziehung auf die sacra,
ohne sonstige Aenderungen in den Rechtsverhältnissen der Frau
hervorzubringen.

2) Usus (nicht usu *capio*) [13]. Schon nach den zwölf Tafeln § *i.*
kam die Frau, welche ein ganzes Jahr hindurch, ohne Unterbrechung
während dreier aufeinander folgender Nächte [14], in des Mannes
Hause blieb [15], dadurch aus ihrer Familia heraus und in manum
et familiam mariti [16]. Die Form war wol längst vor Gaius Zeit
theils durch entgegenstehende Gesetze, theils durch Gewohnheits-
recht abgekommen. [17].

3) Coëmptio [18]. Daß zu dieser Form eine Mancipation [19] ge- § *k.*

(*11*) Mit den fraglichen Priesterthümern selbst erlosch die Form in der christlichen Kaiserzeit. (*12*) *Gai.1*,136. schreibt nach Lachmanns Ergänzung die Bestimmung einem Senatusconsult, das auf Antrag der Consuln Maximus und Tubero (a.u.743., v.Chr.11.) abgefaßt worden ist, zu; Tacitus dagegen a.a.O.(ad ann.u.777., p.Chr.24.) einer lex unter Tiberius. (*13*) *Gai.1*, 111. (s.die folgende Note 16.) *Cic.*pro Flacc.34. *Gell.3*,2. *Macrob.*Sat.*1*,3. *Arnob.*et *Boeth.*ll.citt. (*14*) Vergebens stellt dieses Göttling S.93. in Abrede: trinoctium ist nur gleich tres noctes continuae; drei nicht aufeinander folgende Nächte sind eben so wenig trinoctium, als drei nicht aufeinander folgende Nundinen ein trinundinum sind. Zudem verkennt Göttlings Behauptung die Analogie der Usucapion. (*15*) Gewiss war die Zustimmung des Parens oder Tutors auch hier erforderlich. (*16*) *Gai.*l.c. „..*velut* annua possessione *usu capiebatur* ..“ nicht schlechthin usu capiebatur. (*17*) *Gai.* l.c. (*18*) *Gai.1*,113...15*b*.195. *Cic.*pro Flacc.34. pro Mur.12. de Or.*1*, 56. *Non.Marcell.12*,50. *Serv.*ad Georg.*1*,31. ad Aen.*4*,103.214. *Boeth.*et *Arnob.* Note 10.citt. *Priscian.6*,96. *Isidor.*Or.*5*,24.§26. Auch *Collat.4*,2. und 7.| *Gai.*cit.§113. „Coemptione in manum conveniunt per mancipationem, id est per quandam imaginariam venditionem, adhibitis non minus quam V testibus civibus Romanis puberibus, item libripende ******* mulier ** cuius in manum convenit“. Huschke (Studien p.188.) will ergänzen libripende, *autoribus* muliere, *m*(*ulieris parente vel tutoribus eoque et parente eius*) cuius u.s.w. Nicht zu übersehen ist auch die Art, wie *Serv.*ad ✝.103.cit. die Sache ausdrückt: „Coemptio .. est, ubi libra atque aes adhibetur, et mulier atque vir in se quasi emptionem faciunt“. (*19*) Die mancipatio beschreibt genau *Gai. 1*,119. vgl.unten § 73. Das eigentlichste manu capere ist das ex hostibus, wodurch man, ganz entsprechend der Rechtsansicht einer kriegerischen Nation, am vollständigsten die Herrschaft über den Gegenstand, das Eigenthumsrecht erwirbt [*Gai.4*,16. „maxime sua esse credebant quae ex hostibus cepissent“]. Soll aber von einem berechtigten, ex cive, non ex hostibus, die Sache manucapiert und dadurch Eigenthum des Capienten werden, so ist dieses ein Privatrechtsgeschäft, wobei der das Eigenthum überlaßende ebenfalls als Eigenthümer geachtet und durch

hörte, ſagt auch Gaius ausdrücklich, nicht aber, wie alle Neueren vorausſetzen, daß die Frau mancipiert wurde; durch welche Vorausſetzung verleitet manche[20] auf eine Selbſtmancipation verfallen ſind, während andere einen gegenſeitigen Kauf der Perſonen in dieſer Mancipation finden[21]; obgleich ſchon die nächſte Bedeutung von *co*ëmptio auf ein Zuſammenkaufen, eine emptio hinzuweiſen ſcheint, bei welcher man neben dem unmittelbaren Mancipationsgegenſtand etwas anderes mit in den Kauf bekommt.

Entgeltung beſtimmt wird, zu wollen, daß der andere ſich die Sache nehmen dürfe; und dieſes muß vor dem Volke geſchehen, wie ja auch das ex hostibus manu capere (in exercitu). Das geſammte Volk aber (die V classes, der exercitus vocatus) kann ſich bald nicht mehr ſelbſt des Rechtsgeſchäftes halber verſammeln: das mancipio dare und accipere geſchieht vor 5 Zeugen, einem libripens und einem prieſterlichen (wahrſcheinlich regelmäßig als einer der 5 Zeugen fungierenden, daher oft bei der Mancipation nicht erwähnten) Aufforderer zur Handlung, dem antestatus (*Gai.*epit.*1*,6.§3. *Orelli.* Inscriptt.n.4358. *Huschke* Flav. Syntroph., Bachofen Beiträge S. 250. f. *Gruter.* Thes. p.1081. n°.1. *Priscian.*VIII,4.ed.Putsch.p.792., I.p.369.ed.Krehl. „C.Aelius [*Gallus*]: Impubes libripens esse non potest, neque antestari, *προςδιαμαρτυρηθῆναι*". Lachm. in Ztſch.f.g.R.W.XI.S.117.): die Zeugen ſind das Volk (V testes *cives Rom.puberes*), das nirgends ohne prieſterliche Aufforderung oder Sanction handelt, woraus ich den antestatus erkläre; der libripens iſt mitthätig, weil der Manucapient und der Mancipant gleichberechtigte cives (Commercium habende Perſonen) ſind, nicht ex hoste capiert wird: ein Unparteiiſcher hält die Wage (vgl.*Gai.2*,108.), die bei allem Kaufe unentbehrlich iſt, wo das Geld nicht nach der Prägung, ſondern nach dem Gewichte gilt. S.*45. Mancipium iſt nun dieſer Act, die mancipatio (z.B. lex mancipii, die Nebenberedung bei der Mancipation, das pactum fiduciae), iſt das capierte Object (mancipium iſt vorzugsweiſe der ergriffene Feind, der eigentlichſte servus (*L.*4.§§3.2.*D.de st.hom.1*,5. §2.*I.de iure pers.1*,3.; der ex civibus mancipierte kann nur ein servi locum optinens, ein Freier ſein; das Mancipiertwerden iſt eine imaginaria servilis condicio), der Eigenthumsgegenſtand, und iſt das durch jene Handlung über dieſen Gegenſtand begründete Recht, das Eigenthum im ſubj.S. (z.B. fructus est tuus, mancipium illius bei Cicero, und der dativus commodi in den Phraſen mancipio dare, mancipio accipere).

(*20*) z.B. Zimmern §227.S.837. und daraus Walter R.G.S.537. (ed.II.§480.); auch Puchta Inſt.III.§285. u. Savigny das altröm.Schuldr.in Verm. Schr.II.S.399.f. läugnen mit Recht jede Selbſtmancipation, die, gleich dem Eigenthum an eigener Perſon, lächerlich erſcheint, ſobald man die wahre Bedeutung der Mancipation aufgefaßt hat. Schon der conſtante Ausdruck coëmptionem facit mulier beweiſt gegen die hier in Rede ſtehende Vorſtellung.

(*21*) *Heineccius* Antiqq. I.10.§11. Huſchke Studien S.185.ff. Göttling §48. Dagegen Hugo Rechtsgeſchichte XI.Aufl.S.157.| Die Mancipation iſt weſentlich ein Anſichbringen eines unmittelbaren Herrſchaftsrechts über den Mancipationsgegenſtand gegen Entgeltung, aes, und ſchließt die Erwerbung eines Herrſchaftsrechts über eine Perſon gegen Uebertragung eines ſolchen über eine andere Perſon aus, ſeien nun die Perſonen die Parteien bei der Mancipation oder dritte. Gerade weil bei der gleich zu erörternden in manum non mariti conventio die Mancipation des Vermögens der Frau an den coëmptionator ohne die Vereinbarung über das pater und mater familias-ſein vor ſich gieng, trat auch die Perſon der Frau ſelbſt nicht in die Familia des Coëmptionators, ward nicht quasi filia familias eius. vgl.Huſchke Studien S.200.a.E.

Die Bedeutung des Rechtsgeschäftes scheint den Quellen am gemäßesten so aufgefaßt zu werden: die Mancipation, welche die sui iuris femina hier abschloß, betraf ihre familia, ihr Vermögen, die Sclaven und ihr mancipierten Personen einschließlich[22], analog wie bei dem Mancipationstestament[23], nur daß bei der Coëmptio der Uebergang der Familia auf den mancipio accipiens sofort stattfand[23*]: das gegenseitige der Verhandlung betraf nicht den Mancipationsgegenstand, noch die manus[24], sondern die Ehe, und fand nicht statt bei derjenigen coëmptio, welche nicht matrimonii causa geschah. Ausschließlich der Ehe wegen kommt die Coëmptio einer alieno iuri subiecta femina vor[25], wobei zwar natürlich die Per-

(22) §42. Sehr bestimmt unterscheidet *Gai.1*,123. die Formeln, in denen bei der Coëmption, von denjenigen, in denen zu andern Zwecken Frauenzimmer mancipiert werden, und bezeichnet die coëmierte Frau als actives Familienglied. (23) Ich interpoliere die cursiven Worte in *Gai.2*,104. für die angedeutete Mancipation (vgl. *Gai.1*,123.) so: Eaque res ita agitur: qu*ae* facit *coemptionem*, adhibitis, sic ut in ceteris mancipationibus, V testibus civibus Rom. puberibus et libripende, post quam *vir interrogavit, 'An mulier sibi mater familias esse vellet', et invicem mulier, 'An vir sibi pater familias esse vellet', atque uterque 'Velle' respondit, auctore tutore* mancipat *viro* familiam suam; in qua re his verbis familiae emptor [*vir*] utitur u.s.w. Die Nuncupation kam hier als Aussprechen der lex mancipii vor. vgl. Huschke Studien S.199.f. und die Stellen in der folg. Note 24. (23*) *Serv.*ad Aen.*7*,424. sagt 'per coemptionem facto matrimonio sibi invicem succedebant': der Coëmptor succedierte sofort in das Vermögen der Frau, *Gai.3*,83., diese aber erst wie eine filia familias. (*Gai.3*,3.) *Collat.16*,2.§3. (24) Quibus verbis coemptio fiat (*Cic.*de or.*1*,56.) weiß freilich jetzt niemand mit Sicherheit; aber aus *Plut.* Qu. Rom.30. (Opp. ed. Reiske VII. p.99.) coll. *Cic.* pro Mur.12. *Val. Max.10.*i.f. *Serv.*ad Georg.*1*,31. u. besond. aus Ulpian bei *Boeth.*ad Top.c.3.§14. ersehen wir so viel, als in der Note 23. gebraucht worden ist, mit Sicherheit. Plutarch: *Διὰ τί τὴν νύμφην εἰσάγοντες λέγειν κελεύουσιν· Ὅπου σὺ Γάϊος, ἐγὼ Γαΐα; πότερον, ὥσπερ ἐπὶ ῥητοῖς εὐθὺς εἴσεισι τῷ κοινωνεῖν ἁπάντων καὶ συνάρχειν* [so wenig ist von einer Gewalt des Mannes über die Frau die Rede!] *καὶ τὸ μὲν δηλούμενόν ἐστιν· Ὅπου σύ κύριος καὶ οἰκοδεσπότης, καὶ ἐγὼ κυρία καὶ οἰκοδέσποινα· τοῖς δὲ ὀνόμασι τούτοις ἄλλως κέχρηνται κοινοῖς οὖσιν, ὥσπερ οἱ νομικοὶ Γάϊον, Σήϊον κ.τ.λ.* Und Boethius: „Coemptio vero certis sollemnitatibus peragebatur et sese in coëmendo invicem interrogabant, vir ita '*An sibi mulier mater familias esse vellet*'; illa respondebat '*velle*'. item mulier interrogabat '*An vir sibi pater familias esse vellet*'; ille respondebat '*velle*'. Itaque mulier viri conveniebat in manum [nicht 'mancipio dabatur marito'] et vocabantur hae nuptiae '*per coemptionem*' et erat mulier *mater familias* viro *loco* filiae. Quam sollemnitatem in suis Institutis Ulpianus exponit". (25) Ich vermute, daß in früheren Zeiten die filia familias nur usu (denn die Confarreation kommt hier nicht in Betracht), auctore patre familias, in die Manus des Ehemannes kam, und daß die Anwendung der Coëmptionsform auf Haustöchter ein Hauptgrund gewesen ist, weshalb die Form des usus desuetudine oblitterata est. Die Form coëmpti*onator* ist sicher erst aus der Zeit, da das Coëmieren nicht bloß mehr zu seinem ursprünglichen Zwecke, matrimonii c.,

son der Frau selbst, die ja kein Vermögen für sich haben kann, von demjenigen mancipiert wurde, in dessen ius sie stand; aber nur, weil sie wegen des alienum ius kein Vermögen für sich haben kann,
§ n. wird hier nicht die familia mancipiert[26]. Hatte dagegen das Rechtsgeschäft nicht den Zweck, die Person der Frau sammt ihrer familia, sondern nur diese, ihr Vermögen, in die Familia des Mannes (des coëmptionator) zu bringen, geschah die Coëmption nicht matrimonii, sondern alterius rei, fiduciae causa, was also nur bei einer sui iuris femina vorkommen konnte (nur eine solche hatte ein Vermögen), so konnte auch die Frau selbst nicht mancipiert werden, sondern nur ihre familia, Vermögensgesammtheit, es geschah eine bloße familiae mancipatio, und die Frau selbst ward nicht actives Glied in der Familia des mancipio accipiens: letzteres änderte jedoch die Jurisprudenz, indem sie jeder von der Frau mit ihrem Ehemanne abgeschloßenen Coëmption die Wirkung beilegte, daß
§ o. jene gleichsam Haustochter in dessen Familia wurde[27]. Daß in den Fällen der nicht mit ihrem Ehemanne und nicht matrimonii causa eingegangenen Coëmption die Frau nicht in mancipio coëmptionatoris stand[28], oder daß sie nicht, unter der Nebenbestimmung der Remancipation an einen Dritten oder der Manumission, an den Coëmptionator mancipiert wurde, lag eben darin, daß sie selbst nicht mancipiert werden konnte, weil die fiduciaria oder fiduciae causa facta coëmptio nur bei *sui iuris* feminis vorkommen konnte: hiemit war denn auch von selbst gegeben, daß sie durch den Tod des Coëmptionators sui iuris werdend auf ihr Vermögen den Anspruch hatte, welcher durch die bei der familiae mancipatio getroffene Nebenverabredung, die lex mancipii, festgesetzt worden war; die Frau brauchte nun nicht erst manumittiert zu werden, wie das

---

vorkam, sondern ein Coëmptionmachen alterius rei causa geworden war. Coëmptor, so nahe es liegt, kommt in der hergehörigen Bedeutung nicht vor.

(26) Dieses Mancipiertwerden, welches nach Paulus (*Collat.4*,2.§3.) auch ein patre auctore in viri manum convenire war, konnte nicht wirken, daß die Frau in mancipio mariti stand, indem das Wesen des Acts und die Gegenseitigkeit, wie sie das matrimonium erheischt, darauf gerichtet war, die Frau zum activen Gliede der Familia des Mannes zu machen.

(27) *Gai.1*,115*b*. „.. nam si omnino qua libet ex causa uxor in manu viri sit, *placuit* eam ius filiae nancisci“. *Id.1*,118. „.. quamvis ea sola apud coëmptionatorem filiae loco sit quae ei nupta sit ..“. *Id.3*,14.24.

(28) Was praktisch insofern der Fall war, als sie keinen Anspruch auf die familia des Coëmptionators erwarb, während doch ihr Vermögen in das des Coëmptionators gerieth.

passive Familienglied [29]. Der Fälle einer nicht der Ehe halber, §p. sondern fiduciae causa abgeschloßenen Coëmption nennt Gaius zwei: α) tutelae evitandae causa [30], β) testamenti faciendi gratia [31], und den γ) sacrorum interimendorum causa kennen wir nur aus Cicero [32].

Aufhebungsgründe der Manus: §q.

1) Tod des Mannes, in dessen ius die Frau steht, unter den § 45.*d.* angegebenen Voraussetzungen.

2) Ueber die Aufhebung der confarreatione begründeten Ma- §r. nus durch diffarreatio [33] sprechen unsere Rechtsquellen nicht, und solche kam, auch wo die Aufhebung überhaupt zulässig war [34], wol nur als Vorbereitung des an der Frau zu vollstreckenden Todesurtheiles vor [35].

3) Für die Aufhebung der usu und der coëmptione begrün- §s. deten Manus galten ohne Zweifel dieselben Formen. Die fiduciae causa in manum gekommene Frau wurde durch die Remancipation an die durch die lex mancipii bezeichnete Person, in

(*29*) Daß die coëmptione in die manus coëmptionatoris gekommene Frau, auch wenn sie nicht filiae loco bei demselben war, von ihm doch mancipiert werden konnte (*Gai.1*,118.), ist einer der stärksten Beweise gegen alle Nichtunterscheidung der Stellung, welche die Frau als Ehefrau und der, welche sie als in manu stehende Frau einnahm: *C*oëmptione kommt die sui iuris femina mit ihrem wirklichen Vermögen in die manus viri; mit der alieno iuri subiecta diejenige familia, das Vermögen, welches sie als Person für sich erwerben würde, wenn sie nicht in das neue ius alienum, in die manus viri, einträte.

(*30*) *Gai.1*,115. „.. Si qua velit quos habet tutores reponere, ut alium nanciscatur, iis auctoribus coëmptionem facit; deinde a coëmptionatore remancipata ei cui ipsa velit et ab eo vindicta manu missa incipit eum habere tutorem, *a* quo manu missa est, qui tutor fiduciarius dicitur ..“. cf.*1*,195.137. *Ulp.11*,5. *Fest.*v.Remancipatam. (*31*) *Gai.1*,115*a.* „Olim etiam testamenti faciendi gratia fiduciaria fiebat coëmptio: tunc enim non aliter feminae testamenti faciendi ius habebant, exceptis quibusdam personis, quam si coëmptionem fecissent remancipataeque et manu missae fuissent. sed hanc necessitatem coëmptionis faciendae ex auctoritate divi Hadriani senatus remisit“. vgl.*1*,192.2,112.118.121.sq.*3*,43.44. *Ulp.29*,3. *Cic.*Top.4.§18. cum *Boeth.*ad h.l. *Liv.39*,9. *Plut.* Numa 12. *Gell.1*,12. (*32*) *Cic.* pro Mur. 12.§ 27. „.. Sacra interire illi [*maiores*] noluerunt: horum [*iure consultorum*] ingenio senes ad coëmptiones faciendas interimendorum sacrorum causa reperti sunt..“. Savigny Verm.Schr.I.n°.8. (*33*) *Paul.Diac.* ex Festo h.v.,,Diffarreatio genus erat sacrificii, quo inter virum et mulierem fiebat dissolutio. Dicta diffarreatio, quia fiebat farreo libo adhibito“. bei *Orell.*Inscr.n°.2648.,,..sacerdos confarreationum et diffarreationum..“. cf.n°.2850.

(*34*) *Plut.*Qu.Rom.50. (ed.Reisk.p.118.) *Gell.10*,15. *Paul.*ex Fest.v.Flammeo, auch *Dionys.*2,25. (*35*) *Plut.*Rom.22. u. Qu.Rom.l.c.,,.. *οἱ δὲ ἱερεῖς παρεγένοντο τῇ τοῦ γάμου διαλύσει, πολλὰ φρικώδη καὶ ἀλλόκοτα καὶ σκυθρωπὰ δρῶντες*“.

deren mancipio jene nunmehr ſtand, und darauf erfolgende Manumiſſion sui iuris (§ 48.)[36]. Das hierdurch entſtehende Quaſipatronatrecht des Manumiſſors gehört in das Familienrecht.

§ t. Daß unmittelbare Emancipation der um der Ehe willen coëmierten Frau durch den Ehemann, wenn ſie dieſem die Scheidung gehörig angeſagt hatte, ſtatthaft geweſen, gleich wie die Emancipation der Haustochter durch den Vater[37], der dazu von dieſer freilich nicht gezwungen werden konnte, wie der Mann von der Ehefrau, hatte Gaius[38] wahrſcheinlich ausdrücklich bemerkt.

§ u. Wiederholt[39] iſt vor der verwirrenden, bei den Neueren allgemein techniſch gewordenen Bezeichnung der Ehe mit Manus als 'ſtrenge Ehe', der ohne Manus als 'freie Ehe' zu warnen[40]. Die Schädlichkeit dieſer Terminologie zeigt ſich auch in der Lehre von der Ehe.

b. Das ius über unvollſtändige, unfreie oder dieſen analog in der Familia ſtehende freie Mitglieder derſelben.

§. 47. aa. Domini in ſervum poteſtas.

Gai.1,11...47.52.sq. *Ulp.1.2.11*,10.11. *Dosith.* de manu missionibus. *Paul.S.R.4*,12...5,1. *Th.C.4*,7...10. *Inst.1*,5...8. *Dig.40*. *Cod.8*,1...25.

§ a. Bei der Lehre von den rechtlichen Erforderniſſen der Perſönlichkeit muſte die Stellung der geweſenen servi zum römiſchen Staate, die verſchiedene Rechtsfähigkeit der Freigelaßenen[1], und die der wirklichen servi zu ihrer Herrſchaft[2] nachgewieſen werden: auch hat ſchon[3] ſeine Erklärung gefunden, weshalb von einer *potestas* domini in servum, nicht bloß von *dominium* in servo im Rechte

(36) *Gai.1*,115.115*a*.118.137.162.166.195. *Ulp.11*,5. *Fest.*v.Remancipatam. ſ.Noten 29.30. (37) cf.*Gai.1*,132.i.f.134.i.f. (38) *1*,137. Schwerlich aber ſtand hier (wie Göſchen u. Huſchke ad § cit. vorſchlagen) daß iure remancipatio an ihren Vater, aus deſſen potestas ſie in die manus mariti gekommen war, ſie wieder in jene potestas zurückverſetzt habe: von einer iure **re**mancipatio iſt nirgends die Rede, nur (cf.Note 37.) von einer iure mancipatio ſtatt der Remancipation u. Manumiſſion. Durch éine Mancipation trat ja die Tochter ſchon aus der väterlichen Gewalt. (39) ſ.Anhang VI.S.*24. Noten 9.u.8. vgl.auch Note 29.zu dieſem §. (40) Ich bitte zu bemerken, daß *in* unſeren Quellen nichts dieſer Art vorkomme, und ein römiſcher Juriſt es für plus quam ridiculum erklärt haben würde, ein matrimonium strictum (oder ſoll es etwa severum oder durum geheißen haben?) und liberum (oder leve? man möchte dissolutum vorſchlagen) zu unterſcheiden. Jene Terminologie hat keinen beßeren Grund, als wenn man etwa nach gemeinem Recht die Ehe mit Gütergemeinſchaft 'ſtrenge', die nach Dotalrecht 'freie' nännte.

(1) § 35. vgl.§ 34. Puchta Inſt.§§ 211...13. (2) § 36. (3) § 44. zu Note 5. vgl.§ 36.a.A.

die Rede ist. Aus dieser doppelten Bedeutung des servus als Ge- § b. genstandes des Eigenthums und der potestas ergiebt sich die Möglichkeit eines Rechtsstreites darüber, ob ein Mensch servus sei oder nicht, liberalis causa, liberale iudicium[4]. Das Verhältniſs des ge- § c. wesenen servus zu seinem Freilaßer als Patronat ist ein Analogon des Verhältnisses zwischen Erzeugern und Kindern, somit im Familienrechte darzustellen[5]; hier hat also nur die Lehre von der Entstehung und Beendigung der Sclaverei ihre Stelle[6].

I) Entstehung der Sclaverei[7] § d.

A) nach ius gentium[8]:

1) Gefangennehmung durch den Feind[9]. Hierüber, so wie über die Fiction, daß der aus der Gefangenschaft heimkehrende durch dieselbe aus seinen Rechtsverhältnissen gar nicht ausgetreten sei (postliminium), und über Loskaufung aus der Gefangenschaft und die Rechtsansprüche des Redemptors waren genaue völker- und civil-rechtliche Bestimmungen aufgestellt[10]. Starb der gefangene § e. Römer in der Gefangenschaft, so trat nach der Lex Cornelia[11] die Fiction zu Gunsten eines von ihm vor der Gefangennehmung gemachten Testaments ein, er sei im Augenblicke derselben gestorben[12]. Das ius postliminii aber hatte nicht der ins Ausland giltig

---

(4) *Paul.*S.R.5,1. *Dig.40*,12. *Cod.7*,16.17. f.§*y*.unten. (5) vgl.§ 36.*h*.

(6) Anhang VI.S.*23.Note 5. Am ausführlichsten hat unter den Neueren diese Lehre behandelt Zimmern R.G.§§194...211. (7) *Marcian.L.*5.§1.*D.de st. hom.1*,5.„Servi..in dominium nostrum rediguntur aut iure civili aut gentium: iure civili si quis se maior XX annis ad pretium participandum venire passus est; iure gentium servi nostri sunt qui ab hostibus capiuntur, aut qui ex ancillis nostris nascuntur". Dieses giebt §3.*I.de iure pers.1*,3. so: „Servi .. aut nascuntur aut fiunt: nascuntur ex ancillis nostris; fiunt aut iure gentium, i.e. ex captivitate, aut iure civili, cum liber homo maior" *etc*. (8) §33. Note 5. (9) §46.Note 19. §35.*h*. §73.*g*. Der ex hostibus manu captus, das eigentlichste mancipium (cit.Note 19. u.§44.*h*.) wird nach einer mit Unrecht verachteten etymologischen Erklärung der Alten servus, weil man ihn vendere ac per hoc *servare*, nec occidere solebat. *Flor.L.*4.§§2.3.*D.de st.hom.* §2.*I. tit.cit.* (10) *Gai.1*,129. *Ulp.10*,4. §5.*I.quib.mod.ius pot.1*,12. *Gallus Aelius* bei *Fest.*v.Postliminium. *Quintil.*Inst.or.5,10.§115. *Th.C.*de Postliminio 5,5. *Dig.* de Captivis et de postliminio et redemptis ab hostibus *49*,15. *Cod.*de Postliminio reversis et red. ab host. 8,51[50]. (11) Daß es nicht die Lex testamentaria, oder nummaria oder auch de falsis genannt, von dem Dictator Sulla (a.u.673.,a.Chr.81.), sondern eine sonst nicht bekannte lex Cornelia sei, die eigens 'de confirmandis eorum testamentis qui in hostium potestate decessissent, lata est' (*Iav.L.*15.*D.de iniusto* 28,3.), 'qua lege etiam legitimae tutelae hereditatesque firmantur' (*Paul.3*,4*a*.§8. = 3,6.§1.ed.Haenel.), vermutet u.A. Schilling Bemerkk.ü.röm.Rechtsg.S.285.f. Inst.II.§86.Note *p*.

(12) *Ulp.*23,5. *Paul.*l.c. §5.*I.quib.non e.perm.2*,12. *L.*12.*D.qui test.*28,1. *L.*1. §1. *L.*18.*pr.D.ad L.Falc.*35,2. *L.*15.*pr.D.de usurp.et usuc.41*,3. *LL.*10.sqq.18.

verkaufte oder dem Feinde ausgelieferte civis Romanus, noch der Ueberläufer und wer sich dem Feind auf Gnad oder Ungnade mit den Waffen übergeben hatte[13].

§ f. 2) Geburt von einer Sclavin. Der Eigenthümer der Mutter ist es auch des Kindes[14].

§ g. B) Nach ius civile:

1) Schon vor der Censuseinrichtung selbst war die damit entstandene Bestimmung veraltet, daß der dem Census absichtlich sich entziehende Bürger seine Freiheit durch Verkauf ins Ausland einbüße[15].

§ h. Dagegen kam in der Kaiserzeit die poenae servitus auf, d. h. Verlust der mit der Freiheit verbundenen Rechtsfähigkeit in Folge von Capitalstrafen, ohne daß solcher Sclave einen Herrn gehabt hätte; die poena war domina[16]. Begnadigt fiel der poenae servus nicht in das Eigenthum des früheren Herrn zurück, sondern wurde, so wie auch wenn er ein Freier gewesen war, Sclave des Staats[17], ohne daß dieses auch hier, wenn er wieder frei wurde, seiner Ingenuität Eintrag gethan hätte[18]. Justinian hebt die Sclaverei der zu den Bergwerksstrafen verurtheilten Freien auf, indem er Fortdauer der Ehe derselben anordnet[19]. Der an den Feind ausgelieferte war Sclave[19*].

§ i. 2) Nach den zwölf Tafeln konnte der einer baren Geldschuld gerichtlich überführte, so wie der eines handhaften Diebstahls schuldige Freie dem Gläubiger zugesprochen und von diesem durch Verkauf ins Ausland zum Sclaven gemacht werden[20]: im römischen Staate aber war weder der nexus, der wegen solcher Schuld haftende, noch auch der addictus oder adiudicatus, der vom Magistrat dem Gläubiger zugesprochene, ein Sclave oder auch nur in mancipio des Gläubigers; sondern nur, wie der auctoratus, der sich zum Gladiatoren- oder Thierkampf-Spiel verkauft hatte, in-

22.*D.de captiv.* *LL.*1.4.*C.de postlim.* (13) *Cic.*de or.*1*,40.§ 181. pro Caec.34. *LL.*17.19.§§ 4.sqq.*D.de captiv.* Zimmern §§195.f. (14) Note 9. § 34.*e.* *Gai.1*,84.85. s.unten § 79.Note 5. (15) *Ulp.11*,11. „..cum incensus aliquis venierit..“. vgl.*Cic.*pro Caec.l.c. *Liv.1*,44. *Dionys.4*,15. *Non. Marcell.1*,67. *L.*4.§10.*D.de R.M.49*,16. *Val.Max.6*,3,4. (16) § 3.*I.quib. mod.ius 1*,12. § 1.*I.de cap.dim.1*,16. *L.*8.§ 11. *L.*17.*D.de poen.*48,19. *L.*8.§ 4. *D.qui test.*28,1. *L.*1.*pr.D.de bon.damn.*48,20. (17) *L.*24.§§ 5.sqq.*D.de fid.lib.40*,5. *L.*8.§12.*D.de poen.*48,19. (18) *Paul.*S.R.*4*,8.§ 24. s.oben § 34.*f.* (19) *Nov.*22.c.8. (19*) s.Note 13. *Pomp.L.*17.*D.de legationib.50*,7. „..quem semel populus iussisset dedi, ex civitate expulsisse videretur..“. (20) *Gai.3*,189.ibiq.citt.ll. bes.*Gell.20*,1. *11*,18.

fam[20*]) und der härtesten Behandlung durch den Gläubiger oder Käufer ausgesetzt[21]. In dem späteren Schuldrechte ändert sich jene Behandlung der Geldschuldner[22], durch das prätorische Edict die Addiction des Diebes[23].

3) Durch Vertrag kann nach römischem Rechte niemand seine § *k.* Freiheit aufgeben[23*]; jedoch verwirkt schon während des Freistaates der Freie, welcher, über 20 Jahre alt, sich an einen um die Freiheit nicht wißenden veräußern ließ, um das Kaufgeld zu erprellen, mit dessen Auszahlung seine Freiheit[24], so daß er selbst durch Freilaßung die Ingenuität nicht wieder erlangte[25].

4) Nach einem SC. Claudianum (n. Chr. 52.) wird die freie § *l.* Frau, welche nach gehöriger Abmahnung (denuntiatio) von dem Geschlechtsumgange mit einem fremden Sclaven nicht abläßt, regelmäßig, sammt ihrem Vermögen, dem Herrn ihres Buhlen als Eigenthum zugesprochen[26]. Justinian hat diesen Entstehungsgrund der Sclaverei abgeschafft[27].

5) Einen Fall der revocatio in servitutem hatte schon die lex § *m.* Aelia Sentia für die dediticiorum numero aufgestellt[28]. Allmählich entwickelte sich aus einzelnen Bestimmungen der Kaiserzeit die allgemeine Regel, daß wegen Undanks gegen den Patron diesem, und selbst auch dessen Erben, der Freigelaßene wieder zur Sclaverei verurtheilt werden könne[29].

---

(20)* s. §60. Note 8. *(21)* *Gai.3*,199. *Senec.*ep.37. *Quintil.*Inst.or. *7*,3.§§ 26.sq. *3*,6. *5*,10.§ 60. *Petron.*Sat.217. *Acron* ad Hor.Sat.*2*,7,58.sq. *Collat.4*,3.§ 2. *9*,2.§ 2. *Ps.Quintil.*Decl.302. s. §106. Note 62. Zimmern III.§ 45. (22) Savigny altröm. Schuldrecht. Verm. Schr. II. nº.19. (23) *Gai.3*,189. *4*,111.173. *Serv.*ad Aen.*8*,205. *Isid.*Or.*5*,26.§18. (23*) *Call.L.*37.*D. de lib.c.40*,12. „Conventio privata neque servum quemquam neque libertum alicuius facere potest". s. §108. Note 5. (24) Note 7. u. *Inst.*citt. in Note 16. *Titt.*Quibus ad libertatem proclamare non licet: *Dig.40*,13. *Cod.7*,18. Zimmern §198. (25) *L.*21.*D.de st.hom.1*,5. *L.*40.*D.de lib.causa 40*,12. s. Note 18. *(26)* *Gai.1*,91.160. *Ulp.11*,11. *Paul.*S.R.2,21A. *Th.C.ad SC. Claudianum 4*,11. *Tac.*Ann.*12*,53. *Suet.*Vesp.11. Willigte der Herr in das contubernium seines Sclaven mit der freien Frau, so konnte sie vertragmäßig frei (pro liberta) bleiben; aber bis auf Hadrian wurden ihre Kinder Sclaven: *Gai.1*,84. *Paul.4*,10.§12. *Tac.*l.c. Schwere Strafen droht Constantin den *mulieribus quae se servis propriis iunxerunt*: *Th.C.9*,9. *Cod.9*,11.| vgl.*Nov.22. c.17.pr.* *(27)* §1.*I.de succ. subl.quae fiebant ... ex SC.Claudiano 3*,12[13]. *L.un.C.de SC. Claudiano tollendo 7*,24. (28) *Gai.1*,27. Ließ sich ein dediticiorum numero in Rom oder innerhalb des 100. Meilensteins betreten, so sollte er sammt seiner Habe öffentlich verkauft werden; der Käufer durfte ihn nun nicht freilaßen; that er es dennoch, so wurde jener Staatssclave. s. § 35.*k.*| Die durch die lex Aelia Sentia zugelaßene ingrati accusatio hatte schwere Bestrafung des libertus zur Folge, *Dosith.*Hadr.sent.§ 3. Poenae servitus (§ *h.*) gab es zur Zeit jener lex noch nicht. *(29)* §1.*I.de cap.dim.1*,16. *Th.C.*

§n. II) Beendigung der Sclaverei. Dem manu *capi* [30] entſpricht das manu *mitti*: das mancipium, der ſchon iure gentium rechtloſe Menſch, wird durch manu missio rechtsfähig. Für dieſen Act des ius gentium ſtellt aber das Civilrecht manche beſondere Erforderniſſe auf, ohne deren Erfüllung er gar keine Freiheit oder doch

§o. nicht die Civität bewirkt [31]. Das Recht der Kaiſerzeit, beſonders der chriſtlichen, milderte nicht allein die Strenge der durch das Zerfallen der Nationalität, die Sittenloſigkeit und die egoiſtiſche Verſchwendungsſucht der auguſtiſchen Zeit veranlaßten leges und SCta, und ließ neue Freilaßungsformen aufkommen; ſondern es ſtellte auch Beſtimmungen auf, nach denen ein Sclave ohne Freilaßung, ipso iure, frei werden könne [31*].

§p. A) Manu missio [32]. Deren Wirkung war vor Auguſtus, ſeit dem Untergange der alten Clientel, wenn der Freilaßer civis war, der frei zu laßende im civilen Eigenthume ſeines Herrn ſtand, und eine civilrechtliche Form beobachtet wurde, ſtäts Civität des Freigelaßnen [32*]. Nun aber ſtellt die Geſetzgebung, außer der Beachtung der civilen Manumiſſionsform, folgende

§q. 1) Vorausſetzungen vollgiltiger Freilaßungen auf, und zwar in Beziehung auf

a) den frei zu laßenden:

α) gehörige Aufführung während der Sclaverei, widrigenfalls der Freigelaßne nach der lex Aelia Sentia nur dediticiorum numero wird [33]. Auch eine noch zu beſtehende Strafe [34], ein noch nicht abgeurtheiltes Verbrechen [35], ein obrigkeitliches oder ein durch geſetzliche Beſtimmung aufgeſtelltes Verbot der Manumiſſion [36] kann dieſe hindern.

§r. *β*) Dreißigjähriges Alter [37], nach der lex Ael.Sentia; ſonſt blieb der vindicta freigelaßene ein Sclave, der testamento dagegen

---

de Libertis et eorum liberis 4,10. *Nov. Valent.III*.tit.24.ed.Haen. *Cod*.tit.cit. 6,7. cf.*L*.5.*pr*.*D*.*de iure patron*.*37*,14. *L*.6.§1.*D*.*de agnosc*.*et alend*.*liberis* 25,3. *L*.12.*C*.*de operis libertor*.6,3. Zimmern §200. (30) Note 9.u.§73.*g*. (31) vgl.§35. (31a) unten §σ′. (32) *Paul*.S.R.*4*,12. *Dosith*. de manumissionibus. *Dig*.eod.tit.*40*,1. *Cod*. Communia de m.missionib.*7*,15. §1.*I*. *de libert*.*1*,5. Zimmern §§201...11. Der Prüfung werth, aber auch bedürftig iſt die Darſtellung in *v. Vangerow* Die Latini Iuniani. Marb. 1833. 8°. (32a) §35.*c*. (33) §35.*l*.| *Gai*.*1*,13...16.25...27. *Ulp*.*1*,11. *Paul*.S.R.*4*,12.§§3...8. *L*.216. *D*.*de V*.*S*.*50*,16. *Salvian*.adv.avarit.*3*,7. (34) *L*.33.*D*.*de poen*.*48*,19. *L*.1.*C*.*qui non poss*.*ad libertatem pervenire* 7,12. (35) *L*.8.§3. *L*.12.*D*. *de m*.*miss*.*40*,1. (36) *L*.9.*D*.*eod*. *L*.9.§2. *L*.12. *L*.14.§1.*D*.*qui et a quib*. *m*.*missi liberi non fiunt et ad L*.*Ael*.*Sent*.*40*,9. *L*.83.*pr*.*D*.*de her*.*inst*.28,5. (37) *Gai*.*1*,18...21. 2,276. *Ulp*.*1*,12.13. *Dosith*.§17. §§1.2.*I*.*qui et quib*.*ex caus*.

wurde factisch frei und seit der lex Iunia Latinus Iunianus[38]. Jedoch konnte Nachweisung eines besonderen Freilaßungsgrundes bei einem besonderen Rathscollegium (iusta manu mittendi causa apud consilium adprobata) oder gehörige Erbeinsetzung von einem zahlungsunfähigen Herrn den Mangel des Alters unschädlich machen, so daß der Freigelaßne civis wurde[37].

b) den Freilaßer, § *s.*

α) daß er nicht durch die Freilaßung Rechte anderer Personen an sein Vermögen verletze, indem sonst jene selbst ungiltig sei[39].

β) Zwanzigjähriges Alter oder Nachweisung eines zurei- § *t.*
chenden Freilaßungsgrundes bei dem Consilium, widrigenfalls die Freilaßung (nach den LL. Ael. S. u. Iunia) nicht einmal Latinität bewirkte[40]. Uebrigens ist jede Freilaßung eine Veräußerung, daher auch hier die Beschränkungen der Handlungsfähigkeit Bevormundeter in Betracht kommen[41].

γ) Die Freilaßungen von Sclaven städtischer Gemeinden § *u.*
musten nach deren Verfaßungsgesetzen vorgenommen werden[42].

c) das Eigenthumsrecht am Sclaven, § *v.*

α) daß dieses das römisch-vollgiltige (dominium ex iure Quiritium)[43] und

β) daß das Eigenthum des Freilaßers nicht durch Mit- § *w.*
eigenthum oder dingliche Rechte eines andern an dem Sclaven beschränkt sei[44].

1,6. cf. Note 40. (38) § 35.*e. Salvian*.l.c. (39) Ungiltig sind daher Freilaßungen 1) in fraudem creditorum: *Gai.1*,37.47. (wonach sich diese Bestimmung der L. Ael. S. auch auf Peregrinen bezog). *Ulp.1*,15. *Dosith.*§16. *Pr.*§ 3.*I.qui et quib.ex c.1*,6. u. öfters in *Dig.40*,9. *Cod.* Qui m.mittere non possunt et ne in fraudem creditorum m.mittatur *7*,11. cf.*Cod.7*,75. In *L.*11.*D. qui et quib.in ex c.40*,9. ist speciell von der Ungiltigkeit der in fraudem civitatium und in fraudem fisci vorgenommenen Freilaßungen die Rede. Zum letzteren Falle gehört auch der, da ein Herr selbst wegen eines noch nicht abgeurtheilten Verbrechens, welches Vermögensconfiscation nach sich zieht, nicht freilaßen darf: *L.*15.*pr.D.eod.* 2) in fraudem patronorum: *Gai.1*,37. *Ulp.1*,15. *L.*11.*D. si quid in fraud.patr.* 38,5. *L.*9.§ 2.*D.de lib.c.* *40*,12. 3) bei entgegenstehenden Vertrags- oder Testaments-Bestimmungen: *Dig.cit.40*,9.*passim* u. *Dig.* de Servis exportandis vel si ita mancipium venierit, ut m.mittatur, vel contra *18*,7. *Cod.* Si servus exportandus veneat *4*,55. Si mancipium ita fuerit alienatum, ut m.mittatur vel contra *4*,57. (40) *Gai.1*,38...41. *Ulp.1*,13. *Dosith.* §13. §§ 4.6.*I.qui et quib.ex c.1*,6. *Nov.119.c.2.* (41) *Ulp.1*,17. *Dosith.* §15. *Paul.*S.R.*4*,12.§§ 2.9. (42) *Dig.* de M.missionibus quae servis ad universitatem pertinentibus impertiuntur *40*,3. *Cod.*de Servis reip.m.mittendis *7*,9. (43) *Gai.1*,17. *Ulp.1*,16. *Dosith.*§ 9. War der Sclave nur in bonis des Freilaßers, nur im Eigenthum nach ius gentium, so wurde er durch die Freilaßung nur Latinus Iunianus. vgl.*Gai.1*,54. *Th.C.* de His qui a non domino m.missi sunt *4*,9. *Cod.eod.tit.7*,10. (44) *Ulp.1*,18.19. *Dosith.*§§

§ *x.* Im juſtinianiſchen Rechte fallen alle durch die Leges Aelia Sentia und Iunia aufgeſtellten Beſchränkungen der Freilaßungen, mit Ausnahme der in § *s.* angeführten, hinweg[45].

§ *y.* 2) Die Manumiſſionsformen

a) des alten Civilrechts[46]:

α) Vindicta[47], d. h. durch ein in Form eines Eigenthumsſtreites (vindicatio) vor dem magistratus vorgenommenes Verfahren: einer nahm die Freiheit des Sclaven in Anſpruch (vindicabat in libertatem) gegen den ſcheinbar Eigenthumsrecht behauptenden Herrn (welcher in servitutem vindicabat, hominem ex iure Quiritium suum esse aiebat), und der Magiſtrat entſchied zu Gunſten der Freiheit (vindicias secundum libertatem dabat oder dice-

§ *z.* bat). In verſchiedenen Zeiten waren noch andere Förmlichkeiten dabei in Gebrauch, welche im juſtinianiſchen Rechte alle verſchwunden ſind, wo dieſe Form nur noch als Erklärung vor der Obrigkeit übrig iſt.

§ *α'.* *β*) Censu manu missio[48] hieß die auf Anſuchen des Herrn vorgenommene Eintragung des Sclaven als eines Bürgers in die cenſoriſchen Liſten; nach der ſtrengeren Meinung begann aber die Freiheit erſt mit dem den Cenſus ſchließenden Sühnopfer, dem lustrum conditum. Ulpian redet von dieſer Form als zu ſeiner Zeit nicht mehr üblicher.

§ *β'.* *γ*) Testamento[49] konnte die Freiheit ertheilt werden

a) direct[50] ſchon nach den 12 Tafeln, indem der Teſtator

10.11. *Paul.* S.R.*4*,12.§ 1. §4.*I. de donation.* 2,7. *Cod.* de Communi servo m. misso 7,7. de Servo pignori dato m.misso 7,8.| Ließ ein Miteigenthümer den Sclaven frei, ſo fiel nach älterem Recht deſſen Eigenthumsantheil an den oder die anderen Miteigenthümer; bald aber nöthigte man dieſe, ihren Antheil gegen Entſchädigung aufzugeben.| Hatte jemand an dem Freigelaßenen eine Servitut oder ein Pfandrecht, ſo wurde jener inſofern sine domino servus und sine patrono libertus, als nur das dingliche Recht an ihm noch fortbeſtand; nach juſtinian. Recht aber hat der Freilaßer die Patronatrechte. Freilaßung eines Sclaven durch den Nießbraucher bewirkt, daß der Sclave bis zu der Zeit, da der Nießbrauch an ihm aufgehört haben würde, nicht als Sclave gehalten werden darf. Zimmern §206.

(45) *Inst.1*.titt.5...8. *Cod.* et *Nov.* citt.

(46) *Plaut.* Cas.2,8.ỿ.68. „Tribus ... libertatibus". *Gai.1*,17. *Ulp.1*,6. *Dosith.* §5. *Theophil.* ad §.ult.I.de lib.*1*,5. *Boeth.* ad Top.c.2.§10.

(47) *Gai.1*,17.20. *Ulp.1*,7. *Dig.* de M.missis vindicta *40*,2. *Cod.* de Vindicta libertate et apud consilium m.missione 7,1.| *Liv.*2,5. *Pers.* Sat.5,88. *Gell.20*,10. *Fest.* v. Vindiciae u. *Paul.* ex Fest. v. Manu mitti. vgl. Göttling § 67.

(48) *Gai.1*,17.44. *Ulp.1*,8. „Censu manu mittebantur olim ..". *Dosith.* §17.| *Cic.* pro Caec.34.§99. de or.*1*,40.§183. *Liv.41*,9. ſ. oben § *g.*

(49) *Ulp.1*,9.23. *L.*120.*D. de V. S.50*,16. Zimmern §§203.f.

(50) *Gai.2*,167.272. *Ulp.2*,7.8.*1*,20...23.

in befehlenden Worten (directis, imperativis oder civilibus verbis, wie eine lex redet) erklärt daß sein Sclave frei sein solle; wodurch dieser im Augenblicke der Wirksamkeit des Testaments, gleich als ob er vindicta oder censu manumittiert worden wäre, frei und, da nun der Freilaßer todt (in orco) war, orcinus oder nullius libertus wurde. Nach justinianischem Rechte gilt als directe Freilaßung auch die Ernennung des eigenen Sclaven zum testamentarischen Tutor oder zum Erben[51].

b) fideicommissarisch[52]. Seit die bloß bittweise (precariis, §γ'. precativis, indirectis verbis) angeordneten Vermächtnisse, fidei commissa, von den augustischen Zeiten an rechtlich erzwingbar geworden waren[53], konnte man auch in dieser Form die Freilaßung irgend eines, auch eines fremden Sclaven dem im Testamente bedachten auflegen. Dieser muste dann, sobald die ihn betreffende Testamentsverfügung wirksam wurde, die Manumission vornehmen, wodurch er Patron des Freigelaßenen wurde[54]. Ein §δ'. SC. Articuleianum (a.p.Chr.191.) weist die Provincialstatthalter an, die Erfüllung jener Pflicht zu überwachen[55]; ein gleichzeitiges §ε'. SC. Rubrianum erklärt zum Nachtheil des sich weigernden onerierten den freizulaßenden für libertus orcinus[56]; ein SC. Dasumia- §ς'. num dagegen, der Sclave solle als gehörig vom onerierten freigelaßen gelten[57]; ein SC. Vitrasianum unter Hadrian[58] verordnet, §ζ'. der Magistrat solle die Freiheit aussprechen, wenn der Herr sie zu ertheilen verhindert sei, was nach mehreren die fideicommissarische Freiheit begünstigenden Constitutionen ein SC. Iuncia- §η'. num (a.p.Chr.182.) auch auf solche Sclaven ausdehnt, die nicht zum Vermögen des Testators gehörten[59]. Justinian[60] erklärt, §θ'. diese Freiheit trete ipso iure ein, sobald der zur Freilaßung verpflichtete damit zögere, und der libertus solle dann orcinus sein;

Dosith. §§13.sq. §2. *I. de sing. reb. p. fid. rel. 2*,24. *Dig.* de M.missis testamento *40*,4. *Cod.* de Testamentaria m.missione *7*,2. (*51*) §1. *I. qui test. tut. 1*,14. §2. *I. qui quib. ex c. 1*,6. *L.* 5. *C. de necess. serv. her. 6*,27. mit *Gai.* 2,185...88. *Ulp.* 22, 7.12. *Plin.* ep. *4*,10. (52) *Gai.* 2,263...66.272. *Ulp.* *1*,7.8.10. *Paul.* S.R. *4*,13. *Dig.* de Fideicommissariis libertatibus *40*,5. *Cod. eod. tit. 7*,4. (53) §1. *I. de fid. her. 1*,23. *Pr. I. de codic. 1*,25. (54) *Gai.* 2,266. Weil die Freiheit bei der Testamentserrichtung nur erst etwas zukünftiges ist, heißen solche Sclaven auch liberti futuri; cf. *Orelli* Inscr. n. 2980.5006. (55) *L.* 51. §7. *D. h. t. 40*,5. (56) *L.* 26. §7. *eod.* (57) *L.* 51. *cit.* §4. vgl. *LL.* 1.28. §5. *L.* 30. §5. *D. eod.* (58) *cit. L.* 30. §6. (59) *cit. L.* 28. §4. (60) *L.* 15. *C. h. t. 7*,4.

wie denn überhaupt diese Freiheit im justinianischen Rechte überaus begünstigt erscheint.

§ι. Der für das Familienvermögen höchst gefährlichen egoistischen Verschwendung, allzuvielen Sclaven im Testamente die Freiheit zu hinterlaßen, und den dadurch auch dem Staate erwachsenden Nachtheilen steuerte die lex Furia Caninia (a.p.Chr.8.), indem sie verfügte, daß von mehr als zwei Sclaven eines Testators immer nur ein bestimmter Theil, und nie mehr als 100, durch Testament freigelaßen werden durften; wobei das Gesetz und ihm sich anschließende Senatusconsulte sorgfältige Vorschriften zur Verhinderung von Umgehungen aufstellten[61]. Justinian hat es ganz aufgehoben[62].

§κ. War im Testament einem Sclaven die Freiheit unter einer Bedingung oder Betagung direct hinterlaßen, so wurde er erst mit Eintritt der Bedingung oder des Tags, des Termins, wirk-

§λ. lich frei; bis dahin hieß er statu liber[63]. Ließ ihn der Erbe vorher frei, so erhielt dieser einstweilen die Patronatrechte; mit Eintritt der condicio oder des dies aber wurde der Freigelaßne dann libertus orcinus. Dieses wurde er aber auch ipso iure, wenn der sub condicione zur Freilaßung verpflichtete den Eintritt der Bedingung verhinderte[64].

§μ' War trotz der Anwendung einer civilen Manumissionsform

(61) *Gai.1*,42...46. *2*,228.239. u. epit.*1*,2. *Ulp.1*,24.25. *Paul.*S.R.*4*,14.
(62) *Inst.* de Lege Furia Caninia tollenda *1*,7. *Cod.* de L.F.C.tollenda *7*,3.
(63) *Gai.2*,200. *Ulp.2. Dig.*de Statu liberis *40*,7. *Fest.*v.Statu liberi.| Nur der direct im Testament sub condicione aut die freigelaßene ist statu liber; die Bedingung konnte aber auch, ohne ausdrücklich aufgestellt zu sein, sich von selbst verstehen; so ist nach der lex Ael. Sent. auch nach des Testators Tode vi ipsa statu liber der direct freigelaßene, so lange es noch zweifelhaft ist, ob nicht die Freilaßung als in fraudem creditorum facta ungiltig sei. *L.*1.§1.*D.h.t.40*, 7. *L.*5,*C.de test.man.7*,2. s.Note 39.n°.1.| Von dem nicht direct, sondern durch Fideicommiß, Vertrag u.s.w. unter Bedingung oder Betagung freigelaßnen heißt es 'statu liberi *locum* oder *causam optinet*, statu liberi *loco est*, statu libero comparatur' u.dgl. Madai (die Statuliberi, Halle 1834.8°.) meint, statu liber sei ursprünglich der dem status nach Freie, der aber in mancipio stand, gewesen; dann habe man den censu manumittierten bis zum lustrum conditum (s.oben §α.) so genannt, und so sei zuletzt die neuere Bedeutung entstanden. Dem statu liber der 12 Tafeln eine andere Bedeutung beizulegen, als die, daß er, wie der der Digesten, ein Mensch, dessen Freiheit suspendiert, von etwas zu einer bezeichneten zukünftigen Zeit eintretendem abhängig ist, gewesen sei, fehlt es an hinlänglichem Grunde. *Statu* in statu liber ist nicht abl. des von stare kommenden Substant. status; sondern kommt von (STO =) sisto, stiti, statum. vgl. stata libertas bei *Ulp.L.2.pr.D.h.t.40*,7. und den Gegensatz von pura und statuta libertas bei Julian in *L.9.§2.D.de opt.leg.33*,5. und den Ausdruck status dies u.dgl. (64) *L.un.§7.C.de Lat.lib.toll.7*,6.

wegen Mangels eines legitimen Erfordernisses der Civität, oder war wegen nicht angewandter civiler Manumissionsform die Civität durch die Freilaßung nicht bewirkt worden, so konnte dieses durch Wiederholung der civilen Form nach der Erfüllung eines solchen Erfordernisses, oder durch Anwendung derselben nach der civilrechtlich nicht zureichenden, nachträglich geschehen, iteratio [65].

b) Neuere Manumissionsformen. Schon seit den Manu- §ν'.
missionsgesetzen der augustischen Zeit gaben manche, zum Theil von Alters her übliche, vom Civilrecht aber nicht als genügend zur Begründung der Freiheit anerkannte Freilaßungsweisen die junianische Latinität (oder Peregrinität, wenn der Freilaßer selbst Peregrine war [66]), welche nach justinianischem Rechte [67] Civität des Freigelaßnen wirken. So die Adoption eines Sclaven durch §ο'.
den Herrn [68]; die manu missio inter amicos [69], wozu aber nach Justinian Zuziehung von fünf Zeugen und Ausfertigung einer Urkunde gehört [70]; per epistulam, durch eine auch von fünf Zeugen gezeichnete Freiheitsurkunde [71]. So wird nach derselben Verordnung Justi- §π'
nians frei und Civis der Sclave, der im Aufzuge eines Freien (pileatus) mit Willen des Herrn oder Erben der Leiche des Herrn vorangeht oder bei derselben den Dienst eines freien Angehörigen versieht [72]; die Sclavin, welche der Herr mit einem Freien verheiratet und ausstattet [73]; der Sclave, den der Herr in einer öffentlichen Urkunde als seinen Sohn bezeichnet [74]; auch Vernichtung oder Uebergebung der die Sclaverei beweisenden Urkunde an den Sclaven in Gegenwart von fünf Zeugen wirkt jenem die Civität [75]. Schon §ϱ'.
seit ihrer Einführung durch Constantin begründete Civität die begünstigte manu missio in ecclesia, die vor versammelter Gemeinde und Aeltesten unter Aufnahme einer öffentlichen Urkunde [76]; wäh-

---

(65) *Gai. 1*, 35. mit epit. *1*, 1. § 4. *Ulp. 3*, 1. 4. *Dosith.* § 16. *Fragm. Vat.* § 221. f. § 35. Note 10. (66) *Dosith.* § 12. (67) § 35. Noten 7. 23. (68) § 12. *I. de adopt. 1*, 11. (69) *Gai. 1*, 41. *Dosith.* § 5. § 1. *I. de libertinis 1*, 5. (70) *L. un.* § 2. *C. de Lat. lib. toll. 7*, 6. (71) *cit. L. un.* § 1. u. § 1. *I. cit.* (72) *cit. L. un.* § 5. (73) § 9. *eod.* (74) § 10. *eod.* u. § 12. *I. cit.* (75) § 11. *cit. L. un. C.* (76) *Constantin. L. un. Th. C.* de Manu missionibus in ecclesia 4, 7. „Qui religiosa mente in ecclesiae gremio servulis suis meritam concesserint libertatem, eandem eodem iure donasse videantur quo civitas Romana sollennitatibus decursis dari consuevit. sed hoc duntaxat iis qui sub adspectu antistitum dederint, placuit relaxari. § 1. Clericis autem amplius concedimus, ut cum suis famulis tribuunt libertatem, non solum in conspectu ecclesiae ac religiosi populi plenum fructum libertatis concessisse dicantur, verum etiam cum postremo iudicio libertates dederint, seu quibuscunque

rend Geiſtliche, wie früher nur die Kaiſer [77], durch jede beſtimmte einfache Willenserklärung ihre Sclaven zu cives machen können [78].

§σ'. B. Ipso iure, ohne Manumiſſion, wurden Sclaven nach dem Rechte der Kaiſerzeit frei [79] theils zur Belohnung des Sclaven [80], theils zur Beſtrafung des Herrn [81], theils zur Anerkennung der Wirkſamkeit eines auf das Freiwerden des Sclaven gerichteten Rechtsgeſchäftes [82], theils endlich weil die Sclaverei als unvereinbar mit den Verhältniſſen, in welche der Sclave eingetreten war, angeſehen wurde [83].

§τ'. Von Gefangennehmung durch den Feind, dem postliminium und der Loskaufung aus der Gefangenſchaft war oben §§ *d,e.* die Rede.

---

verbis dari praeceperint, ita ut ex die publicatae voluntatis sine aliquo iuris teste vel interprete competat directa libertas". (a. 321.) *Cod.* de His qui in ecclesiis m. mittuntur *1*,13. §1. *l. cit.* vgl. *Gai.* epit. *1*,1. §1. (77) *Paul. L.*14. §1. *D. de m. missionibus 40*,1. (78) *L. un.* §1. *Th. C.* oder *L.*2. §1. *Iust. C. tit. cit.* (79) *Dig.* Qui sine m. missione ad libertatem perveniunt *40*,8. *Cod.* Pro quibus causis servi pro praemio libertatem accipiunt *7*,13.

(80) ſo die Freiheit wegen Anzeigung gewiſſer Verbrechen: *a*) *L.*12. *D. ad SC. Silan.* 29,5. *b*) *L.*1. *Th. C. de raptu virg.* 9,24. *L.*3. *C. h. t.* *7*,13. *c*) *L.*2. *Th. C. de falsa moneta* 9,21. *d*) *L.*4. *Th. C. de desertoribus* 7,18. *L.*4. *C. h. t.* *7*,13.

(81) ſo die Freiheit *a*) der Sclavin, welche unter der Bedingung ne prostituatur verkauft, dennoch proſtituiert worden iſt: *L.*6. *D. h. t.* *40*,8. *L. un.* §4. *C. de Lat. lib. toll.* *7*,6. *Cod.* Si mancipium ita venierit ne prostituatur 4,56. Nach *L.*14. *C. de episc. aud.* *1*,4. kann jeder eine Sclavin wegen Proſtitution gegen den Herrn als Freie in Anſpruch nehmen; *b*) des von ſeinem Herrn verlaßenen kranken Sclaven: *L.*2. *D. h. t.* *L. un.* §3. *C. de Lat. lib. toll.* *Nov.* 22. *c.*12. *Nov.* *153*. *c.*1. *c*) des chriſtlichen, von Nichtchriſten beſchnittenen oder nur beſeßenen Sclaven: *Th. C.* Ne Christianum mancipium Iudaeus habeat *16*,9. *Cod.* Ne Christianum manc. haereticus vel Iudaeus vel paganus habeat vel possideat vel circumcidat *1*,10. *d*) des ausgeſetzten Sclavenkindes: *Iustinian. LL.* 3.4. *C. de infantibus expositis* 8,52(51).

(82) Der unter der Bedingung, zu einer gewiſſen Zeit freigelaßen zu werden, veräußerte Sclave oder der, deſſen Herr unter ſolcher Bedingung eine Entgeltung angenommen hat, wird zu dieſer Zeit ipso iure frei, wie auch nach dem obigen (ſ. Nott. 56...60.) die fideicommiſſariſche Freiheit eben ſo eintritt. *D. h. t. passim*, Note 39. n°. 3. *Ulp. L.*92. *D. de cond. et dem.* *35*,1. „..neque enim praetor fidei commissarius eos [*liberos*] ad libertatem tuetur, ut servos..". Auch der im Proceſs um ſeine Freiheit unterliegende (vgl. *Cod.* de Adsertione tollenda *7*,17.) wird dadurch, daß dem Herrn der Werth des Sclaven bezahlt wird, frei. *L. un.* § 8. *C. de Lat. lib. toll.* *7*,6.

(83) Hierher gehört die Freiheit *a*) deſſen, der 10 oder 20 Jahre bona fide als Freier gelebt hat: *Cod.* de Longi temporis praescriptione quae pro libertate et non adversus libertatem opponitur *7*,22. *b*) des von einer Sclavin, welche als Freie gelebt hatte und ſchon wenigſtens fünf Jahre todt iſt, geborenen. Ne de statu defunctorum post quinquennium quaeratur (*Dig.* *40*,15.) *Cod.* *7*,21. *c*) wegen gewiſſer weltlicher Beamtungen und Eintritts in den geiſtlichen Stand: *Th. C.* Quem ad mod. munera civilia indicantur *12*,5. *L.*4. *C. de praepos. s. cub.* *12*,5. *Nov.* 5. *c.* 2. §1. *Nov.* *158*. *c.*17. *d*) der mit ihrem Herrn bis an deſſen Tod im Concubinat lebenden ancilla: *L.*3. *C. comm. de m. miss.* *7*,15. *Nov.* *78*. *c.*4. Hierher kann auch *e*) die Adoption des servus durch den Herrn, *f*) die Bezeichnung jenes als filius in Acten und *g*) die Verheiratung der Sclavin an einen Freien gerechnet werden, wovon oben Nott. 68. 73. 74.

§. 48. bb. De his qui in mancipio sunt*).

Gai. *1*,49.116...23.132.134.135.138...41.166. 2,86.90.95.96.160. *3*,114.163. *4*, 79.80. *Ulp*.rubr.tit.*10*.u.*11*,5. *19*,18.19. *Paul*.S.R.5,1.§§1.2.

Der Grundcharakter dieses Verhältnisses ist der der passiven § *a.* Mitgliedschaft eines römischen Bürgers oder einer Bürgerin in einer fremden römischen Familia [1], für welche jener, die persona quae in mancipio oder in mancipii causa est, erwirbt, ohne Antheil an den Familienrechten zu haben, wenn diese den sui iuris werdenden Familiengliedern, den Hauskindern und der in manu stehenden Ehefrau, zufallen. Durch diese Antheillosigkeit an den § *b.* Familienrechten unterscheidet sich dieses ius von den anderen Formen der Familienbotmäßigkeit über Freie, über Kind und Weib; durch die Freiheit des unterworfenen von der Stellung der Sclaven in der Familia; dadurch, daß es den mancipierten bloß von der vermögensrechtlichen Seite her zum abhängigen Mitgliede der fremden Familia macht, von jeder potestas; dadurch endlich, daß eben § *c.* die vermögensrechtliche Seite der Persönlichkeit des in mancipio befindlichen von der Familia desjenigen, dessen ius er unterworfen ist, absorbiert wird, von allen Gewaltsverhältnissen, welche den abhängigen gar nicht zum Mitgliede der Familia des Gewalthabers machen, wie dieses bei dem nexus und addictus oder adiudicatus und dem auctoratus [2] der Fall ist. Hiemit ist nun zugleich

I) der Umfang der Rechte, welche dem Familienoberhaupte über § *d.* die mancipierte Person zustehen, bezeichnet; nämlich

1) daß diese ihre im Connubium enthaltene Rechtsfähigkeit für sich, nicht für die Familia habe, in welcher sie nun servi locum optinet, geht schon daraus hervor, daß die von ihr ehelich gezeugten (oder gebornen) Kinder nicht in die Potestas des Quasi-Herrn fallen, sondern nach dem zu Gaius Zeit praktischen Rechte in die des Erzeugers, sobald dieser sui iuris geworden ist [3]. Der man- § *e.* cipierte kann, manumittiert, von selbst in die Potestas seines Va-

(*) vgl. § 44. Note 1. Huschke § 44. *l.* Zimmern § 226., welcher jedoch das unterscheidende des in manu und des in mancipio esse (vgl. §§ 43. ff.) auch nicht erkannt hat. (*1*) Daher mancipierten die Latinen civitatis mutandae causa ihre Kinder Römern, um sie durch Manumission von diesen zu röm. Bürgern machen zu laßen: *Liv.41*,8. sagt „ut libertini cives essent"; sie kamen nämlich unter den Quasipatronat der Manumissoren, wurden quasi libertini.
(2) § 47. *i.* (3) Labeo hatte behauptet, solche Kinder seien auch *in mancipio* eiusdem cuius et pater esset. *Gai.1*,105.

ters zurückfallen, was nicht bei der aus der patria potestas oder manus entlaßenen Person der Fall ist, indem aus solchem ius entlaßene Personen entweder in mancipio stehen oder sui iuris sind[4].

§f. Daß Einwilligung des Quasi-Herrn zur Ehe oder Ehescheidung der mancipierten Person, wie des Hausvaters zu der des Hauskindes, erforderlich gewesen sei, davon findet sich eben so wenig eine Spur, als von einem Rechte über Leben und Tod und freiem Verkaufsrechte[5].

§g. 2) Das Commercium betreffend, so ist die Stellung des mancipierten derjenigen der in manu stehenden Frau, sowol was die Unfähigkeit Vermögen für sich zu erwerben und zu haben[6], als auch was die Möglichkeit den Quasi-Herrn durch Vertrag oder §h. Delict zu obligieren[7] anbetrifft, ganz gleich; verschieden dagegen und der Stellung der servi gleich in Betreff der Theilnahmelosigkeit am Familienvermögen bei dem Ausfallen des Oberhaupts: der mancipierte wird nicht suus heres des Quasi-Herrn[8]: da er aber ein freies, wenngleich nur passives Mitglied der Familia ist, so giebt der Prätor dem mancipierten, wenn ihn das Familienoberhaupt im Testamente mit der Freiheit zum Erben eingesetzt hat, das Recht sich von der Erbschaft loszusagen, wie es die Hauskinder und die in manu testatoris stehende Frau haben, während der §i. servus es entbehrt[9]. Civilobligationen und Actiones sind zwischen dem mancipierten und seinem Gewalthaber so wenig als bei irgend einer anderen Form der Familienbotmäßigkeit gedenkbar[10], und wenn Gaius[11] sagt „adversus eos quos in mancipio habemus, nihil nobis contumeliose facere licere; alio quin *iniuriarum actione tenebimur*“, so heißt das nicht, wie es gemeiniglich misśverstanden wird[12], daß der in mancipio stehende den Quasi-Herrn verklagen könne; sondern nur, daß letzterer wegen solcher Beleidigungen verklagt werden könne, nämlich entweder von dem,

---

(4) s.z.B. *Gai.1*,132.134. u. vgl.*1*,140. „.. pater quodam modo potestatem reservare sibi videtur ..“. (5) vgl.§46.*e*. (6) §46.Note 4. Auch in Beziehung auf die Frage, ob der in mancipio stehende dem Familienoberhaupte Besitz erwerbe, stand er ganz der uxor in manu gleich. *Gai.2*,90. vgl. §45.Note 7. (7) §46.Note 5. (8) §46.Note 4. §45.Note 19. (9) *Gai.2*,160. „.. abstinendi potestatem facit praetor etiam ei qui in causa mancipii est, cum liber et heres institutus sit ..“. vgl.*1*,123. (10) vgl. §45.Note 20. (11) *1*,141. (12) z.B. von Zimmern S.829. Note 8. Das richtige finde ich von keinem der Neueren bemerkt.

welcher ersteren mancipiert hat, oder von dem mancipierten selbst, sobald dieser sui iuris geworden ist[13].

II) Entstehungsgrund dieses Abhängigkeitsverhältnisses ist ledig- § k.
lich die Mancipation einer freien alieno iuri subiecta persona[14]. Solche Mancipation aber kam vor

A) als bloße Form zur Bewirkung einer Veränderung in den Familienverhältnissen dessen, welcher mancipio gegeben wurde, bloß dicis gratia[15],

1) bei der Begründung der patria potestas durch Adoption[16] und bei der Wiederaufhebung derselben durch Emancipation[17];

2) bei der Remancipation zur Aufhebung der usu oder § l.
coëmptione begründeten manus[18];

3) bei der Remancipation zur Wiederaufhebung der man- § m.
cipii causa selbst, worin der zum drittenmale mancipierte filius familias oder das zum erstenmale mancipierte weibliche oder im zweiten oder ferneren Grade dem Parens verwandte Kind stand, wenn Adoption oder Emancipation vorgenommen wurde[19];

B) als ernstliches selbständiges Rechtsgeschäft: § n.

1) in alter Zeit, wenn ein Vater sein Verkaufsrecht über sein Kind ausübte[20], welchem aber seit dem dritten Jahrhundert n. Chr. auch die Gesetzgebung entgegentritt[21];

2) bei der, erst von Justinian aufgehobenen, noxae datio § o.
des Hauskindes[22], d. h. wenn, um eine von diesem einem Dritten zugefügte Vermögensbeschädigung (noxia) nicht vergüten zu müßen, der Parens seine Potestas über das Kind aufgab und es dem beschädigten mancipierte, der es dann pro pecunia habebat[23], in mancipio behielt, bis der Schade abverdient war[24].

---

(13) vgl. Nott. 3. 4. u. *Gai. 4*, 78. i. f. (14) *Gai. 1*, 117. sqq. 135. 166. vgl. auch *Paul.* ex Fest. v. Deminutus capite in § 58. Note 18. *Liv.* Note 1. cit. (15) *Gai. 1*, 141. (16) *Gell. 5*, 19. „Adoptantur autem cum a parente, in cuius potestate sunt, tertia mancipatione in iure ceduntur, atque ab eo qui adoptat eum, apud quem legis actio est, vindicantur“. *L. 11. C. de adoptionib. 8*, 48. cf. *Gai. 1*, 134. (17) *Gai. 1*, 132. § 6. *I. quib. mod. ius pot. 1*, 12. *L. 6. C. de emancip.* 8, 40. vgl. *Gai. 1*, 162. (18) § 46. Note 36. Ueber die coëmptio selbst s. § 46. *k.* ff. (19) s. Noten 16. 17. (20) *Paul.* S. R. 5, 1. § 1. „Qui ... filios suos vendiderint, statui ingenuitatis eorum non praeiudicant: homo enim liber nullo pretio aestimatur“. (21) *Tit.* de Patribus qui filios suos distraxerunt *Th. C.* 3, 3. *Cod. 4*, 43. *Nov. Valent. III.* tit. 32. ed. Haenel. (22) *Gai. 1*, 141. 4, 75 ... 79. *Inst.* de Noxalibus actionibus 4, 8. *Dig. eod. 9*, 4. *Cod. eod.* 3, 41. Die noxae datio oder deditio der Sclaven, die auch im justinianischen Rechte noch besteht, brachte den mancipierten Sclaven in das Eigenthum des mancipio accipiens. (23) *Gai. 1*, 140. (24) s. unten Note 28.

§ p. Von einer Selbstmancipation ist nur in Schriften einiger Neueren, in den Quellen nirgends die Rede[25].

§ q. III) Die Beendigung dieses Verhältnisses ist, wie die der Sclaverei, manu missio *vindicta*, *censu* oder *testamento*[26]; jedoch galten hier alle die Beschränkungen nicht, welche die Gesetze für die
§ r. Freilaßung aus der Sclaverei aufgestellt hatten[27]. Der ex noxali causa mancipierte konnte nach abverdientem Schaden, d. h. wenn dessen Betrag durch den vom mancipierten der Familia zugebrachten Vermögenserwerb aufgewogen war, auch wider Willen des bisherigen Quasi-Herrn census manumittiert werden[28], und eben so ohne weiteres jeder bloß dicis gratia mancipierte, sofern sich nicht der mancipierende durch giltige Nebenbestimmung der Man-
§ s. cipation die Remancipation vorbehalten hatte[29]. Die Manumission gab dem Manumissor Quasipatronatrechte[30].

§ t. Daß Tod des iuri subiectus das Verhältniss endigte, versteht sich von selbst: vom Tode des Quasi-Herrn reden unsere Quellen nicht; derselbe konnte das ius nicht beendigen[31], wie der Tod des Gewalthabers das ius über freie Personen beendigte; sondern der mancipierte konnte, wie vorhin gesagt worden ist, censu, aber auch wol von dem Erben des Quasi-Herrn vindicta manumittiert werden, und der ex noxali causa mancipierte blieb in des Erben mancipio bis zu abgetragenem Schaden.

b. Verhältniss der einzelnen Familienglieder zu einander als Voraussetzung bestimmter Rechte unter ihnen*).

Paul. S.R.4,11. *Inst.* de Gradibus cognationis 3,6. [umfaßend den aus Irrthum entstandenen und in den älteren Ausgaben vorkommenden Titel de Servili cognatione 3,7.] *Dig.* de Gradibus et adfinibus et nominibus eorum 38,10. Die §18.*f.* angeführten Verwandtschaftstafeln.

---

(25) §46. Noten 20.21. (26) *Gai.1*,139. vgl. §47.*y*.ff. (27) *Gai.1*,139. vgl. §47.*q*...*x*. (28) *Gai.1*,140.med. (29) *Gai*.cit. §140.init. „.. excepto eo quem pater ea lege mancipio dedit, ut sibi remancipetur: nam quodam modo tunc pater potestatem propriam reservare sibi videtur eo ipso, quod mancipio recipit". (30) §46.*s*. cf. *Gai.1*,166.ibiq.citt.ll. von der fiduciarischen Vormundschaft des Quasipatrons. (31) Wie sich aus *Gai.2*,160. u. daraus, daß das Verhältniss durch manu missio *testamento* aufgehoben werden konnte, ergiebt.

(*) Die Verwandtschaft ist an und für sich selbst gar nicht ein Rechts-, also auch nicht ein eigenes Familienrechts-Verhältniss (wie Savigny Syst.I.S.354.ff. vgl.S.333.ff. meint) und von juristischen Wirkungen der Verwandtschaft (von den Rechtsverhältnissen der Verwandten untereinander) kann nicht wie von denen der Familienrechtsverhältnisse (von den Rechtsverhältnissen der Ehegatten, der Eltern u.

α. Eigentliche Verwandtschaft.

§. 49. a. Begriff und Eintheilungen.

Wie die Familie selbst, so ruht auch das Verhältniſs ihrer Glieder zu einander, welches wir 'Verwandtschaft' (cognatio, consanguinitas) nennen, auf den natürlichen Begebenheiten der Erzeugung und Geburt, und geht eben so, wie die Familie, als menschliches Verhältniſs in den Willen der so verbundenen über ('Blutsfreundschaft' deutet auf die Verwandtenliebe): indem das Recht dieses natürlich entstehende als sittlich bestehendes Verhältniſs anerkennt, wird es dadurch zugleich ein juristisches[1]. § *a*.

So erscheinen nun jene rein natürlichen Begebenheiten als die bloßen Anfangsmomente der Verwandtschaft, nicht als deren Wesen, und können daher auch durch juristische Handlungen ersetzt werden (¹): alle juristische Handlungen, wodurch die väterliche Gewalt oder die manus mariti[2] begründet werden kann[3], können Personen zu Familiengliedern und Verwandten machen, die es von Natur (zufolge Zeugung und Geburt) nicht sind: hieraus ergiebt sich der Unter- § *b*.

Kinder, des Vormunds u. Pfleglings, auch des patronus u. libertus u. des Grundherrn und Hörigen) die Rede sein. Sie ist, soweit der Begriff hier in Betracht kommt, ein natürliches, durch Zeugung oder Geburt bewirktes Verhältniſs mehrerer Menschen zueinander, welches im Rechte Bedeutung hat (und insofern auch auf juristische Acte statt jener natürlichen gegründet sein kann: s. §29. Note 8. u. den folg. § *b*.) entweder als Bestandtheil eines Familienverhältnisses, wie des der Eltern und Kinder und des gesezlichen Vormundes, oder als Behinderungsgrund der Ehe, die selbst das Grundverhältniſs des rechtlich wirksamen verwandtschaftlichen, d.h. der Familie, zu sein bestimmt ist. So verbietet Justinus (*L.*7.*C.de nat.lib.*5,27. cf. *Novv.74.c.*3. *89.c.*7.11.§2.) die adoptio *naturalium* liberorum: das von Natur schon vorhandene Vaterverhältniſs kann (durch Legitimation) rechtlich anerkannt, nicht (durch Annahme an Kindesstatt) hervorgebracht werden. Die besonderen vermögens-, erb- und proceſs-rechtlichen Bestimmungen, welche Verwandte anders als Nichtverwandte einander gegenüberstellen, gründen sich nicht unmittelbar auf die Verwandtschaft, sondern auf die Begriffe familia und Familie, soweit in diesen jene Bestandtheil ist; dieses gilt selbst von dem Vorkaufsrecht des cognatus (*Gai.L.*16.*D.de reb.auct.iud.poss.* 42,5.); bei allen übrigen jener Bestimmungen ist es von selbst augenfällig.

(*1*) s. §42. Note 9. *Συγγενεῖς*, coniunctae necessariaeque personae, propinqui. vgl. auch die vorige Note und oben §29. Note 8.

(2) nicht auch extranei. §46. Note 27.

(3) *Collat.16*,6.§2. „Consanguineos et adoptio facit et adrogatio, causae probatio [und die s.g. Legitimationen] et in manum conventio". cf. *16*,2.§§2.3.5.u. §13.*I.de nupt.1*,10. §2.*I.de her.q.ab int.3*,1. Auch durch postliminium konnte die Agnation entstehen, nicht bloß im Falle der *L.*25.*D.de capt.49*,15., wenn die Eltern, cives R., mit dem in der Gefangenschaft geborenen Kinde in den röm. Staat zurückkehrten; sondern auch wenn der Vater oder die Mutter vor der Geburt des ex iustis nuptiis erzeugten Kindes gefangen wurde, und nun jener nach Rom, oder diese mit dem Kinde, oder dieses allein zu dem in Rom gebliebenen Vater zurückkehrte. cf. *L.*9.*D.eod.*

schied der naturalis und der civilis oder legitima cognatio, welche erste § c. oft schlechthin *cognatio*, letztere *agnatio* heißt [4]. Nur bei der ersten kann die Unterscheidung der ehelichen (durch eheliche Zeugung vermittelten) und nichtehelichen Verwandtschaft (§ 51.) vorkommen; dagegen auch bei letzterer die nach der Stellung der Verwandten zu einander, der Verwandtschaft in auf- und ab-steigender und in der Seiten-Linie (§ 52.), und der einfachen und mehrfachen Ver-
§ d. wandtschaft (§ 53.). So kommt auch bei allen Arten die Unterscheidung der durch die Zahl der Vermittelungen des Verwandtschaftsverhältnisses bestimmten Stellungen der Verwandten zu einander, der Grad der Verwandtschaft (§ 54.), in Betracht.

b. Die einzelnen Arten der Verwandtschaft

aa. nach ihrer civilrechtlichen Bedeutung.

§. 50. *αα.* Agnatio.

§ a. *Agnatio* ist das zwischen allen activen Gliedern derselben Familia stattfindende Verhältniß (§§ 43. f.), welches auch bleibt, wenn diese durch ein nur deren Oberhaupt betreffendes Ereigniß in mehrere auseinandergeht, wenn die Hauskinder und die bisher in manu stehende Hausfrau ohne Mancipation [1] sui iuris werden.
§ b. *Agnati, agnatae*, sind also alle in patria potestate manuve desselben civis Romanus stehenden Personen untereinander und mit dem pater familias, und sie bleiben es unter sich, wenn dieser stirbt oder die Civität verliert; wer aber aus seiner Familia, sei es

(4) *Mod. L.* 4. § 2. *D. h. t.* „Cognationis substantia [d. h. das Grundelement, der Ausgangspunct] bifariam apud Romanos intellegitur: nam quaedam cognationes iure civili, quaedam naturali connectuntur; non nunquam utroque iure concurrente, et naturali et civili, copulatur cognatio. Et quidem *naturalis cognatio* per se sine civili cognatione intellegitur quae per feminam descendit quae volgo liberos peperit; *civilis* autem per se (quae etiam *legitima* dicitur) sine naturali cognatio constitit per adoptionem; utroque iure consistit cognatio cum iustis nuptiis contractis copulatur. Sed naturalis cognatio hoc ipso nomine appellatur; civilis autem, licet ipsa quoque per se plenissime hoc nomine [d. i. *civilis cognatio*] vocetur, proprie tamen *agnatio* vocatur, videlicet quae per mares contingit". s. auch § 10. *eod.* u. oben § 46. *b.* Die Neueren nennen die naturalis und die utroque iure consistens cognatio die 'leibliche, natürliche, wahre Verwandtschaft', und unterscheiden eheliche (s. g. legitima) und uneheliche (s. g. illegitima), die bloß civile die 'bürgerliche oder fingierte'. Die Römer bezeichnen mit legitima cognatio nur die Agnation, mit legitimi liberi, legitime concepti u. dgl. aber die ehelichen Kinder im Gegensatz der illegitimi, non legitimi: s. § 51. *e.*

(1) Die aus ihrem Agnatenverband ausscheidende Vestalin und der flamen Dialis wurden manucapiert, sie sind in mancipio, nur nicht eines Menschen. s. § 58. *v.*

noch die gemeinsame unter einem Paterfamilias stehende, oder eine durch dessen Ausscheiden für sich abgesonderte, heraustritt, hört auf Agnat seiner bisherigen Agnaten zu sein, so wie dagegen in den agnatischen Verband eintritt wer actives Mitglied einer solchen Familia wird [2]. Die Legaldefinition [3], Agnaten seien die § c. durch Personen männliches Geschlechts (die durch Zeugung in römisch vollgiltiger Ehe)[4] Verwandten, bezieht sich nur auf die natürliche Entstehung des Verhältnisses; rücksichtlich der juristischen Entstehung ist sie zu eng, da sie die durch juristische Handlung in die Familia gekommenen Mitglieder [5] nicht als Agnaten bezeichnet; dagegen ist sie rücksichtlich des rechtlichen Fortbestandes der Agnation zu weit, da man auch durch juristische Handlung oder Begebenheit aus der Familia und dem Agnatenverbande ausscheiden kann [6].

Das active Familienglied, welches durch Ausscheiden des Fa- § d. milienoberhauptes sui iuris wird [7], mit anderen Worten welches unmittelbar, d. h. nicht durch Vermittelung eines noch im Agnationsverbande stehenden Mannes [8], der potestas oder manus des Familienoberhaupts unterworfen ist (Haus-Kinder und Frau) oder sein würde, wenn bei seiner Geburt dieses Oberhaupt der Familia noch vorstünde (*postumus, a* [9]), heißt in Beziehung auf diesen pater familias (denn feminae suos heredes non habent [10]) *suus* oder *sua, suus* oder *sua heres* [11]. Diese sui werden als die be- § e. rechtigtsten Agnaten oft von den übrigen Agnaten unterschieden [12],

---

(2) vgl. *L.6.D.unde legitimi* 38,7. *L.*1.§10.*D.de suis* 38,16. (3) *Gai.* *1*,156.3,10.(=§1.*I.de leg.agn.tut.1*,15.u.§1.*I.de leg.agn.succ.*3,2. *L.*7.*D.de leg. tut.*26,4.) *Ulp.11*,4. *L.*4.§2.i.f. *D.h.t.*38,10. *L.*2.§1.*D.de suis* 38,16. *Collat.* *16*,2.§10.u.3.§13.u.7.§1. (4) Daß man nicht das 'per civilis sexus personas coniuncti' davon verstehen dürfe, daß auch die durch juristische Handlungen begründete Agnation nur durch Männer begründet wurde, indem nur diese adoptieren, die manus erwerben u.s.w., zeigen die Ausdrücke '*cognatione* coniuncti', 'quasi a patre *cognati*'. (5) §49. Note 3. (6) §58. Note 58. vgl. §29. Note 8. (7) §45.*n.* §46.*o.* (8) Auch *Ulp.*22,14. sagt nicht, daß meine Schwiegertochter, die in manum meines filius familias gekommen ist, mir sua heres sei, wenn der Sohn bei meinem Tode noch in meiner Gewalt lebt; sondern nur daß sie, mit Rücksicht auf den Fall des vor dem meinigen eintretenden Todes meines Sohnes, ihres Mannes, in meinem Testament als sua heres zu bedenken sei. vgl. (*Gai.3*,3.=) *Collat.16*,2.§3. u. *Gai.*2,156.

(9) Superlativ des Comparativus posterior, nicht post*h*umus. *Ulp.*22,15. *L.*3. §1.*D.de iniust.*28,3. (10) *Ulp.*26,7. (11) *Gai.*2,156.(=§2.*I.de her. qual.*2,19.) *Ulp.*22,14. 26,1. *L.*220.*pr.D.de V.S.*50,16. (12) z.B. *Gai.* 3,1.ff. §§1.sqq.*I.de hered.quae ab intest.*3,1. *Ulp.*26,1. „.. agnatos proximos, i.e. cognatos virilis sexus per mares descendentes, eiusdem familiae..“.

und unter diesen noch wieder die *consanguinei, ae,* fratres et sorores ex eodem patre procreati[13].

§*f*. Während in der älteren Zeit für alle Verhältnisse des ius civile als solches nur die *agnatio* (legitima, civilis cognatio) wirksam war, welche daher auch, so lange sie bestand, immer zugleich als Verwandtschaft nach ius gentium, als Cognation galt[14], verschwindet im Rechte der Kaiserzeit allmählich die Bedeutung der Agnation als solcher, und die *cognatio* wird immer ausschließlicher von Bedeutung, so wie sich die altnationale Gestaltung der Familia immer mehr in dem allgemeinen Begriffe der menschlichen Familie verliert, was besonders im Intestaterbrechte hervortritt.

§. 51. ββ. Cognatio; eheliche und außereheliche Verwandtschaft.

§*a*. *Cognati, cognatae*[1] sind alle schon nach ius gentium (naturali iure)[2] verwandte, durch Zeugung oder Geburt oder durch beide Begebenheiten mit einander verbundene Personen, seien sie zugleich agnatisch mit einander verwandt (utroque iure cognati[2]) oder bloß naturali iure.

§*b*. 1) Die utroque iure consistens cognatio[2] besteht als Cognation auch noch nach aufgehobener Agnation fort[3]; war diese aber nur durch juristische Handlung begründet, so bleibt nach ihrer Wiederaufhebung kein Verwandtschaftsverhältniß, auch nicht cognatio, übrig[4]. Auch entsteht keine Cognation zwischen den Cognaten einer Person und derjenigen, in deren Agnation jene eintritt[5].

---

(13) *Ulp.26*,1.i.f.6.7. *Collat.16*,2.§ 10. u. 3.§§ 3.15. 6.§1. §1.*I.de leg.agn. succ.*3,2. § 5.*I.de SC.Tertull.*3,3. *L.*1.§ 10.*D.de suis* 38,16. s.unten § 52.*f*.
(14) *L.*10.§4.*D.h.t.*38,10. „.. nam qui est agnatus et cognatus est, non utique autem qui cognatus est et agnatus est: alterum enim civile, alterum naturale nomen [Rechtsbegriff] est". *Collat.16*,3.§14. *L.7.D.de in ius voc.*2,4. *L.*5.*pr.D.unde legit.*38,7. *L.*1.§ 4.*D.unde cogn.*38,8.

(1) cf.§ 49. *Ulp.L.*1.§1.*D.unde cognati* 38,8.„Cognati autem appellati sunt quasi ex uno nati, aut, ut Labeo ait, quasi commune nascendi initium habuerint". (2) *L.*4.§ 2.*D.de gradib.* (§49.Note 4.) *L.*10.§ 2.*D.eod.*
(3) *Pomp.L.8.D.de R.I.*„Iura sanguinis nullo iure civili dirimi possunt". §11. *I.de her.quae ab int.*3,1. *L.4.cit.*§10. Nur leibliche Kinder können durch Postliminium, eine s.g. causae probatio oder Legitimation (nach vorjustinianischem R. auch durch Adoption: s.oben S.197.Z.26.ff.) in den Agnationsverband ihres Erzeugers treten; aber auch nichtleibliche Verwandte können durch Adoption, Arrogation und in manum conventio Agnaten werden. (4) *L.3.D.unde cogn.*38,8. „Si filium naturalem emancipavero et alium [*non naturalem*] adoptavero, non esse eos fratres; si filio meo mortuo Titium adoptavero, videri eum defuncti fratrem fuisse Arrianus ait". Indes ist doch Ehe zwischen Adoptiv-Vater und Tochter u.s.f. auch nach wieder aufgehobener Agnation verboten. *Gai.1*,59. §1.*I.de nupt.1*,10. vgl.*L.*55.*D.de R.N.23*,2. (5) *L.*12.§4.*D.*

2) Naturalis cognatio per se, sine civili cognatione[2], bloße § c. Cognation findet statt zwischen *a*) der (nicht in manu mariti stehenden) Mutter und ihren Kindern, auch den unehelichen, und *b*) allen durch die Mutter verwandten Personen, ohne Rücksicht auf Ehe[6].

Sclaven sind als solche rechtlich eigentlich niemanden ver- § d. wandt; jedoch berücksichtigt das ausgebildetere Recht auch die servilis cognatio als menschliches Verwandtschaftsverhältniss[7].

Iusti parentium liberi, *legitimi*, legitime oder iure quaesiti, § e. secundum ius civile quaesiti[8], sind die in römischvollgiltiger Ehe gezeugten und die diesen durch juristische Handlung gleichgestellten[9]. Alle anderen Nachkommen sind *non legitimi*, *non iusti*[10]; nach § f. strengem römischem Civilrecht führen auch die aus einer nur nach ius gentium giltigen Ehe, die non iure (nämlich civili), sondern nur secundum ius gentium quaesiti jenen Namen[11]; in der Regel aber ist der Gegensatz 'außerehelich erzeugte'. Zu diesen ge- § g. hörten sowol die im Concubinat erzeugten, *naturales liberi*, *φυσικοὶ παῖδες*, im eig. S.[12], als auch die aus allen rechtlich nicht gebilligten Geschlechtsverbindungen irgend einer Art entsprossenen, *vulgo concepti* oder *quaesiti*, *spurii*, *νόθοι*, *σκότιοι*[13], welche sämmtlich, wie gewiss auch factisch der Vater sei, als vaterlos, *ἀπάτορες* im Rechte gelten[14]: erst im späteren Rechte haben auch die

---

*eod.*23,2. *L.*23.*D.de adopt.1*,7. (6) Das uneheliche und das eheliche, so wie die ehelichen Kinder derselben Mutter von verschiedenen Vätern sind untereinander Cognaten. §49.Note 4. und *L.*4.*D.unde cogn.*38,8. (7) *Ulp. L.*1.§2.*D.eod.* „.. nec enim facile ulla servilis videtur esse cognatio". s.§36. Noten 5.6. (8) §49.Note 4.§50.Note 3. *Gai.3*,72. *Fgm. Vat.*§168.sq. *L.*25.*D.de captivis 49*,15. (9) z.B. *Gai.1*,99. §1.*I. de adoptionibus 1*,11. *L.2.pr.L.*44.*D.eod.1*,7. (10) *Zeno L.*5.*C.de nat.lib.*5,27. „..quibus nulla uxor est, nulla ex iusto matrimonio legitima proles suscepta ..". (11) vgl. *Gai.1*,89.sqq., bes.92.i.f. *L.*18.*D.de bon.lib.*38,2. *L.*3.§2.*D.de decurionib.50*,2.

(12) Im weiteren Sinne sind alle leiblichen, auch die ehelichen und die Sclaven-Kinder naturales. Unter den unehelichen werden jedoch die von einer Hure geborenen nicht als naturales bezeichnet. vgl. *Dirksen* Manuale h.v.§3.

(13) *Gai.1*,64. *Ulp.*5,7. §12.*I.de nupt.1*,10. *Mod.L.*23.*D.de st.hom.1*,5. „*Vulgo concepti* dicuntur qui patrem demonstrare non possunt, vel qui possunt quidem, sed eum habent quem habere non licet; qui et *spurii* appellantur *παρὰ τὴν σποράν*". — 'quasi *σποράδην* concepti, vel quasi Sine *Patre* filii', wie *Gai.* und *Inst.* sagen, mit Anspielung auf die Abkürzung S·P· für sine patre. s.*Plut.*Qu.Rom.c.103. (ed.Reiske VII.p.160.) (14) s.Nott. 12.13. *Paul. L.*5.*D. de in ius voc.* 2,4. „.. pater .. is est quem nuptiae [nicht bloß die iustae, sondern auch die nach ius gentium giltigen] demonstrant". Hierauf geht die Bestimmung, daß ein Kind zwischen dem 7. u. 10. Monate nach der Conception geboren werde, daß als eheliches Kind gelte, wessen Mutter zwischen

Concubinenkinder in beschränkter Weise Rechte als Kinder ihres
§h. Vaters erhalten [15]. Die Neueren nennen vorzugsweise die von einer meretrix, einer Weibsperson quae corpore quaestum facit, geborenen *vulgo quaesitos* oder *conceptos*, dagegen die von einem bestimmten Vater in außerehelichem Geschlechtsumgange gezeugten *spurios*, und zwar *adulterinos* die aus einem adulterium, *incestuosos* die aus blutschänderischer Geschlechtsverbindung entsproßenen, welche auch unsere Quellen als ex damnato coitu, ex nefariis aut incestis nuptiis natos, ex complexibus damnatis procreatos u. dgl. hervorheben und besonders hart behandeln [16].

§i. Daß die Mutter 'semper certa est, etiamsi volgo conceperit' [17], schließt die factische Ungewißheit, wer die Mutter eines Kindes sei, nicht aus [18]: eine Präsumption [19] in Betreff des Findlings überhaupt stellt das römische Recht nicht auf; Justinian [20] bestimmt nur, auferzogene ausgesetzte Kinder sollten für frei und freigeboren gelten. Daß Findlinge und ausgesetzte, deren Mutter man nicht weiß, für ehelich geboren gölten, rechtfertigt auch der favor matrimonii [21] nicht, sondern nur den Satz, daß eine Geschlechtsverbindung, welche Ehe sein kann, im Zweifel dafür erklärt werde.

bb. Stellung der Verwandten zu einander.

§. 52. *αα.* Stemma, Linea, Ordo, Gradus. Ascendenten, Descendenten, Seitenverwandte. Stamm. +Respectus parentelae. Voll-und halb-bürtige Seitenverwandte.

§a. In der Halle des Hauses stellte der vornehme Römer die Bilder seiner Ahnen auf und bezeichnete durch die Richtung der sie verbindenden Blumengewinde (στέμματα) die Art der Verwandtschaft, wie einer vom andern oder mehrere von einem gemeinsamen Er-
§b. zeuger abstammten [1]. Den Inbegriff der so dargestellten (oder darstellbaren) Familienglieder nannte man daher selbst Stemma [2]; zieht man durch dasselbe eine wagerechte Scheidelinie, sagt Paulus [3], so entstehen zwei lineae, Schnüre oder Reihen von Verwand-

---

dem 7. u. 10. Monate vor der Geburt des Kindes in der Ehe gelebt hat. s. § 32. Note 8. Gegenbeweis des Mannes ist aber zuläßig: *L.6.D. de his qui sui 1*,6. *L.1.§14.D.de agnosc.et al.lib.*25,3. cf.*L.29.D.de probationib.*22,3. *L.11.§9.D. ad L.Iul.de adult.*48,5. (15) *Tit.* de Naturalibus liberis: *Th.C.4*,6. *Cod.* 5,27. *Nov.18.c.*5. *Novv.74*.89.*c*.12. (16) *L.*45.*C.de episc.1*,3. *Nov.74.* *c*.6. u.besond.*Nov.79.c*.15. (17) *L.5.D.de in ius voc.*2,4. (18) vgl. § 32. Note 14. (19) §118.*i.k.* (20) *LL*.3.4.*C.de infantib.exposit*.8,52. cf.*L.2.eod.* (21) §117. Note 31.

(1) *Plin.*H.N.35,2,2. *Sen.*de benef.3,28. (2) *Iuv.*Sat.8,1. *Sen.*ep.44. *L.*89.*pr.Th.C.de decur.12*,1. (3) *L.9.L.10.§9.D.de gradibus* 38,10.

ten, linea superior und inferior; von der oberen Reihe ziehen sich in die Stufe darunter die transversae lineae (die Guirlanden, welche die Seitenverwandten verbinden); recta linea ist die die superior und inferior verbindende [4], und sie kann also als auf- oder ab-steigende, ascendens, sursum versum tendens, oder descendens, deorsum tendens, aufgefaßt werden; woher sich die Bezeichnungen ascendentes, descendentes, oder parentes, liberi, und ex transverso (oder a latere, ex transversa linea coniuncti, venientes) cognati u.dgl. (+collaterales), erklären [5]. Der hier als linea bezeichnete Inbe- § c. griff mehrerer Verwandten heißt auch ordo [6] oder gradus [7]. Der § d. Inbegriff der von einem gemeinsamen Parens (dem +stipes communis) abstammenden Seitenverwandten ist die stirps [8], der Stamm. +Respectus parentelae nennen die heutigen Juristen das Verhält- § e. niß der mit dem gemeinsamen Parens durch eine oder mehrere Mittelspersonen in gerader (absteigender) Linie verwandten zu der von jenem gezeugten oder geborenen Person, z.B. des Sohns, Enkels, Urenkels u.s.f. zum Oheim, Großoheim, Urgroßoheim, zur Tante,

---

(4) z.B.

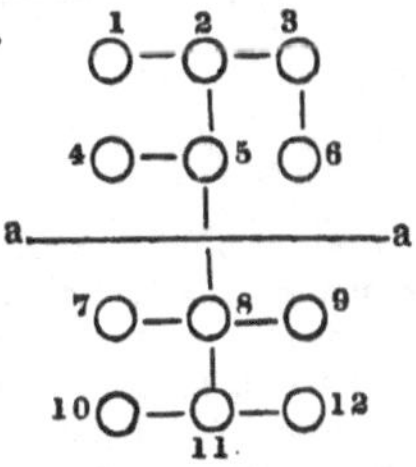

a bis a ist der directus limes, die Linie von 2 zu 4 u.5, zu 7 bis 9 u. zu 10 bis 12 ist die recta linea; 1...6. ist die linea superior, 7...12 linea inferior. Von 5 hängt die transversa linea der unter sich secundo gradu verwandten 7...9 herab. 1,2,3 u. 4,5 u. 7...9 u. 10...12 sind Brüder; 2 ist Vater von 4 u.5, Großvater von 7...9, Urgroßvater von 10...12; 1 u. 3 sind Oheime von 4,5, diese Geschwisterkinder mit 6, ꝛc.

(6) *L.68.D.de R.N.23,2. Pr.I.h.t.3,6. LL.51.201.220.pr.D.de V.S.50,16. L.4. §2.D.de in ius v.2,4. L.10.§9.D.cit. Paul.* ex Fest.v. „*Parens* vulgo pater aut mater appellatur; sed iuris prudentes avos et proavos, avias et proavias parentum nomine appellari dicunt“. *Nov.118.pr.*(c.1...3.) „.. *πᾶσα ἡ τοῦ γένους.. διαδοχὴ τρισὶ γνωρίζεται τάξεσι, τουτέστι τῇ τε τῶν ἀνιόντων, καὶ τῇ τῶν κατιόντων, καὶ τῇ τῶν ἐκ πλαγίου..*“. (6) *Gai.L.1.pr. D.h.t.* „Gradus cognationis alii superioris ordinis sunt, alii inferioris, alii ex transverso sive a latere: superioris ordinis sunt parentes; inferioris liberi; ex transverso sive a latere fratres et sorores liberique eorum“.

(7) z.B. *L.10.§9.D.cit.*

(8) wovon besonders die Phrasen 'in stirpes dividere', 'ex stirpibus succedere', und wofür auch progenies, prosapia gebraucht wird. *Dirksen* Manuale hh.vv. z.B.

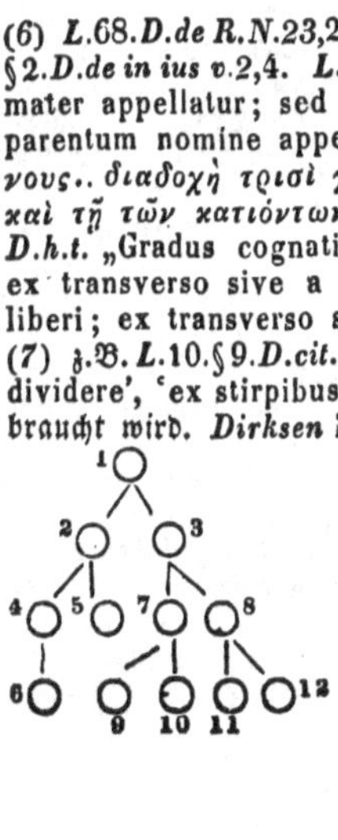

2...12 gehören zum Stamm 1; 4...6 zum Stamm 2; 7...12 zum Stamm 3; 9 u. 10 zum Stamm 7 u.s.w. Die derselben stirps angehörigen Personen führten gleiches cognomen. *Sigon.* ad Liv.4,1.

Großtante u.ſ.f.[9], was bei den Eheverboten beſonders in Betracht
§f. kommt. Die von denſelben Eltern abſtammenden Geſchwiſter ſind
vollbürtige, fratres sororesque ex utroque parente (latere), ex
utrisque parentibus, per utrumque parentem, eodem patre eadem-
que matre coniuncti u.dgl.(+bilaterales, +germani[10]); die nur einen
beider Eltern gemeinſam haben (ex uno parente coniuncti) ſind
halbbürtige, Halbgeſchwiſter (+unilaterales), und zwar die eodem
patre tantum coniuncti '+consanguinei'[11], die per matrem tantum
§g. coniuncti '+uterini'[12]. Der in Deutſchland ſehr verbreitete Sprach=
gebrauch Halbgeſchwiſter 'Stiefgeſchwiſter' zu nennen, kann leicht
Verwirrung erzeugen: die eigentlichen Stiefgeſchwiſter ſind einan=
der gar nicht verwandt[13].

Zur Ueberſicht der Verwandtſchaftsbenennungen und der Verwandtſchaftsgrade, ſo wie über die bei uns üblichen graphiſchen Bezeichnungen der Verwandtſchafts= und Affinitäts=Verhältniſſe (§ 54.) diene die Tabelle nebſt Bemerkungen im Anhange VII.S.*32.*33. (vgl.§ 9.*I.h.t.3*,6.), in welcher die Grade durch die Zahlen bezeichnet ſind.

§. 53. ββ. Einfache und mehrfache Verwandtſchaft.

§a. Einfach iſt das Verwandtſchaftsverhältniſs, welches auf éinem
§b. Rechtsgrunde beruht[1], mehrfach das aus einer Mehrzahl von
Rechtsgründen zugleich ſich ergiebt[2]; ſo das aus ehelicher Abſtam=

(*9*) Dirkſen Beiträge S.248.ff. Parentela (bei *Capitol.*Gord.23. für das Verhältniſs des Schwiegerſohns zum Schwiegervater gebraucht, wie es *L.*4.§ 7.*D.h.t.* von Schwieger=Eltern und Kindern heißt „adfinitatis causa parentium liberorumque loco habentur"; vgl.§§ 6.7.*I.de nupt.1*,10. *L.*16.*D.sol.matr.24*,3.) bezeichnet hier das Verhältniſs, welches dem zu einem Parens, Ahnen, analog iſt. In §5.*I.de nupt.1*,10. und *L.*39.*pr.D.de R.N.23*,2. heißt es von den Tanten und Urgroßtanten 'parentum oder parentis loco habentur', 'sunt'; aber auch von agnatiſchen Eltern wird gleiches geſagt. *Gai.1*,59. = §1.*I.eod.* (*10*) Lateiniſch heißen alle leiblichen, auch die nur durch éinen beider Eltern verbundenen, Geſchwiſter *germani.* (*11*) *Consanguinei* ſind in unſeren Quellen die ex eodem sanguine nati, die Geſchwiſter von des ehelichen Vaters Seite, ohne Rückſicht darauf, ob von derſelben Mutter oder von verſchiedenen Müttern geboren: es kommt hier bloß auf den Vater an. vgl.§ 49.Note 3. (*12*) *Uterini* ſind die in eodem utero fuerunt, wenn auch von demſelben Vater gezeugt: es kommt hier bloß auf die Mutter an; daher ſind alle unehelichen Geſchwiſter unter einander und mit den ehelichen nur uterini. ſ.§ 51.*g.* (*13*) ſ.§ 55. Note 2.und § *g.*n°.IV.*γ*.[Stif-, Stiuf- (engl.step-) = der ſtatt des leiblichen Angehörigen eingeſetzte Nichtverwandte.]

(*1*) Geſchwiſter ſind als ſolche ſtäts nur einfach verwandt, von dem Vater her durch Zeugung, von der Mutter her durch Geburt; das vinculum inter fratres ex utroque latere coniunctos iſt nur simplex, wie das zwiſchen halbbürtigen oder das zwiſchen unehelichen Geſchwiſtern. Der Rechtsgrund der Verwandtſchaft vollbürtiger Geſchwiſter iſt die conceptio ex iusto coitu eiusdem viri eiusdemque uxoris; der der halbbürtigen die Zeugung durch denſelben Vater oder, wie der der unehelichen, die Geburt von derſelben Mutter. (2) Nicht

mung 1) von unter sich verwandten Eltern[3]; 2) unter sich verwandter mit derselben dritten Person[4]; 3) mehrerer unter sich verwandter, welche andere unter sich verwandte Personen geheiratet haben[5]; 4) von Stiefgeschwistern u.s.f., deren Nachkommen dem gemeinschaftlichen Verwandten jener von väterlicher und mütterlicher Seite her verwandt sind[5]; und endlich 5) wenn zwischen Cognaten durch juristische Handlung ein anderes Agnationsverhältniss begründet wird[6]. Solche mehrfache Verwandtschaft (cognatio § c.

---

mehrfach aber ist die cognatio, welche als dasselbe Verwandtschaftsverhältniss zugleich naturalis und civilis ist, z.B. der civis arrogiert seinen non iustis nuptiis von ihm gezeugten Sohn: cognatus ist dieser durch die Zeugung, agnatus durch den juristischen Act geworden, aber er ist als Cognat wie als Agnat Sohn; ebenso ist es nur einfache Verwandtschaft, wenn einer mehrere Kinder eines Dritten adoptiert u.dgl. Mehrfach hingegen ist die Verwandtschaft, wenn das naturale Verwandtschaftsverhältniss ein anderes als das civile ist, z.B. ich adoptiere den Sohn meines emancipierten Sohns (meinen naturalem nepotem) als meinen Sohn, so daß also mein cognatischer Enkel mein agnatischer Sohn wird; oder wenn dasselbe Verwandtschaftsverhältniss durch verschiedene Linien begründet erscheint, z.B. Note 5.

(3) z.B. Geschwister (7,8), deren Eltern (5,6) Geschwisterkinder sind, sind unter sich auch als Nachgeschwisterkinder mit ihren Urgroßeltern von väterlicher und mütterlicher Seite in gleicher Seitenlinie, mit den Großeltern in ungleicher Seitenlinie verwandt; der mütterliche Großvater (4) des 7 und 8 ist zugleich deren Großoheim väterlicher Seits u.s.f.

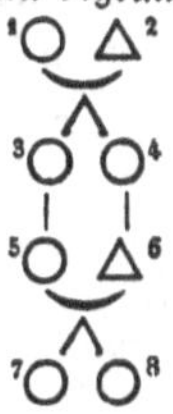

In nebenstehendem Beispiele ist der 3 zugleich mütterlicher Großvater und patruus, väterlicher Oheim, des 5; der 1 mütterlicher Urgroßvater und väterlicher Großvater. vgl. *Gai.1*,52.

(4) z.B. ein Mann heiratet seine Schwägerin; die mütterlichen Halbgeschwister sind dann väterlicher Seits Geschwisterkinder.

(5) z.B. b und c sind von beiden Seiten Neffe und Nichte des a, dessen mütterlicher Halbbruder d Vater, dessen väterliche Halbschwester e Mutter jener ist. Oder zwei Brüder heiraten zwei Schwestern; dann sind die Kinder je des andern Pares väterlicher und mütterlicher Seits Geschwisterkinder. Oder aus *L.*10.§14.*D.h.t.*38,10. der Fall „si mulieres altera alterius filio nupserint" *etc.*

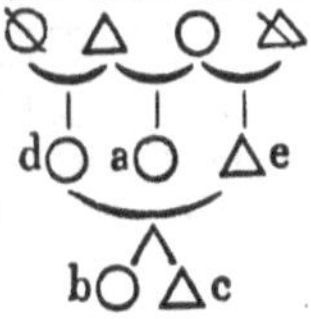

oder der Fall 'Si vir et mulier' ebendaselbst.

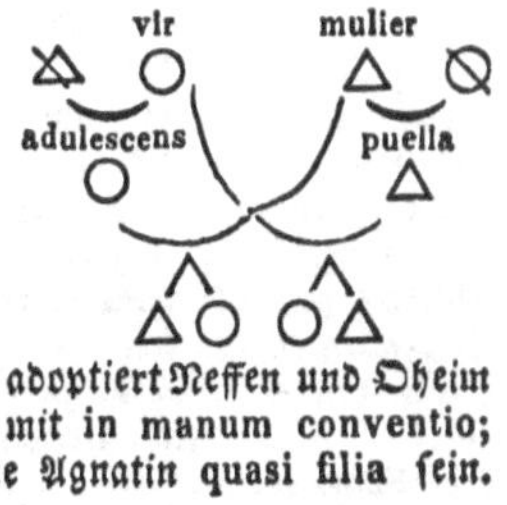

(6) z.B. der Adoptionsfall in Note 2. oder ein Dritter adoptiert Neffen und Oheim beide als seine Söhne, oder Ehe unter Verwandten mit in manum conventio; so kann die Nichte des Oheims als seine Frau seine Agnatin quasi filia sein. vgl. Note 3.

oder agnatio) kann nicht bloß als doppelte, sondern auch als drei-, vier- und mehrfache vorkommen [7], und wirkt besonders im Erbrecht.

§. 54. c. Berechnung der Vermittelungen des Verwandtschaftsverhältnisses: Gradus cognationis sive agnationis.

§ a. Von der Vorstellung einer Stufenreihe oder Treppe, auf welcher von den Eltern je die Kinder auf die zunächstliegende Stufe herabsteigen, ist der Name gradus cognationis sive agnationis, Grad der Verwandtschaft [1], zur Bezeichnung auch des Zahlen-Verhältnisses der die Verwandtschaft mehrerer Personen unter einander vermittelnden Gründe entnommen. § b. Die Berechnung der Verwandtschaftsgrade aber geschieht so, daß die Generationen (oder die ihnen gleichstehenden juristischen Handlungen), welche zur Hervorbringung des Verwandtschaftsverhältnisses der fraglichen Personen erforderlich sind, gezählt werden: so viele Generationen es dann sind, im so vielten Grade sind die Personen verwandt (†tot sunt gradus quot sunt generationes [2]).

§ c. Im Mittelalter und im kanonischen Rechte ward die (auch den Römern [3] nicht fremde) Vorstellung des Verwandtschaftsverhältnisses als ein Baum (Stammbaum, arbor consanguinitatis) gebräuchlicher, dessen Stamm die linea recta, dessen herabhangende Zweige die lineae transversae bilden [4]. Die Berechnung der Seitenlinie geschieht hier für jede derselben besonders, so daß es z. B. von einem Enkel und einem Urenkel derselben Person heißt, sie seien im 2ten und 3ten Grade seitenverwandt, und die erste nach kanonischem Recht ohne Dispensation statthafte Ehe die zwischen 2 Personen, welche im 4. und 5. Grade der Seitenverwandtschaft stehen, ist.

---

(7) z. B. in dem Falle der Note 5. „Si vir et mulier“ seien die obersten 4 Personen wieder unter sich Geschwisterkinder u. s. w.

(1) *Paul. L.* 10. § 10. *D. h. t.* 38, 10. „*Gradus* autem dicti sunt a similitudine scalarum locorumve proclivium, quos ita ingredimur, ut a proximo in proximum i. e. in eum qui quasi ex eo nascitur, transeamus“. vgl. § 52. *c.*
(2) § 7. *I. h. t.* 3, 6. „.. semper generata quaeque persona gradum adicit“. § 8. *eod. Paul. cit. L.* 10. § 9. z. B. Vater und Sohn sind in recta linea im ersten Grade, Großeltern und Enkel im zweiten verwandt; Geschwister im zweiten Grade der Seitenlinie, Geschwisterkinder im vierten (es mußten die beiden Eltern, dann die beiden Kinder derselben gezeugt sein) u. s. f. A adoptiert den B, darauf arrogiert jenen der C; dann ist B als Enkel des C diesem im zweiten Grade verwandt u. s. f. | Die Zahl der in jedem Verwandtschaftsgrade bis zum siebenten einander verwandten Personen und deren Benennungen giebt (der von Isidor und daraus von Gratian abgeschriebene) Paulus *cit. L.* 10. §§ 12...18. genau an. Ueber den 6. Grad in der geraden und den 7ten in der Seitenlinie hinaus haben die Verwandten keine eigenen Benennungen mehr: entferntere Ascendenten als der tritavus und die tritavia (die Urururgroßeltern) heißen maiores, entferntere Descendenten als der trinepos und die trineptis (die Descendenten im 6. Grade) heißen posteriores. *Paul. cit. L.* 10. § 7. S. R. 4, 11. §§ 7. 8. *Mod. L.* 4. *pr. D. h. t. Isidor.* Or. 9, 5. § 31. s. die Verwandtschaftstafel im Anhange VII. S. *32. f. (3) s. § 52. *a, b. Schrader* ad § 9. I. h. t. p. 454. (4) s. z. B. Böhmers Ausg. des Corp. iur. can. I. p. 1100.

β. Der Verwandtschaft ähnliche Verhältnisse.

§. 55. a. Adfinitas. *)

Adfinitas (ἀγχιστεία) ist das Verhältniſs, in welches eine Familie zu einer anderen durch Ehe eines Mitgliedes jener mit diesem tritt; zunächst also das Verhältniſs eines Ehegatten zu den Cognaten des andern [1]. (§ a.) Was wir 'Schwiegerverwandtschaft' und 'Schwägerschaft' nennen, befaßt nur das Verhältniſs des einen Ehegatten zu den Ascendenten und Seitenverwandten des andern; während wir das zu den Descendenten des andern zur 'Stiefverwandtschaft' rechnen [2]. (§ b.) Aber auch das Verhältniſs der Ehegatten selbst heißt mit Rücksicht auf ihre Mitgliedschaft in unterschiedenen Familien 'adfinitas', wie andererseits auch das des Bräutigams und der Braut mit Rücksicht auf die von ihnen zu schließende Ehe [3]. (§ c.)

Die Affinität entsteht wirklich durch Ehe und erlischt mit dieser; kann jedoch als Eheverbot noch fortwirken [4]. (§ d.) Insofern sie ein auf eine familia im Sinne des römischen Rechts bezügliches Verhältniſs ist, muß sie auch durch Verlust der Freiheit oder der Civität untergehn [5]. (§ e.)

Die Affinität in auf- und ab-steigender und in der Seiten-Linie ist so eben bezeichnet worden. (§ f.) Eine Gradberechnung findet bei der Affinität nicht statt [6]; dagegen haben die einzelnen Affini-

(*) s. die Quellen vor §49. (1) *Mod. L.* 4. § 4. *D. h. t.* 38, 10. „*Adfines* sunt viri et uxoris cognati, dicti ab eo quod duae cognationes, quae diversae inter se sunt, per nuptias [s. §8. *eod.*] copulantur et *altera ad alterius cognationis finem accedit*: namque coniungendae adfinitatis causa fit ex nuptiis". Die Agnaten des einen Ehegatten, welche nicht auch naturaliter dessen Cognaten sind, sind nicht adfines des andern: §10. *eod.* (2) Nur die Stiefeltern und Stiefkindern, Stiefgroßeltern und Stiefenkel u.s.f. sind adfines (*L.* 7. *D. h. t.*); nicht die Stiefgeschwister (ἀλληλοπρόγονοι, auch privigni, ae, †comprivigni) und fernere Stiefseitenverwandte, die vor der Eheeingehung eines Mannes und einer Frau aus anderen Ehen des Vaters oder Geschlechtsverbindungen der Mutter entsproßenen beiderseitigen Kinder, §8. *I. de nupt.* 1, 10. *L.* 10. §13. *D. h. t.* *L.* 34. §2. *D. de R. N.* 23, 2. (vgl. *L.* 12. §3. *D. eod.*) und die Seitenverwandten der beiden Gatten. [Erst das kanonische Recht hat den Begriff der Affinität so weit ausgedehnt, daß er alle Stiefverwandtschaft mit befaßt.] (3) *Paul.* in *Vat. Fgm.* § 302. „.. adfinium personae, ut ... vir et uxor, sponsus sponsa". *ibid.* §§ 218. 262. (und S. R. 5, 12. § 2.) *L.* 8. *D. de cond. c. d.* 12, 4. *L.* 38. §1. *D. de usur.* 22, 1. *L.* 84. *D. de I. D.* 23, 3. *L.* 15. *C. de don. ante nupt.* 5, 3. *L.* 5. *C. de her. inst.* 6, 24. *L.* 1. *C. de imponenda lucr.* 10, 35. (4) *Gai.* 1, 63. *Ulp.* 5, 6. §§ 6. 7. *I. de nupt.* 1, 10. *L.* 3. § 1. *D. de postul.* 3, 1. *L.* 14. *D. de R. N.* 23, 2. vgl. *Vat. Fgm.* § 303. (5) *cit. L.* 4. *h. t.* §11. vgl. aber §58. Note 61. (6) nämlich nach röm. R.: *cit. L.* 4. §5. *D. h. t.* „Gradus autem adfinitati nulli sunt". Dagegen sind auch nicht *L.* 10. *pr. D. eod.* „cognatorum gradus et adfinium", noch *L.* 5. *pr. D. de iniur.* 47, 10. „propiusve ... cognatione adfinitateve attinget". vgl. die Rubrik *Dig.* 38, 10. und *Vat. Fgm.* §§ 216. sq. [Das kanon. Recht berechnet auch gradus adfinitatis.]

tätsverhältnisse fast alle ihre technischen Namen, welche durch folgende (besonders nach Modestinus[7] entworfene) Tafeln erklärt werden sollen:

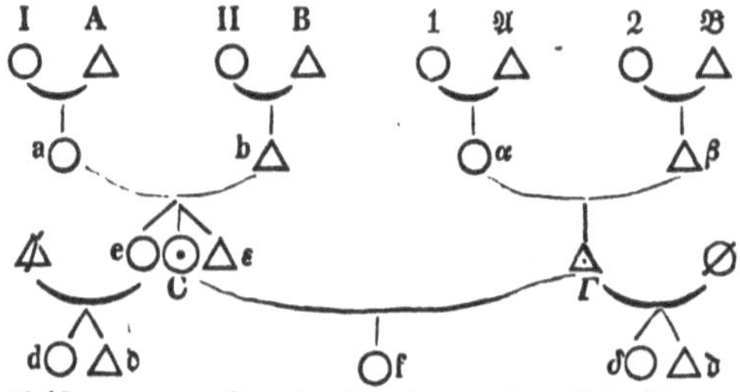

§ g. *Ia*) Der *Γ* ist a socer, *ἑκυρός*, Schwiegervater, Schwäher, und die b *socrus*, *ἑκυρά*, Schwiegermutter, Schwäherin; die *Γ* ist des a und der b *nurus*, *νυός*, Schwiegertochter, Schnur. *Ib*) Dem C ist der *α* socer, *πενθερός*, die *β socrus*, *πενθερά* (wie n°.*Ia*.); der C ist des *α* und der *β* gener (*γαμβρός*), Schwiegersohn, Tochtermann, Eidam. | *II.Aa*) Der *Γ* sind I u. II socri magni (auch prosocri), Schwiegergroßväter, Großschwäher; diesen jene *pronurus*, Schwiegergroßtochter, Großschnur. *Ab*) Der *Γ* sind A u. B *socrus magnae* (auch prosocrus), Schwiegergroßmütter, Großschwäherinnen; diesen jene *pronurus* (wie *Aa*.). *Ba*) Dem C sind 1 u. 2 socri magni (wie *Aa*.), diesen jener progener, Kindestochtermann, Schwiegerenkel; *Bb*) dem C sind 𝔄 u. 𝔅 prosocrus (auch socrus magnae); diesen jener progener, (wie *Ba*.). | *III*.1) Der *Γ* ist e levir, *δαήρ*, Schwager, des Mannes Bruder; (die *Γ* ist dem e *fratria*, *fratrissa*, Bruders frau; nach *Nonius* XIX. auch *glos*). *III*.2) Der *Γ* ist die *ε glos*, *γαλῶς* (*ἀνδραδελφή*), Schwägerin, des Mannes Schwester; (der Frau Bruder und Schwester und der Schwester Mann haben keine besonderen Namen. *Isid*.Or.9,7.§18.) | *IV.α*) Dem d und der ð ist die *Γ noverca* (*μητρυιά*), Stiefmutter, dieser sind jene privignus (*πρόγονος*), *privigna* (*προγόνη*), Stief-Sohn und Tochter. | *IV.β*) Dem δ und der ð ist der C vitricus (*μητρυιός*, *ἐπιπάτωρ*), Stiefvater; diesem sind jene privignus, *privigna* (wie *IV.α*), Stiefkinder. | *IV.γ*) Auch die vollbürtigen Geschwister d und ð und die δ und ð sind einander privigni, ae (+comprivigni,ae), aber nicht adfines; die ersteren, d ð, consanguinei, *ὁμοπάτριοι* des f, die letzteren, δð, uterini, *ὁμομήτριοι* desselben. s. Note 2.

Die beiden Frauen (nicht adfines, bei uns Schwägerinnen der 2. Gattung) heißen *ianitrices*, *εἰνάτερες* [per eandem ianuam iter habentes. *Modestin*.l.c. *Isid*.Or.9,7.§17.]

§. 56. b. +Cognatio spiritualis. Pflegekindschaft.

§ a. Die Kirche betrachtet die christliche Taufe als eine geistige Wiedergeburt, und schon frühe faßte man das Verhältniß des Taufpathen zu dem Täufling als Analogon des Eltern- und Kindes-

§ b. Verhältnisses auf. Justinian[1] verbot daher die Ehe des Taufpa-

(7) *Mod.cit.L*.4.§6.*D.h.t*.38,10.

(1) *L*.26.i.f.*C.de nupt*.5,4. „.. Ea .. persona omni modo ad nuptias venire prohibenda, quam aliquis, sive alumna sit sive non, a sacrosancto suscepit baptismate; cum nihil aliud sic inducere potest paternam affectionem et iustam nuptiarum prohibitionem, quam huiusmodi nexus, per quem deo mediante animae eorum copulatae sunt“. Von der Ehe der Taufpathin mit

then mit dem von ihm aus der Taufe gehobenen Frauenzimmer. [Erst später hat das kirchliche und byzantinische Recht diese s. g. geistliche Verwandtschaft als ein der wirklichen Verwandtschaft gleich wirkendes Ehehinderniss ausgebildet.]

Die Pflegekindschaft ist kein juristisch bestimmter Begriff[2]: § c. das Eltern- und Kindes-Verhältniss entsteht nur durch Zeugung oder Geburt oder durch gleichwirkende juristische Handlungen (§ 49. *a.b.*); das Verhältniss von Pflegeeltern und Pflegekind (alumnus, alumna) kommt unter Freien bloß als factisches in Betracht[2], seitens des Eigenthümers des Pfleglings als zureichender Grund an die Altersbeschränkungen nicht gebundener Manumission[3] und als Grund der Auslegung, daß in einer Verpfändung des gesammten Vermögens der Herr sein Pflegekind nicht mitbefaßt habe[4].

§. 57. c. Gentilität.

Bis zur Kaiserzeit war auch privatrechtlich die Vereinigung § *a.* mehrerer familiae in eine gens[1] (wofür auch genus[2] und selbst familia[3] vorkommt) von gröster Wichtigkeit, indem zur Erbfolge und Vormundschaft nach den Agnaten die gentiles, die Mitglieder derselben gens, zunächst berufen waren[4]. Gaius sagt schon 'totum gentilicium ius in desuetudinem abisse'. Während man § *b.* früher die gens für einen in sich abgeschloßenen, durch einen gemeinschaftlichen Namen, das nomen, gentilicium nomen, zusammengehaltenen Kreiß von Agnaten, familiae, deren Verwandtschaft nicht mehr nachweislich zu sein brauchte, ansah[5], suchte Niebuhr, § *c.* welchem die meisten Neueren folgen[6], die Ansicht zu begründen, daß die gentes die politisch-religiösen Unterabtheilungen der pa-

---

dem Täufling ist hier nicht die Rede. (2) *cit.L.*26.*C.init.* *L.*1.§10.*D. ad SC.Silan.29*,5. *L.*135.*pr.D.de V.O.45*,1. (3) *Gai.1*,19.39. § 5.*I.qui quib.ex c.1*,6. *LL.13.14.pr.D.de m.missis vind.40*,2. s. oben § 47. Noten 37.40. (4) *Ulp.L.8.D.de pignorib.20*,1. *Paul.*S.R.5,6.§16.(5,7.§14.ed.Haenel.)

(*) Niebuhr röm. Gesch. I. 339...58. (3. Ausg.) Huschke Studien S. 135...56. Göttling Gesch. der röm. Staatsverf. §§ 38...42. (1) *Paul.Diac.*v.Gens Aelia. *Liv.*2,49. *Suet.*Ner.1. (2) z. B. *Pap.L.1.D.de probation.*22,3. u. bei vielen nichtjuristischen Schriftstellern. (3) z. B. *Ulp.L.*195.§ 4.*D.de V.S. 50*,16. „familiam Iuliam". vgl. § 2.i.f.*eod.* *Paul.ex Fest.*v.Familia; andere Stellen s. bei Savigny ü. d. sacra privata in Ztschr. f. g. R. W. II. S. 385. Noten 33. ff. Verm. Schr. I. S. 178. ff. *Liv.*2,49. 3,25. 4,40. (4) *Gai.3*,17. *Collat.16*,4.§ 2. *Suet.* Iul.1. (5) *Chladenius* de gentilitate vet. Rom. Viteb. 1738. edit. II. Lips. 1742. 4°. (6) z. B. Zimmern § 230. Rein S. 236. ff. Huschke Serv. Tull. S. 26. Schilling Lehrb. B. II. S. 111. ff. Walter §§ 14. f. Puchta Inst. § 39. und andere mehr.

tricischen Curien, die 300 decuriae oder Dekaden der älteren Verfaßung gewesen seien; der Zahl nach also abgeschloßen; Verwandtschaft der unterschiedlichen Familien angehörigen Gentilen, Geschlechtsvettern, sei, wie bei den 360 attischen Genea, ganz außerwesentlich; die gemeinschaftlichen Gentilnamen seien ʻvielleicht von der angesehensten Familie unter den verbundenen auf die übrigen Genoßen übertragen, wahrscheinlich von einem Eponymos angenommen' worden.
§ d. Dagegen zeigte unter Anderen besonders Huschke, daß in späterer Zeit auch bei den Plebejern gentes und gentilicische Rechte anerkannt wurden, womit die strenge Abgeschloßenheit unvereinbar ist, und daß die gentes ʻnicht durchaus auf wirklicher, sondern meistens nur auf geglaubter Abstammung beruht' hätten.
§ e. Entschiedener tritt der niebuhrschen Ansicht Göttling entgegen[6*]: er verwirft mit Recht die Hypothese von der geschloßenen Zahl der gentes gänzlich, behauptet die, obgleich nicht nothwendig bestimmt nachweisbare, Verwandtschaft der Mitglieder derselben gens[7], und erklärt die gentes für ursprünglich sabinische Verbindungen, Theile der Curien, welche durch das nomen, die gemeinsamen sacra privata und Begräbnisse, Gentilstatute, Intestaterbrecht und Vormundschaft zusammenhielten.

B. Die Person als Staatsmitglied.

§. 58. 1. Das durch die Stellung der Person als Familienglied gegebene Verhältniß zum Staate: Capitis minutio*).

Gai.1,158...63. *Ulp.11*,9...13. *Inst.* de Capitis minutione *1*,16. *Dig.* de Capite minutis *4*,5.

§ a. Die Rechtsfähigkeit der mit der römischen Civität begabten

(6) Diesem tritt im wesentlichen bei *Becker* Hdb.der röm.Alterth.II.1.S. 35...50. (7) *Varro* de L.L.8,4.(ed.Müller.p.168.) „Ut in hominibus quaedam sunt agnationes ac gentilitates, sic in verbis: ut enim ab Aemilio homines orti Aemilii, ac gentiles; sic ab Aemilii nomine declinatae voces in gentilitate nominali" *etc.* *Paul.* ex Fest.v.ʻ*Gentilis* dicitur et ex eodem genere ortus, et is qui simili nomine appellatur ..". In der That ist es auch nicht einmal zuzugeben, daß Cicero in der Definition von Gentiles, auf die hauptsächlich die Nichtverwandtschaft derselben gestützt wird, der Verwandtschaft nicht gedenke: er schließt sehr bestimmt den capite deminutus, und zwar nicht bloß den, welcher eine maior k.d.erlitten hat, von der Gentilität aus; die minima k.d.aber ist eben die familiae mutatio (s.folg.§). Ciceros Worte (Top.6.§ 29.) sind: „*Gentiles* sunt *qui inter se eodem nomine sunt:* non est satis: *qui ab ingenuis oriundi sunt:* ne id quidem satis est: *quorum maiorum nemo servitutem servivit:* abest etiam nunc: *qui capite non sunt deminuti:* hoc fortasse satis est". Wer aber durch minima k.m. in eine andere familia derselben gens übertrat, büßte seine Rechte in dieser natürlich nicht ein.

(*) Auch noch nach Savigny (Syst. II. §§ 68...75. u. Beil.VI.), welcher viele

Person nach römischem Civilrecht bestimmt sich durch ihre Stel-
lung als sui iuris oder alieno iuri subiecta persona (§ 43.); diese
Stellung hat das Subject wesentlich nicht bloß als Glied der Fa-
milia, sondern indem dieses zugleich Mitglied des römischen Staa-
tes ist: so ist der *status* die Bedeutung, welche als Subject von
Privatrechten in der Eigenschaft einer sui iuris oder alieno iuri
subiecta persona das Staatsmitglied nach römischem Civilrecht
hat[1]. Der non civis hat einen solchen status nicht: die lati- § *b*.
nische oder peregrinische Person ist weder sui iuris, noch alieno
iuri subiecta[2], sie bildet weder für sich einen solchen Rechtskreiß,
noch gehört sie zu einem solchen, wie es nach römischem Civilrecht
die römische familia ist[3]. Die Eigenschaft des einzelnen einen § *c*.
solchen bestimmten status zu haben, d. h. in seiner Person einen
solchen Rechtskreiß (eine bestimmte Familia) vorzustellen[4] oder

---

Mängel der bisherigen Darstellungen dieser Lehre nachgewiesen hat, ist dieselbe mit Huschke (Studien S.221.) eine sehr im argen liegende zu nennen. Scheurl Beiträge n°.9. erklärt die k.d. für „Untergang der ganzen privatrechtlichen Persönlichkeit, freilich als media u. minima k.d. verbunden mit gleichzeitiger Erlangung einer neuen..".| Die hier vorgetragene Theorie suchte *Becker* Hdb. der röm. Alterth. II.1.p.404...6. durch Vertheidigung der Schreibung deminutio (s. die folg. Note 10.) und den auch von mir mehrfach geltend gemachten Satz, daß caput ursprünglich u. hauptsächlich auf die politischen Rechte sich bezogen habe, zu widerlegen, um sein früher abgefaßtes Kapitel über 'Caput, Capitis deminutio' (II.1.S.100...24.) zu retten: mir scheint, vergebens: meine Theorie ist keine bloße Worterklärung und hängt nicht von der Schreibung diminutio, sondern diese mir von jener ab, und Beckers Ansicht „die Stellung, welche der Freie in dem staatsbürgerlichen Vereine, sowol in Bezug auf öffentliche als auf Privatverhältnisse (z.B. als civis oder Latinus[!], als sui iuris oder alieni iuris) einnimmt", heiße... sein caput, „und jede Verschlechterung dieser Stellung, durch welche eine Verminderung der Rechtsfähigkeit herbeigeführt wird, ist eine capitis deminutio", ist freilich nicht mit der meinigen vereinbar, aber auch nicht mit den Quellen.

(*1*) Daher heißt auch nur diese Stellung status schlechthin oder status hominis s. hominum, nie der s.g. status libertatis und civitatis. § 31.*e*. Daher kann man das Agnationsrecht, seine Stellung in der Familia, so wenig durch Vertrag aufgeben, als sonstige Bestimmungen des ius publicum dadurch ändern. s. § 47. Note 23*. § 108. Note 5. Daher endlich ist auch die ganze Lehre vom status, dem caput und dessen minutio eine ausschließlich römischrechtliche, obgleich auch bei uns die Person als freie, Staats- und Familien-Mitglied gilt. vgl. unten Note 12.

(2) s. § 43. Note 4.

(3) § 43.*a*.*b*. § 42.*a*. Daher ist auch die Aenderung dieses Rechtskreißes, welche capitis diminutio, deminutio oder minutio heißt, (s. Note 10.) eine *civilis* ratio, welche civilia, nicht aber naturalia iura corrumpere, nicht Einrichtungen des ius gentium zerstören kann. *Gai.1*,158. = § 3.*I. de leg.agn.tut.1*,15. *Gai.3*,27. „licet cap. deminutione *ius legitimum* perdiderint"; ähnlich *Ulp*.28,9. *Gai.L*.8.*D.h.t.* *Mod.L*.10.i.f.*eod.*| Die durch Verlust der Freiheit eintretende k.d. ist zugleich eine schon nach ius gentium wirksame Begebenheit. s. § 33.*a*.

(4) die abstracte sui iuris persona, d.h. die bloß alieno iuri subiecta non est. vgl. § 43.*a*.

Oberhaupt desselben zu sein[5], oder ihm als freies Mitglied an-
§ *d.* zugehören[6], ist das *caput*[7]. Jede Zerstörung dieser Eigenschaft durch eine den Träger selbst[8] unter dessen Fortexistenz in der bürgerlichen Rechtssphäre[9] betreffende juristische Handlung oder Begebenheit ist *capitis minutio*, *deminutio* oder *diminutio* (k.d.)[10].
§ *e.* Diese kann sich also in dreierlei Weise zutragen[11], als 1) ma-

(5) der entfaltete Begriff des pater familias. § 44.*l.* (6) Die Streitfrage, ob der qui in mancipio est einen solchen status habe, da er doch nicht eine persona *familias* ist, (wie das Hauskind und die filiae familias locum optinens uxor, die in manu est) sondern servi locum optinet, also eigentlich kein caput in der Familia hat, in welche er mancipiert worden ist, muß für die Lehre von der k.d. (gegen Huschke Studien l.c.) bejaht werden, weil dem Staate gegenüber auch der mancipierte, da er ein freier Mensch und civis ist und bleibt, doch irgend einer Familia angehören muß: der status aber ist ja eben die Stellung in der familia, welche man dem röm. Staate gegenüber und als dessen Mitglied hat. Daher wird auch nur von dem servus, nicht auch von dem Latinus und dem peregrinus ausdrücklich gesagt, daß er kein caput habe; jener, nicht aber diese, gehört zu einer familia im Sinne des röm. Civilrechts.

(7) Unter den Versuchen den Begriff des caput aus den öffentlichen Einrichtungen im röm. Staate, womit er nothwendig zusammenhieng, zu erklären, gedenken wir nur des von Niebuhr (R.G.I.S.642. Note 1280. der 3. Ausg., II.S.460. der 2. Ausg.), wonach „Caput ist die Rubrik im censorischen Register, mit allem was dabei über die Verhältnisse bemerkt war: jede Aenderung, welche daran gemacht werden muß, weil das Individuum iuris deterioris geworden, ist eine deminutio capitis". vgl. Puchta Inst. § 220. Note *b.* (8) Wer durch Tod oder sonstige Unfähigkeit des Gewalthabers zur Fortsetzung des ius über Andere sui iuris wird, erleidet keine k.d. (9) Wer stirbt oder auf andere Weise, (wovon unten, §§ *v...y.*) dem Boden der privatrechtlichen Subjectivität entrückt wird, erleidet keine k.d. Der Sclave bleibt in der bürgerlichen Rechtssphäre, freilich eigentlich bloß als Object, aber doch als Mensch, homo *familias.*

(10) Näher an die Form der Definitionen, welche unsere Quellen von der k.d. geben (cf. Noten 15.f.), schließt sich diese an „jede eigentliche Verwechselung oder Vertauschung des bestimmten status einer Person mit einem andern oder mit einem Zustande, worin dieselbe weder sui noch alieni iuris sein kann".| Daraus, daß die Alten selbst bald cap.dimin., bald demin. geschrieben haben mögen (Savigny II.61. Not. *a.*), folgt nicht die Richtigkeit beider Schreibungen. Nehmen wir mit *Oudendorp* (ad Suet. Caes. 5.) einen Unterschied zwischen deminui (= decrescere, minus fieri) und diminui (= contundi, confringi, attenuari, perire) an, so müßen wir die von Hugo stäts vertheidigte Schreibung dim. vorziehen, während Savigny nach seiner Erklärung der k.d. dem demin., wie er zu schreiben pflegt, den Vorzug geben muß. [Voreilig meinte Becker (s. oben Note*), die Behauptung k. dim. als der richtigen Schreibung sei wesentliche Bedingung der im Texte gegebenen Erklärung: gäben wir ihm zu, daß deminutio die allein klassisch richtige Form war und daß dieses „nur von einer Verminderung, einem detrahere" verstanden werden, diminuere nur 'zerstückeln' bedeuten könne, so folgte daraus nicht, was er daraus schließt, sondern nur, daß wo die bezeichnete Eigenschaft nicht mehr g a n z war, sie eben nicht mehr bestand. Mindestens scheitert Beckers Erklärung an der k.d. maxima: was bis auf nichts vermindert ist, ist doch wol zerstört: wer servus geworden ist, hat nicht ein minimum, sondern minime ein caput. Aber auch der noncivis hat nach den Quellen keins (§ *b.*) und wer die minima k.d. erlitten hat, nicht mehr das, welches er gehabt hatte.] (11) *Gai.* *1*,159. *Ulp.11*,10. *Paul.L.*11.*D.h.t.4*,5. *Boeth.* ad Top. 4. § 18. (ed. Baiter. p. 302.) *Pr.I.h.t.1*,16. cum *Theophil.* ad h.l.

xima durch Verlust aller Persönlichkeit, der Freiheit, 2) media
durch Verlust der Rechtsfähigkeit nach römischem Civilrecht oder
der Civität, 3) minima durch Verlust bloß jener Eigenschaft, welche
wir (§ c.) als caput bezeichnet haben. Es ist ein und dasselbe § f.
caput, welches in jedem jener drei Fälle zerstört wird; die dimi-
nutio ist maxima, media, minima, umfaßendste Zerstörung aller
Rechtsfähigkeit, oder die mindere der bloß civilen, oder die mindeste
der bloß durch die Stellung des civis über oder in einer bestimm-
ten familia bedingten. Wäre dagegen die Vorstellung der Neue- § g.
ren von der capitis minutio richtig, so könnte es nur, wie nir-
gends gesagt wird, maxim*i*, medi*i* (minor*is*) und minim*i* capitis d.
heißen [12]. Nach unserer Auffaßung rechtfertigen sich nicht allein § h.

(*12*) Alle neueren Auffaßungsweisen der capitis dim. leiden an der Voraussetzung einer Monstrosität des römischen Familiengliedes, welches (wie das Geschöpf in *Verg.* Aen. *6*,417.sq.) dreiköpfig sein und drei status haben soll, den eigentlichen status, den die Neueren status familiae nennen, und den s.g. status civitatis und den s.g. status libertatis. (Auch noch Puchta Inst. § 220. redet von einem Status der Freiheit u.s.w.) So sagt Zimmern § 229. „Es betrachten die röm. Juristen das Heraustreten aus der großen Gesammtheit aller freien Menschen, aus der kleineren aller römischen cives, aus der kleinsten einer bestimmten Familie, als eine dreifache capitis minutio: maxima, media, minima". Also erlitte auch der servus werdende Peregrine eine maxima k.d.! (vgl. auch § 33. Note 12.) Schilling (Lehrb. II. § 32.): „Es ist nun aber, wie der status und das caput selbst, so auch die cap. deminutio dreifach: maxima, media, minima". Walter (R.G. ed. I. S. 474. f.): „Alle Rechte, die eine Person hat, fließen aus einer 3fachen Quelle, aus der Freiheit, aus der Civität, oder aus der Theilnahme an einer Familie. Demgemäß wurden [von wem? von den römischen Juristen nicht] drei Hauptzustände [drei status] unterschieden. [Soll dieses etwa eine Paraphrase der Worte des Paulus in *L.* 11. *D.h.t.* „tria enim sunt *quae habemus*, libertatem, civitatem, familiam" sein?], u. die Rechtsfähigkeit, die einer durch dieselben besaß, machten sein Caput aus [sic]. Es gab daher auch eine dreifache Veränderung des Caput" u.s.w. In der 2. Aufl. heißt es § 434. „Alle Rechte, die ein Mensch haben kann, ruhen auf einer dreifachen Voraussetzung: auf dem Genuß der Freiheit, auf der Civität und auf der Beziehung zu einer Familie. *Paul. L.* 11. *D.h.t.* Der von dem bürg. R. bei einem Menschen anerkannte und geschützte Besitz [?] dieser 3 Eigenschaften machten [sic] sein Caput aus. Dieses konnte daher auch eine 3fache Verminderung erleiden ..". Nach Savigny a.a.O. [u. ähnlich Becker S. 101.] ist jede Verminderung der Rechtsfähigkeit k.d., und zwar nach den drei möglichen Gründen solcher Verminderungen in Beziehung auf Civität, Freiheit und Unabhängigkeit, maxima, media oder minima. Er findet deshalb Schwierigkeit darin, daß die Verwandlung der ingenua in eine [quasi-]libertina (s. § 47. Note 26.) nicht als k.d. vorkommt, und rechnet die (ebenfalls nicht zu der k.d. gehörige, noch auch irgendwo so genannte) Verwandlung des Latinen in einen Peregrinen zur media; ja, selbst die infamia (s. folg. §.) soll nach älterem Rechte als k.d. betrachtet worden sein können (vgl. auch dens. § 79. S. 199.), während die Emancipation, weil sie keine Verminderung der Rechtsfähigkeit bewirkt, seit die Form der Mancipation abgekommen, consequenter Weise nicht mehr zu den cap. dim. zu rechnen sei. Savigny selbst bekennt (II. S. 507.), daß er „die bei den alten Juristen vorkommenden Erklärungen der k. d. theils als ungenügend, theils als un-

die römiſchen Bezeichnungen, insbeſondere die Zuſammenfaßung der beiden ärgeren Arten der k.d. unter eine gemeinſame Benennung [13], und die Behandlung der Lehre als einer rein privatrechtlichen [14], ſondern auch die in den Quellen vorkommenden Definitionen der k.d. als status (hominis) mutatio, commutatio, permutatio, immutatio [15], cum status prioris qualitatis immutatur [16], familiae mutatio [17]. Daß die k.d. eine Verminderung der Rechtsfähigkeit, daß ſie eine Zerſtörung des Agnationsnexus (§ 50.) iſt und anderes, was man als das Weſen derſelben aufzuſtellen pflegt, iſt, ſoweit es begründet iſt, bloß Folge des vertauſchten oder verwechſelten Sta-

richtig darzuſtellen geſucht" habe. Beide Vorwürfe ſcheinen mir ihren Urheber zu treffen. (*13*) Nicht leicht werden dagegen die media und minima in einem gemeinſamen Ausdruck zuſammengeſetzt: in Beziehung auf das ſtrengrömiſche Privatrecht iſt ohne caput wer nicht mehr civis iſt, während wer die minima k.d. erlitten hat, immer noch ein caput, aber nicht mehr ſein früheres, hat. (*14*) Bei Gaius, Ulpian und in den juſtinian. Inſtitt. ſteht die k.d. als Aufhebungsgrund der Agnation bei der Tutel ('*familiam* dicimus omnium agnatorum' ***L.***195.§ 2. ***D.de V.S.***), in den Digeſten (vgl.***Paul.***S.R.***1***,7.§ 2.) als Grund der Wiedereinſetzung in den vorigen Stand, weil durch die Zerſtörung dieſes capitis dieſer Perſon auch deren civile Rechtsverhältniſſe zerſtört werden, alſo ein Schutz der Rechte Dritter an das Vermögen, welches dem diminuierten gehörte, nöthig iſt. Dieſer vom Edict gewährte Schutz bezieht ſich auf die bloß privatrechtlich wirkſame, die minima k.d. (***L.2.pr.D.h.t.*** vgl.§ 46.Note 5.), von welcher daher ***L.***5.§ 2.***D.h.t.*** ſagt „per quam publica iura non interverti constat". (*15*) bei ***Gai.1***,159. iſt *sta|tus* perm., nicht *ca|pitis* perm. richtig. ***Gai.L.***1.***D.h.t.*** ***Ulp.11***,13.u.***L.***9.§ 4.***D.de minor.4***,4. ***Paul.***S.R.***1***,7.§ 2.; 3,6.§ 29. und ***L.2.D.de i.i.rest.4***,1. ***Pr.*** § 3.***I h.t.*** ***L.***28.***C.de lib.c.7***,16. (*16*) ***Boeth.***Note 11.cit. (*17*) ***Paul. L.***3.***pr.*** ***L.7.pr.*** ***L.***11.***D.h.t*** 4,5.| Gewiſs tadelt man an jener Definition, 'status mutatio', nicht mit Recht, daß die Erklärung von status wieder die größten Schwierigkeiten mache. Dagegen iſt der Einwand ſcheinbarer, daß doch auch durch Tod oder eine den pater familias allein betreffende maior k.d. das Hauskind und die uxor in manu (alſo alieno iuri subiectae personae) sui iuris würden, ohne eine k.d. zu erleiden, und daß gewiſſe Prieſterwürden das Hauskind ebenfalls ohne k.d. aus der väterlichen Gewalt brachten. Indes nimmt jener Einwurf das mutare, mutatio u.dgl. (ein anderes aber, z.B. alienatio oder eine auf Aenderung ohne Tauſch gehende Umſchreibung, kommt nicht vor) nicht ſtreng genug: mein status wird dadurch, daß mein Vater ſtirbt, die Freiheit oder das Bürgerrecht verliert, zwar verändert, aber nicht vertauſcht: in dem mutatio liegt nicht die bloße *ἀλλοίωσις*, ſondern die *ἐνάλλαξις* oder *ἄμειψις*, wie es auch Theophilus (ad pr.I.h.t.) und die Baſiliken (*46*,2.) auffaßen: ſo aber wird mein status allerdings, wenn auch wider meinen Willen, vertauſcht, und zwar gegen eine condicio, Stellung, in welcher ich weder sui noch alieni iuris ſein kann, wenn ich die Civität oder Freiheit verliere, gegen einen andern status, wenn ich minimam k.d. erleide. (Daher auch die minima eine k. minutio salvo statu contingens heißt, d.h. wobei einem ein status, nicht aber der frühere, verbleibt: ſ.Note 31*.) Sterbe ich aber oder werde ich ganz aus dem Rechtskreiß der familia und der civitas in einen höheren verſetzt, wie die Veſtalin und der Flamen Dialis (§§ v.ff.), ſo höre ich zwar auf dem ius eines civis unterworfen ſein zu können, aber da ich meinen Status nicht permutiere, erleide ich auch keine k.d.

tus[18]. Die Richtigkeit unserer Auffaßung der k.d. bewährt sich auch durch genauere Betrachtung ihrer in den Quellen genannten Gründe.

1) *Maxima* (magna oder maior) k. d., wenn ein (ingenuus §*k.*
oder libertinus) civis Sclave wird[19]. (nach § 47.*d...m.*)

2) *Media* (minor im Verhältniss zur vorigen, maior im Ver- §*l.*
hältniss zur folgenden, auch absolut magna) k.d., wenn die Civität, nicht auch die Freiheit, verloren geht[20]. Dieses geschieht, wenn ein römischer Bürger *a*) ins Exil geht, aqua et igni ei interdicitur[21], oder *b*) die Deportation erleidet[22], oder *c*) Mitglied einer
lateinischen Colonie wird[23]. — Verlust einer dignitas und Erleidung §*m.*
der infamia wirken nicht k.d.[24]: sie ändern den *status* hominis nicht.

3) *Minima* (minor im Verhältniss zu n°.1.u.2.) k.d. ereignet sich, §*n.*
a) wenn eine sui iuris persona alieno iuri subicitur[25], also im Falle der *α*) arrogatio, wenn eine sui iuris persona sich unter väterliche Gewalt begiebt[26], *β*) in manum conventio einer sui iuris femina[27]. — Auch durch die anniculi und die erroris causae pro- §*o.*
batio kann ein mit der Civität versehenes Kind, eine sui iuris persona,

---

(*18*) Ohne Unterscheidung der Stufen sagt *Paul.Diac.* ex Fest. „*Deminutus capite* appellabatur qui civitate mutatus est, et ex alia familia in aliam adoptatus, et qui liber alteri mancipio datus est, et qui in hostium potestatem venit, et cui aqua ignique interdictum est“.

(*19*) *Paul.L.*11.*D.h.t.* „cum omnia haec amittimus, h.e. libertatem et civitatem et familiam, maximam esse k.d. constat“. Also nicht, wenn wir bloß libertatem (als peregrini oder Latini) verlieren. Auch *Gai.1*, 170. u. *Ulp.11*,11. führen nur solche Gründe auf, die bloß bei einem civis eintreten konnten. vgl. §1.*I.h.t.* *L*.5.§3.*D.de e.o.cogn.50*,13. (wo libertas, wie öfters, auch statt der ohne jene nicht möglichen civitas steht.) *L*.1.§8.i.f.*D.ad SC.Tertull.* 38,17. Daß bei *Boeth.*l.c. die Deportation irrig als Grund der maxima k.d., als Civität und Freiheit entziehend genannt ist, ist unbestritten. s. Note 22.

(*20*) Die civitas in privatrechtlicher Hinsicht kann nicht verloren werden, ohne daß man zugleich aufhörte eine familia oder deren Glied zu sein (§43.*a.*); daher sagt *Paul.*l.c. „media k.d. dicitur, per quam, sola civitate amissa, libertas retinetur“.

(*21*) *Gai.1*,161.90. *Ulp.11*,12. §2.*I.h.t.* *L*.4.§11.*D.de gradib.*38,10. *Paul.Diac.*l.c.

(22) *Paul.*S.R.*3*,6.§29. §2.*I.cit.*§6.*eod.* *L*.5.§13. und *L*.1.§8.*D.* in Note 19. citt.

(23) *Boeth.*l.c. „..in Latinas colonias transmigratio ..“. vgl. *Gai.3*,56. *1*,131. *Dosith.* de m.miss.§6. Hierher gehört auch das civitate mutatus in Note 18.

(24) §5.*I.h.t.* „Quibus ..dignitas magis quam status permutatur, capite non minuuntur...“. *L*.5.§2.*D.h.t.* *L*.3.*D.de senator.1*,9. *L*.5.§2.*D.e.o.cogn.* *50*,13. vgl. Savignys Ansicht in Note 12. Niebuhr a.a.O. macht auch die Herabsetzung eines Plebeius zum Aerarius oder die Versetzung in eine tribus minus honesta u.dgl. zur k.d. s. jedoch §60.

(25) §3.*I.h.t.u.Theophil.*ibid.

(26) *Gai.1*,162. („Minima capitis diminutio est cum et civitas et libertas retinetur, sed status hominis commutatur. quod accidit in his qui adoptantur, item in his quae coemptionem faciunt, et in his qui mancipio dantur, quique ex mancipatione manu mittuntur ..“.) *3*,83.84. *4*,38. *Ulp.11*,13. *Paul.*S.R.*3*,6.§29. *L*.11.§2.*D. de B.P.s.t.37*,11.

(27) *Gai.*, *Ulp.*, *Boeth.*ll.citt. vgl. *Liv.39*,19.

§ p. in die Gewalt seines Vaters kommen [28]. Ebenso kann durch eine
s.g. Legitimation das Concubinenkind, auch sui iuris persona, der
§ q. Potestas seines Vaters unterworfen werden [29]. Endlich auch kann
ein durch Emancipation aus väterlicher Gewalt ausgeschiedenes
Kind Undanks halber derselben wieder unterworfen werden [30].
§ r. Keinen dieser Fälle (§§ *o*...*p*.) aber finden wir in den Quellen als
k.d. bezeichnet; ohne Zweifel, weil sie alle dem neueren Rechte
angehören, die altcivile Lehre von der k. d. aber und den Fällen
ihres Eintritts schon in der republicanischen Zeit abgeschloßen
war [31*]); wie denn auch bei allen jenen neueren Fällen mancipatio
oder in manum conventio, ohne die es keine, in den Quellen
als solche bezeichnete, minima k. d. giebt, gar nicht vorkommt.
§ s. (Daß ein sui iuris homo sich nicht mancipieren konnte, ist schon
gezeigt worden. [31]);
§ t. *b*) wenn eine alieno iuri subiecta persona in das ius eines
anderen Gewalthabers kommt [32]; so wenn ein Hauskind α) in Adoption
gegeben wird [33], β) in manum convenit [34], γ) zu einem selbständigen
Zwecke mancipiert wird (§ 48.*n.o.*) [35], δ) zugleich mit seinem
arrogierten Vater in die Potestas des Arrogators kommt [36];

---

(28) *Gai.1*,66.73.76...80. *Ulp.4*,4. Hierher gehören nur die Fälle da das Kind die Civität hat; weil, wenn es durch die probatio zugleich civis und der Gewalt seines Vaters unterworfen wird, es keine *status* permutatio erfährt, indem es keinen status gehabt hatte. (29) § 13.*I.de nupt.1*,10. § 2.*I.de her.q.ab int.3*,1. (30) *Titt.* de Ingratis liberis: *Th.C.* 8,14. *Cod.8*,50. vgl.*L*.12.*D.de adoptionibus 1*,7. (31*) Wie schon zu Ulpians Zeit die strengcivile Bedeutung des status und der k. d. nicht mehr festgehalten wurde, zeigt *L*.1.§ 8.*D.ad SC.Tertull.*38,17. „Capitis minutio salvo statu contingens liberis nihil nocet ad legitimam hereditatem, nam vetus sola hereditas quae lege XII t. defertur, capitis minutione peremitur; novae vel ex lege vel ex SCtis delatae non peremuntur capitis deminutione“. *Noodt* (Obss.II.21.) wollte salvo statu *civitatis* contingens; offenbar irrig: Ulpian bezeichnet hier mit ‘status’ die relative Stellung zu einem bestimmten anderen Familienmitglied: ich beerbe z.B. aus dem SC.Tertullianum meine Mutter, wenn mich auch mein Vater emancipiert hat. vgl.Noten 17.41. (31) § 46.Noten 20.21. § 48.*p*. (32) s.Note 25. (33) *Gai.*, *Ulp.*, *Paul.*ll.citt.u.*Fest.* in Note 18. vgl.auch § 2.*I.de adopt.1*,11. (34) *Gai.*,*Ulp.* in Note 26. citt. *Cic.*Top.4.§ 18.und *Boeth.* ad h. l. sprechen ganz allgemein von der k.d. im Falle einer in manum conventio, und wir haben keinen Grund, den im Texte bezeichneten Fall nicht eben so wol, als die in adoptionem datio hierher zu stellen. Anders Savigny II.499.ff., welcher aber auch von der uxor in manu sagt „sie wurde Schwester ihrer eigenen Kinder und ihrer Stiefkinder“, „sie stand zu dem Manne völlig im Verhältniſs einer Tochter, hatte also dieselben Rechte wie diese“. s.hiegegen §§ 44.46. (35) *Paul.Diac.*Note 18. „qui liber alteri mancipio datus est“. s.oben Note 6.u.vgl.*Gai.1*,162. 4,79.80. und Note 39. Die übrigen Fälle der Mancipation eines Hauskindes fallen mit denen des Textes b αβ und c αβ zusammen. (36) *Paul.L.3.pr.D.h.t*,4,5.u.*L*.2.§ 2. *L*.15.*pr*. *L*.40.*D.de adopt.*

c) wenn eine alieno iuri subiecta persona durch Mancipation und Manumission sui iuris wird; hierher gehören die Fälle der α) Emancipation eines Hauskindes [37], β) Remancipation und Manumission der in manu stehenden Frau [38]. Die Remancipation und Manumission dessen, der in mancipio est, trifft mit den zuletzt genannten zwei Fällen zusammen [39]. § u.

Daß die virgo Vestae [40] und der flamen Dialis [41] ohne Emancipation und ohne k. d. aus der väterlichen Gewalt heraustraten, und daß wenigstens erstere (von letzterem wird es nicht ausdrücklich gesagt) weder ab intestato erbte, noch so beerbt wurde, also aus dem Agnationsverbande und ihrer bisherigen Familia ausschied, hat unseren Juristen die grösten Schwierigkeiten gemacht [42]. Also eine familiae oder status permutatio und doch keine capitis minutio? Weder solche mutatio, noch minutio: die Vestalin tritt durch eine Mancipation an die Gottheit [43], für welche sie der Pontifex maximus manucapiert [44], aus einer durch menschliche § v. § w.

1,7. *Gai.1*,107. *Ulp*.8,8. §11.*I.de adopt.1*,11. Das mitarrogierte Kind erleidet eine k.d., sein status, seine familia wird vertauscht, es ist, gleich dem in Adoption gegebenen, nicht mehr in eiusdem patris potestate, es scheidet aus seinem Agnationsnerus aus. Es widerstreitet also nicht, daß derselbe Paulus *L.*11. *D.h.t.* es minima k.d. nennt, wenn „familia tantum mutatur" (vgl. Note 17.). Savigny (II.490.) sucht den Paulus zu widerlegen, weil die Kinder des arrogierten eine Verminderung ihrer Rechtsfähigkeit nicht erlitten. Eine k.d. würden diese Kinder dann allerdings nicht erleiden, wenn sie nicht mit in die Gewalt des Arrogators übergiengen; dann würde ihre familia eben so wenig mutiert, als wenn ihr Vater stirbt oder die Civität verliert. (37) § 3.*I.h.t.* *L.*3.§ 1.*D.h.t.* *L.*6.§ 1.*D.de B.P.37*,1. *LL*.4.5.§ 1.*D.si tabul*.38,6. vgl. *L*.4.§ 10. *D.de gradibus* 38,10. (38) s.§46.Note 36.u.die folgende. (39) Nach *Gai.1*,162., wo gewiss die Ergänzung in dem Satze, ut quotiens quisque mancipetur ac *manumitta*tur, totiens capite diminuatur, richtig ist (wie auch Huschke Stud.S.222.und Savigny II.496.f.annehmen), bewirkt die bloße Mancipation [nämlich die bloß dicis gratia vorgenommene; denn s. Noten 6.35.] oder Remancipation für sich allein keine minima k.d., sondern nur mit der Manumission zusammen: die dicis gratia geschehende Mancipation oder Remancipation ist praktisch nur ein voraufgehender Bestandtheil der Manumission. (40) *Gell.* *1*,12. *Gai.1*,130.145. *Ulp.10*,5. (41) *Gell.*,*Ulp*.ll.citt. *Gai.1*,130. 3,114. *Tac*.Ann.*4*,16. Es ist nicht abzusehen, weshalb Savigny (II.507.) behauptet, die Worte 'vel alias sui iuris sine k.d. fuerit effectus' bei *Ulp.L.*3.§ 4.*D.ad SC. Maced.* *14*,6. könnten nur von dem Flamen oder der Vestalin oder von beiden Fällen zugleich verstanden werden. Ulpian deutet vielmehr die Fälle an, da der Sohn, ohne eine k.d. zu erleiden, dadurch sui iuris geworden ist, daß sein Vater irgend eine maior k.d. erlitten hat. (42) vgl. *Cramer* ad Gell.l.c. in den Klein.Schriften, Leipz.1837.S.89.ff. Savigny II.503.ff. (43) Dieses hat schon Göttling S.188. Note 1. bemerkt, ohne mich, wie ich es ohne ihn bemerkt hatte. (44) *Gell.* l.c. „*capi* dici videtur, quia pontificis maximi *manu prehensa* ab eo parente, in cuius potestate est, *veluti bello capta abducitur*". § 46. Note 19.

Mancipationen nicht verdorbenen Familia, in einen über den bürgerlichen erhabenen Rechtskreiß[45], und erleidet, quasi in mancipio deae, eben so wenig eine k.d., als wer durch Tod den Göttern anheimfällt; in einer menschlichen Familia kann sie daher auch nicht eine iuri subiecta persona sein, also auch nicht durch Tod des Gewalthabers in der Familia, aus welcher sie stammt, sui iuris werden und ab intestato erben[46]; was sie selbst hat, gehört der Göttin, es fällt beim Tode der Vestalin, falls sie kein Testament gemacht hat, dem Tempeldienste zu[47]. Wenn sie nach 30jährigem Dienste ausscheidet, ist sie wieder einem andern
§ x. Frauenzimmer, welches sui iuris und ohne Tutor ist, gleich. Auch der flamen Dialis muste, wie die Vestalin, (wenngleich nicht, wie diese, in zärtester Jugend) aus der patria potestas heraus capiert werden und erlitt aus gleichem Grunde keine k.d.[48]; und wenn dieses von anderen Priestern, welche 'item *capi* dicebantur'[49], wie die Pontifices und Augures, nicht gesagt wird, so erklärt es sich wol schon daraus, daß sie, wie die Form der Wahl derselben beweist[50], erst in höherem Alter und als sui iuris homines inauguriert wur-
§ y. den. Analog diesen dem alten Sacralrecht entstammenden Fällen heben nach dem neueren Rechte der Kaiserzeit manche geistliche und weltliche Würden die väterliche Gewalt ohne k.d. auf[51].

§ z. Die Wirkungen der capitis minutio anlangend[52], so sind die der maxima und media, wie sich aus deren Begriff ergiebt, nicht bloß privatrechtlich, sie vernichten die civile Persönlichkeit als solche gänzlich, und daher wird nicht allein die maxima[53], sondern,

(45) Im prätorischen Edicte stand: „SACERDOTEM VESTALEM ET FLAMINEM DIALEM IN OMNI MEA IVRIS DICTIONE IVRARE NON COGAM". *Gell.10*,15. Vor der Vestalin, der, wie dem flamen Dialis, selbst fasces vorangetragen wurden, wichen Consul und Prätor in Ehrerbietung und ließen ihre fasces niedersenken (*Senec.*Controv.*6*,8.). Und weil mit Menschenhänden die gottgeweihte zu ergreifen ruchlos schien, wurde die todeswürdige lebendig eingemauert. *Plut.* Qu. Rom.VII.p.154.ed.Reiske.Numa 10., *Plin.*ep.*4*,11. *Schol.*ad Iuven.*4*,10.

(46) Anders aber kann nach altem Rechte eine filia familias nicht ab intestato erben, als indem sie sui iuris wird; und nur sui iuris geworden kann sie ab intestato beerbt werden, nämlich von ihren Agnaten und Gentilen.

(47) *Gell.1*,12. „ius testamenti faciendi adipiscitur" und „bona eius in publicum redigi aiunt".

(48) Er und die flaminica, seine nothwendig in confarreierter Ehe lebende Gattin, musten patrimi ac matrimi, aus confarreierter Ehe noch lebender Eltern entsproßen sein.

(49) *Gell.1*,12.

(50) *Vell.Pat.2*,12. *Cic.*in Rull.*2*,7. *Suet.*Caes.13. *Gell.15*,27.| *Liv.45*,44. *Cic.* Brut.1.| Die Pontifices waren nicht einmal dem Volke oder Senate Rechenschaft schuldig. *Dionys.2*,73.

(51) *Nov.81.*

(52) Savigny Syst.II.§§ 69.ff.

(53) s. § 30. Note 10.

wo es auf die römische Rechtsfähigkeit ankommt, auch die media[54] dem Tode verglichen; die minima k. d. dagegen ist ohne Einfluß auf die öffentlichen Rechte des sie erleidenden, sie ändert nur die privata hominis et familiae eius iura[55], und, als strengciviles Institut, auch nur die strengcivilen Rechtsverhältnisse, nicht die bloß iuris gentium sind[56]. Daher zerstört zwar die minima k.d. §α. in Betreff der Familienrechte alle aus der bisherigen Stellung in der Familia hervorgehenden, insbesondere das ius über andere[57], die agnatische Verbindung mit den bisherigen Agnaten[58] und die aus der Stellung in der bisherigen Familia hervorgehenden Vormundschafts-, Patronats-, Gentilitäts- und Intestaterb-Rechte[59]; das connubium aber (§ 33.) und eine demzufolge eingegangene römischgiltige Ehe (iustum matrimonium) wird dadurch nicht geändert[60], indem die minima k.d. die Civität nicht aufhebt; eben so wenig ändert sie die Familienrechte, welche schon iure gentium begründet sind, und die Cognation (§ 51.) und Affinität (§ 55.)[61]. In Betreff der Vermögensrechte ist die Wirkung der minima k.d., §β'. daß die civilen Forderungs- und Klage-Rechte gegen den Diminuierten als civile eigentlich untergiengen, schon bemerkt worden[62]. Auch die eigentlichen Personalservituten, der Ususfructus und Usus, §γ'. waren an die sui iuris persona, für welche sie erworben worden

---

(54) *Gai.1*,128. *3*,153. § 1.*I.quib.mod.ius pot.1*,12. *L*.13.§ 1.*D.de don.i.v. et ux*.*24*,1. *L*.1.§ 8.*D.de B.P.s.t.37*,4. *L*.4.§ 2.*D.de bonis libertor*.*38*,1.

(55) *L*.5.§ 2. *L*.6.*D.h.t.4*,5.

(56) s. oben Note 3.

(57) s. §§ 45. ff. und oben die Fälle der minima k.d.

(58) *Gai.1*,158.163. *3*,21.27. *Ulp*.28,9. § 3.*I.de leg.agn.tut.1*,15. § 1.*I.de acq.per arr.3*,10. *L*.6.*L*.7.*pr.D.h.t.4*,5. *L*.4. § 10.*D.de gradib*.38,10. *L*.11.*D.de suis* 38,17. vgl. aber auch Note 36.

(59) s. Note 14. *Cic*.Top.6.§ 29. „.. qui cap. non sunt deminuti". *Gai.3*,19. §§ 9. 11.*I.de her.q.ab int.3*,1. *L*.6.§ 1.*D.de B.P.37*,1. *L*.1.§ 4. *L*.11.*D.de suis* 38,16. | *Gai.3*,51. *Ulp.27*,5.

(60) *Gai.1*,135. Die maxima k.d. zerstört natürlich jede Ehe, da solche nur zwischen 2 freien Personen bestehen kann; die media dagegen muß nur die römischvollgiltige in eine Ehe nach ius gentium umwandeln, aber selbst für diese ließ das Recht den Fortbestand des eigentlich strengrömischen Dotalverhältnisses zu: *L*.5.§ 1.*D.de bon.damn*.48,20. *L*.24.*C.de don. i.v.et ux*.5,16. *L*.1.*C.de repud*.5,17.

(61) s. Note 58. und *L*.9.*D.de R.I.* 50,17. Wenn nach § 6.*I.h.t.1*,16. die Cognation durch Deportation, und nach *L*. 4.§ 11.*D.de gradib*.38,10. durch jede maior k.d. auch die Affinitätsverhältnisse untergehen, so bezieht sich dieß bloß auf die civilrechtlichen Ansprüche aus diesen Einrichtungen, welche an sich iuris gentium sind, z.B. auf das Erbrecht der Cognaten, das prätorische der Ehegatten u.dgl.

(62) § 46. Note 5. § 48. Note 7. Auf Delictsschulden bezog sich dieß nicht; diese hafteten an dem Individuum. *L*.2.§ 3.*D.h.t.* vgl. auch *Gai.3*,114. u. *L*.21.*pr.D.depos.16*,3. Die maiores capitis diminutiones machten den Schuldner selbst frei, aber die Schuld lastete auf seinem Vermögen, welches ihm verloren gieng. *L.2.pr. L.7.§§ 2.3.D.h.t.4*,5.

und welche durch k.d. verändert wurde, gebunden und giengen also durch jede k.d. unter; wogegen im Eigenthum das naturale Element vorwiegt, weshalb es durch minima k.d. nicht unter-, sondern nur, wenn der Eigenthümer sui iuris war, auf denjenigen über- § d. geht, dessen ius er durch die k.d. unterworfen wird [63]. In diesem Falle wird auch das Testament des sui iuris gewesenen durch die k.d. entkräftet [64].

§. 59. 2. Die Rechtsfähigkeit des Civis als Mitgliede eines bestimmten Standes: Einfluß von Rang, Stand und Gewerbe auf die Rechtsfähigkeit.

§ a. Der ursprünglich auch im Privatrecht wirksame Nationalunterschied der Patricier und Plebejer kommt für das ausgebildete römische Privatrecht nicht mehr in Betracht, als andere politische Gegensätze der republicanischen Zeit, wie z.B. der der Optimaten und Po- § b. pularen, der nobiles und der plebeii in diesem Sinne. Seit der Kaiserzeit aber tritt besonders für das Eherecht der Unterschied der ordines, d. h. der ursprünglich repräsentativen Volksabtheilungen in den senatorischen, equestrischen und plebejischen, als senatorius gradus, senatoria dignitas, im Gegensatze zu dem Freige- § c. laßenenstande und minder ehrenhaften Bürgern hervor [1]; woraus sich allmählich mit Umgestaltung der Staatsverfaßung andere Standesunterscheidungen entwickeln, welche im wesentlichen jedoch nur öffentlichrechtliche Bedeutung haben [2], und soweit sie privatrecht-

---

(63) *Gai.3,83. §1.I.de acquis.per arrog.3,10[11].* Das nähere davon bei den einzelnen Lehren selbst. (64) *Gai.2,145. Ulp.13,4.*(u.6.) *§4.I.quib. mod.test.2,17. L.6.§§5.sqq.D.de iniust.28,3.* Daß schon die media k.d. jedes Testament zerstörte, versteht sich von selbst, da dieses Testamentifaction erfordert, welche weder den Peregrinen, noch den junianischen Latinen zusteht. §35. Noten 9. und 17.

(1) z.B. *LL.44.27.31.34.§3. LL.47.49.D.de R.N.23,3.* vgl. *Dig.* de Senatoribus *1,9.* (2) So sind an sich die Stufen der Beamten-Dignitäten im constantinischen Staatsrechte (illustres, spectabiles, clarissimi) und die über denselben stehenden Rangstufen des Nobilissimatus, der Mitglieder der Regentenfamilie, und des Patriciatus, der übrigen höchsten Excellenzien, an sich rein öffentlichrechtlich (*Cod.12,1.ff.*); aber doch nicht ohne alle privatrechtliche Bedeutung, z.B. *L.5.C.de consul.12,3. Novv.81.71. L.25.C.de procur.2,13. L.17.C. de dignitatib.12,1. Nov.117.c.4. L.26.§1.C.de usur.4,32.* vgl. *§3.I.de excus.1,25. Ulp.13,1.*| So wird der Unterschied zwischen den Mitgliedern der städtischen Curien (curiales) nebst deren Familienangehörigen (de Decurionibus: *Th. C.12,1. Dig.50,2. Cod.10,31.*) als senatorii im Gegensatz der übrigen Bürger als der plebeii immer häufiger hervorgehoben; und dennoch sollten sogar Infame von den curialia munera nicht frei sein. *L.un.C.de infamib.10,57.*| Besonders häufig wird namentlich in strafrechtlicher Beziehung der, jedoch nicht juristisch genau begränzte, Unterschied, welchen *a*) die durch Rang, Beamtengewalt

lich von Einfluß sind, mit der factischen Geehrtheit oder Schmälerung der bürgerlichen Ehre der Person zusammenfallen. (§ 60.)

Besondere Bevorrechtungen, namentlich erbrechtliche, und Befreiungen von den, anderen Bürgern (privatis [3], paganis [4]) obliegenden Lasten, daneben aber auch manche mit dem militärischen Berufe zusammenhangende privatrechtliche Beschränkungen [5] hat das Recht seit der frühesten Kaiserzeit für den Soldatenstand aufgestellt [6], die zum Theil auch noch für die ausgedienten, veterani, gelten [7]. § d.

---

und Reichthum bewirkte äußere Ehre im Gegensatze *b*) zu der bürgerlichen Bedeutung des Privatmannes und dann *c*) zu derjenigen solcher Menschen, welche sordida, deformia, abiecta officia oder ministeria verrichten (*L.6.C.de dignitatib.12*,1.), unter mancherlei Benennungen hervorgehoben: *a*) honestiores, altiores, nobiles, potentiores, dignitate excellentes, in aliquo gradu, ordine, dignitate constitutae, positae, *b*) humiliores, humiles, tenuiores personae, plebeii, privati, *c*) viles, viliores, abiectae, sordidae, sordidiores personae. Daß die vornehmeren, mächtigeren, reicheren, gebildeteren da wo es auf äußere Ehre ankommt, da wo das arbitrium des Gerichts oder der Obrigkeit freier ist, wie bei der Beurtheilung der Würdigkeit oder Fähigkeit zu Vormundschaft, Zeugniß, manchen processualischen Rechten und Handlungen, bei Festsetzung arbiträrer Strafen u.dgl., in den späteren Rechtsquellen häufiger hervorgehoben und im späteren Rechte auch die politischen Standesverschiedenheiten fast nur von dieser Seite her berührt werden, ist im Zusammenhange damit, daß das römische Recht mit der alten Verfaßung auch immer mehr seinen nationalen Charakter abstreift und sich in die Bedeutung eines positiven ius gentium breitbildet. (§ 92*.) In dem republicanisch organisierten Staate gieng der civis als Person für sich unmittelbar im Staate auf und die bürgerliche Ehre, existimatio, war von dem honor, der Magistratur, ganz unabhängig, wenngleich der magistratus jener nicht entbehren durfte; in der despotischen Staatsgestaltung verschwindet der alte Begriff des Bürgerthums und der Bürgerehre; nicht vom Staate, sondern vom Kaiser wird nun die politische und bürgerliche Macht abgeleitet, und der Werth und die Ehre des Unterthans als eines activen Staatsmitgliedes bestimmt sich nach der äußeren Stufe, auf welcher er als Werkzeug des Willens des Autokrators dient. Von den alten ordines, deren sonstige Bedeutung und Ehren sich sammt denen der alten magistratus nun in dem künstlichen Getriebe des vasten Beamten-Mechanismus aufreiben, ist zuletzt nur noch die factische dignitas, honor, gradus, locus, was Neuere 'vorzügliche bürgerliche oder Standes-Ehre' zu nennen pflegen, übrig; daher nun auch die Vermengung der Begriffe und Benennungen, die sich auf Stand und Rang, mit denen, die sich auf bürgerliche Ehre und deren Schmälerung beziehen: z.B. *Ulp.L.11.§1.D.de dolo malo 4*,3. „..sed nec humili adversus eum qui dignitate excellit debent dari [die infamierenden Klagen], puta plebeio adversus consularem receptae auctoritatis; vel luxurioso atque prodigo aut alias vili adversus hominem vitae emendatioris..“. *L.1.Th.C. ad L.Iul.rep.9*,27. „..pessimos quosque et plebeios..“, *L.5.Th.C.de bon.proscr.9*,42. „..abiecti in faecem vilitatemque plebeiam..“, *L.15.Th.C.ne colonus* 5,11. „..senatoriae fortunae vir..“ u.dgl.m. Daher ist im Coder *10*,57. wieder ein Titel *de infamibus*, obgleich die Lehre im zweiten Buche abgehandelt ist.

(3) *L.66.§1.D.de evict.21*,2. *L.3.§1.D. de muner.50*,4. *L.6.C.de commerc.4*,63. u.ö.

(4) *Dirksen* Manuale h.v. § 2.

(5) z.B. Unfähigkeit zu Vormundschaften (*§14.I.de excus.1*,26.), Erwerb und Pacht von Grundstücken u.dgl. *L.9.pr.* *L.13.pr.D.de R.M.49*,16. *LL.31.35.C. de locat.4*,65.

(6) *Gai.2*,109.sqq. *Ulp.1*,20.23,10. *Inst.*de Militari te-

§ *e.* Aus dem Kirchenrecht ist in das nachconstantinische weltliche auch der Unterschied zwischen laici (auch privati) und clerici nebst den monachi (coenobitae) und monachae oder sanctimoniales mit ihren Vorstehern, den abbates, archimandritae u. s. w. übergegangen [8]. Mehrere hierhergehörigen Bestimmungen sind aus dem heidnischen ius sacrum entlehnt, welches sich zum Theil noch bis lange nach Constantinus erhalten hat [9].

§ *f.* Mancherlei besondere Rechtsvorschriften und Befreiungen von bürgerlichen Lasten [10] beziehen sich auf den besonderen Lebensberuf und das Gewerbe gewisser Unterthanenclassen, z. B. der öffentlichen Lehrer und Aerzte [11], der Advocaten [12] und der Kaufleute [13], besonders der Geldnegocianten, welche unter verschiedenen Benen-

§ *g.* nungen vorkommen [14]; ferner mehrerer Gewerbsinnungen, welche wie die Getreidehändler, Brot- und Fleisch-Lieferanten, Waffenschmiede und andere soldatenmäßig organisierte Arbeiter in den kaiserlichen und Staats-Fabriken (fabricenses), Schiffer und Gondoliere (nautae, navicularii) u. dgl. [15] für die Verwaltung der öf-

§ *h.* fentlichen Angelegenheiten von besonderer Bedeutung waren. Dagegen gehören die s.g. Begünstigungen des Bauernstandes eigentlich nicht hierher, sondern zu den Beschränkungen der Person wegen Man-

§ *i.* gels an juristischer Einsicht und Erfahrung (§ 39.*i.*). Die Rechtsverhältnisse der hörigen Bauern und Gränztruppen der späteren Kaiserzeit, adscripticii, coloni, censiti, agricolae, der læti und gentiles u. dgl. sind, privatrechtlich betrachtet, unter mancherlei po-

---

stamento 2,11. *Dig.29*,1. *Cod.6*,21.| *Gai.4*,27.| *L.*9.§1.*D.de iur.et f.ign.22*,1. *Tit.C.* de Restitutionibus militum 2,51. (§ 39.*a.*E.) | *L.*6.*pr.* = *L.*18.*D.de re iud.* *42*,1.| *Dig.* de Re militari *49*,16. de Castrensi peculio *49*,17. *Cod.12*,33[34]. ..47[48]. (*7*) *Tit.* de Veteranis: *Th.C.7*,20. *Dig.49*,18. *Cod.12*,46[47].| Die Dienstentlaßung des Soldaten, missio, ist honesta, wenn sie zur Belohnung nach vollendeten Dienstjahren (post emerita stipendia), sie ist causaria, wenn sie wegen Invalidität, sie ist ignominiosa, wenn sie zur Bestrafung geschieht. *L.*2.§2.*D.de his qui not.3*,2. vgl.*Cod.10*,54.55.| Auch die gekrönten Athleten (*Cod.10*,53.) waren von den civilia munera frei.

(*8*) s. besonders de Episcopis et clericis *etc.*: *Th.C.16*,2. *Cod.1*,3., de Episcopali audientia *etc.* *Cod.1*,4., de Monachis *Th.C.16*,3. *Nov.123.* vgl.§61.

(*9*) z.B. § 58.*y.* *L.*13.*pr.D.de vacat.50*,5., das Asylrecht, vgl.*Gai.1*,53. *Th.C.9*,44.45. *Cod.1*,25. 12.u.dgl.

(*10*) vgl.überh. de Vacatione et excusatione munerum: *Dig.* *50*,5. *Cod.10*,44.45.47...51., de Iure immunitatis: *Dig.50*,6. *Cod.10*,46.

(*11*) *Th.C.13*,3. *Cod.10*,52. cf.*Th.C.6*,21. *Cod.12*,15.

(*12*) *Cod.2*,7...9. *Th.C.19*,15.

(*13*) *Cod.4*,63. vgl.*Cod.12*,35.

(*14*) Argentarii, nummularii, mensularii, arcarii, mensae (argentariae u.s.w.) praepositi, praefecti, trapezitae u.dgl. cf.*Dirksen* Manuale hh.vv.

(*15*) s.bes.*Th.C.14*. *Cod.12*, 2[1]...27[28]. u.meine annot.ad Notit.Dignitt.capp.x.*VIII.

litischen und socialen Einflüßen entstandene Analoga der Sclaverei und des Patronats, daher dem Familienrecht angehörig.

§. 60. 3. Die Rechtsfähigkeit des Civis in seinem unmittelbaren Verhältniſs als Privatperson zum Staate: Bürgerliche Ehre und deren Schmälerung: Infamia *).

Lex Iulia municipalis ✝.108...141. [s.oben S.23.Z.30.ff.] *Fgm. Vat.* §§320...24. *Dig.* de His qui notantur infamia 3,2. u. der vorhergeh. Tit. de Postulando. *Cod.* Ex quibus causis infamia irrogatur 2,12. de Infamibus *10*,57. *Sirmondi const.* 15.

Wie die (minima) capitis minutio die Rechtsfähigkeit des § *a.*
Staatsmitglieds, des civis, in seiner Eigenschaft als Familienglied betrifft (§ 58.), wie dann die jenem in seiner Eigenschaft als Standesgenoßen zukommende Rechtsfähigkeit verschieden ist (§ 59.), so betrifft die bürgerliche Ehre und deren Schmälerung das Staatsmitglied unmittelbar in seiner Eigenschaft als Person für sich im Staate.

Die Ehre ist an sich ein sittlicher Begriff [1], und daß der Mensch § *b.*
als Ehre habender im Staate und vom Rechte anerkannt sei (die existimatio, der dignitatis inlaesae status), ist eine wesentliche Voraussetzung und Bestandtheil seiner Persönlichkeit: ohne alle bürgerliche Ehre ist der Mensch nicht Person [2]. So ist nur derje- § *c.*
nige Mensch, welchem die mit dem römischen Bürgerrecht verbundene Ehre ungeschmälert zukommt, nach römischem Civilrecht eine vollständige Person, d. h. ein Subject aller nach diesem Rechte möglicher Bestimmungen und Aeußerungen des Willens für sich (§ 30.*a.* § 33.); diese Ehre und diese Persönlichkeit verliert er also (con- § *d.*
sumitur existimatio) durch jede maior capitis minutio, Verlust der Civität [3], während die minima k. d. nicht die civilrechtliche Persönlichkeit an sich, sondern nur sie in ihrer besonderen Stellung in der Familia verändert (§ 58.z.ff.) Aber auch bei bleibender Civi- § *e.*
tät kann die bürgerliche Ehre und damit die civile Rechtsfähig-

(*) Marezoll die bürgerl. Ehre. Giess. 1824. 8°. Savigny Syst. II. §§ 76...83. und Beilage VII. Puchta Inst. § 216. (*1*) Die allgemein menschliche Ehre, die Uebereinstimmung des Menschen in Gesinnung, Wort und That, mit seiner Idee, der Bedeutung als natürlich-geistiges Individuum, und die Anerkanntheit dieser Uebereinstimmung greift über die einzelnen Staaten und das positive Recht hinaus. (2) Der Sclave als solcher kann daher auch keine Infamie erleiden. *L.*4.§ 3.*D.h.t.* „.. notari post libertatem ..". *Call.L.*5.§1.*D.de e.o.cogn.* *50*,13. „Existimatio est dignitatis inlaesae status, legibus ac moribus comprobatus, qui ex delicto nostro auctoritate legum aut minuitur aut consumitur". (3) *L.*5.*cit.*§ 3. „Consumitur .. quotiens magna k.d. intervenit, i.e. cum libertas [d.h. civitas: § 58. Note 19.] adimitur".

§ f. keit der Person geschmälert werden (minuitur existimatio)[4]; und zwar theils auf factische Weise, dadurch daß das (gerechte oder ungerechte) Urtheil der Mitbürger über die bürgerliche Würdigkeit einer Person ungünstig ist (turpitudo, ignominia, nota, +infamia facti), was also auch nur da juristische Bedeutung hat, wo es auf die factische Integrität des guten Namens (bona fama im

§ g. Gegensatz zur ignominia) ankommt[5]; theils auf juristische Weise, indem, ohne sonstige Rücksicht auf die innere Würde der Person und deren Ruf[6], bald zufolge von Handlungen, welche mit existimationis poenae (quae ad existimationem, non ad capitis periculum pertinent[7], oder quotiens manente libertate [civitate] circa statum dignitatis plectimur (4)) bestraft wurden, bald zufolge entwürdigender Schändlichkeiten auch ohne weitere Strafe[8], bald endlich zufolge anderer positiver, auf ungeschriebenes und gesetzliches Recht gegründeter Bestimmungen des prätorischen Edicts[9], welche

---

(4) *L.5.cit.*§2. „Minuitur existimatio quotiens manente libertate [i.e. *civitate*: s.S.215.Z.25.] circa statum dignitatis [§ 31. Note 3.] poena plectimur, sic uti cum relegatur quis, vel cum ordine movetur, vel cum prohibetur honoribus publicis fungi, vel cum plebeius fustibus caeditur vel in opus publicum datur [§ 58.*k.l.*], vel cum in eam causam quis incidit quae edicto perpetuo infamiae causa enumeratur". s. die folg. Note 9. (5) Diese factische Ehrenschmälerung kann zwar juristische und policeiliche Folgen haben, wie z.B. ungünstigere Behandlung in Angelegenheiten, welche dem Ermeßen der Obrigkeit oder der Gerichte anheimgegeben sind, z.B. *L.*3. §§ 4.5.*D.de lib.exh.* 43,30. *L.*17.§13.*D.de iniur.47*,10., Verringerung der Glaubwürdigkeit des Zeugnisses (*LL.*2.3.*pr.D.de testib.*22,5. *Nov.90.c.*1.), Zurücksetzung als Erben bei der Inofficiositätsquerel der Geschwister (*L.*27.*C.de inoff.test.*3,28.), die censorische Rüge, Verstoßung aus einem ordo oder Unfähigkeit zu civilen und öffentlichen Aemtern, munera et honores, (Note 4.), zur Vormundschaft (*L.*17.§1.*D.de test.tut.* 26,2.) u.s.w.; an sich aber ist sie gar kein Rechtsinstitut: es laßen sich keine juristischen Entstehungs- und Beendigungs-Gründe und nicht juristisch bestimmte Wirkungen derselben bezeichnen. Verwirrend ist es daher auch, dieselbe als positives Rechtsinstitut neben die eigentliche infamia zu stellen oder sie (wie Arndts Pand. § 31.) damit zu verwechseln, und wieder besondere Abstufungen, als eigentliche turpido und levis nota oder levis notae macula zu unterscheiden, wie z.B. Mühlenbruch Pand. §§ 189. ff. (6) *Ulp.L.*42.*D.de V.S.50*,16. '*Probrum et opprobrium*', i.e. probra quaedam natura turpia sunt, quaedam civiliter et quasi more civitatis: ut puta furtum, adulterium natura turpe est; enim vero tutelae damnati hoc non natura probrum est, sed more civitatis; nec enim natura probrum est quod potest etiam in hominem idoneum incidere". (7) *Macer L.7.D. de publ. iud.* 48,1. „Infamem non ex omni crimine sententia facit, sed ex eo quod iudicii publici causam habuit [*L.1.eod.*]"; aber auch „si crimen ex ea actione fuit quae etiam in privati iudicio infamiam condemnato importat, veluti furti" *et r. L.*28. §1.*D.de poen.48*,19. (8) *L.*1.§ 6.*D.de postul.3*,1. „..qui corpore suo muliebria passus est, ...qui operas suas, ut cum bestiis depugnaret, locaverit". *L.*20.*C.h.t.*2,12. „Improbum fenus exercentibus ... infamiae macula irroganda est". (9) *Iul.L.*1.*D.h.t.3*,2. „Praetoris verba dicunt 'Infamia

später auch durch andere Rechtsquellen[10] vermehrt worden sind, wegen mancher Handlungen, Lebensweisen oder Ereignisse[11] eine existimationis minutio, Schmälerung der bürgerlichen Ehre (+infamia iuris) *eintritt*, welche, jedoch nicht streng technisch, als ignominia, turpitudo, turpitudinis nota, famositas bezeichnet wird: nur die Ehrenschmälerung nach dem Edicte führt in der Regel den technischen Namen infamia; die Person wird famosa, infamis[12]. Alle diese juristischen Ehrenschmälerungen vermindern die Rechtsfähigkeit der Person in juristisch bestimmten Gränzen (s. § *k*). § *h*.

(Die Fälle der Ehrenschmälerung, in denen sie nur erst eintritt, wenn die sie bewirkende Handlung durch gerichtliches Urtheil oder Vertrag zur Abwendung des Urtheils feststeht, nennen die Neueren infamia *mediata; immediata* dagegen die mit der Handlung oder Lebensweise selbst ohne weiteres verbundene: diese Unterscheidung ist aber für das römische Recht verwerflich, indem nach diesem jede Ehrenschmälerung und Infamie Folge der Handlung oder Begebenheit selbst, niemals des Urtheils[13] oder der Strafe[14] ist). § *i*.

---

notatur [1] qui ab exercitu ignominiae causa... dimissus erit, [2] qui artis ludicrae pronuntiandive causa in scaenam prodierit, [3] qui lenocinium fecerit, [4] qui in iudicio publico [*a*] calumniae [*b*] praevaricationisve causa quid fecisse iudicatus erit, [5] qui [*a*] furti, [*b*] vi bonorum raptorum, [*c*] iniuriarum, [*d*] de dolo malo et fraude suo nomine damnatus pactusve erit, [6] qui [*a*] pro socio, [*b*] tutelae, [*c*] mandati, [*d*] depositi suo nomine, non contrario iudicio, damnatus erit, [7] [*a*] qui eam quae in potestate eius esset, genero mortuo, cum eum mortuum esse sciret, intra id tempus quo elugere virum moris est, ante quam virum elugeret, in matrimonium collocaverit, [*b*] eamve sciens quis uxorem duxerit, non iussu eius in cuius potestate est, [*c*] et qui eum quem in potestate haberet, eam de qua supra comprehensum est, uxorem ducere passus fuerit, [8] quive suo nomine, non iussu eius in cuius potestate esset, eiusve nomine quem quamve in potestate haberet, bina sponsalia binasve nuptias [in] eodem tempore constitutas haberet". s. §131.*m*. Die einzelnen Gründe der Infamia überhaupt sind aufgezählt bei Savigny § 77. (*10*) selbst durch kanonische und reichsgesetzliche. (*11*) Mit Unrecht nennt Savigny a.a.O. (S.185.) die Bestimmung in *L*.5.*C.ad L.Iul.maiest*.9,8. von Arcadius und Honorius, daß die Söhne der Hochverräther infam sein sollen, ein 'sehr spätes Gesetz'. *Cic*.ad Brut.ep.15. „..in qua videtur illud esse crudele, quod ad liberos, qui nihil meruerunt, poena pervenit: sed id *et antiquum est* et omnium civitatium". (*12*) *L*.1. § 8.i.f.*D.de postul*. *L*.1.*pr.D.h.t*. (Note 9.) *L*.5.§ 2. in Note 4. u.ö. Jedoch wird zuweilen die ohne einen Grund aus dem prätor. Edict eintretende Beschränkung zum Postulieren oder Unfähigkeit zu öffentlichen Aemtern als infamia bezeichnet, z.B. *L*.3.*C.h.t*.2,12. *L*.1.*C.de his qui in exsil*.10,59. (*13*) In den Fällen, wo die infamierende Handlung selbst strafbar ist, läßt sich erst dann dieselbe aus den Augen des Rechts als begangen ansehen, wenn das Urtheil oder das dieses vertretende pactum erfolgt ist, so z.B. Note 9.numm.4...6., *L*.6.§ 1.*D.h.t*. und in diesen

§ *k.* Die privatrechtlich in Betracht kommenden Wirkungen der minuta existimatio [15] waren Beſchränkung der Fähigkeit zum postulare und zu gerichtlicher Stellvertretung [16], und nach der lex Iulia de maritandis ordinibus zur Eingehung einer Ehe, welche die regelmäßigen erbrechtlichen Wirkungen des iusti matrimonii für die Ehegatten gehabt hätte [17]; Söhne der Hochverräther ſollen die infamia paterna tragen und erbunfähig ſein [18]; ebenſo war mitunter gänzliche Rechtloſigkeit an die Ehrloſigkeit mancher Häretiker, der Apoſtaten u. dgl. geknüpft [19]. Die privatrechtliche Poſtulations- und Stellvertretungs-Beſchränkung iſt im juſtinianiſchen Rechte ohne praktiſche Bedeutung [20], jene eherechtliche Beſchränkung ganz
§ *l.* aufgehoben [21]. Die ſonſtigen von Neueren aufgezählten angeblichen Wirkungen der ſ. g. infamia iuris gehören, ſoweit ſie begründet ſind, theils zu denen des factiſchen Verluſtes des guten Namens und der öffentlichen Achtung [22], theils ſind ſie nicht Wir-

Fällen iſt die Infamia ſo wenig Wirkung des Urtheils, daß dieſes ſie ſogar nicht einmal ausſchließen kann (*L.* 63. *D. de furtis* 47, 2.), während z. B. in den Fällen numm. 1...3. 7. der Note 9. und denen der Note 8. die infamierende Begebenheit an ſich keine ſtrafrechtlichen Folgen hat. (14) Zwar ſagt *L.* 6. *C. h. t.* 2, 12. „Ad tempus in opus publicum damnati ... damno infamiae post impletum tempus subiciuntur"; aber auch hier „causa propter quam id pati meruit ... infamiam damnato irrogat". *L.* 22. *D. h. t.* „... causa damnationis quaerenda est". *L.* 4. § 4. *D. de R. M.* 49, 16. (15) ſ. überh. Savigny §§ 78...82., welcher die Infamie als „Verluſt aller politiſchen Rechte bei fortdauernder Civität" bezeichnet. (16) *L.* 1. § 8. *D. de postulando* 3, 1. „Hoc edicto continentur etiam (außer den personae turpitudine notabiles [§ 5. *eod.*], welche § 6. *eod.* bezeichnet ſind) alii omnes qui edicto praetoris ut infames notantur, qui omnes nisi pro se et certis personis ne postulent". „*Postulare* autem est desiderium suum vel amici sui in iure apud eum qui iuris dictioni praeest exponere, vel alterius desiderio contradicere". § 2. *eod.* *Fgm. Vat.* §§ 322. sqq. *Paul.* S. R. 1, 2. § 1. *L.* 4. *D. de popul. act.* 47, 23. | Die eigentliche infamia, d. h. die nach dem Edict das pro aliis postulare nicht ganz unzuläßig machte, ſondern nur beſchränkte, konnte Frauenzimmer nicht treffen, weil dieſe ſchon des Geſchlechts wegen für andere nicht poſtulieren durften. *L.* 1. § 5. *D. de postul.* Anträge für andere vor dem Tribunal des magistratus zu machen, konnte auch durch eine beſondere lex oder legis vicem habende Rechtsbeſtimmung (ſ. § 12. Note 6.) jemanden unterſagt ſein. § 8. *eod.* u. Note 12. (17) *Ulp.* 13, 1. 2. 16, 2. Savigny Beil. VII. Die lex Iulia bezeichnete die einzelnen Gründe der Ehrenſchmälerung, welche mit denen der Infamia nach dem Edicte im weſentlichen zuſammentreffen. (18) *L.* 5. § 1. *C. ad L. Iul. maiestatis* 9, 8. ſ. Note 11. (19) vgl. den folg. § 61. (20) In der veränderten Gerichtsverfaßung iſt die Advocatur nun ein öff. Amt (*Cod.* 2, 6. ff.), der infamis alſo deshalb davon ausgeſchloßen (*L. un. C. de infam.* 10, 57. vgl. oben Note 12.); „eas vero exceptiones quae olim procuratoribus propter infamiam vel dantis vel ipsius procuratoris opponebantur, cum in iudiciis frequentari nullo modo perspeximus, conquiescere sancimus". § 11. *I. de exceptionib.* 4, 13. cf. *Gai.* 4, 124. et ibi citt. ll. (21) De infirmandis poenis caelibatus: *Th. C.* 8, 16. *Cod.* 8, 58. *LL.* 28. 29. *C. de nupt.* 5, 4. *Nov.* 117. *c.* 6. (22) z. B. die bei Mühlenbruch Pand. § 191. Arndts Pand. § 31. aufge-

kungen der Ehrenschmälerung, sondern der Strafe welche die infamierende Handlung nach sich zieht[23], theils endlich beziehen sie sich nur auf die Ehrenschmälerung aus einzelnen besonderen Gründen[24].

Beendigungsgrund der Ehrenschmälerung ist nur die Wieder- § m.
herstellung der Ehre durch Privilegium, oder Wiedereinsetzung in den vorigen Stand gegen das die infamierende Handlung als begangen erkennende Urtheil[25], nicht bloße Begnadigung oder Erlaß der Strafe[26], noch auch Ablauf der Strafzeit[27].

§. 61. C. Die Person als Mitglied einer Religionsgemeinschaft.

Theod. Cod. 16. Iust. Cod. 1, 1...12. Nov. 109. Constitutiones Sirmondi [s. § 20. *q.*].

Das Gefühl und Bewustsein der Abhängigkeit des Menschen § *a.*
von Gott (erga deum religio) erkennen die Römer, gleich dem von Familie und Vaterland (Staat), als das eigentlich menschliche im Unterschiede einerseits von dem bloß natürlichen, andrerseits dem positiv civilen an[1]; aber die Religion selbst war ihnen nur eine Seite des existierenden Staates[2]. Wie daher das Verhal- § *b.*
ten des römischen Staates zu anderen so lange ein negatives, hostiles war, bis er sich mit diesen gesetzt hatte[3], so negierte er

---

zählten zum großen Theile. (23) z. B. § 6. *I. de test. ord.* 2, 10. „..quos leges iubent improbos intestabilesque esse ..". *L. 26. D. qui test.* 28, 1. *Gell. 15*, 13. (u. 6, 7.) mit *LL.* 14. 15. *pr.* 18. 21. *pr. D. de testib.* 22, 5. (24) z. B. *L. 2.* § 4. *D. h. t.* 3, 2. *L. 3. C. de R. M.* 12, 36. *L.* 20. §§ 5. 6. *D. qui test. fac.* 28, 1. *L. 37. pr. D. de op. lib.* 38, 1. *L. 4.* § 7. *D. de R. M.* 49, 16. *L. 24. pr. D. ad L. Iul. de adulter.* 48, 5. *LL.* 2. *pr.* 18. § 7. *D. de I. F.* 49, 14. (25) *L.* 1. §§ 9. 10. *D. de postul.* 3, 1. *L. 4. C. ad SC. Tertull.* 6, 56. (26) *L. 3. C. de gener. abol.* 9, 43. *L. 7. C. de sent. pass.* 9, 51. vgl. aber *L. 33. C. de decur.* 10, 31. *L. 15. C. de appellation.* 7, 62. (27) Die Neueren verwechseln hier zum Theil die ohne nothwendige Verbindung mit der Infamie eintretende besondere Postulationsbeschränkung, oder Interdiction von öffentlichen Functionen (wovon z. B. *L. 8. D. de postul.* 3, 1. *L. 3.* § 1. *D. de decur.* 50, 2. vgl. Note 12.) mit der eigentlichen prätorischen Infamie; zum Theil misverstehen sie, verleitet durch die ganz unrömische Unterscheidung der inf. mediata und immediata, den Satz des röm. Rechts, daß das Erleiden einer ungerecht harten Strafe zur Compensation die verlorene Ehre wieder herstelle, und so gewissermaßen ein Vergleich des Rechts mit dem bestraften Subject dahin abgeschloßen werde, daß dieses das ungerechte Uebermaß von Strafe hinnehme, wogegen jene ihm die rechtliche Folge seines Unrechts, die Infamie erlaße: dicendum erit duriori sententia cum eo transactum de existimatione eius, idcircoque non esse infamem: (*L.* 13. § 7. *D. h. t. L. 4. C. h. t. L. 15. pr. D. ad munic.* 50, 1. *L. 5. D. de decurionib.* 50, 2.).

(1) *L. 1. i. f. L. 2. D. de I. et I. 1*, 1. „..hoc solis hominibus inter se commune sit" „vel uti erga deum religio, ut parentibus et patriae parcamus".
(2) *Cic.* pro Flacco 28. § 69. „.. sua cuique civitati religio est, nostra nobis". vgl. *Fest.* v. Municipalia sacra. s. auch § 2. Note 1. § 41. Note 1. und überh. W. Ad. Schmidt Geschichte der Denkfreiheit &c. Berl. 1847. 8°. S. 156. ff. (3) s. § 35. *h.*

auch fremde Religionen, so lange diese nicht entweder in die römische Civität aufgenommen und dadurch ein Bestandtheil der römischen Staatsreligion geworden[4], oder aber als Religionen unterworfener, zu Provinzen u. dgl. gemachter Staaten ihrer nationalen Bedeutung und Selbständigkeit beraubt worden waren[5].

§ c. Das Christenthum muste aus dem Kampfe, welchen die römischen Staatsgötter ihm boten, siegreich hervorgehen; es war für diese allerdings 'exitiabilis superstitio', und wie es sich selbst als ein Reich nicht von dieser Welt verkündigte, so muste die römische Staatsmacht dieses als odium humani generis[6], die Christen als inimicos deorum und hostes religionum publicarum[7] behandeln.

§ d. Das Heidenthum erbleicht: Gallienus schützt die freie Ausübung der christlichen Religion[8], und seit Constantin[9] wird diese auch in juristischer Beziehung immer entschiedener herrschende Religion:

§ e. Justinians Constitutionensammlung eröffnet ein anathematisierendes Edict[10], welches den Glauben an die Dreieinigkeit Gottes und den Namen katholischer Christen allen römischen Unterthanen anbefiehlt. Auch in Beziehung auf die Rechtsfähigkeit werden nun strenge unterschieden

§ f. 1) Christen; nur diesen kommt, sofern sie rechtgläu-

---

(4) z.B. *Liv.* 29,11. „.. Aesculapium ex Graecia quondam, *haud dum ullo foedere sociata* ... arcessitum ..“. *ibid.* 14. 39,8.sqq. „..negotium est magistratibus datum, ut sacra externa fieri vetarent ..“ sagt der Consul bei *Liv. eod.* 16. Und Mäcenas räth dem Octavian bei *Dio Cass.* 52,36. die Götter zu ehren nach heimischer Weise und andere zu solcher Verehrung zu zwingen; diejenigen aber, welche fremdes in Religionssachen einheimsen wollten, zu haßen und zu züchtigen, nicht bloß der Götter wegen, sondern wegen der politischen Gefahr aus peregrinem Cultuswesen. Und Octavian that also; s. z.B. *Dio Cass.* 54,6.i.f. über Aufhebung des ägyptischen Cultus, *Suet.* Oct. 29.sqq. (5) So wurde die Iudaica superstitio, nachdem Palästina u.s.w. römische Provinz geworden, mitunter selbst begünstigt, *L.* 15. § 6. *D. de excus.* 27,1. *L.* 3. § 3. *D. de decur.* 50,2.; das Christenthum aber sofort verfolgt, als man inne wurde, daß diese religio nova nicht bloße Iudaica superstitio sei. s. bes. *Tac.* Ann. 15,44.| Dieß war die oft sogenannte 'Toleranz' der Römer, wie es die aller nationalen Religionen sein muß. Aber nach den kirchlichen Verfaßungsgesetzen in den justinian. Rechtsbüchern ist nicht zu verkennen, daß diese christliche Kirche den tödtlichen Haß gegen andere Superstitionen vom Heidenthume geerbt hat, und nun den politischen Menschen um des Glaubens willen vernichten will, wie das Heidenthum den Andersgläubigen um des politischen willen verfolgte. (6) *Tac.* l.c. (7) *Lactant.* de mort. persec. 11. (8) Das hierher gehörige Rescript steht bei *Euseb.* H.E. 7,13. (9) s. z.B. *LL.* 1...7. *Th. C. de episc. eccles. et cleric.* 16,2. *LL.* 1.2. *Th. C. de haeret.* 16,5. *LL.* 1...5. *Th. C. de Iudaeis* 16,8. *LL.* 1.2. *Th. C. ne Christian. manc.* 16,9. (10) Die *L.* 2. *Th. C. de fide cathol.* 16,1. von Gratian, Valentinian und Theodosius p.Chr. 380. u. *L.* 1. *C. de trinitate et fide catholica et ut nemo de ea publice contendere audeat* 1,1.

bige, catholici, orthodoxi, sind, d. h. sofern sie sich zu den von den allgemeinen Kirchenversammlungen aufgestellten Glaubenssätzen bekennen, volle Rechtsfähigkeit zu; während den Irrgläubigen oder Ketzern, haeretici [11], welche die von den siegenden Kirchenversammlungen [12] verworfenen Ansichten über die göttliche Dreieinigkeit und die Natur der drei Personen der Gottheit vertheidigten, zum Theil, wie den Manichäern, selbst alle bürgerliche Ehre und Rechtsfähigkeit abgesprochen wird.

2) Nichtchristen. Unter diesen werden die Abtrünnigen §g., apostatae, am härtesten behandelt, indem ihnen, so wie auch denen, welche zum Abfalle von der rechtgläubigen Kirche verleiten, als Verbrechern Zeugniss- und Erb-Fähigkeit entzogen wird [13], während man den Abfall zum Christenthum begünstigt [14]. Aber §h. auch die Juden werden strenger als früher behandelt, seitdem die christliche zur Hof-Religion geworden war [15]: die Fähigkeit zu öffentlichen Aemtern wird ihnen entzogen [16]; die Ehe mit Christen als adulterium untersagt [17], und ihnen, wie den Nichtchristen überhaupt, das Recht christliche Sclaven zu haben beschränkt [18]. Die §i. Sabbate werden geachtet [19]. Mit Constantius geräth die Po- §k. litik in juristische Intoleranz auch gegen die Heiden, pagani, gentiles, denen allmählich alle Ausübung ihrer Religionsgebräuche als Verbrechen untersagt und deren Rechtsfähigkeit immer entschiedener aufgehoben wird [20].

---

(11) *Th.C.* de Haereticis *16*,5. et Manichaeis *Cod.1*,5. vgl. *Th.C.* de His qui super religione contendunt *16*,4. *Cod.1*,1. *Th.C.* Ne sanctum baptisma iteretur *16*,6. *Cod.1*,6. *Th.C.* de Religione *16*,11. und *Cod.* Nemini licere signum salvatoris Christi humi vel in silice vel in marmore aut insculpere aut pingere *1*,8.| *L.*2.§1.*C.h.t.1*,5. Ein ansehnliches Namensverzeichniss von Ketzern nebst Angabe, wie sie der veneranda catholica ecclesia gegenüber misshandelt werden sollen, giebt z. B. *L.*5.*C.h.t.1*,5., vollständiger *L.*65.*Th.C.eod.16*,5. von 428. „Haereticorum ita est reprimenda insania" u.s.w. *Non erubescere!*

(12) Die Beschlüße, canones, der vier ersten der s.g. generalia concilia bestätigt Justinian als Reichsgesetze (*Nov.131.c.*1. [oben §23. Note 25.] vgl. *L.*3.§3.*C.de summa trin.1*,1. *L.*8.*C.de haeret.1*,5. *Nov.115. c.*3.§14.): das nicänische von 325., das constantinopolitanische von 381., das ephesinische von 431., das chalkedonische von 451.

(13) *Th.C.* de Apostatis *16*,7. *Cod.1*,7. *L.*18.*C.de Iudaeis 1*,9.

(14) *L.*28.*Th.C.de Iud.16*,8. vgl. *LL.*12.13.*C.de haeret.1*,5.

(15) *Th.C.* de Iudaeis, caelicolis et Samaritanis *16*,8. *Cod.* de Iudaeis et caelicolis *1*,9.

(16) *L.*19.*pr.C.h.t.1*,9. *Nov.Theod.8.c.*2. vgl. Note 5.

(17) *L.*6. vgl. *L.*7.*C.h.t.1*,9. *L.*2.*Th.C.de nupt.3*,7. *L.*5.*Th.C.ad L.Iul.de adult.* 9,7.

(18) *Th.C.* Ne Christianum mancipium Iudaeus habeat *16*,9. *Cod.* Ne Christianum mancipium haereticus vel Iudaeus vel paganus habeat vel circumcidat *1*,10. s.§47. Note 81.*c.*

(19) *L.*20.*Th.C.* *L.*13.*C.de Iudaeis.*

(20) *Th.C.* de Paganis, sacrificiis et templis *16*,10. *Cod.1*,11.

Zweiter Abſchnitt.

Von den juriſtiſchen Perſonen.

§. 62. I. Begriff und Arten überhaupt.

§a. Als juriſtiſche, (fingierte, auch moraliſche, myſtiſche) Perſonen beſtimmten wir (§ 30. *f.*) diejenigen Träger der Perſönlichkeit, Rechts-Fähigkeit und Subjectivität, welche eine (bloß) im Rechte geltende Willenseinheit haben, ohne daß ihnen ſolche von Natur zukommt; oder Rechtsſubjecte ohne die leibliche Individualität

§b. eines Menſchen [1]. Das poſitive des Begriffs, eine im Rechte für ſich geltende Willenseinheit, Rechtsfähigkeit, und das negative, Mangel menſchlicher Individualität, natürlicher Willenseinheit [2], weiſen auf eine Vertretung des Willens der juriſtiſchen Perſönlichkeit durch den Willen eines Menſchen, oder auf die Fiction hin, daß die Einigung einer Vielheit von Willen eine individuelle Wil-

§c. lenseinheit ſei [2*]: das erſte iſt nothwendig, wo von Natur unperſönlichem im Rechte Perſönlichkeit beigelegt wird; beides kann ſtattfinden, wo eine natürliche Mehrheit von Perſonen im Rechte als eine Perſönlichkeit gilt. Als juriſtiſche Perſönlichkeiten laßen ſich nämlich denken (vgl. unten § *l.*):

(*) Savigny Syſt. II. §§ 85...102. Puchta Inſt. §§ 28. 190...92. Pand. §§ 25...28. K. Pfeifer Die Lehre von den jur. Perſonen. Tüb. 1847. 8°. (eine Gelegenheits-, nicht wißenſchaftliche Schrift.)

(1) Incerta persona heißt jede, die man ſich nicht als ein beſtimmtes Individuum vorſtellen kann (in Beziehung auf welche es unmöglich iſt, ſie ſich als ein ſolches zu vergegenwärtigen, alſo z. B. nicht ein beſtimmter mir unbekannter, welchen ich zufällig nie geſehen habe; denn dieſen könnte ich ja möglicher Weiſe kennen), quam per incertam opinionem animo suo quis subicit (*Gai.* 2,238.), ſei es, weil die leibliche Individualität der Perſon noch nicht exiſtiert (postumus), oder erſt durch etwas zukünftiges beſtimmbar wird (z. B. wer zuerſt zu meinem Begräbniſſe kommen wird: *Ulp.* 22,4. 24,18.), oder weil die Perſon wirklich keine leibliche Individualität hat, alſo jede juriſtiſche Perſon. (*L.* 24. *C. de episc.* 1,3. u. o. incertum corpus bei *Ulp.* 22,5. *Cod.* De incertis personis 6,48.) Bei *Agg. Urb.* heißen coloniae 'personae publicae' und *Frontin.* ſagt 'persona coloniae' (Röm. Feldmesser ed. *Lachm.* p. 16. 54.) vgl. auch § 77. Note 2. Verſchieden von jener incertitudo der Perſon wegen Mangels oder Unbeſtimmbarkeit der leiblichen Individualität iſt die Unbeſtimmtheit, die Inſufficienz der Bezeichnung einer beſtimmten (phyſ. oder juriſt.) Perſon, welche nicht erkennen läßt, welche Perſon der ſie bezeichnende gemeint habe (z. B. *LL.* 4. 27. *D. de reb. dub.* 34,5. *L.* 9. § 9. *L.* 62. § 1. *D. de her. inst.* 28,5.), und die Unſicherheit des thatſächlichen, durch welches ſich beſtimmen ſoll, welche unter mehreren Perſonen die bezeichnete ſei, wovon *L.* 10. *pr. D. de reb. dub.* Beiſpiele giebt.

(2) Unſere Quellen bezeichnen dieſen Mangel als consentire non posse, uni oder universi consentire non posse, per se nihil adquirere, possidere, cernere u. dgl. posse, nisi per alios agere non posse; z. B. *Ulp.* 22,5. *L.* 1. § 22. *D. de A. v. A. P.* 41,2. ſ. unten § *l.*

(2*) „Refertur ad universos quod publice fit per maiorem partem“. *L.* 160. § 1. *D. de R. I.* 50,17.

1) Sachen, d. h. von Natur unpersönliches; so sind *a*) Grundstücke nach allgemeiner Rechtsregel mögliche Rechtssubjecte, jedoch hauptsächlich nur in Beziehung auf servitutes rerum, Grunddienstbarkeiten (Rechte der Grundstücke, iura praediorum) und analoge privilegiarische Gerechtsame an öffentlichem Eigenthum (§ 98. Note 17.); die Prädialservitut schuldet ein Grundstück dem andern, dieses hat sie von jenem zu fordern [3]. Aber selbst als Schuldner und Beklagte in obligatorischem Verhältnisse behandelt schon das römische Recht die praedia [3*]). §*d*.

---

(3) So ist häufig von dem praedium quod servitutem debet, serviens, servum und dem cui servitus debetur, dominans, die Rede, wofür z.B. *L*.17. § 3.*D.de S.P.U*.8,2. sagt „..pollicetur *venditor sibi* servitutem *deberi*, *se* autem *nulli debere*". *L*.140.i.f.*D.de V.O.45*,1. „..praedium serviens vel cui servitur..". *L*.12.*D.de servit*.8,1. „..fundo servitus adquiritur". *L*.31.*D.de S.P.R.* 8,3. „..fundus id ius aquae amisit..". *L*.12.*D.de S.P.U*.8,2. „Aedificia quae servitutem patiantur..". *L*.30.§1.*eod*. „..praedium quod mihi aut cui ego serviam.." „..praedia mea praediis tuis serviant.." u.ähnl. überaus häufig. Hierauf gehen auch die Ausdrücke iura praediorum; praedia servitute onerantur, servitus iis imponitur; libera, serva praedia, und viele andere dgl.| (Mit Unrecht würde man alle verpfändbaren Sachen, weil von ihnen gesagt wird 'obligantur' u.dgl., weil sie also gewissermaßen Schuldnerinnen scheinen, den Grundstücken in der hier fraglichen Beziehung gleich stellen, da die Sache im Pfandnexus durchaus das rein sächliche, passive, objective, unpersönliche ist und bleibt, während die Grundstücke bei den Realservituten als berechtigte und verpflichtete Subjecte gelten. Eben so wenig als die Pfandschaft der Grundstücke, beweist für deren Persönlichkeit die operis novi nuntiatio.)| Daß praktisch doch nur den Menschen auch die Grunddienstbarkeiten zustehen, diese ohne Menschen nicht fortbestehen könnten (Marezoll Inst.S.108.), ist freilich wahr, und auch schon nicht bloß vor Hermogenian, sondern auch vor Aristoteles u. den Stoikern gesagt worden (§ 30. Note 1.); bewiese aber zu viel: gegen die Annahme der Rechtssubjectivität von Grundstücken darf man es nicht anführen, ohne auch die Möglichkeit jeder nicht aus einer Mehrheit physischer Personen bestehenden juristischen Persönlichkeit, der einer Stiftung, einer Erbschaft, des Fiscus u.s.w. zu läugnen. Puchta (Pand.§ 28. Note *l*.) läugnet mit Heftigkeit, daß man „Grundstücke in die Rechte der Personen setzen" dürfe, indem er sagt „diese schon ihrem Resultat nach höchstwidernatürliche Ansicht bedarf kaum einer Widerlegung". Natürlich ist freilich die Persönlichkeit der Grundstücke nicht; aber unbegründete Aburtheilung gewiss 'kaum eine Widerlegung'. Soll eine solche etwa in *Genes.1*,26. zu suchen sein? (vgl. Puchta Inst.§ 30.S.84.) *Genes*.2,7. repliciert „formavit deus hominem de limo terrae".| Daß die Stellen, welche Prädialservituten als Eigenschaften der herrschenden Grundstücke bezeichnen (s.unten § 73. Note 28.), der Persönlichkeit der letzteren nicht entgegenstehen, wird erst eines Beweises bedürfen, wenn der nothwendig werden sollte, daß eine Person keine Eigenschaften haben dürfe.

(3*) *Papir.Iust.L.7.pr.D.de publican.39*,4. „..Antoninus et Verus rescripserunt *In vectigalibus ipsa praedia*, *non personas conveniri* et ideo possessores etiam praeteriti temporis vectigal solvere..". Aehnlich *Pap. L*.31.i.f.*D.de N.G*.3,5. „..sententia praedio datur..". Daß das spätere Recht die Grundstücke in noch viel ausgedehnterem Maße als Rechtssubjecte behandelt, geht zwar eine Darstellung des römischen Rechts nicht, wol aber den an, welcher sich 'die Widernatürlichkeit solcher Personification nicht will aufdictieren' laßen.

§ e. b) eine Mehrheit von Sachen, welche als Mittel zu einem Zwecke im und vom Staate als eine vermögensrechtsfähige Willenseinheit anerkannt worden ſind, wie Kirchen und ſ.g. fromme Stiftungen[4], (auch unſere corporativen Actienvereine u. dgl.)

§ f. c) eine Sachengeſammtheit (§ 67.), ein Vermögen eines Verſtorbenen, hereditas, in welcher der Wille des bisherigen Beherrſchers als fortwirkend gedacht wird, bis ſie unter dem Willen des Erbfolgers wieder bloßes Object iſt[5]; das Staatsvermögen,

---

(4) § 30. Note 9. und unten § 66.

(5) Die hereditas iſt iuris nomen, ein Rechtsbegriff, dem eine juriſtiſche Wirkſamkeit zukommt, auch wenn ſie kein poſitives Vermögen befaßt (*L.* 119. *D. de V. S.*); non heredis personam, sed defuncti sustinet (*L.* 34. *D. de A. R. D.* *41*, 1. *Pr. I. de stip. serv.* 3, 17. [ſo auch *L.* 24. *D. de novationib.* *46*, 2. „.. morte promissoris non extinguitur stipulatio, sed transit ad heredem *illius*, cuius personam interim hereditas sustinet“, wenn man gegen die Flor. u. Hal. das illius, das auch die ed. princ. des Dig. novum hat, nicht wegläßt.]; creditum est hereditatem dominam esse, defuncti locum optinere (*L.* 31. i. f. *D. de her. inst.* 28, 5. *L.* 13. § 5. *D. quod vi* 43, 24.); domini loco habetur hereditas (*L.* 15. *pr. D. de int. in iure* *11*, 1. *L.* 61. *D. de A. R. D.* *41*, 1.); hereditas personae vice fungitur, sic uti municipium et decuria et societas [d. h. *corpus s. collegium*]. (*L.* 22. *D. de fideiussor.* *46*, 1.)| Savigny Syſt. § 102. läugnet die juriſtiſche Perſönlichkeit der Erbſchaft; ziemlich einſtimmig dagegen behaupten dieſelbe alle die nach ihm hierüber ſich haben vernehmen laßen, auch Puchta, Sintenis, Arndts u. A.; ſ. beſond. Jhering Abhh. Lpz. 1844. 8°. S. 147. ff. Nach Savigny l. c. bildet ‘die Fiction, die Erbſchaft ſelbſt ſtelle eine Perſon’ (‘= den Verſtorbenen’) vor, ‘bloß den Gegenſatz gegen das natürliche Verhältniſs, nach welchem die Erbſchaft ſchon jetzt dem unbekannten Erben wirklich gehört, folglich mit ihm identiſch iſt’, und dieſe „Fiction beſchränkte ſich bei den Römern auf die Erleichterung gewiſſer Erwerbungen durch die zu der Erbſchaft gehörenden Sclaven. Es iſt daher nicht zu rechtfertigen, wenn“ ſie „als Beſtandtheil des heut. R. dargeſtellt wird“. Daß der Erbe nach angetretener Erbſchaft ſo behandelt wird, als wäre er ſofort bei des Erblaßers Tod Erbe geworden (Sav. §. cit. not. *b.*, auch *L.* 22. *D. de usurp.* *41*, 3.), daß die noch unerworbene hereditas Rechte erwerben und verlieren, fortuſucapieren [ſ. unten § 123. Note 8.] kann, ihren eigenen Gerichtsſtand, nämlich den des defunctus (nicht den des heres), hat, u. dgl. und der antretende Erbe ſo als hätte e r erworben oder verloren gilt, beweiſt die Rechtsſubjectivität der nondum adita hereditas, gegen welche nicht angeführt werden darf, daß „man ſie in Rechtsverhältniſſe aller Art eintreten laßen müſte“: eine juriſt. Perſon, die man in Rechtsverhältniſſe aller Art eintreten laßen müſte, kann es überhaupt nicht geben (ſ. oben § 30. Note 7. u. § *l.* unten). Das nichtige Argument, die hereditas werde im röm. Recht als domina fingiert, weil in einer Erbſchaft gewöhnlich Sclaven geweſen ſeien, deren Erwerb doch einem bekannten und fähigen Herrn habe zufallen müßen, würde, wenn es richtig wäre, nur beweiſen, w a r u m das r. R. die hereditas als Perſon fingiere; jenes Argument nöthigte, die zahlreichen Quellenſtellen von dem Erwerbe, den eine hereditas durch naturale Erwerbshandlungen ihrer Sclaven und dem ohne alle Mitwirkung von Sclaven gemachten für „durchaus nur zufällige Anwendungen einer zu ganz anderen Zwecken erfundenen Regel“ zu erklären. Rechtsbegriffe, wie der hier in Rede ſtehende iſt, ſind nicht ‘erfundene Regeln’.| Scheurl (Beiträge. Erl. 1853. 8°. n°. 1.) bezeichnet die Erbſchaft als „ein Vermögen mit einem fingierten Subject, indem ihre Behandlung als Vermögen nur ermöglicht wird durch die Fiction fortdauernder Perſönlichkeit des verſtorbenen Erblaßers“; „die

der Fiscus, d. h. der Staat als Vermögensrechte habende Person[6].

2) eine Mehrheit von Personen, wo also von Natur oder un- § g.
mittelbar Willensfähigkeit, aber nicht Willenseinheit gegeben ist. Auch diese juristische Person ist sonach ein reiner Rechtsbegriff ohne leibliche Individualität, auch in dem Falle, daß ein einziges leibliches Individuum den Willen jener Persönlichkeit verträte[7]. Diese Mehrheit von Personen kann sein

a) eine successive, wie es die jeweiligen Einzelninhaber § h.
der Staats- (und Kirchen-) Gewalt[8], eines Staats- (oder Kirchen-) Amtes[9] sind.

b) eine gleichzeitige, wie die Gemeinden, universitates, cor- § i.
pora, Corporationen, Collegien u. dgl.[10]. Eine solche juristische Per-

---

Fiction des Subjects macht sie nicht zu einem Vermögen, sondern verhütet nur, daß sie aufhöre, als Vermögen zu gelten; auch besteht die Fiction nicht in der Personificierung einer Idee, sondern nur in der Annahme des Fortbestandes einer untergegangenen menschlichen Persönlichkeit". vgl. unten § *l*. (6) s. § 65.

(7) *L. 7. i. f. D. quod cui. univ. nom.* 3,4. „.. si universitas ad unum redit, magis admittitur posse eum convenire et conveniri, cum ius omnium in unum recciderit et stet nomen universitatis". Selbst Aussterben aller Mitglieder, z. B. einer Gemeinde, müßte nicht die Corporation beendigen (es könnte noch 'stare nomen universitatis'); sondern nur deren einstweilige Wirksamkeit (vgl. Note 11. u. § 63. Note 7. a. E.), so wie das Amt nicht stirbt, wenn dieses dem Beamten widerfährt. (8) so erhält das dem princeps hinterlaßene, wenn derselbe vor Erwerb des Rechts darauf stirbt, dessen Nachfolger (*L.* 56. vgl. *L.* 57. *D. de leg. II. 31.*). [So sagt Bonifacius VIII. „sedes apostolica ipsa non moritur".] Zu weit geht also die Behauptung Savignys (Syst. II. S. 237. ff., dem Puchta Pand. § 27. not. *l.* u. Sintenis Civilr. p. 104. f. beitreten), die Römer brächten die (ihrem Ursprunge und ihrer Wirksamkeit nach allerdings über das Privatrecht hinausgreifenden) Ausdrücke und Rechtssätze, daß die successive Mehrheit der Personen, welche Inhaber der Staatsgewalt oder eines Staatsamts sind, nicht mit der privatrechtlichen Lehre von den juristischen Personen in irgend eine Berührung, sondern jene gölten den Römern nur für das Staatsrecht oder den Proceß. s. auch Nott. 9. 12. Auch hier ist vor dem häufigen Misverständnisse zu warnen, als sollte mit der Bezeichnung als juristischer Persönlichkeit die ganze Bedeutung der Begriffe, die als Träger jener vorkommen, ausgedrückt werden: der Princeps und der Papst, das Amt und die Corporation, die Kirche, die Stiftung und das Grundstück haben auch noch andere Seiten ihres Begriffes außer der, daß sie als jur. Personen in Betracht kommen oder kommen können. vgl. Note 3. a. E.

(9) Darauf gründen sich die Bestimmungen, inwiefern jemand mit seinem Vermögen, also als Privatperson, für eigene Amtshandlungen (z. B. *L. 2. C. de adm. rer. publ. 11*, 30. und *Quo quisque ordine conveniatur Cod. 11*, 35. und *Cod. 11*, 38. u. s. w.) und selbst für solche des Vorgängers (*L. 76. D. de iudic.* 5, 1.) einzustehen habe, z. B. *L. 9. § 9. D. de adm. rer. civ. 50*, 8. *L. 23. C. de decur. 10*, 31. Daß es irrig ist, das Vermögen des Erblaßers und das des Erben als éins und in diesem Sinne Erblaßer und Erben als éine Person aufzufaßen, beweisen selbst die Stellen, mit welchen man diese Auffaßung zu rechtfertigen gesucht hat, z. B. *Nov. 48.* praef. *Iav. L. 22. D. de usurp. 41*, 3. vgl. oben Note 5. (10) § 64. Verkehrt ist die Annahme einer Personeneinheit zwischen Vater und Hauskind (§ 45. *p.*): allerdings soll auch zwischen diesen Personen, wie den Familiengliedern überhaupt, eine

son ist zwar regelmäßig insofern auch eine successive Mehrheit von Personen, als sie zu verschiedenen Zeiten aus ganz verschiedenen Mitgliedern bestehen kann [11]; aber sie kommt in jedem einzelnen Falle nur als gleichzeitige Mehrheit in Betracht; während

§ k. c) eine gleichzeitige und successive Mehrheit von Personen ein Collegium von Inhabern der Staatsgewalt, ein Beamten- oder Richter-Collegium ist, welches bald als gleichzeitige [12], bald als successive [13], eine Persönlichkeit ausmachende Mehrheit von Personen behandelt wird [14].

§ l. Die namentlich in neuerer Zeit geführten Streitigkeiten, ob alle vorbezeichneten wirklich juristische Persönlichkeiten seien oder nur etliche und welche [15], ob man nicht die juristischen Personen von den fingierten unterscheiden müße und wie [16], laßen weder Ende noch ersprießliches Ergebniss erwarten, so lange man nicht die Fra-

---

Willenseinigkeit, aber nicht eine juristische Willenseinheit stattfinden.| Auch der Fall der Verbindlichkeit jedes einzelnen mehrerer Schuldner, ganz für eine gemeinsame Schuld einzustehen (z.B. §1. *I. de duob. reis* 3,16.), gehört nicht hierher, indem durch solches Correalschuldverhältniss in keiner Weise eine Willenseinheit der mehreren Personen, welche Schuldner sind, bewirkt wird. Selbst Miteigenthümer, Ehegatten u.a. in besonderen Rechtsverhältnissen zu einander stehende Personen hat man mitunter für jur. Persönlichkeiten angesehen. Am ärgsten sind derartige Abirrungen bei Beseler (Volksrecht Lpz. 1843. 8°. Kap. 6.), wogegen Thöl (Volksr. Rost. 1846. 8°. §§ 4...16.)

(11) *L. 7. D. cit.* § 2. „In .. universitatibus nihil refert, utrum omnes iidem maneant, an pars maneat, vel omnes immutati sint". *L. 76. D. de iudic.* 5,1.

(12) *L. 25. D. ad municipal.* 50,1. „.. magistratus municipales unius hominis vicem sustinent". *L. 9.* § 8. *D. de adm. rer. ad civ.* 50,8. „.. etiam nomine collegae teneri ..". u. dgl. „Bestimmungen der Art hängen" nach Sintenis l.c. „mit der ganz eigenthümlichen Stellung der municipalstädtischen Beamten und Decurionen zusammen". Wäre dieses, wie es nicht ist, ganz richtig, so bewiese es höchstens, daß sie bei uns nicht mehr anzuwenden seien; aber jener Schriftsteller führt selbst Domherrencapitel und Universitätsfacultäten als juristische Persönlichkeiten auf.

(13) Noten 8.9.12.

(14) Die einzige, aber nicht hierher gehörige juristische Person, welche auch im Rechte zugleich als successive und simultane Mehrheit in Betracht kommt, ist die unsichtbare christliche Kirche.

(15) vgl. Noten 3,5,8,9,10,12. und § 65.

(16) So sagt Scheurl l.c. S. 7. (vgl. Puchta Pand. § 25.) „so kann es gar wol ein fingiertes Vermögenssubject geben, das nicht jurist. Person ist, das vielmehr abgesehen von jener Eigenschaft, fingiertes Vermögenssubject zu sein, eine von der wahren jur. Person höchst verschiedene Natur hat". Die wahren jur. Personen sind ihm nämlich (S. 5. 7.) „Güterinbegriffe, welche zwar gleichfalls die Bestimmung haben, die Befriedigung gewisser Bedürfnisse, die Erreichung gewisser Zwecke auf die Dauer zu sichern, ohne daß jedoch diese Bedürfnisse und Zwecke die eines einzelnen menschlichen Individuums und ohne daß es die Aeußerungen der Persönlichkeit eines solchen sind, welche die Vereinigung von Gütern dieser Art zu einer Einheit bewirkt haben"; „es müßen die mannichfachen Zwecke, welchen ein solcher Güterinbegriff dienstbar sein soll, gleichsam in einer Idee concentriert und diese Idee selbst personificiert, es muß ihr Persönlichkeit beigelegt, sie muß in der Vorstellung zu einer Person erhoben sein". vgl. § 64. Note *a*.

gen gehörig scheidet, **ob** einem Substrat, das nicht ein Mensch ist, im Rechte Persönlichkeit, die Fähigkeit als Subject von Privat-Rechten und Rechtspflichten zu gelten, zukomme (welchen Punct wir **hier** allein zu behandeln hatten); **weshalb**, zu welchem der mehrfachen dadurch zu erzielenden rechtlichen oder auch politischen Zwecke im gegebenen Falle die Fiction einer Persönlichkeit im Rechte gelte[16]; **wie**, in welchem Umfang und in welchen Beziehungen sie gelte[17]; von welcher letzteren Frage auch die zu unterscheiden ist, wie, in welcher Art sich die Persönlichkeit geltend mache, wie die juristische Person den ihr vom und im Rechte beigelegten Willen äußere und durchführe[18].

§. 63. II. Entstehung und Beendigung. Wirksamkeit.

Da die juristische nicht als natürliche Willenseinheit und als solche zufolge allgemeiner Rechtsregel Person ist, sondern zufolge besonderer, einem Träger (§ 62.) zu Theil gewordener Anerkennung vom und im Staate, als Rechtssubject zu gelten[2], so reicht ihre Rechtsfähigkeit auch nicht weiter als sie durch diese Anerkennung ihr zugestanden ist, was in beschränkterem oder unbeschränkterem Umfange geschehen kann[3]; niemals aber sich so weit erstreckt, daß § *a*.

(*17*) vgl. Note 5. u. § 63. Note 4. Selbst gleichartige und gleichnamige juristische Persönlichkeiten können verschiedene Rechtsfähigkeit haben. s. § 63. Note 3. Schon § 30. Note 7. ist hervorgehoben, daß aus dem Mangel menschlicher Individualität die Unfähigkeit der juristischen Person zu anderen, als den dinglichen und obligatorischen und denjenigen Familien-Rechten, welche bloße Folge von Vermögensrechten sind, hervorgeht. Und doch ist so häufig die Verwechselung der Rechte der Persönlichkeit mit den Rechten eines Menschen, welcher Persönlichkeit hat. Spricht doch z. B. Mühlenbruch (Pand. § 199.) von der Civität juristischer Personen, was eben so wenig zuläßig ist, als von der Familie, dem Stande, der bürgerlichen Ehre, dem Religionsbekenntniß einer jur. Person zu reden. Civität kann nur die physische Person haben; die Verleihung der Civität an eine Gemeinde giebt deren Mitgliedern, nicht der universitas selbst, die Civität.

(*18*) oben §§ *b*, *c*. und § 63. *f*.

(*1*) Auch die Grundstücke (§ 62. *d*.) und alle andere jur. Personen, einschließlich der als solche geltenden Stiftungen, sollten sie auch nicht einzeln der Anerkennung seitens des Staates bedürfen, werden es nicht auf bloß natürliche Weise, wie die physische Person (§ 30. *e*, *g*.). Ein allgemeiner Rechtssatz, wodurch die Persönlichkeit nichtindividueller Subjecte im voraus anerkannt und z. B. ausgesprochen würde, wie mit jedem Menschen, so solle auch von selbst mit jeder Gesellschaft, welche eine Corporation sein will, mit jeder factisch errichteten Kirche, frommen Stiftung u. dgl. eine Person zur Existenz kommen, ließe sich nicht bloß denken; sondern es kommen ähnliche Bestimmungen im röm. R. vor. s. § 66. *d*.

(2) s. § 30. *g*, *h*. *L. 1. D. quod cuiusc. 3, 4. L. 3. § 1. et tot. tit. D. de collegiis 47, 22.*

(3) wie z. B. erst nach und nach im röm. R. den universitates Erbfähigkeit, wie nur utilitatis causa ihnen Besitz- und Usucapions-Fähigkeit zugesprochen worden

die juristische Person derjenigen Rechte fähig wäre, welche leib-
§b. liche Individualität eines Menschen voraussetzen[4]. Nur auf die
eigentlichen collegia (§ 64.) geht die Regel, daß mindestens drei
§c. Mitglieder zu ihrer Begründung erforderlich seien[5]. Das Zusammengetretensein von physischen Personen in der Absicht eine juristische Person (universitas, Gemeinde, Corporation u. dgl.) zu bilden, genügt (nach § *a*.) zur Erreichung dieser Absicht nicht, sondern es ist das Hinzukommen jener Anerkennung erforderlich[6].

§d. Entsprechend der Entstehung der juristischen Persönlichkeit durch das Vorhandensein eines Trägers derselben und der rechtlichen Anerkennung seiner Willensfähigkeit sind die Beendigungs-

---

ist; wie die Kirchen und frommen Stiftungen in der christlichen Zeit viele vermögensrechtliche Vorzüge erhalten haben, bei uns dagegen häufig in Beziehung auf Vermögenserwerb beschränkter sind, als physische Personen u.dgl. Die im Begriffe der Persönlichkeit überhaupt enthaltenen Befugnisse nennen die Neueren iura originaria; adventicia dagegen die auf besondere Verleihung begründeten.

(4) s. vorige Note 17. §30. Note 7. Hieraus ergiebt sich auch, was so viele Neueren verkennen, daß die juristische Person nicht Verbrechen begehen könne, indem dieses Ausführung des dem Rechte sich widersetzenden unmittelbaren Einzelwillens ist. *L.*15.§1.*D.de d.m.4*,3.(„..quid enim municipes [=municipium, die Gesammtheit] dolo facere possunt..".) Die *L.*9.§1.*D.q.met.c.4*,2., *L.*4.*D.de vi 43*,16. so wie andere zur Unterstützung jener verkehrten Meinung angezogene Stellen sind nur Bewährungen der Vermögensrechtsfähigkeit der juristischen Personen. Die diesen zustehenden Vorrechte Minderjähriger gründen sich ebenfalls auf den Mangel der natürlichen Willenseinheit.

(5) *L.*85.*D.de V.S.50*,16. „Neratius Priscus tres facere existimat collegium: et hoc magis sequendum est". 3 ist die kleinste Zahl, bei welcher ein Ueberstimmen unter gleichberechtigten möglich ist. Uebrigens ist der Fortbestand einer aus einer gleichzeitigen Mehrheit von Personen entstandenen jur. Person im allgemeinen nicht an eine bestimmte Mitgliederzahl gebunden: § 62. Note 7.

(6) Jene zusammengetretenen sind zunächst nichts als socii, Privatpersonen (deren jede ihren selbständigen Privatwillen jeder und allen anderen gegenüber hat), welche den Gesellschaftsvertrag, societas, abgeschloßen haben, dessen Zweck Begründung einer juristischen Persönlichkeit ist. Wird nun jene Anerkennung verweigert und die socii bleiben dennoch in jener Absicht in der Societät, so heißt diese wol ein corpus, collegium *illicitum* (ist ein Delict [*Gai.L.*1.*pr.D.quod cuiusc.univ.nom.* 3,4. „Neque societas neque collegium neque huius modi corpus passim omnibus habere conceditur: nam et legibus et SCtis et principalibus constitutionibus ea res coercetur".], woraus sich auch die Stellung des Tit. *Dig.* de Collegiis et corporibus *47*,22. erklärt), obgleich sie in der That gar nicht eine Corporation, sondern lediglich Societät ist. Aus diesem Grunde sollen auch diese socii 'pecunias communes, si quas habent, dividere pecuniamque inter se partiri' (*L.3.pr.D.tit.cit.*). Verkehrt ist also z.B. die Behauptung 'Was verbotenen Corporationen erlaubt sei, müße erlaubten um so mehr gestattet sein': den verbotenen Corporationen ist als Corporationen nichts erlaubt. *Paul.L.*20.*D.de reb.dub.34*,5. „Cum senatus temporibus divi Marci permiserit collegiis legare, nulla dubitatio est, quod si corpori cui licet coire legatum sit, debeatur; cui autem non licet si legetur, non valebit, nisi singulis legetur: hi enim non quasi collegium, sed quasi certi homines admittentur ad legatum".

gründe definitives Aufhören des ersteren[7] oder giltige Entziehung der Willensfähigkeit[8].

Die Wirksamkeit der juristischen ist, wie die jeder Person, § e.
Ausführung ihres rechtlichen Willens. (§ 30.*a.*) 'Autonomie' nennen wir das Recht der Person ihren besonderen Willen zu haben und auszuführen, soweit derselbe nicht gegen den allgemeinen Willen, das Recht[9], verstößt. Daß also auch Corporationen Autonomie § f.
haben[10], ist nichts besonderes; sondern nur die Form, wie die Willenseinheit solcher Personen durch eine Vereinigung der einzelnen Willen ihrer Mitglieder hervorgebracht wird[11], während die physische Person eine unmittelbare, natürliche Willenseinheit hat.

III. Einzelne Arten juristischer Personen +).

§. 64. A. Universitates *).

Außer einem großen Theile des *10.* bis *14.* Buches des theodos. Coder und vielen theod. und posttheod. Novellen s. *Dig.* Quod cuiuscumque universitatis nomine vel contra eam agatur 3,4. de Libertis universitatium 38,3. Ad municipalem et de incolis *50*,1. bis de Operibus publicis *50*,10. *Cod.* de Decurionibus *et c.* *10*,31. ff. *11*,29...39[40]. 8,12.13. *6*,62.| *Dig.* de Collegiis et corporibus *47*,22. *Cod.* *11*,1...17[18]. und viele die staatsrechtlichen Corporationen betreffenden Titel, besonders gegen Ende des 12. Buches des Coder. Insbesondere auch die siebenbürgischen Tafeln und die inscriptio Lanuvina. [s. § 25. Note 10.]

Allen aus einer Mehrheit von physischen Personen bestehenden § a.

---

(7) § 62. Note 7. Das Hinwegfallen des Substrats der jur. Persönlichkeit ist dem Tode der physischen Person vergleichbar.| In wiefern eine aus einer Mehrheit physischer Personen bestehende juristische sich auflösen, sich durch den bloßen Willen ihrer Mitglieder beendigen dürfe, ist eine öffentlichrechtliche und nach der verschiedenen Bedeutung und Verfaßung solcher Corporationen selbst verschieden zu beantwortende Frage. Durch die Gestattung der Existenz einer jur. Persönlichkeit wird meistens, aber nicht nothwendig, dem Staat auch ein Recht auf deren Bestand zukommen. (8) Diese kann dem Verlust der Freiheit einer physischen Person verglichen werden. § 30.*h.* (9) § 3. Note 2. § 30. Note 2. § 98.*a.* *L.7.C.de religios.*3,44. „.. cum iure suo eorum quae minus prohibita sunt, uni cuique facultas libera non denegetur“. (10) *Gai.L.4.D.de colleg.47,22.* „His (sodalibus i.e. qui eiusdem collegii sunt) potestatem facit lex [XII tabularum] pactionem [wir nennen solche 'Statuta'] quam velint sibi ferre, dum ne quid ex publica lege corrumpant... ex lege Solonis... "*Ὅτι ἂν τούτων διαθῶνται πρὸς ἀλλήλους, κύριον εἶναι, ἐὰν μὴ ἀπαγορεύσῃ δημόσια γράμματα*'. (11) § 62. Note 2. § 64.

(+) Eine nähere Darstellung erheischen hier die jur. Persönlichkeiten, deren selbständige privatrechtliche Bedeutung im röm. Rechte ausgebildeter erscheint (vgl. § 62.*l.*), nicht die, welchen bloß Vermögensrechtsfähigkeit in mehr oder weniger beschränktem Umfange zukommt, wie Grundstücke (§ 62.*d.*), hereditas (§ 62.*f.*) u. die jurist. Personen, welche aus einer successiven Mehrheit physischer Personen bestehen (§ 62.*h,k.*), deren privatrechtliche Bedeutung schon durch die ihnen beigelegte Persönlichkeit genugsam bezeichnet ist, Rechte und Verpflichtungen aber,

juristischen kommt der gemeinsame Name universitas zu[1], so verschieden auch ihre Entstehung und Zwecke seien.

§ b. Die politischen Gemeinden, unter denen die urbes, vor allen Roma, seit Constantin auch dessen Stadt, die nova Roma, hervorragen, führten nach ihrer, in verschiedenen Zeiten sehr verschiedenen staatsrechtlichen Bedeutung die Benennungen municipia, coloniae, oppida, praefecturae, vici, castella, fora, conciliabula[2];
§ c. allgemeinere Namen für die städtischen Gemeinden sind civitas, res publica[3], auch res publica municipii oder civitatis, und besonders häufig werden die Municipien als municipes bezeichnet, und unter letzteren oft nur die decuriones oder curiales, die Mitglieder der städtischen curia, des ordo, des die Stadt vertretenden Col-
§ d. legiums, verstanden[4]. Ebenfalls mit dem öffentlichen, insbesondere auch dem Sacral-Rechte und der Verfaßung des römischen Staates im Zusammenhange stehen die im späteren Rechte äußerst zahlreichen Innungen oder Zünfte (collegia, corpora) von priesterlichen Personen, von bürgerlichen Officianten und von Gewerbsleuten, welche zum Theil vorzugsweise societates (z.B. publicanorum, pistorum, naviculariorum) heißen, weil ihre Veranlaßung sich auf
§ e. einen Gesellschaftsvertrag gründet[5]. Auch kommen häufig gesel-

soweit sie nicht Vermögens-Rechte und Pflichten gleich denen anderer dinglich oder obligatorisch berechtigter oder verpflichteter Personen sind, dem öffentlichen Rechte angehören, wie z.B. die Gründe und Formen der Beamten-Verantwortlichkeit, welche das spätere röm. Recht vorzüglich an den städtischen Curien entwickelt hat. s. auch § 62. Noten 8.9.16. (*) *F. Roth* De re munic. Romanor. Stuttg. 1801. 8°. Dirksen üb. den Zustand der jur. Personen nach r. R. in Civilist. Abhandll. Berl. 1820. 8°. II. n°. 1. Puchta Art. „Corporationen“ in Weiske Rechtsler., auch in „Kleine civ. Schriften“ ed. Rudorff n°. 28. Mommsen und Huschke in § 25. Note 10. citt. K. Hegel Gesch. der Städteverfaßung v. Italien. Lpz. 1847. 8°. 1stes Kap. Philippi „Zur Gesch. des Patronats üb. jur. Personen“ im Rhein. Mus. f. Philol. 1852. 8°. S. 497...529.

(1) *Dig. rubr. h. t. 3*,4. vgl. *LL*. 1.2.7. §§ 1.2. *eod.* *L*. 10. § 4. *D. de in ius voc*. 2,4. *Rubr. Dig*. 38,3. vgl. *L. un. pr.* § 2. *eod.* und öfter.

(2) *L. Iul. munic.* ✝. 9. (Monum. leg. p. 118.) *Paul. S. R.* 4,6. § 2. vgl. Savigny III. § 87. Zumpt Untersch. der Benenn. Municipium, Colonia, Praefectura 2c. Berl. 1840. Kiene der röm. Bundesgen. Krieg. 1845. 8°. Absch. 1. In der *Notitia dignitatum* kommen häufig *castra* und nicht selten *burgi* vor. s. auch § 62. Note 1. a. E.

(3) Zur Bezeichnung des Staats als Inhabers von Privatrechten ist in unseren Quellen nie res publica gebraucht; sondern entweder der Fiscus genannt, oder das Object des Vermögens als publicum (in älterer Zeit populi Romani) bezeichnet, z.B. servus publicus im Gegensatze eines servus communis civitatis, dessen Herrin eine Gemeinde ist. *L*. 6. § 1. *D. de div. rer.* (§ 71. Note 9.).

(4) Die Decurionen statt civitas: *L*. 3. *D. h. t.* 3,4., = collegium für sich: *L*. 7. § 2. *eod.*, = einzelnen Personen für sich: *L*. 15. § 1. i. f. *D. de dolo malo* 4,3. (S. 236. Z. 20.)

(5) *L*. 1. *pr. D. h. t.* 3,4. vgl. § 59. *f.* Wegen dieses Sprachgebrauchs der Quellen, manche Corporationen vorzugsweise als societates zu bezeichnen, ist daher Vor-

lige Vereine vor, sodalitates, collegia sodalicia, welche jedoch sowol religiöse als politische Beziehungen hatten, mit dem ius publicum und der Verfaßung überhaupt in Verbindung standen, woher die stäte policeiliche Aufmerksamkeit auf deren Entstehen und Wirken [6].

Ein- und Austritt [7], Rechte und Pflichten der Mitglieder [8] § f.
solcher Corporationen überhaupt und insbesondere auch in Beziehung auf die munera, Leistungen der Mitglieder zu den Zwecken der Gesammtheit, die Art der Abfaßung von Beschlüßen, welche als Wille der juristischen Person, der Gesammtheit gelten [9], bestimmen sich durch die Verfaßung und die Statute oder Observanz derselben. Die Neueren pflegen die universitates, welche eine § g.
ausgebildetere Verfaßung, bestimmte Vorsteher und Geschäftsführer (actores, syndici, defensores u.dgl.), etwa auch eine Corporationscasse (arca communis) und dergleichen Einrichtungen haben [10], 'ordinatae', diejenigen dagegen, deren Wirksamkeit in den einzelnen Fällen verfaßungsmäßigen Beschluß der einzelnen Mitglieder erfordert, 'inordinatae' zu nennen, obgleich es an juristischer Begränzung der Unterscheidung mangelt.

---

sicht nöthig, damit man nicht die Corporationsverhältnisse mit bloß contractlichen verwechsele. § 63. Note 6. (6) s. bes. *Dig. 47*,22. *L.* 1. *D. h. t. 3*,4. vgl. Savigny § 88. u. über die Begräbnißbrüderschaften und Sterbekassen die angeführten Urkunden u. d. Abhh. von Mommsen u. Huschke. (7) Nur auf die Gewerbs- und Officianten-Collegien gieng allgemein der Satz, daß man nur éinem solchen angehören dürfe: *L.* 1. § 2. *D. de collegiis 47*,22. (8) Diese sind nicht pro rata Rechte und Pflichten der Mitglieder in ihrer Eigenschaft als Privatpersonen für sich: *L.* 7. § 1. *D. h. t. 3*,4. „Si quid universitati debetur, singulis non debetur; nec quod debet universitas, singuli debent". vgl. *L.* 6. § 1. *D. de R. D. 1*,8. *L.* 10. § 4. *D. de in ius voc.* 2,4. Eben so wenig hat andererseits die Corporation ein Verfügungsrecht über die s. g. iura singulorum, d. h. die Rechte u. Rechtsverhältnisse der einzelnen Mitglieder, sofern diese als Privatpersonen für sich, nicht in ihrer Eigenschaft als Corporationsglieder, in Betracht kommen. vgl. *L.* 1. § 15. *D. ad SC. Trebell. 36*,1. Ueber die Vermögensgegenstände einer universitas s. § 71. *d, e.* | Die singulären Vorrechte der Corporationen oder ihrer Mitglieder, z. B. in Beziehung auf die Verpflichtung zur Uebernahme einer Vormundschaft, auf Erbberechtigung am Vermögen eines Mitgliedes u. dgl. sind am gehörigen Orte zu erwähnen. (9) Für die Curien, die Municipalsenate, galt, was jetzt sehr oft als allgemeiner, für alle universitates geltender Rechtssatz ohne Grund angesehen wird, daß zur Abfaßung eines giltigen Beschlußes mindestens ²/₃ der Mitglieder erschienen sein musten, deren Stimmenmehrheit entschied. s. bes. *L.* 4. *D. quod c. univ. nom. 3*,4. *LL.* 2. 3. *D. de decretis ab ordine faciendis 50*,9. *L.* 19. *D. ad munic. 50*,1. *L.* 160. § 1. *D. de R. I. 50*,17. Nur das liegt im Begriff der Corpooationsmitgliedschaft, daß, wo nicht die Verfaßung ein anderes mit sich bringt, jedes Mitglied zur Abfaßung des Beschlußes mitwirken kann, und zu dieser Mitwirkung verfaßungsmäßig aufgefordert oder zugelaßen werden muß. (10) s. z. B. *L.* 1. §§ 1. sqq. *LL.* 8. 10. *D. quod cuiusc. univ. 3*,4. *L.* 18. § 13. *D. de muneribus 50*,4.

§. 65. B. Fiscus.

De iure fisci: *Paul.*S.R.5,12. *Fgm. Veron.*(s.§18.*d.*) *Herm.Cod.*tit.3. *Th.C.* *10*,1. *Dig.49*,14. *Cod.10*,1.| *Th.C.10*. *Dig.39*,4. *48*,20.21. *Cod.4*,15.61. *7*, 37.73. *9*,49.50. *10*,2...30.71[70]...75[74]. Notitia dignitatum Orient.capp.12. 13. Occident.capp.10.11. meiner Ausg. u.die dazu im Commentar citierten Quellen.

§a. Die noch in vielen Beziehungen nicht gehörig aufgehellte Geschichte des römischen Staatsvermögens, der Unterschied des alten Patricierkastens (publicum [1]) und des seit der servianischen Verfaßung immer ausschließlicher hervortretenden aerarium populi oder Saturni [2]; die Gründung eines eignen aerarium militare cum vectigalibus novis [3] neben seinem Privatschatz, fiscus [4], durch Augustus [5]; die allmähliche Verschmelzung der Aerarien und des Fiscus, besonders von Nero, Trajan, Hadrian und Caracalla vorbereitet und bewerkstelligt [6]; die Bildung eines neuen besonderen kaiserlichen Privatschatzes, res privata principis, Caesaris ratio, Au-
§b. gusti und Augustae ratio; die complicierte Finanzorganisation, wie wir sie seit Constantin, in der Notitia dignitatum und den Constitutionen-Codices finden, wo in jedem Reichtstheile ein Comes sacrarum largitionum und ein Comes rerum privatarum an der Spitze einer Hierarchie zahlloser Finanzbeamten steht, während ein Magister officiorum im Orient und einer im Occident eine Menge von Staatsanstalten leitet, welche bei uns zum Finanzwesen ge-

---

(*1*) s.z.B. *Gai.4*,13.16. Niebuhr R.G. Register v.publicum. Die Ausdrücke in publicum redigere, publicare, bonorum publicatio u.dgl. haben sich bis in die späteste Zeit erhalten; confiscare kommt, seit Severus Alexander, äußerst selten und nur ganz gleichbedeutend mit publicare, 'confiscatio' [bei *Flor.* ed. Iahn.*70*,21.] nie in unseren Quellen vor. Publicare heißt überhaupt zum Staatseigenthum machen oder als solches feststellen und behandeln, daher auch „den Besitz [der Staatsländereien] einziehen, um ihn als Eigenthum zu vergeben". Niebuhr II.(2.Ausg.) S.339.Note 85. (2) wie es von der Aufbewahrung im Saturnustempel hieß; es stand unter dem Senat, den Censoren und den Finanzquästoren, quaestores aerarii; durch Augustus kam es unter eigene praefectos; später neue Aenderungen bis zur Verschmelzung mit dem Fiscus. *Tac.* Ann.*13*,29. *Suet.*Octav.36. Claud.24. (3) *Suet.*Octav.49. *Dio Cass.* *55.c.*24.i.f.25.ad ann.758. *c.*32.ad ann.760. (4) Fiscus (φύσχος) ist ein geflochtenes Gefäß, besonders zum Oelpressen, *L.*19.§2.*D.locati 19*,2. vgl.*Colum.*de R.R.*12*,50.52.; aber schon bei *Cic.*Verr.*1*,8. u. *Phaedr.2*,7. Geldkorb, wie die späteren folles, Geldsäckel. (5) *Tac.*Ann.*2*,47. *Plin.*paneg.*c.*36.§3. *c.*42.*pr.* *Senec.*de benef.*7*,6. Gleichbedeutend gebrauchen z.B. §14.*I.de usuc.2*,6. *L.*13.*D.h.t.* mehrmals, *L.*15.*D.eod.* u.a.Stellen die Worte fiscus und aerarium. vgl.*Gai.2*,21. §§39.40.*I.de rer.div.2*,1. cum *Theophilo*. (6) *Tac.*Ann. *6*,2. *Plin.*l.c. *Paul.L.*13.§1.*D.h.t.* *Spart.*Hadr.7. *Ulp.17*,2. *Fgm.de I.F.*§3. cf. *L.*17.*D.de statu hom.* (§35.Note 13.) *Xiphil.*exc.ex Dione *77*,9. *Collat.*§.ult.

rechnet zu werden pflegen, alles dieses gehört in eine Darstellung des öffentlichen Rechtes der Römer.

Dem Staate als Subjecte von Vermögensrechten, d.h. dem § c. Fiscus in dieser privatrechtlichen Bedeutung, wurden allmählich eine Reihe von besonderen, auch privatrechtlichen Vorrechten (wie sich besonders in den Lehren vom Eigenthum, Pfand- und Obligationen- und im Erb-Rechte zeigen wird) gestattet, die man auch auf das Privatvermögen des Kaisers und der Kaiserin erstreckte[7]. So weit aber solche Privilegien oder singulären Vorrechte nicht § d. aufgestellt sind, ist der Fiscus den gewöhnlichen Vermögensrechtsvorschriften unterworfen[8], wovon der so häufig misverstandene Satz, daß in Zweifelsfällen gegen denselben zu entscheiden sei[9], eine Anwendung ist; so wie sich auch der, daß fiscalische Strafforderungen den Forderungen Privater nachstehen[10], daraus ergiebt, daß der zu bestrafende nur insoweit eigenes Vermögen hat, als solches nach Abzug der Schulden (aes *alienum*) übrig bleibt.

§. 66. C. Kirchen und s. g. fromme Stiftungen.

Th.Cod. de Episcopis, ecclesiis et clericis *16*,2. de Paganis, sacrificiis et templis *16*,10. *Iust.Cod.* de Sacrosanctis ecclesiis et de rebus et privilegiis earum *1*,2. de Episcopis et clericis et orphanotrophis et xenodochis et brephotrophis et ascetriis et monachis et privilegiis eorum et castrensi peculio, et de redimendis captivis, et de nuptiis clericorum vetitis seu permissis *1*,3. de Paganis et sacrificiis et templis *1*,11. de His qui ad ecclesiam confugiunt vel ibi exclamant, et ne quis ab ecclesia extrahatur *1*,12. *Novellae 111. 120.131. Constitutiones Sirmondi.*

Schon in der heidnischen Zeit kommen einzelne Priester- oder § a. Tempel-Collegien als selbständige vermögensrechtsfähige Personen unter eignen Vorstehern, magistri, praefecti u. dgl., in nicht geringer Anzahl vor[1], und bestimmte einzelne Gottheiten hatten durch Privilegien Erbfähigkeit erhalten[2]; übrigens standen die reli-

---

(7) *Ulp.L.*6.§1.*D.h.t.* §14.*I. de usuc.* 2,6. *L.*3.*C. de quadr.praescr.* 7,37. Eine Zusammenstellung der Fiscal-Privilegien s.z.B. *Westenberg* Principia iur.*49.* tit.14. Mühlenbruch Pand.§202. (8) *L.*3.*C.de fiscalib.usuris 10*,8. *L.*2. *C.ne uxor pro marito 4*,12. (9) *Mod.L.*10.*D.h.t.* „Non puto delinquere eum qui *in dubiis quaestionibus* contra fiscum facile responderit“. s.unten §96.*d.* u.Nott.20.21.das. auch *L.*45.§10. *L.*47.*pr.D.eod.* Misverstanden ist Modestins Satz auch wieder von Puchta Pand.§26.Note *e.* (*10*) *LL.*17.37. *D.h.t.* *L.un.C. Poenis fiscalibus creditores praeferri 10*,7.

(*1*) vgl.*L.*38.§6.*D.de leg.*III.*32*,1. *L.*20.§1.*D.de ann.leg.*33,1. *L.*38.§2.*D. de auro leg.34*,2. Dirksen Civ.Abhandll.Bd.II.S.50.ff.116.ff. (2) z.B. *Ulp.*22,6. „Deos heredes instituere non possumus praeter eos quos SCto-

giösen Vereine unter den gemeinrechtlichen Bestimmungen über
§ b. collegia et corpora [3]. In der christlichen Kaiserzeit erhielten nun, unter stäts zunehmender Misbegünstigung der heidnischen Religion und Tempel, die christlichen Kirchen, die Gesammtheiten der dieselben bildenden Mitglieder unter ihren Vorstehern, als welche in den justinianischen Quellen die episcopi vorkommen [4], nicht allein Vermögensrechtsfähigkeit, sondern auch viele besonderen Vorrechte durch Erleichterung des Erwerbs und Befreiung von bür-
§ c. gerlichen Lasten [5]. Auch auf andere religiosa sive venerabilia loca, venerabiles domus, mit der Kirche ihrem Zwecke oder ihrer Verwaltung nach in Verbindung stehende Anstalten und Stiftungen [6], welche jetzt technisch piae causae, pia corpora, genannt zu werden pflegen, wurden die juristische Persönlichkeit und jene Be-
§ d. vorrechtungen der Kirchen ausgedehnt [7]; und selbst was von Privaten zu frommen Zwecken, z.B. für die Armen, zur Loskaufung Gefangener, zur Errichtung frommer Stiftungen u. dgl. bestimmt worden ist, soll den schon bestehenden gleichartigen Stiftungen oder, wenn solche nicht bestehen, der Kirche des Wohnorts des verfügenden zufallen und von deren Vorsteher möglichst gemäß der Verfügung des Stifters verwendet werden [8].

---

constitutionibusve principum instituere concessum est, sicuti Iovem Tarpeium, Apollinem *et c.* vgl. *L.*38.§6.*D.de leg.III.32.* (3) §64. z.B. *L.*8. *C.de her.inst.6*,24. „Collegium si nullo speciali privilegio subnixum sit, hereditatem capere non posse dubium non est". cf. *C.de incert.pers.6*,48. (ungloss.)

(4) *L.*26.*C.h.t.1*,2. Auch die ebenfalls ungloss. justinian. *L.*46.*C.de episc.1*,3. sagt nicht, daß Privatverfügung eine fromme Stiftung machen könne, sondern nur, daß zu milden Zwecken gestiftetes möglichst nach des Stifters Absicht behandelt werden solle. vgl. *Cod. de incert. pers.* und *Photii* Nomocan. 2,1.

(5) So z.B. die Bevorrechtungen in Beziehung auf Vermächtnisse (§7.*I.de obl.q.q.ex contr.*3,27[28].- §§19.23.26.*I.de act.4*,6. §1.*I.de poena tem.lit.4*,16. *L.*23.*C.de eccl.1*,2. *Nov.131.c.*12.), das Successionsrecht der Kirche (*Nov.131. c.*13. vgl. *L.*34.*C.de episc.1*,3.), die Fürsorge des Staats bei Veräußerungen von Kirchengütern (*Nov.120.*) (6) z.B. Klöster, Bet- und Buß-Häuser, Armen-, Kranken-, Waisen-, Fremden-Häuser, Hospitäler allerhand Art u.dgl. Bei uns rechnet man analog auch sonstige gemeinnützige Stiftungen, z.B. für Kunst und Wißenschaft, Industrie und Gewerbe, soweit sie als juristische Personen anerkannt sind, hierher. (7) *Leo et Anth.L.*35.*C.de episc.1*,3. „Omnia privilegia quae ... praestita sunt orphanotrophiis s. asceteriis vel ecclesiis aut ptochotrophiis seu xenodochiis vel monasteriis atque ceteris omnibus ... in perpetuum custodiri decernimus .... Domus etiam aliasque res ... ad instar maioris venerabilis ecclesiae huius inclitae urbis omnibus privilegiis, quae eadem sancta ecclesia vel nunc adipiscitur vel postea merebitur, perpetuo potiri pietatis intuitu decernimus". (a. 469.) (8) *LL.*24.28.46.49.*C.de episc.1*,3. *Nov.131.c.*10.11. s. Note 4. u. vgl. *L.*20.*D.de reb.dub.* (in §63. Note 6.)

Zweites Kapitel.

Die Rechtsobjecte,

oder von den körperlichen Dingen und den Willensäußerungen.

---

§. 67. Begriff der Sache und dessen Entfaltungen.

*Gai.*2,12...14. *Inst.* de Rebus corporalibus et incorporalibus 2,2.

Sache, res, ist jeder Gegenstand des Denkens oder Wollens, § *a.* Ding, omne id quod est aut cogitatur; im Rechte aber ist Sache was bloß Gegenstand des Willens der Person, und zwar im Privatrechte was bloß Gegenstand des Willens der Person für sich ist; so daß also die negative Seite des Begriffs, die rechtliche Unfähigkeit des Gegenstandes einen Willen für sich zu haben, die Unpersönlichkeit[1], eben so wesentlich ist, als die positive, Gegenstand des rechtlichen Willens einer Person für sich, einer Privatperson, sein zu können[2]. Da nun die Gegenstände aller familienrecht- § *b.* lichen Herrschaft Personen sind (§ 42.), alles Privatrecht aber Familien- oder Vermögens-Recht ist (§§ 33.99.), so sind also die eigentlichen res im weiteren Sinne die Gegenstände des Vermögensrechts, ohne Rücksicht auf Körperlichkeit[3]. Was schon von Na- § *c.* tur nicht oder nur von Natur, nicht aber dem Rechte nach Gegenstand eines Vermögensrechts sein kann, d. h. alles cuius com-

---

(1) Diese bloß juristische Unfähigkeit macht eben den servus zur res. § 30. Note 4.| So wenig der Begriff der Person sich änderte, wenn neue Menschenraçen, so wenig würde der der Sache sich ändern, wenn neue Gattungen oder Arten von Sachen entdeckt und als Rechtsobjecte in Betracht gezogen würden.

(2) Wenn auch das Unding, die res impossibilis, das s.g. Nonens u.dgl., als res bezeichnet wird, so geschieht dieses in jener weiteren Bedeutung, um zu zeigen, daß es nicht wirkliche res im eig. S. sei, z.B. *Gai.*3,97. § 1.*I.de inut.stip.* 3,19[20]. *L.*97.*pr.D.de V.O.*45,1. *L.*8.*D.de confess.*42,2. vgl. Note 4.

(3) *L.*23.*D.de V.S.*50,16. „*Rei* appellatione et causae et iura continentur". vgl. Anhang VI. S.*25.f. Res ist jeder mögliche, pecunia der wirkliche Gegenstand des Vermögens: *L.*5.*pr.L.*78. *L.*178.*pr.* *L.*222.*eod.* (s. § 77.); in unserem Vermögen aber, in bonis nostris, sind nicht allein die Objecte unserer dinglichen, sondern auch die unserer Forderungs-Rechte: *L.*49.*eod.* Daher heißt auch besonders eine Willensäußerung, welche unmittelbar ein Vermögensrecht bewirkt, res, z. B. Leistung, Zahlung, *re* contrahitur obligatio; so stehen die res als Leistung körperlicher Gegenstände den facta als Verrichtungen vermögensrechtlicher Handlungen gegenüber, z.B. § 7.*I.de V.O.*3,15[16].

§ *d.* mercium non est, ist daher nicht positiv Sache, res[4]. In engster Bedeutung steht aber res als die körperliche, d. h. als Sache welche ein Raumverhältniss und sonach irgend einen Umfang, eine Größe, räumliche Quantität hat[5] und als Gegenstand des Eigenthums in Betracht kommen kann[6], den unkörperlichen, nicht mit dem Körper, sondern nur mit der Seele zu erfaßenden Gegenständen eines Vermögensrechts, den Willensäußerungen oder den Handlungen im weiteren Sinn[7], entgegen.

§ *e.* Vermögensrechtsobjecte sind sonach 1) die eben bezeichneten § *f.* unkörperlichen Dinge[7]; 2) die einzelne körperliche Sache als solche, una res, singulae oder singulares res, res schlechthin, das körperliche Ganze, welches entweder als ein solches ohne weitere Berücksichtigung seiner Bestandtheile, abstract als eine Sache, aufgefaßt wird, oder mit jener Rücksicht, als Körper, corpus, als ein durch die Natur gebildetes (ἡνωμένον) oder durch menschliche Thä- § *g.* tigkeit zusammengefügtes (συνημμένον)[8]; die körperliche Sache der

(4) Commercium ist die Vermögensrechtsfähigkeit nach röm. Civilrecht: in Beziehung auf die Person also die Fähigkeit, solche Rechte zu haben (§ 33. *d.*); in Beziehung auf die Sache die Fähigkeit, daß an ihr solche Rechte gehabt werden. Wir unterscheiden daher wohl commercium in subjectiver und in objectiver Beziehung; nur letzteres kommt hier *in* Betracht; s. § 2. *I. de inut. stip.* '..cuius rei commercium non habuerit..'. *Paul. L.* 34. § 1. *D. de contr. empt. 18*, 1. „Omnium rerum quas quis habere vel possidere vel persequi potest, venditio recte fit. quas vero natura vel gentium ius vel mores civitatis commercio exuerunt, earum nulla venditio est“. *L.* 1. § 2. *D. quae res pign. 20*, 3. „Eam rem quam quis emere (§ 33. Note 11.) non potest, quia commercium eius non est..“. *L.* 83. § 5. *D. de V. O. 45*, 1. „..de his rebus negotium recte geremus quae subici usibus dominioque nostro statim possunt“. So wenig Eigenthumsrechte an einer res, die nicht in commercio ist, so wenig sind andere Vermögensrechte auf Handlungen oder Willensäußerungen, welche natürlich-unmöglich oder juristisch- oder sittlich-unstatthaft sind, möglich, z. B. *LL.* 26. 27. *pr.* 35. *pr.* § 1. *D. eod. LL.* 31. 185. *D. de R. I. 50*, 17. Von unkörperlichen Dingen wird der Ausdruck 'in commercio esse vel non esse' nicht gebraucht: sie sind nicht so, wie die körperlichen, allgemein Gegenstände des emere ac vendere. vgl. die cit. Note 11.
(5) Für das Privatrecht reicht die Legaldefinition der res corporales als solcher quae tangi possunt aus: § 1. *I. de reb. corp.* 2, 2. *L.* 1. § 1. *D. de rer. div. 1*, 8. = *Gai.* 2, 13. | *Cic.* Top. 5. § 26. sq. bezeichnet die körperlichen Sachen als res quae sunt, die unkörperlichen als die quae intelleguntur, und fährt dann so fort: „*esse* ea dico quae cerni tangive possunt, ... *Non esse* rursus ea dico quae tangi demonstrarive non possunt, cerni tamen animo atque intellegi possunt... quarum rerum nullum subest quasi corpus; est tamen quaedam conformatio insignita et impressa intellegentia, quam *notionem* voco“. s. § 82. Note 1. (6) *L.* 83. *D. de V. O.* in Note 4. (7) § 2. *I. tit. cit.* = *Gai.* (2, 14.) *L.* 1. *D. cit.* § 2. „Incorporales sunt quae tangi non possunt, qualia sunt ea quae in iure consistunt, sicut hereditas, usus fructus, obligationes quoquo modo contractae“. *Ulp. L.* 18. i. f. *D. de H. P.* 5, 3. *L.* 13 § 1. *D. de damno inf. 39*, 2. *L.* 3. med. *C. de quadr. praescr. 7*, 37. *Cic.* in Note 5. s. unten § 82. *a.* (8) *Pomp.*

letzten Art ist mit Rücksicht auf die einzelnen Bestandtheile, singulae partes oder res, universae res, aus denen sie gefügt ist, selbst universitas [9]; 3) ein Begriffsganzes, eine Mehrheit von an § *h.* sich selbständigen Sachen als Einheit, Gesammtheit, universitas +rerum, welche nach der neueren falschen Eintheilung [10] universitas hominis s. facti (corporea) ist, wenn mehrere gleichartige körperliche Sachen, deren jede für sich Rechtsobject ist, unter einer Collectivbenennung als ein ganzes zusammengefaßt werden [11]; universitas iuris (incorporea) dagegen, wenn die Gleichartigkeit der Bestandtheile der Sachengesammtheit außerwesentlich ist, wie z.B. ein Vermögen, eine hereditas [12], ein peculium, eine dos [13]. Ein § *i.* solcher Rechtsbegriff, die universitas iuris, kann aus verschiedenar-

---

*L.*30.*pr.D.de usurp.41*,3. „Tria.. genera sunt corporum, unum, quod continetur uno spiritu [was die Natur als ein ganzes zusammenhält, wie durch eigne Seele] et Graece ἡνωμένον vocatur, ut homo, tignum, lapis et similia; alterum, quod ex contingentibus, h.e. pluribus inter se cohaerentibus constat, quod συνημμένον vocatur, ut aedificium, navis, armarium; tertium, quod ex distantibus constat, ut corpora plura non soluta [die nicht durch Zerlegung eines Ganzen selbständige Sachen geworden sind], sed uni nomini subiecta [Collectivganzes], veluti populus, legio, grex..". cf.*Senec.*N.Q.2,2.

(8) So setzt z.B. *L.*23.*pr.D.eod.* ipsas aedes und singulas res, Haus und die Materialien, woraus es besteht, einander entgegen, „..separatis enim corporibus, ex quibus aedes constant, universitas aedium intellegi non poterit". vgl. *L.*1.*pr.*§3. *L.*56.*D.de R.V.6*,1. *L.*7.§11.*D.de A.R.D.41*,1. (*10*) Auf Veranlaßung der *Glossâ* ad L.1.§8.D.quando de pec.*15*,2. „Peculium est universitas incorporea et iuris, in qua actiones continentur; sed illud verum est de corpore aliquo vel corporea universitate, ut equitio". Jene neuere Eintheilung leidet auch wieder an dem logischen Fehler, auf 2 Eintheilungsgründen zu beruhen: corporea ist die universitas der Sachen nach ihrer natürlichen Beschaffenheit, nach ihrer Gleich- oder Ungleich-artigkeit, incorporea ist sie nach ihrer Objectivität für die rechtliche Herrschaft des Subjects. Wächter Erörterungen aus dem ... Privatr.I.Stuttg.1845.8°.n°.1.u.die das.angeff.Abhh.bes.v.Hasse u.Mühlenbruch.

(*11*) So in Note 8. „tertium" *etc.*; so sagt *Ulp.L.*70.§3.*D.de usufr.7*,1. „..debere eum summittere,..quotiens gregis vel armenti vel equitii, i.e. universitatis usus f. legatus est,..si singulorum capitum, nihil supplebit"; so steht in *L.*38.§1.*D.de auro leg.34*,2. die universa vestis oder synthesis, die Garderobe, den einzelnen tunicae entgegen. vgl.*L.*127.*D.de V.S.50*,16. Hierher gehören auch die Collectiva supellex (*LL.*1.6.*pr.*7.§1.*D.de supellectili legata 33*,10.), penus oder penu (*L.*3.*pr.D.de penu legata* 33,9., *Fest.*v.Penora), merx, merces(*L.*66.mit*L.*207.*D.de V.S.50*,16. *L.*4.*D.de cond.trit.13*,3. *Gai.4*,74.u.ö.). mundus (*L.*25.§10.*D.de auro, argento, mundo* etc. *34*,2.), ornamenta (*L.cit.*), instructus oder instrumentum (*L.*12. *L.*8.*D.de instr.leg.*33,7.) u.dgl.m. vgl.§81. Von solchen Ganzheiten, corpora quae ex distantibus corporibus essent, heißt es *L.*23.§5.i.f.*D.de R.V.6*,1. „constat singulas partes retinere suam propriam speciem, ut singuli homines, singulae oves", oder *L.*30.*D.cit.*i.f. „singulae suam causam [jede einzelne ihr besonderes Rechtsverhältniß] habebunt".

(*12*) §62.Note5. (*13*) *Afr.L.*208.*D.de V.S.50*,16. „..universitatem quandam.. et non singulas res demonstrat". *Ulp.L.*1.§4.*D.de dote prael.*33,4. „Impensae ipso iure dotem minuunt...non ad singula corpora, sed ad universitatem erit referendum".

tigen körperlichen oder unkörperlichen Sachen[14], oder aus verschiedenartigen je einer dieser beiden Gattungen[15], sie kann aber auch aus mehreren gleichartigen[16] oder selbst aus einem einzelnen Gegenstande[17] bestehen[18].

Erster Abschnitt.

Von den körperlichen Sachen.

I. Fähigkeit der Sache Rechtsobject zu sein,

A. allgemeine.

*Gai.*2,1...11. *Inst.* de Rerum divisione 2,1. *Dig.* de Divisione rerum et qualitate *1*,8. s.auch *Dig.*de A.R.D.(= de adquirendo rerum dominio) *41*,1.

§. 68. 1. Res quae in nostro sunt patrimonio vel extra nostrum patrimonium habentur.

§ *a*. Die körperlichen Sachen kommen im Privatrechte als die möglichen unmittelbaren Gegenstände des Eigenthums oder dieses beschränkender (also Nichteigenthümern zustehender) dinglicher Rechte in Betracht, und die durch vorstehende Rubrik bezeichnete Eintheilung der Sachen je nach ihrer Fähigkeit oder Unfähigkeit solche Eigenthumsobjecte zu sein[1], steht in beiden Quellen-Institutionen an der

---

(*14*) z.B. ein Vermögen aus Eigenthumsrechten an Mobilien und Immobilien, Schulden und Forderungsrechten. (*15*) z.B. bloß aus Forderungsrechten und Schulden, bloß aus Mobilien u.s.w. (*16*) Eine Erbschaft oder ein peculium, eine dos, welche bloß aus Schulden bestehen, z.B. *L.*119. *D.deV.S.* *L.*30.*pr.D.de pecul.15*,1. *L.*49.*D.de I.D.23*,3. (*17*) z.B. es ist bloß ein fundus als Dos bestellt. (*18*) Unsere Quellen befaßen diese s.g. universitates iuris unter der Bezeichnung iuris nomen, Rechtsbegriff, z.B. *L.*178.§1.*D.deV.S.50*,16., und vergleichen sie mit organischen Individuen, z.B. *L.*40.*D.de pecul.15*,1. (§7.Note 1.), weil sie, was auch von jeder anderen universitas, sowol einer Corporation (§62.Note 11.), als der s.g. universitas facti (*LL.* 21.22.*D.de leg.*ɪ.*30.* *LL.*13.*pr.*34.*pr.D.de pignorib.20*,1.) gilt, zu- oder ab-nehmen können, ohne durch das de- oder ac-crescieren von Theilen ihr Wesen zu ändern („ea natura eius est, ut adiectionibus [s. detractionibus] corporum maneat" sagt *L.*30.§2.*D.de usuc.* von den Collectivganzen). Die von Neueren für die s.g. universitates iuris aufgestellte Regel „res succedit in locum pretii et pretium in locum rei" ist als allgemeine durchaus verwerflich. s.Hasse l.c. und Wächter l.c. S.5.ff.

(*1*) Nicht der factische Umstand, ob eine Sache einen Eigenthümer hat oder nicht, sondern die juristische Eigenschaft, einen Eigenthümer haben zu können oder nicht, wird durch jene Eintheilung angedeutet. Die Sache, welche nur zufällig nullius in bonis est, ist Object unseres Patrimoniums; dagegen ist die, welche extra patrimonium habetur, nothwendig nullius in bonis. Die Gesammtheit der Objecte des vermögensrechtlichen Willens eines Subjects überhaupt ist nach ius gentium '*bona*'; concret als Gegenstand des Willens einer Person für sich nach römischem Civilrecht 'pecunia'; als Vermögensgesammtheit eines civis R. sui iuris '*patrimonium*', und bezogen auf die Gesammtheit der Privatherrschaftsrechte eines solchen Civis '*res familiaris*', welche beim Tode ihres Vertreters

Spitze der Lehre von den Sachen überhaupt [2]. Denselben Gegensatz, § b.
nur nicht, wie jene, aus dem Gesichtspuncte des Habens, sondern
aus dem des Erwerbens aufgefaßt, drückt die Eintheilung in res
quae in commercio sunt aut quarum commercium non est [3] aus.
Es sind nämlich manche Sachen wegen ihrer Eigenschaften oder § c.
Zustände theils aus natürlichen, theils aus religiösen, theils aus
politischen und juristischen Gründen allgemein oder in besonderen Beziehungen unfähig Gegenstände des Privateigenthums zu
sein [4]. Zu den Sachen, welche in patrimonio oder commercio § d.
sunt, Eigenthumsgegenstände sein können, wenn sie gleich nicht
wirklich im Eigenthum irgend einer Privatperson sind, gehören alle
nur factisch herrenlosen Sachen, quae singulorum esse possunt,
sed non sunt, nur aus factischen Gründen nullius in bonis sunt, wie
dieses nach römischem Recht der Fall ist mit allen Thieren in ihrer
natürlichen Freiheit (also nicht den Hausthieren), mögen sie dieselbe noch nicht verloren oder sie wiedergewonnen haben [5], mit
den Naturproducten des Meeres oder sonstiger herrenloser Bezirke [6],
und mit denjenigen Eigenthumsgegenständen, deren Eigenthum der
Inhaber aufgegeben hat, res derelictae, pro derelictis habitae [7].
Dagegen kann die Sache, welche nicht in commercio ist, so we- § e.
nig mit Hinsicht darauf, daß sie später in commercio sein kann,
als ein freier Mensch mit Hinsicht darauf, daß er durch maxima
capitis minutio zur Sache werden kann, jetzt schon als Gegenstand
des Eigenthumsrechts giltig aufgefaßt, ein Rechtsgeschäft, dessen
Leistungsgegenstand die Sache quae extra patrimonium habetur
oder die Person wäre, giltig eingegangen werden [8]: die Rechtsbestimmung begränzt und bindet den Privatwillen. (§§ 93. 89. *b.*)

---

als Gesammtheit seiner Vermögensrechte nach röm. Civilrecht allein übrig bleibt, 'familia'. s. § 42. *e.* § 68. Note 1. § 77. Note 15. (2) s. Anhang VI. S. *36. (3) § 67. Note 4. (4) s. *L.* 34. § 1. *D. de contr. empt.* in voriger Note 4. Wie hier die justinianischen Institutionen von Gaius abweichen, ergiebt sich aus Anhang VI. S. *26. Z. 13. ff. (5) *Gai.* 2, 66...68. §§ 12...16. *I. h. t.* 2, 1. *L.* 1. § 1... *L.* 5. § 6. *D. de A. R. D.* 41, 1. (6) § 18. *I. h. t.* *L.* 3. *D. h. t.* 1, 8. vgl. unten § 70. (7) § 47. *I. h. t.* *Dig.* Pro derelicto 41, 7. Das 'habitae' bezieht sich auf die mens des früheren Eigenthümers; dieser muß die Absicht geäußert haben, daß er die Sache nicht mehr als die seinige haben wolle. Daher sind auch in anderer Absicht vom dominus aufgegebene Eigenthumsgegenstände ebensowenig herrenlos, als diejenigen, welche der Eigenthümer bloß verlegt oder verloren hat. § 48. *I. eod.* *L.* 7. *D. tit. cit.* *L.* 43. §§ 4. sqq. *D. de furt.* 47, 2. (8) § 2. *I. de inut. stip.* 3, 19 [20]. *Gai.* 3, 97. § 5. *I. de empt. et vend.* 3, 23 [24]. *LL.* 4. 6. 22. sqq. 34. §§ 1. 2. *D. de contr. empt.* 18, 1. *L.* 1. § 9. *L.* 83. § 5. *L.* 103. et passim *D. de O. et A.* 44, 7. *Ulp.*

§ f. Was noch nicht in rerum natura (also noch gar nicht res corporalis) [9] oder zwar schon existent, aber entweder überhaupt noch nicht der rechtlichen Herrschaft einer Person oder doch nicht derjenigen Person [10], welche als dereinstiger Eigenthümer der Sache aufgefaßt wird [11], unterworfen ist, ist mit Rücksicht auf eine solche dereinstige Unterwerfung res *futura*.

2. Die einzelnen Arten der dem Verkehr entzogenen Sachen.

§. 69. a. Res divini iuris.

Gai.2,2...9. §§ 7...10.*Inst*.de rer.div.2,1. *Dig*. de Religiosis et sumptibus funerum et ut funus ducere liceat *11*,7. *Cod*.eod.tit.3,44. *Dig*. de Mortuo inferendo et sepulcro aedificando *11*,8. Ne quid in loco sacro fiat *43*,6. (*Agg.Urb*. De locis sacris et religiosis in den Röm. Feldmessern I. p.87.sq. *Rudorff* ibid.II.§ 85.)

§ a. Res divini iuris oder divinae sind diejenigen, welche wegen der Berechtigung der Gottheit dem Privatrechte der Menschen entzogen, unfähig alicuius in bonis esse sind, im Gegensatze zu den res humani iuris, res hominum oder humanae, an welchen keine göttlichen Rechte die privaten der Personen ausschließen, und diese heißen res purae oder profanae mit Rücksicht auf die Ausschlie-
§ b. ßung der göttlichen Berechtigungen [1]. So wie nun die römi-

---

24,8.9. *L*.39.§§ 8...10.*D.de leg.I.30*. *L*.49.§ 2.*D.de leg.II.31*. *Paul.L*.182.*D.de R.I*. „Quod nullius esse potest, id ut alicuius fieret, nulla obligatio valet efficere". Ein solches Rechtsgeschäft ist sofort *ungiltig*, es wäre statim contra bonos mores und contra ius publicum. *L*.33.§ 1. *L*.83.§ 5.*D.de V.O.45*,1. § 67. Note 4. u. § 89. Daher werden auch die im Texte bezeichneten Gegenstände häufig als res quae dari non possunt, ea quae dari impossibilia sunt, bezeichnet (§ 83 Note 15.), z. B. *Gai*., *Ulp*.ll.citt. *L*.135.*D.de R.I.50*,17. u. ö.

(*9*) z. B. § 7.*I.de legatis* 2,20. „.. fructus qui in illo fundo nati erunt, aut quod ex illa ancilla natum erit". *L.8.pr.D.de contr.empt.18*,1. *Gai.L*.15.*pr.D.de pign.20*,1. „..quae nondum sunt, futura tamen sunt, hypothecae dari possunt, ut fructus pendentes [denn diese existieren noch nicht als selbständige Sachen § 74.], partus ancillae, fetus pecorum ..". Solche Sachen pflegt man bei uns res speratas zu nennen.

(*10*) „veluti cum quasi alea emitur, quod fit cum captus piscium vel avium",

(*11*) „vel missilium emitur". *Pomp.L*.8.§ 1.*D.de contr.empt*. Der Kauf einer solchen Sache wird hier spei emptio genannt.

(*1*) *Gai*.2,9. § 7.*I.h.t.2*,1. *L*.1.*pr.D.de div.rer.1*,8. cf.*L*.2.§ 1.*D.de interd.43*,1. In der christlichen Kaiserzeit übertrug man den Namen der res divinae auf die bona ecclesiastica: „Cur enim non faciamus discrimen inter res divinas et humanas, et quare non competens praerogativa caelesti favori conservetur?" sagt Justinian *L*.22.§ 1.*C.de ss.eccl.1*,2. | Die Freiheit einer Sache von göttlichen Berechtigungen wird durch das Adjectiv purus, a, um, bezeichnet: *Ulp.L*.2.§ 4.*D.h.t.11*,7. „*Purus* autem locus dicitur qui neque sacer, neque sanctus est, neque religiosus; sed ab omnibus huius modi nominibus vacare videtur". Dieselbe Neigung des röm. Privatrechts, sich von den Fesseln des ius sacrum frei zu machen, spricht sich auch in den Ausdrücken 'liberare locum

schen Gottheiten selbst di superi oder inferi sind, zwischen welchen stehend die medioxumi mitunter besonders erwähnt werden[2], so sind auch die divini iuris res entweder sacrae oder religiosae, denen die sanclae darin gleichstehen, daß auch sie, unter pontificischer Aufsicht, extra patrimonium oder commercium sind[3].

1) *Sacrae* sunt quae dis superis consecratae sunt[4]; solche § c.
Consecration geschah unter öffentlicher Auctorität zufolge eines Volks- oder Senats-Beschlußes, später einer kaiserlichen Verordnung, durch die Pontifices mit religiösen Feierlichkeiten[5]. Die Sache hörte dadurch auf Gegenstand des Privatrechts zu sein, und konnte also weder zu Gelde veranschlagt[6], noch veräußert werden[7]. Den Gegensatz des sacrum und religiosum bildet das pro- § d.
fanum[8] als das durch religiöse Ausweihung, entsprechend der Consecration, aus jenem entstandene[9]; aber auch durch feindliche Besitzergreifung gieng die Eigenschaft der Sache als sacra oder

religione' (*L.*9.§2.*D.de div.rer.1*,8.), 'sine sacris hereditas', (*Plaut.*Capt.*4*,1.7. *Fest.*v.Sine), in der capitis minutio sacrorum interimendorum causa (§46.*p.*) u.a. aus. Ueber das profanum s.Note 9. (2) *Plaut.*Cist.2,1.✝.36. „At ita me di deaeque superi atque inferi et medioxumi". *Fest.*v.Altaria. (p.29.ed.Müll.) „.. antiqui diis superis in aedificiis a terra exaltatis sacra faciebant, diis terrestribus in terra, diis infernalibus in effossa terra". *Cic.*Top.23.i.f. vgl. Hartung die Religion der Römer. Erlang.1836.8°.II.S.1. (3) *Gai.*2,3...8. *L.1.pr. D.de div.rer.* §§7...10.*I.*citt. *Gai.*cit.§3. „Divini iuris sunt veluti res sacrae et religiosae". §8. „Sanctae quoque res *quodam modo* divini iuris sunt". *Marcian.L.*6.§2.*D.tit.cit.* *L.*17.§3.*D.de aqua et aq.pl.39*,3. „.. Sed loco sacro vel religioso vel sancto interveniente, quo fas non sit uti, nulla eorum servitus imponi poterit". Auch die Agrimensoren führen regelmäßig nur die res sacras und religiosas auf. vgl. Rudorff Röm. Feldm.II.S.459.ff. (4) *Gai.* 2,4. (5) *Gai.*2,5. §8.*I.cit.* *Marcian.L.*6.§3. *Ulp.L.9.pr.*..§2.*D.de div. rer.1*,8. u.bes. *Fest.*v.Sacer mons (ed.Müller.p.318.321.). Daher war nicht eigentlich sacrum, sondern nur für die juristische Behandlung gleich, pro sacro, was in provinciis non ex auctoritate populi Rom. consecratum est. *Gai.*2,7. i.f. Seit Justinian (*L.un.C.de usuc.transf.7*,31.) sind auch in den Provinzen unbewegliche res sacrae und res religiosae möglich. (6) *L.*9.cit.i.f. „Res sacra non recipit aestimationem". (7) *LL.*2.4.9.*C.h.t.3*,44. Von dem Veräußerungsverbot macht das spätere Recht, als die Begriffe von res sacrae und ecclesiasticae ineinander übergiengen, Ausnahmen. §8.*I.cit.* *L.*21.*C.de ss. eccl.1*,2. *Nov.7.c.*8. *Nov.120.c.*10. (8) *Plaut.*Merc.2,3.✝.37. *Fest.*vv.Puri, Profanum. (ed.Müller.p.229.250.253.) *L.*3.§3.*D.de div.rer.1*,8. (9) *Liv.31*, 44. *Serv.*ad Aen.*12*,779. „.. *profanum* esse quod a religione in usum hominum transiit ... quod sacrum fuerit et desierit". *Macrob.*Sat.3,3. „Trebatius *profanum* id proprie dici ait, quod ex religioso vel sacro in hominum usum proprietatemque conversum est". Das „sacra evocare" in *L.*9.§3.*D.de div. rer.1*,8. ist nicht der 'Entweihungs-Ritus', wodurch eine res sacra zur profanen wird; sondern derjenige, wodurch ein sacrarium, ein Standort von res sacrae, welcher nicht sacrum ist, zu profanen Zwecken bereitet wird. Das Entweihen des religiosus locus geschieht, wenn impetratur ut reliquae [reliquiae Hal. Vulg.] transferantur". *Paul.L.*44.i.f.*D.de relig.11*,7. *L.*14.*C.eod.3*,44.

religiosa unter; jedoch fand auch hier eine Art von Postliminium statt[10]. Formumänderung hebt jene Eigenschaft der Sache nicht auf[11].

§ e. 2) *Religiosae*, quae diis Manibus relictae sunt (⁴). Für das Privatrecht ist nur die Verwandlung eines im Privateigenthum[12] stehenden Platzes in einen locus religiosus[13] durch endliche Begrabung eines Leichnams[14] oder Beisetzung seiner Asche[15] an sol-

§ f. chen Ort von Wichtigkeit[16]. Die Behandlung der res religiosa

§ g. ist in privatrechtlicher Beziehung gleich der der res sacra[17]. Mit der Lehre von den res religiosae verbinden unsere Quellen die von der Verpflichtung zur Beerdigung, zum funerari, funus facere, zur Tragung der sumptus funeris und von der funeraria actio[18].

§ h. 3) *Sanctae* sind im weiteren Sinne alle res divini iuris[19],

---

(10) *Pomp.L.36.D.de relig.* „Cum loca capta sunt ab hostibus, omnia desinunt religiosa aut sacra esse, sicut homines liberi in servitutem perveniunt. quodsi ab hac calamitate fuerint liberata, quasi quodam postliminio reversa pristino statui restituuntur". vgl. § 47.*d.* (11) § 8.i.f.*I.h.t.* 2,1. „.. locus .. diruto aedificio adhuc sacer manet ..". *L.73.pr.D.de contr.empt.* 18,1.od. *Vat.Fgm.* § 5., *L.6.* § 3.*D.de div.rer.1*,8. (12) daher auch der Zweifel, ob in Provincialland ein locus *religiosus* sei. *Gai.2*,7. vgl. Note 5. (13) Auch durch andere Ereignisse konnte ein locus religiosus werden, z. B. durch Einschlagen des Blitzes *Paul.Diac.* ex *Fest.*v. „*Fulguritum* id quod est fulmine ictum, qui locus statim fieri putabatur religiosus, quod eum deus sibi dicasse videretur" und v. *Fanatica* dicitur arbor fulmine icta". Daher auch die Blitzgräber (fulgura condita) mit ihren Inschriften. s. Mommsen in 'Berichte üb. die Verhh. der Gesellsch. d. Wiss. zu Lpz. I. 1849. p. 291. ff. Weder die Rechtsquellen noch die Agrimensoren gedenken dieses (etruscischen) Religiositätsgrundes. (14) *L.40.D.de relig.11*,7. *LL.10.14.C.eod.3*,44. Wie man den Fall des Begräbnisses eines Menschen an verschiedenen Orten entschied, s. § 32. Note 7. (15) Auch dieses ist sepultura: *L.2.* § 5. *L.42. D.h.t.11*,7. *L.5.pr.D.de mortuo inf.11*,8. *L.1.i.f.D. de cadav.punitor.* 48,24. Leere Grabstätten, cenotaphia, monumenta memoriae causa facta, sind nach der Entscheidung der Antoninen nicht loca religiosa: *L.6.* § 5. *L.7.D. de div. rer.1*,8. *L.6.* § 1. *L.42.D.de relig.11*,7. (16) Von der Behandlung eines im Miteigenthume oder in fremdem dinglichem Rechte stehenden Grundstücks s. § 9.*I.h.t.* *LL.2.3.41.D.h.t.11*,7. *L.6.* § 4.*D.de div.rer.1*,8.| Nicht der ganze Begräbnissplatz wurde religios: *L.2.* § 5.*D.h.t.* „*Sepulcrum* est, ubi corpus ossave hominis condita sunt. Celsus autem ait 'Non totus qui sepulturae destinatus est locus religiosus fit, sed qua tenus corpus humatum est.| *L.5.D.eod.* „*Familiaria sepulcra* dicuntur quae quis sibi familiaeque suae constituit". *L.6.eod.* „vel quod pater familias iure hereditario adquisiit". vgl. *LL.4.8.13.C.eod.3*,44. Länge und Breite des Platzes als religiosen wurden oft auf den Begräbnissinschriften genau angegeben. (17) Nott. 1. 6 ... 11. Bei der Reparatur eines locus religiosus, Grabmonuments u. dgl. hatten die Pontifices Anordnungen zu treffen. *L.5.* § 1.*D.de mortuo inf.11*,8. (18) *L.* 12. § 2. bis *L.32.D.h.t.11*,7. (19) Trebatius bei *Macrob.*l.c. „*Sanctum* est interdum idem quod *sacrum* idemque quod *religiosum*, interdum aliud, h.e. nec sacrum nec religiosum est". vgl. auch *Fest.* Note 5.cit., die folg. Note und v. Sanctum p. 317. ed. Müll.

im engeren bilden sie, als besonders befriedete, unter göttlicher Bürgschaft gewahrte irdische Dinge, eine Mittelclasse zwischen den sacrae oder religiosae und den res humani iuris[20]: die Verletzung der Sanctität der Sache[21] oder Person[22] hatte nach Verschiedenheit der Sanction verschiedene Folgen; das Haupt des Verletzers verfiel nach älterem Sacralrechte wol immer irgend einer bestimmten Gottheit; das neuere Recht droht 'Capitalstrafe'[23].

Der Sprachgebrauch der späteren Kaiserzeit nannte alles das § i. 'numen', die 'divinitas' des Kaisers oder der Kaiserin, die domus Augusta sive divina betreffende 'divinum, sacrum,' jene Personen selbst 'sanctissimas'[24]. Auch kommen die christlich-kirchenrecht- § k. lichen Begriffe von heiligen Personen und Sachen zum Theil schon in den theodosischen und justinianischen Rechtsbüchern vor[25].

---

(20) *Ulp.L.9.§3.D.de div.rer.1*,8. „Proprie dicimus ***sancta*** quae ***neque sacra neque profana*** sunt [s.*Fest*.cit.v.Sanctum], sed sanctione quadam confirmata, ut leges sanctae sunt: sanctione enim quadam sunt subnixae: quod enim sanctione quadam subnixum est, id sanctum est, etsi deo non sit consecratum; et interdum in sanctionibus adicitur '*Vt qui ibi aliquid commisit, capite puniatur*'." Daher sanctio der Theil eines Gesetzes, welcher die Nichtigkeits- oder zugleich Straf-Androhung wegen Zuwiderhandlung enthält: §10.*Inst.eod.2*,1. *Pap.L.41.D.de poenis 48*,19. „Sanctio legum quae novissime certam poenam irrogat iis qui praeceptis legis non obtemperaverint, ad eas species pertinere non videtur, quibus ipsa lege poena specialiter addita est". cf. *Cic*.de inv.2,49.§§145.sq. *Auct.ad Herenn*.2,10.§15. vgl.*unten §93.d.* Das sanctum leiten die Alten von sagmen, dem heiligen Kraut, ab: *L.8.§1.D.eod. Fest.* v.Sagmina, welcher letztere aber auch die richtige Etymologie a sanciendo anführt. *L.8.cit.pr.* „Sanctum est quod ab iniuria hominum defensum atque munitum est". (21) Am häufigsten werden unter den körperlichen Sachen als sanctae angeführt die Mauern und Thore einer Stadt (*Gai*.2,8. §10. *I.tit.cit. L.11.D.eod.1*,8. *LL.2.3.D.ne quid in loco sacro 43*,6.) oder des gleichbehandelten Lagers (*L.3.§17.D.de R.M.49*,16.); aber auch andere Sachen waren besonders sanciert, z.B. Früchte auf dem Felde nach den 12 Tafeln (8,9.), Gränzmarken nach altem königlichem Rechte (*Paul.Diac*.ex Fest.v.*Termino* sacra faciebant, quod in eius tutela fines agrorum esse putabant. denique Numa Pompilius statuit eum qui terminum exarasset, et ipsum et boves sacros esse". *Röm.Feldm*.I.359. „.. sanctior est, i.e. iustior videtur, maritimus limes..".) u.dgl. vgl. Rudorff in Röm.Feldmess.II.p.241.ff. (22) So nicht allein mehrere magistratus der republic. Verfaßung (*Fest*.v.Sacrosanctum) und auch noch nach späterem Völkerrechte die Gesandten (*L.17.D.de legationib.50*,7.), sondern auch nach einer lex regia die Eltern (*Fest*.v.Plorare), nach den 12 Tafeln (tab.VIII.n.21.) der Client. (23) z.B. der Verletzer von Feldfrüchten der Ceres [s.Note 21.], der Injuriant des Vaters den divis parentum, wer Gränzsteine verrückte, dem Terminus [Note 21.cit.]. In der späteren Zeit heißt es meistens nur 'capite punitor'. vgl.Note 20. (24) vgl.*Dirksen* Manuale vv.*Divinus* §2. *Sacer* §2. *Sanctus* §2. Diese verderbliche Unsitte beginnt sehr früh. *Suet*.Tib.27. Auch bei *Agg.Urb.*'sacra praeceptio'. *Röm.Feldm*.I.p.8.a.E. (25) z.B.Noten 1.7. *L.7.Th.C.de sep.viol.9*,17.(„..nemo martyrem distrahat, nemo mercetur...si in... loco sanctorum est aliquis conditus, pro eius veneratione quod martyrium vocandum sit, addant" *etc.*) Rubrica *Cod*.de sacrosanctis ecclesiis *1*,2.et tot.tit.passim.

b. Dem Verkehr entzogene res humani iuris:

§. 70. *α.* Naturali iure omnium communia.

§§1...5.*Inst.*de rer.div.2,1. *LL*.2...6.§1. *L*.10.*D.de div.rer.1*,8. *L*.2.§§8.9. *LL*. 3.4.*D.ne quid in loco publico..fiat* 43,8. *L*.1.§17.*D.de fluminibus* 43,12.

§ *a.* Ihrer Natur nach sind der ausschließlichen Herrschaft einzelner ununterwerfbar, nullius, naturali iure omnium communia oder iuris gentium (auch wol, als dem öffentlichen Gebrauche aller offen, publica) sunt, die Luft, fließende Gewäßer, das Meer und dessen Ufer, soweit es die äußersten Wellen bestreichen[1]. Jedoch sind diese s. g. res omnibus communes in einzelnen Beziehungen oder Theilen fähig Objecte der Privatherrschaft zu sein: § *b.* 1) das caelum supra locum, die Atmosphäre über einem Grundstücke wird insofern zu diesem gerechnet, als nach gemeinem Rechte niemand die Natureinwirkungen auf dasselbe, Licht, Luft, Regen u. s. w. innerhalb dieser s. g. Luftsäule zu hindern oder zu ändern berechtigt ist[2]; § *c.* 2) was das fließende Gewäßer oder das Meer mit sich führt oder deckt, was auf Meeresufern sich findet, Thiere, Vegetabilien und Gestein, ist als res quae nullius in bonis est der Occupation eines jeden frei[3]; § *d.* 3) einzelne Stellen des Meers oder Meeresufers können durch Privatbauten bedeckt und dadurch selbst, so lange diese stehen, Privateigenthum werden[4].

§. 71. *β.* Res publicae und universitatium.

vgl. *Dig.43*,7.de Locis et itineribus publicis bis 15[14].de Ripa munienda. (*Tit.* De locis publicis in den *Römischen Feldmessern* p.85.ff.)

§ *a.* Im eigentlichen Sinne sind publicae alle res quae populi Romani sunt[1]. Dahin gehört das gesammte Staatsgebiet als solches und alle im Eigenthum des als eine juristische Person aufgefaßten

---

(1) §3.*I.cit.* *L*.96.*pr.D.de V.S.50*,16. (cf.*Cic.*Top.7.i.f.) *L*.112.*D.eod.*; aber Celsus sagt *L*.3.*pr.D.ne quid in loc.publ.* „Litora, in quae populus Rom. imperium habet, populi Romani esse arbitror“. (2) *L*.22.§4.*D.quod vi 43*,24. Die Beschränkungen dieses naturalen Rechtes gehören in die Lehren vom Eigenthum, den Servituten und Interdicten. (3) §5.*I.cit.*i.f. vgl.§68.Note 6. (4) *L*.6.*pr.* *L*.10. *L*.4.*pr.D.de div.rer.* *LL*.14.30.§4.*D.de A.R.D.41*,1. *L*.1.§18. *D.de O.N.N.39*,1. Jedoch war solche Occupation nur unter obrigkeitlicher Erlaubniß zuläßig: *L*.50.*D.eod.* *L*.3.§1.*D.neq.in loco publ.* Interdicte halfen gegen den, der eigenmächtig den öffentlichen Gebrauch des allen gemeinsamen durch Privateinrichtungen hinderte: citt. *L*.2.§8.*D.ne quid in loco publ.* *L*.1.§17.*D.de flumin.*

(1) *L*.15.*D.de V.S.50*,16. cf. *LL*.16.17.*eod.* Im weiteren Sinne werden auch die s.g. res omnibus communes zu den publicis gezählt, z.B. *L*.10.*D.de div.rer.* *1*,8., und die einer Stadtgemeinde (res p. in diesem S.) gehörigen, z.B. *L*.15.*cit.* *L*.1.*pr.D.de div.rer.1*,8.

Staates stehenden Dinge. Diese letzteren werden daher auch als § *b.* patrimonium populi [2] oder fisci [3], pecunia populi [4], dem erstern, soweit es unter den allgemeinen policeilichen Beschränkungen zum Gebrauche allen einzelnen, gleichwie die naturali iure communia omnium (§ 70.), regelmäßig frei gelaßen ist (quae publico usui destinata [5] und daher auch nullius, nämlich privati hominis, in bonis [6] sunt), wie dieses insbesondere mit den Häfen, den öffentlichen Flüßen, Bächen und Ufern öffentlicher Gewäßer, den öffentlichen Waßerleitungen, Kanälen, Seen u. dgl., den Wegen und Brücken der Fall ist [7], den publicae res +sensu strictiori entgegengesetzt; während das eigentliche Staatsland, der ager publicus § *c.* populi Rom., mehr wie Eigenthum des Staats als einer juristischen Person behandelt wird [8]. Auch Gemeindesachen, quae universita- § *d.* tis sunt, non singulorum, heißen mitunter publicae ([1]) und sind, wie die des Staats, theils zum freien Gebrauche der einzelnen bestimmt (res universitatis im engeren Sinne) oder Vermögensgegenstände der Gemeinde bloß als juristischer Person, pecunia rei publicae, patrimonium civitatis u. dgl. [9]. Nur das Vermögen des Staats und § *e.* der Gemeinden, welche Totalitäten nicht bloß juristische Personen, sondern die eigentliche Substanz des ganzen nationalen und rechtlichen Lebens selbst sind, nicht auch die res communes der Innungen und anderer Corporationen, welche mehr willkürliche und private Gestaltungen jener Substanz, bloß juristische Perso-

(2) *Ner. L.* 14. *pr. D. de A. R. D. 41*, 1. „..litora publica non ita sunt ut ea quae in patrimonio sunt populi, sed ut ea quae primum a natura prodita sunt et in nullius adhuc dominium pervenerunt..". (3) *L.* 72. § 1. *D. de contr. empt.* 18, 1. *L.* 2. § 4. *D. neq. in loco publ. 43*, 8. u. o. vgl. § 65. (4) *L.* 6. *pr. D. eod.* (5) Noten 3. 4. cit. *L.* 2. § 5. *L.* 17. *D. de V. S.* (6) § 5. *I. de rer. div.* 2, 1. *L.* 1. *pr. D. de div. rer. 1*, 8. *L.* 51. *D. de contr. empt.* 18, 1. (7) §§ 2. 4. *I. tit. cit. L.* 4. § 1. *D. eod. 1*, 8. und in vielen Stellen der oben citt. Digestentitel. | *L.* 1. § 3. *D. de flumin. 43*, 12. „Fluminum quaedam publica sunt, quaedam non: publicum flumen esse Cassius definit quod perenne sit...", anders als nach deutscher Rechtsbestimmung. | Die viae werden in publicae, privatae und vicinales eingetheilt *L.* 2. § 22. *D. neq. in loco publ.*; alle können rusticae oder urbicae sein: § 24. *eod.* Zu den viae publicae gehören auch die militares. *L.* 3. § 1. *D. de locis et itin. publ. 43*, 7. *Röm. Feldm.* I. 145. sq. 168. sq. | Daß die Ufer der öffentlichen Flüße (ripae: *L.* 1. § 5. *LL.* 3. 4. *D. de flumin. 43*, 12.) nur dem Gebrauche aller offen sind, „sed proprietas earum illorum est, quorum praediis adhaerent" (§ 4. *I. cit.* oder *L.* 5. *pr. D. eod. 1*, 8.), galt bei agri arcifinii, nicht aber bei den limitati. Von den Seen u. s. w. *L. un. D. ut in flum. publ. navigare lic. 43*, 14. vgl. Anhang VIII. § *t.*
(8) § 74. (9) § 6. *I. de rer. div.* 2, 1. *Marcian. L.* 6. § 1. *D. eod. 1*, 8. „Universitatis sunt, non singulorum, veluti quae in civitatibus sunt, [ut *Inst.*] theatra et stadia et similia et si qua alia sunt communia civitatium. Ideoque nec servus communis civitatis singulorum pro parte intellegitur, sed universitatis..".

nen sind, kommen als ea quae publica und *nullius* in bonis sunt in der oben bezeichneten Bedeutung vor [10].

§. 72. γ. Relative Beschränkungen.

§ a. Nicht alle Sachen, welche fähig sind im Privateigenthum zu stehen, sind nach den allgemeinen Rechtsvorschriften Objecte von Rechten und Rechtsgeschäften; sondern aus Gründen des öffentlichen Nutzens können theils gewisse Sachen nicht im Eigenthume eines jeden, wenngleich des Eigenthums überhaupt fähigen Menschen stehen; theils ist die Ausübung der Eigenthumsrechte gewisser Personen, und insbesondere die Veräußerung, beschränkt oder
§ b. untersagt. Die Beschränkungen der letzteren Art, namentlich der Veräußerung von Pupillengütern [1], Dotalgrundstücken [2] und das Verbot der Veräußerung von Sachen worüber ein Rechtsstreit geführt wird [3], können nur insofern hierher gestellt werden, als man die Berechtigungen des Mündels, der Ehefrau, der Parteien im Rechtsstreite, als juristische Zustände der Objecte jener
§ c. Berechtigungen, der Sachen selbst, auffaßt. Die Beschränkungen der ersten Art dagegen gründen sich auf die Beschaffenheit der Sache selbst und deren Bedeutung als Rechtsobject: 1) Gifte und verbotene Bücher sind nicht regelmäßige Gegenstände des Privateigen-
§ d. thums [4]. 2) Die Ausfuhr von Lebensmitteln und Waffen ins Ausland (ad barbaricum) ist verboten [5]. Der Handel mit Salz ist den Privaten zu Gunsten der mancipes, i. e. salinarum con-
§ e. ductores, untersagt [6] u.dgl. 3) Privatleute dürfen gewisse Kleidungsstoffe u.dgl. nicht besitzen [7], so wie dagegen Senatoren das Eigenthum an Schiffen untersagt war [8] u.dgl.

(*10*) vgl. § 64. Note 3. Die Eigenthumsgegenstände der Kirche als einer juristischen Person (§ 41. Note 1. § 66.), das +patrimonium ecclesiae, werden +res ecclesiasticae in sensu stricto genannt.| *L.*1.§1.*D.quod cui.univ.nom.3*,4. „Quibus permissum est corpus habere collegii, societatis sive cuiusque alterius eorum nomine, proprium est *ad exemplum rei publicae* habere res communes, arcam communem et actorem sive syndicum, per quem *tanquam in re publica* quod communiter agi fierive oporteat, agatur, fiat". Solche Corporationen haben also nach Analogie der Stadtgemeinden patrimonium, pecunia, arca, u.dgl., aber nichts publicis usibus destinatum, wie jene; sie sind selbst keine res publicae.

(*1*) z.B. § 2.*I.quib.alienare non licet* 2,8. (2) *Pr.I.eod.* und de Fundo dotali: *Dig.*23,5. *Cod.*5,23. (3) De Litigiosis: *Th.C.*4,5. *Dig.*44,6. *Cod.* 8,37. (*4*) *L.*4.§1.*D.fam.erc.10*,2. *Paul.*S.R.5,23.§18.u.21.§4. (5) *Cod.* Quae res exportari non debeant 4,41. de Commerciis et mercatoribus 4,63. cf.*L.*11.*pr.D.de publican.*39,4. (6) *Arc.et Hon.L.*11.*C.de vectigalib.*4,61. cf.*Cassiod.*Var.6,7. (7) *Cod.* Quae res venire non possunt et qui ven-

§. 73. B. Besondere Fähigkeit der Sache als Rechtsobjects: Res mancipi und nec mancipi.

Gai.2,15...23. *1*,119...21. *Ulp.19*,1...6. *Cod.* de... sublata differentia rerum mancipi et nec mancipi *7*,31.

So wie die Person überhaupt commercium haben, freies Mitglied einer römischen Familia sein muß, um sui oder alieno iuri subiecta persona sein zu können[1], so muß die Sache, um als Gegenstand eines civilrechtlichen Vermögens, einer römischen res familiaris[2], in Betracht kommen, um res mancĭpī oder nec mancĭpī[3] sein zu können, in commercio sein[4]. § a. Die Eintheilung der res in mancipi und nec mancipi, d. h. in mancipierbare und nichtmancipierbare, quae mancipationem recipiunt vel non[5], mancipari possunt vel non[6], oder quae per mancipationem ad alium transferuntur oder ohne Mancipation[7], ist dem römischen Civilrechte eigenthümlich, wie die Mancipation selbst[8], von welcher schon § b.

---

dere vel emere vetantur *4*,40. De vestibus holoveris et auratis et de intinctione sacri muricis *11*,8[9]. Nulli licere in frenis et equestribus sellis et in balteis margaritas et smaragdos et hyacinthos aptare et de artificibus palatinis *11*,11[12]. *L.*6.*C.de div.rescr.1*,23. (8) *L.*3.i.f.*D.de vacation.* *50*,5. u. dazu *L.*46.§2.*D.de I.F.49*,14. *Cic.* in Verr.5,18.§45. *Liv.21*,63. *Cuiac.* Obss.*6*,38. vgl.*L.*14.i.f.*C.de contr.empt.4*,38.

(*1*) §43.*a,b.* (2) §42.*e.* (3) In den *Vat.Fgm.*§259. ist res mancipii geschrieben. vgl.*Brisson*.h.v. *Schulting* ad Ulp.*19*,1.Note 2. Niebuhr I. S.503. der 3. Ausg. (Christiansen röm.R.G.S.354. hat die Erfindung gemacht, daß *mancipi* der infin. passivi von *mancipere* sei. An „die unsinnigen Nachrichten der Alten" kehrt sich dieser bescheidene neue Sextus Aelius Catus nicht.)

(4) §68. Nur als Objecte des civilen Vermögensrechts sind *Omnes* res aut m. aut nec m. Es ist eine rerum divisio propria iuris civilis Romani. s.S. *26.3.25.ff.| Sepulcra, soweit sie nicht religiosa sind (*L.*2.§5.*D.de relig.11*,7.), und monumenta pura und cenotaphia (cit.*L.*2.§6. u. *L.*6.§1.*eod.*), so wie zur Aufstellung der Aschenurnen oder Aufbewahrung der Gebeine errichtete Grottengebäude, columbaria, konnten mancipiert werden (z.B. *Gruter* II. p.1081. n°.1. *Orelli* Inscr. n°.4358.4544.4567.4947. vgl. n°.4572.), da sie in commercio waren (praedia in Italico solo, s. unten Note 10.). Irrig erklärt *Heinecc.* Ant. Rom.2,1.§18.i.f. das ius sepeliendi für eine servitus praedii rustici und deshalb solche Mancipationen für statthaft. (5) *Gai.2*,31.38. vgl. z.B. 2,19.28.30.34.42.52. (6) *Gai.*2,29.i.f. vgl.*1*,120. (7) *Gai.*2,22. „Mancipi vero res sunt quae per mancipationem ad alium transferuntur; unde scilicet '*mancipi res*' sunt dictae". *Boeth.*ad Cic.Top.5.§28. „*Mancipi res* Veteres appellabant quae ita abalienabantur, ut ea abalienatio per quandam nexus fieret sollemnitatem: nexus vero est quaedam iuris sollemnitas, quae fiebat eo modo quo in Institutionibus Gaius [*1*,119.] exponit". Cicero a.a.O. nennt die Mancipation „abalienatio eius rei quae mancipi est, traditio alteri nexu". (8) *Gai.1*,119. Daher sagt *Cic.* pro Flacc.32.§80. „Illud quaero Sintne ista praedia censui censendo? *habeant ius civile? sint necne sint mancipi?* subsignari apud aerarium, apud censorem possint? in qua tribu denique praedia ista censuisti?" vgl. die Röm. Feldmesser v. *censiri.*

§ c. die Rede geweſen iſt[9]. Als res mancipi werden aufgeführt[10] alle des civilrechtlich vollgiltigen Eigenthums fähige Immobilien[11], alle ländlichen Servituten[12], Sclaven, die zahmen, nicht zu den bestiae gehörigen vierfüßigen Zug- und Laſt-Thiere, Rindvieh, Pfer-
§ d. de, Mäuler und Eſel[13]. Daß eine hereditas, wie alle unkörperlichen Sachen mit Ausnahme der Felddienſtbarkeiten, nicht res mancipi ſei, bezeugt Gaius[14] beſtimmt; ſie konnte nicht mancipiert wer-
§ e. den[15]. Und nur indem man einige Worte des älteren Plinius[16]

---

(9) §46.Note 19. Sie iſt ein zum mancipium-nehmen und zum mancipium-loslaßen, fortgeben: mancipio emere = sumere, und venum dare, vendere, ein venum ire, venire iure civili. Das venum dare wird vorzugsweiſe vom Verkaufe der capti hostes gebraucht, wie ſchon Forcellini anmerkt, und die 12 Tafeln gebrauchen es vom Mancipieren des Hauskindes. (10) *Ulp.19*,1. „Mancipi res sunt praedia in Italico solo, tam rustica, qualis est fundus, quam urbana, qualis domus; item iura praediorum rusticorum, velut [= zum Beiſpiel, wie auch *Gai.2*,17.29. beweiſt] via, iter, actus, aquae ductus; item servi et quadrupedes quae collo dorsove domantur, velut [= das heißt] boves, muli, equi, asini. Ceterae res nec mancipi sunt. elefanti et cameli quamvis collo dorsove domentur, nec mancipi sunt, quoniam bestiarum numero sunt“. *Gai.1*,120. „Eo modo et serviles et liberae personae [die aber als personae nicht zu den *res* manc. gehören] mancipantur; animalia quoque quae mancipi sunt, quo in numero habentur boves, equi, muli, asini; item praedia tam urbana quam rustica, quae et ipsa mancipi sunt, qualia sunt Italica, eodem modo solent mancipari“. (11) ſ.§74.*h.* vgl.'ager manu captus' bei *Flor.L.*16.*D.de A.R.D.41*,1. (12) Dieſes ſind die einzigen unkörperlichen Sachen, welche mancipi ſind. *Gai.2*,17. ſ.Noten 28.30. (13) Nach *Gai.2*,15. und ſeiner Schule ſind dieſe Quadrupeden von ihrer Geburt an res mancipi, nach der Meinung der Proculejaner aber erſt nach der wirklichen Dreſſur, oder wenn dieſe wegen der Unbändigkeit des einzelnen Thiers nicht gelang, von der Zeit an, [da es des Alters iſt, in welchem andere Thiere derſelben Art zum Ziehen oder Laſttragen gebraucht werden können]. Das eingeklammerte iſt Conjecturalergänzung der Lücke in §. cit. Iſidor (Orig.9,4.§45.) excerpiert gedankenlos „Mancipium (ſtatt *mancipi res*) quicquid manu capi subdique potest, ut homo, equus, ovis [wol *boves*]. haec enim animalia statim ut nata sunt, mancipium esse putantur: nam et ea quae in bestiarum numero sunt, tunc videntur mancipium esse, *quando capi sive domari coeperunt*“. (14) 2,34. „Hereditas .. in iure cessionem tantum recipit“. vgl.2,17.30.28. Auch 2,102. ſagt *Gai.* in den Worten „familiam suam, id est *patrimonium suum* mancipio dabat“ nicht, daß der Teſtator 'Vermögensgegenſtände' mancipiert habe, ſondern das patrimonium bezeichnet eben die vermögensrechtliche Herrſchaft des Teſtators, deſſen vermögensrechtliche Perſönlichkeit ſelbſt mit Hinſicht auf den Zeitpunct, da er deren Träger zu ſein aufhören muß, ſeines Todes. vgl.die folg. Note. (15) Ballhorn-Roſen über dominium. Lemgo 1822.8°.S.89. meinte ſehr irrig, nicht was mancipiert werden konnte, ſondern nur was nicht anders als durch Mancipation in das röm. Eigenthum erworben werden konnte, ſei mancipi res geweſen (ſo auch Reinhardt Uſucapion Stuttg.1832.8°.S.29.f. und Schilling Inſt.S.231. Note 1.); *Ulp.19*,3. ſagt doch „durch Mancipation können nur res mancipi veräußert werden“ und §§8.9. „durch Uſucapion“, „durch in iure cessio können ſowol manc. als nec m. res in das röm. Eigenthum gebracht werden“. Bei der familiae venditio (*Gai.2*,104.), ſagt Huſchke (Studien S.233. Note 59.) „wird ja nicht die hereditas (quae viventis nulla est), ſondern die

aus ihrem Zusammenhange riß, kamen Neuere dazu auch Perlen für res mancipi zu erklären.

Der Grund der gewiss altnationalen [17] und in Beziehung auf die Gegenstände niemals veränderten [18] Unterscheidung der res mancipi und nec mancipi ist überaus bestritten: einige [19] halten dafür die Kostbarkeit, andere [20] die individuelle Erkennbarkeit, andere [21] § f.

---

familia, d.h. der eine Theil der Privatfreiheit des Testators, welcher mit seinem Tode [d.h. im Augenblicke seines Todes] eine Sache bilden [sein] wird, die **Vermögensfreiheit** mancipiert, und diese ist ebenso, wie die ganze Person (*Gai.* *1*,120.), mancipi" [nicht *res* mancipi]. s. oben §42. Note 6. Ballhorn-Rosen geräth, um aus der Verlegenheit zu kommen, die hereditas im Widerspruche mit den Quellen für eine res mancipi zu erklären, wie *Heineccius* Ant.Rom. *2*,1. §18.n°.v. thut, in den ebenso großen Irrthum, „den familiae emptor eine Art von Obligation" durch die Mancipation erwerben zu laßen, obgleich *Gai.2*,17. bestimmt alle res incorporales, mit der bezeichneten Ausnahme der servitutes praediorum rusticorum, zu den nec mancipi, und die obligationes quoquo modo contractas und ipsum ius obligationis zu den Incorporalien stellt, *L*.1. §1.*D.de div.rer.1*,8. (= Comm.2.§14.) (*16*) H.N.*9*,35.sect.58.„sequitur heredem, ***in mancipatum venit***, ut praedium aliquod: conchylia et purpura omnis hora atterit..". Plinius sagt hier, die Perlen gehen, wie Grundstücke, als sich stäts gleich beibende, nicht der Mode, noch der Abnützung unterworfene Eigenthumsgegenstände, mit auf die Erben über, und sind in dieser Weise, wie man sie ererbt hat, so selbst wieder mit Gegenstände der familiae mancipatio, worüber man im Testament des großen Werthes wegen auch wol ausdrückliche Verfügungen aufstellt (worauf auch das vorhergehende 'nuncupationem tabulis probare' sich bezieht), während Purpur u.dgl. durch den Besitz schlechter wird. So wird bei *Tac*.Ann.I.73. Falanius unter anderem auch deshalb accusiert 'quod venditis hortis statuam Augusti simul mancipasset': die Gärten mit der Bildsäule, nicht diese waren Mancipationsgegenstand. Dirksen Verm. Schriften. I. n°.4. meint „es habe Plinius die Perlen bezeichnen wollen als den Gegenstand einer besondern Nebenverabredung bei der Mancipation anderer Gegenstände, d.h. als den Inhalt eines ausdrücklichen Vorbehalts für den kostbarsten Theil der beweglichen Habe, wenn der Eigner die Gesammtheit seiner Mobilien [?] durch Mancipation auf einen andern übertrug". (s. dagegen auch *Rudorff* Minucior. sententia p.11.sq. Puchta Inst.§ 238. Note *aa*.) Huschke (Ztsch.f.g.R.W.XII.n°.9.) erklärt, ohne Rücksicht auf obige Auslegung zu nehmen, in mancipatum venit = „mit Perlen kann man, wie mit Grundstücken, dem Staate Sicherheit leisten; sie kommen in den Mancipat". Perlen hätten also dem Staate wie praedia mancipiert werden müßen! (*17*) was freilich auch manche Neueren läugnen, z.B. selbst Hugo R.G. 11.Ausg. S.187.197. (*18*) Auch dieses bestreiten manche, indem sie meinen, in verschiedenen Zeiten seien Dinge res mancipi geworden, welche es ursprünglich nicht waren. s. Niebuhr in Note 22. (*19*) so *Cuiacius* Paratitl. ad Cod.*7*,31. *Merill.*Observat.*6*,4. *Bynkershoek* de reb.manc. et nec m. L.B.1719.4°. u. in Opuscc. *Trekell* de orig.testamentif.c.3.§ 8. *Th.M. Zachariae* de reb.m. et nec m. Lips.1807. 4°. Hugo R.G. (11.Ausg.) S.512.ff. Schilling Institt.§60. *Verloren* de reb.m. et nec m. Traiect.1839.8°. | Auch *Gai.1*, 192. bezeichnet die mancipi als die pretiosiores res; s. aber auch *Ulp.L*.37.§1. *D.de eviction.21*,2., der gerade als pretiosiores res lauter nec mancipi aufführt. *Bernard ten Brink* (Diss. de hasta. Groning.1839.) meint, die ältesten Römer hätten große Gegenstände für besonders werthvoll gehalten! (*20*) so Roßmann Entsch. der Frage was res m.u.s.w. Halle 1741.8°.u.Diss. de reb.m. L.B. 1741.4°. Ballhorn-Rosen über dominium S.111.; und die meisten verbinden diesen Grund mit einem oder mehreren der anderen. (*21*) ***Meerman*** Diss.

die Wichtigkeit für den Ackerbau, andere [22] die Censuseinrichtung, indem die mancipi res speciell in den Censuslisten verzeichnet worden seien; andere suchten die Eintheilung aus der Erwerbsform [23], wieder andere aus der ausschließlichen Fähigkeit der res mancipi, im vollen römischen Eigenthum zu stehen [24], ja sogar aus der Stammesverschiedenheit der Patricier und Plebejer zu erklären [25]. Eine eigenthümliche politisch-physiologische Deutung des
59. Unterschiedes giebt Huschke [26]. Ist es aber nicht zu verkennen, daß nach der ursprünglichen nationalen Rechtsansicht der Römer alles Eigenthumsrecht von dem ex hostibus manu capere ausgeht [27], so ist offenbar, daß die res mancipationis oder mancipii eben die in dieser originärsten und vollständigsten Weise erworbenen Eigenthumsgegenstände sind [28]: 'unde etiam mancipatio dicitur, quia

---

de reb. m. L. B. 1741. 4°. Savigny Ztschr. f. g. R. W. V. S. 258. Rein röm. Privatr. S. 143. Note 7. Walter R. G. § 535. und viele Neueren, besonders unter Verbindung dieses Grundes mit anderen. (22) so zuerst aus *Cic.* in Note 8. *Pufendorf* Obss. iur. univ. II. c. 79. *Rolin* Nouvelle [?] explication de la dist. entre les choses manc. et nec m. Gand. 1827. 8°. vgl. auch Niebuhr röm. Gesch. I. S. 503. f. der 3. Ausg. Göttling S. 124. verbindet Kostbarkeit und Censierbarkeit, und schreibt die Feststellung des Katalogs dem Servius Tullius zu. (23) so will Manhayn üb. die res m. Ff. a. M. 1823. 8°. aus *Paul.* ex Fest. v. Manceps die res mancipi für „Sachen durch Emporheben der Hand erworben" erklären. Grund und Folge sind hier verwechselt; im wesentlichen aber liegt dieser Ansicht die im Texte gebilligte zum Grunde. (24) Diese in verschiedenen Gestalten oft vorgebrachte Meinung widerlegen *Ulp. 19.* § 7. vgl. §§ 2. 3. 8. 9. *Gai. 2*, 196. *Vat. Fgm.* § 259. u. s. w. (25) so Eisendecher Entsteh. des Bürgerr. Hamb. 1829. 8°. S. 145. ff. Erträglicher wäre die schon von Azo (Summa in Cod. *7*, 31.) und Cinus (zu derselben Constit.) aufgestellte Ansicht, res mancipi seien die Eigenthumsgegenstände der Römer, nec mancipi die der Provincialen. (26) Servius Tullius S. 248. ffe.

(27) § 46. Note 19. Staatsgebiet (§ 74. Note 23. „ager manu captus" *L.* 16. *D. de A. R. D. 41*, 1.), Weiber, Sclaven und Viehstand haben sich die Römer so zu eigen gemacht. Bei den Agrimensoren ist sehr oft von dem ager ex hoste captus, regiones ex hoste captae u. dgl. die Rede, z. B. *Sic. Flacc.* in den *Röm. Feldm.* I. p. 138. „Bellis enim gestis victores populi terras omnes, ex quibus victos eiecerunt, publicavere ..". s. Anhang VIII. Note 4.| Schon gewissermaßen *Charondas* ad Ulp. *19*, 1., bestimmter *Hommel* Coniect. de orig. divis. rer. in manc. et et nec m. Lips. 1744. 4°. (auch Opuscc. I. p. 443. sqq.) und Gibbon röm. Gesch. Kap. 44. haben die res mancipi für die dem Feinde abgenommenen Sachen erklärt. Auch Puchta Inst. § 238. tritt unserer Erklärung bei. (28) Die Einwürfe, daß die Feldservituten res mancipi, Waffen und Herden Kleinvieh aber res nec mancipi sind, bedeuten nicht viel: die Feldservituten sind Qualitäten des fundus, deren dieser auch im Anfange des Staats nicht entbehren konnte: lauter fundi optimi maximi gab es nie: 'quid aliud sunt iura praediorum, quam praedia qualiter se habentia, ut bonitas, salubritas, amplitudo'? (*L.* 23. § 2. *D. de S. P. R.* 8, 3. *LL.* 86. 90. *D. de V. S. 50*, 16. *LL.* 47. 59. *D. de contr. empt. 18*, 1. *L.* 75. *D. de eviction. 21*, 2. *L.* 5. § 9. *D. de O. N. N. 39*, 1.) Die Waffen gehören zum Manne, arma virumque; der ganze hostis wird zum mancipium gemacht; man streift ihm nicht die Waffen ab: nicht bloß Dichter setzen arma statt des armatus und statt des Heers. Herden endlich, ein Collectivbegriff, laßen sich nicht manu

manu res capitur'[29]: auch erklärt sich so, weshalb nur körperliche Sachen und unter den unkörperlichen allein die ländlichen Servituten[30] res mancipi sind.

So wie an die Stelle der alten civilen Formen der Rechts- § *h.*
geschäfte, und der Eigenthumserwerbarten insbesondere, immer mehr die des ius gentium traten, dieses das ius civile überhaupt immer mehr verdrängte, veraltete von selbst die Bedeutung jenes Unterschiedes, welchen Justinian auch nach dem Buchstaben des Gesetzes für abgeschafft erklärt[31].

II. Natürliche Verschiedenheiten der Sachen, welche auf deren Behandlung als Rechtsobjecte von Einfluß sind.

§. 74. A. Beweglichkeit.

Die natürliche Eigenschaft der Beweglichkeit oder Unbeweg- § *a.*
lichkeit als die Fähigkeit oder Unfähigkeit zur Veränderung des Raumverhältnisses kommt eigentlich nur den körperlichen Sachen zu, als welche allein ein Raumverhältniss haben[1]. Wo aber die § *b.*
Bezeichnung 'bewegliche und unbewegliche Güter' statt eines auch Rechte befaßenden Vermögens oder eines Theiles desselben gebraucht ist[2], müßen also auch Incorporalien als beweglich oder unbeweglich behandelt werden[3].

---

capere ('non autem grex universus sic capiatur *manu*, quo modo singulae res', passt hier vollkommen aus *L.*30.§ 2.*D.de usuc.41*,3.), wenn man sie gleich dem Feinde forttreiben oder sammt der Weide entziehen kann; aber dann „singulae suam causam habebunt", wie *L.*30.*cit.* sagt; ein einzelnes Schaf, ein Schwein u.dgl. wäre wol kein Object des ex hostibus manu capere. Göttling (S.124. Note 10.) bemerkt „Mit Schweinen und Schafen hatte ein ackerbauender Quirite der alten Zeit zunächst nichts zu schaffen; deren Besitz überließ er den Clienten, welche Handwerker und Hirten waren, und außerhalb des Commercium".

(29) *Gai.1*,121.

(30) Diese sind für den Landbauer, und ein solcher war der römische Krieger *in otio* et pace, so zu sagen handgreifliche Eigenschaften des Feldes: s. Note 28. Die städtischen Servituten sind neuer, als die ländlichen, und fast alle consistunt in superficie, die letzteren dagegen in solo. *Paul.L.3.D.de serv.8*,1. *L.*20.*D.de S.P.U.*8,2.

(31) *L.un.C.cit.*i.f.*7*,31. vom Jahre 531.

(1) § 67. Daher stellen die Quellen öfters res mobiles (et animales) und res soli, immobiles, den iura, actiones und anderen unkörperlichen Dingen entgegen, z.B. *L.*15.§ 2.*D.de re iud.42*,1. *L.un.*§7.*post med.C.de rei ux.act.*5,13. *L.2.pr.C.de quadr.praescr.7*,37. vgl.*L.*7.§ 4.*D.de pecul.15*,1. *L.222.D.de V.S. 50*,16.| Im Rechte kommt es nicht in Betracht, daß die Naturwißenschaften keine absolut unbeweglichen Körper zugeben.

(2) So setzt einer 2 Erben ein, den einen auf die res Italicas, den andern auf die res provinciales: wer ist nun auf das in die Provinz geschickte Geld, um davon nach Italien einzuführende Waren einzukaufen, wer auf die etwa schon eingekauften Waren, die noch in der Provinz sind, berechtigt? *L.*35.*pr.D.de her.inst.*28,5.

(3) So wer-

§ c. 1) Die beweglichen Sachen ſind je nachdem die Bewegung nur von etwas anderem, oder von ihnen ſelbſt ausgehen kann, res mobiles im eng. S., quae anima carent, oder ſie ſind res animales, sese moventes, animalia oder moventia, Sclaven und Thiere[4].

§ d. Von den (in den Rechtsquellen nirgend unter gemeinſchaftlichem Namen zuſammengefaßten) zahmen und Haus-Thieren[5] werden die fera animalia[6] unterſchieden und als Mittelclaſſe Elefanten und Kamele bezeichnet[7].

§ e. 2) Die unbeweglichen Sachen ſind die begränzten Theile des Erdbodens, solum[8], res soli[9], welche bei den Pandektenjuriſten

---

den *L.*102.*pr. D. de leg.*III. 32. Forderungsrechte aus Kaufbriefen über Grundſtücke als Mobilien behandelt. vgl.*L.*15.*D.de R.I.50*,17. *L.*143.*D.de V.S.50*,16. u.die Stellen in § 73. Note 28. (4) ſ.die Citt.in Note 1. *Cels.L.*93.*D. de V.S.* „*Moventium*, item *mobilium* appellatione idem significamus; [*ni*]si tamen apparet defunctum *animalia* dum taxat, quia se ipsa moverent, ‘*moventia*’ vocasse; quod verum est“. *L.*1.*pr.*vgl.§ 1. und *L.*38.*pr.*§ 1.*D.de aedil. ed.21*,1. vgl.auch *L.*66.mit *L.*207.*D.de V.S.* (5) Unter den zahmen Thieren ſtehen obenan die zu den pecudes im weit. S. gehörigen (*L.*2.§ 2.*D.ad L. Aq.*9,2. „..quadrupedes quae pecudum numero sunt et gregatim habentur, vel uti oves, caprae, boves, equi, muli, asini ... sues pecudum appellatione ..placet contineri; sed canis inter pecudes non est ..“) vierfüßigen Zug- und Laſt-Thiere, quadrupedes quae collo dorsove domantur; dieſe ſind theils armenta, wozu vorzugsweiſe das Rindvieh (*L.*98.*pr.D.de V.S.*), aber auch Pferde gehören (nach *Varro de L.L.*5.§ 96.von arare, arimenta; nach *Paul.*ex Fest.v. Armentum und *Serv.*ad Georg.*3*,49. pecus quod est idoneum ad usum armorum).| In *L.*1.§ 3.*D.de R.V.6*,1. *L.*70.§ 3.*D.de usufr.7*,1. wird die Hornviehherde, armentum, von der Pferdeherde, equitium, unterſchieden); theils iumenta (von iuvare), Pferd, Eſel und Mauleſel (vgl.*L.*65.§ 5.*D.de leg.*III.*32.*); pecudes, pecora, im engeren Sinne, ſind das vierfüßige Kleinvieh, Herdevieh (*L.*2.§ 2.*cit.* *L.*65.*cit.*§ 4. *L.*81.§§ 2.3.*D.eod.*u.ö.). Der Hund ſteht für ſich allein, nicht zu den pecudes, noch zu den fera animalia gehörig. *L.*2.§ 2.*cit.* *Gai.3*,217. *L.*29.§ 6.*D.ad L.Aquil.* *Paul.*S.R.*1*,15.§1.und die folg.Note. Die Katze kommt in den Rechtsquellen nicht vor. Gänſe- und Hühner-Vieh nebſt Faſanen begreift der Ausdruck aves. *L.*66.*D.eod.* §16.*I.de rer.div.*2,1. Der Enten geſchieht keine beſondere Erwähnung. (6) § 12.*I.tit.cit.* „Ferae .. bestiae et volucres et pisces ..“. *Gai.*2,67. In *L.*44.*D.de A.R.D.41*,1. unterſcheidet Ulpian bestias marinas et terrestres und aves, und aves, pisces et fera; und *Gai.cit.L.*2. §2.*D.ad L.Aq.* ſagt „.. bestiae, .. vel uti ursi, leones, pantherae ..“ und dieſelben Thiere ſammt Hund, Wildſchwein, Wolf, ſtellt das ädiliciſche Edict als die gefährlichen Thiere, animalia quae nocerent, zuſammen, *L.*40.*D.de aedil.ed.21*,1. vgl.*L.*1.§ 5.*D.si quadrup.9*,1. Zu dem wilden Gethier rechnen §§ 14.15.*I.de rer. div.* *L.*4.*L.*5.§§ 2.sqq.*D.de A.R.D.* auch die Bienen, Pfauen und Tauben; jedoch werden ſie, wie die gezähmten Hirſche und Rehe, ſo lange ſie regelmäßig heimkehren, den zahmen Thieren gleich behandelt. Wo es auf die naturalis feritas ankommt, werden fera animalia mansueta oder mansuefacta nicht zu den bestiae gerechnet, z.B. *L.*1.§ 6.*D.de postul.3*,1. Nur gezähmte, von Natur wilde Thiere heißen in unſern Quellen mansueta oder mansuefacta. (7) *Gai. L.*2.§ 2.*D.ad L.Aq.9*,2. „.. elefanti autem et cameli quasi mixti sunt: nam et iumentorum operam praestant, et natura eorum fera est“. vgl.*Gai.*2,16. *Ulp.* 19,1. „.. bestiarum *numero sunt* ..“, nicht eigentlich bestiae. (8) *L.*1.§ 3.

unter dem allgemeinen Namen fundus [10] oder (von der Brauchbar-
keit, Bürgschaft damit zu leisten, praes zu werden) praedium [11]
begriffen werden. Integrierende Theile der Stücke des Erdbo- § f.
dens selbst sind nicht allein die Erdbestandtheile, Gesteine und Quel-
len, woraus die Grundstücke bestehen [12], sondern auch die mit dem
Erdboden verbundene superficies, das superficium, was sich über
die Bodenfläche, area, ager [13], erhebt, sowol Gebäude [14] als Vege-
tabilien [15]. Nach ihrer ökonomischen Bestimmung [16] sind die prae- § g.
dia *urbana* oder *rustica* [17], je nachdem die Hauptbestimmung des

---

D.de vi 43,16. „.. de solo deiciuntur, ut puta de fundo sive aedificio..“. Solum im Gegensatz zu superficies, aedificium, aedes bezeichnet die Bodenfläche, z.B. *L*.3.*D.de servit*.8,1. *L*.18.§ 4.*D.de damno inf.39*,2. *L*.32.*D.de I.D.23*,2.

(*9*) *Gai*.2,53.54.204. gebraucht soli res mit res quae solo continentur oder solo tenentur abwechselnd. s.*Dirksen* Manuale v.Solum.

(*10*) *L*.115.*D. de V.S.50*,16. „..*Fundus* est omne quicquid solo tenetur..“. *L*.211.*eod*.„*Fundi* appellatione omne aedificium et omnis ager continetur; ... idemque ager cum aedificio *fundus* dicitur“. Die ältere Sprache begreift unter fundus nicht aedes oder aedificium, z.B. *Gai*.2,42. „..fundi..et aedium..“. *Plaut*.Truc.*1*,2.83. „Euge, funde et aedes“. vgl.Anhang VIII.§§ *y*.ff.

(*11*) so stellen praedes und praedia zusammen *Cic*. in Verr.2,1,54.55.§§ 142.sq. *Liv*.22,60. und „.. praedes dato praediaque subsignato..“ in der *L.Thoria*.| *L*.115.*D.cit*.„..*Possessio* ab *agro* iuris proprietate distat: ... *possessio* usus, *ager* proprietas loci est. *praedium*.. generale nomen est: nam et ager et possessio huius appellationis species sunt..“. vgl.Anhang VIII.§ *ϑ'*.

(*12*) *L*.9.§ 3.*D.de usufr. 7*,1. *L*.11.*pr.D.quod vi 43*,24.| Die von einem Immobile, Grundstück oder Gebäude, getrennten Sachen, z.B. ausgegrabener Sand, Kalk u.dgl., abgebrochene Baumaterialien, gefällte Bäume u.s.w., ruta et caesa oder ruta caesa (von ruere = eruere und caedere), oder das noch nicht als integrierender Theil eines Immobile damit verbundene ist Sache für sich. *L*.241.*D.de V.S.* *L*.66.§ 2.*D.de contr.empt.18*,1. [§ 81.Note 7.] *L*.17.*pr*.§§ 6.sqq. *L*.18.§ 1.*D.de A.E.et V.19*,1. *Cic*.Top.§ ult.

(*13*) *L*.211.*D.de V.S.* „..Locus sine aedificio in urbe *area*, rure autem *ager* appellatur..“. vgl.Note 8. und Anhang VIII.§ *β'*.

(*14*) Diese Einheit bezeichnen die Sätze Superficies solo cedit, oder ad dominum soli pertinet, Omne quod inaedificatur, solo cedit. *Gai*.2,73. § 30.*I.de rer.div*.2,1. *L*.50.*D.ad L.Aq.9*,2. *L*.7.§ 10.*D.de A.R.D.41*,1. *L*.44.§ 1.*D.de O.et A.44*,7. oder umgekehrt Solum partem esse aedium *L*.49.*pr.D.de R.V.6*,1. oder Area pars est aedificii *L*.20.§ 2. *D.de S.P.U*.8,2.| *L*.211.*cit*. „.. in usu urbana aedificia *aedes*, rustica *villae* dicuntur..“.

(*15*) sowol die eingewurzelten Pflanzen, als die mit diesen noch verbundenen Früchte, fructus stantes sive pendentes. *Gai*.2,74.sqq. §§ 31.sq.*I.de rer.div*. *L*.44.*D.de R.V.6*,1. *L*.13.§ 1. *LL*.25.40.*D.de A.E.et V. 19*,1.

(*16*) Wol ohne hinreichenden Grund wird angenommen, Neratius (*L.2.pr.D.de S.P.R.8*,3. *L*.4.*D.in quib.caus.pign.20*,2.) beziehe den Unterschied des praedium rusticum und urbanum auf den Ort, ob das Grundstück auf dem Lande oder in der Stadt liege. Selbst von dem suburbanum sagen ausdrücklich *Diocl.et Max.L*.16.*C.de praediis et al.reb.minor*.5,71. „Si praedium rusticum vel suburbanum, quod ab urbanis non loco, sed qualitate secernitur..“. vgl. *L*.1.*D.de reb.eor.27*,9. Nicht entgegen ist *Scaev.L*.41.§6.*D.de leg.III*.32.

(*17*) § 1.*I.de servitut*.2,3. *Ulp.L*.198.*D.de V.S.50*,16. „*Urbana praedia* omnia aedificia accipimus, non solum ea quae sunt in oppidis, sed et si forte stabula sunt vel meritoria in villis et in vicis, vel si praetoria voluptati tantum deservientia: quia *urbanum praedium non locus facit, sed materia.*

Immobile Wohnung und Annehmlichkeit oder Fruchtertrag ist.
§ h. Vollständig Gegenstände von Vermögensrechten nach römischem Rechte waren, bis Justinian den Unterschied auch dem Buchstaben des Gesetzes nach aufhob [18], unter den Immobilien nur die Grundstücke auf italischem Boden [19] und in den Provinzen die derjenigen Städte, welchen das ius Italicum [20] verliehen worden war; nicht auch das provinciale solum, welches nur, gegen Abgaben an den öffentlichen Schatz, stipendium, tributum, vectigal [21], vererblich und veräußerlich besessen und benutzt wurde, ohne Gegenstand des wahren Ei-
§ i. genthums nach röm. Rechte sein zu können [22]: dem Feinde abgenommene Ländereien waren res publica populi Romani und also, soweit sie nicht den Besiegten zurückgegeben oder aus dem Staatseigenthume ausgeschieden worden waren [23], dem Eigenthumsrechte der Privaten ganz entzogen, extra commercium, ius civile non habent, non sunt censui censendo [24]; nur die Possession dieser

---

proinde hortos quoque, si qui sunt in aedificiis constituti, dicendum sit urbanorum appellatione contineri [vgl. *L.*91.§ 5.*D.de leg.III.32.*]: plane si plurimum horti in reditu sunt, vinearii forte vel etiam olitorii, magis haec non sunt urbana". *L.*1.*pr.D.commun.praed.*8,4. *Pomp.L.*166.*pr.D.de V.S.* „*Urbana* familia et *rustica* non loco sed genere distinguitur..". vgl. *L.*180.*eod.*

(*18*) § 40.*I.de rer.div.2*,1. „..stipendiaria quoque et tributaria praedia quae in provinciis sunt, inter quae nec non et Italica praedia ex nostra constitutione [*L.un.C.de usucap.transform.7*,31. vgl. § 73.] nulla est differentia". *Pr. I.de usuc.*2,6.

(*19*) Daher in den vorjustinianischen Rechtsquellen überall, wo vom Eigenthumsrechte an Grundstücken die Rede ist, der Unterschied zwischen Italicum solum, res soli Italici, praedia in Italia oder in Italico solo u.dgl. und dem solum provinciale, den praedia provincialia, in provinciis u.dgl., z.B. *Gai.1*,120. 2,7.21.31.46.63. *Ulp.19*,1. vgl. *pr.I.quib.alienare* 2,8.

(*20*) Solche civitates (eigentlich coloniae) iuris Italici (vgl. *LL.*1.6.sqq.*D.de censib.50*,15. *Plin.*H.N.*3*,4.25.) hatten, wie Städte in Italien, das Recht eigner Verfaßung, der Steuerfreiheit und der Fähigkeit ihrer Ländereien, im vollständigen Eigenthum nach röm. Civilrecht zu stehen. Savigny Verm. Schr. I. n°. 3. Puchta Inst. §§ 94.f.

(*21*) *Gai.2*,21. § 40.*I.cit.Theophil.* ad h.l. *Cic.* in Verr.*2*,3. cap.6. *Agg.Urb.* in Röm. Feldm. I. p. 4. „[In provinciis] omnes, etiam privati agri, tributa atque vectigalia persolvunt". cf. *Ulp.L.27.D.de V.S.* vgl. Anhang VIII. §§ ζ' ff.

(*27*) vgl. Noten 18.19.ff. *Frontin.*p.36.Röm. Feldm. „Et stipendiarios ..... qui nexum non habent neque possidendo ab alio quaeri possunt. possidentur tamen a privatis, sed alia condicione, et veneunt, sed nec mancipatio eorum legitima potest esse; possidere enim illis quasi fructus tollendi causa et praestandi tributi condicione concessum est; vindicant tamen inter se non minus fines ex aequo ac si privatorum agrorum".

(23) *L.*20.§ 1.*D.de captivis 49*,15. „..publicatur enim ille ager qui ex hostibus captus sit". *Cic.*l.c.§ 13. Perpaucae Siciliae civitates sunt bello a maioribus nostris subactae, quarum ager cum esset publicus populi Rom. factus, tamen illis est redditus. is ager a censoribus locari solet". *L.*11.*pr. D.de evict.21*,2. „..has possessiones [in Germania trans Rhenum] ex praecepto principali partim distractas, partim veteranis in praemia adsignatas..".

(24) *Cic.* pro Flacc.32. *Paul.* ex Fest. v. „*Censui censendo* agri proprie ap-

Grundstücke war in commercio [25]. Die technischen Behandlungs- § *k.* weisen und Benennungen der Ländereien nach der älteren Feld-meß- und Markscheide-Kunst sind auch noch für das justinianische Recht von Wichtigkeit [26]; die im Anhange VIII. mitgetheilte freundliche Gabe Rudorffs giebt darüber die trefflichste Belehrung.

Daß mitunter nach neuerem Rechte das Eigenthum an Ge- § *l.* sammtheiten beweglicher Sachen, wie z.B. eines Warenlagers, einer Apotheke oder Bibliothek, von Sicherheitsleistungen gleich unbeweglichem Eigenthum befreit u.dgl. [27], ist kein Grund dieselben überhaupt zu den Immobilien zu stellen.

§. 75. B. Theilbarkeit.

Theilbarkeit ist die Eigenschaft eines Dings, in mehrere zer- § *a.* legt werden zu können; in diesem Sinne sind alle corpora [1] und folgeweise alle Rechte an körperlichen Dingen [2] theilbar; im eigentlichen Sinne aber und in Beziehung auf das Recht ist theilbar

---

pellantur qui et emi et venire iure civili possunt“. s. Huschke Serv. Tull. S. 559.

(25) *Gai.* 2,7. „.. in provinciali solo .. dominium populi Romani est vel Caesaris [seit der Theilung der Provinzen zwischen Senat und Kaiser], nos autem possessionem tantum et usumfructum habere videmur“. vgl. die lückenhafte Stelle *Gai.* 2,26. Daß das strengröm. Eigenthum an dem nichtitalischen Boden unmöglich war, ist mit dem Satze (Savignys l.c. S. 46.) daß auch die Nichtbürgern an Immobilien zustehenden Rechte durch die Vorschriften des röm. Rechts bestimmt wurden, nur in einer anderen Form wiederholt, nicht erklärt. Die Schwierigkeit, welche durch die in den römischen Quellen und im römischen Rechte selbst angenommene Ansicht von dem Eigenthume des Staats an allem nicht von ihm dem Privateigenthum überwiesenen Lande im Staate entsteht, indem danach z.B. doch auch kein usus fructus am Provincialland möglich ist, sind keine anderen, als eben die, daß die Römer so wenig als ein anderes Volk des Alterthums den Begriff der Territorialhoheit des Staats, des s.g. Staatseigenthums, d.h. des Staatsindividuums nach seiner Leiblichkeit, entwickelt haben, mit welchem sich das vollständige Privateigenthum der Staatsmitglieder vollkommen verträgt. Sehr bestimmt deutet jenen Unterschied *Senec.* de benef. 7.4. an als potestas und proprietas, und 'aliter illius [rei p.] sunt [agri], aliter mei'. Alles Recht an Grund und Boden faßt das römische nur als privates, und läugnet daher (s. § 75. Note 10.) alles Eigenthum der Privaten an den nicht speciell vom Staate dazu bestimmten Ländereien. s. § 71. vgl. § 73. Note 27. *L. 1. D. de loco publico fruendo 43,9. Cic.* adv. Rull. 3.c.3. *Fest.* v. Possessiones (ed. Müller. p. 241.) *Scr. rei agr.* ed. Goes. p. 66. tit. de proprietate. *Röm. Feldm.* p. 78. sqq. Niebuhr röm. Gesch. II. S. 161. der 2. Ausg.

(26) vgl. auch Niebuhr röm. Gesch. II. S. 377. ff. ed. I. (eine in der 2. Ausg. weggelaßene, aber in die Verm. Schriften aufgenommene Abhandlung), II. S. 694. ff. ed. II. Walter R.G. §§ 249. 736. f.

(27) s. unten § 127. Note 37.

(1) *Senec.* Nat. qu. 2,2. „.. in quas [partes] omnis rerum naturae materia dividitur“.

(2) Nicht die Familienrechte, als deren Sub- und Objecte nur Individuen vorkommen können. Die Vormundschaft bewährt auch hier ihre familienrechtliche Natur: mehrere contutores eiusdem pupilli sind nicht zu einer Hälfte, einem Deittel u.s.w. Tutoren, wie mehrere Eigenthümer einer communis res Eigenthümer sind. Von den auf unkörperliches gerichteten Vermögens-

nur was ohne Zerstörung seines Wesens aus einer Einheit in eine
§ b. Mehrheit zerlegt werden kann[3]. Diese Zerlegung selbst kann
geschehen 1) an dem körperlichen Objecte des Rechts, natürliche
Theilung einer körperlichen Sache, corporis divisio, Zerlegung
in partes pro diviso, certae partes, materielle Theile, reelle Thei-
§ c. lung, oder 2) nur an dem Rechte, so daß dessen Inhalt (nicht Ob-
ject) mehreren Berechtigten an dem natürlich-ungetheilten Objecte
nach Bruchtheilen (z.B. 1/2 dem A, 1/2 dem B) zusteht, partes pro
indiviso, eine Theilung iuris intellectu[4], intellectuelle oder ju-
§ d. ristische Theilung[5]. Jede reale Theilung macht aus einem
körperlichen Rechtsgegenstande mehrere, weshalb die Alten den
Ausdruck pars vorzugsweise auf die intellectuelle Theilung be-
zogen[6] und für die juristische Behandlung die reale Theilbarkeit

---

rechten s. §§ *f. g.* (3) z.B. § 5. *I. de off. iud.* 4,17. „.. commode dividi non possit, vel homo forte, aut mulus ..“. *L.*35. § 3. *D. de R. V.* 6,1. „Eorum quae sine interitu dividi non possunt, partem petere posse constat“. *L.*31. § 6. *D. de aed. ed.* 21,1. „.. quod divisionem non recipiat, ut puta ancillae partus“. *L.*26. § 2. *D. de leg.* I. 30. „.. In .. rebus .. quae sine damno dividi possunt: sin autem vel naturaliter indivisae [untheilbar] sint, vel sine damno divisio earum fieri non potest ..“. Wo in den Quellen von einem petere partem hominis u. dgl. die Rede ist, wie z.B. *L.*29. *D. de solution.* 46,3. *L.*17. *D. de acceptil.* 46,4. cit. *L.*35. § 3. u. ö. ist pars pro indiviso verstanden (s. Note 6.), die Forderung auf Uebertragung des Miteigenthums am Sclaven u.s.w. gerichtet. s. die folg. Note. (4) *Pap. L.*66. § 2. i. f. *D. de leg.* II. 31. „.. plures in uno fundo dominium iuris intellectu, non divisione corporis optinent“. *L.*35. *D. q. m. usus f.* 7,4. „.. certae partis vel pro indiviso ..“. *L.*5. *D. de stip. serv.* 45,3. „.. pro partibus indivisis, ut intellectu magis partes habeant, quam corpore“.

(5) Es ist daher eine Unklarheit des Gedankens und Verwechselung der intellectuellen Theilung mit einer, nur in der Vorstellung, nicht an der Sache selbst ausgeführten realen, von ideeller Theilbarkeit körperlicher Sachen zu reden, da diese nur Gegenstand, nicht Inhalt eines Rechts sind. Man spräche mit gleicher Richtigkeit von der realen Theilung eines Rechts. Die röm. Juristen deuten durch ihre Bezeichnungen bestimmt genug an, daß sie nicht die Immobilien selbst, als Objecte des Rechts, sondern nur den Inhalt des auf solche Objecte gerichteten Rechts für ideell theilbar ansehen; z.B. Noten 3.4.9.10. u.s.w. Was Wächter im Arch. f. civ. Pr. XXVII. S. 168. gegen diese Anmerkung vorbringt, scheint mir eine Bestätigung derselben. Nach seiner Erklärung (S. 165.) giebt es keine anderen als getheilte Rechte (was in dem hier gewiss nicht beabsichtigten Sinne freilich richtig ist, daß kein einziger Mensch die Rechte allein hat): man soll „beim getheilten Rechte unterscheiden, ob die Theilung so total ist, daß sie auch nach dem Gegenstande durchgeführt ist“, [das Grundstück des A in Schwaben und das des B in Franken sind nicht getheilter, als die 2 früher partes unius fundi gewesenen zweier Angränzer], „oder ob bei der Theilung des Rechts wenigstens noch eine Gemeinschaft des Gegenstandes vorhanden, dieser also bloß intellectuell getheilt ist“. s. dagegen auch die folg. Note. (6) *Paul. L.*25. § 1. *D. de V. S.* 50,16. „Q. Mucius ait *Partis* appellatione rem pro indiviso significari: nam quod pro diviso nostrum sit, id *non partem*, sed *totum* esse. Servius non ineleganter *Partis* appellatione utrumque significari“. (*L.*72. *eod.* „Appella-

der Mobilien läugneten[7], nicht aber die der Quantitäten fungibler Sachen[8]. Reell oder natürlich theilbar, ohne alle Einheit für die juristische Auffaßung zu verlieren, sind durchaus die Immobilien[9];

tione *rei* pars etiam continetur". d.h. auch die pars ist eine res.) *Ulp.L.*6.§1. *D.comm.praed.*8,4. „..si divisit fundum regionibus et sic partem tradidit pro diviso, ... non est pars fundi, sed fundus [cf.*L.*60.*pr.D.de V.S.*] ... pariete medio aedificato unam domum in duas diviserit ..". (7) *Paul.L.*8.i.f. *D.de R.V.*6,1. „..Quae distinctio neque in re mobili, neque in hereditatis petitione locum habet: numquam enim pro diviso possideri potest", d.h. nicht „man kann die bewegliche Sache nie ohne Zerstörung ihres Wesens oder Veränderung ihres Werths in mehrere Stücke zerlegen"; sondern man hat nun nicht mehr *eine* res mobilis, sondern mehrere, „die bloß noch als mehrere im Rechte Objecte sind", während der fundus regionibus divisus, der in certas partes abgegränzte, das durch eine Mauer entzwei getheilte Haus doch auch noch als *ein* Rechtsobject aufgefaßt werden können; z.B. ich verpfände die linke Hälfte meines Grundstücks, dann besteht dieses in Beziehung auf das Pfandrecht aus 2 fundis, einem verpfändeten und einem nichtverpfändeten, in Beziehung auf das Eigenthumsrecht sind diese beiden fundi nur *einer* (vgl. auch Note 9.); der durchgesägte Balken aber u.dgl. besteht nun als Object jedes Rechts als zwei Stücke.

(8) *Pap.L.*117.*D.de V.O.*45,1. *Ulp.L.*29.i.f.*D.de solut.*46,3. „..in nummis et oleo ac frumento et similibus quae communi specie continentur, apparet hoc actum, ut *numero dividatur obligatio* ..". d.h. daß die Forderung auf einen Bruchtheil der ganzen Quantität gehe. So auch (nach Wächters Berichtigung, l.c.S.175.) bei *Iul.L.*54.*pr.D.de V.O.* „[*a*] Cum *species* stipulamur, necesse est inter dominos et inter heredes ita dividi stipulationem, ut *partes corporum* cuique *debebuntur*. [*b*] quotiens autem *genera* stipulamur, *numero fit inter eos divisio:* veluti [*a*] cum STICHVM ET PAMPHILVM quis stipulatus duos heredes aequis partibus reliquit, necesse est utrique partem dimidiam Stichi et Pamphili debere; [*b*] si idem DVOS HOMINES stipulatus fuisset, singuli homines heredibus eius deberentur". Im Fall *a* erhält jeder Erbe des Stipulanten den halben Stichus und den halben Pamphilus, diese werden communes utriusque heredis servi, partes Stichi et P. debentur; im Falle *b* erhält jeder Erbe einen ganzen der 2 versprochenen (nur generisch bestimmten, also gleich werthen) Sclaven, numero fit inter eos divisio. vgl. *L.*1. § 36.*D.depos.*16,3. u.s.§ 77. | Von der Theilbarkeit eines Collectivganzen, wie einer Herde u.s.w. (s.§ 67.), sollte man gar nicht reden, da ein solches gar nicht ein körperliches Ganzes, sondern nur ein Ganzes in der Vorstellung ist: es besteht ex distantibus corporibus, deren singula suam speciem retinent, ut singulae oves. Quod non idem in cohaerentibus corporibus eveniret. *L.*23. § 5.*D.de R.V.*6,1.

(9) Note 5.a.E. *Paul.L.*8.*D.de R.V.*6,1. „Pomponius .. probat [1] Si ex aequis partibus fundum mihi tecum communem tu et L.Titius possideatis, non ab utrisque quadrantes [von jedem 1/4] petere me debere, sed a Titio, qui non sit dominus, totum semissem: [2] aliter atque si certis regionibus possideatis eum fundum; nam tunc sine dubio et a te et a Titio partes fundi petere me debere: quotiens enim certa loca possidebuntur, necessario in his aliquam partem meam esse, et ideo te quoque a Titio quadrantem petere debere .." z.B. 1) du und Titius besitzet pro indiviso jeder zur Hälfte das Grundstück, welches pro indiviso halb dein, halb mein ist; hier hast du nur was dir zukommt, meine ganze Hälfte (iuris intellectu) hat der Titius; dagegen 2) du und Titius besitzet den dir und mir pro indiviso zugehörigen fundus getheilt, so daß jeder eine abgegränzte Hälfte desselben inne hat; dann klage ich gegen dich und den Titius, gegen jeden mein Miteigenthum zur Hälfte (also 1/4 des Miteigenthums am ungetheilten Stücke von dir, 1/4 desselben von dem Titius) ein, und du klagest gegen den Titius,

§f. intellectuell theilbar sind alle Rechte, deren Inhalt nach allen seinen einzelnen Seiten oder Momenten, also qualitativ unverändert, quantitativ abstufbar ist oder mehreren Subjecten zugleich nach bestimmten oder bestimmbaren Bruchtheilen (partes +quotae) zustehen kann, also namentlich das Eigenthum [10], der Nießbrauch [11], die Emphyteuse und Superficies [12], das Pfandrecht [13], die auf theil-
§g. bare Leistungen gerichteten Forderungen [14]; juristisch untheilbar dagegen die übrigen Servituten [15], die directen Successionsrechte [16] und die auf untheilbare Leistungen gerichteten Forderungsrechte [17].

---

dem nichts davon zukommt, auf die andere Hälfte des Miteigenthums an der von ihm besessenen Hälfte des ganzen Stücks. Setzen wir nun noch, wovon obige Stelle nichts sagt, hinzu 3) von diesem Fundus, dessen rechte Hälfte mein, dessen linke Hälfte dein ist, besitzest du die obere, Titius die untere Hälfte; also klage ich von dir das rechte obere ¼, von Titius das rechte untere ¼ ein, und du klagst von Titius das linke untere ¼ ein.

(*10*) Noten 4.9. *Ulp.L*.5.§ 15.*D.commod. 13*,6. „Et ait Duorum quidem in solidum dominium vel possessionem [s.§123. Note 9.] esse non posse, nec quemquam partis corporis dominum; sed totius corporis pro indiviso pro parte dominium habere". s. Note 7.a.E. Savigny Obl.R. § 30.n°.I. Vom Besitz s.§124.n°.1. §123.*g*. (*11*) *Pap.L*.5.*D.de usufr.7*,1. „Usus fructus ... pro parte indivisa vel divisa constitui ... potest ..": d.h. man kann z.B. einen halben Ususfr. an einem ganzen Grundstück oder auch den ganzen Ususfr. an einem Theile eines Grundstücks bestellen. *L*.1.§ 9.*D.ad L.Falc*.35,2. „.. usus fructus .. et dividi potest, non sicut ceterae servitutes individuae sunt". *L*.13.§1.*D. de acceptil.46*,4. *L*.19.*D.de usu 7*,8. *L*.6.§ 4.*D.si serv.vind*.8,5.u.ö. (*12*) cf. *L*.10.*D.fam.erc.10*,2. *L*.7.*D.comm.div.10*,3. (*13*) Die meisten sehen das Pfandrecht als untheilbar an, fügen jedoch Ausnahmen hinzu. Zunächst gehören alle Stellen nicht hierher, in welchen die pignoris causa als indivisa bezeichnet wird, indem sie nur ausdrücken, daß die Pfandverbindlichkeit ganz bleibt, so lange nicht die durch das Pfand gesicherte Forderung ganz getilgt ist. Daß aber mehreren ein Pfandrecht so bestellt werden könne, daß nur unus quisque pro parte pfandberechtigt, daß das Pfandrecht selbst unter die mehreren Pfandgläubiger getheilt ist, leidet keinen Zweifel: *LL*.10.16.§ 8.*D.de pignor.20*,1. *L*.1.§1.*D.de Salv.interd.43*,33. vgl. Wächter l.c. S.188.ff. (*14*) vgl. Note 8. *LL*.2...4.72.*pr*.85.*pr*.§1.*D.de V.O.45*,1. v. Savigny Obligationenr. §§ 31...36. (*15*) *Pomp.fr*. „Et servitutes dividi non possunt: nam earum usus ita connexus est, ut qui eum partiatur, naturam eius corrumpat". *L*.17.*D.de servit.8*,1. Es können 100 die Wegegerechtigkeit ganz an meinem Grundstücke haben, niemand 1/100 Wegegerechtigkeit, wol aber 1/100 Nießbrauch, cf. Note 11. So sagt *Paul.cit.L*.2.§1.*D*. „.. natura divisionem non recipiunt .. via, iter, actus". cit. *L*.72.*pr.D.45*,1. In der praktischen Anwendung gestaltet sich die Untheilbarkeit der persönlichen Servituten ganz anders, als die der Grunddienstbarkeiten. s.z.B. *L*.31.i.f.*D.de N.G.3*,5. *L*.25.*D.de S.P.R*.8,3. *L*.19.§ 4.*D.comm.div.10*,3. *L*.5.*D.de aq.cott*.43,20. (*16*) Es steht nicht entgegen, daß mehrere zugleich heredes sein können und dann „dividi inter eos ius oportet" (*L.9*.§12. *D.de her.inst.28*,5. u.o.); jeder coheres ist ganz, wenn auch im Erfolge zugleich mit anderen, Repräsentant des defunctus in Beziehung auf dessen familia (§42.*e*.), und in dieser als noch unerworbener hereditas wird die Persönlichkeit des Verstorbenen forteristierend gedacht (§ 62.*f*.). In Anstellung der hereditatis petitio behaupte ich, wenn neben mir ein coheres zu gleichem Theil eingesetzt ist, nicht, daß ich halb Erbe sei, daß mir die halbe Erbschaft zukomme, sondern daß

§. 76. C. Nutzbarkeit: Fruchtbarkeit und Verzehrbarkeit.

vgl. *Dig.* de Usu fructu earum rerum quae usu consumuntur aut minuuntur 7,5.

Die (körperliche) Sache ist für die juristische Betrachtung nur Gegenstand des Vermögensrechts: als solcher kann sie einerseits gelten mit Rücksicht auf ihre natürliche Eigenschaft in organischer Weise andere Vermögensgegenstände, Früchte, fructus (§ 79.), aus sich hervorzubringen, Fruchtbarkeit, res frugifera oder fructifera; andererseits insofern sie, auch abgesehen von dieser Fähigkeit, an sich eine vermögensrechtliche Nutzbarkeit gewährt. § *a.* Wird nun die Sache durch Erfüllung dieser ihrer Bestimmung, als Rechtsgegenstand gebraucht zu werden, in ihrer Substanz oder Integrität sofort vernichtet [1], so daß sie also aufhört die Sache zu sein, welche sie gewesen ist, so ist sie res quae usu consumitur (tollitur) aut minuitur, in abusu oder in absumptione est, consistit, continetur, verzehrbare oder verbrauchbare Sache. § *b.* Die Verzehrbarkeit oder Verbrauchbarkeit ist sonach die natürliche Eigenschaft körperlicher Dinge, durch ihre Behandlung als Rechtsobjecte in ihrem körperlichen Wesen vernichtet oder verringert zu werden; wie erstres bei den eß- und trinkbaren und den sich verflüchtigenden Stoffen [2], letzt- § *c.*

---

mir die ganze Erbschaft halb zukomme, welcher Unterschied sofort wichtig und nicht als Wortspiel erscheint, wenn der Petent gegen einen non coheres die Klage anstellt; die hereditatis petitio ist die Behauptung „ich bin heres", während ich falsch klage, wenn ich als Miteigenthümer das Eigenthum, nicht das Miteigenthum der Sache vindiciere (vgl. Note 9.) s. Note 7. Zum Beweise der Theilbarkeit der hereditas hat man sich sogar auf § 5. *I. de her. inst.* 2,14. berufen, wo von der Eintheilung einer hereditas (als Objects), wie eines jeden anderen as, in 12 unciae die Rede ist; nicht beßer, als wenn man sich zum Beweise der Theilbarkeit eines Menschen auf die Stelle bezöge, wo vom Kopfe des Menschen im Gegensatz zum übrigen Körper die Rede ist. § 32. Note 7. (*17*) zu denen auch die gleichartigen Ansprüche auf Vermächtnisse gehören. | s. Note 14. *L.* 4. *D. in ius voc. ut eant* 2,6. *L.* 22. *D. depos.* 16,3. *L.* 11. §§ 23. sq. *D. de leg. III.* 32. *L.* 72. *pr. D. de V. O.* 45,1. *L.* 85. §§ 2. 3. *eod. u. ö.*

(*1*) Das unterscheidende, die sofort durch den Gebrauch bewirkte merkliche Aufhebung des Wesens eines körperlichen Gegenstandes, ist freilich sehr relativ: alles körperliche ist wesentlich endlich, muß zu Grunde gehn (*Ovid.* „Gutta cavat lapidem, consumitur anulus usu, Et teritur pressa vomer aduncus humo".); aber auch ein Kleidungsstück kann man etwa geraume Zeit tragen, ehe das usu minui merklich wird: in § 2. *I. de usufr.* 2,4. heißt es vom Gelde „pecunia in ipso usu permutatione adsidua quodam modo extinguitur", und doch gehören sonst Geldstücke nicht zu den natürlichverbrauchbaren Sachen, sondern ihre Verbrauchbarkeit ist ihre Vertretbarkeit, die juristische Eigenschaft, daß sie nicht nach ihrer individuellen Dauerbarkeit oder Erkennbarkeit, sondern bloß nach ihrem Werthe, als genus (§ 77.), in Betracht kommen. vgl. Noten 4. 5.

(*2*) *Cic.* Top. c. 3. § 17. et *Boeth.* ad h. l. § 2. *I. cit.* „... quae ipso usu consumuntur ... quo numero sunt vinum, oleum, frumentum, vestimenta. quibus proxima

res bei denjenigen beweglichen Sachen der Fall ist, deren Benu-
§ *d.* tzung zugleich Abnutzung ist, wie z. B. Kleidungsstücken [3]. Die Eigenschaft dagegen, durch die bezeichnete Behandlung gar nicht mehr oder nicht mehr als dasselbe Rechtsobject zu gelten, obgleich das körperliche Wesen der Sache nicht verändert, vernichtet oder verringert worden ist, in welchem Sinne das Geld (Geldstücke) verzehrbar genannt wird [4], ist eine umfaßendere, bloß juristische Eigenschaft, Vertretbarkeit oder Fungibilität (§ 77.), deren Verwechselung mit jener natürlichen Verbrauchbarkeit mancherlei Irrungen veran-
§ *e.* laßt hat. Sachen, welche nur durch die Zerstörbarkeit ihrer Individualität Bedeutung als Rechtsobjecte haben, können eben deshalb nur ihrer Gattung nach als Gegenstände des rechtlichen Willens fortexistieren, und daher kommt die natürliche Verbrauchbarkeit im Rechte nur als Grund der Vertretbarkeit in Betracht [5]. Insofern die na-
§ *f.* türliche Abnutzung unbeachtet bleibt oder den Umständen nach als nicht stattfindend angesehen wird, kann daher auch die an sich verbrauchbare Sache wie eine unverbrauchbare als nichtvertretbar behandelt werden [6].

---

est pecunia numerata..". *Ulp.* 24,27. „..rerum quae in abusu continentur, ut puta vini, olei, tritici". *Gai. L.* 7. *D. de usufr. ear. rer. quae usu consumuntur vel minuuntur* 7,5. *Ulp. L.* 11. *eod.* „..lanae, .. odorum vel aromatum nullus videtur usus fructus". (3) cf. Note 1. § 2. *l. cit.* *L.* 22. i. f. *C. de adm. tut.* 5,27. „.. vestibus quae detritae usu seu corruptae servando servari non potuerunt".

(4) Das ausgegebene Geld ist 'verzehrt', nummi consumpti: *L.* 32. *D. de minor.* 4,4. *LL.* 13. 18. *D. de R. C.* 12,1. *L.* 30. *pr. D. de A. E. V.* 19,1. u. ö. Daher die Gegensätze „consumpti sint nummi, an exstent in peculio.." in *L.* 9. § 2. *D. de SC. Maced.* 14,6. *L.* 11. i. f. *D. de R. C.* 12,1. *L.* 9. i. f. *D. de iur. et f. ign.* 22,6.; nummi integri und consumpti in *L.* 94. *pr.* § 2. *D. de solution.* 46,3. u. dgl. Aber auch das mit fremdem Gelde vermischte ist consumiert, nummi accipientis fiunt u. dgl., z. B. *L.* 78. *D. de solution.* 46,3. „Si alieni nummi inscio vel invito domino soluti sunt, manent eius cuius fuerunt; si mixti essent ita ut discerni non possent, eius fieri qui accepit ..". (5) Dieses wollte ohne Zweifel Mühlenbruch Pand. § 220. Note 9., durch die in dieser Faßung unrichtige Behauptung, juristisch existiere kein Unterschied zwischen vertretbaren und verzehrbaren Sachen, ausdrücken. Richtig ist, daß die juristische Eigenschaft der Vertretbarkeit regelmäßig, d. h. sofern nicht autonomisch der berechtigte Wille ein anderes bestimmt (Note 6.), denjenigen Sachen zukommt, welchen die natürliche Eigenschaft der Verzehrbarkeit zukommt. Nach der allgemeinen Rechtsansicht sind alle verbrauchbaren Sachen vertretbar, und ob ein geschliffener Diamant vertretbar sei oder nicht, bestimmt sich eben danach, ob er als ein verbrauchbarer Gegenstand des Rechtsgeschäfts aufgefaßt worden ist oder nicht (vgl. Note 1.); gleichwie in *L.* 31. *D. locati* 19,2. das argentum pusulatum aut aurum, reine Silber- oder Gold-Klumpen, welche z. B. in einer Mineraliensammlung nicht die Bestimmung haben aufgebraucht zu werden, von Alfenus angeführt werden als zum Aufbrauchen bestimmt, ut vasa fierent, ut anuli. (6) *Ulp. L.* 3. § 6. *D. commod.* 13,6. „Non potest commodari id quod usu consumitur, nisi forte ad

III. Verschiedenheit der juristischen Auffaßung der Sachen.

§. 77. A. Genus und species. Vertretbarkeit. Werth. Geld.*)

Als Rechtsobject ist die (körperliche) Sache wesentlich eine § a. mit den Sinnen erfaßbare (§§ 67. 68.), gewisse Eigenschaften an sich tragende (§§ 74...76.), von dem rechtlichen Willen beherrschbare. Diese können wir in Betracht ziehen als der Sache zufolge ihrer § b. Entstehung, nach ihrem genus [γένω, γίγνομαι], ihrer Gattung [1], mit anderen gemeinsame oder als ihr im Unterschiede von anderen Sachen, auch derselben Gattung, zukommende: im ersten Falle bezeichnen wir die Sache als 'genus', als die nur nach ihren Gattungseigenschaften geltende; im letzteren als 'species', als einzelne individuell bestimmte, als die nach ihren eigenthümlichen, sie von anderen Sachen unterscheidenden Eigenschaften und Merkmalen geltende Sache [2]. Bei den als genus in Betracht kommenden Sachen § c. bestimmt sich deren Bedeutung als Rechtsobject nur nach Quantität und Qualität [3]; sie heißen daher auch res quae in genere

---

pompam vel ostentationem quis accipiat". Daher die Möglichkeit auch eines wahren Nießbrauchs und Commodats an Kleidungsstücken (*L.* 15. § 4. *D. de usufr.* 7, 1. *L.* 9. § 3. *D. usufr. q. cav.* 7, 9.) und an Geldstücken. *L.* 28. *D. de usufr.* 7, 1. „Nomismatum .. quibus pro gemmis uti solent..". *L.* 4. *D. commod.* 13, 6. „.. commodantur pecuniae, ut dicis gratia numerationis loco intercedant".

(*) vgl. Savigny Obligationenr. §§ 39. ff. | Ueber das röm. Gewicht- Münz- u. Maß-Wesen s. den Anhang IX. S. *43...*47. (*1*) Diese ist das Entstehenmachende, principium, worin also die aus ihr entstandenen Existenzien ihre Einheit haben. Die Gattung bringt die Species und das Individuum hervor, und diese gehen wieder in jener auf: das ist die Natur aller Creatur. | In der allgemeinen Bedeutung als 'Gattung' und 'Art' gebrauchen auch unsere Rechtsquellen 'genus' und 'species', z. B. *Gai.* 1, 188. 4, 1. *L.* 2. § 3. *D. de R. C.* 12, 1. *L.* 3. § 21. *D. de A. v. A. P.* 41, 2. Zuweilen steht auch 'genera' für 'species', z. B. *Gai.* 3, 163.

(2) z. B. *Paul. L.* 2. *pr. D. de R. C.* 12, 1. „Mutuum damus recepturi non eandem speciem quam dedimus, .. sed idem genus: nam si aliud genus, veluti ut pro tritico vinum recipiamus, non erit mutuum". *Iul. L.* 54. *pr. D. de V. O.* 45, 1. „In stipulationes alias species, alias genera deducuntur..". (s. vorige Note 8.) *Ulp. L.* 75. § 1. *eod.* „..si qui *fundum* sine propria appellatione, vel *hominem* generaliter sine proprio nomine, aut *vinum frumentum*ve sine qualitate [d. h. nicht 'Qualität', sondern 'Qualität und Quantität', Werth] dari sibi stipulatur, *incertum* deducit in obligationem". vgl. *Gai. L.* 74. *eod.* Die incertitudo liegt auch hier (vgl. § 62. Note 1.) in der Unbestimmbarkeit der Individualität. *Paul. L.* 1. § 7. *Maec. L.* 30. § 5. *D. ad L. Falc.* 35, 2. | *Ulp. L.* 55. § 7. *D. de leg.* III. 32. „Si *lignum* sit *paratum ad carbones coquendas atque conficiendas*, ait Ofilius ... *carbonum* appellatione huius modi materiam non contineri. sed an *lignorum*? et fortassis quis dicet 'nec lignorum': non enim lignorum gratia haec testator habuit. Sed et *titiones* [durch Brand entsäuerte Holzscheite] et alia ligna cocta, ne fumum faciant, utrum *ligno*, an *suo generi* adnumerabimus? et magis est *ut proprium genus habeatur*". (3) *Paul. L.* 83. § 5. *D. de V. O.* 45, 1. „..Vini autem non species, sed genus stipulari videmur..".

suo functionem recipiunt per solutionem, quam specie[4] (woraus res +fungibiles[5] gemacht worden ist), oder quae communi specie continentur[6], quae pondere numero mensurave constant, consistunt s. continentur, valent[7], im Gegensatze der species, des individuell bestimmten Rechtsobjects, certum corpus, corpus[8], bei welchem ebendeshalb eine Bestimmung bloß nach Gewicht, Zahl oder Maß und nach Güte gar nicht weiter in Frage kommen kann (res
§ d. +non fungibiles). Wir pflegen erstere, die Quantitäten, weil sie durch aliae res eiusdem generis, naturae, eiusdem generis (oder naturae) et qualitatis, eiusdem generis et eadem bonitate, durch aliud tantundem[9] vertreten werden können, 'vertretbare', die letzteren
§ e. 'nichtvertretbare Sachen' zu nennen ([5]). Wegen der Nichtberücksichtigung der Individualität der Objecte werden auch die Sachengesammtheiten (§ 67.) in Gegensatz zu den speciell bestimm-
§ f. ten Sachen, species, corpora, gebracht[10]. Da die Vertretbarkeit der Sachen, wie bemerkt, bloß eine juristische Eigenschaft derselben ist, und im einzelnen Rechtsverhältniss oder Rechtsgeschäfte die individuellen Eigenschaften einer Sache berücksichtigt werden können, während dieses regelmäßig bei Sachen derselben Gattung nicht zu geschehen pflegt[11], so wie dagegen eine regelmäßig nach ihrer Individualität in Betracht kommende Sache im einzelnen Falle als eine nur nach Qualität und Quantität geltende aufgefaßt werden kann[12], so ist damit die Relativität der Unterscheidung vertretbarer und nichtvertretbarer Sachen und also die Möglichkeit, durch Privatwillen das allgemein für vertretbar geltende im einzelnen als nichtvertretbar zu bestimmen und umgekehrt, von selbst gegeben[13].

---

(4) *L.2.§1.D.de R.C.12,1.* (Viele wollen ohne Noth 'magis quam specie.')

(5) Dieses häßliche, von dem mittellateinischen 'fungere' oder 'fungire' statt 'fungi' gemachte Wort hat Du-Cange ohne Nachweis: es findet sich wol zuerst in *Zasius* ad § 30. Inst. de actionib., s. Savigny Syst. VI. S. 123. Das 'vertretbar' statt 'fungibel' ist von K. S. Zachariä. [choses fongible: *Code Nap.* 1291.]

(6) *L.29.i.f.D.de solution.* in Note 8. zu § 75.

(7) *Gai.2*,196. 3,90. = *Pr. I.quib.mod.re contr.obl.3*,14. = cit. *L.1.D.de R.C. Ulp.6*,8. 24,7. *L.42.D.de I.D.* 23,3. *L.1.§2.D.de O.et A.44*,7.

(8) z. B. *L.85.D.de leg.III.32. L.34.* §§ 3.4. *D.de leg.I.30.*

(9) Note 7. *L.3.i.f.D.de R.C. L.24.D.depos.16*,3. *L.7.D.de cond.ind.12*,6. „aut ipsum aut tantundem repetitur".

(10) *L.5.D.de impens.25*,1. *L.34.pr.§2.D.de pign.20*,1. *L.16.§6.D.ad SC.Trebell.36*,1.

(11) z. B. Commodat eines couranten Geldstücks. vgl. § 76. Note 6.

(12) z. B. Verleihung eines Pferdes gegen die Verpflichtung zur Zurückerstattung eines eben so guten.

(13) § 76. Note 6. *L.30.§6.D.de leg.I. L.37.D.de V.O.45*,1.

Im Privatrechte kommen alle Sachen nur ihres **Werthes** we- § g. gen in Betracht, werde ihnen ein solcher um ihrer Individualität oder um ihrer generischen Eigenschaften willen beigelegt; d. h. die Bedeutung der Sache als eines Rechtsobjects bestimmt sich je nach dem Maß von Allgemeinheit und Stärke, nach welchem der Wille der Privatpersonen als solcher sich auf die Sache bezieht, sie als Gegenstand seiner rechtlichen Herrschaft will. Der Werth der § h. Sachen ist also durchaus relativ, und ohne eine Sache, welche als gleichmäßig-allgemein und stark von den Privatpersonen gewollte angenommen wird, gar nicht allgemein-bestimmbar: eine solche Sache war auch bei den Römern ursprünglich das Vieh, pecu, pecus, wovon noch in historischer Zeit, als die pecunia, das aes, schon an die Stelle getreten war, Spuren übrig geblieben sind [14]. Geld, § i. pecunia, summa, ist nun der Begriff, wonach der Werth der Vermögensrechtsobjecte allgemein bemeßen wird, wonach wir die Sachen ihrem Vermögenswerthe nach in Verhältniss zu einander setzen, bestimmen was sie gelten [15]; Münze, Geldstücke, nummi, numi- § k. smata, corpora nummorum, pecunia numerata, aes [15*]), sind die körperlichen Gegenstände, durch welche jener Begriff äußerlich dargestellt wird, das Mittel, wodurch die Vermögensrechtsobjecte

---

(14) vgl. *Varro* de L.L.5,19. de R.R.2,1. *Cic.* de rep.2,9. *Ovid.* Fast.5,281. *Colum.* de R.R.6.praef. *Plut.* Poplic.11. *Paul.* ex Fest.v.Abgregare. s. unten S. *45. In den Gesetzen über die multae [s. *Baiter* Ind.legum vv.Aternia Tarpeia u. Iulia Papiria] werden bis auf die Lex Papiria Iulia (a.u.324.) die Brüchten nach Schafen und Rindern bestimmt. *Cic.* de rep.2,9.35. *Dionys.* 10,50. *Liv.* 4,30. *Gell.* 11,1. *Fest.* vv.Aestimata, Maximam multam, Ovibus und Peculatus. s. Niebuhr II. S.341. (der 2.Ausg.), Rudorff in Ztschr.f.g.R.W. XV. S.245.ff. *Böckh* Metrolog.Unters. S.387.ff.420.ff.

(15) Daher auch pecunia = ea quae in patrimonio sunt: *L.5.D.de V.S.50*,16. vgl. *L.6.pr.D.de contr.empt.18*,1. mit *L.72.§1.eod.*, = omnia corpora: *L.178.eod.*, = omnes res, tam soli quam mobiles et tam corpora quam iura: *LL.222.97.eod. Gai.3*,124.i.f. Daher auch in den 12 Tafeln pecunia statt res familiaris (§42.e.) *Ulp.11*,14. *Gai.*2,104. *L.53.pr.D.de V.S.* Anderswo dagegen steht pecunia, (weil die nichtfungiblen Sachen ihren Werth in ihrer Individualität haben, der allgemeine oder Geldwerth erst in Betracht kommt, falls jene Sachen selbst nicht als Gegenstände des Rechts fungieren können, z.B. weil sie zu Grunde gegangen sind) für res quae pondere, numero, mensura constant, z.B. bei der pecunia constituta (*Dig.13*,5.) *L.2.§1.C.de const.pec.4*,18., in *L.30.pr.D.de leg.I.30.* u.ö. Endlich kommt es auch sehr häufig statt der Geldstücke, nummi, pecunia numerata, vor, z.B. in den 12 Tafeln statt 'Kaufpreis': *Ulp.*2,4., im Gegensatz zu aliae res: *Gai.3*,141. = *§2.I.de empt.3*,23. *L.1.pr.D.de cond.trit.13*,3. *L.7.§3.D.de SC.Mac.14*,6. *L.95.D.de leg.III.32.* u.ö. Hierher gehören auch die Bezeichnungen pecunia certa credita, signata (percussa) forma publica populi Romani, pecunia aurea, argentea, aes u.dgl.

(15*) *Ulp.L.*159.*D.de V.S.* „Etiam aureos nummos *aes* dicimus“.

ihrem Geldwerthe nach vertreten werden [16]: im gemeinen Leben und so auch im Sprachgebrauche unserer Quellen werden Geld und Münze, pecunia und nummi, meistens gleichbedeutend genommen.
§l. Die Münze ist von dem Stoffe, woraus sie besteht, zu unterscheiden: bei diesem (Gold, Silber, Kupfer) kommt es nur auf die Quantität, das Gewicht, und auf den Feingehalt, d. h. den Grad der Reinheit des Metalls oder der Vermischung (Legierung) mit schlechterem (auf Schrot und Korn) an [17]; danach bestimmt sich der 'innere, reale oder absolute Werth' der Münze; von welchem der durch die Prägung (oder sonstige gesetzliche Erklärung) [18] bestimmte, der 'äußere, nominale oder relative (auch wol 'gesetzliche') Werth'
§m. der Münze regelmäßig, meistens jenen übersteigend, abweicht. Von beiden kann die im Verkehr sich geltend machende Werthveranschlagung, der Curswerth, verschieden sein [19]; die Differenz des Curs- und des Nominal-Werthes nennen wir 'Aufgeld' [20].

---

(16) *Paul. L. 1. pr. D. de contr. empt. 18,1.* „Origo emendi vendendique a permutationibus coepit: olim enim non ita erat nummus, neque aliud *merx*, aliud *pretium* vocabatur; sed unus quisque secundum necessitatem temporum ac rerum utilibus inutilia permutabat ... sed quia non semper, nec facile concurrebat, ut, cum tu haberes quod ego desiderarem, invicem haberem quod tu accipere velles, electa materia est, cuius publica ac perpetua aestimatio difficultatibus permutationum aequalitate quantitatis [durch die Gleichmäßigkeit seiner Geltung] subveniret; eaque materia forma publica percussa usum dominiumque non tam ex substantia [wegen der Nutzbarkeit seines Stoffs] praebet, quam ex quantitate [seiner Eigenschaft, so oder so viel zu gelten, Werth]: nec ultra *merx* utrumque, sed alterum *pretium* vocatur". *Iav. L. 42. D. de fideiuss. 46,1.* „.. non, ut aestimatio rerum quae mercis numero habentur, in pecunia numerata fieri potest, ita pecunia quoque merce aestimanda est". vgl. *Pap. L. 94. §1. D. de solution. 46,3.*

(17) *Valent. et Val. L. 1. C. de veteris numismatis potestate 11,10.* „ut debiti ponderis sint et speciei probae..". vgl. 'materia' und 'substantia' in der vorigen Note. In eine Darstellung des neueren Rechts gehört die Nachweisung, daß der Maßstab, wonach der jetzige Betrag einer Summe, die in nicht existierenden oder im Werthe geänderten Münzsorten ausgedrückt ist, bemeßen werden muß, das reine unlegierte (16löthige) Silber sei; so wie auch die Beschränkungen der Zahlungen größerer Summen in Scheidemünze.

(18) Dieses signare, formare, percutere, cudere, fundere, flare, ferire monetas, nummos u. dgl. geschieht unter öffentlicher Auctorität (*L. 8. L. 9. pr. §1. D. ad L. Corn. de fals. 48,10.* De falsa moneta: *Th. C. 9,21. Cod. 9,24.*) zur Beglaubigung der Größe des Werthes eines Geldstücks, zur Bestimmung des Werthverhältnisses der Stücke einer Geldsorte zu anderen. Den Maßstab, wonach die Zahl der einzelnen aus einem bestimmten Gewichte Metalls von bestimmtem Feingehalt zu prägenden Stücke bemeßen wird, nennen wir den 'Münzfuß'.

(19) vgl. *Paul. L. 99. D. de solutionibus 46,3.* „Debitorem [creditorem Hal. Vulg.] non esse cogendum in aliam formam nummos accipere, si ex ea re damnum aliquod passurus sit".| Durch die Ausdrücke potestas, aestimatio numismatis bezeichnen unsere Quellen vorzugsweise diesen relativen Werth, wie in der Rubrik des Titels in Note 17. und *L. 2. eod.* „Pro imminutione quae in

B. Haupt- und Neben-Sachen.

§. 78. 1. Begriff. Omnis causa.

Dig. de Usuris et fructibus et causis et omnibus accessionibus et mora 22,1.

'Hauptsache', principale, res principalis, ist die als eigentli- § a.
cher oder selbständiger Gegenstand eines Rechts im Verhältnisse zu einer andern Sache, welche nur mit jener oder in Beziehung auf sie als Rechtsobject in Betracht kommt [1], der Nebensache (accessio, quae accessionum locum optinent, res +accessoria [2]), aufgefaßte. Ein wesentlicher Bestandtheil einer Sache als eines Rechts- § b.
objects kann Attribut oder Theil derselben, nicht aber Accession

---

aestimatione solidi .. tractatur [nach dem herabgesetzten Werthe des Solidus], omnia quoque pretia specierum [Werth der übrigen Geldsorten] decrescere oportet". („Bei Reductionen der Werthmünze pflegt man die einmal gebräuchliche Theilung derselben nicht zu verändern, sondern mit dem Ganzen auch den Theil, mit dem Thaler den Groschen zu verringern" sagt Mommsen, obgleich nicht als Erklärung vorstehender Constitution.) Den Curswerth, welcher regelmäßig unter 'pecunia' gedacht wird, drückt 'quantitas' aus (Note 16.), aber auch wol aestimatio, summa. Die Münze, welche ihren Nominalwerth verloren hat, ist reprobus nummus, reproba pecunia. *L.*24.§1.*D.de pign.act.13*,7. (20) Dieses Aufgeld (ital. agio oder aggio, eigentlich Hilfsgeld, n.e aisium, Hilfssache: s.§81.Note 1.), das Mehr oder Weniger, welches die Münze im Verhältnisse zu ihrem Nennwerthe gilt, ist von dem bei *Cic.*Verr.2,3,78. ad Att.*13*,6. vorkommenden collybus verschieden; dieser bezeichnet die Wechselspesen, welche sich der Geldwechsler für seine Bemühung bezahlen läßt, die aber im gewöhnlichen Verkehre nicht vorkommen.

(*1*) Die Nebensache ändert das Recht, als dessen Gegenstand die Hauptsache in Betracht kommt, gar nicht. Mein Eigenthumsrecht an meinem Grundstücke ändert sich nicht dadurch daß du es z.B. bebauest, bepflanzest, besäest, dadurch daß Land an das meinige anspült oder durch Waßersgewalt angesetzt wird und sich mit dem meinigen verbindet (*Gai.2*,70.sqq. §§20.sq.30.sqq.*I.de rer.div.* 2,1.); das aedificium, die plantae, die frumenta quae sata sunt, solo cedere intelleguntur; ebenso ist das angespülte oder angewachsene Land nur Accession meines Grundeigenthums. Dagegen kommen die fehlenden Stücke oder Quantitäten einer gekauften Sache, die Decessionen, als mangelnde integrierende Theile des Kaufgegenstandes in Betracht, z.B. *L.*4.§1.*D.de A.E.V.19*,1. (2) Daß accessio auch Neben-Personen bezeichnet, insofern diese Subjecte von Neben-Verbindlichkeiten oder Forderungsrechten sind, und vorzugsweise häufig die Nebenobligationen selbst, wie z.B. Bürgschaften, Pfandrechte u.dgl., kommt hier nicht näher in Betracht: Accessio ist alles accedens; so wird auch von temporis oder possessionis accessio, von negotiationis accessio u.dgl. gesprochen. vgl. *Dirksen* Manuale v.Accessio. In der hier zu erörternden Bedeutung ist accessio alles, was von Natur oder durch menschliche Thätigkeit oder auch nur für die juristische Behandlung in einer solchen Beziehung zu einer anderen Sache steht, daß es die juristischen Schicksale dieser theilt. Hiermit beseitigt sich der unfruchtbare Streit, ob Früchte zu den Accessionen gehören. §19.*I.de rer.div.* 2,1. *L.*25.*pr.D.h.t.* 22,1. „.. omnis fructus .. iure soli percipitur" u.s.w. Definiert man 'accessio' als das von außen an die Sache hinzukommende, so wird man freilich die fructus, quippe qui ex ipsa re frugifera nascuntur, nicht hinzurechnen. Daß oft fructus et accessiones neben einander genannt werden, (§80. Note 4.) beweist nichts gegen die accessorische Natur der Früchte im allgemeinen.

sein[3]; hingegen kann dieselbe Sache als Object eines Rechtsverhältnisses Haupt-, als Object eines anderen Neben-Sache sein[4]; ja, sie kann als Object des nämlichen Rechtsverhältnisses je nach der verschiedenen Bedeutung, welche ihr der rechtliche Wille bei-
§ c. legt, bald als Haupt-, bald als Neben-Sache erscheinen[5]. Letzteres ist sie, juristisch betrachtet, immer, wenn ihre Bedeutung als Rechtsobject von der einer anderen Sache bedingt, abhängig ist:
§ d. accessio cedit principali, sequitur rem principalem[6]. 'Causa rei' oder 'omnis causa', 'res cum omni oder cum sua causa' u.dgl. bezeichnet das Rechtsobject in seinem ganzen Umfange, d.h. so wie es als Hauptsache gilt mit Einschluß aller seiner ihm in dieser Eigenschaft zukommenden juristischen Bestimmtheiten[7], auch den außerwesentlichen Bestandtheilen und Nebensachen, körperlichen (Früchten und Zinsen[8], Vergrößerungen von außen[9] und Zubehör[10]) und unkörperlichen (vermögensrechtlichen Ansprüchen und Ver-
§ e. bindlichkeiten[11], Kosten und Verwendungen[12]): *causa* ist hier das ganze Rechtsverhältniß selbst nach seiner objectiven Seite oder in Beziehung auf den Umfang seiner Gegenstände (omnis res condicioque[13]), und tritt also als *rei* causa hervor, wo es sich um Gel-

---

(3) z.B. Note 1.a.E. *L.2.pr. L.6.pr.* §§ 2.4.6.*D. de A.E.V.19*,1.u.o. Eine pars rei muß also, um Nebensache zu sein, als unwesentlicher Bestandtheil des Objects aufgefaßt sein, z.B. *L.23.*§ 2.*D.de R.V.6*,1. (4) wie schon im Begriffe der Haupt- und Neben-Sache diese Relativität liegt. So z.B. kann der Schlüßel, das Schloß, die Thüre u.s.w. als Object eines Vertrags mit dem Handwerksmann, Hauptsache sein, und als zu dem zu verschließenden gehörig Nebensache. (5) z.B. ich kaufe eine in Gold gefaßte Gemme; diese ist nach *L.19.*§§ 13.15.16.19. *L.32.*§ 1.*D.de auro leg.34*,2. Nebensache des Goldes, wenn sie zu dessen Verzierung, dagegen nach ders. *L.19.*§§ 15.16. *L.20.eod.* Hauptsache, das Gold Nebensache, wenn die Einfaßung der Gemme wegen gemacht worden ist. So kommt es in *L.63.D.de leg.1.30.* auf den Willen des Testators an, ob ein Sclavenkind als Accession seiner Mutter gelten soll. vgl. *L.29.*§ 1. *L.32.*§ 5. *D.de aur.leg. L.3.*§ 3.*D.de penu leg.33*,9. (6) Die Nebensache theilt das juristische Schicksal der Hauptsache, so lange nur beide in diesem Verhältniß existieren, z.B. *LL.1...5.D.de peculio leg.33*,8. Außer den im Texte angeführten Phrasen (z.B. aus den Stellen in Note 1., *Paul.L.129.* = *L.178.D.de R.I.*) wird zur Bezeichnung des in accessionem cedere, der juristischen Abhängigkeit der Accession von der Hauptsache, auch gesagt, diese ziehe jene nach sich, z.B. *Paul.L.23.*§ 4.*de R.V.6*,1. „mea res per praevalentiam alienam rem trahit meamque efficit", *L.4.pr.D.de penu leg.33*,9. „quod liquidae materiae sit, quia per se esse non potest, rapit secum in accessionis locum id, sine quo esse non potest". *L.17.D.de tril.leg.33*,6. (7) Die natürlichen Eigenschaften der Sache, +interna rei causa, machen eben die Sache selbst aus, und der neuere Kunstausdruck führt dahin, wo er herkommt, zur Verwirrung. (8) §§ 79.80. (9) die zu den Eigenthumserwerbsarten gehören. vgl. Note 1. (10) § 81. (11) wovon in der Lehre von den Vermögensrechten. (12) § 107.*h*.ff. (13) *L.246.*§ 1.*D.de V.S.50*,16. § 3.*I.de*

tendmachung der Rechte an einer körperlichen Sache oder auf eine solche handelt[14].

2. Die Arten körperlicher Nebensachen.

§. 79. a. Früchte.*)

*Dig.*22,1. zu § 78. *Th.Cod.* de Fructibus et litis expensis *4*,18. *Cod.* eod. tit. *7*,51.

In der weiteren und etymologischen Bedeutung ist fructus alles § a. von vermögensrechtlichem Werthe, was eine Sache hervorbringt oder an Nutzbarkeit gewährt[1]; in der engeren und eigentlichen das von einer körperlichen Sache organisch hervorgebrachte[2], animalische[3] und vegetabilische (nur ausnahmeweise auch mineralische[3]) Erzeugnisse[4] (fructus +naturales, im Gegensatze der +civiles. § 80.). Der Satz, daß Kinder einer Sclavin nicht gleich den § b. Jungen der Thiere zu den Früchten gezählt werden, ist eine Folge des älteren Axioms, daß der Nießbraucher einer Sclavin nur das erwerbe, was sie mit seinem Vermögen oder durch ihre Dienste (ex re fructuarii und operis suis) erwerbe: zu keinem von beidem gehört das von ihr geborene Kind, das daher nießbrauchs-

---

off.iud.4,17. „.. exhibeat rem .., sed opus est .. etiam rei causam .. exhibere, id est ut eam causam habeat actor, quam habiturus esset, si statim, cum primum .. egisset, exhibita res fuisset“. *L.*35.*D.de V.S.50*,16. (*14*) also besonders bei den Ansprüchen des Eigenthümers oder des Creditors, welcher die Leistung der Sache fordert. Deshalb pflegen die Neueren die omnis causa rei als ‘alle vortheilhaften Accessionen’, oder ‘was als Vortheil zu einer Sache gehört’ u.dgl. zu bestimmen: freilich ist das deducendum, das vom Anspruch des Berechtigten abzuziehende, nicht auch Bestandtheil dieses Anspruchs: übrigens gehört die Sache selbst auch zur omnis causa (res cum sua causa) *LL.*2.8. *et passim D.h.t.*22,1. (das übrige kommt dazu „nec enim sufficit corpus ipsum restitui“, *L.*20.*D.de R.V.6*,1., ne nuda res veniat, *L.*1.§ 24.*D.depos.16*,3.), sammt ihren Belastungen. *Pomp.L.*67.*D.de contr.empt.18*,1. „.. cum sua causa dominium ... transferimus, quae esset futura, si ea res apud nos remansisset ..“. *L.*31.*pr.D.de R.C.12*,1. s. Note 13.

(*) Heimbach Die Lehre von der Frucht. Lpz. 1843. 8°. Wächter Erörterungen I.3. Savigny Syst. §§ 265. ff. (*1*) In dieser Bedeutung kommen Rechte als fruchttragend (*L.*19.§ 1.*D.h.t.*22,1. *L.*4.§ 2.*D.si serv.vind.*8,5.) und als Früchte vor z.B. *L.*26.*L.*49.*D.h.t.* = *L.*72.*D.de R.I.50*,17. s. § 80. Noten 1.2. (2) „..ex ipso corpore..“. *L.*121.*D.de V.S.50*,16. | *L.*7.§ 13.*D.sol.matr.24*,3. „nec in fructu est marmor, nisi tale sit, ut lapis ibi [*in fundo*] renascatur..“. s. *Strab.* Geogr. V. p. 223. ed. Almel. p. 342. *Serv.* ad Aen. X. 174. vgl. *L.*62.*D.de R.V.6*,1. „.. non natura pervenit, sed iure percipitur..“, nämlich Einkommen, das nicht Frucht ist. Ueber fruges und frumentum s. *Paul.L.*77.*D.de V.S.*, auf welche Stelle man den Unterschied zwischen fructus +ordinarius und +extraordinarius stützen wollte. s. § *h.* (3) *Gai.L.*28.*pr.D.h.t.* „In pecudum fructu etiam fetus est, sicut lac et pilus et lana ..“. § 37.*I.de rer.div.*2,1. § 4.*I.de usu* 2,5. *L.*1.§ 9.*C.de R.U.A.*5,13. (4) Einzelne Arten dieser sind glans (*L.*236.§ 1.*D.de V.S.* *L.un.*§ 1.*D.de glande leg.43*,28.), pomum (*L.*205.*D.de V.S.*), fruges, frumentum (*Paul.L.*77.*D.de V.S.* u. *S.R.*3,6.§ 78., ed. Haen. III. 9,62.)

§ *c.* freies Eigenthum des Eigenthümers der Mutter iſt [5]. So lange die Früchte noch in organiſcher Verbindung mit der fruchttragenden, der Hauptſache ſind, ſind ſie integrierende Theile dieſer, nicht ſelbſtändige Rechtsobjecte [6]; dieſes werden ſie erſt durch Trennung von der erzeugenden Sache, fructus separati, decer-
§ *d.* pti [7]. Zur Erwerbung des Eigenthums oder Begründung eines ſonſtigen Rechtes wegen oder an der Frucht kann aber die Beſitzergreifung derſelben erforderlich ſein, fructus percepti [8], apprehensi [9], und in Beziehung auf die Erſtattungsverbindlichkeit kommt
§ *e.* der Unterſchied der exstantes und consumpti [10] in Betracht; zu-

---

(5) § 47. Note 14. Der partus ancillae gehört zur causa rei (§ 77.), weil er Eigenthum des Herrn der Mutter iſt: § 47. *f. Paul.* S. R. *2*, 17. § 7. oder II. *18*, 4. ed. Haen. *L.* 12. *pr. D. q. met. c. 4*, 2. *L.* 17. § 1. *D. de R. V. 6*, 1. *L.* 14. *pr. D. h. t.* 22, 1. Die *L.* 12. *Th. C. de lustr. coll. 13*, 1. bezeichnet Sclavenkinder als fructus domesticos suis possessionibus innatos. | *Cic.* de fin. *1*, 4. § 12. „an partus ancillae sit ne in fructu habendus, disseretur inter .. P. Scaevolam, M' Manilium“: vgl. *L.* 68. *D. de usufr.* 7, 1. Den bei den klaſſiſchen Juriſten feſtſtehenden Satz „Partus ancillae in fructu non est“ (*L.* 22. § 3. *D. ad SC. Treb. 36*, 1. *L.* 48. § 6. *D. de furt. 7*, 2. *Paul.* S. R. *3*, 9. 3. ed. Haen. u. ö.) erklärt Gaius (*L.* 28. § 1. *D. h. t.* cf. § 37. *I. de rer. div.* 2, 1.) „absurdum enim videbatur hominem in fructu esse, cum omnes fructus rerum natura hominum gratia comparaverit“, und dieſes wiederholt Ulpian (*L.* 68. *cit. pr.*) ſo: „Neque enim in fructu hominis homo esse potest“; in *L.* 27. *pr. D. de H. P.* 5, 3. aber nennt er als Grund, „quia non temere ancillae eius rei causa comparantur, ut pariant“. Der gaianiſche, den Stoikern entlehnte Grund (ſ. § 30. Note 1.) iſt falſch, da das röm. Recht den homines, welche servi waren, nicht zugeſtand, was ihnen die rerum natura beſtimmt hatte, und der zweite ulpianiſche Grund reicht wenigſtens nicht aus, da man auch weibliche Thiere zu ganz anderen Zwecken haben kann, als ut pariant, und deren Junge dann doch unbezweifelt in fructu sunt. Die Erklärungsgründe Neuerer ſind ganz verunglückt. Daß die Controverſe, ob Sclavenkinder Früchte ſeien, negativ entſchieden wurde, iſt, wie geſagt, Conſequenz der aus der Natur des Nießbrauchs hervorgehenden Beſtimmung, daß die Sclavin dem Uſufructuar nur dasjenige erwerbe, was ſie mit deſſen Vermögen (ex re fructuarii) oder durch ihre Dienſte (operae suae) erwirbt (*Gai.* 3, 164. sq. *Ulp.* *19*, 21.): demnach muſte der partus ancillae dem Eigenthümer der Sclavin, nicht dem Nießbraucher, erworben werden; und ſo ſchließt ſich auch der ulpianiſche Grund richtig an den Satz an „fructuarium in eo [partu] locum non habere“: *L.* 68. *D. cit.* *L.* 47. *D. de A. R. D. 41*, 1. (6) *Gai. L.* 44. *D. de R. V. 6*, 1. „Fructus pendentes [s. *stantes*] pars fundi videntur“. *L.* 27. *pr. D. de usufr. 7*, 1. *L.* 7. §§ 12. 15. *D. sol. matr. 24*, 3. Ueber thieriſche Früchte vgl. *L.* 4. §§ 5. 15...20. *D. de usucap. 41*, 3. (7) *L.* 25. § 1. *D. h. t.* 22, 1. *L.* 48. *pr. D. de A. R. D. 41*, 1. *L.* 26. § 1. *D. de furt. 47*, 2. *L.* 12. § 5. *D. de usufr. 7*, 1. „.. si fur decerpserit vel desecuerit fructus maturos pendentes ..“. *L.* 13. *D. quib. mod. ususfr.* 7, 4. (8) § 36. *I. de rer. div.* 2, 1. Die Perception iſt ſchon geſchehen, si „coepti ita percipi, ut terra continere se fructus desierint“. *Lab. L.* 78. *D. de R. V.* 6, 1. *L.* 13. *D. q. m. ususf. 7*, 4. Die Perception als Thatſache kann natürlich auch von einem dazu Unberechtigten, der alſo dadurch nicht Eigenthümer wird, geſchehen. *L.* 4. § 2. *D. fin. reg. 10*, 1. *L.* 4. § 1. *D. de R. C. 12*, 1. cit. *L.* 26. § 1. *D. de furtis.* etc. vgl. Wächter Erörterungen. n°. 3. (9) *L.* 12. § 5. *D. de usufr. 7*, 1. (*10*) *L.* 22. *C. de R. V.* 3, 32. „Certum est malae fidei possessores *omnes fructus* solere cum ipsa re praestare; bonae fidei vero *exstantes*; post autem litis contestatio-

weilen müßen selbst die fructus qui percipi potuerunt (+percipiendi), wenn sie gleich gar nicht gewachsen oder nicht geärntet worden sind, erstattet werden [11]. Wegen des Rechtsverhältnisses dessen, §f.
welcher in entschuldbarem Irrthum eine fremde fruchttragende Sache als seine eigene benutzt hat, will man auch die ohne menschliches Zuthun (fructus +mere naturales oder +naturales tantum) und die zufolge einer Bearbeitung der fruchttragenden Sache erzielten (fructus +industriales) unterscheiden; aber diese Eintheilung ist nicht eine der Früchte, die hier alle naturale sind, sondern eine Eintheilung der Entstehung oder Hervorbringung der Früchte [12]. Ganz §g.
verwerflich ist die von einigen Neueren noch wiederholte Eintheilung der Früchte in +ordinarii und +extraordinarii, jenachdem sie von einer Sache regelmäßig hervorgebracht werden oder nicht [13].

§. 80. b. Die s.g. bürgerlichen Früchte und insbesondere Zinsen. *)

Dig.22,1. zu § 78. de Usuris: *Paul.*S.R.*2*,14. *Th.C.2*,33. *Iust.Cod.4*,32. *cf.* de Nautico faenore: *Dig.*22,2. *Cod.4*,33. de Usuris pupillaribus: *Th.C.4*,19. *Iust. Cod.5*,56. de Usuris et fructibus legatorum s. fidei commissorum: *Cod.6*,47. de Usuris rei iudicatae: *Th.C.4*,19. *Cod.7*,54. de Fiscalibus usuris *Cod.10*,8. | *Novellae* (*32.*)*33.34.106.*(*110.121.*)*136.*(*138.160.*)

Zu den Früchten im weiteren Sinne (§ 79.) gehören auch die §a.
bürgerlichen, fructus +civiles (reditus, Einkünfte, befaßt auch natürliche in sich [1*]), d.h. die vermögensrechtlichen Vortheile, welche wir im bürgerlichen Verkehre aus unseren Rechten [1] oder Eigen-

---

nem *universos*". *L.*22.§ 2.*D.de pign.act.13*,7. | Von den consumpti unterscheiden Neuere noch die +deperditi, d.h. fructus qui perierunt, die zu Grunde gegangen sind, ohne daß der Besitzer Genuß oder sonst vermögensrechtlichen Vortheil davon gehabt hätte. (*11*) *LL.*33.62.§1. *L.*78.*D.de R.V.6*,1., Note 9. Daß sich der Betrag der fructus +percipiendi weder nach der Quantität, welche der Erstattungspflichtige, noch nach der, welche der Erstattungsberechtigte hätte percipieren können, sondern nach den Grundsätzen von der Culpa und dem Dolus und der bonae fides bestimme, ist nicht hier, sondern beim Eigenthumserwerbe auszuführen. (*12*) § 35.*I.de rer.div.2*,1. „Si quis... bona fide...fundum acceperit,...placuit fructus quos percepit, eius esse pro cultura et cura.... ei vero qui sciens alienum fundum possederit, non idem concessum est; itaque cum fundo etiam fructus, licet consumpti sunt, cogitur restituere". *L.*45.*D.h.t.*22,1. *L.*48.*pr.D.de A.R.D.41*,1. (*13*) Die rein lexicographische Stelle des *Paul.L.*77.*D.de V.S.*, auf welche man iene unnütze Eintheilung gründen wollte, giebt nur an, was lateinisch *fruges* und was *frumentum* bezeichne: von gewöhnlichen und außergewöhnlichen Producten einer Sache enthält sie keine Sylbe. s. oben Noten 2.4.

(*) Savigny Syst. VI. §§ 268. ff. (*1**) *L.*77.*D.de V.S.* „Frugem pro reditu appellari..". s. *Dirksen* Manuale v. Reditus § 2. (*1*) § 79. Note 1. So wird in den zwei ersten das. citt. Stellen der Vortheil der Ausübung einer Servitut ('agere' d.h. die servitus actus ausüben) zu den fructus gezählt.

thumsgegenständen[2] ziehen, besonders die Entgeltung für den, Anderen überlaßenen oder von ihnen uns rechtswidrig vorenthaltenen Gebrauch unserer Sachen; welcher Ertrag Pacht- oder Mieth-Geld ist[3], wenn die Sache nichtfungibel (§ 77.), Zinsen, usurae[4], auch fenus[5], wenn die Sache fungibel ist.

§ b. Die Zinsen, der Ersatz für den Gebrauch fremder fungibler Sachen (Geld, Getreide, Wein, Oel u. dgl.), welcher seiner Fruchtnatur wegen regelmäßig in Sachen gleicher Art besteht[6], sind eine

---

(2) In den drei letzten Stellen der cit. Note 1. wird die Jagdgerechtigkeit und das Recht, eine Sache zu verpfänden, als Frucht behandelt; in *L.29.D.de H.P.* (s. folg. Note) die Einkünfte aus den Schiffsfrachten; *L.77.D.de V.S.* nennt frugem auch den Ertrag von Kalk- und Stein-Brüchen. So werden die Dienste der Sclaven und Thiere selbst, gleich den dafür zu ziehenden Miethgeldern, als Früchte beurtheilt, z.B. *Gai.LL.*3.4.*D.de oper.serv.7*,7. „In hominis [*vel cuius alterius animalis: L.*5.§ 3.*D.usufr.q.cav.7*,9.] usu fructu operae sunt et ob operas mercedes“. „Fructus hominis in operis consistit et retro in fructu hominis operae sunt“. s. die *L.*19. und *L.*29. in der folgenden Note. Wie mit der fruchttragenden Sache die Früchte, ebenso müßen mit dem Sclaven selbst dessen Dienste erstattet werden: *L.*1.§1.*C.de R.V.*3,32. (3) *Gai.L.*19.*pr.D.h.t.*22,1. „..Gallus Aelius putat, si vestimenta aut scyphus petita sint, in fructu haec numeranda esse, quod locata ea re mercedis nomine capi potuerit“. *Ulp.L.*36.*eod.* „Praediorum urbanorum pensiones pro fructibus accipiuntur“. *Id.L.29.D.de H.P.5*,3. „Mercedes .. a colonis acceptae loco sunt fructuum. Operae quoque servorum in eadem erunt causa, qua sunt pensiones. Item vecturae navium et iumentorum“. *Id.L.*39.§1.*D.de leg.*I.*30.* *Pap.L.*62.*D.de R.V.6*,1. „..vectura sic ut usura non natura pervenit, sed iure percipitur..“. *Id.L.*58.§ 5.*D.ad SC.Trebell.36*,1. *Mod.L.*83.*pr.D.de leg.*III.32. „.. quae fructuum vice sunt“. cf.*Gai.L.*11.*D.de donatt.39*,5. *L.*5.*C.de R.V.*3,32. (4) *Ulp.L.*34.*D.h.t.22*,1. „Usurae vicem fructuum optinent, et merito non debent a fructibus separari ..“. vgl. *L.*83.*pr.cit.* (*Aristot.*Polit.*1*,10. i.f.ed.Bekk. „ὁ δὲ τόκος αὐτὸ [τὸ νόμισμα] ποιεῖ πλέον. ὅθεν καὶ τοὔνομα τοῦτ' εἴληφεν· ὅμοια γὰρ τὰ τικτόμενα τοῖς γεννῶσιν αὐτά ἐστιν, ὁ δὲ τόκος γίνεται νόμισμα νομίσματος“.) Daher heißen unverzinsliche Gelder in *L.*7.*D.h.t.* 'nummi steriles'; daher die häufige Zusammenstellung der usurae et fructus, z.B. in den Stellen der vor. Note und *Gai.*2,280. *L.*29.§ 2.*D.de aed.ed.* 21,2. *L.*4.*D.de pact.dot.*23,4. *L.ult.i.f.C.de I.D.* 5,12. „.. reditus vel pensiones vel usuras vel alias accessiones ..“. Eigentliche Früchte sind die Zinsen nicht: *Pomp.L.*121.*D.de V.S.* „Usura pecuniae quam percipimus, in fructu non est, quia non ex ipso corpore, sed ex alia causa est, id est nova obligatione“. s. Note 5. *Isidor.*Or.5,25.§15. „Usura est incrementum fenoris, ab usu aeris crediti nuncupata“. (5) Oft bezeichnet fenus das auf Zinsen ausgeliehene Geld, oft das Ausleihungsgeschäft. vgl. *Dirksen* Manual. h.v. Fenus, oder in der vornehmeren Schreibung *faenus*, nicht *foenus*), ist nach *Paul.*ex Fest.h.v. benannt, a fetu, quod crediti nummi alios pariant, ut apud Graecos eadem res τόκος [von τίκτω] dicitur. s. Aristot. in Note 4.
(6) Wenn nichts anderes verabredet worden ist: *LL.*14.16.17.23.*C.h.t.4*,32. „Oleo quidem vel quibuscunque fructibus mutuo datis incerti pretii ratio additamentum usurarum eiusdem materiae suasit admitti“. (cf. Savigny VI. S.131.f.) Ausleihungen von Getreide und sonstigen Naturalfrüchten gegen Zinsen heißen in *L.*26.§1.*C.eod.* 'specierum fenori dationes'.

accessio (additamentum) der Hauptschuld[7], des Stocks oder Capitals (sors, caput[8], pecunia fenebris, fenori data u. dgl.), welche ein durch allgemeine Rechtsvorschrift oder Privatwillen bestimmtes Verhältniß zu der Dauer des Gebrauchs und der Quantität des Gebrauchsgegenstandes, des Capitals, hat (Zinsfuß, modus usurarum[9]). Aus der accessorischen Natur der Zinsen folgt, daß § c. sie nach der Rechtsvorschrift erst zu Ende einer Zinsperiode zu entrichten sind, und Vorauszahlung der Zinsen den Schuldner berechtigt, das Capital bis zum Ablauf der Zeit, für welche jene schon entrichtet sind, zu nutzen[10]; so wie daß Zinsenzahlungen beweisen, man habe ein Schuldverhältniß als bestehend angenommen[11]. Ebenso erlischt auch nothwendig die Zinsverbindlichkeit mit der Hauptschuld[12].

Usurae 1) aut in obligatione sunt, 2) aut officio iudicis prae- § d. stantur[13], d. h. die Verpflichtung zur Leistung von Zinsen entsteht

---

(7) *L.23.C.cit.* *L.11.eod.* „Frumenti vel hordei mutuo dati accessio etiam ex nudo pacto praestanda est“. (8) z. B. *L.1.§2.Th.C.de us. rei iud.* 4,19. „.. si usurae per annorum curricula summam capitis impleverint, scil. ut quantitas sortis quantitati fenoris adaequetur, post sententiam usurae duplices non utriusque debiti currant, sed capitis quidem duplae, usurarum vero simplae“. (9) Dieses Größenverhältniß der Zinsen zum Capital, welches auch als modus legitimae usurae, quantitas usurarum, taxatio usurarum u. dgl. bezeichnet wird, berechneten die Römer ursprünglich nach dem Duodecimalsystem als unciae, Zwölftel, semunciae, $^1/_{24}$, u. s. w. vom ganzen, dem as (wonach z. B. unciarum fenus bedeutet $^1/_{12}$ des Capitals jährlich, oder 10 Procent in 12 Monaten), später nach hundertsten Theilen, Procenten, des Capitals monatlich, z. B. 12% jährlich (1 Procent monatlich) = centesimae usurae. s. Anhang X. S. *47. f. (10) *Flor.L.57.pr.D.de pact.*2,14. „Qui in futurum usuras a debitore acceperat, tacite pactus videtur, ne intra id tempus sortem petat“. *L.2.§6.D.de d.m.exc.44*,4. Nach Justinians *L.26.§1.C.h.t.* verringert sich das Capital selbst durch Pränumeration der Zinsen um den Betrag der Zinsen von den Zinsen einer Zinsenperiode, wenn die höchsten erlaubten Zinsen gezahlt worden sind. (11) *Pap.L.6.§1.D.h.t.22*,1. (12) *L.7.D.h.t.* *LL.6.19.C.h.t.4*,32. *LL.11.12.D.de compens.16*,2. *L.4.C.eod.4*,31. *L.18.D.de novat.46*,2. *Paul.L.178.D.de R.I.* „Cum principalis causa non consistat, plerumque ne ea quidem quae sequuntur, locum habent“. Aus demselben Grunde kann auch eine Wiederaufnahme des Rechtsstreites wegen der Zinsverpflichtung allein nicht stattfinden, wenn ein rechtskräftiges Urtheil die Hauptschuld als unverzinsliche erkannt hat. *L.13.C.h.t.* *L.4.C.depos.4*,34. *L.1.C.de iudic.3*,1. Daher sagt auch Justinian *L.26.§1.C.h.t.* „Eos qui principali actione per exceptionem XXX vel XL annorum ... ceciderunt, iubemus non posse super usuris vel fructibus praeteriti temporis aliquam movere quaestionem, dicendo ex iisdem temporibus eas velle sibi persolvi, quae non ad XXX vel XL praeteritos annos referuntur, asserendo singulis annis earum actiones nasci: principali enim actione non subsistente satis supervacuum est super usuris vel fructibus adhuc iudicem cognoscere“. Von selbst aber versteht sich, daß rückständige Zinsen als selbständige Schuld bei Auszahlung der Hauptschuld restieren können. *L.75.§9.D.de V.O.45*,1. (13) *L.49.*

1) durch Privatwillen, nämlich letztwillige Verfügung[14], Vertrag (Conventionalzinsen)[15], Pollicitation[16], bei geschuldeten Fungibilien aller Art, oder 2) zufolge richterlicher Verfügung, nur bei Geldschulden[17].

§ e. Die gesetzlichen Beschränkungen des Rechtes auf Zinsen betreffen

1) den Zinsfuß (9). Dieser wechselte häufig[18]: die regelmäßig höchsten Zinsen des justinianischen Rechtes sind halbe centesimae (6%, $6\frac{1}{4}$%)[19]; Ausnahmen sind höhere, bis zu besses (8%, $8\frac{1}{3}$%)[20] und ganzen centesimae (12%, $12\frac{1}{2}$%)[21], oder niedere, $\frac{1}{3}$ centesimae (4%, $4\frac{1}{6}$%)[22]. Ueber den gesetzlichen Zinsfuß ver-

---

§ 1. *D. de A. E. et V.* 19,1. *L.* 54. *pr. D. locati* 19,2. „.. usurae .. ex obligatione proficiscuntur" oder „ex officio iudicis applicantur". *L.* 58. *pr. D. ad SC. Treb.* 36,1. „usurae .. quae in obligatione vel in officio iudicis fuerunt ..". (*14*) *Pomp. L.* 3. § 6. *D. de annuis legat.* 33,1. (*15*) Dieses heißt fenus oder mutuam fenebrem pecuniam exercere, dare, accipere, sub usuris oder usuris mutuari, fenore versuram facere u. dgl. s. Note 5. In diesem Falle muß der Zinsfuß von den Parteien bestimmt sein und darf natürlich den erlaubten nicht überschreiten. *LL.* 29 ... 31. 41. § 2. *D. h. t.* 22,1. Bloß bei verzinslichen Geldgeschäften mit Argentarien verstehen sich besses usurae (8%) von selbst. *Nov.* 136. *c.* 5. | Die Begründung einer Zinsverbindlichkeit durch contractus oder pactum und die Verschiedenheit der Wirkungen dieser Verträge gehört in das Obligationenrecht. vgl. Savigny Syst. § 268. (*16*) *Mod. L.* 10. *D. de pollicitationib.* 50,12.
(*17*) Die Gründe, aus denen der Richter auf Zinsen erkennt (wovon *L.* 1. *D. h. t.*), sind Verzug oder sonstige Widerrechtlichkeit, Erstattungspflicht und Beschaffenheit des Contractsverhältnisses zwischen Debitor und Creditor. Die Neueren theilen gewöhnlich die Zinsen ein in conventionales, legales und iudiciales; aber die von ihnen legales und punitoriae genannten, von denen mitunter noch die Verzugszinsen wieder unterschieden werden, sind alle officio iudicis praestandae usurae. | Savigny l. c. unterscheidet von den Verzugs- als 'Proceß-Zinsen' diejenigen, worauf ein Geldschuldner nicht um Verzuges willen, sondern zum Ersatz des während des Processes bis zum Urtheil dem Gläubiger entzogen gewesenen Streitgegenstandes verurtheilt wird, gleich wie der nichtsäumige Inhaber zu Erstattung der Früchte einer Sache, die das Urtheil als eine dem Kläger gehörende anerkennt. *L.* 2. *D. h. t.* Solche Proceßzinsen können also nie zugleich mit Verzugszinsen wegen derselben Geldschuld für dieselbe Zeit zusammentreffen.
(*18*) vgl. *Iul. Müller* Ratio et hist. odii quo foenus habitum est ap. Rom. Gotting. 1821. 4°. Niebuhr Röm. Gesch. Bd. III. S. 61 ... 84. „Ueber den Unzialzinsfuß". u. unten Anhang X. (*19*) *Iustinian. L.* 26. § 1. *C. h. t.* 4,32. und *L.* 3. *C. de fisc. usur.* 10,8. | Ueber die Bedeutung der röm. Bezeichnungen s. Anhang X. S. *47. f.
(*20*) Soviel höchstens dürfen nehmen qui ergasteriis praesunt vel aliquam licitam negotiationem gerunt, Fabricanten und Kaufleute. *L.* 26. *cit.*
(*21*) So hohe Zinsen können in obligatione sein bei überseeischen und bei Naturalien-Darlehen, *L.* 26. *cit. Nov.* 34. *c.* 1. (Ueberseeische Darlehen waren früher nicht an ein bestimmtes Zinsmaß gebunden. *Dig.* 22,2. *Cod.* 4,33. citt. *Novv.* 106. 110.) Auch die officio iudicis praestandae usurae sind centesimae in einigen bestimmten Fällen: *LL.* 2. 3. *C. de us. rei iud.* 7,54. *L.* 4. *C. de aed. priv.* 8,10.; die maximae (*L.* 38. *D. de negot. gest.* 3,5. *L.* 54. *D. de adm. tut.* 26,7.) oder legitimae (*L.* 7. § 4. *D. eod. L.* 1. *C. de usur. pup.* 5,56.) usurae, welche Verwalter fremder Vermögen leisten, sind die regelmäßig höchsten der cit. *L.* 26. *C.*, also halbe, nicht nach der gewöhnlichsten Annahme ganze centesimae. (*22*) Nur so viel sol-

sprochene können nicht gefordert, gezahlte am Capital abgezogen werden[23];

2) das Verhältniß der Capital- und Zinsen-Schuld: letztere § f.
soll erstere nicht übersteigen können; was supra duplum, supra sortis summam gezahlt worden ist, kann als indebitum wiedergefordert werden[24];

3) die Unverzinsbarkeit der Zinsen: ut nullo modo usurarum § g.
usurae a debitoribus exigantur[25]:

Die Wucherer, welche unerlaubt hohe oder Zinsen von Zinsen § h.
nehmen, sollen infam sein[26].

§. 81. c. Zubehör*).

vgl. *Dig.* de A.E.V. (= Actionibus empti et venditi) *19*,1. de Instructo vel instrumento legato 33,7.

Zubehör, Hilfssachen (+pertinentiae)[1] sind die an sich (von § a.
Natur) als mögliche Gegenstände eines eignen Rechts, juristisch

---

len nehmen illustres (*L.*26.*C.cit.*) und wer Geld an Landleute leiht. *Novv.32.c.1.34.c.*1. (23) *L.*26.§1.*C.cit.* *Paul.L.*20.*D.eod.* „Usuras illicitas sorti mixtas ipsas tantum non deberi constat: ceterum sortem non vitiare". *L.*44. *D.eod.*22,1. (24) *Ulp.L.*26.§1.*D.de cond.ind.12*,6. „Supra duplum usurae et usurarum usurae nec in stipulatum deduci, nec exigi possunt, et solutae repetuntur, quem ad modum futurarum usurarum usurae". *LL.*10.27. §1.*C.h.t.4*,32. | In den unglossierten *LL.*29.30.*C.eod.* *Novv.121.c.2.138.160.* verordnet Justinian sogar, daß alle Zinsenschuld erlösche, sobald überhaupt so viel an Zinsen entrichtet worden sei, als das Capital betrage. (25) cit.*L.* 26.*D.*, *L.*27.*D.de re iud.42*,1. *L.*28.*C.h.t.4*,32. *L.*3.*C.de us.rei iud.7*,54. Die Neueren unterscheiden anatocismus (*Cic.*ad Att.5,21.§8.; *ἀνατοκίζειν* = Zinseszinsen nehmen) +coniunctus und +separatus, jenachdem die erfallenen Zinsen zum Capital geschlagen oder selbst als ein besonderes Capital behandelt werden. Letzteres ist überhaupt nicht anatocismus, wenn es nicht in fraudem legis geschieht; in diesem Fall ist es von selbst ungiltig (§88.*i.*). An sich können als Zinsen eingegangene Gelder oder durch Benutzung fremdes oder vor fälliger Forderung geleisteten Vermögens ersparte oder wegen einer Widerrechtlichkeit geschuldete Zinsen so gut wie andere Gelder verzinslich sein, z.B. *L.*10.§3. *L.*12.§9.*D.mandati 17*,1. *L.*7.§12. *L.*58.*D.de adm.tut.26*,7. *Ambros.*de Tobia c.12.§42.ed.Bened.p.604. (26) *Diocl.et Max.L.*20.*C.ex q.c.infam.irr.2*,12. „Improbum fenus exercentibus et usuras usurarum illicite exigentibus infamiae macula irroganda est". Die Privatstrafe auf das 4fache nach *L.2.Th.C.h.t.*2,33. ist im justinianischen Rechte nicht anerkannt. vgl.*Gai.4*,23.

(*) Funke Lehre von den Pertinenzen. Chemn.1827.8°. (*1*) Unsere Quellen bezeichnen die Pertinenzqualität durch das Zeitwort esse nach dem Genitiv der Hauptsache (fundi, aedium sunt), oder durch sequi (rem principalem), cedere, accedere (rei principali), pars oder portio (rei principalis) videri, quasi pars aedium vel propter aedes haberi. s.z.B.*L.*13.§.*ult.LL.*sqq. *D.de A.E.V.* Aber manche jener Ausdrücke dienen auch zur Bezeichnung integrierender Theile eines ganzen, z.B. §78.Note 1.und unten Note 15. Die schärfere Ausbildung des Begriffs Pertinenz gehört der neueren Jurisprudenz an. (Die mittelalterliche lateinische Sprache bezeichnet die Pertinenz nicht selten als aisium,

aber wirklich nur als Nebendinge eines anderen Rechtsobjects,
§ b. der Hauptsache, bestimmten Sachen[2]. Zu dieser Art der Nebensachen können nur körperliche, und zwar bewegliche oder unbewegliche Sachen gehören, nicht aber unkörperliche oder Rechte[3];
§ c. Hauptsache ist nur eine unbewegliche, nicht eine bewegliche Sache, noch auch ein Recht[4]: und was nur Theil einer anderen Sache

---

aysium, ayzium, asiamentum, aisamentum, aysientia (französisch aise, aisance, provenzalisch aïs; z. B. „cum servitutibus, censibus, redditibus, deveriis [franz. devoirs], *ayziis*, iuribus et actionibus“. s. *Du Cange* hh. vv. (2) Alle Pertinentien sind Nebensachen, Accessionen, aber nicht alle Accessionen sind Pertinentien. Die Eigenschaft der Sache als Pertinenz ist nicht eine natürliche, sondern eine juristische (*L.* 17. *pr. D. de A. E. et V.*): die Pertinenz erhält diese Eigenschaft durch die Bestimmung, welche ihr der Wille der Person giebt, daß sie nicht für sich, sondern nur mit der Hauptsache, deren Bedeutung als Rechtsobject jene zu ergänzen dient, Gegenstand des Rechts sei. s. Note 4. (3) Rechte können zwar accessiones sein (§ 78. Note 2.), nie aber Pertinentien, wenn man unter diesen solche Nebensachen versteht, welche an sich eigne Rechtsobjecte zu sein vermöchten, die aber der Wille der Person einer anderen (der Haupt-) Sache bei- und unter-ordnet, die er aber auch von derselben getrennt als eignes Rechtsobject zu setzen vermag. Die Prädialservitut z. B. kann nicht ohne das herrschende praedium, das Pfandrecht nicht ohne die dadurch gesicherte obligatio, ebensowenig die accessorische Forderung an einen Bürgen auf einen andern übertragen werden: jene Servituten sind Eigenschaften des Grundstücks (§ 73. Note 28.), wie die genannten Accessionen der Obligation Eigenschaften dieser sind; bei oder vor der Uebertragung des Grundstücks kann die diesem zustehende Servitut getilgt, nicht aber von dem das Grundstück übertragenden für sich zurückbehalten werden, wie dieses der Fall sein müßte, wenn die „dem Grundstück anklebende Gerechtigkeit“ wirklich, wie die meisten Neueren behaupten, eine Pertinenz wäre. Daß die Stellen des röm. Rechts, auf welche man sich zur Unterstützung dieser Behauptung beruft, sie nicht rechtfertigen, versteht sich von selbst; dieselben sagen nur, daß Rechte der bezeichneten Art mit der Hauptsache oder dem Hauptrechte übergehen. *L.* 47. *D. de contr. empt.* 18, 1. *L.* 1. *pr.* § 1. *D. si ususfr. pet.* 7, 6. (Die deutschen Realrechte, die Realzehnten u. dgl. können als Pertinenzrechte aufgefaßt werden; aber durchaus keine dem römischen Rechte bekannten.) | Wer in der Erklärung, daß das röm. Recht in den Accessionen beweglicher Sachen und den accessorischen Rechten keine Pertinentien erkenne, ‘fast nur einen Wortstreit’ sieht, dem ist die genaue Betrachtung der Sache übel gelungen. s. unten § i.

(4) *Iav. L.* 242. *pr. D. de V. S.* 50, 16.: „*Malum* navis esse partem, *artemonem* [Bramsegel] autem non esse Labeo ait; quia pleraeque naves sine malo inutiles essent, ideoque pars navis habetur: artemo autem magis adiectamento [Zugabe, nicht Zubehör] quam pars navis est“. *L.* 44. *D. de evict.* 21, 2. mit *L.* 29. *D. de instr. leg.* 33, 7. *L.* 100. § 3. *D. de leg. III.* 32. *L.* 4. *pr. D. de penu leg.* 33, 9. vgl. § 75. Note 6. Für die Behauptung, daß auch bewegliche Sachen ihre Pertinenzien haben können, beruft man sich besonders auf *L.* 66. *D. de leg. III.* 32., wonach, wenn aves legiert sind, sich das Vermächtniß auch auf die aviaria, die Käfiche erstreckt. Aber auch hier ist zu sagen, diese aviaria seien mehr eine Zugabe, nach dem vermutlichen Willen des Testators, als eigentliches Zubehör oder gar pars ipsarum avium: „rapit secum in accessionis locum sine quo esse non potest“ avis. vgl. § 78. Note 6. Pertinentien von Rechten kann es nicht geben, da nur die Rechts**gegenstände** Pertinentien haben können: die adminicula eines Rechts, die dem Fructuar zukommende Ausübung der dem fundus fructuarius zuständigen Servituten, und die accessiones eines Rechts, z. B. das Pfandrecht,

ist, nicht selbst Object eines Rechts sein kann, ist nicht Zubehör [5]; so wie umgekehrt nicht dasjenige, was wirklich selbst Object eines Rechtes für sich ist, sollte es auch in Verbindung mit einer Hauptsache stehen, wie z. B. das instrumentum fundi sive domus [6], die ruta (et) caesa [7], die supellex u. dgl. [8]. Die Aus- § d.
bildung dieser letzteren Begriffe im römischen Rechte ist der Hauptgrund, daß der Begriff der Pertinenz, wofür die römische Rechtssprache keinen technischen Namen hat (¹), nicht vollständiger ausgebildet worden ist.

A) Gebäudepertinentien sind 1) die Immobilien, welche nur § e.
die Bestimmung haben die Bedeutung des Gebäudes als Gegenstandes eines Rechts zu vervollständigen oder zu verbeßern [9], z. B. Nebengebäude, Hofraum, Hausgarten und sonstige Anlagen [10]; 2) diejenigen Mobilien, welche um jener Bedeutung des Gebäudes § f.
willen [11] nicht bloß vorübergehend [12] damit in Verbindung gebracht werden, sei es durch Einmauerung oder sonstige Befestigung [13] oder

---

die Bürgschaft im Verhältniß zur Hauptobligation sind, dürfen nicht mit Pertinentien verwechselt werden; so wie auch die in einem Rechte enthaltenen Befugnisse nicht Theile, Portionen des Rechts sind. vgl. § 75. (5) s. § 78. Note 4. Die Vervollständigung der Hauptsache durch die Hilfssache macht nicht erst jene zur *tota* res, nur zur zweckmäßigeren, bequemeren u. dgl.; dagegen ist die Sache nicht tota, welcher ein Stück, Theil, pars, portio fehlt. Daher gehen die Pertinentien einer Sache mit dieser zwar von selbst auf deren Erwerber über; es kann aber auch der Nichtübergang festgesetzt sein, während Theile einer Sache nothwendig mit dieser, wenn sie eine ganze sein soll, übergehen. *L.*17.§ 2. *L.*52.§ 2. *D.de A.E.V.* *L.*2.§ 25.*D.de instr.leg.* u. oben § 75. Positive baupoliceiliche Beschränkung, wie die de tigno iuncto, ist die der Edicte und Senatusconsulte, wonach mit einem Gebäude festverbundene Gegenstände nicht als selbständige Eigenthumsobjecte behandelt werden durften. *LL.*2.6.7.*C.de aedif.priv.*8,10. *L.*52. *D.de contr.empt.18*,1. *LL.*41.*pr*....43.§1.*D.de leg.I.30.* s. Bachofen Ausg. Lehren n°.7. Irrig ist es aus dem im Texte bezeichneten Grunde, die Früchte zu den Pertinentien zu rechnen. s. § 79. (6) § 67. Note 11. *LL.*1.2.§1. *LL.*3.5. 8.12.§§15.sqq.*et c.D.de instr.leg.* *L.ult.D.de supellect.leg.*33,10. (7) *Scaev.* *L.*241.*D.de V.S.* „In rutis caesis ea sunt quae terra non tenentur, quaeque opere structili tectoriove non continentur". *Pomp.L.*66.§ 2.*D.de contr.empt.18*,1. „.. ruta caesa ea sunt quae neque aedium, neque fundi sunt". s. oben die zu § 74. Note 12. citierten Stellen. (8) § 67. Note 11. *L.ult.D.cit.* (9) „quo aedes perficiantur" *L.*245.*pr.D.de V.S.* Aber „perfecisse aedificium is videtur qui ita consummavit, ut iam in usu esse possit" sagt *Ulp.L.*139.§ 1.*D. eod.* vgl. *L.*17.§ 5.*D.de A.E.V.* (10) *L.*52.§3.*D.de A.E.V.* *LL.*31.91.§§5. 6.*D.de leg.III.32.* (11) *L.*13.i.f.*D.de A.E.V.* „quae quasi pars aedium vel propter aedes habentur .."; nicht aber was bloß ornatus aedium causa damit verbunden ist. *L.*245.*pr.D.cit.* (12) *L.*17.§ 7.*D.de A.E.V.* „perpetui usus causa", nicht bloß „ad praesens". Was vom Gebäude getrennt worden ist, um wieder damit verbunden zu werden, aedificii id est, nicht aber was, um damit verbunden zu werden, angeschafft worden ist: *L.*17.§10. *L.*18.§1.*D.de A.E.et V.19*,1. (13) Was erd-, mauer-, wand-, band-, niet- oder nagel-fest

durch Hinſtellen oder Legen in, an oder um das Gebäude[14], oder endlich ohne äußere Verbindung durch die feſte Beſtimmung der Nebenſache als einer den Zwecken, um deren willen die Hauptſache als Rechtsobject Werth hat, dienſtbaren[15].

§g. B) Pertinentien anderer Grundſtücke ſind 1) die zu éiner Bewirthſchaftung mit jenen beſtimmten Nebenländereien, z.B. Wieſenwachs, Baumſtücke, Weideplätze u. dgl. Die Beſtimmung ſolcher Ländereien als Pertinentien des Hauptgutes läßt ſich oft aus der Benennung, aus der wirthſchaftlichen Verwendung des Ertrags des Pertinenzſtücks zu den Zwecken des Hauptgrundſtückes, aus der Bezeichnung des Ertrags jener als Theil des Ertrags dieſer in den §h. Wirthſchaftsbüchern, u.dgl. erkennen[16]; 2) mit dem Grundſtücke zu deſſen beſtändigem Gebrauche verbundene oder zum Zwecke der vorzunehmenden Verbindung auf dasſelbe gebrachte Mobilien, Pfähle, Waßerleitungsröhren u.dgl.[17]; ſelbſt die zur Bewirthſchaftung des Grundſtücks beſtimmten, auf demſelben befindlichen Dünger-, Stroh- und Streu-Vorräthe[18].

---

iſt, iſt Pertinenz des Gebäudes, die vincta fixaque. In *L*.38.§2.*D.de A.E.V.* lieſt Haloander: „..an hae, ut iuncta fixaque, aedium essent: an ut ruta caesaque, non essent aedium?..“, die Florentina giebt durch Wortverſtellung unrichtig „an hae aedium essent: an ut ruta, caesa, vincta, fixaque, quae aedium non essent“. ſ.Note 7.| *L*.17.§3.*D.eod.* *LL*.47.i.f.bis 49.*D.de contr.empt.* 18,1. (14) *L*.242.§4.*D.de V.S.* *L*.245.§1.*eod.* mit *L*.12.§23.*D.de instr.leg.*33,7. *L*.40.i.f.*D.de contr.empt.*18,1. *L*.17.§§7.8.*D.de A.E.V.*19,1.

(15) Riegel, Schlößer und Schlüßel ſollten eigentlich nicht Pertinentien des zu verſchließenden Hauptgegenſtandes ſein, da das Verhältniſs der Hauptſache zur Pertinenz das iſt, daß jene ohne dieſe vollſtändig ſein kann, dieſe aber die Bedeutung jener fördert: das zu verſchließende aber iſt nicht vollſtändig ohne das, womit man verſchließt. Hiernach würde man, wenn *L*.12.*cit.*§24. ſagt, jene Verſchlußwerkzeuge ſeien magis domus *portio*, das letzte Wort für pars, integrirenden Beſtandtheil zu nehmen geneigt ſein müßen; aber derſelbe Ulpian behandelt in *L*.9.§1.*D.q. vi aut clam* 43,24. die serra, clavis, cancellus, als Nicht-Theile des Baues, und ſeine Worte *L*.17.*pr.D. de A.E.V.* „..*aedium* multa *esse* quae aedibus adfixa non sunt, ignorari non oportet, ut puta *seras, claves, claustra*“ drücken die Pertinenzqualität deutlich aus, nicht die Eigenſchaft, pars, Theil zu ſein. Uebrigens hätte ein leicht auszuhebender Laden, Fenſter u.dgl., eine Schieblade des Schreibpultes u.dgl. denſelben Anſpruch auf die Pertinenzeigenſchaft: ein launenhafter Verkäufer könnte ſich auch dergleichen partes rei principalis vorbehalten. Und in der That ſagt Ulpian in *L*.12.*cit.*§25., die specularia (Spiegel), ſeien, falls ſie adfixa ſeien, magis domus pars; in *L*.9.§1.*cit.* führt er ſie neben jenen Verſchlußwerkzeugen als Nichttheile des Hauſes auf. In *L*.12.*cit.*§16. ſchließt er die specularia vom instrumentum domus aus; in *L*.15.§6.*D. de usufr.*7,1. rechnet er ſie dazu.| Daß aber die Schlüßel von Möbeln Pertinentien dieſer ſeien, kann, ſelbſt wenn man die Schlüßel eines Hauſes für Pertinenz gelten laßen müſte, nicht zugegeben werden. (16) *L*.91.§§3.6.*D.de leg.*III.32. *L*.20.§7. *L*.27.§5.*D.de instr.leg.*33,7. (17) *L*.17.*pr.*§11.*D.de instr.leg.* vgl.*LL*.47.i.f.bis 49.*D.de contr.empt.*18,1. (18) cit.

Die Wirkung der Pertinenz-Eigenschaft einer Sache ist, daß § i. dieselbe, um als Rechtsobject für sich zu gelten, ausdrücklich dazu bestimmt werden muß; ohne solche ausdrückliche Bestimmung geht die einmal Pertinenz gewordene Sache von selbst mit auf den Erwerber der Hauptsache über [19]. Diese Wirkung unterscheidet sich § k. von der der Eigenschaft Theil einer Sache zu sein, dadurch, daß der Theil von der Sache getrennt worden sein muß, um selbst Object eines Rechts sein zu können (5).

Zweiter Abschnitt.

Von den unkörperlichen Rechtsgegenständen.

§. 82. I. Begriff der Leistung.

Als unkörperliche Sachen bezeichnen zwar unsere Quellen die § a. Rechte selbst, mit Ausschluß des Eigenthumsrechts, welches in der Eintheilung der res in corporales und incorporales mit dem Eigenthumsgegenstande verwechselt ist, wie auch wir 'Eigenthum' das Recht und dessen Gegenstand nennen [1]; eigentliche res incorpo- § b. rales sind (was hier allein in Betracht kommt) die Willensäußerungen, welche als Gegenstände eines Rechts aufgefaßt werden [2]: sofern sie als Ausübung einer rechtlichen Macht (§ 98.) betrachtet § c. werden, gehören sie in die Lehre von den Rechten überhaupt (§ 128.)

L. 17. § 2. Hierdurch bestimmt Ulpian selbst die Aeußerung eingangs dieser Stelle „Fundi nihil est nisi quod terra se tenet" näher. (*19*) Diese Wirkung ergiebt sich aus dem oben angegebenen Begriffe der Pertinenz und ist in fast allen hier angezogenen Stellen ausdrücklich anerkannt; ein bloßer Kreiß aber ist es, den Begriff der Pertinenz durch Bezeichnung jener Wirkung bestimmen zu wollen, wie manche sehr berühmte Lehrbücher thun.

(*1*) § 67. Noten 7. 5. Die römische Eintheilung der res in corporales und incorporales ist eigentlich nicht eine der Rechtsobjecte, sondern der Rechte selbst, je nachdem deren Gegenstand die körperliche Sache in ihrer allgemeinen Bedeutung als totales Rechtsobject ist, oder irgend eine sonstige rechtliche Macht; also eine Eintheilung der Rechte in Eigenthum und andere Rechte. Puchta nennt jene Eintheilung eine der res als dessen, wovon gesagt werden kann 'meum est'; Scheurl eine 'nicht der Sachen, sondern der Erwerbsgegenstände'. (2) So heißt es in denselben Stellen „quod ex aliqua obligatione nobis debetur, plerumque corporale est, vel uti fundus.."; so sagt *Paul. L. 3. D. de O. et A.* 44, 7. „Obligationum substantia [d. h. deren wesentliche Wirkung, das worauf sie gerichtet sind] non in eo consistit, ut aliquod corpus *nostrum* aut servitutem *nostram* faciat; sed *ut aliquem nobis obstringat ad dandum aliquid vel faciendum vel praestandum*". *Id. L. 28. D. de V. O.* 45, 1. „Si *rem tradi* stipulamur, non intellegimur *proprietatem eius dari* stipulatori, sed *tantum tradi*". Und *Gai. L. 4. D. de O. et A.* 44, 7. (*Pr. I. de obl. q. ex del.* 4, 1.) nennt das maleficium 'res' „.. re .. i. e. ipso maleficio, cum alioquin ex contractu obligationes non tantum re consistant, sed etiam verbis et consensu".

§ *d.* und in die von den einzelnen Rechten. Ganz allgemein und unbestimmt bezeichnet facere, factum, jedes Ereigniss und insbeson-
§ *e.* dere auch jede Handlung oder Willensäußerung [3]; diejenige aber, welche Gegenstand eines Rechts ist, der Ausdruck 'Leistung', welchem das römische 'praestare' (praestatio) zuweilen entspricht [4], während es regelmäßig eine unbestimmtere Bezeichnung der Leistung ist neben dare und facere [5]: mit besonderer Beziehung auf die ein Schuldverhältniss beendigende Leistung wird 'solvere', 'solutio',
§ *f.* gebraucht [6]. Leistung nennen wir hier jede Aeußerung des Willens als Gegenstand eines Privatrechts, und zwar (da die Familienrechte ausschließlich in einer rechtlichen Macht über Personen bestehen, oder mit anderen Worten Personen die Objecte der Fa-
§ *g.* milienrechte sind) eines Vermögensrechts eines Anderen [7]. Da nun das Geld der allgemeine Maßstab für den Werth der Vermögensrechte ist (§ 77. *i.*), so sind die hier in Betracht kommenden Leistungen als solche zu bezeichnen, welche eine Veranschlagung in Geld, pecuniaria aestimatio, zulaßen [8].

§. 83. II. Arten der Leistung*).

§ *a.* Die sich vollbringende Willensbestimmung oder Handlung kann, auch als Gegenstand eines Vermögensrechts, auf Hervorbringung einer Veränderung in der Außenwelt gerichtet, oder Nichtgebrauch der dem Willen zu solcher Hervorbringung zu Gebote stehenden Kräfte sein, wonach wir positive, affir-

(3) *Pap. L.* 218. *D. de V. S.* „Verbum *facere* omnem omnino faciendi causam complectitur, dandi, solvendi, numerandi, iudicandi, ambulandi“. *Paul. L.* 60. *pr. D. de cond. et dem.* 35, 1. „*In facto* ... ut quid detur, ut quid fiat, ut quid optingat; vel retro, ne detur, ne fiat, ne optingat .. (s. § 102. Note 2.)“ *L.* 189. *D. de V. S. L.* 121. *D. de R. I.* (§ 83. Note 1.) *L.* 71. *D. de V. O.* 45, 1. vgl. *L.* 53. i. f. *D. de V. S.*, Note 6. § 67. Note 3. a. E. (4) *Ulp. L.* 13. § 6. *D. de A. E. V.* 19, 1. gebraucht *praestare* oportet und unmittelbar darauf dare facere praestareque oport. ganz gleichbedeutend (s. auch *L.* 9. § 2. *D.* in Note 8.) und *Nerat. L.* 11. *D. rem pup.* 46, 6. 'praestari' und 'solvi'. vgl. *L.* 2. § 1. *D. de V. O.* 45, 1. *Pr. I. de obl.* 3, 13.
(5) Dare facere praestare. s. § 83. *l.* (6) *Ulp. L.* 176. *D. de. V. S.* „*Solutionis* verbo satisfactionem quoque omnem accipiendam placet: *solvere* dicimus eum qui fecit quod facere promisit“. § 31. *I. de actionib.* 4, 6. (7) § 67. Note 3. § 99. vgl. Puchta Inst. § 258. Savigny Obl. R. § 28. (8) *Gai.* 4, 48 ... 52. § 32. *I. de act.* 4, 6. §§ 1. sqq. *I. de off. iud.* 4, 17. *Ulp. L.* 9. § 2. *D. de statu lib.* 40, 7. „.. ea enim in obligatione consistere quae pecunia lui praestarique possunt ..“. vgl. *L.* 97. § 1. *D. de V. O.* 45, 1. Uebrigens braucht das Interesse des berechtigten nicht unmittelbar ein pecuniäres zu sein. *L.* 5. § 1. *D. neq. eum q. in ius* 2, 7. *L.* 54. *pr. D. mand.* 17, 1. *LL.* 6. *pr.* 7. *D. de serv. export.* 18, 7. vgl. *L.* 36. *D. de bon. libert.* 38, 2. und § 90.
(*) Savigny Obl. R. §§ 28. f. und s. unten § 89.

mative, Begehungs-Handlungen und negative, omissive, Unterlaßung[s-Handlung]en unterscheiden [1]. Jenachdem die Hervorbringung § b. jener Veränderung durch die Willensäußerung nach Naturgesetzen bewirkt werden kann oder nicht, nennen wir metaphorisch (die Ursache statt der Wirkung) die Handlung 'physisch- oder natürlich-möglich oder unmöglich' [2]; soll die Wirkung eine solche sein, § c. welche nach giltigen Rechtsbestimmungen nicht eintreten kann, 'juristisch- oder rechtlich-unmöglich' [3]; womit schon der Folgen der Wil- § d. lensäußerung wegen nicht, wie oft geschieht, diejenige Handlung zu verwechseln ist, welche nach Rechts- oder Sitten-Gesetzen nicht vorgenommen werden darf, die juristisch oder moralisch unzuläßige, die unerlaubte; diese, die contra bonos mores vel contra leges, ius publicum gerichtete, turpis, turpem causam continens, ist nicht allein niemals giltiges Rechtsobject [4]; sie kann auch als delictum, maleficium [5], positive Nachtheile [6] für den Handelnden und soll nie

---

(1) s. *L.*60.*pr.* in voriger Note 3. *Paul.L.*121.*D.de R.I.50*,17. „Qui non facit quod facere debet, videtur facere adversus ea, quia non fecit; et qui facit quod facere non debet, non videtur facere id quod iussus est". *L.*75. §7. *L.*83.*pr.* *L.*85.§§ 3.6.*D.de V.O.* vgl. auch die Rubriken *Dig.*18,7. *Cod.4*,56.57.| Manche nennen die Selbstbestimmung, welche sich der Wille zur Handlung, zur Aeußerung seiner selbst giebt, 'innere Handlung': jede Handlung aber ist wesentlich ein sich äußernder, irgendwie sich kundgebender Wille, wäre es auch durch ein non facere. Hierfür hat die Person nur einzustehen, wenn sie zum facere verpflichtet war, während sie regelmäßig für alle ihre positiven Handlungen verantwortlich ist, soweit dieselben in die Rechtssphäre einer anderen Person eingreifen. s. §105.*k* ff. *t*, *u*. §102. Note 1.

(2) Mit ähnlicher Redefigur sprechen die Römer von condicio quae exsistere non potest (*Gai.3*,98.), impossibilis condicio, cui natura impedimento est, quo minus exsistat (§11.*I.de inut. stip.3*,19.) *Paul.*S.R.*3*,4B.§1. s. unten §111.). *Cels.L.*185.*D.de R.I.50*,17. „Impossibilium nulla obligatio est". *Id.L.*188.§1.*eod.* „Quae rerum natura prohibentur, nulla lege confirmata sunt". *L.*31.*D.eod.* Eine unmögliche Leistung ist auch die eines vermeinten körperlichen Gegenstandes, welcher nicht existent sein kann (§ 67. Note 2.), nicht aber die, welche bloß wegen des factischen Vermögenszustandes des Schuldners oder anderer nicht objectiver Hindernisse nicht gemacht werden kann. *L.*137.§§ 4.5.*D.de V.O.45*,1. Die Leistung repräsentiert einen Werth.

(3) z.B. daß ein Unmündiger testiere, heirate, ein Willenloser einen Vertrag schließe, ein freier Mensch, eine res cuius commercium non est, geleistet werde, u.dgl. s. § 68. Note 8.

(4) z.B. § 24.*I.de inut.stip.3*,19. *L.*7.§§ 3.16.*D.de pact.2*,14. *L.*15.*D.de condicion.inst.*28,7. *LL.*26.27.*pr.* 35.*pr.*§1. *LL.*61.123. *D.de V.O.45*,1. *L.*70.§ 5.*D.de fideiuss.46*,1. *L.*27.*D.de R.I.* *L.*5.*C.de legib.1*,14. *L.*4.*C.de inut.stip.*8,39. „... cum omnia quae contra bonos mores vel in pactum vel in stipulationem deducuntur, nullius momenti sunt". Ein Irrthum ist es, die rechtliche Nichtigkeit der rechtswidrigen Handlung als 'Strafe' aufzufaßen. vgl. §§ 89.93.105.119.

(5) 'Delictum' bezeichnet eigentlich die omissiven Vergehungen (*Paul.Diac.* h.v.); 'maleficium' die positiven: in unseren Rechtsquellen werden beide Ausdrücke als gleichbedeutend gebraucht. Die Rechtswidrigkeit überhaupt heißt 'peccatum' in *L.*131.§ 1. *L.*244.*D.de V.S.* vgl. *L.*52. *pr.*§ 8.*D.de O.et A.44*,7.

(6) Ersatz und Strafe dürfen nicht mit einan-

§e. Vortheil für ihn zur Folge haben [7]. Als Handlung ist jede Leistung an sich untheilbar; insofern wir sie aber, wie im Privatrechte, als Hervorbringung eines Erfolges auffaßen, und dieser, aus einer Mehrheit von Willensäußerungen hervorgehend, auch theilweise hervorgebracht ein rechtliches Interesse hat, oder sofern die Leistung in einer Gewährung eines theilbaren Objects besteht, §f. nennen wir sie selbst theilbare oder untheilbare [8]. Hiermit steht auch die Eintheilung in Haupt- und Neben-Leistungen in Verbindung [9]; so wie auch die in vorübergehende und dauernde Leistun- §g. gen (§ 90). Besonders wichtig aber ist die Eintheilung der Leistungen nach ihrem Inhalte, jenachdem sie in einem dare, facere §h. oder praestare bestehen [10]. *Dare* bezeichnet im weiteren Sinne jede Gewährung zur Annahme, selbst eines unkörperlichen [11]; in etwas engerem das Uebergeben (tradere von trans dare) einer körperlichen Sache, ohne Rücksicht auf die Absicht des Gebers und Empfängers [12]; in noch engerem, mit der Absicht, die *Detentation* [13] oder den Besitz [14]; in dem engsten und eigentlichen, mit der Absicht, das Eigenthum einer bestimmten Sache auf den Empfänger zu übertragen [15]; aber auch die auf Begründung von Servituten gerich-

---

der vermengt werden. s. § 105.

(7) *Ulp. L.* 134. § 1. *D. de R. I.* „Nemo ex suo delicto meliorem suam condicionem facere potest“. *Id. L.* 12. § 1. *D. de furt.* 47,2. „.. nemo de improbitate sua consequitur actionem ..“. vgl. *L.* 14. § 3. *eod. LL.* 69. sq. *D. de R. V.* 6,1. *L.* 10. § 1. *D. sol. matr.* 24,3. s. § 105. Note 13.

(8) § 75. *f.* Die theilweise Leistung nennen wir insbesondere beim Darlehn 'Stückzahlung', particulatim exsolvere. *L.* 41. § 1. *D. de usur.* 22,1. vgl. *L.* 2. §§ 1. sqq. *L.* 4. § 1. *L.* 72. *pr. L.* 85. *D. de V. O.* 45,1. u. o.

(9) §§ 78. 81.

(10) Marezoll in Ztschr. für Civilr. u. Proc. X. n°. 8. In vielen Stellen wird als das Wesen der Leistungen überhaupt das dare facere praestare neben einander aufgeführt, noch häufiger das bloße dare facere, z. B. *L.* 76. § 1. *LL.* 89. 125. *D. de V. O.* 45,1. *L.* 53. *pr. D. de V. S.* 50,16. *L.* 46. *D. de leg. II.* 31. vgl. *Gai.* 4,2. 5. 41. 47. et ibi citt. ll. u. unten Note 27.

(11) z. B. responsa, suffragium, veniam, causam, actionem, exceptionem, exsecutionem, libertatem, iura, privilegium dare u. ä.

(12) z. B. qui libellum dat, eine Klagschrift überreicht, thut es um den Inhalt dem Gericht kund zu machen, nicht in der bestimmten Absicht, Besitz oder Eigenthum u. dgl. zu übertragen.

(13) z. B. wenn „cui res utenda *datur*, i. e. commodatur, re obligatur; ... non ita res datur, ut eius fiat“. § 2. *I. quib. mod. re contr. obl.* 3,14.

(14) z. B. pignori res *datur*. § 4. *I. eod.*

(15) *Gai.* 3,99. 4,4. „.. nec enim quod nostrum est nobis *dari* potest, cum solum id *dari* nobis intellegatur quod nostrum fiat ..“. § 14. *I. de act.* 4,6. *Ulp. L.* 75. § 10. *D. de V. O.* 45,1. „.. stipulatio ... *dari* ... continet, ut dominium omni modo efficiatur stipulatoris [accipientis] quoquo modo ..“. In *L.* 73. *pr. D. de leg. I.* 30. wird facere ut alius certum habeat für gleich certum alii dare erklärt. *L.* 167. *pr. D. de R. I. Iul. L.* 1. *pr. D. de donation.* 39,5. u. o. Ist ein Debitor von einer auf dari gerichteten Obligation ohne rechtlich haltbaren Grund befreit worden, so gilt ein Wiederforderungsrecht ob causam *datorum*. *LL.* 4. 10. *D. de*

teten Obligationen sind dandi[16], nicht die auf Einräumung anderer dinglicher Rechte. *Facere* ist im allgemeinen jedes Handeln[17]; § i. im engeren Sinne die Leistung, welche nicht eigentliches dare ist[18], und befaßt auch das *reddere* als Zurückgeben einer Sache an deren Eigenthümer, d. h. retro tradere[19], während das reddere als retro dare, um den Empfänger wieder zum Eigenthümer dessen zu machen, was ihm in genere oder in specie schon gehört hatte, zum dare gehört[20]. Ferner gehören zum facere das *restituere* § k. als Wiedererstattung an den Eigenthümer[21], das *exhibere* im eigentlichen Sinne[22], das *tradere* im eigentlichen Sinne als Besitzübertragung[23]. *Praebere* ist ein allgemeiner Ausdruck für Ge- § l. währungen aller Art[24], wie auch *praestare*[25], welches jedoch mitunter statt dare oder facere steht[26] und oft nur besondere Modificationen dieser Leistungsarten andeutet, vorzüglich aber die Leistung des Interesses bei gegenseitigen Obligationen bezeichnet[27].

---

cond.c.dat.12,4. *L.4.C.eod.4*,6. (16) was sich aber nicht durch solche Ausdrücke, wie usum fructum dare, iter dare u. dgl. beweist; diese gehören zu Note 11.: wol aber durch Entgegensetzung jener Obligationen und der auf facere gerichteten, z.B. *L.72.pr.D.de V.O.*, und geradezu aus *L.19.D.de S.P.R.* 8,3. *L.1.D.de cond.trit.13*,3. vgl. §82. Note 1. Das res per emphyteusin *data* in *L.1.C.de iure emphyteut.4*,66. u.dgl. gehört zum dare in der weiteren Bedeutung als tradere, wovon im Texte zu Note 12. (17) §82. Note 3. *L.2.pr.D. de V.O.45*,1. (18) s.bes. *L.19.D.de praescr.verb.19*,5. (19) *Pomp. L.175.D.de V.S.* „*Faciendi* verbo *reddendi* etiam causa continetur". z.B. *L.3.* §1.*D.commod.13*,6. *L.15.D.de pign.act.13*,7. *L.1.*§16.*D.depos.16*,3. (20) z.B. reddere der mutuo erhaltenen fungiblen Sache, das retro dare einer dos und das der Sache, welche ich amico fiduciae causa ins Eigenthum übergeben hatte. *Cels.L.94.D.de V.S.* „Verbum *reddendi* quamquam significatum habet *retro dandi*, recipit tamen et per se *dandi* significationem". *L.21.D. de leg.II.31.* (21) *Gai.4*,47. *L.82.pr.D.de V.O.45*,1. Oft ist restituere = reddere als retro tradere, zuweilen = retro dare und gehört im letzteren Falle zum dare (Note 20.); namentlich befaßt es die Zurückleistung der res cum omni causa. (§ 78.) *LL.22.35.75.81.246.*§1.*D.de V.S.50*,16. (22) d.h. wo es nicht mit 'Leistung' überhaupt gleichbedeutend ist, sondern ein Vorzeigen, d.h. bezeichnet praesentiam corporis [einer beweglichen Sache oder einer Person] praebere, cit.*L.22.* oder in publicum producere et videndi tangendique facultatem praebere. *L.3.*§8.*D.de hom.lib.exh.43*,29. (23) *L.28.D.de V.O.* (§82. Note 2.) *L.72.pr.eod.* „..si quid *faciendum* aliquid stipulatus sit, ut puta fundum *tradi* ..", ähnlich *L.75.*§7.*eod.* *L.3.*§1.*D.de A.E.V.19*,1. *L.4.*§1.*D.de usur.22*,1.u.ö. vgl. *L.16.D.de per.et comm.18*,6. (24) z.B. testimonium, consilium, actionem, causam praebere *etc.* In *L.51.pr.D.de A.E.V.19*,1. „vinum praeberetur et traderetur" ist es bloße Tautologie mit letzterem Zeitworte; in *Fgm. Vat.*§2. steht praeberi statt restitui, in *L.76.pr.D.de leg.II.31.* „servitutem praebere" also statt dare (s. Note 16.) u.dgl. (25) §82. Note 4. u. *L.3.D.de O. et A.* in Note 2. das. (26) z.B. *Gai.4*,2. vgl. mit §1.*I.de act.4*,6. (wo jener dare facere praestare oportere, diese dare aut facere oportere haben), *L.2. pr.*§1.*D.de V.O.* *L.11.D.rem pup.46*,6. („..si quod ex tutela dari fieri oportet, non praestetur"). (27) Wie in der oft vorkommenden Formel quid-

III. Erforderniſſe der Willensäußerung
A. in Beziehung auf die Perſonen.
§. 84. 1. Willensfähigkeit.

§ a. Als Aeußerung eines Willens erfordert jede Handlung, alſo
auch insbeſondere die hier in Betracht kommende, die Leiſtung, daß
derjenige, welcher handeln ſoll, Perſönlichkeit, einen im Rechte gel-
tenden Willen, haben könne, wirklich gehabt, alſo auch kund ge-
§ b. geben habe. Servi können, wie ſie iuri naturali Perſonen ſind [1],
auch ebenſo auf Leiſtungen ſich berechtigen und verpflichten [2]; Voll-
führer des rechtlichen Willens des Herrn zu ſein, ſind ſie wie freie
§ c. in potestate ſtehende Menſchen fähig [3]. Gänzlich handlungsun-
fähig [4] ſind die vom Rechte für an ſich willenlos erklärten Per-
ſonen, Verſtandesloſe, und in Beziehung auf Veräußerungshand-
lungen gerichtlich erklärte Verſchwender, quoniam commercio illis
§ d. interdictum est [5]; ferner infantes und für alle Veräußerungshand-
§ e. lungen impuberes [6]. Der Wille der juriſtiſchen Perſonen kann
§ f. nur durch phyſiſche ausgeführt werden [7]. Unter Tutel ſtehende
(alſo iuri non subiectae) feminae ſind nach älterem Rechte nur
unfähig zu Veräußerungen von res mancipi ohne Auctorität des
Tutors [8], welche Beſchränkung im juſtinianiſchen Rechte mit der
Unterſcheidung der res mancipi und nec mancipi (§ 73.) und mit

---

quid alterum alteri ex fide bona oder ex aequo et bono praestare oportet, z.B. *Gai.3*,137. § 3. *I.de cons.obl.3*,22. § 30. *I.de action.4*,6.u.ſ.w. Nach Savigny Obl.R.I.S.300.f. wird nur bei prätor. Klagen das praestare neben dare facere erwähnt, „nicht als ob dieſe 3 Stücke jemals in einer einzelnen Klageformel nebeneinander geſtanden hätten, ... ſondern ſo daß ... praestare auf die alten Delictsklagen hindeutet, in deren Formeln das dare facere nicht vorkam“.

(1) § 30. Note 2.a.E. (2) § 36. *Ulp.L.14.D.de O.et A.44*,7. „Servi ex delictis quidem obligantur, et si manu mittantur, obligati remanent: ex contractibus autem civiliter quidem non obligantur [*L.43.D.de V.O.*], sed *naturaliter et obligantur et obligant:* denique si servo qui mihi mutuam pecuniam dederat, manu misso solvam, liberor“. Jene civile Verpflichtung des Freigelaßenen aus noch unvergoltenen Beſchädigungen, welche er während der Sclaverei verübt hat, iſt kein Beweis civiler Handlungsfähigkeit des servus für ſich, ſondern eine Folge des Satzes Noxa caput sequitur. *LL.6.43.D.de nox.act.9*,4. (3) §§ 44.45.104. (4) § 30. (5) § 39.*h*. *Paul.L.5.de R.I.* „.. furiosus nullum negotium contrahere potest; pupillus omnia tutore auctore agere potest“.| *Ulp.L.6.D.de V.O.45*,1. „Is cui bonis interdictum est, stipulando sibi adquirit, tradere vero non potest vel promittendo obligari ..“ u.die Citt.in § 39. Note 17. (6) § 38.*b*. *Pap.L.10.D.de iur.et f.ign.22*,6. „Impuberes sine tutore agentes nihil posse scire intelleguntur“. Puberes ſind handlungsfähig; ſ.aber § 38.*l*.ff. vgl. *L.43.D.de O.et A.44*,7. *LL*.101.141.§ 2. *D.de V.O.45*,1. *L.3.C.de in int.rest.min.2*,22. (7) § 62.*a*,*b*. (8) *Gai.* 2,80...85. *1*,192. 2,47. *Ulp.11*,27. *Vat.Fgm.*§§ 1.259. ſ.oben § 38.*f*.

der Geschlechtstutel hinweggefallen ist; die noch geltenden Beschränkungen der Frauen in Beziehung auf Intercessionen für Andere gehören, gleich den besonderen Beschränkungen mancher Personen in Beziehung auf bestimmte Schuldverhältnisse, oder bestimmten anderen Personen gegenüber, dem Obligationenrechte an. Von der § g. vorübergehenden Handlungsunfähigkeit wegen den Willen aufhebenden Affects, Trunkenheit und anderer Zustände der Bewustlosigkeit [9], sowie von der Unfähigkeit zu gewissen Handlungen wegen körperlicher Mängel oder Gebrechen ist oben die Rede gewesen [10].

2. Willensfreiheit.

§. 85. a. Im allgemeinen.

Der Wille der Person ist der sich selbst bestimmende, der § a. seine Richtung selbst wählende: die Freiheit dieser Selbstbestimmung oder Wahl kann beschränkt werden, ohne den Willen ganz aufzuheben; wäre sie ganz aufgehoben, so wäre der Wille der Person nicht bloß der nicht vollkommen freie, sondern der nichtige, die Person wäre willensunfähig. Der Wille als der sich § b. selbst bestimmende ist der rein innere; ihm ist jeder andere Wille und dessen Aeußerung ein äußeres: aber der sich selbst bestimmende Wille der Person als des Rechtssubjects hat wesentlich auch seine Beziehungen auf ihm gegenständliches, welches theils Voraussetzung der Persönlichkeit und also des persönlichen Willens selbst ist, Leben, leibliche Integrität, Freiheit und Ehre, theils der rechtlichen Macht der Person unterworfenes, die Gegenstände einzelner Rechte: auf dieses dem inneren Willen objective bezieht er sich als persönlicher mehr oder weniger allgemein, bestimmt und § c. stark. Im Rechte kommt nur der diese Beziehungen habende Wille in Betracht, weshalb es die Möglichkeit eines unfreien, sich nicht selbst bestimmenden, sondern durch änderes bestimmten Willens,

---

(9) *Paul.L.3.D.de divort.*(fast =*L.*48.*D.de R.I.* cf.*Cic.*Tusc.3,4.sq.)„..quidquid in calore iracundiae vel fit vel dicitur, non prius ratum est, quam si perseverantia animi adparuit, iudicium animi fuisse ..“. *Flor.L.*209.*D.de V.S.* „Coram Titio aliquid facere iussus non videtur praesente eo fecisse, nisi is intellegat: itaque si furiosus aut infans sit aut dormiat, non videtur coram eo fecisse..“. cf.*L.*11.§ 2.*D.de poen.*48,19. *L.*6.§7.*D.de R.M.49*,16. *L.*12.*pr.D.de cust.reor.*48,3. *L.*19.*C.de inoff.test.*3,28. *L.*2.*C.ad L.Iul.mai.*9,8. *L.*5.*C.de iniur.*9,35.| Iustus dolor ist die gerechtfertigte, entschuldbare Rache des schwer Verletzten, z.B. *Paul.* S.R.2,26.§5. *Ulp.L.*3.§3.*D.de SC.Silaniano* 29,5.; ähnlich iustum odium in *L.*6.*pr.D.de relig.11*,7.u.dgl.m. (10) §39.*b...e.*

des Willenszwanges annimmt, d. h. des Einflußes auf den ſich beſtimmenden Willen, daß er ſich von Widerrechtlichkeiten, deren Gegenſtände jene Objecte des ſich beſtimmenden Willens ſind, die Richtung geben läßt [1]: der vollſtändig wirkliche Wille iſt im Rechte
§ d. nur der ungezwungene (§ 86. g.). Die Richtung, welche ſich der ſich beſtimmende Wille giebt, geht aus von dem Bewuſtſein, der Erkenntniſs des wollenden Subjects, welche entweder das Verhältniſs des Willens zu den für ihn geltenden allgemeinen Beſtimmungen oder den Rechtsvorſchriften betrifft, oder das zu den Objecten des rechtlichen Willens, d. h. entweder Erkenntniſs des Rechts oder des Factiſchen iſt [2]: geht der ſich beſtimmende, ſich eine Richtung gebende Wille von einem unwahren Bewuſtſein, von einer mangelhaften Erkenntniſs aus, ſo iſt er nicht der wahre und ei-
§ e. gentliche Wille. Aber weder Zwang oder Drohung (§ 86.), noch Unwißenheit oder Irrthum (§ 87.) hindern allgemein und abſolut die Wirkſamkeit des unter ihrem Einfluße zu Stande gekommenen Willens.

b. Insbeſondere

§. 86. α. Zwang *).

Dig. Quod metus causa gestum erit *4*,2. de Doli mali et metus exceptione *44*,4. *Cod.* de His quae vi metusve causa gesta sunt 2,20. *Greg.Cod.*2,1. *Consultatio c.*1.4.7. vgl.*Dig.* de Vi et de vi armata *43*.16. Quod vi aut clam *43*,24. *Cod.8*,5.| *Dig.48*,6.7. *Cod.9*,12.

§ a. Obgleich der Wille an ſich, als das rein innere, durch Zwang, als das rein äußere, nicht beſtimmt, der Wille nicht gezwungen werden kann, ſo behandelt doch das Recht Zwang gegen dasjenige, worauf ſich der rechtliche Wille bezieht, als Zwang des Willens
§ b. ſelbſt. Zwang, vis, iſt die widerrechtliche Aeußerung von Kräften zur Beſtimmung des Willens eines Anderen [1], und er wird, jenachdem jene Kräfte phyſiſch oder pſychiſch nöthigen, eigentlicher Zwang, Gewalt, violentia [2] (vis +absoluta), oder Drohung, me-

---

(1) z. B. *Paul.L.*21.§ 5.*D.q.met.c.4*,2. „Si metu coactus adii hereditatem, puto me heredem effici, quia, quamvis, *si liberum esset* [wenn nicht jene Drohung Einfluß auf meine Willensbeſtimmung gehabt hätte], noluissem, tamen *coactus volui*..“. vgl. § 105. Note 23. (2) *Paul.L.*1.*pr.D.de iur.et facti ignorantia* 22,6. „Ignorantia [*ut error*] vel facti vel iuris est“.

(*) Savigny Syſt. § 114. (1) *Paul.L.2.D.h.t.4*,2. „*Vis* est maioris rei impetus, qui repelli non potest“. *Ulp.L.*116.*pr.D.de R.I.* „Nihil consensui tam contrarium est ... quam vis atque metus, quem comprobare contra bonos mores est“. (2) z. B. *L.*23.*pr.D.h.t.* *L.*1.*Th.C.ad L.Iul.de vi 9*,10.

tus (vis +compulsiva) genannt[3]. Der eigentliche Zwang kann **§ c.** zwar Hinderniß der Willensäußerung[4] oder Mittel zur Bewirkung des Scheins einer solchen sein[4*]); soll er aber den Willen bestimmen und Aeußerungen desselben veranlaßen, so muß er psychisch wirken, Drohung sein[5]. Verwerflich ist die Unterscheidung **§ d.** der Neueren zwischen metus +causam dans und +incidens, Haupt- und Neben-Zwang, jenachdem durch die Furcht der Wille des bedrohten Subjects zur Eingehung eines Rechtsgeschäfts oder nur zur Einwilligung in Modalitäten desselben bewogen worden ist: in Beziehung auf das durch ihn bewirkte ist jeder metus 'causam dans', und kein bloßer metus vernichtet von selbst die unter seinem Einfluß entstandene Willensbestimmung[5*]). Je nach der Ver- **§ e.** schiedenheit des dagegen statthaften Rechtsmittels kann der Zwang in sehr verschiedenen Graden in Betracht kommen, von dem einfachen Zuwiderhandeln gegen den Willen des Berechtigten[6] bis zur vis atrox[7] und armata[8]. Die Drohung kommt als widerrecht- **§ f.** lich nur in Betracht, wenn das angedrohete selbst eine Rechtswidrigkeit[9] und zwar von solcher Bedeutung (iustus metus) und Wahrscheinlichkeit der Ausführung (praesens metus) ist, daß sich dadurch eine Person von derjenigen Besonnenheit und Willenskraft, welche das Recht als Durchschnittsmaß voraussetzt, bestimmen laßen konnte[10]: huius rei disquisitio iudicis est[11].

---

(3) Trefflich *Cic.* Tusc.*4*,7.§ 14. (vgl.c.6.i.f.) „*Metus* opinio inpendentis mali, quod intolerabile esse videatur". Ulpians Bestimmung als *mentis trepidatio in L.1.D.h.t.4*,2. ist eine der vielen Erklärungen, welche durch die Sylbenähnlichkeit veranlaßt sind und einer Etymologie ähnlich sehen sollen.

(4) z.B. *Si quis aliquem testari* prohibuerit (4*) *aut* coegerit: *Dig.29*,6. *Cod.6*,34. *Paul.L.22.D.h.t.* „Qui in carcerem quem detrusit, ut aliquid ei extorqueret, quidquid ob hanc causam factum est, nullius momenti est".

(5) Daher ließ auch der Prätor aus dem Edicte „Quod *vi* metus*ve* causa gestum est, ratum non habebo" die Sylben vi und ve später weg. *L.1.D.h.t. 4*,2. (5*) s.§105.Note 23. (6) z.B.*L.1.*§§ 5.sqq.*D.quod vi 43*,24.

(7) z.B. *L.1.*§ 3.*D.de vi 43*,16. (8) § 8.*I.de publ.iudiciis 4*,18. (9) Der s.g. metus reverentialis (z.B. *L.22.D.de R.N.23*,2. *L.6.C.h.t.2*,20.) ist eben so wenig widerrechtlich, als die Furcht vor etwas rechtlich statthaftem zu dem juristisch in Betracht kommenden metus ausreicht, z.B. *L.3.*§ 1. *L.21.pr.D.h.t.4*,2. *LL.8.10.C.h.t.*; dennoch wird selbst auf die Furcht, welche jemand vor dem Misbrauche der Amtsgewalt eines Andern hegt, Rücksicht genommen. *L.2.*(*Th.C.et*) *Iust.C.de his qui per metum iudicis non appellaverunt* (*11*,34.) *7*,67. (*10*) *LL.* 3.i.f. ... 7.9.*pr.D.h.t.* *L.2.*§ 1. *L.3.D.ex q.c.mai.4*,6. *LL.4.7.10.C.h.t.* *L.13.C. de transact.2*,4. Der gehörig begründete (nicht supervacuus) metus oder dessen Wirkung, die Furcht, der timor, ist iustus, *L.23.*§1.*D.h.t.* *L.28.D.de damno inf.39*,2. *L.49.*§1.*D.ad L.Aq.9*,2., iustus timor, *L.3.D.ex q.c.mai.* *Cels.L.184. D.de R.I.50*,17. „Vani timoris iusta excusatio non est". (*11*) cit.*L.3.D.4*,6.

§ c. Nach Civilrecht iſt auch die erzwungene Willensäußerung keineswegs nichtig[12]; jedoch ſoll dem Zwinger ſeine Rechtswidrigkeit keinen Vortheil gewähren[13], ſondern dem gezwungenen Subjecte wird durch Klage, Exception und Interdicte oder durch Wiederherſtellung des vor dem Zwange obwaltenden Rechtszuſtandes
§ h. geholfen[14]. Zudem giebt es gegen beſondere Arten des Zwanges ſowol Privat-, als auch öffentliche Strafen[15].

§. 87. β. Irrthum und Unwißenheit *).

De iuris et facti ignorantia: *Dig.22,6.* *Cod.1,18.* *Cod.* de Errore calculi 2,5.

§ a. Das zum wahren Willen erforderliche Bewuſtſein iſt die Uebereinſtimmung der Erkenntniſs des Wollenden mit dem zu erkennenden; ein ſolches fehlt dem Irrenden ſowol, als dem Unwißenden[1]: iſt das zu erkennende das objective Recht, ſo iſt der error oder die ignorantia '*iuris*', iſt es eine ſonſtige Vorausſetzung oder ein Gegenſtand des rechtlichen Willens, ſo iſt der error oder die ignorantia '*facti*'[2].
§ b. Die Wirkung alles Irrens und Nichtwißens iſt verſchieden, je nachdem es verſchuldet iſt oder nicht (tolerabilis, probabilis, ferendus u.dgl.): der error *iuris* gilt regelmäßig als verſchuldeter[3], der error *facti* als unverſchuldeter; alſo nur dann nicht, wenn er aus

---

(12) § 85. Note 1. Die Erbantretung in *L.6.§7.D.de A.v.O.H.29,2.* „coactus .. *fallens* adierit hered." iſt nur eine ſimulierte, keine wirkliche (§ 89.); ebenſo wenig ſteht *L.9.pr.D. qui et a quib.manum.40,9.* entgegen; das scribere liberum esse iſt keine Freilaßungsform; ähnlich *L.17.pr.D.eod.*: das manu miserit bezeichnet eine (in nicht gehöriger Form abgegebene) Erklärung, der Sclave ſolle frei ſein. (13) § 83. Note 7. Den durch Zwang in Betreff einer letztwilligen Verfügung beabſichtigten Vortheil entzieht dem Zwinger die ihn treffende Indignität. (Erbrecht.) ſ. vorläufig *L.1.pr.D.siq.aliquem test.29,6.* *L.2.C.eod.6,34.* *L.19.D.de his quae ut indignis auferuntur 34,9.* (14) Von der actio und exceptio Quod metus causa und den Interdicten, ſo wie von der in integrum restitutio wegen vis bei den betreffenden Lehren. (15) Strafe der Selbſthilfe. ſ. § 129. Von den öffentlichen Strafen im Strafrecht.

(*) v. Savigny Syſt. § 115. Bd. III. Beilage VIII. (1) Irrthum und Unwißenheit ſchließen das richtige Bewuſtſein aus: der Unwißende hat keins, der Irrende ein unrichtiges: indes iſt der Mangel des Bewuſtſeins des Unwißenden nur der auf eine beſtimmte fragliche Erkenntniſs bezogene, nicht ein allgemeiner Mangel alles im Rechte anerkannten Bewuſtſeins, wie der des Schlafenden, Wahnſinnigen, Kindes u.dgl. (2) Wir ſetzen nicht gut 'Rechtsirrthum' und 'factiſchen Irrthum' einander entgegen: jeder Irrthum iſt factiſch: beßer iſt 'Irrthum über Rechtsſätze und über Thatſachen'. Der ſ.g. factiſche Irrthum kann die Exiſtenz oder Eigenſchaften und Zuſtände von Menſchen, Sachen oder Willensäußerungen und Ereigniſſen betreffen; der ſ.g. juriſtiſche die Exiſtenz oder die wahre Bedeutung und die Anwendbarkeit der Rechtsbeſtimmung auf gegebene Verhältniſſe und Fälle. vgl. z.B. *LL.1.9.pr.§§4.5.D.h.t.* *L.2.§§15.16.* *L.11.D.pro emptore 41,4.*
(3) § 97.

einer Sorglosigkeit und Nachläßigkeit hervorgeht, dergleichen das Recht einem Willensfähigen überhaupt nicht oder in gegebenen Verhältnissen nicht zu gute hält[4]: jenes ist der Fall, wenn einer nicht weiß was alle wißen[5] oder über seine eigenen Handlungen in Unwißenheit ist[6]. Zwar ist in unseren Rechtsquellen öfters der Satz § c. ausgesprochen, daß der auf Irrthum beruhende Wille nichtig sei, errantis nulla voluntas est[7]; indes sagt das nicht, daß der Irrthum den Willen ganz vernichte, sondern, daß unter Umständen der Irrende nicht als wirksam wollend behandelt werden könne[8]. So ist der auf Irrthum beruhende Vertrag regelmäßig ganz gil- § d. tig[9]; letztwillige Erklärungen werden nur durch den Irrthum, welcher den Willen als nicht wirklich gehegten erscheinen läßt, ungiltig[10]; auch schützt derselbe bloß ausnahmsweise gegen die nachtheiligen Folgen von Unterlaßungen[11]: gewisse Rechtseinrich-

(4) z.B. *L.42.D.de R.I.* gestattet Erben und Bürgen, sich auf ein Nichtwißen, ob die Forderung gegen sie bestehe, zu berufen; dem Erben aber nicht, wenn er als Gläubiger klagen will. vgl. *L.5.D.de R.C.12*,1. (5) *L.3.§1. L.9.§2.D.h.t.* „.. sed facti ignorantia ita demum cuique non nocet, si non ei summa neglegentia obiciatur. quid enim si omnes in civitate sciant quod ille solus ignorat? ..“ *L.3.pr.D.ad SC.Macedon.14*,6. (6) *L.3.pr.D.h.t.* „Plurimum interest utrum quis de alterius causa et facto non sciret, an de iure suo ignorat“. (Das de iure suo ignorare ist hier nicht iuris error, sondern facti, „über seine eignen Rechtsverhältnisse in Unwißenheit sein“.) *L.5.eod. L.7.D.ad SC.Vell.16*,1. *L.5.i.f.D.pro suo 41*,10. „.. in alieni facti ignorantia tolerabilis error est“. (7) *L.20.D.de aq.pluv.39*,3. *L.116.§2.D.de R.I.50*,17. cf. *L.15.D.de iurisd.2*,1. *L.2.pr.D.de iudic.5*,1. *LL.8.9.C.h.t.* (8) So z.B. sagen die vier ersten Stellen der vorhergehenden Note nur, Schweigen aus der irrigen Voraussetzung, das, wogegen man rechtlich Einspruch thun kann, sei factisch etwas anderes, als es wirklich ist, gilt nicht als Zugeständniss oder Einwilligung (vgl. *L.20.pr.§1.D.de A.v.O.H.29*,2.), und die beiden Coderstellen sprechen von einer auf Irrthum beruhenden Aeußerung, daß Sclaven frei seien (nicht von Freilaßung): aber nicht solches Bekenntniss bloß, sondern wirkliche Freilaßung war erforderlich, jenen Erfolg hervorzubringen, welchen der Bekennende nicht hervorbringen wollte, sondern als hervorgebracht irrthümlich ansah. (9) *L.9.§4.D.h.t. L.65.§2.D.de cond.indeb.12*,6. *L.49.D.mandati 17*,1. In *L.35.D.de A.R.D.41*,1. ist nur vom Tradieren einer Sache, welche der Geber nicht tradieren, der Empfänger nicht tradiert haben wollte, die Rede.| Die im Texte angedeuteten Ausnahmen betreffen die Verpflichtung des Verkäufers nach dem ädilicischen Edicte zur Anzeige der heimlichen Mängel und die (auch im Obl.R. darzustellenden) condictiones indebiti, sine causa und ob causam datorum. (vgl. *Senec.* de benef.4,36.i.f. „..non tantum quod temere promisi retinebo, sed quod non recte dedi repetam: demens est qui fidem praestat errori“.) (10) *L.14.§2.D.de lib.et post.28*,2. *L.92.D.de her.inst.28*,5. *LL.4.7.C.eod.6*,24. *L.28.D.de inoff.test.5*,2. *LL.9.10.C.de test.mil.6*,21. *L.1.i.f.D.de Carb.ed.37*,10. *L.75.§2.D.de leg.1.30. L.1.C.de falsa c.6*,44. Etwas andres ist Rescission der Verfügung wegen Irrthums: *L.27.§4.D.de inoff.test. L.72.§6.D.de cond.et dem.35*,1. vgl. auch §117. Note 15.

(11) In integrum restitutio, Wiedereinsetzung in den vor. St. s. §132. Note 41.

tungen haben den entschuldbaren Irrthum zur wesentlichen Voraussetzung, wie der Besitz in gutem Glauben, die Ersitzung und
§ e. viele Condictionen (9). Die richtige Unterscheidung des Irrthums oder Nichtwißens von der Bewustlosigkeit (1) und von dem Scheinwillen, der Irrung oder dem aus Misverständniss angenommenen Willen, Schein eines Willens, welchen der erklärende nicht gehegt hat, oder einer vermeinten Willenseinigung mehrerer, welche wirklich verschiedenes gewollt haben [12], macht die neuere Unterscheidung zwischen wesentlichem und außerwesentlichem (+essentialis und +accidentalis oder +concomitans error) entbehrlich, unter welchem ersten jener Schein einer Willenseinigung verstanden wird, während der letztere derjenige sein soll, welcher den Willen des Irrenden nicht entkräftet, diesem aber entweder ein Recht auf Abwendung der daraus hervorgehenden Nachtheile gewährt oder
§ f. juristisch gar nicht wirksam ist. Jenachdem der Irrthum bei gegenseitigen Rechtsgeschäften auf beiden Seiten oder nur auf einer ist, unterscheiden ferner die Neueren error +bilateralis und +uni-
§ g. lateralis [13]. Absichtliche Erregung schadenden Irrthums in Beziehung auf ein Rechtsgeschäft fällt unter den dolus, die fraus [13*]: der Einfluß des Irrthums auf die Willensbestimmung ist derselbe, sei jener durch Betrug erregt oder nicht.

§ h. Ein Verstoß gegen die arithmetischen Gesetze, Rechnungsfehler, error calculi, ist zu dem bloßen Scheinwillen gehörig (§ e.): er kann, so lange nicht ein rechtskräftiges Urtheil oder Ueber-

---

(12) Auch ein solches Misverständniss ist error; aber 'ein Rechtsgeschäft wird vernichtet' und 'ein Rechtsg. kommt nicht zu Stande' muß nicht verwechselt werden. (§ 119.) Ich will z. B. nicht den B, sondern den A zum Erben haben, bezeichne aber den Erben so, daß der B eingesetzt scheint, oder ich will die Sache A tradieren, gebe aber die B hin, die ich für A ansehe. *Pomp. L. 57. D. de O. et A. 44*, 7. „In omnibus negotiis contrahendis .. si error aliquis interveniat, ut aliud sentiat puta qui emit aut qui conducit, aliud qui cum his contrahit, nihil valet quod acti sit .... si dissentiant, aliud alio existimante, nihil valeat ..". So z. B. zwei contrahieren scheinbar, aber der Wille beider ist auf verschiedene Rechtsverhältnisse gerichtet, *L. 18. D. de R. C. 12*, 1., auf ganz verschiedene Leistungsobjecte, § 23. *I. de inut. stip. 3*, 19. *LL. 9. 14. 41.* § 1. *D. de contr. empt. 18*, 1. *L. 55. D. de O. et A. 44*, 7. *L. 137.* § 1. *D. de V. O. 45*, 1.; oder wo es auf die Individualität einer Person ankommt, z. B. bei Eingehung eines Verlöbnisses, eines Gesellschaftsvertrags, wird eine Verwechselung der Personen begangen u. dgl. vgl. § 106. *y*. (13) Der beiderseitige Irrthum z. B. bei Verträgen kann in beiden Subjecten derselbe sein (z. B. „Domum emi, cum eam et ego et venditor combustam ignoraremus ... nihil venisse, quamvis area maneat ..."; aber diese area wollte ich *nicht* kaufen, der venditor *nicht* verkaufen) oder ein auf unterschiedene Bestandtheile des Geschäfts gerichteter. (13*) § 105. *m*.

einkunft der Betheiligten seiner Wirksamkeit entgegensteht, auf dem
Rechtswege berichtigt werden [14], und das den Rechnungsfehler be-
gehende (nicht das über dessen Begehung entscheidende) Urtheil
wird ohne neues gerichtliches Verfahren berichtigt [15]. Verschie- § i.
den von dem Rechnungsfehler ist der Irrthum in der Berechnung
ohne Verstoß gegen die Arithmetik; dieser ist ein richtiger Berech-
nung zum Grunde liegender Irrthum [16].

§. 88. 3. Willenswirklichkeit *).

Cod. Plus valere quod agitur quam quod simulate concipitur *4*,22. *cf. Dig.* de Fide instrumentorum et amissione eorum 22,4. *Cod.* eod. 4,21. | *Cod.* Si quis alteri vel sibi sub alterius nomine vel aliena pecunia emerit *4*,50. *Greg. Cod.*2,3. *Consultatio c.1.*

Wirklich ist der sich zur Ausführung bringende Wille: der § *a.*
nur innerliche ist nichts juristisches; um im Verhältnisse zu Anderen
für sich zu existieren, muß der Wille sich äußern, sich kund geben,
erkennbar machen [1]. Dieses kann geschehen durch Thun oder Un- § *b.*
terlaßen [2]; durch Erklärung in bestimmten oder in beliebigen For-
men [3]; durch ausdrückliche, mündliche [4] oder schriftliche Worte [5]

---

(14) *L.un.C.h.t.*2,5. *L.*8.*D.de adm.rer.ad civ.50*,8. *L.*2.*C.de re iudic.7*,52.

(15) *L.*1.§1.*D.quae sententiae sine appellatione rescindantur* 49,8.

(16) z.B. zu hoher oder zu niedriger Ansatz eines Schuldpostens aus Irrthum; irrige Anrechnung eines nichtgeschuldeten, Auslaßung eines geschuldten.

(*) vgl. v. Savigny Syst. §§ 130. ff.

(1) Was bei *Gai.*2,167.169. und sonst oft nuda voluntas, voluntas nuda heißt, bezeichnet *Paul.*S.R.*4*,4.§1. als quodvis iudicium voluntatis. [Selbst im röm. Strafrecht, obgleich dasselbe die ordentliche Strafe der ordinaria crimina gar nicht von dem Eintritte des beabsichtigten verbrecherischen Erfolgs abhängig machte (s. § 105. Note 12.), gilt der Satz, daß die bloße cogitatio juristisch nicht in Betracht komme, sondern nur der geäußerte Wille: *L.*18.*D.de poenis* 48,19. *L.*53.i.f.*D.de V.S.50*,16. *L.*1.§2. *D.quod q.iur.*2,2.]

(2) Wenn *Paul.L.*142.*D.de R.I.* sagt „Qui tacet, non utique fatetur, sed tamen verum est eum non negare", so ist dieses die richtige Bedeutung des Schweigens, des Nichteinwilligens sowol als des Nichtwidersprechens, da wo den Schweigenden kein Rechtsgrund veranlaßt zu bejahen oder zu widersprechen, z.B. ich schweige zu dem Antrage meines Contrahenten, welcher ein abgeschloßenes Rechtsgeschäft wieder rückgängig machen will *L.*5.*C.de O.et A.* *4*,10. *L.*1.*C.qu.liceat ab empt.discedere* *4*,45.; wo aber solcher Grund zum Eingeständniß oder Widerspruch vorliegt, gilt Schweigen bald als Läugnen (*L.*11. §§ 4.5.7.*D.de int.i.i.fac.11*,12.), bald als Bejahung oder Einwilligung (*L.*5.i.f. *D.de adopt.1*,7. *L.*12.*pr.* vgl. *L.*7.§1.*D.de sponsal.*23,1. *L.*5.*C.de nupt.*5,4. *L.* 16.*D.ad SC.Mac.14*,6.), jenachdem das Bejahen oder das Verneinen als das Recht anzusehen ist, welches der Schweigende durch sein Schweigen unbehauptet läßt.

(3) Wir pflegen, nicht gut, letztre Erklärungen 'formlose' zu nennen; erstre heißen 'förmliche, feierliche, sollenne'. s. §116.*a.*

(4) z.B. die Stipulationen oder Verbalverträge, welche zugleich förmliche Willenserklärungen sind; oder mündliche Abschließung eines Consensualvertrags in beliebigen Formen.

(5) z.B. die Litteralverträge, förmliche Willenserklärung, brief-

oder andere Zeichen [6], oder stillschweigends durch solche Handlungen oder Unterlaßungen, welche als Ausdruck des Willens gelten [7]; durch Erklärung in eigener Person oder durch Stellvertreter oder durch Personen, deren wir uns bloß zum Aussprechen unseres Willens bedienen, nuntii, Boten [8]; unter Mitwirkung obrigkeitlicher Perso-
§ c. nen [9], Zuziehung von Zeugen [10] u. dgl. Ist für eine Willenserklärung eine bestimmte Form durch allgemeine Rechtsvorschrift oder giltigen Privatwillen vorgeschrieben, so gilt der Wille nicht eher als erklärt, als bis die erforderliche Form vollständig beachtet
§ d. ist [11]. Die Nichtbeachtung der erforderlichen Formen kann übrigens sehr verschiedene Wirkungen haben, bis zur Nichtigkeit und Bestrafung der Willenserklärung [11*]).

§ e. Der rechtlich wirkliche Wille ist der, dessen Aeußerung seinem inneren Gehalte entspricht, si id agitur quod agi videtur: die Aeußerung muß daher nicht allein vollständig sein [12], sondern sie darf auch dem Zwecke jenen Gehalt kund zu geben, nicht widersprechen; der Gebrauch zur Willensäußerung an sich geeigne-
§ f. ter Formen ist für sich allein keine Willensäußerung. Hieraus ergiebt sich 1) der bloß zum Zwecke der Belehrung oder der Belustigung u. dgl. gemachte Gebrauch von Formen, welche zur Aeußerung des Rechtsverhältnisse und insbesondere auch Leistungsverpflichtungen bewirkenden Willens dienlich sind, bewirkt dieselben nicht [13].

---

liche Abschließung eines Kaufs, eine beliebige Willenserklärung. (6) Solche Willenserklärungen sind nur unfeierliche, nur zuläßig, wo beliebige Willenserklärung statthaft ist, z. B. Winken, nutus, Kopfschütteln, Handschlag und andere Geberden, z. B. *L.* 52. *D. de O. et A.* 44, 7. (7) d. h. durch concludente Handlungen, solche, welche den Schluß auf die Existenz des Willens rechtfertigen, z. B. *L.* 2. § 1. *L.* 57. *pr. D. de pact.* 2, 14. *L.* 37. *pr. D. ad SC. Treb.* 36, 1. *L.* 5. *D. rat. rem* 46, 8. vgl. Note 2. (8) vgl. z. B. *LL.* 6. 7. 9. *C. si q. alt.* 4, 50. und § 104. *f.*
(9) z. B. die Insinuation von Schenkungen, Bestellung eines öffentlichen Pfandes u. dgl. s. § 104. n°. 2. § 116. *f.*. (10) wie die Mancipationen. Daß diese mit Unrecht 'symbolische Handlungen' genannt werden, ergiebt sich aus § 46. Note 19. u. Anhang IX. S. *45. a. E.: 'Symbol' ist die Darstellung eines abstracten Begriffs durch das Bild eines körperlichen Gegenstandes (z. B. hasta = dominium ex i. Q.; aureus anulus = Ingenuität), wovon bei der Mancipation nichts wahrzunehmen ist. vgl. auch § 124. Note 31. (11) s. § 106. *h.* § 116. *g.* (11*) s. § 119. Bei den einzelnen betreffenden Lehren ist dieses im System näher nachzuweisen.
(12) *L.* 25. *D. qui test. fac. p.* 28, 1. *L.* 29. *C. de testam.* 6, 23. *L.* 9. § 5. *D. de her. inst.* 28, 5. (Nicht entgegen ist *L.* 8. *C. de inst. et subst.* 6, 25.) cf. *L.* 6. § 2. *L.* 12. *D. de duob. reis* 45, 2. (13) *Paul. L.* 3. § 2. *D. de O. et A.* 44, 7. „Verborum obligatio constat, si inter contrahentes id agatur: nec enim si per iocum puta vel demonstrandi intellectus causa ego tibi dixero SPONDES? et tu responderis SPONDEO, nascetur obligatio". *Flor. L.* 24. *D. de test. mil.* 29, 1.

2) Wird der innerlich gehegte Wille, die wirkliche Absicht des Wol- §g. lenden, so geäußert, daß ein anderer gehegt scheine, simulatio [14], oder daß der wirklich gehegte nicht gehegt scheine, dissimulatio [15], so kann eine solche zur Erregung des Scheins vorgenommene Aeußerung, soweit sie überhaupt als Willensäußerung gilt [16], nur als Aeußerung des wirklich gehegten, nicht des vorgespiegelten Willens gelten [17]: dieses gilt auch, wenn ein Rechtsgeschäft für einen abgeschloßen, eines andern Name aber als der des Contrahenten vorgegeben worden ist [18]. Besonders leicht ist der Kauf zur Ver- §h. steckung eines andern wirklich beabsichtigten Geschäftes zu gebrauchen, das nummo uno vendere, gegen ein bloßes Scheinkaufgeld verkaufen [19]; dieses kam aber auch ohne Simulation bloß der ju- §i. ristischen Form halber, dicis gratia, dicis causa, vor, um gewisse civilrechtliche Wirkungen hervorzubringen, welche ohne das Kaufgeschäft nicht eingetreten sein würden [20]. Meistens, aber nicht §k. nothwendig, sind die Simulationen in fraudem legis vorgenom-

---

(14) *Diocl.et Max.L.2.C.h.t.4*,22. „Acta simulata .. veritatis substantiam mutare non possunt ..“. *L.1.eod.* „..rei veritas potius, quam scriptura perspici debet“. *L.3.eod.* „..non quod scriptum est, sed quod gestum est, inspicitur“. *L.4.eod.* „.. plus actum quam scriptum valet“. *L.54.D.de O.et A.44*,7. „Contractus imaginarii ... iuris vinculum non optinent, cum fides facti simulatur, non intercedente veritate“. *L.55.D.de contr.empt.18*,1. „Nuda et imaginaria venditio pro non facta est ..“. *L.21.C.de transact.2*,4. vgl. *L.16.D.de R.I.50*,17.| Simulare bezeichnet nur das an sich nicht verbotene Vorgeben einer nicht gehegten Absicht, weshalb *L.7.§9.D.de pactis* 2,14. sagt „dolo malo pactum fit, quotiens *circumscribendi alterius causa* aliud agitur et aliud agi simulatur“ und *L.1.§2.D.de d.m.4*,3. „posse et sine dolo malo aliud agi, aliud simulari ..“.

(15) Solches Verhehlen geschieht meistens durch absichtliches Nichtthun oder Schweigen: *L.43.§2.D.de contr.empt.18*,1. „[Dolus malus] non tantum in eo est qui fallendi causa obscure loquitur, sed etiam qui insidiose obscure dissimulat“. *L.13.§5.D.de I.F.49*,14. „.. si .. id circo dissimulaverit, dum rem occultari sperat ..“. *L.3.Th.C.de natur.fil.4*,6. „.. tacentibus et dissimulantibus ..“. Es kann aber auch durch positives Verrichten einer vorgeschützten Handlung geschehen, z.B. „ficti divortii falsa dissimulatio“. *L.30.i.f.C.de I.D.*5,12., wenn zum Schein Ehescheidung vorgenommen worden war, damit die Frau Pfandrechte an des Mannes Vermögen geltend machen konnte; vgl. *L.27.D.de pact.dot.23*,4.| Uebrigens wird auch das dissimulare mitunter von rechtmäßiger Verheimlichung gebraucht, z.B. *L.19.D.de novat.46*,2. „.. si sciat, dissimulare debet, ne curiosus videatur ..“.

(16) z.B. „inter virum et uxorem donationis causa venditio facta pretio viliore nullius momenti est“. *L.38.i.f.D.de contr.empt.18*,1. cf. *L.5.§5. L.7.§6.D.de don.i.v.et ux.24*,1. *L.3.C.de postul.2*,6. vgl. Noten 14.15.

(17) *L.6.D.pro don.41*,6. „Donationis causa facta venditione non pro emptore, sed pro donato res tradita usu capitur“. *L.36.D.de contr.empt.18*,1. *LL.3.9.C.eod.4*,39.

(18) *LL.4.5.6.C.si q. alteri 4*,50.

(19) vgl. Anhang IX. S.*46.§*m.* Miethe nummo uno: *L.46.D.locati 19*,1.

(20) z.B. *Gai.2*,103.sq.252. *Pomp.L.66.D.de I.D.23*,3. s. auch Note 10.

mene Handlungen und als solche immer ungiltig, wenn auch nicht immer strafbar [21].

B. Erfordernisse der Willensäußerung in Beziehung auf die Gegenstände.

§. 89. 1. Object der Leistung.

§ *a*. Aus dem Begriffe der Leistung (§ 82.) ergiebt sich, daß sie zuläßig, von vermögensrechtlicher Bedeutung, und bestimmt oder bestimmbar sein müße..

§ *b*. 1) Zuläßigkeit. Die Leistung, deren mittelbarer Gegenstand eine körperliche, in das Eigenthum oder den Besitz eines änderen zu übertragende Sache ist, setzt voraus, daß diese Sache in commercio [1], und im ersteren Falle, daß sie nicht schon im Eigenthume

§ *c*. des ändern sei [2]. Die Leistungspflicht kann sich zwar auf einen noch nicht wirklich [3], nicht aber auf einen nothwendig niemals

§ *d*. existenten Gegenstand beziehen [4]. Das zu leistende als ein Thun oder Unterlaßen, als eine Willensäußerung des sich zur Leistung bestimmenden Menschen, (facere, vgl. § 83.) kann nicht ein factum alienum sein [5]; noch auch ein nach physischen, moralischen oder juristischen Gesetzen unmögliches [6]; auch darf die Leistung, die Aeußerung eines 'rechtlichen' Willens, nicht nach den letzteren unerlaubt sein [7].

---

(21) *Paul. L.29.D.de legib.1*,3. „*Contra legem* facit qui id facit quod lex prohibet, *in fraudem* vero qui salvis verbis legis sententiam eius circumvenit". *L.*30.*eod.* *L.*5.*C.de legib.1*,14. z.B. *L.*6.§ 3.*D.de iure patron.37*,14.

(*1*) § 68. Note 8. § 83. Note 3. Das auf Leistung einer dem Verkehr entzogenen Sache gerichtete Rechtsgeschäft kann wirksam sein, wenn die Eigenschaft der Sache demjenigen unbekannt war, welcher ein Recht auf deren Leistung erwerben will; nur kann die Leistung selbst nicht geschehen. (2) *Ulp. L.*45. *pr.D.de R.I.* „Neque pignus, neque depositum, neque precarium, neque emptio, neque locatio rei suae consistere potest". vgl. § 83. Note 15. Aber „*rem meam mihi restitui* recte stipulari videor". *L.*82.*pr.D.de V.O.45*,1. (3) z.B. auf noch nicht existente fructus, partus, oder, was gleich ist, auf eine Sache, welche noch nullius in bonis est, u.dgl. z.B. *L.*8.*D.de contr.empt.18*,1. Von solcher emptio spei und +rei speratae unten beim Kauf. (4) § 83. Note 2. (5) §§ 3.21.*I.de inut.stip.3*,19. *L.*65.*D.de fideiuss.46*,1. *L.*38.*pr.* § 1.cf.§ 2. *L.*83.*pr.D.de V.O.45*,1. (6) § 83. Note 2. Daher z.B. § 5.*I.de V.O.3*,15. „si quis Romae stipuletur '*hodie Carthagine dare spondes?*' inutilis erit stipulatio .." (: man kann nicht am selben Tage in Rom und in Karthago sein); daher bei den bonae fidei negotia eine für die Leistung bestimmte zu kurze Frist ohne Schaden für das ganze Rechtsgeschäft verlängert wurde: *L.*58. § 1.*D.locati 19*,2. (7) s. § 83. Note 4. § 88. Note 21. § 105. Note 7. med. vgl. auch § 72. Eine auf die Erbschaft eines Lebenden bezügliche Leistungspflicht hätte kein Object, indem vivi non est hereditas; aber es war auch überhaupt contra bonos mores das Vermögen eines Lebenden auf dessen Todesfall zum Leistungsobject zu machen. *L.*61.*D.de V.O.45*,1. *L.*30.*C.de pact.2*,3. *L.*4.*C.de inut.*

2) Ohne vermögensrechtliche Bedeutung[7*]) für den auf die Leistung Berechtigten zu haben, wäre diese selbst nicht eine rechtliche, einem berechtigten Privatwillen genügende Willensäußerung; sondern dieser Privatwille wäre der bloß willkürliche, Muthwille, Chikane, wenn er die Leistung forderte; der Leistende erfüllte nicht eine rechtliche Verpflichtung[8]. § e.

3) Bestimmbarkeit.[1] Die Leistung ist eine Aeußerung des sich zu diesem Thun oder Unterlaßen bestimmenden Willens: wäre das zu leistende gänzlich unbestimmt, und so in die freie Willkür dessen verstellt, welcher die Leistung machen soll, so könnte dieser sich zu einer solchen bestimmen, welche für den auf die Leistung Berechtigten gar keine rechtliche Bedeutung haben würde; der Promissar könnte aus solchem Versprechen keine seinem Vermögen förderliche Leistung erwarten; der Richter hätte für deren Bestimmung keinen Anhalt[9]. § f. Die Bestimmung des Objects muß also nicht ganz von der Willkür des Schuldners abhängig[10], noch auch bloß so allgemein und unbestimmt geschehen sein, daß daraus nicht entschieden werden kann, wozu sich der Wille dessen der leisten soll, zu bestimmen habe[11]. § g. Die Abstufungen von der durchaus bestimmten Leistung, certum, res certa, bis zu der gänzlichen Un- § h.

---

stip.8,39. (7*) §68. Note 8. (8) s. §107. zu Note 25. §128.c. *Gai.1*, 51. „Male enim nostro iure uti non debemus". *Cels.L.38.D.de R.V.6*,1. „.. neque malitiis indulgendum est..". vgl. *L.3.i.f.D.de I.et I.1*,1. *L.7.D.de serv.export.18*,7. *L.1.§12.L.2.§5.D.de aqua pluv.39*,3. Daher z.B. *Ulp.L.8.§6.D.mandati 17*,1. „.. si nihil interest, cessat .. actio et ea tenus competit, qua tenus interest..". vgl. §§3.19.20.*I.de inut.stip.3*,19. *L.38.§17.D.de V.O.45*,1. *L.11.D.de furt.47*,2. s. §99. Note 4. (Nicht entgegen ist *L.19.D.de servitutib.8*,1. wonach man seinem fundus eine Servitut erwerben kann, davon man selbst keinen Gebrauch machen will oder kann: das Grundstück ist das berechtigte Subject: §62.*d.*) Jedoch ließen die prudentiores zu, daß eine Klage auf Freilaßung eines Sclaven auch dem zustehe, welcher bloß Interesse aus Zuneigung zu dem servus, kein vermögensrechtliches habe: *Pap.L.54.pr.D.mand.17*,1. (9) Es wäre magis derisorium quam utile. §e. *L.71.pr.D.de leg.1.30*. (10) *Ulp. L.7.pr.D.de contr.empt.18*,1. „.. neque enim debet in arbitrium rei conferri, an sit obstrictus". *Pomp.L.8.D.de O.et A.44*,7. „pro non dicto est quod dare, nisi velis, cogi non possis". *Iav.L.108.§1.D.de V.O.45*,1. „Nulla promissio potest consistere, quae ex voluntate promittentis statum capit". vgl. *L.17.eod. L.13.C.de contr.empt.4*,38. (11) z.B. *Pap.L.115.pr.D.de V.O.* „.. imperfecta erit stipulatio, .. si quod pondere numero mensura continetur, sine adiectione ponderis numeri mensurae stipulatus essem". *LL.94.95.D.eod. L.1.C.de dot.prom.5*,11. *L.17.C.mand.4*,35. Nicht widersprechend ist, daß zu besonderer Begünstigung der Dos (s. §117. Note 31. *L.70.D.de I.D.23*,3. *L.25. C.ad SC.Vellei.4*,29.) das unbestimmte Versprechen, eine solche zu bestellen, so gedeutet wird, als wäre ein durch billiges Ermeßen zu bestimmendes versprochen worden. *L.69.§4.D.de I.D. L.3.C.de dot.prom.5*,11.

bestimmbarkeit und dem deshalb eintretenden Mangel einer juristisch
wirksamen Willensbestimmung sind natürlich überaus vielfach[12].
Seiner Natur nach ist alles eigentliche facere oder non facere (§83.)
ein incertum, weil die Leistungspflicht von dem fortdauernden
vermögensrechtlichen Interesse des an sich darauf Berechtigten ab-
§i. hängig ist[13]. Eine aus einem dare (§83.) bestehende Leistung
ist certa, sie hat nothwendig ein vermögensrechtliches Interesse
für den Berechtigten, wenn entweder eine gehörig bezeichnete species
oder nach Quantität und Qualität bestimmte Fungibilien (§77.)
Gegenstand der Eigenthumsverschaffung sein sollen[14]; incerta aber,
wenn der, welcher dare soll, die, wenngleich an sich gehörig be-
stimmte Sache selbst noch nicht hat[15], oder wenn eine Quantität
von Fungibilien ohne Bestimmung der Qualität[15*]), eine species
bloß ihrer Gattung nach bezeichnet[16] oder ein Recht, dessen un-
sichere Dauer keine bestimmte Werthveranschlagung zuläßt (z.B. ein
§k. Nießbrauch), Gegenstand ist[16*]). Ferner fehlt es an der vollen
Bestimmtheit, wenn der zur Leistung Verbundene oder Berech-
tigte unter mehreren Leistungsgegenständen die Wahl hat (s. g.
§l. alternative Obligation)[17]. Nur bestimmbar, noch nicht bestimmt,
ist die Leistung, welche nach billigem Ermeßen (boni viri arbi-
trio oder arbitratu) geschehen soll[18]; bestimmt ist sie aber dann,
§m. wenn das gehörige Arbitrium erfolgt ist[19]. Endlich kann auch

(12) *Gai.L.74.D.de V.O.45,1.* „*Certum* est quod ex ipsa pronuntiatione apparet quid, quale quantumque sit“. *Ulp.L.75.pr.eod.* „Ubi autem non apparet quid, quale quantumque est in stipulatione, incertam esse stipulationem dicendum est“. Nachdem nämlich die Leistung bestimmt ist oder nicht, heißt die darauf gerichtete Begründung des Forderungsrechts durch mündliche Frage und Antwort selbst stipulatio certa oder incerta, *L.74.cit.*, ein contractus selbst certus oder incertus, z.B. *L.9.D.de R.C.12,1.* (13) *LL.68.67.§1. L.75. D.de V.O. L.33.D.depositi 16,3.* (14) Note 12., cit.*L.75.§§10.5.D.de V.O.* vgl.§§1.2.*eod.* Das dare zum Zweck der Bestellung einer Servitut ist incertum. cit.*L.75.§3.* vgl.*L.35.D.de S.P.U.8,2. L.8.pr.D.de A.E.V.19,1.* (15) z.B. cit.*L.75.D.§§4.6.* (15*) *L.52.D.mandati 17,1. L.75.§§1.2.* cf.§§5.6.*D.de V.O.* („.. *tritici Africi boni modios C, vini Campani boni amphoras C*, incertum videatur stipulari, quia bono melius inveniri potest ... at cum *optimum* quisque stipulatur, .. ea appellatio certi significativa sit“.) u.ö. (16) z.B. ein Pferd, ein Sclave, ein Grundstück, ein Haus u.dgl. cit.*L.75.§1.D.de V.O.* u.ö. (16*) cit. *L.75.§3.D.* cf.§9.*eod.* (17) cit.*L.75.§8. LL.76.pr.112.pr.138.§1.D.eod. L.2.§§2.3.D.de eo q.certo loco dari op.13,4. L.34.§6.D.de contr.empt.18,1.* Savigny Obl.R.§38. (18) vgl.Note 11. Auch in das billige Ermeßen des zur Leistung Verpflichteten selbst kann diese verstellt sein; nur soll dann, wie *Ulp.L.7.pr.D. de contr.empt.* sagt, magis in viri boni arbitrium id collatum videri quam domini, d.h. des Leistungspflichtigen. vgl.*L.22.§1.D.de R.I.50,17.*

(19) *§1.I.de empt.3,23. L.15.C.de contr.empt.4,38.* vgl.*LL.43.sq.141.§1.D.*

die Unbeſtimmtheit darin liegen, daß die Leiſtung durch Zufall[20] oder zufolge Willensäußerungen des berechtigten oder des verpflichteten Subjects[21] oder zufolge geſetzlicher Vorſchrift[22] ſich umändert, oder Acceſſionen erhält oder verringert wird, in welchen Fällen dann das certum in ein incertum übergehen kann.

§. 90. 2. Zeit der Leiſtung *).

Die Zeit der Leiſtung iſt eine Seite ihres vermögensrecht- § a.
lichen Werthes[1]. Als Willensäußerung fällt jede in irgend einen
Zeitraum und die Vollendung der Leiſtung in irgend einen Zeit-
punct. Bei vielen Leiſtungen, insbeſondere den in einem dare be- § b.
ſtehenden, iſt es kein praktiſches Bedürfniſs, den Zeitpunct ihres
Anfangs und den ihrer Vollendung zu unterſcheiden; wol aber bei
den meiſten aus einem facere oder ſonſtigen praestare beſtehenden;
es wird dann unter Zeit (dies, tempus) der Leiſtung der Zeit-
punct ihrer Vollendung verſtanden[2]. Iſt kein beſonderer Zeit- § c.
punct beſtimmt, weder geſetzlich oder gerichtlich, noch durch gil-
tigen Privatwillen, auch nicht durch Beſtimmung des Leiſtungs-
orts oder des noch nicht leiſtbaren Gegenſtandes die Leiſtung
hinausgeſchoben, ſo kann zu jeder geeigneten Zeit[3] der Verpflich-
tete ſie vornehmen, der Berechtigte ſie fordern[4]. Iſt die Leiſtungs- § d.

---

de V.O. 45,1. (20) z.B. *L.* 1.*pr.* § 1. *D. de per. et comm. rei vend.* 18,6. (21) z.B. zufolge von Rechtswidrigkeiten des Berechtigten oder des Verpflichteten. (22) z.B. *L.* 1. § 1. *D. de re iud.* 42,1. mit *L.* 1. *D. de nox. act.* 9,4.

(*) Savigny Obl.R. § 50. vgl. unten § 114. (1) *Call. L.* 85. *D. de solution.* 46,3. „Solidum non solvitur non minus quantitate, quam die". *Ulp. L.* 12. § 1. *D. de V.S.* „Minus solvit qui tardius solvit: nam et tempore minus solvit". (Eine umgekehrte Anwendung dieſes Satzes bei verfrüheten Leiſtungen iſt das ſ.g. Interusurium, commodum repraesentationis, wovon bei der Tilgung der Schuld durch solutio.) *Ulp. L.* 1. § 2. *D. de edendo* 2,13. „.. nam dies solutionis sicuti summa, pars est stipulationis". vgl. *L.* 4. *D. de cond. trit.* 13,3. *L.* 4. *pr. D. de eo q. cert.* 13,4. „.. temporis utilitas ..". ſ. § 91. Note 1. *L.* 5. *pr. D. commodati* 13,6. *L.* 63. § 2. *D. ad L. Falc.* 35,2. Auch z.B. *Sen.* de benef. 6,14,4. „.. pretium .. cuiusque rei pro tempore est". (2) *LL.* 14. 98. § 1. *L.* 137. § 3. *D. de V.O.* 45,1. (3) *Afr. L.* 39. *D. de solution.* 46,3. „.. quid enim si inopportuno tempore vel loco optulerim?" ſ. *LL. D. de V.O.* u. *L.* 186. *D. de R.I.* in der folg. Note. (4) *Pomp. L.* 14. *D. de R.I.* 50,17. „In omnibus obligationibus, in quibus dies non ponitur, praesenti die debetur". *Ulp. L.* 41. § 1. *D. de V.O.* „.. nisi si locus adiectus spatium temporis inducat, quo illo possit perveniri: verum dies adiectus efficit, ne praesenti die pecunia debeatur, ex quo apparet *diei adiectionem pro reo esse*, non pro stipulatore". *LL.* 60. 73. *pr.* 137. § 2. *eod. Cels. L.* 186. *D. de R.I.* „Nihil peti potest ante id tempus, quo per rerum naturam persolvi possit. et cum solvendi tempus obligationi additur, nisi eo praeterito peti non potest". *L.* 2. § 5. *D. de eo q. certo l.* 13,4. *Paul. L.* 105. *D. de solution.* „Quod dicimus in .. herede ... *debere statim solvere*, cum aliquo scilicet temperamento tem-

zeit bestimmt, so hat jeder von beiden das Recht, daß nicht wider § *e.* seinen Willen früher geleistet werde[5]. Ist die Bestimmung des Leistungstermins in die Willkür des Verpflichteten verstellt, so erlischt die Leistungspflicht mit dessen Tode von selbst, sofern Erfüllung derselben durch dessen Erben nicht statthaft ist, sonst aber § *f.* müßen nun die Erben sofort leisten[6]; wäre jene Bestimmung dem Berechtigten anheimgestellt, so könnte dieser die Leistung, gleich wie bei unbestimmter Zeit, statim oder praesenti die fordern (⁴).

§ *g.* Zur Bezeichnung der begründeten, aber noch nicht fälligen Leistungspflicht (ubi dilata est solutio) dienen die Ausdrücke 'cedit oder cessit dies, futura obligatio, praesens non est obligatio' (der Verpflichtete dare facere praestare *oportebit*, der Berechtigte petere *poterit*); der schon fälligen 'vēnit dies, praesens obligatio, statim oder praesenti die debetur, peti *potest*, debitorem dare facere praestare *oportet*'[7].

§. 91. 3. Ort der Leistung *).

Dig. De eo quod certo loco dari oportet *13*,4. *Cod.* Ubi conveniatur qui certo loco dari promisit 3,18.

§ *a.* Auch von dem Orte der Leistung kann deren vermögensrechtliche Bedeutung abhängig sein[1] und er ist zur Bestimmung,

---

poris intellegendum est: nec enim cum sacco adire debet". Für die Forderung aus der sine die constituta pecunia bestimmt das modicum tempus auf mindestens 10 Tage *L.*21.§1.*D.de const.pec.13*,5. (5) In der Regel kommt dieses nur für den Schuldner, nicht früher leisten zu müßen, in Betracht, z.B. *L.*38.§16. u. cit. *L.*41.§ 1.*D.de V.O.* *L.*70.*D.de solution.* *L.*17. u.cit. *L.*186. *D.de R.I.50*,17.; es kann jedoch auch für den Berechtigten wichtig sein, die Leistung nicht früher anzunehmen, *L.*17. cit. *L.*43.§ 2.*D.de leg.II.31.* *L.*15.*D.de ann. leg.*33,1., bei dem Depositum, dem verzinslichen Mutuum u.dgl. (6) Nach vorjustinianischem Rechte konnte eine vertragmäßige Leistungspflicht nicht so begründet werden, daß sie erst mit dem Tode des berechtigten oder verpflichteten reus begonnen hätte, obligatio neque ab heredis persona, neque ex heredis persona incipere poterat. *Gai.3*,100.158. vgl. *L.*46.§§1...3. *L.*38.§14.*D.de V.O.* u.§16.*I.de inut.stip.*3,19. Justinian aber bestimmt *Ut actiones et ab heredibus et contra heredes incipiant: Cod.4*,11. §13.*I.de inut.stip.*3,19. (7) *Ulp.L.* 213.*pr.D.de V.S.* „*Cedere diem* significat incipere deberi pecuniam; *venire diem* significat eum diem venisse, quo pecunia peti possit. Ubi pure quis stipulatus fuerit, et cessit et venit dies; ubi in diem, cessit dies, sed nondum venit; ubi sub condicione, neque cessit neque venit dies pendente adhuc condicione". § 2.*I.de V.O.3*,15. *L.*21.*pr.D.quando dies 36*,2. *L.*38.§16. *L.*41.§ 1. *LL.*46.76.§ 1. *LL.*89.125.*D.eod.45*,1. *L.*44.§1.*D.de O.et A.44*,7. *L.*9. *pr.D.de R.C.12*,1. Zuweilen heißt aber auch die begründete, noch nicht fällige Forderung 'praesens', z.B. cit. *L.*46., die noch gar nicht begründete 'futura', *L.*6. §2.*D.de fideiuss.46*,1. *L.*30.*D.de R.C.12*,1.

(*) Savigny Syst. §§ 370.f. Obl.R. § 49. (1) § 33.*I.de act.4*,6. *Gai. L.*4.*D.de cond.trit.13*,3. „Si merx aliqua quae certo die dari debebat, petita

von welchem Gerichte ein Rechtsstreit über jene zu entscheiden sei, von gröster Wichtigkeit[1*]. Jede positive Leistung geschieht § b. nothwendig an irgend einem Orte; aber manches facere setzt, um Rechtsobject zu sein, wesentlich die Bestimmtheit des Leistungsortes voraus[2]. Aus denselben Gründen, wie die Zeit (§ 90.), kann § c. auch der Ort der Leistung bestimmt sein: gründet sich diese Festsetzung auf Vertrag oder letztwillige Verfügung, so bestimmt auch der Privatwille, ausdrücklich oder stillschweigends, den Ort der Leistung; ist deren Gegenstand eine unbewegliche Sache, so ist jener durch diese von selbst bestimmt[2*]. Bei unbestimmtem Leistungsorte § d. kann in der Regel beliebig der Berechtigte an irgend einem gelegenen Orte Leistung fordern, der Verpflichtete bis zu erhobener Klage sie an irgend einem solchen vornehmen[3]. Dieses gilt ins- § e. besondere auch, wenn alternativ mehrere Leistungsorte bestimmt worden sind[4]; wogegen bei cumulativer Verbindung mehrerer

---

sit, tanti litem aestimandam Cassius ait, quanti fuisset eo die quo dari debuit; si de die nihil convenit, quanti tunc cum iudicium acciperetur. Idemque iuris in loco esse, ut primum aestimatio sumatur eius loci quo dari debuit; si de loco nihil convenit, is locus spectetur, quo peteretur. Quod et de ceteris rebus iuris est“. *Iul.L.*22.i.f.*D.de R.C.12*,1.„.. Interrogavi, cuius loci pretium sequi oporteat. Respondit Si convenisset *Ut certo loco redderetur*, quanti eo loco esset; si dictum non esset, quanti ubi esset petitum“. *Ulp.L.9. D.h.t.* „Is qui certo loco dare promittit, nullo alio loco, quam in quo promisit, solvere invito stipulatore potest“.| *Gai.L.3.D.h.t.* „...scimus quam varia sint pretia rerum per singulas civitates regionesque, maxime vini, olei, frumenti; pecuniarum quoque licet videatur una et eadem potestas ubique esse, tamen aliis locis facilius et levibus usuris inveniuntur, aliis difficilius et gravibus usuris“. *Paul.L.*63.§ 2.*D.ad L.Falc.* „.. pretio varietatem loca temporaque adferunt..“. (1*) De iuris dictione (: *Dig.*2,1.) [et ubi quis conveniri debeat: *Th.C.*2,1.] omnium iudicum et de foro competenti: *Iust.Cod.* 3,13. u. die folgg. Titel bis 26. De iudiciis et ubi quisque agere vel conveniri debeat: *Dig.*5,1. Si a non competente iudice iudicatum esse dicatur: *Cod.* 7,48.| *Brachylog.*4,8. De loco ubi quis agere vel conveniri debeat.

(2) *Ulp.L.*2.§ 5.*D.h.t.* 13,4. „Si quis *insulam fieri* stipuletur et locum non adiciat, non valet stipulatio“. vgl. § 89. Note 9. (2*) s. z. B. *L.*38.*D.de iudic.* 5,1. in folg. Note 6. § 5.*I. de V.O.* 3,15. s. § 89. Note 6. (3) § 90. Note 3. *L.*2.§ 3.*D.h.t.* „.. Et generaliter definit Scaevola, petitorem electionem habere ubi petat, reum ubi solvat, scil. ante petitionem“. *L.*1.*D.de ann.leg.* 33,1. „.. quocumque loco petetur, dari debet“. (Savigny Obl.R. I. S.515. u. Puchta Pand. § 246. Note i. haben das Erforderniß der opportunitas loci, welches die cit. *L.*39.*D.de solutt.* ausdrücklich aufstellt, übersehen; jener aber erklärt sich S.516. Note r. mit Recht gegen Puchta.) (4) so in *L.*2. § 3.*cit.* „Ephesi *aut* Capuae“. Ist aber mit der alternativen Bestimmung des Leistungsortes auch eine solche des Leistungsobjects verbunden (Ephesi X aut Capuae hominem dari), so muß die Klage dem Verpflichteten die Wahl laßen, der Stipulator „non debet detracto altero loco experiri, ne auferat loci utilitatem reo“: *L.*2.cit.§ 2.

Orte an jedem ein Theil der Leistung erfolgen soll [5]. Eine Species (§ 77.) ist regelmäßig an dem Orte zu leisten, wo sie sich ohne §f. Widerrechtlichkeit des Leistungspflichtigen befindet [6]. Kann die Leistung an dem Orte, wo sie geschehen soll, nicht erfolgen, so bestimmt der Richter das Interesse der Partei, welche es sich gefallen laßen muß an einem anderen Orte die Leistung anzunehmen oder zu machen (s.g. Ortsinteresse) [7].

---

(5) cit. *L.* 2. § 4. „Ephesi *et* Capuae, ut Ephesi partem et Capuae partem petat“. (6) *Lic. Ruf. L.* 38. *D. de iudic.* 5, 1. „Quod legatur si quidem per personalem actionem exigetur, ibi dari debet ubi est, nisi si dolo malo heredis subductum fuerit; tunc enim ibi dari debet, ubi petitur. Praeterea quod pondere aut numero aut mensura continetur, ibi dari debet ubi petitur, nisi si adiectum fuerit CENTVM MODIOS EX ILLO HORREO, aut VINI AMPHORAS EX ILLO DOLIO. Si autem per in rem actionem legatum petetur, etiam ibi peti debet ubi res est. et si mobilis sit res, ad exhibendum agi cum herede poterit, ut exhibeat rem; sic enim vindicari a legatario poterit“. *LL.* 10...12. *D. de R. V.* 6, 1. *L.* 11. § 1. *D. ad exhib.* 10, 4. *L.* 12. § 1. *D. depositi* 16, 3. (7) *LL.* 1. 2. *pr.* § 8. *LL.* 3. 4. i. f. 8. 10. *D. h. t.* | Im römischen Obligationen- und Actionen-System war eine besondere prätorische Klage dem Leistungsberechtigten nothwendig, wenn er nach strengem Civilrecht bloß am bestimmten Leistungsorte hätte klagen dürfen (in den stricti iuris obligationes mit bestimmtem Leistungsorte), hier aber der Verpflichtete sich nicht einfand oder nicht hier leisten konnte; stellte nun jener beim Gerichte des Beklagten die arbitraria actio de eo quod certo loco dari oportet an, so bestimmte der Richter, wenn die Nichterfüllung am festgesetzten Orte nicht dem Kläger zur Last fiel oder der Beklagte sich nicht durch Caution der Verurtheilung entzog, nach Ermeßen den Werth der Veränderung des Leistungsorts (s. *D. h. t.* 13, 4. *Alex. L. un. C. h. t.* 3, 18. „Qui certo loco sese soluturum pecuniam obligat, si solutioni satis non fecerit, arbitraria actione et in alio loco potest conveniri, in qua venit aestimatio quod alterutrius interfuerit suo loco prius quam in eo, in quo petitur, solvi“. (a. 226.) § 31. *I. de act.* 4, 6. „...cum id quod certo loco promissum est, petitur, ... permittitur iudici ex bono et aequo secundum cuiusque rei de qua actum est naturam aestimare quem ad modum actori satis fieri oporteat“.); bei den übrigen Obligationen geschah diese Bestimmung des Ortsinteresses auf die Klage aus diesen von selbst. *Gai. L.* 4. *D. de condict. trit.* 13, 3. in Note 1.

Drittes Kapitel.

Von den Rechten überhaupt

oder von der Beziehung des Willens des Subjects auf das ihm Objective im Verhältnisse zu dem allgemeinen Willen.

Erster Abschnitt.

Die Rechtsbestimmung oder das s.g. objective Recht.

§. 92. Vorwort.

In der Einleitung haben wir den Begriff des Rechts (§ 1.) und der Rechtsbestimmung oder des objectiven Rechts (§ 2.) und die Nothwendigkeit der positiven Gestaltung desselben (§ 3. vgl. § 9.) nachgewiesen und von den Quellen des römischen Rechts und deren verschiedenen Formen ausführlich (§§ 10...25.) gelehrt. In diesem Abschnitte betrachten wir die römischen Rechtsgrundsätze I) von der Macht der Rechtsbestimmung über den Privatwillen, jenachdem A) diese aus der römischen Nationalität entsprungen oder den bei anderen Völkern geltenden Normen der Willensäußerungen entsprechend ist (§ 92*.), B) ihre Geltung eine absolute oder nur relative sein soll (§ 93.), und C) die Grundsätze der einzelnen Rechtbestimmungen mit den allgemeinen Grundsätzen des Rechtssystems, welchem jene Bestimmungen einverleibt worden sind, übereinstimmen oder von ihnen abweichen (§ 94.); dann II) von der Entstehung und Aufhebung (§ 95.) und zuletzt III) von der Anwendung der Rechtsbestimmungen (§§ 96.97.).

I. Die Geltung der Rechtsbestimmung

§. 92*. A. nach ihrem Ursprung aus römischer Volksthümlichkeit oder den, anderen Völkern gemeinsamen Rechtsansichten: ius civile und ius gentium (*).

Gai. 1,1. (*L.9.D.de iustitia et iure 1,1.*) *Inst.* De iure naturali, gentium et civili *1,2*. *Dositheus* de manu missionibus § 1.

Bei keinem Volk hat je das Privatrecht so entschieden den § a.
Verlauf gehabt, daß es sich, von strengster volksthümlicher Gestal-

---

(*) Dirksen im Rhein. Mus. f. Jpdz. I. S. 1. ff. od. Verm. Schriften I. n°. 9. Savigny Syst. I. S. 109. ff. u. Beilage I. vgl. Dess. Obl. R. §§ 5. ff. Puchta Inst. §§ 83...85. Dess. Gewohnheitsr. I. S. 32...40.

tung anhebend, allmählich und stäts umfaßender der Einwirkung allgemeiner Rechtsansichten erschloßen, diese in sich aufgenommen, sie seinem Geiste gemäß durchgebildet und sich ihnen organisch assimiliert hätte, als bei den Römern: die Geschichte des römischen Privatrechts ist, in ihrem allgemeinsten Umrisse bezeichnet, eben die, daß es, ursprünglich im eigentlichsten Wortsinne ius civile proprium civium Romanorum [1], zuletzt in ein System des ius gentium sich umgebildet [2] und dadurch sich den Weg in die neuere Welt gebahnt hat [3].

§ *b*. Die allgemeine Bedeutung des nationalrömischen Privatrechts, des ius civile proprium civium Romanorum [4] ist zu entnehmen aus der Lehre von den Rechtsquellen (§§ 11. ff.), den auch schon erörterten Bestimmungen über die Rechtsfähigkeit der Menschen, je nachdem ihnen connubium und commercium oder nur dieses oder keins von beiden zukommt (§ 33. *b*. ff.), und über die Fähigkeit der Sachen, Rechtsobjecte zu sein (§§ 67...73.), womit auch die in diesem Kapitel darzustellende Entstehung, Beendigung und Schü-

§ *c*. tzung der Rechte selbst zusammenhängt. Diesem besonderen römischen Civilrecht setzt Gaius (4) ein allgemein geltendes Recht, commune omnium hominum ius, gegenüber, welches man, zumal es auf die naturalis ratio zurückgeführt wird, früher nicht selten als gleichbedeutend mit dem neueren s.g. Naturrecht [5] ansah; und da die justinianischen Institutionen [6] nach den ulpianischen [7] mit den Stoikern [8] das naturale ius von dem ius gentium noch unterscheiden, so wurde das Missverständniss selbst bis dahin getrieben, das letztere, wo nicht gar für 'Völkerrecht', (mit welchem es, ob-

(1) s. z. B. *Gai. 1*,55. 2,40. 101. sqq. 3,1. sqq. 93. 4,30. *etc.* vgl. Dirksen l. c. 3r. Abschn. (2) § 3. *c*. § 8. *b*. (3) s. § 24. *t*. ff. § 7. *f*. § 9. u. die Vorr. zur 1. Ausg. | Daß mit dem Gegensatze der cives Romani gegen die aliae gentes auch der des ius civile proprium civium R. gegen das ius gentium sammt seinen Consequenzen zu gelten aufgehört habe, bleibt noch heutiges Tages oft unbeachtet.

(4) *Gai.* l. c. „Omnes populi qui legibus et moribus reguntur, partim suo proprio, partim communi omnium hominum iure utuntur; nam quod quisque populus ipse sibi ius constituit, id ipsius proprium est vocaturque *ius civile*, quasi ius proprium ipsius civitatis. quod vero naturalis ratio inter omnes homines constituit, id aput omnes populos peraeque custoditur vocaturque *ius gentium*, quasi quo iure omnes gentes utuntur. Populus itaque Romanus partim suo proprio, partim communi omnium hominum iure utitur ..". §§ 1. 2. *I. h. t. 1*,2. „.. sed quotiens non addimus nomen, cuius sit civitatis, nostrum ius significamus ..". (5) s. § 3. Note 3. (6) *Pr.* §§ 1. 2. *I. h. t.* 2,1. (7) *L.* 1. §§ 3. 4. *LL.* 4. 6. *pr. D. de iust. et iure 1*,1. vgl. auch § 36. Note *b*. *Gell. 7*,3. *Isidor.* Orig. 5,4. (8) s. Schraders Inst. 4°. ad *pr. I. h. t. 1*,2.

gleich es auch öffentlichrechtliche Sätze des ius gentium giebt, so
wenig zusammengehört, als mit dem Rechte der gentes [§ 57.],
gentilicium, gentilitatis ius) so doch als eine für alle Staaten an-
wendbare Rechtstheorie anzusehen, die sich nicht, wie jenes ius
naturale, unmittelbar auf die animalische Natur des Menschen
gründe [9]. Die Unterscheidung des ius naturale von dem gentium, § *d.*
je nachdem die allgemeingiltige Rechtsbestimmung auf der anima-
lischen oder der vernünftigen Natur des Menschen beruht, ist an
sich begründet; indem aber jene beiden Eintheilungsglieder dem
ius civile coordiniert und zu der Trichotomie 'ius civile, gentium,
naturale' gebraucht werden, entsteht der logische Fehler, welcher
verkennen ließ, daß der Gegensatz des ius civile und gentium auf
die Besonderheit oder Allgemeinheit der Geltung der Rechtsbestim-
mung gehe, die Subdivision des allgemeingiltigen Rechts aber in
naturale und gentium auf die Rechtsverhältnisse, für welche die
Bestimmung allgemeingiltig sei [10]. Seit Hugo [11] das ius gentium § *e.*
bezeichnet hat als das, besonders durch den Fremden-Prätor zur
Anwendung gebrachte Recht, welches im Verkehr der Römer mit
Nichtrömern oder dieser unter sich in Rom gegolten, dann später
unter dem Einfluße griechischer Philosophie auch theoretisch sich
entwickelt habe, ist dessen wahre Bedeutung zu allgemeinerer An-
erkennung gekommen. In ältester Zeit verhandelten auch die Rö- § *f.*
mer in Conflicten mit anderen Völkern entweder durch Fetialen
und iure belli, oder Recuperatoren schlichteten das Zerwürfniss [12];
dergleichen traten auch in Streitigkeiten einzelner Römer und Aus-
wärtiger, mit deren Staate Rom eine völkerrechtliche Ueberein-

(*9*) Daß das ius naturale „bei Menschen und Thieren zugleich gelte“ (Savigny Syst. I. S. 413.), ist in Ulpians Worten (cit. *L.* 1. *D. de iust. et iure*) „videmus... cetera quoque animalia... istius iuris peritia censeri“ und denen, daß das ius naturale „omnibus animalibus“, das gentium „solis hominibus inter se commune sit“, nicht gesagt. (*10*) Die logisch richtige dichotomische Eintheilung befolgen unsre Quellen vorzugsweise, und so selbst die Institutionen, welche § 11. *de iure natur.* als naturalia iura die quae apud omnes peraeque gentes observantur, bezeichnen, so auch § 11. *I. de R. D.* 2, 1. „iure naturali, quod appellatur ius gentium“. vgl. unten § 103. Note 10. Savigny Syst. I. Beilage 1. Unter den sonstigen röm. Bezeichnungen des ius gentium ist natura am häufigsten. Dirksen im 2. Abschn. der cit. Abh.| Der Eintheilung des Rechts in civile und gentium entspricht (nach § 11. Note γ.) die modestinische des s. g. Gewohnheitsrechts in ius quod firmavit consuetudo und ius quod necessitas constituit. (*11*) Gesch. des r. R. ed. XI. S. 114. 368. 430. 460. 445. 463. 475. 905. (*12*) Ueber diese Einrichtungen s. die Hdbb. der röm. Alterthümer, und Puchta Inst. § 83. u. Huschke das. cit.

kunft desfalls geschloßen hatte[13], ein, und so musten bei den in
Rom verhandelten Recuperationen sowol die Verhandlungsformen
als auch die der Entscheidung zum Grunde zu legenden Rechtsbe-
stimmungen einerseits von denen des strengen röm. Civilrechts ab-
weichen, als auch andererseits ein gegenseitiger Einfluß des ius
gentium und civile stattfinden. Der Einfluß des ius gentium
auf das römische Civilrecht wuchs mit dem zunehmenden Verkehr
der Römer und Nichtrömer, besonders seit der Provincialisierung
eroberter Länder, wovon die Einsetzung eines eigenen, ebenfalls
edicierenden[14] Fremden-Prätors (a. u. 507.) eben so sehr ein Be-
weis ist, als sie selbst den durch jenen Verkehr entstandenen Be-
§ g. dürfnissen abzuhelfen bestimmt war[15]. So entwickelte sich seit
dem 6. Jahrh. d. St. das ius gentium als im röm. Staate für die
des Civilrechts unfähigen Personen geltendes positives Recht[16]
und zugleich als stäts wachsendes und besonders durch die prä-
torischen Edicte[17] erstarkendes Element des römischen Civilrechts
selbst[18]; des letztren ausschließliche Grundsätze und Formen er-
scheinen schon im justinianischen Rechte durchgängig von jenem
überwunden, wie die Geschichte der einzelnen Institute des röm.
§ h. Rechts ausweist[19]. Das praktische Verhältniss beider Rechte,
des civile und gentium, war dieses, daß die absoluten Bestimmun-
gen des erstren das letztre ganz ausschloßen[20]; übrigens regelmä-
ßig das ius gentium auch den cives Romani[21], nicht aber das ius

---

(13) s. § 35. *h.* *Fest.* (ed. Müll. p. 274.) „Reciperatio est, ut ait Gallus Aelius, cum inter populum et reges nationesque et civitates peregrinas lex convenit, quo modo per reciperatores reddantur res reciperenturque resque privatas inter se persequantur". (14) s. § 16. Note 13. (15) *Pomp. L.* 2. §§ 28. 32. *D. de O. I.* 1, 2. (16) *Marcian. L.* 17. § 1. *D. de poenis* 48, 19. „.. quidam ἀπόλιδες [sine civitate *L.* 1. § 2. *D. de legat. III.* 32.] sunt ... ut ea quidem quae iuris civilis sunt, non habeant, quae vero iuris gentium sunt, habeant". s. z. B. *Gai.* 3, 93. *Ulp. L.* 8. i. f. *D. de accepti lat.* 46, 4. (17) s. § 9. *b.* § 16. (18) *Cic.* de off. 3, 17. § 69. „.. maiores aliud ius gentium, aliud ius civile esse voluerunt: quod civile, non idem continuo gentium; quod autem gentium, idem civile esse debet". (19) s. §§ *a. b.* vgl. z. B. die Lehren von der Rechtsfähigkeit der Personen, von der Verwandtschaft und Gentilität, den Familienrechtsverhältnissen und dem status, der Mancipierbarkeit der Sachen und der Mancipation überhaupt, den Eigenthums-Formen und Erwerbsarten, den civilen und s. g. prätorischen Servituten, den Obligationes und Actiones; und weit mehr als gewöhnlich bemerkt wird, zeigt sich auch im Erbrecht der Uebergang des civile in das ius gentium. vgl. oben Note 1. (20) *Cic.* or. part. 37. § 130. „.. ut nostros mores legesque tueamur, quodam modo naturali iure praescriptum est". s. z. B. *Gai.* 1, 64. 2, 7. ibiq. citt. ll., oben § 47. *k.* u. § 93. Note 7. vgl. auch unten § 105. (21) z. B. *Gai.* 3, 93. *Cic.* de off. l. c. Viele Eigenthums-

civile den Nichtrömern[22] offen war; nur ausnahmeweise gab es auch in Rom ius proprium der Peregrinen überhaupt, auf cives Romani nicht bezügliches[23]. Von diesem ist das Recht einzelner § i. peregrinae civitates, das weder ius gentium, noch auch in das civile aufgenommen war, zu unterscheiden[24]; denn so wie das ius proprium der cives Romani, so konnte auch das einer *peregrina* civitas von dem ius gentium abweichen, und die Bezeichnung eines Rechts-Satzes oder Instituts als einer einzelnen civitas oder mehreren solcher angehörig ist also eine Ausschließung desselben aus dem ius gentium[25], gleichwie mit dem ius civile der Römer übereinstimmende Einrichtungen anderer Staaten ausdrücklich in Gegensatz zu jenem gestellt werden[26]. Die dem ius civile entspre- § k. chenden Rechte des Subjects (§ 98.*a.*), die civilia iura, sind, so lange sie als solche bestehen[27], durch civilrechtliche Angriffs- und Vertheidigungs-Mittel geschützt (§ 106.*f.* § 131.); dagegen wäre es unrichtig zu sagen, daß, abgesehen von den vom Civilrecht verworfenen, daher nach demselben ohne Rechtsschutz bleibenden oder gar mit Rechtsnachtheilen belegten Rechts-Geschäften oder Verhältnissen[28], die dem ius gentium entsprechenden, die naturalia iura nur durch exceptiones oder sofern sie durch klagbare accessorische Ansprüche gesichert sind, Schutz fänden[29]; dieses gilt vielmehr nur von der civilrechtlich nichtverworfenen bloßen naturalis obligatio, mag sie von Anfang an eine solche gewesen oder aus der civilis nur das naturale Element übrig geblieben sein[30]. Die Unterschei- § l. dung der civilia und der naturalia iura wird nämlich bald auf die Herkunft des Rechts aus ius civile oder ius gentium bezogen[31],

---

erwerbsarten und Obligationen des Civilrechts sind ihrem Ursprunge nach ius gentium. s.z.B. § 100. Note 13. (22) s. Note 16. So z.B. können auch Römer in non iustis, Personen ohne connubium nicht in iustis nuptiis leben. § 33.*c.* Aus dem angegebenen Grunde wurde auch, um die civilen Delictsklagen zwischen Römern und Nichtrömern zu ermöglichen, letzteren die Civität fingiert. s. § 118. Note 23. § 131. Note 14. (23) z.B. *Gai.3*,134. vgl. mit 3, 132.133. (24) *Gai.1*,86. 3,93. mit 120. (25) *Gai.1*,92.95. 3,96. *Ulp.20*,14. Dirksen Verm. Schr. I. S. 209. (26) *Gai.1*,55.193. cf. *Caes.* de B.G.*6*,19. (27) s. *Gai.1*,58. unten § 98. Note 1. (28) Note 20. u. § 103, Note 14. (29) Ein aus dem ius gentium stammendes Recht kann in seiner Wirkung civil (ein klagbares) sein, wie sich z.B. an den Klagen zum Schutze des naturalen Eigenthums und den aus vielen ihrem Ursprunge nach naturalen Obligationen zeigt. (30) s.z.B. *L.*7.*D.de pact.*2,14. *L.*156.§1.*D.de R.I.* *L.*10.*D.de O.et A.* 44,7. *L.*5.*pr.D.de pignor.*20,1. *L.*95.§ 4.*D.de solution.*46,3. *LL.*60.*pr.*28.*D.de condict.indeb.*12,6. *L.*50.§ 2.*D.de pecul.*15,1. *L.*6.*D.de compens.*16,2. *L.*8.§1.*D.rat.rem* 46,8. „...naturale debitum manet". (31) vgl.

welcher Unterschied eigentlich allein hierher gehört, bald auf die Wirkung des Rechts, je nachdem es den vollen Schutz eines civilen findet oder nicht[32], was der Lehre vom Schutze der Rechte überhaupt und dem speciellen Actionenrechte angehört.

§. 93. B. in ihrem Verhältnisse zum Privatwillen.

§ a. Die Privat-Rechtsbestimmung soll den Willen der Person zur Wahrheit des Fürsichhandelns bestimmen[1]; demgemäß fordert sie für den je bestimmten Fall entweder, daß sich ihr der sich bestimmende persönliche Wille gänzlich conformiere und unterordne, oder sie ordnet sich diesem unter und will nur gelten, soweit nicht dieser
§ b. abweichende Bestimmungen aufgestellt hat: Rechtsbestimmungen der ersten Art, absolute, das ius publicum in diesem Sinne, nennen die Neueren[2] Zwangs- (ge- und verbietende, imperativae sive praeceptivae und prohibitivae) Gesetze[3], die der letzteren Dispositiv- oder Permissiv-Gesetze (+ius dispositivum)[4], und stellen zu
§ c. jenen die Strafgesetze[5]. Fremdes oder besonderes Stammes-Recht eines Theils der Staatsmitglieder, wie z. B. das jüdische Nationalrecht, hat, soweit es nicht durch das ius publicum, das gemeine Recht des Staates, für geltend erklärt und so selbst zu einem Theil desselben gemacht ist, nur die Bedeutung einer durch Privatwillen gesetzten Norm, ius privatum oder gewillkürten Rechts[5*]).

---

§ 100. Note 13. (32) Die Eintheilung der civilen und naturalen Obligationen, je nach *a*) dem Ursprung, *b*) der persönlichen Rechtsfähigkeit, *c*) der Art und dem Grade der Wirksamkeit (Savigny Obl. R. § 5.) ist keine drei- sondern eine zweigliedrige; *b* gehört zu *a*. s. oben zu den Noten 21 bis 23.

(1) § 1. *e*. (2) Nach *Mod.* in § 12. Note 9. vgl. *Quintilian.* Inst. or. *7*, 5. § 5. „lex omnis aut tribuit aut adimit aut punit aut iubet aut vetat aut permittit". (3) Die Eintheilung gilt eben so für gewohnheitsrechtliche Bestimmungen. (4) Die absolut geltenden Rechtsbestimmungen, deren Inhalt weder durch ius gentium (§ 92*. Note 20.), noch durch Privatdisposition abgeändert werden kann, werden vorzugsweise ius publicum genannt. *Ulp. L.* 45. § 1. *D. de R. I.* „Privatorum conventio iuri publico non derogat". *Pomp. L.* 27. *D. eod. Pap. L.* 38. *D. de pact.* 2, 14. „Ius publicum privatorum pactis mutari non potest" z. B. *Ulp. L.* 52. *pr. D. de V. O.* „.. praetoriis stipulationibus nihil immutare licet, neque addere, neque detrahere". *L.* 5. § 7. *D. de adm. tut.* *26*, 7. *L.* 3. *D. qui ita* 28, 1. *L.* 42. *D. de operis lib.* 38, 1. *L.* 13. *C. de testam.* *6*, 23. Was *Cic.* or. part. 37. § 130. 'privatum ius' [wir können dafür 'gewillkürtes Recht' setzen] im Gegensatz zu dem publicum, den eigentlichen, d. h. als Staatswille geltenden Rechtsbestimmungen (ohne Rücksicht darauf, ob sie den ändernden Privatwillen ausschließen oder zulaßen) nennt, Testamente und Verträge, gehört zu den Rechtsgeschäften. So setzt auch Quintilian l. c. den leges die testamenta, pacta, stipulationes entgegen. vgl. § 103. (5) Mit 'lege poenali' bezeichnet *Gai.* *1*, 128. ein Gesetz über öffentliche Strafe, eine lex iudiciorum publicorum.

(5*) *L.* 10. *Th. C. de iuris d.* 2, 1. *L.* 8. *Iust. C. de Iudaeis* *1*, 9.

§ d. Je nachdem die Rechtsbestimmung mit einer sanctio schließt oder nicht, ist sie lex perfecta oder imperfecta; die sanctio enthält entweder bloß Nichtigkeitserklärung der Zuwiderhandlung (lex perfecta) oder zugleich Strafandrohung (lex plus quam perfecta), oder nur letztere, ohne Nichtigkeitserklärung (lex minus quam perfecta) [6]. § e. In der Regel sind die ge- und ver-bietenden Rechtsbestimmungen perfecte in der bezeichneten Bedeutung [7]; Handlungen gegen die bloß imperfecten finden keinen gerichtlichen Schutz, werden aber auch vom Rechte nicht vernichtet [8]. § f. Im Zweifel, ob und in wiefern eine Rechtsbestimmung ein s. g. Zwangs- oder ein Dispositiv-Gesetz sei, ist für letztere Eigenschaft zu entscheiden [9], indem eine Beschränkung des Privatwillens durch den Staatswillen nur in soweit gilt, als der letztere sich als solchen gehörig zu erkennen gegeben hat [10].

§ 94. C. in ihrem Verhältniss als Bestandtheil des Rechtssystems.

§ a. 1) Im ganzen faßt das Recht den Menschen als Person, als Subject des sich für sich vollbringenden Willens auf (§. 30.); aber es kann den Verschiedenheiten der Individualitäten nicht allen Einfluß versagen, ohne Widerspruch mit seinem eigenen Begriffe, eine Norm für die Willensäußerungen zu sein: die Willenskraft

(6) s. § 69. Note 20. In unseren Quellen ist nur der Begriff der minus quam perfecta lex bei *Ulp.* § 2. init., der der imperfecta bei *Macrob.* Somn. Scip. 2,17. g. E. in der angegebenen Weise geradezu bestimmt. vgl. die Epiloge der justinian. *Novv. 6. 7. 10. 16. 32. 38. 63. 64. 122. 130. 135. 136. 146. 152.* i. f. *153. 157. 164.*

(7) vgl. § 83. Note 4. § 88. Note 21. § 89. Note 7. Daher können gegen solche Gesetze gemachte Leistungen zurückgefordert werden, z. B. *L. 26. pr.* ... § 2. *D. de condict. indebiti* 12,6. vgl. *LL. 20. 29. D. de usuris* 22,1.

(8) Ein Zurückforderungsrecht des geleisteten als einer Nichtschuld findet daher nicht statt, z. B. *L. 19. pr.* *L. 40. pr. D. de condict. indeb.* 12,6. *L. 7.* i. f. *L. 9.* § 4. ... *L. 11. D. ad SC. Maced.* 14,6.

(9) Auch dieses enthält die häufig ausgesprochene Regel „Benignius leges interpretandae sunt, quo voluntas earum conservetur". *Cels. L. 18. D. de LL.* 1,3. oder wie *Gai. L. 56. D. de R. I.* sagt „Semper in dubiis benigniora praeferenda sunt". *L. 192.* § 1. *D. eod.* *L. 155.* § 2. *D. eod.* *L. 42. D. de poenis* 48,19.

(10) vgl. §§ 95. *b.* 96. *d.* 97. *a.* § 30. Note 2. Daher gelten auch weder bloße Relationen, sei es der Meinungen oder Gründe anderer Rechtsgelehrter, wenn diese gleich iuris conditores (§ 17. *e. f.*) waren, sei es sonstiger Thatsachen oder Rechtsfälle (s. g. verba relativa), noch die bloß enuntiativen Sätze, doctrinelle Bemerkungen, anempfohlene Vorsichtsmaßregeln, wie dergleichen in den justinianischen Rechtssammlungen zahlreich vorkommen, als den Privatwillen bindende Normen. Aber „ob uns gleich die im justinian. R. vorkommenden Lehrsätze und Begriffe nicht verbinden, so müßen wir dieselben doch, wenn sie sonst richtig sind, mit ihren wesentlichen Folgen als wahr und gegründet anerkennen". Weber Vers. ü. d. Civilr. 1. § 7. Es kommt hierbei eben auf das 'richtig sein' an.

der Personen ist von Natur, Bildung und äußeren Lebensstellungen verschieden; daher kann das die wahre Gleichheit der Personen anerkennende Recht, die wahre aequitas, nicht eine äußerliche und abstracte Nichtunterscheidung und Gleichstellung aller Menschen
§ b. sein [1]. Dieser Einfluß kann sich im System eines positiven Rechts auf doppelte Weise geltend machen, indem er nämlich selbst entweder in der Form allgemeiner durchgreifender, nur die allgemeine Willensfähigkeit und Subjectivität der Personen, Willenlosigkeit und Objectivität der Sachen, und die dadurch gegebenen Beziehungen des sich bethätigenden Willens der Person auf den anderer Personen berücksichtigender Rechtsbestimmungen,
§ c. als tenor, ratio iuris erscheint; oder in der besonderer, aus den allgemeinen sich nicht ergebender, die Besonderheiten und Singularitäten der Rechts-Subjecte oder Gegenstände und der dadurch gegebenen Rechtsverhältnisse berücksichtigender, als ius singula-
§ d. re oder proprium oder privilegium [2]: im Gegensatze zu diesem ist dann die allgemeine Rechtsbestimmung nur noch ius commune, das nicht als der herrschende Grundsatz, sondern als durch Aus-
§ e. nahme beschränkte Regel gilt [3]. Diese Ausnahmen, die exor-

(*1*) s. §§ 37...39. (2) Treffend zeigt dieses Puchta Inst. I. § 31. an dem Beispiele des Verbots der Schenkungen unter Ehegatten; der Zweck dieser singulären Rechtsbestimmung, Reinerhaltung der Ehe von eigennützigen Absichten, ist durch die den Römern unbekannte Rechtseinrichtung freier ehelicher Gütergemeinschaft bei uns secundum rationem iuris erreicht. Das Wesen des ius singulare setzen unsre Quellen bezeichnend darein, daß die Bestimmung utilitatis causa, propter necessitatem u. dgl., um eines besonderen Zweckes willen, welcher sich durch consequente Durchführung der geltenden allgemeinen Rechtsgrundsätze nicht erreichen ließe, aufgestellt worden sei. vgl. die folg. Note und *Gai.3*,114. *L.*44. § 1. *D. de A. v. A. P. 41*,2. (3) *Paul. L.* 16. *D. de LL. 1*,3. „*Ius singulare* est quod contra tenorem rationis propter aliquam utilitatem auctoritate constituentium introductum est“. *Id. L.* 14. *eod.* [*L.* 141. *pr. D. de R. I.*] „Quod vero contra rationem iuris receptum est, non est producendum ad consequentias“. *Iul. L.* 15. *eod.* „In his quae contra rationem iuris constituta sunt, non possumus sequi regulam iuris“. *L.* 23. § 3. *D. de fid. lib. 40*,5. | Ius commune im Gegensatz zu dem singulären Recht oder privilegium der Soldaten, in beliebiger Form zu testieren, z. B. *LL.* 11. 20. 21. 25. 34. *D. de test. mil. 29*,1.; zu anderen singulären Bestimmungen, z. B. *L.* 12. *D. de minor. 4*,4. *L.* 15. *D. de vulg. subst.* 28,6. u. ö., *Paul.* S. R. 3,4A. § 3. „.. tam communi quam proprio iure“. *Gai. L.* 2. *D. de test. mil.* „propria atque singularia iura“. Uebrigens wird oft auch die aus allgemeinen Rechtsgrundsätzen, dem tenor rationis oder der ratio iuris hervorgehende Rechtsbestimmung ‘commune ius’ genannt, z. B. § 7. *I. de nupt. 1*,10. *L.* 6. *D. de iniur. 47*,10. *L.* 1. *C. de pact. pign.* 8,35. | Die Bedeutung des ius commune als ius omnium hominum commune im Gegensatz zum ius civile (vgl. § 3. Note 4.) gehört nicht hierher, wol aber die gleiche Bedeutung von ius civile und commune in *L.* 7. *D. de iniust.* 28,3. vgl. *L.* 3. *D. de test. mil.* 29,1.

bitanten oder anomalen Bestimmungen, die iura singularia oder privilegia[4], heißen, besonders sofern sie den Personen, mit Rücksicht auf deren individuelle Eigenschaften oder Zustände sie aufgestellt sind, Vortheil gewähren, auch beneficia, beneficia iuris oder legis, auxilium legis, SCti, praetoris u.dgl.[5]. Sie sind entweder, §f.
wie die Bestimmungen des ius commune als Regel für alle Personen, so für die durch sie bestimmten Fälle und Verhältnisse aller der Individuen, in deren Berücksichtigung sie aufgestellt worden sind, giltig, wie z.B. die Rechtswolthaten der Minderjährigen, der Weiber, der Soldaten u.s.w., oder nur des einzelnen Individuums, zu dessen Vor- oder Nachtheil sie aufgestellt sind, ohne daß sie für andere Individuen unter gleichen Umständen oder in gleichen Verhältnissen gölten, constitutiones personales[6], bei den Neueren vorzugsweise privilegia genannt[7]. 2) Die allgemeingiltigen Rechtsbestimmungen, §g.
sowol des ius commune als des singulare, werden in der Kaiserzeit häufig als generale ius bezeichnet, weil sie in der Form allgemeingiltiger Erlaße aufgestellt wurden[8], im Gegensatze zu dem speciale ius, den Rechtsbestimmungen, welche nicht als allgemeine erlaßen wurden, obgleich sie ihrem Inhalte nach iuris communis sein konnten: die allgemeingiltigen singulären Rechtsbestimmungen

---

(4) Die Pandektenjuristen bedienen sich beider Ausdrücke promiscue (s. Note 3., *Dirksen* Manuale hh.vv.); in der älteren Rechtssprache ist privilegium gleich lex in privos homines lata: *Cic.* de LL.III.c.19. § 44. „.. in privos homines leges ferri noluerunt [die 12 Tafeln]; id est enim privilegium“. cf. *c.*4. § 11. ibid. und pro domo *c.*17. init. *Gell.10*,20. „.. non sunt enim generalia iussa, neque de universis civibus, sed de singulis concepta; quo circa *privilegia* potius vocari debent, quia veteres *priva* dixerunt quae nos *singula*“. *Paul. Diac.* ex Fest. v. Privos privasque u. aus Orsinis Scheden v. Privilegium. *Isid.* Orig. 5, 18. Dirksen Civ. Abhh. I. n°. 4. In *L.*4. *Th. C. de itin. mun. 15*,3. steht sogar privatorum privilegiorum vis zur Bezeichnung anomaler Rechte. (5) *LL.*68. 69. *D. de R. I. 50*,17. „Invito beneficium non datur ..“. *Gai.3*,56. *L.*24. § 2. *L.*26. *D. ad SC. Vell.16*,1. *LL.*3.21.24. *D. de test. mil. 29*,1. u.o. Häufig ist auch die Bezeichnung ius, lex, SCtum, wie z.B. *Dig.14*,6. so oft gesagt ist ‘cessat SCtum’, ‘SCto locus est’ u.dgl. (6) s. § 15. Note 7. (7) Von den Privilegien im subj. S., den iure singulari begründeten Befugnissen, s. § 98.

(8) s. *L.*3. *C. de LL.* in § 15. Note 8. *Ulp. L.*8. *D. de LL. 1*,3. „Iura non in singulas personas, sed generaliter constituuntur“. *L.*2. *C. eod. 1*,14. „nec generalia iura sint, sed leges faciant his dum taxat negotiis atque personis, pro quibus fuerint promulgata“. *L.*4. *Th. C. de const. princ. 1*,1. „Generale praeceptum beneficio speciali anteferendum est“. *Anast. L.*6. *C. si contra ius v. utilit. publ. 1*,22. „Omnes .. iudices monemus, ut nullum rescriptum, nullam pragmaticam sanctionem, nullam sacram adnotationem, quae generali iuri vel utilitati publicae adversa esse videatur, in disceptationem cuius libet litigii patiantur proferri; sed generales sacras constitutiones modis omnibus non dubitent observandas“. s. § 15. Note 3.

§ *h*. wurden regelmäßig nur als speciale ius erlaßen [9]. 3) So wie hiernach der Gegensatz des ius commune und singulare, als ein das Rechtssystem betreffender, nicht mit dem des ius generale und speciale, als einem die Form betreffenden, so ist dieser nicht mit dem auf den räumlichen Umfang der Geltung einer Rechtsbestimmung bezüglichen, zu dessen Bezeichnung die Römer keine technischen Ausdrücke haben [10], zu verwechseln, obgleich im einzelnen alle drei Gegensätze häufig in eins zusammentreffen.

§. 95. II. Entstehung, Veränderung und Aufhebung der Rechtsbestimmungen.

f. die Quellen vor §§ 11. 13... 15. 17.

§ *a*. Die römischen Grundsätze über Entstehung, Aenderung und Aufhebung der Rechtsbestimmungen, sowol der ungeschriebenen als der geschriebenen sind §§ 11...17. vorgetragen [1]. Hier ist noch das Verhältniß der allgemeinen und der singulären Rechtsbestimmungen aufzuzeigen und die Frage nach dem Anfange und dem Ende der Giltigkeit der Rechtsbestimmungen überhaupt zu beantworten.

§ *b*. Im Begriffe des Ausnahmegesetzes liegt, daß es den Bestimmungen des ius commune in allen Fällen seiner Anwendbarkeit vorgehe [2]; so wie, da es auf seiner eigenen, von der des ius commune abweichenden ratio, auf seinem besonderen Principe beruht, daß es durch Aufstellung eines neuen ihm widersprechenden gemeinen Rechtssatzes an sich nicht aufgehoben wird, wie es andererseits selbst einen solchen über den Umfang seines besonderen Inhalts hinaus nicht aufhebt [3].

(*9*) vgl. z. B. *Iustiniani const.* Summa reip. § 4. (*10*) wie z. B. das deutsche 'Reichs-Land-Stadt-Recht', gemeines u. Particular-Recht, u. dgl. Das Particularrecht (ius †*particulare*) wird in den röm. Quellen mitunter bezeichnet als ius quo urbs Roma utitur, leges moresque peregrinorum, consuetudo provinciae vel civitatis, mos regionis, lex municipalis u. dgl., das gemeine Recht (ius †*universale* s. commune) als ius civile, mit Einschluß der Rechtsbestimmungen, welche iuris gentium sind, ius nostrum, u. dgl.

(*1*) Die röm. Bezeichnungen der Entstehung, Aenderung u. Aufhebung einer Rechtsbestimmung s. § 12. Note 10. (2) *Pap. L.* 80. *D. de R. I.* 50, 17. „In toto iure generi per speciem derogatur et illud potissimum habetur quod ad speciem directum est". *L.* 41. *D. de poenis* 48, 19. Wenn *Gai. L.* 147. *D. de R. I.* sagt „Semper specialia generalibus insunt", so versteht er unter specialia die Art, welche kein von ihrer Gattung abweichendes Princip hat, nicht iura singularia; der Satz ist eine Parallele des in unzähligen Anwendungen vorkommenden, daß im Ganzen der Theil enthalten ist. (3) vgl. *L.* 41. *D. cit.* u. unten Note 17. [Bestimmter spricht Bonifacius VIII. in *cap.* 1. *in VI*°. *de constitutionibus* 1, 2. das hierhergehörige aus.]

Der Anfang der Giltigkeit einer Rechtsbestimmung ist der § c.
Zeitpunct ihrer Erkennbarkeit als einer solchen, also bei dem Ge-
wohnheitsrechte der seiner Existenz (§ 11.), bei dem ius scriptum
derjenige der verfaßungsmäßigen Bekanntmachung [4], sofern es sich
nicht selbst einen späteren Anfangspunct der Geltung setzt [5]. Eine § d.
Rechtsbestimmung kann nur den Willen bestimmen, welcher noch
nicht geäußert ist; sie kann nur Norm sein für, zu der Zeit,
als sie geltend wurde, noch nicht vollbrachte Handlungen, d. h.
keine Rechtsbestimmung kann rückwirkende Kraft haben [6]. Sehr § e.
übel bezeichnen die Neueren diesen Grundsatz als eine bloße Re-
gel und stellen als Ausnahmen hin, was nur Anwendungen des-
selben sind. So soll das Gesetz rückwirkende Kraft haben, 1) § f.
„wenn es sich selbst solche beilege" [7]: ein solches Gesetz wäre
absolutes Unrecht; auch selbst was aus den römischen Rechts-
quellen der Kaiserzeit und der experimentierenden Gesetzgebung zum

(4) *Anast.L.*65.*C.de decurion.10*,31.„.. constitutione .. ex die quo promulgata est, vires suas obtinente ..". *Iustinian.Nov.66.c.*1.*pr.*„*Θεσπίζομεν .. ἐξ ἐκείνου τὰς ἡμετέρας διατάξεις .. κρατεῖν, ἐξ ὅτου καταφανεῖς ἐν κοινῷ γεγόνασι" κ.τ.λ.* In *L.*30.§1.*C.de inoff.test.3*,28.heißt diese kais.Constitution selbst 'praesens promulgatio': durch die verfaßungsmäßige Bekanntmachung ist erst die Entstehung des Gesetzes vollendet. vgl.*LL*.3.8.*C.de LL*.1.14. Zur Zeit der Volksgesetze fiel die promulgatio (Bekanntmachung des Gesetzesantrags, der Bill) und die publicatio legis, welche letztre in der legis latio selbst lag, auseinander. *Cic.*de LL.*3*,19. pro L.Manil.17. Phil.*1*,10. 5,3.

(5) z.B. *Nov.*58. med. *Nov.66.*cit. *Nov.116.c.*1. Berühmt sind die vor Eintritt der Geltung der L.Iul. u. P.P.gestatteten vacationes; vgl.*Heinecc.*Comm.ad L.Iul.et P.P.p.48.177.

(6) *Theod.et Val.L.*7.*C.de LL.1*,14. (*L.3.Th.C.de constit.1*,1.„Leges et constitutiones futuris certum est dare formam negotiis, non ad facta praeterita revocari".) cit.*L.*65.*C.de decurion.*„. . cum conveniat, leges futuris regulas imponere, non praeteritis calumnias excitare". Hierauf geht auch das in den Volksgesetzen so häufige „post hanc legem rogatam" vgl.*L.*1.*pr.D.ad L.Falc.35*,2.„Hoc (sagt *Cic.*Verr.*2.1*,42.§ 109.) reperies in omnibus [*legibus*] statui ius, quo post eam legem populus utatur". Und zahlreiche Anwendungen finden sich auch in den kais.Constitt. z.B. *L.*2.§9.*C.de iure iur.pr.cal.* 2,59. *L.*17.*C.si cert.pet.* 4,2. *L.*17.*C.de fide instrum.* 4,21. *L.*21.*C.ad SC.Velleian.4*,29. *L.*23.i.f.*C.mandati* 4,35. *L.*1.i.f.*C.de rei uxor.act.*5,13. *L.*29.i.f.*C.de testam.6*,23.„.. quid enim peccavit antiquitas, quae praesentis legis inscia pristinam secuta est observationem?..". *L.un.*§15.*C.de caduc.toll.*5,51. *L.*7. i.f.*C.de curat.fur.*5,70. *Novv.22.c.*1. *38.c.*1. *78.epil. 94.epil. 99.c.*1.i.f. *112.epil. 115.c.*1.et *epil.117.epil.* s.auch Note 9.| Der ausführlichen Besprechung der „zeitlichen Gränzen der Herrschaft der Rechtsregeln über die Rechtsverhältnisse" in Savigny Syst.VIII.§§383...400. u. der daselbst S.368. angeführten Schriftsteller können wir großentheils weder bei-, noch hier im einzelnen entgegen treten. Zum Theil thut dieses Scheurl Beiträge n°.6.

(7) cit.*L.*7.*C.de LL.* „.. non ad facta praeterita revocari, *nisi nominatim et de praeterito tempore et adhuc pendentibus negotiis cautum sit*". *Nov.19.c.*1. „*ἐν μὲν γὰρ ταῖς κατὰ μέρος τεθείσαις νομοθεσίαις ἀναγκαῖον ἦν ἴσως τὴν τοιαύτην παραλαμβάνειν εἰς τοὔπισω τῆς νομοθεσίας ἀναφοράν* ..".

Beweise der so genannten Rückwirkung angeführt werden kann, sagt nur, daß ein Gesetz bestimmen könne, noch nicht eingetretene Wirkungen eines früheren Rechtsgeschäftes oder einer früheren Handlung, welche bei fortgeltendem älteren Rechte eingetreten sein würden, sollten nun nicht mehr eintreten[8]; oder umgekehrt, es solle jetzt noch in Beziehung auf ein nicht gänzlich abgethanes Rechtsverhältniß etwas geschehen, was nach älterem Rechte nicht

§ k. erforderlich gewesen sein würde[9]. Ueberall heben hiebei unsere Rechtsquellen sorgfältig hervor, daß das Verhältniß, auf welches die neue Bestimmung Einfluß haben solle, ein noch nicht gänzlich nach dem bisherigen Rechte absolviertes, abgethanes sein dürfe[10].

§ i. Eine Wiederaufhebung wolerworbener Rechte durch eine gesetzliche Bestimmung ist nicht eine Rückwirkung dieser, sondern vielmehr eine Anerkennung der Wirksamkeit des älteren Rechts, indem die

---

(8) *L.1.i.f.Th.C. ad SC.Claud.4*,11. (ehemals *1*,9.) „Quam legem et de praeterito custodiri oportet", Wiederholung der Jahrhunderte älteren Bestimmung u. gehört also zu Note 14. *L.5.Th.C.de canone frum.urb.Rom.14*,15. hebt die Geltung gegen früher schon bestehende Rechtsbestimmungen erwirkter Rescripte für die Zukunft auf. Die fanatische *L.7.Th.C.* (vgl. *L.17 eod.*) *de haereticis 16*,5. erkennt selbst in § 1. den hier in Frage stehenden Grundsatz ausdrücklich an und wendet nur längstgeltende Grundsätze des röm. Strafrechts, obgleich rachsüchtig, an. vgl. *L.3.post med.Th.C. de incest.nupt.* 3,12. *L.4.Th.C. de bon. vac.10*,8. *L.2.Th.C.de sepulc.viol.* 9,17. Ambrosius sagt: „Poena criminis ex tempore legis est, quae crimen inhibuit". *L.un.*§ 4.*C.de contract.iudic.1*,53. „Quae etiam ad praeterita negotia referri sancimus, *nisi transactionibus vel iudicationibus sopita sint*". Ueberdieß sind die hier verbotenen Rechtsgeschäfte auch schon nach früherem Rechte ungiltig gewesen. *L.3.C.de act.pign.*8,35. hebt die Wirksamkeit des commissorischen Vertrags beim Pfande auf; *L.21.C.ad SC. Vell.4*,29. erklärt, daß gewissen Renuntiationen eines Frauenzimmers nicht mehr die Einreden des früheren Rechts zukommen sollen. Die *L.27.*§ 1.*C.de usuris* 4,32. ist der beste Beleg zu der Behauptung des Textes: Verträge wegen höherer Zinsen, als das neue Gesetz sie erlaubt, wirken bis zu dessen Erlaß; von da ab aber durchaus nicht über den erlaubten Zinsfuß. In *L.3.C.de quadr. praescr.7*,37. von 531. schärft Justinian eine Bestimmung Zenos wegen der quadriennii praescriptio aufs neue, und besonders bei Beurtheilung der seit seinem Regierungsantritt (527.) vorgekommenen Veräußerungsfälle ein.

(9) *L.7.i.f.Th.C.de legit.her.* 5,1. „.. decernimus sanctione, ut statuta nostra non solum futurarum ambigua quaestionum, verum *etiam pendentium negotiorum hoc ordine fata discingant*". *L.un.*§§ 4.5. *Th.C.de action.cert.temp. fin.4,14.* *L.21.i.f.C.de ss.eccles.* 1,2. „.. hoc obtinente non solum in futuris negotiis, sed etiam *in pendentibus iudiciis*". *L.22.*§ 1.*eod.* „Quam oportet non solum in casibus quos futurum tempus creaverit, sed etiam *in adhuc pendentibus et iudiciali termino vel amicabili compositione necdum sopitis obtinere*". *L.2.*§ 9.*C.de iur.propter calumn.*2,59. *L.17.C.de fide instrum.*4,21.med. *Nov.115.pr.*

(10) s. auch noch *L.1.*§ 12.*D.ad SC.Tertull.*38,17. „.. ait senatus *Quae iudicata, transacta finitave sunt, rata maneant..*". *LL.229.sq. D.de V.S.* *L.16.L.2.*§ 23.*C.de vet.iure enucl.1*,17.

unter dessen Herrschaft entstandenen Rechtsverhältnisse von dem
neuen Gesetze aufgehoben, also als bisher giltige, als zukünftig
ungiltige behandelt werden [11]; 2) „wenn und insoweit es authenti- § k.
sche Interpretation eines früheren Gesetzes sei" [12]: eine solche Interpretation ist die Erklärung des Gesetzgebers, daß das jetzt deutlich
verfügte auch schon durch das frühere, hier erklärte ius scriptum verfügt gewesen sei [13]; 3) „wenn es nur bezeuge, daß schon bisheran § l.
gewisse Rechtsbestimmungen gegolten haben" [14].

Der Endpunct der Giltigkeit einer Rechtsbestimmung ergiebt § m.
sich auch aus deren Begriff als der Zeitpunct, welchen sie sich selbst als Endtermin ihrer Giltigkeit gesetzt hat [15], oder als der, von wo an der durch sie zu bestimmende Wille wegen mangelndes Gegenstandes nicht mehr möglich ist [16], oder als der, von welchem an und in soweit eine entgegenstehende giltige Rechtsbestimmung (eine de-, ab-, sub- oder ob-rogierende) existiert [17].

(*11*) Dergleichen politische Maßregeln bietet die älteste röm. Geschichte in den novae tabulae bis zu den *χρεῶν ἀποκοπαὶ* der Byzantiner, den durchgreifenden Umänderungen der Schuldverhältnisse. Im Privatrechte gilt, daß das Gericht memor iuris publici in dirimenda disceptatione legum placita custodiat. *L.5.C.de aedif.priv.*8,10.

(*12*) *Nov.19.cap.*1.i.f. sagt „*ὡς ἅπασι φανερώτατον ὂν χρῆναι τὰ προστεθέντα δι' ἑρμηνείας ἐπ' ἐκείνων κρατεῖν, ἐφ' ὧν καὶ τοῖς ἑρμηνευθεῖσι νόμοις γίνεται χώρα*". Die *προστεθέντα* sind nicht neue Bestimmungen, sondern *δι' ἑρμηνείας*, zur Erklärung des schon bestandenen Rechts aufgestellte. s. insb. auch *Nov.143.* „... Superfluam igitur eorum dubitationem vel in posterum resecantes priorem legem per praesentem interpretari censuimus. Sancimus itaque .... Quam interpretationem non in futuris tantum modo casibus, verum in praeteritis etiam valere sancimus, tanquam si nostra lex ab initio cum interpretatione tali a nobis promulgata fuisset ..".

(*13*) Es ist also offenbare Nachläßigkeit des Ausdrucks, dergleichen 'Rückwirkung' zu nennen. So weit ein declaratorisches Gesetz Bestimmungen aufstellt, die in dem declarierten gar nicht enthalten sind, ist jenes selbst ein ganz neues.

(*14*) Solches Zeugniß ist ein volles Beweismittel, nichts anderes. | 'Restitutorische oder herstellende' nennen die Neueren solche Gesetze, welche (durch ius scriptum oder non scriptum) aufgehobene Bestimmungen des älteren Rechts aufs neue einführen, z.B. *Nov.111.* stellt durch *L.23.C.de ss.eccl.1*,2.u.*Nov.9.* abgeändertes älteres Recht her. Davon sind zu unterscheiden die eine noch giltige, aber vernachläßigte Bestimmung des bisherigen Rechts wieder einschärfenden Gesetze.

(*15*) Transitorische Bestimmungen, z.B. *Nov.12.c.*3. vgl. Note 5.

(*16*) weshalb z.B. die auf die besondere röm. Staatsverfaßung, auf die Sclaverei, auf den eigentlichen Concubinat u.dgl. bezüglichen Bestimmungen des röm. Rechts bei uns nicht gelten. vgl. § 24. Note 75. u. § 101. Note 1.

(*17*) vgl. §§ 11.12. Note 10. Eine bloß dispositive Rechtsvorschrift (§ 93.) verliert natürlich nichts an ihrer Giltigkeit dadurch, daß ihre Anwendung durch den berechtigten Privatwillen für den einzelnen Fall ausgeschloßen worden ist; sowenig als das ius commune im allgemeinen durch Aufstellung eines ius singulare oder privilegium geändert wird (§ 94.); dagegen wird durch Aufhebung des ius singulare die Bestimmung des ius commune durchgreifend hergestellt. § *b*.

III. Anwendung.

§. 96. A. Bestimmung des Inhalts*).

§ a. Alle zur Anwendung zu bringenden Rechtsvorschriften sind wesentlich positive [1]. Das Recht anwenden ist den allgemeinen, den geltenden Staatswillen im besonderen und einzelnen verwirklichen. Dazu bedarf es zunächst der richtigen Auffaßung der als Staatswille geltenden Bestimmungen, d.h. des Inhalts des (geschriebenen oder ungeschriebenen) Rechts. § b. Die Natur des s.g. Gewohnheitsrechts (§ 11.) bringt es mit sich, daß bei ihm die Frage nach seiner wahren Bedeutung mit der nach seiner Existenz zusammentrifft, während die Untersuchung, was das ius *scriptum* bestimme, die Thatsache, daß es etwas bestimme, voraussetzt; weshalb hier nur von der 'Auslegung der Gesetze', d. h. der Formen des ius scriptum, zu sprechen ist. § c. Jede Aeußerung eines Gedankens oder Willens muß, um von einem Andern angewandt werden zu können, von diesem in sich aufgenommen, es muß von diesem das gedachte,

---

(*) Savigny System Buch I. Kap. 4, Mühlenbruch Pand. 3. Aufl. §§ 53. ff. Puchta Inst. § 17.

(*1*) § 3. vgl. § 1. Gegen die Anwendbarkeit s.g. naturrechtlicher Bestimmungen als positiver s. § 3. Note 3. Große Irrthümer hat auch das Misverständniß der Ausdrücke aequitas, bonum et aequum, aequitatis ratio u. dgl., auf deren Berücksichtigung im Gegensatze zum strictum ius oder ius schlechthin unsre Rechtsquellen häufig verweisen (*Paul. L. 90. D. de R. I.* „In omnibus quidem, maxime tamen in iure, aequitas spectanda sit". *L. 183. eod.*, vollständiger in *L. 7. D. de i. i. rest. 4*, 1. *L. 20. D. de re iud. 42*, 1. *L. 8. C. de iudic. 3*, 1. vgl. *Cic.* de off. *1*, 19. § 64. *2*, 12. §§ 41. sq. u. ö.) verursacht. Unter dieser aequitas ist aber nicht das vage, in verschiedenen Individuen verschiedene Billigkeitsgefühl zu verstehen, (wie schon *Seneca* de benef. *3*, 7, 5. vielleicht nicht praktisch, aber theoretisch in dem Satze irrt: „.. melior videtur condicio causae bonae, si ad *iudicem* quam si ad *arbitrum* mittitur, quia illum formula includit et certos quos non excedat terminos ponit, huius libera et nullis adstricta vinculis religio et detrahere aliquid potest et adicere et sententiam suam non pro ut lex aut iustitia suadet, sed pro ut humanitas aut misericordia inpulit, regere".) sondern vielmehr die Verstandesthätigkeit der möglichst vollständigen und sorgfältigen Berücksichtigung und Beurtheilung aller objectiven und subiectiven Momente und Voraussetzungen des einzelnen Rechtsverhältnisses oder Geschäftes, um es mittels interpretativer Thätigkeit gemäß den geltenden Rechtsbestimmungen und der rechtmäßigen Absicht der betreffenden Subjecte wirksam zu machen. Eine besondere Bedeutung hatte die Verwirklichung dieser aequitas bis zur christlichen Kaiserzeit durch die eigenthümliche Stellung der Jurisdictionsmagistratus und des Juristenstandes; in den justinianischen Rechtsbüchern erscheint die Bedeutung der aequitas verworren durch das Nebeneinanderstehen verschiedenen Verfaßungssystemen angehöriger Bestimmungen, wie z. B. der alten Bedeutung der responsa prudentium und des ius non scriptum neben dem Grundsatze, daß der Kaiser sei is cui soli legislatorem esse concessum est… tam conditor quam interpres legum solus imperator iuste existimabitur, nihil hac lege derogante veteris iuris conditoribus, quia et eis hoc maiestas imperialis permisit, wie Justinian in *L. 12. i. f. C. de LL. 1*, 14., oder „Legis inter-

gewollte nachgedacht, nachgewollt werden [2]; diese Thätigkeit, sich
jenes anzueignen, das geäußerte sich innerlich zu machen, ist die
Auslegung, Interpretation [3]: jede Rechtsbestimmung muß, um an-
gewandt zu werden, interpretiert werden [4]. Die Lehre von der §*d.*
Entwickelung der Rechtssätze aus den Rechtsquellen ist die juristische
Hermeneutik oder Auslegungskunst, und diese selbst Voraussetzung
der exegetischen Thätigkeit und somit der wißenschaftlichen Rechts-
erforschung (§ 9.) [5]. Unsere Juristen theilen die Gesetzauslegung §*e.*
ein in 1) +legalis, d.h. die von einer rechtsbildenden Macht aus-
gehende, und unterscheiden *a*) +authentica, die von einer zur Auf-

---

pretationem culmini tantum principali competere nemini venit in dubium, cum promulgandae quoque legis auctoritatem sibi vindicet eminentia" in *Nov.143.* sagt. vgl. Note 6.. (2) *Cels.L.17.D.de LL.*,,*Scire leges* non est verba earum tenere, sed vim ac potestatem". *L.9.C.de LL.*,,Leges... intellegi ab omnibus debent, ut universi praescripto earum.. cognito vel inhibita declinent vel permissa sectentur..". Nicht bloß die Gesetze, auch die richterlichen Aussprüche und die, Rechtsverhältnisse begründenden, ändernden oder aufhebenden und die, Rechtssätze bekundenden Thatsachen (§11.*b.*), Privatwillensäußerungen zu interpretieren, ist Sache der Rechtswißenschaft. (3) Auch in unseren Rechtsquellen kommt interpretatio zuweilen in diesem Sinne (z.B. *L.18.D.de LL.1*,3. *LL.*12.155.§2. *L.*172.*pr.D.de R.I.50*,17. *L.*20.§6. init. et i.f. *D.de H.P.* 5,3. u. Note 1.), häufiger aber als die rechtsbildende Thätigkeit der Juristen, der magistratus und der Kaiser selbst, durch Entwickelung der Consequenzen für nicht ausdrücklich bestimmte Fälle aus den Principien des Rechts (als Analogie s. Note 18.) vor, weshalb auch öfters diese interpretatio neben der legislatorischen selbst genannt (z.B. *L.2.*§§ 4.5.6.12.*D.de O.I.1*,2. *LL.*10.11.13.23.*D.de LL.1*,3. *Vat.Fr.*§§132.235. *L.4.* §1. *L.*10.§2.*D.de appell.49*,1. *L.*64.§1.*D.de condic.et dem.35*,1. u.ö.) und das Juristenrecht als eine Hauptform des ius non scriptum bezeichnet wird (§11. Note 9.) Die Bedeutung des Worts interpretatio als Darstellung (z.B. *Gai.3*, 54.) hat sich aus jener ersten entwickelt. (4) *Ulp.L.*1.§11.*D.de inspic. vent.25*,4. „Quamvis sit manifestissimum edictum praetoris, attamen non est neglegenda interpretatio eius [d.h. die Auffaßung desselben durch und für die Praxis]"; die Behauptung, eine klare Rede bedürfe keiner Interpretation, verwechselt das Interpretieren mit dem Ueberwinden von Schwierigkeiten zum Zweck des Interpretierens. Auch die objectiv klarste Rede muß interpretiert werden, die Worte derselben müßen als Ausdrücke von Gedanken aufgefaßt werden. Jede Rechtsbestimmung ist ein allgemeines, jedes Rechtsverhältniß ein einzelnes; jene auf dieses zu beziehen, ist nur dem möglich, welcher jene in sein Verständniß aufgenommen hat. *Arist.*Polit.II.8.ed.Bekk. „..*καὶ* (*περὶ*) *τὴν πολιτικὴν τάξιν ἀδύνατον ἀκριβῶς πάντα γραφῆναι· καθόλου γὰρ ἀναγκαῖον γραφῆναι, αἱ δὲ πράξεις περὶ τῶν καθ' ἕκαστόν εἰσιν*".

(5) Die Lehre von der Kritik der Rechtsquellen gehört nicht hierher; in der Einleitung ist bei den einzelnen Rechtswerken das erforderliche vorgetragen.| So wenig die röm. Juristen eine Theorie der Gesetzauslegung aufgestellt haben, so musterhaft sind ihre Interpretationen: die allgemeinen hermeneutischen Grundsätze sind von ihnen mehr in der Erörterung der einzelnen Rechtssätze concret, als in den Titeln de legibus, der Lehre vom Erbrecht, besonders den Testamenten, Substitutionen und Legaten, de condicionibus, de obligationibus et actionibus, de verborum obligationibus, de inutilibus stipulationibus, de verborum significationibus und de regulis iuris abstract dargestellt worden.

stellung des ius scriptum berechtigten Macht ausgehende [6], *b*) +usua-
§ f. lis, die sich gewohnheitsrechtlich feststellende [7]. Insoweit aber die s. g. Legalinterpretation wirklich nur Auslegung, nicht zugleich Begründung, Aenderung oder Aufhebung eines Rechtssatzes (§ 95.) ist [8], ist es gleichgiltig, von wem sie ausgegangen sei; alle wirkliche
§ g. Interpretation ist wesentlich 2) +doctrinalis, Anwendung wißenschaftlicher Gesetze, und zwar [9] *a*) sprachwißenschaftlicher (interpretatio +grammatica) [10], und *b*) logischer (interpr. +logica), welche den von dem redenden, dem Gesetzgeber, gehegten Gedanken und Wil-

---

(6) *Val. et Marc. L. 9. C. de LL. 1*, 14. „Si quid .. in .. legibus latum fortassis obscurius fuerit, oportet id imperatoria interpretatione patefieri, duritiamque legum nostrae humanitati incongruam emendari“. *Iustinian. L.* 12. *eod.* „.. Definimus .. omnem imperatorum legum interpretationem .. ratam et indubitatam haberi ..“. *L.* 2. § 21. i. f. *C. de vet. iure enucl. 1*, 17. *Nov. 113. c.* 1. *pr.* i. f. *Nov. 143.* oben Note 1. Diese Bestimmungen hängen mit der Justizverfaßung der Kaiserzeit und dem mit der heutigen Stellung des Richteramts unvereinbaren Gebrauche zusammen, von den Kaisern für einen einzelnen Fall Gesetzesauslegung zu erbitten. (§ 15. *e.*) (7) *Call. L.* 37. *D. de LL. 1*, 3. „.. optima enim est legum interpres consuetudo“. cf. *LL.* 38. 23. *D. eod.* Savigny Syst. I. S. 209. „Dieses interpretierende Gewohnheitsrecht wird immer zugleich die Natur des wißenschaftlichen Rechts an sich tragen“. Die s. g. Usualinterpretation ist entweder in usum gekommene doctrinale, oder sie ist Begründung von Rechtsbestimmungen, welche sich durch Interpretation aus dem Gesetze nicht ergeben, und dann also gar nicht Interpretation, sondern Entstehung eines Gewohnheitsrechts. vgl. Note 17. a. E. (8) z. B. *L.* 1. *C. de LL. 1*, 14. *L.* 9. i. f. *eod.* in Note 6. (9) wie auch die römischen Juristen und Grammatiker verba, litterae oder scriptura der sententia oder voluntas, mens, bei Rechtsgeschäften dem quod actum est, entgegensetzen, z. B. Note 2. § 88. Note 21. *LL.* 19. 29. 30. *D. de LL. 1*, 3. „.. salvis verbis legis sententiam eius circumvenit ..“ „.. distat ῥητὸν ἀπὸ διανοίας ..“. *Ulp. L.* 6. § 1. *D. de V. S.* „Verbum ‘Ex legibus’ sic accipiendum est, *tam ex legum sententia quam ex verbis*“. *Mod. L.* 13. § 2. *D. de excus. 27*, 1. „.. τὸ ῥητὸν τοῦ νόμου ταύτην ἀποτελεῖ τὴν διάνοιαν, ὅμως γνώμη τοῦ νομοθέτου ἄλλο βούλεται ..“. *Call. L.* 15. § 3. *D. ad L. Corn. de fals. 48*, 10. „divus Pius rescripsit Sententiam magis sequendam esse .. SCti, quam scripturam ..“. *Quintil.* Inst. or. *12*, 2. § 19. „.. quaestio iuris omnis aut verborum proprietate aut aequi disputatione aut voluntatis coniectura continetur. quorum pars ad moralem tractatum redundat“. Und fast wie der *Auct. ad Her. 2*, 10. § 14. „.. dicemus Calumniatoris esse officium, verba et litteras sequi, neglegere voluntatem“, redet *Paul. L.* 19. *D. ad exhib. 10*, 4. (10) Bei dieser Auslegung soll man stehen bleiben in re dubia („melius est verbis edictis servire, *L.* 1. § 20. *D. de exercit. act. 14*, 1.), cum in verbis nulla ambiguitas est (*L.* 25. § 1. *D. de leg. III. 32.*), wenn es nicht manifestum est aliud sensisse testatorem (*L.* 69. *pr. eod.*), oder (nach *Cic.* de inv. 2, 44. § 127.) „cum et scriptum aperte sit et adversarius omnia confiteatur, tum iudicem legi parere, non interpretari legem oportere“ (was nahe verwandt ist mit dem Non exemplis sed legibus iudicandum in § 11. Note 7.). Ob aber der Ausdruck an keiner Zweifelhaftigkeit, Zweideutigkeit, Dunkelheit leide, kann die grammatische Interpretation nur, indem sie zugleich logische ist, entscheiden. | Die den buchstäblichen Sinn der Rede (nudum sermonem) festhaltende Auslegung nennen unsre Juristen +verbalis (vgl. *L.* 1 § 2. *D. q. q. iur. 2*, 2. *L.* 19. § 2. *D. de aed. ed. 21*, 1.), +lata, die einen umfaßenderen, +stricta, die einen

len durch Entwickelung des innern Grundes des Gesetzes[11] und der Absicht des Gesetzgebers[12], sowol aus den Worten des Gesetzes selbst, als mit Hilfe irgend sonstiger Erkenntnisquellen ermittelt[13], und genannt wird α) ausdehnende (interpretatio +exten- § h.
siva), wenn sie das Gesetz auf Fälle, welche nach dessen Wortverstande nicht darunter begriffen sind, bezieht[14], β) einschrän- § i.

---

engeren, als den regelmäßigen Wortsinn für den in dem auszulegenden gewollten annimmt. In dieser Beziehung unterscheidet man den gemeinen und besonderen Sprachgebrauch (vulgäre und technische Bedeutung eines Worts), den eigentlichen und uneigentlichen, figürlichen, übertragenen Sinn, die umfaßendere und engere, die allgemein übliche von der provinciellen, localen u.s.f. Bedeutung u.dgl.m.

(*11*) Diese s.g. ratio legis ist die Bedeutung des Gesetzes im Rechtssysteme und so leicht von der +ratio decidendi (dem die Entscheidung begründenden Satze) in einem eine Entscheidung aussprechenden Gesetze (wie so häufig z.B. in den Constitutionen-Codices) zu unterscheiden. Die bloße Veranlaßung des Gesetzes, die Thatsache, wodurch der Gesetzgeber dasselbe aufzustellen angeregt worden ist, origo, causa legis, SCti u.s.w., ist von beiden verschieden, und der Name ratio legis +extrinseca in jeder Beziehung verwerflich, vgl. *L.*1.§5.*D.de postul.* 3,1. *Theophil.ad* §7.*I.quod cum eo 4*,7. *L.*1.*pr.D.ad SC.Macedon.14*,6. §2.*I.de his qui sui 1*,8. *Gai.1*,62.

(*12*) Die mens, voluntas oder sententia legis ist das quod legis lator vult, die Gesammtheit der Motive in ihrer Richtung auf Verwirklichung der s.g. ratio legis, (*Cels.L.*19.*de LL.1*,3. „In ambigua voce legis ea potius accipienda est significatio quae vitio caret, praesertim cum etiam voluntas legis ex hoc colligi possit“. *Mod.L.*13.§2.*D.27*,1. in Note 9. vgl.z.B. *L.*22.*D.de N.G.3*,5. *L.*19.*D.ad exhib.10*,4. *L.*1.§4.*D.de publican.39*,4. u.s.auch *L.*5.*C.de LL.* in §119.Note 2.), nicht immer dasjenige, was als Absicht im Gesetze genannt, was als der durch dasselbe zu erreichende Zweck bezeichnet ist; denn der Gesetzgeber kann, abgesehen von den Fällen, daß das Gesetz, wie nicht bloß fast alle Epiloge der justinian. Novellen, die ebenso unnütze als zu bezweifelnde Angabe enthält, die „unabläßige Sorge für das Beste der geliebten Unterthanen“ sei die einzige Absicht des Gesetzgebers, geradezu eine Absicht simulieren oder dissimulieren, oder auch (wie z.B. *L.*31.*C.de testam.6*,23.) die vom Gesetz ausgesprochene Absicht durch dasselbe verfehlen.

(*13*) *Cels. L.*7.§2.*D.de sup.leg.33*,10. „.. nemo existimandus est dixisse quod non mente agitaverit.... etsi prior atque potentior est quam vox, mens dicentis, tamen nemo sine voce dixisse existimatur ..“. vgl.Note 17. Alle Interpretation ist logisch und grammatisch zugleich, nicht grammatisch o d e r logisch, und die Ausübung beider Seiten der interpretierenden Thätigkeit erfordert sehr häufig historische und mancherlei sonstige Kenntnisse, was jedoch kein Grund ist, eine s.g. historische, mathematische, dialektische u.s.w. Interpretation aufzustellen, wie öfters aus Verwechselung der Arten und der Mittel der Interpretation oder der ersteren und der Zwecke des Interpreten geschehen ist. Savigny Syst.I.S.213.ff. unterscheidet 4 Elemente der Gesetzauslegung, ein grammatisches, ein logisches, ein historisches und ein systematisches, „als verschiedene Thätigkeiten, die vereinigt wirken müßen, wenn die Auslegung gelingen soll“. Der durch die logische Thätigkeit zu gliedernde Gedanke soll der des Gesetzgebers sein; wir können daher die Erforschung des „zur Zeit des gegebenen Gesetzes für das vorliegende Rechtsverhältniß durch Rechtsregeln bestimmten Zustandes“ und „des dem Gesetzgeber vorschwebenden inneren Zusammenhanges dieses Gesetzes mit dem ganzen Rechtssystem“ nicht für besondere Elemente neben dem logischen, sondern nur für Mittel der logischen Thätigkeit selbst erkennen, vgl. Noten 11.12.

(*14*) Also bei zu eng abgefaßten Gesetzen. *Ulp.L.*7.§2.*D.de iurisd.2*,1. „..*verba*

kende (interpretatio +restrictiva), wenn sie es auf einen nach den Worten des Gesetzes darunter begriffenen Fall nicht bezieht, weil derselbe nach dem Grunde des Gesetzes und der Absicht des Ge-
§ k. setzgebers ausgeschloßen ist[15], γ) erklärende (interpretatio +declarativa), wenn sie in der bezeichneten Weise aus dem mangelhaft, undeutlich, mehrdeutig oder dunkel abgefaßten Gesetze dessen wahren Sinn bestimmt[16]. Eine berichtigende (+correctiva) Interpretation kann (als auf Verwechselung der Auslegung mit kritischer Feststellung der auszulegenden Worte beruhend, oder gar als s. g. politische Interpretation sowol den Begriff des Gesetzes als den der Auslegung verkennend) nicht zugestanden werden[17].

§ l. Sehr nachtheilig ist die Verwechselung der ausdehnenden Auslegung eines Gesetzes mit der analogen Anwendung desselben[18],

---

cessabunt, Pomponius autem ait *sententiam* edicti *porrigendam* esse ad haec". *L.*25.§5.*D.de H.P.*5,3. „.. puto tamen et ad eum mentem SCti pertinere ..". *L.*1.§4.*D.de trib.act.14*,4. faßt für die tributorische Klage das minder umfaßende potestas, als stünde das umfaßendere ius (s. § 44. Note 8.), *L.*9.§2.*D.ad SC.Mac.14*,6. bezieht das nur von filiis f. redende SC. auch auf filias f. vgl. § 37. Note 10. *Call.L.*64.§1.*D.de R.N.23*,2. „.. puto heredem quoque tutoris extraneum sententia [SCti] adprehendi ..". *Scaev.L.*47.*D.sol.matr.24*,3. *Ulp.L.*30. §4.*D.de fid.lib.40*,5. „.. accommodabimus mentem SCti, quae etiam ad heredem ... trahenda est". *Marc.L.*3.*D. ad L.Pompei. de parric.48*,9. „.. sententia tamen legis continentur". u.s.w. *(15)* also bei zu umfaßendem Ausdrucke des Gesetzes, z. B. *L.*6.*C.de LL.*1,14. mit *L.*13.§2.*D.de excus.27*,1. *Paul.L.*40. *pr.D.de H.P.*5,3. „..damnari debebit secundum verba orationis...Cassius contra sensit ..". *Pap.L.*54.*pr.D.mand.17*,1. „.. praetorem de huius modi .. non cogitasse ..". *Paul.L.*6.§2.*D. de iure patron.37*,14. „Quamvis nulla persona lege excipiatur, tamen intellegendum est de his legem sentire, qui liberos tollere possunt ..". *(16)* s. Note 9. *Gai.*3,75.sq.218. *L.*7.§10.*D. ad SC.Macedon.14*,6. *L.*32.§16.*D.de don.inter vir.et ux.24*,1. *(17)* Hat ein im Gesetze wirklich gebrauchter (nicht bloß durch Verderbung entstandener und mit Hilfe der Kritik zu berichtigender) Ausdruck seine bestimmt begränzte Bedeutung, welche entschieden der Absicht des Gesetzgebers und dem Grunde des Gesetzes widerspricht, so fällt das Gesetz selbst insoweit hinweg und es ist nicht mehr die Rede von dessen Interpretation. *Paul.L.*3.*D.de reb.dub.34*,5. „.. qui aliud dicit quam vult, neque id dicit quod vox significat, quia non vult; neque id quod vult, quia id non loquitur". s. auch Note 13. a. A. u. §117.*e.* Jene politische Interpretation dagegen, wie sie aus Misskenntniss der Natur des Gewohnheitsrechts aufgestellt worden ist, soll dem Richter dahin zustehen, daß er die Anwendbarkeit einer Gesetzesbestimmung nach deren Recht- und Zweckmäßigkeit, nach dem s. g. Geiste der Zeit, zu bemeßen habe. *(18)* Die ausdehnende Auslegung zeigt, daß das Gesetz mit dem engeren Ausdruck auch das habe bezeichnen wollen, was eigentlich einen umfaßenderen Ausdruck erheischte. Analogie dagegen ist die Gleichheit dessen was ausdrücklich gar nicht bestimmt ist, als Consequenz, reine Folgerung, mit dem was ausdrücklich bestimmt ist, aus einem und demselben Grundsatze: der Unterschied der aus Analogie und der aus einfacher Interpretation sich ergebenden Bestimmung ist rein formell: die einzelnen gesetzlichen Bestimmungen sind in der Form der Besonderheit und Ein-

und der einschränkenden Interpretation mit der Durchführung des wegen seiner Unbestimmtheit verfänglichen Satzes '+cessante ratione legis cessat lex ipsa' [19].

Singuläre Rechtsbestimmungen schließen durch ihren Begriff jede analoge Anwendung aus [20], und bei ihrer Auslegung ist im Zweifel der von dem ius commune am wenigsten abweichende Sinn vorzuziehen [21]; übrigens gelten sie, wie die Bestimmungen des gemeinen Rechts, in ihrem ganzen unzweifelhaften Umfange [22]. sm.

---

zelnheit ausgesprochene Rechtsgrundsätze; die aus der Analogie sich ergebenden spricht das Recht in der Form der Allgemeinheit aus. (vgl. *Varro* de L.L.lib.*10.* *Quintil.* Inst.or.*1*,6. §§ 3.i.f sqq. *Gell.* 2,25. *Isid.*Or. *1*,27.§ 1.) Jenachdem der Grundsatz aus einzelnen Rechtsbestimmungen oder aus dem ganzen Geist und innern Zusammenhange des positiven Rechts hervortritt, unterscheiden die Neueren nicht gut Gesetzes- und Rechts-Analogie, deren Anwendbarkeit sie durch den Satz 'Ubi eadem ratio, ibi eadem legis dispositio' bezeichnen wollen. Das größten und besten Theils durch Geltendmachung der Analogien gebildete röm.Recht (vgl.Note 3.) erkennt deren Zuläßigkeit sowol zur Einschränkung, als zur Ausdehnung ausdrücklicher positiver Rechtsbestimmungen ganz entschieden an. (*LL*.3. ..6.10...13.27.*D.de LL.1*,3. „..semper quasi hoc legibus inesse credi oportet, ut ad eas quoque personas et ad eas res pertinerent, quae quandoque similes erunt". cf.*L.*7.§ 3.*D.ad L.Iul.mai.48*,4. u.*Aristot.* Note 4.a.E.cit.) Unzuläßig ist analoge Anwendung der Principien anomaler oder singulärer Rechtsbestimmungen: s.Note 20. (Nur aus Verwechselung der Analogie mit der Induction, dem Schluße von vielen auf alle Dinge derselben Art, von den Theilen einer Gattung auf das Ganze, oder gar mit der Aehnlichkeit, dem zufälligen Zusammentreffen mehrerer Objecte in Beziehung auf ihnen gemeinsame Prädicate, hat man oft die Zuläßigkeit der Analogie für die Anwendung von Rechtsbestimmungen läugnen wollen.)

(*19*) Die restrictive Interpretation zeigt, daß der Gesetzgeber einen unter den gebrauchten umfaßenderen Ausdruck gehörigen Fall dadurch gar nicht bestimmen wollte. Jene neue Maxime wird, wenn sie sagen will, daß das Gesetz wegfalle, wenn der Zweck, um dessen Erreichung willen der Gesetzgeber jenes aufgestellt habe, im einzelnen unter das Gesetz gehörigen Falle durch dessen Anwendung nicht erreicht werden könne (cf.Note 17.a.E.), im röm.Recht entschieden verworfen. *Iul. et Ner. LL*.20.21.*D.de LL. 1*,3. „Non omnium quae a maioribus constituta sunt, ratio reddi potest". „et ideo rationes eorum quae constituuntur, inquiri non oportet: alio quin multa ex his quae certa sunt, subvertuntur". *Paul.L.*85.§ 1.*D.de R.I. 50*,17. „Non est novum, ut quae semel utiliter constituta sunt, durent, licet ille casus extiterit, a quo initium capere non potuerunt". So z.B. ist die Handlungsfähigkeit der Unmündigen wegen des mangelnden animi iudicium, die Fähigkeit der Weiber zu gewissen Rechtsgeschäften wegen ihrer Unfestigkeit beschränkt: diese Rechtsbeschränkungen gelten auch für das Wunderkind und die mannhafte Frau. Will aber jener Satz sagen, daß das Gesetz in einem Falle nicht zur Anwendung zu bringen sei, in welchem es nach seinem Grunde und der Absicht des Gesetzgebers (wie manche Neueren sagen „nach der ratio iuris") nicht gelten soll, so sagt er nicht anderes, als daß die einschränkende Gesetzauslegung statthaft sei. vgl.§ 98.Note 15.

(*20*) Die singuläre Bestimmung ist eine solche, weil und in so weit sie ihr eigenes, von dem des ius commune abweichendes Princip hat. § 94.Note 3. § 95.*b.* *Paul.L.*162.*D.de R.I.* „Quae propter necessitatem recepta sunt, non debent in argumentum trahi".

(*21*) *L.*35.*pr.C.de inoff.test.3*,28. Auch für die Privilegien des Fiscus gilt, daß in dubiis causis

§. 97. B. Subjecte, deren Willensäußerungen durch die Rechtsbestimmung normiert werden *).

§ a. So wie der Staat seinen Willen, das Gesetz, dem Staatsmitgliede erkennbar machen muß, wenn dieses jenen befolgen, seinen Willen dem Gesetze gemäß bestimmen und äußern soll [1], so fordert der Staat von seinem Mitgliede, daß es die erkennbare Rechtsbestimmung erkenne, d. h. daß es in seinem Thun und Un-
§ b. terlaßen den Gesetzen nicht zuwider verfahre. Regula est, iuris quidem ignorantiam cuique nocere [2], jeder muß regelmäßig die aus seiner Unkenntniß des positiven Rechts, des geschriebenen und ungeschriebenen, entspringenden nachtheiligen Folgen tragen
§ c. oder verantworten. Hiebei wird jedoch Rücksicht genommen sowol im allgemeinen auf die durchschnittlich anzunehmende Möglichkeit, sich die erforderliche Kenntniß von dem geltenden Rechte zu verschaffen [3], als auch insbesondere auf die wegen Alters, Ge-
§ d. schlechts oder Lebensberufes zu entschuldigende Unkenntniß [4]. Auch

---

dagégen, also dem ius commune gemäß, zu entscheiden sei. vgl. § 65. Note 9. (22) *Iav. L. 3. D. de const. princ. 1,4.* „Beneficium imperatoris ... quam plenissime interpretari debemus". *L. 25. D. de LL. 1,3.* z. B. *L. 4. § 3. D. de censib. 50,15.* Auch die *L. 2. C. de bonis vac. 10,10.* ist nur Anwendung der allgemeinen Interpretationsregel „coniectionem fieri ex vicinis scripturis". *L. 21. § 1. i. f. D. de testam. 28,1.* vgl. auch *L. 2. C. de praepos. agent. in reb. 12,21.*

(*) s. die Quellen vor § 87. citt. (1) § 95. c. (2) *Paul. L. 9. pr. D. h. t. 22,6.* *Ulp. L. 11. § 3. i. f. D. de inst. act. 14,3.* „.. Certe si quis dicat ignorasse se litteras vel non observasse quod propositum erat, cum multi legerent cumque palam esset propositum, non audietur". (3) cit. *L. 9. § 3. D. h. t.* „Sed iuris ignorantiam non prodesse Labeo ita accipiendum existimat, si iuris consulti copiam haberet vel sua prudentia instructus sit, ut, cui facile sit scire, ei detrimento sit iuris ignorantia. quod raro accipiendum est", d. h. welcher von Labeo hier vorausgesetzte Fall nicht leicht anzunehmen ist. vgl. *L. 10. D. de B. P. 37,1.* *L. 2. § 5. D. quis ordo 38,15.* | Aus demselben Grunde muß auch die iuris ignorantia, welche in der Annahme einer Rechtsansicht über eine controverse Rechtsfrage besteht, für entschuldbar gehalten werden, ohne daß man deshalb einen solchen error als facti bezeichnen dürfte. *Ner. L. 2. D. h. t.* „In omni parte error in iure non eodem loco, quo facti ignorantia, haberi debebit, cum ius finitum et possit esse et debeat; facti interpretatio plerumque etiam prudentissimos fallat". Aller Nachtheil wegen des Irrens oder Nichtwißens setzt voraus, daß es dem irrenden oder ignorierenden Subiecte zuzurechnen sei, und nur diese Erwägung wird häufig die non scripti leichter als die scripti iuris ignorantia unschädlich erscheinen laßen. (4) Daher *a*) „*minoribus* XXV annis ius ignorare permissum est ... et ideo sicubi non est delictum, sed iuris ignorantia, non laeduntur". cit. *L. 9. pr. D. h. t.* und dieses gilt auch wo dem minor die Nachsicht des iuris error positiv nützt. *L. 7. §§ 6. 11.* *LL. 8. 9. §§ 5. 6.* *L. 10. D. de minorib. 4,4.* *L. 8. § 2. D. qui satis dare cog. 2,8.* u. v. *b*) „quod et in *feminis* in quibusdam causis propter sexus infirmitatem dicitur" cit. *L. 9. pr.*, nicht aber wenn sie Vortheil aus dem Rechtsirrthum ziehen wollen (s. Note 5.), noch auch sonst in allen Fällen; vgl. *L. 13. C. h. t. 1,18.* *L. 38. § 4. D. ad L. Iul. de*

wird unterschieden, ob man durch Nachsicht der Rechtsunkenntniss Vortheil haben oder nur Nachtheil abwenden will [5].

Die zur Beantwortung der Frage, wo ein Gesetz eines anderen Ortes zur Anwendung komme, ungenügende, von den Neueren aufgestellte Eintheilung der Gesetze in die des Wohnorts oder +statuta personalia, welche bestimmte Verhältnisse einer Person; die der belegenen Sache oder +statuta realia, die solche von Sachen; und die einer vorzunehmenden Handlung oder +statuta mixta, welche Form und Wirkung von Rechtsgeschäften betreffen [6], ist dem römischen Rechte fremd, und die ganze Untersuchung über das s.g. internationale Privatrecht keine privat-, sondern öffentlich- (völker-)rechtliche [6*]. Dieses aber beantwortet die Frage, ob auch der Landesherr den Gesetzen unterworfen sei, scheinbar verschieden, indem die justinianischen Rechtsquellen den bis in das dritte Jahrh. n. Chr. nur in bestimmt begränztem Maße geltenden Satz 'Princeps legibus solutus est' ganz allgemein hinstellen [7] und den-

(margin: § e. beside "Die zur Beantwortung … an-"; § f. beside "… ob auch")

*adult.*48,5. *L.*6.*C.qui admitti ad B.P.*7,9. c) „.. *miles* ..per constitutiones principales ius ignorare potest..". (cit.*L.*9.*D.*§1.) „.. propter simplicitatem armatae militiae". (*L.*1.*C.eod.1*,18. s.auch *L.*22.*pr.C.de iure delib.6*,30. vgl.*L.*5. *C.de his qui sibi adscr.9*,23. d) „.. *rusticitati* .. hominis parcendum erit" *L.*2. §1.*D.siq.in ius voc.*2,5. *L.*1.i.f.*D.de edendo* 2,13. *L.*2.i.f.*D.de I.F.49*,14. „.. si ea persona sit quae ignorare propter rusticitatem vel propter sexum femininum ius suum possit". *L.*8.*C.qui adm.ad B.P.* (5) *Pap.LL.*7.8.*D. h.t.* „Iuris ignorantia non prodest adquirere volentibus, suum vero petentibus non nocet". „Error facti ne maribus quidem in damnis vel compendiis obest; iuris autem error nec feminis in compendiis prodest: ceterum omnibus iuris error in damnis amittendae rei suae non nocet". *L.*11.*C.eod.* „.. in lucro nec feminis ius ignorantibus subveniri soleat". *Pomp.L.*206.*D. de R.I.* „Iure naturae aequum est neminem cum alterius detrimento et iniuria fieri locupletiorem". vgl.*L.3.pr.D.ad SC.Mac.14*,6. Nach Savigny Syst. III.Beil.VIII.§8. sind die mitgetheilten Sätze Papinians nur Bestimmungen über die Wirkungen des Irrthums nicht im allgemeinen, sondern bei besonders privilegierten Classen, oder vielmehr bloß bei Frauen"; die historische Richtigkeit dieser Ansicht wird durch die Vergleichung der *L.*3.*Th.C.de sponsal.*3,5. mit der cit.*L.*11.*C.* unterstützt. (6) vgl.Thibaut Pand.R.8.Ausg.§38. Mühlenbruch Pand.§§72.73. Göschen Vorless.§31.| vgl.*Nov.69*. (6*) s.Heffter Völkerr.§§37.47.58.ff. cf.§§27.35. Savignys Darstellung der „örtlichen Gränzen der Herrschaft der Rechtsregeln über die Rechtsverhältnisse" (Syst.VIII.§§345...82.) bedarf vieler Berichtigungen. Die frühere Litteratur verzeichnet er das. S.8...10. gröstentheils. (7) Aus Ulpians Commentar zur Lex Julia und Papia ist diese Stelle „Princeps legibus solutus est; Augusta autem licet legibus soluta non est, principes tamen eadem illi privilegia tribuunt quae ipsi habent" in den allgemeinen Titel *D. de legibus 1*,3. als *L.*31. aufgenommen worden: die leges, von welchen nach Ulpian die Principes befreit sind, waren eben diejenigen, worüber er den Commentar schrieb, nicht die Gesetze überhaupt. Noch Severus Alexander erkennt dieses *L.*3.*C.de testam.6*,23. an: „.. licet enim lex imperii sollennibus iuris imperatorem solverit, nihil tamen tam proprium

noch, ſoweit nicht beſondere Privilegien eingreifen [8], den Prin-
§ g. ceps dem gemeinen Recht unterworfen erklären [9]. In der Verfaßung ſeit Conſtantin konnte letztres freilich nur inſofern für jeden einzelnen Fall gelten, als es dem Princeps beliebte es gelten zu laßen [10].

Zweiter Abſchnitt.

Die rechtlichen Befugniſſe (das ſ.g. ſubjective Recht).

Erſter Unterabſchnitt.

Begriff und Arten

§. 98. I. nach dem Subjecte.

§ a. Die in Gemäßheit der Rechtsbeſtimmung oder des ſ.g. objectiven Rechts [1] dem Subjecte zuſtändige Macht [2] über Perſonen oder Sachen, körperliche oder unkörperliche [3], nennen wir Rechte,
§ b. ſubjective Rechte oder Rechte im ſubjectiven Sinne [4] (§ 2.). Dieſe

---

imperii est, quam legibus vivere". ſ. § 15. Note 1. *Lex de imp. Vespas.* [ſ. § 13. Note 10.] im 7. Abſatz: „Utique quibus legibus plebeive scitis scriptum fuit, ne divus Aug. Tiberiusve Iulius Caesar Aug. Tiberiusque Claudius Caesar Aug. Germanicus tenerentur, Is legibus plebisque scitis imp. Caesar Vespasianus solutus sit; quaeque ex quaque lege rogatione divum Aug. Tiberiumve Iulium Caesarem Aug. Tiberiumve Claudium Caesarem Aug. Germanicum facere oportuit, ea omnia imp. Caesari Vespasiano Aug. facere liceat". vgl. *Dio Cass.* 53,18. § 8. *I. quib. mod. testam. inf.* 2,18. „..divi quoque Severus et Antoninus saepissime rescripserunt 'Licet enim legibus soluti sumus, attamen legibus vivimus". ſ. Note 9. (8) z.B. § 65.c. *Iustinian. L. 26. C. de donat. i. v. et ux.* 5,16. „Donationes quas divus imperator in piissimam reginam suam coniugem vel illa in serenissimum maritum contulerit, ilico valere sancimus et plenissimam habere firmitatem, utpote imperialibus contractibus legis vicem optinentibus minimeque opitulatione quadam extrinsecus egentibus".
(9) *Ulp. L. 8. § 2. D. de inoffic. test.* 5,2. *Paul. L. 91. D. de her. inst.* 28,5. S.R. 5,12. § 8. 4,5. § 3. *Hon. et Theod. L. 20. C. de testam.* 6,23. (10) § 15. Note 2. *Theod. et Val. L. 4. C. de LL.* 1,14. „Digna vox est maiestate regnantis, legibus alligatum se principem profiteri: adeo de auctoritate iuris nostra pendet auctoritas. et re vera maius imperio est submittere legibus principatum: et oraculo praesentis edicti quod nobis licere non patimur, aliis indicamus". (a. 429.) vgl. die reſtituierte *L. 10. C. eod.* von 455. „Omnes legibus regantur, etiamsi ad divinam domum pertineant".

(1) „Des Gebieters deſſen, was man thun ſoll, des Verbieters deſſen, was man unterlaßen ſoll" (§ 3. Note 2. § 63. Note 9. § 96. Note 2.); mag das Recht ſeinem hiſtoriſchen Urſprunge nach naturale oder civile ſein (§ 92*.), wonach auch die ſubjectiven Rechte naturalia oder civilia ſind. *Gai.* 1,158. „... civilis ratio civilia quidem iura corrumpere potest, naturalia vero non potest". (2) Ob das Subject dieſe nach der Rechtsbeſtimmung ihm zukommende Macht auch ausüben könne, handlungsfähig ſei, kommt hier ebenſowenig in Betracht, als ob nicht außer dem berechtigten Subjecte liegende Gründe die Ausübung des Rechts unthunlich machen. vgl. § 30. (3) vgl. §§ 67. 83. (4) ſ. § 2.a. Wir ſprechen hier nur von juriſtiſchen, den ſ.g. Zwangs-Rechten, nicht von moraliſchen Rech-

sind, jenachdem der als Selbstzweck sich ausführende berechtigte Wille ein Thun oder Unterlaßen ist, *affirmative* oder *negative*[5]: beide Arten von subjectiven Rechten können *a*) *absolute* oder *b*) *relative* sein, d. h. in dem Verhältnisse zu dem Willen anderer stehen, daß *a*) diese sich allgemein in Beziehung auf solche Rechte zu jenen nur negativ zu verhalten, sie gelten zu laßen haben, bloß zu einem Nichtthun oder einem Leiden rechtlich verbunden sind, wie z. B. alle Subjecte zum Eigenthümer und zur Person in Beziehung auf ihre Freiheit, Kirchen-, Staats- und Familien-Mitgliedschaft; oder in dem, daß *b*) das Recht des Subjects ein besonderes Thun oder Unterlaßen Anderer oder eines Anderen zu seinem Gegenstande hat, wie das Verhältniß des Gläubigers zum Schuldner und das des Verletzers eines absoluten Rechts zu dem Verletzten. 'Selbständige Rechte' heißen die, deren Inhalt selbst § c.
unmittelbar die Macht eines berechtigten Subjects oder die Herrschaft über einen Vermögensrechtsgegenstand ist, deren Existenz also bloß von den wesentlichen Voraussetzungen aller Rechte (Subject, Object und dem positiven Rechte gemäßer Beziehung des Willens des ersteren auf das letztere) abhängig ist[6]; 'unselbständige' diejenigen, welche nur um eines anderen Rechtes willen, zu dessen Sicherung existieren[7]: diese Eintheilung trifft also, von den unselbständigen Rechten aus betrachtet, zwar mit der in *Haupt-* und *Neben-Rechte* (+iura principalia und accessiones) zusammen[7*]; die accessorischen Rechte aber können, wenn sie einmal existent geworden sind, auch nach Beendigung des Hauptrechts bestehen, nicht aber die unselbständigen[7+].

---

ten und Pflichten, den officiis. (§§1.*e.* 93.*b.*ff.) Manche nennen nicht richtig die jurist. Rechte und Pflichten iura perfecta, obligationes perfectae, die moralischen imperfecta, während wieder Andere die juristischen Rechte und Verpflichtungen in unvollkommene oder vollkommene eintheilen, je nachdem ihnen ein unvollständigerer Rechtsschutz (bloß durch Exceptionen) oder ein vollständigerer (auch durch Klagen) gewährt ist, — was zur Bezeichnung der röm. naturalis und civilis *obligatio* schief, für unser Recht falsch ist. vgl.§ 92*.*k.*

(5) vgl.§ 83. Zu den negativen Rechten gehören insbesondere auch die, gegen das ius commune etwas unterlaßen zu dürfen, die meistens auf öffentlichrechtliche Verpflichtungen bezüglichen s.g. Befreiungen, immunitas (*L.*18.*D.de V.S.50*,16.), vacatio, excusatio, die Dispensationen, d.h. Entbindungen von Formen oder Wirkungen des ius commune. vgl.de Excusationibus *Dig.27*,1. (*Cod.*5,62...69.), de Vacatione et excusatione munerum *Dig.50*,5. (*Cod.10*,44...56.65.31.), de Iure immunitatis *Dig.50*,6. (*Cod.10*,25.)

(6) z.B. die Familienrechte, Eigenthum, Servitutrechte, (Principal-) Forderungsrechte.

(7) Pfandrecht und Bürgschaftsschuld.

(7*) z.B. *L.*43.*D.de solution.46*,3.

(7+) vgl.*L.*6.

§ d. Jedes wirkliche Recht ist ein gegenwärtiges; aber die Willensäußerung, zu welcher es befugt, muß nicht deshalb eine schon jetzt, sondern kann auch eine erst künftig zu bethätigende sein; welchen Gegensatz die Neueren durch die Ausdrücke ius praesens und futu-
§ e. rum bezeichnen [8]. Bei diesem kann das zukünftige darin liegen, daß das Subject des Rechts noch nicht als solches existiert, in welchem Falle aber auch das fragliche Recht selbst noch kein wirkliches ist, sondern nur etwa der Anspruch auf dessen spätere Existenz [9]; ebenso, wenn das Object noch nicht existiert [10], oder das Dasein des Rechts noch von dem Eintritte einer Bedingung oder
§ f. eines Zeitpunctes abhängig ist [11]. Gegenwärtige Rechte aber sind die (schon existenten) nur noch nicht fälligen Forderungen ([8]), die Ansprüche wegen drohendes, noch nicht eingetretenes Schadens [12]; nicht minder die Rechte, bestimmte andere Rechte durch irgend eine, förmliche oder beliebige, Willenserklärung zu erwerben, nur daß der Inhalt des +ius delatum nicht der des +ius adquisitum, sondern eben die Befugniss zum Erwerb des letzteren ist [13].

---

pr.D.quib.mod.pign.20,6. „.. liberatur pignus, ... si qua ratione obligatio eius finita est“ und *pr.I.quib.mod.toll.obl.3*,29. „.. si reus solverit, etiam qui pro eo intervenerunt, liberantur..“, *L.38.i.f.D. de solutionib. LL.14.21.§3.D.de fide iussorib.45*,1. mit cit.*L.43.D.de solution.* „.. inter creditorem et adpromissores confusione facta reus non liberatur“. *L.13.D.de duob.reis 45*,2. *LL.5.71.D.de fideiussorib.*

(8) vgl. § 90. Note 7, § 114. Von dem ius futurum, einem zwar schon wirklich, aber noch nicht als dasjenige existenten Rechte, auf welches es im Resultate abgesehen ist, unterscheiden die Neueren das ius +quiescens, welches praesens, aber wegen juristischer oder natürlicher Beschränkungen des Willens des Berechtigten jetzt nicht auszuüben ist; s. z. B. *LL.23.sq.D.quib.mod. usus fr.amitt.7*,4.

(9) So ist im Falle der *L.23.§1.D.de S.P.U.8*,2. die dem zukünftigen Gebäude erworbene Servitut noch nicht existent.

(10) So nach cit.*L.23.* die Servitut an einem noch nicht bestehenden Gebäude; so besteht das an einer zukünftigen Sache oder das für eine noch nicht begründete Forderung bestellte Pfand erst im Augenblicke der Existenz der Sache oder der Forderung. *L.5.pr. L.13.§5. L.15.pr.D.de pign.20*,1. vgl. *L.35.D.de iudic.5*,1. Daß eine noch nicht existierende oder eine vielleicht nie zur Existenz kommende Sache giltig Gegenstand des Kaufvertrags sein kann (emptio rei +speratae und spei, vgl. *L.8.D.de contr.empt.18*,1. *LL.7.11.D.de her.et act.vend.18*,4. *LL.11.i.f. D.de A.E.et V.19*,1.) steht eben so wenig entgegen, als daß man eine fremde Sache verkaufen kann (*L.28.D.de contr.empt.*); denn der Käufer erwirbt durch den Contract nicht ein Recht an der Sache, sondern auf deren Leistung seitens des Verkäufers. *L.1.pr. L.11.§§1.2.D.de A.E.et V.*

(11) s. §§ 112.*a.* 113.*b.* Der Rechtsschutz, auf welchen man wegen dieser s.g. iura futura Anspruch hat, geht daher auch nur auf Sicherung gegen Verhinderung ihres Existentwerdens oder ihrer Wirksamkeit, sobald sie existent geworden sein würden. s. § 127.

(12) *Gai.L.19.§1.D.de damno infecto 39*,2. „Sive aedium vitio sive operis quod ... fiat, damni aliquid futurum sit, curat praetor ut timenti damnum caveatur“. *L.7.pr.eod.* cf. § 127. Note 25. § 132. Note 4.

(13) z. B. *L.151.D.*

Entsprechend der Verschiedenheit des objectiven Rechts als § g. ius commune und ius singulare oder privilegium (§ 94.) ist die gleichnamige der subjectiven Rechte [14]. Die singulären Rechte § h. im engeren Sinne, d. h. die gewissen Classen von Personen, Sachen oder Rechtsverhältnissen zukommenden, im Gegensatze der singulären Einzelnrechte oder Privilegien im engeren Sinne, haben mit den gemeinen Rechten das gemeinsam, daß sie genereller Art, in jedem Falle, welcher die vom Gesetze bestimmten Erfordernisse an sich trägt, begründet sind; während bei den Privilegien im eng. S. das Gesetz selbst das Subject bestimmt, welchem die gegen das ius commune aus einem besonderen Nützlichkeitsgrunde aufgestellte Befugniss oder Verpflichtung zustehe; das Gesetz und das subjective Recht entstehen und bestehen hier nothwendig zugleich [15]. Nach dem Inhalte des Ausnahmerechts, welches auch § i. affirmativ oder negativ sein kann (§ *b.*), unterscheiden nämlich die Neueren das ius singulare überhaupt als +odiosum und +favorabile, welches letztere als generelles singuläres Recht sie vorzugsweise 'beneficium iuris oder legis', dagegen als speciale beneficium, als singuläres Einzelrecht 'privilegium im eng. S.' nennen [16]. Nach den Subjecten ist das singuläre Recht oder privilegium im § k. w. S. +personae (einer physischen oder juristischen), +personale, oder praedii, +reale [17]; ersteres (denn das Subject des letzteren

---

de V.S. „Delata hereditas intellegitur quam quis possit adeundo consequi [= *adquirere*]“. (*14*) z.B. *Pap.L.*37.*D.de I.F.49*,14. „Quod placuit ... eo pertinet, ut *privilegium* .. contra creditores non exerceatur, non ut *ius commune* privatorum fiscus amittat“. (*15*) vgl. § 94.*e.f.* § 100.*m.* Besonders wichtig ist dieses für die Bestimmung, wie mit Aufhebung der singulären Rechtsbestimmung auch das darauf gegründete subjective Recht aufhöre: das generelle Ausnahmerecht steht hierin dem ius commune gleich; das specielle erlischt nothwendig mit hinwegfallender ratio der Ausnahmebestimmung. vgl. § 96. Note 19. § 100. Note 15. (*16*) vgl. § 94. Note 6.| Zu den günstigen Ausnahmerechten gehören als negative die in Note 5. bezeichneten und die dem Strafrechte angehörigen Abolitionen und Begnadigungen, als affirmative die Verleihungen der Civität, des ius Italicum, der Ingenuität, des ius liberorum, die Ertheilung von Monopolien u.dgl. Die besonderen Vorrechte des Fiscus, der Kirchen u.dgl. sind theils negative, theils affirmative. Die benachtheiligenden singulären Rechte konnten nach der röm. Staats- und Gerichts-Verfaßung auch privilegia im eng. S. sein, z.B. *L.*1.*C.de Iud.1*,9. u. *Cuiac.* Obss.*7*,30. Beispiele nachtheiliger genereller Ausnahmerechte bieten §§ 59...61. (*17*) Diese Ausdrücke kommen in den Quellen so nicht als technische vor. *Ulp.L.*1. § 43.*D.de aq.cott.43*,20. „Das nur vom Princeps zu verleihende Privilegium, sich aus öffentlichen Waßerbehältern Waßer zuzuführen, datur interdum praediis, interdum personis. quod praediis datur, extincta persona non extinguitur; quod datur personis, cum personis amittitur, ideoque neque ad alium...transit“. Aus persönlichen und dinglichen Pri-

ist das praedium: § 62.*d.*) ist ferner entweder an die individuelle Persönlichkeit des Privilegierten geknüpft, privilegium personae im eng. Sinne, oder es geht auch auf diejenige Person über, welche in das Rechtsverhältniss eintritt, worauf sich das Ausnahmerecht
§ *l.* bezieht, privilegium causae [18]. Nach der Veranlassung der die eigentlichen Privilegien begründenden gesetzlichen Bestimmung nennen die Neueren dieselben, wenn sie auf Gesuch des Privilegierten ertheilt sind, privilegia +conventionalia [19], ohne Entgeltung +gratuita, gegen Entgeltung +onerosa; die ohne Ansuchen des Privilegierten ertheilten +gratiosa; welche ganze Eintheilung insofern durchaus verwerflich ist, als sie dazu gebraucht werden soll, zu bestimmen, ob und aus welchen Gründen der Gesetzgeber die privilegiarische Bestimmung wieder aufheben dürfe; denn diese Frage ist so wenig als die, aus welchen Gründen ein Privilegium vom Gesetzgeber zu ertheilen sei, eine privatrechtliche.

§. 99. II. nach dem Inhalte.

§ *a.* Inhalt eines Rechts (im subjectiven Sinne) ist die Gesammtheit der Befugnisse, welche dem Menschen als Person [1] zufolge des Rechts im objectiven Sinne über das Object jenes Rechts [2]
§ *b.* zustehen (§ 98.*a.*). Dieses als Gegenstand des Privatrechts kann weder die Person des Berechtigten selbst in ihrer Totalität oder eine wesentliche Voraussetzung seiner Persönlichkeit, noch auch
§ *c.* kann es die ganze Persönlichkeit einer anderen Person sein [3]: alle

---

vilegien gemischte giebt es nicht; indem diejenigen Vorrechte von Grundstücken, die nur von Personen gewisser Stände erworben werden können, dingliche, diejenigen Privilegien aber, deren Ausübung Grundbesitz voraussetzt, persönliche sind. (18) *Mod.L.*196.*D.de R.I.* „Privilegia quaedam [β] *causae* sunt, quaedam [α] *personae:* et ideo quaedam ad heredem transmittuntur, quae causae sunt; quae personae sunt, ad heredem non transeunt". *Paul.L.*68. *D.eod.* „In omnibus causis id observatur, ut [α] ubi personae condicio locum facit beneficio, ibi deficiente ea beneficium quoque deficiat; [β] ubi vero genus actionis id desiderat, ibi ad quemvis persecutio eius devenerit, non deficiat ratio auxilii". z.B. α) *L.*42.*D.de adm.et per.tut.26*,7. *LL.*24. 25.*D.de re iud.42*,1. *L.*7.*pr.D.de exceptionib.44*,1. *L* 1.§ 1.*D.de iure immun.* *50*,6. *L.*4.§ 3.*D.de censib.50*,15. *L.*13.*C.de excus.mun.10*,47. β) *L.*6.*D.de in int.rest.4*,1. *L.*18.§ 5.*D.de minorib.4*,4. *L.*7.*pr.D.ad SC.Mac.14*,6. cit.*L.*7.§1. *D.de except.* (19) Von einem eigentlichen Vertrage, durch welchen die Gesetzgebungsgewalt dem Privaten gegenüber gebunden würde, kann keine Rede sein: er wäre als contra ius publicum anlaufend sofort null. § 83.*d.*

(1) § 30.*a.* (2) § 67.Noten 1.2. (3) vgl.§1.*d.* § 30.*d.h.b.* § 60.*b.* Puchta statuiert „Rechte an der eigenen Person, welche die Persönlichkeit, Rechtsfähigkeit, des Berechtigten zum Gegenstand haben" und behandelt unter dieser

Privatrechte haben vielmehr nur eine auf die Familien- oder auf die Vermögens-Verhältnisse bezügliche Macht oder Herrschaft des berechtigten Subjects zu ihrem Inhalte (§ 33. *c*, *d*.)[4]. Wie wir, § d.
von dem unmittelbareren zu dem vermittelteren fortschreitend, diese in den beiden folgenden Büchern darstellen wollen, ist in § 29. näher angeführt.

Zweiter Unterabschnitt.

Entstehung und Ende*).

§. 100. I. Entstehung überhaupt.

Bei jedem einzelnen Rechte kommt dessen Entstehung, Wir- § a.
kung und Beendigung in Betracht[1]. Von den die Begründung oder Umgestaltung von Rechten bewirkenden Willensäußerungen ist §§ 103. ff. besonders zu handeln: hier soll das allgemeine zunächst über Entstehung der Rechte[2] aufgestellt werden.

Rubrik I) die Lehre von der Persönlichkeit, den verschiedenen Stufen der Rechtsfähigkeit der Person und dem Rechte der Ehre (?), dem Schutze des Rechts der Persönlichkeit. II) Recht des Besitzes. — Hier ist gegen diese Auffaßungsweise zu bemerken, daß die Persönlichkeit, Rechtsfähigkeit, das Rechte haben-können, wesentliche Voraussetzung aller Rechte der Person, des Rechte-habens ist: es ist kein Privatrecht der Person, Person zu sein, oder Rechte haben zu können. Eben so wenig ist das Recht, ein Freier, ein civis, ein Familienglied zu sein, ein Privatrecht; wol aber kommen dem Freien, dem Bürger, dem Familiengliede als solchem, Rechte zu, welche private sind. (vgl. § 123. Note *.) Die Persönlichkeit **erscheint** nothwendig in den Rechten an dem ihr gegenständlichen, und wenn ein Recht, wie das römische, nichtpersönliche Menschen annimmt (§ 36.), so verschwindet sie ihm mit dem Verluste aller Rechte. Weil aber kein positives Recht die von der höchsten Macht dem Menschen verliehene Fähigkeit, Person zu sein, ihm entziehen kann, so ist jenes Verschwinden kein Vernichtetwerden, sondern solches positive Recht erkennt nur die Persönlichkeit des servus, des Geächteten u. dgl. nicht. vgl. oben § 29. Note 5*a*.

(4) Als rechtliche Macht kann sie nicht eine solche sein, welche als in sich unwahr (contra bonos mores vel iuris publici rationem) allgemein erkannt wird, was in Beziehung auf Erwerb und Ausübung der Rechte als die Bestimmung erscheint, daß ein rechtliches Interesse des Erwerbers oder des sein Recht Ausübenden dazu erforderlich sei, nicht bloße Laune oder Chikane ausreiche. vgl. § 82. Note 8. § 83. Note 4. § 89. Note 8.

(*) Savigny Syst. III. IV.

(1) *Ulp. L. ult. D. de LL. 1*, 3. „Totum autem ius consistit aut in adquirendo aut in conservando aut in minuendo: aut enim hoc agitur, quem ad modum quid cuiusque fiat, aut quem ad modum quis rem vel ius suum conservet, aut quo modo alienet aut amittat". Conservare ist umfaßender als tueri. Uebrigens bezog sich diese Stelle aus dem 2. Buche der ulpianischen Institutionen ursprünglich wol nur auf das Eigenthum.

(2) Die Umwandlung eines bestehenden Rechts ist zugleich Beendigung und Entstehung eines Rechts, sei es, daß andre Personen in ein bestehendes Rechtsverhältniß eintreten, wie im Falle der Succession, oder daß dieses sich seinem Inhalte nach ändert, wie z. B. indem durch Novation ein Forderungsrecht einen anderen Gegenstand erhält, durch Verletzung des Rechts oder durch Zufall derselbe geändert wird u. dgl.

§ b. Das Verhältniſs des Subjects und Objects, daß jenes berechtigt, dieses wirklich Gegenstand des Rechts wird, der Rechtserwerb, das adquirere, die adquisitio, kann seinen Grund haben entweder

1) in einer positiven Willensäußerung des erwerbenden Subjects, wodurch also in diesem das Recht zufolge der Rechtsbestimmung unmittelbar entsteht, (ursprüngliche Erwerbarten, adquisitiones +originariae)[3]; oder

§ c. 2) in einer vom erwerbenden Subjecte unabhängigen Thatsache, an welche die Rechtsbestimmung die Entstehung eines Rechts knüpft, *a*) einem natürlichen Ereignisse[4], *b*) einer negativen[5] oder *c*) einer positiven Willensäußerung eines Andern[6]; oder

§ d. 3) in den bezeichneten beiden Thatsachen zugleich, indem sich die Erwerbshandlung gründet auf *a*) das Ereigniſs, daß eine Person zu leben oder sonst aufgehört hat für sich vermögensrechtsfähig zu sein, wodurch deren Vermögen (hereditas, bona) nun einem Andern (successor) angetragen wird (defertur, delatio), so daß dieser es als ganzes oder Gesammtheit (per universitatem) für sich erwerben, anstatt jener Person vermögensberechtigt werden kann
§ e. (adquirere, adquisitio)[7]; *b*) auf die eine bestimmte Zeit währende Unterlaßung eines Andern, dessen Recht dadurch in demselben Au-
§ f. genblick untergeht, in welchem es jener erwirbt[8]; *c*) eine Willens-

---

(3) z.B. Aneignung einer herrenlosen Sache durch Besitzergreifung, Eigenthumserwerb durch Formgebung. (4) z.B. der Eigenthumserwerb durch Anspülung u.dgl., der Erbschaftserwerb durch den suus heres, welcher mit des Erblaßers Tod „statim ipso iure", ohne aditio, heres wird. *L.14.D.de suis* 38,16.

(5) z.B. der Erwerb eines Rechtes durch Versäumnisse eines Andern, der Anspruch auf die Caution wegen damnum infectum u.s.w. (6) z.B. Eigenthumserwerb durch die von einem Andern vorgenommene Bebauung meines Bodens u.dgl., der Erwerb des Forderungsrechts gegen den Delinquenten.

(7) Der Erwerb der hereditas durch einen extraneus und der Erwerb der bonorum possessio unterscheiden sich von dem Erwerb der hereditas durch den suus heres (Note 4.) nicht allein dadurch, daß in jenen ersten Fällen, gleich wie in den im neueren Rechte wegfallenden per universitatem successiones des älteren Rechts (*Gai*.3,77...84.), eine Handlung des Erwerbers erforderlich ist, sondern auch dadurch, daß die delatio der adquisitio vorausgehen muß, während im Falle des Erwerbs der hereditas durch den suus und in den bezeichneten Successionsfällen des älteren Rechts dem Erwerber im Augenblicke des Erwerbs selbst deferiert wird, delatio und adquisitio bonorum also zusammentreffen.

(8) Bei dem Erwerbe eines dinglichen Rechts durch Ersitzung, usu capio, findet zwar, wie in den unmittelbar vorher unter *a*) bezeichneten Fällen ein Uebergang des Rechts von einem Subject auf ein anderes statt, der Zeit nach eine successio: die usu capio aber ist keine juristische Succession, als welche den wirklichen oder angenommenen Willen des bisher Berechtigten, daß der Erwerber nunmehr berechtigt sein solle, voraussetzt; sondern gilt für den Usucapien-

äußerung eines anderen Subjects, welches entweder *α*) ein schon bestehendes Recht dem Erwerber überträgt (in rem, in eam rem, in rei oder singularum rerum dominium succedere u. dgl., successio +singularis, +translatio translativa, eigentliche Uebertragung eines Rechts [9]), oder *β*) durch seine, der des Erwerbers entspre- § *g.* chende Willensäußerung in dessen Person ein bisher noch nicht gesondert bestandenes Recht begründet (+translatio constitutiva, uneigentliche Uebertragung) [10]; *γ*) bald translativ, bald constitutiv, § *h.* bald in beiderlei Weise zugleich wirkt als Begründung sowol dinglicher als obligatorischer Rechte die adiudicatio, das richterliche Zuerkenntniß eines bisher mehreren Subjecten gemeinsamen oder eines zum Zwecke der Aufhebung der Gemeinschaftlichkeit zwischen den Parteien im Theilungsverfahren zu begründenden Rechts [10*].

Die eigentlichen Successionen und alle Translationen setzen § *i.* die Neueren als abgeleitete Erwerbarten, adquisitiones +derivativae, den originären entgegen: der Erwerber tritt in das Recht dessen, von dem er erwirbt; dieser ist Urheber, Gewähre, auctor des Rechtes des ersteren [11]. Früher versuchte man vergebens, alle Erwerbungen von § *k.* Rechten, oder doch mindestens die dinglicher Rechte, auf zwei Erfordernisse, iustus titulus oder iusta causa oder causa schlechthin (+causa remota), die rechtliche Möglichkeit des Erwerbs, und +modus adquirendi oder +causa proxima, die Erwerbung selbst, zurückzuführen, während unsre Quellen nur in Beziehung auf den Besitz und dessen Wirksamkeit den Titel, das iustum initium, die

---

ten als originärer Erwerb, gegen den früheren Inhaber des Rechts, gleich der Klagenverjährung, als Rechtsbeendigungsgrund wegen Unterlaßung. (*9*) z.B. einseitiges dare im eigentl. Sinne (§83. Note 15.) oder gegenseitiges beim Tausch. (*10*) z.B. Bestellung eines dinglichen Rechts. (*10**) Mit *Ulp.19*,2.16. vgl. *Gai.4*,39.42. stellen unsere Juristen die Adjudication meistens zu den Eigenthumserwerbsarten, obgleich doch auch Servituten (*Vat.Fr.*§47. *L.*6.§1.*D.de usufr.7*,1. *L.*22.§3.*D.fam.erc.10*,2. *L.*6.§10. *L.*7.§1.*D.comm.divid.10*,3.) und Forderungsrechte (§§4...7.*I.de off.iud.4*,17. *LL.*3.4.§1.*D.fin.reg.10*,1. *L.*22.§4. *D.fam.erc.10*,2. *L.*3.*pr.* *L.*4.§3.*D.comm.div.10*,3.u.o.) dadurch begründet werden, und im ältesten Rechte selbst Personen adjudiciert wurden. s.§47.*i.* (*11*) Daher *Paul.L.*175.§1.*D.de R.I.* „Non debeo melioris condicionis esse, quam auctor meus, a quo ius in me transit“. *Id.L.*177.*pr.eod.* „Qui in ius dominiumve alterius succedit, iure eius uti debet“. *Ulp.L.*54.*eod.* „Nemo plus iuris ad alium transferre potest quam ipse haberet“. *Id.L.*59.*eod.* „Heredem eiusdem potestatis iurisque esse, cuius fuit defunctus, constat“. *L.un.Herm.C.de successionib.12.* „..bona quae cum moreretur auctor tuus, eius fuerunt, ..petes..“. *Ulp.L.*143.*D.de R.I.* „Quod ipsis qui contraxerunt obstat, et successoribus eorum obstabit“.

iusta causa, hervorheben [12]: die unterschiedlichen Rechte haben sehr
§ l. verschiedene Entstehungsgründe [12*]. Die Eintheilung der Erwerbsarten in civiles und naturales adquisitiones, jenachdem sie aus dem römischen Civilrecht oder aus dem ius gentium stammen (§ 92*. *k.*), bezieht sich hauptsächlich auf Eigenthumserwerb [13].

§ m. Die Entstehung genereller singulärer Rechte weicht von der gemeiner Rechte nicht ab; in Beziehung auf die eigentlichen Privilegien aber setzt besonders das Constitutionenrecht [14] die Voraussetzungen, Formen und Wirkungen privilegiarischer Bestimmungen fest, wobei sich der Satz, daß erschlichene, auf Angabe falscher (subreptio) oder Verschweigung der in Betracht zu ziehenden wahren Thatsachen (obreptio) erwirkte Privilegien (non iure impetrata, wenn nicht 'preces veritate nitantur', si contra ius vel utilitatem publicam vel per mendacium fuerit aliquid postulatum vel impetratum) nichtig seien [15], aus der bei dem Privilegium nothwendigen Coexistenz des subjectiven und des objectiven Rechts ergiebt [16].

§ n. Wiederherstellung eines Rechts ist Begründung desselben [17]; jedoch wird mitunter ein wiederhergestelltes Recht als das fortdauernde frühere behandelt [18].

§. 101. II. Beendigung überhaupt.

§ a. Das zur Existenz gekommene Recht bleibt dem Erwerber, bis es aus einem der im vorigen § bezeichneten Gründe unter- oder
§ b. auf ein anderes Subject über-geht. Je nachdem der Erlöschungsgrund eine Willensäußerung des Berechtigten ist, oder ohne Rücksicht auf dessen Willen eintritt, nennen wir ihn 'freiwillig' oder 'noth-
§ c. wendig'. Wichtiger ist für das römische Recht der Unterschied der unmittelbaren und mittelbaren Beendigung, d. h. ob ein Recht ipso iure, durch den bloßen Eintritt der die Beendigung bewirkenden

---

(12) Hugo Civ. Magaz. IV. n°. 6. Seuffert Erörtt. II. n°. 3. Die frühere falsche Theorie z. B. bei Höpfner Institt. § 293. (12*) s. § 106. *a.* (13) § 11. *I. de rer. div.* 2,1. (cf. *Gai.* 2,65.) *Gai. L.* 1. *pr. D. de A. R. D.* 41,1. vgl. auch *Inst.* Per quas personas cuique adquiritur 2,9. Per quas personas nobis obligatio adquiritur 3,28. (14) *Th. C.* 1,1...3. 2,4. 11,12.13.23.29. sqq. *Iust. Cod.* 1, 14...16.19...23. (15) *Cod.* 1,22. *L.* 7. *pr. C. de diversis rescriptis* 1,23. (16) § 98. Note 15. (17) *L.* 98. § 8. *D. de solutionibus* 46,3. (18) Nicht allein zufolge der Wiedereinsetzung in den vorigen Stand (§ 132. Note 26.) und der im Postliminium (§ 47. *d.* § 69. Note 10.) enthaltenen Fiction; sondern auch bei von selbst wieder auflebenden Rechten; vgl. z. B. *L.* 20. § 2. *D. de S. P. U.* 8,2. *L.* 14. *D. quemadm. servit. amitt.* 8,6., wo der Unterschied von reponere ut idem sive aliud esse intellegatur, restituere, renovare hervortritt.

Thatsache, oder ope exceptionis aufhörte, mittels gerichtlicher Geltendmachung einer Thatsache, deren Wirkung die nach strengem Rechte bestehende Wirksamkeit des Rechtes eines Andern ex aequo et bono aufhebt: ipso iure wirkende Beendigung des Rechts schließt das iudicium über dieses, die per exceptionem wirkende die Verurtheilung des Beklagten aus demselben aus [1*].

Seinem Begriffe nach erlischt das Recht im subjectiven Sinne § d. 1) wenn das objective Recht, Gewohnheits- oder geschriebenes Recht, eine solche Macht des Einzelwillens, wie sie in jenem enthalten ist, überhaupt nicht mehr anerkennt [1]. In Beziehung auf singuläre Rechte gehört hierher deren Untergang durch Mangel der gesetzlichen Voraussetzung [2]. 2) Durch Untergang des § e. Subjects erlöschen alle an dessen Individualität gebundenen, also die reinen Familienrechte [3], die persönlichen Privilegien und sonstigen höchstpersönlichen Rechte [4]; die an die civile Vermögensrechtsfähigkeit eines bestimmten Subjects gebundenen civilen Vermögensrechte und Verbindlichkeiten giengen durch jede capitis minutio unter [5]. Ist zum Bestande eines Vermögensrechts Coexistenz § f. mehrerer Subjecte wesentlich, wie bei den dinglichen Rechten Eigenthümer und Inhaber des ius in re, bei den Forderungsrechten debitor und creditor, so erlischt das beschränkende Recht durch Zusammentreffen der mehreren Rechtssubjectivitäten in derselben Person, confusio [6]. Ebenso erlöschen Nebenrechte durch vollständi- § g. ges Zusammentreffen mit dem Hauptrechte in demselben Subjecte [7],

(1*) s. § 92*.*k.* § 96. Note 1. § 102. Note 1. i. f. § 131. Note 89. vgl. *Gai.* 3, 178. 181. 4, 116. sqq. *Pap. L.* 95. § 4. *D. de solution.* 46, 3. (1) s. § 95. *m.* Ueber desuetudo s. § 11. Note 6. § 24. *u.* (2) Die singuläre Bestimmung ist wesentlich von der Fortdauer ihrer ratio abhängig. § 94. Note 3. Mit der wegfallenden ratio darf aber nicht verwechselt werden die im einzelnen Falle etwa fehlende utilitatis causa, um deren willen eine generelle Ausnahmebestimmung aufgestellt worden ist; z. B. die in Rechtsgeschäften erfahrenste und klügste Frau steht ebensogut unter dem SC. Velleianum, als die unerfahrenste; alle minores ohne Unterschied ihrer Reife haben Anspruch auf die beneficia minorum u. s. w. (3) Nicht auch das ius über unselbständige Familienglieder. § 44. *e.* (4) § 98. *k.* | *Paul. L.* 136. § 1. *D. de V. O.* 45, 1. „Siqui *viam ad fundum suum dari* stipulatus fuerit, postea fundum .. ante constitutam servitutem alienaverit, evanescit stipulatio", wovon näher bei den persönlichen Servituten. (5) § 58. *z.* ff. (6) *L.* 116. § 9. *D. de leg. I.* 30. „.. confusione dominii servitus exstincta ..". *L.* 30. *pr. D. de S. P. U.* 8, 2. „.. confusa sublataque servitus est". *L.* 2. § 18. *de H. v. A. V.* 18, 4. „.. debitori suo heres exstitit, confusione creditor esse desinit ..". *L.* 21. § 1. *D. de lib. leg.* 34, 3. „.. confusione perinde exstinguitur obligatio ac solutione". u. o. | (Bei den Familienrechten kann eine solche confusio nach dem Begriffe jener nicht eintreten.) (7) z. B. der Bürge beerbt den Hauptschuld-

so wie auch durch Untergang des Hauptrechts, von welchem sie
§ h. abhängig sind [8]. 3) Untergang des Objects [9] oder eintretende Unfähigkeit desselben, Rechtsobject zu sein (§§ 68.ff.), beendigt noth-
§ i. wendig das bisher an ihr bestandene Recht [10]. 4) Die Beziehung des Willens des Subjects auf das Object als Rechtsobject und damit das Recht selbst hört (ohne daß jedoch die folgenden Beendigungsgründe auf alle Rechte anwendbar wären) auf *a*) durch dessen Willensäußerung (Veräußerung, alienatio [11] im weiteren Sin-
§ k. ne) und zwar *α*) negative, wohin der Nichtgebrauch, non usus [12], das Ablaufenlaßen der Ersitzungs- oder Verjährungs-Frist [13] und
§ l. die verschuldete Nichterfüllung der Auflage [14]; *β*) positive, wohin das einseitige Aufgeben oder die Entsagung, der Verzicht, renuntia-

---

ner oder den Gläubiger. cf.§ 98.Note 7*. (8) z.B. *pr.I.quib.mod.toll.obl.* 3,29. *L.6.pr.D.quib.mod.pign.20*,6. (9) Rechte, deren Object die körperliche Sache ist, gehen nothwendig mit dieser unter (z.B. §16.*I.de leg*.2,20. *L.* 5.§ 2.*D.q.mod.ususf.7*,4. *L.8.pr.D.quib.mod.pign.20*,6.), nicht aber an sich solche, deren Gegenstand Leistung einer körperlichen Sache ist: die Leistung des Werths kann an die Stelle der der Sache treten. § 82.*f,g*. § 89.*m*. (10) Der Untergang eines Forderungsrechts durch den s.g. concursus duarum causarum lucrativarum gehört insoweit hierher, als die in meinem Vermögen befindliche Species nicht noch in mein Vermögen gebracht werden kann, wie es unmöglich ist rem meam mihi dari. vgl.§ 83. Note 15. und § 6.*I.de legat*.2,20. *LL*.17.19. *D.de O.et A.44*,7. *L*.83.§ 6.*D.de V.O.45*,1. (11) Dieses Wort bezeichnet im weiteren, negativen Sinne jede Willensäußerung, zufolge deren ein Berechtigter sein Recht zu haben aufhört [s.§ 128.Note 1*.]; im engeren, positiven Sinne die Uebertragung des Rechts auf ein anderes Subject (s.Note 16.); im engsten die zufolge des Kaufcontracts (z.B. „..neque conductionis neque alienationis esse titulis adiciendum..“. *L.1.C.de iure emphyt.* 4,66. cf.*Gai*.3,145.). *Paul.L*.28. *pr.D.de V.S.* „*Alienati*onis verbum etiam usu capionem continet: vix est enim ut non videatur alienare qui patitur usu capi. eum quoque *alienare* dicitur qui non utendo amisit servitutes. Qui occasione adquirendi non utitur, non intellegitur alienare ..“. *Id.L*.174.§1.*D.de R.I.* Zur Bezeichnung der Unterlaßung des Rechtserwerbs bedienen sich unsere Quellen der Zeitwörter repudiare, omittere, nolle ad se pertinere, reicere, respuere, spernere, neglegere, contemnere, deserere, derelinquere oder relinquere, detrectare u. dgl. oder davon abgeleiteter Substantiva. (12) Von der Erlöschung des Rechts durch nonusus, wie sie Regel ist für die persönlichen und die ländlichen Servituten (*L.25.D.q.mod.ususf.7*,4. *L.6.D.de S.P.U.8*,2.), ist theils der Fall zu unterscheiden, da dem non usus einerseits eine Willensäußerung andererseits entsprechen muß, um das Recht unter- oder über-gehen zu machen, wie die usu capio libertatis bei den städtischen Servituten (cit.*L.6*.), theils der Fall, daß das Versäumniß des Nichtnutzers nur Grund ist, ihm das Recht durch richterliches Urtheil absprechen zu laßen, wie z.B. dem das Gut vernachläßigenden Emphyteuta. (13) § 108.Note 1. Diese Rechtsinstitute können nur bei denjenigen Rechten, welche dadurch begründet oder beendigt werden, im richtigen Zusammenhange dargestellt werden. Der einzige allgemeine Entstehungs- und Beendigungsgrund von Rechten, welcher im Zeitablauf enthalten ist, ist die s.g. unvordenkliche Verjährung, wovon §120. (14) §115.Note 10.

tio [15], die Beendigung des Eigenthums oder dinglicher Rechte durch Dereliction [15*]), die Annahme der Leistung, worauf eine Forderung gerichtet ist, und das zum Zwecke der Uebertragung des Rechts auf einen Andern vorgenommene Aufgeben desselben, die Veräußerung, alienatio im eng. S. [16], und die cessio [17] gehören; *b*) wenn §m.
die bei Begründung des Rechts für dessen Fortdauer giltig aufgestellten Voraussetzungen mangeln [18]; c) in Folge einer das be- §n.
rechtigte Subject treffenden Strafe [19].

Auch bei Fortbestand des Rechtes selbst kann bald die facti- §o.
sche Möglichkeit, bald die Befugniss seiner Ausübung, jene, abgesehen von bloß natürlichen Gründen, zufolge Prävention eines anderen Berechtigten, diese zufolge eines direct entgegentretenden stärkeren Rechts eines Andern aufgehoben werden [20].

(*15*) s. § 108.; also auch der gegenseitige Verzicht, der Vergleich: § 106.*w.* (*15**) *Paul.*2,31.§27. §§47.48.*I.de R.D.*2,1. *Dig.* Pro derelicto *41*,7. *Ulp.L.* 1.*h.t.* „Si res pro derelicto habita sit, statim nostra esse desinit ..“. *Iav.L.* 36.*D.de stip.serv.45*,3. „..qui pro derelicta rem habet, omni modo a se reiecit ..“. *L.*43.§§ 5.sqq.*D.de furt.47*,2. Usum fructum derelinquere: *LL.*64.65. *D.de usufr.7*,1. (*16*) vgl. Note 11. Vorzüglich heißt so die Uebertragung des Eigenthums (*Sev.et Ant.L.*1.*C.de fundo dot.5*,23. „Est autem *alienatio* omnis actus, per quem dominium transfertur“, vgl.*Gai.*2,62...65.80. *Inst.* Quibus alienare licet vel non 2,8.); aber auch die Bestellung eines dinglichen Rechts an einer Sache wird häufig mit jenem Worte bezeichnet. *Iustinian.L.*7.*C.de reb. alienis non alienandis* 4,51.); übertragen wird es selbst auf das Aufgeben eines Forderungsrechts, z.B. *Gai.*2,84. „.. nullam obligationem pupillus .. dissolvere potest, quia nullius rei alienatio ei concessa est ..“. §2.*I.tit.cit.* *Paul.L.*15. *D.de solution.46*,3. „Pupillo solvi sine tutoris auctoritate non potest. sed nec delegare potest, quia nec alienare ullam rem potest. si tamen solverit ei debitor et nummi salvi sint, petentem pupillum doli mali exceptione debitor summovebit“. (*17*) Die civile Uebertragung von Rechten in Form eines Eigenthumsprocesses vor dem Tribunal des magistratus, die in iure cessio (*Gai.*2,24. *Ulp.19*,9...15.), war sehr umfaßend, sowol bei körperlichen, als unkörperlichen Sachen, bei mancipi und nec mancipi res anwendbar (*Gai.*2, 29.sqq.). Die cessio der Forderungs- oder Klage-Rechte gehört in die Lehre von den Obligationen. Außerdem kommt das Abtreten eines ganzen Vermögens als bonis cedere, cessio bonorum (*Dig.42*,3. *Cod.7*,71.), das Bestellen einer Servitut (z.B. *LL.9.pr.17.pr.D.de aq.et aq.39*,3.), die Uebertragung der Ausübung eines Nießbrauchs oder dessen Zurückübertragung an den Eigenthümer (z.B. § 3. *I.de usufr.*2,4.) u.dgl. als cessio, cedere vor. (*18*) Die einzelnen hierhergehörigen Gründe kommen an ihrem Orte vor; so Eintritt einer auflösenden Bedingung oder eines Endtermins, Widerruf eines revocablen Rechts, Rescission u.s.w. vgl.§§113.f. §115. Note 11. §119. (*19*) z.B. Confiscation, die Privationsfälle bei der Emphyteusis, Verlust der väterl. Gewalt, des Eigenthums am servus. (§47. Note 81.) Auch die Rechtsfähigkeit des Freien, des civis oder des sui iuris gewordenen, kann ihm zur Strafe wieder verloren gehen: vgl. §47.*g.*ff. § 58.*k.*ff.*q.* Missbrauch eines Rechts hebt dasselbe an sich nicht auf, kann aber Veranlaßung oder auch Grund zur Aufhebung mittels Privat-Widerrufs, wo solcher zuläßig ist, oder gerichtlichen Ausspruchs werden. (*20*) s. §128.

III. Insbesondere
A. Thatsachen.
§. 102. 1. Zufällige, casus; periculum et commodum; damnum et lucrum; Interesse.

vgl. de Periculo et commodo rei venditae *Dig.18,6.* *Cod.4,48.* *Dig.* de Administratione et periculo tutorum et curatorum *26,7.* *Cod.* de Periculo tutorum et curatorum *Cod.5,38.*| *Cod.* de Sententiis quae pro eo quod interest proferuntur *7,47.*| *Dig.* de Damno infecto *39,2.*

§a. Thatsache, factum [1], bezeichnet jede Erscheinung einer Kraft, sei es die Wirkung des geäußerten (positiven oder negativen) Willens eines Subjects, eines Thuns oder Unterlaßens, oder sei es das Ereigniss, eventus, welches einen ursächlichen Zusammenhang mit einem menschlichen Willen nicht hat oder in diesem Zusam-
§b. menhange nicht aufgefaßt wird [2], Zufall, casus [3]. Dieser nega-

(1) 'Thatsache' ist ein troß Adelungs Missbilligung jetzt nicht mehr zu verdrängendes neues Hauptwort.| Die Eintheilung der Thatsachen in affirmative und negative geht von der Möglichkeit oder der Annahme aus, daß eine Kraft sich äußere, einen Erfolg hervorbringe, z.B. der Fall hat nicht geschadet; deshalb ist diese Eintheilung für die Handlungen als positive oder negative besonders von Bedeutung: s.§83.Note 1.| Häufig bezeichnet factum einen Gegensatz des ius, und zwar verschieden nach der Verschiedenheit der Bedeutung des letztern Wortes selbst: *a*) factum, die durch das ius, die Rechtsbestimmung, normierten oder zu normierenden gegebenen Verhältnisse oder Beziehungen des Willens der Personen auf Sachen oder den Willen anderer Personen, insbesondere die Ausübung von Rechten und die thatsächlichen Bestandtheile der Begründung oder Endigung von Rechtsverhältnissen: so heißt namentlich der Besitz 'res facti': s.§123.Note 2.; solutio, venditio, traditio facti magis quam iuris sunt: *L.7. §3.D.de cur.fur.27,10.* cf.*LL.17.44.D.de cond. et dem.35,1.* *L.130.D.de V.O. 45,1.*; so besteht das Interesse in facto, non in iure. s.*L.24.D.de R.I.* in Note 26. Andre hergehörige Beispiele sind die *iuris vel facti* ignorantia (§97.Note 3.); de iure und de facto dubitare, *L.97.§1.D.de iudic.5,1.*, der häufige Gegensatz von facti und iuris quaestio, causa u.s.w.; s.z.B. §105.Note 6. *b*) Wo ius die consequente, strengdurchzuführende Rechtsbestimmung bezeichnet, steht factum als Gegensatz für solche Verhältnisse, welche, wie die habitatio und die operae servorum im Gegensatz der eigentlichen Servituten, mehr nach den Umständen und der vermutlichen Absicht der Personen, nach s.g. Billigkeit u.s.w., zu beurtheilen sind, z.B. 'in facto potius quam in iure consistit' *L.10.D.de cap.min.4,5.* mit *L.2.D.de usu leg.33,2.* *LL.27.32.D.de donat.39,5.* *c*) Oft bezeichnet 'ius' in unseren Quellen das strenge Civilrecht und 'factum' dann das aus jenem sich nicht ergebende, auf anderweitige Rechtsnormen gegründete, wie in den Fällen, wo ein Rechtsverhältniss nach Civilrecht noch besteht, nach anderweitigen Rechtsgrundsätzen aber unwirksam ist, gesagt wird, dasselbe sei ipso iure giltig aber per exceptionem ungiltig, (§101.Note 1*.); 'in stipulationibus *ius* continetur, in pactis *factum* versatur: *L.27.§2.D.de pactis 2,14.* Verwandt sind die formulae *in ius, in factum* conceptae. s.§131.Note 52.

(2) §83.Note 3. *Paul.L.60.pr.D. de condic.et dem.35,1.* „*In facto* consistentes condiciones.. quasi tripertitam recipiunt divisionem, *ut* quid *detur*, *ut* quid *fiat*, *ut* quid optingat, vel retro *ne* detur, *ne* fiat, *ne* optingat.. tertia species *in eventu* ponetur".

(3) Casus (von cadere) bezeichnet häufig den Inbegriff aller in Beziehung auf einen Gegenstand des Gedankens in Betracht kommenden Ver-

tive Begriff (Nicht-Willensäußerung, fortuitus casus) ist zugleich
relativ[4]. Die juristische Betrachtung hat häufig eine Vielheit § c.
von Thatsachen als einen einzigen Erfolg aufzufaßen[5]; daher mit-
unter gemischter und reiner Zufall (casus +mixtus vom +merus,
fatum oder fortuitus casus im eng. S.) unterschieden wird, jenach-
dem ein menschlicher Wille mitwirksam war oder nicht[6]. Die § d.
juristische Wirkung eines jeden Ereignisses kann nur die Person
treffen[7], unmittelbar (+casum sentit persona)[8] oder mittelbar,
durch die Sache (+casum sentit dominus, d. h. der an der Sache
berechtigte)[9]: wer anders sollte die Vor- oder Nachtheile des seinem
Willen fremden Ereignisses für sich hinnehmen dürfen oder müßen?
Eben deshalb aber können die vermögensrechtlichen Wirkungen des § e.

---

hältnisse und Umstände, die Beschaffenheit oder den Zustand eines Objects. *Dirksen* Manuale h.v. § 2. vgl. mit § 5. In *L.*33.§1.*D.de fideic.lib.40*,5. gebraucht Paulus „in aliquo casu condicio consistat" ganz wie „in eventu ponetur" in der vorigen Note. *Paul.Diac.* h.v. „*Casus*..quae fortuita hominibus accidunt..". *L.*83.§ 5.*med.D.de V.O.45*,1. So heißt der Ausbruch einer ansteckenden Krankheit casus maior ac novus in *L.8.C.de test.6*,23.

(4) § 39.*I.de R.D.* 2,1. *L.un.C.de thesaur.10*,15. Eine That, deren Causalzusammenhang mit einem Willen wir nicht erkennen, ist uns Zufall, und ein und dasselbe Ereigniß nennennen wir Zufall oder That, Handlung, je nachdem es von einem Willenlosen oder einem Wollenden ausgegangen ist. „Impune.. puto admittendum quod per furorem alicuius accidit, quo modo si casu aliquo, sine facto personae id accidisset". *L.*61.i.f.*D.de adm.et per.tut.26*,7. *L.*5.§ 2.*D.ad L.Aq.9*,2. *L.4.C.de per.tut.5*,38. Auch die Handlungen dritter Personen, auf deren Willen wir keinen Einfluß haben, sind für uns Zufall, z.B. impetus latronum, hostium vel piratarum u.dgl. § 2.*I.q.m.re contr.obl.3*,14. *L.*1.§ 4.*D.de O.et A.44*,7.u.o.

(5) z.B. der Depositar muß die Sache verwahren: diese custodia kann aus einer großen Menge von Thätigkeiten bestehen. Oder eine Sache steht auf Gefahr des Käufers, periculum ad emptorem pertinet: viele Ereignisse treffen zusammen, damit sie nicht zu Grunde gehe u.dgl.

(6) vgl. z.B. *L.*11.§ 5.*D.de minor.4*,4. *L.*36.§1.*D.de R.V.6*,1. *L.*5.§§ 4.sqq. *L.*18.*pr.D.commod.13*,6. *L.*1.§ 35.*D.depos.16*,3. *Dig.*tit.cit.*18*,6.passim. *L.*11.§§1.2. *L.*15.§ 2. *L.*59.*D.locati 19*,2. *L.*1.§ 4.*D.de O.et A.44*,7. *L.*23.i.f.*D.de R.I.50*,17. s. auch Note 15.

(7) § 30. Note 1. § 98. Note 2.

(8) vgl. Note 14. In Betreff des schadenden Zufalls s. z.B. *L.*13.*pr.D.ad L.Aq.9*,2. *L.*1.§ 5.*D.de his qui effud.9*,3. vgl. *L.*74.*D.de R.I.* „Non debet alteri per alterum iniqua condicio inferri"; und „Secundum naturam est commoda cuiusque rei eum sequi, quem sequuntur incommoda" (*L.*10.*D.de R.I.*) gilt nach der Natur der Sache auch hier. vgl. *L.*50.*D.de R.I.* *L.*203.*eod.* „Quod quis ex culpa sua damnum sentit, non intellegitur damnum sentire ..".

(9) § 3.i.f.*I.de locat.3*,24. "totius rei interitus .. ad dominum.. redundare periculum ..". § 5.*eod.* *L.1.C.de iure emph.4*,66. vgl. § 101. Note 9. *Ulp.L.*11.§ 9.*D.ad L.Aq.9*,2. *Id.L.*13.§ 2.*eod.* „.. legem domino damna salva esse voluisse ..". (die damna sind die von der lex Aquilia verpönten nichtcasuellen Beschädigungen). *L.*27.§ 5.*eod.* *L.*9.§ 9.*D.de R.C.12*,1. *L.*52.§ 3. *L.*58.§1.*D.pro soc.17*,2. *L.*15.§ 2.*D.locati 19*,2. „..damno domini esse ..". *L.*23.*D.de R.I.* „..casus .. a nullo praestantur..". *L.6.C.de pign.act.4*,24. „Quae fortuitis casibus accidunt, ... nullo bonae fidei iudicio praestantur".

casus durch den Willen der Personen auch anders zugetheilt, eine vertragmäßige Ueberlaßung der Vortheile, Uebernahme der Nachtheile aus dem Zufall [10] entweder durch ausdrückliche Uebereinkunft der Betheiligten oder zufolge der Natur eines obligatorischen Verhältnisses (d.i. der durch Privatwillen nicht abgeänderten Dispositivbestimmungen über das Verhältnifs) stillschweigends begründet werden [11].

§f. Der als bevorstehend gedachte schadende Zufall ist periculum, Gefahr, welcher Ausdruck vorzugsweise zufällige Vermögensbeschädigungen, damna fortuita oder fatalia bezeichnet, auch schon wirklich eingetrene, sofern sie als zukünftige oder möglicher Weise zu vermeiden gewesene betrachtet werden [12]; der vortheilhafte Zufall gehört zu dem commodum rei [13].

§g. Dem damnum, Schaden, der deminutio rei familiaris, dem in Geld veranschlagbaren nachtheiligen Ereignisse [14], sei dasselbe Wirkung eines Zufalles (fatale damnum, auch als vis magna oder maior, divina, naturalis, cui humana infirmitas resistere non potest, casus adversus quem caveri non potuit

---

(*10*) z.B. „ut emolumentum ac damnum in his commune sentirent". *L*.52.§6.*D.pro soc.17*,2.; der Vertrag zwischen Käufer und Verkäufer, daß die zufälligen Vor- und Nachtheile anders, als nach den dispositiven Bestimmungen des gemeinen Rechts getragen werden sollen, z.B.*L*.1.*pr*. *L*.10.*pr.D.de peric.et comm.18*,1.; der Depositar, der Commodant, der Mandatar, der Dienstvermiether, der Ehemann als Inhaber einer Dos übernimmt die Gefahr. *L*.7.§15.*D.de pact.2*,14. *L*.1.§35.*D.depos.16*,3. *L*.5.§2.*D.commod.13*,6. *L*.39.*D.mand.17*,1. *L*.13.§5.*D.locati 19*,2. *L*.6.*D.de pact.dot.23*,4. u.dgl. (*11*) so soll z.B. nach *L*.11.§1.*D.de A.E.V.19*,1. dem Käufer geleistet werden quod praestari convenit.., si nihil convenit, tunc ea praestabuntur quae naturaliter insunt huius iudicii potestate". Durch jene Uebereinkunft, welche als lex contractus, besondere Vereinbarung der Parteien (*L*.24.i.f.*D.depos.16*,3.u.ö.), das dispositive Recht (§93.), welches sonst für das Vertragsverhältnifs gilt, abändert, können von den regelmäßig eintretenden Berechtigungen und Verpflichtungen auch in Beziehung auf die Vor- und Nachtheile aus dem Zufall Ausnahmen begründet werden, *L*.5.§4.*D.de praescr.verb.19*,5. „potest mandatum ex pacto etiam naturam suam excedere". *L*.1.*C.de commod.4*,23. (*12*) z.B. *Dig.18*,6.passim. *L*.13.*D.de N.G.3*,5. *L*.62.*D.locati 19*,2. *L*.1.§1.*D.de aestimat.19*,3. *L*.1.*C.de commod.4*,23. „..periculum amissionis ac fortunam futuri damni in se suscepisse..". So wird 'periculum' öfters gebraucht zur Bezeichnung jedes zufällig eintretenden Nachtheils, d.h. nicht durch ein Verschulden dessen, der ihn nun tragen muß, herbeigeführten, im Gegensatze zu dem periculum quod culpa contigit (z.B. *L*.5.§§2.7. *L*.19.§1.*D.commodati 13*,6. *Fr.Vat*.§101.). Das damnum infectum, die von einer fremden unbeweglichen Sache drohende Beschädigung unserer Sachen (*Dig.39*,2.) ist eine Art des periculi, für welche besondere Rechtsbestimmungen aufgestellt sind. (*13*) z.B. *rubrica Dig.cit*. So steht commodum dem damnum, compendium oder lucrum dem dispendium entgegen, *L*.23.§1. *L*.65.§6.*D.pro soc.17*,2. *L*.31.*pr.D.de A.E.V.19*,1. vgl.Note 8.

(*14*) *Ulp.L*.1.§5.*D.de his q.effud.9*,3. „Sed cum homo liber periit, *damni* aestimatio non fit.. quia in homine libero nulla corporis aestimatio fieri potest..". *L*.3.*D.si quadr.9*,1. *L*.3.*D.de damno inf.39*,2.

u. ähnl. bezeichnet) [15] oder der Willensäußerung eines Andern (da-
mnum alicui ab aliquo datum oder factum) [16], steht als commodum
das lucrum, der Gewinn, die in Geld veranschlagbare Verbeße-
rung oder Vergrößerung der Rechtsbefugnisse (compendium, au-
gmentum) entgegen [17]. Der Schade vermindert oder vernichtet ent- § h.
weder schon existente Vermögensrechte (positiver Schade, damnum
+positivum s. +emergens) [18] oder hindert nur den Erwerb solcher
in quantitativer oder qualitativer Beziehung oder in beiden zugleich
(negativer Schade, damnum +negativum oder +privativum, +lucrum
cessans) [19]. Den in der Werthsverminderung oder Vernichtung des § i.
beschädigten Objects an sich bestehenden Schaden nennen wir den
unmittelbaren (damnum +directum), mittelbaren (d. +indirectum)
die Vermögensverringerung, welche in Folge jener Beschädigung
auch in Beziehung auf andere Objecte oder Rechtsverhältnisse
eintritt [20]. Der Betrag, um welchen die Beschädigung das Ver- § k.
mögen verschlechtert, heißt das Interesse, id quod interest, quanti

(15) z.B. *L.3.§1.D.nautae caup.4,9.* *L.2.§1.D.de per.et comm.18,6.* *L.52.§3.D.pro socio 17,2.* *L.25.§6.D.locati 19,2.* *L.1.§4.D.de O.et A.44,7.* *L.2.§7.D.de adm.rer.50,8.* *L.4.C.de per.tut.5,38.* u.ö.

(16) Denn s. *L.203.D.de R.I.* in Note 8. Von der Schadensersatzpflicht wegen Widerrechtlichkeit s. §105.

(17) z.B. *L.11.D.de N.G.3,5.* „..pensare lucrum cum damno debet". *L.30.D.pro socio 17,2.* „..neque enim lucrum intellegitur nisi omni damno deducto, neque damnum nisi omni lucro deducto". *L.3.pr.D.de B.P.37,1.*, Note 22. u.ö.

(18) z.B. *Ulp.L.26.D.de damno inf.39,2.* „..non debeat videri is damnum facere [hier und oft = damnum pati, Schaden leiden] qui eo veluti lucro, quo adhuc utebatur, prohibetur, multumque interesse, utrum damnum quis faciat, an lucro, quod adhuc faciebat, prohibeatur..". Den Gegensatz des positiven Schadens bezeichnet *Paul.L.21.§3.D.de A.E.V.19,1.* als utilitas quae circa ipsam rem consistit. s. *L.13.pr.D.rat.rem* in Note 23.; ferner Note 19. und *L.33.pr.D.ad L.Aq.* in Note 20. Detrimentum (von deterere) bezeichnet häufig diesen Schaden im engern Sinne, zuweilen aber steht es auch, wie periculum (z.B. *L.62.D.locati 19,2.*), zur Bezeichnung irgend eines Nachtheils. vgl. *Dirksen* Manuale h.v.

(19) *Paul.L.27.D.ex q.c.mai.4,6.* „Et sive quid amiserit vel lucratus non sit,..etiamsi non ex bonis quid amissum sit". z.B. *Ulp.L.11.pr.D.ad exhib.10,4.* „..si hereditas (d.i. eine erst deferierte) amissa sit ..., aequissimum est aestimari..damnum hereditatis". *Id.L.2.§11.D.ne quid in loco publ.43,8.* „Damnum .. pati videtur qui commodum amittit, ...quale quale sit". *Herm.L.19.D.de per.et comm.18,6.* „..omne omnino quod venditor consequi potuit..". s. auch Note 23.

(20) z.B. *Gai.3,212.* *§10.I.de L.Aquil.4,3.* *Paul.L.22.ad L.Aquil.9,2.* „..si servum occidisti, quem sub poena tradendum promisi, utilitas venit in hoc iudicium. Item..si quis ex comoedis aut symphoniacis aut gemellis aut quadriga aut ex pari mularum unum vel unam occiderit, non solum perempti corporis aestimatio facienda est, sed et eius ratio haberi debet, quo cetera corpora depretiata sunt". *Id.L.33.pr.eod.* „..in lege..Aquilia damnum consequimur et *amisisse* dicemur quod aut consequi potuimus aut erogare cogimur". *Gai.L.3.D.si quadrup.9,1.* Andre Beispiele bietet die Lehre vom Verzuge, mora, im Obligationenrecht.

interest u. dgl. (welches, wie der Schade, unmittelbares, d. h. das beschädigte Object an sich betreffendes, oder mittelbares ist)[21]; §l. dieses befaßt nicht allein den positiven Schaden (quanti res est, rei verum pretium, rei aestimatio)[22], sondern zugleich auch den negativen[23], und wird immer mindestens nach dem allgemeinen Werthe, welchen das beschädigte Object an sich hatte (vera rei aesti- §m. matio, verum rei pretium, +interesse commune)[24]; in vielen Fällen aber, und insbesondere bei widerrechtlichen Beschädigungen[25], nach dem besonderen, welchen es für das Vermögen des verletzten

---

(21) Das barbarische Substantiv Interesse finde ich zuerst in der Epitome *Exactis a Rom. civitate* (§ 24. e.)| *Ulp. L.* 193. *D. de V. S.* „Haec verba '*Quanti eam rem paret esse*' non ad id quod interest, sed ad rei aestimationem referuntur". z. B. *Id. L.* 1. § 4. *D. si q. ius dic. non optemp.* „Hoc iudicium non ad id quod interest, sed quanti ea res est, concluditur". *Id. L.* 50. *pr. D. de furt.* 47, 2. „In furti actione non quod interest quadruplabitur vel duplabitur, sed rei verum pretium". (22) *Iav. L.* 71. i. f. *D. de furt.* 47, 2. „.. interesse autem eius videtur, qui damnum passurus est, non eius qui lucrum facturus esset". *Ulp. L.* 179. *D. de V. S.* „.. *Quanti ea res erit* vel *Quanti eam rem esse paret* ..: in utraque .. clausula placet veram rei aestimationem fieri". *Id. L.* 2. § 13. *L.* 4. § 1. *D. vi bon. rapt.* 47, 8. (23) *Paul. L.* 13. *pr. D. rat. rem* 46, 8. „.. in quantum mea interfuit, i. e. quantum mihi abest quantumque lucrari potui". *Ulp. L.* 2. i. f. *D. de eo q. certo loco* 13, 4. „.. an et lucri ratio habeatur, non solius damni? puto et lucri habendam rationem". *Diocl. et Max. L.* 7. *C. arbitr. tutelae* 5, 51. „Quidquid ... minores amiserint, vel cum possent, non adquisierint ..". *LL.* 21. sqq. *D. ad L. Aq.* 9, 2. *Iustinian. L. un. C. h. t.* 7, 47. „.. et ex eo [*lucro*] Veteres id quod interest statuerunt ..". Note 19. (24) vgl. Nott. 20 ... 22. (25) Wegen dieser hat gegen den dolosen oder contumacen, mit einer arbitraria actio auf Heraus- oder Zurückgabe einer Sache Beklagten, in den bonae fidei iudiciis und, wenn er durch seine Rechtswidrigkeit verschuldet hat, daß der Judex den Werth nicht ohne des Klägers Eid zu bestimmen vermag, selbst in den stricti iuris iudiciis, der Würderungseid, das in litem iurare, ius iurandum in litem, der Eid des Beschädigten, wie hoch sich für ihn der Schade belaufe, statt. „Ex culpa .. non esse ius iurandum deferendum constat, sed aestimationem a iudice faciendam". „In actionibus in rem et in ad exhibendum et in bonae fidei iudiciis in litem iuratur .... interdum et in actione stricti iudicii in litem iurandum est, veluti si promissor Stichi moram fecerit et Stichus decesserit, quia iudex aestimare sine relatione iuris iurandi non potest rem quae non exstat". „Alias si ex stipulatu vel ex testamento agatur, non solet in litem iurari". *L.* 3. i. f. bis *L.* 6. *D. de in litem iurando* 12, 3. s. tot. tit. u. *Cod. eund.* 5, 53. *L.* 7. *pr. D. de adm. tut.* 26, 7. cf. *L.* 5. *pr. D. depos.* 16, 3. u. Note 27. Bei Beschädigungen durch Gewaltthätigkeit darf nach Zenos *L.* 9. *C. unde vi* 8, 4. bei constatierter vis, „si non potuerit qui vim sustinuit, quae perdidit singula comprobare, taxatione a iudice facta .. sacramento aestimationem rerum quas perdidit", bestimmen, d. h. was ihm und von welchem Werthe durch die vis zu Grunde gerichtet worden, s. g. iuramentum Zenonianum. Nach Justinians *L. un. C. de sent. quae pro eo quod interest, proferuntur* 7, 47. soll „in omnibus casibus qui certam habent quantitatem vel naturam .., hoc quod interest, dupli quantitatem minime excedere. in aliis autem casibus qui incerti esse videntur, iudices .. per suam subtilitatem requirere ut hoc quod re vera inducitur damnum, hoc reddatur", und dieses gilt „non solum in damno, sed etiam in lucro".

Subjects hatte (omnis utilitas, utilitas actoris, quanti actoris interest, +interesse singulare)[26], nach römischem Recht aber niemals nach dem Werthe, welchen die bloße rein individuelle Neigung des Subjects dem beschädigten Gegenstande oder Rechtsverhältnisse beilegte (voluptatis vel affectionis aestimatio, +pretium affectionis, +interesse affectionis)[27], bemeßen. § n.

2. Rechtsgeschäfte.

§. 103. a. Begriff, Bestandtheile und Eintheilungen.

1) Rechtsgeschäft (häufig negotium[1], in besonderen Beziehungen auch actus, actum, contractus, contractum, gestum, factum[2] genannt) ist im weiteren Sinne jede Willensäußerung § a.

---

(26) vgl. Noten 18...20.23. *L.21.§2.D.ad L.Aq.9,2. L.19.§1.D.locati 19,2. L.1.§41.D.de vi 43,16.* u. die folg. Note. Hierauf bezieht sich Paulus *L.24.D.de R.I.50,17.* „Qua tenus cuius intersit, in facto, non in iure consistit". s. Note 1.

(27) *Ulp.L.6.§ 2.D.de oper.servor.7,7.* „Item voluptatis vel affectionis aestimatio non habebitur, veluti si dilexerit eum [*servum*] dominus aut in deliciis habuerit". cf. *L.33.pr.D. ad L.Aq.9,2. Pap.L.6.pr.D.de serv.export. 18,7.* „..venditoris affectionem forte laeserit..", *L.7.eod.* „..si *Ne poenae causa exportaretur* convenit, etiam affectionis ratione recte agetur.... cum beneficio adfici hominem intersit hominis...". *L.54.pr.D.mand.17,1.* „et affectus ratione mandati agetur... placuit enim prudentioribus *affectus rationem in bonae fidei iudiciis habendam*", weist auch nur auf das quanti actoris interest hin, das freilich bei den ex bona fide zu ermeßenden Ansprüchen auch auf den Betrag muste gehen können, welchen es sich der Kläger kosten ließ oder den er daran gesetzt hätte, um die Forderung gegen den Andern zu erwerben: die Aufwendungen zur Bewirkung der Freilaßung des naturalis filius oder frater (des vom Mandanten oder dessen Vater mit einer Sclavin gezeugten) sind vermögensrechtliche, wenngleich durch affectus veranlaßte (vgl. auch *L.5.pr.D.de praescr.verb.19,5.*); so gilt es auch als vermögensrechtliches Interesse zur Begründung der in int. rest. gegen eine Versteigerung, daß ein minor in Betreff einer seinen Vorfahren gehörigen Sache überboten worden ist: *L.35.D.de minor.4,4.* Die Neueren, welche ein s.g. ius iurandum in litem affectionis zulaßen wollen, verwechseln das Können und Dürfen: allerdings kann nach Umständen der Beschädigte „sine ulla taxatione in infinitum iurare" (*L.68.D.de R.V. 6,1.*); aber 'ex magna causa et postea repertis probationibus' muß der Richter 'non sequi id' ius iurandum, und „etsi iuratum fuerit, licet iudici vel absolvere vel minoris condemnare"; *L.4.§3. L.5.§2.D.de in litem iur.12,3.* s. auch *Cod.7,47.* in Note 25.| Die Meinung, daß mitunter der bloße Affectionswerth erstattet werden müße, hat zu der Verwechselung des besonderen Interesses des Beschädigten mit dem Affectionsinteresse verleitet.

(1) Besonders häufig, namentlich wo es sich um Verbindlichmachung eines Andern handelt, also bei mehrseitigen Rechtsgeschäften, mit contrahere verbunden, aber auch mit agere, gerere. *Dirksen* Man.v. Negotium §4. vgl. §107. Note 16. Nicht mit manchen Neueren 'negotium *iuris*'. (2) z.B. *L.2.§5.D.de R.C.12,1.* „.. actu .., vel uti stipulatione', *L.20.§1.D.quod vi 43,24.* „.. prohibentis actu .., *L.225.D.de V.S.* „.. non secundum propositionem solam, sed cum aliquo actu..". Auch legitimus actus (z.B. *L.77.D.de R.I.*) und legis actio (*Gai.4,10.sqq. Vat.Fr.§49. Pomp.L.2.§§6.38.D.de O.I.1,2.* vgl. *Ulp.11,24.27. Id.L.123.pr.D.de R.I.*) *Id.LL.19.20.D.de V.S.* „..*Actum*..generale ver-

eines Privaten, welche auf die Gestaltung eines Rechtsverhältnisses von Einfluß ist, ein solches hervorbringt, verändert oder
§ b. beendigt. Vorzugsweise bezeichnet man die erlaubten, d. h. ihrem Inhalte nach rechtlich zulässigen (§ 29.), eine rechtliche Wirkung bezweckenden Willenserklärungen, im Gegensatze zu den Widerrechtlichkeiten (§ 105.), als Rechtsgeschäfte. Für alle Rechtsgeschäfte kommen also die §§ 84. ff. erörterten Erfordernisse der Willensäußerungen in Betracht.

§ c. II) Die Bestandtheile eines jeden Rechtsgeschäfts sind A) wesentliche oder nothwendige (+essentialia oder +substantialia negotii[3]), von deren Vorhandensein die Existenz des Rechtsgeschäfts selbst zufolge absoluter Bestimmungen des geschriebenen Rechts (wir
§ d. sagen oft 'nach der Natur der Sache') abhängig ist[4]; B) die außerwesentlichen sind 1) natürliche, regelmäßige oder gewöhnliche (+naturalia negotii[5]), die durch dispositive Rechtsbestimmung (§ 93. *b.*), also insofern sie nicht durch Privatwillen giltig abgeändert wor-
§ e. den sind[6], jedesmal begründeten[7]; 2) zufällige oder richtiger 'will-

---

bum esse, sive verbis sive re quid agatur, ut in stipulatione vel numeratione; *contractum*.. ultro citroque obligationem, quod Graeci συνάλλαγμα vocant..; *gestum* rem significare sine verbis factam". „Verba *contraxerunt*, *gesserunt*, non pertinent ad testandi ius". *Gai.L.*58.*pr.eod.* „Licet inter *gesta* et *facta* videtur quaedam esse subtilis differentia, attamen καταχρηστικῶς nihil inter *factum* et *gestum* interest". vgl. §102. Note 1.

(3) Eine technische Bezeichnung findet sich in den Quellen nicht; als 'natura' eines Rechtsgeschäfts wird zuweilen die wesentliche Beschaffenheit (z. B. *Fgm.Pomp.* in § 75. Note 15., § 2.*I.de societ.3*,25. *L.*24.*D.depos.16*,3. „natura depositi", *L.*5.§ 4. *D.de praescr.verb.19*,5.), häufiger die Wirkung desselben (z. B. *L.7.*§ 5.*D.de pact.* 2,14. *L.*15.§ 1.*D.de servit.*8,1. *L.*139.*D.de V.O.45*,1.), auch wol was bei uns 'die Beschaffenheit überhaupt' bezeichnet (wie in *L.*21.§ 5.*D.de testib.22*,5. 'negotii qualitas' und 'natura negotii' abwechseln; und ganz ähnlich wie 'natura' wird 'substantia' für 'Wirkung' (z. B. *L.3.pr.D.de O.et A.44*,7. obligationum substantia), und für 'Bestand' oder 'Wesen' des Rechtsgeschäfts gebraucht (z. B. *L.6. D.ad SC.Mac.14*,6. *L.3.C.de contr.empt.4*,38. *L.8.C.de resc.vend. 4*,44.) vgl. *Dirksen* Manuale v. Natura § 3. u. Substantia § 3. u. die folg. Note.

(4) s. z. B. die in Note 3. zuerst citt. drei Stellen, welche negative wesentliche Erfordernisse bezeichnen, und *Gai.2*,229. = § 34.*I.de leg.2*,20. „.. caput et fundamentum intellegitur totius testamenti heredis institutio". § 1.*I.de empt.3*,23. „.. nulla emptio sine pretio esse potest". *L.72.pr.D.de contr.empt 18*,1. „emptionis substantia constitit ex pretio.." u. s. w.

(5) vgl. Note 3. § 102. Note 11.

(6) vgl. § 93. Note 4. § 102. Noten 10. 11. Bei einzelnen Arten eines Rechtsgeschäfts kann etwas wesentlich sein, was bei der Gattung nur natural ist, z. B. zu Gunsten der Ehe und der Dos sind manche sonst giltige Verabredungen ungiltig. Hiernach werden relativ- und absolut-wesentliche Bestandtheile unterschieden.

(7) so sagt *Pomp.L.3.D.de R.C.12*,1. „..in contrahendo quod agitur, pro cauto habendum est..", was die Parteien durch Abschluß des Vertrags beabsichtigt haben, wirkt so, als ob sie es ausdrücklich erklärt hätten. Die Naturalien des

kürlich gesetzte'[8] (+accidentalia negotii), die durch Privatwillensäußerung (Nebenverträge [§ 106.*e.*], Nebenbestimmungen [§§ 110...115.] oder unerlaubte Handlungen [§§ 102.105.]) begründeten Abänderungen der Naturalien[9].

III) Die Eintheilungen der (erlaubten) Rechtsgeschäfte §*f.* beziehen sich 1) auf die historische Verschiedenheit des Rechtssystems, welchem sie angehören, indem einige *a*) iuris civilis, andere *b*) iuris gentium (oder naturalis) sind[10]: nur auf die ersten bezieht sich der Unterschied zwischen Rechtsgeschäften, welche *α*) stricti iuris oder bonae fidei sind oder *β*) nicht, wonach die daraus entspringende Klage *α*) stricti iuris, oder bonae fidei, oder *β*) arbitraria actio ist[11]; 2) auf die Begründungsart, je nachdem *a*) eine §*g.* gegenseitige Willensäußerung der Parteien zur Hervorbringung des Rechtsverhältnisses erforderlich ist (negotia +bilateralia, zwei- oder mehrseitige, beßer 'gegenseitige' oder 'wechselseitige' § 106.), oder dazu die Willensäußerung der einen Partei ausreicht (negotia +unilateralia, einseitige Rechtsgeschäfte)[12]; die gegenseitigen sind §*h.*

---

erwiesenen Rechtsgeschäfts brauchen daher von dem sich auf sie berufenden nicht bewiesen zu werden, sondern die Abweichungen davon hat der diese behauptende zu beweisen. § 118.*c.*

(8) Die in den Quellen gebrauchten Ausdrücke adiectio, quae adiciuntur, accessio, clausula, adminicula, lex contractus u.dgl. (vgl. *Dirksen* Manuale hh.vv.) bezeichnen diesen Begriff angemeßen.

(*9*) Die sich daher nicht von selbst verstehen, wie die Naturalien (Note 7.), sondern von dem Rechtsansprüche darauf gründenden zu beweisen sind. § 118.*d.* | An den wesentlichen Bestandtheilen des Rechtsgeschäfts kann natürlich nichts abgeändert werden, ohne daß dieses selbst zerstört würde (Noten 3.4.); s.auch z.B. *Cod.* Debitorem venditionem pignoris impedire non posse 8,29. *Ulp.L.4.D.de pign.act.13*,7.

(*10*) s.§ 92*. In den *Vat.Fragm.*§ 47. wird ein civiles Rechtsgeschäft, z.B. mancipatio, do lego oder per vindicationem legatum (*Gai.*2,193. sqq.) und in iure cessio als civilis actio der traditio, quae iuris gentium est, entgegengesetzt, und anderswo wird diese als naturalis adquirendi ratio bezeichnet, z.B. *Gai.*2,66. § 40.*I.de rer.div.*2,1. *Pap.L.77.D.de R.I.50*,17., bei *Iustinian.L.21.C.de haeret.1*,5. heißt eine civile feierliche Handlung (§ *k.*) actus legitimus, legitimus actus.

(*11*) s.§ 131.n°.I.4.

(*12*) Auch die s.g. einseitigen Rechtsgeschäfte bringen Rechtsverhältnisse hervor, verändern oder beendigen solche, setzen also den rechtlichen Willen Mehrerer zu ihrer Wirksamkeit voraus, nicht aber zu ihrer Existenz; z.B. damit meine Pollicitation, obgleich sie offerentis solius promissum ist, wirksam werde, muß die andere Partei die verheißene Leistung entgegen nehmen wollen; damit mein Testament in Kraft trete, muß der eingesetzte Erbe Erbe werden; aber die Befugniß den Pollicenten wie einen Schuldner zur Leistung anzuhalten, die rechtliche Existenz des Testaments sind bloß von der gehörigen einseitigen Willenserklärung des Pollicenten, des Testators abhängig. Dagegen existiert das Rechtsverhältniß aus einem wechselseitigen Rechtsgeschäfte, z.B. Vertrag, noch gar nicht, bevor die Contrahenten beiderseits ihren Willen geäußert haben. *Ulp.L.3.pr.D.de pollicit.* *50*,12. „Pactum est duorum consensus atque conventio; pollicitatio vero of-

entweder entgeltliche (+onerosa) oder unentgeltliche (lucrativa, ex liberalitate, ex lucrativa causa proficiscentia, +gratuita), je nachdem sie auf Leistung und Gegenleistung oder auf erstere ohne letztere
§ i. gerichtet sind [13]; ist es vom Zufalle abhängig gemacht, ob und welcher der Parteien durch das Rechtsgeschäft ein reiner Gewinn zu Theil werden solle, so ist es ein gewagtes oder Spiel-Geschäft,
§ k. alea, in aleae speciem cadens [14]; b) je nachdem die Form der Willenserklärung eine durch das positive Recht bestimmte ist, wie bei den meisten civilen Rechtsgeschäften [15] (feierliche, förmliche, sollenne Rechtsgeschäfte), oder die Form des Willensausdrucks von dem Belieben des Erklärers abhängt (unfeierliche, s.g. form-
§ l. lose [16] Rechtsgeschäfte); 3) auf den Inhalt des Rechtsgeschäfts, jenachdem es a) an Nebenbestimmungen gebunden ist oder nicht (bedingte, betagte und sub modo geschloßene Rechtsgeschäfte im Ge-
§ m. gensatze der s. g. negotia pura [17]; b) auf Todesfall einer Partei (mortis causa) oder ohne Rücksicht auf solchen, unter Lebenden (in-
§ n. ter vivos), wirksam zu werden bestimmt ist [18]; c) ein Rechtsverhältniss begründet, verändert oder beendigt [19].

§. 104. b. Die Subjecte der Rechtsgeschäfte.

Zu n°. 3. *Gai.* 4,82...87. *Inst.* de iis per quos agere possumus 4,10. De Proxeneticis: *Dig.* 50,14. *Cod.* (*L.* 6.) 5,1. cf. *Dig.* de e.o. cognitionibus *et c.* 50,13.

---

ferentis solius promissum, et ideo illud est constitutum, ut si ... pollicitatio fuerit facta, quasi debitum exigatur ..". §106. I. §107. I. (*13*) z.B. „.. aliud est emere, aliud ex his causis [*lucrativis*] succedere" *Ulp. L.* 4. § 29. *D. de d. m. et met. exc.* 44,4. s. auch §§ 27. 31. *eod.* vgl. *LL.* 1. 29. *pr. D. de donat.* 39,5. *L.* 82. *D. de R. I.* 50,17. Uebrigens kann ein Rechtsgeschäft seitens des Leistenden eine reine Liberalität sein, seitens des Empfängers der Leistung dagegen eine Verpflichtung erzeugen (z.B. ich schenke mit der Auflage, das Geschenk zum besten eines Dritten zu verwenden), oder sich auf eine Verpflichtung des Empfängers beziehen (z.B. ein fremder bestellt mir eine Dos, welche ihrem Begriffe nach zur Tragung der vermögensrechtlichen Lasten der Ehe bestimmt ist). vgl. *L.* 18. *pr.* (mixtum negotium cum donatione") § 1. *L.* 19. §§ 5. 6. *D. de donationibus.*
(*14*) De aleatoribus: *Dig.* 11,5. *Cod.* 3,43. *Nov.* 123. *c.* 10. *L.* 2. § 1. *D. quar. rer. actio non datur* 44,5. vgl. § 98. Note 10. a. E. (*15*) Die civilrechtlichen Verträge, contractus, welche von dem Gebrauch mündlicher oder schriftlicher Formen (certa et sollemnia, certa et quasi sollemnia verba, z.B. *Gai.* 1,112. 4,84. 97. vgl. 3,92.) abhängig sind, nennen wir deshalb formale. Die Testamente der Nichtsoldaten sind sehr förmliche, die der Soldaten dagegen Willenserklärungen von ganz beliebiger Form. vgl. *Dirksen* Manuale vv. Solemnia bis Solemniter.
(*16*) Der Ausdruck 'formlos' ist ungenau: nicht ohne Form, sondern nur von beliebiger Form, ohne sollemnis iuris ordo, ist die Willenserklärung bei den s.g. negotia minus sollemnia. s. § 88. *b...d.* § 116. *a.* (*17*) s. § 10. Note 6.
(18) z.B. mortis causa und inter vivos donatio, § 106. Note 13. § 109.
(19) vgl. §§ 100. f. 107. f.

De Cognitoribus et procuratoribus: *Vat.Fragm.*§§317...41. *Paul.*S.R.*1*,2.3. *Th.C.*2,12. de Procuratoribus (*Cod.*2,13.) et defensoribus: *Dig.*3,3. vgl. de Postulando [*Greg.Cod.1*,12.] *Th.C.*2,10. *Dig.*3,1. *Cod.*2,6. de Advocatis *et c.* *Cod.* 2,7.(u.8.) u.s. auch *Dig.46*,7.8. Die Quellen über die Stellvertretung beim Erwerb von Rechten und Verbindlichkeiten s. im Obligationen- und Familiengüter-Rechte.

§ *a.* Bei einem Rechtsgeschäfte können dreierlei Personen in Betracht kommen: 1) deren Rechtsverhältniß durch jenes bestimmt werden soll, Hauptparteien; 2) deren Beistimmung oder Mitwirkung zu dem Rechtsgeschäfte erforderlich ist, Nebenparteien; 3) Mittelspersonen und Stellvertreter.

§ *b.* 1) Die Rechts- und Handlungs-Fähigkeit, welche auch zum Abschluß von Rechtsgeschäften überhaupt erforderlich ist, ist im ersten Abschnitte dieses Buches und die Erfordernisse der Willensäußerungen sind schon §§ 84.ff. erörtert. Von den besonderen Erfordernissen einzelner Rechtsgeschäfte ist bei diesen selbst zu handeln.

§ *c.* 2) Nebenparteien nennen wir häufig auch solche Subjecte, welche ihrer eigenen Rechte wegen an den Rechtsgeschäften Anderer Antheil nehmen, z.B. Miteigenthümer oder an einer fremden Sache dinglich-berechtigte, Nebenschuldner, Gläubiger eines Gesammtschuldners, der Patron eines Freigelaßnen, Miterben, Streitgenoßen u.dgl.: solche Personen sind jedoch in Beziehung auf die Eingehung des Rechtsgeschäfts, soweit dasselbe seine juristische Wirksamkeit auf ihre Rechtsverhältnisse erstrecken soll, den Hauptparteien gleich, und sie müßen daher das unter ihrer Beistimmung rechtsgiltig gewordene Hauptgeschäft auch gegen sich gelten laßen[1] (§ 116.*f,n.*). § *d.* Eine andere Bedeutung haben die Nebenpersonen, welche eine amtlich oder autonomisch begründete Stellung zu den das Rechtsgeschäft abschließenden Hauptparteien haben, wie z.B. der Magistratus, der Judex, der Schiedsrichter, der Vormund und

(*1*) z.B. *Gord.L.*11.*C.de fideic.6*,42. „Quotiens ab omnibus qui alienatione facta ad fidei commissi petitionem adspirare possunt, venditio celebratur, aut quibusdam vendentibus alii consenserint, contractus auctoritas convelli nequaquam potest". *Ulp.L.*4.§ 1.*D.q.mod.pign.20*,6. „Si in venditione pignoris consenserit creditor, .. dicendum erit pignus liberari, nisi salva causa pignoris sui consenserit... Sed et si ipse vendiderit creditor, sic tamen venditionem fecerit, ne discederet a pignore nisi ei satis fiat, dicendum erit exceptionem ei non nocere. Sed etsi non concesserit pignus venum dari, sed ratam habuerit venditionem, idem erit dicendum". Aber § 2.*eod.* „Belle quaeritur 'Si forte venditio rei specialiter obligatae non valeat, an nocere haec res creditori debeat, quod consensit, ut puta si qua ratio iuris venditionem impediat?' dicendum est pignus valere".

insbesondere der Schiedsmann, dessen Ausspruch über ein unbestrittenes Rechtsverhältniss oder einzelne Momente desselben entscheiden soll, sei er individuell oder nur generisch bestimmt, wie letztres der Fall ist, wenn etwas in das Arbitrium eines Sachverständigen verstellt wird (2).

§ e. Die Mitwirkung jener Nebenpersonen zu Rechtsgeschäften Anderer bestimmt sich bei den beiden ersten durch ihre besondere öffentlich-rechtliche, bei den beiden anderen durch ihre besondere privatrechtliche Stellung, und auch die Person, deren Ermeßen die Bestimmung über Existenz oder Beschaffenheit eines Rechtsverhältnisses anheimgegeben ist, darf nicht nach bloßer Willkür bestimmen, sondern muß mit mindestens dem Maß von Einsicht, Willenstüchtigkeit und Gerechtigkeit handeln, dessen das Recht durchschnittlich jedes ordentliche Staatsmitglied theilhaftig annimmt (boni viri arbitratu, ex arbitrio boni viri, boni patris familias, wie ein idoneus pater familias, homo u. dgl.)[2].

§ f. 3) Bei manchen Rechtsgeschäften[3] kann eine Person den Willen einer anderen kundgeben, ausführen oder vertreten. Solche Mittelspersonen gelten entweder nur als Werkzeug zur Willensäußerung der Partei, als bloß Dienst leistende, ministeria[4], wie Boten[5],

---

(2) *L.35.i.f.D.mandati 17*,1. *LL.*76...80.*D.pro soc.17*,2. „.. Arbitrorum .. genera sunt duo: unum eius modi, ut, sive aequum sit sive iniquum, parere debeamus, quod observatur cum ex compromisso ad arbitrum itum est [vgl. aber *L.*3.*C.de rec.arb.2*,56.]; alterum eius modi, ut ad boni viri arbitrium redigi debeat, etsi nominatim persona sit compraehensa, cuius arbitratu fiat..". „..arbitrium viri boni existimo sequendum esse.." „unde si ..arbitrium ita pravum est, ut manifesta iniquitas eius appareat, corrigi potest per iudicium bonae fidei" *etc.* *L.*24.*pr.D.locati 19*,2. „..perinde habetur, ac si viri boni arbitrium comprehensum fuisset: idemque servatur, si alterius cuius libet arbitrium comprehensum sit; nam fides bona exigit, ut arbitrium tale praestetur, quale viro bono convenit..". *L.*10.*D.de adm.et per. tut.*26,7. „..quod quivis pater familias idoneus facit". *L.*47.§1.*eod.* *L.*75.*pr. D.de leg.I.30.* „..quasi viro potius bono ei commissum est, non in meram voluntatem .. collatum". *L.*1.*D.de leg.II.31.* *L.*11.§7.*D.de leg.III.32.* „.. non enim plenum arbitrium voluntas heredi dedit, sed quasi viro bono commissum relictum". *L.*17.§5.*D.de iniur.47*,10. „Ait praetor *Arbitratu iudicis*, utique quasi viri boni..". *L.*22.§1.*D.de R.I.* *L.*3.*C.de dot.prom.*5,11. | Die *L.*68.*D.de V.S.* schließt den arbitratus eines servus nur für die Beurtheilung, ob eine genügende Processcaution geleistet worden sei, aus, wie die aus demselben Buche Ulpians entnommene *L.*5.§3.*D.iudic.solvi 46*,7. zeigt. | s. auch §116.*h.*

(3) Manche Rechtsgeschäfte können nur von den Hauptparteien selbst abgeschloßen werden, was nach altem Civilrecht die Regel war (*Gai.4*,82.ibiq.citt.ll. *Ulp.* *L.*123.*pr.D.de R.I.* „Nemo alieno nomine lege agere potest"); andere dagegen laßen nur bestimmte Arten der Vertretung zu, während noch andere in dieser Beziehung ganz frei sind. vgl. *Keller* Röm. Civilproc. §54.

(4) vgl. *L.*15.*D.de pec.const.13*,5. *L.*1.§1.*D.ad SC.Vell.16*,1. *L.*18.*pr.D.de A.v.A.P.41*,2.

(5) Daher auch nuntii so häufig mit Briefen oder der mündlichen Erklärung

zur Aufbewahrung, Ueberbringung u. dgl. einer Sache gebrauchte Menschen [6], zur Entgegennahme einer Leistung bestimmte Personen [7] u. dgl.; oder sie bereiten nur die Abschließung des Rechtsge- § g. schäfts vor, sind bei derselben als Gehilfen der Partei thätig, wie Mäkler, proxenetae [8], auch internuntii genannt, und andere solche ad expediendas condiciones interpositae personae [9]; oder § h. ihr Wille vertritt den vermögensrechtlichen Willen der Partei, indem er als Wille dieser gilt (sei es weil diese handlungsunfähig, an sich ohne im Rechte anerkannten Willen ist, wie das Kind, der Verstandeslose, die juristische Person u.s.w., oder weil sie ihre rechtliche Handlungsfähigkeit nicht in eigner Person ausüben will oder aus factischen Gründen nicht kann), eigentliche Stellvertreter, Repräsentanten [10]. Die Rechtsgründe solcher Stellvertre- § i. tung können allgemeine Rechtsbestimmung [11], obrigkeitliche Verfügung [12] oder Privatwille [13] sein, und danach bestimmt sich auch der Umfang der Repräsentationsrechte. Was insbesondere den § k.

---

der Partei zusammengestellt werden, z.B. *L.*2.*pr.D.de pact.*2,14. *L.*1.§ 1.*D.de procur.*3,3. *L.*14.§ 3.*D.de pec.const.13*,5. *L.*1.§ 1.*D.mand.17*,1. *L.*4.*D.pro soc.* *17*,2. *L.*5.*D.de R.N.*23,2. *L.*25.§ 4.*D.de A.v.O.H.*19,2. *L.*9.*D.de precar.*43,26. vgl. § 88.*b*. (*6*) *L.*10.§ 1. *L.*11.*D.commodati 13*,6. *Gai.L.*25.§ 7.*D.locati 19*,2. „..id periculum praestat, si qua ipsius eorumque quorum opera uteretur, culpa acciderit..“. *Ulp.L.*20.i.f.*D.de praescr.verb.19*,5. „.. culpam eorum quibus custodiendum perferendumve dederis, praestare te oportere Labeo ait..“. *L.*1.§ 1.*D.de procur.*3,3. (*7*) Die Neueren nennen eine solche, bei Begründung der Obligation nur zum Zwecke der Zahlungsannahme neben dem Gläubiger selbst genannte persona solutionis causa adiecta. vgl. § 4. *I.de inut.stipul.*3,19. *LL.*55.56.§ 2.*D.de V.O.* *L.*59.vgl.*L.*38.*pr.D.de solut.46*,3. Dieser adiectus ist keineswegs selbst Gläubiger: *L.*33.*D.de pignorib.*20,1.

(8) cit.tit.*Dig.50*,14. *Ulp.L.*3.*eod.* „De proxenetico, quod et *sordidum*, solent praesides cognoscere ... Est enim proxenetarum modus, qui emptionibus venditionibus, commerciis, contractibus licitis utiles non adeo improbabili more se exhibent“, bei Seneca heißen diese *μεσιται* ‘pararii’. (*9*) *L.*18.*D.* *de sponsal.*23,1. u. die ungloss. *L.*6.*C.h.t.*5,1. (*10*) so sagt z.B. *Paul.L.*27. *D.de adm.tut.26*,7. „Tutor qui tutelam gerit, quantum ad providentiam pupillarem *domini loco haberi debet*“. vgl. *Gai.4*,97. Der eigentliche familienrechtliche Wille kann durch Andere nicht vertreten werden. Von dem Uebergange einer ganzen vermögensrechtlichen Persönlichkeit in einen oder mehrere Anderen, von der Erbfolge, und anderen per universitatem successiones (§ 100.*d.*) ist hier nicht die Rede, sondern nur von der Vertretung einer für sich selbst vermögensberechtigt bleibenden Person. (*11*) Hierher gehören die Vertretung durch personae iuri nostro subiectae (s. § 44. und das Familiengüterrecht), die gesetzlichen Verwaltungsbefugnisse der Väter, die gesetzlichen Vormundschaften. (*12*) z.B. die von der Obrigkeit angeordneten Vormundschaften, gerichtlich bestellte Advocaten, der in den Besitz fremdes Guts eingewiesene u.dgl. (*13*) Dieser kann letztwillige Erklärung sein (z.B. die testamentarische Tutel) oder Vertrag (z.B. Mandat) oder einseitige Willensäußerung, Quasicontract (z.B. negotia gesta).

durch Vertrag bestellten Vertreter, procurator, betrifft, so kann ihm der Eigner, Principal, dominus, durch allgemeinen Auftrag die Besorgung seiner sämmtlichen Vermögensrechtsverhältnisse (procurator omnium rerum oder bonorum, +generalis) oder eines oder mehrerer einzelner (procurator unius alicuius negotii oder ad partem §l. negotii datus, +specialis) übertragen haben[14]; in rem suam (non in alienam) procurator ist derjenige, welcher Dritten gegenüber zwar als Vertreter des dominus handelt, diesem gegenüber aber selbst als dominus gilt, die Ergebnisse seiner Geschäftsführung da- §m. her zu eignem Vor- oder Nachtheile trägt[15]. Auch zur Führung eines Processes kann, wie zu einem anderen Geschäfte, ein Procurator bestellt werden[16]; geschieht dieses in Gegenwart der anderen Partei (gleichviel ob der Vertreter selbst zugegen ist oder nicht) durch förmliche mündlich ausgesprochene Worte, so heißt er cognitor[17]; actor ist der von einem gesetzlichen Vertreter des Processeigners, z.B. dem Vormund, bestellte gerichtliche Stellvertreter; auch heißt so der zur Vertretung einer juristischen Person, namentlich einer Corporation, in Processen bestellte; jedoch kann eine solche auch durch ihren syndicus oder magister oder, wie eine abwesende Partei, durch einen freiwilligen Vertreter, defensor, repräsentiert werden[18].

(14) *Ulp.L.1.pr.*§1.*D.h.t.3*,3. „Procurator est qui aliena negotia mandatu domini administrat. §1. Procurator autem vel omnium rerum vel unius esse potest, constitutus vel coram vel per nuntium vel per epistulam..“. *Paul.*S.R.*1*,3.§2. „Procurator aut ad litem aut ad omne negotium aut ad res administrandas datur“. (15) *Paul.L.*13.§1.*D.de pact.2*,14. „..si in rem suam datus sit procurator, loco domini habetur..“. *L.*24.*pr.D.de minor.4*,4. *L.*2.§5.*D.fam.erc.10*,2. *L.*8.i.f.*D.mand.17*,1. *L.*4.*pr.D.de re iud.* 42,1.u.tit.*D.de procuratorib.3*,3.passim. Davon insbesondere in der Lehre von der Cession der Forderung. (16) Note 14. *Gai.4*,84. „Procurator vero nullis certis verbis in litem constituitur, sed ex solo mandato, et absente et ignorante adversario constituitur [d.h. *constitui potest*]..“. §4.*I.h.t.4*,10. „..cui cumque enim permiseris rem tuam agere aut defendere, is procurator intellegitur“. cf.*LL.*1.i.f.sqq.*D.h.t.3*,3. *Dig.46*,7.8. vgl.*Keller* Röm.Civilproc.§§52.ff. (17) *Gai.4*,83. „Cognitor autem certis verbis in litem coram adversario substituitur..“. *ibid.*§97. *Fgm.Vat.*§§318.sq. *Paul.Diac.*v.Cognitor. *Keller* Röm.Civilproc.§52. (18) *L.*11.*C.de procuratorib.2*,13. „Neque tutores neque curatores ex sua persona in rem pupilli vel adulescentis procuratorem facere possunt, sed actorem constituere debent. pupillus autem vel pupilla, adultus vel adulta tam ad agendum quam ad defendendum tutore seu curatore interveniente procuratorem ordinare possunt..“. *L.*1.§1.*D.quod cuiusc.univ.nom.3*,4. „..actorem sive syndicum per quem tamquam in re publica quod communiter agi fierive oporteat, agatur, fiat“. *L.2.eod.* „Si..aliqua universitas ad agendum det actorem,..hic..pro..universitate intervenit“. cf.*L.*6.*eod.* Von der weiteren Bedeutung des

Wie insbesondere die Familienbotmäßigkeit das commercium § *n.* der Hausunterthänigen (der iuri alieno subiectae personae) beschränkte, so daß diese dem Familienoberhaupte erwarben, während sie nur aus besonderen Gründen das Familienvermögen zu veräußern civilrechtlich fähig waren, ist oben gezeigt [19]; allmählich § *o.* wurde bei immer mehr nachlaßender Strenge des alten Civilrechts Zulässigkeit der Stellvertretung durch freie Mittelspersonen die Regel, welche das justinianische Recht sowol für Erwerb als Verlust von Vermögensrechten anerkennt [20].

c. Die Arten nach ihrem Inhalte.

§. 105. α. Unerlaubte Willensäußerungen.

Delicte. Dolus und Culpa. Schadensersatzpflicht.

De dolo malo: *Paul.1*,8. *Greg.Cod.2*,2. *Th.C.*2,15. *Dig.4*,3. *Cod.*2,20.(21.). vgl. *Inst.4*,18. *Dig.9*,2. *47*. *48*. *Cod.3*,35. *6*,2. *9*.

Alles was wider Recht geschieht, begreift iniuria i. w. S. [1]; § *a.* ausgeschloßen ist also jeder Zufall als dem Willen fremdes Ereigniß einerseits [2], und jede von dem Rechte zugelaßene Willensäußerung andererseits [3]. Die rechtliche Negation der Widerrecht- § *b.* lichkeit, die rechtlich nothwendige Folge derselben, der dem Rechte nach an sich nichtigen Handlung oder Unterlaßung, ist die Strafe,

---

Worts actor als Kläger (wie sie neben jener in *L.*11.§7.*D.de exc.rei iud.44*,2. vorkommt) ist hier nicht die Rede. vgl.§64.Note 10. und die *L.*1.in §71.Note 10. s.auch *L.*10.§4.*D.de in ius voc.*2,4. *L.*3.§4.*D.de B.P.37*,1. Auch der Fiscalanwalt führt in den Constitutionen den Namen actor. Ueber defensor s.*L.*74.§2.*D.de iudic.*5,1. *L.*21.§2.*D.ex q.caus.maior.4*,6. *L.*40.§2.*D.de procur.3*,3. und *L.*34. §1.*D.de iure iur.12*,2. „Defensor municipum vel cuiusvis corporis ..“ u.a.

(*19*) §§44.45.*g.*ff. §46.*c.* §48.*g.*ff. Wie ein Principal durch eine seiner Familienbotmäßigkeit unterworfene Person zum Schuldner werde, gehört in das Familiengüterrecht, wie er es durch eine freie Mittelsperson, iuri suo non subiecta, werde, in das Obligationenrecht.

(*20*) Wie sich besonders in den Lehren vom Besitze und der Cession von Forderungen zeigt. s.*Mod.L.*53.*D.de A.R.D.41*,1. „Ea quae *civiliter* adquiruntur, per eos qui in potestate nostra sunt adquirimus, veluti stipulationem; quod *naturaliter* adquiritur, sic uti est possessio, per quem libet, volentibus nobis possidere, adquirimus“. u.vgl. *Gai.*2,95. §5.*I.per quas pers.nob.acq.*2,9.

(*1*) *Pr.I.de iniur.4*,4. (= *Paul.*in *Coll.*2,5.§1.) „Generaliter *iniuria* dicitur omne quod non iure fit ..“. *Ulp.L.*1.*pr.D.eod.47*,10. §2.*I.de L.Aq.4*,3. „Iniuria .. occidere intellegitur qui nullo iure occidit ..“. *L.*5.*pr.*§1.*D.ad L.Aq.* *9*,2. „.. quod non iure factum est, h.e. contra ius, i.e. si culpa quis occiderit“ *etc.*

(2) vgl.§102. bes.Nott.4.9.und *L.*30.§3. *L.*52.§4.*D.ad L.Aq.* *9*,2.

(3) *Paul. L.*151.*D.de R.I.* „Nemo damnum facit [d.h. ist wegen widerrechtlicher Beschädigung zu Ersatz verpflichtet], nisi qui id fecit [nicht facit] quod facere ius non habet“. *Id.L.*155.§1.*eod.* „Non videtur vim facere qui iure suo utitur ..“. *Gai.L.*55.*eod.* vgl.*L.*29.§7.*D.ad L.Aq.9*,2.

poena i. w. S.[4]: die Widerrechtlichkeit ist eine Verschuldung, Schuld,
culpa i. w. S., ein dem sie begehenden Subjecte zuzurechnender Wil-
§ c. lensfehler[5]. Im engeren oder eigentlichen Sinne aber ist Strafe die
durch allgemeine Rechtsvorschrift begründete Folge der Widerrecht-
lichkeit[6], im Gegensatz der durch Privatwillen begründeten, der Con-
ventionalstrafe[7]: und zwar ist die eigentliche Strafe öffentliche, pu-
blica poena, wenn sie der Staat selbst als seine Berechtigung und
Verpflichtung verwirklicht; private, poena privala, wenn er sie
zu Gunsten einzelner, der durch das Vergehen verletzten Subjecte,
§ d. verhängt[8]. Hienach sind auch die Widerrechtlichkeiten selbst, die
delicta (oder maleficia) entweder publica (crimina[9]) oder privata[10].

---

(4) vgl. § 83. Note 4. § 119. *a. Ulp. L.* 131. § 1. *D. de V. S.* „..cum *poena* generale sit nomen, omnium delictorum coercitio". Daß die Strafe der rechtliche Werth des begangenen Unrechts sei, drücken auch die Formen poenas solvere, luere, dare, ferre, subire u. dgl., petere, repetere, sumere, exigere poenas u. dgl. aus. vgl. § 3. Note 2. Diese rechtliche Folge ist als Ereigniß an sich betrachtet nothwendig ein Nachtheil fur den Bestraften (§ 83. Note 7.), aber als Wiederherstellung des Rechts, 'noxae vindicta' (*Ulp. L. cit. pr.*), als animadversio, nur die Ausführung des rechtlichen Willens auch des Delinquenten selbst.

(5) z. B. *L.* 5. § 1. *D. ad L. Aq.* in Note 1. vgl. Noten 2. 3.

(6) *L.* 131. § 1. *cit.* „.. poena non irrogatur nisi quae quaque lege vel quo alio iure specialiter huic delicto imposita est ..". *Marcian. L.* 1. § 4. *D. ad SC. Turpill.* 48, 16. „.. facti quidem quaestio in arbitrio est iudicantis, poenae vero persecutio non eius voluntati mandatur, sed legis auctoritati reservatur".

(7) Die poena + conventionalis wird verwirkt nicht durch eine an sich widerrechtliche Willensäußerung, sondern zufolge Vertrags wegen Nichterfüllung einer geschuldeten Leistung: der Schuldner darf nach dem Rechte in die vertragsmäßige Strafe verfallen; aber man kann nicht sagen, daß man ein Delict, eine an sich widerrechtliche Handlung oder Unterlaßung begehen dürfe, wenn man sich die (eigentliche) Strafe gefallen laßen wolle. § 7. *I. de V. O.* 3, 15. *L.* 10. § 1. *D. de pact.* 2, 14. *L.* 28. *D. de A. E. V.* 19, 1. *L.* 38. § 2. *L.* 81. *pr. D. de V. O.* 45, 1. Daher gilt auch die auf Verstärkung der Verpflichtung zu einer unzuläßigen Leistung gerichtete Conventionalstraf-Verabredung selbst nicht: *LL.* 61. 123. 134. *pr. D. eod. L.* 2. *C. de inut. stip.* 8, 39. (vgl. § 89. *d.*) Die Conventionalstrafe gilt auch für und gegen die Erben der Contrahenten, weil sie selbst, wie die Hauptobligation, ein Vermögensrechtsverhältniß wirkt (*L.* 4. § 1. *D. eod.*), die eigentliche Strafe dagegen, als welche die rechtliche Geltung des widerrechtlichen Willens und dessen Aeußerung negiert, geht nicht gegen die Erben des Delinquenten: „est enim certissima iuris regula *Ex maleficiis poenales actiones in heredem non conpetere*". *Gai.* 4, 112. = § 1. *I. de perpet. et temp. act.* 4, 12. cf. *L.* 111. § 1. *D. de R. I.* 50, 17. *L.* 38. *D. eod. L.* 1. *D. de priv. delictis* 47, 1. *Paul.* S. R. 2, 31. § 6.

(8) Der Betrag der Privatstrafe kommt dem Verletzten zu gute; den der öffentlichen, soweit diese durch Entziehung von Vermögensrechten ausgeführt wird, zieht der Staat ein (§ 65. Note 10.); und die auf Einforderung der Privatstrafen gerichteten Klagen, poenales actiones, sind wesentlich von den Klagen auf öffentliche Bestrafung, accusationes, verschieden. *Inst.* de Publicis iudiciis 4, 18. bes. *princ.* u. § 1.

(9) Die nähere Bestimmung des crimen und der, wie bei dem Civilverfahren, den *privata* iudicia, auf der Scheidung der Verhandlungen in iure, vor magistratus, von denen im iudicium beruhende Unterschied der iudicia *publica* als ordinaria und extraordinaria gehört in das Strafrecht. vgl. *L.* 1. *D. de publ. iud.* 48, 1. *L.* 1. § 3.

Im Gebiete des Privatrechts kann die Widerrechtlichkeit nur nach § e. ihrem Erfolge, als Verletzung von Privatrechten, als Beschädigung, noxia, noxa [11], nicht, wie im Strafrechte, als Aeußerung eines dem Staatswillen, d. i. dem Rechte, sich widersetzenden Einzelwillens, aufgefaßt werden [12]. Nothwendig aber ist mit jeder § f. ohne rechtlich haltbaren oder entschuldbaren Grund, also insbesondere auch durch Widerrechtlichkeit bewirkten Beschädigung der Privatrechte eines Andern die Verpflichtung zu Erstattung, die Schadensersatzpflicht, verbunden [13]; insofern sind alle Widerrecht- § g. lichkeiten Begründungsformen von Schuldverhältnissen (obligationes quae ex delicto sive maleficio und quae quasi ex delicto s. maleficio nascuntur) [14], aber nicht alle begründen einen Anspruch des Verletzten auf Privatstrafe, sondern nur bestimmten einzelnen legt das positive Recht diese Wirkung bei [15]. Unverschuldete Ver- § h.

D. de poenis 48,19. *Dig.* de extraordinariis crimin.*47*,11. (*10*) *Inst.4*, 18. *Dig.* de Privatis delictis *47*,1. de Publicis iudiciis 48,1.| Genetisch genauer als die Darstellung des Textes ist diese: die als Widerspruch gegen den Willen des Staates aufgefaßten delicta sind publica, daher auch die Negation der Geltung dieses Widerspruchs publica poena ist; während die als bloße Privatrechtsverletzungen aufgefaßten Delicte Privatstrafe erzeugen. (*11*) Zwar ist jedes Delict eine Rechtsveletzung und insofern eine Beschädigung: *Gai.L.*238. §3.*D.de V.S.* „*Noxiae* appellatione omne delictum continetur“: insbesondere aber das Delict als Privat- und vorzüglich als Vermögens-Rechtsverletzung: *Ulp.L.*1.*pr.*§1.*D.si quadrup.9*,1. „.. dari id quod nocuit, i.e. id animal quod noxiam commisit... Noxia autem est ipsum delictum“. *Id.L.*2.§1.*D.de noxal.act.9*,4. „.. si servus .. furtum fecit vel aliam noxam commisit ..“. *Paul. L.*4.*pr.D.eod.* „.. noxiam noceat ..“. cf.*L.*63.*pr.D.ad L.Falc.*35,2. Daher auch, wie *Iul.L.*200.*D.de V.S.* sagt, „stipulatio *Noxis solutum praestari* non existimatur ad eas noxas pertinere, quae publicam exercitionem et coercitionem capitalem habent“. vgl.*L.*174.*D.eod.*u.ö. (*12*) „Nec enim factum quaeritur, sed causa faciendi“. *Ulp.L.*39.*D.de furt.47*,2. *Paul.L.*53.*pr.D.eod.* „Maleficia voluntas et propositum delinquentis distinguit“. *Id.L.*1.*pr.D.de e.o.crim.47*,11. „.. propter voluntatem perniciosae libidinis.. puniuntur“. *Call. L.*14.*D.ad L.Corn.de sicar.*48,8. „..In maleficiis voluntas spectatur, non exitus“. *LL.*1.5.*C.eod.9*,16.u.o. vgl.§88.Note 1. (*13*) s.§102. bes.Not.8. das. *Gai.4*.§§6.sqq. §§16.sqq.*I.de act.4*,6.| Schadensersatz ist Wiederherstellung des rechtlich begründeten Zustandes, während die Strafe Wiederherstellung oder Behauptung des Rechts in Beziehung auf den Willen des Delinquenten ist. (§83.Note 6.) Die Bestimmung, daß man aus Widerrechtlichkeiten keine (rechtlichen, wenngleich möglicher Weise factischen) Vortheile ziehe (§83. Note 7.), ist also nicht Strafbestimmung. (*14*) vgl.*Gai.3*,182. *pr.I.de obligationibus quae ex delicto nascuntur* 4,1. *LL.*1.*pr.* 4.*D.de O.et A.44*,7. Die Quasidelictsobligationen entspringen aus Handlungen des Verschuldenden, welche nicht eigentliche Delicte sind oder aus Rechtsverletzungen, welche durch Sachen oder Menschen, für welche der Verschuldende einstehen muß, verursacht worden sind: *Inst.* de Obligationibus quae quasi ex delicto nascuntur 4,5. *Gai.L.*5.§§4.sqq. *D.de O.et A.44*,7. (*15*) Von dem vermögensrechtsverletzenden furtum und der personverletzenden iniuria, aus welchen beiden Hauptformen des Pri-

letzungen, d.h. ohne Widerrechtlichkeit verursachte, machen dem Verletzten denjenigen, durch welchen sie geschehen sind, nur insoweit verbindlich, als er dadurch bereichert ist[16].

§ i. Der Willensfehler[17], ohne welchen die rechtsverletzende Wirkung nicht Widerrechtlichkeit, nicht Aeußerung eines unrechtlichen Willens ist, ohne welchen also auch keine Zurechnung und folgeweise weder Strafe noch Schadensersatzpflicht stattfindet, ist nach der positiven oder negativen Richtung des Willens, je nachdem dieser sich zur Bewirkung einer Rechtsverletzung bestimmt oder sie ohne solche Selbstbestimmung verschuldet, entweder dolus, dolus malus, böser Wille, Arglist, Gefährde u. dgl. oder culpa i. e. S., Schuld, Fahr-

§ k. läßigkeit, Nachläßigkeit u. dgl. [17*]). Beiderlei fehlerhafter Wille

---

vatdelicts sich später die des damnum iniuria datum und die vi bona rapta sondern, ist im Obligationenrechte die Rede. Schon das römische Recht selbst behandelt diese Delicte nach Umständen als öffentliche, öffentliche Strafen erzeugende, z.B. *L.ult.D.de furt.47*,2. *L.5.pr.* *LL.6.7.D.de iniuriis 47*,10.

(16) *Pomp.L.14.D.de cond.ind.12*,6. *L.206.D.de R.I.* „Iure naturae aequum est neminem cum alterius detrimento et iniuria fieri locupletiorem“. *L.6. §2.D.de I.D.23*,3. *Paul.L.17.§4.D.de inst.act.14*,3. „.. nam videri me dolum malum facere qui ex aliena iactura lucrum quaeram“: es ist in solchem Falle kein Rechtsgrund vorhanden, die factische Bereicherung als eine rechtlich-giltige zu behandeln. vgl. § 107. nº. IV. f. § 102. Note 8.| Zu den angedeuteten schuldlosen Verletzungen gehören 1) die durch Ausübung eines Rechts (Note 3.), also auch die unter (objectiv- und subjectiv-giltiger) Einwilligung des Beschädigten selbst („quia nulla iniuria est quae in volentem fiat“. *Ulp.L.1.§5.D.de iniur.47*, 10. *L.7.§4.i.f.D.ad L.Aq.9*,2. vgl. *L.46.§8.* *L.48.§2.D.de furt.47*,2. *L.145.D. de R.I.* „Nemo videtur fraudare eos qui sciunt et consentiunt“.), so wie die in rechtmäßiger Abwehr eines Unrechts bewirkte (s. § 129. *e,f.*) oder sonst durch den Verletzten selbst herbeigeführte (*Pomp.L.203.D.de R.I.* „Quod quis ex culpa sua damnum sentit, non intellegitur damnum sentire“. z.B. *L.11.pr.* *L.52. §1.D.ad L.Aq.9*,2. Note 1.); 2) die bloß zufällig (Note 2.) und 3) wegen Zusammenwirkens der unter 1 und 2 bezeichneten Gründe im Nothstande, d.h. in dringender unverschuldeter Gefahr, deren Abwendung die Verletzung ohne Ueberschreitung des gewöhnlichen, von dem Rechte geforderten Maßes von Kräften unvermeidlich machte, geschehene (*Ulp.L.29.§§3.4.* *L.49.§1.D.ad L.Aq.* *L.14.pr. D.de praescr.verb.19*,5. *L.3.§7.D.de incend.47*,9. *Paul.L.56.D.de R.I.* „Culpa caret qui scit, sed prohibere non potest“. *L.109.eod.*), so wie die aus entschuldbarem Irrthume hervorgegangene (vgl. §§ 87. 97. z.B. *L.31.i.f.D.ad L.Aq. 9*,2. *L.21.§3.D.de furt.47*,2.)

(17) Der bloße Verstandes-Fehler oder Mangel schließt die Zurechnung und also die Verschuldung aus, und wenn das ignorare quod omnes in civitate sciunt (vgl. § 87. Note 5.) als eine neglegentia dem Nichtwißenden zur Schuld angerechnet wird, so geschieht dieses eben weil er es an dem erforderlichen Willen zu wißen mangeln ließ, und Zurechnung und Schuld fällt hinweg, wenn es ihm an der Fähigkeit zu wißen mangelte, wie z.B. bei dem Kinde, dem Delirierenden und Verstandeslosen. vgl. § 84. *c.*

(17*) Die Zurechenbarkeit scheidet zwar jeden bethätigten Willensfehler vom bloßen Ereigniß, casus (§ 102. *a,b.* s. auch *Gai.* in Note 29.), die Absichtlichkeit den Dolus von der Culpa; das durch diese bewirkte aber war gleich dem casuellen nicht positiv gewollt; daher bezeichnet *Marcian.L.11.§2.D.de poenis 48*,19. die

kann sich durch Thun oder Unterlaßen äußern, der dolus und die culpa können faciendo oder omittendo begangen werden[18]. Jeder Willens- § l. fehler, und somit auch der dolus malus[19], kommt im Privatrechte nur insoweit, als er von rechtsverletzendem Erfolge ist, in Betracht[20]. Uebrigens ist der dolose Wille schlechthin, ohne Gradesunterschiede, § m. der rechtswidrige, mag er nun auf Verletzung dinglicher[21] oder obligatorischer Rechte[22] oder (als fraus, Betrug) darauf gerichtet sein, unter dem Scheine des Rechts Unrecht durchzuführen, wie dieses insbesondere bei absichtlicher Erregung eines Irrthums zur Benachtheiligung eines Andern der Fall ist[23]: es ist durchaus kein

culpa als casus, im Gegensatze des prämeditierten oder unprämeditierten Dolus, propositum oder impetus. Auch in deff. *L.*1.§3.*D.ad L.Corn.de sicar.48*,8. liest Haloander richtig „casu magis quam voluntate homicidium admiserit"; die Florent. hat causa; *Schol.ad Basil.*60,39.1. „ἐκ συμβάντος γὰρ μᾶλλον, καὶ οὐ προαιρέσει". *Ulp.L.*5.§2.*D.de poenis*: „..consulto aliquid admittitur, an casu..". *Tryph.L.*16.§8.*eod.* gebraucht sogar fortuiti casus von culposer Tödtung. *Call.L.*28.§12.*eod.* „..fortuita incendia, cum vitari possint..". *Gai.L.9.D.de incend.47*,9.„..casu i.e...eglegentia..". (*18*) Der Dolose will absichtlich was er nicht darf, oder unterläßt absichtlich was er thun soll; der Culpose thut unabsichtlich was er nach dem Rechte unterlaßen, oder unterläßt was er danach thun muß. s.§83.Note 1. Nach den verschiedenen psychischen Gründen und den Aeußerungsformen wird besonders die Culpa mannichfaltig bezeichnet: neglegentia, desidia, ignavia, imprudentia, imperitia, segnities, infirmitas, lascivia, saevitia. Den Gegensatz der Culpa bildet die diligentia, den des Dolus, der malignitas, malitia, improbitas, calliditas, fallacia, fraus, machinatio, perfidia, animus fraudandi, furandi, iniuriandi u.s.w. die bona fides, z.B. *Proc.L.*68.*pr.D.de contr.empt.18*,1. „..non solum bonam fidem sed etiam diligentiam praestare debere, i.e. non solum ut a te dolus malus absit, sed etiam ut culpa". *Paul.*S.R.*1*,4,1. „et bonam fidem et exactam diligentiam ... praestare ..". *Pomp.L.*4.*D.de eo q.pro tut.27*,5. „..fidem et diligentiam praestat". Das positive Element in der fides und diligentia ist die gerechte Absicht und das Bestreben ihrer Verwirklichung, z.B. *Gai.* in Note 29., das negative also das „sine dolo et culpa", womit *Ulp.L.*22.§4.*D.de pign.act.13*,7. verbindet „et ut pater familias diligens id gessit". s.unten §*w*. (*19*) *Ulp.L.*1.§§2.3.*D.h.t.* *4*,3. „..ipse [Labeo] sic definit *Dolum malum* esse omnem calliditatem, fallaciam, machinationem ad circumveniendum, fallendum, decipiendum alterum adhibitam ... Veteres etiam *dolum bonum* dicebant et pro sollertia hoc nomen accipiebant, maxime si adversus hostem latronemve quis machinetur". „Dolus bezeichnet eine unsittliche Verletzung desjenigen Zutrauens, worauf aller menschliche Verkehr beruht". Savigny Syst.III.S.117. (*20*) s.§88. Note 1. vgl. Noten 11.12. huius §. (*21*) Dann erzeugt er, abgesehen von öffentlicher Strafbarkeit, als Privatdelict Ansprüche auf Ersatz und Strafe, oder es wird wenigstens die rechtliche Nichtigkeit des dolosen Willens (§83.Note 7.) durch andere Rechtsmittel durchgeführt, z.B. *L.*1.*pr.*§11.*D.h.t.* „Hoc edicto [DE DOLO MALO] praetor adversus varios et dolosos, qui aliis offuerunt calliditate quadam, subvenit, ne vel illis malitia sua sit lucrosa vel istis simplicitas damnosa....si de his rebus alia actio non erit". s.§13[illegible]. Note 44. (22) Hiebei insbesondere kommt der Dolus im Gegensatze des den Willen ausschließenden Zufalls (casus, §102.) einerseits und der die Absichtlichkeit des Willens ausschließenden Culpa andererseits in Betracht. (23) z.B. *L.*9.§1. *LL.*39.

§ n. Dolus rechtlich zuläßig [24]. Auch eine erfolglose Culpa wirkt recht-
§ o. lich eben so wenig, als ein erfolgloser Zufall [24*]). Der von einem Erfolge begleitete culpose Wille aber kann nach dem sich rechtgemäß zum Thun oder Unterlaßen bestimmenden bemeßen und so kann
§ p. eine Abstufung der Culpa selbst wahrgenommen werden [25]. Als solcher zum Maßstabe für die Bemeßung des culposen Willens dienender Wille kann entweder derjenige aufgefaßt werden, welchen das Recht durchschnittlich, als Regel, von dem ordentlichen besonnenen und sorgfältigen Menschen (bonus oder diligens pater familias, homo frugi et diligens oder idoneus u. dgl.) erwar-
§ q. tet [26]; oder das Maß von Willenstüchtigkeit, Fleiß und Sorg-

---

40. *D.h.t.4*,3. *L.7.C.eod.* 2,20. *L.7.* §§ 9.10. *D.de pact.2*,14. und § 88. Note 15. | Auch den Betrug unterscheiden die Neueren (wie den metus, s. § 86. *d.*) als dolus +causam dans, Hauptbetrug, welcher die Veranlaßung zur Eingehung eines Rechtsgeschäfts geworden ist, und dolus +incidens, Nebenbetrug, welcher bloß auf Modalitäten, nicht auf das Existentwerden des Rechtsverhältnisses Einfluß hat. Aber der Satz des § 85. *e.* gilt auch von dem durch dolus erregten Irrthum (vgl. § 87. *g.*) und damit fällt jene Unterscheidung hinweg. Wer „patre cogente... contraxit matrimonium, quod inter invitos non contrahitur, *maluisse* hoc videtur". *Cels. L.22.D.de R.N.23*,2. (cf. § 85. Note 1.) Die metu erzwungene promissio dotis erklärt *Ulp.L.21.* § 3. *D.q.met.c.4*,2. nicht für ipso iure nichtig, sondern nur für eine wegen entgegentretender Exception Condemnation des Versprechers nicht begründende: cf. *L.25.D.de V.O.45*,1. *LL.66.112.D.de R.I.* Und daß erzwungene bloße Anwesenheit einer Person da nicht ausreicht, wo freie Mitwirkung der anwesenden erforderlich ist, aber fehlt (wie *L.1.* § 1. *D.de auct. tut.26*,8. *L.20.* § 10. *D.qui testam.28*,1.), ist eben so wenig für jene Unterscheidung, als die Aeußerung der *L.1.C.si q.aliq.test. 6*,34., daß Zwang außer den civilen auch strafrechtliche Folgen haben könne. Aber da man keinen Rechtsvortheil aus seinem dolus haben soll (Note 13.), so kommt das dadurch bewirkte Rechtsgeschäft dem Dolosen nicht zu gute. (24) Daher auch „nulla pactione effici potest, ne dolus praestetur". *L.27.* § 3. *D.de pact.2*,14. *L.23.D. de R.I.* u.ö. vgl. § 89. Note 7. Daß bei Kauf, Miethe u.dgl. contrahentibus se circumvenire, invicem se circum scribere erlaubt ist (*L.16.* § 4. *D de minor.4*,4. *L.22.* § 3. *D.locati 19*,2.), ist nicht rechtliche Zulaßung des Dolus, Betrugs; sondern eine Folge der Berechtigung des Subjects, den Entgeltungsbetrag bei Veräußerung seiner Sache festzusetzen, so wie auch dem andern freisteht, dafür zu erwerben oder nicht. (24*) *L.36.* § 1. *D.de R.V.6*,1. *L.7.D.ad L.Corn.de sicar.48*,8. cf. *L.3.* § 2. i.f. *eod.* u. oben § 102. *d.* (25) J. Chr. Hasse, die Culpa des röm. R. 1815. 8°. 2. Ausg. 1838. 8°. (26) *Pomp.L.65.pr.D.de usufr.7,1.* „..debet enim omne quod diligens paterf. in sua domo facit, et ipse facere..". *Paul.L.31.D.ad L.Aq.9*,2. „.. culpam esse, quod cum a diligente provideri poterit, non esset provisum..". *Gai.L.18.pr.D.commodati 13*,6. „In rebus commodatis talis diligentia praestanda est, qualem quisque diligentissimus paterf. suis rebus adhibet..". *Alf.L.11.D.de per.et comm.rei vend.18*,6. „.. si venditor eam diligentiam adhibuisset...quam debent homines frugi et diligentes praestare, si quid accidisset, nihil ad eum pertinebit". *Paul.L.25. pr.D.de probat.22*,3. „.. si ipse..homo diligens est et studiosus paterf., cuius personam incredibile est in aliquo facile errasse". *Ven.L.137.* §§ 2.3. *D.de V. O.45*,1. „.. quo plerique eiusdem condicionis homines solent pervenire..".

falt, welches derjenige selbst, von dessen Schuld im einzelnen Falle die Rede ist, sonst überhaupt und regelmäßig zu bewähren pflegt [27]. Die nach dem ersten (abstracten) Maßstabe bemeßene culpa nennen § r. die Neueren culpa +*in abstracto*, die nach dem anderen (concreten) bemeßene culpa +*in concreto*. Die culpa beiderlei Art ist § s. lata [28] oder levis [29], je nachdem der in Rede stehende Wille unter das bezeichnete Maß herabsinkt oder dasselbe mindestens erreicht und die abstracte leichte Schuld kann (bei einem sehr Sorgfältigen) concret schwer sein [30], so wie (bei einem sehr Nachläßigen) die abstract-schwere in concreto leicht sein kann [31]. Für jede § t.

„..sed modus adhibendus est secundum rationem diligentis aedificatoris..“. vgl. die folg. Note. (27) *Paul.L.*25.§ 16.*D.fam.erc.10*,2. „Non tantum dolum sed et culpam in re hereditaria praestare debet coheres... non tamen diligentiam praestare debet, qualem diligens pater familias... talem... diligentiam praestare debet, qualem in suis rebus..“. § 2.*I.quib.mod.re contr.* 3,14. *L.*1.§ 4.*D.de O.et A.* § 1.*I.de obl.q.qu.ex contr.*3,27. „..quo casu ad exactissimam quis diligentiam compellitur reddere rationem; nec sufficit talem diligentiam adhibere, qualem suis rebus adhibere soleret, si modo alius diligentior commodius administraturus esset negotia“. *Cels.L.*32.*D.depos.* *16*,3. „..nam etsi quis non ad eum modum, quem hominum natura desiderat, diligens est, nisi tamen ad suum modum curam.. praestet, fraude non caret“. *Gai.L.*72.*pro soc.17*,2. „Socius socio etiam culpae nomine tenetur, i.e. desidiae atque neglegentiae. Culpa autem non ad exactissimam diligentiam dirigenda est: sufficit enim talem diligentiam communibus rebus adhibere, qualem suis rebus adhibere solet..“. (28) Wer weniger Sorgfalt aufwendet, als im Durchschnitte alle oder als jeder diligens paterf., dem fällt lata culpa (+*in abstracto*) zur Last: *Ulp.L.*213.*D.de V.S.* „Lata culpa est nimia neglegentia, i.e. non intellegere quod omnes intellegunt“. *Paul.* *L.*223.*eod.* „Latae culpae finis est non intellegere id quod omnes intellegunt“. *Id.L.*226.*eod.* „Magna neglegentia culpa est..“. Diese wird daher so wenig als Dolus entschuldigt. (Note 36.) Wer in einem Falle mindere Sorgfalt aufwendet, als er sonst gewöhnt ist, dem fällt lata culpa (+*in concreto*) zur Last (Note 27.), wenn er auch selbst mehr gethan haben sollte, als sonst durchschnittlich ein solgfältiger Hausvater zu thun pflegt: cit.*L.*32.*D.depos.* in Note 27. Diese Culpa gilt daher auch Andren gegenüber stäts als schwere, sollte sie auch abstract betrachtet eine leichte sein. Noten 29.33. (29) Levis culpa (+*in abstracto*) ist die, deren an sich auch der Sorgfältige fähig ist (*Gai.L.*25.§ 7.*D.* *locati 19*,2. „..culpa autem abest si omnia facta sunt quae diligentissimus quisque observaturus fuisset..“); daher sie nur schadet oder verbindlich macht, wo sie faciendo begangen eine Beschädigung bewirkt hat (Noten 32.30.) oder wo dadurch ein besonderes obligatorisches Recht eines Andern verletzt wird (Note 33.), also namentlich auch, wo sie +*in concreto* lata culpa ist. (Note 30.) vgl. Note 26. Levis culpa +*in concreto* ist die demjenigen, dessen Willensäußerung in Frage ist, regelmäßig zur Last fallende, *Ulp.L.*22.§ 3.*D.ad SC.Trebellian.36*,1. „..culpae plane reddere rationem, sed eius quae dolo proxima est [*latae*, s. Note 36.] .. sed et si, cum distrahere deberet, non fecit lata culpa, non levi et rebus suis consueta neglegentia..“. Aber auch wo die levis culpa +*in concreto* nicht schadet, gehören Handlungen, die an sich schlecht, contra bonam fidem sind, nicht dazu: *L.*24.§ 5.*D.sol.matr.24*,3. *L.*33.*pr.D.de adm.tut.* *26*,7. (30) *LL.*32.72.*D.*in Note 27. (31) z.B. *L.*72.i.f.*D.pro*

culpa in faciendo ist man durchaus dem dadurch Beschädigten verantwortlich [32], sofern nicht ein besonderes Rechtsverhältniß, eine Obligatio, zwischen ihm und dem Beschädiger diesen bloß wegen lata culpa verbindlich macht [33]; dagegen setzt die Verantwortlichkeit für culpa in non faciendo immer ein besonderes Verhältniß,
§ u. eine Verpflichtung zu positivem Handeln, voraus [34]. Die im Verhältnisse der Personen als in einer Obligation stehender (als rei) in Betracht kommende Culpa nennen Neuere die obligatorische oder relative, die im Verhältnisse der Personen als solcher (ohne obligatorische Beziehung derselben zu einander) in Betracht kommende die ab-
§ v. solute oder aquilische Culpa [35]. Weil die *lata* culpa dieselben privatrechtlichen Wirkungen hat, wie der dolus, so wird sie oft als dolo proxima unter letzterem mit inbegriffen [36] und daneben als 'culpa' die *levis* genannt [37], jede zuzurechnende Widerrechtlichkeit irgend einer

---

soc. „..qui parum diligentem sibi socium adquirit, de se queri debet". vgl. Note 27. *L.*1.§5.*D.de O.et A.44*,7.u.ö.

(32) *Ulp.L.*44.*pr.D.ad L.Aq.9*, 2. „In lege Aquilia et levissima culpa venit". Diese Stelle, welche sagt, daß man für jeden einem Andern widerrechtlich, wenngleich aus einem noch so geringen Versehen, durch culpa irgend einer Art, zugefügten Schaden einstehen müße, hat zu der irrigen Annahme verleitet, das röm. Recht nehme neben der lata und levis auch einen dritten, untersten Grad der culpa, die levissima, an.

(33) z.B. *Ulp.L.*5.§2.*D.commod.13*,6. „..in contractibus interdum dolum solum [*dolum et latam culpam*, s.Note 36.], interdum et culpam [auch *levem*, s.Note 37.] praestamus: dolum in deposito; nam quia nulla utilitas eius versatur apud quem deponitur, merito dolus praestatur solus;... sed ubi utriusque utilitas vertitur, ut in empto..., et dolus et culpa [*omnis, lata et levis*] praestatur..". *Alf.L.*31.*D.locati 19*,2. „..in re quae utriusque causa contraheretur, culpam deberi..". Die Ausnahmen von der in dieser Stelle aufgestellten Regel gehören in das Obligationenrecht, so wie auch die Fälle, in welchen man bloß für (lata) culpa †*in concreto* verantwortlich ist.

(34) §83. Note 1. Ja, „Culpa est immiscere se rei ad se non pertinenti". *Pomp.L.*36.*D.de R.I.*

(35) weil die Lex Aquilia die rechtlichen Folgen widerrechtlicher, durch irgend eine Culpa bewirkter Beschädigungen fremder Eigenthumsgegenstände festgestellt hat, wovon bei den Privatdelicten im Obligationenrecht. s.Note 32.

(36) *Ulp.L.*1.§2.*D.si is q.test.47*,4. „..culpa dolo proxima dolum repraesentat..". *Paul.L.*226.*D.de V.S.* „..magna culpa dolus est". *Cels.L.*32.*D.depositi 16*,3. „Quod Nerva diceret *Latiorem culpam dolum esse*,.. mihi verissimum videtur". *Ulp.L.*1.§1.*D.si mensor 11*,6. „..lata culpa plane dolo comparabitur..". *L.29.pr.D.mandati 17*,1. „..dissoluta enim neglegentia prope dolum est". vgl. Note 29. *L.*8.§3.*D.de precar.* *43*,26. „..satis sit, si dolus tantum praestetur; culpam tamen dolo proximam contineri quis merito dixerit". *Gai.L.*1.§5.*D.de O.et A.44*,7. „magnam tamen neglegentiam placuit in doli crimine cadere".

(37) z.B. Note 33. *L.23.D.de R.I.50*,17. *L.*11.*D.de N.G.3*,5. *Ulp.L.*1.§35.*D.depos.16*,3. „..ut non solum dolum, sed etiam culpam et custodiam praestet, non tamen casus fortuitos". *Id.L.*52.§2.*D.pro soc.17*,2. „..Socios inter se dolum et culpam praestare oportet". *L.68.pr.D.de contr.empt.18*,1. cit. *L.*8.§3.*D.de precar.* u.ö.

Art insgesammt als '*omnis* culpa' bezeichnet [38]. Das positive, wel- § w. ches in der culpa als neglegentia oder desidia, der Nichtaufwendung der Sorgfalt, wozu man verbunden war, negiert ist, ist die diligentia, welche ebenfalls, wie die culpa, abstract, als diligentia diligentis patris familias, oder concret, als diligentia quam suis rebus quis adhibere solet, aufgefaßt werden kann [39], und custodia, § x. diligentia in custodiendo heißt, wenn sie sich auf Bewahrung und Erhaltung eines Gegenstandes bezieht [39*]), insbesondere auch, daß derselbe durch Diebstahl oder sonstige rechtlich unbegründete Entfremdung (nicht aber auch durch vis maior, für welche der Bewahrer so wenig, als für irgend einen reinen Zufall einzustehen braucht [§ 102.*d*,*g*.]) dem Eigner nicht entzogen werde [40]. Die Verpflich- § y. tung zur custodia kommt bald als die bloß negative der Nichtverschuldung eines Abhandenkommens der Sache, wobei diejenige diligentia in custodiendo, welche man bei eigenen Sachen übt, ausreicht [41], bald als positive der Bewirkung ihrer Erhaltung, als summa, plena diligentia in custodiendo, welche also durch jede Culpa negiert erscheint [42], vor: in diesem Falle trifft in obligato- § z. rischen Verhältnissen der Nachtheil aus dem Diebstahl den Bestohlenen, in jenem, wenn auch dem Bestohlenen levis culpa +in concreto zur Last fällt, den Eigner oder Gegner [43], was insbesondere auch für den Beweis des Verhaftetseins im Falle der Entwendung durch Dritte von Wichtigkeit ist.

---

(38) z.B. *L*.1.§1.*D.si mensor 11*,6. *Ulp.L*.31.§ 12.*D.de aed.ed.21*,1. „Culpam omnem accipiemus, non utique latam". u.ö. (*39*) z.B. Noten 26. 27. vgl. Note 18. (*39**) z.B. *Ulp.L*.41.*D.locati 19*,2. „.. custodia, .. ne damnum iniuria ab alio dari possit ..". *L*.3.§ 1. *L*.5.§ 1.*D.nautae caup*.4,9. cf.*L*.27.§ 29.*D.ad L.Aq.9*,2. *L*.13.§ 5.*D.locati*. (*40*) z.B. *Ulp.L*.52.§ 3. *D.pro socio 17*,2. „.. si a furibus subreptum sit, proprium eius detrimentum est, quia custodiam praestare debuit ..". § 3.*I.de empt.3*,23. *L*.35.§ 4.*D.de contr.empt.18*,1. *L*.31.*pr.D.de A.E.V.19*,1. cf.*LL*.10.sqq.*D.de furt.47*,2.

(*41*) § 3.cf.§ 4.*I.q.m.re contr.obl.3*,14. § 5.*I.de locat.3*,24. *L*.14.*pr*.§1.*D.de furt.47*,2.. Beide Arten der Verpflichtung: § 3.*I.de empt.3*,23. *L*.35.§ 4.*D.de contr.empt.18*,1. (42) *L*.5.*pr.D.nautae caup*.4,9. *LL*.1.i.f.2.*D.usuf.q.ad m.cav.7*,9. § 2.*I.q.m.re contr.obl.3*,14. *L*.10.§ 1. *L*.18.*pr.D.commod.13*,6. *L*.52.§ 3.*D.pro soc.18*,1. *LL*.2.i.f.3.*D.de per.et comm.r.v.18*,6. *L*.31.*pr.D.de A.E.V.19*,1. *Gai.L*.40.*D.locati 19*,2. „Qui mercedem accipit pro custodia alicuius rei, is huius periculum custodiae praestat". (*43*) § 17.*I.de obl.q.ex del.4*,1. „Sed is apud quem res deposita est, custodiam non praestat, sed tantum in eo obnoxius est, si quid ipse dolo malo fecerit. qua de causa si res ei subrepta fuerit, quia restituendae eius rei nomine depositi non tenetur, nec ob id eius interest rem salvam esse, furti agere non potest, sed furti actio domino competit". *L*.5.*D.commod*. *L*.60.§ 2.*D.locati*. *L*.14.§16.*D.de furtis*.

β. Erlaubte Rechtsgeschäfte.

a. Hauptinhalt*).

aa. Rechtsgeschäfte unter Lebenden**).

§. 106. αα. Gegenseitige***).

§ a. Das gemeinschaftliche der hier abzuhandelnden Rechtsgeschäfte ist ihre allgemeine und unbestimmte, mannichfaltiger Bestimmung fähige Wirksamkeit, dieses, daß durch sie nicht bloß irgend ein bestimmtes einzelnes Recht oder Rechtsverhältniß, sondern (auch wenn wir uns gemäß unserer Aufgabe lediglich auf das Privatrecht beschränken) ganz verschiedenartige begründet, geändert und beendigt werden können[1].

I. Vertrag.

De pactis et conventis: *Paul.S.R.1*,1. De pactis: *Greg.Cod.1*,1.(10). De pactis et transactionibus: *Herm.C.4. Th.C.*2,9. *Consultatio* (f.§ 19.*f.*) *1.4.7.9. Dig.*2,14. *Cod.*2,3.

§ b. **Vertrag**[2] ist die erkennbar gewordene Willenseinigung zweier oder mehrerer Personen in Beziehung auf ein Rechtsverhältniß
§ c. derselben oder mehrere zugleich[3]. Das Gebiet der Verträge ist

(*) §§89...91. (**) §103.*m*. (***) §103.*g*. (*1*) Auch v.Savigny Syst. III.IV. (Buch II. Kap.3.) behandelt in der Lehre 'von der Entstehung und dem Untergange der Rechtsverhältnisse', unter dem nicht gut gewählten Namen 'wichtigste Fälle der juristischen Thatsachen' den Vertrag (§§ 140.f.) und die Schenkung (§§142...76.), aber nach vorausgeschickter Lehre von den Successionen (§105.), den freien Handlungen (§§106...13.) und den Willenserklärungen (§§114...39.), und läßt dann (§§177...201.) die Lehre von der Zeit folgen. (2) Belehrend über die Grundansicht von der Giltigkeit der Verträge, über das Verhältniß des Willens der Parteien zueinander, ist die etymologische Betrachtung der Benennungen conventio, das bloße Zusammenkommen Mehrerer (*L.*1. § 3.*D.h.t.2*,14.), pactum, pactio, (von pacisci), Uebereinkunft, Friede, wodurch das negative Verhalten der Parteien zu einander aufhört, stärker als *σύνθεσις, συνθήκη* u.dgl.; conventio auch auf den praktischen Willen bezogen, Uebereinkunft (schweizerisch 'Verkommniß'), *τὸ συγκείμενον*, das ruhige Zusammengefügtsein, Vereinbarung, förmliche als *ὁμολογία* (mündliche) und *συγγραφή, σύγγραμμα* (schriftliche); contractus, civilrechtlich; placitum das innerliche, consensus das sich äußernde Uebereinstimmen mit der anderen Partei, *συναίνεσις; συνάλλαγμα, συναλλαγή*, die Gegenseitigkeit des Willens; obligatio, das iuris vinculum, wie es *pr.I de obll.3*,13. bestimmt; actio, die sich bethätigende obligatio; sponsio, *σπονδαί* (von *σπένδειν*, spondere) die religiöse Feier der Willenseinigung u.s.w. (3) Ulpians Definition (*L.*1.§ 2. *D.de pact.2*,14.) „est pactio duorum pluriumve in idem placitum consensus" (cf.id.in §103. Note 12.a.E.) drückt nicht aus, daß die (erkennbar gewordene) Willenseinigung ein Rechtsverhältniß und zwar der den Vertrag abschließenden Personen betreffen müße. Das mangelnde aber fügt er sofort hinzu: „*Conventionis* verbum generale est, ad omnia pertinens, de quibus negotii contrahendi [Bindung] transigendique [von *trans, agere*] causa consentiunt qui inter se agunt.... nullum esse contractum, nullam obligationem quae non habeat

nicht auf Hervorbringung obligatorischer Verhältnisse der den Vertrag eingehenden beschränkt, sondern auch sonstige private[4] so wie öffentliche Rechtsverhältnisse[5] können durch Verträge bestimmt, so daß im weitesten Sinne alle gegenseitigen Rechtsgeschäfte zu denselben gerechnet werden. Am häufigsten kommt der Vertrag vor § d.
als Begründungs- oder Aufhebungs-Grund eines Forderungs- und Schuld-Verhältnisses, einer obligatio, obligalio et actio, des Rechtsverhältnisses, zufolge dessen einer, creditor, Gläubiger, von dem anderen, Schuldner, debitor[6], eine vermögensrechtliche Leistung (§§ 82. ff.) in Anspruch zu nehmen hat; und danach ist der Vertrag selbst verpflichtender (conventio +*obligatoria*) oder befreiender (conv. +*liberatoria*)[7]. Hauptvertrag (conv. +principalis) ist der selb- § e.
ständig ein Rechtsverhältniß bestimmende, Nebenvertrag (conv. +accessoria, accessio) der ein Forderungs- und Schuld-Verhältniß in besonderer Weise bestimmende, dessen Inhalt modificierende, was insbesondere auch zum Zwecke der Sicherung, Verstärkung, oder der Beschränkung, Schwächung, des Hauptgeschäfts vorkommt[8].
Vorzüglich tritt im römischen Rechtssysteme die Eintheilung der § f.

---

in se conventionem..". Savigny (Syst. III. S. 309.) „Vertrag ist die Vereinigung Mehrerer zu einer übereinstimmenden Willenserklärung, wodurch ihre Rechtsverhältnisse bestimmt werden": beßer 'die übereinstimmende Willenserkl.', und 'ihre Rechtsv.' ist zu viel gesagt, so wie Schilling's (§ 249.) 'auf eine Leistung für den Andern' zu wenig, indem dieses bloß auf den obligatorischen Vertrag geht.

(4) Verträge über Besitz und Eigenthum, dingliche Rechte, Familienrechtsverhältnisse. Die Wirksamkeit solcher Verträge und ihre Gränzen treten in der Lehre von den einzelnen Rechten von selbst hervor.

(5) *Ulp. L. 5. D. h. t.* 2, 14. „Conventionum autem tres sunt species, aut enim ex publica causa fiunt, aut ex privata; privata aut legitima [civilrechtliche] aut iuris gentium [§ 92*.]. Publica conventio est quae fit per pacem". vgl. § 35. *h.*

(6) Das nähere über die Correalobligationen, in welchen auf der Seite des Leistungsberechtigten oder der des Leistungsverpflichteten oder auf beiden Seiten zugleich mehrere Personen stehen, so wie die Eintheilungen der Obligationen nach ihrem Ursprunge im civilen, prätorischen oder allen civilisierten Völkern gemeinsamen Rechte, nach ihrer Wirksamkeit und Klagbarkeit u. s. f. (§ 92*. *k.*) gehören in die Lehre von den Obligationen.

(7) Die ein Rechtsverhältniß oder mehrere der Parteien abändernden Verträge haben die Natur liberatorischer oder obligatorischer oder beider zugleich. Die liberatorischen Verträge wirken entweder absolut, in rem sunt, tilgen das Forderungsrecht, oder sie wirken nur zu Gunsten bestimmter Personen, in personam sunt. *Ulp. L. 2. § 1. L. 7. § 8. D. h. t. 2, 14. LL. 21. i. f. sqq. D. eod.*

(8) Den Nebenvertrag muß man, was oft und selbst von unseren belobtesten Civilisten ignoriert wird, von der Nebenbestimmung sorgfältig unterscheiden: jener modificiert den Inhalt des Geschäfts, und er ist Hauptbestimmung; die Nebenbestimmung berührt an sich nicht den Inhalt des Geschäfts, sondern macht es in seiner Existenz von einer Thatsache oder in seiner Erfüllung von einem Zeitpuncte abhängig. s. § 110. *b. f.*

Verträge in civilrechtliche, contractus, und Verträge nach bloßem ius gentium, pacta, pacta conventa, hervor, indem nur die ersteren allgemein durch eine Klage nach römischem Rechte gesichert sind, während den letzteren nur ausnahmsweise, aus besonderen §g. Gründen, dieser Schutz zu Theil wurde[9]. Auch die anderen, schon bei den Rechtsgeschäften erörterten Eintheilungen (§ 103.) werden besonders auf die Verträge angewandt.

§h. In Betreff der Eingehung und Aufhebung der Verträge gilt im allgemeinen die Lehre von Entstehung und Ende der Rechte (§§ 100.f.) und den Subjecten der Rechtsgeschäfte. (§104.) Abgeschloßen, perfect ist der Vertrag, sobald er rechtlich existent, die gehörige Willenserklärung (§ 116.*f*.ff.) der Contrahenten über alle wesentlichen Bestandtheile, und bei beabsichtigter Aenderung der natürlichen oder Hinzufügung der willkürlichen (§ 103.*c*...*e*.), auch §i. über diese, kund gegeben worden ist. (§ 88.*e*.) Bloße Vertragsanerbietungen, Offerte, Propositionen, Aufforderungen zur Eingehung eines Vertrags, Erklärung eigener Bereitwilligkeit dazu, wozu auch die Auslobungen (§ 107.*f*.) gehören, sind also für sich nicht bindend[9*]), noch auch die s.g. tractatus[9+]), Verhandlungen

(*9*) § *192*.k. Ulp.L.7.D.h.t.2*,14. „Iuris gentium conventiones quaedam actiones pariunt, quaedam exceptiones. [cf.*L*.156.§ 1.*D.de R.I.*] § 1. Quae pariunt actiones, in suo nomine non stant, sed transeunt in proprium nomen *contractus*.. § 4. .nuda pactio obligationem [*actionem*, eine civilrechtliche obligatio] non parit, sed parit exceptionem..“. Aber „..interdum ex pacto actio nascitur vel tollitur, quotiens lege vel SCto adiuvatur“ (*Paul.L.* 6.*eod.*) und „solemus dicere *Pacta conventa inesse bonae fidei iudiciis*“ (*L*.7. cit.§ 5.); „Ait praetor PACTA CONVENTA QVAE NEQVE DOLO MALO, NEQVE ADVERSVS LEGES, PLEBI SCITA, SENATVS CONSVLTA, EDICTA PRINCIPVM, NEQVE QVO FRAVS CVI EORVM FIAT, FACTA ERVNT, SERVABO“ (§ 7.*eod.*). Darauf gründet sich die neuere Trichotomie der klagbaren pacta als legitima, adiecta, praetoria. Die civilrechtlichen Verträge, die contractus, erforderten in älterer Zeit zu ihrer Perfection, d.h. um ein giltiges Schuldverhältniß zu bewirken, entweder Leistung (re contrahitur obligatio, Realvertrag) oder bestimmte mündliche Frage und dieser genau entsprechende mündliche Antwort, verba, stipulatio (verbis contracta oder verborum obligatio), (in ältester Zeit konnte nur re et verbis simul contrahiert werden); dazu kamen später der durch Schrift (litterarum obligatio) und endlich der in beliebiger Form der Willenserklärung abgeschloßene Vertrag (consensu contractae obligationes). *Gai*.3,89. § 2.i.f.*I.de oblig*.3,13. *L*.1.§ 1.*D.de O.et A.44*,7. Mitunter wird jedes civilrechtlich wirksame Schuldverhältniß contractus genannt, als identisch mit obligatio: *Paul.L*.20.*D.de iudic*.5,1. „Omnem obligationem pro contractu habendam existimandum est, ut ubicumque aliquis obligetur, et contrahi videatur, quamvis non ex crediti causa debeatur“. *L*.6.*D.de V.S.*, so z.B. auch Quasicontractsobligationen *L*.16.*D.de N.G*.3,5. *L*.23.*D.de R.I.* u. *Tryph.L*.52.*D.de re iud*.42,1. sagt von der rerum amotarum actio „ex male contractu et delicto oritur“.

(*9**) cf.*L*.1.§1.*D.de V.*

über ein abzuschließendes Rechtsgeschäft, wozu auch die Abrechnung gehören kann, nicht aber muß 9**). Dagegen kann ein Vertrag zum Zwecke der Vorbereitung oder Sicherung des Abschlußes eines anderen Rechtsgeschäfts, auch Vertrages 10*), ein präparatorischer Vertrag, für sich perfect und bindend sein, und auch das s.g. pactum de contrahendo, der Vertrag, welcher eines anderen spätere Abschließung zum Inhalte hat, ist von dem jetzt abgeschloßenen, welchem ein Anfangstermin gesetzt ist, wesentlich unterschieden: bei diesem ist nicht, wie bei dem, zu dessen Abschließung man sich obligiert hat 10*), die Existenz, sondern nur die Wirksamkeit hinausgeschoben. (§ 114.*a.*) Die Wirkung der Verträge, welche sich im allgemeinen durch ihren mittels der Interpretation (§ 117. vgl. § 96.) zu erkennenden Inhalt bestimmt, ist im einzelnen in der Lehre von den Obligationen darzustellen.

§ k. § l.

II. Schenkung *).

De donationibus: *Paul.S.R.* 5,11.(12.ed.Haen.) *Vat.Fgm.* §§ 248...266...316. *Herm.C.6.* *Th.C.*8,12. *Inst.*2,17. *Dig.*39,5. *Cod.*8,54.(53). De revocandis donationibus: *Greg.Cod.13*,3.? *Th.C.*8,13. *Cod.*8,56.(55).

Donatio ist im weitesten Sinne jedes wolthätige Rechtsge- § m.

---

*O.*45,1. In welcher Zeit unter Abwesenden der Consens den Vertrag perficiere, dieser durch die Acceptation abgeschloßen sei, ist neuerdings viel besprochen worden. (s. Scheurl Beiträge n°. 12.) Die Gesetze bestimmen es nicht unmittelbar, aber analog so: wo nicht aus besonderen Gründen das Bewustsein des Proponenten von der Acceptation des Anderen zur Voraussetzung des Vertragsabschlußes gemacht oder es nach der Natur des Geschäftes, wie bei Anerbietungen zu einem facere, ist, tritt dieser mit der Vollendung der consentierenden Willenserklärung ein. vgl. *L.*15.*D.mandati 19*,2. (*9*+) In diesem Sinne ist das Wort mittellateinisch. In *L.*32.*D.pro soc.17*,2. ist tractatu habito coita societas im Gegensatze der sine tractatu identisch mit ausdrücklicher oder stillschweigender Vereinbarung, *παραίνεσις*; ähnlich *L.*5.*C.de legationib.10*,63. Anderswo ist es die Consultation eines Rechtsgelehrten, wie in *L.*1.§ 11.*D.de e.o.cognitt.50*,13. *L.*3.*C.de ingen.m.miss.7*,14. Am häufigsten steht das Wort in den juristischen und rhetorischen Schriften zur Bezeichnung der Erörterung, Verhandlung einer Rechts- oder wißenschaftlichen Frage. (*9***) Wäre, wie Pfeiffer (Prakt. Ausführungen VIII.2.) dafür hielt, die Abrechnung, die beiderseitige Anerkennung und Feststellung eines Schuldbetrags oder mehrerer mittels Berechnung der rei, ein selbständiger Schuld- und Klage-Grund, so müste sie, wie die aquilianische Stipulation, unter den Beendigungsgründen der obligatio ihre Stelle finden. Aber daß sie weder der Forderung einen neuen Rechtsgrund giebt, diese nicht qualitativ ändert, wie es die Novation thut, noch auch einseitige Anerkennung einer bestehenden Schuld ist, wie das Constitutum, das beweist gerade, daß sie für sich gar nicht ein eigenes Rechtsgeschäft, kein selbständiger Vertrag, sondern entweder Aeußerungsform eines solchen oder unterschiedlicher zugleich (z.B. Vergleiche, Anerkennungen, Genehmhaltungen u.s.w.) oder Vorbereitung der Leistung, allein oder mit Vertragsabschließung verbundene, sei. (*10**) *Paul.L.*68.*D.de V.O.45*,1. „..si ita stipulatus fuero PECVNIAM TE MIHI CREDITVRVM SPONDES? incerta est stipulatio, quia id venit in stipulationem quod mea interest". (*) vgl. v. Meyerfeld Lehre von den Schenkk. nach r. R. Marb. 1835.

schäft oder jede vermögensrechtliche Liberalität [10]; in engerem das Rechtsgeschäft, wodurch jemand (der Schenker, is qui donat, donator) freiwillig ein Vermögensrecht aufgiebt und das Vermögen des Empfängers (des Beschenkten, +donatarius *)) vergrößert [11]; im eigentlichen Sinne das gegenseitige Rechtsgeschäft [12] unter Le-

---

1837.8°. (leider nicht vollendet). v. Savigny Syst. IV. §§ 142...75. Schilling Institt. III. §§ 348...64.

(10) vgl. § 103. Note 13. *Pap. L. 82. D. de R. I. = L. 29. pr. D. h. t. 39,5.* „Donari videtur quod nullo iure cogente conceditur"; z. B. *L. 9. pr. eod.* u. *L. 17. § 3. D. commod. 13,6.*, wo das unentgeltliche Ueberlaßen des Gebrauchs einer Sache als 'voluntatis et officii magis quam necessitatis', als 'beneficii ac nudae voluntatis' bezeichnet wird. So setzt *Paul. L. 14. D. de precar. 43,26.* 'donationes et beneficii causam' dem negotium contractum entgegen. Nur in diesem weitesten Sinne ist das Legat (*§ 1. I. de leg. 2,20. L. 36. D. de leg. II. 31.*), das Commodat, das Mandat u. s. w. eine Schenkung. Ueber den Unterschied von donum u. munus s. *LL. 214. 18. 194. D. de V. S. 50,16.* Die Turiner Inst. Glosse definiert n°. 127. „Donatio est voluntaria et larga datio, ex nulla necessitate sumens originem".

(*) Unrichtig ist dieses Wort bei Gesner und in dem Schneeberger Forcellini als in Digesten und Codex vorkommend aufgeführt; es ist, wie das gleichbedeutende donarius und donatorius, mittelalterlich.

(11) Zu dieser Schenkung im weiteren Sinne gehört die mortis causa donatio, deren volle Wirksamkeit durch den Tod des Schenkers bedingt ist (§ 109.), die remuneratorische Schenkung, welche eine juristisch nichtgeschuldete Entgeltung einer juristisch nichtgeschuldeten Leistung ist (*ἀντίδωρα*, remunerationes: *L. 25. § 11. D. de H. P. 5,3.*), die donatio sub modo facta (vgl. § 115.), welche, indem der Beschenkte eine Rechtsverbindlichkeit damit übernimmt, nicht reine Vermögensvergrößerung und deshalb eben so wenig eigentliche Schenkung ist, als die sub condicione facta, weil die Bedingung wirkt, daß das Vermögen des Beschenkten im Augenblicke der Schenkung nicht sofort, oder nicht bleibend vergrößert erscheint. s. Note 18.

(12) Vertrag (*Ulp. L. 19. § 2. D. h. t.* „Non potest liberalitas nolenti adquiri". *Iav. L. 55. D. de O. et A. 44,7.* „concurrat oportet affectus ex utraque parte contrahentium: nam sive.. donatio.. fuit, nisi animus utriusque consentit, perduci ad effectum id quod inchoatur, nequit". *Arc. et Hon. L. 16. C. de iure delib. 6,30.* „..nec donatum adsequi... quisquam compellitur". *Cic.* Top. 8. § 37. „..neque donationem sine acceptione intellegi posse".), aber nicht nothwendig ein obligatorischer, Schenkungsversprechen, oder liberatorischer; sondern es kann eben so wol Eigenthum oder ein dingliches Recht Gegenstand sein. | v. Meyerfeld § 6., v. Savigny § 160. u. A. läugnen die Vertragsnatur der Schenkung, die nur als Regel gelte, weil es Fälle gebe, „worin des Empfängers Bewustsein der Bereicherung und dessen Einwilligung in dieselbe nicht nothwendig ist". Aber die Gegenseitigkeit des Geschäfts spricht sich als etwas wesentliches in dem Erforderniss des pauperior und des locupletior fieri [Noten 15. 17.] aus, und Bestandtheil meines Vermögens kann nicht sein was ich entschieden nicht als solches will, wie auch obige Rechtsquellen ausdrücklich anerkennen und Ulr. v. Lichtenstein (Frauendienst ed. Lachm. 230,29.) sagt „ich hân gehôrt al mîn leben | daz niemen dem andern müge geben | iht guotes *wider sînen danc*". Daß es eine Schenkung an mich sei, wenn wider meinen Willen ein Dritter meinen Gläubiger befriedigt (*LL. 23. 40. 53. D. de solution. 46,3.*), sagt das röm. Recht nicht; sondern nur, daß dann der Gläubiger nichts mehr zu fordern habe: *L. 91. D. eod.* „quod ad te [*creditorem*] attinet, res peribit..". Irrig meint Schilling Inst. § 349. Note *kk.*, hieraus würde folgen, der Dritte habe, auch abgesehen von negotiorum gestio, gegen mich, bevor ich acceptierte, eine Klage auf Erstattung der für mich bezahlten Summe: es folgt nur, daß der Gläubiger gegen mich keine Klage mehr hat; die Folgen der culpa des sese

benden[13], wodurch der Geber freiwillig[14] aus seinem Vermögen etwas aufgiebt[15] zum Zwecke[16] und mit dem Erfolge[17] sofort eintretender, bleibender[18] und reiner[19] Vermögensvergrößerung des

---

immiscuisse rei ad se non pertinenti [s. §105. Note 34.] trägt der Zudringliche, factum suum ei nocere debet, wenn ich die Klage gegen mich nicht gelten laßen, nicht zurückbezahlen, also nun beschenkt sein will; will ich zurückbezahlen, so ist ja mit meinem und des Bezahlers Willen von Schenkung keine Rede. Wollte ich aber zurückzahlen und der Dritte nicht annehmen, so könnte ich mich von ihm wie von dem in mora stehenden Gläubiger befreien und zudem könnte in der mir aufgezwungenen Vermögensvergrößerung als einer Negation meiner Rechtssubjectivität, einem eigenmächtigen Eingriff in meine Verfügungssphäre, eine iniuria liegen, vgl. *L.*15.§§25.sqq. *L.*19.*D.de iniur.47*,10. Die Acception wird in den Fällen, wo nach dem röm. Recht eine Schenkung ohne Bewustsein des Beschenkten von der Liberalität des Schenkers angenommen wird, als etwas stillschweigend geschehenes angesehen, indem ganz gemäß der Bedeutung einer Liberalität die Erörterung, welche Rechte der Beschenkte daraus erwerbe, als die praktische und regelmäßig allein erforderliche behandelt wird, nicht die, wie man sich einer Schenkung widersetzen könne.| Unsre Juristen nennen die eigentliche Schenkung unter Lebenden donatio +simplex, +propria oder +absoluta, im Gegensatze zu den in der vorigen Note bezeichneten Arten der Schenkung unter Lebenden, die sie als +impropria s. +relata bezeichnen. s. Note 13. Die Bezeichnung der donatio als mera in *L.*27.*D.h.t.* drückt den Gegensatz zu einem Entgeltungsgeschäfte, und die als simplex in *L.*20.§3.*D.fam.erc.10*,2. zu einer Verfügung auf Todesfall aus. Eine donatio +reciproca kann remuneratorische (Note 11.), aber auch ohne Remunerationsabsicht mutua sein. Das invicem sibi donare besteht zwar immer aus zwei Rechtsgeschäften, nicht wie der Tausch, aus einem einzigen, *L.*26.*D.de m.c.don.* 39,6.; aber es kann die Wirksamkeit des einen von der des anderen abhängen, wie *L.*7.§2. *L.*32.§§9.14.20. *L.*67.*D.de don.i.v.et ux.24*,1.

(*13*) *Pr.*§2.*I.h.t.*2,7. *Ulp.L.*67.§1.*D.de V.S.50*,16. „*Donationis* verbum simpliciter loquendo omnem donationem comprehendisse videtur, sive mortis causa sive non mortis causa fuerit“. *Marcian. L.*27.*D.de mort.c.don.39*,6. „Ubi ita donatur mortis causa, ut nullo casu revocetur, causa donandi magis est quam mortis causa donatio, et ideo perinde haberi debet atque alia quaevis inter vivos donatio..“. *Paul.L.*35.§2. *D.eod.* „Sed mortis causa donatio longe differt ab illa vera et absoluta donatione quae ita proficiscitur, ut nullo casu revocetur..“. *Ulp.L.*25.*pr.D.de inoff.test.*5,2. „Si non mortis causa fuerit donatum, sed inter vivos..“. *Constantin.L.*25.*C.de donationib.*8,54. „Donatio sive directa sit sive mortis causa instituta..“.

(*14*) Note 10. cit.*L.*82.*D.de R.I.* u. Note 18.

(*15*) *L.*1. §1.*D.h.t.* Schenkung ist nur, wenn der donans pauperior fit, cum quid de bonis donatoris erogatur, wenn deminuit de facultatibus suis qui donavit: *L.*5.§§8.16. *L.*25.*D.de don.int.vir.et ux.*24,1. *L.*3.*D.pro donato 41*,6.

(*16*) „ea mente“ *L.*1.*pr.D.h.t.* *Iul.L.*20.*D.de R.C.12*,1. „..donationem non esse, quia non ea mente pecunia daretur, ut omni modo penes accipientem maneret“.

(*17*) Wesentlich ist, daß die Schenkung den Beschenkten bereichere, „accipientem facit locupletiorem“ cit.*L.*5.§8. *Pomp.L.*9.§3.*D.h.t.* „Donari non potest nisi quod eius fit cui donatur“. *L.*10.*eod.* *L.*55.*D.de O.et A.* 44,7.

(*18*) *Iul.L.*1.*pr.*§1.*D.h.t.* „Dat aliquis ea mente, ut statim velit accipientis fieri, nec ullo casu ad se reverti; et propter nullam aliam causam facit, quam ut liberalitatem et munificentiam exerceat: haec proprie *donatio* appellatur“. „..factum demonstramus quod ab eo proficiscitur, qui liberalitatis gratia aliquid dat, ut confestim faciat accipientis, nec unquam ullo facto ad se reverti velit“. vgl. Noten 16.19.

(*19*) cit.*L.*1. *pr.D.h.t.* „..Dat aliquis, ut tunc demum accipientis fiat, cum aliquid secu-

§ n. Empfängers. Als donatio im engsten und eigentlichsten Sinne bezeichnen die Römer die Eigenthumsübertragung aus reiner Liberalität, das dono oder donationis causa *dare*[20], im Unterschiede von den Schenkungsgeschäften, wodurch unentgeltlich ein Forderungsrecht in das Vermögen des Beschenkten gebracht oder dasselbe von einer Schuld befreit oder ihm ein dingliches Recht zugewendet wird[21].
§ o. Nicht bloß einzelne Vermögensgegenstände, körperliche, oder unkörperliche, Quantitäten und Nichtfungibilien, sondern auch das ganze, auch das gegenwärtige und zukünftige ([23]) Vermögen des Schenkers oder Bruchtheile desselben können, soweit nicht einzelne Rechte ihrer Natur nach an die Person des Schenkers gebunden
§ p. sind, Gegenstand der Schenkung sein[22]; in welchen Fällen aber die Schenkung nicht eine per universitatem successio wirkt, sondern jedes zu dem geschenkten Vermögen gehörige, auf einen Andern übertragbare Recht je nach Verschiedenheit seiner Natur durch gehörige Besitzergreifung der körperlichen Sachen, Uebertragung der Forderungsrechte, Ueberlaßung der Ausübung von Nießbrauchsrechten, Abfindung der Gläubiger des Schenkers u.s.w., dem Be-
§ q. schenkten zugewendet werden muß[23]. Unter den im römischen

---

tum fuerit: non proprie *donatio* appellabitur; sed totum hoc *donatio sub condicione* est. item cum quis ea mente dat, ut statim quidem faciat accipientis, si tamen aliquid factum fuerit aut non fuerit, velit ad se reverti, non proprie *donatio est quae sub condicione solvatur*, qualis est mortis causa donatio". *L.*19.§ 6.*D.eod.*

(20) § 83. Note 15. vgl. h. §. Noten 17...19. *Paul.L.*35.§ 1.*D.de mort.c.don.*39,6. „*Donatio* dicta est a dono, quasi *dono datum*". *Marcell.L.*38.*eod.*„..donatur quod praesens praesenti dat". *Vat.Fr.* § 275.„..dono res data est..". *L.*14.§ 5.*D.quod met.c.4*,2.„..qui dono accepit vel cui res legata est..".

(21) *Pomp.L.9.pr.D.h.t.*„..potest enim et citra corporis donationem [Hal. dationem] valere donatio". Sehr zahlreich sind in den Quellen die Beispiele von Schenkungen durch Bestellung von iura in re, dadurch daß der Beschenkte zum Gläubiger des Schenkers oder eines Dritten gemacht oder ihm eine Schuld erlaßen wird. vgl. Meyerfeld §§ 10...16. Savigny Syst. §§ 155...58.

(22) *Iustinian.L.*35.§ 4.*C.h.t.*8,54.„..si quis universitatis faciat donationem, sive bessis sive dimidiae partis suae substantiae sive tertiae sive quartae sive quantaecunque, vel totius..". *L.*1. *Herm.C.de don.int.v.et ux.7.*„..generaliter bonorum portio donari non potest, cum singulae res nominari debeant quae donatione, [*i.e. datione*, oder ex donatione m.] mancipatione vel in iure cessione transferuntur". Unter Diocl. et Max. war das Schenkungsversprechen für sich noch nicht perfect. s. Note 37. *L.4.C.de his qui num.lib.10*,51. Besonderen Beschränkungen sind die Curialen unterworfen. *Nov.38.praef.*

(23) vgl. Meyerfeld § 21. Nach Anderen (s. Meyerf. l. c. II. S. 13. ff.) und Savigny Syst. § 159. nahm auch die erste Ausg. dieses Lehrbuchs (wie ebenfalls Schilling Inst. III. S. 827. zu Note *xx*) mit Unrecht an, eine Schenkung auch des zukünftigen Vermögens einer Person wäre Aufgeben der Persönlichkeit des Schenkers bei seinen Lebzeiten und also als contra

Rechte aufgestellten positiven Einschränkungen gehört die der Schenkungen unter Ehegatten, donationes inter virum et uxorem, in das Familiengüterrecht; hierher aber die durch die Lex Cincia de donis ac muneribus (um 550.a.u.) aufgestellte Beschränkung der Schenkungen auf eine bestimmte Summe[24] und das durch dasselbe Gesetz begründete Erforderniss besonderer Formen vollgiltiger Schenkungen[25], welche sich allmählich[26] in das des neuesten Rechts[27]

---

bonos mores et ius publicum null (§108. Note 5.), indem ich meine familia (§42.e.) nur für die Zeit, da ich nicht mehr Person sein, gestorben sein werde, zum Gegenstande meiner Verfügung machen kann. (§89. Note 7.) Zwar kann man sich nach röm. R. nicht durch Vertrag unfähig machen zu testieren (cit. Note 5.), und es ist auch richtig, daß wer nihil suum hat, nicht testieren kann; unrichtig aber ist, daß wer sein ganzes auch zukünftiges Vermögen verschenkte, sich unfähig machte aliquid suum habere, und folglich zu testieren: er würde sich nur obligieren auch allen zukünftigen Erwerb, zu welchem er fortan fähig bliebe, auf den Beschenkten zu übertragen. Es bedarf also nicht der Berufung auf die heutige Zulässigkeit der Erbverträge, um eine donatio bonorum quae quis habet habiturusve est statthaft zu erklären: sie wäre, abgesehen von der Insinuation, etwaigen Pflichttheilsrechtsverletzungen, Rescissibilität wegen betriegerischer Veräußerung u.dgl., auch ein nach reinem röm. Recht giltiger Vertrag gewesen. Daß die Rechtsquellen desselben nicht gedenken, erklärt sich daraus, daß ein solches Rechtsgeschäft durch die Rechtseinrichtungen der Schenkung eines gegenwärtigen Vermögens und der Verfügungen auf Todesfall ebenso entbehrlich, als dem Schenker gefährlich und dem Beschenkten (wegen der Rescissionsgründe, des dem Schenker zustehenden †beneficii competentiae sammt der ihm verbleibenden factischen Möglichkeit der Consumption erworbenen Gutes und der Berechtigung, den ihm deferierten Erwerb auszuschlagen u.s.w.), von schlechtgesichertem Nutzen sein würde. vgl. auch Meyerfeld l.c. nº.2...5. Puchta Vorless. §71. (24) Das Maß giltiger Schenkungen, welches die auf Erschwerung leichtsinniger, den Familienverhältnissen gefährlicher Schenkungen abzielende lex des Volkstribuns M. Cincius Alimentus festsetzte, wißen wir nicht. Ueber die L. Cincia: Savigny Ztschr. f. g. R. W. IV. nº.1. (1818.), *Rudorff* de L. Cinc. Berol. 1825. 8º. Francke Civilist. Abh. Gött. 1826. 8º. nº.1. *Klinkhamer* de donatt. Amst. 1826. 8º. *Wenck* praef. ad Hauboldi opusc. acad. I. p. xxxvii. sqq. Hasse im Rhein. Mus. f. Jurispr. I. S. 185. ff. (1827.), Unterholzner ebendas. II. S. 436. ff. (1828.) *Bruns* de Vatic. Fragm. Tub. 1838. 8º. p. 112. sqq. Savigny Syst. §165. Puchta Inst. §206. Schilling Inst. §§ 356. f. | Erst durch die vaticanischen Fragmente (§19.*d.*) hat unsere Kenntniss von den Bestimmungen der L. Cincia über Schenkungen einige Sicherheit gewonnen.

(25) Schenkungsversprechen sollten in civiler Vertragsform abgeschloßen, die Schenkungen von res mancipi durch civile Uebergabe (Mancipation oder in iure cessio), die von res nec mancipi durch Tradition vollzogen sein, und überdiess der Beschenkte den Besitz der Sache während der Jahres vor Erörterung des Bestandes oder der Klagbarkeit der Schenkung die längere Zeit hindurch gehabt haben, widrigenfalls die Schenkung durch dem Schenker (nicht seinen Erben) zustehende Rechtsmittel legis Cinciae entkräftet werden konnte. Nur zu Gunsten gewisser Personen (personae lege Cincia exceptae, *Vat. Fgm.* §§298. sqq.) genügte civile Vertrags- oder Uebergebungs-Form. (26) Constantin erließ 316. ein Edict (*Vat. Fgm.* §249. *L.1.Th.C.h.t.*8,12. *L.25.C.h.t.*8,54.), welches zur Sicherung von Schenkungen Aufnahme einer schriftlichen Urkunde und Tradition der Sache, beides vor Zeugen, und zudem gerichtliche Insinuation anempfiehlt. Die *L.29.C.eod.* von 428. erläßt die schriftliche Urkunde, *L.31.eod.* von Zeno auch die Zuziehung von Zeugen bei der Tradition. v. Savigny §165. (27) *L.34.*

§ r. verloren haben, wonach zur Giltigkeit großer, d. h. den Betrag von 500 solidi *) übersteigender Schenkungen[28] gerichtliche Insinuation[29] wesentlich ist[30]. Ueberdieß kann eine Schenkung aus

---

C.h.t. v.J.529. erfordert für gewöhnliche Schenkungen über 300, die *L.*36.§3. *eod.* für die über 500 solidi die Insinuation. §2.*I.h.t.*2,7. „.. perficiuntur autem [donationes inter vivos], cum donator suam voluntatem scriptis vel sine scriptis manifestaverit; et ad exemplum venditionis nostra constitutio [*L.*35.§5.*C.h.t.*] eas etiam in se habere necessitatem traditionis voluit, ut etiamsi non tradantur, habeant perfectum et plenissimum robur, et traditionis necessitas incumbat donatori..“.| Hieraus erklärt sich auch die Stellung des Titels de donationibus in den justinianischen Institutionen. s.Anhang VI. S.*27.Z.8. [Schillings S.783. Erinnerung hiegegen ist verfehlt: zu Gaius Zeit, sagte ich, war die Schenkung an sich (ohne Tradition u.s.w.) in keiner Weise Eigenthumserwerbsart, als welche sie die just. Inst. hinstellen, weil nach Justinian auch das einfache, auf die gegenwärtige Zeit gestellte Schenkungsversprechen ohne hinzukommende Tradition sofort perfect und durch eine condictio ex lege geschützt ist, während nach früherem Rechte nur das in Stipulationsform geleistete Schenkungsversprechen eine Condiction erzeugte. Schilling meint, *a*) 'dann wäre auch dem Kaufcontracte die nämliche Stellung anzuweisen gewesen'. Erzeugt denn dieser Contract eine condictio ex lege auf Eigenthumsübertragung? *b*) Die Stellung der Schenkung in Just.Inst. erkläre sich vielmehr daraus, weil sie auch ohne vorhergegangenes Versprechen durch sofortige Hingabe geschehen kann. War das nicht auch zu Gaius Zeit der Fall, oder stellt dieser etwa auch die Schenkung zu den Eigenthumserwerbsarten? *c*) 'im vorjust.R. erlangte die Schenkung in der Regel nur durch gehörige Uebergabe der Sache Giltigkeit'. Gerade weil diese Uebergabe nach Justinian nicht mehr so erforderlich, die voluntatis manifestatio zur Begründung jener Condiction ausreichend ist, stellt er die Schenkung als Versprechen zu den Eigenthumserwerbsarten; Schillings Erinnerung wäre zutreffend, wenn die Schenkung im älteren R. ihre Stelle unter den Eigenthumserwerbsarten gehabt, Justinian aber ihr dieselbe entzogen hätte.]

(*) s.Anhang IX,§§ *q,r*.S.*46.f.

(28) Jede Schenkung kommt in Beziehung auf die Insinuation für sich in Betracht (*L.*34.§3.*C.h.t.*), nicht auch die Erzeugnisse (*L.*9.§1. *L.*11.*D.h.t.*); stäts wiederkehrende Leistungen bilden auch dann ein Object einer großen Schenkung, wenn die für die bestimmte Zeit zu machenden Leistungen zusammen über 500 solidi betragen, oder wenn auch auf die Erben des Beschenkten die Forderung übergeht. *L.*34.§4.*C.h.t.*

(29) „Die gerichtliche Insinuation bestand darin, daß ein Rechtsgeschäft vor einer städtischen Curie oder auch vor der Canzlei (officium) des Statthalters einer Provinz abgeschloßen und in das Gerichtsprotocoll (acta, gesta) wörtlich eingetragen wurde, wovon man dann den Betheiligten, so oft es nöthig war, beglaubigte Abschriften mittheilte“. v.Savigny Syst.III.S.241.

(30) Ist die Form nicht beachtet, so kann das über den Betrag von 500 sol. geschenkte vom Schenker zurückgefordert werden. *LL.*27.36.§3.*C.h.t.* Ausnahmen von der Nothwendigkeit der Insinuation großer Schenkungen sind theils zu Gunsten des Schenkers (*L.*34.*pr.C.h.t.* *Nov.*52.*c.*2. *L.*36.§1.*C.h.t.*) oder des Beschenkten (*Nov.cit.*), theils zu Gunsten des Zweckes der Schenkung (*L.*36.*pr.*§2.*C.h.t.*) aufgestellt. Erlaß künftig erst fällig werdender Zinsen (*L.*23.*pr.D.h.t.*) ist keine eigentliche Schenkung, da der Schenker dadurch nicht ärmer wird, so wie durch die donatio sub modo der Beschenkte keine reine Vermögensvergrößerung erfährt.

(31) d.h. außer denen, welche in der Nichtbeachtung der gesetzlich erforderlichen Form der Schenkung liegen; so wegen Verletzung des Pflichttheilsrechts durch inofficiosae donationes, wovon im Erbrechte, und wegen Verletzung der Rechte der Gläubiger, wovon in der Lehre von den Schuldverhältnissen.

gewissen Gründen[31] und insbesondere vom Schenker selbst wegen Undanks des Beschenkten[32] widerrufen werden. Das Schenkungs- § s.
versprechen, ein klagbares pactum des justinianischen Rechts ([27]), ist im Obligationenrechte darzustellen.

III. Precarium*).

De precario: *Dig.43,26.(25). Cod.8,9. Paul.S.R.5,6.§§* 10...12.(5,7.§§ 8...10. ed.Haen.)

Precarium[33] ist das aus dem ius gentium stammende[34] § t.
Verhältniss[35] dessen der eine körperliche Sache oder ein Recht[36]

---

(32) Die Revocation einer Schenkung stand ursprünglich nur dem Patron gegen den Freigelaßnen, und zwar ganz beliebig zu (*Vat.Fgm.*§§ 272.313.); später wurde ihm der Widerruf nur wegen ihm nachgeborner Kinder (*L.3.Th.C.de rev.don.*8,13. *L.*8.*C.eod.*8,56. v.J.355.) und ihm (nach der Umarbeitung des §272. *Vat.Fr.* in *L.*1.*C.h.t.*8,56.) oder Eltern (*L.*31.§ 1.*D.h.t.39*,5. *LL.*1.2.4.6.*Th.C.* und *LL.7.9.C.tit.cit.*) wegen Undanks des beschenkten Freigelaßnen oder Kindes gestattet. Ganz allgemein aber verfügt i.J. 530. *Iustinian.L.*10.*C.eod.* „Generaliter sancimus omnes donationes lege confectas firmas illibatasque manere, si non donationis acceptor ingratus circa donatorem inveniatur, ita ut iniurias atroces in eum effundat vel manus impias inferat vel iacturae molem ex insidiis suis ingerat, quae non levem sensum substantiae donatoris imponat, vel vitae periculum aliquod ei intulerit vel quasdam conventiones ... quas donationis acceptor spopondit, minime implere voluerit... Hoc tamen usque ad primas personas tantummodo stare censemus ... non a posteritate eius [donatoris] suscitari concedatur vel adversus eum qui ingratus esse dicitur vel adversus eius successores“.

(*) Savigny Besitz §42. Meyerfeld Schenk. § 7.n°.10...15. *Kritz* Pandectenrecht I.2.Meissen 1837.8°.S.429...60. G.E.Schmidt Das Commodatum und precarium. Lpz.1841.8°.

(33) *Ulp.L.*1.*pr.D.h.t.43*,26. „Precarium est quod precibus petenti utendum conceditur tam diu, quam diu is qui concessit patitur“.

(34) cit.*L.*1.§1. „Quod genus liberalitatis ex iure gentium descendit“. *L.*2.§2.*D. eod.* Verwerflich ist daher die auch sonst bedenkliche Ableitung des precarii aus der ganz nationalen Behandlung des ager publicus populi Rom. bei Niebuhr, Savigny u. A. s. §123. Note 30.

(35) Ein obligatorisches Verhältniss ist es nicht: „magis enim ad donationes et beneficii causam, quam ad negotii contracti spectat precarii condicio“. *Paul.L.*14.*D.h.t.* (Daß *L.*23.*D.de R.I.* nicht entgegenstehe, ergiebt sich aus Note 9.a.E.) Es ist an sich ein Rechtsgeschäft (was Puchta Pand. §136. läugnet, es für „eine besondere Qualification des Besitzes, den der Precarist hat“, erklärend; aber beruht denn diese Qualification nicht auf Willensäußerung der Parteien? es ist also allerdings ein Rechtsgeschäft) und bewirkt ein Rechtsverhältniss, insofern der Precist dadurch zum Gebrauche eines fremden Rechts oder Rechtsobjects (s. folg. Note) berechtigt wird; zu einem obligatorischen Rechtsverhältnisse zwischen den Parteien wird es erst durch Vertrag (Note 41.) oder Weigerung der Zurückgabe der Sache. (Note 44.) Unrichtig ist also die Stellung, welche die Neueren dem Precarium unter den obligatorischen Verträgen anweisen, z.B. Mühlenbruch stellt es zum Commodat, Schilling unter die †Innominatcontracte, weil der precario rogatus auch eine b. f. praescr. verbis actio anstellen kann (Noten 43.f.); während Andere nur beim interdictum de precario davon Notiz nehmen. Selbst bis zu der Behauptung, dieses (aus dem ius gentium stammende und täglich vorkommende, wenn auch nur selten Processe veranlaßende) Precarium sei nicht mehr praktisch, hat die Verkennung seiner Natur verführt, z.B. *Kritz* l.c.

(36) *L.*2.§ 3. bis *L.4.pr. L.*15.§2. *LL.*17.19.§1.*D.h.t.* Ge-

einem Andern auf dessen Bitte[37] bis auf beliebigen Widerruf[38] zu unbestimmtem unentgeltlichem Gebrauch[39] überläßt; die Parteien heißen precario rogatus und precario rogans oder qui precario
§ u. rogavit, rem habet, possidet u.dgl. (Precist). Der letztere, nicht auch sein Erbe[40], hat, wenn nicht die Parteien etwas anderes gewollt haben, ein Recht zu unbestimmtem Gebrauche der Sache und juristischen Besitz derselben[41], wobei er dem precario rogatus nur für lata culpa (und dolus, § 105.*v.*) haftet, bis dieser die Sache
§ v. wiederfordert[42]; weigert nun der Precist die Restitution[43], wo-

---

genstand des precarii können aber nur die körperlichen Sachen sein, welche und sofern sie einen Gebrauch ohne aufgezehrt zu werden zulaßen, oder die Rechte, deren Ausübung man Anderen überlaßen kann und insofern dieses thunlich ist; also z.B. nicht Eigenthums-, Pfand- und Forderungs-Rechte, wol aber die Objecte dieser Rechte; und so kann kein Eigenthümer irgend ein dingliches Recht an seiner Sache, sondern nur diese selbst, auch zur Vornahme solcher Handlungen, welche den Inhalt von Prädialservituten ausmachen (z.B. *L.*3.*D.h.t.*), precario überlaßen, während der zu einer Personalservitut Berechtigte (mit Ausnahme des Usuars, § 1.*I.de usu* 2,5.), der Emphyteuta und Superficiar das dingliche Recht selbst precario überlaßen können. *(37)* Bitte ist wesentlich (*L.*1.*pr. L.*2.§3.citt.), deren Form aber gleichgiltig (*L.*9.*D.h.t.* vgl.*L.*4.§2. *L.*6.§1. *L.*13.*D.eod.*), so wie auch nicht erforderlich ist ausdrückliche Gewährung derselben; es genügt das pati des dominus: *Paul.*S.R.5,6.§11. vgl.*L.*4.§4. *LL.*5.8.§§1.2.*D.h.t.* Als auf bloßer Gefälligkeit beruhend ist das precarium durchaus eine Liberalität (Note 34. *Ulp.L.*8.§3.*D.h.t.* „.. totum hoc ex liberalitate descendit eius qui precario concessit..“), ein beneficium (Note 35. *Paul.*S.R.5,6.§10.), auch in den Fällen, wo das Vermögen des Precisten gar nicht dadurch vergrößert wird, z.B. der Faustpfandgläubiger gestattet mir den Besitz der mir zugehörigen Pfandsache, *L.*6.§4. *L.*11.*D.h.t.*, oder der Verkäufer giebt dem Käufer, bis er das Kaufgeld bezahlt haben wird, den Kaufgegenstand precario, *L.*20.*D.h.t.* cf.*L.*13.§§20.sq.*D.de A.E.et V.19*,1., oder, was am häufigsten vorkommt, einer bittet den andern um eine bewegliche Sache, unbestimmt, ob zum Besehen, zu irgend einem augenblicklichen Gebrauch u.dgl. (38) citt.*L.*1.*pr. L.*2.§2. und *L.*15.*pr.D.h.t.* Selbst wenn das precarium auf eine bestimmte Zeit gestattet worden ist, kann der Concedent doch vor Ablauf derselben widerrufen: „nulla vis est huius conventionis, ut rem alienam domino invito possidere liceat“. *Cels.L.*12.*D.eod.* Dieses erklärt sich aus der dem Precarium wesentlichen Unbestimmtheit des Gebrauchs. *(39)* Noten 33.ff. *L.*1.§3. *L.*2.§3.*D.h.t.* *(40)* *L.*12.§1.*D.h.t.* *Paul.*S.R.5,6.§12. Weiß aber der Erbe von dem precarium und hat den Besitz der Sache ergriffen, so haftet er nun selbst als Precist, sofern er die Sache noch hat. *L.*8.§8.*D.h.t.* *L.*2.*C.eod.* 8,9. *L.*11.*D.de div.temp.praescr.44*,3. vgl. Note 37. *(41)* *L.*4.§1. *L.*22.*pr.*i.f. *L.*6.§3.*D.h.t.* vgl. *eiusd. L.*6.§2.*D.* mit *L.*10.*pr.*§1.*D.de A.v.O.P.41*,2. Der Besitz dessen qui precario rogavit, erlischt nicht bloß mit dessen Tode (Note 40.), sondern aus dem Precarium auch sobald das Verhältniß wegen der Sache in ein eigentlich obligatorisches verwandelt wird. *L.*15.§3. *L.*14.*D.h.t.* | Möglichst ungeschickt sind die neueren Benennungen precarium †*simplex*, wenn die Parteien Abweichungen von dem dispositiven Rechte festsetzen, †*qualificatum* oder *non simplex*, wenn nicht. (42) *LL.*2.8.§§3.5.6.*D.h.t.* *L.*23.*D.de R.I.*

(43) Auf diese kann der precario rogatus mit einer praescriptis verbis actio oder incerti condictio klagen (*L.*2.§2. *L.*19.§2.*D.h.t.* *Paul.*S.R.5,6.§10.), wo-

durch dann sein Besitz vitios, possessio iniusta wird, so wird jenem das interdictum de precario (oder später electiv eine civile praescriptis verbis actio, quae ex fide bona oritur) gewährt[44], und der Precist wird auf alles verurtheilt, was der Kläger haben würde, wenn die Zurückerstattung rechtzeitig erfolgt wäre[45].

IIII. Vergleich.

De transactionibus: *Greg.C.1*,2(11). *Consult.c.*1. *Dig.*2,15. *Cod.*2,4. De pactis et transactionibus *Th.C.*2,9.

Vergleich, transactio oder transactus, (mittellateinisch auch §w.
compositio[45*]) ist die Vereinbarung über ein zweifelhaftes oder bestrittenes, dem Gegenstande nach Veräußerung (§101.*i.*ff.) zulaßendes Rechtsverhältniss[46] zwischen mehreren Subjecten, welche gegenseitig etwas von ihrem Anspruche nachlaßen[47]. Die Form §x.
des Vergleichs kann nach römischem Rechte pactum oder contractus sein und letztrer sowol durch verba oder litterae, als re, durch die Leistung, perfect werden[48], unter gerichtlicher Mitwirkung oder ohne solche, außergerichtlich[49]. Die Wirkung des Zwanges und §y.

---

von im Actionenrechte. (44) cit.*L.2.pr.*§§1.2. *LL.*14.19.i.f.*D.eod.* vgl. *L.*15.§3.*D.eod.* Das Interdict ist nicht bloß einjährig. *L.*8.§7.*D.h.t.*

(45) *L.*8.§§4.6.8.*D.h.t.*

(45*) z.B. *cap.*11.*X.h.t.1*,36. „..casibus qui compositionis...remedium non admittunt“.

(46) *Ulp.L.*1.*D.h.t.2*,15. „Qui transigit, quasi de re dubia et lite incerta neque finita transigit..“. vgl.*L.*32.*C.h.t.* *L.*23.§1. *D.de cond.ind.12*,6. *Paul.*S.R. *1*,1.§5. und *LL.7.pr.*11.*D.h.t.* Die Zweifelhaftigkeit des Rechtsverhältnisses kann subjective (Irrthum, Unwißenheit, z.B. *L.*2. *C.h.t.*2,4.) oder objective Gründe haben, wie letzteres der Fall ist, wenn es sich um ein Recht, dessen Werth erst durch etwas zukünftiges bestimmbar wird, handelt, z.B. *L.*78.§16.*D.ad SC.Trebell.36*,1.| Aber *Gai.L.*6.*D.h.t.* (cf.*Id.L.*1. §1.*D.test.q.aper.29*,3.) sagt: „De his controversiis quae ex testamento proficiscuntur, neque transigi neque exquiri veritas aliter potest, quam inspectis cognitisque verbis testamenti“; welche Bestimmung doch wol auf die durch feierliche Testamentseröffnung zu wahrenden Fiscalinteressen sich bezieht. s.§127.Note 40.| Auch eine generalis transactio, ein Vergleich über eine ganze Classe oder alle zwischen den Parteien streitigen oder zweifelhaften Rechtsverhältnisse, ist statthaft. *L.*12.*D.* *L.*29.*C.h.t.*

(47) Dadurch, daß der Vergleich gegenseitiger Verzicht ist, unterscheidet er sich vom Erlaß oder Verzichte (§108.), so wie von dem pactum, wodurch man donationis causa rem certam et indubitatam liberalitate remittit (*L.*1.*D.h.t.*) einerseits und dem bloßen Zugeständniss eines Rechtsanspruches andrerseits. s. z.B. *LL.*12.24.34.38.*C.h.t.* und 'vicissim' in *L.*11.*eod.*| Die Transigenten müßen als Alienanten überhaupt und über die Vergleichsobjecte insbesondre zu verfügen berechtigt sein. *LL.*10. 13.*D.* *LL.*5.7.11.12.26.33.36.43.*C.h.t.* s.auch Nott.46.49.53.

(48) *LL.*2.4.5.15.*D.h.t.* *LL.*21.28.31.33.34.37.sqq.*C.h.t.* Je nach Verschiedenheit der gebrauchten Form waren auch die Rechtsmittel verschieden, exceptio oder actio. s.oben Note 9. *Die Neueren nennen den durch Verabredung einer Conventionalstrafe verstärkten Vergleich 'transactio +poenalis', (*L.*15.*D.* *LL.*37.40.*C.h.t.*) den durch Eid verstärkten '+iurata' (*L.*41.*C.h.t.*)

(49) *Diocl.et Max.L.*28.

Betrugs ist auch beim Vergleiche dieselbe, wie bei anderen Rechtsgeschäften[50]; aber Irrthum oder Unwißenheit über die wahre Beschaffenheit des Rechtsverhältnisses oder dessen Durchführbarkeit ist nach dem Begriffe des Vergleichs[51] kein Hinderniss seiner Wirksamkeit, während irrige Voraussetzung eines zwischen den Parteien nicht bestehenden Rechtsverhältnisses, als ob es bestünde, oder eines wirklich bestehenden, als ob es nicht bestünde, nur den Schein
§ z. eines Vergleichs hervorbringt[52]. Der Vergleich bindet die Transigenten gleich einem rechtskräftigen Urtheil[53]; Bruch oder Anfechtung des frei eingegangenen beschworenen Vergleichs bedrohen die Kaiser mit Infamie und Verlust der Ansprüche aus dem Geschäfte zum Vortheil des nichtabfälligen Gegners[53*].

V. Eid.

De iure iurando (*Greg.C.3*,(5.)11.?) sive voluntario sive iudiciali: *Dig.12*,2. De R.C. et de iure iurando: *Paul.S.R.2*,1. *Cod.4*,1. De iure iurando propter calumniam dando: *Cod.2*,59. cf.*Dig.* Quarum rerum actio non datur *44*,5.

§ a. Der Eid, ius iurandum, iuramentum, kommt hier nur in Betracht als eine, Rechtsverhältnisse der Parteien begründende oder beendigende, auf Antrag des einen von einem andern abgelegte Betheuerung[54] bei etwas nach der Religion des Schwörenden hei-

---

C.h.t. „Sive apud acta.., sive sine actis, scriptura intercedente vel non, transactio interposita est, hanc servari oportet..". Nur der Vergleich über Alimente, welche durch letztwillige Verfügung hinterlaßen sind, muß, wenn sie gegen eine einmalige Leistung für die Zukunft aufgegeben werden sollen, aus Gründen des ius publicum unter obrigkeitlicher Mitwirkung abgeschloßen werden. *L.8.D.L.6.C.h.t.*

(50) §§86.105. Dem durch Zwang oder Betrug bewirkten Vergleich, zu unterscheiden von dem bloß scheinbar abgeschloßenen, wird durch Exceptionen oder Actionen die Durchführung versagt: *L.17.D. LL.*13.19.22.42.*C.h.t.* *L.9.§2.D.eod.* *L.65.§1.D.de cond.ind.12*,6. *L.35.D.de pact.2*,14. *L.14.§9.D.de aed.ed.21*,1.

(51) Note 46. „de re dubia et lite incerta".

(52) §87. Note 12. *L.3.§1.* *L.9.§§1.3.* *L.12.D.h.t.* *L.31.C.eod.* *L.6.C.de iur.et f.ign.1*,18.

(53) *L.20.C.h.t.* „*Non minorem auctoritatem transactionum quam rerum iudicatarum esse* recta ratione placuit". *L.16.D.* *LL.*6.10.17.39.*C.h.t.* Daher bindet auch ein Vergleich unter Erbschaftscompetenten über ihre Erbschaftsantheile nur jene zu entsprechender Uebernahme der Erbschaftsschulden, nicht auch Dritte, namentlich die Erbschaftsgläubiger. *LL.*14.3.*pr.D.* *L.2.C.h.t.*

(53*) *Arc.et Hon.L.41.C.h.t.* „Si quis maior annis xxv adversus pacta vel transactiones nullo cogente imperio sed libero arbitrio et voluntate confectas putaverit esse veniendum,.. eas autem invocato dei omnipotentis nomine eo auctore solidaverit, non solum notetur infamia, verum etiam actione privatus, restituta poena quae pactis probatur inserta, et rerum proprietate careat et emolumento quod ex pactione vel transactione illa fuerit consecutus. itaque omnia eorum mox commodo deputabuntur qui intemerata pacti iura servaverint..". (a.395.) vgl. Note 65.

(54) *Ulp.L.3.pr.D.h.t.12,2.* „Ait praetor SI IS CVM QVO AGETVR, CONDICIONE DELATA IVRAVERIT .. nam si reus iuraverit nemine ei ius iur. deferente, prae-

ligen[55], als ius iurandum voluntarium[56], und zwar entweder als Versicherungseid (iuramentum +assertorium), als zugeschobener, +delatum, oder zurückgeschobener, +relatum[57], oder als Versprechungseid (iuramentum +promissorium).

1) Der auf Antrag eines Gegners abgeleistete oder vom Defe- §β'. renten dem zur Ableistung bereiten Delaten erlaßene[58] Versicherungseid wirkt, daß das beschworene für wahr gilt, weshalb er als eine Art des Vergleichs bezeichnet, und weil auch kein Privat-Rechtsmittel zur Anfechtung des fälschlich beschworenen zuläßig ist, ihm sogar größeres Ansehen als dem gerichtlichen Urtheile zugeschrieben wird[59]: nur darüber, ob und wie der angetragene §γ'. Eid abgeleistet worden, nicht darüber, ob das beschworene richtig sei oder nicht, ist noch ein Rechtsstreit zuläßig[60]; der Schwörende §δ'.

---

tor id ius iurandum non tuebitur..“. (55) *Cic.* de off. 3,29. §104. „Est enim ius iurandum affirmatio religiosa“. *Gai. L.* 1. *D.h.t.* „.. iuris iurandi religio..“. *Ulp. L.* 3. §4. bis *L.* 5. §3. *D.h.t.* „Iurare autem oportet ut delatum est ius iurandum..“ „omne enim omnino licitum ius iurandum per quod voluit quis sibi iurari, idoneum est..“. *Ulp. L.* 13. §6. *L.* 33. *D.h.t.* (Bei uns ist der Eid wesentlich Anrufung Gottes als Zeugen der Wahrheit und Rächers der Unwahrheit.) (56) Dieser Eid kann ohne Nachtheil des Delaten unabgeleistet bleiben (*L.* 5. §4. *D.h.t.*), im Gegensatze des vom Gerichte oder der Obrigkeit aufgelegten, ius iurandum necessarium. Die processualischen (§118. Note 12.) und die nichtprocessualischen öffentlichrechtlichen Eide, z.B. der Huldigungs-, Richter- und Beamten-, Militär-, Vormundschafts-Eid u.dgl. gehören nicht hierher. (57) Die Quellen gebrauchen zwar deferre und referre ius iur., ius iur. delatum und relatum est u.dgl., aber sie nennen nicht, wie h. z. T. geschieht, den abgeleisteten freiwilligen Eid selbst delatum und relatum. (58) remissum ius iur. *Ulp. L.* 5. §4. *L.* 9. §1. *D.h.t.* in Note 61. vgl. *L.* 38. *D.h.t.* Das Edict bestimmte EVM A QVO IVS IVRANDVM PETETVR, SOLVERE AVT IVRARE COGAM. *L.* 34. §6. *D.h.t.* (s. aber auch §58. Note 45.) Begnügte sich aber der Deferent bei außergerichtlichem Eidesantrag mit der Weigerung des Delaten zu schwören, so pro eo haberi debet, atque si res in ius iurandum admissa non esset. *L.* 5. §4. cit.

(59) *Paul. L.* 2. *D.h.t.* „Ius iurandum speciem transactionis continet, maioremque habet auctoritatem quam res iudicata“. Nicht einmal durch die de dolo actio kann bewirkt werden, daß das fälschlich beschworene zu Gunsten des dadurch Benachtheiligten als unwahr angesehen würde: „stari enim religioni debet. nam sufficit periurii poena“. *Ulp. L.* 21. *Paul. L.* 22. *D. de dolo m.* 4,3. *Iul. L.* 15. *D. de exceptionib.* 44,1. Uebrigens hat der auf Antrag abgeleistete Eid, daß man ein infamierendes Delict nicht begangen habe, nicht die infamierende Wirkung des Vergleichs oder der Verurtheilung wegen solches Delicts: „si iure iurando delato iuraverit quis *se non deliquisse*, non erit notatus“. *L.* 6. §4. *D. de his qui not.* 3,2. vgl. *L.* 1. *D. eod.* oben §60. Note 9. Nicht entgegen ist *L.* 9. §2. *D.h.t.* (60) §11. *I. de act.* 4,6. „.. si quis postulante adversario iuraverit *deberi sibi pecuniam quam peteret*, neque ei solvatur, .. [praetor] accommodat ei talem actionem, per quam non illud quaeritur *an ei pecunia debeatur*, sed *an iuraverit*“. *Ulp. L.* 3. *pr. L.* 5. §2. *L.* 7. *L.* 9. §1. *L.* 13. §§1. sqq. *Iul. L.* 40. *D.h.t.* *Paul. L.* 43. *D. de cond. indeb.* 12,6. Das Edict lautete so: „SI IS CVM QVO AGETVR, CONDICIONE DELATA IVRAVERIT, EIVS REI DE QVA IVS IVRANDVM DELATVM FVERIT, NEQVE IN IPSVM NEQVE IN EVM AD QVEM EA

kann das beschworene durch Einrede oder Klage zur gerichtlichen Durchführung bringen[61].

§ ε. 2) Dem Versprechungs- oder Verpflichtungs-Eide legt das römische Recht regelmäßig keine besondere verpflichtende Wirkung bei, sondern behandelt ihn nur als Verstärkung an sich begründeter Verbindlichkeiten, und also als unwirksam, wenn er auf ein an sich

§ ς'. ungiltiges Rechtsgeschäft bezogen war[62]. Nur bei dem beschworenen Pactum oder Vergleiche Großjähriger ([53*]), bei eidlichem Versprechen von Diensten für die Freilaßung[63] und bei den processualischen Cautionen[64] wirkte der Eid eine ohne ihn nach Civilrecht nicht begründete Verpflichtung, und Alexander rescribiert, ein minderjähriger Verkäufer dürfe den eidlich bestärkten Verkauf nicht wegen Minderjährigkeit anfechten[65].

ββ. Einseitige Rechtsgeschäfte.

§. 107. αα. Rechte begründende.

I. Verheißungen.

Dig. de Pollicitationibus 50,12. (vgl. *Cod.* de Dotis promissione et nuda pollicitatione 5,11.)

§ a. Eine **Verheißung**, pollicitatio, ein einseitiges nichtacceptiertes Versprechen [1] ist nur ausnahmsweise Grund eines Rechts-

---

RES PERTINET, ACTIONEM DABO". (61) cit. *L.9.§1.D.* „Iure iurando dato vel remisso reus quidem adquirit exceptionem sibi aliisque, actor vero actionem adquirit, in qua hoc solum quaeritur *an iuraverit* DARI SIBI OPORTERE, *vel,* cum iurare paratus esset, *ius iurandum ei remissum sit*".

(62) *Ulp.L.7.§16.D.de pact.2,*14. „Et generaliter quotiens pactum a iure communi remotum est, servari hoc non oportet... nec ius iurandum de hoc adactum [*vulg.*exactum] NE QVIS AGAT servandum..". vgl. *L.5.§1.C.de LL.1,*14. *Nov.51. Nov.82.c.*11. Aber das auctoramentum, der Eid dessen, der sich an einen lanista verkaufte, d.h. des auctoratus, sich verbrennen, feßeln, geiseln und tödten zu laßen (vgl. §47. Note 21. citt.), war wirksam, indem der auctoratus wegen jener Misshandlungen nicht iniuriarum klagen, noch auch der Seelenkäufer deshalb bestraft werden konnte. Constantin verbot aber 325. „omnino gladiatores esse". *L.1. Th.C.de gladiatorib.15,*12. *L.un.C. de gladiatoribus penitus tollendis 11,*43.

(63) *Gai.3,*83. „.. obligatio libertorum quae per ius iur. contracta est ..". *Ulp.L.7.pr.D.de op.lib.38,*1. „Ut iuris iurandi obligatio contrahatur, libertum esse oportet qui iuret et libertatis causa iurare". §2. *eod.* „Iurare autem debet post manumissionem, ut obligetur ..".

(64) *Gai.4,*185. „Fiunt autem vadimonia quibusdam ex causis..iure iurando..". *Tit.* u. bes. *L.16.D. qui satis dare cogantur vel iurato promittant* 2,8.

(65) *L.1.C.si adv.vendit.2,*28. (An diese Constitution schließt sich Kaiser Friedrichs I. Authentike Sacramenta puberum, wonach Minderjährige gegen einen promissorischen Eid überhaupt nicht in den vorigen Stand eingesetzt werden sollen; das kanon.R. legt dem Versprechungseide an sich in einigen bestimmten Fällen verbindende Kraft bei, was unsre Praxis ganz consequent auf jeden erlaubten und an sich giltigen Versprechungseid ausdehnt.) s. oben §z.

(1) *Ulp.L.3.D.h.t.* in §103. Note 12. „.. pollicitatio..offerentis solius pro-

verhältnisses[2]: 1) Wenn jemand[3] einer Gemeinde, res publica, § b. municipes, civitas[4], aus einer iusta causa[5], insbesondere wegen eines ihm selbst oder einem Andern zuerkannten oder zuzuerkennenden Ehren- oder Priester-Amtes[6] oder wegen eines Unglücks, wovon sie betroffen worden[7], etwas verheißen, oder die Ausführung des ohne Grund verheißenen begonnen hat[8], so ist er zur Erfüllung der Verheißung verpflichtet, welche auf irgend ein erlaubtes praestare, auf ein facere oder auf ein dare, mit oder ohne Nebenbestimmungen, gerichtet sein kann[9], und die geschehene Leistung ist unwiderruflich[10]; jedoch kann sich der Polli- § c. citant im Falle der Verarmung der Ausführung des opus coeptum durch Abtretung eines Fünftels seines Vermögens[11], sein Erbe, wenn der Nachlaß nicht ausreicht, durch Abtretung eines Fünftels, und, ist der Erbe ein Descendent des Pollicenten, eines Zehntels der Erbschaft, giltig entziehen ([10]). 2) Die einer Gottheit ge- § d. machte Verheißung, das (im kanonischen Rechte weiter ausgebildete) *votum*[12], Gelübde, verpflichtet nur mündige männliche Personen, welche nicht unter Familienbotmäßigkeit stehen, und deren Erben[13]. 3) Von der unter dem Namen *dotis dictio* im vor- § e.

---

missum ..". Im weiteren Sinne wird mitunter auch eine Zusage, ein promissum bei Verträgen, pollicitatio genannt. *L.*19.§2.*D.de aed.ed.21*,1. *L.*43.§1. *D.de contr.empt.18*,1. (2) *Paul.*S.R.5,12.§9. „Ex nuda pollicitatione nulla actio nascitur..". *Diocl.et Max.L.*5.*C.de contr.et comm.stip.*8,38. „Nuda pollicitatione ... ad praestanda ea quae promiserat, urgeri quemquam non semper iura permittunt..". (3) *Ulp.L.*6.§2.*D.h.t.50*,12. „Non tantum masculos, sed etiam feminas .. debere ..". (4) *L.*1.*pr.*§5. *L.*3.§1. *L.*4. *L.*6.§3. *LL.*7...11. *L.*13.§1. *L.*14.*D.h.t.* Der Staat als vermögensrechtliche Person heißt nicht res publica. §64. Note 3. (5) *Ulp.L.*1.§1.*D.h.t.* „.. sin vero sine causa promiserit, non erit obligatus..". §5.*eiusd.L.*u.*L.*19.*pr.D. de donatt.39*,5. (6) cit.*L.*1.§1. *L.*3.*pr. LL.*6.9.11.13.*pr.*14.*D.h.t.* Aber eine Pollicitation, um ein Amt nicht übernehmen zu müßen, gilt nicht. *L.*12. §1.*D.h.t.* (7) *LL.*4.7.*D.h.t.* (8) *Ulp.L.*1.§2.*D.h.t.* „.. si sine causa promiserit, coepit tamen facere, obligatus est qui coepit". §§3...5. *eiusd.L.*u.*L.*3.*pr.* *L.*6.§1. *LL.*8.11.14.*D.eod.* (9) *L.*1.*pr.D.h.t.* „..opus se facturum vel pecuniam daturum". *L.*3.§1.*eod.* „..ex pollicitatione tradiderat rem municipibus..". *L.*6.§1. *LL.*10.13.§1.*eod.* (10) *L.*3.§1.*D.h.t.* (11) *LL.*9.14.15.*D.h.t.* Die hier und beim votum (s. Note 13.) vorkommenden decimae und deren Verdoppelung, quintae, stehen, gleich den Sponsionen und Condemnationen auf Zehntel (*Gai.4*,175.177.sq.), auch der decima, welche Ehegatten matrimonii nomine gegenseitig erben können (*Ulp.15.*), in einem noch ununtersuchten Zusammenhange mit Zehntopfern. (12) s. z. B. die bei *Forcellini* gesammelten Stellen, welcher votum definiert als „preces cum sponsione alicuius rei, qua deo obligamur, si quippiam obtinuerimus".

(13) *Ulp.L.*2.*D.h.t.50*,12. „Si quis rem aliquam voverit, voto obligatur. quae res personam voventis, non rem quae vovetur, obligat: res enim quae vo-

justinianischen Rechte vorkommenden Bestellungsform einer Dos
ist unsicher, ob sie ein formloses Pactum, aber doch acceptiertes
Versprechen, oder, was wahrscheinlicher ist, einseitige Verheißung
seitens einer wenn auch nur naturaliter dotationspflichtigen Per-
§ *f*. son gewesen sei [14]. Die Auslobungen, öffentliche Verheißun-
gen einer Gegenleistung an irgendwen für eine von ihm zu ma-
chende Leistung, sind weder verbindende Pollicitationen, indem sie
den Versprecher erst im Augenblicke der geschehenen oder doch an-
gebotenen Leistung des Andern verbindlich machen [14*]; noch auch
Verträge, da solche mit einer unbestimmten Person nicht einge-
gangen werden können: sie fallen also in die Classe der Vorbe-
reitungen von Verträgen [15].

II. Quasicontracte.

Inst. De obligationibus quae quasi ex contractu nascuntur 3,27.(28).

§ *g*. Gleichwie aus einem Contracte (§ 106.*f*.) entsteht in vielen
Fällen einer einseitigen erlaubten Handlung ein obligatorisches
Verhältniſs des handelnden und desjenigen Subjects, auf dessen

---

vetur soluta quidem liberat vota, ipsa vero sacra non efficitur. § 1. Voto autem patres familias obligantur, puberes sui iuris: filius enim familias vel servus sine patris dominive auctoritate voto non obligantur. § 2. Si decimam quis bonorum vovit, decima non prius in bonis esse desinit, quam fuerit separata, et si forte qui decimam vovit decesserit ante sepositionem, heres ipsius hereditario nomine decimae obstrictus est: voti enim obligationem ad heredem transire constat". (*14*) *Ulp.* 6,1. „*Dos* aut datur aut *dicitur* aut promittitur. Dotem dicere potest mulier quae nuptura est... item parens mulieris ..". s. die hiezu in meiner Ausgabe citt. Stellen.

(*14**) Puchta Pand. § 259. erklärt die Auslobung für eine Pollicitation, die aber widerruflich sei bis die Leistung gemacht oder offeriert werde; d. h. also bis das Versprechen acceptiert worden ist, und damit ist eben richtig negiert, daß Auslobung Pollicitation sei. (*15*) § 106.*i*. Die *L.* 15. *D. de praescr. verb.* 19,5., auf welche sich Mühlenbruch Pand. § 347. beruft, um die Auslobungen als unbenannte Verträge erscheinen zu machen, spricht von einer Uebereinkunft mit einer bestimmten Person über eine dieser für eine von ihr zu machende Leistung zu gute kommende Gegenleistung, „pactio intercessit ob indicium... Et quidem conventio ista non est nuda ..". Von solcher Anzeigebelohnung, indicium, spricht *Ulp.* auch *L.* 4. § 4. *D. de cond. ob turp. c.* 12,5. und von einem veröffentlichten libellus continens *Invenisse et redditurum ei qui desideraverit*, und von Finderbelohnungen, *εὕρετρα*, *L.* 43. §§ 8. 9. *D. de furt.* 47,2. | Daß „wenn der Finder oder Anzeiger in Folge der Bekanntmachung Kosten aufgewendet hat, er diese, wenn der Ersatz verweigert wird, mit einer *doli* actio einklagen" könne, ist mindestens eine viel zu allgemeine Behauptung in Savigny Obl. R. II. S. 91. Die Voraussetzungen der infamierenden Klage wegen Dolus werden in diesem Falle ganz regelmäßig nicht erfüllt, vielmehr jener Finder, so lange er noch nicht das gefundene überantwortet hat, zur Retention (§ *m*.), nach der gehörigen Anerbietung aber oder gar der Ablieferung und Annahme durch den Auslober gegen diesen zu einer praescriptis verbis in factum actio (*feci ut dares*) berechtigt sein.

Rechtsverhältnisse jene Handlung sich bezieht, obligatio quasi ex contractu nascitur, fit, oritur: das Rechtsgeschäft hat die Begründung des Schuldverhältnisses nicht zum Zweck, wie der obligatorische Vertrag [16], sondern nur, und nicht wesentlich, zur Folge [17]. Nur aus Willensäußerungen, nicht aus bloßen Ereignissen, entstehen Quasicontractsobligationen.

III. Verwendungen.

Ulp.6,14...17. *Dig.* De impensis in res dotales factis 25,1. und De usuris zu § 78.cit. De fructibus et litium expensis: *Th.C.4*,18. *Cod.7*,51.

Verwendungen, (impensae, sumptus, expensae, impendium § *h.*
oder impendia) in ein eigenes Rechtsobject oder wegen desselben sind nicht Rechtsgeschäfte, sondern Rechtsausübungen [18]; beziehen sie sich aber auf ein fremdes Rechtsobject oder werden sie für einen Andern gemacht oder durch ihn verschuldet, so sind sie Rechtsgeschäfte [19]: nur die Verwendung im obj. S., das verwendete, kann eine körperliche Sache sein. Man kann die Verwendungen in § *i.*
eine Sache, impensae in rem factae (+impensae im eng. S., Kosten), z. B. Unterhaltungs- oder Wiederherstellungs-Kosten einer Sache, von denen wegen der Sache, imp. propter rem factae (+expensae, Unkosten), z. B. Transport-, Procefs-Kosten u. dgl., und von beiden die impensae in fructus und die propter fructus factae, die auf Hervorbringung und die auf Einärntung oder Erhaltung der Früchte gemachten, unterscheiden [20]: letztre fallen stäts dem zur Last, welchem die Früchte zu gute kommen [21]. Alle Verwendungen sind, jenachdem § *k.*

(*16*) Dieses drücken die Quellen (s. folg. Note) durch „nullum negotium inter tutorem et pupillum contrahitur“, „nihil inter se contraxerunt“, „neque ex contractu neque ex maleficio obligatus esse intellegitur“ u. dgl. aus. vgl. § 105. Note 14. (*17*) *Gai.L.5.pr.*.. § 3.*D.de O.et A.44*,7. *Inst.tit.cit.* 3,27. Die hier aufgezählten Fälle, von denen und anderen Quasicontractsfällen (z. B. *L.11.*§ 9.*D.de int.i.i.fac.11*.1. s. § 118.*h.* und § 106. Note 44.) gehöriges Orts gehandelt werden wird, sind die negotia gesta, Vormundschaftsführung, Verwaltung im Miteigenthum stehender Objecte, Verhältniss der Miterben und das des Belasteten zum Vermächtnissnehmer, Zahlung einer Nichtschuld.

(*18*) Es ändert sich dadurch nichts in den Rechtsverhältnissen der Person zu anderen, sondern nur etwa die Rechtsobjecte der Person ändern sich.

(*19*) Unsystematisch ist daher die gebräuchliche Stellung der Lehre von den Verwendungen zu der von den Nebensachen. vgl. § 78.*d.* In den Quellen (*Dig.* und *Ulp.* ll. citt.) sind die impensae fast nur mit Rücksicht auf die Dos abgehandelt worden, bei deren Restitution die Frage wegen jener besonders wichtig und häufig war. (*20*) *Dig.h.t.*passim. (*21*) *L.46.D.de usuris* 22,1. „Quod in fructus redigendos impensum est, non ambigitur ipsos fructus deminuere debere“. *LL.*16.13.3.§ 1.*D.h.t.25*,1. *L.1.C.h.t.7*,51. *L.*36.§ 5.*D.de H.P.5*,3. *L.* 7.§ 16.*D.sol.matr.24*,3.| *Paul.L.*10.*D.de R.I.* „Secundum naturam est com-

sie zur Erhaltung des Wesens eines Rechtsobjects oder nur zur
Erhöhung seines Werthes, seiner Nutzbarkeit, oder bloß zur Ver-
mehrung seiner Annehmlichkeit ohne Werthsverbeßerung gereichen,
nothwendige oder nützliche oder nur zum Vergnügen gereichende, zie-
rende, impensae necessariae, utiles, voluptariae oder voluptuosae [22].
§ l. Dieser Unterschied der Verwendungen selbst und der, ob sie von
einem bonae oder malae fidei possessor der Sache (d.h. von jemand,
der sich aus entschuldbarem Irrthum für Eigenthümer hielt, oder
die fremde Gehörigkeit der Sache kannte, welchem ersteren auch
der Ehemann als Inhaber der zwar in seinem Eigenthum stehen-
den, aber dereinst herauszugebenden Dos gleich ist,) gemacht wor-
den sind, entscheidet regelmäßig auch über den Anspruch auf Er-
stattung von Verwendungen, indem die Regel ist, daß nothwen-
dige jedem erstattet werden müßen [23], nützliche nur dem bonae fi-
dei possessor [24], bloß zierende dagegen nur weggenommen wer-
den dürfen, soweit dieses ohne Beschädigung der Sache selbst
§ m. und ohne bloße Chicane [25] geschehen kann [26]. Die Geltendma-
chung des Anspruchs wegen Verwendungen geschieht entweder durch
die doli exceptio, welche hier als Retentionsrecht erscheint [27], oder

---

moda cuiusque rei eum sequi, quem sequentur incommoda"; aber auch umgekehrt: „neque enim ferendus est is qui lucrum quidem amplectitur, onus autem ei annexum contemnit". *L.un.*§4.*C.de caducis toll.6*,51.

(22) *Ulp.6.*§§14...17. „Impensarum species sunt tres.: *necessariae* sunt.. quibus non factis dos [überh. *res*] deterior futura esset, vel ut si quis ruinosas aedes refecerit; *utiles* sunt, quibus non factis quidem deterior dos non fieret, factis autem fructuosior effecta est, vel ut si vineta et oliveta fecerit; *voluptuosae* sunt, quibus neque omissis deterior dos fieret, neque factis fructuosior effecta est, quod evenit in viridiariis et picturis similibusque rebus". *Paul.L.79.D.de V.S.* Von den necessariae s. auch *LL.*1...5.§2. *L.*14.*pr.* *L.*15.*D.h.t.*, von den utiles *L.*5.§3. *LL.*6.7.§1. *LL.*10.14.§1.*D.eod.*, von den voluptariae oder voluptuariae *L.*7.*pr.* *LL.*9.11.*pr.*14.§2.*D.eod.* Wird eine zum Verkauf bestimmte Sache, res promercalis, durch die Verwendung verkäuflicher, so ist diese utilis, wenn sie gleich an sich nur voluptaria wäre: *L.*10.cit.

(23) *L.*15.*D.h.t.* *L.*29.i.f.*D.fam.erc.10*,2. *L.*8.*pr.D.de pign.act.13*,7. *Gord.L.*5.*C.de R.V.*3,32. „..cum malae fidei possessores eius quod in rem alienam impendunt, ..nullam habeant repetitionem, nisi necessarios sumptus fecerint. sin autem utiles, licentia eis permittitur, sine laesione prioris status rei eos auferre". *L.un.*§5.*C.de rei ux.act.*5,13. Nur dem fur sind auch nicht einmal die nothwendigen Verwendungen zu vergüten: *LL.*13.8.§1. *L.*14.§3. *L.*20.*D.de cond.furt.13*,1. *L.*52.§14.*D.de furt.47*,2. *L.*29.*D.rer.amotar.25*,2.

(24) *LL.*2.45.*pr.D.de neg.gest.3*,5. *LL.*37.sq.*D.de H.P.*5,3.

(25) §89. Note 8.

(26) *L.*9.*D.h.t.* *L.*27.*pr.D.de N.G.3*,5. *L.*38.*D.de R.V.6*,1. *L.*3.§4.*D.de in rem verso 15*,3. *L.*19.§4.*D. locati 19*,2. *L.*32.§5.*D. de adm.et peric.tut.26*,7.

(27) z.B. *L.*14.§1.*D.comm.div.10*,3. *L.*33.i.f.*D.de cond. indeb.12*,6. *L.*5.*pr.* *L.*15.*D.h.t.* *L.*14.*D.de d.m.exc.44*,4. §§30.34.*I.de R.D.*2,1. s.§127.c.

durch die Contractsklage aus dem Geschäfte, auf welches jene sich beziehen [28], nach Umständen auch durch Wiederforderung einer ausgezahlten Nichtschuld [29].

IIII. In rem versio und unhaltbare Bereicherungen.

De in rem verso: *Paul.* 2,9. *Dig.* 15,3. (*Cod.* 4,26. cf. *Gai.* 4,73. sq. §§ 4. 5. *I. quod cum eo qui in aliena potestate est, negotium gestum esse dicetur* 4,7.)

Was ohne haltbaren Rechtsgrund aus dem Vermögen eines § *n.*
Subjects in das eines andern gekommen und darin noch befindlich ist, soll jenem wieder zur Theil werden [30]. Dieses gilt sowol, § *o.*
wenn durch Zufall, als wenn durch die Handlung des Bereicherten selbst [31], oder ohne sein Zuthun durch einen Dritten, die Bereicherung bewirkt wird. Diesen Fall bezeichnen wir als *in rem* (nämlich § *p.*
eines andern, domini, d.h. eines Geschäftsherrn) *versum*, *versio*, wenn ein Geschäftsführer, ursprünglich ein dem ius des Geschäftsherrn unterworfener [32], nach neuerem Rechte aber auch jeder andere [33], durch ein von dem Geschäftsherrn weder in Auftrag gegebenes noch genehmigtes Rechtsgeschäft dessen Vermögen vergrößert hat [34].

§. 108. bb. Rechte beendigende einseitige Rechtsgeschäfte.

Aus dem Begriffe des subjectiven Rechtes (§ 98.) ergiebt sich, § *a.*
daß die berechtigte Person demselben entsagen, darauf verzichten [1],

---

(*28*) z.B. durch die Klage des negotiorum gestor (*L.* 2. *D. de. N. G.* 3,5.), des Pfandgläubigers (*L.* 29. i. f. *D. fam. erc.* 10,2.), des Mandatars (*L. un.* § 5. *C. de rei ux. act.* 5,13.) u.s.w. (*29*) *L.* 5. § 2. *D. h. t.*

(*30*) § 105. Note 16. (*31*) Von diesen Fällen bei den Eigenthums-Erwerbs- u. Beendigungs-Arten und darauf bezüglichen Klagen, Vindication, Condictionen und in factum actiones, und bei der negotiorum gestio. (32) Diese Gestaltung des in rem versum ist die in den röm. Rechtsquellen fast ausschließlich hervortretende.

(33) *Pap. L.* 82. *D. pro soc.* 17,2. *Diocl. et Max. L.* 7. § 1. *C. quod cum eo* 4,26. „..si cum libero res eius agente, cuius meministi, contractum habuisti et personam eius elegisti, pervides contra dominum [den, für welchen dein Mitcontrahent den Vertrag abschließen wollte] nullam te habuisse actionem, nisi vel in rem eius pecunia processit vel hunc contractum ratum habuit". (a. 287.) (*34*) *Ulp. L.* 3. § 2. *D. h. t.* 15,3. „Et regulariter dicimus totiens de in rem verso esse actionem, quibus casibus procurator [ein Mandatar] mandati, vel qui negotia gessit, negotiorum gestorum haberet actionem, quotiensque aliquid consumpsit servus [nun auch eine *iuri* non *subiecta persona*], ut aut meliorem rem dominus habuerit aut non deteriorem". Die Vermögensvergrößerung braucht nicht in ihrer ursprünglichen Gestalt mehr vorhanden zu sein, wovon zahlreiche Anwendungen in den hergehörigen Quellen vorkommen. Als eine derselben kann auch die im Obligationenrechte näher zu erörternde Lex Rhodia de iactu (*Dig.* 14,2.) angesehen werden.

(*1*) Das mittelhochdeutsche verzîhen (von zîhen, zeihen, d.i. sagen, melden; etwas, besonders etwas nachtheiliges, von einem sagen, ihn anschuldigen),

d.h. ihren Willen dahin bestimmen und äußern könne, daß das Recht, sei dieses ein gemeines oder privilegiarisches, ihr nicht zustehe[2].

§ *b.* Der Verzicht ist also Veräußerung (§ 101.*l.*) durch einseitige Willenserklärung, kann daher nur wirklich schon begründete Rechte[3] und für sich allein nicht Rechtsverhältnisse aufheben, in denen der Wille eines anderen Subjects Bestandtheil ist, z.B. obligatorische[4], noch auch die Rechtsfähigkeit des Subjects und die damit nothwendig verbundenen Berechtigungen, welche iuris publici sind[5].

§ *c.* Die Entsagung kann eine generelle, auf eine ganze Gattung von Rechten, oder specielle, auf einzelne bestimmte Rechte bezügliche, sein[6]; jedoch kann jene nur insoweit gelten, als der Wille des Verzichtenden wirklich auf ein Aufgeben sämmtlicher zu der fraglichen Gattung gehöriger Rechte, und diese nur, sofern er wirk-

---

wovon das Subst. verziht, Verzicht, bedeutet (etwas abweichend von dem neuhochd. verzeihen) von etwas lossagen, es versagen, abschlagen, verweigern; daher sich verzihen, auf etwas verzichten, ihm entsagen. Der eigentliche Verzicht ist einseitige Willenserklärung, ausdrückliche oder stillschweigende (Note 10.); beiderlei Art kann die Dereliction sein (§101.*l.*); der Verzicht in Vertragsform fällt unter die Schenkung i.w.S. (§106.n°.II.) oder den Vergleich. (§106.n°.IV.) Formen, den Verzicht zu bekunden, sind die Ausschlagung oder Nichtacceptation eines deferierten Rechts (§101. Note 11.), der Nichtgebrauch eines Rechts mit der Absicht, es durch einen Anderen ersitzen zu laßen. *L.*28.*pr.D.de V.S.* (2) *Iul.L.*41.*D.de minor.* 4,4. „..uni cuique licet contemnere haec quae pro se introducta sunt..". *Iustinian.L.*51.*C.de episc.et cler.1*,3., verändert aus *L.*29.*C.de pact.*2,3.„..cum ..sit regula iuris antiqui *Omnes licentiam habere his quae pro se introducta sunt, renuntiare*". cf. *L.*46.i.f.*D.de pact.*2,14. *L.*21.*C.mand.*4,35. Der Verzicht ist eine Veräußerung (§101.*l.*), und kann also nicht einseitig widerrufen werden: *L.*4.*C.de pact.*2,3. *L.*11.*C.de R.C.*4,1. *L.*23.*pr.C.ad SC.Vell.*4,29. *LL.*4.6.*C.de repud.her.*6,31. *L.*14.§9.*D.de aed.ed.*21,1., woraus das unlateinische 'ad renuntiata non datur regressus'. (3) *Paul.L.*174.§1.*D.de R.I.* „Quod quis, si velit, habere non potest, id repudiare non potest". z.B. *L.*17.i.f.*D.de A.v.O.H.*29,2. *L.*9.§ 3.*D.de transact.*2,15. mit *L.*35.§1.*C.de inoff.testam.*3,28.

(4) Anwendungen hievon in *L.*34.*pr.D.de S.P.R.* 8,3. *L.*4.*C.de rep.her.* 6,31. Daß eine Verzichtleistung auf ein obligatorisches Recht wider Willen des Schuldners nicht statthaft sei, s. §106. Note 12. (5) §110. Note 4.a.E. *Mod.L.*34.*D.de pact.*2,14. „Ius adgnationis non posse pacto repudiari, non magis quam ut quis dicat *nolle suum esse*, Iuliani sententia est". §58. Note 1. Jede Rechtsfähigkeit ist nicht ein Recht der Person, sondern Voraussetzung ihrer Persönlichkeit; daher kann man nicht auf sein Leben, seinen Leib, seine Freiheit oder Ehre verzichten. §30.a.E. §99. Note 3. So kann auch niemand seiner Fähigkeit, ein Testament zu machen oder abzuändern, entsagen: *Herm.L.*22.*pr.D.de leg.*III. 32. „..nemo..eam sibi potest legem dicere, ut a priore [*testamento*] ei recedere non liceat..". (vgl. insb. auch §93. Note 4.) Eine Anwendung des Satzes, daß die Rechtsfähigkeit der Person nicht ein Recht derselben sei, ist auch der Satz, daß Verträge über die Erbschaft eines Lebenden als contra ius publicum, turpes, nichtig sind (§83. Note 4. §89. Note 7. §93. Note 4.): durch die Erbfolge geht die vermögensrechtliche Persönlichkeit des Erblaßers, die bei dessen Lebzeiten kein Rechtsobject ist (§42.*e.* §73. Note 15.), in den directen Successor über.

(6) *L.*47.§1.*D.de pact.*2,14. *L.*21.*C.ad SC.Vellei.*4,29. u. §118.*h.*

lich, nicht bloß vermeintlich, auf ein Aufgeben dieses bestimmten Rechtes gerichtet war[7]; wie denn überhaupt der Verzicht als ein § d. bestehende Rechte beendigender Grund, als Alienation oder Dereliction, nur insoweit wirkt, als er unzweifelhaft geleistet worden ist, d.h. er ist strict zu interpretieren[8]. Uebrigens kann derselbe, wo § e. nicht für gewisse Entsagungen besondere Formen positiv vorgeschrieben sind[9], sowol ausdrücklich als stillschweigends, durch concludente Handlungen[10], geschehen; solche besondere Formen bezwe- § f. cken vorzugsweise, daß nicht der Verzichtende ohne das nach dem Begriffe dieses Rechtsgeschäfts erforderliche Bewußtsein von dem dadurch aufzuhebenden Rechtsverhältnisse auf dasselbe unbesonnen sich einlaße (Certioration). Der in Form des Vertrags gelei- § g. stete und nur einen Bestandtheil dieses bildende Verzicht (Nachlaßverträge als civilrechtliche und als *pacta* de non petendo) gehört in die Lehre von der Beendigung der obligatio, und der gegenseitige Verzicht als Vergleich ist § 106.*w*.ff. abgehandelt.

§. 109. bb. Rechtsgeschäfte auf Todesfall*).

De mortis causa donationibus (*Paul.*S.R.3,7. cf.2,23.§§1.6.) et capionibus *Dig.*39,6. *Cod.* de Donationibus causa mortis 8,57.(56). § 1.*I.de donationibus* 2,7. (*Novella 87.*)

Auch die Rechtsgeschäfte auf Todesfall, d.h. deren Existenz sich § a. erst mit dem Tod einer Partei definitiv entscheidet[1], sind entweder

---

(7) cit.*L.*47.§1. *L.*4.§4.*D.siq.cautionib.*2,11. *L.*5.i.f. *L.*9.§1.*D.de transactionib.*2,15. *L.*2.§21.*D.ad SC.Tert.* 38,17. vgl.*L.*7.§2.*D.de sup.leg.* 33,10. *L.*6.§4.*D.de confess.*42,2. §96.Note 13. und die folg. Note.

(8) Den Satz, daß eine Willenserklärung nicht weiter reiche, als der Wille, welcher erklärt, d.h. durch die Aeußerung als unzweifelhaft gehegt bekundet worden ist, finden wir direct und in sehr zahlreichen Anwendungen in unseren Rechtsquellen ausgedrückt. *Ulp.L.*9.*D.de R.I.* „Semper in obscuris quod minimum est sequimur“. *LL.* 56.192.§1. (*L.*155.§2.) *L.*200.*eod.* Anwendungen: *L.*19.*D.de inoff.test.*5,2. *L.* 87.*D.de leg.*1.30. *L.*67.*D.de R.I.* u. *L.*26.*D.de reb.dub.*34,5. cit.*L.*21.*C.* und *L.* 22.§2.*C.de furt.*6,2. vgl.§115.a.E. §117.Note 20.

(9) wie z.B. für die Verzichtleistung auf das beneficium SCti Velleiani, *L.*23.*C.ad SC.Vell.*4,29. *Nov.*118.*c.*5.

(10) z.B. *Ulp.*28,11. *Gai.L.*4.*D.de B.P.*37,1. *L.*8.*pr.D. quemadm.serv.am.*8,6.

(*) §103.*m.*| *Haubold* Opusc.I.p.xxxvi.sqq.439.sqq. Hasse im Rhein.Mus. f.Jpdz. II.300.ff. III.1.ff.371.ff. Schröter in Ztschr.f.Civilr.u.Proc.II.97.ff. Savigny Syst.IV.§§170..74.

(1) Die Widerruflichkeit (nicht aber willkürliche) bei Lebzeiten ist daher ein wesentliches Merkmal der Rechtsg. auf Todesfall. s.Note 8. Von der mortis causa donatio s. in dieser Beziehung *L.*27.*D.h.t.* in §106. Note 13. u. unten Note 9.; auch die sonstigen Verträge mortis c. haben die Bedingung si mors secuta fuerit, stillschweigends in sich (vgl.§ 90.Note 6.), und in Beziehung auf die einseitigen letztwilligen Verfügungen spricht es sich in dem Satze Ulpians aus 'Ambulatoria est voluntas defuncti usque ad vitae supremum

gegenseitige, wie die Schenkung auf Todesfall und sonstige mortis causa abgeschloßene obligatorische[1*]) oder liberatorische Verträge, oder einseitige, wie alle sonstigen Rechtsgeschäfte auf Todesfall, Verfügungen in Testamenten oder Codicillen, d.h. Erbeseinsetzungen und Enterbungen, Vermächtnißanordnungen, letztwil-
§ b. lige Vormundschafts- und Freiheits-Anordnungen. Die mortis causa capiones, d.h. im weitesten Sinne alle durch einen Todesfall, und in dem eigentlicheren alle durch den Willen des Verstorbenen veranlaßten Erwerbungen[2], gehören dem Erbrechte an; hier ist nur die mortis causa donatio zu erörtern, welche der mortis causa capio im engeren Sinne, d.h. der einen Gegensatz zu directer Erbfolge und den Vermächtnissen bezeichnenden[3], noch entgegengesetzt wird[4].

§ c. Als eine besondere Art der **Schenkung**[5] ist die, seit Hadrians Zeit allmählich vielfach den Legaten gleichgestellte, **auf den Todesfall** oder von Todeswegen nach den für die Gattung, die Schenkungen überhaupt, geltenden Rechtsbestimmungen zu beur-
§ d. theilen, soweit nicht specielle entgegenstehen. Das unterscheidende betrifft gar nicht die Objecte[6], wol aber 1) den **Inhalt**, indem die mortis causa donatio immer eine bedingte ist, zu ihrer Perfection erfordert, daß der Beschenkte nicht vor dem Schenker sterbe[7],
§ e. und daß dieser nicht widerrufen[8] habe[9]. Ob jemand mit Rücksicht

---

exitum'. *L.4.D.de adim.vel transf.leg.34,4.* vgl.§108.Note 5.a.E. (1*) *Fest.* p.161.ed.Müll.„Mortis causa stipulatio existimatur fieri, ut ait Antistius Labeo, quae ita fit, ut morte promissoris confirmetur, aut, ut quidam dixerunt, cuius stipulationis mors fuit causa“. (2) *Ulp.L.8.pr.D.h.t.39,6.* „..quidquid propter alicuius mortem obvenit, mortis causa capitur..“. cf. *LL.*11.12.18.*pr.*31.§2.*LL.*13.33.38.*D.h.t.* (3) *Gai.cit.L.*31.*pr.D.h.t.* „Mortis causa capitur cum propter mortem alicuius capiendi occasio obvenit, exceptis his capiendi figuris quae proprio nomine appellantur: certe enim et qui hereditario aut legati aut fidei commissi iure capit, ex morte alterius nanciscitur capiendi occasionem; sed quia proprio nomine hae species appellantur, ideo ab hac definitione separantur“. (4) *Marcell.L.38.D.h.t.* „..nam mortis causa donatur quod praesens praesenti dat: at mortis causa capi intellegitur et quod non cadit in speciem donationis..“.

(5) s.§106.Note 13. (6) §106.*n...p.*, *Dig.h.t.* passim. Nur die von Curialen ausgehenden Schenkungen, auch die mort.c., sind in dieser Beziehung von Justinian in *Nov.*89. beschränkt. vgl.*Nov.38.praef.*| Uebrigens kann der Erbe gegen mortis c. Beschenkte wie gegen Vermächtnißnehmer das falcidische Viertel abziehen (*L.27.D. L.2.C.h.t.*) und zum Nachtheil der Nachlaßgläubiger gilt die m.c.don. eben so wenig, als ein solches Vermächtniß. *L.17.D.h.t.*

(7) *Marcian.L.26.D.h.t.* „Si qui invicem sibi mortis causa donaverunt, pariter decesserunt, neutrius heres repetet, quia neuter alteri supervixit..“.

(8) *Paul.*S.R.I.c.§2. §1.*I.cit.* *LL.*16.27.30.32.*D.h.t.* Wenn dennoch *Iul.*

auf eine bestimmte oder die allgemeine Todesgefahr (imminente periculo commotus oder sola cogitatione mortalitatis) schenkt, ist an sich gleichviel; aber für die Willensauslegung, ob die Bedingung, daß der Schenker nicht nach dem Beschenkten sterbe, eine auflösende sei, wie es die Regel ist, oder eine aufschiebende, von Bedeutung [10].

2) Die Personen betreffend, so kann mortis causa *a*) schen- §f.
ken wer auch inter vivos schenken kann [11]; jedoch vernichtet mit Confiscation verbundene Vermögensstrafe des Schenkers die Schenkung [12]; *b*) beschenkt werden nur wer das geschenkte, wenn es ihm als Vermächtniss zugewandt wäre, erwerben kann [13], welche

---

L.13.§1.und *Paul.L*.35.§4.*D.h.t.* (vgl.*Nov.87.*) eine m.c.don. unter der Uebereinkunft, ut nullo casu sit repetitio, ne si convaluerit quidem donator, zulaßen, während jene ersteren Stellen und diese *L*.35.§2. selbst eine absolut unwiderrufliche für non mortis causa don. erklären, so liegt hierin kein Widerspruch: daß der Schenker bloß willkürlich nicht widerrufen dürfe, wie er es ohne besondere Uebereinkunft allerdings darf, macht die Schenkung noch nicht zur absolut unwiderruflichen; nothwendig bleibt für die Perfection, daß der Beschenkte nicht vor dem Schenker sterbe. Geschieht dieses oder die m.c.don. wird sonst giltig widerrufen, so kann das geschenkte, je nach Verschiedenheit der dem Beschenkten einstweilen ertheilten Berechtigung, durch dingliche oder persönliche Klagen wieder gefordert oder das Schenkungsversprechen unerfüllt gelaßen werden. *LL*.2.18.§1. *LL*.24.29.30.35.§3. *L*.37.§1. *L*.39.*D.h.t.* Auch Usucapion durch den Schenker schließt die Wiederforderung des Geschenks nicht aus. *L*.13.*pr.D.eod.* Der Beschenkte restituiert wie jeder bonae fidei possessor (§107.nº.III.) *L*.14.*D.h.t.*

(*9*) Daher die alte Definition der mortis causa donatio, cum magis se quis velit habere quam eum cui donat magisque eum cui donat quam heredem suum. §1. *I.cit.* *L*.1.*pr.* *L*.35.§2.*D.h.t.*

(*10*) *LL*.2...6.8.§1. *LL*.29.31.§2. *L*.35.§4. *D.h.t.* Die angedeutete Regel sprechen aus *Iul.L*.1.*pr.D.de donat.39*,5. „..donatio est, quae sub condicione solvatur, qualis est mort.c.don.“. cit.*L*.8.§1. *L*.35. §3.*D.h.t.L*.19.*pr.D.de R.C.12*,1.

(*11*) Viele behaupten, der mort.c.donator müße Fähigkeit zur Errichtung eines Testaments haben, weil Justinian (*L*.4.*C.h.t.8*, 57., §1.*I.cit.*, *Nov.87.praef.*) die mort.c.don. ganz allgemein dem Legat gleichstelle, und wegen *L*.32.§8.*D.de don.i.v.et ux.* *L*.1.§1.*D.de tut.et rat.27*,3. Jene Gleichstellung ist aber keineswegs eine so durchgreifende und allgemeine, als es nach dem Wortlaute der zuerst citt. Stellen scheinen könnte (Schröter a.a.O. S.117.ff.), indem sonst alle Bedeutung des Unterschiedes zwischen mort.c.don. und Vermächtniss wegfiele, und jene Behauptung ist in den Quellen nirgends ausgesprochen, welche vielmehr auch die mortis c.don. unter die Regeln über donationes überhaupt stellen, soweit nicht specielle Bestimmungen entgegenstehn. (Note 5.) Die cit.*L*.32. sagt zwar, wer zur Testamentserrichtung fähig sei, könne auch mort.c. schenken, nicht aber daß nur ein solcher so schenken könne, und die cit.*L*.1. spricht Pupillen die Fähigkeit zu beiden Rechtsgeschäften ab; dagegen können Hauskinder mit Einwilligung des Vaters, wie inter vivos, so auch mortis c. schenken, obgleich nicht testieren. *L*.25.§1.*D.h.t.* *L*.2.*pr.* *L*.7.*pr.D.de donat.39*,5.

(*12*) *Ulp.L*.7.*D.h.t.* „..Si..poena capitis fuerit affectus, removetur donatio ut imperfecta“. *L*.32.§7.*D.de don.i.v.et ux.24*,1.

(*13*) *Paul.L*.9.*D.h.t.* „Omnibus mortis c. capere permittitur qui scilicet et legata accipere possunt“. *L*.35.*pr.eod.* Die gesetzlichen Bestimmungen über Incapacität konnten sonst leicht umgangen werden durch Einkleidung eines Vermächtnisses in eine Schenkung von Todes wegen.

Fähigkeit (capacitas) er jedoch nur zur Todeszeit des Schenkers
§g. zu haben braucht[14]. Ist an eine unter eines Andern ius stehende
Person geschenkt, so entscheidet die Absicht des Schenkers, ob der
Tod des Gewalthabers oder der des unmittelbar Beschenkten die
§h. Schenkung aufheben solle[15]. 3) Die **Form** anlangend, so kann
sie wie die Schenkung unter Lebenden, also mit Insinuation bei
großen (über 500 Solidi betragenden) Schenkungen[16], oder ohne
Insinuation in der Form des Codicills vor fünf Zeugen abgeschlo-
§i. ßen werden[17], die Annahme des Schenkers vorausgesetzt[18]. 4) Die
Wirkungen bestimmen sich theils durch den Gegenstand und
das dem Beschenkten einstweilen daran gestattete Recht[19], theils
dadurch, daß dieser das Object nicht aus dem Nachlaße, sondern aus
dem Vermögen des Schenkers selbst, wenngleich definitiv erst mit
§k. dessen Tod, erwirbt[20]. Wird das Testament des Schenkers we-
gen Uebergehung eines Notherben entkräftet und die contra ta-
bulas bonorum possessio tritt ein, so fallen auch die m. c. dona-
tiones gleich den Vermächtnissen hinweg[21]; ebenso steht der von
Todes wegen Beschenkte in Beziehung auf das Accrescenzrecht[22],
und schon nach vorjustinianischem Rechte auch in anderen bestimm-
ten Beziehungen, dem Vermächtnisnehmer gleich[23].

---

(14) *Afr.L.22.D.h.t.* „In m. c. donationibus non tempus donationis, sed mortis intuendum est, an quis capere possit". Nicht von der Erbfähigkeit, sondern von der Capacität, dem Rechte, das an sich giltig hinterlaßene zu erwerben, ist hier die Rede.
(15) *LL.23.44.D.h.t.*
(16) §106. Noten 27. ff.
(17) *Iustinian.cit.L.4.C.h.t.* „..sancimus omnes m. c. donationes..actis minime indigere...sed ita res procedat, ut si V testibus praesentibus vel in scriptis vel sine litterarum suppositione aliquis voluerit mort.c. donationem facere, et sine monumentorum accessione res gesta maneat firmitate vallata...et omnes effectus sortiatur quos ultimae habent liberalitates, neque ex quacunque parte absimilis eis intellegatur". vgl. Savigny a.a.O. §172.
(18) *L.38.D.h.t. L.11.§2.D.de don.i.v.et ux.24*,1. §106. Note 12. Ohne Acceptation oder Hingebung des geschenkten würde die in Codicillarform gemachte Schenkung von Todes wegen ein Vermächtniß sein. vgl. *LL.75.pr.77.§26.D.de leg.II.31.* Savigny a.a.O.
(19) Note 8.
(20) Es ist also nicht ein Quasicontractsverhältniß zwischen dem Beschenkten und dem Erben des Schenkers, wie zwischen diesem und einem Vermächtnißnehmer; die Schenkung geht durch Indignität des Beschenkten nicht zurück (*L.5. §17.D.de his q.ut ind.34*,9.); eine Schenkung, welche terminliche Leistungen zum Gegenstande hat, ist eine einzige, anders als ein solches Vermächtniß. (*L.35.§7. D.h.t.*)
(21) *L.3.pr. L.5.§7. L.20.pr.§1.D.de leg.praest.c.t.B.P.pet.* 37,5. *L.1.§1.D.si q.in fraud.patroni* 38,5.
(22) *Iustinian.L.un.§14.C. de caducis tollendis* 6,51.
(23) *L.1.§2.D.usufr.q.cav.7*,9. mit *L.7.C.ut in poss.*6.54. | *L.8.§3.D.de condic.inst.*28,7. | cit. *L.un.C.de cad.toll.*§8. und *L.1. C.h.t.*8,57. | §106. Note 49.

b. Nebenbestimmungen.

§. 110. aa. Im allgemeinen.

Durch Privatwillen, wirksame einseitige Verfügung oder Ueber- § a. einkunft, können die natürlichen Bestandtheile eines Rechtsgeschäfts (§ 103. *d.*) dahin abgeändert werden, daß dessen Existenz von irgend einer anderen Thatsache oder dessen Erfüllung von dem Eintritte eines Zeitpunctes abhängig gemacht wird: die Bedingungen (§§ 111...113.) bestimmen besonders, ob ein Rechtsverhältniss existiere oder nicht, die Betagungen (§ 114.), wann es zu erfüllen sei oder unwirksam werde; jene knüpfen die Existenz des Rechtsverhältnisses an ein unsicheres Ereigniss, diese seine Erfüllung an einen zukünftigen Zeitpunct. Wie eine Willenserklärung als Grund § *b.* eines Rechtsverhältnisses wirken solle, ist allgemein nicht Inhalt einer Nebenbestimmung, d. h. einer besonderen oder aus dem das dispositive Recht abändernden Privatwillen hervorgehenden Bestimmung, sondern ist Inhalt des Rechtsgeschäftes selbst, wodurch das Rechtsverhältniss zufolge gesetzlicher oder auf dem Privatwillen beruhender Verfügung hervorgebracht wird, oder eines als Theil jenes Rechtsgeschäfts geltenden Nebenvertrags: bei Schen- § c. kungen und Vermächtnissen aber bestimmen zur Verhinderung leichtsinniger Vermögensverringerungen die Gesetze ein Maß, über welches hinaus der Abschluß dieser Rechtsgeschäfte dem Privatwillen nicht freigestellt ist (modus legis Cinciae, modus legis Furiae, Voconiae, Falcidiae), es wäre denn, daß die an sich rein liberale Natur jener Geschäfte dadurch abgeändert würde, daß dem Empfänger durch Beschränkung seiner Freiheit in Verwendung des empfangenen, oder in eigenen vermögensrechtlichen Willensäußerungen wegen des empfangenen eine Vermögenslast aufgelegt, daß durch eine Auflage, modus (§ 115.), das Maß, bis zu welchem jene Gesetze dispositive, durch Privatwillen abänderliche, Bestimmungen aufstellen, erweitert würde. So sind condiciones und § *d.* dies allgemeine, modi besondere Nebenbestimmungen der Existenz oder Wirksamkeit von Rechtsgeschäften. Die Bestimmung des § *e.* Orts der Wirksamkeit eines Rechtsgeschäfts ist nicht eigene Nebenbestimmung: ein Abhängigmachen seiner Existenz oder Wirksamkeit von einem Orte kann als Bestandtheil des Inhalts desselben (§ 91.), auch zufolge Nebenvertrages, vorkommen, oder fällt

§e. unter den Begriff der condicio oder des dies. So gehören auch zu den Nebenbestimmungen an sich nicht die Angabe des Beweggrundes zu einem Rechtsgeschäfte, causa (§ 117.*h.*), noch eine bloße Bezeichnung, demonstratio (§ 117.*i.*), noch das Verstellen in das Arbitrium eines Dritten (§ 104.*e.*) oder künftiges eigenes, noch auch die Voraussetzung (α′) u.dgl.; wol aber können sie als condicio aufgestellt werden: jene Bestimmungen für sich betreffen we- §f. der die Existenz noch die Wirksamkeit des Rechtsgeschäfts. Hiernach unterscheiden sich die wahren Nebenbestimmungen einerseits von den ein Hauptschuldverhältniß bestärkenden [1] oder schwächenden [2] Nebenverträgen, so wie von denen, welche ein mit einem solchen zusammenhängendes, aber an sich nicht zu dessen Inhalt gehöriges Schuldverhältniß begründen [3], theils dadurch, daß sie auch als einseitige Verfügungen vorkommen können, theils dadurch, daß das Hauptrechtsverhältniß selbst nur mit den Bestimmtheiten, welche die Nebenbestimmungen ihm geben, zur Existenz kommt, während die Nebenverträge, wenn sie gleich auf das Hauptschuldverhältniß bezogene Bedingungen oder Betagungen enthalten, eben §g. dessen Existenz und Wirksamkeit voraussetzen; andererseits unterscheiden sich die Nebenbestimmungen der Rechtsgeschäfte dadurch, daß sie deren wirklich gewollten Inhalt in Verbindung mit etwas denselben an sich außerwesentlichem setzen, auch von den Clauseln, welche (abgesehen von denen, welche bloß das enthalten was ohnehin wesentlicher oder natürlicher Bestandtheil des Rechtsgeschäfts

---

(α′) z.B. modus in *L.29.D.de her.inst.*28,5. s.§115.*a.* B. Windscheid Die Lehre d.r.R. von der Voraussetzung. Düsseld. 1850. 8°. will an die Stelle des modus die Voraussetzung setzen. Seine eigene Darstellung aber zeigt, wie verschieden in Begriff und Wirkungen die mannichfaltigen Willensbestimmungen seien, die wir als Voraussetzung bezeichnen und wofür weder unsre Rechtsquellen noch die lateinische Sprache überhaupt einen entsprechenden Ausdruck hat. Zudem hat der Verfaßer das Wesen der eigentlichen Nebenbestimmungen überhaupt und des eigentlichen Modus insbesondere nicht zureichend berücksichtigt. (1) So nennen wir die dem Berechtigten die Leistung sichernden, ohne daß der Umfang letzterer selbst dadurch erweitert würde, und es gehören hierher die arra, die Conventionalstrafe und die Cautionen, die realen, durch Pfandbestellung oder Bürgschaftsleistung, und die verbalen, wodurch sich aufs neue der Schuldner selbst, wie bei der Verbürgung ein anderer, obligiert, förmlich, d.i. durch Stipulation oder Eid, oder in beliebiger Form, durch pactum, die constituta pecunia. (2) d.h. die den Leistungsverpflichteten berechtigen, die Leistung zu unterlaßen, wie der Reuvertrag und das Reugelt, die in diem addictio und die lex commissoria. (3) So z.B. der Vertrag über Vorkauf, Rückkauf und Rückverkauf, besonderen Vorbehalt von Berechtigungen bei Uebertragungen von Rechten u.dgl.

[§ 103. *c. d.*] ist, und deshalb überflüßig (β'), oder dem Wesen des Rechtsgeschäfts widersprechen und deshalb verwirrend und schädlich sind, (γ')) nur willkürliche Formen des Willensausdrucks sind, nur dazu dienen, dessen Fehler oder Mängel zu verbeßern oder zu ergänzen, die dem wirklich gewollten möglichst entsprechende Auslegung und Ausführung der Willenserklärung zu sichern[4], wie eine nähere Betrachtung der hauptsächlichsten Clauseln zeigt[5].

Manche Rechtsgeschäfte laßen nach ihrer eigenthümlichen Be- § h.
deutung keine ausdrückliche Beschränkung durch Nebenbestimmungen zu, sind nothwendig *pura* negotia[6], werden sofort und definitiv

---

(β') z.B. die clausula rati et †grati beim Mandat in Bezug auf die zufolge dieses vom Mandatar geführten Geschäfte, die clausula †heredum bei Rechtsgeschäften, aus denen die Rechtsmittel nach dem Gesetz vererblich sind; viele Verzichts- und reservatorische Clauseln; die Clausel †salvo iure Dritter, an sich die 'von Rechts wegen' u.s.w. (γ') z.B. die Clausel †rebus sic stantibus, wo nicht im Geschäfte Gründe der Aufhebung desselben liegen oder besonders solche aufgestellt sind (s. Note 4.); Verzicht auf Einrede wegen eines noch zu begehenden Dolus oder wegen Ansprüchen, welche sich auf eine iuris publici ratio gründen u.dgl. (s. Note 4. a. E.), die Clausel †salvo meliori, wo kein Rücktrittsrecht begründet ist u.dgl. (4) Ist der Willensausdruck an sich bestimmt, unzweideutig, klar, bekundet er nichts anderes, weder mehr noch weniger, als der Erklärende dem Rechte gemäß wollen konnte und wirklich gewollt hat, so ist die Hinzufügung von Clauseln ganz überflüßig (vgl. *L.* 38. *pr. D. de solut.* 46, 3., welche die Clausel enthält 'si in eodem statu oder in eadem casu maneat', nämlich der zur Zahlungsannahme neben dem Gläubiger selbst electiv Berechtigte [§ 104. Note 7.], durch deren Misverständniss [§ 58. β'.] der Streit über die s.g. Clausel rebus sic stantibus entstanden ist); diese modificieren die Existenz und Wirksamkeit des Rechtsgeschäfts gar nicht, was allemal durch Hinzufügung einer condicio, eines dies oder eines eigentlichen modus geschieht. Das zeigt nicht allein die etymologische Bedeutung des Worts clausula und die damit zusammenhangende als Theil, Periode, Kapitel einer Willenserklärung (wie in mehreren Beispielen der Note 5.), sondern auch der andere Gebrauch der Rechtssprache, die Clauseln als scriptura, verba, stipulatio, cautio, conventio, lex contractus, exceptio, adiectio, zu bezeichnen. ***Dirksen*** Manuale hh. vv. Uebrigens können auch wirkliche Nebenbestimmungen in der Form einer clausula aufgestellt werden, z.B. *L.* 69. *D. de her. inst.* 28, 5. „.. non solum figuram, sed vim quoque condicionis continere..“. *L.* 30. *D. de leg.* I. 30. In Betreff der Wirksamkeit der Clauseln entscheidet häufig, insbesondere bei den einen Verzicht enthaltenden, der hier oft übersehene Satz, daß ein solcher contra bonos mores oder iuris publici rationem unstatthaft ist (§ 108. Note 5.), so z.B. wenn Rechtswolthaten, der Verjährung, den Ansprüchen wegen dolus u.dgl. im voraus entsagt wird.

(5) § 116. Note 20*. (6) ***Purum*** heißt ein negotium, dessen natürliche Bestandtheile (§ 103. *l.*) rein, durch Privatwillen nicht abgeändert sind, bald im Gegensatze zu dem durch Nebenbestimmungen irgend einer Art beschränkten (*L.* 59. § 1. *D. de mmiss. test.* 40, 4. „Puram et directam libertatem“, vgl. *Gai.* 4, 23. „manus iniectionem puram, i.e. non pro iudicato“. *Id.* 4, 185. „vadimonia pura, i.e. sine satis datione“); bald insbesondere das nicht durch condicio noch dies beschränkte (§ 3. *I. de V. O.* 3, 15. *L.* 45. *pr. D. ad L. Falcid.* 35, 2. *L.* 7. *D. de duob. reis* 45, 2. *L.* 213. *pr. D. de V. S.* in § 90. Note 7.), wie z.B. auch die tutoris auctoritas eine pura sein muß (*L.* 8. *D. de auct. tut.* 26, 8.); zuweilen nur den Gegensatz zu

wirksam, so daß ausdrückliche Hinzufügung einer Nebenbestimmung
§ *i*. Ungiltigkeit des Geschäfts bewirkt[7]; andere schließen nur bestimmte Arten der Nebenbestimmungen aus[8], so daß bald deren Hinzufügung unwirksam ist[9], bald aber die Nebenbestimmung ope exce-
§ *k*. ptionis aufrecht erhalten wird[10]: Regel ist jedoch die Zuläßigkeit von Bedingungen und Terminen bei Rechtsgeschäften, wie überhaupt der subjective Wille des Rechtssubjects soweit juristisch freie Herrschaft hat, als ihm nicht das Recht Beschränkung auflegt[11].

αα. Condicio oder Bedingung*).

Dig. de Condicionibus institutionum 28,7. *Cod.* de Institutionibus et substitutionibus et restitutionibus sub condicione factis 6,25. *Dig.* de Condicionibus et demonstrationibus et causis et modis eorum quae in testamento scribuntur 35,1. *Cod.* de Condicionibus insertis tam legatis quam fidei commissis et libertatibus 6,46. vgl. *Paul.*S.R.3,4*b*.§§ 1.2. *Cod.* de Donationibus quae sub modo vel condicione vel ex certo tempore conficiuntur 8,55.(54).

§. 111. *aa*. Begriff und Arten.

§ *a*. In weitester und etymologischer Bedeutung ist condicio jede Bestimmtheit eines Sub- oder Objects, Beschaffenheit oder Zu-

---

aufschiebenden Bedingungen und Anfangsterminen (*L.9.D.de adim.leg.34*,4. *L.4.*§5.*D.de fid.lib.40*,5.); bald endlich das non condicionale, wenngleich betagte („purum legatum est, quia non condicione, sed mora suspenditur". *L.*79.*pr.D.de condict.et dem.35*,1.), und im engsten Sinne ist purum das nicht durch eine aufschiebende Bedingung beschränkte (*LL.2.4.pr.D.de in diem add.18*,2. *L.*2.§5.*D.pro emptore 41*,4.)

(7) *Pap.L.77.D.de R.I.* „Actus legitimi qui non [*non* fehlt in der Florentina] recipiunt diem vel condicionem, vel uti mancipatio [Haloander und die Vulgatä emancipatio], acceptilatio, hereditatis aditio, servi optio, datio tutoris, [*L.6.*§1.*D.de tutelis 26*,1.] in totum vitiantur per temporis vel condicionis adiectionem. non numquam tamen actus supra scripti tacite recipiunt quae aperte comprehensa vitium adferunt [„quia diversa causa est voluntatis expressae et eius quae inest". *Ven.L.*138.i.f. *D.de V.O.45*,1. und „Expressa nocent, non expressa non nocent". *Mod.L.*195. *D.de R.I.* vgl.*L.*43.*pr.D.de I.D.*23,3. *L.*68.*D.de her.instit.*28,5.]: nam si acceptum feratur ei qui sub condicione promisit, ita demum egisse aliquid acceptilatio intellegitur, si obligationis condicio exstiterit; quae si verbis nominatim acceptilationis comprehendatur, nullius momenti faciet actum". Nach den *Vat.Fr.*§49. gehört auch die adiudicatio, und ebenso nach der Natur des Geschäfts jede adoptio (bei uns auch die Trauung) hierher. Uebrigens stritten die röm. Juristen selbst, inwieweit mancipatio und in iure cessio Zufügung einer condicio oder eines dies ausschlößen. s. *Vat.Fr.*§§48...50.

(8) Wie z.B. eine directe Erbeseinsetzung im Testamente eines Nichtsoldaten nicht unter einer auflösenden Bedingung oder irgend einem dies statthaft ist. §9.*I.de her. inst.*2,14. *L.*15.§4. *L.*41.*pr.D.de test.milit.*29,1. | In *L.*4.*pr.D.de servitutib.*8,1. hat modus die vulgäre Bedeutung als Bestimmung des Umfangs der Servitut. s.§115.*a*.

(9) *L.34.D.de her.inst.*28,5. „...vitio temporis sublato manet institutio".

(10) *L.4.pr.D.cit.*, §3.*I.de V.O.3*,15., *L.*44.§1.*D.de O.et A.*44,7.

(11) §93.*f*.§96.*m*. vgl.§98.*a*. §105.Note 24. §117.*f.g*. §128.*a*.

(*) vgl. v. Savigny Syst. III. §§116...24.

stand einer Person oder Sache, sowol im allgemeinen, als auch in besonderen Beziehungen; in engerer die Gesammtheit der Nebenbestimmungen oder irgend eine Nebenbestimmtheit[1]; im eigentlichen Sinne ist es die Nebenbestimmung, welche die Existenz eines Rechtsverhältnisses von einem zukünftigen und an sich oder doch für den Aufsteller ungewissen Ereignisse ganz oder theilweise abhängig macht, oder dieses Ereigniss selbst[2]. § b. Somit ist die einem Rechtsverhältnisse seinem Begriffe nach zukommende Abhängigkeit von irgend einem Ereignisse, iuris condicio[3], condicio quae tacite oder vi ipsa negotio inest[4], tacita[5], die auch, weil sie nicht in der Willensbestimmung der Handelnden ihren Grund hat, als extrinsecus, ex iure veniens bezeichnet wird[6], an sich[7] keine eigentliche Bedingung, nicht eine auf dem Privatwillen beruhende Nebenbestimmung facti, in facto consistens condicio[8]. § c. Ebenso wenig ist es eigentliche Bedingung, wenn das Ereigniss, von dessen Eintreten oder Nichteintreten das Rechtsverhältniss abhängig gemacht ist, ein unausbleiblich, nothwendig eintretendes oder nichteintretendes (condicio quae omni modo exstitura est, +necessaria)[9], oder wenn es als ein der gegenwärtigen oder vergangenen

---

(1) *Dirksen* Manuale v. Conditio §§1...4. *Brisson.* ead. v. §§ 6. sqq.

(2) s. vorläufig §§ 4. 6. *I. de V. O.* 3,15. *LL.* 37...39. *D. de R. C.* 12,

(3) z. B. *L.* 21. *D. h. t.* 35,1.

(4) *L.* 1. *pr.* § 3. *L.* 99. *D. h. t.* 35,1.

(5) *L.* 68. *D. de I. D.* 23,3.

(6) *L.* 99. cit. *L.* 25. i. f. *D. qu. dies leg.* 36,2. *L.* 21. *D. h. t.* 35,1. Beispiele: keine Dos ohne Ehe; keine Erbfolge ohne Todesfall, ohne Erblaßer, ohne ein Vermögen; kein Vermächtniss ohne letztwillige Verfügung u. dgl.

(7) Wol aber kann es für ein zweites Rechtsgeschäft, welches sich auf dasjenige bezieht, das seiner rechtlichen Natur nach jenes Ereigniss zur Voraussetzung hat, wahre Bedingung sein, z. B. ich verspreche etwas als Dos, einer Erbfolge, eines Legats wegen; dann wirkt mein Versprechen nur wenn die Ehe zu Stande kommt, die Erbschaft angetreten wird u. s. w. | Auch kann ein Rechtsgeschäft, das seiner Natur nach nur durch den freien Willen eines Andern existent und wirksam wird, durch die ausdrückliche Bedingung, daß der Andere wolle, die Erklärung dieses Willens zur wirklichen Bedingung erhalten, wovon das nähere im Erbrecht. s. vorläufig *L.* 69. *D. h. t.* 35,1. *L.* 65. § 1. *de leg.* 1. 30. *L.* 12. *D. de cond. inst.* 28,7. vgl. *L.* 22. § 1. *D. qu. dies leg.* 36,2.

(8) cit. *L.* 21. *D. h. t.* *L.* 60. *pr. D. eod.* § 102. Note 2.

(9) *Ulp. L.* 9. § 1. *D. de novation.* 46,2. „Qui sub condicione stipulatur, quae omni modo exstatura est, pure stipulari videtur". *L.* 18. *D. de cond. ind.* 12,6. *L.* 50. § 1. *D. de her. inst.* 28,5. *LL.* 7. 8. i. f. *D. de V. O.* 45,1. Diese nothwendigen Bedingungen können solche sein, die nach *a*) Natur- oder *b*) Rechts-Gesetzen nothwendiger Weise α) eintreten oder β) nicht eintreten, seien sie a) affirmativ oder b) negativ gefaßt, z. B. *a*) α) wenn Titius a) sterblich ist, b) nicht 1000 Jahre alt wird; β) wenn die Sonnenstrahlen a) die Atmosphäre verfinstern, b) nicht leuchten. *b*) α) a) wenn T. zur Zeit der Errichtung seines giltigen Testaments mündig sein wird; b) wenn G. nicht während seiner Unmündigkeit ein giltiges Testament macht; β) a) wenn du deine Schwester zur recht-

Zeit angehöriges, also an sich schon gewisses, bezeichnet ist (condicio in praesens oder in praeteritum conlata oder concepta)[10].

§ d. Je nachdem das Existent-werden oder bleiben eines Rechts-
verhältnisses von der Bedingung abhängig gemacht ist, ist diese
aufschiebende (condicio schlechthin, condicio +suspensiva) oder
§ e. auflösende (condicio +resolutiva)[11]. Dem Inhalte nach ist sie affirmative, wenn der Eintritt, negative, wenn das Nichteintreten eines
Ereignisses zur Bedingung gestellt ist, und insbesondere wenn es ein
Thun oder Unterlaßen des bedingt Berechtigten ist, condicio faciendi oder non faciendi, in non faciendo concepta, in dando,
§ f. faciendo vel non faciendo consistens[12]. Sowol die positiven,
als die negativen können mögliche oder unmögliche (possibiles,
impossibiles) und beides wieder nach natürlichen (quibus natura
impedimento est quo minus exsistant, quae per rerum naturam
admitti non possunt) oder nach juristischen oder moralischen Gesetzen (quibus ius publicum aut boni mores impedimento sunt quo
minus exsistant), und die möglichen nach den letzteren beiden Gesetzes-
§ g. arten erlaubte oder unerlaubte (turpes condiciones) sein; jedoch ergiebt die Bedeutung der Bedingung als einer durch den vom Rechte anerkannten Privatwillen aufgestellten Nebenbestimmung, daß auch

---

mäßigen Ehefrau nimmst; b) wenn der bei seines Vaters Tod lebende suus heres die Erbschaft nicht erwirbt.

(10) *Pomp. L.* 16. *D. de iniust.* 28,3. „.. condicio .. aut in praeteritum concepta ponitur aut in praesens aut in futurum: In praeteritum ... vel uti *Si Titius consul fuit*..; si ad praesens tempus condicio adscripta est..vel uti *Si Titius consul est*..; in futurum autem collatae condiciones si possibiles sunt, existere potuerunt, licet non extiterint, efficiunt ut *et c.*". cit. § 6. *I. de V. O.* *L.* 100. *D. eod.* 45,1. *L.* 10. § 1. *D. de cond. inst.* Der die Bedingung aufstellende will wesentlich eine Abhängigkeit des Existent-werdens oder -bleibens des Rechtsgeschäfts von der als Bedingung aufgestellten Thatsache; daher kann diese zwar an sich der Gegenwart angehören, nur muß sie für das Bewustsein der Handelnden eine zukünftige sein. *L.* 10. § 1. *L.* 11. *pr. D. h. t.* 35,1. *L.* 120. *D. de V. O.* Daher ist eigentlich auch die praepostera oder praepostere concepta condicio, d. h. die so gefaßt ist, als ob sie den Eintritt des Geschäfts bedingte, während dieses doch schon jetzt eintreten soll, z. B. *Si navis ex Asia venerit, hodie dare spondes?* keine Bedingung; jedoch für aufschiebende erklärt in § 14. *I. de inut. stip.* 3,19. *L.* 25. *C. de testam.* 6,23.

(11) Unsere Quellen bezeichnen ein in der ersten Art bedingtes Geschäft als sub oder ex condicione contractum, quod condicione suspenditur, als condicionalis emptio, stipulatio u. dgl. (z. B. *L.* 1. *D. de leg. comm.* 18,3. *L.* 15. § 4. *D. de test. mil.* 29,1. *L.* 213. *pr. D. de V. S.* *L.* 2. *D. de in diem add.* 18,2. § 4. *I. de V. O.* u. o.), ein in der letzten Art bedingtes als quod sub condicione resolvitur, in condicionem (z. B. citt. *L.* 1. u. *L.* 15. § 4.)

(12) *L.* 60. *D. h. t.* § 102. Note 2. *L.* 8. *pr. D. de cond. inst.* 28,7. *LL.* 7. *pr.* 18. 79. § 3. *D. h. t.* 35,1. *L.* 33. § 1. *D. de fideic. lib.* 40,5.

die (physisch- oder juristisch-) unmöglichen und die unerlaubten, so wie die unverständigen, bloß neckischen oder chikanösen (derisoriae) und die auf falschen Voraussetzungen von Thatsachen beruhenden (falsae condiciones), nicht als eigentliche Bedingungen gelten [13]. (s. §112.) Je nach der den Eintritt oder Nichtein- §h. tritt der Bedingung bewirkenden Ursache unterscheidet Justinian die zufällige (casualis), die vom Willen des bedingt Berechtigten (potestativa) und die von beidem abhängige (mixta) [14], während die Digesten unterscheiden, ob Zufall oder der Wille Dritter (non promiscuae condiciones, in eventum conlatae, quae in casu consistunt u.dgl.), oder ob der Wille des bedingt Berechtigten allein nach dem gewöhnlichen Laufe der Dinge die Erfüllung herbeizuführen habe (promiscuae, quae in arbitrio sive potestate sunt, wie die condiciones faciendi oder non faciendi) [15].

(*13*) z.B. A) Positive Bedingungen,

1) mögliche,

a) natürlich-mögliche: α) erlaubte *Si capitolium adscenderis*, β) unerlaubte *Si album corruperis*. (*Si arbitratu Titii Seia nupserit*.)

b) juristisch-mögliche: α) *Si Titio x dederis*. β) unerlaubte *Si Titio furtum feceris*. (Hierher gehören auch die unter dem vorhergehenden β und die derisoriae condiciones; z.B. *Si reliquias meas in mare abicias*, die Bedingung einen lächerlichen oder verächtlichen Namen anzunehmen u.dgl.).

2) unmögliche,

a) natura impossibiles *Si caelum digito tetigeris*.

b) juristisch-unmögliche: 'Wenn du mit deiner Schwester in rechter Ehe lebst, *Si rem cuius commercium non est vendideris*. (Hierher gehören auch die falsae cond., die auf irrigen Voraussetzungen von Thatsachen beruhen, z.B. Pamphilus, *si quod Titio debeo* [dem ich aber nichts schulde] *solverit*, liber esto.)

B) Negative Bedingungen,

1) mögliche,

a) natürlich-mögliche, α) juristisch-erlaubte *Si capitolium non adscenderis*. β) juristisch-unerlaubte *Si ius dicenti non optemperaveris*. (s.A.1.b.β.)

b) juristisch-mögliche: α) erlaubte *Si Titio centum non donabis*. β) unerlaubte *Si furtum non restitues*.

2) unmögliche,

a) natürlich-unmögliche *Si Titius omnino non morietur*.

b) juristisch-unmögliche *Si ad mancipationem faciendam testes non adhibebis*. (s.A.2.b.)

Die juristische Unmöglichkeit der Bedingung steht im Rechte der natürlichen Unmöglichkeit gleich. *L.*137.§6.*D.de V.O.*45,1. Zu den unmöglichen gehören eigentlich auch die in sich selbst widersprechenden (cond. +perplexae) z.B. *L.*16.*D. de cond.inst.*28,7. *L.*88.*pr.D.ad L.Falc.*35,2. *L.*39.*D.de man.testam.*40,4. *L.* 188.*pr.D.de R.I.* Jedoch werden diese nicht durchaus den unmöglichen gleich behandelt. s.§112. zu Note 9. Inwieweit die nothwendigen Bedingungen mit den unmöglichen zusammenfallen, ergiebt eine Vergleichung der Beispielschemata dieser und der 9. Note. vgl. *LL.*63.71.72.*D.h.t.*35,1. *LL.*14.27.*D.de cond.inst.*28,7.

(*14*) *L.un.*§7.*C.de cad.toll.*6,51. „Sin .. aliquid sub condicione relinquatur vel casuali vel potestativa vel mixta, quarum eventus ex fortuna vel ex honoratae personae voluntate vel ex utroque pendeat ..“. (*15*) Die

§. 112. bb. Erfüllung und Erfüllbarkeit.

§ a. Ist der Eintritt der Thatsache, von welcher das Rechtsverhältniss abhängig gemacht ist, noch ungewiss, so schwebt die Bedingung, condicio *pendet*[1]; ist der Eintritt der affirmativen, das Nichteintreten der zur negativen Bedingung verstellten Thatsache entschieden, so ist sie erfüllt, condicio *impleta* s. *expleta est*, *exsistit* s. *exstitit*[2]; ist sicher, daß die affirmative nicht eintritt oder die Thatsache der negativen eingetreten ist, so fällt die Bedingung aus,
§ b. condicio *deficit* s. *defecit*, *defecta* s. *extincta est*[3]. Die s.g. nothwendige und die unmögliche Bedingung, so wie die auf etwas vergangenes oder gegenwärtiges gestellte bewirken keine Abhängigkeit des Rechtsverhältnisses von etwas ungewissem: die nothwendige ist als gar nicht hinzugefügt anzusehen, das Geschäft ist ein unbedingtes[4]; die condicio in praeteritum vel praesens tempus conlata bedingt ebenfalls das Geschäft nicht, sondern dieses gilt sofort oder nicht, jenachdem die zur Bedingung verstellte Thatsache
§ c. geschehen ist oder nicht[5]; die unmöglichen Bedingungen, unter welchen jedoch die auf das Nichteintreten eines unmöglichen Ereignisses gestellten zu den nothwendigen gehören[6], wirken, gleich den rechts- oder sitten-widrigen, bei Verträgen deren Nichtigkeit[7], bei letztwilligen Verfügungen aber werden sie als nicht zugefügt

---

promiscuae sind die im gewöhnlichen Leben aller Regel nach von jedem bedingt Berechtigten erfüllt werden können (vgl. *L*. 14. § 5. *D. de mun. et hon. 50*,4.), obgleich auch mancherlei zufällige, aber eben ganz regelmäßig stattfindende, Umstände dabei vorausgesetzt werden (z. B. *Si capitolium adscenderis* et similia); so können die non promiscuae auch ein Mitwirken des bedingt Berechtigten erfordern, wie z. B. *si Titius consul factus fuerit*, was er ohne zu wollen nicht wird, aber dieses Wollen wird als sich von selbst verstehend vorausgesetzt. *L*. 11. § 1. *D. h. t.* 35,1. vgl. *LL*. 2. 78. § 1. *eod.*

(1) *Dirksen* Man. v. *Pendere* § 4. (2) z. B. *a*) *L*. 15. *D. de statu hom.* 1,5. *L*. 7. § 1. *L*. 10. *pr. LL*. 13. 15. 25. *D. h. t.* 35,1. *b*) § 4. i. f. *I. de V. O.* 3,15. *L*. 115. § 1. *D. eod.* 45,1. *L*. 106. *D. h. t.* u. s. w. (3) z. B. *a*) *L*. 1. § 1. *D. h. t.* *L*. 8. *pr. D. de per. et comm. rei v.* 18,6. *L*. 37. i. f. *D. de contr. empt.* 18,1. *b*) *L*. 18. *D. eod.* Auch heißt es von dem bedingt Berechtigten selbst defici cum condicione, z. B. *L*. 6. § 1. cit., er sei defectus condicione, *L*. 31. *D. eod.* § 2. *I. quib. mod. test. inf.* 2,17. u. a. (4) § 111. Note 9. Nur wenn ein Legat jemanden aufgelegt wird für den Fall, daß etwas unmögliches geschehe, er etwas unerlaubtes, rechts- oder sitten-widriges unterlaße oder etwas rechtlich nothwendiges thue, ist das Legat selbst nichtig, nicht die condicio pro non adiecta zu halten. § 36. i. f. *I. de leg.* 2,20. *Iustinian. L. un.* i. f. *C. de his quae poenae nomine relinquuntur* 6,41. vgl. *L*. 7. § 3. *D. de pact.* 2,14. Die *L*. 13. i. f. *D. qu. dies* 36,2. ist aus § 90. Note 6. zu erklären. (5) § 111. Note 10. (6) vgl. § 111. Note 9. unter *a* und *b* die 4 Fälle b, und § 111. Note 13. a. E. (7) *Gai.* 3,98. § 11. *I. de inut. stip.* 3,19. *L*. 1. § 11. *L*. 31. *D. de O. et A.* 44,7. *LL*. 7. 35. § 1. *L*. 137. § 6. *D. de V. O.* 45,1. u. a.

behandelt, pro non scriptis sunt[8], während die in sich widersprechenden auch Nichtigkeit der Verfügung zur Folge haben[9]. Ist § *d.* eine Bedingung nur theilweise unmöglich, so bleibt das mögliche als giltige Bedingung[10]; jedoch macht eine turpis condicio selbst eine alternativ mit ihr aufgestellte an sich zuläßige bei letztwilligen Verfügungen unwirksam[11]. Die unter gegebenen Umständen § *e.* unmöglichen Bedingungen, die an sich unter anderen Umständen möglich sein würden, die s. g. relativ-unmöglichen, condiciones falsae, +sensu iuris difficiles, sind, sofern unter den gegebenen Umständen die Bedingung niemals oder doch schon zur Zeit ihrer Aufstellung definitiv unmöglich erfüllt werden konnte, den unmöglichen ganz gleich[12], während die bloß schwierigen vollkommen gelten[13]. Die Bedingung der Ehe- oder Kinderlosigkeit (nicht aber die § *f.* der Unterlaßung einer zweiten oder ferneren Ehe), Ehescheidung und Verehelichung nach dem Willen einer dritten (nicht aber die nach dem Willen der die Bedingung aufstellenden) Person ist eine turpis, gleich der Bestimmung eines Nachtheils für Nichteingehung oder Scheidung einer bestimmten Ehe[14]; selbst auch die einem Freigebore- § *g.*

(8) Auch hier hatten die Proculejaner Nichtigkeit des Geschäfts behauptet. *Gai.*l.c.; aber „optinuit Inpossibiles condiciones testamento adscriptas pro nullis habendas". *LL.*3.6.§1.*D.h.t.35*,1. *Paul.*S.R.3,4B.§1. §10.*I.de her.inst.2*, 14. *LL.*1.6.9.14.20.*pr.D.de cond.inst.*28,7. *L.*104.§1.i.f.*D.de leg.*ɪ.30.u.v. Savigny §124. zeigt, daß man ursprünglich die unsittlichen Bedingungen bei Verträgen, um nicht diese wider den Willen der Parteien in eine Schenkung zu verwandeln, das Geschäft selbst vernichten ließ, während letztwillige Verfügungen nur als unbedingte behandelt wurden, indem man annahm, daß der Testator die Verfügung, auch selbst wenn seine unsittliche Bedingung sich nicht verwirkliche, doch lieber aufrecht erhalten, als nicht testiert haben wolle, und daß man diese Behandlung der unsittlichen dann auch auf die unmöglichen Bedingungen übertrug.

(9) §111.Note 13.a.E.

(10) *L.*6.§1.*D.h.t.*35,1. *L.*46.*D.de her.inst.*28,5.

(11) damit nicht der bedingt Berechtigte veranlaßt werde, Erfüllung der turpis condicio zu wählen. *L.*8.§5.vgl.*pr.D.de cond.inst.*28,7. Uebrigens ist, wie hier, nicht jede bei letztwilligen Verfügungen als turpis behandelte condicio es auch bei Verträgen.

(12) §112.Note 13.med. *L.*45.*D.de her.inst.*28,5. *L.*4.§1. *L.*6.§1. *L.*20.*pr.D.de cond.inst.*28,7. *L.*72.§7.*D.h.t.35*,1. *L.*4.§1. *L.*26.§1.*D.de statu lib.40*,7. *L.*41.§16.*D.de fid.lib.40*,5. *L.*104. §1.*D.de leg.*ɪ.*30.* vgl.*LL.*17.33.*D.h.t.*

(13) *L.*58.*D.h.t.* vgl.*L.*137.§§ 4.5.*D.de V.O.45*,1. Jedoch muß die Möglichkeit der Beseitigung der Schwierigkeit nicht in einem Ereignisse zu suchen sein, dessen Eintritt gegen den obwaltenden Zustand zu bewirken, contra iuris publici rationem verstoßen würde, z.B. daß ein Freier Sclave, eine res divini iuris zu einer in commercio würde. *L.*83.§5. *L.*137.§6. vgl.§68.Note 8. u.*Paul.L.*182.*D.de R.I.* *L.*13.§1.*D.de pollic.50*,12.

(14) *Paul.*S.R.l.c.§2. *LL.*22.28.*pr.*63.71.§1. *L.*72.§§4.5. *LL.*74.77.§2.*L.*100.*D.h.t.* *L.*8.§1.*D.de usu 7*,8. *LL.*2.5.*C.de institution.*6,25. *L.*134.*pr.L.*19.*D.de V.O.45*,1. *L.*2.*C.de inut.stip.*8,39. *Tit.C.de indicta viduitate* 6,40. *Nov.*22.c.43.sq. Es ist also nicht jede Bedingung unsittlich, wodurch

nen gestellte, sich von einem bestimmten Menschen oder Orte nicht zu entfernen, seinen Wohnort nicht zu ändern oder an einem bestimmten Orte zu wohnen [15], und die, zum Erben eingesetzt zu wer-
§ h. den [16]; während captatorische, d. h. welche beabsichtigen, letztwillige Verfügungen zum Vortheil des die Bedingung stellenden oder eines Dritten zu erschleichen, die letztwillige Verfügung selbst ver-
§ i. nichten [17]. Die condicio iuris iurandi, die Bedingung, daß eine letztwillig bedachte physische Person eidlich eine Leistung angelobe, nicht aber die Leistung selbst, erläßt der Prätor regelmäßig [18]; bei Verträgen aber ist jene Bedingung zuläßig [19].

§ k. Der Grund der Bedingung ist der Wille des sie Aufstellenden, und diesem Willen gemäß ist sie zu erfüllen [20]; daher gilt die

---

ein Einfluß eigennütziger Gesinnungen auf Begründung oder Scheidung der Ehe bewirkt werden kann. Savigny a.a.O. §123. (15) § 40.*e*. *L*.71.§2. *L*.72.§1. *L*.84.*D.h.t.* *L*.20.*pr.D.de ann.leg*.33,1. *L*.18.§§1.2.5. *L*.20.§3.*D.de alim. leg*.34,1. *L*.44.*D.de m.miss.test*.40,4. *L*.1.*C.de legatis* 6,37. (16) vgl. *L*.61.*D.de V.O*.45,1. (17) *L*.64.*D.de leg.I*.30. vgl. *LL*.70.71.*pr*.81.§1. *D.de her.inst*.28,5. (Die Bedingung, die Religion zu ändern oder nicht, ist an sich gewiss als unsittliche zu behandeln; unsre häufigen Stiftungen, Stipendien u.dgl., welche ausschließlich bestimmten Confessionsverwandten zu gute kommen, sind in Bezug auf bestimmte Personen immer in praeteritum collatae, also nicht wahre Bedingungen: demjenigen, der seine Religion geändert oder nicht geändert hat, soll die Unterstützung zu Theil werden.) (18) *L*.8.*D.de cond.inst*.28,7. *LL*.20.26.*pr*.97.*D.h.t*.35,1. *L*.29.§2.*D.de test.mil*.29,1. *L*.14.§1.*D.de leg.III*.32. vgl. §115. Note 5.a.E. Ausnahmsweise muß der sub iuris iur. condicione im Testamente frei erklärte Sclave schwören. *L*.12.*pr*.§1.*D.de m.miss.testam*.40,4. (19) *L*.19.§6.*D.de donationib*.39,5. (20) Dieser Wille ist also zu interpretieren, wobei sehr häufige Anwendungen des Satzes vorkommen, daß die klare Absicht (sententia, mens, quod testator voluit, quod actum est inter contrahentes u.dgl.) entscheide, wenn auch der Ausdruck (scriptura, verba *etc.*) nicht ganz entspreche. (§ 96. Noten 9. ff.) *Ulp.L*.19.*pr.D.h.t.* „In condicionibus primum locum voluntas defuncti optinet eaque regit condiciones..“. *Pap.L*.101.*pr.D.eod.* „..cum in condicionibus..voluntatem potius quam verba considerari oporteat..“. Daher genügt die der Intention des Aufstellers entsprechende Erfüllung, sollte sie auch der wörtlichen Faßung der Bedingung nicht entsprechen, z.B. *L*.28.*pr.* *L*.101.§2.*D.eod.* *L*.11.§11.*D.de leg.III*.32. oder *L*.15.*D.qu.dies* 36,2. *L*.5.*C.de donat.qu.sub modo* 8,55., und umgekehrt gilt die bloß wörtliche Erfüllung nicht, z.B. *L*.68.*D.de solut*.46,3. *L*.76.*D.h.t.* und *L*.51.§1.*D.de leg.II*.31.; und, wie *Pap.L*.78.§1.*D.h.t.* sagt „Disiunctivo modo condicionibus adscriptis alteram defecisse non oberit, altera vel postea impleta“; aber „si plures coniunctim datae sint, omnibus parendum est“. *Paul.L*.5.*D.de cond.inst*.28,7. §11.*I.de her.inst*.2,14. Ebenso kann eine vom Testator gesetzte Potestativbedingung bald schon nach errichtetem Testament, bald nur nach des Testators Tod, und soll dann sobald als thunlich, erfüllt werden. *LL*.2.10.*pr*.11.§1. *LL*.29.36.*pr.D.h.t.* Ist die Zeit zur Erfüllung der Bedingung bestimmt, so gilt spätere Erfüllung nicht (*L*.23.*D.de statulib*.40,7.), die Verspätung wäre denn ohne Verschulden dessen, der erfüllen sollte, herbeigeführt (*L*.40.*pr.D.eod.* *L*.41.§12.*D.de fid.lib*.40,5.), oder den Umständen nach ohne Bedeutung. (*L*.135.§2.*D.de V.O*.45,1.)

potestative Bedingung für erfüllt, wenn die Erfüllung ohne Verschulden des bedingt Berechtigten unthunlich wird[21], und insbesondere die gemischte, wenn derselbe seinerseits zur Erfüllung derselben sich bereit erwiesen hat[22]; beide aber, wenn der bedingt Verpflichtete selbst die Erfüllung verhindert[23].

§. 113. cc. Wirkung.

Die in Beziehung auf die Existenz des Rechtsgeschäfts durch § a. die Bedingung hervorgebrachte Wirkung bestimmt sich von selbst durch deren Begriff als einer suspensiven oder resolutiven (§ 111. *d.*) und danach, ob sie schwebe, erfüllt sei oder ausfalle. (§ 112. *a.*) Die schwebende Suspensivbedingung wirkt, daß das bedingte Ge- § b. schäft selbst noch nicht zu Stande gekommen ist; weil es aber bei eintretender Bedingung so zu Stande kommt, als ob es gleich anfangs unbedingt abgeschloßen worden wäre[1], so kann unter Umständen der bedingt Berechtigte Sicherheitsleistung wegen dereinstiger Vollziehbarkeit in Anspruch nehmen[2]; und da nun die Exi- § c. stenz des Rechtsgeschäfts nur noch vom Eintritt der Bedingung abhängig ist, so darf diesen der bedingt Verpflichtete unter dem Nachtheil, daß er sonst als geschehen gilt, nicht hindern[3]. Um- § d. gekehrt wirkt die Resolutivbedingung, wenn sie schwebt, daß das Geschäft sofort existent wird, dagegen, wenn jene eintritt, als gar nicht zu Stande gekommen behandelt wird[4]; also hat hier

---

(21) *L.* 8. § 7. *D. de cond. inst.* 28,7. *L.* 54. § 2. *D. de leg.* I. 30. vgl. *L.* 29. *D. h. t.*

(22) *LL.* 31. 94. *pr.* 101. *pr. D. h. t.* *L.* 5. § 5. *D. qu. dies* 36,2. Besonders begünstigt, selbst in Beziehung auf zufällige Bedingungen, sind die, denen letztwillig die Freiheit oder Alimente zugedacht sind. (*L.* 6. *C. de necess. her. inst.* 6,27. *L.* 7. *C. de condic. inst.* 6,46. *L.* 1. *C. de legatis* 6,37. vgl. § 117. Note 22.

(23) *L.* 24. *D. h. t.* = *L.* 161. *D. de R. I.* 50,17. *L.* 81. § 1. *D. h. t.* *L.* 39. *D. de R. I.* *L.* 50. *D. de contr. empt.* 18,1. vgl. § 105. Note 16.

(1) *Gai. L.* 11. § 1. *D. qui pot. in pign.* 20,4. „..cum enim semel condicio exstitit, perinde habetur ac si illo tempore quo stipulatio interposita est, sine condicione facta esset..“. *L.* 16. *D. de solution.* 46,3. Bei dieser Rückwirkung der eintretenden Bedingung versteht sich, daß die wesentlichen Voraussetzungen des Geschäfts auch noch bei Eintritt der Bedingung bestehen müßen, z. B. ich verspreche dir unter Bedingung Stichum (nicht dessen Werth) dari, dieser aber lebt bei Eintritt der Bedingung nicht mehr. Hier ist zwar das Leben des dandus allerdings eine condicio des dari, also auch der darauf gerichteten Leistung, aber eine tacita; und es liegt nicht mehr, wie bei Lebzeiten des Stichus vor Eintritt der Bedingung, an dieser, daß du den Sclaven nicht tibi dari verlangen kannst. *L.* 105. *D. h. t.* 35,1.

(2) *L.* 13. § 5. *D. de pignor.* 20,1. *Dig.* Ut legatorum..servandorum causa caveatur 36,3. *Cod.* Ut in poss. legatorum ..servandorum causa mittatur et quando satis dari debeat 6,54(53).

(3) § 112. Note 23.

(4) *Iustinian. L.* 3. § 3. *C. comm. de legat.* 6,43. „..sciat quod condicione impleta ab initio causa in irritum devocetur“. *L.* 4. § 3. *D.*

der nur bedingt Berechtigte die Stellung, wie dort der bedingt § e. Verpflichtete. Die Wirkung des Eintritts oder Ausfalls der Bedingung ist Feststellung der Existenz oder Nichtexistenz des bedingt gesetzten, d.h. die eintretende Resolutivbedingung und die ausfallende Suspensivbedingung wirken Nichtexistenz des bedingten Geschäfts, die eintretende Suspensivbedingung und die deficierende Resolutivbedingung definitive Existenz desselben, jedoch natürlich mit den durch den Begriff des Aufschiebens und Auflösens von § f. selbst gegebenen Unterscheidungen [5]. Die Entscheidung über die Berechtigungen und Verpflichtungen des bedingt berechtigten Inhabers einer Sache ergiebt sich aus der Natur des Rechtsgeschäfts und der ihm beigefügten Bedingung, aus dem Willen der Parteien und den Bestimmungen über bonae und malae fidei possessio [6].

§. 114. ββ. Dies oder Zeitbestimmung.

vgl. Quando dies legatorum vel fidei commissorum cedat: *Dig.36,2. Cod.* 6,53(52). und den vor § 111. citierten Titel *Cod.8,55.*

§ a. Die Hinzufügung einer Zeitbestimmung, Betagung oder Befristung, eines Termins, dies oder tempus [1], macht die Erfüllung oder Wirksamkeit des Rechtsgeschäftes von dem Eintritte des festgesetzten Zeitpunctes abhängig, und zwar entweder so, daß jene mit diesem Eintritte erst beginnen (das Rechtsverhältniß wird wirksam ex die, dies a quo, nämlich incipit u.s.w., Anfangstermin) oder mit demselben endigen soll (das Rechtsgeschäft besteht, confertur § b. ad oder in diem, ad tempus, Endtermin, dies +ad quem): das betagte Rechtsgeschäft besteht, ist aber nicht zu verwirklichen vor dem Anfangstermin (cedit dies, sed nondum venit) [2] oder nach dem Endter- § c. min [3]. Das Nichteingetretensein und das Eingetretensein des dies

---

de in diem add.18,2. L.19.D.de usurp.41,3. (Die auflös. Bedingung des preuß. Landr. I.4.§115. ist wirklich nicht Bedingung, sondern Endtermin.) (5) vgl. §111. Note 11. §112. Noten 2.3. (6) Hierin, nicht in einer Nichtrückwirkung der eingetretenen Resolutivbedingung liegt es, daß der bisher berechtigt gewesene den mittlerweile zufolge des ihm bedingt zustehenden Rechts gemachten Erwerb nicht ipso iure an den verlieren muß, an welchen mit Eintritt der aufl. Bedingung das Recht zurückfällt. Bei der Frage über die Rückwirkung der Bedingung überhaupt ist oft mit der letzteren ein anderer Bestandtheil oder auch das eine oder andere wesentliche Erforderniß eines Rechtsverhältnisses, das beim Eintritt der Bedingung mangelt, verwechselt worden. vgl. Note 1.

(*) Savigny Syst. III. §§125...27. (1) Unlateinisch ist, dafür terminus zu setzen, terminus a quo und ad quem. Ueber die Ausdrucksweisen unserer Quellen siehe die folgenden Noten. vgl. unten §121. Note*. (2) § 90. Note 7.

(3) *Paul.L.44.§1.D.de O.et A.44,7.* „Circa diem duplex inspectio est: nam

wird auch hier durch pendet und exsistit bezeichnet[4]. *Certus* oder § *d.*
certa dies (im Gegensatze des verschiedene Stufen und Arten zulassenden incertus, incerta dies) ist ein bestimmter Kalendertag eines bestimmten Jahres[5]; ist er so incertus, daß zwar sicher ist daß, § *e.*
nicht aber wann er eintreten werde, ist er also von Umständen abhängig, deren Eintritt, aber zu einer noch unbestimmbaren Zeit, sicher ist[6], so wirkt er durchaus als Termin[7]; jedoch wird er § *f.*
zur wirklichen Bedingung, wenn derjenige, zu dessen Gunsten das betagte Rechtsgeschäft wirksam werden soll, selbst den Eintritt jenes dies erleben muß[8], gerade so, wie es nur der Form nach

---

vel ex die incipit obligatio [d.h. hier nicht die Existenz, sondern die Wirksamkeit oder Ausführung des Schuldverhältnisses, wie das nachfolgende zeigt] aut confertur in diem: *ex die*, vel uti KALENDIS MARTIIS DARE SPONDES? cuius natura haec est, ut ante diem non exigatur; *ad diem* autem, VSQVE AD KALENDAS DARE SPONDES? Placet etiam ad tempus obligationem constitui non posse, non magis quam legatum: nam quod alicui deberi coepit, certis modis desinit deberi: plane post tempus stipulator vel pacti conventi vel doli mali exceptione summoveri poterit ..". *L.*21.*pr.D.h.t.* §§ 2.3.*I.de V.O.*3,15. *L.*56.§ 4.*D.eod.*45,1. *L.*4.*pr.D.de servit.*8,1. Aber nicht bloß durch Exceptionen, sondern später auch durch Klagen schützte das Recht den Heimfall durch eingetretenen Endtermin, z.B. *L.*3. vgl. *L.*21.*C.de don.quae sub modo* 8,55. Der ad certum tempus bestellte Nießbrauch erlischt auch mit dem Endtermin von selbst. *L.*12.*pr.C.de usufr.*3,33. *Vat.Fr.*§ 52. *L.*16.§ 2.*D.fam.erc.*10,2.; ebenso das Pfandrecht, *L.*6.*pr.D.quib.mod.pign.*20,6. Würde die Wirksamkeit eines Rechtsgeschäfts von einem nicht zu erreichenden Anfangstermin abhängig gemacht (z.B. nach 200 Jahren soll eine persönliche Servitut beginnen), so würde jenes nie wirksam; so wie umgekehrt ein unerreichbarer Endtermin (z.B. Titius soll den Nießbrauch bis zum Jahr 2000 n.Chr. haben) als nicht hinzugefügt anzusehen wäre. Anders bei Rechten, welche auf die Erben des Berechtigten übergehen. *L.*21.*pr. D.h.t.* Ueber die Behandlung des einem ihn ausschließenden Rechtsgeschäfte zugefügten dies s.§110.*h.i.*

(4) Wie §112.*a.* *Gai.*1,186. „..condicio aut dies pendet..". *L.*71.§ 1.*D.de A.v.O.H.*29,2. „..donec dies non exstiterit..". *L.*16.§1.*D.de cond.indeb.*12,6. „..die exsistente..". Von einem Ausfallen, Nichteintreten, kann bei dem eigentlichen dies nie die Rede sein. § *g.*

(5) Gleichgiltig ist hiebei, in welchen Ausdrücken der Tag, von dem sicher ist, daß und und wann er eintreten werde, bezeichnet ist. s.z.B. Note 3.

(6) z.B. cum moriar, d.h. im letzten Lebensmoment. *Gai.*2,232. 3,100. *L.*4.§1.*D.h.t.* *L.*18.§ 1. *L.*61.*D.de m.m.test.*40,4. *L.*107.§ 1.*D.de leg.*1.30.

(7) *LL.*10. 16.§ 1. *L.*17.*D.de cond.ind.*12,6. cit. *L.*4.§ 1.*D.h.t.* *Pap.L.*79.*pr.D.de cond.et dem.*35,1. „*Heres meus, cum morietur Titius, centum ei dato*: purum legatum est, quia non condicione, sed mora suspenditur: non potest enim condicio non exsistere". Im Momente des Todes des Titius wird das Recht auf das Legat existent, ein unbedingtes Legat, denn des Titius Tod ist kein ungewisses Ereigniß, Titius muß einmal sterben; aber die Wirksamkeit des Legats ist von einem Termin abhängig, mora suspenditur, der dies legati venit erst für des Titius Erben.

(8) So cit.*L.*79.*D.*§ 1. „*Heres meus, cum ipse morietur, centum Titio dato*: legatum sub condicione relictum est; quamvis enim heredem moriturum certum sit, tamen incertum est an legatario vivo dies legati non cedat, et non est certum ad eum legatum perventurum". Hier ist ungewiß, ob der Titius jemals Legatar werden wird. *L.*1.§ 2.*D.eod.* *LL.*4.

dies, in der Sache selbst aber vollkommen condicio ist[9], wenn es
unsicher ist, ob und wann der gesetzte Termin eintreten werde[10],
oder wenn dieser von der Art ist, daß man die Zeit des Eintritts
bestimmen könnte, wenn es nicht unsicher wäre, ob das die Zeit
§ g. bestimmende Ereigniſs selbst eintreten werde[11]: in den letzten drei
Fällen ist es, was das wesentliche der eigentlichen Bedingung
ausmacht, ungewiſs, ob in Beziehung auf das fragliche Rechts-
geschäft der Termin jemals eintreten werde[12], während bei dem
eigentlichen Termin das Eintreten desselben in Beziehnng auf das
Rechtsverhältniſs, dessen Wirksamkeit davon abhängig sein soll,
nothwendig sicher ist, und nur unsicher sein kann, wann derselbe
§ h. eintreten werde. Aber auch diese Gleichstellung des incertus dies
mit der condicio findet im letzten jener drei Fälle (zu Note 11.)
nicht statt, wenn der Verfügende, in der Voraussetzung, daß das die

---

pr. 13.i.f.*D.h.t.36*,2. *L*.12.§ 1.*D.de leg.II.31.* (9) eine Abhängigmachung des Rechtsgeschäfts von einem ungewissen zukünftigen Umstande. vgl.§111.

(10) *Paul.L*.21.*pr.D.h.t.* „..si incerta [*dies adposita est legato*], quasi CVM PVBES ERIT [welches Beispiel zu Note 11. gehört], CVM IN FAMILIAM NVPSERIT, CVM MAGISTRATVM INIERIT, CVM ALIQVID FECERIT, ... nisi tempus condiciove optigit, neque res pertinere, neque dies legati cedere potest“. *Pap.L*.56.*D.de cond.ind.12*,6. „Sufficit ad causam indebiti incertum esse temporaria sit an perpetua exceptionis defensio: nam si qui NE CONVENIATVR DONEC TITIVS CONSVL FIAT paciscatur, quia potest Titio decedente perpetua fieri exceptio, quae ad tempus est Titio consulatum ineunte, summa ratione dicetur quod interim solvitur repeti [stirbt Titius ohne Consul geworden zu sein, so ist die exceptio pacti eine perpetua, sie kann der Klage ewig entgegengesetzt werden; wird er aber Consul, so zeigt sich, daß die exceptio bloß temporalis war, sie stand nun der Klage bloß einstweilen entgegen]: ut enim pactum quod in tempus certum collatum est, non magis inducit condictionem quam si ex-die-debitor solvit, ita prorsum defensio iuris quae causam incertam habet, condicionis [nicht condictionis, wie die Florent.] instar optinet“ [d.h. denn obgleich eine gezahlte noch nicht fällige Schuld nicht als gezahlte Nichtschuld zurückgefordert werden kann (*L*.10.*D.eod.*), so wirkt doch eine Einrede, daß es ungewiſs sei, ob die Forderung jemals wirksam werde, einer Bedingung gleich: es kann das dennoch irrthümlich gezahlte erst dann nicht zurückgefordert werden, wenn das ungewiſs gewesene Ereigniſs eingetreten ist: *L*.16.*D.eod.*] *Phil.L*.8.*C.de testam.mm.7*,2. „Cum testator libertatem tempore nuptiarum filii sui .. servo dari iussit, non tempus praestandae libertatis praestituit, sed potius condicioni locum fecit, ut non insecutis nuptiis libertas iure posci non possit“.

(11) z.B. CVM PVBES ERIT in Note 10. *Pomp.L*.22.*pr.D.h.t.* „Si Titio *cum annorum XIV esset factus*, legatum fuerit ..“. Wann die Pubertät des Kindes eintreten wird, ließe sich genau bestimmen, wenn sicher wäre, daß es nicht vorher sterbe. So auch *L*.36.§ 1.*D.de cond.et dem.35*,1. *L*.49.§§ 2.3.*D.de leg.I.30.* (12) Es gilt daher von diesen Arten des dies incertus allgemein der Satz *Pap.L*.75.*D.de cond.et dem.* „Dies incertus condicionem in testamento facit“, während der dies incertus, wovon zu Note 8., nur in Testamenten als Bedingung erscheint.

Zeit bestimmende Ereigniss gewiss eintreten würde, einen bestimmten Kalendertag bezeichnen wollte[13], und favore libertatis ganz allgemein nicht bei einer unter einem solchen incertus dies angeordneten testamentarischen Freilaßung[14].

Ueber die Zeit solcher Leistungen, welchen kein Termin bestimmt oder die in die Willkür einer Partei selbst gestellt sind, siehe § 90.

§. 115. γγ. Modus*).

vgl. die zu § 111. citierten Tit. *Dig.35,1. Cod.8,55.*, und de His quae sub modo legata vel fidei commissa relinquuntur *6,45.* auch die Titel von der Condictio ob causam datorum: *Dig.12,4. Cod.8,6.*

Modus bezeichnet im allgemeinen jede Beschaffenheitsbestimmung[1], zumal eine räumliche[2] oder sonst quantitative[3], auch Zeitmaß-Bestimmung[4]; in engerem Sinne die einer Willensthätigkeit, eines Rechtsgeschäfts, nach dem Umfange der Befugnisse oder Verpflichtungen[5], also namentlich auch die über Behandlung eines Rechts oder Rechtsverhältnisses, die damit zu übernehmende Vermögenslast (Zweckbestimmung)[6]. Die Verbindung einer vermö- § a.

(13) *L.*26.§1.*D.h.t. L.*5.*C.h.t.6*,53. *L.*18.§2.*D.de alim.leg.34*,1. *L.*46.*D. ad SC.Trebell.36*,1. (14) *L.*16.*D.de mm.test.40*,4. *L.*41.§10.*D.de fid.lib. 40*,5. *L.*19.*D.de statu liberis 40*,7. *L.*10.*C.de fideic.libert.7*,4. vgl. §117. Note 28.

(*) Savigny Syst. III. §§128.f. (sehr abweichend von der hier folg. Darstellung). | *Dirksen* Manuale v. *Modus* scheidet und ordnet die verschiedenen Bedeutungen nicht genügend. (1) z.B. Bestimmung der Form (directo s. legis, precativo, sinendi *modo; eo modo* mancipantur *etc.*) und der Arten der Willensäußerungen (quibus *modis* oder quo *modo* adquiritur, alienatur, amittitur, contrahitur, finitur, liberamur, obligamur, transfertur, solvitur *etc.*; quem ad *modum* testamenta fiunt u. dgl.). Bestimmung der Beschaffenheit und des Umfangs: actionum modus ... privatorum pactionibus non infirmatur. *L.* 27.*D.de R.I.* (2) *modus* agri, fundi, aquae, si in qualitate fundi venditor mentitus sit, non in modo: *L.*22.*D.de A.E.V.19*,1. Entfernungsmaß *L.*3.§1.*D.de mort.inf.11*,8. Höhe und Beschaffenheit *L.*6.§2.*D.si serv.vind.*8,5. cf. *L.*33.*D.de S.P.U.8*,2. (3) *modus* usurarum, sumptus quantum testator iusserit, verberum *etc.*; iniquis ponderibus in modo fallere; modum statuere ut intra quantitatem iuretur; certus modus = licita quantitas: *L.* 27.*D.de probation.*22,3.; modus partium *LL.*14.78.§1.*D.de her.inst.*28,5. Auch auf rein unkörperliches bezogen: modus culpae, poenae, auctoritatis, castigandi, iuris dictionis *etc.* vgl. Note 5. (4) hoc *modo* ut ad tempus.. obligaretur: *L.*72.*D.de fide iuss.46*,1. Dauer eines Privilegs *L.*191.*D.de R.I.* (5) *modus* utendi *Paul.*S.R.*3*,6.§27. *Pap.L.*4.§1.*D.de servitutib.*8,1. „Modum adici servitutibus posse constat, vel uti quo genere vehiculi agetur..“. *modum* commodati finemque praescribere. *Id.L.*17.§3.*D.commod.13*,6. Das horazische Est modus in rebus u.s.w. Zu den Rechts-Umfangsbestimmungen (vgl. Note 3.) gehört auch die alternative Bestimmung des Objects einer Obligation in *L.*44.*pr.*§3.*D.de O.et A.44*,7., welcher modus in Bezug auf das plus petere als *causa* (vgl. §78. Note 14.) bezeichnet wird: *Gai.4*,53. ibiq. citt. ll. So die unerfüllbare Auflage impossibilis causa in *L.*8.*C.de cond.ob c.d.4*,6. (6) Daß

gensrechtlichen Belästigung mit einer Vermögenszuwendung ist, sei es als Bestimmung des Inhalts des Geschäfts oder als Bedingung, nach den allgemeinen Rechtsbestimmungen[7], auch bei den onerosen Rechtsgeschäften statthaft, und demgemäß mit den das Geschäft selbst schützenden Rechtsmitteln geltend zu machen[8].
§ b. Dasselbe gilt von der Auflage bei den nicht gesetzlich auf ein bestimmtes Maß beschränkten Liberalitäten, z.B. Dotierungen[9], und namentlich auch bei Verbindungen von Belastungen mit Erbeinsetzungen, soweit jene vom Testator zu Bestandtheilen des Rechtsverhältnisses des Erben gemacht werden können, also nicht bloß nicht an sich rechtswidrig oder der Art sind, daß an deren Erfüllnng niemand oder nur allein der Honorierte selbst ein rechtliches Interesse hat, noch auch gesetzliche Rechte dritter Personen, z.B. Pflichttheilsrechte, verletzen, noch auch die dem Erben aufzulegende Belästigung zugleich eine dem Maße nach gesetzlich beschränkte Liberalität gegen einen Dritten, Vermächtnisnehmer, ist[10].
§ c. In allen

---

man 'Zweckbestimmung' und *modus* für identisch hielt, hat gröstentheils die Erkenntniss des letzteren als eigener Nebenbestimmung und selbst des Begriffs der Nebenbestimmung überhaupt gehindert. 'Verwendung' wäre noch unpassender, und auch 'Verwendungsbestimmung' ist ungeschickt, da die Auflagen häufig nicht bestimmen, wie etwas verwandt, sondern was um einer Vermögensgewährung willen gethan oder unterlaßen werden solle, z.B. ut manu mittas, ut a debitore tuo non petas u.s.w.

(7) §§ 89.103.*d*.110.*b.f.k*.

(8) Solche Zweckbestimmungen können als Bestandtheile des Hauptgeschäfts bei dessen Abschluß, z.B. als lex contractus, oder als Nebenverträge, pacta, pacta conventa (§ 106. Note 8.), auch hinterher (nicht so der eig. modus: s. Note 22.) aufgestellt werden (z.B. *Dig*.18,7.2.3.5. *Cod*.4,55...57. „Insulam hoc modo vendidi, ut aliam reficeres..". *L*.6.*D.de praescr.verb*.19,5.u.o.), oder es kann die Erfüllung des gesetzten Zweckes als Bedingung des Existent-werdens oder -bleibens des Geschäfts selbst aufgestellt sein. § 111.*d*.

(9) *L*.31.*pr.C.de I.D*.5,12. So z.B. bei der recepticia dos; wenn res *aestimatae* in dotem dantur; die Braut kommt mit dem Bräutigam überein, er solle statt des Sclaven, den er ihr schuldet, 10 zur Dos haben (*L*.25.*D.de I.D*.23,3.) u.dgl.

(10) Die letztwillige Belastung eines Erben ist nie modus im eig. S. (Note 23.), sondern, abgesehen von der gleich zu erörternden *Nov*.1., entweder Vermächtniss oder Suspensivbedingung der Erbeinsetzung. Nach den Digesten ist der Dritte, zu dessen Gunsten einem letztwillig Honorierten etwas zu thun oder zu leisten aufgelegt ist (z.B. 'ex eo ut partem alii restitueret' in Note 16., oder *L*.3.§ 5.*D.de leg.praest*.37,5.), nicht gleich dem mit einem Vermächtnisse sub modo Bedachten, kann nicht ex testamento auf die Erfüllung klagen: *Ulp.L*.92.*D.h.t*.35,1. *L*.8.§ 5.*D.de transact*.2,15. *Gordian.L*.2.*C.h.t*.6,45.(a.241.) „Ex his verbis '*Titio decem milia vel insulam relinquo, ita ut quinque milia ex his vel eandem insulam Maevio restituat*', licet antea neque legati neque fidei commissi petitio nascebatur, tamen in libertate a divo Severo hoc admissum est"; und nun giebt Gordian selbst „et in pecuniariis causis ex huius modi verbis, sive ad condicionem sive ad modum respiciant [mag der Testator gewollt haben, daß der Honorierte vor oder nach dem Erwerbe des ihm zugedachten die Auflage erfülle], sive ad dan-

jenen Fällen ist der *modus* nicht eigene Nebenbestimmung, sondern Nebenvertrag oder Bedingung. (§ 110.) § d. Als jene, als Bestimmung zur Wahrung des gesetzlich bestimmten Maßes eines Rechtsgeschäfts, als *modus* in engster und technischer Bedeutung, kann er nur vorkommen, wo das Gesetz aus öffentlichen Rechtsgründen einem Geschäfte das Maximum seines Betrages, über welches hinaus jenes selbst als Privatrechtsgeschäft nach den Bestimmungen des ius commune (§ 94.) nicht zuläßig ist, gesetzt hat[11]; dieses aber thut das römische Recht nur bei den Liberalitäten der Schenkung[12] und der Vermächtnißanordnung[13], einschließlich der fidei-

---

dum vel faciendum aliquid", dem begünstigten Dritten selbst die fidei commissi actio omnifariam [wegen aller vermögensrechtlicher Auflagen], „vide licet in condicionibus post exitum earum"; und wenn die Belastung des Vermächtnisses dahin geht, daß eine Forderung gegen einen Dritten nicht geltend gemacht werde, so soll dieser gegen den Belasteten die Vermächtniß-Einrede haben. Nach Justinians *Nov.1.c.*1.v.J.535.(cf.dess.*L.*32.i.f.*C.de fidei c.6*,42.v.531.u.*L.un.*§ 4. *C.de cad.toll.6*,51. v.534.) erwirbt der die Erfüllung der giltigen Auflage trotz obrigkeitlicher Mahnung versäumende Honorierte das ihm zugedachte, mit Ausnahme des ihm etwa zukommenden Pflichttheils, noch gar nicht definitiv, sondern statt des Weigerers, auch eines Erben, können Andere den belasteten Nachlaß mit Verpflichtung zur Erfüllung der Auflage als Erben erwerben. Die Nichterfüllung ist hiedurch zu einem wie Resolutivbedingung wirkenden Indignitätsgrunde gemacht, während nach Digestenrecht eine Indignität gegen den Erben, welcher schon angetreten hat, nur als eine durch die Rechtsbestimmung auf Antrag des Berechtigten bewirkte Rescission der Erbewerdung zum Nachtheil des indignus heres (*LL.*8.17.18.§1.*D.de his q.ut ind.34,9.* *L.29.*§§1.2.*D.de I.F.49*, 14.) vorkommt. Gegen den die Erfüllung einer giltigen Auflage versäumenden Erben half man sonst nur durch Versagung der dafür angeordneten Zuwendung (*L.*12.§ 4.*D.de religios.11*,7.) oder der erbschaftlichen Klagen und Exceptionen (*L.*8.§ 6.*D.de cond.inst.*28,7. *L.*1.§ 3.*D.ubi pup.27*,2. u. *Dig.34*,9.passim.) oder durch Erkenntniß auf Klage eines coheres (*L.7.D.de ann.leg.*33,1.) oder extra ordinem (*L.92.D.h.t.35*,1.), und seit Gordian durch Vermächtniß-Klagen oder Einreden. Die Novelle drückt sich sogar so aus, als ob die Erfüllung der Auflage auch für den Erben eine Suspensivbedingung sei, als ob der Erbe, der es zu den vom Gesetz gedroheten Nachtheilen kommen laße, gar nicht wirklich Testamentserbe geworden sei; denn sie beruft wie in einen von Testamentserben ausgeschlagenen Nachlaß Substituten, Miterben, Intestaterben u.s.w., deferiert diesen den Nachlaß, redet von Accrescenz, vom Erwerben der Erbschaft durch die im Gesetz berufenen, zur Erfüllung der Auflage bereiten Personen und von der Erbeneigenschaft dieser, welche dem Ereptor, obgleich er in die Rechte und Verbindlichkeiten des Indignus eintritt, sonst nie beigelegt wird. (vgl.*L.*2.§ 47.*D. ad SC.Tertull.*38,17. *L.*8.*C.de his q.ut ind.* 6,35.) Daß jedoch die *Nov.1.* nur einen neuen Indignitätsgrund, aber möglichst energisch, aufstellen wollte, muß auch wegen *praef.*§1.i.f. c.1.§ 4.(verbis *τοῦτο ὅπερ καὶ οἱ παλαιότατοι τῶν νόμων...ἐδίδοσαν*) angenommen werden. *(11)* z.B. bei Kauf, Miethe, Tausch, bei Bestellung einer Dos, bei Erbeinsetzungen u.s.w. ändert der Betrag des Geschäfts an dessen Natur nichts: 501 Solidi aber kann man nicht schenken, wie 499; und dem Erben 7/8 des Vermögens nicht so wie 5/8 durch Vermächtnisse oder fideicommissarische Freiheiten entziehen. *(12)* § 106.*q.*

(13) *Gai.2,224...27.*ibiq.citt.ll. „..olim quidem licebat totum patrimonium

commissarischen Freilaßung [14]. Diese Liberalitäten vermindern sich in ihrem Betrag um den der damit aufgelegten Vermögenslast und sie bleiben also innerhalb des gesetzlich bestimmten Maßes, wenn dieses nach Abzug des Betrags der Auflage als nicht überschritten sich herausstellt [15]: so ist der eigentliche Modus die Nebenbestimmung, welche das an sich rein liberale Geschäft in ein
§ e. zugleich oneroses umwandelt [16]. Auch für Schenkungen und Vermächtnisse, die das gesetzliche Maß nicht übersteigen, wäre an sich der eigentliche Modus ebenso entbehrlich und unanwendbar, als

---

legatis atque libertatibus erogare, nec quicquam heredi relinquere praeter quam inane nomen heredis.... quare qui scribti heredes erant, ab hereditate se abstinebant et id circo plerique intestati moriebantur. Itaque lata est lex Furia.... postea lata est lex Voconia.... Lata est itaque lex Falcidia qua cautum est *ne plus legare liceat quam dodrantem* [3/4]: itaque necesse est, ut heres quartam partem hereditatis habeat. et hoc iure nunc utimur". z.B. ich habe 1000 im Vermögen und vermache dir 900 mit der Auflage, meinem Erben dein Grundstück im Betrage von mindestens 150 zu geben, ihm deine Forderung an ihn in diesem Betrage zu erlaßen u.dgl. *(14)* § 47.*γ'*. z.B. ich legiere dem **A** über 1000 Asses, gegen die lex Furia, aber mit der Auflage, daß er seinen Sclaven freilaße. Gegen die lex Falcidia half solche Verfügung nicht, weil diese nicht bloß bestimmte, der Legatar solle nicht über 3/4 des Nachlaßes erhalten, sondern auch positiv, dem Erben solle 1/4 verbleiben; diesem aber nützte es nichts, wenn der Legatar von den ihm zugewandten 7/8 für 1/8 oder darüber Sclaven freizulaßen belastet war. Daß von dem eigentlichen *modus* kein Gebrauch gemacht werden konnte, um über den modus legis Furiae Caniniae hinaus (§ 47.*ι.*) directe Freilaßungen anordnen zu können, hat seinen Grund darin, daß die Freiheit kein Vermögensrecht ist, also auch nicht durch die Auflegung einer Vermögenslast, wie es die Anordnung fideicommissarischer Freiheiten für die belasteten Honorierten ist, im Maße verringert werden kann. Die directen Freilaßungen im Testament (§ 47.*β'*.) belästeten nicht den Erben, sondern verminderten das Erbgut; indirecte aber waren soweit die Absicht des Anordners contra legem gieng, nichtig. *Paul.lib.sing.ad L.Fur.Can.* in *L.*37.*D.h.t.35*,1. *(15)* Hugo R.G.ed.11.S.539. „Der Name modus, welchen wir noch neben dies und condicio, aber bloß bei Donationen u.Legaten für alles das brauchen, was man mit 'er soll aber' ausdrücken kann, kommt wol davon her, daß gerade bei diesen 2 Geschäften in Volksschlüßen bestimmt war, wie viel sie höchstens betragen dürften. Wem man vorwarf, es seien ihm mehr als 1000 Asses hinterlaßen, der konnte sich darauf berufen, er müße ja auch ein Monument errichten, welches eine gewisse Summe koste, und dieser Modus auch im heut.S. mache, daß der in der lex bestimmte modus, das Maximum, nicht überschritten sei". s.§ 110.*c*. Von dieser richtigen Auffaßung lenkt Savigny l.c. wieder ab, indem er zu zeigen sucht, daß bei letztwilligen Verfügungen überhaupt und bei Schenkungen das besondere Bedürfniß der Ausbildung des Modus obgewaltet habe, während bei anderen Rechtsgeschäften die Zweckbestimmung theils in deren Natur liege, theils durch Nebenverträge oder Bedingungen ersetzt werde. Daß der Name 'Zweckbestimmung' Andere verleitet hat, für den eigentlichen Modus ein noch größeres Anwendungsgebiet in Anspruch zu nehmen, ist Note 6. bemerkt. *(16) Gai.L.*17.§ 4.*D.h.t.35*,1. „..si cui in hoc legatum sit, *ut ex eo aliquid faceret*, vel uti monumentum testatori vel opus aut epulum municipibus faceret, vel *ex eo ut partem alii restitueret*, sub modo legatum videtur". *Gordian.* in Note 10.cit.

bei Vermögenszuwendungen, deren Maß gesetzlich nicht beschränkt ist; aber bei jenen Rechtsgeschäften und nur bei ihnen kann stäts in Frage kommen, ob sie nicht den modus legis übersteigen; daher der eigentliche Modus als Nebenbestimmung jener allgemein *f.* gilt. Der wirkliche[17], also auf etwas mögliches und zuläßiges[18] und seinem Begriffe gemäß wesentlich auf etwas (wenigstens für den Belasteten) vermögensrechtliches gerichtete[19] Modus will stäts ein Thun oder Unterlaßen des unter der Nebenbestimmung bedachten Subjects als dessen Verbindlichkeit[20], während die rein potestativen und gemischten Bedingungen ein solches voraussetzen, nicht als Verbindlichkeit aufstellen (§ 111.*h.*); das Subject soll rechtlich zur Erfüllung der Auflage verpflichtet sein[21]; aber diese Erfüllung suspendiert nicht seinen Erwerb der Zuwendung, wie die Suspensivbedingung, noch auch hebt die Nichterfüllung den Erwerb von selbst wieder auf, wie die Resolutivbedingung (§ 111.*d.*); sondern der sub modo Berechtigte ist es sofort[22] und bis ihm ein

---

(*17*) Nur der s.g. modus purus, nicht was Neuere modus *mixtus* nennen, d.h. die eine tacita condicio (§111.*b.*) enthaltende Bestimmung des Inhalts eines Geschäfts (z.B. ich verspreche, ich schenke dir etwas als Dos, also damit du es zur Tragung der Ehelasten verwendest), ist *modus*. (*18*) §89.*d.* Der s.g. modus *impossibilis* wirkt, als Absurdität, gar nicht. *L.*8.*C.de cond.ob c.dat.* 4,6. *Marcian.L.*113.i.f.*D.de leg.I.30.* „Ineptas voluntates defunctorum .. non valere..“. *Paul.L.*37.*D.h.t.35*,1. „..totiens secundum voluntatem testatoris facere compellitur, quotiens contra legem nihil sit futurum..“. vgl. auch *Nov.* 1.c.1.*pr.* Nach Umständen kann ein unzuläßiger in einen zuläßigen Modus umgewandelt werden: *L.*16.*D.de usu leg.*33,2.; so wird auch die in letztwilligen Verfügungen unzuläßige Bedingung, daß der Honorierte etwas beschwöre, in einen einfachen Modus verwandelt. §112.Note 18. (*19*) §*d.* §89.*e.* (20) Mitunter wird auch ‘condicio’ für *modus* gebraucht: *L.*71.§1.*D.h.t.*35,1. *L.*21.§ 3.*D.de ann.leg.*33,1. *L.*2.§ 7.*D.de donation.*39,5. *L.*44.*D.de m.m.test.* *40*,4. *L.*1.*C.h.t.* in Note 27. (*21*) *L.*3.*C.de contr.empt.4*,38. „.. legi quam tuis rebus donans dixisti, parere convenit“. *L.*27.*D.h.t.* s. auch die folgg. Noten.| Diesen eigentlichen Modus nennen die Neueren *qualificatus*, im Gegensatz des +*simplex*, der Willenserklärung, welche nur in ihrer Form, nicht nach der giltigen Absicht des Verfügenden Modus ist, nicht erfüllt zu werden braucht; so die s.g. nuda praecepta, wenn etwas bloß den Empfänger betreffendes angeordnet, wenn nur eine Meinung, ein Rath u.dgl. des Verfügenden ausgesprochen ist. *L.*114.§ 14.*D.de leg.I.30.* *L.*38.§ 4. *L.*93.*pr.D.de leg.III.32.* *L.* 71.*pr.D.h.t.35*,1. *L.*2.§ 7.*D.de donation.39*,5. Uebrigens ‘ubi auctoritas sola testatoris est, neque omni modo spernenda, neque omni modo observanda est’: *Pomp.L.*7.*D.de ann.leg.*33,1. (22) *L.*17.§ 2.*D.de m.m.test.40*,4. ‘*pure* datam libertatem’ *L.*44.*eod.* ‘neque mentem eam esse, ut libertas condicione suspensa sit’. In *Scaev.L.*80.*D.h.t.*35.1. ist das ‘non’ zu tilgen: „Eas causas quae protinus agentem repellunt, in fidei commissis *non* pro condicionalibus observari oportet; eas vero quae habent moram cum sumptu, admittemus cautione oblata“; stünde im Testamente *Si monumentum feceris*, eine Bedingung, so müste der vor deren Erfüllung das Vermächtniss einklagende protinus abge-

§ g. neuer Rechtsgrund das erworbene wieder entzieht, definitiv[23]: er kann aber zu Sicherheitsleistung wegen Erfüllung der Auflage von dem rechtlich Betheiligten, sei es der Geber oder dessen Erbe, oder auch der zu dessen Gunsten die Auflage gemacht ist, gezwungen[24], zu dieser Erfüllung gerichtlich verfällt[25] und wegen Nichterfüllung ihm das erworbene wieder entzogen werden[26]; jedoch gilt unverschuldete
§ h. Unmöglichkeit der Erfüllung statt dieser[27]. Hieraus ergiebt sich die Wichtigkeit des Unterschiedes des eigentlichen Mo-

---

wiesen werden; stünde aber *Ut mon. facias*, so bekäme er das vermachte gegen Caution den Modus zu erfüllen.| Daher kann auch der Modus nicht hinterher, nach schon giltig existent gewordenem Geschäfte, hinzugefügt werden: nachträgliche Vereinbarung über ihn wäre, wie die über eine Bedingung in Betreff eines schon existent gewordenen Geschäfts, selbst ein neues Geschäft, nicht Nebenbestimmung („Perfecta donatio condiciones postea non capit" *L.4.C.de don. q.s.m.*); deshalb heißt auch der Modus mitunter lex donationis u.dgl.

(23) Weil dem sub modo Berechtigten das erworbene wieder entzogen werden kann, wenn er den modus nicht erfüllt (Note 25.), so ist Erbes-Einsetzung und Erwerb sub modo unmöglich: der Testator (paganus) kann nicht verfügen, „ut qui semel heres exstitit, desinat heres esse" (*L.88.i.f.D.de her.inst.* 28,5.), also „sine dubio heres manebit qui semel exstitit" (*L.7.§11.D.de minor.4*,4.), wenn auch der Erbe den Modus nicht erfüllt (§110. Note 8.); der Testator kann keinen Indignitätsgrund aufstellen, das kann nur das Gesetz. Diese Consequenz des älteren Rechts zerstört freilich Justinian, indem er die Nichterfüllung der vom Testator gemachten Auflage durch den Erben fast mit Heftigkeit für eine Indignität erklärt. (Note 10.) Aber auch so bleibt der Unterschied der dem Erben gemachten Auflage von dem eigentlichen Modus, daß bei Nichterfüllung des letzteren nicht, wie bei der der ersteren, der Erwerb rescindiert, sondern nur das erworbene oder dessen Werth dem Erwerber wieder abgesprochen wird.| Was Neuere nach *L.6.pr.D.h.t.35*,1. 'modus cum multa' nennen, ist bedingte Onerierung eines Honorierten, und was sie sonst als *modus* der Erbeinsetzung bezeichnen, ist Suspensivbedingung.

(24) si satis dedissent, cautionem interponendam, cautione oblata: *L*.40.§5. *L.71.pr.*§§1.2. *L*.80.cf.*L.7.D.h.t.* 35,1. *L.19.D.de leg.III.32.* „..negandam tibi actionem, si non caveas heredi futurum quod defunctus voluit..". *L.48.D.de fid.lib.40*,5. „nisi caverit".

(25) *L.7.D.de ann.leg.* „..interventu iudicis haec..debent ad effectum perduci". *L.21.§3.eod.* *L.17.§2.* *L.44.D.de m.m.test.*40,4.(„cogendum eum", „officio iudicis eos esse compellendos testatricis iussioni parere".) *L.50.§1.D. de H.P.*5,3. *L.92.D.h.t.35*,1.

(26) Der sub modo Schenkende hat wegen dessen Nichterfüllung die condictio ob causam datorum (*LL*.3.8. cf.*LL*.2. 6.*C.de cond.ob c.d.4*,6. *L.3.C.de don.q.s.m.*8,55.) selbst mit Wirkung einer Vindication des geschenkten (*L.1.C.eod.*) oder Klage aus Stipulation, oder wo diese nicht geschloßen worden ist, praescriptis verbis actio auf Erfüllung (*L.37.§3. D.de leg.III.32.* *LL.9.22.C.de donation.*8,54. *LL.1...3.C.de don.q.s.m.* *L.3.C. de contr.empt.4*,38. *L.8.C.de rer.perm.4*,64.); der durch den Modus begünstigte Dritte utilis actio auf Erfüllung. (cit. *L.3.C. de don.q.s.m.* = *Vat.Fr.* §286.) Meyerfeld Schenk.§20.n°.9.ff. Der mit Vermächtniß sub modo Bedachte ist der Vermächtniß-Klage oder Einrede des dadurch Begünstigten auf Erfüllung ausgesetzt. *Gordian.* in Note 10.

(27) *Ant.L.1.C.h.t.6*,45. „In legatis quidem et fidei commissis etiam modus adscriptus pro condicione observatur: sed si per te non stat quo minus voluntati testatoris pareas,...quo minus id quod tibi relictum est oblineas, non oberit". *LL.6.pr.27.D.h.t.* cf.

dus von der Bedingung[28], der sich häufig aus der Faßung der Nebenbestimmung[29], hauptsächlich aber durch die Absicht des Verfügenden bestimmt[30]; sind beide Mittel nicht anwendbar oder nicht ausreichend, so gilt die Nebenbestimmung als Modus, weil er die das Rechtsgeschäft minder beschränkende ist[31].

§. 116. d. Form der Rechtsgeschäfte; Clauseln, Protestation und Reservation; Ratihabition.

Quellen zu § 88., auch *Dig.* Ratam rem haberi et de ratihabitione *46*,8. *Cod.* de Donationibus inter virum et uxorem ... et de Ratihabitione 5,16. Si maior factus alienationem ... ratam habuerit 5,74.

Form des Rechtsgeschäfts ist die Art der Aeußerung *§ a.* des dasselbe begründenden Willens[1]; jenachdem diese eine beliebige (wie es die durch viele Ausnahmen beschränkte Regel ist[2],) oder eine zur Begründung des Rechtsverhältnisses durch das positive Recht vorgeschriebene ist, unterscheiden wir förmliche oder feierliche und unfeierliche (unrichtig s. g. formlose) Rechtsgeschäfte[3], welche letzteren also auch durch stillschweigende oder mittelbare Willenserklärungen[4] zu Stande kommen können. Jedoch wer- *§ b.* den auch häufig des Beweises wegen Förmlichkeiten angewandt, wo sie zur Begründung des Rechtsverhältnisses an sich nicht erforderlich sind[5], weshalb man wesentliche und außerwesentliche Formen unterscheidet: erstere kommen vorzüglich zur Begründung und Beendigung von Familienrechten und unter den Vermögensrechtsgeschäften bei den s. g. formalen Verträgen (§ 113. Note 15.), der Schenkung, manchen Veräußerungen, und insbesondere bei letztwilligen Verfügungen vor. Die alten mit der re- *§ c.* publicanischen Verfaßung zusammenhangenden Formen der civilen

---

*L.*2.§ 7.*D.de donation.39*,5. (28) „nec enim parem dicemus eum cui ita datum est *SI* MONVMENTVM FECERIS, et eum cui datum est *VT* MONVMENTVM FACIAS..“. *L.*80.*D.h.t.* s. Note 22. (29) wie z. B. Si und Ut (ita ut, in hoc ut) in der vorigen Note und in *L.*17.§§ 3.4.*D.h.t.* u.o. vgl. Note 15. § 117. Note 5. (*30*) s. die Noten 18.20.ff. § 117. Note 12. (*31*) denn „Semper in obscuris quod minimum est sequimur“. § 108. Note 8. vgl. *L.*17. § 2. *L.*44.*D.de m.miss.test.40*,4. § 117.*f.*

(*1*) § 88.a.A. Manche nennen dieses ‘äußere Form’, die Erfüllung der gesetzlichen Erfordernisse in Betreff des Inhalts der Rechtsgeschäfte die ‘innere Form’, was, wie so vieles neuere, nicht sehr nachahmungswürdig ist. (2) *L.*5. *D.de fide instrum.*22,4.u. Note 4. (3) § 103.*h,i.* (*4*) § 88. Note 7.

(5) *Gai.L.*4.*D.eod.* „.. fiunt enim de his scripturae, ut quod actum est, per eas facilius probari possit, et sine his autem valet quod actum est, si habeat probationem..“.

Rechtsgeschäfte, wie insbesondere die in den Volksversammlungen[6], im Census[7] oder besonderen Consilien[8], und die schon berührten, überaus vielfach anwendbaren Formen der mancipatio (§ 46. Note 19. § 73.) und der aus einer Vindication, einer Cession d.h. Unterlaßung der Contravindication, und durch den Magistratus ausgesprochenen Addiction bestehenden in iure cessio (§ 101.*l.*), sind

§ *d.* im justinianischen Rechte verschwunden, wo dafür, soweit sich überhaupt Förmlichkeit erhalten hat, kaiserliches Rescript[9], obrigkeitliche oder gerichtliche Mitwirkung[10], Uebergebung von Urkunden an den Landesherrn[11] oder zu den Gerichtsacten[12], schriftliche Abschließung vor Notar und (Sollemnitäts-) Zeugen[13] u. dgl. an

§ *e.* die Stelle getreten sind. Auch der Gebrauch bestimmter Wortformeln ist hier weit seltener und freier[14], als im älteren Rechte, und nirgend mehr der Gebrauch der lateinischen Sprache, wie

§ *f.* früher bei manchen Rechtsgeschäften, wesentlich[15]. Wo Mitwirkung der Obrigkeit bloß der Form wegen erforderlich ist, wie z. B. bei der Insinuation der Schenkung, dem gerichtlichen Testament u. dgl., da bezieht sich ihre Thätigkeit nicht auf den Inhalt des Rechtsgeschäfts[16]; wol aber wo sie als Nebenpartei (§ 104.*e.*) mitwirkt, wie in ihrer obervormundschaftlichen Eigenschaft bei den Arrogationen, den Veräußerungen von Mündelgütern

§ *g.* u.dgl.[17]. Ist insbesondere zum Abschluß bei Verträgen auch nur

---

(6) z. B. *Gai.1*,99.sqq. 2,101. (7) z. B. § 47. Note 48. (8) z. B. *Gai.1*,18.sqq.38.41. *Ulp.1*,12.sqq. vgl. § 47.*r.* (9) wie bei Arrogationen, in Processen u.s.w. (10) so die Insinuationen (§ 106. Note 29.), so bei Adoptionen, Contracten, Testamenten. (11) z. B. das testamentum principi oblatum. (12) z. B. das testamentum +iudiciale. (13) wie die Verpfändung in instrumentis publice und quasi publice confectis nach *L.11.C.qui pot.in pign.*8,18. Die Sollemnitätszeugen müßen 'cives Romani puberes' sein. (*Gai.1*,119. 2,104.) Ausführlich § 6.*I.de test.ord.*2,10. | Ueber die Form der Contractsurkunden *Paul.*S.R.5,25. § 6. vgl. *Massmann* § 25. Note 10.cit.

(14) *L.15.C.de testam.*6,23. „..placuit..institutioni heredis verborum non esse necessariam observantiam, utrum imperativis et directis verbis fiat aut inflexis“. (a.339.) vgl. *Gai.*2,117. *L.21.C.de legat.*6,37. „In legatis.. necessaria non sit verborum observantia ..“. (a.339.), vgl. *Gai.*2,193.sqq. *Ulp.24*,1. *Leo L.10.C.de contr.et comm.stip.*8,38. „Omnes stipulationes, etiam si non sollennibus vel directis, sed quibuscumque verbis consensu contrahentium compositae sunt,..suam habeant firmitatem“. (a.469.) vgl. *Gai.3.* § 92.

(15) z. B. *L.21.i.f.C.de testam.* 6,23. „..etiam Graece liceat omnibus testari“. (a.439.) (16) *Flor.L.209.D.de V.S.* „Coram Titio .. (s. § 84. Note 9.) .. fecisse: Scire autem, non etiam velle is debet: nam et invito eo recte fit quod iussum est“. *L.19.C.de testamentis* 6,23. (17) *L.17.D.de adopt.* 1,7. *Cod.* de Praediis et aliis rebus minorum sine decreto non alienandis vel obligandis 5,71.

zufolge der Uebereinkunft der Parteien schriftliche Abfaßung erforderlich, so sind jene selbst nicht eher perfect, als bis die Reinschrift (mundum), wo eine solche nach dem Entwurf (scheda conscripta, Concept) vorkommt, von dem Notar, tabellio, falls dessen Zuziehung erforderlich ist, unterzeichnet ist[18]. Ebenso ist das Rechts- § *k.* geschäft, in Beziehung auf welches ein boni viri arbitrium einer Partei oder eines Dritten erforderlich ist (§ 104.*e.*), erst wenn dieses erfolgt ist, perfect[19].

Ist die Willenserklärung selbst hinlänglich deutlich, bestimmt § *i.* und vollständig, so bedarf sie, um der Absicht der Partei oder des Verfügenden entsprechend aufgefaßt werden zu können, keiner besonderer begränzender oder erweiternder Zusätze[20], wie die Clauseln[20*]), Protestationen und Reservationen sind. P r o t e s t a t i o n § *k.*

---

(18) *Iustinian.L.*17.*C.de fide instrum.4*,21. „Contractus venditionum *et c.* ... quas tamen in scriptis fieri placuit, transactionum etiam quas in instrumento recipi convenit, non aliter vires habere sancimus, nisi instrumenta in mundum recepta subscriptionibusque partium confirmata, et si per tabellionem conscribantur, etiam ab ipso completa et postremo a partibus absoluta sint: ut nulli liceat, prius quam haec ita praecesserint, vel a scheda conscripta, licet litteras unius partis vel ambarum habeat, vel ab ipso mundo, quod nec dum est impletum vel absolutum, aliquod ius sibi ex eodem contractu vel transactione vindicare ..“. *Pr.I.de empt.3*,23. Mit dieser scheda conscripta ist also nicht immer identisch die Punctation, +minuta, die schriftliche, von den Parteien unterzeichnete Willenseinigung über die Essentialien des Geschäfts, so daß die Bestimmung der außerwesentlichen Bestandtheile vorbehalten bleibt. Die durch die Auslegung sich bestimmende Wirkung ist verschieden, je nachdem die Einigung über das unbestimmt gebliebene Bedingung der Perfection des Geschäfts oder es die Absicht der Parteien gewesen ist, das dispositive Recht gelten zu laßen, sofern man nicht über Abänderungen desselben sich vereinbaren werde. (§106.*h*,*k*.) (*19*) s.z.B. *LL*.43.sq.*D.de V.O.45*,1. vgl. *L.6.pr.D.de cond.et dem.35*,1. (*20*) Auch hier gilt Ulpians „Quidquid [demonstratae (ob demonstrandae?)] rei additur satis demonstratae, frustra est“. *L.*1.§8.*D.de dote praeleg.33*,4. (*20**) §110.*g*. Man kann die den Inhalt und die die Form der Rechtsgeschäfte betreffenden Geschäftsclauseln unterscheiden und die ersteren je nach der ihnen zum Grunde liegenden Absicht als Verstärkungs- und Verzichts-, oder Schwächungs-, Vorbehalts- und Widerrufs-Clauseln. Form und Inhalt betreffen die, welche die Aufrechthaltung des Rechtsgeschäfts, falls es der Form wegen in der zunächst beabsichtigten Bedeutung nicht bestehen könnte, in einer anderen bezwecken, wie die confirmatorische (z.B. *L.*10. *pr.D.de cond.inst.28*,7. „..Si codicillis Seium heredem scripsero, heres esto“. „Cuius nomen codicillis heredem scripsero, ille mihi heres esto“. *L.*18.*D. de codic.29*,7. „Si quid ad hoc testamentum pertinens reliquero, valere volo“, und die Codicillar-Clausel (§119.*r.*); so ist die auf *L.un.C. Ut quae desunt advocatis partium, iudex suppleat* 2,11. gegründete gemeinrechtliche s.g. clausula salutaris auch in Beziehung auf die Form gerichtlicher Handlungen anwendbar. Auch an sich unnöthige Formclauseln (vgl.§110.Note *β'*.) können zufolge positiver Rechtsbestimmung wesentlich sein, z.B. die Urtheils-Schlußclausel 'von Rechtswegen'. Unter den den Inhalt betreffenden Clauseln heben wir hervor

ist die (beschränkende) Erklärung über die bei einer Willensäußerung, besonders einer stillschweigenden Willenserklärung, gehegte Absicht als Verwahrung gegen das dieser widersprechende[21] und insbesondere auch gegen die Zulässigkeit der Annahme, daß man Willensäußerungen Anderer eine juristische Wirksamkeit in Beziehung auf eigene Rechtsverhältnisse ganz oder theilweise einräume[22]. Eine Unterart jener Erklärung[23] ist die, daß man ein Recht nicht aufgegeben haben wolle, welchem man, bei einer dem Willen des Erklärenden nicht entsprechenden Auffaßung einer Willensäußerung in ihrer Allgemeinheit, entsagt zu haben scheinen könnte, die Reservation[24]. Beide können also sammt den sonstigen Clauseln, als Theile der durch sie näher bestimmten Willensäußerung[25], nicht anders wirken, als diese, dem Willen des Erklärenden gemäß aufgefaßt, ohne jene wirken würde[26].

(Marginal: § l. — beside "räume[22]. Eine Unterart"; § m. — beside "könnte, die Reservation[24].")

---

die zur Sicherung eines Stipulators gegen die Arglist des Versprechenden dienende, bei bonae fidei negotiis sich von selbst verstehende doli clausula, zufolge deren eine Klage aus dem Rechtsgeschäfte auf das Interesse gegen die Partei, welcher ein dolus vom Augenblick der Stipulation an zur Last fällt, begründet ist (*L.*4.§16.*D.de d.m.exc.44*,4. *L.*22.*D.de V.O.45*,1. *L.*19.i.f.*D.iud. solvi 46*,7., *L.*19.*D.ratam rem 46*,8.), die +privatoria oder +cassatoria clausula, daß dem gegen eine Verfügung Handelnden das durch jene gestattete nicht zu Theil werden solle (*L.*78.§2.*D.ad SC.Treb 36*,1. vgl. *L.un.*§4.*C.de cad.toll.* 6,51.); die +reservatoria cl., welche etwas, das in einer allgemeineren Willenserklärung etwa aufgegeben scheinen könnte, als nicht aufgegeben bezeichnet (z.B. *Cod.* de pactis inter emptorem et venditorem compositis 4,54.passim; die Verzichtsclausel, wodurch man einem Rechte entsagt. §108.); die clausula rati, („ratum se habiturum quod cum *aliquo* actum sit" *L.*69.*D.de procur.3*,3. *Dig.* Ratam rem 46,8.passim, (vgl.§110.Note β'); die clausula *De re iudicata* und *De re defendenda*, welche wie die De dolo malo in der stipulatio *Iudicatum solvi* enthalten sind, (*LL.*6.13.17.19.*D. iudicat. solvi 46*,7.); die +derogatoria clausula, welche entweder künftige einer jetzigen widerstreitende Willenserklärungen für unwirksam erklärt (z.B. „Si quis in principio testamenti adscripserit *Cui bis legavero, semel dari volo*". *L.*22.*pr.D.de leg.*III.32.), wodurch sich jedoch der Disponent die auf die iuris publici ratio gegründete Fähigkeit, später dennoch anders zu verfügen, nicht entziehen kann (§108.Note 5.), oder umgekehrt einer früheren Willenserklärung durch eine spätere derogiert („si specialiter dixerit *Prioris voluntatis sibi paenituisse* etc." cit. *L.*22.)

(21) *L.*34. *D.de neg.gest.3*,5. *L.*14.§8.*D.de relig.11*,7. *L.*20.§1.*D.de A.v.O.H.29*,2.

(22) *L.*11.§2.*D.de inst.act.14*,3. *L.*16.*D.ad SC.Maced.14*,6.

(23) cit. *L.*34.*D.de N.G.3*,5.

(24) *L.*77.*D.de contr.empt.18*,1. *L.*4.§1.*D.quib. mod.pign.vel hyp.solv.20*,6.

(25) Als solche Theile der Hauptwillenserklärung müßen sie daher nach Inhalt, Form und Zeit erscheinen, mit jener vereinbar sein, nicht selbständige, noch auch dann erst, wenn jene ihre Wirksamkeit schon geäußert hat, erfolgende Willensäußerungen sein. s. die vorhergehenden Noten.

(26) Es kann also auch durch solche besondere Zusätze nicht giltig gegen absolute Rechtsvorschriften, noch auch über etwas verfügt werden, was nicht unter der rechtlichen Herrschaft des seinen Willen Erklärenden steht, z.B. *L.*51.i.f.*D.de A.v.O.H.29*,2. *L.*7.*pr.D.naut.caup.4*,7. und Note 20.a.E.

An und für sich hat, abgesehen von der Stellvertretung (§ 104.), § n. die (erlaubte oder unerlaubte [27]) Willensäußerung einer Person nicht für oder gegen eine andere die Wirkung, als ob diese selbst gehandelt hätte; ebensowenig gilt die von einer Person zu einer Zeit oder unter Umständen, da dieselbe zur Eingehung eines Rechtsgeschäfts unfähig war, vorgenommene für oder gegen sie, wenn sie später die fragliche Fähigkeit erworben hat [28]. Nachfolgende Ge- § o. nehmigung aber, *rati habitio*, des nun fähigen Subjects verleiht der von einem andern oder der von dem genehmigenden selbst ohne die Wirkung der Hervorbringung des beabsichtigten Rechtsverhältnisses +) vorgenommenen Handlung dann dieselbe Bedeutung, als ob die auf die Willenserklärung bezüglichen Erfordernisse des Rechtsgeschäfts sofort bei dessen Eingehung vollständig erfüllt gewesen wären, d.h. die Ratihabition hat rückwirkende Kraft [29], wenn durch sie nur einem Mangel der Handlungsberechtigung, nicht der Rechts-Fähigkeit des Subjects welches das Rechtsgeschäft abgeschloßen hat, noch auch einem Mangel der Fähigkeit des Objectes des Geschäfts, als solches zu gelten, abzuhelfen ist: der Privatwille, welcher der Grund eines jeden Rechtsgeschäfts ist, kann Rechtsverhältnisse, nicht aber Rechtssätze, allgemeinverbindende Willensnormen, hervorbringen [30]. (§ 93. Note 4.) Da- § p.

---

(27) *L.*12.i.f.*D.de solut.46*,3. *L.*1.§14.i.f.*D.de vi 43*,16. = *L.*152.§2.*D.de R.I.* „In maleficio rati habitio mandato comparatur". (28) s.§ 39. Note 6. § 84. Note 9. *L.2.C.ad SC.Mac.3*,28. „..suae potestatis constitutus..". *L.*7.§16.*D.eod.14*,6. | *L.3.pr.D.h.t.46*,8. (+) Hiedurch unterscheidet sich die Ratihabition von dem Nichtgebrauch einer vorbehaltenen revocatio (*ex nunc*): diese hindert nicht das sofortige Existentwerden des Geschäfts; das der Ratihabition bedürftige Geschäft existiert, bevor dieselbe erfolgt ist, wirklich noch nicht; ist sie aber erfolgt, so existiert es, als ob es ihrer nicht bedurft hätte.

(29) *Marcian.*cit.*L.*16.§1.*D.de pignorib.* „..voluisse eum retro recurrere rati habitionem ad illud tempus quo convēnit..". *L.*25.i.f.*C.de don.i.vir.et ux.5*,16. „..rati habitiones negotiorum ad illa reduci tempora oportet, in quibus contracta sunt..". *L.7.pr.C.ad SC.Maced.4*,28. „..generaliter omnis rati habitio prorsus retro trahitur et confirmat ea quae ab initio subsecuta sunt..". Die gemeine Meinung, daß sich Justinian hier unrichtig allgemein ausdrücke, ist selbst zu berichtigen: er redet nur von der eigentlichen Ratihabition, nicht von den Fällen, da dieselbe bloß der Form nach Genehmigung, in der Sache selbst aber wirklich erst die fragliche Willenserklärung ist.

(30) *Ulp.L.*12.§1. *D.h.t.* „Rem haberi ratam hoc est comprobare adgnoscereque quod actum est a falso procuratore". *L.*24.§1.*eod.* *L.*56.*D.de iudic.5*,1. *L.20.pr.D.de pign. act.13*,7. mit *L.*16.§ 1.*D.de pignor.20*,1. *L.*4.§ 1.*D.q mod.pign.* § 104. Note 1.cit. *L.*12.§ 4.*D.de solut.* *L.*71.§§ 1.sqq.*eod.* *L.3.C. de R.V.* 3,32. cit.tit. *Cod.*5,74. Daß nach *L.*9.i.f.*D.de N.G.*3,5. *L.9.C.eod.*2,19. *L.20.C.fam.erc.*3,36. die negotiorum gestio durch Ratihabition des dominus negotiorum nicht für die Ver-

her verleiht die Genehmhaltung einer Willensäußerung nur die Wirksamkeit, als ob sie vom genehmigenden im Augenblicke der Genehmigung ausgienge, (so daß also diese nur uneigentlich als Ratihabition zu bezeichnen, nur der Form nach eine solche, in der Sache selbst aber eigentlich die fragliche Willenserklärung ist), wenn die frühere auf Abschluß des Geschäfts gerichtete Willensäußerung dasselbe wegen Mangels der Rechtsfähigkeit des Sub- oder Ob-jects nicht zur rechtlichen Existenz gebracht hatte[31].

§ 9. War aber die Wirksamkeit der der Genehmigung bedürfenden Willensäußerung, die rechtliche Existenz des beabsichtigten Geschäfts, auch noch von anderweitigen Voraussetzungen abhängig, welche also, auch wenn der genehmigende selbst gehandelt oder wenn er oder der Gegenstand des Geschäfts sogleich die zur Zeit der Handlung fehlende Fähigkeit gehabt hätten, erfüllt sein musten, so wird

---

gangenheit ein Mandat werden kann („mandati actio competere non potest, cum non *antecesserit* mandatum“ *L.*20.i.f.*D.mand.17*,1.), widerspricht dem Satze des Textes ebensowenig, als *L.*60.*D.de R.I.* mit jenen Stellen in Widerspruch steht, indem Ulpian sagt „Semper qui non prohibet pro se intervenire, mandare creditur [das nicht prohibere wäre, falls er das interveniri nicht wollte, contra fidem bonam]: sed et si quis ratum habuerit quod gestum est, obstringitur mandati actione“. *L.*3.§2.i.f.*D.iudic.solvi 46*,7. Auch widerspricht der Retroaction der Genehmigung auf den Augenblick einer Verpfändung meiner Sache durch einen Andern gar nicht, daß die Verpfändung einer fremden Sache unter der Bedingung, wenn der Verpfänder das Recht zur Verpfändung erwürbe, oder daß die von mir vorgenommene Verpfändung meiner Sache unter der Bedingung, wenn ich das zu sichernde Darlehn annehmen würde, erst mit dem Eintritte einer solchen *tacita* condicio wirksam wird, wovon im Pfandrechte.] Die Bestimmung Justinians (*L.*25.*C.cit.*5,16.), daß ausdrückliche testamentarische Bestätigung großer nichtinsinuierter Schenkungen unter Ehegatten dieselben vom Augenblick der Bestätigung an geltend mache, während kleinere oder insinuierte große dadurch (oder eigentlich durch den Nichtwiderruf des Schenkers) vom Augenblicke der Schenkung an giltig werden, wird unrichtig als eine singuläre angesehen: die kleine Schenkung und die insinuierte große sind Rechtsgeschäfte unter Lebenden über einzelne Vermögensrechte, die nichtinsinuierte große Schenkung kann nicht an sich, sondern nur als testamentarische Verfügung gelten, also nicht als stillschweigende Genehmigung getroffen werden.

(31) Ratihabition ist also unstatthaft, sie kann nicht rückwärts rechtlich existent machen Geschäfte, zu deren Abschluß nach der Rechtsbestimmung die Fähigkeit mangelte 1) dem Subjecte, sei es, daß dieses der Eingehung eines in Rede stehenden Geschäfts absolut, wie der Unmündige des Heiratens, Testierens, oder daß es derselben ohne Erfüllung besonderer Erfordernisse unfähig ist, welche nicht erfüllt worden sind, z.B. die sui iuris femina hat sine tutoris auctoritate ein Testament gemacht, es hat jemand eine große Schenkung ohne Insinuation, eine Stipulation ohne verba schließen wollen; 2) dem Objecte, weil es überhaupt nicht Gegenstand eines Rechtsgeschäfts sein kann, (wie die res cuius commercium non est oder die Begehung einer Widerrechtlichkeit u.s.w.) oder doch nicht des beabsichtigt gewesenen, wie z.B. ein Haus des Verkaufs auf den Abbruch: *L.*52.*D.de contr.empt.*18,1. u.v.

natürlich auch in jenem ersten Falle, da nur die Handlungsberech-
tigung mangelte, die Ratihabition nur auf die Zeit der Erfüllung
jener Voraussetzungen zurückbezogen [32]. Ist der Zeitraum, in- § r.
nerhalb dessen eine Willenserklärung erfolgen muß, um überhaupt
wirksam zu sein, bestimmt, so kann die der Genehmigung bedür-
fende nicht wirksam werden, wenn nicht auch diese selbst, die Ra-
tihabition, innerhalb jener Zeit erfolgt [33]. Erfordert die Willens- § s.
erklärung eine bestimmte Form, so muß diese bei der Genehmi-
gung beobachtet werden, wenn erst mit dieser die Existenz des ge-
nehmigten Rechtsgeschäfts eintritt [34]; bei Vornahme der zu geneh-
migenden Willensäußerung aber, wenn sich bis auf diese die Wirk-
samkeit der Ratihabition zurückerstreckt [35]. Uebrigens kann die Ra- § t.
tihabition an sich, wie jede andere Willenserklärung, ausdrücklich
oder stillschweigend [36] geschehen, ganz oder theilweise das gesche-

(32) So bgann die vom Proconsul seinem Legat aufgetragene Gewalt erst durch Genehmigung des Mandats beim Eintritt des Proconsuls in seine Provinz. *L.4.i.f.D.de off.proc.1,14.* So gilt das von einem Andern für mich geschloßene Verlöbniß erst von der Zeit an, da ich es genehmigt habe, und die von dem Unmündigen eingegangene Ehe erst von da an als Verlöbniß, da er es nach erreichter Mündigkeit ratihabiert hat, *LL.5.9.D.de sponsal.23,1.* So beginnt die Ehe erst wenn nach Beseitigung der ihrer Existenz bisher entgegenstehenden Rechtshindernisse die Ehegatten das factisch bestandene eheliche Verhältniß als Ehe zu wollen bekunden, *LL.4.27.65.§1.D.de R.N.23,2., L.9.D.de sponsalib. 23,1. L.68.D.de I.D.23,3.* (§38.Note 8.) oder wenn die Genehmigung derer, unter deren väterlicher Gewalt die Ehegatten stehen, erfolgt ist. *Pr.I.de nupt.1,10. L.13.§6.i.f.D.ad L.Iul.de adulter.48,5. L.2.D.de R.N.23,2.* So gilt mein zur Zeit der Impubertät errichtetes Testament, welches ich nach erreichter Mündigkeit in Testamentsform bestätige, nur als ein jetzt gemachtes Testament. Leiht mein negotiorum gestor heute Geld für mich zu Zinsen aus, welche den jetzt erlaubten Zinsfuß übersteigen; in einem Jahre wird der beim Darlehn angenommene Zinsfuß gesetzlich; nach 2 Jahren genehmige ich alle Geschäfte meines Geschäftsführers: dann gilt der Zinsvertrag, wie er abgeschloßen worden ist, für das letzte Jahr. vgl. auch §119. Note 22.

(33) *L.24.pr.D.h.t.46,8.* Der Erbe des zur Nachsuchung der bonorum possessio Berechtigten kann die von einem negotiorum gestor seines Erblaßers nachgesuchte auch nicht innerhalb der Nachsuchungsfrist mehr genehmigen. *L.7.D.eod.*

(34) vgl. Note 31.g.E.

(35) So genügt die gehörige auctoritatis interpositio durch einen negotiorum gestor des Tutors, wenn die Ratihabition erfolgt, *L.1.§5.D.quod falso tut. 27,6.*; der Tutor selbst aber kann nicht die auctoritas dadurch ersetzen, daß er sie nachträglich, wenn auch in gehöriger Form, vornimmt. *L.9.§5.D.de auct.tut. 26,8.* So gilt ein von einem negotiorum gestor abgeschloßener schriftlicher Contract nach der Ratihabition des dominus vom Augenblicke der Ausfertigung an u.s.w.

(36) *Scaev.L.5.D.h.t.46,8.* „Non tantum verbis ratum haberi posse, sed etiam actu..“. Tit.*Cod.5,74.* und mehrere der vorhin citt. Stellen. So gilt ein Fideicommiß (nicht ein Testament) aus einer Anordnung eines dazu rechtlich Unfähigen, welcher aber vor seinem Tode die fragliche Rechtsfähigkeit erlangt und jene Anordnung nicht widerrufen hatte. *L.1.§§1.5. L.7.pr. D.de leg.III.32.* Den Grund der Unterscheidung ausdrücklicher und stillschwei-

hene bestätigen [37]; besonders häufig pflegte wer für seine Handlung der Genehmigung eines Andern bedurfte, diese in Stipulationsform zu versprechen [38].

e. Wirkungen der Rechtsgeschäfte.

α. Feststellung derselben im allgemeinen.

§. 117. a. Auslegung der Rechtsgeschäfte *).

§ *a.* Vollständig ist die Wirkung des Rechtsgeschäfts, welche der Absicht der dasselbe eingehenden Personen ganz entspricht, wenn dadurch erreicht wird was die Parteien wollten: diesen Willen zu erkennen, bedarf es also der Interpretation des Rechtsgeschäfts.
§ *b.* Auch bei dieser wenden die Neueren die in § 96. erörterten Eintheilungen an, und nennen hier 'authentische' die von der Partei, deren Willensäußerung zu interpretieren ist, selbst ausgehende.
§ *c.* Ist eine solche der Willenserklärung sofort beigefügt worden, so macht sie einen Bestandtheil derselben aus [1]: als bloße Interpretation ist sie, eine einseitige Erklärung, nach der Natur gegenseitiger Rechtsgeschäfte bei diesen ausgeschloßen [2], bei letztwilligen Verfügungen dagegen (denn die übrigen einseitigen Rechtsgeschäfte erzeugen oder beendigen ein gegenseitiges Rechtsverhältniſs, §§ 107.f.) ist sie vollständig zuläßig [3]; aber auch hier ist sie offenbar
§ *d.* selbst Bestandtheil der Willenserklärung. Sonach giebt es auch bei Rechtsgeschäften keine andere als die s.g. doctrinale Interpretation [4], für welche im allgemeinen ebenfalls die Regeln des § 96.
§ *e.* gelten. Es ist also bei mündlichen oder schriftlichen Willenserklärungen zunächst auf die Worte, deren sprachgemäße Bedeutung und ihren Zusammenhang zu sehen [5]; sind diese ganz unverständlich, so ist keine Willenserklärung gemacht [6]; ebenso wenn sie sich

---

gender Bestätigung in *L.25.C.5*,16. erklärt Note 30.a.E. (37) *LL.*17.18. *pr.D.h.t.* (38) *L.*12.*pr.et tot.tit.D.46*,8.

(*) vgl. die § 96. Note 5. angeführten Quellentitel. (1) §§ 110.116. (2) *L.*12.*D.de transact.*2,15. *L.*83.§ 1.i.f. *L.*99.*pr.*i.f.*D.de V.O.45*,1. Daß bei den prätorischen Stipulationen die Interpretation des Magistrats gilt, eius mens aestimanda est (*L.52.pr.D.eod. L.9.D.de stip.praetor.46*,5.), ist nicht dagegen: er ist nicht Partei. (3) *L.*21.§1.*D.qui test.*28,1. *Maec.lib.XII.Fideicommissor. L.*96.*D.de R.I.* „In ambiguis orationibus maxime sententia spectanda est eius qui eas protulisset". (4) vgl. § 96.*f,g.* (5) § 96. Noten 10.13. cit.*L.*21.§1. cit. § 96. Note 22. s.z.B. *L.*50.i.f.*D.de leg.I.30. L.*15.*C.de fideicomm.* 6,42. (6) *Q.Muc.L.*73.§ 3.*D.de R.I.* „Quae..ita sunt scripta, ut intellegi non possint, perinde sunt ac si scripta non essent". *LL.*10.*pr.*27.*D.de reb.dub.*34,5. *L.*2.*D.de his q.pro non scr.*34,8. vgl. *L.*1.§§5...7.*D.de her.inst.*28,5.

gänzlich widersprechen[7]. Sind aber die Worte zur Begründung § f. eines Rechtsgeschäfts an sich geeignet, so sind sie demgemäß aufzufaßen[8]; es verdient also die Auslegung den Vorzug, nach welcher das Rechtsgeschäft Bestand[9], und zwar den von seinen Naturalien und dem dispositiven Rechte am mindesten abweichenden Bestand hat[10]. Uebrigens ist auch hier nach dem Grundsatze von dem § g. Vorzuge des besonderen vor dem allgemeineren, der Ausnahme vor der Regel[11], die Auslegung vorzuziehen, welche der individuellen Richtung (Neigung, Gewöhnung u.s.w.) und den eigenthümlichen Beziehungen desjenigen, dessen Willensausdruck zu erklären ist, am meisten entspricht[12], und danach, soweit diese nicht erhellen oder nicht entscheiden, auf Orts- und Landes-Gewohnheiten, auf Stan-

---

(7) § 96. Note 17. s. § 112. Note 13. g. E. *Cels. L.* 188. *pr. D. de R. I.* „Ubi pugnantia inter se .. iuberentur, neutrum ratum est".

(8) *Iul. L.* 67. *D. de R. I.* „..ea [sententia] potissimum accipietur *quae rei gerendae aptior est*"; denn verständige Leute wollen, wenn sie reden, auch etwas sagen; ihre Worte sollen Ausdrücke ihres Denkens oder Wollens sein; daher „voluntatem potius quam verba spectari placuit" (*Pap. L.* 219. *D. de V. S.* z. B. Note 6.), und der Interpret soll ohne Cavillation (*L.* 65. *D. de R. I.*) das ambigue aut etiam perperam scriptum benigne interpretari, und nach dem wahrscheinlichen Willen der Parteien, si quibusdam argumentis apparebit; *LL.* 24. 25. *D. de reb. dub. Paul. L.* 168. *pr. D. de R. I.* „Rapienda occasio est, quae praebet benignius responsum".

(9) *Iul. L.* 12. *D. de reb. dub.* „Quotiens .. ambigua oratio est, commodissimum est id accipi quo res de qua agitur magis valeat quam pereat". *Paul. L.* 21. *eod.* „..semper in dubiis id agendum est, ut quam tutissimo loco res sit bona fide contracta, nisi cum aperte contra leges scriptum est". *L.* 81. § 3. *D. de leg. I.* 30. *L.* 34. § 1. *D. de leg. II.* 31. *LL.* 80. 65. § 1. *D. de V. O. Marcell. L.* 10. *pr. D. de inoff. test.* 5, 2. „..humanius erit sequi eius partis sententiam, quae secundum testamentum spectavit". *L.* 4. *pr. D. de condic. inst.* 28, 7.

(10) *Ulp. L.* 11. § 1. *D. de A. E. V.* 19, 1. „..id praestari quod inter contrahentes actum est; quodsi nihil convenit, tunc ea praestabuntur quae naturaliter insunt huius iudicii potestate". *Iul. L.* 64. *D. de R. I.* „Ea quae raro accidunt, non temere in agendis negotiis computantur". vgl. *L.* 16. *D. de cond. et dem.* 35, 1. cit. *L.* 21. *D. de reb. dub.* in voriger Note. s. z. B. *L.* 29. *D. locati* 19, 2. *L.* 20. *D. de reb. dub. L.* 43. *pr. D. de damno inf.* 39, 2. und *L.* 22. *pr. D. de usu* 7, 8. mit § 1. *I. eod.* 2, 5. vgl. § 96. Note 21. und § 103. *d.*

(11) *Pap. L.* 80. *D. de R. I.* in § 95. Note 2. z. B. *L.* 126. *D. de V. S.*

(12) *Ulp. L.* 50. § 3. *D. de leg. I.* 30. „..ante omnia ipsius patris familias consuetudo, deinde regionis, in qua versatus est, exquirenda est; sed et mens patris f. et legatarii dignitas vel caritas et necessitudo ..". *Paul. L.* 168. § 1. *D. de R. I.* „Quod factum est cum in obscuro sit, ex adfectione cuiusque capit interpretationem". Aus diesem Grunde gilt für gerichtliche Anträge, daß „Si quis intentione ambigua vel oratione usus sit, id quod utilius ei, accipiendum est" nach *Ulp. L.* 66. *D. de iudic.* 5, 1. und *Paul. L.* 172. § 1. *D. de R. I.* „Ambigua intentio ita accipienda est, ut res salva actori sit", so wie daß Urtheile zu Gunsten des Klägers auszulegen sind, nach *Paul. L.* 83. § 1. *D. de V. O.*; wogegen nicht ist *L.* 10. *pr. D. de inoff. testam.* in Note 9., welche von einem erst zu faßenden Urtheile redet. vgl. *Alf. Var. L.* 27. *D. de cond. et dem.* 35, 1. „.. id quod ille se demonstrare animo sensisset, fieri debere ..".

§ h. des Alters u.s.w. Gebräuche Rücksicht zu nehmen [13]. Der **Beweggrund** zur Abschließung des Rechtsgeschäfts, *causa*, ist
zwar als Erkenntnißmittel der Absicht von Bedeutung, jedoch
schadet die Unrichtigkeit desselben an sich [14] dem Bestande des
§ i. Rechtsgeschäfts *nicht*, falsa causa non nocet [15]. Dasselbe gilt
von der *demonstratio*, sofern nur trotz der falschen oder mangelhaften Bezeichnung oder Beschreibung die Absicht des Erklärers
§ k. erhellt [16]. Aus der Bedeutung der Rechtsgeschäfte als besonderer Begründungen von Rechtsverhältnissen ergiebt sich der in den
mannichfaltigsten Beziehungen anwendbare und demnach in verschiedenen Formen ausgesprochene Satz, daß das Rechtsgeschäft
nicht mehr Veränderungen in dem bisherigen Rechtszustande, in
den bisher obwaltenden Rechtsverhältnissen hervorbringe, als es
nach dem objectiven Rechte und der erkennbaren Absicht der Par-
§ l. teien hervorzubringen bestimmt ist [16*]): in Beziehung auf die aus
einem Rechtsgeschäfte hervorgehenden Nachtheile erscheint jener Satz in der Form der Vorschrift, daß die mildere Auslegung
den Vorzug verdiene [17], und daß im Zweifel zwischen Bedingung
§ m. und Modus letzterer anzunehmen ist (§ 115.a.E.); in Beziehung auf
das Besitzverhältniß als die Regeln, daß im Zweifel zu Gunsten des
Besitzers [18], zu Gunsten des der Zeit nach Vorgehenden [19]; in Be-

---

(13) *Ulp.L.*34.*D.de R.I.* „.. Si non pareat quid actum est, erit consequens ut id sequamur quod in regione, in qua actum est, frequentatur..“. *Paul.L.*114.*eod.* „In obscuris inspici solere quod veri similius est aut quod plerumque fieri solet“. *L.*50.in Note 12.cit. z.B. *L.*41.*pr.*§ 2.*D.de V.O.*45,1.

(14) d.h. abgesehen von den Fällen, in denen überhaupt der Irrthum zu einer Wiederaufhebung des geschehenen berechtigt (§ 87. Note 9.), weil in Wirklichkeit dasselbe gar nicht, sondern nur scheinbar gewollt war, weshalb auch der als Bedingung ausgedrückte Beweggrund nicht mehr bloße causa, sondern wahre condicio ist. (§ 110.*e.*) § 31.*I.de legat.*2,20. *L.*17.§ 3.*D.de cond.et demonstr.*35,1.

(15) § 31.*I.*cit. cit.*L.*17.*D.*§ 2. *L.*72.§ 6.*D.eod.*35,1. *LL.*52.65.§ 2.*D.de cond. ind.*12,6. *L.*2.§ 7.*D.de donation.*39,5. *Cod.* de Falsa causa adiecta legato vel fidei commisso 6,44. vgl. *Paul.L.*134.§ 1.*D.de V.O.* „..Plerumque ea quae praefationibus convenisse concipiuntur, etiam in stipulationibus repetita creduntur..“.

(16) §§ 29.30.*I.de legatis* 2,20. *L.*17.§ 1. *L.*33.*pr.*§ 1. *L.*34.*pr.D.de cond.et dem.* *L.*2.*C.*tit.cit.6,44. *L.*9.§§ 2.sqq. *L.*48.§ 3.*D.de her.inst.* 28,5. *Paul.*in *Vat.Fr.*§ 227. „..is datus est quem dare se testator sensit. si id non adparet, non ius deficit, sed probatio: ergo neuter est tutor“.

(16*) *Iav.L.*200.*D.de R.I.* „Quotiens nihil sine captione investigari potest, eligendum est quod minimum habeat iniquitatis“. vgl. § 96. Note 1.

(17) § 93. Note 9. vgl. § 96. Note 1. s. auch das. Note 21.

(18) *Paul.L.*128.*pr.D.de R.I.* „In pari causa possessor potior haberi debet“. *Ulp.L.*126.§ 2.*eod.* „Cum de lucro duorum quaeratur, melior est causa possidentis“. vgl. *L.*6.*D.de trib.act.*14,4. *L.*3.*D.q.c.eo* 14,5. *L.*4.*C.de V.S.*6,38. Dieselben Sätze, nur

ziehung auf Eigenthumsrecht, daß zu Gunsten der Freiheit desselben,
daß ihm aufgelegte iura in re strict zu interpretieren seien [19*]; in § n.
Beziehung auf die Leistungspflicht eines Schuldners, daß im Zweifel zu dessen Gunsten [19=]), für die geringere Quantität des Leistungsobjects [20], für die leichtere Leistungsart in Bezug auf Zeit [21],
Ort [22] und die nähere Bestimmung eines nur alternativ oder generisch bestimmten Objects [23], also gegen den Gläubiger [24], und daß § o.
insbesondere bei gegenseitigen Obligationen gegen denjenigen zu interpretieren sei, welcher nach der Natur des Rechtsgeschäftes dem zu dessen Abschluß erforderlichen Willensausdrucke die Form zu geben hatte [25], wie z.B. gegen den Stipulator [26], den Verkäufer und den Vermiether [27].

---

in einer besonderen Anwendung, drückt die Regel *Gai.L.*125.*eod.* aus „Favorabiliores rei potius quam actores habentur". vgl.*L.*154.und *LL.*33.86.87.*eod.*; und erst „ubi probavi rem meam esse, necesse habebit possessor restituere, qui non obiecit aliquam exceptionem", *Ulp.L.9.D.de R.V.6*,1. (*19*) Prior tempore, potior iure (s.§128.Note 29.), z.B.*L.*11.*pr.L.*12.*pr.D.qui pot.in pign.20*,4. *Herm. L.*98.*D.de R.I.* „Quotiens utriusque causa lucri ratio vertitur, is praeferendus est, cuius in lucrum causa tempore praecedit". vgl.*L.*1.§6.*C.de comm.servo 7*,7.

(*19**) s.§134.unten. Diese Vermutung ergiebt sich aus dem Begriffe des Eigenthums als dem an sich unbestimmten Privatherrschaftsrechte über die körperliche Sache, und der iura in re als besonderer Beschränkungen jenes Rechts. §134.

(*19=*) Hierher gehört auch die (von Savigny Obl.R.I.S.8. schief gedeutete) Maxime des Arrianus bei *Paul.L.*47.*D.de O.et A.44*,7. „Ubi de obligando quaeritur, propensiores esse debere nos, si habeamus occasionem, ad negandum; ubi de liberando, ex diverso ut facilior sis ad liberationem". cf.*LL.* 33.86.87.125.*D.de R.I.* in Note 18.citt. (*20*) *Ulp.L.9.D.de R.I.* §108. Note 8. *Id.L.*34.i.f.*eod.* „.. ad id quod minimum est, redigenda summa est". z.B. *L.*39.§6.*D.de leg.I.30.* *L.*29.§1.*D.de leg.III.32*.u.ö. In den Fällen, wo für die größere Summe entschieden wird, wie z.B. *L.*13.*pr.D.de reb.dub.*, sah man durch grammatische Interpretation die Zweideutigkeit gehoben an; andere Fälle erklären sich daraus, ob dem Gläubiger oder dem Schuldner ein Wahlrecht zustand. (*21*) Diei adiectionem pro reo esse. §90.Note 4. *Ulp.L.*17. *D.de R.I.* „Cum tempus in testamento adicitur, credendum est pro herede adiectum, nisi alia mens fuerit testatoris, sic uti in stipulationibus promissoris gratia tempus adicitur". z.B. *L.*99.§1.*D.de V.O.45*,1. (22) §91. Note 3. (23) vgl.auch §65.Note 9. (*24*) *Ulp.L.*25.*pr.D.de contr. empt.18*,1. „Si ita distrahatur *Illa aut illa res*, utram eliget venditor, haec erit empta". *Paul.L.*34.*pr.D.eod.* *Iav.L.*106.*D.de V.O.45*,1. (25) *Cels. L.99.pr.D.de V.O.* „Quidquid adstringendae obligationis est, id, nisi palam verbis exprimitur, omissum intellegendum est: ac fere secundum promissorem interpretamur, quia stipulatori liberum fuit verba lata concipere. nec rursum promissor ferendus est, si eius intererit, de certis potius vasis forte aut hominibus actum". vgl.oben Note 3.und (*26*) *Cels.L.*26.*D.de rebus dub.34*,5. „Cum quaeritur in stipulatione quid acti sit, ambiguitas contra stipulatorem est". Fast wörtlich ebenso *Ulp.L.*38.§18.*D.de V.O.* s.aber auch in voriger Note „nec rursum u.s.w. (*Cap.*57.*in VI°.de R.I.*) (27) *Pap. L.*39.*D.de pactis* 2,14. „Veteribus placet Pactionem obscuram vel ambiguam venditori et qui locavit nocere, in quorum fuit potestate legem apertius

Sp. Auch in Beziehung auf die Auslegung der Rechtsgeschäfte tritt die gewissermaßen aus dem Selbsterhaltungstriebe des Staates hervorgehende vernünftige Tendenz, daß die Persönlichkeit zu fördern, ihre Voraussetzungen und Entfaltungen zu begünstigen seien, im positiven römischen Rechte maßgebend hervor: es soll in Zweifelsfällen zu Gunsten der Freiheit sowol des Menschen [28] als seines Eigenthums([19*]), der Ehre [29], der Alimente [30], der Dos und der Ehe [31], der Vermächtnisse [32] und letztwilligen Verfügungen [33] überhaupt, besonders aber der Erbeseinsetzungen [34], die Deutung gemacht werden.

§. 118. b. Beweis und Beweislast; Beweisgründe und Beweismittel. Ausnahmen: Notorietät und Geständniß, Vermutung, Fiction.

(*Quintilian*.Inst.orat.lib.5.) De probationibus (*Cod.4*,19.) et praesumptionibus: *Dig*.22,3.| De testibus: *Paul*.S.R.5,15. *Dig*.22,5. *Cod*.4,20. *Novella 90*. De fide testium et instrumentorum: *Th.C.11*,39. De fide instrumentorum et amissione eorum (*Dig*.22,4.) et de apochis et antapochis faciendis et de his quae sine scriptura fieri possunt: *Cod*.4,21.| De confessis: *Dig*.42,2. *Cod*. 7,59. vgl.*Paul*.S.R.5,5a.§§2...5.| Vom Eide §106.n°.V.| *Dig*.de Interrogationibus in iure faciendis et interrogatoriis actionibus *11*,1.

---

scribere“. *LL*.21.33.*D.de contr.empt*.*18*,1. *L*.172.*pr*.*D.de R.I*.| Nicht widersprechend ist Note 24., da dort nicht ambiguum, sondern nur erst durch des Verkäufers Wahlrecht das Object naher zu bestimmen ist. (28) *Pomp.L*.20.*D.de R.I*. „Quotiens dubia interpretatio libertatis est, secundum libertatem respondendum erit“. *Gai.L*.122.*eod*. „Libertas omnibus rebus favorabilior est“. *Paul.L*.179.*eod*. „In obscura voluntate manu mittentis favendum est libertati“. vgl.*LL*.87.90.*D.de cond.et dem*.*35*,1. *L*.1.*D.de suis et legit*.*38*,16. *L*.18.*D.de m.m.test*.*40*,4. *L*.23.*D.q.in fraud.cred*.*42*,8. *L*.1.§5.*D.quar.rer.act*.*44*,5. *Tryph.L*.12.§9.*D.de captiv*.*49*,15. „...institutum a maioribus libertatis favorem ..“. *L*.10.§1.*D. de reb.dub*. §32. Note 10. *LL*.2...4.*C.de inf.expos*. 8,52. Titt. *Cod*. *7*,2.sqq., besonders die justinianischen Constitutionen daselbst. u. §112. Note 22. §114. Note 14. (*29*) vgl.*L*.13.§4. mit §§5...7. u. *pr*. *L*.24.*D.de his q.not.inf*.*3*,2. (*30*) *L*.8.§24.*D.de transact*.*2*,15. „...pro utilitate alimentarii recipienda sunt“. vgl.§38. Note 15. Tit.*Dig*. de alimentis legatis *34*,1.passim. (*31*) s.§51.*i*. §89. Note 11. *Paul.L*.85.*pr*.*D.de R.I*. = *L*.70.*D.de I.D*.*23*,3. „In ambiguis pro dotibus respondere melius est“. *Id.L*.2.*eod*. „Rei publicae interest mulieres dotes salvas habere, propter quas nubere possunt“. *Pomp.L*.1. *Paul.L*.45.i.f.*D.sol.matr*.*24*,3. „...Favore nuptiarum..“. (32) z.B. *L*.19.*D.de m.m.test*.*40*,4. *L*.17.§1.*D.de leg.1.30*. (33) *Paul.L*.5.*D.test.quemadm.ap*.*29*,3. „...Publice enim expedit suprema hominum iudicia exitum habere“. *Id.L*.12.*D.de R.I*. „In testamentis plenius voluntates testantium interpretantur“. *L*.24.*D.de reb.dub*. *Ulp.L*.12.§2 i.f.*D.de usu et habit*.*7*,8. „...neque enim tam stricte interpretandae sunt voluntates defunctorum“. z.B.*L*.13.*pr*.*D.de lib.et post*.*28*,2. vgl. Noten 8.9. (*34*) *L*.2.*D.de lib.et post*.*28*,2. *Paul.L*.19.*eod*. „...aliamque causam esse institutionis quae benigne acciperetur; exheredationes autem non essent adiuvandae“. z.B. *L*.4.*C.de inst.et substitut*. *6*,25. vgl.*L*.27.§§1.2. *LL*.67.87...90.*D.de her.inst*.*28*,5. auch *Pap.L*.8.*D.de collatione 37*,6.

Beweis, probatio, bezeichnet sowol die Thätigkeit, deren beabsichtigten Erfolg und die Mittel zur Nöthigung der Fürwahrannahme eines Satzes, als auch die hypothetische Verpflichtung zu jener Thätigkeit, also Beweisführung, Bewiesenheit, Beweismittel und Beweislast [a]). Die Gründe, aus welchen die Behauptung von Thatsächlichem [1], affirmative oder negative [2], in Rechtsverhältnissen für wahr angenommen werden muß [b]), die Beweisgründe, sind entweder Rechtsvorschriften (Präsumptionen und Fictionen: §§ *l,m.*) oder thatsächliche, auf die Fürwahrannahme direct (wie das Geständniß: §§ *h...k.*) und die Beweismittel im engeren Sinne: § *e.*) oder mittelbar (wie die Schlußfolgerungen: § *l.*) einwirkende. § *a.*

(*a*) Wie im Deutschen der innere Zusammenhang der als 'Beweis' bezeichneten Begriffe bewirkt, daß das Wort Beweis auf mehrere jener zugleich bezogen werden kann, z.B. ein unzureichendes Beweismittel eine genügende Beweisführung, und folglich Bewiesenheit, also auch die Erfüllung der hypothetischen Verpflichtung zu beweisen, der Beweislast, ausschließt, und so daher auch Beweis statt 'Erweisbarkeit' (wie probatio in §117. Note 16.a.E.), und wo durch den Beweis der Gegner überführt werden soll, statt 'Ueberführtheit' (wie 'probationi admovetur *reus* in *L.*1.§1.*D.de quaestion.*48,18.) vorkommen kann: so auch das lateinische probatio, das z.B. in dem Satze Probatio heredis est alle jene Bedeutungen haben kann, zunächst aber = heredi probatio oder onus probationis incumbit. Zu näherer Erwägung stehen hier aus *Dig. u. Cod. de Probationib.* folgende Formen: *a*) erga probationem laborare; in se suscipere, implere probationes, ad probationem sufficere, *b*) probationem praestare, praebere, implere, exigere; probatio deficit; dominii, emptionis, fidei commissi relicti, servitutis probatio; indicia ad probationem expedita; *c*) evidentissimis, legitimis, manifestis probationibus adprobare, docere, ostendere; probationes dantur; probationum indicia; instrumento et aliis probationibus; *d*) probatio incumbit; probationem imponere; probatio heredis est; negantis probatio nulla; cui onus probationis incumbit; probationis necessitas. Das probare wird auch einfach demonstrare, docere, implere, ostendere genannt oder sonstwie umschrieben, wie der Gegenbeweis adfirmationem falsam esse detegere *etc.*

(*1*) Rechtsbestimmungen als solche brauchen die Parteien niemals zu erweisen: †iura novit curia. *L.*11.*C.de iudiciis* 3,1. *pr.I.de obll.q.q.ex del.*4,5. *L.*6.*D.de e.o.cognit.*50,13. Daß der Richter nur das einheimische Recht zu kennen verpflichtet sei, ist nicht ein Widerspruch gegen jenen Satz oder eine Ausnahme von demselben. s.§93.*c.* Und nur Ungenauigkeit des Ausdrucks ist es, zu sagen, daß das dem Gerichte nicht ohnehin bekannte Gewohnheitsrecht von der auf dieses sich berufenden Partei erwiesen werden müße: nicht die Rechtsbestimmung, sondern die Thatsachen, Handlungen oder Unterlaßungen, aus welchen der Richter auf jene schließen soll, hat die Partei zu beweisen. s.§11.*b.* Der Beweis privilegiarischer Befugnisse i.e.S. erfordert nach deren Begriff (vgl. §98.*h.*) den Beweis, daß die specielle gesetzliche Bestimmung (§94.*f.g.*) aufgestellt worden sei. *L.*5.*pr.D.h.t.*22,3.

(*b*) Für das Beweisen im Rechte kommt es auf ein moralisches Ueberzeugen, eine Nöthigung des Subjects, des Richters oder der Partei oder dritter Personen, zur Fürwahrannahme eines gesetzten aus Gründen, welche das Urtheil der individuellen Vernünftigkeit des Subjects für zureichend dazu erkennt, nicht an.

§ *b.* Die das Formelle des Beweises betreffenden Rechtsvorschriften, die über die Art des gerichtlichen Beweisverfahrens, die Zuläßigkeit und Anwendung der unterschiedlichen Beweismittel, und deren Einfluß auf die gerichtliche Verwirklichung des materiellen Rechtes als formellen gehören dem Civilprocesse an; dem Privat-
§ *c.* rechte aber die, von wem und was zu beweisen sei. Regel ist, daß nur diejenigen eine Thatsache setzenden oder läugnenden (2) Behauptungen, nur die erlaubten oder unerlaubten Handlungen oder Unterlaßungen [3], welche das, um Rechte daraus abzuleiten, anführende Subject beweist, von deren Richtigkeit es das Gericht rechtsgenüglich überzeugt, als Gründe von Rechten im Staate gelten: eine unbewiesene Behauptung gilt nicht für wahr [4], d.h. nicht als zureichender Grund für den Staat, durch sein Rechtsverwirklichungsorgan, das Gericht, eine Veränderung des unter den Parteien factisch bestehenden Rechtszustandes zu bewirken; das Subject, welches diese vom Gerichte für sich in Anspruch nimmt, trifft die Beweislast, necessitas oder onus probandi, ihm liegt der Beweis ob,
§ *d.* ei incumbit probatio [5]. Wer daher aus einem Rechtsgeschäfte ein

(2) Wer auf die Thatsache, daß etwas nicht geschehen, ein Verhältniß nicht begründet sei u.dgl., einen Rechtsanspruch stützt, muß jene beweisen (*L.19.*§1. *L.25.pr.D.eod.* *L.10.D.de V.O.45*,1. Tit.*D.de cond.c.dat.12*,4. passim.), und der Satz Negantis probatio nulla (*L.23.C.h.t.* *Paul.L.2.D.h.t.*,,Ei incumbit probatio qui dicit, non qui negat") sagt eben sowenig, daß Negativen nie zu beweisen seien, als der, daß dem Kläger der Beweis obliege (*L.21.D.h.t.* *L.2.C. eod.* *L.4.C.de edendo* 2,1. *L.un.C.de prohib.sequestr.4*,4.u.ö.), dem andern entgegensteht, daß der Beklagte diejenigen Thatsachen beweisen müße, wodurch er den Beweis des Klägers entkräften will, oder welche bewirken sollen, daß der klägerische Anspruch ope exceptionis oder ipso iure unbegründet erscheine. (§ 101.c.) *LL.9.12.17.19.pr.*et passim *D.h.t.* *LL.1.19.C.eod.*u.ö.| Uebrigens entscheidet für die Beweisauflage, nicht ob der Form, sondern ob dem Inhalte nach eine Thatsache behauptet werde, um einen Rechtsanspruch darauf zu stützen; z.B. *Ulp.L.18.*§2.*D.h.t.* ,,.. impositam inprobationem [Beweis des nichtrespondisse] non ei qui excepit se non respondisse .."; so ist Behauptung des Eigenthümers, sein Eigenthum sei frei, nur Negation Anderen daran zustehender dinglicher Rechte, und die Behauptung des negatorisch Beklagten, daß des Klägers Eigenthum nicht frei sei, ist positive Behauptung eines dinglichen Rechts.| Die Grundsätze von der iuris et facti ignorantia (§§ 87.97.) sind hier von Einfluß, indem die Personen, denen Irrthum oder Unwißenheit nachgesehen wird, auch in Beziehung auf den Beweis derselben begünstigt sind. *L.25.*§§1.sqq.*D.h.t.22*,3.

(3) s.*LL.*citt.*L.22.D.h.t.*| *L.18.*§1.*D.h.t.* *L.6.C.de d.m.2*,6. *L.4.C.de edendo* 2,1. Dagegen, daß auch der auf Dolus eines Anderen sich Berufende den Dolus zu beweisen habe, ist gar nicht, daß im Beweise gewisser Thatsachen der des Dolus von selbst mit enthalten ist. *L.7.pr.D.de admin.tut.* 26,7. *L.36.i.f.D.de peculio* 15,1. [Reichsabsch.v.1594.§69.]

(4) nicht daß sie für unwahr erklärt würde; der Staat schützt nur die darauf gegründeten Ansprüche nicht. citt.§4.*C.de edendo* und *L.un.C.de proh.sequestr.4*,4.

(5) *LL.21.25.*§3.*D.h.t.* *LL.1.2.8.9.*et passim *C.h.t.* *L.22.i.f.D.de leg.II.31.*u.ö.

Recht in Anspruch nimmt, hat zu beweisen, daß dasselbe, also auch in der gehörigen Form, wo solche erforderlich ist, abgeschloßen worden sei [6]: sind die wesentlichen Bestandtheile bewiesen, so verstehen sich die natürlichen bis zu erbrachtem Gegenbeweise von selbst [7]; während die willkürlich gesetzten besonders zu beweisen hat wer daraus einen Rechtsanspruch ableiten will [8]; ebenso wer nach erwiesenen Wesentlichkeiten in Beziehung auf Inhalt und Form des Geschäfts Mängel oder Fehlerhaftigkeit desselben behauptet [9]. Zu § e. den in der Lehre vom Civilprocesse ausführlich zu erörternden Beweismitteln gehören für das Privatrecht nur sehr beschränkt die eigene sinnliche Wahrnehmung des Richters (s.g. Augenschein) [9*], vorzüglich aber Zeugen [10], Urkunden [11] und Eid [12].

(*6*) *L*.13.§2.*D.de Publiciana 6*,2. vgl. Note 19. (*7*) z.B.§103.*d*. (8) §103.*e*. z.B.cit.*L*.10.*D.de V.O.45*,1. (*9*) *L*.5.§1.*D.h.t*.22,3.u.§8.*I.de fideiussor*.3,20. *L*.30.*D.de V.O.* *L*.14.*C.de contr.stip*.8,38. *L*.25.*D.qui testam*.28,1. *L*.11.*C.h.t.4*,19. (9*) cf.*L*.32.*D.de minorib.4*,4. *pr.I.quib.mod.tut.fin.1*,22. | S.436.Z.26. *L*.11.§1.*D.de S.P.U*.8,2. *L*.3.*C.fin.reg*.3,39.und hiezu unten S.*23. *fá*. (*10*) deren 2 vollkommene und beeidigte regelmäßig zu einem vollen Beweise genügen *L*.12.*D.h.t*.(d.h.*de testib.*) *L*.9.*C.eod.* Ausnahmen *L*.15.§1. *L*.18.*C.eod.* Beweiszeugen können auch Weiber (*L*.18.*D.eod.* *L*.20.§6.*D. qui testam.* vgl. §116.Note 13.), aber niemand in eigener Sache (*LL*.10.*D.et C.h.t.*) oder der eines Familiengenoßen sein. (*L*.6.*D.* *LL*.3.6.*C.h.t.*) Manche Personen sind überdieß ganz unfähig, andere nur verdächtig, noch andere dürfen die Zeugnißablegung ablehnen. s.die citt.Titel de testibus. (*11*) Die Urkunden, scripta, scripturae, litterae, cautiones, tabulae, documenta, am häufigsten instrumenta, kommen hier nur als Beweis-, nicht als Sollennitäts-Mittel in Betracht; jedoch ist auch deren Beweiskraft mitunter verschieden, je nach der Form und dem Aussteller derselben. Man unterscheidet unter öffentlicher Auctorität oder notariell verfaßte (instrumenta publica, *Marcell.L*.10.*D.h.t.22*,3.„Census et monumenta publica potiora testibus esse senatus censuit".) und solchen gleichwirkende private (instr. quasi publice confecta) von den einfachen privaten (instrum. privata, *ἰδιόχειρα*). *Leo L*.11.*C.qui pot.in pign*.8,18. Das Original heißt authenticum, der Entwurf scheda conscripta, die Reinschrift mundum (§116. Note 18.), die Abschrift oder Copie exemplum, ein Auszug index. Cautio ist vorzugsweise die als Beweismittel über ein Schuldverhältniß ausgestellte Urkunde (z.B. *L*.40.*D.de R.C.12*,1. *L*.27.*D.depos.16*,3. *L*.15.*D.de probatt*.22,3. *L*.32.§1.*D.de adm.tut.26*,7. *L*.11.*C.de pact.conv*.5,14.), wobei es für die Beweislast von Belang ist, ob sie indiscrete loquitur (instr. +*indiscretum*) oder ob sie den Grund des Schuldverhältnisses angiebt (instr.+*discretum*), *L*.25.§4. cf.*L*.31.*D.h.t.*22,3. Je nach dem Inhalte und dem Rechtsverhältnisse, worauf sie sich beziehen, sind die Urkunden chirographa, syngraphae, securitates, apochae und antapochae, rationes, ratiocinia, notoria, probatoria, census; nach dem Material chartae, membranae, codices, lignum u.s.w. s.die citt.Titel de fide instrum. u.*Dirksen* Manuale hh.vv. (*12*) Die processualischen Eide beziehen sich theils auf die Wahrung des gesetzmäßigen Processganges, wie die eidlichen Vadimonien (§106.Note 64.), theils auf Verhütung grundloses Processierens, wie das iuramentum calumniae, der Gefährdeeid; theils sollen sie die Entscheidung eines streitigen Punctes selbst begründen, die s.g. Schiedeseide, wozu, außer dem §106.*β*ff. erörterten iuram.voluntarium, der vom Richter zur

§f. So wie nur erhebliche, relevante, d. h. solche Thatsachen,
welche als Grund von Rechten in Betracht kommen [d]), so sind
auch nur solche Thatsachen zu beweisen, welche bestritten (somit
§g. auch vernünftiger Weise bestreitbar [e]) sind, also nicht 1) **notorische**, gemeinkundige, allgemein bekannte [13], noch auch sonstige vom
§h. Gegner **eingestandene**. Das Geständniss, die Willenserklärung, etwas der gegnerischen Rechtsbehauptung vortheilhaftes
gegen sich gelten zu laßen, ist Aufgeben des Rechts (§ 108. *c*, *d*.)
auf Beweis des Gegners, und macht als gerichtliches auch ohne
Acceptation des letztren das eingestandene zu einem unbestrittenen [f]), als außergerichtliches fällt es durchaus unter den Verzicht.
§i. Nach römischem Rechte vertrat das in Gegenwart des Klägers oder
dessen Vertreters abgelegte freie **Zugeständniss** des klägerischen
(ursprünglich nur des auf eine bestimmte Geldsumme, dann des auf
irgend etwas bestimmtes gerichteten, seit divus Marcus jedwedes)
vermögensrechtlichen Anspruches vor dem Magistratus, *in iure*,
das Urtheil [14]; während im neueren Rechte das vollkommene Geständniss insofern als es Grund eines condemnatorischen Urtheils
ist, überhaupt nur volle Beweisung oder richtiger Erhebung der
eingestandenen Thatsache zu einer unbestrittenen macht, so daß die
eingestandene in demselben Rechtsstreite nicht bewiesen zu werden

---

Ergänzung oder Entkräftung eines unvollständigen Beweises aufgelegte Eid (iuram. necessarium als †suppletorium oder †purgatorium) und der Schätzungs- oder Würderungs-Eid, das iusiur. in litem (§ 102. Note 27.), gehören. (*d*) s. z. B. *L*.28.*D*.*h*.*t*.22,3. *LL*.9.sqq.*C*.*eod*. (*e*) s. z. B. *L*.8.*D*.*de confess*.42,2.

(13) *Quintil*. Inst. or. 5,3. „Famam atque rumores..consensum civitatis et velut publicum testimonium..“. *L*.9.§ 2.*D*.*de iur*.*et f*.*ign*.22,6. „si omnes in civitate sciant..“. In Hadrians Rescript *L*.3.§ 2.*D*.*de testib*.22,5. wird die consentiens fama nur als confirmans rei d.q.q. fidem, angeführt. [Die notoria der Note 11 sind nuntiatorische Scripturen.] (Das kanonische Recht schreibt vor, daß das notorium, publicum et manifestum, keines Beweises bedürfe. Würde jedoch die Notorietät bestritten, so wäre nicht sie, sondern die angeblich notorische Thatsache zu beweisen. Das notorische ist also für den civilrechtlichen Beweis nur dem eingestandenen gleich.) Von dem gemeinkundigen ist sowol das actenkundige als das s. g. menschenkundige, was in aller Regel jeder verständige Mensch weiß, zu unterscheiden. (*f*) *L*.13.*C*.*de non num*.*pec*.*4*,30. cf. *L*.6.§ 3.*D*.*de confess*.42,2. (*14*) *Paul*.*L*.1.*D*.*de confess*. „Confessus pro iudicato est, qui quodammodo sua sententia damnatur“. *L*.*un*.*C*.*eod*. *Paul*. S.R.5,5a.§ 2. *L*.56.*D*.*de re iud*.42,1. vgl. *LL*.2...5.6.§ 6.*D*.*de confess*., und wegen des ein incertum (§ 89.*h*.ff.) schuldig zu sein Bekennenden, so wie wegen des durch einen Andern abgelegten Eingeständnisses und des durch eine in ihrer Handlungsfähigkeit beschränkte Person gemachten s. *LL*.6.sqq.*D*.*eod*. *LL*.1.3.*C*. *de errore advocator*.2,10. vgl. Savigny Syst. §§ 303...8. Puchta Inst. § 173. a. E. *Keller* Röm. Civilproc. § 63.

braucht [15]. Dem vor dem Magistrat abgelegten Geständnisse gleich § k. wirkte auch dem Kläger gegenüber formelle Wahrheit das Schweigen, unwahre Antworten oder ausdrückliche Bejahen auf die mit Erlaubniss des Prätors vor ihm, in iure, an den Beklagten gerichteten förmlichen Fragen über gewisse Thatsachen, welche feststehen musten, damit der Kläger seine Sache gehörig vor den Judex bringen konnte, auf die *interrogationes in iure factae;* worauf das Judicium über die im justinianischen Rechte wegfallende interrogatoria actio erfolgte [16]. 2) *Praesumptio*, Vermutung, § l. ist die Folgerung der Richtigkeit einer noch ungewissen Thatsache aus einer gewissen [17]. An sich macht eine solche noch nicht volle Beweisung, sondern wirkt nur als Beweisgrund, indicium, argumentum, vestigium veritatis [18] (praesumptio +*hominis* s. +*simplex*); manchen Vermutungen aber legt das positive Recht die Wirksamkeit bei, statt Beweises zu gelten, so daß dem das Gegentheil Behauptenden der Beweis obliegt, daß sich die Thatsache der gesetzlichen Annahme zuwider verhalte (praesumptiones +*iuris*) [19]; wo dieser Beweis eine Widersinnigkeit wäre, da ist auch das nach der Rechtsbestimmung als wirklich angenommene nicht eine Präsumption, womit die neuere Annahme den Gegenbeweis ausschließender, s.g. praesumptiones +*iuris et de iure* [20] sich widerlegt.

(*15*) *L.5.C.de transact.*2,4. So muste auch zur Zeit des ordo iudiciorum privatorum §130.*a*.ff.) der iudex auf das *in iudicio* abgelegte Geständniss condemnieren. *L.5.D.h.t.42*,2. *L.*74.*pr.D.de iudiciis* 5,1.

(*16*) cit.tit.*Dig.* *11*,1. und Hollweg Versuche no.4. Puchta l.c. *Keller* Röm.Civilproc.§ 51.

(*17*) z.B. der bezahlten Schuld aus der Zerreißung oder Zurückgabe der Schuldurkunde, *L.24.D.h.t.22*,3. *L.*2.§ 1.*D.de pact.*2,14., der Voraussetzung, schuldig zu sein, daraus daß man bezahlt, *L.*25.*pr.D.h.t.*, der Absicht, eine Schuld zu erlaßen, daraus daß man sie bei keiner Gelegenheit in Gegenrechnung bringt, *L.*26.*D.eod.*, u.s.w.

(*18*) *Dirksen* Manuale hh.vv.

(*19*) z.B.§ 32. Noten 8.10...13. und die Präsumption, daß Magistratshandlungen auf gesetzliche Weise vorgenommen worden seien. *L.*5.§ 1.*D.h.t.* cf. *L.*25.*pr.D.de adopt.1*,7. (Das kan.R. sagt Pro his quae a iudice sunt acta, praesumitur quod omnia rite fuerint celebrata.)

(*20*) Als solche führt man an 1) *Ulp.L.*3.§11. *D.de suis et leg.*38,16. („Post decem menses mortis natus non admittetur ad legitimam hereditatem"), als ob es eine Rechtsvorschrift wäre, daß ein Kind nicht über 10 Monate nach der Conception in utero zu bleiben habe, und hier der Gegenbeweis aus Rechtsgründen unmöglich wäre! Unmögliches kann weder zum Beweise verstellt, noch jemand zum Beweise der Wirklichkeit desselben zugelaßen werden. 2) *L.*14.*C.de non num.pec.4*,30. *L.*3.*C.de dote cauta* 5,15. *Nov.100.c.*2., wonach der Aussteller von Empfangsbescheinigungen sich nach Ablauf bestimmter Fristen nicht mehr darauf berufen darf, dasjenige, worüber der Schein lautet, wirklich nicht empfangen haben. Es wird hier nicht präsumiert, daß er empfangen habe,. sondern der auf den Nichtempfang sich gründende ge-

§m. 3) *Fictio* dagegen ist die Annahme des Gegentheils von dem an sich feststehenden oder als feststehend vorausgesetzten, schließt also den Gegenbeweis aus[21]; juristisch giltige Fictionen müßen daher im positiven Rechte anerkannt sein[22], wie die meisten das prätorische[23], einige auch das Civil-Recht[24] aufgestellt hat.

§*n*. Anmerkung. Nicht zu billigen ist es, wenn man (mit v. Savigny Syst. §133.) unter dem Namen 'fingierte Willenserklärung' die Fälle zusammenfaßt, in denen zufolge positiver Rechtsvorschrift eine Befugniſs oder rechtliche Belästigung so hervorgebracht wird, als ob eine auf deren Hervorbringung gerichtete Willenserklärung erfolgt wäre. Die von jenem Schriftsteller angeführten Fälle
§*o*. sind vielmehr entweder I) dispositive Rechtsbestimmungen, welche so lange eintreten, als sie nicht durch gehörige Willenserklärung (Protestation oder Reservation, §116.*k*...*m*.) ausgeschloßen worden sind; hierher gehören 1) die Befugniſs wegen familienrechtlicher Verbindung Angehörige ohne Mandat in Procession zu vertreten (*L*.35.*pr*.*D*.*de procurat*.3,3. *L*.21.*C*.*eod*.2,13.); 2) die stillschweigenden Pfand- [u. Nießbrauchs-]Rechte mit Ausnahme der Fälle n°.II.; 3) die Wirkung der Einwilligung des Pfandgläubigers in Veräußerung oder neue Verpfändung der Pfandsache, daß das Pfandrecht des einwilligenden untergeht oder oder dem des neuen Pfandgläubigers nachsteht (*L*.158.*D*.*de R.I.* *L*.4.§1. *L*.7.*pr*.*D*.*q*.*mod*.*pign*.20,6. *L*.12.§4.*D*.*q*.*pot*.*in pign*.20,4.), ist gewiſs richtiger auch als stillschweigende Willenserklärung aufzufaßen, da es bei derselben gar nicht darauf ankommt, daß sich der Consentierende den Erfolg seiner Einwilligung bestimmt gedacht habe; wenn ich z.B. bei Abschluß des Kaufs vergeßen habe, eine spätere Ablieferungszeit zu setzen, so gilt doch gewiſs das „quod sine die de-
§*p*. betur, praesenti die debetur" u.dgl.m.; oder II) nothwendige Folgen 1) der Willensunfähigkeit der Kinder, Verstandeslosen u.s.w., so daß solche bei Adoptionen und Emancipationen als einwilligend angesehen werden, weil hier Nichtwiderspruch als Einwilligung gilt; solche Personen aber nicht widersprechen können. So kann auch nach der Consequenz des älteren Rechts die Tochter des

richtliche Anspruch des Ausstellers der cautio gegen deren Inhaber wird nicht mehr zugelaßen. Mit gleichem Recht oder vielmehr Unrecht würde man alle Verjährungen und Ersitzungen, Präclusionen und processualischen Ungehorsamsstrafen zu den Präsumptionen stellen. s.§120.*a*. (*21*) Die Fiction geht von gewissem, die Präsumption von ungewissem aus; die erstere schließt aus Rechtsgründen den Gegenbeweis aus, die letztere läßt ihn zu. (22) *Ulp*. *L*.8.*D*.*de castr*.*pec*.*49*,17.„..Veritatem enim spectamus,.. non quod quis finxit". (23) besonders zur Fortbildung des Rechts, um ohne Verletzung der juristischen Consequenz civile Bestimmungen auf neue Verhältnisse anwendbar zu machen, z.B. wenn im Formularprocesse für die Condemnation fingiert wird, als erfolge diese nach dem älteren Actionenproceſs, in den ficticiae actiones, z.B. wenn der bonorum possessor oder bonorum emptor als heres (§131. Note 46.), der b.f.possessor als Eigenthümer, der Peregrinus als Civis (§92*. Note 22.), der capite minutus als non minutus behandelt wird; die Fiction, welche in der in int. restitutio enthalten ist (§132.Note 23.), u.dgl. *Gai*.*3*,84.*4*,32.34...38.80. *Ulp*.*28*,12. *L*.2.et passim *D*.*de k*.*m*.*4*,5. u.oben §46.Note 5. *Keller* röm.Civilproc.§31. (*24*) z.B. die fictio legis Corneliae §47.*e*. §69. Note 10.); die fictio legis Iuniae bei *Gai*.*3*,56.

wahnsinnigen Vaters, nicht aber dessen Sohn, heiraten; denn zur Eheeingehung genügte seitens der Frau Nichtwiderspruch als Einwilligung, während seitens des Mannes positive Willenserklärung erforderlich war (*Pr.I.de nupt.1*,10. *L.25.C. eod.5*,4. vgl.*L.12.pr. L.7.*§1.*D.de sponsal.23*,1.). Ferner gehört hierher, daß der Vater einer wahnsinnigen Tochter deren Dos nach aufgelöster Ehe allein zurückfordern kann: Nichtwiderspruch der verständigen Tochter genügt ja auch (*L.2.*§2.*D.sol.matr.24*,3.); 2) der absoluten Rechtsvorschriften *a*) daß die Frau § *q.*
ihrem Pfandrechte zur Sicherung der Dotalforderung in der Regel nicht entsagen kann (*L.1.*§1.*D.de dote prael.33*,4. *L.17.D.de pact.dot.23*,4.), ebensowenig als *b*) Bevormundete ihrer Generalhypothek am Vermögen des Vormunds. (*L.20. C.de adm.tut.5*,37. *L.7.*§§5.6.*D.de cur.fur.5*,70. *Nov.22.c.*40. *Nov.118.c.*5.i.f.)

§. 119. β. Insbesondere Wirkungen unvollkommener Rechtsgeschäfte und Heilung der Mängel: Nullität, Infirmation und Rescissibilität; Convalescenz und Conversion.

Jedes von dem positiven Rechte verbotene Rechtsgeschäft ist § *a.*
nach dem justinianischen Rechte nichtig, unfähig, die durch dasselbe beabsichtigten Wirkungen[1] (denn andere, insbesondere Schadensersatzpflicht und Strafe, kann es nach sich ziehen: §105.) hervorzubringen, auch wenn die Nichtigkeit nicht ausdrücklich angedroht ist[2]; jedoch natürlich nicht, wenn eine andere, die Nichtigkeit ausschließende Folge nach der Vorschrift des Gesetzes eintreten soll[3]. Ebenso kann auch ein Rechtsgeschäft absolut oder voll- § *b.*
kommen nichtig, nullum, sein oder werden, weil es ihm an wesentlichen Erfordernissen, sei es in Beziehung auf die Parteien[4], die

(1) Begründung, Aenderung oder Beendigung von Rechtsverhältnissen. §103.*a.*
(2) Nach vorjust. Recht sind nur die gegen leges perfectas oder plus quam perfectas (§93.*d.*) verstoßenden Handlungen nichtig; allgemein aber verordnen *Theod.et Val.*(*Nov.9.*§§2.3.ex ed.Haen.p.38.) *L.5.C.de LL.1*,14.„..Nullum enim pactum ... inter eos videri volumus subsecutum, qui contrahunt lege contrahere prohibente. Quod ad omnes etiam legum interpretationes tam veteres quam novellas trahi generaliter imperamus, ut legislatori, quod fieri non vult, tantum prohibuisse sufficiat, ceteraque quasi expressa ex legis liceat voluntate colligere, h.e. ut ea quae lege fieri prohibentur, si fuerint facta, non solum inutilia, sed pro infectis etiam habeantur, licet legislator fieri prohibuerit tantum, nec specialiter dixerit inutile esse debere quod factum est. Sed si quid fuerit subsecutum ex eo vel ob id quod interdicente factum est lege, illud quoque cassum atque inutile esse praecipimus..“. (Hieraus der zumal für das kan. R. zu allgemeine Satz des *cap.64. in VI°.de R.I.* „Quae contra ius fiunt, debent utique pro infectis haberi“.) vgl. §83. Note 4.
(3) z.B. die gegen ein s.g. impedimentum impediens eingegangene Ehe ist nicht nichtig; aus dem verbotenen Darlehn an ein Hauskind entsteht nur keine Klage für den Darleiher oder dessen Successor, aber eine exceptio für den aus solchem Darlehn Belangten und es kann doch giltig solviert werden, u.a. Fälle.
(4) z.B. Ehe zwischen Personen desselben Geschlechts, zwischen Geschwistern; Willenserklärungen eines Kindes, Verstandeslosen; Spon-

§ c. Form[5] oder den Inhalt[6], gebricht. In allen Fällen wirklicher nach der Rechtsbestimmung das Geschäft betreffender Nichtigkeit ist dieses, soweit es nichtig ist, juristisch gar nicht existent; unnöthig und selbst widersprechend wäre es also, die Nichtigkeit erst durch ein eigenes Rechtsmittel hervorbringen, das vom Rechte selbst verneinte Geschäft durch eine Thätigkeit einer Partei, eine s.g. querela nullitatis, vernichten zu wollen: ein diese Nichtigkeit im gegebenen Fall aussprechendes Urtheil ist nicht ein sie bewirkendes, sondern nur ein die vom Recht bewirkte anerkennendes[7].

§ d. Dieses gilt auch, wenn ein Rechtsgeschäft nach der Rechtsbestimmung nur einen Theil der beabsichtigten Wirkungen hervorzubringen vermag, in einem andren Theile, nach einer der mehreren Seiten seiner beabsichtigten Wirksamkeit dagegen für nichtig erklärt ist: hier wirkt die Nichtigkeit des Geschäfts Rechte eines Subjects, die ihm, wenn jenes giltig wäre, nicht zustehen würden[8], oder eine Nichtverpflichtung des einen, eine Nichtberechtigung des andren Subjects, welches aus dem ganz oder allseitig giltigen Geschäfte verpflichtet oder berechtigt worden sein würde

§ e. (s.g. hinkende Rechtsgeschäfte, negotia +claudicantia)[9]. Auch in

---

sionen eines non civis u.dgl. (5) z.B. eine Mancipation oder ein Privattestament vor weniger als den erforderlichen oder vor unfähigen Zeugen, eine Stipulation ohne gehörig entsprechende Frage und Antwort, ein Wechsel ohne Schrift u.s.f. (6) z.B. „si id quod dari stipulamur tale sit, ut dari non possit, vel uti si quis liberum hominem aut locum sacrum vel religiosum stipuletur", wenn im Testamente Eltern oder Kinder nicht eingesetzt oder enterbt sind, und überhaupt, sofern der Inhalt durch Privatwillen nicht bestimmt werden kann, § 93. Note 4. § 83. Note 4. (7) Daß ein gerichtliches Verfahren zur Entscheidung, ob in Wirklichkeit das Geschäft ipso iure nichtig sei oder nicht, erforderlich sein kann, steht nicht entgegen. s. auch gegen diese Nichtigkeitsbeschwerde mancher Neueren v. Savigny Syst. § 202. n°. 2.

(8) So gilt das Testament, worin ein Ascendent oder Descendent weder zum Erben eingesetzt noch gehörig enterbt ist, in Betreff der Erbeinsetzungen gar nicht als Testament; aber wenn kein Betheiligter sein Recht dagegen geltend machen will, kann factisch das Testament seine Wirksamkeit haben; was jedoch nicht minder der Fall sein kann bei nichtigen Rechtsgeschäften, gegen- oder ein-seitigen, unter Lebenden. *Nov. 115. capp.* 3. 4. (9) So z.B. gilt der von einem Pupillen ohne des Vormunds Vollwort abgeschloßene Vertrag nur als den anderen Contrahenten verbindend, „ex uno latere constat contractus: nam qui emit, obligatus est pupillo, pupillum sibi non obligat". *Ulp. L.* 13. § 29. *D. de A.E. et V.* 19, 1. *pr. I. de auct. tut.* 1, 21. *L.* 5. § 1. *D. de auct. et cons.* 26, 8. (Daß auch der Pupill aus solchem Vertrage, soweit er dadurch bereichert ist, verklagt werden kann, gehört nicht hierher.) So wirkt dolose Aufkündigung der Societät gegen, aber nicht für den Aufkündigenden, *L.* 65. § 3. *D. pro soc.* 17, 2.; so kann der Kauf gegen den Käufer gelten, ohne für ihn zu gelten, *L.* 57. § 2. *D. de contr. empt.* 18, 1.; so kann eine beabsichtigte Novation tilgend wirken, ohne eine neue Obligation zu gründen. § 3. *I. quib. m. toll. obl.* 3, 29. u. dgl. m.

diesen Fällen ist die Nichtigkeit, wenn ein zufolge derselben berechtigtes oder nichtverpflichtetes Subject dieselbe geltend macht, eine absolute (nicht 'totale'), durch die Rechtsbestimmung bewirkte; weshalb es verwerflich ist, sie als Gegensatz zur absoluten, als 'relative oder respective Nichtigkeit' zu bezeichnen [10]; falsch aber ist, diese Nichtigkeit 'Anfechtbarkeit, Rescissibilität' zu nennen, da kein Rechtsmittel erforderlich oder auch nur möglich ist, um die Nichtigkeit, welche die Rechtsbestimmung schon bewirkt hat, zu bewirken, sondern nur etwa, um den factischen Eintritt oder Bestand der Wirkungen des rechtlich nichtigen Geschäfts zu verhüten oder wieder auszugleichen [11]. Die wirkliche Anfechtbarkeit oder Rescissibilität kommt nur den Rechtsgeschäften zu, welche ipso iure, an sich giltig, durch Geltendmachung eines eigenen, jenen entgegenwirkenden Rechts so bedeutungslos, unwirksam werden, als wären sie von Anfang oder von dem Eintritte des Rescissionsgrundes an nichtig gewesen [12]. Ueberdiess kann ein an sich

§ f. § g.

(*10*) Relativ oder respectiv nichtig ist ein gegen Nov. 115. verstoßendes Testament, ein s.g. negotium claudicans allerdings in Bezug auf die einzelnen Seiten der Wirksamkeit, die es haben würde, wenn es nicht an einem Nichtigkeitsgrunde litte; irrig aber ist jene Bezeichnung, wenn dadurch ausgedrückt werden soll, daß das Rechtsgeschäft ipso iure (nicht bloß factisch) existiere und wirke, wenn niemand dessen Nichtigkeit in Anspruch nehme, oder nur zu Gunsten des einen ganz nichtig sei, zu Gunsten des anderen existiere. Nach *Gai. L. 35. D. de recept.* 4,8. kann der Arbiter das Laudum aus dem vom Pupillen ohne Auctorität des Vormunds geschloßenen Compromisse verweigern, und doch ist die theilweise Nichtigkeit des ohne auctoritas vom Pupillen geschloßenen Vertrags nur zu Gunsten des letzteren aufgestellt. s. Brandis in der Ztschr. f. Civilr. u. Proc. VII. n°. 4. 5.

(*11*) z. B. derjenige, welcher vom Pupillen die Sache gekauft hat (Note 9.), kann durch Klage gezwungen werden, sie zurückzugeben, und er kann nicht auf Tradition derselben klagen; der Präterierte (Note 8.) stellt die hereditatis petitio an, er bedient sich der Einreden, gleich als ob keine Testamentserben eingesetzt wären (hereditatis petitio + intestati ex causa nullitatis) u. s. w.

(*12*) Die hergehörigen Fälle sind äußerst mannichfaltig, und der Rescissionsanspruch wird bald durch actio, bald durch exceptio, bald durch Gesuch um Wiedereinsetzung in den vorigen Stand oder Einweisung in den Besitz von Gütern eines Andern (§ 132.) durchgeführt. Die anfechtbaren Rechtsgeschäfte sind aber alle insofern per exceptionem unwirksam, als alle Rescissionsansprüche unter Umständen in der Form der exceptio geltend gemacht werden können („Cui damus actionem, eidem et exceptionem competere multo magis quis dixerit". *Ulp. L.* 156. § 1. *D. de R. I.*); denn „Non debet cui plus licet, quod minus est non licere". *Id. L.* 21. *eod.*). Mit den hergehörigen Bestimmungen stehen auch folgende Regeln in Verbindung: *Ulp. L.* 13. *D. eod.* „Non videtur cepisse qui per exceptionem removeri potest". *Paul. L.* 15. *eod.* „Is qui actionem habet ad rem recuperandam, ipsam rem habere videtur"; (wogegen *Pomp. L.* 204. *eod.* den Erfolg und dessen möglichen Ausfall berücksichtigend eben so richtig sagt „Minus est actionem habere quam rem".) *Iul. L.* 66. *eod.* „Desinit debitor esse is qui nanctus est exceptionem iustam, nec ab aequitate naturali abhorrentem".

oder von Anfang an giltiges Rechtsgeschäft auch durch sonstige hinterher eintretende Ereignisse außer der auf Vernichtung desselben gerichteten Thätigkeit einer Partei [13], durch Ausfall eines wesentlichen Erfordernisses seines Bestandes ungiltig werden [14], welche Fälle sammt denen der Rescission man füglich als Entkräftung oder **Infirmation** der Rechtsgeschäfte bezeichnen kann [15], obgleich die Neueren nur der nichtgerichtlichen Entkräftung den letzteren Namen beilegen.

§ *h.* Darüber, ob der Eintritt eines Umstandes, dessen Vorhandensein zur Zeit der Eingehung eines Rechtsgeschäfts das Existentwerden desselben verhindert haben würde, das zur Existenz gekommene hinterher vernichte, infirmiere, scheinen sich die Quellen zu widersprechen [16]; jedoch löst sich der Widerspruch nach dem auch
§ *i.* die Ratihabition beherrschenden Grundsatze (§ 116. *o.*) so [17]: tritt

---

(s. § 114. Note 10.) *Paul. L.* 112. *D. eod.* „Nihil interest, ipso iure quis actionem non habeat, an per exceptionem infirmetur“. *Gai. L.* 139. § 1. *D. eod.* „Non videtur perfecte cuiusque id esse, quod ex casu auferri potest“.

(*13*) denn von den Rechtsgeschäften, welche zur Vernichtung anderer dienen, z. B. neuem Vertrag, neuem Testament zur Beseitigung eines ältern, braucht hier nicht die Rede zu sein.

(*14*) z. B. ein Testament durch Geburt eines postumus, durch zufällige Zerstörung, ein Testament oder ein iustum matrimonium durch Verlust der Civität, ein Schenkungsversprechen dadurch daß die zu schenkende Species dem zu Beschenkenden durch einen Dritten geschenkt wird (§ *101.* Note 10.), Erlöschung von Stipulationen, testamentarischen Verfügungen und andere Fälle der Note 18.

(*15*) Die röm. Rechtsquellen haben zur Bezeichnung der im Texte unterschiedenen Fälle keine feste Terminologie: rescindi, infirmari, ruptum (rumptum), irritum, inutile fieri u. dgl. wird mitunter auch zur Bezeichnung der Nichtigkeiten, und dagegen nullum, nullius momenti esse u. dgl. zur Bezeichnung rescindierter oder entkräfteter Rechtsgeschäfte gebraucht. *Dirksen* Man. hh. vv. Bei uns pflegen ausschließlich die ipso iure nichtigen Rechtsgeschäfte als nulla, nullius momenti bezeichnet zu werden.| v. Savigny § cit. (vgl. Puchta Pand. § 51.) unterscheidet 1) vollständige und unvollständige Ungiltigkeit (Anfechtbarkeit), jenachdem die Wirksamkeit des Rechtsgeschäfts ganz oder theilweise verneint wird: 2) entschiedene oder unentschiedene, jenachdem die Ungiltigkeit feststeht oder von zukünftigen, ungewissen Thatsachen abhängt; 3) gleichzeitige oder ungleichzeitige, jenachdem sie ursprünglich vorhanden ist oder erst später eintritt. Die von ihm als Fälle der 'Anfechtbarkeit' zusammengefaßten sind aber nach der Auseinandersetzung unseres Textes juristisch wesentlich verschieden.

(*16*) § 2. *I. de inut. stip. 3*, 19. *LL.* 15. i. f. 16. *D. ad L. Aq. 9*, 2. § 5. *I. de nox. act. 4*, 8. *Marcian. L.* 3. § 2. *D. de his q. pro non scr. 34*, 8. „.. quae in eam causam pervenerunt, a qua incipere non potuerunt, pro non scriptis habentur..“. *Marcell. L.* 98. *pr.* i. f. *D. de V. O. 45*, 1. „.. secundum illorum opinionem qui etiam ea quae recte constiterunt, resolvi putant, cum in eum casum reciderunt, a quo non potuissent consistere“. *Paul. L.* 140. § 2. *eod.* „Etsi placeat extingui obligationem, si in eum casum inciderit, a quo incipere non potest, non tamen hoc in omnibus verum est..“. Und *Id. L.* 85. § 1. *D. de R. I.* „Non est novum ut quae semel utiliter constituta sunt, durent, licet ille casus exstiterit, a quo initium capere non potuerunt“.

(*17*) Gewöhnlich wird als Regel angenommen, daß die fragliche Vernichtung

Mangel der Rechtsfähigkeit des Subjects oder Objects in Beziehung auf das durch das Rechtsgeschäft begründete Rechtsverhältniß ein, so verliert dieses seine rechtliche Existenz für die Zukunft (es müßte, wenn es fortexistieren sollte, die Rechtsbestimmung eine andere sein, als die wirklich geltende ist); tritt aber bloße Handlungsunfähigkeit des Subjects oder nur factische Unfähigkeit des Objects ein, so besteht das giltig zu Stande gekommene Rechtsgeschäft ungestört fort[18]. Die Ungiltigkeit des Rechtsgeschäfts in seinen wesentlichen Bestandtheilen trifft regelmäßig den ganzen Inhalt desselben[19]. §k. Uebrigens bleibt das Rechtsgeschäft, dessen wesentliche Erfordernisse erfüllt sind, bei Kraft, wenn §l.

---

eintrete, und ihr Nichteintreten als Ausnahme aufgefaßt. Häufiger war allerdings nach röm. Recht die fragliche Vernichtung, weil nach ihm die Privat-Rechtsfähigkeit, besonders der Subjecte, an so manche Voraussetzungen geknüpft war, die nach unserem Rechte ohne Ausnahme für alle Menschen erfüllt sind; weshalb bei uns die Fälle der Nichtvernichtung häufiger sind. Savigny'n a.a.O. scheint es am gerathensten, auf genaue Aufstellung der Bedingungen, unter welchen die Regel oder die Ausnahme zur Anwendung komme, zu verzichten, — was gewiß der schlimmste Rath ist und dem richtigen, 'die Analogie der in unseren Rechtsquellen enthaltenen einzelnen Entscheidungen' zu befolgen, geradezu widerspricht.

(18) So hat niemand die Fähigkeit, Eigenthümer einer res extra commercium habita zu sein; daher erlischt die Stipulation, wenn das Leistungsobject sine facto promissoris dem Commercium entzogen wird: §2. *I. cit.* So kann mir von Rechtswegen keine Prädialservitut zustehen, wenn ich kein pradium habe cui serviatur; daher *L.* 136. § 1. *D. de V.O.* 45, 1., womit die aus der Untheilbarkeit solcher Servituten sich von selbst erklärende *L.* 140. § 2. *eod.* gar nicht in Widerspruch steht. Die Rechtsfähigkeit zu einem iustum matrimonium, zur patria potestas, mit Hinterlaßung eines Testaments zu sterben u.s.w., kommt nur Personen, welche Civität haben, zu; jede maior capitis minutio zerstört also solches matrimonium, und schon jede minima die patria potestas, das Testament des sui iuris gewesenen, weil einem alieno iuri subiectus die Rechtsfähigkeit für diese Verhältnisse nicht zukommt. Kann aber die stipulierte Sache bloß aus factischen Gründen nicht geleistet werden, so erlischt die Stipulation nicht; ebenso wenig die Ehe, väterliche Gewalt, das Testament u.s.w., wenn der Ehegatte, Vater, Testator handlungsunfähig (bei fortdauernder Rechtsfähigkeit), z.B. wahnsinnig wird. In gleicher Weise fällt das Testament als ungiltig weg, wenn der darin eingesetzte Erbe die testamenti factio cum testatore verliert, nicht aber wenn er bei Fortdauer dieser bloß die Capacität verliert u.s.w. vgl. Note 16. § 1. *I. qu. non est perm.* 2, 12. *L.* 8. *D. de his q. sui* 1, 6. *L.* 16. § 2. *D. de R.N.* 23, 2. *L.* 6. § 1. *L.* 18. *pr. L.* 20. § 4. *D. qui testam. fac.* 28, 1. *L.* 20. *D. de iniusto* 28, 3. *L.* 1. § 9. *D. de B.P.s.t.* 37, 11. *L.* 70. *D. de fideiuss.* 46, 1. § 5. *I. de leg.* 2, 20. *L.* 5. i. f. *D. ad L. Falc.* 35, 2. u.o. s. auch § 116. *o...s.*

(19) *Paul. L.* 178. *D. de R.I.* „Cum principalis causa non consistat, plerumque ne ea quidem quae sequuntur locum habent". so z.B. ist in Theilungsprocessen das gegen einen Mitkläger oder Mitbeklagten ungiltige Urtheil gegen alle ungiltig (*L.* 27. *D. fam. erc.* 10, 2.); so fallen alle testamentarischen Verfügungen („omnis vis testamenti" *L.* 181. *D. de R.I.*) regelmäßig aus, wenn die Erbeseinsetzungen ausfallen; jedoch giebt es vom Gesetz ausdrücklich aufgestellte Ausnahmen, z.B. die Nullität des Testaments wegen Präterition der De- und Ascendenten erstreckt sich bloß auf die Erbeseinsetzungen. Note 8.

auch wegen eines Mangels oder Fehlers in Beziehung auf den außerwesentlichen Inhalt oder auf ein Nebenrechtsgeschäft dieser oder dieses ungiltig sein sollte[20], gleichwie überflüßiges an sich der Giltigkeit nicht schadet[21].

§m. Das zurückwirkende Giltigwerden eines anfangs an sich nichtigen Rechtsgeschäfts durch Wegfallen der Gründe der Ungiltigkeit nennen wir Convalescenz, zu welcher also nicht das bloße Nichtgeltendmachen von Nichtigkeitsansprüchen (⁸) oder eines zur Erwirkung der Fiction, das existent gewordene Geschäft sei nicht zur Existenz gekommen, berechtigenden Anfechtungsgrundes (¹²) und noch weniger die Fälle gehören, in denen ein bloß beabsichtigtes, aber bisher gar nicht giltig zu Stande gekommenes Rechtsgeschäft nun durch Erfüllung seiner Erfordernisse für die Zukunft[22] oder ein condicionale negotium durch Hebung anfänglicher Mängel vor oder mit dem Eintritt der Suspensivbedingung[23] zur Existenz ge-
§n. bracht wird. Auch in Betreff der Convalescenz finden sich scheinbare Widersprüche in den Rechtsquellen, indem bald deren Unzuläßigkeit allgemein[24] und in besonderen Beziehungen[25] ausgesprochen

---

(20) Nach *Ulp. L. 1. § 5. i. f. D. de V. O.* verallgemeinert Bonifacius VIII. (*c. 37. in VI. de R. I.*) „Utile non debet per inutile vitiari". z. B. *LL. 11. i. f. 12. D. de pec. const. 13, 5. LL. 20. 29. D. de usur. 22, 1. L. 61. pr. D. de I. D. 23, 3. L. 5. § 2. L. 31. § 4. D. de don. i. v. et ux. 24, 1. L. 110. pr. D. V. O. 45, 1. L. 42. C. de transact. 2, 4.* u. a.

(21) *Ulp. L. 94. D. de R. I.* „Non solent quae abundant vitiare scripturas". *Paul.* S. R. 3, 4*a*. § 10. „..superflua enim facta prodesse iuri tantum, nocere non possunt". *Flor. L. 65. pr. D. de V. O.* „Quae extrinsecus et nihil ad praesentem actum pertinentia adieceris stipulationi, pro supervacuis habebuntur, nec vitiabunt obligationem, veluti si dicas *Arma virumque cano, Spondeo*, nihilo minus valet". *Augustin.* de civ. dei 4, 27. „solet enim et a viris peritis dici *Superflua non nocent*".

(22) z. B. § 116. Note 32. Dagegen kommt zufolge des klassischen Rechts nach *Paul. L. 11. D. de statu hom. 1, 5.* das nicht eheliche (weil aus einer ohne Consens des Gewalthabers über die Mutter eingegangenen Verbindung) gezeugte, obgleich nach dem Tode seines mütterlichen Großvaters, also erst zu einer Zeit, wo die Mutter eines väterlichen Consenses zur Eingehung der iustae nuptiae nicht mehr bedurfte, geborene Kind ohne neuen Begründungsact der vät. Gewalt nicht in die seines Erzeugers. Anders freilich nach Justinians *L. 11. C. de nat. lib. 5, 27.* (u. *Nov. 89. c. 8. § 1.*) „ut semper .. de statu liberorum .. non conceptionis, sed partus tempus inspiciatur". vgl. § 34. Note 8.

(23) Denn die Suspensivbedingung schiebt die Existenz des bedingten Geschäfts bis zu ihrem Eintritte auf § 111. *Pomp. L. 31. D. de V. O.* „Si rem meam sub condicione stipuler, utilis est stipulatio, si condicionis exsistentis tempore mea non sit". vgl. *L. 98. D. eod. L. 41. § 2. D. de leg. 1. 30. L. 1. § 2. LL. 2. 4. D. de reg. Cat. 34, 7. L. 22. D. de mort. c. don. 39, 6.* Auch die übrigen Fälle der Nichtanwendbarkeit der catonischen Regel erklären sich daraus, daß nach der verschiedenen inneren Bedeutung der Verfügungen auf Todesfall ihre Existenz oder Wirksamkeit theils im Augenblicke des Verfügens, theils in dem des Todes des Anordners, theils erst post aditam hereditatem beginnt.

(24) *Paul. L.*

scheint, bald dagegen wirkliche Convalescenzfälle aufgestellt werden[26]. Aber auch hier ist, wie bei der eigentlichen Ratihabition § o. (§ 116.*o.*), einem hauptsächlichen Convalescenzgrunde[27], das Princip, daß das Rechtsgeschäft auf Privatwillen beruht, also nur insofern rechtlich existieren kann, als dieses mit der Rechtsbestimmung verträglich ist; daher Rechtsgeschäfte, welche die Persönlichkeit des handelnden Subjects selbst betreffen, wie Eheeingehung, Testamentserrichtung[28], Erwerbung des Patronats[29] u.dgl., d.h. daß Rechtsgeschäfte, zu denen bei ihrer Eingehung dem diese versuchenden Subjecte nicht bloß thatsächlich die Verfügungsbefugniss, sondern die Rechtsfähigkeit mangelt[30], durch späteres Weg-

29.*D.de R.I.* „Quod initio vitiosum est, non potest tractu temporis convalescere". (25) In Beziehung auf *a*) Verträge in §2.med.*I.de inut. stip.3*,19. *L.*83.§5. *L.*137.§6.*D.de V.O.* *L.*26.*D.de stip.serv.45*,3. (In *L.*41.*D.de pign.act.13*,7. verpfändest du eine res aliena, ohne daß du und der Pfandnehmer wißen, daß die Sache eine fremde sei; der meine Sache verpfändende Titius aber wuste, daß die Sache, die er verpfändete, mein sei, und handelte sie wider meinen Willen verpfändend widerrechtlich; ich als sein Erbe bin also an seine Verpfändung als an eine convalescierte nicht gebunden; anders freilich wenn ich dolos die Verpfändung geschehen ließ und nun lügen wollte, ich wüste nichts von ihr; nach *L.*22.*D.de pignor.20*,1. dagegen wusten Titius und der Pfandnehmer, daß die Sache mein sei, das Pfandrecht also zu seiner Geltung meiner Genehmigung bedürfe. So vereinigen sich beide Stellen mit *L.5.C. si aliena res pign.*8,16., wo die ordinaria actio super pignore = directa a. ist.) *b*) letztwillige Verfügungen *Iav.L.*201.*D.de R.I.* „Omnia quae ex testamento proficiscuntur, ita statum eventus capiunt, si initium quoque sine vitio ceperint". *Lic.Ruf.L.*210.*eod.* „Quae ab initio inutilis fuit institutio, ex post facto convalescere non potest"; und, weil der Legatar testamenti factionem cum testatore haben muß, wie der heres, so „Catoniana regula sic definit *Quod, si testamenti facti tempore decessisset testator, inutile foret, id legatum, quandocumque decesserit, non valere*". *Cels.L.1.pr.D.h.t.34*,7. (26) s.§116. Noten 29.30. und *Pap.L.*42.*D.de usurpat.41*,3. „Cum vir praedium dotale vendidit.., venditio non valet, quam, defuncta postea muliere in matrimonio, confirmari convenit, si tota dos lucro mariti cessit. Idem iuris est, cum is qui rem furtivam vendidit, postea domino heres exstitit", oder ich kaufe die Sache des *A* von *B*, der sie mir gegen Bezahlung des Kaufgelds tradiert und dann Erbe des *A* wird; dann ist's als ob *B* zur Zeit der Veräußerung selbst Eigenthümer gewesen wäre. *L.*4.§32.*D.de d.m.exc.44*,4. (27) was Savigny Syst.IV.S.558. läugnet; er sagt „die Genehmigung wirkt wie ein neuer Vertrag, der die gesammten Wirkungen der Zwischenzeit in sich aufnimmt". Aber dieses ist doch wieder Zugeständniss, daß die Genehmigung wahre Convalescenz wirke, oder unrichtig, wenn das genehmigte Geschäft (z.B die Pfandbestellung durch einen Nichteigenthümer) erst von der Genehmigung an datiert werden soll. (28) s.§116.Nott.32.36. Mit der Testamentserrichtung steht die Anordnung eines Legats in Beziehung auf den Legatar hierin gleich. s.Note 25. (29) Daher *Mod.L.*20.*D.qui et a quib.m.m.40*,9. „Si servo alieno libertas non consentiente domino data est, valere ex auctoritate iuris non potest, quamvis postea manumissor domino heres exstitit: nam licet eius, iure cognationis, qui manumisit heres exstitit, non ideo aditione hereditatis libertatis datio confirmabitur". (30) vgl. die pfand-

fallen des Ungiltigkeitsgrundes nicht convalescieren, so wenig, als ein auf Leistung einer Sache gerichtetes Rechtsgeschäft auflebt, wenn diese bei Eingehung des Geschäfts dem commercium entzogen oder damals zwar Leistungsobject gewesen, dann aber extra commercium gekommen und darauf wieder Verkehrsgegenstand ge-
§p. worden ist[31]; wohingegen Rechtsgeschäfte, deren rechtliche Existenz bloß durch factische Hindernisse, nicht durch Mangel der Rechtsfähigkeit des Sub- oder Objects, aufgehalten war, convalescieren (26).

§q. Die **Conversion** oder Umwandelung eines Rechtsgeschäfts, die Verwandlung des zunächst und eigentlich beabsichtigten, aber nicht vollständig zu Stande gebrachten, in ein subsidiarisch gewolltes[32], dessen Erfordernisse vollständig erfüllt sind, eine umgekehrte Anwendung des in § *l.* (20) aufgestellten Satzes, entspricht der Anforderung möglichster Aufrechterhaltung der Rechtsgeschäfte[33], weshalb auch die auf Conversion gerichtete Absicht stillschweigends zu erkennen gegeben werden kann[34]; denn daß die Conversion eines unvollkommenen Testaments in einen Codicill ausdrückliche Erklärung dieser Absicht (eine s.g. Codicillarclausel) erfordert[35], er-

---

rechtlichen Stellen der Note 25. Daß der von einem für den anderen abgeschloßene Nachlaß-Vertrag nicht dadurch convalesciert, daß dieser jenes Erbe wird (*L.*17.§4. vgl.§6.*D.de pact.*2,14. *L.*21.§2.*eod.*), daß die Klage wegen Befehls nicht gegen mich geht, wenn ich einen fremden Sclaven, dem ich zu einem Vertrag Befehl gegeben, nachmals erwerbe (*L.*2.§2.*D.quod iussu* 15,4.), während unserem ius unterworfene Menschen für uns pacifscieren können, weil sie iure civili ihre vermögensrechtliche Persönlichkeit für uns, nicht für sich selbst haben (*L.*17.§7. bis *L.*21.*pr.D.de pact.* vgl. oben §§44.ff.), u.s.w., erklärt sich, abgesehen von den aus §106.*b.* §104.*f.*ff. sich ergebenden Gründen, auch wol daraus, daß das Pactum *ne a me* NEVE A TITIO *petatur*, in Betreff des bei der Pacifscierung nichts schuldenden Titius ohne Gegenstand ist, was nicht der Fall sein würde, wenn ich dir das *ne a Titio quod is tibi debet debiturusve est, petas* als giltige Belastung (s.§115. Note 10.) oder als Modus (§115.*f.*) aufgelegt hätte. Jener Grund tritt der Convalescenz nicht entgegen, wenn ich unter Vorbehalt der Genehmigung für einen Andern contrahiere, vgl.§116.*o.* (31) s. die Stellen in den Noten 18.25.*a.* (32) *L.*1.§4.*D.de pecun.const.*13,5. *L.*8.*pr.D.de acceptil.*46,4. *L.*9.i.f.*D.de sponsalib.*23,1. (33) s.§117. Note 9.
(34) so z.B. gilt gegenseitige Acceptilation (das nur förmliche Contracte beendigende förmliche Empfangsbekenntniß) des aus einem Consensual- oder Real-Contract geschuldeten als Vertrag, daß der Contract nicht mehr gelten solle, sofern nur dieses die Absicht der Parteien gewesen ist: *L.*5.*pr.D.de resc.vend.* 18,5. *L.*19.*pr. L.*8.*pr.D.de acceptil.* in Note 32.cit. vgl. aber auch §38. Note 8.
(35) *LL.*1.13.§1.*D.de iure codic.* 29,7. *Pap.L.*41.§3.*D.de vulg. et pup. subst.* 28,6. „... si non valuit ea scriptura quam testamentum esse voluit, codicillos non faciat, nisi hoc expressum est". *L.*8.*pr.*§1.*C.de codic.*6,36. *L.*29.*C.de f.ssis* 6,42. *L.*11.*C.de test.m.miss.*7,2. Formen der Codicillarclausel z.B. *L.*

klärt sich vollständig aus der wesentlichen Ungleichartigkeit beider Rechtsgeschäfte, wegen welcher von der Absicht, ersteres zu machen, nicht auf die subsidiäre, einen Codicill zu machen, geschloßen werden kann [36].

B. Einfluß der Zeit auf Entstehung und Beendigung von Rechten*).

§. 120. 1. Bestimmung dieses Einflußes im allgemeinen und von der unvordenklichen Zeit†).

Die Zeit ist im Rechte von dem mannichfaltigsten Einfluß § a. als Voraussetzung theils der Handlungsfähigkeit der Personen überhaupt (§ 38.), theils der Befugniss zur Ausübung von gewissen Rechten, insbesondere aber als Bestandtheil vieler Entstehungs-, Veränderungs- und Erlöschungs-Gründe von Rechten: in vielen Fällen nämlich wird ein Recht, wenn dasselbe während eines gesetzlich bestimmten Zeitraums ausgeübt oder nicht ausgeübt worden ist, begründet, verändert oder beendigt; wodurch man sich seit den Glossatoren allmählich immer mehr hat verleiten laßen, die verschiedenartigsten Rechtseinrichtungen, Nichtgebrauch, Klagenverjährung, Ersitzung und die mancherlei Fälle des Untergangs während eines bestimmten Zeitraums unausgeübt gebliebener Rechte, was alles nur in die Lehre vom Erwerb und Verluste der einzelnen betreffenden Rechte gehört, unter dem in diesem Sinne dem

29.§1.*D.qui test.*28,1. *L.*88.§17.*D.de leg.*II.31. cf.*L.*77.§23.*eod.* u.viele in den Testamentsurkunden bei *Marini* Papiri diplom. z.B. p.112. „Quod testamentum meum si quo casu vel civili vel praetorio vel alia qualibet iuris ratione valere non potuerit, etiam ab intestato vice codicellorum meorum valere illud volo hac valeat ratamque hanc voluntatem meam esse cupio et iubeo“. (36) Das Testament ist Verfügung, wie die vermögensrechtliche Persönlichkeit des Testators selbst in einen oder mehrere Anderen, der Codicill, wie einzelne Vermögensrechte auf Andere übergehen sollen: beide haben also einen wesentlich verschiedenen Inhalt und deshalb constitutum est eum qui testamentum facere opinatus est, nec voluit quasi codicillos id valere, videri nec codicillos fecisse (*L.1.cit.*); da aber praktisch der Uebergang meiner ganzen vermögensrechtlichen Persönlichkeit in einen Andern zugleich den Uebergang aller meiner einzelnen Vermögensrechte auf ihn bewirkt, auch die Förmlichkeiten des Codicills zu denen des Testaments sich wie minder und mehr zu einander verhalten, so folgt die Zulässigkeit der ausdrücklichen Codicillarclausel von selbst: „Non debet cui plus licet, quod minus est non licere“. *Ulp.L.*21.*D.de R.I.*

(*) v.Savigny Syst.IV.§§177...201. Puchta Inst.§§199.f. Pand.§§73...77.

(†) Unterholzner Verjährungsl.§§140...50. Pfeiffer Prakt.Ausf.II.1.VII.1,8.u. in Ztschr.f.deutsches R.VIII.1., Kritz Abhh.n°.6. *Weiske* Quaest. iur. civ. Zwicc. 1831.n°.4. u.Abhh.üb.unv.Z.od.Zeit: v.*Schelling*, Münch.1835., Arndts Beiträge I,3., *Buchka*, Hdlb.1841., Schmidt v.Ilm.Abhh.S.169.ff., Friedländer Marb.1843.

röm. Recht ganz fremden Ausdrucke praescriptio, Verjährung, zusammen zu faßen, und dieselbe in die erlöschende, +extinctiva, und die erwerbende, +adquisitiva, einzutheilen, jenachdem der sein Recht Nichtausübende dasselbe bloß verliert oder zugleich ein Anderer
§ b. es erwirbt[1]. Diese Auffaßungsweise hat die Ausbildung eines eigenen, durch die Bedeutung des Herkommens im deutschen Rechte gestützten Rechtsinstitutes durch kanonisches Recht[2], Reichsgesetze[3] und Praxis[4], die s.g. unvordenkliche Verjährung, +praescriptio immemorialis, oder weil der dazu nothwendig abgelaufene Zeitraum nicht, wie für die sonstige, deshalb als +definita bezeichnete praescriptio, gesetzlich bestimmt ist, +indefinita, herbeigeführt.
§ c. Zu dieser bieten die röm. Rechtsquellen nur folgende Ausgangs- und Anknüpfungs-Bestimmungen: 1) Vicinal- oder Dorf-Wege, viae quae in vicis sunt vel quae in vicos ducunt[5], wenn sie aus gemeinschaftlich dazu hergegebenem Privateigenthum, nicht von Staats wegen, angelegt worden sind, stehen, wie Privatwege, nur insoweit dem öffentlichen Gebrauche offen, als die Contribuenten es wollen ([6]), es wäre denn daß die Anlegung vor undenklicher Zeit stattgefunden hätte, in welchem Falle solche Wege gleich öffent-
§ d. lichen dem gemeinen Gebrauche offen bleiben müßen[6]. 2) Schon die 12 Tafeln enthielten Bestimmungen über den durch Abfluß des Regenwaßers einem Nachbarn widerrechtlich verursachten Schaden[7], und eine eigene Klage auf Restitution und Ersatz des seit der Litiscontestation verursachten Schadens gieng gegen denjenigen, welcher durch willkürliche Vorrichtung auf seinem Eigenthum oder Vectigalgrundstück solchen befürchten machte[8]; von Servituten abgesehen[9], konnten aber den Anliegern gefährliche Erhöhungen oder Vertiefungen u. dgl. aus drei Gründen rechtmäßig

---

(1) vgl. bes. die Kritik Savignys, Syst. §§ 177.178. (2) *Innoc.* III. *capp.* 21.26. *X. de V.S.* 5,40. *Bonif.* VIII. *cap.* 1. *in VI°. de praescriptionib.* 2,13. *Innoc.* IV. *cap.* 1. *in VI°. de V.S.* 5,12. (3) *Aur. Bull. c.* 2. § 8. *c.* 8. *c.* 28. § 5. Reichsabsch. v. 1548. §§ 56.59.63.64., von 1576. §§ 102. ff. *Instr. pac. Osn.* art. VIII. § 4. art. IX. § 2. (4) vgl. z. B. *Buchka* l. c. §§ 3...5. (5) *Ulp. L.* 2. § 22. *D. ne quid in loco publ.* 43,8. (6) *Id. L.* 3. *pr. D. de loc. et itin. publ.* 43,7.: „Viae vicinales quae ex agris privatorum collatis factae sunt, quarum memoria non exstat, publicarum viarum numero sunt". (7) *Pomp. L.* 21. *pr. D. de statu lib.* 40,7. „verba legis XII tabb. SI AQVA PLVVIA NOCET..". vgl. *L.* 5. *D. ne quid in loco publ.* 43,8. (8) Die Klage De aqua et aquae pluviae arcendae: *Dig.* 39,3. (9) s. z. B. *L.* 29. *D. de S.P.R.* 8,3. *L.* 2. § 10. *L.* 8. *D. h. t.* 39,3.

sein[10], nämlich weil sie unter öffentlicher Auctorität[11], weil sie ohne menschliches Zuthun[12], oder weil sie in unvordenklicher Zeit entstanden waren, vetustas[13]. § e. 3) Auch Waßerleitungen, welche als wahre Servituten, nachdem die Lex Scribonia die Usucapion solcher aufgehoben hat, durch 10 oder 20 jährige Ausübung, longum tempus, unter Voraussetzung, daß dieselbe weder gewaltsam, noch heimlich, noch durch Missbrauch gewährter Bitte begonnen habe, begründet werden können[14], können als servitutähnliche Rechte[15] aus öffentlichen Waßerbehältern, castella, rivi u. dgl., von der Staatsgewalt gewährt[16], aber gleich wirksam auch wegen unvordenklicher Ausübung des Rechtsschutzes theilhaftig werden[17].

§ f. Ob durch unvordenkliche Verjährung alle möglichen (vom Staate anerkannten) Privatrechte, die ihrem Inhalte nach auf eine Ausübung über Menschengedenken hinaus, also mehrere Generationen hindurch, sich gründen können[18], oder nur die in den Gesetzen ausdrücklich genannten[19], oder nur Rechte von publici-

---

(10) *Paul.L.2.pr.D.tit.cit.39*,3. „In summa tria sunt, per quae inferior locus superiori servit, lex, natura, vetustas, quae semper pro lege habetur, minuendarum scilicet litium causa". (11) Lex (*L.2.cit.*), lex agri oder agro dicta (*L.1.§23.eod.*), publica auctoritas (*L.2.§3.eod.*), „Quod principis aut senatus iussu aut ab his qui primi agros constituerunt (den zur Gründung einer Colonie auctorisierten Magistratus) opus factum fuerit, in hoc iudicium non venit". *Paul.L.23.pr.D.eod.* (12) Natura, natura loci oder agri u.dgl. *L.1.§§1.10.13...16.22. L.2.§6. L.14.§1.D.eod.* (13) Vetustas (Note 10.) „Vetustatem vicem legis tenere" (*L.1.§23.eod.*), *L.2.§§1.4.5.7.8. L.23.i.f.D.eod.* s.Anh.VIII.§*k. Rudorff* gromat.Inst.S.314.393.

(14) *L.10.pr.D.si servit.vind.8*,5. *L.1.§23.D.de aq.et aq.pl.39*,3. *L.2.C.de servit.3*,34. Das nähere in der Lehre von Begründung der Servituten.

(15) denn wirkliche Servituten beschränken nothwendig P r i v a t eigenthum. *L.2.D.commun.praedior.8*,4. *L.1.pr.D.de S.P.U.8*,2. *L.38.D.de S.P.R.8*,3.

(16) cit.*L.2.* und *L.1.§§38...44.D.de aq.cott.43*,20. und fast tot.tit.*C.de aq.ductu 11*,42. insbes.*Frontin* de aq.duct.nº.95.99.103.105.111. (17) *Scaev.L.26.eod.* „respondit Solere eos qui I.D. praesunt, tueri ductus aquae, quibus auctoritatem vetustas daret, tam etsi ius non probaretur". *Pomp.L.3.§4.D.de aq.cott.* „Ductus aquae cuius origo memoriam excessit, iure constituti loco habetur". *Diocl.et Max.L.7.C.de servit.et aqua* 3,34. „Si manifeste doceri possit, ius aquae ex vetere more atque observatione per certa loca profluentis utilitatem certis fundis irrigandi causa exhibere, procurator noster ne quid contra veterem formam atque sollemnem morem innovetur providebit". In diesen Stellen ist nur von Leitungen aus öffentlichen Waßerbehältern die Rede. Savigny Syst.§197. (18) wie es communis opinio ist (s.z.B. Buchka a.a.O.S.24.ff.), was alle deutschen Spruchcollegien bezeugen können, und was auch schon das röm. Recht insofern bestätigt, als auch nach diesem das Recht wegen aqua pluvia nocens zu klagen, in Folge einer Servitut (Note 9.) und auch in Folge der unvordenklichen Zeit untergehen kann.

(19) wie z.B. Unterholzner Ausf.Verjähr.§147. Kritz Abhandll., Ueber unvordenkl. Verj.§5.

stischem Charakter und Befreiungen einzelner von einer Rechtslast dieser Art[20] erworben werden können, gehört in die Darstel-
§ 9. lung des heutigen Rechts. Mit diesem übereinstimmend bezeichnet das römische als Erfordernisse der unvordenklichen Verjährung das positive, daß die fragliche Ausübung des Rechts über Menschengedenken hinaus stattgefunden habe, und das negative, daß kein Zeugniss Lebender über Wahrnahme des in der vorhergehenden Generation stattgehabten Anfangs jener Ausübung entgegenstehe[21]. „Die unvordenkliche Zeit ist widerlegt, wenn ein Jetztlebender selbst die Entstehung der Anstalt (durch Privatwillkür) wahrgenommen, oder wenn er diese Entstehung von dem, der sie erlebte, selbst vernommen hat"[22].

§. 121. 2. Die Zeiteintheilung *).

De Feriis (*Th.C.*2,8. *Iust.Cod.*3,12.) et Dilationibus (*Th.C.*2,7. *11*,33. *Iust. Cod.*3,11.) et diversis temporibus: *Dig.*2,12.| De diversis temporalibus

---

(20) So am bestimmtesten v. Savigny a.a.O. §§ 198.f., welcher (S.484.) die unvord. Zeit bestimmt als „Surrogat der Ersitzung bei solchen Rechten, auf welche, nach ihrer publicistischen Natur und Entstehungsart, die Ersitzung selbst nicht anwendbar ist". vgl. auch Puchta Inst. § 200. a.E. (21) Note 6. *L.*3. § 4. in Note 17. *Paul.L.*2.§ 1.*D.de aqua et aq.39*,3. „.. nec memoriam exstare, quando facta est.." bes. aber § 8.*ibid.* „Labeo ait, cum quaeritur an memoria exstet facti operis, non [oder exstet, facto opere non] diem et consulem ad liquidum exquirendum, sed sufficere si quis sciat factum esse, h.e. si factum esse non ambigatur; nec utique necesse esse superesse qui meminerint, verum etiam si qui audierint eos qui memoria tenuerint". *L.27.D.de probationib.* 22,3. „*Labeo*..: Si arbiter animadvertere debeat An operis facti memoria exstet, hoc ei quaerendum est An aliquis meminerit id opus factum esse. *Paulus:* Immo cum in arbitrio quaeritur Memoria facti operis exstet necne, non hoc quaeritur Num aliquis meminerit quo die aut consule factum sit, sed Num hoc aliquo modo probari possit, quando id opus factum sit; et hoc ita quod Graeci dicere solent *ἐν πλάτει*: potest enim hoc memoria teneri Intra annum puta factum [d.h. daß es vor dem oder dem Jahre gemacht worden sei], cum interim nemo sit eorum qui meminerint quibus consulibus id viderit. sed cum omnium haec est opinio Nec audisse nec vidisse cum id opus fieret, neque ex eis audisse qui vidissent aut audissent [denen es, als es gemacht wurde, erzählt worden], et hoc infinite susum versum accidet [d.h. und so bei allen Zeugen sowol in Betreff ihrer eigenen Wahrnehmung, als der solcher Personen, die ersteren ihre eigenen Erlebnisse berichtet haben], cum memoria [l. *tum* memoriam] operis facti non exstaret [l. exstare]". (22) Durch diese Worte Savignys S.518. bestimmt sich von selbst, worauf der directe Gegenbeweis zu richten sei.

(*) In Betreff der Zeitbestimmungen werden unterschieden Fristen, dilationes, tempora, wenn eine Willensäußerung, eine Begebenheit, binnen eines Zeitraumes, einer Mehrheit von Tagen, Monaten, Jahren; Termine, Tagfahrten, Diäten, dies (unlatein. termini), wenn sie in einen bestimmten Tag, in eine bestimmte Stunde u.s.w. eines bestimmten Tages fallen soll. Ist das tempus für eine gerichtliche Thätigkeit vom Gesetz bestimmt, so ist es Noth- oder Ord-

praescriptionibus: *Dig.44*,3. cf.*Cod.7*,39.40.| Quando appellandum sit et intra quae tempora *Dig.49*,4. De temporibus et reparationibus appellationum seu consultationum: *Cod.7*,63. cf. *Th.C.11*.30.sqq. [Pseudo-]Eustathius (s. § 23.Note 20.)

Von dem romulischen zehnmonatlichen Jahre (von 304 Ta- § *a.*
gen) finden sich noch Spuren im vorjustinianischen Rechte [1]; das
justinianische Recht hat, mit einer einzigen auf Numas Jahres-
einrichtung bezüglichen Ausnahme [2], durchaus das julianische (von
Julius Cäsar geordnete, seit 709. a. u. geltende) zwölfmonatliche
Jahr von 365 Tagen [3], wie unser gregorianisches (1582. von Pabst
Gregor XIII. eingeführtes [4]); aber der Schalttag wird als zwei- § *b.*
ter 24. Febr., dies bissextilis, bis sextus ante kalendas Martias [5],
gerechnet, so daß der 24. Febr. eines Schaltjahrs, des je fünften Jah-

---

nungs-Frist (+fatale), fatalium dierum (*L.2.pr.C.7*,63.), der letzte Tag ist fatalis (*L.32.pr.C.7*,62.); aber auch der Richter oder die Parteien selbst können Fristen oder Termine festsetzen, wovon, so wie von der Behandlung und den Wirkungen der Zeitbestimmungen auf das Verfahren, im Proceßrechte.

(*1*) In dem 10monatlichen eigentlichen Trauerjahre (*Fgm. Vat.* § 321. *Paul.*S.R. *1*,21.§13.), in dem von *Grat. Val.et Theod.L.2.C.de sec.nupt.*5,9. i.J.381. (cf.*L.* 8.§ 4. *L.9.C.de repud.5*,17. *Nov.39.c.*2. cf.*Nov.22.c.*22.40.) inconsequent auf ein 12monatliches erhöheten, nicht eigentlichen lugubre oder luctuosum, sondern ne quis de prole dubitet, ne sanguis confundatur, festgesetzten Wittwenjahr (*Ovid.* Fast.*1*,33.sqq. *Quintilian.*Inst.or.5,13.§ 9.), und in dem alten Zinsfuße. s.§80.*i.*

(2) *Cels.L.*98.§1.*D.de V.S.* „Cato putat mensem intercalarem additicium esse, omnesque eius dies pro momento temporis observat, extremoque diei mensis Februarii adtribuit Q.Mucius". Der ganze Schaltmonat wurde gar nicht als ein in Rechnung kommender Zeitraum, Mehrheit von Tagen, sondern als 1 Moment behandelt. Das dem Numa zugeschriebene Jahr bestand nämlich so aus 12 Monaten, 355 Tagen, daß ein ums andere Jahr ein Schaltmonat, Mercedonius, abwechselnd von 22 oder 23 Tagen, zwischen den 23.Febr. (Terminalia) und den 24.Februar (Regifugium) eingeschoben und demselben die 5 letzten Tage des Februars, der im Schaltjahre also nur 23 Tage enthielt, zugezählt wurden. Im Durchschnitt hätte hiernach das Jahr 366¼ Tage erhalten, weshalb man nach je 24 Jahren 24 Tage aus dem Jahre ausließ und so durchschnittlich 365¼ Tage für 1 Jahr erhielt. *Censorin.*de die nat.c.20. *Macrob.* Saturn.*1*,12...14. vgl.*Ideler* Hdb.d.Chronologie.Berl.1825.f.8°.II.S.31.ff.

(3) *Iul.L.*51.§2.*D.ad L.Aq.9*,2. „..quanto in anno proximo..plurimi fuerit, repetitis ex die vulneris CCCLXV diebus..". *Paul.L.*4.§7.*D.de statu lib.40*,7. „..annus.., qui ex continuis diebus CCCLXV constet..". Ueber das julianische Jahr s.*Ideler* II.S.117.ff. (*4*) vgl.*Ideler* I.74. II.304.ff. (5) Bei der Datierung setzten die Römer bekanntlich ante diem statt die (*Ideler* II. 127.f.), also ante diem VI. ante (oder mit Auslaßung dieser Präpos.) kalendas Martias = der 6te Tag vor dem 1. März = 24. Febr. s.folg.Note. *Ulp.L.*13.*D. de V.O.45*,1. „Qui *ante kal. proximas* stipuletur, similis est ei qui *kalendis* stipulatur". *Paul.L.*132.*pr.D.de V.S.* „..*'ante diem decimum kalendarum'*, *'post diem X. kal.'*: neque utro enim sermone undecim dies significantur". z.B. ante d.X.kal.Mart. ist der 20.Febr., post d. X. kal.Mart. der 10.März. Die seltenere Ausdrucksweise post diem u.s.w. braucht auch *Gai.L.*233.§1.*D.eod.50*,16. *Groening* de die intercalari. Gott.1843.4°.

res, 48 Stunden hat[6], was jedoch für Zeitbestimmungen nach Tagen nicht gilt, indem bei solchen die 29 Tage des Schaltmonats,
§ c. nicht bloß 28, gerechnet werden[7]. Die Tage, Zeiträume von 24 Stunden, werden als bürgerliche, Kalender-Tage, civiles dies, von Mitternacht zu Mitternacht berechnet[8], oder als Zeittage, +naturales dies, Zeiträume von 24 Stunden mit beweglichen, d.h. beliebigen Gränzpuncten, so daß der Zeittag meistens in 2 Kalendertage
§ d. fällt[9]; lux, naturalis dies, dies, Lichttag, ist die Zeit von Auf- bis Untergang der Sonne, im Gegensatze der Nacht, nox[10], und in allen Jahreszeiten bestand jeder Tag und jede Nacht je aus 12 Stunden[11], welche also nur an je 2 Tagen des Jahres einander gleich

---

(6) cit. *L.* 98. § 2. *D. de V.S.* „Mensis autem intercalaris constat ex diebus XXVIII.“ *pr. eod.* „Cum bisextum kalendas est, nihil refert utrum priore an posteriore die quis natus sit, et deinceps sextum kalendas eius natalis dies est: nam id biduum pro uno die habetur: sed posterior dies intercalatur, non prior; ideo quo anno intercalatum non est, sexto kalendas natus, cum bisextum kalendas est, priorem diem natalem habet“. *Ulp. L.* 3. § 3. *D. de minorib. 4*, 4. „..si bissexto natus est, sive priore sive posteriore die, Celsus scripsit nihil referre; nam id biduum pro uno die habetur et posterior dies kalendarum intercalatur“. (Bei uns ist im gemeinen Jahre der 24. Febr., im Schaltjahre der 25. Febr. Matthiastag.) (7) *Marcell. L.* 2. *D. de div. temp. praescr. 44*, 3. „In tempore constituto iudicatis an intercalaris dies proficere iudicato necne debeat quaeritur; item de tempore quo lis perit [*Gai. 4*, 104.] sic sine dubio existimandum est, ut auctum litis tempus intercalari die existimetur, vel uti si de usucapione sit quaestio, quae tempore constituto expleri solet, aut de actionibus quae certo tempore finiuntur, ut aediliciae *plera*eque [p̄toriaeque, d.h. praetoriaeque?] actiones. Set [nicht et: *in den bisherigen Fällen wird der Schalttag nicht besonders gezählt; wol aber im folgenden*] si quis fundum ea lege vendiderit, *ut nisi in diebus XXX pretium esset solutum, inemptus esset fundus*, dies intercalaris proficiet emp*t*ori? [proficietempori der Florentina ist unrichtig in proficiet *t*empori aufgelöst worden] mihi contra videtur“. Die *Basilic. 51*, 3, 2. geben: *Ἡ τοῦ βισέξτου ἡμέρα προστίθεται τοῖς κεκριμένοις ... οὐ προστίθεται δὲ τῷ ἀγοραστῇ.* (8) *Paul. L.* 8. *D. de feriis* 2, 12. „More Romano dies a media nocte incipit et sequentis noctis media parte finitur; itaque quidquid in his XXIIII horis, i.e. duabus dimidiatis noctibus et luce media, actum est, perinde est quasi quavis hora lucis actum esset“. vgl. *Gell. N.A. 3*, 2. *Censorin.* c. 23. „*Civilis dies* vocatur tempus quod fit uno caeli circumactu, quo dies verus [*lux*] et nox continetur... Romani a media nocte ad mediam noctem diem esse existimaverunt..“. *Macrob.* Sat. *1*, 3. „de principio ac divisione civilis diei“. (9) Ueber die röm. Bezeichnung naturalis dies s. Note 10. Die angedeutete Bemeßung der Zeit nennen unsre Quellen a momento ad momentum oder ad momenta temporum computare, s. d. folgend. §. Note 1. u. § 122. *a.* (10) s. *L.* 8. *D.* in Note 8. *Censorin.* l.c. „*Naturalis dies* est tempus ab oriente sole ad solis occasum, cuius contrarium tempus est *nox*, ab occasu solis usque ad exortum..“. *Gell. 17*, 2. „..In XII tabb. scriptum est.. SOL OCCASVS SVPREMA TEMPESTAS ESTO..“. (11) *Censorin.* l.c. „..In horas XII divisum esse diem, noctemque in totidem, vulgo notum est“. *Ideler* I. 84. II. 617. Darauf geht *Paul. L.* 2. § 1. *D. de V.S.* „Cuiusque diei maior pars est ho-

waren. Wochen sind den klassischen Rechtsquellen ganz fremd[11*]), § e. obgleich sie, seit Constantin den in den justinianischen nicht mehr vorkommenden Zeitabschnitt der *nundinae* abgeschafft hatte, die allemal nach 7 Arbeitstagen eintraten, so daß trinundinum gleich 17 (3+2×7) Tagen ist, auch im bürgerlichen Leben üblich geworden waren[12]: die *kalendae*, *nonae* und *idus* der einzelnen Monate § f. sind nicht Maße einer Anzahl von Tagen, sondern Bezeichnungen einer Kalenderzeit[13]. Die Monate, *menses*, sind als unbeweg- § g. liche Zeiträume, als mit bestimmten Namen bezeichnete Theile des Jahrs, Kalendermonate, von ungleicher Länge, 28 (29) bis 31 Tagen; als beweglicher Zeitraum, bei Fristbestimmungen nach Monaten, wird (sofern nicht eine abweichende Absicht erhellt, wie z.B. wenn bestimmt ist '6 Monate oder ein volles halbes Jahr') jeder einzelne (eigentlich 30⁵⁄₁₂ Tage haltend) zu 30 Tagen[14], 2 zu 60 Tagen[15], 3 zu 90 Tagen[16] u.s.w.[17], gerechnet, wovon nur scheinbare Ausnahmen vorkommen[18].

---

rarum VII priorum, non posteriorum". *Pomp.L.2.D.de ann.leg.33*,1. Auch sonst kommen Stunden, diurnae nocturnaequo horae, in den Rechtsquellen als Zeitfristen vor, s.*Dirksen* Manuale v.Hora. (*11**) In den Constitt. seit Constantin kommen sie sammt der Sonntagsfeier vor: *L*.19.§3., *LL*.24.21. cf. *LL*.1.23.25.26.*Th.C.de feriis*. *LL*.2.7.8.11.*C.eod.3*,12. (*12*) *Ideler* II. S.136.ff.u.die das.citt.klass.Stellen. Niebuhr R.G.II. (ed.II.) S.242.ff. III.S.368. *Gell.20*,1.,,..verba ipsa legis [*XII tabb.*] dicam..TERTIIS NVNDINIS PARTIS SECANTO..". Nach der lex Caecilia et Didia (a.u.656.) muste jede lex, ehe sie vor das Volk gebracht wurde, per trinundinum promulgiert sein. *Cic.*Phil.5,3.§8. s.§95. Note 4. (*13*) s.im Anhang XI.S.*48. den römischen Kalender. | *Ulp.L.41.pr.* §2.*D.de V.O.45*,1.,,Eum qui *kalendis Ianuariis* stipulatur...quod actum est... si non appareat, dicendum *primas kalendas Ianuarias* spectandas... Idem in *idibus* etiam et *nonis* probandum est, et generaliter in omnibus diebus".

(*14*) *Paul.L.*40.*D.de R.C.12*,1. ,,..in dies triginta... menstruos...per singulos menses..". *Iustinian.L.*22. in Note 16. und *Nov.115.c.2.* ,,..ἐντὸς τριάκοντα ἡμερῶν...ἄλλον ἕνα μῆνα...ἑνὸς ἑτέρου μηνὸς...μέχρι τῶν εἰρημένων τριῶν μηνῶν..". (*15*) Die sexaginta dies und alii quattuor menses in *Pap.L.*11.§6.*D.ad L.Iul.de ad.48*,5.u.*Paul.L.*30.§1.*eod.* werden von *Ulp.L.*29.§5.*eod.* und *Marcian.L.*1.§10.*D.ad SC.Turpill.48*,16. als sex menses bezeichnet. Verschiedene ädilicische Rechtsmittel sind bald auf sexaginta dies, bald auf duos menses beschränkt: *LL*.28.31.§22. *L*.38.*D.de aedil.ed.21*,1. *Iustinian.L.*22. in der folg. Note. (*16*) *Iustinian.L.*22.§§1.2.*C.de iure delib.6*,30. ,,..intra trium mensium spatium..., ut intra XXX dies...et intra alios LX dies..". §11.*eod.* ,,..intra III menses". s.Note 14. (*17*) s.Note 15. *Paul.*S.R. 4,9.§5. bezeichnet als septimus mensis plenus, *Censorin.*c.9. als septem menses, was letzterer c.9. durch decimus et ducentesimus dies (7×30=210).

(*18*) In *LL.2.5.C.de temp.et rep.appell.7*,63. setzen die Kaiser nach einem Termin sex mensium, semestre spatium, drei andere von je 31 Tagen, aliis trium mensium spatiis, i.e. nonaginta et tribus diebus: die vorzunehmende Handlung hat nämlich eine Frist von je 1 vollen Monate, 30 Tagen, utiliter zu berechnende, braucht also, den Tag, in welchem die Frist beginnt, mitgerechnet,

§. 122. 3. Die Zeitberechnung (*).

a) Naturale und civile Zeitberechnung. b) Continuum et utile tempus.

§a. *a*) Die Berechnung einer Frist, eines Zeitraums, wonach alle dazu gehörigen Zeittheile vollständig abgelaufen sein müßen (z.B. 24×365×60=525600 Minuten = 1 Jahr von 365 Tagen), die Berechnung nach Zeittagen (§ 121.*c*.), das a momento ad momentum oder ad dies computare, a momento in momentum tempus spectare, ad momenta temporum numerare, nennen wir Naturalcomputation[1]; diejenige, wonach der Tag als letzte, nicht weiter in kleinere Zeiträume abzutheilende Zeiteinheit aufgefaßt wird, die nach Kalendertagen, das civiliter oder ad dies
§b. numerare, die Civilcomputation[2]. Die letztere muste, abgesehen von den mit jedem Tage wechselnden Zeitstunden (§ 121. *d*.) und davon, daß die Zeitmeßungswerkzeuge bei den Römern sehr unvollständig, untragbar und selten waren[3], schon durch die Behandlung der Zeit im bürgerlichen Verkehr, wo man wol den Tag, nicht aber Stunde, Minute u.s.f. eines Ereignisses oder Rechtsgeschäftes zu bemerken und im Gedächtnisse zu behalten pflegt, zur

---

erst am 31sten vorgenommen zu werden, gerade so wie nach *Paul. L.* 101. *D. de R. I.* derjenige, welchem eine Frist von 2 Monaten gesetzt ist, noch am 61sten Tage giltig erscheint: man hat 30, 60 volle Tage, an welchen man erscheinen kann. Nicht anders rechnet *Paul. L.* 30. §1. *D. ad L. Iul. de adult.* den sexagensimus selbst in die LX dies ein: der Scheidungstag ist der Tag vor dem ersten Anklagetag. Dagegen kann man sogleich bei der Urtheilsverkündigung appellieren: *L.* 1. §§ 5. 12. sqq. cf. §§ 6. sqq. *D. quando app.* 49, 4. vgl. § 122. *c.* Ulpian in *L.* 1. § 9. *D. de succ. ed.* 38, 9. bestimmt nur die Bedeutung des intra dies oder in diebus centum, als einschließlich des 100sten Tages, nicht aber, was bei diesem utile tempus bald der Fall sein muste, bald nicht, ob der Tag, an welchem der zur B.P. Berufene davon Kunde erhielt, ein in die Frist in Einrechnung kommender sei oder nicht. s. §122. Noten 21*. u. 23. (Hiemit hebt sich die Zweifelhaftigkeit, womit auch noch Puchta Pand. § 75. Note *e.* die Stelle behaftet vermeinte.)| 1) Schwerlich gehört hierher, daß man für je 20 Millien Entfernung einen Tag mehr bei gerichtlichen Terminen hatte (*L.* 1. *D. siq. caut.* 2, 11. *L.* 2. § 3. *D. quis ordo in B. P.* 38, 15.) und jede, auch geringere Entfernung für 20 M.P., d.h. 20,000 Doppelschritte, passus, nicht gradus, angeschlagen hätte, wie man z.B. 21 Millien gleich 40 anschlug nach *L.* 3. *pr. D. de V. S.* 2) Die *L.* 7. *D. sol. matrim.* 24, 3. spricht von Kalendermonaten, die sie der bequemeren Berechnung wegen als gleichgroß annimmt. 3) Die 182 Tage als Anfang des 7ten Monats in *L.* 12. *D. de st. hom.* 1, 5. *L.* 3. § 12. *D. de suis et leg.* 38, 16. sind eine auf griechischer Tradition beruhende Halbierung der 365 Tage des Jahres. vgl. *Galen.* de septimestri partu. tom. V. p. 348.

(*) Puchta Inst. §§ 199. ff. Pand. §§ 75. f. u. Vorll. dazu. (1) *Ulp. L.* 3. § 3. *D. de minor.* 4, 4. „..ut a momento in momentum tempus spectetur..“, *L.* 6. *D. de usuc.* in Note 13. und *L.* 134. *D. de V. S.* in Note 7. (2) *L.* 134. *D. de V. S.* und cit. *L.* 6. *de usuc.* (3) Von den römischen Waßer- und Sonnenuhren s. *Ideler* II. S. 4...14.

Regel werden: weil es danach nur darauf ankommt, in welchen Tag, d.h. durch 2 Mitternächte begränzten Zeitraum[4], nicht in welche Stunde u.s.f. des Tages eine Begebenheit, eine Handlung falle, wird das Wesen der Civilcomputation nur zum Theil bezeichnet durch den Satz +Dies coeptus (incipiens) pro pleno (exacto) habetur[5]; denn ebenso gilt Dies exiens pro toto habetur: das Wesen ist, daß der Tag als kleinster Zeittheil in Betracht kommt[5*]. Diese Civilberechnung, daß ein bestimmter Kalender- § e.
tag in die Frist eingezählt werden muß, sobald er als Anfangstag auch nur noch mit einem kleinsten Theil in dieselbe fällt, oder als Endtag nur erst begonnen hat[6], kann nun für den Anfangs- und End-Tag einer Frist, oder bloß für ersteren, nicht für irgend einen mittleren Tag derselben, weil diese sämmtlich von jenen und unter sich je durch eine Mitternacht geschieden sind, zur Anwendung kommen: erstere, die auf Anfang- und End-Tag bezogene Computation, bildet die Regel, wo der Erwerb civiler Rechte vom Ablaufe der Frist abhängt (§§ *d.e.*); wo dagegen ein Rechtsnachtheil an ein Versäumniß während einer gesetzten Frist geknüpft ist, muß auch der letzte Tag dieser ganz verstrichen sein, weil an diesem selbst der Bedrohete noch handeln kann: diese Fristen unterliegen also einer gemischten Berechnung: für ihren Anfang gilt der Satz Dies exiens pro toto, aber nicht für ihr Ende der Satz Dies coeptus pro completo habetur[6*] (§ *f.*). Nach der für den An- § *d.*
fangs- und End-Tag der Frist geltenden Civilberechnung ist ein am 1. Januar, wenngleich unmittelbar vor dessen Schluß (ante septimam horam noctis) geborenes Kind am 2. Jan. 2 (Kalender-) Tage, und am 31. December sogleich nach der Mitternacht vom 30. auf den 31. schon 365 Tage oder 1 Jahr alt, anniculus[7];

---

(4) §121. Note 8. (5) wie es *Ulp. L.* 8. *D. de mun. et honoribus* 50,4. von dem annus vicensimus quintus sagt. s. Note 16. (5*) „quidquid in his 24 horis...actum est, perinde est quasi quavis hora lucis actum esset". *Paul.* in §121. Note 8. (6) *Ven. L.* 15. *pr. D. de div. temp. praescr.* 44,3. „.. etiamsi minimo momento novissimi diei possessa sit res, ... nec totus dies exigitur ad explendum constitutum tempus". *Paul. L.* 134. cit. „..incipiente plane, non exacto die .." u. in §121. Note 8. (6*) s. unten Note 21*. (7) *Paul. L.* 132. *D. de V. S.* „Anniculus amittitur, qui extremo anni die [am 365sten Tage des Zeit-Jahrs] moritur". *Id. L.* 134. *eod.* „Anniculus non statim ut natus est, sed trecentesimo sexagesimo [Flor. trecensimo sexagentesimo] quinto die dicitur, incipiente plane, non exacto die, quia annum civiliter, non ad momenta temporum, sed ad dies computamus".

§ e. so ist ein Alter als Anzahl von Jahren, an dessen Eintritt, Erreichung[8], das Civilrecht gewisse Rechte oder Fähigkeiten knüpft, erreicht, sobald unter Einrechnung des Anfangs- und End-Tages sovielmal 365 Tage (bei denen aber die 366 des Schaltjahres auch nur für 365 gelten[9]) erlebt worden sind, als Jahre erforderlich waren, wie dieses von der Pubertät[10], dem zu Manumissionen erforderlichen 20jährigen Alter[11] und der Großjährigkeit[12] und wie dasselbe auch für die Ersitzungsfristen[13] deut-

---

(8) Wo es irgend darauf ankommt, unterscheiden die röm. Juristen genau das bloße Erreichen von dem Ueberschreiten einer Frist (vgl. Note 7.), das maiorem und non minorem esse, das complesse und excessisse tempus oder in totum complesse, z.B. Noten 10.u.11.und *L.*1.§3.*D.de postul.3*,1.; so ist man erst am ersten (v.Savigny IV.S.411.u.A. meinen, erst am zweiten) Tage des 71sten Lebensjahres maior LXX annis, *L.*3.*D.de iure immun.50*,6.; excessisse oportet LXX annos, *L.2.pr.D.de excus.27*,1.; man hat 12, 14 Jahre erreicht, completus est annus XII., XIIII., wenn man den letzten Tag des genannten Jahres erreicht hat, vgl.*pr.I.quib.mod.tut.1*,22. *L.4.D.de R.N.23*,2. mit den Noten 10.u.6.; Justinian sagt *L.*24.*C.de nupt.*5,4. ungenau „tempus in quo nuptiarum aetas vel feminis *post* XII. annum accesserit vel maribus *post* XIIII. annum *completum*", indessen hier war kein Mißverständniß zu befürchten; dieses hat aber der Kaiser wirklich verschuldet (auch wieder bei Savigny IV.S.417.f.) durch die Ausdrücke der *L.*3.*C.quando tut.*5,60.„..iubemus, quem ad modum feminae *post impletos XII annos* omni modo pubescere iudicantur, ita et mares *post excessum XIIII annorum* puberes existimentur..". (9) f.§121.Note 6.

(10) *Ulp.L.*5.*D.qui test.28*,1. „A qua aetate testamentum vel masculi vel feminae facere possunt videamus: verius est in masculis quidem quartumdecimum annum spectandum, in feminis vero duodecimum completum: utrum autem *excessisse* debeat quis XIIII. annum, ut testamentum facere possit, an sufficit *complesse*? Propone aliquem kalendis Ianuariis [am 1.Jan.] natum testamentum ipso natali suo fecisse quartodecimo anno [am 1.Jan. 14 Jahre später], an valeat testamentum? dico valere. plus arbitror, etiam si pridie kalendarum fecerit post sextam horam noctis [am 31.Dec. des 14. Jahres, nach der den 30.u.31.Dec. scheidenden Mitternacht], valere testamentum: iam enim complesse videtur annum quartum decimum". Gegen die lateinische Sprache ist es „pridie kalendarum post VI. horam noctis" von der den 31.Dec. vom 1.Jan. scheidenden Mitternacht und „ipso natali suo" vom 2.Jan. bei einem am 1.Jan. gebornen zu verstehen, wie jetzt wieder v.Savigny IV. S.382.f. *Cels.L.*49.*D.de cond.et dem.35*,1. „Si in annos X heres dare damnatus..est, novissimo eius temporis die legatum debebitur..". (11) f. §47.*t. Ulp.L.*1.*D.de manu miss.40*,1. „Placuit eum qui kalendis Ianuariis natus post sextam noctis pridie kalendas,quasi annum vicensimum compleverit, posse manu mittere: non enim maiori XX annis permitti manu mittere, sed minorem manu mittere vetari: iam autem minor non est qui diem supremum agit anni vicensimi". Auch hier sucht Savigny S.374.das pridie kalendas, den dies supremus anni vicensimi, auf den 1.Jan., den ersten Tag des 21.Jahres, den Geburtstag des am 1.Jan. geborenen, zu deuten und so überall. (12) *Ulp.L.*3.§3. *D.de minor.4*,4. „Minorem XXV annis natu videndum an etiam die natalis sui adhuc dicimus ante horam qua natus est, ut si captus sit restituatur: et cum nondum compleverit, ita erit dicendum, ut a momento in momentum tempus spectetur. proinde" *etc.* Minderjährig ist ein am 1.Jan.1800 abends geborener eigentlich schon am 1.Jan.1825 früh morgens nicht mehr; aber er

lich ausgesprochen ist[14]. Dagegen muß, mag auch der Anfangstag in seinem bloßen Reste für einen vollen Tag gelten, der letzte ganz abgelaufen sein bei den Klagenverjährungs- und anderen Fristen, deren unbenutzter Ablauf den Verlust eines Rechts nach sich zieht[15]. Die Meinung, als ob, wie vom Tage, so auch vom Monat und Jahre, zu sagen sei 'coeptus pro pleno (oder exiens pro toto) habetur', beruht auf einer unstatthaften Verallgemeinerung einer singulären Bestimmung[16] und damit zusammenhangendem

§ f.

§ g.

---

wird doch wegen an letzterem 1. Jan. vor seiner Geburtsstunde ihm widerfahrener Benachtheiligungen in integrum restituiert; und bei einem Schalttage gewinnt der minor sogar noch einen Tag weiter, indem der am ersten 24. Febr. mittags geborene erst am zweiten 24. Februar mittags 25 Jahre später für die Restitution nicht mehr minor ist. Deutlich hebt Ulpian durch die Faßung der ganzen Stelle hervor, daß diese Berechnung der Minderjährigkeit für die Restitution eine singuläre Begünstigung sei, nicht eintrete, wo es sich um Rechte der maiores handle. (13) *Ulp. LL.6.7.D.de usurp.41*,3. „In usu capionibus non a momento ad momentum, sed totum postremum diem compulamus". „ideoque qui hora sexta diei kalendarum Ianuariarum [mittags am 1. Jan.] possidere coepit, hora sexta noctis pridie kalendas Ianuarias [mit der Mitternacht vom 30. auf den 31. Dec.] implet usu capionem". *Ven.L.*15.*pr.D.de div.temp.praescr.44*,3. „In usu capione ita servatur, ut etiamsi minimo momento novissimi diei possessa sit res, nihilo minus repleatur usucapio; nec totus" *et c.* s. Note 6. (14) Dasselbe gilt gewiſs auch von den 17-, 18- u. 20jährigen Fristen der *L.*1.§ 3.*D.de postulando* 3,1. *L.*57.*D.de re iud.42*,1. *L.*41.*D.de rec.q.arb.4*,8. Seine oben gemiſsbilligten Erklärungen sucht v. Savigny IV. S. 364. ff. vorzüglich auf die Berechnung des Quintus Mucius bei *Gell.3*,2. und *Macrob.*Sat.*1*,3. zu stützen, wonach die Frau, welche am 1. Jan. als Ehefrau in des Mannes Haus gekommen, die Begründung des usus „velut annua possessione" (§ 46.*i.*) nicht mehr hindert, wenn sie ante diem quartum kalendas Ianuarias, d. h. am vorvorletzten December (am 29., oder zu Q. Mucius Zeit am 27., weil damals das Jahr 355, der December 29 Tage hatte) zur Unterbrechung der Quasiersitzung des Mannes Haus verläßt, „quoniam tertiae noctis (der vom letzten December auf den 1sten Jan.) posteriores sex horae alterius anni essent, qui inciperet kalendis". Und doch hätte nach der Civilbrechnung der usus schon im ersten Moment des 31(29)sten Decembers begründet sein, die Frau also der Usurpation wegen sich spätestens ante diem sextum kalendas Ianuarias, d. h. am 27(25)sten December, aus des Mannes Haus entfernt haben müßen. In der Hall. Litteratur-Zeitung 1830. Sp. 35. hielt ich die Behauptung des Q. Mucius für einen absichtlichen Widerspruch gegen die Civilcomputation; deutlicher sagt Puchta (Inst. § 199. g. E.), zur Miſsbegünstigung der Entstehung der manus durch usus habe Q. Mucius diesen aus dem Gesichtspunct des Verlustes der Selbständigkeit beurtheilt, also Ablauf der ganzen dritten Nacht im selben Jahre gefordert, während man früher die Frist aus dem Gesichtspuncte des Erwerbs der manus durch den Ehemann berechnet hatte. (15) *Paul.L.*6.*D.de O.et A.44*,7. „In omnibus temporalibus actionibus nisi novissimus totus dies compleatur, non finit obligationem". *L.2.D.44*,3. in § 121. Note 7. Andere hier in Betracht kommende Stellen erklärt § 121. Note 18. vgl. unten Note 21*. (16) *Ulp.L.8.D.de mun.et hon.50*,4. „..Annus autem XXV. coeptus pro pleno habetur: hoc enim in honoribus *favoris causa* constitutum est, ut pro plenis inchoatos accipiamus, sed in his honoribus, in quibus rei p. quid iis non committitur..", womit keine Verwaltung von Gemeindegütern verbunden ist. vgl. *L.*134. in Note 7.

Missverständniss einiger Digestenstellen[17], hauptsächlich aber auf Mangel an Einsicht in die Natur und Entstehung der Civilcompu-
§ k. tation[18]. Auch Missdeutung des lateinischen Sprachgebrauchs in Betreff der Ordinalzahlen[19] und das in jeder Sprache mögliche Schwanken, ob bei einer Frist der Zeitabschnitt des Ereignisses, von welchem aus zu rechnen ist, mitgezählt werde oder nicht[20], hat die Schwierigkeiten der juristischen Zeitberechnung vermehrt.

§ i. *b*) Die Verschiedenheit der civilen und naturalen Zeitberechnung besteht in der verschiedenen Zerlegung der Zeit in einzelne Zeittheile und die Zusammenrechnung dieser zu einer Zeitfrist überhaupt; als utile oder continuum tempus *) dagegen bezeichnen wir die Zeit in ihrer Beziehung auf in derselben vorzunehmende Willensäußerungen bestimmter Subjecte, jenachdem sie als ein relatives, als zur Thätigkeit eines bestimmten Subjects bestimmtes und dazu ausreichendes, oder, wie es die regelmäßige Behandlung ist, als ein absolutes, allen Subjecten gleichmäßig verlaufendes aufgefaßt wird: werden in eine durch allgemeine Rechtsvorschrift bestimmte Zeitfrist nur diejenigen Zeittheile, d.h. auch hier 'Tage', eingerechnet, welche zur Vornahme gewisser, unter Gefahr des Verlustes eines Rechts bei der Obrigkeit vorzunehmender positiver

---

(*17*) z.B. solcher, die von Vermächtnissen reden, welche je zu Anfang eines Jahrs für das ganze Jahr ausbezahlt werden müßen (wie *LL*.5.8.22.*D.de ann. leg*.*33*,1.), und anderer schon von ***Rücker*** de civ. et nat. temp. comp. L.B. 1749. 8°. cap. 3. als nicht hergehörig nachgewiesener Stellen.

(*18*) Diese beruht auf der Unmöglichkeit oder Schwierigkeit, im rechtlichen Verkehr die einzelnen Zeitabschnitte des Tags zu meßen oder zu merken, während die Scheidung zweier Tage durch eine Nacht etwas sehr leicht zu bemerkendes ist. Die Analogie für Monat und Jahr fehlt also gänzlich. vgl. *L*.134. in Note 7.

(*19*) So erklärt sich ***L***.74.§1.***D.ad SC.Trebell.36***,1. ohne das in seiner Allgemeinheit falsche Annus coeptus pro pleno accipitur, wenn man nicht übersieht, daß ad annum vicensimum aetatis pervenisse heißt 'das 19. Lebensjahr zurückgelegt, das 20. angetreten haben'. Ueber den Gebrauch der Ordnungszahlen in der Bezeichnung von Zeiträumen" s. Savigny Syst. IV. Beilage XI., wo jedoch das pronom. adiect. 'alter, a, um' mit Unrecht öfter als numerale ordinale behandelt ist.

(*20*) Bei Fristen nach Tagen ist es durchgreifende Regel, daß der Tag des Ereignisses, von welchem aus gerechnet wird, mitgezählt wird, wie die röm. Weise der Bezeichnung der Kalendertage und (mit der nicht eigentlich beweisenden Ausnahme ***Cic***. ad Att. *6*,1.) alle von Savigny gesammelten Beispiele zeigen; bei Fristen nach Jahren dagegen ist, obgleich auch hier das Mitzählen des Ausgangsjahrs die Regel bildet, doch das im Texte angedeutete Schwanken in der latein. Sprache eben so entschieden, als häufig, wie außer vielen anderen das auffallende, bei ***Macrob.1***,**14**. erzählte, von Savigny a.a.O. § IV. weiter ausgeführte Beispiel zeigt.

(*) v. Savigny Syst. §§ 189...91. Puchta Institutionen § 200. Pand. § 76.

Handlungen, wozu die Frist gesetzt ist, benutzbar waren, quibus experiundi potestas fuit, so ist das tempus *utile* (utilitas temporis, die unbrauchbaren dies ei non cedunt, non computantur, non numerantur in eius personam; um ihre Zahl verlängert sich also die Frist); kommen dagegen alle abgelaufenen Tage ohne Rücksicht, ob sie dem Subjecte zu der fraglichen Thätigkeit brauchbar waren, in Anrechnung, so ist das tempus *continuum* (continui dies, *ἡμέραι συνημμέναι*, continuus annus, continuatio temporis) [21]. Die utiliter, relativ zu berechnenden [21*]) Fristen sind höchstens einjährige [21+]), aber nicht alle einjährigen oder kürzeren werden utiliter berechnet [22]; sondern nur das Jahr, so wie die 100 Tage zur Nachsuchung der bonorum possessio [23], die Verjährungsfrist der einjährigen actiones und interdicta [24] nebst der

---

(*21*) Ueber die technischen Ausdrücke s. die folgenden Noten. Daß die utilitas temporis nur bei (aber nicht bei allen) solchen, bei Gefahr des Verlustes eines Rechts vorzunehmenden Handlungen vorkomme, welche vor einer richterlichen Obrigkeit vorzunehmen sind; nur bei solchen, wofür allgemeine Rechtsregel, nicht richterliche oder Privat-Bestimmung, die höchstens einjährige Frist anberaumt hat, und daß als Behinderungsgründe nicht dauernde Zustände der Person (Unmündigkeit, Wahnsinn, Interdiction wegen Verschwendung) *in* Betracht kommen, hat Savigny sehr anschaulich gezeigt. (*21**) Der Behauptung Savignys (l.c.S.442.), daß die civile Zeitrechnung auch auf das utile tempus anwendbar sei, widersprechend hat sich die erste Ausgabe dieses Buchs insofern selbst widersprochen, als sie richtig unter den utilia tempora die civiliter zu berechnenden aufführte. Der Widerspruch beruhte auf der Auffaßung der Civilcomputation alß der am Anfang und am Ende der Frist den Tag als kleinsten Zeittheil behandelnden, und der Subsumption der gemischten Fälle, in denen der Anfangstag der Frist nach der Civilcomputation behandelt wird, der letzte Tag aber ganz, von seinem Anfangs- bis zum End-Mitternachtspunct, abgelaufen sein muß, unter die Naturalcomputation. Daher nennt auch *Ulp.L.*1. §7.*D.qu.appell.49*,4. die 2 oder 3 civiliter zu berechnenden dies quibus appellandum est „*ad aliquid utiles*". (21+) z.B. *L.*31.*D.ad L.Iul.de adult.* 48,5. „Quinquennium non utile sed continuo numerandum est", aber doch „aequum est computationi quinquennii eximi id tempus" *etc.*, nämlich während dessen die accusatio durch Andere verhindert worden war. (22) z.B. continuierlich ist die alte einjährige Usucapionsfrist, *L.*31.§1.*D.de usurp.41*,3., die 50tägige Excusationsfrist, *L.*13.§9.*D.de excusationib.27*,1. (23) *Ulp.* 28.§10.und *L.2.pr.D.quis ordo in B.P.*38,15. „Utile tempus est bonorum possessionum admittendarum. ita autem utile tempus est, ut singuli dies in eo utiles sint, scilicet ut per singulos dies et scierit et potuerit admittere; ceterum quacumque die nescierit aut non potuerit, nulla dubitatio est, quin dies ei non cedat..". (*24*) Von der 30- oder 40jährigen Klagen heißt es ausdrücklich 'annis XXX continuis extinguantur', 'ius XXXX annorum extinctum est iugi silentio' *LL.*3.4.*C.de praescr.xxx vel xxxx annor.7*,39.und mit jenen werden von Justinian *L.*1.*pr.*i.f.*C.de ann.except.* 7,40. zusammengestellt 'aliae omnes legitimae exceptiones et praescriptiones, sive quae super decennio vel XX vel XXX vel XXXX annis introductae sunt'. Bei vielen von den Magistratus eingeführten einjährigen Rechtsmitteln war das „intra annum" oder „in anno quo primum de ea re experiundi potestas

von Justinian aufgehobenen annalis exceptio Italici contractus[25], die vorjustinianische einjährige Frist zur Nachsuchung der Wiedereinsetzung in den vorigen Stand[26], die Fristen der Anklage wegen Ehebruchs[27] und die zwei- und dreitägigen Apellationsfristen[28]. § l. Daß Constantin den utilis annus zur Anstellung der doli actio in ein biennium continuum[29] und Justinian den zur Verhandlung der Wiedereinsetzung in den vorigen Stand in ein quadriennium continuum[30] umgeändert haben, ändert an der Geltung der übrigen utilia tempora nichts[31]. § m. Die Behinderungsgründe, welche Nichtanrechnung davon betroffener Tage rechtfertigen, sind alle der Art, daß sich ihre Wirkung in Anwendung auf einen gegebenen Fall nicht im voraus durch allgemeine Rechtsvorschrift bestimmen läßt, sondern nur hinterher durch Bemeßung des Einflußes, welchen sie auf die in Rede stehende befristete Thätigkeit des Subjects ausgeübt haben: vorübergehende Zustände dessen der handeln soll, Unmöglichkeit des Gegners habhaft zu werden, oder vor der betreffenden Obrigkeit die fragliche Handlung vorzunehmen, sei es weil jene nicht gehörig am Gerichtsorte anzutreffen ist, oder weil, nach der Einrichtung des Kalenders, Tage zu Handlungen vor der Obrigkeit nicht gebraucht werden können oder doch, ohne in Anrechnung zu kommen, unbenutzt bleiben dürfen[32]. § n. Dagegen kann die Unwißenheit oder der Irrthum

---

erit« ausdrücklich genannt, z.B. *L.1.§1.D.ex q.caus.mai.4*,6. *L.1.pr.D.qu.de pecul.15*,2. *L.4.pr.D.vi bon.rapt.47*,8. *L.1.pr.D.de incend.47*,9. *L.1.pr.D.quae in fraud.cred.42*,8. *L.1.pr.D.uti poss.43*,17.; bei den anderen sah es die Praxis als sich von selbst verstehend an, z.B. *L.14.§2.D.q.met.c.4*,2. *L.19.§6.D. de aed.ed.21*,1. *L.1.§39.D.de vi 43*,16. *L.8.C.de dolo malo* 2,21.

(25) *Iustinian.L.1.pr.C.de ann.exc.7*,40. „..illud spatium annale alii quidem ita effuse interpretabantur, ut possit usque ad decennium extendi; alii.. usque ad quinquennium standum esse putaverunt... ideoque memorata annali exceptione penitus quiescente..«. s.§136. (26) *L.1.§1.D.ex q.c.mai.* 4,6. und Note 30. (27) *L.11.§6.D.ad L.Iul.de adult.* s.§121.Note 15. (28) *L.1.§§5.sqq.D.qu.appell.49*,4. (29) *L.un.Th.C.de dolo m.2*,15. oder *L.8.C.eod.2*,21. (30) *L.7.C.de temporib.in int.restitutionis* 2,53. „..pro utili anno memorata continuatio temporis [quadrienn.] observetur ad interponendam contestationem finiendamque litem«. (Für unser Recht fällt freilich das finiendamque litem weg.) (31) Die beiden Aenderungen sind ganz specielle und offenbar absichtlich ungleich, indem der annus dort verdoppelt, hier vervierfacht ist. (32) *Ulp.L.1.D.de div.temp.44*,3. „Quia tractatus de utilibus diebus frequens est, videamus quid sit 'experiundi potestatem habere'. et quidem in primis exigendum est, ut sit facultas agendi; neque sufficit reo experiundi secum facere potestatem vel habere eum qui se idonee defendat, nisi actor quoque nulla idonea causa impediatur experiri: proinde sive apud hostes sit, sive rei p. causa absit, sive in vin-

des Subjects, ob ihm eine durch eine Frist beschränkte Thätigkeit obliege oder ihm zukomme, ebensowol bei der continuatio als der utilitas temporis Nichteinrechnung der Zeit des Mangels richtiger Kenntniſs begründen oder unberücksichtigt bleiben, wie z.B. die Unwißenheit regelmäßig nicht hilft bei den utiliter zu berechnenden einjährigen Fristen der Verjährung von Klagen[33]; während dieselbe in manchen Fällen bewirkt, daß ein continuum tempus noch nicht zu laufen beginnt[34]. Die Neueren aber haben sich durch die irrige Voraussetzung, die Berücksichtigung des error und der ignorantia gehöre zum Wesen der utilitas temporis, zur Aufstellung folgender vier Combinationen verleiten laßen, welche erst durch die hier beigefügte savignysche Uebertragung in deutsche Formen unschädlich gemacht worden sind:

α'. utile tempus ratione initii et cursus = Beachtung der Unwißenheit und der äußeren Hindernisse (Note 23.);

β'. utile tempus ratione initii, continuum ratione cursus = Beachtung der Unwißenheit, Nichtbeachtung der äußeren Hindernisse (Note 34.);

γ'. continuum tempus ratione initii, utile ratione cursus = Nichtbeachtung der Unwißenheit, Beachtung der äußeren Hinternisse[35];

---

culis [cf. *L.*11.§5.*D.ad L.Iul.de adult.*] aut si tempestate in loco aliquo vel in regione detineatur, ut neque experiri neque mandare possit, experiundi potestatem non habet: plane is qui valetudine impeditur, ut mandare possit, in ea causa est ut experiundi habeat potestatem. illud utique neminem fugit experiundi potestatem non habere eum qui praetoris copiam non habuit: pro inde hi dies cedunt quibus ius praetor reddit«. *L.*1.§§7.sqq.*D. qu.app.*49,4. *L.*2.§§1...3.*D.quis ordo* 38,15.| Ueber die hier in Betracht kommende Unwißenheit s.§97. Note 2.| Die alte Eintheilung der Tage in fasti, nefasti und intercisi, so wie die Bedeutung der comitiales dies, verlor sich in der Kaiserzeit allmählich: nach den Bestimmungen des theod. und justin. Codex (*de feriis* titt.citt.) sollen alle Tage Gerichtstage, dies iuridici oder iudiciarii, sein, mit Ausnahme der 2monatl. Aernteferien, der Sonntage, der 14tägigen Osterferien und bestimmter einzelner Festtage: es bleiben etwa 230 Gerichtstage im Jahre. s. nun *Keller* Röm. Civilproc. § 3.

(33) Hierbei ist eben so geflißentlich von dem Wißen und Nichtwißen geschwiegen, als es im Edicte über die Nachsuchung der B.P. hervorgehoben ist. s. Note 23.

(34) So bei den gerichtlich anberaumten Terminen (*L.*1.§15.*D.qu.appell.*49,4.), der gesetzlichen Deliberations- (*LL.*19.22.*C.de iure delib.*6,30.) und den Excusations-Fristen der Vormünder (cit. *L.*1.*D.*§§1.2. und §16.*I.de excus.tutorum* 1,25. *L.*13.§9.*D. eod.*27,1.u.ö.)

(35) Hierher gehört weder der von *Ulp.L.*2.*pr.D.quis ordo* aufgestellte Fall, da jemand nach dem Tode eines intestatus sich zur B.P. berufen wuste, dann aber irrige Kunde erhielt von dessen Leben oder daß er ein Testament hinterlaßen habe (die Frist ist hier durchaus unter Berücksichtigung des gehörigen Bewustseins oder des Mangels desselben utile, und in welchen Theil derselben das Hinderniſs falle, in den Anfang, die Mitte oder das Ende, ist gleich), noch auch die s.g. praescriptio quiescens, die Fiction, daß der zur gerichtlichen Verfolgung eines Rechts unbrauchbar gewesene Zeitraum nicht ab-

δ'. continuum tempus ratione initii et cursus = Nichtbeachtung beider Momente[36].

Die Fälle α' und γ' sind utilia, die β' und δ' continua tempora, α' und β' mit, γ' und δ' ohne Berücksichtigung des Nichtwißens.

C. Einfluß des räumlichen Verhaltens des Subjects zum Object auf Entstehung und Beendigung von Rechten: vom Besitze*).

1. Der eigentliche Besitz oder die corporis possessio.

De adquirenda vel amittenda (et retinenda) possessione: *Dig.41,2. Cod.7,32.*

§. 123. a. Begriff und Arten.

§a. Besitz, *possessio*, *νομή*, *κατοχή*, ist das factische Verhältniß der Person zu der körperlichen Sache, worin jene die allge-

---

gelaufen sei (cf.Note 21*.): bei der utilitas wird gar nichts fingiert, sondern soviel Zeit zugesetzt, als der Hindernisse wegen nicht benutzbar war. Sonach bleibt als hierhergehörig nur das utile tempus der Klagenverjährung (Note 33.), womit zugleich die Unnützlichkeit der ganzen neueren Terminologie erwiesen ist.

(36) z.B. Note 29. und *Ulp. L.8. D. de his q. not. 3,2.* „..tempus luctus continuum est, merito et ignoranti cedit ex die mortis mariti..“.

(*) v. Savigny Das R. des Besitzes. (1.Aufl. 1803.) 6.Aufl. Giess. 1837. 8°. und die Litteratur daselbst S. xvi. ff. Puchta Inst. §§ 226...30. Kleine Schriften ed. Rudorff n°. xxvi. xiv. f. Bruns Das R. des Besitzes. Tüb. 1848. 8°. | Der Besitz findet nur hier seine Stelle im System als die in dem factischen Verhältnisse der Person zur Sache liegende Voraussetzung von verschiedenen Rechten. Die Rechte des Besitzes, nicht das Recht zu besitzen, entstehen in dem Augenblicke, da die Person in das factische Verhältniß zur Sache tritt, frei und ausschließlich an derselben ihren Willen bethätigen zu können. Savigny a.a.O. § 6. weist den Besitz, auf welchen die Interdicte sich gründen (denn 'insofern er die Usucapion möglich macht', ist er nur 'ein Theil der ganzen Handlung [des ganzen Ereignisses], wodurch Eigenthum erworben wird'), in die Lehre von den obligationes ex maleficiis. Aber damit, daß die beiden einzigen Wirkungen des Besitzes, Usucapion und Interdicte (Savigny a.a.O. §§ 2.3.), nicht hierher, sondern erstre zu den Eigenthumserwerbsarten, die Besitzinterdicte zu den Obligationen und Actionen gehören, ist die systematische Stellung des Besitzes selbst nicht bestimmt. Dasselbe gilt gegen Puchtas Auffaßungsweise (s. oben § 99. Note 3.), welche zwar richtig geltend macht, daß der Besitz als Ausfluß der Persönlichkeit des Besitzers rechtliche Existenz habe (Puchta Kl. Schr. n°. xv.): dieses ist jedoch (sofern es nicht von allen und jeden Rechten soll gesagt werden können) nur von dem s.g. Interdictenbesitze, nicht dem Besitz, wie er in den röm. Rechtsquellen weiter ausgebildet ist, richtig. Der Besitzinterdicte wegen stellt also Savigny den Besitz in die Obligationenlehre, Puchta derselben Interdicte wegen als ein eigenes Recht zwischen die Lehre von dem Rechte der Persönlichkeit, unter welcher er von libertas, civitas und familia handelt, und die vom Eigenthum und den dinglichen Rechten an fremder Sache. Den Besitz bei der Lehre vom Eigenthum als Einleitung oder bei den Eigenthumserwerbsarten vortragen, wie auch mit Digesten und Codex schon seit dem s.g. Brachylogus viele Neueren thun, ist in der That eine Ausschließung der Lehre vom Besitze aus dem System des Privatrechts: um seinetwillen steht er dort nicht: er wird da nur 'untergebracht'. Noch unrichtiger stellt ihn mit vielen Anderen Blume zu der Lehre von dem „Wesen des Eigenthums“ unter die Rubrik „Ausübung“, meinend 'Besitz und Immemorialverjährung gehört zu den dinglichen Rechten'. Mit Nerva filius (*L.1. § 1. D. h. t.*) meint auch Hegel (Philos. des R. §§ 45. ff.), dominium rerum ex naturali

meine (bestimmungslose) Möglichkeit hat, diese nach freier Willkür und mit Ausschließung aller anderen Personen als Object zu behandeln [1]. Der Besitz ist also einerseits ein factisches, res facti, § *b.* ein Zustand, ein Verhalten des Körpers der Person zum Körper der Sache, bloßes Innehaben, detentatio, detentio, naturalis oder corporalis possessio [2]; andererseits eine res animi, iuris, eine Wil- § *c.* lensthätigkeit des besitzenden Subjects [3] in den bezeichneten zwei Richtungen, der positiven, seinem Willen dauernd die Sache als Object factisch unterworfen zu haben [4], und der negativen, der Ausschließung der factischen Herrschaft Anderer über die beseßene

---

possessione coepisse; aber speculativ und historisch betrachtet ist das Eigenthum vor dem Besitze, dieser weder bloß Anfang, noch auch bloß Ausübung des Rechts. Ueber die Stellung der Besitzlehre in den Quellen s. Anh. S.*27. Z.7. S.*31. Z.24. ff. *Dig.* lib. *41.* *Cod.* libb. *7.* u. *8.* a. A. (s. Anh. S.*3.5.)

(*1*) *Paul.L.*1.*pr.D.h.t.* „Possessio appellata est .. a sedibus quasi positio, quia naturaliter tenetur ab eo qui ei insistit, quam Graeci κατοχὴν dicunt ..“. vgl. *Iav.L.*115.*D.de V.S.* „..possessio ergo usus..“. *Fest.* vv. Possessio und Possessiones (ed. Müll. p. 233. 241.) und *Gai.1*,111. „Usu...vel ut annua possessione“.

(2) cit. *L.*1.§3. „..corpore suo rem contingant ... eam enim rem facti, non iuris esse..“. *Ulp.L.*1.§15.*D.si is q.test.47*,4. „possessionem.., quae facti est et animi ..“. *Pap.L.*19.*D.ex quib.caus.mai.4*,6. „..possessio autem plurimum facti habet..“. *Id.L.*49.§1.*D.h.t.* „..tenere possunt; habere [als Eigenthum], possidere non possunt, quia possessio non tantum corporis, sed et iuris est“, er erfordert nicht bloß das factische, die Detentation, sondern auch das der Rechtsbestimmung unterliegende, ein Wollen, animus; daher sich auch an den Besitz juristische Bestimmungen knüpfen: „plurimum ex iure possessio mutuatur. *pr.eod.* s. auch die ff. Noten.

(*3*) *Paul.L.*41.*D.h.t.* „..non videtur possidere, quia non eo animo ingressus est, ut possideat, licet corpore in fundo sit“. *Id.L.*3.§3.*eod.* „..qui nescit, non possidet ..“. §6.*eod.* „..si in fundo sis et tamen nolis eum possidere, protinus amittes possessionem“ u.s.w. „possessio .. iuris est“, „animi est“ in Note 2. *Constantin.L.*10.*C.h.t.* „Nemo ambigit possessionis duplicem esse rationem, aliam quae iure consistit, aliam quae corpore ..“. s. Note 7. und §§ 124. 125.

(4) vgl. *Iav.L.*22.*D.h.t.* Wegen dieser gewollten dauernden factischen Unterwerfung, abgesehen von aller rechtlichen (Eigenthum oder sonstigem Recht an der Sache), mit welcher sie jedoch verbunden sein kann, wird so oft (z.B. Note 1.) possessio und usus zusammengestellt. Unrichtig bezeichnen viele jene factische Unterwerfung als auf Ausübung des Eigenthums gerichteten Willen, während doch der, welcher weiß, daß er nicht Eigenthümer sei und etwa auch gar nicht Eigenthümer der Sache sein will, auch nicht Eigenthum ausüben wollen kann; Puchta als den auf die factische Gewalt gerichteten Willen, wie ihn ein Eigenthümer, wenn er die Sache besitzt, haben wird: die Parallelisierung des Besitzes und des Eigenthums muß überhaupt vermieden werden (wie in einer anderen Beziehung *Ulp. L.*12.§1.*D.h.t.* sagt: „Nihil commune habet proprietas cum possessione“. und *L.*1.§2.*D.uti poss.43*,17. „separata esse debet proprietas a possessione“), nicht allein, weil auch derjenige Besitzer einer Sache sein kann, welcher weiß und will, daß er nicht deren Eigenthümer sei (der Dieb, der Pfandgläubiger, der Besitzer eines Provincialgrundstücks u.s.w.), sondern auch weil die Eigenthumshandlungen selbst viel umfaßender sind, als die Besitzhandlungen, indem jene, nicht diese, auch auf ein Uebertragen von Rechten an der Sache, ein Ver-

§ d. Sache[5]. Jenes erste Moment im Begriffe des Besitzes bezeichnen unsre Quellen als corpus, factum, *κατοχή*[6], das andere als animus, animus possidendi oder possidentis, possidendi affectus, affectio tenendi, *ψυχή*, *ψυχὴ δεσπόζοντος*, *λογισμός*[7].

§ e. Durch den Begriff des Besitzes selbst ist in Beziehung auf die Subjecte desselben gegeben: 1) nur die physische Person ist eigentlich fähig zu besitzen, die juristische ermangelt der körperlichen Individualität; jedoch behandelt das entwickeltere Rechtssystem utilitatis causa, wegen der auf den Besitz sich gründenden Rechte, wozu die Fähigkeit der juristischen Person, ohne daß ihre Persönlichkeit negiert würde, nicht abgesprochen werden kann, auch sie als
§ f. Subject des Besitzes[8]. 2) Sowol das Moment der Unumschränkt-

---

äußern, Verzehren, Vernichten derselben und sonstige Weisen des Gebrauchs gerichtet sein können, deren der bloße Besitzer als solcher unfähig ist. vgl. Note 7. u. § 126. Note 11*. (5) s. Note 9. Daher kann auch wer wißentlich ohne alles Recht die Sache inne hat, Besitzer sein, besitzen wer gar kein Recht dazu hat. (6) z.B. *L.3.§§1.12. L.8.D.h.t. L.1.§§24.26.D.de vi 43*,16. *L.153. D.de R.I. L.3.C.h.t.* u.o. *L.1.§15.D.si is qui testam.47*,4. und Note 2.
(7) z.B. Note 6. und *L.1.§20. L.3.§§2.3. LL.41.46.D.h.t. L.41.* i.f. *D. de R.C. 12*,1. In cit. *L.3.§1.* spricht Paulus von mente et cogitatione, uti..velit possidere". Nirgend wird in den Quellen der animus possidendi als animus domini oder rem sibi habendi bezeichnet, so wie auch die Byzantiner (*Theoph. 2,9.§4. 3,29.§2. Iulian.* antecessor [Ztsch.f.g.R.W.XIV.S.134.] „*κυρίως γὰρ νομή ἐστι ψυχῇ δεσπόζοντος κατοχή*". *Basil.50,2.c.7. Harmenop.2,1.§4.*) zwar von *ψυχῇ δεσπόζοντος*, nicht aber *δεσπότου* oder *κυρίου*, der Absicht die Sache unumschränkt, aber nicht als Eigenthümer, zu beherrschen, reden. Die Uebersetzung *ψυχὴ δεσπόζοντος* durch animus *domini* statt *dominantis* (d.h. possidentis, possessoris oder possidendi) ist sprachlich und sachlich falsch: *δεσπόζειν*, dominari, die Sache factisch beherrschen, wie ein Eigenthümer sie rechtlich beherrscht, kann auch der nondominus, der sich als solchen weiß und will; aber die Absicht, jetzt dominus der Sache zu sein, von welcher er weiß, daß jetzt ein anderer deren dominus sei, ist in dem Rechtssubject als solchem nicht möglich. s. §126. Note 11*. Wir treten ganz dem mehrfach angegriffenen Satze Kierulffs (S.352.) bei „Der Besitz ist zwar Ausübung eines Rechts i n h a l t s, aber nicht Ausübung eines Rechts. Der Besitzer übt das, was den Stoff, das Object eines Rechts ausmachen kann, für sich aus, aber die Natur des Besitzes fordert weder, daß er es 'als ein Recht' haben 'will', noch auch daß er es als ein Recht zu haben 'glaubt'. Das eine wie das andere kann zwar zugleich mit dem Besitz verbunden sein, aber es gehört nicht zu seinem Wesen". s. Note 4. u. unten § u. (8) *Paul.L.1.§22. Ulp.L.2.D.h.t.* „Municipes per se nihil possidēre (? s. §124. Note 25.) possunt, quia uni consentire non possunt....sed hoc iure utimur, ut et possidēre et usu capere municipes possint..". *Ulp. L.7.§3.D.ad exh.10*,4. vgl. §62. Note 2. Zwar spricht *Ulp.L.1.§15.D.si is qui test.47*,4. einer hereditas die possessio ab, weil diese facti et animi sei; aber ausdrücklich nur in Beziehung darauf, daß an einer hereditas kein furtum begangen werden könne (welches nothwendig invito eo cui fit begangen werden muß, die hereditas aber nicht wollen kann): daß aber die liegende Erbschaft, soweit es die durch sie fortzusetzende Persönlichkeit des defunctus (§62. Note 5.) erheischt, Besitzerin ist, beweist, daß gegen sie auch furtum möglich ist, wenn die zu ihr gehörige Sache in der Detentation eines Andern ist (*LL.68...70.D.de*

heit, als das der Ausschließlichkeit der factischen Herrschaft des Besitzers über die Sache drückt sich in der Unstatthaftigkeit des zugleich an derselben Sache mehreren Subjecten vollständig, in solidum, zukommenden Besitzes aus[9]; wodurch jedoch nicht ausgeschlos- § g. ßen ist, daß Mehrere pro partibus indivisis dieselbe Sache zu gleicher Zeit besitzen, +compossessio[10]; noch auch, daß man für einen An- § h. dern, alieno nomine, besitzen könne, in welchem Falle jedoch der Vertretene rechtlich als Besitzer gilt, der Vertretende nur einen fremden Besitz ausübt[11]. Verschieden von der Unterscheidung des Besitzens § i. in eigenem und des in fremdem Namen ist die neuere[12] eines s.g. ursprünglichen von dem s.g. abgeleiteten Besitz, jenachdem die Absicht (nicht 'die Meinung') des Besitzers ist, die Sache als seine eigene für sich zu haben, s.g. animus (nicht 'opinio') domini oder rem sibi habendi[13], oder aber, die Sache zwar als Eigenthumsgegenstand eines Andern, also mit Anerkennung des fremden (wirklichen oder fingierten) Eigenthumsrechts an dem Besitzobjecte, jedoch so zu besitzen, daß man sich der juristischen Abwehrsmittel der Störung des Besitzes, der possessorischen Interdicte, für sich bedienen will. Ueber die einzelnen Fälle des s.g. abgeleiteten, bloß auf Uebertra- § k. gung beruhenden Besitzes sind diejenigen Neueren, welche den oben bezeichneten animus des Besitzers als 'Absicht, Eigenthum auszuüben', bestimmen, nicht einig, indem die meisten[14] einen s.g. abgeleiteten Besitz zuschreiben dem Emphyteuta[15] und dem zufolge Pfandcontracts besitzenden Pfandgläubiger[16], dem Precisten bei

---

furtis 47,2.), daß Gaius (*L*.37.§1.*D.de usurp.41*,3.) die Besitzergreifung eines alienus fundus, wenn dominus sine successore decesserit, als eine nichtgewaltsame bezeichnet, und daß durch die liegende Erbschaft die Usucapion fortgesetzt wird. (*L*.30.§5.*D.h.t.* *L*.31.§5. *LL*.40.43.44.§3.*D.de usurp.41*,3. u.ö.)

(9) *Paul.L*.3.§5.*D.h.t.* „... plures eandem rem in solidum possidere non possunt; contra naturam coeppe est, ut cum ego aliquid teneam, tu quoque id tenere videaris: non magis enim eadem possessio apud duos esse potest, quam ut tu stare videaris in eo loco, in quo ego sto, vel in quo ego sedeo, tu sedere videaris"..., wovon freilich nach derselben Stelle Sabinus für das Precarium das Gegentheil angenommen hatte. *Ulp.L*.5.§15.*D.commod.* in §75.Note 10. (*10*) §75.und §124.Note 11. (*11*) *Cels.L*.18 *pr.D.h.t.* „..nec idem est possidere et alieno nomine possidere; nam possidet cuius nomine possidetur, procurator alienae possessioni praestat ministerium". *L.9.D. eod.* s.§124.*n,q*.ff. §125.*l*.ff. (*12*) welche zuerst Savigny Besitz §§9.23..:25. aufgestellt und durchzuführen gesucht hat. (*13*) s.Note 7. (*14*) So mit Savigny a.a.O. Mühlenbruch Pand.§233. Schilling Inst.§133. Göschen Vorless.I.§204.und viele Anderen. (*15*) s.Savigny Besitz S.336.n°.1. Arndts Pand.§135. läßt den Emphyteuta weg, weil er ihn nicht als Besitzer ansieht. s. §126.Note 6. (*16*) Savigny a.a.O.S.336.n°.2. mit Berufung auf *L*.16.

dem s.g. qualificierten Precarium[17] und dem Sequester, welchem der Besitz der hinterlegten Sache übertragen worden ist[18], welche §l. sämmtlich allerdings wahre juristische Besitzer sind; Andere dagegen, wenn nicht die Unterscheidung überhaupt ungegründet wäre, mit Recht auch dem Superficiar[19], während noch Andere nur den Besitz des Sequesters und Faustpfandgläubigers als abgeleiteten bezeichnen[20]; wieder Andere dagegen sogar auch dem Usufructuar und den übrigen Personalservitutberechtigten[21], welche doch, so gut wie Servitutberechtigte überhaupt, und wie ein Miether, Commodatar, Depositar, vom Magistrat in den Besitz Eingewiesener, nur Detentation, nie Besitz im juristischen Sinne haben können[22], §m. den s.g. abgeleiteten Besitz zuerkennen wollen[23]. Bedürfniss und Statthaftigkeit der ganzen, dem römischen und unserem Rechte fremden Unterscheidung zwischen s.g. ursprünglichem und s.g. abgeleitetem Besitze fällt mit der richtigen Auffaßung des animus possidendi hinweg[24].

§n. In Beziehung auf die Objecte des Besitzes liegt in der obi-

D. de usurp. 41,3. *LL.*37.29.*D. de pignerat. act. 13*,7. *L.*36. *L.*1.*D.h.t.* vgl. *L.*3. §15.*D. ad exhib. 10*,4. (*17*) d.h. wenn nicht verabredet ist, daß der Precist den Besitz nicht haben solle. §106.*u.* Savigny a.a.O, S.348.ff. (*18*) Savigny a.a.O. S.346.ff., Bezug nehmend auf *L.*3.§20. *L.*39.*D.h.t.* *L.*17. §1.*D. depos. 16*,3., in welcher letzteren Stelle nach Duaren noch fortwährend Savigny (u. wieder nach diesem Bruns S.8.) unrichtig zu 'deposita est' als Subject possessio bezieht, statt res: der juristische Besitz der Sache geht nämlich auf den Sequester nur über 1) zufolge ausdrücklicher (*L.*39.cit.) oder 2) stillschweigender Uebereinkunft, wenn der Uebergang in der Natur des Geschäfts liegt, wie wenn Mehrere über den Besitz streiten und die Sache bis zu erfolgter Entscheidung sequestrieren, *L.*17.§.cit. „Rei depositae proprietas apud deponentem manet; sed et possessio, nisi apud sequestrem deposita est [näml. die res]: nam tum sequester possidet: *id enim agitur ea depositione, ut neutrius possessioni id tempus procedat*". s.§127.a.E. (*19*) z.B. Duroi im Arch. f. civ. Prax. VI. S.396.ff. 1823., Huschke Krit. Zeitschr. f. R.W. II. S.353.ff. 1827., Unterholzner Ausf. Verj. II. S.246. 1828., Schilling Inst. II. 469. Note *e* und andre daselbst angeführte, auch Vangerow Leitf. I.1. S.277.f. Dagegen sucht Savigny a.a.O. S.531.ff. und §47. zu zeigen, daß der Superficiar nur iuris possessor sei, nicht einen s.g. abgeleiteten Besitz habe. Der Superficiar aber ist wirklicher possessor. s.§126. Note 7. (*20*) so Puchta II.§229. Note *y*. (*21*) so z.B. Burchardi Arch. f. civ. Prax. XX. S.14.ff. wogegen Savigny a.a.O. S.LI.ff. (22) Savigny S.322...330. Es liegt nicht sowol im Begriffe des Besitzes, als der Servituten und der bezeichneten Contractsverhältnisse, daß von dem Willen des berechtigten Subjects die Absicht, für sich zu besitzen, ausgeschloßen sei; daher jene berechtigten auch sofort Besitzer werden können, wenn sie die Absicht, die detinierte Sache zufolge ihres Rechts inne zu haben, in die, dieselbe zu besitzen, umändern. (23) So wollen *Schröter* Obss. p.80. Thibaut System §208. Schweppe Hdb. II. S.13. Wening-Ingenheim ed. V. §109. zufolge besonderer Verabredung Besitz auf den Miether u.s.w. übergehen laßen. (*24*) vgl. auch Schmidt §106.t. Note * cit.

gen Begriffsbestimmung, daß nur körperliche Sachen eigentlich besessen werden können[25]; weil aber die Ausübung einer Servitut nach Umständen ähnliches Schutzes, wie der Besitz einer körperlichen Sache, theilhaftig wird, auch sonst ähnliche Wirkungen erzeugt, so werden auch (Servitut-) Rechte als Objecte eines dem Besitze analogen Verhältnisses behandelt, iuris quasi possessio, iuris possessio oder quasi possessio schlechthin[26].

Zum Gegenstande juristischer Bestimmungen wird der Besitz § o.
1) wegen des Rechts der Person im Staate, auch in ihren bloß factischen Verhältnissen nicht widerrechtlicher Weise gestört zu werden, und der entsprechenden Verpflichtung des Staats zur Abwehr von Handlungen, welche, auch abgesehen von dem ihnen zum Grunde liegenden Willen, d.h. von ihrer inneren Berechtigung oder Widerrechtlichkeit, schon ihrer Form wegen dem Staat und Rechte zuwider sind: Gewaltthätigkeit, Heimlichkeit, Missbrauch eines bittweise erlangten Besitzes läßt der Staat nicht zu, und indem diese Unfüglichkeiten abgewehrt werden, wird eben dadurch der Besitz, obgleich an sich kein Recht, sondern nur factisches Verhältniss, geschützt[27]. Jene Unfugsarten erscheinen selbst als vitia pos- § p.
sessionis[28]; ein vitios erworbener Besitz ist iniusta, vitiosa possessio[29]: indem ich Besitzer einer Sache werde, habe ich nicht nothwendig auch ein Recht dieselbe zu besitzen, ius possidendi; aber es ist damit für mich die factische Voraussetzung des Anspruchs an

---

(25) *Paul.L.3.pr.D.h.t.* „Possideri autem possunt quae sunt corporalia". *Id.L.4.§27.D.de usurp.41*,3. „..nec possideri intellegitur ius incorporale..". *Quintil.*Inst.or.5,10.§116. „..ius, quod sit incorporale, adprehendi manu non posse". (26) s.§126.| *Iav.L.20.D.de servit.*8,1. „..Ego puto usum ..iuris pro traditione possessionis accipiendum esse; ideoque et interdicta veluti possessoria [*Gai.4*,139. „cum de quasi possessione inter aliquos contenditur"] constituta sunt". (27) vgl.Note 2. Deshalb reden die Quellen auch von ius possessionis (z.B. *L.44.pr.D.h.t.* *L.2.§38.D.ne q.in loco publ.* 43,8. *L.5.§1.D. ad L.Iul. de vi publ.* 48,6. *L.5.C. de lib.causa 7*,16.), d.h. das Factum des Besitzes ist nach rechtlichen Bestimmungen wesentliche Voraussetzung gewisser Berechtigungen. Nicht zu rechtfertigen ist es aber, wenn die meisten dieses mit Savigny a.a.O.§5. so ausdrücken „Der Besitz ist Recht und Factum zugleich". In *L.10.i.f.C.h.t.* steht 'iure possessionis' gleich 'iure possidendi', Rechtmäßigkeit des Besitzes s.Note 38. (28) s.z.B. *Gai.4*,140.150.sqq. *Ulp.L.3.§2.D.de itin.act.priv.43*,19. *L.1.§20.D. de aqua cott.43*,20. Gewalt u.s.w. ist an sich Negation der Persönlichkeit, des Willens als rechtlicher Macht („necessitas imposita contraria voluntati". *Ulp.L.1.D.q.met.c.4*,2.); daher auch der Staat um seiner eigenen Existenz willen vim fieri vetat. *L.1.§4.D. uti possidetis* 43,17. (29) *LL.1.i.f.2.3.pr.D.eod.* *L.3.§5. L.13.§§1.13.* *Ven.L.53.D.h.t.* „Adversus extraneos vitiosa possessio prodesse solet". s.Note 31.

einen jeden erfüllt, daß er mich nec vi nec clam nec precario in
meinem Verhältnisse zu der von mir beseßenen Sache, in meinem
§ q. Besitze, störe [30]. So ist der Besitz die wesentliche factische Vor-
aussetzung des Rechts auf die possessorischen Interdicte, welches
jedem wirklichen Besitzer, d.h. in dessen Besitz die oben bezeichne-
ten Momente erfüllt sind, nicht dem bloßen Detentator, zusteht,
mag er übrigens seinen Besitz auf einen Rechtsgrund stützen, iusta
possessio, oder ohne Grund Rechtens besitzen, iniusta possessio [31].
§ r. Diesen zu den Interdicten berechtigenden, den s.g. Interdictsbesitz,
nennen wir daher 'juristischen Besitz', die Römer possessio schlecht-
hin oder auch naturalis possessio, einerseits im Gegensatze zu der
bloßen Detentation, welche anderswo auch naturalis possessio heißt,
andrerseits zu der civilis possessio, der die Usucapion begründen-
§ s. den [32]; denn 2) wenn die Begebenheit, zufolge deren der Besitz be-

(30) *L.1.§5.D. uti poss. 43,17.* Niebuhr R.G.2.Ausg. II. S.161.ff. will die possessorischen Interdicte (auch die prätorische Erbfolge, bonorum possessio) aus der republicanischen Behandlungsweise der Staatsländereien, des ager publicus pop.R. ableiten: der magistratus populi Romani, der Vertreter des Eigenthümers, habe die possessores, die rechtmäßigen Occupanten oder Pächter solcher Ländereien, possessiones, gegen Gewalt u.s.w. durch possessorische Interdicte geschützt, und diese Interdicte seien dann auch auf den Besitz von Privateigenthum angewandt worden. Aber diese (auf die angegebene, nicht allein im Lateinischen vorkommende Bedeutung von possessiones gebaute) Hypothese wird durch die Quellen, in denen durchaus keine Anwendung der possessorischen Interdicte auf den ager publicus erwähnt wird, nicht allein nicht unterstützt; sondern dadurch, daß ein nichtpossessorisches Interdict (de loco publico fruendo: *Dig.43,9.*) das Recht an öffentlichen Ländereien schützte, so wie dadurch, daß die possessorischen Interdicte, bei welchen es auf Rechtmäßigkeit des Besitzes gar nicht ankommt (Note 31.), keineswegs auf Immobilien beschränkt sind, widerlegt. Dennoch ist die niebuhrsche Hypothese besonders durch Savignys (§ 12*a.*) billigende Ausführung (vgl. auch Huschke Ueb. d. Stelle d. Varro v. den Liciniern Hdlb. 1835.8°.S.75.ff.) von den meisten Neueren angenommen worden. s. dagegen Puchta Inst. § 227., welcher richtig die Entscheidung über die Parteirolle und über den Besitz bis zu entschiedener Sache bei dem Eigenthumsstreit als den Ausgangspunct für die Ausbildung der possessorischen Interdicte ansieht. s. *L.62.D. de iudic.5,1. L.9.D. de R.V.6,1. L.35.D.h.t. L.1.§3.D. uti poss.43,17.*

(31) *Paul.* cit. *L.2.* „Iusta enim an iniusta adversus ceteros [außer demjenigen, gegen welchen ich mich als Besitzer behaupten will] possessio sit, in hoc interdicto nihil refert: qualiscumque enim possessor hoc ipso quod possessor est, plus iuris habet quam ille qui non possidet". *L.53.D.h.t. L.1.§30.D. de vi 43,16. L.1.§9.D. uti poss.43,17.* u.o. s. Noten 28.29.

(32) Savigny §§ 7. 10. Civilis, legitima, ist die possessio, welche civilrechtliche Wirkung hat, Usucapionsbesitz, sollte auch ein Anderer den Interdictsbesitz haben (s. Noten 16.ff.38.); wer nicht ad usucapionem possidet, der besitzt nicht iure civili, nicht civiliter, mag er nun bloß detinieren (z.B. weil er nach civilrechtlicher Bestimmung nicht juristischer Besitzer sein kann, *L.7.§§1.2.D. ad exh.10,4. L.24.D.h.t. L.38.§§7.8.D. de V.O.45,1.*), oder Interdictsbesitz haben (*L.26.pr.D. de don. i.v. et ux. 24,1.* mit *L.1.§2.D. pro don.41,6.* und *L.1.§10.D. de vi 43,16.* auch *L.3.§15.D. ad*

gonnen hat, von der Art ist, daß sie an sich das Recht als Eigenthümer zu besitzen, zu begründen vermag, iustum possessionis initium, iustus titulus, iusta causa possessionis, so kann sich der Besitz durch Fortdauer während einer gesetzlich bestimmten Frist in das Eigenthumsrecht umwandeln, Usucapion, welche also zu den Eigenthumserwerbsarten gehört. § *t.* Nicht zum Besitze, sondern nur zur Begründung des Eigenthums mittels fortgesetzten Besitzes ist also eine iusta causa erforderlich, so wie auch, daß der Besitz bona fide, d.h. in dem Irrthum, daß man nicht als bloßer Besitzer, sondern als Eigenthümer besitze, begonnen habe[33]. § *u.* Daß man den s.g. Usucapionsbesitz haben kann, während ein Anderer den juristischen oder Interdicten-Besitz an derselben Sache hat, wird als die praktische Seite der oben (§§ *i*.ff.) erörterten Unterscheidung zwischen ur-

---

exhib.10,4. mit *L.*16.*D.de usurp.41*,3. Die bloße Detentation heißt selten detentatio (*L.*15.§3.*D.ex q.c.mai.4*,6. *L.*5.*pr.D.de impens.in res dot.*25,1., iniustus detentator *L.*8.§1.*C.de praescr.xxx.7*,39.), häufiger naturalis possessio (*L.*3.§3. *L.*12.*pr.D.h.t.*), auch corporalis possessio (*L.*24.*D.h.t.*), meistentheils wird sie bezeichnet durch die Zeitwörter tenere, naturaliter oder corporaliter tenere, corporaliter possidere, corpore in fundo esse u.dgl., insbesondere auch häufig non possidere (z.B. *L.9.D.de R.V.6*,1. *L.*10.§1.*D.h.t.* u.o.) oder non possidere, sed esse in possessione oder in possessionem (d.h. nicht juristischen Besitz, aber Detentation haben, z.B. *L.*10.§1.*D.*cit.) oder bloß durch in possessione esse, d.h. nur factisch, nicht juristisch Besitz haben (z.B. cit. *L.*10.§1. *L.9.D.de R.V.6*,1. *L.7.pr.D.de damno inf.39*,2. §5.*I.de interd.4*,15.), wie in mancipio esse entgegensteht dem mancipium esse (§44.*h.*), in libertate esse dem liber esse (§35.*e*). vgl. §132. Note 8. In dem juristischen oder Interdicts-Besitz ist die Detentation mit enthalten und sie wird in ihm öfters besonders hervorgehoben, z.B. *L.*38.§10.*D.de usur.*22,1. *L.*3.§13.*D.h.t.* *L.*40.§2.*D.de pign.act.13*,7. *L.*11.§13.*D.quod vi 43*,24. *L.2.C.h.t.* Für die noch von vielen vertheidigte Ansicht, als ob auch der Interdictenbesitz zuweilen *civilis* possessio genannt werde, ist nicht *L.*2.§1.*D.pro her.41*,5., denn beim Interdictsbesitz kommt es nicht auf die causa an; s. Note 31.

(33) In *L.*3.§§21.22.*D.h.t.* sagt Paulus, es gebe so viele (Usucapions-)Besitz-genera, als Rechtsgründe des Eigenthumserwerbs; eigentlich aber gebe es nur éin genus possidendi, éinen juristischen Besitz, der sich aber, um Usucapion zu begründen, auf sehr mannichfaltige causas stützen könne, während nach einer anderen Seite hin der Besitz (hier immer aus dem Gesichtspunct der Usucapion betrachtet) entweder bonae oder malae fidei p. sei „Genera possessionum tot sunt quot et causae adquirendi eius quod nostrum non sit, velut pro emptore, pro donato, pro legato, pro dote, pro herede, pro noxae dedito, pro suo, sicut in his quae terra marique vel ex hostibus capimus, vel quae ipsi ut in rerum natura essent fecimus [s.g. Specification]. et in summa magis unum genus est possidendi, species infinitae. §. vel etiam potest dividi possessionis genus in duas species, ut possideatur aut bona fide aut non bona fide". Wer ohne causa, wer bloß pro possessore possidet, wie der aus unangetretenem Nachlaß etwas besitzende, oder pro praedone, wie jener Besitzer nachdem ein Kläger wegen des Nachlaßes aufgetreten ist, (*LL.*11.i.f.sqq.*D.de H.P.5*,3.), so wie auch der Dieb und Räuber (cit. *L.*3.§17. *L.*6.*pr.* *LL.*15.47.*D.h.t.* u.o.), hat juristischen (Note 31.), aber nicht Usucapions-Besitz. Savigny Syst. VI. S. 90. ff.

sprünglichem und abgeleitetem Besitze angesehen, während gerade
dieses beweist, daß der animus *possidendi* als solcher niemals ani-
§ v. mus *domini* ist[34]: es ist eben die positiv anerkannte Wirkung der
iusta causa und der bona fides des Besitzers, daß er, während
er erst Eigenthümer wird, Nichteigenthümern gegenüber so be-
handelt wird, als ob er es schon geworden wäre[35], und daß also
sein Verhältniss zu der Sache dadurch, daß diese mit seinem Wil-
len von einem Andern beseßen wird, sich ebensowenig rechtlich än-
dert, als das wirkliche Eigenthum durch Verlust des Besitzes[36]:
§ w. der Usucapient unterscheidet sich in dieser Beziehung von dem Ei-
genthümer dadurch, daß das wirkliche, nicht bloß fingierte, Recht
des letzteren auch durch eine wider seinen Willen eintretende Besitz-
entziehung nicht aufgehoben wird[37], während die Fiction des Ei-
genthumsrechts des erstern wesentlich auf der Nichtunterbrechung
der Wirkung der bona fides und der iusta causa während der Usu-
§ x. capionsfrist beruht; diese Wirkung aber ist, daß Nichteigenthümern
gegenüber sein Wille ausschließlich die Sache rechtlich beherrsche,
was auch dann geschieht, wenn er Anderen den juristischen Be-
sitz derselben überträgt: indessen kann dem wirklichen Eigenthümer
gegenüber kein Anderer Eigenthümer derselben Sache sein, dem
Usucapienten gegenüber ist möglicher Weise jedes andere Sub-
ject Eigenthümer[38], dasjenige ausgenommen, welches als Nicht-
eigenthümer sich von ihm den juristischen Besitz der Sache hat
übertragen laßen[39].

---

(34) Note 7.

(35) 'fingitur rem usu cepisse', wie es bei der publicianischen Klage heißt, welche eben das Schutzmittel des aus der (auf iusta causa gestützten) bona fides hervorgehenden Willens des Usucapienten ist.

(36) *Ulp. L. 1. § 2. D. uti possid. 43, 17.* „..separata esse debet possessio a proprietate: fieri enim potest ut alter possessor sit, dominus non sit; alter dominus quidem sit, possessor vero non sit; fieri potest ut et possessor idem et dominus sit". s. z. B. Noten 15. ff. *L. 23. pr. D. h. t.*

(37) z. B. wenn jemand widerrechtlich den Besitz meiner Sache erwirbt, wenn meine Sachen factisch unbeherrschbar werden. *Ulp. L. 13. pr. D. h. t.* „..cum lapides in Tiberim demersi essent naufragio et post tempus extracti ..".

(38) vgl. Note 9. *Constantin. L. 10. C. h. t.* „[*possessionem*] ita demum esse legitimam, cum omnium adversariorum silentio ac taciturnitate firmetur; interpellatione vero et controversia progressa non posse eum intellegi possessorem [Usucapionsbesitzer] qui licet corpore teneat, tamen ex interposita contestatione et causa in iudicium deducta super iure possessionis [s. Note 27.] vacillet ac dubitet".

(39) Pfandgläubiger, Emphyteuta und Superficiar, Precist und Sequester sind als solche Nichteigenthümer: „...quia neque creditor [pigneraticius] neque is qui precario rogavit, eo animo nanciscitur possessionem, ut credat se dominum esse". *Gai. L. 13. § 1. D. de Public. in r. a. 6, 2.*

Wirkung des eigentlichen juristischen Besitzes, des in der er- §γ. klärten Art aus corpus und animus bestehenden Verhaltens des Subjects zur Sache, ist also, daß dasselbe nun im Stande ist Störungen durch possessorische Interdicte abzuwehren. Die Usu- §ε. capion gründet sich auf die aus einer iusta causa hervorgehende bona fides, die als rechtliche Herrschaft des Subjects über das Object dasjenige Verhältniß auffaßt und will, welches für das nichtirrende Subject nur erst ein factisches sein würde, und sie besteht eben in der Anerkennung dieses Willens als eines rechtlichen (während der Usucapionszeit nur soweit es ohne Verletzung des rechtlichen Willens des Eigenthümers thunlich ist; durch das Ablaufenlaßen jener Frist aber giebt der bisherige Eigenthümer sein Recht selbst auf[40]); der Usucapionsbesitzer ist daher einerseits §δ. nicht bloß Besitzer, sondern werdender Eigenthümer dem seienden gegenüber, fingierter Weise gewordener und durch eine Klage auf die Sache, die Publiciana in rem actio, geschützter den Nichteigenthümern gegenüber; und eben deshalb braucht er andererseits nicht fortwährend ein Interdictsbesitzer, der eben juristisch nichts als Besitzer ist, zu sein, sondern kann den Besitz der zu usucapierenden Sache Anderen übertragen[41], verliert aber seinen Zustand als werdender Eigenthümer, wenn ohne seinen Willen seine Herrschaft über die Sache durch Besitz eines Andern (usurpatio) aufgehoben wird[42].

Diejenigen Rechte, deren Existenz oder Ausübung die bloße §β. Detentation einer Sache erfordert[43], gehören ebensowenig in die Lehre von dem Besitze, als die Ereignisse, welche, wie die Occupation, Eigenthumsübertragung u.s.f., mit dem Besitze zugleich ein

---

(40) *L.*28.*pr.D.de V.S.* §101.Note 11. (41) so sagt *Paul.L.*1.§15. *D.h.t.* der Usucapient eines zu Pfand gegebenen Sclaven werde nur ad unam tantum causam wie ein Besitzer angesehen, ad usu capionem nämlich. *Iav.*cit. *L.*16.*D.de usurpat.* „.. ad usu capionem tantum possidet [er besitzt factisch gar nicht]; quod ad reliquas omnes causas pertinet, qui accepit possidet". Auch *L.*25.*D.de usurp.41*,3. „Sine possessione usu capio contingere non potest" sagt nur 'Wer nicht Besitz gehabt hat, kann nicht usucapiert haben', nicht 'der Usucapient muß ununterbrochen juristischen Besitz haben'. Savigny a.a.O.S.340.ff. sagt selbst von dem den Interdictenbesitz entbehrenden Usucapienten, 'er hat überhaupt gar keinen Besitz' und bezeichnet dann das Fortusucapieren als 'fingierten Besitz'. vgl.aber §γ'. u.ob.§ 118.*m.*ff. (42) *Paul.L.*2.*D.de usurp.* „Usurpatio est usu capionis interruptio..". vgl.*L.*5.*eod.* (43) z.B. Nießbrauch, viele Vertragsrechte, die Retentionseinrede, das Recht des Detentators zur Nothwehr, die Befreiung des beklagten Besitzers von der Beweislast u.a.

§γ· Recht der Person auf die Sache selbst hervorbringen[44]. Die actionenrechtliche Bestimmung, daß für die Verurtheilung des dinglich Beklagten derjenige wie ein wirklicher Besitzer hafte, welcher böslicher Weise *a*) zu besitzen vorgegeben, *b*) den Besitz zu erwerben oder *c*) fortzusetzen unterlaßen hat, d.h. *a*) qui liti se optulit oder *b*) qui dolo fecit quo minus possideat oder *c*) qui dolo desiit possidere, bezeichnen die Neueren als +ficta possessio[45].

§. 124. b. Erwerb des Besitzes.

§a. 1) An welchen Sachen kann man Besitz erwerben und haben? Gegenstand der bloßen Detentation kann natürlich alles körperliche ohne Ausnahme sein, auch der freie Mensch[1]; des juristischen Besitzes aber nur die körperliche[2], dem §b. Commercium nicht entzogene Sache[3]: jedoch kann auch die Person und die dem Commercium entzogene Sache, sofern der Detentator diese Eigenschaft bona fide ignoriert, juristisch beseßen werden[4], aber niemals ad usu capionem, weil es unmöglich ist sie ex iusta causa zu besitzen, indem kein Rechtsgeschäft Eigenthum an einem Freien oder einer dem Verkehr entzogenen Sache begründen kann[5], wie überhaupt die Fähigkeit der Sache, juristisch, von der ad usu capionem beseßen zu werden, unabhängig ist[6], weil es bei dem §c. juristischen Besitz nicht auf die *causa* possessionis ankommt[7]. Ein Begriffsganzes, eine unter einer Collectivbenennung zusammengefaßte Vielheit, wenngleich körperlicher Dinge, ist unkörperlich, und also nicht es, sondern nur die einzelnen Bestandtheile, Ob§d. ject des Besitzes[8]. Betreffend einzelne Theile eines körperlichen Ganzen[9], so kann Object des juristichen Besitzes sein *a*) bei realtheilbaren, also unbeweglichen Sachen jedes als bestimmt be-

---

(44) vgl. Savigny a.a.O. §3. (45) *LL*.131.150.157.§1.*D.de R.I.* *L*.13.§§13.14. *L*.20.§6. *L*.25.§§2.8. *L*.45.*D.de H.P.5*,3. *LL*.25.sqq.68.sqq.*D. de R.V.6*,1.

(1) *L*.23.§2.*D.h.t.* (2) §123. Note 25. (3) *L*.30.§§1.3.4. *L*.38.*pr.* *L*.3.§17.*D.h.t.* s.§67. Note 4. (4) *Gai*.2,86.92.95. 3,164. *Ulp.19*,21. *Pr*.§4.*I.per qu.pers.nob.acq*.2,9. §1.*I.p.q.p.nob.obl.acq.3*,28. *L*.10.*pr*.§4.*D.de A.R.D.41*,1. *L*.30.§1.*D.h.t.* (5) vgl. Note 3. §68. Note 8. §89. Note 1. (6) Alle in commercio befindlichen, wenngleich der Usucapion entzogenen Sachen, wie z.B. res furtivae und vi possessae, können juristisch beseßen werden. (7) §123. Note 31. (8) §67.*h.* §75. Note 8.a.E. *Pomp.L*.30.§2.*D.de usurp.41*,3. „.. non .. universi gregis ulla est usu capio; sed singulorum animalium sic uti possessio, ita et usu capio..“.

(9) vgl. Savigny a.a.O. §22.

gränzt gedachte Stück, pro diviso[10]; *b*) bei ideell getheilten Ganzen ein bestimmter Bruchtheil, certa pars pro indiviso[11], +compossessio; (daher zur Besitzergreifung der Compossession eine auf bestimmte Bruchtheile gerichtete Absicht der Besitzergreifer erforderlich ist[11*]); *c*) nicht aber ein integrierender Theil eines Ganzen für sich[12], so wie die einzelnen Theile nicht als solche von dem besessen werden, welcher den Besitz des aus jenen bestehenden Ganzen erwirbt[13] oder dieses in Theile zerlegt[14]; wogegen aber auch die von mir besessene Sache in meinem Besitze bleibt, wenn ich sie, ohne ihre Existenz für sich aufzuheben[15], in oder an eine von mir besessene vorläufig anbringe[16].

§ e. / § f.

(*10*) § 75. Note 7. *Pomp.L.*26.*D.h.t.* „Locus certus ex fundo.. possideri.. potest..“. *L.*43.*pr.D.eod.* „..si pro diviso sciat alienam esse, posse eum reliquas partes l.p.capere“.

(*11*) cit.*L.*26. „..possideri... potest et certa pars pro indiviso, quae introducitur vel ex emptione...vel qua libet alia ex causa [es muß durch irgend einen Rechtsgrund der Bruchtheil bestimmt sein]. incerta autem pars nec tradi nec capi potest..“. *Paul.L.*3.§ 2.*D.h.t. L.*43.*pr*.cit. u. die folg. Note.

(*11**) *Pomp.L.*32.§ 2.*D.de usurp.41*,3. „Incertam partem [rei fügt *Paul.L.*3.§ 2.*D.h.t.41*,2. hinzu] nemo possidere potest. ideo si plures sint in fundo qui ignorent quotam quisque partem possideat, neminem eorum mera suptilitate possidere Labeo scribit“. Fast allgemein wird diese Stelle gegen die Gesetze der Grammatik von einer Subtilität Labeos verstanden, wie auch von Savigny Besitz S. 299. f., der dadurch zu einem der Bestimmung der Stelle direct widersprechenden Resultate („daß beide zusammen soviel Recht genießen, als ein Einzelner durch Apprehension des Ganzen haben würde“) verleitet worden ist, und von Puchta Vorless. I. S. 253. 441. f., der sehr sicher den „Fehler der Schlußfolgerung Labeos“ corrigiert, statt den Fehler in seiner eigenen Uebersetzung der Stelle zu finden: Labeo schreibt ohne alle Subtilität, 'mera subtilitate possidere' könne niemand, d. h. nicht ohne Bewustsein von dem Gegenstande, der Begränztheit des Objects des Besitzes, in abstracter Vorstellung, *ἀορίστως*; wer so zu besitzen meinte, wüste nicht auf was sich sein animus possidendi bezöge, er wüste keine Antwort auf die Frage 'was er besitze'; die plures wären, wie die Basiliken sagen, *ἀγνοοῦντες τί ἑκάστῳ ἁρμόζει*. Labeo sagt, jene plures seien nicht +compossessores geworden. vgl. *Pomp.L.*6.§ 1.i.f.*D.pro emptore 41*,4.

(*12*) z. B. das solum sine superficie oder umgekehrt: *L.*44.§ 1.*D.de A.et O.44*,7. *L.*26.*D.h.t. L.*39.*D.de usurp. 41*,3. *L.*15.§ 12.*D.de damno inf.39*,2.

(*13*) *L.*2.§ 6.i.f.*D.pro empt.41*,4. *L.*23.*pr.D.de usurp.41*,3.

(*14*) cit.*L.*23.§ 2. u. *L.*23.§ 7.*D.de R.V.6*,1.

(*15*) *L.*30.§ 4.*D.h.t. Pomp.L.*30.§ 1.i.f.*D.de usurp.41*,3. „..quid ergo in his quae non quidem implicantur rebus soli, sed mobilia permanent, ut in anulo gemma? in quo verum est et aurum et gemmam possideri et usu capi, cum utrumque maneat integrum“. Hiegegen ist nicht, daß mir ad exhibendum haftet wer meine bewegliche Sache mit der seinigen zu einem Ganzen verbindet (*L.*7.§§ 1.2.*D.ad exhib.10*,4., zu welcher erstren Stelle Puchta Vorl. I. S. 252. ohne Rechtfertigung annimmt, 'daß es sich um eine res furtiva handle): der auf Exhibition Verklagte braucht nicht juristisch zu besitzen, und ad exhibendum agi potest ut excludatur, wenn gemma inclusa auro alieno est“. *LL.* 4...6.*D.ad exhib.*

(*16*) cit.*L.*30.§ 1. „Labeo..ait Si is cui ad tegularum vel columnarum usucapionem X dies superessent, in aedificium eas

§g. 2) **Welche Subjecte können Besitz erwerben und haben?** Von den Fällen in denen jemand den Interdictenbesitz einer Sache hat, während einem Andern die Usucapion läuft, d.h. von dem s.g. abgeleiteten Besitze, so wie von der Fähigkeit juristischer Personen, zu besitzen und zu usucapieren, ist schon die Rede §h. gewesen[17]. Hier bleibt noch zu erwähnen die Unfähigkeit für sich zu besitzen wegen rechtlich mangelnder Willensfähigkeit, wie bei dem Sclaven, oder wegen einstweilen gleichstehender, obgleich an sich nur factischer Willenlosigkeit, wie bei dem in gutem Glauben als Sclave besessenen freien Menschen[18]: beide können nur für denjenigen, von welchem sie besessen werden, Besitz erwerben und §i. haben, gleich anderen iuri subiectis personis[19]. Durch die Ausbildung der Peculien sind aber nach justinianischem Rechte, wo manus und mancipii causa verschwunden sind, Hauskinder wie §k. sui iuris personae des Besitzes für sich fähig geworden[20]. Aber nicht alle des Besitzes fähige Subjecte haben die Fähigkeit ihn für sich zu erwerben; diese geht nämlich ab den juristischen Personen[21], Verstandeslosen[22], Kindern unter 7 Jahren ohne Auctorität des Tutors, während ältere Pupillen, sofern sie des erforderlichen Willens zu besitzen fähig sind, für sich allein Besitz erwerben können[23].

---

coniecisset [d.h. nicht 'definitiv einbaut oder zum Bestandtheil des Gebäudes macht', sondern 'vorläufig irgendwo anbringt'. *Basilic.* „μίξῃ ταῦτα ἐν οἰκοδομῇ".], nihilo minus usu capturum, si aedificium possedisset..". Irrig nimmt Puchta (Vorless. I. S. 252. u. Art. 'Besitz' §8.) tegulae für Bedachung, columnae für Mauern und conicere in aedes für definitives Einbauen. Durch letzteres verlöre man den Besitz, weil man das corpus des Theils als Besitzobjects für sich nicht mehr in seiner Gewalt hätte, wovon Puchta verkehrter Weise das Gegentheil behauptet.

(17) §123.*i,e.*

(18) Von jedem beider gilt „cum possideatur, possidere non videtur". *Ulp. L.* 118. *D. de R. I. L.* 1. §6. *D. h. t. LL.* 24. 30. §3. *L.* 49. §1. *D. eod.* Auch der in feindlicher Gefangenschaft befindliche ist hierin dem Sclaven ganz gleich, *L.* 23. §1. *D. h. t.*, und es hilft ihm auch nicht postliminium. *L.* 15. *pr. D. de usurp. 41*, 3. *L.* 19. *D. ex quib. c. maiores* 4, 6.

(19) vgl. Noten 1. 3. 4. *Pap. L.* 49. §1. *D. h. t.* in §123. Note 2. *Maec. L.* 93. *D. de R. I.* „Filius familias neque retinere, neque recuperare, neque adipisci possessionem rei peculiaris videtur". *L.* 12. §2. *D. de captiv. 49*, 15. s. §45. Note 7. §46. Note 4. §48. Note 6.

(20) Schon nach *Paul. L.* 4. §1. *D. de usurp. 41*, 3. usucapiert der Haussohn das in castris adquisitum. Nach justin. Recht hat, worüber das nähere im Familiengüterrecht, das Hauskind an allem nicht aus der Vaters Vermögen herrührenden Vermögen regelmäßig den Besitz, der Vater nur als Nießbraucher die Detentation; in Beziehung auf das aus des Vaters Vermögen herrührende steht der Sohn jedem Verwalter fremdes Vermögens gleich, er detiniert nur. vgl. Savigny a.a.O. S. 135. ff.

(21) §123. Note 8.

(22) *L.* 1. §3. *L.* 18. §1. *D. h. t.*

(23) cit. *L.* 1. §9. „..talis esse debet ut habeat intellectum

3) **Wie wird der Besitz erworben?** Durch Coëxi- § l.
stenz der beiden ihn ausmachenden Momente, corpus und animus[24].
Die Begebenheit der Erfüllung des ersten Moments ist die na- § m.
türliche oder äußerliche Besitzergreifung, das possīdēre[25], adpre-
hendere rem oder auch possessionem[26], welcher, wenn sie von
einem bisherigen Besitzer gewährt wird, die Tradition i.w.S.[27]
entspricht; zur Angabe, daß der Besitzergreifung nichts im Wege
stehe, pflegt die possessio als vacua bezeichnet zu werden[28]: hierin
ist zugleich das schon im Begriffe des Besitzes enthaltene ausge-
sprochen, daß nicht der Besitz (sondern nur etwa das von ihm be-
gleitete Recht) des Tradenten auf den Empfänger übergehe, die-
ser vielmehr einen neuen Besitz anfange[29]. Die Besitzergreifungs- § n.
handlung selbst kann in den mannichfaltigsten Abstufungen die fa-
ctische Unterwerfung der Sache unter die Person ausdrücken, von
der sinnlichen Ergreifung des Körpers der erstern durch den der
letzteren[30] bis zu der Besitzergreifung durch Zeichen (adprehensio

---

possidendi". §§ 3.13.*eod.* *L.*32.§ 2.*D.h.t.* *L.*3.*C.h.t.* vgl.*L.*26.*C.de donationib.* 8,54. Ueber diese Stellen s.Savigny a.a.O.S.283.ff. Puchta Kl.Schriften n°.19. üb.d.Besitzerwerb eines Kindes. (24) § 123.*b,c.* *Paul.L.*3.*pr.D.h.t.* „Et adipiscimur possessionem et corpore et animo, neque per se animo aut per se corpore". *S.R.*5,2.§1. *L.*8.*D.eod.* „..nulla possessio adquiri nisi animo et corpore potest". *L.*153.*D.de R.I.* (25) Die juristischen Wörterbücher und fast alle Neueren ignorieren dieses (zu possīdēre sich wie consīdēre zu considĕre verhaltende) Verbum ganz; *Gesner* Thesaur.v.Possīdeo §3.führt es mit Unrecht als quo usi sunt *veteres* auf; die in der schneebergschen Ausgabe des *Forcellini* v.Possīdo aufgeführten Beispiele ließen sich leicht sehr, besonders aus den Rechtsquellen, vermehren, namentlich gehört dahin das so oft vorkommende part.pf.pass. 'res vi *possessa*', die *L.*1.§ 22. (zum vor.§.Note 8.) §8.sqq. *L.*3.§1.u.s.f.*D.h.t.* Auch selbst das Subst. possessio ist keineswegs immer das Besitzen, sondern bezeichnet eben so wol das Besitzergreifen (z.B.naturalis possessio in *L.*3.§ 3.*eod.*u.ö.), auch in nichtjuristischen Schriften. (26) z.B. *L.*25.§5. *D.de H.P.*5,3. *L.*38.§2.*D.h.t.* *L.*4.§22.*D.de usurp.41*,3. Das Zeitwort occupare drückt nicht bloß die körperliche Besitzergreifung, sondern zugleich die Absicht, sich die Sache anzueignen, das Eigenthum Anderer an ihr zu negieren, aus, und wird daher von der Aneignung herrenloser oder fremder Sachen gebraucht. vgl.*Dirksen* Manuale h.v.§ 2. (27) § 83. Note 23., traditio possessionis in §123. Note 26., *L.*1.§ 20.i.f.*D.h.t.*„cesserit possessionem"., *L.*18.§1.*eod.*dimittere u. transferre p-ionem, § 2. *eod.* p-ionem tradere u.so ö. (28) z.B. in vacuam p-ionem intrare, induci, vacuam relinquere p-ionem, vacuam p-ionem tradere, auch vacua traditio. s.*Dirksen* Manuale v.Vacuus. § 2.u.*LL.*2.3. 7.*C.h.t.7*,32. (29) Von diesem Satze geht die für die Usucapion sehr wichtige Besitzverknüpfung, accessio possessionis, das Zusammenrechnen der Zeiten, während welcher Mehrere successiv dieselbe Sache beseßen haben, als habe während derselben der jetzige Besitzer stäts beseßen, aus. (30) Diese ist vollständig nur bei Mobilien, z.B. als rem manibus tenere, anwendbar; bei Grundstücken kommt sie vor als insistere, esse in agro, fundum ingredi, partem fundi introire (im Gegensatz zu omnes glebas circumambulare in *L.*3,

und traditio †*symbolica*[31], der Niederlegung einer beweglichen Sache in den Gewahrsam dessen, der Besitz ergreifen soll, mit seinem Wißen[32], und dem bloßen Zugegensein der Person bei der zu apprehendierenden Sache unter der Voraussetzung, daß nichts der Ausübung jener factischen Unterwerfung entgegenstehe[33] (†*longa manu* adprehensio und traditio[34]), welcher letztren Art die entgegensteht, daß der die Sache schon Detinierende (z.B. als Inhaber

§1.*D.h.t.*), pedem finibus inferre, wozu jedoch immer die Voraussetzung der vacua possessio erfüllt sein muß. *Iav.L.22.D.h.t.* „Non videtur possessionem adeptus is qui ita nactus est, ut eam retinere non possit". z.B. *LL.*12.17.18.*pr.D.de vi 43*,16. (*31*) z.B. durch Uebergabe von Schlüßeln *L.*1.§21.*D.h.t.* *L.*9.§6.*D. de A.R.D.41*,1. *L.*74.*D.de contr.empt.18*,1., durch Besiegelung oder sonstige Signierung unverschloßener, dem Apprehendenten beliebig zugänglicher Sachen *L.*14.§1. *L.*1.§2.*D.de peric. et comm. rei vend.18*,6. Wie unrichtig hier von symbolischer Ergreifung geredet werde, geht aus §88. Note 10. von selbst hervor. (32) *Cels.L.*18.§2.*D.h.t.* „Si venditorem quod emerim deponere in mea domo iusserim, possidere me certum est, quamquam id nemo dum attingerit..". *Ulp.L.*9.§3.*D.de I.D.23*,3. „..quid enim interest, inferantur volente eo in domum eius, an ei tradantur?" So ist wol auch das in meine Schlingen oder Fallen gerathene Thier, die herrenlose Sache, schon in meinem Besitze, wenn ich nur die Einfangung erfahren und diese vollständig ist, so daß sich das Thier nicht etwa beim Herausnehmen noch frei machen kann. vgl. *L.*55.*D.de A.R.D.41*,1. Dagegen habe ich den Besitz des von mir verwundeten wilden Thiers nicht, so lange ich es nur erst verfolge. (*L.*5.§1.*D.eod.* §13. *I.de R.D.2*,1.) Entsprechend erkennt *Paul.L.*3.§§13.sqq.*D.h.t.* mir den Besitz der so in meinem Gewahrsam befindlichen Mobilien zu, daß ich sie beliebig ergreifen kann; daher wol des Wilds in Käfichen oder Behältern, nicht aber des frei in Thiergärten oder Fischteichen lebenden. So habe ich durch Ergreifung des Besitzes eines Grundstücks, worin ein Schatz vergraben ist, den Besitz des letztren noch nicht ergriffen: cit.*L.*3.§3. *L.*44.*pr.D.h.t.* *L.*15.*D.ad exhib.10*,4.

(33) *Cels.L.*18.§2.*D.h.t.* „..si vicinum mihi fundum mercato venditor in mea turre demonstret vacuamque se possessionem tradere dicat, non minus possidere coepi, quam si pedem finibus intulissem". s. Note 34. *Paul.L.*1.§21.*D.h.t.* „..non est enim corpore et actu necesse adprehendere possessionem, sed etiam oculis et affectu..". (Statt actu zieht Savigny mit Anderen tactu vor, was aus etactu leicht zu lesen ist und scheinbar durch *Basilic.* 50,2.c.1.§21. unterstützt wird: *οὐ γὰρ μόνον τῆς σωματικῆς ἁφῆς χρεία ἐστὶν ἐν τῇ νομῇ, ἀλλὰ καὶ ὀφθαλμῶν καὶ διαθέσεως.* Aber corpore et tactu wäre tautologisch und nicht gehörig entsprechend dem oculis et affectu.) So nennt *Iav.L.*51.*D.h.t.* es eine wirkliche corporis traditio, was Labeo als animo possessionem adipisci bezeichnet hatte, wenn mir der Verkäufer eines Holzhaufens u.dgl. sagt, ich solle ihn wegschaffen, und ich ihn nun bewachen laße. Auch *L.*1.*C.de donat.*8,54., daß mit der Uebergabe des Geschenks einer Kaufurkunde die Sclaven selbst, über deren Ankauf die Urkunde lautet, übergeben seien, bezieht Savigny S.244.f. hierher: die Sclaven waren bei der Uebergabe des Kaufbriefs anwesend. (*34*) Veranlaßung des Kunstausdrucks war *Iav.L.*79.*D.de solutionib.46*,3. „Pecuniam quam mihi debes aut aliam rem si in conspectu meo ponere te iubeam, efficitur ut et tu statim libereris et mea esse incipiat: nam tum quod a nullo corporaliter eius rei possessio detineretur, adquisita mihi et *quodam modo longa manu tradita existimanda est*", cf.*L.*18.§2.*D.h.t.* in der vorigen Note.

derselben in Folge eines Vertrags, als Besitzer in fremdem Namen u. dgl.) durch Hegung der Absicht, für sich zu besitzen, Besitzer wird [35] (+*brevi manu* adprehensio und traditio [36]). Noch unrichtiger als die neueren Bezeichnungen *symbolica*, *longa* und *brevi manu* adprehensio und traditio ist die Zusammenfaßung der so bezeichneten drei Fälle als +adprehensio und traditio *ficta* [37].

Das andere zur Besitzergreifung wesentliche Moment, der § *o.* animus possidendi (§ 123.*c*,*d*.), kann, wie die s.g. *brevi manu* adprehensio zeigt, der natürlichen Besitzergreifung auch nachfolgen: Besitz ist aber auch hier erst erworben, wenn beide Momente coexistieren ([35]). Die des animus possidendi unfähigen Personen § *p.* (§ *k*.) können nur durch Andere Besitz erwerben, während die jenes animus fähigen durch sich selbst oder durch Repräsentanten, sowol ihrem ius unterworfene als davon freie, zu juristischen Besitzern gemacht werden können [38]. Die Absicht zu besitzen kön- § *q.* nen bei Bevormundeten die Vormünder zufolge ihres Amtes, bei juristischen Personen deren Sclaven oder freie Stellvertreter ersetzen [39]; außerdem kann nur für den Eigenthümer eines peculii, ohne daß dieser selbst den animus possidendi haben müste, durch einen Andern, die iuri subiecta persona, Besitz erworben werden [40];

---

(35) *Paul.L.*3.§3.*D.h.t.* „..solo animo non posse nos adquirere possessionem, si non antecedat naturalis possessio..“. *Ulp.L.9.*§§1.2.*D.de Public.* 6,2. „Si quis rem apud se depositam vel sibi commodatam emerit vel pignori sibi datam, pro tradita erit accipienda, si post emptionem apud eum remansit. sed et si praecessit traditio emptionem, idem erit dicendum“. §44.*I.de R.D.2*,1.=*Gai.L.*9.§5.*D.de A.R.D.41*,1. *L.*62.*pr.D.de evict.21*,2. *Ulp. L.*9.§9.*D.de R.C.12*,1. „Deposui apud te X, postea permisi tibi uti: ... animo coepit possidere .. qui mutuam rogavit ..“. vgl. *L.*29. und *L.*38.§1.*D.h.t.*

(36) So bezeichnet *Ulp.L.*43.§1.*D.de I.D.23*,3. als brevi manu acceptum a muliere et marito datum was der Mann einem Dritten schuldete, dieser aber der Frau geschenkt hat, indem er dem Manne, seinem Schuldner, ein Empfangsbekenntniß ablegte: es ist im Resultat dasselbe, als hätte der Schuldner dem Gläubiger, dieser der Frau und diese wieder ihrem Manne, dem gewesenen Schuldner, gegeben.

(37) §123.a.E. Es wird in allen diesen Fällen nicht fingiert (§118.a.E.), sondern hat seine factische Richtigkeit, daß nun die Person in dem Verhältnisse zur Sache stehe, welches, soweit es zum Besitzhaben erforderlich ist, nur irgend durch die unmittelbarste Apprehension, durch die plumpste Ergreifung der Sache, hervorgebracht werden kann.

(38) *Paul.L.*1.§§2.5.*D.h.t.* „Adipiscimur autem p-ionem per nosmet ipsos“. „Item adquirimus p-ionem per servum aut filium qui in potestate est ..“. s. § *h*. *Mod. L.*53.*D.de A.R.D.41*,1. „.. quod naturaliter adquiritur, sicuti est p-io, per quem libet, volentibus nobis possidere, adquirimus“.

(39) Noten 22.23. *L.*1.§§20.22. *L.2.D.h.t.* (§123. Note 8.) vgl. *L.*13.§1.*D.de A.R.D.*

(40) *L.*1.§5. *L.*3.§12.*D.h.t.* *L.*47.*D.de usurp.41*,3. *L.*2.§11.*D.pro emptore 41*,4.

wogegen freie Mittelspersonen uns niemals ohne unser Wißen[41], sondern immer nur zufolge Auftrags oder Genehmigung, Besitz erwerben, welcher als Interdictenbesitz im Momente der Erwerbung durch den Vertreter, als Usucapionsbesitz aber natürlich, da die Usucapion eine *opinio* domini voraussetzt, erst in dem Augenblicke wirksam wird, da der Vertretene von dem durch den Vertreter
§ r. ihm erworbenen Besitze Kunde hat[42]. Anlangend die Thätigkeit des Repräsentanten zum Besitzerwerb für einen Anderen, so vertritt jener diesen in Beziehung auf die Apprehension gänzlich; in Beziehung auf den animus aber muß nicht allein der Vertreter desselben überhaupt fähig[43], sondern der Wille auch wirklich darauf gerichtet sein, dem Vertretenen Besitz zu erwerben[44]; bei der
§ s. Tradition jedoch entscheidet die Absicht des Tradenten[45]. Den Fall, daß ein detinierender Besitzer einem Andern mit dessen Willen den Besitz dadurch erwirbt, daß er nun in dessen Namen besitzen, für sich nur die Detentation der Sache behalten will, d.h. daß ein bisher proprio nomine Besitzender alieno nomine zu besitzen beginnt, bezeichnen die Neueren als +*constitutum possessorium*[46].

---

cit. *L*.3.§12. „..quasdam res etiam ignorantes possidemus, i.e. quas servi [*aut filii familias*] peculiariter paraverunt; nam videmur eas eorundem et animo et corpore possidere". *L*.12.§2.*D.de captiv.49*,15. (*41*) cit. *L*.3.§12. „Ceterum animo nostro, corpore etiam alieno possidemus ..". *Paul*.S.R.5,2.1. „..animo utique nostro, corpore vel nostro vel alieno". (*42*) Note 40. u. *L*.42.§1.*D*. *L*.1.*C.h.t*. *L*.13.*pr.D.de A.R.D.41*,1. *Paul*.S.R.5,2.§2. (*43*) *L*.1.§§9.10. *D.h.t*. (*44*) *L*.1.§§19.20.*D.h.t*. Unserem ius unterworfene können nicht für sich erwerben wollen; die Absicht, für sich Besitz zu erwerben, muß also als die, für uns zu erwerben, gelten (s. Note 19.); wie wir denn auch durch einen entflohenen, noch nicht in eines Anderen Besitz gerathenen Sclaven Besitz erwerben. *L*.1.§14. *L*.3.§13. *LL*.13.*pr*.15.47.*D.h.t*. *L*.15.§1.*D.de usurp.41*,3. *L*.23.*C.de agricolis 11*,47. (*45*) *Ulp.L*.13.*D.de donat.39*,5. Das 'nihil agetur' in *L*.37.§6.*D.de A.R.D.41*,1. sagt nur 'die Absicht des Empfängers wird nicht erreicht'. In *L*.59.*eod*. und *L*.2.*C.de his qui a non dom.7*,10. hatte der Beauftragte die Sache in eigenem Namen zu kaufen und dann dem Mandanten zu übertragen. Die *L*.43.§1.*D.de furtis 47*,2. redet ausdrücklich von einem *falsus* procurator, nicht von einem wirklichen Stellvertreter. s. v. Savigny S.353. Note 1.

(*46*) *Cels.L*.18.*pr.D.h.t*. „Quod meo nomine possideo, possum alieno nomine possidere; nec enim muto mihi causam possessionis, sed desino possidere et alium possessorem ministerio meo facio; nec idem" u. s. w. Note 11. zu §123. Ein solches +constitutum possessorium (z.B. *L*.75.*D.de contr.empt.18*,1. *L*.21.§4.*D.de A.E.et V.19*,1.) bildet den vollkommenen Gegensatz zu der +brevi manu traditio: bei dieser wird der animus alteri in den sibi, bei jenem der sibi in den alteri possidendi umgewandelt. Dasselbe wird nicht präsumiert (*L*.48.*D.h.t*. *L*.1.§2.*D.de per.et c.rei vend.18*,6.); die Absicht, dasselbe zu schließen, kann aber durch concludente Handlungen ausgedrückt werden (*L*.77.*D.de R.V.6*,1. *LL*.28.35.§5.*C.de donat*.8,54. *Macer L*.15.§2.*D.qui satisd*.2,8. „Cre-

Die causa possessionis, der Rechtsgrund des Besitzes, ist, § *t.* wie wir oben[47] gesehen haben, nicht ein Moment des Besitzes, sondern nur der Berechtigung zur Usucapion; nur in die Lehre von dieser gehört daher der Satz, daß die causa possessionis, eben weil sie eine juristische Begebenheit ist, nicht beliebig von dem Besitzer, sondern nur dadurch, daß wirklich ein neuer Rechtsgrund des Besitzes eintrete, umgeändert werden könne, Nemo sibi ipse causam possessionis mutare potest[48].

§. 125. c. Verlust des Besitzes.

Der Besitz dauert, vorausgesetzt daß die Sache nicht die Fä- § *a.* higkeit verliere Besitzgegenstand zu sein[1], so lange als die Coexistenz des corpus und animus; verloren wird er sobald durch ein neues Ereigniß die factische Möglichkeit der Unterwerfung der Sache unter den Willen des Besitzers, oder dessen Absicht die Sache zu besitzen (oder beides zugleich), aufgehoben wird. So wenig § *b.* zur Fortdauer des corpus erforderlich ist, daß man ununterbrochen in dem factischen Verhältnisse zur Sache bleibe, in jedem Augenblicke beliebig und ausschließlich auf sie einwirken zu können; eben so wenig ist zur Fortdauer des animus nöthig, daß man ununterbrochen den Willen, Besitzer zu sein, hege: es ist genug, daß in beider Beziehung nicht in contrarium actum sei[2]. Dieses ist der § *c.*

---

ditor qui pignus accepit, possessor non est [d.h. hier 'ansäßiger Grundbesitzer'; denn 'juristischer Besitzer' ist solcher Gläubiger: §123. Note 16.] tam etsi possessionem [jurist. Besitz] habeat aut sibi traditam aut precario debitori concessam"; in diesem letzteren Falle behält der den contractus pignoris schließende Schuldner die Detention [und den Usucapionsbesitz oder Eigenthum] der Pfandsache, beginnt aber den Interdictenbesitz für den Pfandgläubiger zu haben). s. Savigny §27. Dieser aber irrt, daß nach *L.* 1. § 1. *L.* 2. *D. pro socio* **17**, 2. durch societas omnium bonorum auch ohne Tradition der Besitz auf die socii übergehe: nur das Miteigenthum der Güter wird ihnen gemeinsam (cf. *L.* 4. *C. comm. utr. iud.* **3**, 38.); den Besitz müßen sie, um ihn zu haben, ergreifen, wie auch ein Erbe. s. §125. *h.* s. Puchta Kl. Schrr. S. 439. Inst. § 241. Note *c.* (*47*) §123. *t.* ff.

(48) *L.* 3. § 19. *L.* 19. § 1. *D. h. t.* *L.* 33. § 1. *D. de usurp.* **41**, 3. *L.* 2. § 1. *D. pro herede* **41**, 4. s. § 123. Note 32. a. E. Savigny S. 75...80.

(*1*) § 124. *a.* ff. (2) *Paul. L.* 8. *D. h. t.* (oder *L.* 153. *D. de R. I.*) „Quem ad modum nulla possessio adquiri, nisi animo et corpore potest, ita nulla amittitur, nisi in qua utrumque in contrarium actum est". utrumque heißt nicht 'beides zugleich', sondern auch schon 'das eine oder das andere': *Id. L.* 3. § 6. *D. eod.* in Note 11. *Ulp. L.* 17. § 1. *eod.* „.. possessio.. recedit, ut quisque constituit nolle se possidere: si quis igitur ea mente tradidit possessionem, ut postea ei restituatur, desinit possidere". *Pap. L.* 44. § 2. *eod.* „.. possessionem amitti vel animo vel etiam corpore.."; weshalb auch der Pupill ohne Mitwirkung des Tutors den Besitz, nämlich corpore, verlieren kann. s. Note 13.

Fall 1) in Beziehung auf das corpus, wenn ein Anderer (recht- oder unrecht-mäßig) den Besitz der Sache erwirbt[3], indem nicht §d. zwei in solidum dieselbe Sache zu besitzen vermögen[4]. Als Besitzerwerb gilt hier aber noch nicht, wenn jemand ohne des Besitzers Wißen oder Willen den Besitz eines Grundstücks ergreift: erst wenn der Besitzer erfährt und geschehen läßt (sei es weil er will oder nicht anders kann), daß ihm die factische Herrschaft über das Immobile entzogen sei, ist für ihn in Beziehung auf das corpus 'in contrarium actum': diesen Fall bezeichnen jedoch unsre §e. Quellen als solo animo fortdauernden Besitz[5]. Auch habe ich den Besitz eines Grundstücks nicht verloren, wenn es mir gelingt §f. den Dejicienten auf der Stelle wieder zu vertreiben[6]. Daß der Herr selbst den Besitz des fugitivus servus so lange behielt, bis diesen ein Anderer zu besitzen begonnen hatte, erklärt sich daraus, daß der Sclave durch das Ausreißen ein furtum an sich selbst begieng, also den Besitz der res furtiva, seiner selbst, seinem Herrn §g. erwarb[7]. Anderer beweglicher Sachen Besitz verlieren wir ferner, wenn Geräthschaften nicht bloß augenblicklich verlegt, sondern ganz aus unserem Gewahrsam, an einen unzugänglichen Ort gekommen sind[8], wenn wilde Thiere ihre natürliche Freiheit wieder erlangt, wenn gezähmte (nicht 'zahme'[9]) sich ganz verlaufen

---

(3) z.B. cit. *L.*17.§1., oder die bewegliche Sache wird uns von einer unserem ius nicht unterworfenen Person entwendet, *L.*15.*D.h.t.*, oder wir werden aus einem Immobile dejiciert, oder wider unseren Willen nicht auf dasselbe zugelaßen, *L.*4.§22. *L.*33.§2.*D.de usurp.41*,3. *L.*1.§29. *LL.*12.18.*pr.D.de vi 43*,16., oder auf demselben der freien Beherrschung unfähig gemacht, *L.*1.§47.*D.eod.* *Paul.*S.R.5,6.§§4.6. (4) §123.Note 9. (5) *Gai.4*,153.med. §5.*I.de interd.4*,15. *L.*3.§§7.8. *L.*6.§1. *L.*7. *L.*18.§§3.4. *L.*25.§2. *L.*46.*D.h.t.* *L.*1.§24.*D.de vi 43*,16. Hieraus folgt aber keineswegs, daß der Absicht zu besitzen unfähige Personen, infantes und furiosi, für welche der Vormund jenen animus hegt, durch Deiection den Besitz eines Grundstücks nicht verlieren können; nur solo animo können solche Personen den Besitz nicht verlieren. s.Noten 2.13.| Bewegliche Sachen können nicht so, wie Immobilien, solo animo beseßen werden, weil ihrer Natur nach der Besitzer nur unter der Bedingung, daß sie nicht entfremdet, abhanden gebracht worden sind, zu der Voraussetzung berechtigt ist, er werde beliebig das körperliche Verhältniß des Besitzers zu ihnen wieder bewähren können; während Immobilien nicht abhanden gebracht werden können, der Besitzer also, sobald er die naturalis p-io wieder geltend machen will, den Occupanten sofort austreiben kann und dann in der That, was ihn selbst betrifft, niemals die Herrschaft über das Besitzobject verloren hatte (Note 6.), so wenig als der, gegen dessen Besitz einer beweglichen Sache ein vergeblicher Störungsversuch gemacht worden ist. (6) *L.*3.§9. *L.*17. vgl. *L.*1.§28.*D.de vi 43*,16. *L.*1.*C.eod.*8,4. (7) s.§124.Note 44. (8) *L.*3.§13. *L.*13.*pr.* *L.*25.*pr.D.h.t.* (9) s.§74.Note 6.a.E.

und die Gewöhnung zurück zu kehren aufgegeben haben[10]. Als § h.
ein Fall des corpore aufhörenden Besitzes ist auch zu bezeich-
nen der Tod des Besitzers, dessen *animus* possidendi allein durch
die Erbschaft fortgesetzt werden kann, während der Erbe, um Be-
sitzer zu werden, die Apprehension der Sache vornehmen muß[11].
2) In Beziehung auf den animus possidendi ist in contrarium § i.
actum, wenn der Besitzer bekundet nicht mehr besitzen zu wollen,
sei es um die Sache ohne Besitzer sein zu laßen, oder um den
Besitz auf einen Andern zu übertragen[12]. Letzteres erfordert na- § k.
türlich Handlungsfähigkeit des Uebertragenden[13] und daß, wenn
dieser nur übertragen, nicht derelinquieren will, der Empfänger
den Gegenstand, welchen der Tradent hingeben will, annehmen
wolle[14]; wohingegen nach Celsus[15] die vom Tradenten irrthüm-

---

(*10*) cit. *L*.3.§§13...16.*D*.*h*.*t*. vgl. *Gai*.2,66.sqq. §§12.sqq. *I*.*de R*.*D*.*2*,1. *LL*. 1...5.*D*.*de A*.*R*.*D*.*41*,1. (*11*) §123. Note 8. und *Iav*.*L*.23.*pr*.*D*.*h*.*t*. „Cum heredes instituti sumus, adita hereditate omnia quidem iura ad nos transeunt, possessio tamen, nisi naturaliter comprehensa, ad nos non pertinet". „..retinere enim animo p-ionem possumus, adipisci non possumus..". (*Paul*. *L*.30.§5.*D*.*eod*.) (*12*) *L*.3.§6.*D*.*h*.*t*. „In amittenda quoque p-ione affectio eius qui possidet intuenda est: itaque si in fundo sis et tamen nolis eum possidere, protinus amittes p-ionem. igitur amitti et animo solo potest, quamvis adquiri non potest..". *L*.17.§1.*eod*. in Note 2. *L*.30.§4.*eod*. „..si aut nolimus..". Das bloße Unbenutztlaßen eines Grundstücks ist für sich allein noch nicht Ausdruck des animus p-ionem omittendi: *Ulp*.*L*.1.§25.*D*.*de vi 43*,16. „Quod volgo dicitur Aestivorum hibernorumque saltuum nos p-iones animo retinere [*L*.3.§11. *LL*.44.i.f.45.46.*D*.*h*.*t*.], id exempli causa didici Proculum [cf. *L*.27.*D*.*h*.*t*.] dicere: nam ex omnibus praediis, ex quibus non hac mente recedemus, ut omisse p-ionem vellemus, idem est". *L*.4.*C*.*h*.*t*. *L*.37.§1.*D*.*de usurp*.*41*,3. vgl. tit. *Cod*. De omni agro deserto *11*,58.

(*13*) *Ulp*.*L*.29.*D*.*h*.*t*. „P-ionem pupillum sine tutoris auctoritate amittere posse constat, non ut animo, sed ut corpore desinat possidere: quod est enim facti, potest amittere: alia causa est si forte animo p-ionem velit amittere; hoc enim non potest". *Proc*.*L*.27.*eod*. „Si is qui animo p-ionem saltus retineret, furere coepisset, non potest, dum fureret, eius saltus p-ionem amittere, quia furiosus non potest animo desinere possidere".

(*14*) z.B. du willst mir den Besitz des fundus A geben, ich ergreife den des fundus B, dann (sagt *Ulp*.*L*.34.*pr*.*D*.*h*.*t*.) non adquiram p-ionem, nisi forte in nomine tantum erraverimus, in corpore consenserimus. Quoniam [Haloander: quando] autem in corpore non [dieses *non* hat die Florentina nicht] consenserimus, an a te tamen recedet p-io, quia animo deponere et mutare nos p-ionem posse et Celsus et Marcellus scribunt, dubitari potest, num quid etiam adquisita est? sed non puto errantem adquirere, ergo nec amittet p-ionem qui quodam modo sub condicione recessit de possessione".

(*15*) *L*.18.§1.*D*.*h*.*t*. „Si furioso quem suae [sanae *Vulg*.] mentis existimas eo quod forte in conspectu inumbratae quietis fuit constitutus, rem tradideris, licet ille non erit adeptus p-ionem, tu possidere desinis: sufficit coeppe dimittere p-ionem, etiam si non transferas: illud enim ridiculum est dicere, quod non aliter vult quis dimittere quam si transferat; immo vult dimit-

lich verkannte Unfähigkeit des Empfängers zur Ergreifung des Besitzes den Verlust desselben in der Person des Tradenten nicht hindert.

§l. Den durch einen Stellvertreter ausgeübten Besitz verliert der Vertretene, wenn jenem, ohne daß der Vertretene es erfahren zu haben braucht[16], nicht aber wenn dem letzteren selbst der Besitz
§m. wider Willen entzogen wird[17]; auch kann der Stellvertreter durch widerrechtliche Ergreifung des Besitzes für sich selbst[18], nicht aber (wie der Repräsentierte selbst es kann) durch freiwilliges Aufgeben[19] oder Uebertragen desselben[20] ihn demjenigen, in dessen Na-
§n. men er besitzt, entziehen; so wie des Vertretenen Besitz nicht aufhört, wenn der Vertreter denselben auszuüben unfähig wird oder ein Anderer die Detentation erhält[21].

§. 126. 2. Iuris quasi possessio *).

§a. Analog dem eigentlichen, juristischen Besitze, der corporis possessio, ist die iuris- oder quasi- oder iuris-quasi-possessio, der

---

tere, quia existimat se transferre". Offenbar nimmt hier Celsus eine andere Absicht im Tradenten an, als Ulpian in Note 14. und beide Stellen widersprechen sich einander nicht. (16) *L.*44.§2.*D.h.t.* *L.*1.§22.*D.de vi 43*,16.

(17) *LL.*9.30.§6.*D.h.t.* *L.*1.§45.*D.de vi.* (18) (Also nicht der dem ius des Besitzers unterworfene Vertreter: §124.Note 44.) *L.*3.§18.*D.h.t.* *L.*1. §2. *L.*67.*pr.D.de furt.47*,2. und Note 3.oben, bes.*LL.*12.18.*pr.D.de vi* über Immobilien. (19) Dieses hob nach *Afr.L.*40.§1.*D.h.t.* [wenn man nicht nach Savigny S.437. mit einigen Hdschrr. statt Aliud exist. est lesen will Idem ex.e.] und *Pomp.L.*31.*eod.* den Besitz auf; aber für die entgegenstehende Ansicht des *Proc.L.*31.*D.de d.m.4*,3. *Paul.L.*3.§8. u.*Pap.L.*44.§2.*D.h.t.* hat *Iustinian.L.*12.*C.h.t.* decidiert. (20) Hierüber streiten die Neueren: das Uebertragen des Besitzes durch den Vertreter an einen Dritten entzog ihn dem Vertretenen nach citt.*L.*40.§1. *L.*44.§2.*D.h.t.* und *Iul.L.*33.§4.*D.de usurp.41*,3.; auch ist wol nicht gegen diese Ansicht die Aeußerung des *Paul.L.*3.§9.*D.h.t.*, daß wir den Besitz behielten, bis wir ihn absichtlich aufgäben oder dejiciert würden, denn hier spricht Paulus nicht von einem durch Stellvertreter ausgeübten Besitz: offenbar aber stellt Justinian *L.*12.*C.cit.* das Uebertragen mit dem bloßen Derelinquieren des Besitzes gleich: „..dereliquerit vel alii prodiderit... nihil penitus domino praeiudicii generetur, ne ex aliena malignitate alienum damnum emergat.. und Hoc.. sancimus, ut dominus nullo modo aliquod discrimen sustineat ab his quos transmiserit..", d.h. den Vertretern. vgl. Savigny S.442.ff. (21) *Pomp.L.*25.§1.*D.h.t.* „Et per colonos et inquilinos aut servos nostros possidemus; et si moriantur aut furere incipiant aut alii locent, intellegimur nos retinere p-ionem..". cit.*L.*40.*D.*§1. *Lab.L.*60.§1.*D.locati 19*,2. „Heredem coloni, quamvis colonus non est, nihilo minus domino possidere existimo".

(*) v.Savigny Besitz §§12.44...47.] Die Lehre vom Quasibesitz gehört, obgleich dessen Gegenstand, wie sogleich gezeigt werden wird, nur Servituten sind, dennoch hierher, in die Lehre von den Voraussetzungen der Rechte überhaupt, weil er, als reines Analogon des juristischen Besitzes einer körperlichen Sache,

von manchen Neueren s.g. uneigentliche Besitz, der 'Besitz eines
Rechts', die Ausübung gewisser Rechte an einer körperlichen Sache
als Rechte [1]. Nur die altcivilrechtlichen iura in re nämlich, die ser- § b.
vitutes, sind Gegenstände des usus iuris in re, welcher pro posses-
sione, quasi possessio ist [2], nicht die körperlichen Objecte dieser
Rechte [3], welche Gegenstände vielmehr wesentlich nicht im Eigen-
thum, noch juristischen Besitze des Quasibesitzers stehen, so daß die
quasi possessio nothwendig den animus rem (corporalem) sibi ha-
bendi, im Eigenthum, und den, sibi possidendi, juristischen Besitz des
Rechtsobjects zu haben, ausschließt [4]. Einen usus iuris an fremder § c.
Sache können zwar an sich alle dinglich berechtigte Inhaber dersel-
ben haben [5]; da aber der besitzende Pfandgläubiger [5*]), der Emphy-

---

theils Grund zu den quasipossessorischen Interdicten der Servitutberechtigten, theils Grund zur Erwerbung von Servitutrechten selbst durch Fortsetzung per longum tempus ist.

(*1*) Nicht den hier in Rede stehenden Unterschied, sondern den zwischen animus und corpus (wie „possessio non tantum corporis, sed et iuris est" in § 123. Note 2.) bezeichnet *L.10.C.de adquir.poss.7*,32. mit possessio „quae iure consistit und quae corpore"; und 'utramque esse legitimam' heißt 'der aus diesen beiden Momenten bestehende ist dann Usucapionsbesitz' s. § 123. Note 38. Den hier fraglichen Unterschied aber bezeichnet *Gai.4*,139. (*pr.I.de interd.4*,15.) „possessio aut quasi possessio". *Ulp.L.2.i.f.D.de precar.43*,26. als 'possessionem vel corporis vel iuris', 'possidere aut uti', *L.18.§1.D.de H.P.5*,3. 'neque rei, neque iuris-velut-possessor'. *Iav.* in § 123. Note 26. usus iuris und traditio p-ionis. *Ulp.L.23.§2.D.ex q.c.mai.4*,6. „usus fructus quasi possessionem", *L.3.§17.D.de vi 43*,16. „Qui usus fructus nomine ..fuit quasi in possessione..". *L.10.pr.D.si serv.vind.* „Si .. longa quasi possessione ius aquae ducendae nanctus sit..". vgl. *Ulp.L.16.§§4.7.D.de H.P. L.3.§1.D.de B.P.37*,1. *Quintilian.* in § 123. Note 25.

(2) *L.20.D.de servit.* 8,1. in § 123. Note 26. „..usum eius iuris [d.h. *servitutis*] pro traditione possessionis accipiendum esse". Daher auch die Ausübung eines Servitutrechts possessio schlechthin heißt, z.B. *L.14.pr.D.eod. L.4.D.uti poss.43*,17., und 'ius possidere' bezeichnet 'eine Servitut ausüben' *L.2.i.f.D.comm.praed.*8,4. *L.ult.i.f.D.de itin.43*,19. Ausschließlich von der Ausübung der Servituten wird in den Quellen der Ausdruck quasi possessio gebraucht, und nur auf Servituten gehen die einzelnen dieselbe betreffenden Bestimmungen. vgl. Noten * und 6.7.

(3) *Iul.L.32.i.f.D.de S.P.U.8*,2. „..natura enim servitutium ea est, ut possideri [eigentlich besessen werden] non possint, sed intellegatur possessionem earum habere qui aedes [nämlich *quibus servitutes debentur*] possidet". *Ulp. L.4.pr.D.quem ad m.serv.am.*8,6. „Loci corpus non est dominii ipsius cui servitus debetur, sed ius eundi habet". *Gai.L.10.§5.D.de A.R.D.41*,1. „..usu fructuarius..servum..non possidet, sed habet ius utendi fruendi..und scit servum alienum esse".

(4) Jede Servitut ist, wie es die zuletzt citierte Stelle vom Nießbrauch sagt, wesentlich dingliches Recht an fremder, nicht im juristischen Besitz des Servitutberechtigten als eines solchen stehender Sache. vgl. § 123. *l.*

(5) d.h. wenn man unter usus iuris nichts als die Ausübung des Rechts an einer fremden Sache mit der Absicht, das Recht als ein solches auszuüben, verstehen will.

(5*) Daß der zufolge Pfandcontracts besitzende Pfandgläubiger den juristischen Besitz des körperlichen Gegenstandes seines Rechtes selbst habe, ist unbestritten, wenngleich nicht, ob dieser Besitz als 'abgeleiteter' zu be-

teuta[6] und Superficiar[7] den juristischen oder Interdicts-Besitz des Gegenstandes ihres Rechts selbst und somit die possessorischen

---

zeichnen sei. s.§123.Note 16. (6) s.§123.Note 15. Dem Emphyteuta will mit Thibaut (Pand.8.Aufl.§208.) u.A. Arndts (Art.'Emphyteuse' in Weiskens Rechtslex.III.S.858.ff., Ztsch.f.Civilr.u.Proc.1847.S.368., (Pandekt.§195.Note 3.) den Besitz absprechen und ihm nur iuris quasi possessio beilegen; er sucht zuerst die Möglichkeit dieser Auffaßung darzuthun und bedient sich dann fast ausschließlich der Gegenbeweisführung gegen den Satz, daß der Emphyteuta wirklicher (Interdicts-) Besitzer sei, wobei im redlichen Eifer des Streits mitunter Misverständnisse für Argumente versehen worden sind. [s.z.B. unten Note 11*. §128. Note 1*.] Daß die römischen Rechtsquellen den Emphyteuta als iuris quasi possessor darstellen, ist nicht nachgewiesen worden, und wenn der Vf. der Abhandlung seine Ansicht nur für 'die practisch brauchbarere und angemeßenere hält', so dürfen wir ihm das Recht dazu überhaupt nicht, am wenigsten hier bestreiten; aber sowol gegen die Zusammenstellung der Emphyteuse mit dem Zehntrechte, dem Grundzinsrecht u.dgl., ist anzuführen, daß jene germanischen Rechte eben als Analoga der Servituten und nicht der Emphyteuse gelten (§ *f.*); als gegen die, der Eigenthümer könne, wenn man dem Emphyteuta corporis possessio zuschreibe, sein Eigenthum unter Lebenden nicht veräußern, ohne 'daß der Emphyteuta wenigstens für einen Moment auf seinen Besitz verzichte', daß sie irrig ist, indem zur Veräußerung und dem Uebergange des Eigenthums Tradition des Besitzes nicht wesentlich ist (s.§124.Note 46.a.E.), wie auch Arndts (s. dessen Pand.§135.) dem Verpfänder, Sequestrierenden und precario rogatus die Berechtigung zur Uebertragung des Eigenthums der verpfändeten u.s.w. Sache, ohne daß der Faustpfandgläubiger u.s.w. auf seinen Besitz wenigstens für einen Moment verzichten müste, gewiss zugesteht. [In der Lehre von der Emphyteuse hoffe ich, wenn es nöthig sein wird, den Streit mit dem mir befreundeten Schriftsteller aufzunehmen.] (7) §123.Note 19. Savigny läugnet den juristischen Besitz des Superficiars am superficiarischen Gebäude und schreibt ihm bloß eine quasi possessio seines Rechts zu, trotz aller sonstiger Parallelen der Superficies und der Emphyteuse und insbesondere der, daß auch dem Superficiar eine in rem actio, eine Quasivindication (*L.*75.*D.de R.V.6*,1. *L.*1.§1.i.f. §§3.sqq.*D.de superfic.* *L.*3.§3.*D.deO.N.N.39*,1. *L.*1.§9.*D.de superf.*) und dingliche Klagen wegen der seinem superficium zustehenden Servituten (cit.*L.*3.§3.) gestattet sind, trotz dem, daß *Ulp.L.*1.§§1.2.*D.de superfic.43*,18. (vgl. *Marcian.* *L.*3.§3.*D.de pignor.20*,1.) den Superficiar in verschiedenen Ausdrücken als possessor bezeichnet, und trotz dem, daß unsere Quellen die Quasipossession durchaus nur auf Servituten beziehen. Savignys Gründe, die auch Rudorff (Ztsch. f.g.R.W.XI.n°.VII.) für überzeugend erklärt, sind *a*) die Analogie der Servituten; offenbar ist aber die der superf. und der emphyt. überwiegender; besonders aber *b*) daß nach *Dig.* de superficiebus *43*,18. und *Ulp.L.*3.§7.*D.uti poss.* *43*,17. der Superficiar ein eigenes possessorisches Interdict, das de superficiebus („welches aber alle Rechte des Int. *Uti possidetis* hat: *L.*1.§2.*D.de superfic.*"), nicht aber das Uti possidetis hat, welches vielmehr dem durch die Superficies beschränkten Eigenthümer zusteht, woraus, da nicht Zwei in solidum dieselbe Sache im juristischen Besitze haben können (§123. Note 9.), folge, daß der Superficiar nicht juristischer Besitzer sei, ihm also eine quasi possessio zugeschrieben werden müße. Rudorff fügt hinzu, daß im Interdict de superficiebus nicht von *possidere* superficiem, sondern vom *frui* superficie die Rede gewesen sei (*L.*1.*pr.D.de superf.* u. Lex Thoria, c.46. in Ztsch.f.g.R.W.X.189.), und daß Ulpian jenes Interdict mit dem des Fructuars zusammengestellt habe, während es in den Digesten hinter dem Uti possidetis steht. Hat aber, wie Savigny selbst sagt, das Interdict de superficie 'alle Rechte des Uti possidetis', so bleibt ja doch die Annahme des juristischen Besitzes duorum in solidum an

Interdicte gegen Störung ihres Besitzes durch Gewalt, Heimlichkeit oder Missbrauch bittweise erwirkter Gestattung, alle aber nicht die rechtliche Möglichkeit, ihr Recht erst durch Ausübung desselben während einer bestimmten Zeit zu begründen, haben (7 a. E.), so ist für sie das Analogon des eigentlichen juristischen Besitzes, der Quasibesitz, und das Analogon der eigentlichen Besitzinterdicte, die interdicta quasi oder veluti possessoria, so wie auch das Analogon der Eigenthumserwerbung durch Usucapion, die Ersitzung durch longum tempus, ausgeschloßen und auch durchaus nicht Bedürfniss: niemand kann sonach wirklichen juristischen Besitz und

---

derselben Sache unvermeidlich, wenn nicht eine andere Erklärung sich darbietet. Eine solche liegt aber darin, daß der Superficiar nur den juristischen Besitz der superficiariae aedes, nicht auch des soli, worauf das Gebäude steht, hat, während dieses solum, das die Hauptsache ist, deren juristisches Schicksal das darauf stehende Gebäude ganz theilen muß (§ 78. *d.* § 124. Note 13. und *L.* 2. *D. de superf.* *L.* 81. § 3. *D. de leg.* 1. 30.), so weit dieses mit der Bedeutung des superficiarischen, ebenfalls dinglichen Rechts vereinbar ist, im juristischen Besitze des dominus superficiei bleibt. Deshalb schützte, wenn der dominus gegen den Superficiar das Uti possidetis gebrauchte, der Prätor den letztern 'secundum legem locationis', oder aus dem sonstigen die Superficies begründenden Contracte. Dritte können den dominus im Besitz seiner area, so lange das superficiarische Gebäude darauf steht, nicht stören, sondern nur den Superficiar im Besitze des Gebäudes; ist aber dieses wieder fort, so können sich die Voraussetzungen des Uti possidetis für den dominus wieder erfüllen. Das *fruimini* in der Formel des superficiarischen Interdicts und dessen Zusammenstellung mit dem quasipossessorischen Interdicte des Fructuars beweisen eine bloße Quasipossessio des Superficiars nicht, sondern bezeichnen das dingliche Verhältniss des Superficiars dem dominus superficiei gegenüber. Wenn aber Rudorff den Satz, es sei beßer für den Superficiar possidere, quam in personam experiri, nicht von dem Sachbesitz des Superficiars verstehen will, sondern von dem Rechte eines Angeseßenen, der Befreiung von Cautionen (s. § 127. Note 36.), so irrt er selbst, wie der folg. § 2. ders. *L.* 1. *D. de superf.* zeigt, wo die *causa* possidendi des Impetranten, nur daß er nicht vitios dem Gegner gegenüber besitze, für gleichgiltig erklärt ist: von der causa possidendi ist bei einem Angeseßenen (possessor in diesem Sinne) nicht die Rede. Daß *Iul. L.* 86. i. f. *D. de leg.* 1. 30. von dem Grundeigenthümer, dem die auf seinem solum stehende Superficies legiert worden ist, sagt, jener werde dadurch ab hac *servitute* befreit und gewinne die Superficies, soll am Ende auch noch die bloße Servitutennatur des superficiarischen Rechts darthun? Ein ganz unbenutztes Argument endlich gegen die Annahme einer dem Superficiar zustehenden quasi possessio ist, daß nur bei den Servituten, nicht bei der Superficies, so wenig als bei der Emphyteuse und dem Pfandrechte, auch die Analogie des eigentlichen Besitzes im röm. Rechte ausdrücklich anerkannt ist, daß der Quasibesitz unter gewissen Voraussetzungen durch Fortdauer während einer gesetzlich bestimmten Zeit, per longum tempus, sich in wirkliche Berechtigung verwandelt, analog wie der Usucapionsbesitz in Eigenthum. Es wäre eine systematische Inconsequenz, die Entstehung des superficiarischen Rechts durch longi temporis quasi possessio nicht anzuerkennen, wenn der Superficiar quasi possessor, wie ein Servitutberechtigter, und nicht juristischer Besitzer des Aufbaues wäre.

daneben den diesem analogen Quasibesitz an derselben Sache zu
§ d. gleicher Zeit haben. Der Schutz des Quasibesitzes gegen Stö-
rungen ist übrigens nicht für alle Servituten der durch die nämli-
chen quasipossessorischen Interdicte, und manche Feldservituten ge-
§ e. nießen dieses besonderen Schutzes gar nicht[8]. Eine Ausdehnung
aber der Quasipossession auf Forderungs- und Familien-Rechte ist
unmöglich, indem diese nicht körperliche, also eigentliche Besitzes-
Gegenstände, zu ihrem unmittelbaren Objecte haben, somit keine
Analogie zwischen dem Verhältnisse des Gläubigers u.s.w. zu dem
Objecte seines Rechts und dem Verhältnisse des juristischen Be-
§ f. sitzers zu dem Besitzgegenstande stattfindet[9]. (Die ganz conse-
quente Ausdehnung des Quasibesitzes auf Rechte, womit Besitz und
Benutzung von Grundstücken verbunden ist, z.B. auf Diöcesan-,
Zehnt- und Patrimonialgerichtsbarkeits-Rechte, so wie auf die
deutschen Realgerechtigkeiten, Grundzinsen, Frohnden u.dgl., ge-
hört dem kanonischen Rechte und der deutschen Praxis an[10]).
§ g. Auch in Beziehung auf **Erwerb** und **Verlust** ist die Quasi-
possessio eine reine Analogie des juristischen Besitzes einer kör-
perlichen Sache: auch sie erfordert zu ihrer Existenz corpus und
animus: die bloße Vornahme einer (positiven oder negativen)
Handlung ohne die Absicht einer Rechtsausübung ist an und für sich
eben so wenig etwas juristisches, als die bloße Detentation einer
§ h. körperlichen Sache ohne den animus possidendi[11]. Der letztere

---

(8) Dieses, in der Darstellung der einzelnen Servituten und Interdicte im einzelnen hervortretend, ergiebt sich schon im allgemeinen daraus, daß, während bei den Personalservituten der Berechtigte die Detention und bei den Gebäude-servituten die corporalis possessio der Vorrichtung im fremden Eigenthum oder doch immer die des herrschenden Gebäudes gleich einem juristischen Besitzer hat, also hier eine vollständige Analogie der wahren Besitzinterdicte statthaft ist, bei den Feldservituten, welche den Berechtigten zur Vornahme gewisser Handlungen im Namen des herrschenden Grundstücks befugen, wie die verschiedenen Wege-, Waßer- und Ableitungs-Gerechtigkeiten, eine analoge Anwendung der den Besitz des dienenden oder herrschenden Grundstücks schützenden Interdicte nicht zuläßig ist, weshalb hier besondere, zum Theil öftere Ausübung des Rechts erfordernde Interdicte (*Dig.* 43,19...23.) die Quasipossession der Servitut schützen. Für die sonstigen Nutzungsgerechtigkeiten an fremden Ländereien, wie Wald-, Weide-, Gruben-Servituten u.dgl., hat das Edict nicht besondere Interdicte aufgestellt, und auch die Analogie der wahren Besitzinterdicte ist hier nicht begründet: das röm. Recht hat für diese Servituten nur Schutzmittel des Rechts, petitorische Klagen, keine quasipossessorischen Interdicte (vgl. Savigny Besitz S.588. Note 2.), wol aber das heutige Recht. (vgl. Savigny S.630.f. „Zusatz der 6. Ausg.).

(9) vgl. Savigny Besitz S.616...19. (*10*) Derselbe §§ 48.ff. (*11*) *Ulp.* L.1. § 6. *D. de itiner.* 43,19. „..Eum qui propter incommoditatem rivi aut pro-

besteht hier in der Absicht, das Recht (die Servitut) als ein Recht auszuüben [11*]), für sich selbst, als proprio nomine quasi possessor [12], oder für einen Andern, als alieno nomine quasi possessor, welcher dann, wie wer eine körperliche Sache in fremdem Namen besitzt, nur für den Vertretenen quasi possessor ist [13]. Das zum § i. Erwerbe erforderliche körperliche Verhältniſs besteht in der factischen Ausübung der Servitut [14], also, wo diese die Detentation der dienenden Sache erfordert, wie bei den Personalservituten, in der körperlichen Apprehension des Objects, ganz wie bei der juristischen corporis possessio [15]. Bei den Prädialservituten, d.h. wo § k.

---

pter ea quia via publica interrupta erat, per proximi vicini agrum iter fecerit, quamvis id frequenter fecit, non videri omnino usum; itaque inutile esse interdictum, non quasi precario usum, sed quasi nec usum". *Cels.L.*7.*D.eod.* „Si per fundum tuum nec vi nec clam nec precario commeavit aliquis, non tamen tamquam id suo iure faceret, sed si prohiberetur non facturus, inutile est ei hoc interdictum; nam ut..competat, ius fundi possedisse oportet". s.Note 12.

(*11**) Arndts (Ztsch.f.Civilr.l.c.S.371.) meint, consequent sei, diese Bestimmung mit § 123. Note 4. zusammengehalten, die Einwendung, „aber wer weiß, daß ihm das Recht nicht zustehe, kann es doch nicht ausüben wollen". Das wäre nicht die Consequenz, sondern die Inconsequenz; oder will etwa Arndts auch dem fur, der widerrechtlich alienam rem sibi habere will und sich durch deren Ergreifung zum Besitzer macht, den Willen absprechen? Wer den Widerspruch, in welchen sich das Rechtssubject durch die Geltendmachung des widerrechtlichen Willens mit seiner eigenen Rechtssubjectivität versetzt, richtig erfaßt und erkannt hat, daß die Rechtsfolge dieses Widerspruches Strafe ist, weiß zugleich, daß die privatrechtliche Wirkung einer strafbaren mit der einer nichtstrafbaren Willensäußerung dieselbe sein kann. Wer wißend nicht servitutberechtigt zu sein das Recht behauptet und übt, ist strafbarer iuris possessor, wer jenes aus Irrthum thut, ist nicht strafbarer iuris possessor, aber auch nicht servitutberechtigt. Aber der bloße possessor, welcher das Eigenthumsrecht, wovon er weiß, daß es ihm nicht zustehe, jetzt haben wollte, müste Verbrecher sein wollen oder er wäre verrückt: wer also für den Besitzer absolut *domini* animus fordert, erkennt keinen rechtmäßigen bloßen Besitz an. vgl. § 123. Note 7.

(*12*) *Paul.L.*25.*D.quem ad m.serv.am.*8,6. „Servitute usus non videtur nisi is qui suo iure uti se credidit; ideoque si quis pro via publica vel pro alterius servitute usus sit, nec interdictum nec actio utiliter competit". cit. *L.*20.*D.de servit.*8,1.

(*13*) vgl. § 123. Note 11. *Ulp.*cit.*L.*1.*de itin.* §§ 7.8. „Is cuius colonus aut hospes aut quis alius iter ad fundum fecit, usus videtur itinere .. et id circo interdictum habebit; ... etiam si ignoravit cuius fundus esset per quem iret, retinere eum servitutem. Si quis autem, cum putaret fundum ad se pertinere, suo nomine iter fecerit amicus meus, utique sibi, non mihi interdictum adquisisse intellegitur". *Id.L.*3.§ 4.*D.eod.* „Uti videmur servitutibus etiam per servos vel colonos vel amicos vel etiam hospites et fere per eos omnes qui nobis retinent servitutes: sed enim per fructuarium quidem servitus retinetur; per fructuarium autem interdictum hoc domino non competere Iulianus ait". *Cels.L.*6.*pr.D.quem ad m.serv.am.*8,6. „..satis est fundi nomine itum esse". vgl. *LL.*5.20...24.*eod.*

(*14*) Noten 11...13.

(*15*) z.B. *Gai.L.*3.*pr.D.de usufr.*7,1. „..Dare [usum fructum] intellegitur, si induxerit in fundum legatarium [dem der Nießbrauch vermacht ist] eumve patiatur uti frui". *Ulp.L.*12.*pr.D.de A.v.O.P.*41,2. „Na-

praedia, Immobilien, berechtigte und verpflichtete Subjecte sind, und zwar den affirmativen, d.h. zufolge welcher der Servitutberechtigte etwas thun darf, was der Eigenthümer nicht zu leiden brauchte, wenn sein Grundstück nicht mit der Servitut belastet wäre (quae in patiendo, nämlich seitens des Eigenthümers, consistunt), besteht die Apprehension in der Vornahme der fraglichen Handlung, wozu die Servitut berechtigt, in eigner Person oder durch einen Stellvertreter (wie bei dem juristischen Besitze einer körperlichen Sache), mit oder ohne Wißen des Eigenthümers[16]: so z.B. bei Wegegerechtigkeiten in dem fraglichen Gehen, welches jedoch, um die Berechtigung zu den Interdicten zu erzeugen, nach besonderen Vorschriften binnen bestimmter Fristen öfters wiederholt[17] oder innerhalb bestimmter Zeiten, wenn auch nur einmal, vorgenommen sein muß[18]; so bei den städtischen Servituten, welche zu gewissen Vorrichtungen oder Einrichtungen auf fremdem Eigenthum berechtigen, in der Verwirklichung der fraglichen Vor- oder Einrichtung durch oder für den
§ l. Besitzer des servitutberechtigten Hauses[19]. Ist die Prädialservitut eine negative, die dem Servitutinhaber das Recht gewährt, daß der Eigenthümer etwas unterlaßen muß was er ohne die Servitutlast thun dürfte (quae in non faciendo seitens des Eigenthümers besteht), so geschieht die Apprehension entweder durch ausdrückliche Willenserklärung, Vertrag oder letztwillige Verfügung des Eigenthümers[20], oder durch die stillschweigende, welche sich dadurch bekundet, daß der Eigenthümer von dem Versuche, das durch die Servitut negierte positive Thun auszuüben, auf den Einspruch des Andern, welcher sich eben dadurch in den Besitz sei-

---

turaliter videtur possidere is qui usum fructum habet".

(16) nur nicht heimlich, um dessen Verbot zu vermeiden. s. *L.*7. in Note 11. u. Noten 12. 13.

(17) z.B. *Ulp. L.*1. § 2. *D. de itinere actuque privato.* „Hoc interdicto praetor non inquirit *Utrum habuit iure servitutem impositam an non*, sed hoc tantum *An itinere actuque hoc anno usus sit non vi, non clam, non precario*; et tuetur eum, licet eo tempore quo interdictum redditur usus non sit, ... si modo anno usus est non modico tempore, i.e. non minus quam XXX diebus".

(18) z.B. *L.*1. *pr.* § 4. *D. de aq. cott.* 43,20. *L.*1. *pr.* § 9. *D. de rivis* 43,21. *L.*1. *pr.* §6. *D. de fonte* 43,22.

(19) *L.*32. *D.* in Note 3. *Paul. L.*20. [19.] *pr. D. de S.P.U.* 8,2. „Servitutes quae in superficie consistunt, possessione retinentur; ... quia in tuo aliquid utor, et sic [si *Flor.*] quasi facto quodam possideo".

(20) *Gai.* 2,29.31. u. § 4. *I. de serv.* 2,3. „.. pactionibus atque stipulationibus id efficere debet ..". § 1. *I. de usufr.* 2,4. *L.*11. § 1. *D. de Publiciana* 6,2. „..traditionem, .. patientiam..“ u.ö. vgl. *L.*8. §1. *D. si serv. vind.* 8,5. und besonders *L.*16. *eod. L.*21. i.f. *D. eod.*

nes Servitutrechts setzt, auf erfolgte Gewalt oder richterliches Verbot, absteht[21].

Verloren wird der Quasibesitz auch wie der Sachbesitz, wenn § m. in Bezug auf animus oder corpus oder beides in contrarium actum est; also animo, wenn der Quasipossessor das Recht gar nicht mehr als solches will, und corpore, wenn er diesen Willen äußerlich bekundet[22], so wenn er, wo der Inhalt der Servitut die Detentation der dienenden Sache voraussetzt, diese zu haben aufhört[23], bei den affirmativen Prädialservituten durch wirksame Negation der Handlung, wozu die Servitut berechtigt[24], und bei den oben bezeichneten städtischen Servituten durch Vernichtung der Vor- oder Einrichtung auf dem fremden Eigenthum[25]; bei den negativen Prädialservituten durch Vornahme der Handlung, deren Unterlaßung den Inhalt des fraglichen Servitutrechts ausmacht[25]. Ueberdieß liegt es im Begriffe der *praediorum* servitutes, daß § n. der bisherige Quasipossessor es zu sein aufhört, sobald er nicht mehr Inhaber des Grundstückes ist, welches in der Quasipossession als das herrschende erschien[26]. An sich aber geht, wie auch der § o. eigentliche Besitz zu seiner Fortdauer nicht ein ununterbrochenes Detinieren, sondern nur dessen fortwährende Möglichkeit erfordert, der Quasibesitz durch bloßen Nichtgebrauch, so lange nicht in Betreff des dem corpus entsprechenden Momentes in contrarium actum

(21) *Afr. L. 15. D. de O. N. N. 39, 1.* „Si prius quam aedificatum esset, ageretur *Ius vicino non esse aedes altius tollere*, nec res ab eo defenderetur, partes iudicis non alias futuras fuisse ait, quam ut eum cum quo ageretur cavere iuberet *Non prius se aedificaturum quam ultro egisset 'Ius sibi esse altius tollere'*…“. *Scaev. L. 45. D. de damno infecto 39, 2.* „..Aedificatum habes; ago *Tibi ius non esse habere*; non defendis; ad me possessio transferenda est; … ut .. destruatur opus, .. nisi intra certum tempus egeris *Ius tibi esse aedificatum habere*“. *L. 9. pr. D. si serv. vind. 8, 5.* In *L. 6. § 1. D. eod. 8, 5.* bezeichnet possessor nicht den Quasibesitzer, sondern, wie so oft, den Beklagten im dinglichen Rechtsstreit, gegenüber dem petitor, dem Kläger. (22) s. §o. Nach der Analogie des juristischen Besitzes (§ 125. Note 12.) genügt zur Bekundung des animus posthac non possidendi zwar jede giltige ausdrückliche Erklärung, aber nicht die bloße Unterlaßung der Handlung, wozu eine Servitut berechtigt, während kurzer oder nicht längerer Zeiten, als die positiven Bestimmungen zur Erhaltung der Quasipossession fordern (s. Noten 17. 18.), z. B. *Paul. L. 14. pr. D. de servit. 8, 1.* „..nemo enim tam perpetuo, tam continenter ire potest, ut nullo momento possessio eius interpellari videatur ..“. *LL. 2. 7. D. quem ad m. serv. amitt. 8, 6.* (23) s. Note 15. vgl. *L. 12. § 2. D. de usu fructu 7, 1.* (24) s. Note 19. z. B. *L. 8. pr. D. quem ad m. serv. amitt. 8, 6.* (25) s. Note 21. (26) s. § 119. Note 18. *Ulp. L. 1. i. f. D. comm. praed. 8, 4.* „.. nemo enim potest servitutem adquirere [*aut retinere aut possidere*] vel urbani vel rustici praedii, nisi qui habet praedium“.

est, nicht unter; die Ersitzung aber wird durch Nichtgebrauch unterbrochen, und der Quasipossessor kann, wenn er nicht die Servitut ausübt, nicht in die Lage kommen, sich der possessorischen Interdicte zu bedienen[27].

§ p. Wie der Besitz eines Rechts gleich dem einer körperlichen Sache durch Stellvertreter erworben werden kann, ebenso kann er auch durch solche fortgesetzt und verloren werden[28].

Dritter Abschnitt.

Ausübung und Schutz der Rechte,

oder die Objectivierung der subjectiven Rechte, die Geltendmachung des objectiven Rechts als subjectives.

§. 127. I. Erhaltung und Sicherungsmittel der Rechte.

§ a. Die Betrachtung der Beendigungsgründe (§ 101.) ergiebt von selbst, wie Rechte an sich erhalten werden; um sie aber gegen Verletzung, gegen Verhinderung oder Störung ihrer Ausübung[1], und insbesondere die Rechte, welche zu einer erst künftig zuläßigen Willensäußerung befugen, die s.g. iura futura[2], gegen Unausübbarkeit wegen fehlenden vermögensrechtlichen Objects zu wahren, dienen nach Umständen verschiedene Rechtsmittel, von welchen die auf Privatverfügungen beruhenden in der Lehre von den Forderungsrechten, als Verstärkerungen dieser[3], ihre Stelle finden; wogegen die zufolge allgemeiner Rechtsvorschrift gestatteten hierher gehören: von den Sicherungs- und Schutz-Mitteln verletzter Rechte ist §§ 129. ff. im allgemeinen und im Actionenrechte besonders die Rede.

1. Inventarisierung.

§ b. Personen welche zur Restitution eines Vermögens oder einer Mehrheit einzelner Vermögensgegenstände, oder dazu verpflichtet

---

(27) s. Note 22. Diesen Punct hat auch Puchta (Art. 'Besitz' g.E. und Vorless. I. S. 271.) richtig gegen Savigny Besitz § 45. S. 577. f. herausgehoben, aber nicht bemerkt, daß sich auch hierdurch die Annahme, der Besitz sei ein Recht und der animus possessoris sei wesentlich animus domini, widerlege.

(28) s. Note 13. z. B. *Ulp. L. 29. pr. D. quib. mod. ususfr. 7,4.* „..usum fructum amitti, quia non meo nomine, sed suo fruitus est emptor..“. vgl. § 1. *eod.*

(*1*) Von den Mitteln, Rechte gegen Mißdeutung einer Willenserklärung zu sichern, und insbesondere von der Protestation und Reservation, welche Viele hierher stellen, muste, so wie von den Clauseln, in der Lehre von der Form der Rechtsgeschäfte (§ 116.) die Rede sein. Der Eid als von der Obrigkeit zur Sicherung redlicher Verwaltung fremder Rechte (vgl. § 106. Note 56.) geforderter gehört in das Vormundschaftsrecht. *Nov. 72. c. 2. 8.*

(2) s. § 98. *d.*

(3) vgl. § 110. Note 1.

sind, Anderen Rechnung über den Bestand oder die Behandlung, Verwaltung von Vermögen abzulegen, sind theils, wie öffentlich bestellte Verwalter fremder Vermögen, schlechthin[4], theils hypothetisch, zur Vermeidung von Rechtsnachtheilen, wie Erben[5] und andere zu Vermögens-Verwaltung oder Erhaltung verpflichtete[6], angewiesen zur Errichtung eines schriftlichen Verzeichnisses der einzelnen fraglichen Vermögensgegenstände, *inventarium*, *repertorium*[7]. Die Form ist bald die einer öffentlichen[8], bald die einer Privat-Urkunde[9].

II. Das Retentionsrecht § a.

ist die Anwendung der Einrede, daß der Gegner etwas rechtlich nicht oder noch nicht durchführbares verlange (einer einzelnen Form der doli exceptio[10]), auf etwas in der Detentation[11] (womit Be-

---

(4) Die Verpflichtung öffentlicher oder Gemeinde-Beamter zur genauen Buchführung über die publica pecunia, d.h. (*LL.*15.sqq.*D.de V.S.*) Staats- oder Gemeinde-Vermögen (Tit. und bes.*L.*10.*pr.D.ad L.Iul.peculatus* 48,13. *L.7.C.de bonis proscr.9*,49. und viele Bestimmungen in Cod.libb.*10...12.*) gehört in das öffentliche Recht; hierher die Inventarisierungspflicht der Vormünder (*L.7.pr.* cf.*L.*32.*pr. L.*57.*D.de admin.et peric.tutor.26*,7. *Arc.et Hon.L.*24.*C.eod.* 5,37. „Tutores vel curatores, mox quam fuerint ordinati, sub praesentia publicarum personarum inventarium rerum omnium et instrumentorum sollemniter facere curabunt..". cf.*L.*22.*eod. L.*13.*D.arbitr.tut.*5,51. *L.*7.§ 5.*C.de curat.fur.*5,70. und der ihnen gleichgestellten Vorsteher s.g. piarum causarum (*L.*32.*C.de episc.et cler.1*,3. *Nov.131.c.*15.| Die Erlaßung der Verpflichtung zur Errichtung eines Inventars bestimmt sich durch die Bedeutung der Renuntiation von selbst. §108. (5) zur Vermeidung der Gefahr, mit ihrem eigenen Vermögen für die Lasten des Nachlaßes einzustehen. § 6.*I.de her.qual.* 2,19. *L.*22.*C.de iure delib.6*,30. *Nov.1*.c.2. Die Ausführung, so wie auch von der Inventarisationsverpflichtung anderer letztwillig Beschwerter, im Erbrecht.

(6) z.B. der Usufructuar, *L.*1.§ 4.*D.usufr.q.cav.7*,9., der Verwalter einer Concursmasse, *L.*15.*pr.D.de reb.auct.iud.42*,5., und, soweit es zur Rechnungsablegung erforderlich ist (vgl.*L.*82.*D.de cond. et dem.*35,1.), andere Mandatare und Geschäftsführer, *L.*46.§ 4.*D.de procur.3*,3. *L.*2.*D.de neg.gest.3*,5. und *Dig. mandati 17*,1. passim, der Ehemann wegen zu restituierender Dos u.s.w.

(7) Letztere Bezeichnung kommt vor cit.*L.7.pr.D.de adm.et p.*, synopsis bonorum in *Ulp.L.*5.§ 11.*D.de reb.eor.27*,9., *ἀναγραφὴ* in *eiusd.L.*15.*D.de reb.auct. iud.42*,5. (8) Dieses ist die Regel, wo die Verpflichtung zur Errichtung des Inventars von Staats wegen besteht, und bei dem Inventar des Erben; Noten 4.5. (9) Solche Privaturkunden genügen, wo die Inventur nicht zufolge gesetzlicher Verpflichtung geschieht, Note 6.; jedoch ist nach Umständen eidliche Verstärkung erforderlich. *Nov.48.c.*1. (10) Unsere Juristen nennen die Einrede, daß dem Gegner eine Thatsache entgegenstehe, zufolge deren sein Anspruch ex aequitate undurchführbar erscheine (s.§102. Note 1.), doli exceptio †*generalis*: „quia dolo facit quicumque id quod qua qua exceptione elidi potest, petit..". *L.*2.§ 5.*D.de d.m.exc.44*,4.| Eine durch Privatwillen begründete Retentionsberechtigung nennen die Neueren ius retinendi †*voluntarium*, diejenige, wovon laut § *a.* hier allein die Rede ist, die auf allgemeiner Rechtsregel beruhende, †*necessarium*. (11) z.B. ich habe deine Sache

sitz[12] oder Eigenthum[13] verbunden sein kann, nicht muß) des in Anspruch genommenen befindliches: dieses enthält er dem Gegner vor, bis dieser den gegen ihn gerichteten, auf seinen Anspruch bezüglichen (connexen)[14], wenngleich für sich nicht mittels Klage durchführbaren[15] Gegenanspruch befriedigt habe[16]. Der Pfandgläubiger darf sogar nach getilgter Pfandforderung das Pfand wegen sonstiger, durch Pfand nicht gesicherter (also nicht connexer) Forderungen dem Schuldner (nicht auch den Pfandgläubigern) retinieren[17].

III. Cautionen.

Gai.4,21...29.88...102. *Inst.* de Divisione stipulationum *3*,18(19). und de Satis dationibus *4*,11. *Dig.* Qui satis dare cogantur vel iurato promittant vel suae promissioni committantur 2,8. de Satis dando: *Paul.*S.R.*1*,11. und *Cod.2*,56(57). *Dig.* de Stipulationibus praetoriis: *46*,5. cf.*46*,6...8.

§ *d.* Eine *Cautio*, (im weit. S. jedes Sicherungsmittel[18], hier im eigentlichen Sinne) Sicherstellung wegen Erfüllung eines Rechtsanspruches, wegen Abwendung eines ohne giltigen Rechtsgrund drohenden Nachtheils, kann gefordert werden entweder zufolge gil-

---

gefunden oder du hast mir deine Sache commodiert, die ich nur für dich besitzen, aber dir nicht eher herausgeben will, bis du mir die darauf verwandten Kosten erstattet hast. *L.*15.§2.*D.de furtis 47*,2. Oder: ich bin wegen befürchtetes Schadens in dein Haus eingewiesen: *L.*7.§2.*D.de damno inf.39*,2.u.s.w.

(*12*) wie z.B. bei dem retinierenden Pfandgläubiger (Note 17.) oder im Falle der *L.*48.vgl.*L.*27.§5.*D.de R.V.6*,1.

(*13*) z.B. der Eigenthümer enthält dem Käufer die Sache noch vor, bis dieser seine Kaufverpflichtungen erfüllt: *L.*26.§4.i.f.*D.de condict.indeb.12*,6. *L.*13.§8.*D.de A.E.et V.19*,1. in Note 16.

(*14*) Ein Hauptanwendungsfall ist nach röm. Recht die Retention wegen der Kosten, welche der Gegner dem Inhaber der Sache vergüten muß, indem wegen derselben (anders als nach heut. Recht) ohne anderweitige Rechtsgründe, z.B. Auftrag, negotiorum gestio u.dgl., eine actio nicht statthaft war. s.§107.Note 7.

(*15*) *Pomp.L.*51.*D.de cond.ind.* „Ex quibus causis retentionem quidem habemus, petitionem autem non habemus, ea si solverimus, repetere non possumus". Die Neueren nennen ganz unnöthiger Weise das Retentionsrecht 'qualificiert', wenn der Retinent seinen Anspruch auch mittels Klage durchführen könnte, z.B. *L.*1.*pr.D.de pignorib.20*,1. oder *L.*1.*pr.D.quib.mod.pign.20*,6., in welcher letzteren Stelle der negotiorum gestor auf die Retention angewiesen wird; er könnte aber auch aus den neg. gest. klagen: *L.*2.*D.de N.G.3*,5. So kann auch der Verkäufer nach der folg. Note retinieren, oder ex vendito klagen u.dgl.m.

(*16*) z.B. cit.*L.*13.§8.*D.* „Offerri pretium ab emptore debet, cum ex empto agitur..; venditor enim quasi pignus retinere potest eam rem quam vendidit". So lange nämlich der Pfandgläubiger nicht zur Veräußerung des Pfandes schreitet, ist seinem Rechte das Retentionsrecht gleich; nur daß dieses nie zum Verkauf der Sache berechtigt.

(*17*) *Gord. L.un.C. Etiam ob chirographariam pecuniam pignus teneri posse* 8,27(26). wovon im Pfandrecht.

(*18*) daher z.B. *L.*25.*D.de R.I.* „Plus cautionis in re est quam in persona" und die Bedeutung von cautio in §118.Note 11.

tiger Privatdisposition, conventionalis[19], voluntaria[20], von welcher nicht hier die Rede ist[21], oder zufolge einer Rechtsvorschrift, necessaria ([20]), gemäß deren sie von dem Magistratus, praetoria (und aedilicia)[22], oder vom Juder, iudicialis[23], oder nach Umständen bald von jenem, bald von diesem gefordert wurde, communis[24]. Die prätorischen Cautionen waren je nach ihrem Zwecke iudiciales, cautionales und communes[25]. Nach den Mitteln, durch welche die § 6.
Sicherheit geleistet wird, unterscheidet man die s.g. Verbalcautionen, durch repromissio, d.h. dem zu Sichernden in Stipulationsform

---

(19) s. Note 21. (20) so setzt *Ulp.L.7.§1.D.qui satis d.* die *necessaria* satis datio der *voluntaria* entgegen. (21) sondern bei den einzelnen Rechtsgeschäften, durch und für welche die Sicherheit geleistet wird. Bei den Römern geschah dieß regelmäßig durch Verbalcontract, stipulatio („Et sciendum est omnes stipulationes natura sui cautionales esse: hoc enim agitur in stipulationibus, ut quis cautior sit et securior interposita stipulatione". *Ulp.L.1.§4.D.h.t.46*,5.), weshalb auch die römische Eintheilung der Cautionen nach ihrem Rechtsgrunde als Eintheilung der *stipulationes* aufgestellt ist. *pr. Inst. de Divisione stipulationum* „Stipulationum aliae sunt iudiciales, aliae praetoriae, aliae conventionales, aliae communes, tam praetoriae quam iudiciales. §3. Conventionales sunt quae ex conventione utriusque partis concipiuntur, .. ex conventione contrahentium; quarum totidem genera sunt, quot paene dixerim rerum contrahendarum". vgl. Puchta Inst. § 168.

(22) *Pr.I. de div.stip.* in der vor. Note und §2.*eod.* „Praetoriae, quae a mero praetoris officio proficiscuntur, vel uti damni infecti [*Dig.39*,2.] vel legatorum [*Dig.36*,3. *Cod.6*,54(53)., und die Caution des Nießbrauchers: *L.1.pr. §2.D.usufr.q.cav.7*,9.]: praetorias autem stipulationes sic exaudiri oportet, ut in his contineantur etiam aediliciae: nam et hae ab iuris dictione veniunt". Im älteren Rechte auch tribuniciae, *Ulp.7*,3. In den Provinzen legte der praeses die Caution auf: *L.10.D.de stip.praet.* vgl. §132. Note 3.

(23) *Pr.I.cit.* in Note 21. u. §1.*eod.* „Iudiciales sunt dumtaxat quae a mero iudicis officio proficiscuntur, veluti de dolo cautio [vgl. *L.7.§3.D.de d.m.* 4,3.u.o.], vel de persequendo servo qui in fuga est, restituendove pretio". [vgl. *L.14.§11.D.quod met.c.4*,2. *L.21.D.deR.V.6*,1. *L.21.§3.D.de aed.ed.21*,1.]

(24) *Pr.I.cit.* in Note 21. u. §4.*eod.* „Communes stipulationes sunt veluti Rem salvam fore pupilli [*Dig.46*,6.]: nam et praetor iubet *rem salvam fore pupilli* caveri, et interdum iudex, si aliter expediri haec res non potest [*L.3.C.de tut.qui sat.non ded.5*,42.]: vel de rato stipulatio [*Dig.46*,8.]".

(25) *Ulp.L.1.pr.* ...§3.*D.de stip.praet.46*,5. „Praetoriarum stipulationum tres videntur esse species, iudiciales, cautionales, communes. §1. Iudiciales eas dicimus quae propter iudicium interponuntur, ut ratum fiat [*Dig.46*,8.], ut iudicatum solvi [*Dig.46*,7. *Cod.2*,56(57).] et ex operis novi nuntiatione. [*Dig.39*,1.] §2. Cautionales sunt autem quae instar actionis habent et ut sit nova actio intercedunt, ut de legatis stipulationes [s. Note 22.] et de tutela [*Inst.1*,24. *Dig.27*,7. *46*,6. *Cod.5*,42.57.] et Ratam rem haberi [*Dig.46*,8.] et damni infecti [*Dig.39*,2.]. §3. Communes sunt stipulationes quae fiunt iudicii sistendi causa". [*Dig.2*,6.8.10.11.] | Die Ausführung der meisten, in unserem Rechte sehr modificierten necessariae cautiones gehört in den Civilproceß (vgl. *Keller* Der röm. Civilpr. §§ 56.f.77. Schlayer 'Die Cautionen im Civilpr.' in Ztsch.f.Civilr.u.Proc.1851.n°.1.7.10.); die privatrechtlichen kommen bei den durch sie zu sichernden Rechten besonders vor. vgl. §132.n°.1.

geleistetes (cautio promissoria)[26] oder durch eidliches Versprechen (iuratoria, adiuratoria)[27], und die s.g. Realcautionen (eine solche ist vorzugsweise idonea cautio)[28], durch Bestellung von Bürgen (satis datio[29], *cautio fideiussoria*) oder Pfand (c. *pigneraticia*)[30], oder Hinterlegung eines Vermögensobjects[31]. Wo einfache Sicherstellung gefordert wird, ist regelmäßig die promissorische, wo prätorische gefordert wird, die fidejussorische gemeint[32]: jedoch sind manche Personen von der Verpflichtung, wegen gewisser Ansprüche Realcaution zu leisten, befreit, wie namentlich der Fiscus[33], Stadtgemeinden[34], und zufolge besonderer Bevorrechtung gewisse hohe Beamten[35]; von Realcautionen im Processe sind auch Grund-

---

(26) *L.* 1. §§ 5...8. *D. eod.* *L.* 2. § 3. *D. quod legat.* 43,3. Note 32. a. E. Note 34.

(27) § 2. *I. h. t.* 4,11. *L.* 16. *D. qui satis d.* *L.* 1. *pr. C. ut omn. iud.* 1,49. *L.* 1. § 2. *C. de adsert. toll.* 7,17. *L.* 17. *pr. D. de dignit.* 12,1. *L.* 12. *pr. D. de prox. ss. scrinior.* 12,19. *L.* 4. § 2. *C. de castrensian.* 12,26. *L.* 3. § 3. *C. de privileg. schol.* 12,30. vgl. *L.* 26. § 6. *C. de episc. aud.* 1,4. *L.* 4. § 1. *C. de sportulis* 3,3.

(28) *Paul. L.* 188. § 1. *D. de V. S.* „*Cautum* intellegitur, sive personis sive rebus cautum sit“, d. h. durch Stellung von Bürgen, oder durch Pfand oder Sequestration. *Ulp. L.* 4. § 8. *D. de fid. lib.* 40,5. „..cavendum est idonee. quid est *idonee?* satis dato utique, aut pignoribus datis. sed si ei fides habita fuerit promittenti sine satis datione, idonee cautum videtur“. *Gai. L.* 14. *pr. D. depos.* 16,3. „.. cautela idonea reddenda“. *Ulp. L.* 1. § 36. *D. eod.* „.. satis datione idonea.. praestanda“. *L.* 59. i. f. *D. mand.* 17,1. *L.* 21. i. f. *D. de pecunia constit.* 13,5. *L.* 50. § 1. *D. de m. miss. test.* 40,4. *L.* 11. *pr. D. ad munic.* 50,1. vgl. Note 32.

(29) *Gai. L.* 1. *D. qui satis d.* „..*satis dare* dicimur adversario nostro, cui pro eo quod a nobis petiit ita cavemus [so richtig die Vulg.], ut eum hoc nomine securum faciamus datis fideiussoribus“. *L.* 7. *D. de praet. stip.* 46,5.

(30) *L.* 1. § 9. *D. de collationibus* 37,6. *L.* 4. § 8. *D. de fid. lib.* 40,5. *Paul.* S. R. 5,26.

(31) Note 28. *L.* 7. in der folg. Note.

(32) s. cit. *L.* 1. §§ 5. u. Noten 28. 29. *Iustinian. L.* 3. *C. de V. S.* 6,38. „Sancimus *cautionis* nomine vel *ἀσφαλείας*, i. e. securitatis, non esse fide iussoris dationem interpretandam, nisi hoc specialiter ... scriptum fuerit; nisi enim vel generaliter de satis datione, vel fide iussione specialiter sit nominatum, cautione vel *ἀσφαλείᾳ* minime fide iussionem, sed nudam promissionem significari“. cit. *L.* 7. *D. de praet. stip.* „Praetoriae satis dationes [*Vulg.* stipulationes] personas desiderant pro se intervenientium et neque pignoribus quis, neque pecuniae vel auri vel argenti depositione in vicem satis dationis fungitur“. Jedoch: *Paul. L.* 61. *D. de V. S.* „Satis dationis appellatione interdum etiam repromissio continebitur, qua contentus fuit is cui satis datio debebatur“. *L.* 4. § 8. in Note 28.

(33) *Ulp. L.* 2. i. f. *D. de fundo dot.* 23,5. „.. fiscus semper idoneus successor ... et solvendo“, d. h. der Fiscus braucht nicht Bürgschaft zu stellen, daß er restituieren werde was er an Vermächtnissen über das Maß der lex Falcidia erhalten haben möchte (*L.* 3. § 5. vgl. *L.* 1. *pr. D. si cui plus* 35,3.), noch auch wegen gehöriger Abtragung von Vermächtnissen, womit er als Erbe beschwert ist: „quia nec solet fiscus satis dare“. *Ulp. L.* 1. § 18. *D. ut leg. s. fid. servandor. c. caveatur* 36,3.

(34) *Id. L.* 6. § 1. *D. eod.* „Admonendi .. sumus *rebus publicis remitti solere satis dationem fidei commissorum;* repromissio plane exigenda est voluntati defuncti statu iri“.

(35) *L.* 17. *pr. L.* 12. *pr.* und *L.* 3. § 3. *C.* in Note 27. citt. Diese Würdner leisten nur eidliche Caution.

besitzer[36] (oder gerichtsansäßige Inhaber von Gesammtheiten beweglicher Sachen[37]) frei; so leisten auch zu Realcautionen Verpflichtete, die solche nicht aufzubringen vermögen[38], statt derselben juratorische Caution[39]. Wird bei fortdauernder Erforderlichkeit der Caution[40] dieselbe ungenügend[41] oder erlischt sie[42], so muß aufs neue caviert werden. § g.

IV. Pfändung und Arrest.

Sicherstellung eines Rechtsanspruches durch Handanlegung oder Pfändung einer dem Verpflichteten gehörigen Sache ist, abgesehen von der dem alten Actionenrechte angehörigen, schon geschehene Verletzung voraussetzenden manus iniectio[43] und pignoris capio[44], nicht einmal gegen fremde Thiere, welche auf unsrem Eigenthum Schaden anrichten, erlaubt[45]; selbst der Vertrag, daß der Gläubiger Pfandes halber Besitz einer Sache des Schuldners ergreifen dürfe, wenn dieser nicht leiste, soll nur unter obrigkeitlicher Auctorität zur Ausführung kommen[46]; Privatpfändungen § h.

(36) *Macer L.15.pr.D.qui satis d.2,8.* „Sciendum est possessores immobilium rerum satis dare non compelli“. *L.26.§6.* in Note 27. „..ius iurandum tantum praestent et conscribatur ..“. *L.4.§1.C.* ebendaselbst cit. „.. iuratoriam emittant scripturam ..“. *Paul.*S.R.5,26.cit. *L.8.C.de princ.ag.in reb.12,22.* (37) s.§74.*l.* Glück Erläutt.II.S.533.ed.II. Schlayer l.c.S.220. (38) Ist über eine bewegliche Sache Streit, so wird sie dann sequestriert, *L.7.§2.D.qui satis d.2,8. Nov.22.c.44.§7.* (39) *L.4.§2.C.* in Note 27. *Nov.22.c.44. §4. Nov.112.c.2.pr. Nov.134.c.9.* (40) Sonst fällt sie natürlich von selbst weg, z.B. *L.4.D.usufr.q.cav.7,9.* Auch durch giltige Entsagung des Berechtigten fällt sowol die Pflicht zur Leistung der Caution, als auch die etwa schon geleistete hinweg. s.§108. *L.2.C.ut in poss.leg.6,54. L.12.D.ut leg.v.fid.c. cav.36,3.* Nach *L.7.C.*tit.cit.*6*,54. konnte die satis datio, die fructuaria cautio, demjenigen, der vertragmäßig oder zufolge letztwilliger Disposition Nießbraucher ist, nicht durch letztwillige Verfügung erlaßen werden; die fiscalischen Ansprüche an den Nachlaß und die lex Falcidia hätten sonst leicht umgangen werden können. vgl.§93.Note 4. §106.Note 46. (41) *LL.*6.10.§1. *L.7.pr.D.qui satis d.2,8. LL.*3.i.f.4.*D.ut in poss.36,4.* vgl.*L.3.D.de fide iuss.46,1. L.234.§1. D.de V.S.50,16.* (42) *L.8.§3.D.qui satis d.2,8. L.4.D.*cit. *L.4.D.de stipulat.praet.46,5.* (43) *Gai.4,21...25. Keller* l.c.§19. (44) *Gai. 4,26.29. Keller* §20. (45) *Pomp.L.39.§1.D.ad L.Aq.9,2.* „Quamvis alienum pecus in agro suo quis deprehendisset, sic illud expellere debet, quomodo si suum deprehendisset; quoniam si quid ex ea re damnum cepit, habet proprias actiones. itaque qui pecus alienum in agro suo deprehenderit, non iure id includit, nec agere illud aliter debet, quam .. quasi suum; sed vel abigere debet sine damno vel admonere dominum, ut suum recipiat“. (46) *L.3.C.de pignor.8,14.* „..vim quidem facere non videntur, at tamen auctoritate praesidis possessionem adipisci debent“. Die Neueren nennen diesen Vertrag pactum de ingredienda possessione. vgl.*Cod.*Ut nemini liceat sine iudicis auctoritate signa rebus imponere alienis 2,17. *Nov.60. c.1.pr. L.9.C.sol.matr.5,18. L.5.C.ad L.Iul.de vi 9,12.* und unten §§128...32.

bedroht Justinian mit der Strafe des Vierfachen und Verlust des Forderungsrechts[47].

§ i. Auch der (Civil-) Arrest (Beschlag, Kummer, Verkümmerung, Bekümmerung), die gerichtliche Verfügung, daß zur Sicherung von Privatrechtsansprüchen anderer jemand in der Verfügung über seinen einstweiligen Aufenthalt (Personalarrest) oder sein Vermögen oder einzelnes desselben (Realarrest) oder beides zugleich (gemischter Arrest) beschränkt sein solle, ohne daß der den Arrest erwirkende, der Impetrant, ein Recht auf die mit Beschlag belegte Sache erhielte, ist dem römischen Rechte fremd[48], dessen Besitzeinweisungen formell und materiell davon verschieden sind[48*].)

V. Sequestration.

Theod.Cod. de Pecuniae sequestratione prohibita 2,28. *Cod.* de Prohibita sequestratione pecuniae 4,4.

§ k. Von jeher dagegen kennt das römische Recht eine besondere Form des Civilarrests, die *sequestratio*[49], die Hinterlegung einer Person oder Sache, welche von mehreren in solidum, mit Rücksicht auf einen Rechtsstreit, bei einem Dritten, sequester[50], de-

(47) *Nov.52.c.1.* vgl. § 129. (48) *L.1.C.de exec.rei iud.7*,53. *L. un.C.de prohib.sequestr.pec.4*,4. oder *Th.C.2*,28. Nicht hierher gehört, daß man dem flüchtigen Schuldner nacheilen und ihm das Vermögen, um welches er den Gläubiger verkürzen will, abnehmen darf (*L.10.*§16. vgl. *L.24.D.quae in fraud. cred.42*,8.), eben so wenig, als daß man den Dieb verfolgen und ihm das gestohlene Gut abnehmen (*LL.3.i.f.sqq.D.de furt.47*,2.) oder daß man den Deiicienten sofort wieder dejicieren darf. (§125. Note 6.) vgl. §129. Note 16. So gehört auch die, si praesidis desit copia, gegen einen seiner Curie sich entziehenden Decurio statthafte manus iniectio (*L.10.C.de decurionib.10*,31.) nicht zu dem hier in Rede stehenden Personalarrest, s. § 129. Note 11. (48*) s. §132.nº.1. (49) Sequestratio: titt.citt.*Th.C.2*,28. *Cod.4*,4. Das Substant. neutr. gen. *sequestrum*, wie 'in sequestro deponere' u. dgl. beruht meist auf schlechten Lesarten, statt sequestre, in sequestre deponere. *Gell.20*,11. „sed quod *apud sequestrem depositum* erat, '*sequestro positum*' per adverbium dicebant". Das Adjectiv sequester(tris), tre ist weit häufiger, als das sequester, tra, trum. s. *Forcellini* hh.vv. Das Verbum sequestrare hat zuerst *Ulp.L.22.*§8.*D.soluto matrim.24*,3. vgl. die folg. Note. (50) *Gell.*l.c. „*sculnam*..quasi *seculnam*, quem qui elegantius loquuntur *sequestrem* appellant..utrumque vocabulum a sequendo factum est, quod eius qui electus sit, utraque pars fidem sequatur". *Fest.*(ed.Müll.p.339.) „*Sequester* is dicitur qui inter aliquos qui certant medius, ut inter eos convenerit, ita tenet depositum aliquid, ut ei reddat qui id deberi iure sibi constiterit. *Cato*..sequestro dent...et *Plautus* ..sequestro mihi data est". *Mod.L.110.D.de V.S.* „'Sequester' dicitur, apud quem plures eandem rem, de qua controversia est, deposuerunt; dictus ab eo, quod occurrenti aut quasi sequenti eos qui contendunt, committitur". *LL.6.17.33.D.depos.16*,3. *L.9.*§3.*D.de d.m.4*,3. Es ist nicht nothwendig die streitige Sache oder Person (*L.7.pr.D.depos.* *L.3.*§6.*D.de liberis exh.43*,30.) selbst Object der Sequestration; sondern es kann auch sowol ein Object, über

poniert wird[51]. Die von den Parteien selbst beliebte (sequestratio +*voluntaria*) gehört in die Lehre von den Verträgen; hierher aber die gerichtlich verfügte (sequestratio +*necessaria*), welche bei uns +*iudicialis* genannt wird, wenn das Object in gerichtliche Verwahrung genommen wird[52]. Von dem Verhältnisse des Sequesters zu den Hinterlegenden ist im Obligationenrechte bei dem Depositum die Rede.

§. 128. II. Ausübung, Concurrenz und Collision der Rechte.

Ausübung eines Rechts ist die Aeußerung, durch Thun § a. oder Unterlaßen sich bekundende Bethätigung eines Willens[1], welchen wir als rechtliche Macht bezeichnet haben (§ 98.): sie bestimmt sich daher durch den Inhalt des Rechts und die Beschaffenheit seines Gegenstandes (§ 99.), wonach wir sie, je nachdem sie das Recht selbst fortdauern läßt oder es beendigt, als einfache Ausübung, Gebrauch des Rechts, oder als Veräußerung[1*]) und Aufzehrung desselben, Consumption des Rechts, bezeichnen[2]. So wie § b. durch den Begriff des Privatrechts einerseits dessen Beschränkung durch das ius publicum[3] und das Rechtsgebiet anderer Privatperso-

---

welches man einen zukünftigen Rechtsstreit vermutet, als auch ein solches sein, welches selbst ganz unbestritten ist, aber Beziehung auf einen Rechtsstreit hat, wie z.B. Urkunden oder andere körperliche Beweismittel. Ueber den Besitz des Sequesters s. § 123. Note 18. (*51*) so soll z.B. die durch den Ehemann gefährdete Dos sequestriert werden (*L.*22.§ 8. vgl. *L.*24.*D.sol.matr.24*,3.); so kann Sequestration der Einkünfte eines unbeweglichen oder des Streit-Objects selbst, wenn dieses beweglich ist, nach Umständen gefordert werden (*L.*21.i.f.*D.de appellat.49*,1. *L.5.C.quor.app.7*,65.), nicht aber Sequestration einer streitigen Schuldsumme: Note 49. (52) z.B. *Ulp.L.*7.§ 2.*D.qui satis dare* 2,8. „Si satis datum pro re mobili non sit et persona suspecta sit ex qua satis desideratur, apud officium deponi debebit..“.

(*1*) s. § 88. Der Wille ist durch Bewustsein bedingt (§§ 84. ff.), dieses also auch wesentlich zur Ausübung eines Rechts als eines solchen, § 126.*g*.u.das. Noten 12. 11.13., wo auch Anwendungen dieses Satzes sich finden. (*1**) s. § 101. Note 11. Zwar behauptet Arndts (Ztschr. f. Civilr. u. Proc. 1847. S. 371.) „Das Aufgeben eines Rechts ist nicht Ausübung desselben“; aber er unterläßt zu bestimmen, zu welcher Art der rechtlichen Beherrschung des Objects durch das Subject 'das Aufgeben' gehöre, und will doch gewiss nicht, daß man ein Recht, das man nicht hat, aufgeben, alienieren könne. (2) Diese Unterscheidung hat nicht bloß bei Rechten an körperlichen Sachen ihre Bedeutung, welche sich bei der Eintheilung der letztren in verzehrbare und unverzehrbare (§ 76.) und der Verschiedenheit der Eigenthums- und der Besitz-Handlungen (§ 123. Note 4. a. E.) zeigt; sondern vorzüglich auch bei den Obligationen- und Klage-Rechten, jenachdem dieselben durch den Gebrauch juristisch aufgezehrt und etwa in ein neues, von dem früheren unterschiedenes Recht umgewandelt werden können, was man h. T. die processualische Consumption zu nennen pflegt. vgl. § 130. Noten 12. f.

(3) § 99. Note 4. § 93. Note 4. *Gord.L.7.C.de relig.3,44.* „.. cum iure suo co-

nen[4], so ist andererseits damit gegeben, daß der sein Recht ausübende keine Rechtsverletzung verübt, sollte auch die Ausübung auf Andere nachtheilig wirken[5]; wie denn auch die mit dem Rechte verbundenen §c. Lasten den Berechtigten treffen[6]. Dagegen liegt schon im Begriffe des Rechts als der vom und im Staate anerkannten Befugniss zur Aeußerung des Willens des vernünftig für sich thätigen Menschen im Verhältniss zu den anderen als eben solchen[7], daß dessen Ausübung aus bloßer Bosheit oder sonst unvernünf- §d. tiger Absicht keinen Rechtsschutz finde[8]; und daß eine Berechtigung an sich keine rechtliche Nöthigung, Verpflichtung zu deren Ausübung in sich schließe[9], und dem sein Recht ausübenden, welcher als solcher sich auch der zu dieser Ausübung wesentlichen Mittel muß bedienen dürfen[10], frei stehe, alle oder nur einzelne darin enthaltene Befugnisse geltend zu machen[11], oder dasselbe

---

rum quae minus prohibita sunt, uni cuique facultas libera non denegetur". Hierher und zu Note 4. gehören die mancherlei gesetzlichen Beschränkungen der Privatrechte, namentlich des Eigenthums (§140.), welcher letzteren Bedeutung durch die Bezeichnung †*servitutes* legales ganz verkehrt und verrückt wird.

(4) §105.*a.* z.B. *Ulp.L.*8.§5.*D.si serv.vind.*8,5. „..in suo..facere licet, quatenus nihil in alienum immittat: ...ergo per contrarium agi poterit, .. si quis prohibeatur qualiter velit suo uti". *L.*24.§12.*D.de damno inf.39*,2. *L.*1.§§11. 12.*D.de aq.et aq.pluv.39*,3. *L.*13.§7.*D.de iniuriis 47*,10. (5) s.§105. Note 3. vgl.§102.Noten 16.18.9. *L.9.D.de S.P.U.8*,2.u.s.w. (6) *LL.*10. 74.*D.de R.I.* §102.Note 8. (7) s.§1.*d.* §11.Note 3. (8) §89. Note 8. vgl.§107.*l.a.E.* *L.*13.§1.*D.de S.P.U.8*,2. cf.*L.*28.*D.comm.div.10*,3. (9) §108.Note 2. §129.*c.* *Ulp.L.*156.*pr.D.de R.I.* *Diocl.L.un.C.ut nemo* 3,7. „Invitus agere..nemo cogatur". Die neuere Unterscheidung der actus und res merae facultatis und non merae facultatis zur Bezeichnung der rechtlich ungebundenen oder gebundenen Willkür in Beziehung auf Handlungen und Leistungen wäre unschädlich, wenn man sie nur auf den Unterschied zwischen s.g. Zwangs- und Dispositiv-Verfügungen bezöge (§93.); indem man aber auf sie die Lehre von der Unerwerbbarkeit und Erwerbbarkeit eines Rechts durch fortgesetzte Ausübung und vom Verlust durch Nichtgebrauch gründen wollte, hat sie zu manchen Verwicklungen und Irrthümern geführt, an denen *Iav.*(*L.2.D.de via publ.43*,11. „Viam publicam populus [eine Gemeinde] non utendo amittere non potest") nicht Schuld hat. (10) der s.g. adminicula iuris, *Paul. L.*1.§§1.sqq.*D.si usus fr.pet.7*,6. z.B. *Iav.L.D.de iurisd.* 2,1. „Cui iuris dictio data est, ea quoque concessa esse videntur, sine quibus iuris dictio explicari non poterit". *Cels.L.*10.*D.de servit.*8,1. „Si iter legatum sit qua nisi opere facto iri non possit, licere...iter facere..". *Paul.L.*20.§1.*D.de S.P.U.* 8,2. „..dum ne quid ultra quam quod necesse est, itineris causa demoliar". *Ulp.L.*3.§3.*D.de S.P.R.8*,3. „Qui habet haustum, iter quoque habere videtur ad hauriendum..". *Pomp.L.*11.*D.comm.praed.*8,4. vgl. *Ulp.L.*12.*pr.D.de religiosis 11*,7. *L.*44.§9.*D.de legat.*1.30. *L.*15.§1.*D.de usu leg.33*,2. *Ven.L.*4.*D.de itin.actuq.priv.43*,19. (11) *Ulp.L.*21.*D.de R.I.* „Non debet cui plus licet, quod minus est non licere". *LL.*26.113.163.165.*eod.* z.B. „..qui actum habet, eoque uti potest etiam sine iumento". *Pr.I.de servit.*2,3. *L.*1.*pr.D. de S.P.R.8*,3.

ganz oder theilweise aufzugeben [12]. § e. In wiefern Rechte durch Stellvertreter ausgeübt werden können, ergiebt sich aus der Natur jener, woneben nach römischem Rechte zugleich die familienrechtliche Stellung des Vertretenden zum Vertretenen bestimmend erscheint [13].

§ f. Das Zusammentreffen der Rechte (concursus *iurium*) kann so stattfinden, daß mehrere demselben Subjecte an demselben Objecte oder an verschiedenen zugleich zustehen, oder so daß verschiedene Subjecte an demselben Objecte gleich- oder ungleich-artig zugleich berechtigt sind; in welchen Fällen sowol der s.g. subjectiven, als der s.g. objectiven Concurrenz jedes einzelne Recht als solches vollständig ausgeübt werden darf, wie sich aus dem obigen von selbst ergiebt. § g. Wird aber factisch die Ausübung des einen unter mehreren in demselben Inhalte zusammentreffenden Rechten, deren jedes juristisch gleichmäßig begründet ist und geltend gemacht werden kann, durch die Ausübung des andern ausgeschloßen oder beschränkt, so nennt man dieses Collision oder Conflict der Rechte *).

§ h. Wirkliche Collisionsfälle sind also nicht folgende:

1) dasselbe Subject kann nicht mehrere Berechtigungen, deren eine die gleichzeitige juristisch selbständige Existenz der andern hindert, haben [14]; noch auch verschiedene einander ausschließende Ausübungsarten desselben Rechts zugleich vornehmen, mag nun die eine Ausübungsart die andere nach natürlichen [15]

(*12*) § 108. (*13*) § 104.*n*,*o*. (*) In dieser Lehre herrscht bei den meisten Neueren Unklarheit, theils weil sie eine Collision von Rechten auch dann annehmen, wenn diese nicht nebeneinander bestehen können (wie z.B. Wening-Ingenheim Lehrb. I. § 37. Mühlenbruch Pandect. § 167. Göschen Vorleß. I. S. 368.): als ob ein nichtbestehendes Recht ein Recht wäre, eine nichtexistente Kraft wirken könnte! theils weil sie, im Zusammenhange mit jenem Misgriffe, Interpretationssätze, durch deren Anwendung erst festgestellt wird, ob ein Recht und welches existiere, mit den aus der Natur des Rechts und der Ausübung desselben sich von selbst ergebenden Bestimmungen, wie sich der Conflict von Rechten aufhebe (s. unten Noten 28. ff.), mit einander verwechseln. Zur Berichtigung der Irrthümer haben am meisten beigetragen Thibaut Versuche II. n°. 14. (dessen Unterscheidung zwischen directer und indirecter Collision jedoch auf dem bezeichneten Irrthum beruht), Hufeland Geist des R. R. n°. VII. zu §§ 239...43. seines Lehrb., Stahl über Collision. Würzb. 1826., Fritz Erläuter. zu Wening I. S. 58. ff. (der noch viele Irrthümer seines Textes theilt), Kierulff Theorie des gemeinen Civilr. I. S. 230. ff. (*14*) so kann niemand volles Eigenthum und zugleich ein dingliches Recht an derselben Sache haben (vgl. § 101. Note 6. § 134.), Bürge und Haupt-Schuldner oder Gläubiger sein (§ 101. Note 7.), niemand potestas und ein anderes ius oder Vormundschaft über dieselbe Person haben (vgl. § 44.*i*.) (*15*) so schlie-

§ i. oder nach juristischen Gesetzen ausschließen[16]. Ebensowenig kann dasselbe Subject, dem die Fähigkeit zu verschiedenen einander ausschließenden Rechtsverhältnissen zukommt, zur selben Zeit in diesen mehreren Rechtsverhältnissen stehen[17], oder in ihm eine rechtliche Befugniss und die derselben entsprechende besondere Rechtspflicht zugleich zusammentreffen[18].

§ k. 2) Die Rechte verschiedener Subjecte collidieren nicht, wenn

a) es noch zweifelhaft ist, welchem unter mehreren Subjecten ein unzweifelhaft dem einen oder dem andern zustehendes Recht zukomme[19];

§ l. b) dieselben nach ihrem Inhalt nicht zugleich juristisch begründet sein können, so wenn die fraglichen Rechte

α) eine totale oder gleichmäßig umfaßende Herrschaft des Subjects über das Object[20] oder einen sich gegenseitig aufhebenden Rechtsanspruch der Subjecte an einander in sich schließen[21], oder

β) von der Art sind, daß das Recht des einen Subjects wesentlich eine Beschränkung des ungleichartigen[22] oder gleichartigen[23] Rechts des andern Subjects involviert;

ßen sich Verzehrung und sonstige Benützung des Eigenthumsgegenstandes einander aus. (16) z.B. ich kann meine Sache nicht zugleich verschenken und verkaufen u.s.w. (17) Die virgo Vestae konnte nicht unter vät. Gewalt (§ 58. *v, w.*), der römisch-katholische sacerdos kann nicht zugleich Ehemann sein u.dgl. (18) Hierauf beruht die Lehre vom Untergang der Hauptobligationen durch confusio (vgl. § 101. Note 6. a. E.). (19) Ein solcher Fall ist der, welchem Zwillingskinde einer Freien das Erstgeburtsrecht zukomme, wenn nicht zu erweisen ist, welches zuerst geboren sei, wovon § 32. *f.* a. E.

(20) In dieser Weise können nicht Mehrere in solidum Eigenthum oder Besitz, eine Personalservitut, Emphyteuse oder Superficies an derselben Sache, potestas oder ein anderes ius über dieselbe Person haben. Aus demselben Grunde ist die Ehe als gegenseitige Hingabe der ganzen Persönlichkeit der Ehegatten aneinander wesentlich monogamisch: „neque eadem duobus nupta esse potest, neque idem duas uxores habere“. *Gai. 1*, 63. § 6. *I. de nupt. 1*, 10.

(21) Hierauf beruht die Compensation überhaupt, seit sie, der solutio gleich, ipso iure wirkt, und insbesondere auch die compensatio doli mali bei den b. f. negotiis: *L.* 36. *D. de dolo m. 4*, 3. *L.* 34. § 3. *L.* 57. § 3. *D. de contr. empt. 18*, 1. Ein factisches Hinderniss, daß jeder wegen des dolus des andern klage, besteht hier nicht: beide können sich durch die Klage infamieren und auch etwa der Entschädigungs-Anspruch verschieden sein. Der Grund dieser Compensation liegt in der subsidiären juristischen Natur der doli actio. Ferner beruht auf dem im Texte bezeichneten Grunde, daß ein minor gegen einen anderen nur restituiert wird, wenn dieser im Nichtrestitutionsfalle unbillig bereichert bliebe. s. Note 26. Es ist Naturgesetz, daß sich zwei gleichstarke einander direct entgegenwirkende Kräfte aufheben. (22) Hierher gehört z.B. die Beschränkung des Eigenthums des einen durch dingliche Rechte eines anderen, welche Thibaut a. a. O. S. 253. unrichtig und verwirrend daraus erklären will, daß die vom Eigenthümer dem

c) sie im einzelnen Falle nicht zugleich juristisch begründet sind (obgleich sie es sein könnten), sei es weil Sm.

α) die Voraussetzungen des einen Rechts selbst nicht erfüllt[24], oder weil

β) die nebeneinander bestehenden Rechte der mehreren Subjecte zu successiver Ausübung bestimmt sind[25];

d) die gleichzeitig juristisch begründeten Rechte nicht gleichstark[26] oder nicht gleichzulässig[26*]) sind, oder wenn Sn.

Anderen gegebene Servitut „auf den beschränkteren Grundsätzen über Verträge beruht": die 'Grundsätze über Verträge' sind nicht beschränkteres, noch auch unbeschränkteres ius commune, als das über das Eigenthum. vgl. *L.25.pr.D.de V.S.* So hat der Ehemann das interdictum de uxore exhibenda selbst gegen denjenigen, in dessen potestas die Frau steht: *L.2.D.de liberis exhib.43*,30. *L. 11.C.de nupt.*5,4. (23) Gleichartig sind die einander beschränkenden Rechte der socii oder in sonstiger Communion, Miteigenthum u.s.w. stehender Personen. (24) Schulde ich z.B. dem *A* unbedingt, dem *B* sub condicione, so collidieren die Forderungsrechte beider noch gar nicht. vgl. §113.*b*.

(25) Beispiele hievon liefern das Verhältniss vorangehender und nachstehender Pfandgläubiger, das subsidiäre Haften des Hauptschuldners vor dem Bürgen, des Hauptbürgen vor dem Afterbürgen, das successive Vermächtniss und alle Fälle, in denen das ius wegen früherer Bestellung selbst potius ist. Auch *Ulp. L.26.D.locati 19*,2. „In operis duobus simul locatis convenit priori conductori ante satis fieri" ist wol nur Auslegungsregel. (26) wie im Falle des nach ius commune und des nach ius singulare oder durch privilegium begründeten Rechts (§98.*g,h.* §95. Note 2.u.unten Note 29.*d.*), des stärkeren und des schwächeren Privilegs, wovon die so oft missverstandenen *L.9.pr.D.de iur. et f.ign.*22,6. *L.11.*§§6.7. *L.34.D.de minor.4*,4. handeln: dem Minderjährigen soll die iuris ignorantia nicht schaden, also auch nicht, wenn er das SC.Macedonianum ignorierte, wonach gegen einen Geld erborgenden Haussohn dadurch kein Forderungsrecht entsteht (*L.1.pr.D.ad SC.Maced.14*,6.); sondern der darleihende minor wird gegen den Empfänger in integrum restituiert; das Recht hiezu, die aetatis ratio, geht der Nichtobligation des filius f., der SCti ratio, vor: ist aber der erborgende Haussohn auch minderjährig, so soll der Darleiher, wie gegen einen anderen minor, nur auf das vom Empfänger noch nicht verzehrte oder verlorene Anspruch haben: denn würde der darleihende minor gegen den andern, der vom Erborge ohne Bereicherung nichts mehr hat, restituiert, so wäre nun dieser durch das Darlehn in Nachtheil versetzt, er müste aus seinem Vermögen das erborgte erstatten, und er müste nun auch gegen den ersten wieder restituiert werden, wodurch die Sache auf denselben Stand käme, auf dem sie sich findet, wenn dem darleihenden minor die Restitution versagt wird. Anders freilich, wenn der Borger durch das erborgte noch bereichert ist. Durch diese Stellen rechtfertigt sich also keineswegs die von manchen Neueren allgemein aufgestellte Regel +'Privilegiatus contra aeque privilegiatum iure communi (oder iure suo non) utitur'. vgl. auch Thibaut a.a.O. (26*) so im Falle der Subsidiarität eines Rechtsmittels, der Bedingtheit seiner Zulässigkeit dadurch, daß nicht ein anderes zur Erreichung desselben Rechtszweckes dem Berechtigten zu Gebote sei. (*Ulp.L.1.*§1.*D.de dolo m.4*,3. „..SI DE HIS REBUS ALIA ACTIO NON ERIT..") So sind allgemein subsidiar die e.o. cognitiones (§130. Note 22.), die actiones doli (cit. *L.1.*§§1.4.sqq.*D.de dolo m.*) und quod metus causa (*L.14.*§2.*D.q.met. c.4*,2. *L.4.i.f.C.de his quae vi* 2,20.), die Inofficiositätsquerelen (§2.*I.de inoff. test.*2,18. *L.8.*§§9.15.*D.eod.* 5,2. *L.4.C.de inoff.donat.*3,29. *L.un.C.de inoff.*

§ o. e) sie nicht in demselben Inhalte zusammentreffen [27].

§ p. Im Falle wirklich collidierender Rechte [28] entscheidet durchaus Prävention, d. h. jeder Berechtigte kann sein Recht vollständig geltend machen, ausüben, soweit es ihm factisch thunlich ist; also mit Ausschließung des andern Berechtigten, sofern er diesem zuvorgekommen ist [29]; neben diesem aber und durch dessen Mitaus-

---

dot. 3,30.) und die in integrum restitutio. (*L.* 16. *pr. D. de minorib.* 4,4. in §129. Note 33. vgl. §132. Note 31.) Concurrieren subsidiäre Rechtsmittel miteinander, so hat der dazu berechtigte die Wahl unter denselben (z. B. *L.* 9. § 3. *L.* 14. §13. *D. q. met. c.* 4,2. *L.* 2. *C. si tut. vel cur. interv.* 2,25.), sofern nicht die Rechtsbestimmung das eine durch das andere für ausgeschloßen erklärt. (z. B. *L.* 7. §1. *D. de i. i. rest.* 4,1. cit. *L.* 4. *C. de inoff. don.*) vgl. Schneider Die allg. subsid. Klagen des R. R. Rostock 1834. 8°.

(27) Aus diesem Grunde können das dingliche Recht an einer Sache und das auf dare oder sonstiges praestare derselben Sache gerichtete Forderungsrecht einer anderen Person nicht bloß vollständig nebeneinander bestehen, sondern auch ausgeübt werden: jenes ist ein Recht unmittelbar an der Sache, dieses ein Recht gegen die Person des Debitors. Die Parömie 'Kauf bricht Miethe' versteht unter 'Kauf' 'das in Folge desselben erworbene Eigenthumsrecht an der gekauften Sache', und will durch das Zeitw. 'bricht' nicht eine Beendigung des Miethsverhältnisses zwischen locator und conductor, sondern nur das ausdrücken, daß der Eigenthümer, welcher die Sache vom locator erworben hat, diese dem conductor entziehen kann; so haftet auch andrerseits der conductor nicht jenem Erwerber, sondern nur seinem locator wegen der res locata. | Hierher gehören auch die Bestimmungen, daß ein rei p. causa absens gegen einen anderen restituiert werden kann, weil diese Abwesenheit nur Anspruch auf eigene Restitution, nicht auf Nichtrestitution eines Anderen giebt (*L. ult. D. ex q. c. mai.* 4,6.), gerade so wie ein minor gegen einen anderen restituiert wird, sofern nicht dieser dadurch in die Lage versetzt würde, selbst lädiert zu sein und deshalb gegen die Restitution restituiert zu werden (s. Note 26.); und daß eine Frau die Rechtswolthat aus dem SC. Velleianum auch gegen eine andere hat, indem dieses SC. nur ein ius singulare für intercedierende, nicht für solche Frauenzimmer aufstellt, welche eine Forderung haben. (*L.* 3. *C. ad SC. Vellei.* 4,29.) u. s. f.

(28) Beispiele (vgl. die folg. Noten): *a*) Mehrere haben eine untheilbare Servitut (§ 75. Note 15.); *b*) die gleichartigen Rechte der Mitglieder einer universitas an Gemeindesachen, wie die Benutzung dieser s. g. res universitatis in specie (§ 71. *d.*); *c*) die der bona religiosa eines Erblaßers durch alle Miterben; *d*) die Gläubiger eines insolventen Schuldners vor ausgebrochenem Concurs; *e*) solidarische Correalgläubiger; *f*) die gleichstarkprivilegierten Forderungsrechte ohne Rücksicht auf die Entstehungszeit; *g*) mehrere Pfandgläubiger, denen dieselbe Sache zugleich in solidum verpfändet worden ist; *h*) mehrere bonae fidei possessores, welche ihr Recht von verschiedenen Nichteigenthümern ableiten; *i*) der Anspruch in Communion Stehender auf Theilung; *k*) mehrere Procuratoren zur Führung von Processen in solidum zugleich bestellt; *l*) mehrere haben dieselbe Sache oder deren Werth zu fordern, dann hat jeder das Recht, zuerst zu wählen, welches Recht er durch prävenierende Klage und Litiscontestation ausübt; u. s. w.

(29) („Wer zuerst kommt, mahlt zuerst“.) *Ant. L.* 4. *C. qui pot. in pign.* 8,18. „..prior tempore, potior iure“. s. §117. Note 19. *a*) *L.* 4. §§ 3. 4. *L.* 6. § 4. *D. si serv. vind.* 8,5. *L.* 17. *D. de servitutib.* 8,1. *b*) *Ulp. L.* 5. §15. *D. commod.* 13,6. „...Usum autem balnei quidem vel porticus vel campi unius cuiusque in solidum esse: neque enim minus me uti, quod et alius uteretur..“, obgleich es unthunlich ist „ut tu stare videaris in eo loco, in quo ego sto, vel in quo ego sedeo, tu sedere videaris“. (§123.

übung seines Rechts beschränkt, wenn keiner dem andern zuvorgekommen ist[30]; sind die collidierenden Rechte Forderungsrechte §q. der Art, daß der Obligierte nur éinem zu leisten braucht und dadurch von den mit diesem collidierenden übrigen Gläubigern frei wird, so ist derjenige zuvorgekommen, welcher zuerst ein günstiges Urtheil für sich erfochten hat[31]. Auch eine Klage kann

Note 9.). c) *Mod.L.*30.i.f.*D.fam.erc.10*,2. „.. religiosa loca in iudicium non deduci, eorumque ius singulis heredibus in solidum competere". d) *Ulp.L.*6.§7.*D.quae in fraud.cred.42*,8. „.. qui debitam pecuniam recepit, .. sibi vigilavit..". *Scaev.L.*24.*eod.* „.. alii creditores suae neglegentiae expensum ferre debeant.. sed vigilavi, meliorem meam condicionem feci: ius civile vigilantibus scriptum est: ideoque non revocatur id quod percepi". *Ulp.L.*3.*D.quod cum eo 14*,5. „..occupantis meliorem esse condicionem, nisi si quis privilegiarius veniat..". e) *Gai.*3,111. *Iav.L.*2.*D.de duobus reis* 45,2. „.. petitione, acceptilatione unius tota solvitur obligatio". vgl.*L.*3.§1. *L.*16.*eod. L.*1.*C.eod.*8,40. f) *Paul.L.*42.*D.de reb.auct.iud.possidendis* 42,5. „Privilegia non ex tempore aestimantur, sed ex causa; et si eiusdem tituli fuerunt, concurrunt, licet diversitates temporis in his fuerint". g) *Ulp.L.*10.*D.de pign.* *20*,1. „Si debitor res suas duobus simul pignori obligaverit ita, ut utrique in solidum obligatae essent, singuli in solidum adversus extraneos Serviana utentur; inter ipsos autem si quaestio moveatur, possidentis meliorem esse condicionem; dabitur enim possidenti haec exceptio *Si non convenit ut eadem res mihi quoque pignori esset*". *Marcian.L.*16.§8.*eod. L.*1. §1.*D.de Salviano interd.43*,33(32). vgl.§117.Note 18. u.*L.*33.*D.de R.I.* h) *Ulp.* *L.*9.§4.*D. de Publiciana* 6,2. „.. si a diversis nondominis (emerint), melior causa sit possidentis quam petentis..". (Aehnlich *c.*3.*X.de probation.2,19.*) i) *Gai.L.*13.*D.de iudiciis* 5,1. „.. par omnium causa videtur; sed magis placuit eum videri actorem qui ad iudicium provocasset". k) *Paul.L.*32.*D.de procuratorib.*3,3. „Pluribus procuratoribus in solidum simul datis occupantis melior condicio erit, ut posterior non sit in eo quod petit procurator". l) *L.*33.*D.de leg.1.30.*

(*30*) s.Noten 28.29. a) vgl. *L.*17.*D.de S.P.R.*8,3. d) *L.*6.§7.cit.42,8. „.. qui vero post bona possessa debitum suum recepit, hunc in portionem vocandum exaequandumque ceteris creditoribus; neque enim debuit praecipere ceteris post bona possessa, cum iam par condicio omnium creditorum facta esset". f) *L.*32.cit. „..concurrunt..". *Diocl.et Max.* *L.*6.*C.de bonis auct.iud.* 7,72. „.. aequali portione pro rata debiti quantitate omnibus creditoribus consuli potest". g) *L.*16.cit. „..unus quisque pro parte". vgl.§75.Note 13.

(*31*) so z.B. sagt von mehreren Dedition fordernden Noxalklägern *Ulp.L.*14.*pr.D.de nox.act.9*,4. „occupantis meliorem esse condicionem. ei itaque dedetur (der Sclave, welcher beschädigt hat) non qui prior egit, sed qui prior ad sententiam pervenit, et ideo ei qui post ea vicerit, actionem denegari iudicati". Ebenso bei der actio de peculio (*L.*10. *D.de pecul.15*,1. *L.*19.*pr.D.de re iud.42*,1.) und de in rem verso (*LL.*3.i.f.4. *D.de in rem verso 15*,3.). Nur einmal kann der servus qui nocuit dediert werden; nur soweit das Peculium reicht, haftet der daraus Verklagte; und wenn mein Sclave Geld geborgt hat, um Kleider davon zu kaufen, diese auch in mein Vermögen gekommen sind, das Geld aber dem Verkäufer nicht bezahlt, sondern verloren worden ist, so hafte ich nun, sollten auch etwa die Kleider dazu zu Grunde gegangen sein, sowol dem Darleiher, als dem Kleiderverkäufer de in rem verso, aber me „utrisque condemnari de in rem verso iniquum est": bin ich condemniert, dem éinen den Betrag der Vermögensvergrößerung zu erstatten, so ist nichts mehr in rem meam versum übrig.

durch Zusammentreffen mit anderen in demselben Subject unter-
§ r. gehen[31*]. Anwendung des Looßes zur Entscheidung über materielle Rechte kennt das römische Recht gar nicht, sondern nur zur Entscheidung über ein mehreren gleichzuständiges Recht zu einer processualischen Stellung oder ein Wahlrecht, über welches die Parteien sich nicht einigen, und welches doch aufgehoben sein muß,
§ s. damit über die Rechte selbst entschieden werden könne[32]. Daher darf die Anwendung des Looßes auch nur insoweit das Entscheidungs-Recht und die entsprechende Pflicht des Richters sich erstreckt, gegen den Willen eines Mitberechtigten erkannt werden[33].

III. Schutzmittel verletzter Rechte.

§. 129. A. Einleitung.

Verbot der Selbsthilfe und von der Nothwehr. Bedeutung des gerichtlichen Rechtsschutzes und Arten desselben im allgemeinen.

Cod. Quando liceat uni cuique sine iudice se vindicare vel publicam devotionem 3,27. (*Cicero* pro Milone.)

§ a. Jedem Rechte steht Verpflichtung gegenüber[1]; bleibt diese
§ b. unerfüllt, so wird jenes verletzt[2]. Ist nun gleich das subjective Privatrecht der dem objectiven Rechte, dem allgemeinen oder

---

(*31**) s. unten § 131. Note 59.

(*32*) Das Looß soll, wenn sich die Parteien *nicht einigen, entscheiden* *a*) über die Parteirollen in Theilungsprocessen *L.14.D.de iudic.5,1.*; *b*) welcher unter mehreren Miterben zu gleichen Theilen einstweilen den Besitz erbschaftlicher Urkunden über Obligationen bis zur Erbtheilung behalten solle: *L.5.D.fam.erc.10,2.*; *c*) ob im Falle, daß ein mit der Verpflichtung, mehrere Sclaven frei zu laßen, eingesetzter Legatar, wenn das Vermächtniß nicht den Werth aller, wol aber einiger oder eines freizulaßenden Sclaven des Vermächtnißnehmers erreicht, dieser oder der Erbe in Ermangelung sonstiger Entscheidungsgründe entscheiden dürfe, welcher Sclave oder welche Sclaven freigelaßen werden sollten: *L.24.§17.D.de fid.lib.40,5.*; *d*) von welchem unter mehreren Legatarien oder Erben eines Legatars, denen das Wahlrecht eines Sclaven oder einer sonstigen species zukommt, dasselbe gegen verhältnißmäßige Entschädigung der Mitberechtigten ausgeübt werden solle. *L.3. C.comm.de legat.6,43.* § 23. *I.de legat.2,20.* vgl. *L.33.i.f.D.de leg.1.30.*

(33) also z.B. nicht wo es am Beweise fehlt, ob dem *A* oder dem *B* ein Recht wirklich zustehe, welches seiner Natur nach éinem von beiden zustehen muß, wie Mühlenbruch Pand. § 177. zu Note 9. meint, daß über das unerweisliche Erstgeburtsrecht mehrerer Geschwister das Looß entscheiden müße. (s. § 32. Note 14.) So würde auch die im Besitze des *C* befindliche Sache weder dem *A* noch dem *B* zugesprochen werden können, wenn beide sie, jeder als sein ausschließliches Eigenthum, ohne dieses zu beweisen, in Anspruch nähmen, sollte auch der Besitzer erklären, die Streitsache gehöre dem *A* oder dem *B*, und er sei bereit, sie dem Eigenthümer herauszugeben.

(*1*) Nicht ‘ius et *obligatio* sunt correlata’. In § 98. *b.* ist der hier in Betracht kommende Unterschied der absoluten und der relativen Rechte angegeben.

(2) vgl. § 105. *a.*

Staats-Willen conforme Einzelwille[3], und somit auch die **Verletzung** des Privatrechts zugleich eine Verletzung des Staatswillens, eine positive oder negative Willensäußerung im Widerspruch mit der Rechtsbestimmung: so ist doch auch im Begriffe des Privatrechts als des durch den Staatswillen getragenen und gesicherten Einzelwillens enthalten einerseits, daß dasselbe nicht wider den § *c.* Willen des Berechtigten auszuüben[4], vielmehr eine Verletzung desselben nothwendig ein Widerspruch gegen diesen Willen sei[5]; andererseits daß die wirklich geschehene Verletzung des Privatrechts § *d.* wieder auszugleichen, die Verletzung und deren Folgen rechtlich wieder aufzuheben, Recht und Pflicht des Staates sei, welche derselbe durch eigens hierzu bestimmte Organe, die (Civil- oder bürgerlichen) **Gerichte**, bethätigt, daß Widerherstellung des verletzten Rechts durch Anwendung der Kräfte des einzelnen als eines solchen, **Selbsthilfe**, ausgeschloßen, rechtlich unstatthaft, selbst ein Unrecht sei[6]. Die noch nicht geschehene Rechtsverletzung § *e.* aber nicht zur Ausführung kommen zu laßen, sondern sie selbstthätig abzuwehren[7], die **Nothwehr** (inculpatae tutelae moderatio, +moderamen inculpatae tutelae[8]), ist ein aus dem Begriff der Persönlichkeit und des Rechts selbst hervorgehendes Recht des einzelnen: die Negation der Negation des Rechts ist selbst Recht[9].

---

(3) § 98.*a.* § 99.

(4) vgl. § 128. Noten 9.11. Der hypothetische Zwang bei den +provocationes ad agendum steht hier ebensowenig entgegen, als daß das Nichtklagen andere rechtliche Nachtheile, z.B. Präclusionen und Klagenverjährung, zur Folge haben kann.

(5) **Will** der Berechtigte die Willensäußerung eines andern, welche ohne jenen Willen Rechtsverletzung sein würde, so ist dieselbe vielmehr Rechtsausübung. Ulpians Satz (*L.*1.§ 5.*D.de iniur.47*,10.) 'Nulla iniuria est quae in volentem fiat' setzt, wie sich aus unserem Texte ergiebt, nicht bloß Rechtsfähigkeit des Einwilligenden und wirklich geschehene Einwilligung (s. §§ 84.ff.) voraus, sondern auch daß der Einwilligende Verfügung über das Object gehabt habe, daß dieses also ein Recht der Person, nicht die Persönlichkeit selbst oder eine wesentliche Voraussetzung derselben (Leben, Leib, Freiheit, Ehre) sei. § 99. vgl. § 47.*k.* § 60.*b.*

(5) *Call.L.*13.*D.q.met.c.* oder *L.*7.*D.ad L.Iul.de vi priv.* in Note 19. *Diocl.et Max.L.*9.*C.de O.et A.4*,10. „..convictos condemnari ac iuris remediis ad solutionem urgeri convenit“. *Paul.L.*176.*pr.D.de R.I.* „Non est singulis concedendum quod per magistratum publice possit fieri, ne occasio sit maioris tumultus faciendi“. vgl. auch § 127.*h.*

(7) *Val.Th.et Arc.L.*1.*C.h.t.*3,27. „Melius enim est occurrere in tempore, quam post exitum vindicare..“.

(8) *Diocl.et Max.L.*1.*C.unde vi* 8,4. „..inculpatae tutelae moderatione illatam vim propulsare licet“. (*Innoc.III.cap.*18.*X.de homic.*5,12. „.. quamvis vim vi repellere omnes leges .. permittant [*cf.seq.not.*], quia tamen id debet fieri cum moderamine inculpatae tutelae, non ad sumendam vindictam, sed ad iniuriam propulsandam ..“.)

(9) *Ulp.L.*1.§ 27.*D.de vi* 43,16. „Vim vi repellere

§f. Hierin liegt, daß nur das sich zur Ausführung zu bringen drohende Unrecht[10], nicht ein zu verwirklichender Rechtszwang[11], sofort, nicht nachdem es schon geschehen[12], nicht zur Rache, sondern zur Abwehr des Unrechts[13], und ohne Ueberschreitung des Maßes von Gewalt, welches zu diesem Zecke ausreicht, zur Nothwehr berechtigt[14].
§g. Und zugleich widerlegt sich hiermit die Unterscheidung zwischen eigentlicher (zugleich angriffsweise abwehrender) und uneigentlicher (bloß vertheidigungsweise abwehrender) Nothwehr[15], sammt der zwischen erlaubter und unerlaubter Selbsthilfe[16]: alle wirkliche Selbsthilfe ist unerlaubt, und hat, abgesehen von den öffentlichen Strafen, insbesondere der Gewalttha-

---

licere Cassius scribit, idque ius natura comparatur..". *L.*1.§4. *L.*3.*D.de iust. et iure 1*,1. „Ius gentium est ... Ut vim atque iniuriam propulsemus .... cum inter nos cognationem quandam natura constituit, consequens est Hominem homini insidiari nefas esse". *Gai.L.*4.*pr.D.ad L.Aq.9*,2. „..nam adversus periculum naturalis ratio permittit se defendere". *Paul.L.*45.§4.*eod.* „..Vim enim vi defendere omnes leges omniaque iura permittunt". s. Note 8. §105. Noten 1.16. Der richtige Gesichtspunct, von welchem aus die Nothwehr als Recht erscheint, ist nicht der des Schutzes von Rechten, sondern der der rechtlichen Unstatthaftigkeit von Widerrechtlichkeiten. (*10*) *Vim* und *iniuriam* propulsare, repellere, defendere, *inculpata* tutela, in den vorhergehenden Noten. *LL.*2.3.4.*C.ad L.Corn.de sicariis* 9,16. (*11*) *Ulp.L.*13. §1.*D.de iniur.47*,10. „..iuris enim executio non habet iniuriam". §6.*eod.* „Quae iure potestatis a magistratu fiunt, ad iniuriarum actionem non pertinent". Hierher gehören auch die Bestimmungen des *Cod.*h.t. 3,27., daß einzelne den öffentlichen Frieden gegen straßenräuberische oder desertierende Soldaten aufrecht erhalten sollen, so wie, daß eine Curie ihre Curialen in Abwesenheit des Provincialstatthalters selbst ergreifen laßen darf, §127. Note 48.a.E. Aehnlich *L.2.C.ut nemo privatus* 2,16. Auch der Satz 'Gegen Nothwehr gilt nicht Nothwehr' ist hierin enthalten. (*12*) Defendere, repellere, propulsare. *Ulp.L.*3.§9.*D.de vi 43*,16. „Eum qui cum armis venit, possumus armis repellere; sed hoc confestim, non ex intervallo, dum modo sciamus non solum resistere permissum ne deiciatur, sed et si deiectus quis fuerit, eundem dei[e]cere non ex intervallo, sed ex continenti". s.§125, Noten 5.6. §127. Noten 45.48. (*13*) *Paul.L.*45.§4.cit. „..qui vim infert, ferire conceditur; et hoc si tuendi dumtaxat, non etiam ulciscendi causa factum sit". (*Innoc.III.* Note 8.cit.) (*14*) *Ulp.L.*5.*pr.D.ad L.Aq.* „..Sin autem, cum posset adprehendere, maluit occidere, magis est ut iniuria fecisse videatur..". *Paul.L.*45.§4.cit. „Qui cum aliter se tueri non possent, damni culpam dederint, innoxii sunt..". Die †*deculpata tutela*, der †*excessus defensionis* ist selbst unrechtliche Gewalt. (*15*) Die Gränze der Nothwehr ist im allgemeinen das zur Negation des drohenden Unrechts erforderliche Maß der Gewalt; ob dazu ein Gegenangriff auf den Angreifer gehöre, wie wenn ich den Dejicienten sofort wieder dejicieren will (Note 12. u. §125. Note 6. §127. Note 48.), bestimmen die Umstände des einzelnen Falles. (*16*) Als erlaubte Selbsthilfe führen die Neueren wol folgende Fälle auf: *a*) die processualischen (gerichtlichen) Formen der manus consertae (*Gai.4*,16.), der manus iniectio und pignoris capio (§127. Noten 43.f.); *b*) die dem Strafrechte angehörigen Tödtungen des nächtlichen oder bewaffneten Diebes, des Ehebrechers, des

tigkeit[17], auch Privatstrafe zur Folge. Nach einer, wahrschein- § k. lich auf die lex Iulia de vi privata gegründeten[18] Entscheidung Marc Aurels (decretum divi Marci) verliert der durch eigenmächtige Besitzergreifung von Sachen des Schuldners sein Forderungsrecht ausführende Gläubiger dasselbe[19], und dieses tritt nach einer erweiterten Faßung jener Entscheidung durch Iustinians Compi- § i. latoren auch dann ein, wenn sich der Gläubiger einer Geldsumme dieselbe eigenmächtig erwirkt[20]. Neuere Constitutionen wandten die Privatstrafe auch auf eigenmächtige Durchführung von Eigenthumsansprüchen an[21], und allgemein bestimmt das justi- § k.

Mädchenräubers; *c*) die Nothwehr, von welcher sie die Fälle der Verfolgung des flüchtigen Schuldners oder Diebes, der sofortigen Dejection eines Dejicienten nicht richtig unterscheiden (§ 127. Note 48.); *d*) die im Eigenthumsrecht enthaltene Befugniss, das eigenmächtig auf meinem Grund und Boden errichtete Werk zu zerstören (*L.*29.§1.*D.ad L.Aq.9*,2. *L.*22.§ 2.*D.quod vi 43*,24.); *e*) die operis novi nuntiatio (*L.*1.*D.de O.N.N.39*,2.), wovon sich im Obligationenrechte herausstellt, daß sie gar nicht hierher gehöre; *f*) die Fälle aus dem Coder in Note 11.u.§127.Note 46., und ähnliche. Mühlenbruch Pand.§135. findet sogar eine indirecte Einschränkung des Verbots der Selbsthilfe und einen psychologischen Zwang in dem Retentionsrecht (§ 127.*c.*) und der Eidesdelation (§106.*β*'...*δ*'.).

(*17*) Ad legem Iuliam de vi publica et privata: §8.*I.de iud.publ.4*,18. *Paul.* S.R.*4*,26. *Th.C.9*,10. *Dig.48*,6.7. *Cod.9*,12. s. auch die folg. Note.

(*18*) *Ulp.L.*12.§ 2.*D.q.met.c.4*,2. „Iulianus ait Eum qui vim adhibuit debitori suo, ut ei solveret, hoc edicto [*Quod metus c.*] non teneri,... quamvis negari non possit in Iuliam eum de vi incidisse et ius crediti amisisse". *Mod.L.*8.*D.ad L.Iul.de vi priv.48*,7. „Si creditor sine auctoritate iudicis res debitoris occupet, hac lege tenetur et tertia parte bonorum multatur et infamis fit". (Diese Bestimmung der Lex Iulia, *L.1.pr.D.eod.*, schreibt Justinian *Nov.60.c.*1.*pr.* dem Marc Aurel zu, vgl. Note 17.) *Diocl.et Max.L.*1.*C.eod.* 9,12. „In possessionem fundi licet creditor per vim ingrediatur, Iuliae legis vis privatae reus deferri potest". §6.*I.de interd.4*,15.

(*19*) *Call.* (lib.V.de cognitionib.) *L.7.D.tit.cit.48*,7. (*L.*13.*D.q.met.c.4*,2.) „Creditores si adversus debitores suos agant, per iudicem id quod deberi sibi putant, reposcere debent: alio quin si in rem debitoris sui intraverint id nullo concedente, divus Marcus decrevit ius crediti eos non habere. Verba decreti haec sunt 'OPTIMVM EST VT SI QVAS putes (*putas*) TE HABERE PETITIONES, ACTIONIBVS EXPERIARIS; interim ille in possessione debet morari, tu petitor es.. TV VIM PVTAS ESSE SOLVM, SI HOMINES VVLNERENTVR? VIS EST ET TVNC, QVOTIENS QVIS ID QVOD DEBERI SIBI PVTAT, NON PER IVDICEM REPOSCIT... QVISQVIS IGITVR PROBATVS MIHI FVERIT REM VLLAM DEBITORIS (*vel pecuniam debitam*) NON AB IPSO SIBI traditam (*sponte datam*) SINE VLLO IVDICE TEMERE POSSIDERE EVMQVE (*vel accepisse isque*) SIBI IVS IN EAM REM DIXISSE, IVS CREDITI NON HABEBIT".

(*20*) In *L.*13.*D.q.met.c.* aus derselben Originalstelle *Call.*lib.V.de cognitionib. entlehnt, ist das Decret auf pecunia debita, abweichend von den Worten der *L.7.D.*cit. (Note 19.) gefaßt. | Mit Benfey (Rhein.Mus.VII.S.14.) anzunehmen, daß das ius crediti als Naturalforderung bestehen bleibe, nur die Klagbarkeit der Forderung erlösche, rechtfertigt *Paul.L.19.pr.D.de cond.ind.12*,6. nicht.

(*21*) *Constantini L.*3. *Th.C.h.t.9*,10. von 319., *L.2.Th.C.fin.reg.2*,26. (*L.4.Cod.eod.3*,39.) von 330. vgl. *L.5.C.* in Note 18.a.E.

nianische Recht, wer sich gewaltsam Besitz verschaffe, müße dem Entsetzten nicht nur diesen, sondern auch das Eigenthum oder, wenn
Sm. ihm dieses selbst nicht zugestanden, dessen Werth erstatten[22]; und so soll auch der Miether, Precist oder ein sonstiger Inhaber fremder Sachen diese und deren Werth dem Forderungsberechtigten erstatten müßen, wenn er es ohne Rechtsgrund bis zum Erkenntniss auf Rückerstattung kommen läßt[23]; noch härtere Strafen droht Justinian neben jener gewissen besonderen Formen von Eigenmächtigkeit in Durchführung von Rechtsansprüchen[24].

Sn. Die Nothwehr kann als Abwehr der Widerrechtlichkeit oder Rechtsverletzung Rechtsschutz zur Folge haben[25], wie er Zweck ist der gerichtlichen Thätigkeit, welche sich verwirklicht in der Form von Parteihandlungen, processualischen Angriffs- und Vertheidigungs-Mitteln[26], Actionen und Exceptionen i. w. S., und in

---

(22) Schon in *L.3. Th.C. unde vi 4,22.* ist diese, ursprünglich nur auf eigenmächtige Occupanten fiscalischer oder kaiserlicher Privatgüter bezügliche Strafbestimmung auch in privatis negotiis giltig erklärt. Sehr verändert steht die Constitution als *L.7. C. unde vi 8,4.* (von *Val. Theod. et Arc.*) so: „Si quis in tantam furoris pervenerit audaciam, ut possessionem rerum apud fiscum vel apud homines quoslibet constitutarum ante adventum iudicialis arbitrii violenter invaserit, dominus quidem constitutus possessionem quam abstulit restituat possessori et dominium eiusdem rei amittat; si vero alienarum rerum possessionem invasit, non solum eam possidentibus reddat, verum etiam aestimationem earundem rerum restituere compellatur". *§ 1. I. de vi bon. rapt. 4,2.* *§ 6. I. de interd. 4,15.* (23) *Zeno L. 10. C. unde vi 8,4.* *L. 34. C. de locato 4,65.* (24) *Nov. 52. praef. c. 1.* s. § 127. *h.* a. E. *Nov. 60. praef. c. 1.* gegen Gläubiger eines Sterbenden oder Verstorbenen, welche unerlaubt zudringlich handeln, soll die Strafe der Lex Iulia de vi privata eintreten; vgl. Note 18.; *Nov. 134. c. 7.* gegen Gläubiger, welche Kinder ihrer Schuldner zurückhalten, vermiethen oder verpfänden. (25) s. Note 9. a. E. (26) Lehrreich ist auch hier die Vergleichung der Bezeichnungen eines Processes, Klägers und Beklagten, in den verschiedenen Sprachen, aus welcher sich ergiebt, daß meistens das Bild der Verfolgung, des Angriffs einerseits, das der Flucht, des Ausweichens andererseits unterliegt: so im Griechischen *δίωξις, ἀγωγή, διώκων*, und *διωκόμενος, φεύγων, κινδυνεύων*; im Lateinischen actor, petitor, persecutio, und fugiens, exceptio, defensio; im Deutschen 'Rechtsverfolgung', 'Ausflucht, Auszug' u. dgl.; Bilder des Kämpfens, Streitens: *ἀγών*, controversia, lis, Rechtsstreit, (Rechtskrieg); *ἐναντίος*, adversarius; contradicere, defendere; *κρατεῖν τοῦ ἀγῶνος*, vincere, victoria; subiacere, siegen, besiegt werden, unterliegen u. ähnl. Daneben freilich auch aus dem dinglichen oder obligatorischen Rechtsverhältnisse der Parteien selbst entnommene Bezeichnungen, wie vindicatio, possessor; creditor, reus, debitor. Am unmittelbarsten deutet das deutsche 'Klage' (wesentlich, auch etymologisch vom lat. querela verschieden), Kläger, Beklagter, darauf hin, daß die Gewährung des Rechtsschutzes ein öffentliches, eine Thätigkeit des allgemeinen zur Aufhebung der bedrückenden Rechtswidrigkeit sei. Zu vergleichen sind auch *δίκη*, Recht als Gericht, rechten und richten, Recht sprechen, weisen, urtheilen, und das lateinische ius dicere, iuris dictio, iudicium, iudicare.

der der Richterhandlungen, Untersuchung und Beurtheilung des streitigen Rechtsverhältnisses und Vollziehung des in der Form des gerichtlichen Urtheils ausgesprochenen allgemeinen Willens über das bestritten gewesene Rechtsverhältniſs [27]. Dieses selbst § o. soll durch das ganze gerichtliche Verfahren, den Civilproceſs, eigentlich nur seinem wahren und ursprünglichen Inhalte nach verwirklicht, materiell nicht geändert werden [28]; daß dieses dennoch geschieht, die Privatrechte selbst durch das Streitigwerden Modificationen erleiden [29], rührt theils daher, daß das verletzte Recht aus factischen Gründen nicht immer wieder ganz in seiner eigentlichen und ursprünglichen Gestalt oder Bedeutung herstellbar ist [30]; theils daher, daß daß Gericht nicht eine unmittelbare, sondern selbst durch processualische Handlungen und insbesondere das Beweisverfahren vermittelte Einsicht in das streitige Rechtsverhältniſs seiner Entscheidung über dessen rechtliche Beschaffenheit zum Grunde zu legen hat [31], und daß bei dieser Subsumption des bestrittenen Verhältnisses unter die dasselbe beherrschende Rechtsvorschrift sowol das factische desselben als die darauf anzuwendende Rechtsbestimmung unrichtig oder unvollständig erkannt sein kann [32]. Die Aufgabe § p. der regelmäßigen gerichtlichen Thätigkeit bleibt aber dennoch, das materielle, wirklich begründete Recht als formelles, im Staate praktisch geltendes und durchzuführendes, darzustellen; den Inbe-

---

(27) Remedium, remedia, kommt, wie unser 'Rechtsmittel', in den röm. Quellen, jedoch nicht als Kunstausdruck, bald zur Bezeichnung irgend eines juristischen oder selbst bloß factischen Mittels, Rechte zu erhalten, zu sichern und wiederherzustellen, insbesondere auch der Auskunftsmittel in schwierig erscheinenden Fällen, und der zu Note 33. näher zu bezeichnenden außerordentlichen gerichtlichen Schutzmittel vor. (*Dirksen* Man. v. Remedium § 2., wozu noch aus *L.9.C.de O.et A.4*,10. 'iuris remedia' als Executionsmittel zu bemerken ist); bald im engeren Sinne als Mittel, ein anderes Urtheil zu erwirken, wie appellationis, provocationis remedium. *Dirksen* l.c.

(28) Die privata iudicia distrahendarum controversiarum causa reperta sunt. *Cic.* pro Caec. 2. § 6. *Mod.L.1.D.de re iud.* 42,1. „Res iudicata dicitur quae finem controversiarum pronuntiatione iudicis accepit ..".

(29) vgl. § 29. a. E. u. Anh. VI. S. *30. 3. 4. ff. *Ulp.L.207.D.de R.I.* (*L.25.i.f.D.de statu hom.1*,5.) „Res iudicata pro veritate accipitur".

(30) Dieses ist nicht allein der Fall, wenn die Rechtsverletzung ein irreparables Object zerstört, die Leistung dessen, worauf eine Forderung gerichtet war, unmöglich gemacht hat; sondern mehr oder weniger bei allen Processen, wie sich aus den Gründen der Schadensersatzpflicht und der Strafe (§ 105.), aus den verschiedenen Seiten einer Leistung (§§ 89. ff.) u. s. w. erkennen läßt.

(31) s. § 118. *a.*

(32) Der Richter kann selbst perperam iudicare, peccasse aliquid, licet per imprudentiam. *Gai.L.5.* § 4. *D.de O.et A.44*,7. *L.6.D.de e.o.cogn.50*,13. *Mod.L.28.D.de re iud.42*,1. „Duo iudices dati diversas sententias dederunt ..". vgl. *LL.*36.38.39.55.62.*D.eod.*

griff der hierzu angewandten Handlungen bezeichnen wir als den ordentlichen, regelmäßigen Rechtsschutz (commune auxilium) (§§
§ q. 130.f.) im Gegensatze derer, welche aus besonderen Gründen Rechtsverhältnisse erst hervorbringen, nicht mehr bestehende wieder herstellen oder bestehende aufheben, der außerordentlichen gerichtlichen Schutzmittel (extraordinaria auxilia)[33]. (§ 132.)

B. Die regelmäßigen gerichtlichen Schutzmittel.

§. 130. 1. Uebersicht der gerichtlichen Handlungen*).

§ a. Die Darstellung der processualischen Handlungen in ihrem Einfluß auf die einzelnen Privatrechte gehört dem Actionenrechte an; hier soll nur die Bedeutung und Geschichte des ordo iudiciorum privatorum und seines Gegensatzes, der extraordinariae cognitiones, das Verständniss des folgenden zu erleichtern, auseinandergesetzt werden.

§ b. Seit der Zeit des sich merklicher ausbildenden Privatrechts bis ins dritte Jahrhundert n.Chr. leitete, abgesehen von den collegialischen Gerichten, namentlich der centumviri und decemviri stlitibus iudicandis[1], der magistratus populi Romani[2], deshalb als I.D. (iuri dicundo) bezeichnet, in Rom der Prätor, in einer Provinz deren praeses, das Verfahren ein: nach wirksam erfolgter in ius vocatio[3] sprach sich der Kläger vor dem tribunal des Magistratus, *in iure*, über die zu erhebende Klage aus, actionem

(33) so setzt die gebrauchten lateinischen Ausdrücke einander entgegen *Ulp. L.16.pr.D.de minorib.4,4.* „In causae cognitione etiam hoc versabitur, num forte alia actio possit competere citra in integrum restitutionem: nam si *communi auxilio et mero iure* munitus sit, non debet ei tribui *extraordinarium auxilium*“. *Id.L.4.D.de iuris dict.2,1.*„Iubere caveri praetoria stipulatione et in possessionem mittere imperii magis est quam iuris dictionis“. *Paul.L.26.D.ad munic.50,1.* „..magis imperii sunt quam iuris dictionis ... in integrum restituere aut bona..iubere possidere“. vgl.§ 130.Note 25. §132.u. nun auch *Keller* Civilpr.§1.g.E.§§ 74.ff.

(*) Eine schöne Darstellung des röm.Civilprocesses in geschichtlicher Uebersicht giebt Puchta Institt. Buch III.; ein sehr zu empfehlendes, aber zu häufig subjective Vorstellungen von Thatsachen statt dieser aufstellendes Lehrbuch ist *F.L.Keller* Der röm.Civilprocess und die Actionen. Lpz.1852.16°. Bethmann-Hollweg Gerichtsverfaßung und Proceß des sinkenden röm.Reichs. Bonn 1834.8°. scheint ein Anfang einer gründlichen Darstellung unseres heutigen Civilprocesses zu bleiben. vgl.auch Zimmern Gesch. des röm.Privatr. Bd.III. oder ‘der röm.Civilproceß bis auf Justinian’. Hdlbg.1829.8°.

(*1*) Ueber diese, zu Justinians Zeit längst untergegangenen Gerichte s.Puchta a.a.O.§153. *Keller* §§4...6.

(2) vgl. *Dig.*De iuris dictione 2,1.u.*Dig.1,9...22.* Puchta § 151. *Keller* §1.B.

(3) *Dig.*De in ius vocando 2,4. cf.*Cod.eod.2,2.* Puchta §160. *Keller* §§46.f.

edebat[4], womit die Sache gerichtlich anhängig gemacht, controversia s. causa s. actio mota war[5]. Nun wurden die erforder- § c. lichen Processbürgschaften, vadimonia, wegen Wiedererscheinens in iure geleistet[6], wo dann vom Kläger die seinen Rechtsanspruch zufolge civilrechtlicher Bestimmung auch formell, im Wortlaute dieser entsprechend angebende legis actio angestellt[7], oder später, im Formularprocesse[8], die der Bezeichnung der Eigenthümlichkeit des je streitigen Rechtsverhältnisses freieren Raum gestattende formula sive actio erörtert wurde: actor iudicium s. formulam postulat, impetrat; magistratus eam aut denegat aut dat[9]. Diese § d. Erörterung geschah schon zur Zeit des Freistaates gewöhnlich bei dem ersten Erscheinen der Parteien in iure, über welches sie außergerichtlich und mit den erforderlichen Bürgschaften übereingekommen waren, und seit Marc Aurel eröffnet sich der Rechtsstreit mit der litis denuntiatio, der förmlichen Ansage der vom Kläger erhobenen Klage an den Beklagten, worauf diesem mehrmonatliche Fristen zukommen[10]. Diese gehörige Vorbereitung des Proces- § e. ses, lis ordinata, iudicium ordinatum, acceptum, schloß mit der litis contestatio, dem formellen Act, ursprünglich unter Aufrufung von Zeugen durch den Kläger (woher der Name), welcher feststellte, daß nun das Verfahren in iure geendigt sei[11]: die erhobene Klage ist damit consumiert[12] und an die Stelle des streitigen Rechtsverhältnisses tritt der Anspruch des Klägers auf Condemnation, des Beklagten auf Absolution[13]. Das Urtheil zu erwirken, wird nun § f. die Sache *in iudicium* deduciert, lis incohata (contestata) est: die formula weist den, den Parteien genehmen Judex[14] (oder nach

---

(4) *Dig.* De edendo 2,13. cf. *Cod.eod.* 2,1. Puchta §.cit. *Keller* §50.

(5) vgl. *Dirksen* Man. v. Movere §4.

(6) *Gai.* 4,184...87. cf. *Dig.* 2,11. Puchta §.cit. *Keller* §47.

(7) *Gai.* 4,11...30. *Pomp.L.*2.§6.*D.de O.I.* 1,2. s. unten §131.*e.* Puchta §§161.f. *Keller* §§12.ff.

(8) *Gai.* 4,31.sqq. s. Puchta §163. *Keller* §§23.ff.

(9) Puchta §.cit.i.f. *Keller* S.220.

(10) *Th.C.de denuntiatione* 2,4. cf. *ibid.* 2,6. Puchta §160.a.E. *Keller* §48.

(11) *Sev.et Ant.L.un.C.de lit.cont.* 3,9. „... *Lis* enim tunc *contestata* videtur, cum iudex per narrationem negotii causam audire coeperit“. *Paul.* ex Festo v. „*Contestari litem* dicuntur duo aut plures adversarii, quod ordinato iudicio utraque pars dicere solet Testes estote“. s. Puchta §172. *Keller* §§59.ff. Zu bemerken ist die passive Bedeutung von contestari in dem so häufig vorkommenden lis contestata und auch sonst. vgl. *Dirksen* v. Contestari und v. Contestatio §2.

(12) *Gai.* 3,181. 4,106...8. vgl. §128. Note 2. *Keller* §60.

(13) Hierauf geht „quod apud Veteres scriptum est *Ante litem contestatam dare debitorem oportere, post litem contestatam condemnari oportere, post condemnationem iudicatum facere oportere*“. *Gai.* 3,180.

(14) *Cic.*

Verschiedenheit der Fälle auch arbiter, oder arbitri oder recuperatores [14a] an, nach Befund der Thatumstände zu erkennen; dieses geschieht nach gehörig verhandelten juristischen [15] und factischen Fragen [16] und etwaiger Beseitigung von Vor- oder Zwischen-Fragen durch Zwischenbescheide, interlocutiones, durch die sententia; das Endurtheil, welches den Beklagten freispricht oder verurtheilt, absolutio, condemnatio, sententia oder iudicium absolutorium, con-
§ g. demnatorium [17]; bloß auf erhobene Präjudicialklagen ergeht nur die Entscheidung, daß der Zustand oder Thatumstand, über wel-
§ h. chen verhandelt worden ist, existiere oder nicht [18]. Nun ist res iudicata, das iudicium und alle Einwirkung des Judex auf die Sache hat ein Ende, die obligatio ex iudicato ist begründet [19]; es beginnt, abgesehen von den seit der Kaiserzeit sich ausbildenden Rechtsmitteln zur Erwirkung einer anderen Sentenz, wodurch die Rechtskraft der angefochtenen aufgeschoben, suspendiert wird [20], gegen den dem Urtheile nicht von selbst genügenden Condemnaten das Executionsverfahren unter Auctorität des Magistrats auf erhobene iudicati oder pro iudicato actio, in Folge deren dann Vollstreckung gegen die Person oder das Vermögen des iudicatus, oder nach dem Rechte der späteren Kaiserzeit directer Zwang durch die Gerichtsbehörden und nöthigenfalls durch bewaffnete Hand, stattfand [21].

§ i. Betraf der Rechtsstreit nicht sowol eigentliche Privatrechte, als vielmehr policeiliche, solche Ansprüche Privater, deren Feststellung und Durchführung die öffentliche Ordnung und Sitte berührte, so daß also nicht die bloße iuris dictio und das iudicis dandi ius des Magistratus, sondern wesentlich zugleich sein impe-

---

pro Cluent. 43. „Neminem voluerunt maiores nostri non modo de existimatione cuiusquam, sed ne pecuniaria quidem de re minima esse iudicem, nisi qui inter adversarios convenisset". (14a) vgl. Puchta § 154. *Keller* § 7...9. (15) s. Puchta § 153. (16) Vom Beweise s. § 118. vgl. Puchta § 174. 178 a. E. *Keller* § 66. (17) s. Note 19. *Paul.* S. R. 5, 5*a*. *Dig.* De re iudicata *et c.* 42, 1. *Cod.* De sententiis et interlocutionibus omnium iudicum 7. 45. s. Puchta § 175. *Keller* § 66. S. 281. ff. (18) s. § 131. e. u. Note 13. *Keller* § 38. (19) vgl. Note 13. *Mod. L.* 1. *D. de re iud.* „Res iudicata dicitur quae finem controversiarum pronuntiatione iudicis accipit; quod vel condemnatione vel absolutione contingit". *Alex. L.* 3. *C. de sent.* „Praeses prov. non ignorat definitivam sententiam quae condemnationem vel absolutionem non continet, pro iusta non haberi". (20) *Th. C.* 11, 30. sqq. *Dig.* 49, 1...13. *Cod.* 7, 62...70. s. Puchta § 180. f. *Keller* § 82. (21) vgl. Puchta § 179. 188. *Keller* § 83.

rium in Anspruch genommen wurde, so untersuchte und verfügte
er selbst ohne Ertheilung einer formula und Verweisung der Sache
an einen Judex, causam cognoscebat, causae cognitio [21*]), er hielt
den ordo iudiciorum privatorum nicht ein, die iuris ordinarii exse-
cutio fand nicht statt, sondern es wurde extra ordinem verhandelt,
extraordinaria cognitio oder persecutio, persecutio schlechthin, sel-
tener *e. o. iudicium*[22]. Der Beklagte wird von Magistrats we- § k.
gen vorgeladen[23] und bei ungehorsamem Ausbleiben mulctiert[24];
auf Antrag des Klägers ergehen die Edictalcitationen und im Con-
tumacialverfahren[25] kann gegen den abwesenden Beklagten das de-
cretum magistratus (erst mit verschwindendem ordo iud. priv. auch
'sententia' genannt) ergehen, welches dieser auch wieder aufheben
oder abändern kann, was bei der Sentenz im ordentlichen Pro-
cesse nicht statthaft ist[26]. Schon im zweiten Jahrhundert n. Chr. lö- § l.
sen sich die e. o. cognitiones von ihrem in § *i.* angedeuteten Prin-

---

(21*) Ein arbiter zur Verhandlung über thatsächliches in Betreff der zu cognoscierenden causa konnte auch hier vorkommen, z. B. de alimentis patroni arbiter solet dari (*L.5.*§25.*D.de agn.et al.lib.*25,3.), ein arbiter zu Rechnungsrevisionen. (*L.*53.*D.de iudic.*5,1. *L.*47.§2.*D.de fid.lib.40*,5.) (22) Der im Text gemachte Versuch, die Fälle der eigentlichen e.o.cognitiones ihrem Inhalte nach allgemein zu bestimmen, rechtfertigt sich offenbar durch die Zusammenstellung der in den Quellen vorkommenden einzelnen Fälle und des Callistratus (*L.*5.*pr.D.h.t.* d.i. *de extraordinariis cognitionibus 50*,13.) Eintheilung derselben in quattuor fere genera „aut enim de honoribus sive muneribus gerendis, aut de re pecuniaria disceptatur, aut de existimatione alicuius cognoscitur, aut de capitali crimine quaeritur", von welchen 4 genera freilich nur die mittleren beiden Privatrechtsstreitigkeiten betreffen, das de re pecuniaria aber nur solche einzelne Fälle befaßt, in denen die Gewährung oder Versagung des Anspruchs öffentliches Aergerniß geben konnte, wie schon die in dem citierten Digestentitel angeführten Fälle beweisen, noch deutlicher aber, daß Fälle der e.o. cognitio waren Beschwerdesachen zwischen Herren und Sclaven, Patronen und Freigelaßenen, Eltern und Kindern, Vormündern und Mündeln, Lehrern und Schülern, Aerzten und Patienten, Advocaten und Clienten, die gegen Publicani (cf. *Ulp.L.*2.*D.de feriis* 2,12.) und Begräbnißanordnungen. (*L.*14.§2.*D.de relig. 11*,7.) Erst die Andeutung des Textes erklärt es, warum fidei commissa extra ordinem verfolgt werden musten (*Gai.*2,278. *Ulp.*25,12. *L.*178.§2.*D.de V.*S.): der Eigennutz des pietätslosen Fiduciars muste für scandalös gehalten werden, und nur darauf gründete sich der Rechtsanspruch des Fideicommissars. s. §1. *I.de fid.her.*2,23. *Paul.L.*105.*D.de R.I.* „Ubicumque causae cognitio est, ibi praetor desideratur". vgl. *L.*71.*D.eod.* *L.*9.§§1.sqq.*D.de off.procons.1*,16. s. *Keller* §81., über die Benennungen *Dirksen* Man.hh.vv. (23) evocatur a praetore, s. *L.*26.§7.*D.de fid.lib.40*,5. *L.*1.§1.*D.de feriis*; *L.*2.§32.*D. de O.I.1*,2. (cf. *Mommsen* Inscr.Neap.1881.1988.) Consulibus: *pr.I.de fid.her.* 2,23. s. auch *L.*10.*D.de off.praes.1*,18. (24) *Gell.*N.A.*11*,1. (25) *Paul.*S.R.5,5*a.*§7. *LL.*68...73.*D.de iudiciis* 5,1. *LL.*53.54.59.§3.*D.de re iud.*42,1. Diese Formen wurden eben mit der zunehmenden Häufigkeit der e.o. cognitiones immer allgemeiner. (26) *L.*14.*D.de re iud.*42,1.

cip ab; sie werden häufiger und dem Ermeßen des Magistrats anheimgegeben, ob er eine solche eintreten laßen oder einen Judex ernennen wolle[26*]). Seit Diocletian sollen die Magistratus nur noch propter occupationes publicas vel propter causarum multitudinem Judices in solchen Fällen, in denen dieses der frühere ordo iudiciorum privatorum mit sich brachte, ernennen dürfen[27].
§m. Nun wird die Bezeichnung der Magistratus selbst als 'iudices', 'iudices ordinarii', immer häufiger, während die Judices des Ordo judiciorum, die privati iudices, als solche ganz verschwinden, und nur noch pedanei iudices als Delegierte der Judices statt dieser,
§n. der magistratus, mitunter fungieren[28]. Die litis contestatio fällt jetzt mit dem Ende der Einlaßung des Beklagten (contradictio) auf den ausführlichen Klageantrag vor dem Magistrat (narratio)
§o. in eins zusammen[29]. Im justinianischen Rechte sind nun zwar die extraordinaria iudicia die einzige Form für alle bürgerlichen Rechtsstreitigkeiten; dennoch hat sich dafür, trotz des ganz verschwundenen Gegensatzes, des ordo iudiciorum privatorum, die alte
§p. Benennung erhalten[30]. Der Unterschied der in §129.a.E. angedeuteten extraordinaria auxilia aber, welche auch, wie andere e.o. zu verhandelnde Fälle, kein merum ius zum Inhalte haben, aber auch nicht auf bloße, wenn auch der öffentlichen Ordnung und dem Anstand gemäße Entscheidung über bestehende Verhältnisse gerichtet sind, sondern durch das imperium magistratus rechtliche Verhältnisse erst hervorbringen (immissio in bona) oder schon her-

(26*) *LL.8.9.cf.7.D.de off.praesid.1*,18. (27) *L.2.C.de pedaneis iudicibus* 3,3. v.J.294. vgl.*Iulian.L.5.C.eod.* „..pedaneos iudices, h.e. *qui negotia humiliora disceptant*, constituendi damus praesidibus potestatem“. (a.362.) *Nov.*82. (28) s.*Dirksen* v.Pedaneus. Diese Benennung sieht Hollweg a.a.O.S.141.als von den Senatoren, welche noch keine Magistratur bekleidet hatten, pedarii, pedanei, auf die iudices übertragen an; ihm stimmen Puchta S.44.u.*Keller* §7.a.E.bei. Die byzantinische Benennung *χαμαιδικαστής*, *χαμαίζηλος δικαστής*, und dieses, daß sie Bagatellrichter sind ('qui negotia humiliora disceptant') soll auch wol das 'pedaneus' bezeichnen. (vgl.auch Burchardi Wiedereins.§24.) Solche iudices als Vertreter der wirklichen kommen in den Constitutionen auch als diaetetae, *διαιτηταί*, (z.B.*L.36.C.de appell.7*,62., cit.*Nov.*82.praef.c.2.9.) oder als *τοποτηρηταί*, vicarii, vor. (s.meine Annot.ad Not.Dignn.p.125.sq.) (29) *Iustinian.L.14.§1.C.de iudiciis 3*,1. „..cum lis fuerit contestata, post narrationem propositam et contradictionem obiectam..“. *Nov.53.c.*3.§2. cf.*L.un.C.de lit.cont.3*,9. (30) *Pr.I.de succ. subl.3*,12(13). „..locum habebat quando iudicia ordinaria in usu fuerunt; sed cum extraordinariis iudiciis posteritas usa est, ideo cum ipsis ordinariis iudiciis ... exspiraverunt ..“. §8.*I.de interd.4*,15. „..quotiens extra ordinem ius dicitur, qualia sunt hodie omnia iudicia ..“.

vorgebrachte dadurch aufheben (in integrum restitutio), hat sich, auch in der Form des Verfahrens, noch im justinianischen Recht erhalten [31].

§. 131. 2. Die ordinaria auxilia.

I. Actiones.

Gai.4,1...114. *Inst.* de Actionibus 4,6.(bis de Perpetuis et temporalibus actionibus *etc. 4*,12.) *Dig.* de Obligationibus et actionibus *44*,7. *Cod.4*,10. und 3,28...4.a.E.

Jedes Privatrecht kann, sofern es im positiven Rechte voll- § *a.*
ständig anerkannt ist [1], dadurch, daß es verletzt wird, die Gestalt eines gerichtlich zu schützenden, eines Klagerechtes i.w.S., annehmen [2], und so bezeichnet auch *actio* i.w.S. einerseits jede Parteithätigkeit zum Zwecke gerichtliches Rechtsschutzes [3] und das dieser zum Grunde liegende Privatrecht selbst, sofern es eine vermögensrechtliche Leistung des Gegners zur Folge zu haben rechtlich bestimmt ist [4], andererseits die Form jener Thätigkeit, die processua-

---

(*31*) §132. Man könnte sagen, bei den gewöhnlichen extraordinariae cognitiones sollte und konnte nicht nach dem merum ius decerniert werden, bei der Mission und Restitution wurde gegen dasselbe erkannt.

(*1*) so sind z.B. die bloßen naturales obligationes im positiven röm. Civilrecht nicht vollständig anerkannte Privatrechte. § *92**. (2) s. § *129.b,d.* Unrichtig bezeichnet Puchta Pand. § 81.(u. Arndts Pand. § 96.) 'die Klage im materiellen Sinne' als „das Annexum [Arndts 'Zugabe'] eines Rechts, einen Zusatz zu seinem Inhalt, nicht, wie Manche geglaubt haben, ein Recht für sich". Die Klage, actio, ist im subj. S. als 'Klagerecht' das Recht selbst in seiner Bethätigung oder Thätigkeit sich geltend zu machen; im obj. S. als 'Klageanstellung, Klagung' ist sie das Mittel zu jenem Zweck. Das Recht (an sich, das ruhende) bewegt sich selbst zu seiner Bethätigung, indem es als actio auftritt: nascitur, nata est actio in dem Augenblicke, da das Recht selbst als ein durchzuführendes, auch mittels Staatshilfe zu realisierendes, fertig, reif ist. (3) *Ulp. L.*37.*pr.D.h.t.*(*de O.et A.*)*44*,7. „*Actio*nis verbo continetur in rem, in personam, directa, utilis, praeiudicium, .. stipulationes etiam quae praetoriae sunt, quia actionum instar obtinent [vgl. §127.*d.*] .. interdicta quoque *actio*nis verbo continentur". *Id.L.*1.*D.de except.44*,1. „*Agere* etiam is videtur qui exceptione utitur: nam reus in exceptione actor est". Auch die integri restitutio bezeichnet *Paul.*S.R.*1*,7.§1. als redintegrandae rei vel causae *actio*.

(*4*) In diesem Sinne ist das so oft temptierte sibi deberi in der Definition des *Cels.L.*51.*D.h.t.44*,7.(*pr.I.h.t.4*,6.) „Nihil aliud est *actio*, quam ius, quod sibi debeatur, iudicio persequendi" zu faßen, wie auch *Ulp.L.*178.§3.*D.de V.S.* sagt „Hoc verbum *debuit* omnem omnino actionem compraehendere intellegitur ..", d.h. es ist auf alle vermögensrechtlichen, also wesentlich juristischen Ansprüche zu beziehen: die familienrechtlichen sind in ihrem Wesen, als auf der Familien l i e b e beruhende, sittliche (s. § 42. Note *9.*); die Liebe aber ist nichts juristisches, rechtlich erzwingbares; und das in dem Verhältnisse der Familie (nicht der familia) rechtlich erzwingbare ist, auch wenn es privatrechtlich wirkt, als Leistungspflicht erscheint (z.B. Alimentations-, Dotations-, Bestattungs-Pflicht, die Interdicte der Eltern, des Ehemanns u.s.w.), nicht in seinem Grunde privat-,

§ b. lische Seite derselben[5]. Im engeren Sinne aber unterscheiden die Römer die actio einerseits als das erste gerichtliche Angriffsmittel zur Durchführung eines Privatrechts (wobei das Wort ebenfalls die materielle Bedeutung, Klagerecht[6], und die formelle, Klagehandlung[7] und forma agendi oder formula[8], hat),

---

sondern öffentlich-rechtlich, rei publicae interest liberos a parentibus ali u.s.w., die Familie ist selbst die Grundlage des Staatsganzen: dagegen können alle dinglichen Rechtsansprüche, obgleich sie an sich kein sibi *deberi* sind, doch durch Verletzung in ein solches übergehen; während die Forderungsrechte ursprünglich ein sibi deberi sind. Hieraus erklärt sich, daß die Familienrechte, oder die Rechte der Familienglieder im Verhältnisse als solcher zu einander, materiell niemals, auch nicht mit Rücksicht auf gerichtliche Durchführung, als actiones bezeichnet werden (so z.B. ali oportere, si alendis his agatur, ali se desiderare u.dgl., nicht aber actio ad alendum od.dgl.), während mit dieser Rücksicht die dinglichen Rechte als vindicationes, in rem actiones (*Gai.4*,5. und § 5.*I.h.t.* *Ulp.L.*25.*pr.D.h.t.*) vorkommen, und also z.B. gesagt wird, ich habe die vindicatio, die servitutis vindicatio gegen den Andern statt 'ich kann mein Eigenthumsrecht, meine Servitut, gegen ihn gerichtlich geltend machen' (s. § 133.), nicht aber dominii, servitutis actio, wie die civilen Forderungsrechte in dieser Weise geradezu als actiones, als obligationes et actiones, als Privatrechtsansprüche, welche, wenn sie nicht erfüllt werden, durch Klage verfolgt werden können, häufig bezeichnet werden; so nennen die Römer das Forderungsrecht auch aus einem Contracte die actio desselben, wo wir nicht 'Klage', sondern 'Recht aus dem Contracte' sagen (z.B. mandati, pro socio, empti s. venditi, locati s. conducti actio, certi oder incerti actio), und nennen nicht, wie die Neueren, auch die auf allgemeiner Rechtsvorschrift beruhenden, nicht aus obligierender Willensäußerung eines reus oder beider hervorgehenden vermögensrechtlichen Personalansprüche 'obligatio', sondern nur actio (z.B. ad exhibendum actio) oder befaßen sie höchstens mit unter den obligationes *et actiones*.

(5) z.B. *Gai.4*,11...33.82. *Pomp.L.2.*§§ 6.7.12.38.*D.de O.I.1*,2.u.o. Hiemit stehen im Zusammenhange die Redensarten, magistratus qui habet legis actionem, cui data est, apud quem est legis actio u.dgl. zur Bezeichnung der staatsrechtlichen Befugniß zur Leitung solches Verfahrens und zur Entscheidung in demselben. s. hiezu und zu den folgg. Noten *Dirksen* Man.v.Actio.

(6) s. z.B. Note 4.med. Hierauf gehen die Ausdrücke mihi competit actio, utor, experior actione u.dgl.

(7) *Paul.L.*8.§1.*D.de V.S.* „*Actio*nis verbo non continetur exceptio". vgl. actus legitimi, dies actionis, agere actione u.dgl. s. Note 2.

(8) z.B. petitoria, praeiudicialis formula; dare, denegare, accommodare actionem; per formulas litigare; proponitur formula u.s.w. vgl. *Dirksen* Man.v.Formula. *Keller* Civilpr. §§ 12.ff. | Zum Verständnisse der Eintheilungen der Klagen dient folgendes über die äußere Gestalt der formulae (in denen die Parteinamen die bloß significativen *Aulus Agerius* (Kläger, von aiere und agere) und *Numerius Negidius* (Beklagter, von numerare und negare) oder, wo jeder Partei, wie bei der adiudicatio, etwas zugesprochen werden kann, der sowol den Kläger als den Beklagten bezeichnende Name Titius sind): an der Spitze stand die Ernennung des iudex, z.B. L. OCTAVIVS IVDEX ESTO (*Cic.* in Verr.2.2,12.); dann folgten die partes formularum, welche *Gai.* 4,40...44. so beschreibt: *Demonstratio* est ea pars formulae, quae praecipue ideo inseritur, ut demonstretur res de qua agitur, velut haec pars formulae QVOD A.A.N°N°[= Aulus Agerius Numerio Negidio] HOMINEM VENDIDIT, item haec QVOD A.A. APVT Nm Nm HOMINEM DEPOSVIT. *Intentio* est ea pars formulae, qua actor desiderium suum concludit, velut haec pars formulae SI

von den ferneren auf gerichtliche Geltendmachung des Rechts abzweckenden Parteihandlungen, Einreden, *exceptiones*[9], replicationes, duplicationes[10] u.s.f.; andererseits nach der processualischen Bedeutung von dem *interdictum*[11]. Die noch engere Bedeutung § c. von actio als im ordentlichen Processe (ordinarium iudicium § 130. *b...h.*) durchzuführendes Recht oder Klage aus Obligationen, condictio im Gegensatze zu dinglichen Klagerechten, in rem actiones oder vindicationes, die auch vorzugsweise petitiones heißen, und zu den im außerordentlichen Verfahren (§ 130.*i...l.*) vor sich gehenden persecutiones[12], so wie zu den auf Anerkennung eines bestrittenen oder zweifelhaften, als Voraussetzung anderer Rechte wichtigen Zustandes oder Ereignisses, den praeiudicia, praeiudiciales actiones oder formulae[13], findet ihre Erörterung theils im

---

PARET Nm Nm Ao Ao SESTERTIVM X MILIA DARE OPORTERE, item haec QVIDQVID PARET Nm Nm Ao Ao DARE FACERE OPORTERE, item haec SI PARET HOMINEM EX IVRE QVIRITIVM Ai Ai ESSE. *Adiudicatio* est ea pars formulae, qua permittitur iudici rem alicui ex litigatoribus adiudicare, velut ... QVANTVM ADIVDICARI OPORTET, IVDEX TITIO ADIVDICATO. *Condemnatio* est ea pars formulae, qua indici condemnandi absolvendive potestas permittitur, velut haec pars formulae IVDEX Nm Nm Ao Ao HS X MILIA CONDEMNA. SI NON PARET ABSOLVE; item haec IVDEX Nm Nm Ao Ao DVMTAXAT X MILIA CONDEMNA. SI NON PARET ABSOLVITO; item haec IVDEX Nm Nm Ao Ao CONDEMNATO et reliqua... Nec tamen istae omnes partes simul inveniuntur, sed quaedam inveniuntur, quaedam non inveniuntur..“. vgl. *Keller* §§ 39.f. (*9*) *Ulp.L.2.pr.D.de exception.44*,1. „*Exceptio* ...opponi actioni cuiusque rei solet“. Rioten 7.10. vgl. *Gai.4*,116.sqq. *Inst.* De exceptionibus 4,13. *L.52.D.de A.R.D.41*,1.u.e.
(*10*) s. unten Note 104. (*11*) z.B. *pr.I.de interd.4*,15. „..dispiciamus de interdictis seu actionibus quae pro his competunt..“. *Ulp.L.39.pr.D.de procurat.3*. „Non solum autem in actionibus et interdictis et stipulationibus..., verum in interrogationibus quoque..“, ähnlich kurz vorher *Id.L.35.§ 2.eod.* „Non solum autem si actio postuletur.., sed et si praeiudicium vel interdictum, vel si stipulatione..velit caveri...“. *Ulp.L.1.§4.D.uti poss.43*,17. „..aut interdicto expeditur aut per actionem..“. vgl. *L.37.D.h.t.* in Note 3. (*12*) *Ulp.L.178.§2. D.de V.S.* „*Actio*nis verbum et generale est et speciale: nam omnis *actio* dicitur, sive in personam sive in rem sit petitio; sed plerumque ‘actiones’ personales dicere solemus; *petitio*nis autem verbo in rem actiones significari videntur; *persecutio*nis verbo extraordinarias persecutiones puto contineri..“. so z.B. *Id.L.49.eod.* „..bonis adnumerabitur.. si quid est in actionibus, petitionibus, persecutionibus..“.| *Id.L.25.pr.D.de O.et A.44*,7. „Actionum genera sunt duo, in rem, quae dicitur *vindicatio*, et in personam, quae *condictio* appellatur..“. *Id.L.28.eod.* „*Actio* in personam infertur, *petitio* in rem, *persecutio* in rem vel in personam rei persequendae gratia“. (*13*) vgl. Note 11. *Gai.4*,44. „.. intentio (s. Note 8.) aliquando sola invenitur, sic ut in praeiudicialibus formulis, qualis est qua quaeritur ‘Aliquis libertus sit’ vel ‘Quanta dos sit’ et aliae complures..“. §13.*I.de act.4*,6. „*Praeiudiciales actiones* in rem esse videntur [sie schützen ein absolutes Recht: § 98.*b.*], quales sunt per quas quaeritur ‘An aliquis liber an libertus sit’, vel De partu agnoscendo..“. Es sollte der Beklagte nicht condemniert, sondern nur die vom Kläger

vorhergehenden, theils in der folgenden Erklärung der

Eintheilungen der Klagen:

§ d. 1) Nach den verschiedenen Systemen des römischen Rechts[14], denen sie angehören, sind die actiones *civiles* oder *honorariae*, jenachdem sie sich auf civilrechtliche oder Edicts-Bestimmungen, vorzugsweise der Prätoren (praetoriae a.) und Aedilen (aedili-
§ e. ciae a.) gründen[15]. Nicht so auf das die Klage begründende Recht, wie jene Eintheilung, sondern auf die Form der Verhandlung in iure in Worten und thätlichen Förmlichkeiten, welche möglichst genau den bezüglichen leges entlehnt oder nachgebildet waren, wie denn auch die gerichtliche Entscheidung entsprechender Form erfolgte, geht das lege agere, die legis oder legitima actio[16].
§ f. Ist die Klage gerade für den fraglichen Anwendungsfall in der sie begründenden Rechtsquelle aufgestellt, so ist sie *directa* oder *vulgaris*; *utilis* (exemplo oder ad exemplum einer anderen Klage) aber, wenn sie auf ihn analog bezogen wird[17], wobei häufig eine oder die andere Voraussetzung fingiert wurde; daher auch *ficticia* actio[18].

(*L.12.D.de exception.44*,1.) verlangte Anerkennung im Urtheil ausgesprochen werden; war das anzuerkennende aber ein ius über einen freien Dritten, so folgte freilich aus dem dem Kläger günstigen Erkenntniss auch sein Recht über jenen; daher sagt *Ulp.L.1.§2.D.de R.V.6*,1. „Per hanc autem actionem [*rei vindicationem*] liberae personae quae sunt iuris nostri ... non petuntur: petuntur igitur aut praeiudiciis aut interdictis aut cognitione praetoria ..“. vgl. auch *Dirksen* Man.v.Praeiudicium §2. *Keller* §38.

(*14*) Rechte nach bloßem ius gentium sind nicht klagbare, so die bloße naturalis obligatio, welche aber doch durch exceptio geschützt sein kann. §92*.*k*. Der Peregrine kann nicht Eigenthümer nach Civilrecht sein; um sein Eigenthum klagend verfolgen zu können, muste ihm die civitas Rom. fingiert werden. *Gai.4*,37. vgl. §92*. Note 22. §118.*m*.

(*15*) §§3...12.*I.h.t.4*,6. *L.25.§2.D.de O.et A.* *L.178.§3.D.de V.S.* *Cod.* de Aediliciis actionibus 4,58. cf. *Dig.21*,1. Die civiles actiones „ipso iure competunt“ (*Gai.4*,112.) u. sie heißen auch legitimae, z.B. *L.5.§12.D.de his q.effud.9*,3. *L.32.pr.D.ad L.Falcid.35*,2. Savigny Syst. §213. *Keller* §89.I. vgl. die folg. Note.

(*16*) §130. Note 7.| Seit dem Formularprocess entsteht der von *Gai.4*,103...9. erklärte Unterschied zwischen den legitima iudicia und denen, welche imperio continentur, welcher, bezüglich auf die Voraussetzungen, die Dauer der Berechtigung des Judex und die daraus sich ergebenden Folgen (vgl. *Keller* §45.), nicht mit dem der iudicia oder actiones ex lege oder legitimae und der honorariae zu verwechseln ist. Letzterer allein bezieht sich auf die Begründung des Klage rechts in einer lex oder im Edicte.

(*17*) Daher auch *in factum* genannt, z.B. *Ner.L.53.D.ad L.Aq.9*,2. vgl. *Dirksen* Man.v.Directus §2. vv.Utilis §3., Utiliter §3. *Keller* §89.II.| *Paul.L.47.§1.D.de N.G.3*,5. „Nec refert, directa quis an utili actione agat ... utraque actio eiusdem potestatis est eundemque habet effectum“. *Pap.L.3.D.de sent.pass.48*,23. „..utiles actiones necessariae non erunt, cum et directae competunt“. *Afr.L.46.i.f.D.de her.inst.28*,5. „..sed nec filio vulgarem competituram, verum utilem..“. Daher sagt *Ulp.L.21.D.de praescr.verb.19*,5. „Quotiens deficit

2) Nach dem Inhalte des Klagerechts theilen sich die actio- § g.
nes in *in rem* (+reales) und *in personam* oder *personales* [19], je-
nachdem sie ein absolutes oder ein relatives Vermögensrecht [20]
verfolgen; und von den Theilungsklagen, als bei welchen das
Urtheil neben Aufhebung der Gemeinschaftlichkeit auch eine Par-
tei der anderen zu einer Leistung schuldig erkennen kann, gleich
als bestünde ein Schuldverhältniss zwischen ihnen, heißt es nur
wegen dieses Erfolgs, nicht in Beziehung auf ihren Inhalt, 'mix-
tam causam optinere videntur, tam in rem quam in personam' [21].
Die Klagen, welche die Berechtigung an einem Rechtsbegriffe, ei- § h.
ner s.g. universitas iuris [22], zum Inhalte haben, *de universitate
propositae* sunt [23], nennen Neuere universales, im Gegensatze ei-
nerseits der *speciales* oder +singulares (wozu die specialis in rem
actio [24], d.h. die auf einzelne Eigenthumsgegenstände oder auch
s.g. universitates facti ([22]) gerichtete Vindication und die Klagen
zum Schutze dinglicher Rechte an fremden Sachen, so wie auch
die Personalklagen zur Geltendmachung einzelner Forderungsrechte
gezählt werden), andererseits der +generales, der Personalklagen,
welche einen Inbegriff von Leistungen verfolgen [25]. Alle vermö- § i.

---

actio vel exceptio, utilis actio vel exceptio est"; aber *Id.L.64.§9.D.sol. matr.24*,3. „in quibus casibus lex deficit [die lex *nicht* analog anwendbar ist], non erit nec utilis actio danda". Die utiles actiones werden nicht selten durch quasi mit darauf folgendem Namen der directa actio bezeichnet, z.B. quasi Calvisiana actio u.dgl.
(18) *Gai.4*,34...38. *Ulp.28*,12. s.unten §*v*. vgl.§118.*m*. *Keller* §31.
(19) Noten 3.12. §*9.I.h.t.* „Omnium .. actionum...summa divisio in duo genera deducitur, aut enim in rem sunt aut in personam..". *Gai.4*,2.3. „In personam actio est quotiens cum aliquo agimus qui nobis .. obligatus est, i.e. cum intendimus *Dare facere praestare oportere*". [vgl.§83.] „In rem actio est cum aut *corporalem rem* intendimus *nostram esse*, aut *ius aliquod nobis competere..*". Ulpians Definition der in rem actio in *L.*25. *pr.D.de O.et A.* befaßt die Klagen zum Schutz dinglicher Rechte an fremder Sache nicht. vgl. Savigny Syst.§§206...9. Puchta Inst.§165. *Keller* §87.
(*20*) Von den Präjudicialklagen heißt es nur 'in rem esse videntur': Note 13. vgl. Note 4.
(*21*) §20.*I.h.t.* Die Theilungsklagen sind in personam, wie *L.1.D.fin.reg.10*,1. von der einen, Justinian, *L.1.§1.C.de ann.except.7*,40., von allen dreien ausdrücklich sagt: die dem Kläger mit einem oder mehreren bestimmten Anderen gemeinsame Sache soll dadurch getheilt, nur das besondere Rechtsverhältniss zwischen mehreren bestimmten Personen dadurch auseinandergesetzt werden. Irrig ist es daher, die Bezeichnung der Theilungsklagen als mixtae actiones, welche *Ulp.L.37.§1.D.de O.et A.* in Beziehung auf die Parteirollen gebraucht (s.unten §*o*.), von dem Inhalte jener Klagen zu verstehen. s. Noten 34.ff.
(22) §67.*h*. u.vgl.unten Note 77.*α*,*β*'.
(23) so bezeichnet *Ulp.L.1.pr.D.de R.V.6*,1. die im vorhergehenden Buche der Digesten abgehandelten hereditatis petitiones. vgl. *L.54.pr.D.de H.P.5*,3.
(24) cit. *L.1.§§1.3. L.27.§3.D.eod.6*,1. *L.40.pr.D.de H.P.5*,3.
(25) Veranlaßung

gensrechtlichen actiones sind ferner *rei persequendae causa comparatae* (+rei persecutoriae) oder *poenales*, quibus poenam persequimur, oder tam poenae quam rei persequendae causa com-
§k. paratae, *mixtae* in diesem Sinne[26]. Zu den Strafklagen gehören auch die nur den Beklagten ärmer, nicht aber den Kläger reicher machenden[27], und zu den mixtae auch die, auf welche der arglistig den Klaggrund oder die Schuld Läugnende dem beweisenden Kläger in das doppelte verurtheilt wird (infitiando oder infitiatione lis crescit in duplum, infit. causa crescit, duplatur, actio per infitiationem in lite crescit)[28]; die meisten Privatstrafklagen waren auf eine Verdoppelung bis Vervierfachung des Werthes des durch die Widerrechtlichkeit verletzten Rechts gerichtet[29].
§l. Dagegen konnte sich aber auch auf eine reipersecutorische Klage die Condemnation oder Execution auf weniger, als der Kläger zu
§m. fordern hatte, erstrecken[30]. Von den eigentlich vermögensrechtli-

zu dieser Eintheilung der actiones ist die gleichnamige der b.f. iudicia bei *Paul. L.38.pr.D.pro soc.17*,2. „..sive generalia sunt, veluti pro socio, negotiorum gestorum, tutelae; sive specialia, veluti mandati, commodati, depositi". Von einzelnen Klagen sagen wol die Römer, dieselben seien generales oder speciales, jenachdem ihre Anwendbarkeit sich auf ganze Classen von Fällen oder nur auf einzelne bestimmte Fälle bezieht, z.B. *Gai.4*,13. *Ulp.L.*1.§17.*D.de aq. et aq.39*,3.,

(26) *Gai.4*,6...8. §§16...19.*I.h.t.* | §§17.18.*I.citt.* „Rei persequendae causa comparatae sunt omnes in rem actiones. earum vero actionum quae in personam sunt, eae quidem quae ex contractu nascuntur, fere omnes [denn s. Note 28.] rei persequendae causa comparatae videntur.... Ex maleficiis vero proditae actiones aliae tam poenae quam rei persequendae, et ob id mixtae sunt: poenam tantum persequitur quis actione furti..: nam ipsam rem propria actione persequitur.... Vi autem bonorum raptorum actio mixta est, quia in quadruplo rei persecutio continetur, poena autem tripli est..". *Keller* §91.

(27) Diese nennt Savigny Syst.V, S.41. 'einseitige Strafklagen'; die zugleich den Kläger bereichernden 'zweiseitige'. Eine solche einseitige bezeichnet *Ulp.L.*1.§3.*D.si mulier* 25,6. *L.*1.§8.*D.ne vis fiat ei 43*,4. als poenalis, und in demselben Werke (*L.*4.§6.*D.de alien.iud.mut. c.4*,7.) als non poenalis, sed rei persecutionem arbitrio iudicis continet, und wieder (*LL.*9.i.f.11.*D.de reb.auct.iud.poss.42*,5.) als eine die 'ex delicto oritur poenaeque nomine concipitur.. et rei continet persecutionem', wie auch *Gai.L.*7.*D.de alien.iud.mut.c.* von derselben doli actio sagt 'pertinet quidem ad rei persecutionem, videtur autem ex delicto dari': sie kann den Beklagten ärmer machen, soll aber dem Kläger nur vollen Schadensersatz gewähren.

(28) *Gai.4*,9. „Rem vero et poenam persequimur velut ex his causis, ex quibus adversus infitiantem in duplum agimus...". *ibid.4*,171. §§17.i.f.19. i.f. 26.*I.h.t.* Rudorff üb. die Litiscrescenz in Ztsch.f.g.R.W.XIV.no.IX. *Keller* §58. no.1.

(29) §§21.23.sqq.*I.eod.* „Omnes autem actiones vel in simplum conceptae sunt, vel in duplum vel in triplum, vel in quadruplum; ulterius autem nulla actio extenditur...".

(30) §§36.sqq.*I.eod.* „Sunt praeterea quaedam actiones quibus non solidum quod nobis debetur persequimur, sed modo solidum consequimur, modo minus, ut..si in peculium

chen actiones einerseits und andererseits den pönalen unterscheiden sich die welche an sich nur eine Genugthuung des Klägers bezwecken, ad ultionem pertinent, vindictam continent (actiones vindictam spirantes), aber diesen Zweck durch eine vermögensrechtliche Condemnation des für seinen Unfug büßenden Beklagten erreichen, indem sie auf Seiten des letztren wie pönale, auf Seiten des Klägers aber nicht wie rein vermögensrechtliche Klagen behandelt werden, magis vindictae quam pecuniae habent persecutionem[30*]. Viele, aber nicht alle diese Klagen haben mit manchen Pönal- und den Klagen aus denjenigen Contracten, welche vorzugsweise bona fides erheischen, die Wirkung, daß der in eigenem Namen condemnierte oder die Condemnation durch Pactum abwendende Delinquent die Infamie erleidet[30=]. Die Bezeichnung §n. *certi* und *incerti* (mitunter identisch certa und incerta) actio bezieht sich auf den Inhalt der Klage (§ 89.*h.*ff.), *certa*, *incerta* actio dagegen auf die Form (§ *v.*).

3) Nach den Subjecten heißen die actiones, welche jeder un- §o. bescholtene Mann aus dem Volke, und im Falle des Zusammentreffens mehrerer der zumeist betheiligte, zum Schutze öffentlicher, wenngleich auf Veranlaßung von privaten Interessen anstellen kann, *publicae*, regelmäßiger *populares* actiones[31]; alle übrigen Kla- §p.

---

filii servive agamus ... item si de dote iudicio mulier agat ... sed et si quis cum parente suo patronove agat, item si socius cum socio iudicio societatis agit, non plus actor consequitur, quam adversarius eius facere potest; idem est si quis ex donatione sua conveniatur". cf. *Keller* S. 216. f.

(*30**) s. Note 39. Savigny Syst. § 73. *Keller* § 91. a. E. Hierher gehören außer der eigentlichen Injurienklage eine Anzahl von Rechtsmitteln auf Buße wegen sonstiger, mittelbarer Kränkungen, z. B. sepulcri violati, wegen rechtswidrig verhinderter Beerdigung, de calumnia, die Klage wegen Tödtung eines Freien durch effusum aut deiectum oder durch ein schlechtgehütetes reißendes Thier, die revocatorischen Rechtsmittel wegen Undanks, die vorjustinianischen wegen Eheverletzungen, die wegen unbefugter in ius vocatio und die Inofficiositätsquerelen.

(*30=*) s. § 60. Note 9. n°. 5. 6. *Gai.* 4, 182. § 2. *I. de poena tem. litig.* 4, 16. „Ex quibusdam iudiciis damnati ignominiosi fiunt, veluti furti, vi bonorum raptorum, iniuriarum, de dolo; item tutelae, mandati, depositi directis, non contrariis actionibus [*sed cf. L.* 6. § 5. *D. de his q. not. inf.* 3, 2.]; item pro socio....sed furti quidem, aut vi bonorum raptorum, aut iniuriarum, aut de dolo non solum damnati notantur ignominia, sed etiam pacti; et recte; plurimum enim interest, utrum ex delicto aliquis, an ex contractu debitor sit". s. Savigny Syst. § 77. n°. II. III. *Keller* § 58. n°. 4.

(*31*) *L.* 30. § 3. *D. de iureiur.* 12, 2. *Dig.* de Popularibus actionibus *47*, 23. *Paul. L.* 1. *D. h. t.* „Eam *popularem* actionem dicimus quae suum ius populi tuetur". *Id. L.* 43. § 2. *D. de procur.* 3, 3. „In popularibus actionibus, ubi quis quasi unus ex populo agit...". *Keller* § 92.

gen kommen den Privaten als solchen zu, und zwar so, daß einer als Kläger, ein anderer als Beklagter im Processe erscheint[32], *iudicium simplex*[33]; wogegen bei den drei Theilungsklagen[34] und einigen Interdicten[35], obgleich der eine nominell Kläger, der andere Beklagter ist[36], doch jeder beider die Rechte und Pflichten eines Klägers und Beklagten zugleich in sich vereinigt und in der Sache selbst verurtheilt werden kann, weshalb diese iudicia als
§ q. *duplicia*[37], als *mixtae actiones**) bezeichnet werden. Diejenigen Klagerechte und Verpflichtungen als Beklagter, welche einen Bestandtheil (Berechtigung oder Last) des Vermögens des berechtigten oder verpflichteten Subjects ausmachen[38], gehen mit diesem Ver-
§ r. mögen also auch auf oder gegen die Erben über[39]. *In rem scri-*

---

(32) Das Verhältniss mehrerer aus demselben eigenen Rechte zugleich klagender oder beklagter Subjecte, Streitgenoßen, litis consortes, und bei obligatorischen Processen das der correi credendi oder stipulandi, und debendi oder promittendi, gehört, so wie das der Widerklage, +reconventio, wenn in demselben Verfahren ein Anspruch auch des Beklagten gegen den Kläger geltend gemacht wird, so daß der Kläger Widerbeklagter, der Beklagte Widerkläger ist, nicht hierher; noch auch, daß in jedem Processe auch der Kläger in die Kosten condemniert werden kann. (33) Zwar zufällig nicht '*iudicia*' simplicia wol aber duplicia iudicia, und simplicia interdicta kommt in unseren Quellen vor. s. unten Note 85. (34) *Iul. L.* 10. *D. fin. reg. 10*, 1. „Iudicium communi dividundo, familiae erciscundae, finium regundorum, tale est, ut in eo singulae personae duplex ius habeant, agentis et eius quocum agitur". *Ulp. L.* 2. § 3. *D. famil. erc. 10, 2.* „.. unus quisque .. et rei et actoris partes sustinet". *Paul. L.* 44. § 4. *eod.* „.. et actores sunt et rei". *Gai. L.* 2. § 1. *D. comm. div. 10*, 3. „In tribus duplicibus iudiciis .. par omnium causa videtur. sed magis placuit eum videri actorem qui ad iudicium provocasset". u. folg. Note.
(35) *Ulp. L.* 37. § 1. *D. de O. et A.* „Mixtae sunt actiones, in quibus uterque actor est, ut puta finium regundorum, familiae erciscundae, communi dividundo, interdictum Uti possidetis, Utrubi". s. unten Note 85. (36) s. § 128. Noten 29. *i.* u. 32. *b.* und vorstehende Note 34. a. E. (37) *Gai. L.* 2. § 1. *D. cit.*
(*) Von *Ulp. L.* 37. § 1. *D. de O. et A.* s. Note 21. a. E. (38) *Ulp. L.* 28. *D. de iniur. 47*, 10. „Iniuriarum actio in bonis nostris non computatur ..".
(39) *Gai. 4*, 112. 113. § 1. *I. de ... actionibus quae ad heredes vel in heredes transeunt 4*, 12. „Non .. omnes actiones ... et in heredem aeque competunt aut dari solent. est enim certissima iuris regula *Ex maleficiis poenales actiones in heredem non competere* ... sed heredibus huius modi actiones competunt nec denegantur, excepta iniuriarum actione et si qua alia similis inveniatur [s. Note 30*.]. aliquando tamen etiam ex contractu actio contra heredem non competit .... poenales autem actiones si ab ipsis principalibus personis fuerint contestatae, et heredibus dantur et contra heredes transeunt". Wir nennen die Vererblichkeit des Rechtsmittels 'activ', wenn es auch von dem Erben des ursprünglich Berechtigten, 'passiv', wenn es auch gegen den Erben des ursprünglich ihm ausgesetzt gewesenen Subjects angewandt werden kann. In der Regel gehen die reipersecutorischen Klagen auf und gegen die Erben (ad et in heredes transeunt, sind activ und passiv vererblich), die (also activ, nicht passiv vererblichen) pönalen auf, nicht aber gegen, die +vindictam spirantes (§ m.), auch nicht auf die Erben über; doch giebt es davon manche Ausnahmen.

pta ist eine an sich auf das Rechtsverhältniss zu einer bestimmten Person gerichtete Rechtsbehauptung, in personam actio, exceptio, Stipulation u.dgl., wenn sie gegen jeden Inhaber einer Sache gerichtet werden kann, welcher durch den bloßen Umstand, daß er in deren Besitz gekommen ist, Debitor wird, und es zu sein aufhört, sobald er, ohne eine ihm zur Last fallende Schuld, die Sache nicht mehr hat[40]. Auch folgende Eintheilungen beziehen sich aus- § s. schließlich auf die persönlichen Klagen: *directae* und *contrariae* actiones, jenachdem sie gegen den nach dem Wesen eines Schuldverhältnisses zu dessen Realisierung einseitig Verpflichteten, oder seitens des letztren gegen den in der Obligatio selbst ausschließlich Berechtigten auf Schadloshaltung gegen Vermögensnachtheile gerichtet werden, welche ohne Schuld jenes Verpflichteten ihm sonst aus der fraglichen Obligatio verbleiben würden[41]; daher heißt § t. die directa actio in diesem Sinne auch wol *principalis*[42], wodurch

(*40*) In unseren Quellen wird nur die quod metus causa actio als in rem scripta bezeichnet, *Ulp.L.9.*§8.*D.eo tit.4*,2. „Cum.. haec actio in rem sit scripta, nec personam vim facientis coerceat, sed adversus omnes restitui velit quod metus causa factum est...“. *Id.L.*14.§3.*eod.* §27.*I.de act.4*,6. Die Neueren zählen noch viele andere Klagen zu den in rem scriptis. *Keller* §87.

(*41*) So entstehen aus dem Mandat, Commodat, Depositum, Pignus, der negotiorum gestio und Vormundschaft, *nothwendiger Weise nur* Verpflichtungen des Mandatars, Commodatars, Depositars, Pfandgläubigers, negotiorum gestoris und Vormunds, auf deren Erfüllung die dem Mandanten u.s.w. zustehende *directa* mandati u.s.w., pigneraticia, negotiorum gestorum, tutelae, negotiorum curationis causa gestorum actio geht, dessen Contractsrecht auch selbst als mandati u.s.w. actio bezeichnet wird (s.oben Note 4.a.E.); aber der Mandatar u.s.w. fordert im contrarium iudicium, mit der *contraria* mandati u.s.w. gegen den Mandanten u.s.w. seine Verwendungen und Ersatz ihm durch das Geschäft unverschuldet erwachsener Nachtheile, soweit sie nicht etwa im rectum oder directum iudicium, d.h. dem auf die directa actio eingeleiteten, schon ausgeglichen worden sind. (*L.*18.§4. *L.*17.§1.*D.commod.13*,6.) Hierauf gehen die Rubriken der Quellen ‘commodati vel contra, depositi vel contra, mandati vel contra’, u.s.w., d.i. ‘de directa vel contraria mandati actione’ u.s.w. In den gegenseitigen Contracts-Obligationes, die sich auch schon durch Doppelnamen kenntlich machen, wie emptio (et) venditio, locatio conductio, ist jeder Contrahent Debitor und Creditor zugleich, aber jeder auf eine andere Leistung, und kann daher Kläger oder Beklagter wegen des wesentlichen Contractsinhalts sein; der Käufer z.B. kann empti klagen, venditi verklagt werden; die ex empto actio ist so gut directa, wie die ex vendito, aber jene immer nur gegen den Verkäufer, diese gegen den Käufer. Nur bei der societas sind die Ansprüche der Contrahenten zwar auch gegenseitig, aber wegen gleicher Verpflichtung begründet, der socius *A* ist dem *B* qualitativ stäts wie dieser jenem obligiert; daher hat jeder socius gegen den andern dieselbe Klage, die pro socio actio ist utrimque oder ab utraque parte *directa*. §2.*I.de poena temere litig.4*,16.

(42) *Paul.L.*17.§1.*D.commod.13*,6. „Contraria commodati actio etiam sine principali moveri potest, sicut et ceterae quae dicuntur contrariae“.

also nicht etwa der Gegensatz zu der *subsidiaria* actio, d.h. der gegen einen bloß subsidiarisch Verpflichteten[43] oder der nur aus- Su. hilflich zuläßigen[43*]), bezeichnet wird. Mit dem Kunstausdruck +adiecticiae qualitatis wollen die Neueren persönliche Klagen bezeichnen, welche wegen eines besonderen (durch Hinzufügung zum Namen der Klage anzudeutenden) Rechtsverhältnisses zwischen einer anderen Person und der das Schuldverhältniß begründenden gegen jene gerichtet werden[44].

Sv. 4) Auf die Form, auf welche auch die bisher angeführten Eintheilungen der Klagen von Einfluß sind, wie sich in der Bezeichnung der directae actiones als *vulgares* ([17]) ausspricht, daß in der demonstratio der gewöhnliche Name des Rechtsverhältnisses, aus welchem geklagt wurde[45], der utiles als *ficticiae*, daß die fingierte Voraussetzung in der Formel ausgedrückt war[46] u.s.w., beziehen sich die Ausdrücke '*certa*, *incerta* actio oder formula', jenachdem in der intentio, dem Theil der Klageformel, durch welchen des Klägers Anspruch bezeichnet wurde[47], dieser ganz bestimmt Sw. oder als ein erst zu bestimmender ausgedrückt war[48]; und die *in factum* actiones, dergleichen, den vulgares gegenüber, theils civilrechtliche[49], theils prätorische[50] *praescriptis verbis* actiones

(43) §2.*I.de satis d.tutor.1*,24. *L.1.pr.D.de mag.conv.27*,8. (43*) s.oben §128.Note 26*. (44) Wird z.B. der Vater oder Herr aus dem auf seinen Befehl vom Hauskinde oder Sclaven abgeschloßenen Kauf oder Verkauf verklagt, so heißt die venditi oder empti 'quod iussu' (nämlich patris dominive filiusfam. servusve emit vendiditve). Ebenso die Klagen wegen Schuldverhältnissen eines Peculieninhabers, wegen Verwendung in unser Vermögen, gegen einen Handelsherrn wegen Contracten seines Factors, gegen einen Schiffsbefrachter wegen Contracten des Schiffsführers: de peculio, de in rem verso, institoria, exercitoria actiones. (vgl. *Keller* §32.u.S.226.296.) Von der letzteren sagt *Paul.L.* 5.§1.i.f.*D.de exerc.a.14*,1. „..edicto non transfertur actio, sed adicitur", d.h. der Gläubiger muß nicht gegen den Geschäftsherrn klagen, so daß das Edict von den eigentlichen Contrahenten auf jenen die Klage übertrüge; es fügt vielmehr electiv das Klagerecht gegen jenen hinzu; Paulus trägt also keine Schuld an der Erfindung des auf seine Aeußerung gegründeten neuen Kunstausdrucks.
(45) so das vendidit, deposuit bei *Gai.4*,40. (46) so die condicionellen Sätze 'si...heres esset', 'si anno possedisset', 'si civis Rom. esset' u.dgl. bei *Gai.4*,34.sqq. s.oben §118.Note 23. *Keller* §31. (47) *Gai.4*,41. in ob.Note 8. (48) z.B. 'Si paret', *rem* A¹A¹ *esse*, NmNm *centum dare oportere, fundum ... vendidisse*' und dagegen '*Quidquid dare facere oportet*' u.dgl. s.*Gai.4*,53.sqq. Dabei konnte die condemnatio, der Theil der Formel, worin der iudex zum Verurtheilen oder Freisprechen angewiesen wurde (*Gai.* 4,43.), certa oder incerta sein. *Gai.*48...52. *Keller* §88. (49) Solche civiles praescriptis in factum (incerti oder incertae) actiones entsprangen aus civilen, nicht durch eigene technische Benennungen charakterisierten Contracten. *Dig.* de Praescriptis verbis et in factum actionibus *19*,5. cf. *Cod.* de ...

vorkommen, so benannt, weil das die Klage begründende Factum ausführlich voraus angegeben oder die Formel überhaupt für den einzelnen Anwendungsfall verfaßt war [51]. Verwandt ist § x.
die Unterscheidung der *in ius* von den *in factum conceptae* formulae, jenachdem die intentio einen civilrechtlichen Grund des Anspruchs ausdrückte oder ohne voraufgehende demonstratio die Thatsache angab, worauf der Anspruch sich gründete [52]. Die Ein- § y.
theilung der Klagen in *arbitrariae* (arbitria), wozu alle in rem und alle honorariae gehören, und der in personam actiones (iudicia) in *bonae fidei* und *stricti iuris*, welche letzteren, sofern sie aus Geschäftsobligationen herrühren, *condictiones* heißen, bezog sich auf die Art, wie der Iuder zu verfahren durch die Formel ('nisi arbitrio oder arbitratu tuo' [iudicis] A° A°, dem Kläger, satis fiat u.dgl.) angewiesen war, ob er nur erst dann eigentlich condemnieren sollte, wenn der Beklagte die nach Ermeßen des Iuder dem Kläger zu machende Leistung verweigern würde (arbitraria a.), oder ob er sofort, falls der Beklagte unterliege, condemnieren sollte (eigentliche iudicia), was dann entweder unter Berücksichtigung der beiderseitigen Billigkeitsansprüche*) geschah, wie dazu die Formel durch ihr 'ex fide bona' anwies, oder schlechthin so wie der Klageanspruch lautete, nach strictum ius [53].

5) Die Dauer der Klagen war nach altem Civilrecht in der § z.
Regel unbeschränkt, sie waren *perpetuae* actiones, giengen dem Berechtigten durch Nichtgebrauch nicht verloren: die *honorariae* actiones aber waren auf eine bestimmte Zeit beschränkt, *temporales*

Praescriptis verbis 4,64. *Keller* § 33 u. § 42. S 181. (50) z.B. *L.7.§2. D.de pact* 2,14. § 11.*I.de act.*4,6. *L.*11.§1.*D.de iure iur.*12,2. (51) vgl. *Gai.*4,132. *Alex.L.6.C.de transact.*2,4. „.. si omissa verborum obligatio est, utilis actio quae praescriptis verbis rem gestam demonstrat, danda est".
(52) *Gai.*4,45 .. 47. Savigny Syst. §§ 216.f. *Keller* S.1 ‌37. (*) § 96. Note 1.
(53) Die Hauptstellen über diese noch mehrfach bestrittene Eintheilung sind §§ 28...31.*I de act.*4,6. *Gai.*4,61 sqq. *Cic* pro Rosc.Com 4 5. Top 6.17. de Off. 3,15...17. *Senec.* de Benef.3,7. de Clem 2,7. Nach Savigny Syst. V. S.121. „hat der Begriff der arbitrariae actiones mit dem Gegensatz der str. iur. und b.f. actiones gar nichts zu schaffen", wie nach ihm auch „mehrere b.f. actiones zugleich arbitrariae waren, so daß beide Begriffe nicht in einem ausschließenden Verhältnisse zu einander stehen können". Die Mehrdeutigkeit des Worts arbitrium erkennt ders. S.120. ausdrücklich an, unser Text nimmt eine solche auch für die Bezeichnung arbitraria actio an. vgl. jetzt *Keller* § 88. cf. §§ 28.67., welcher die allmählichen Modificationen der ursprünglichen Gegensätze Iudicium, actio certa, stricti iuris, condictio und Arbitrium, actio incerta, bonae fidei, und die Verbindung von iudicium und arbitrium in einer formula als arbitraria actio nachweist.

oder temporariae, meist annuae oder annales. Seit aber in der Kaiserzeit das Institut der Klagenverjährung im Civilrechte aufgenommen und ausgebildet worden ist, heißen die in frühestens 30 Jahren verjährenden Klagen perpetuae, die in kürzeren Fristen verjährenden temporales actiones[54].

§*α*. Die **Beendigungs-Gründe** der Klagen ergeben sich im allgemeinen aus dem bisherigen von selbst: Aufhören des Rechtes, zu dessen Verwirklichung die Klage dient[55], Consumption der Klage durch Litiscontestation und Urtheil[56], Untergang durch Tod einer Partei[57], durch Klagenverjährung[58] oder Unvereinbarkeit mit einer geltend gemachten anderen Klage[59].

II. Interdicta.

Gai.4,138...70. *Ulp.*Inst.§§5...8. *Paul.*S.R.5,6. *Dig.43*,1.(...33). *Th.Cod.4*,21...23. *Iust.Cod.8*,1(...9).

§*β*. Die *Interdicta*[60], ursprünglich schon neben das Legisactionensystem unter den Begriff der extraordinariae cognitiones (§ 130.*i*.) fallend, gehören nach entwickelterem Procesrecht zu den actiones oder formulae[61] im weiteren Sinn, und zwar zu den in factum honorariae[62]: der Magistratus verheißt im Edicte, unter Umständen, namentlich zur Abwendung von Unförmlichkeiten, besonders gegen Aufhebung oder Störung des friedlichen Fortbestandes factischer Zustände (Besitz) oder gegen öffentliche uud religiöse,

---

(54) *Gai.4*,110.sq. *Pr.I.de perpetuis et temporalib.actionib.4*,12. *Theod.L.un.Th.C.de actionibus certo tempore finiendis 4*,14. v.J.424. *Nov.Valent.8.12.* §13. *Dig.*De diversis temporalibus praescriptionibus *44*,3. *Cod.*De praescriptione XXX vel XXXX annorum *7*,39. De annali except.*et c.7*,40. *Keller* §93.

(55) vgl.§*a*. mit §101.

(56) s.§130.Note 13.

(57) vgl.Note 39.

(58) s.vorstehenden §z.

(59) vgl.§128. Collision oder Conflict von Klagen findet nicht statt bei bloßer Concurrenz mehrerer auf dieselbe Thatsache sich gründender, aber verschiedene Rechtsansprüche verfolgender (z.B. der pönalen actio und der reipersecutorischen condictio aus dem furtum), oder mehrerer gleichartiger oder gleichnamiger Klagen aus demselben Grunde gegen verschiedene Personen (z.B. der furti actio gegen den Dieb oder gegen jeden Mitdieb und der gegen den Hehler), oder gegen dieselbe Person (z.B. der Injurienklage des Vaters, Ehemannes oder Bräutigams und des Frauenzimmers selbst wegen diesem zugefügter Injurie). Die Collision mehrerer Rechtsmittel erfordert Identität des juristischen Zweckes oder Inhaltes derselben. Savigny Syst. §§231...36. (wo jedoch oft 'Concurrenz' statt 'Collision' oder 'Conflict' gesetzt ist.)

(60) Hollweg a.a.O.§37. Puchta Inst.§169. *Keller* §§22.74...76. K.A.Schmidt Das Interdiktenverfahren der Römer. Lpz.1853.8°.

(61) *L.37.pr.D.de O.et A.* oben Note 3.u.die folg.

(62) *Gai.4*,139.141. *Lachmann* Röm. Feldmess.p.80. „interdicti formula litigatur". *Rudorff* ibid.II.p.448.ff.

auch gegen Vermögens-Interessen gerichtete[63], in Gegenwart der Parteien[64], gemäß dem Antrage und der Behauptung des Klägers, Impetranten, daß gegen das Edict gehandelt worden sei, geradezu ein Verbot, interdictum, oder auf Restitution oder Exhibition gerichtetes Gebot, decretum, („sed tamen optinuit omnia *interdicta* appellari“ [65]) ergehen zu laßen, und weist dann, wenn sich der Beklagte nicht fügt, durch eine Formula die Parteien an einen Judex oder Recuperatores zur Entscheidung, ob dem Verbot oder Befehl des Edicts wirklich zuwider gehandelt worden sei[66]. Bei den eigentlichen, den prohibitorischen Interdicten wurde §γ'. per sponsionem verfahren, die Parteien schloßen gerichtlich den Verbalcontract über die vom Unterliegenden dem Obsiegenden zu leistende Summe; bei den Decreten, d.i. den restitutorischen und erhibitorischen Interdicten, bald ebenso, bald erbat sich der Beklagte sofort nach Erlaßung des Interdicts, zur Vermeidung der Restipulationsgefahr, eine arbitraria formula, die den Judex anwies, den gegen das Decret nicht erhibierenden oder nichtrestituierenden Beklagten auf das Interesse des Klägers zu verurtheilen, welches dieser dann selbst eidlich würdern durfte[67]. Weigert §δ'.

---

(63) *L.1.pr.D.h.t.43*,1. Danach unterscheidet *Paul.L.2.§2.eod.* interdicta quae proprietatis, veluti proprietatis und quae possessionis causam habent. s.unten §ϑ'. Die Verurtheilung durch den Judex aus einer actio konnte den Beklagten nicht, wie der Befehl des Magistrats, zur Erhaltung oder Förderung eines dauernden Zustandes verbinden: prohibere und auch exhibere oder restituere *iubere* kann nur der magistratus. (64) §5.*I.h.t.4*,15. „inter duos redditur“. cf.*L.1.§29.D.de aq.coll.43*,20. (65) cit.§1.*I.* Diese decreta sind von denen des Magistrats in den e.o. cognitiones (§130.) zu unterscheiden. vgl.*Keller* §74. (66) *Gai.*citt.§§139.sqq. „Certis igitur ex causis praetor aut proconsul principaliter [=*in principio controversiae*] auctoritatem suam finiendis controversiis interponit ... et in summa aut iubet aliquid fieri aut fieri prohibet. formulae autem verborum et conceptiones quibus in ea re utitur, *interdicta decreta*ve vocantur“. Vocantur autem *decreta*, cum fieri aliquid iubet, velut cum praecipit ut aliquid exhibeatur aut restituatur, *interdicta* vero cum prohibet fieri .. unde omnia interdicta aut *restitutoria* aut *exhibitoria* aut *prohibitoria* vocantur. (Dem 'unde' dürfte wol der Satz der justinian.Inst. „sed...appellari“ vorangegangen sein.) „Nec tamen cum quid iusserit fieri aut fieri prohibuerit, statim peractum est negotium, sed ad iudicem recuperatoresve itur et ibi editis formulis quaeritur An aliquid adversus praetoris edictum factum sit vel an factum non sit quod is fieri iusserit..“. (67) *Gai.4*,141.162...65.sqq. u.*Ulp.Inst.* §§7.8. ibiq.citt.ll. u.*Quintilian*.Inst.or.*7*,5,3. „..sponsionibus quae ex interdictis fiunt..“. vgl.oben §102.*n.* Besonders groß konnte der Nachtheil des im Besitz-Interdictsproceß Unterliegenden werden durch die von *Gai.4*,166...70. näher angegebene Art, wie, neben den gewöhnlichen Sponsionen, das Recht

der Beklagte sich auf das Judicium einzulaßen, so findet gegen ihn das Contumacialverfahren statt (67). Das Interdictsverfahren, im classischen Rechte wesentlich ganz nach dem ordo iudiciorum privatorum eingerichtet[68], wenngleich durch eine besondere Art von actio und formula eingeleitet, konnte also und sollte sehr kurz ausfallen, indem sich der Beklagte dem Magistratsbefehl fügte[69]; konnte aber auch leicht weitläufiger und verwickelter werden, als das gewöhnliche Actionenverfahren, wenn es zum Judicium und insbesondere den verschiedenen Sponsionen kam[70]; ebenso konnten die Interdicte nach Verschiedenheit des durch sie zu verwirklichenden Anspruchs, jenachdem dieser selbst nur possessorischer oder aber petitorischer Natur war, bald nur vorbereitend sein, bald definitive Entscheidung über ein Rechtsverhältniss der Parteien herbeiführen[71]. Mit dem untergehenden ordo iudiciorum privatorum verschwanden die Eigenthümlichkeiten des Verfahrens auf erwirkte Interdicte, dessen Beschleunigung man nun auch mehr ins Auge faßte und durch Beseitigung der litis denuntiatio und der mehrmonatlichen Fristen vor Eröffnung des Processes[72], bei einigen auch durch Ausschließung der Appellation, bewirkte[73]. Nur das ist im justinianischen Rechte übrig geblieben, daß der obrigkeitliche Befehl als Ausgangsmoment des Verfahrens betrachtet wurde[74].

---

auf den Besitz bis zu entschiedener Sache unter den Parteien selbst versteigert wurde (fructus licitatio), indem nun der Unterliegende das höchste Gebot entweder in Folge der deshalb geschloßenen Stipulation, fructuaria stipulatio, oder im Falle diese unterlaßen worden, durch ein eigenes iudicium (fructuarium), außer den mittlerweile von der Sache gezogenen Früchten und dieser selbst, worauf das Cascellianum iudicium gieng, zu erstatten gezwungen wurde. Sowol jenes fructuarium, als dieses Cascellianum iudicium führte nach Gaius den Namen seculorium. (vgl. Schmidt Interdiktenverf. S. 288. ff.)

(68) *Gai.* 4,161. (§ 8. *I. h. t.*) spricht von dem *ordo* interdictorum, vgl. cit. § 141., *Ulp.* setzt *L.* 1. § 1. *D. de insp. ventre* 25,4. deutlich das Interdicts- dem Verfahren extra ordinem entgegen, in *L.* 1. § 2. *D. si ventr. nom.* 25,5. sagt er, der Prätor civilius faciet si eum per interdictum *ad ius ordinarium* remiserit" u. s. w.

(69) *L.* 22. *Th. C. quor. app.* 11,36. v. J. 374. sagt von dem Interdictum *Quorum bonorum*, es sei beneficio celeritatis inventum, welche Worte nebst anderen, noch weniger beweisenden oft als Beweis gelten müßen, daß der Interdictsprocess ein summarischer gewesen sei.

(70) vgl. Note 67. Daher nennt *Frontin.* (*Lachm.* Röm. Feldmess. p. 44.) die interdicti executio *perplexissima.*

(71) z. B. *Ulp. L.* 1. i. f. *D. de aqua cott.* 43,20.

(72) *LL.* 5. 6. *Th. C. de denuntiat.* 2,4. *L. un.* § 2. *Th. C. quor. bon.* 4,21. *L. un. Th. C. utrubi* 4,23. *L.* 4. *C. h. t.* 8,1. *L.* 8. *C. unde vi* 8,4.

(73) *L.* 22. *Th. C.* in Note 69. vgl. Hollweg a. a. O. S. 395. ff.

(74) 'principaliter' in Note 66. | § 8. *I. h. t.* „...perinde iudicatur sine interdictis ac si utilis actio ex causa interdicti reddita fuisset". **Keller** § 76. a. E.

Die *Interdicta*, in ihrem Wesen persönliche Ansprüche[75], sind*) § η.
1) nach der Richtung des Befehls des Magistratus *prohibito-
ria*, *restitutoria* oder *exhibitoria*[76];

2) nach dem Inhalte des klägerischen Anspruches solche quae § ϑ'.
proprietatis oder veluti proprietatis und quae possessionis cau-
sam habent, petitorische oder quasipetitorische[77], und possessori-
sche[78] oder quasipossessorische[79]. Zu den *possessoria* im weite- § ι.
ren Sinne gehören auch *a*) die interdicta *adipiscendae s. apiscen-
dae possessionis*, wodurch der Kläger Besitz, den er noch nicht
gehabt hat, in Anspruch nimmt[80]; zu den eigentlichen aber nur
b) die *retinendae possessionis*, die auf Abwendung der Störung
eines Besitzes, den der Kläger hat[81], und *c*) *recuperandae pos-
sessionis*, die auf Wiedererlangung eines Besitzes, den er gehabt
hat[82], gerichteten, so wie *d*) die *tam adipiscendae quam recupe-
randae possessionis*[83]. Jenachdem die Interdicte auf Schutz eines § κ.
noch bestehenden oder eines früheren Zustandes gehen, unterschei-
det Ulpian die *in praesens* und die *in praeteritum referuntur*[84].

3) Nach der Stellung der Parteien zu einander im Processe, je- § λ'.

---

(75) *Ulp.L.*1.§3.*D.h.t.43*,1. „Interdicta omnia, licet in rem videantur concepta, vi tamen ipsa personalia sunt". (*) *Keller* §75. Schmidt S.32.ff.

(76) s.Note 66. §1.*I.h.t.4*,15. *Ulp.L.*1.§2.*D.h.t.43*,1. stellt daneben auch *mixta* auf, „quae et prohibitoria sunt et exhibitoria". Schon die Glosse beruft sich auf *LL.*1.3.*pr.D.de hom.lib.exh.43*,29. und *L.*3.§1.*D.de lib.exh.* 43,30., so wie auf *L.*3.§2.*D.ne vis fiat* 43,4., wo das Interdict zum Schutz des Immittierten als prohibitorium et restitutorium bezeichnet wird, (wie es auch andere sind) weshalb manche statt des 'exhibitoria' lesen wollen 'restitutoria'. (Schmidt S.73.f.)

(77) Eine weitere Eintheilung dieser Classe hat *Ulp.L.*1.*pr.D.h.t.* *A*) de divinis, *B*) de humanis rebus, 1) quae sunt nullius, wie das int. wegen freier Menschen, 2) quae sunt alicuius: *a*) publica, *de locis, viis, fluminibus publicis*, *b*) quae singulorum sunt [vgl. oben § *h.*], *α*) ad universitatem pertinent, Int. *Quor. bonor.*, *β*) ad singulas res, Int. *Uti possidetis*, *de itinere actuque*. vgl. *Paul. L.*2.§1.*D.eod.* (78) s.Note 63. (79) vgl. §126.*b.* Sie gehören in das die Servituten betreffende Actionenrecht. (80) *Gai.4*,143...47. §§2.3.*I.h.t.* *Paul.L.*2.§3.*D.h.t.* (81) *Gai.4*,148...53. §§4.5.*I.h.t.* *Paul.*cit.§3.i.f. und die entsprechenden Tit. in *Dig.43*,17. *Cod.*8,6. *Uti possidetis*, auf Immobilien; *de Utrubi Dig.43*,31. *Th.C.4*,23., auf Mobilien bezüglich. (82) *Gai.4*.§§154.sq. §6.*I.h.t.* *Paul.*l.c. *Dig.43*,16. De vi. *Th.C.4*,22. *Cod.*8,4.5. *Dig.43*,26. De precario. *Cod.*8,9. (83) *Ulp.Inst.*§6. „*tam* adipiscendae quam reciperandae possessionis, qualia sunt interdicta *Quem fundum* et *Quam hereditatem* [cf. *Paul.*S.R.*1*,11.§1.] Nam si fundum vel hereditatem ab aliquo petam, nec is defendat, cogitur ad me transferre possessionem, sive numquam possedi, sive antea possedi, deinde amisi possessionem". *Fr.Vat.* §92. „..exemplo interdicti *Quem fundum* proponi etiam interdictum *Quem usum fructum vindicare velit* de restituendo usu fructu". *Paul.L.*2.i.f.*D.h.t.* „sunt interdicta...duplicia, tam reciperandae quam apiscendae possessionis". (Schmidt S.33.ff. *Keller* p.276.) (84) *L.*1.§2.*D.h.t.43*,1.

nachdem nur eine Kläger, die andre Beklagter oder jede beides zugleich, daher auch bei den Sponsionen Stipulant und Restipulant zugleich war, sind auch die Interdicte *simplicia* oder *duplicia*[85].

§μ' 4) Nach der Dauer sind dieselben *annalia* oder *perpetua*[86].

III. Exceptiones.

Gai.4,115...37. *Inst.* de Exceptionibus *4*,13. de Replicationibus *4*,14. *Dig.* de Exceptionibus, praescriptionibus et praeiudiciis *44*,1. *Cod.* de Exceptionibus seu praescriptionibus 8,36.

§ν'. Die *Exceptiones*[87] entstehen erst mit dem Formularprocesse[88], um den Beklagten, auch wenn die durch die formula selbst ausgedrückte Bedingung der Condemnation (SI PARET ... CONDEMNA) richtig befunden werden sollte, dennoch nicht condemnieren zu laßen, wenn er seinerseits einen Rechtsgrund, aus welchem er trotz des juristisch begründeten Anspruchs des Klägers diesem nicht verurtheilt werden sollte, in iure angeführt hatte: es soll ein Judicium, die Condemnation aber nur dann erfolgen, wenn die als positive Bedingung in der formula ausgedrückte klägerische Behauptung richtig und die als negative Bedingung gefaßte Behauptung des

§ξ'. Beklagten nichtrichtig befunden werden würde[89]. So unterschei-

---

(85) *Gai.4.*§§156...60. §7.*I.h.t.* *Paul.L.2.pr.D.h.t.* vgl. oben §*p*.

(86) *Ulp.L.*1.§4.*D.h.t.* vgl. oben §z.

(87) Puchta Inst. §§170.f.164. Savigny Syst. §§226...29. *Keller* §§34...37.41...43.

(88) *Gai.4*,108. „..nec omnino ita ut nunc usus erat illis temporibus exceptionum". (s. §130. Note 8.) Im Processe auf legis actio muste das später als exceptio geltend gemachte Recht für sich verhandelt und entschieden werden, und konnte Verweigerung der actio begründen. vgl. *Keller* §36. S. 149.

(89) *Gai.4*,115...17.119. *pr*... §6.*I.h.t.4*,13. Die exceptio wurde als negative Bedingung (SI IN EA RE NIHIL D.M.AA FACTVM SIT NEQVE FIAT, SI INTER AmAm ET NmNm NON CONVENIT NE oder VT *etc.*, EXTRA QVAM SI, PRAETER QVAM SI, AC SI NON, QVOD NON, QVA DE RE NON u.dgl.) nach der intentio (wahrscheinlich vor der condemnatio) in die formula gesetzt. *Gai.4*,119. *L.2.pr.*§2. *LL.*20.22.*pr.D.h.t.* (vgl. Puchta cit. §170. not. *e*). In dem bisherigen ist von selbst enthalten, daß weder das directe Läugnen des vom Kläger aufgestellten Klaggrundes (die bei uns s.g. negative Litiscontestation) seitens des Beklagten, noch auch die Anführung einer Thatsache, zufolge deren das Recht des Klägers ipso iure nicht existieren (jene positive Bedingung der Condemnation in der formula als unerfüllt sich darstellen) würde, z.B. die in Anspruch genommene Summe sei schon bezahlt, der Beklagte also dem Kläger nichts schuldig, der Beklagte habe die vom petitor vindicierte Sache usucapiert u.dgl., nicht exceptiones im röm. Sinne des Worts sein können, obgleich solche Gegenanführungen, weil sie der Beklagte so gut zu beweisen hat, als der Kläger seinen Klaggrund, bei uns oft exceptiones genannt werden, und somit dieses Wort als mit 'Einreden' identisch gebraucht wird. Eigentliche exceptio ist nur die Anführung einer Thatsache, welche, soweit sie richtig befunden wird, den ipso iure begründeten Anspruch des Klägers dennoch nicht in einer Condemnation des Beklagten zur gerichtlichen Anerkennung kommen läßt.

den sich die exceptiones im engsten Sinn auch von den *praescriptiones* des Beklagten, welche der Formel vorhergiengen, praescribebantur, als Bedingung, unter welcher überhaupt das Verfahren in iudicio mit einer Sentenz (Condemnation oder Absolution des Beklagten) endigen sollte[90]. Zu Gaius Zeit kamen in dieser § ό. Weise praescriptiones nur noch seitens des Klägers vor, zum Vorbehalt von Rechten in Beziehung auf den gegenwärtigen Streitgegenstand, welche er aber jetzt noch nicht in Anspruch nehmen wolle oder könne[91]; diese Form verschwindet natürlich in ihrer ganzen Eigenthümlichkeit mit dem ordo iudiciorum privatorum[92].

Die exceptiones werden eingetheilt §π'.

1) nach der sie begründenden Rechtsquelle in *civiles* und *honorariae* oder *praetoriae*, gleich den actiones[93];

2) nach ihrem Grund und Zweck in *perpetuae* oder *peremptoriae* § ϱ. und *temporales* oder *dilatoriae*, jenachdem sie die Condemnation auf immer, oder wenigstens einstweilen, bis zur Beseitigung eines dem Klageanspruch noch entgegenstehenden Rechtsgrundes, hindern sollen[94]. Die mitunter auch als exceptiones be- §σ'. zeichneten, aber nicht als negative Bedingung der Klage, sondern nur als Grund zur Herabsetzung der Condemnation (exceptio als condicio quae minuit damnationem) der formula im geeigneten

---

f. Note 104. (*90*) Die hergehörigen praeiudicia, (verschieden von denen der obigen Note 13.) d.h. Gründe für den Juder, es nicht zur Sentenz auf die vorliegende formula kommen zu laßen, weil dadurch ein schädlicher Einfluß auf eine wichtigere, vorab zu entscheidende Sache geübt werden würde (***LL.***54.50. *pr.*§1. ***L.***52.§3.***D.de iudic.***5,1. ***LL.***21.13.***D.h.t.44***,1.), führen, gleich den Gründen, nicht zu urtheilen, weil der Juder incompetent oder die Klage verjährt oder schon durch Urtheil beseitigt sei (*Quintilian.*Inst.or.*7*,5.§ 3. „Cum ex praescriptione lis pendet, de ipsa re quaeri non est necesse..".], auch im justinianischen Rechte noch die classischen alten Namen, praescriptio fori (***L.7.pr. D.qu.satis d.2***,8. ***L.***50.§2.***D.de iudic.***), temporis (***Dirksen*** v.Praescriptio §2A.), rei iudicatae (***L.11.D.h.t.44***,1.), obgleich sie schon zu Gaius Zeit bloße exceptiones, auch nach ihrer Stellung in der formula, geworden waren (***Gai.4***,133.) und nur veranlaßten, die Condemnation nicht auszusprechen. vgl.***L.***5.i.f.***C.de pign.et hypoth.***8,14. (***Keller*** §43.) (*91*) ***Gai.4***,130...37. z.B. die Schuld war noch nicht ganz fällig und der Kläger stellt seinen Anspruch nur auf das schon erfallene (denn f.***Gai.4***,56.), oder der Kläger will jetzt nur *einen* Punct entschieden haben, auf andre wegen derselben Sache wieder zurückkommen dürfen. ***L.***48.§7.***D.de aed.ed.21***,1. Eine Erklärung der lückenhaften §§134.135.citt. des Gaius versucht Puchta Inst.§164.a.E. cf.***Keller*** §41. (*92*) §130.

(*93*) ***Gai.4***,118. §7.***I.h.t.4***,13. vgl.ob.§*d.* (*94*) ***Gai.4***,120...25. §§8...11.***I. h.t.4***,13. ***Ulp.L.2.***§4. ***Gai.L.3.D.h.t.44***,1. Die dilatorischen sind *a*) ex tempore oder *b*) ex persona dilatoriae: es sei *a*) noch zur Zeit nicht zu klagen, oder *b*) von einem nicht gehörig Bevollmächtigten geklagt, cognitoriae, procuratoriae exceptiones.

Falle hinzugefügten Zusätze (veluti ea quam socius habet exceptionem *Quod facere possit,* vel parens patronusve) fallen nicht unter den Begriff der eigentlichen exceptiones (§ γ') [94*];

§τ'. 3) nach den Subjecten, *a*) denen sie entgegengesetzt werden können, in *in personam* und *in rem*, jenachdem sie eine Thatsache, die nur einem bestimmten oder jedem Kläger gegenüber die Condemnation hindern soll, aufstellen [95]; *b*) von denen sie opponiert werden können, in *personae* und *rei cohaerentes*, jenachdem sie nur diesem Beklagten, nicht auch dessen Successor, Bürgen u. s.w., oder, was die Regel bildet, jedem mit diesem Anspruch Belangten zustehen [96];

§υ'. 4) nach der Form in *vulgares* und *in factum*, *utiles*, gleich den actiones [97].

§φ' Von einem auf die Dauer bezüglichen Gegensatze zwischen verjährbaren und unverjährbaren (+temporales und +perpetuae exceptiones) kann mit Grund nicht geredet werden: die exceptio kann, als exclusio quae actioni opponitur, an sich durch Verjährung nie erlöschen, und die s.g. verjährbaren Exceptionen hören in Wirklichkeit nicht durch Verjährung, sondern durch Erlöschen des ihnen zum Grunde liegenden, auf eine bestimmte Zeit beschränkten Rechtes auf [98].

(94*) *Paul.LL.22.pr. 7.pr.D.h.t.44*,1. cf. *Ulp.L.2.pr.D.eod.* („condemnationemve"). vgl. *Keller* § 36. S. 150. f. (95) so ist persönlich die doli exc., in rem die quod metus causa. *L.*2.§1. *L.*4.§33.*D.de d.m.et met.exc.44*,4.| Wir sagen 'passiv-persönliche und dingliche Einreden'. (96) *L.*7.§1.*D.h.t.44*,1.| Bei uns 'activ-persönliche und dingliche Einreden'. Bei weitem die meisten activ persönlichen sind passiv dingliche Einreden. Bei den passiv persönlichen wurde der Kläger in der formula selbst genannt: z.B. SI IN EA RE NIHIL DOLO MALO Al.Al. [actoris] FACTVM EST, *cit.L.*2.§1., bei den passiv dinglichen nicht, z.B. SI IN EA RE NIHIL METVS CAVSA (nicht ab actore, sondern überhaupt) FACTVM EST, *L.*4.§33.cit. Das IN EA RE macht die activ dinglichen Exceptionen kenntlich. (97) *Tryph.L.*30.*D.de pact.dot.*23,4. „.. pacti quidem vulgarem exc. etiam heredi proficere..". *Ulp.L.3.pr.D.de pop.act.47*,23. „..exc. vulgaris rei iudicatae opponitur". §1.*l.h.t.* „..exc.met.c.aut d.m. aut in factum composita..". *L.*23.*D.h.t.* u.s.w. *Iul.L.*41.*D.de min.4*,4. „.. exc. utilem ... quasi ex causa iudicati..". *L.*21.*D.de praescr.verb.19*,5. s. oben §w. (98) z.B. die exceptio pacti conventi, ne intra certum tempus peteretur, die einem Minderjährigen zuständige Replik gegen die exc. iuris iurandi, die Exceptionen, welche sich auf die, nur eine bestimmte Zeit hindurch geltende juristische Vermutung einer noch nicht geschehenen Auszahlung gründen, wie die exceptio cautae sed non numeratae pecuniae und dotis. (§118. Note 20.) Daß der Prätor die Exception wegen Betrugs, wenn wegen desselben die auf 2 Jahre vom begangenen Betruge an eingeschränkte *actio* de dolo nicht mehr zuläßig sein würde, verweigern kann (*Ulp.L.*30.§6.*D.de pecul.15*,1.), steht nicht entgegen: es könnte

Jedes in Form der actio durchführbare Recht kann auch, §χ'. wenn ihm Klage entgegen tritt, in der Form der exceptio durchgeführt werden[99]; diese aber setzt nicht Klagbarkeit, sondern nur Anerkanntheit des zu schützenden Rechts, wenn auch nur als eines naturalen, voraus[100]. Auch mehrere können zugleich dem geg- §ψ' nerischen Anspruche entgegengesetzt werden, und zwar selbst auch einander widerstreitende, und ohne daß im Gebrauche irgend einer Exception als solcher ein Zugeständniß des gegnerischen Anspruches läge[101]. Durch Verjährung oder Concurrenz erlöschen also ex- §ω. ceptiones nie, sondern nur durch Untergang des sie begründenden Rechts, welches namentlich auch in vielen Fällen zur Strafe fälschliches Läugnens oder eines sonstigen dolus verloren wird[102]. Daß *personae* cohaerentes exceptiones mit dem Berechtigten selbst untergehen, liegt in ihrem Begriffe[103].

Wie die actio durch die exceptio, so kann auch wieder die §a. Wirksamkeit dieser durch eine exceptio seitens des Klägers, durch die *replicatio*, und die dieser durch eine fernere exceptio des Beklagten ausgeschloßen werden, *duplicatio*, und so weiter etwa *triplicatio*, *quadruplicatio* u.s.f.[104]. Das allgemeine der eigentlichen §b. Exception gilt auch von diesen ferneren Parteivorbringungen.

---

selbst eine Unredlichkeit des Beklagten darin liegen, wenn er jetzt noch eine frühere, etwa längst ausgeglichene Unredlichkeit des Beklagten wieder zur Sprache bringen wollte. „Non (sagt *Paul.L.*5.§6.*D.de d.m.et met.except.* 44,4.), sic ut de dolo actio certo tempore finitur, ita etiam exceptio eodem tempore danda est: nam haec perpetuo competit, cum actor quidem in sua potestate habeat quando utatur suo iure, is autem cum quo agitur, non habeat potestatem quando conveniatur". (*99*) *Ulp.L.*156.§1.*D.de R.I.* „Cui damus actiones, eidem et exceptiones competere multo magis quis dixerit". (*100*) z.B. *L.*7.§4.i.f.*D.de pact.*2,14. *L.*6.*D.de compens.16*,2. Daß Compensation verjährter oder durch Urtheil aberkannter Forderungsrechte, die als Naturalobligationen noch fortbestehen, unstatthaft ist, liegt darin, daß das Recht zur Compensation nur dann existiert, wenn der zu compensierenden Forderung keine peremptorische Einrede, wie die der Klagenverjährung und res iudicata ist, entgegensteht: die Compensation höbe sonst die Bedeutung der Verjährung und des Urtheils, litis finem, wieder auf. *L.*14.*D.eod.* (*101*) *LL.* 5.8.9.*D.h.t. L.*43.*pr.D.deR.I.* (*102*) vgl.§101.*n.* so z.B.*L.*80.*D.deR.V.6*,1. *L.*25.*pr.D.de probation.* 23,3. *Nov.18.c.*8.10. *L.*16.*C.de fide instr.4*,21. *L.*67. §3.*D.pro soc.17*,2. *L.*22.§1.*D.de re iud.*42,1. *L.*10.§1.*D.de fideiuss.46*,1. *Nov.* 72.*c.*4. *L.*11.§§1.sqq.*D.de interr.i.i.fac.11*,1. *Nov.1.c.2.pr.*, *Cod.Ne liceat potent.*2,14. u.s.w. (*103*) s.Note 96. (*104*) *Gai.4*,126...29. *Inst.*De replicationibus 4,14. *Paul.L.*22.§1. *Ulp.L.*2.§§1...3.*D.de exc.44*,1.„*Replicationes* nihil aliud sunt quam exceptiones, et a parte actoris veniunt; quae quidem ideo necessariae sunt, ut exceptiones excludant: semper enim replicatio ideo obicitur, ut exceptionem oppugnet. §2. Illud tenendum est omnem exceptionem exclusoriam esse; exceptio actorem excludit, replicatio reum. §3. Sed

§. 132. C. Von dem besonderen gerichtlichen Schutz.

Die Bedeutung dieser Rechtsmittel im allgemeinen ist in § 129. *p*, *q*. und § 130. *p*. schon erklärt worden.

I. Einweisung in den Besitz (*).

Dig. Quibus ex causis in possessionem eatur *42*,4. Ne vis fiat ei qui in possessionem missus erit *43*,4. Ut in possessionem legatorum seu fidei commissorum causa esse liceat *36*,4. *Cod.6*,53. *Dig.* de Ventre in possessionem mittendo et de curatore eius *37*,9. de Carboniano edicto *37*,10. *Cod.6*,17. *Dig.* de Damno infecto et de sugrundis et protectis *39*,2. de Rebus auctoritate iudicis possidendis seu vendundis *42*,5.

§ *a.* Die *missio* oder *immissio in bona* oder *in possessionem* oder *in rem*, Einweisung in den Besitz, geschieht durch ein Decret des Magistrats [1], zu dessen Erlaß sein mixtum imperium ihn berechtigt [2], entweder zur Sicherung [3] oder zur Ausführung von Rechtsansprüchen des Eingewiesenen, immissus oder missus, bald in das ganze Vermögen, bald in einzelne Vermögensgegenstände

§ *b.* eines Andern [4]. Die einzelnen, von Ulpian [4] zum Theil nur

---

et contra replicationem solet dari [*duplicatio* et contra duplicationem] *triplicatio* et contra triplicationem rursus [*quadruplicatio*], et deinceps multiplicantur nomina, dum aut reus aut actor obicit". Die eingeklammerten Worte hat die Florentina nicht; auch heißt die gewöhnlich duplicatio genannte Exception als die dritte richtig triplicatio in *L.*7.§1.i.f.*D.de cur.fur.27*,10., wo Haloander ebenfalls wieder replicatio setzt; so wird auch *L.57.D.mand.17*,1. *exceptio* iusti dominii die Replik des Mandanten genannt: zuerst excipiert der Beklagte, zum andern der Kläger, zum dritten wieder der Beklagte u.s.f. So war auch in der formula die replicatio, wenn sie wieder ein besonderes Factum enthielt (sonst war besondere Erwähnung unnöthig, *L.*154.*D.de R.I.*), wieder als positive Bedingung, gleich der intentio selbst, gefaßt, z.B. die intentio ist *Si paret* actori reum X dare oportere, die exceptio pacti conventi: *Si non* convenerit, ne actor peteret, die replicatio: *aut si* postea convenerit, ut petere liceret: *Gai.L.*48.*D.de procuratorib.3*,3. *Pomp.L.*32.§ 3.*D.ad SC. Vell.16*,1. Die negative Faßung der replicatio bei *Gai.4*,126.med. *Iul.L.*24.i.f. *D.de exc.rei iud. 44*,2. *Ulp.L.*4.§ 32.*D.de d.m.exc. 44*,4. ist formell ungenau, es kommt dabei nur auf Angabe des Inhalts der Replik an. vgl. *Keller* Civilpr. § 37.

(*) *Keller* Semestr. ad Ciceron. Turic. 1841. 8°. u. Dess. Röm. Civilproc. § 78.

(1) *Ulp.L.2.pr.D.h.t.42*,4. „Praetor ait IN BONA...IRI IVBEBO". Dieses „decretum interponit praetor" unter Umständen erst nach einer summarischen causae cognitio. *Ulp.L.*1.§ 14.*D.de ventre in possess.mitt.37*,9. *L.*3.§ 4.*D.de Carbon.edicto 37*,10.

(2) *Paul.L.*26.*D.ad munic.50*,1. sagt, die Municipalmagistratus können nicht immittieren, noch restituieren, weil diese Verfügungen magis imperii sunt quam iuris dictionis. vgl. *L.*1.§1.*D.de off.eius cui mand. 1*,21. *L.*3.*D.de iuris dict.2*,1. s. auch die folg. Note.

(3) Diese Immissionen haben in ihrem Wesen und Grunde die nächste Verwandtschaft mit den prätorischen Stipulationen (§ 127.) und ausdrücklich sagt *Ulp.L.*4.*D.de iuris dict.* „Iubere caveri praetoria stipulatione et in possessionem mittere imperii magis est quam iuris dictionis".

(4) *Ulp.L.*1.*D.h.t.42*,4. „Tres fere causae sunt, ex quibus in possessionem [eines ganzen Vermögens] mitti solet: 1) rei servandae causa, 2) item legatorum servandorum gratia, 3) et

ganz allgemein angedeuteten[5], zum Theil für das justinianische
Recht nur beispielsweise genannten Fälle[6] gehören in die Dar-
stellung der einzelnen Rechte, zu deren Sicherung oder Execution
die Einweisung stattfindet[7]. Diese giebt dem, welcher sie erwirkt § c.
hat, ein Recht auf die Detentation des Gegenstandes zum Zwecke
seiner Bewahrung und Beaufsichtigung neben dessen Besitzer[8]; diese
Detentation kann er sich, auch gegen jeden Dritten, verschaffen
oder erhalten oder wieder verschaffen durch eine in factum actio
oder durch ein eigenes Interdict, das prohibitorisch und resti-
tutorisch zugleich ist, oder gegen den die Zulaßung Weigernden
durch Anwendung directen Zwanges unter obrigkeitlicher Aucto-
rität[9]. Der Detinierende hat ein prätorisches Pfandrecht an § d.
dem Gegenstande[10], welches Justinian aus einem Retentions- in
ein dingliches Rückforderungs-Recht verwandelt[11]. Das Verhält- § e.

---

ventris nomine; 4) damni enim infecti nomine si non caveatur, non in universorum nomine fit missio, sed rei tantum de qua damnum timetur". vgl. *L.12.D.eod.* *L.1.§2.D.ne vis fiat 43,4.* *L.10.§1.D.de A.v.A.poss.41,2.*

(5) So befaßt n°.1. der vorigen Note die Immissionen der Gläubiger in das Vermögen insolventer oder latitierender und unvertretener Schuldner, erbloser oder verdächtiger Hinterlaßenschaften, und des Klägers in das Vermögen des ausbleibenden und unvertretenen Beklagten. (6) n°.3. der Note 4. ist ein einzelner Missionsfall zur Sicherung erbrechtlicher Ansprüche, dergleichen auch die missio ex Carboniano edicto (welche später eine wahre bonorum possessio gab: *Herm.L.15.D.de Carbon.ed.37*,10.) und die neuen, dem curator furiosi und die durch *L.ult.C.de edicto d.Hadr.6*,33., nicht durch das Edict des Prätors gestattete, sind. (7) Die einzelnen Immissionen gehören dem Obligationen- und Actionen-Rechte und dem Erbrechte an. (8) §123.*l.* Vom Eingewiesenen, dem possīdĕre iussus, heißt es eum in possessione (oder, wie auch S.520.Z.6., gut lateinisch in possessionem) esse, sed eum non possidēre. vgl. §123.Note 32.med. *Pomp.L.12.D.h.t.*„..non possidemus, sed magis custodiam rerum et observationem nobis concedit (praetor)". *Paul.L.3.§23.* *Ulp.L.10.§1.D.de A.v.A.P.41*,2. „.. aliud est enim possidēre, longe aliud in possessionem esse; denique rei servandae causa, legatorum, damni infecti, non possident, sed sunt in possessione custodiae causa". *Ulp.L.3.§8.D.uti poss.* 43,17. *L.9.D.de R.V.6*,1. *L.5.D.ut in poss.leg.36*,4. *L.7.pr.* *L.15.§20.D.de damno inf.39*,2. Das Edict bei *Cic.* pro Quintio c.27. fügt ausdrücklich hinzu 'dominum invitum detrudere non placet'. (9) *Tit.Dig.* Ne vis fiat 43,4., besonders *L.1.pr.* *L.3.pr...§2.* *L.4.* daselbst. Nach Umständen konnten die Klagen dem Eingewiesenen vortheilhafter sein, als directe Vollstreckung der Immission, theils wegen der im Interdictsverfahren zuläßigen Sponsionen (§131.*e.*), theils wegen der, auch bei der in factum actio stattfindenden Verpflichtung des Beklagten zur Erstattung des (singulären) Interesses, welches der Kläger an Vollziehung der Immission haben mochte. cit.*L.1.§§3.5.* *L.2.* *L.4.§§2.3.D.eod.* und *L.14.pr.D.h.t.42*,4. Diese in factum actio, eine einjährige, ist poenalis für den Beklagten, den Kläger soll sie nicht bereichern. cit.*L.1.§8.*

(10) *L.26.D.de pign.act.13*,7. *L.35.D.de reb.auct.iud.poss.42*,5. (11) *L.2.C.de praetorio pignore 8*,22.

niſs endigt je nach Verschiedenheit des veranlaßenden Grundes und des gegnerischen Benehmens entweder durch Befriedigung oder Sicherstellung der Ansprüche des Immissus[12] oder durch öffentlichen Verkauf des Gegenstandes (publica bonorum venditio s. sectio) zu jenem Zwecke[13], oder der wegen drohendes Schadens Eingewiesene erhält gegen den Sicherstellung ungebührlich weigernden durch ein zweites Decret des Prätors den alleinigen Civil- (Usucapions-) Besitz der Sache[14].

II. In integrum restitutio *).

De integri restitutione: *Paul.* S.R.*1*,7. *Th.C.2*,16. *Dig.* de In integrum restitutionibus *4*,1(...7). *Cod.2*,19(20)...54(55). cf. *Greg.Cod.2*,1...3.

Die *in integrum* oder *integri restitutio*[15], Wiedereinsetzung in den vorigen Stand, ist in der hier allein in Betracht kommenden Bedeutung[16] das außerordentliche, auf Anwendung des Im-

---

(*12*) z.B. *L.4.*§§1.2.*D.ne vis fiat ei qui in poss.43*,4. Der wegen Vermächtnisses zu Sichernde konnte nach 6 Monaten Einweisung in die bona des Belasteten mit dem Recht, aus deren Ertrage sich zu befriedigen, erlangen. *L.*5.§§ 16.sqq.*D.ut in poss.leg.serv.c. L.*6.*C.eod.*; so auch der, dessen Belangung sich der zu verklagende Besitzer von Erbschaftssachen entzog. *L.*7.i.f.*D.quib.ex c.42*,4.

(*13*) z.B. *L.7.D.h.t.42*,4. „VENDI IVBEBO". vgl. *Gai.3*,78.sqq. und die Titel de rebus auctoritate iudicis possidendis s. vendendis: *Dig.42*,5. *Cod.7*,72. *Keller* Semestr. §§ 3.sqq. Röm. Civilpr. § 84.

(*14*) *LL.7.pr.*12.15. §§ 16.21. 23.*D.de damno inf.39*,2. *Ulp.*cit.*L.7.pr.* „Praetor ait ... EVM CVI ITA NON CAVEBITVR, IN POSSESSIONEM EIVS IRE .. ET CVM IVSTA CAVSA ESSE VIDEBITVR, ETIAM POSSIDERE IVBEBO". *Iul.*cit. § 16. „.. non prius incipere per longum tempus dominium capere, quam secundo decreto a praetore dominus constituatur". § 23.cit. „.. dominus deiciendus erit possessione".

(*) G. Ch. Burchardi die Lehre von der Wiedereins. i. d. vorigen Stand. Gött. 1831. 8°. v. Schröter in Zeitschr. für Civilr. und Proc. VI. n°. 3. K. A. Schneider die allg. subsidiären Klagen des R. R. Rostock 1834. 8°. S. 216...307. Puchta Inst. §§ 177. 209. Savigny Syst. §§ 315...43. *Keller* röm. Civilpr. §§ 79.f.

(*15*) Restitutio in integrum oder integri kann (was Savignys Note *a.* zu § 315. ignoriert) im Lateinischen nur vorkommen, wenn ein hinzutretendes Verbum jene Stellung rechtfertigt, z.B. 'restitutio facienda est i.i.', wie bei *Ulp.L.*9.§7.*D.quod met.c.4*,2. 'propter hanc restitutionem i.i. praestari .. debeat' in *Ulp.L.*39.§6.*D.de procurat.* 3,3. oder restitutionem i.i. implorabant (— habere) in *Pap.L.*86.*pr.D.de A.v.O.H.* 29,2. u.ä.

(*16*) Auch die gegen ein Straferkenntniſs ertheilte Begnadigung führt jenen Namen (vgl. § 60. Note 25. u. *Dirksen* Man. v. Restitutio § 3. Burchardi §1. n°. III.); ebenso die zufolge einer restitutorischen Klage oder Interdicts (merum ius) eintretende Wiederherstellung eines früher obwaltenden Zustandes; und die Neueren nennen dann (wodurch unnütze Schwierigkeiten entstanden sind) die Wiederherstellung i.i. rest. + *civilis*, wenn das restitutorische Rechtsmittel ein civiles, z.B. eine condictio ex causa, Inofficiositätsquerel, Revocation einer Schenkung u.s.w., i.i. rest. + *praetoria*, wenn das Rechtsmittel ein prätorisches, z.B. c.t. bon. possessio, ius abstinendi, separatio bonorum u.s.w. ist. Auch selbst ipso iure eintretende Wiederherstellung eines früheren Zustandes, wie die postliminio (§47.*e.*), wird mitunter in den Quellen selbst als i.i.r. bezeichnet. vgl. *L.9.pr.D.de captiv.49*,15.

periums des Magistratus auf Jurisdictionsverhältnisse beruhende
Rechtsmittel [17], wodurch ein in Gemäßheit von Rechtsbestimmun-
gen [18] verlorenes Recht oder Rechtsmittel [19] wegen eines bestimm-
ten besonderen (von den allgemeinen Rechtsbestimmungen abwei-
chenden) Grundes, iusta causa [20], welcher demjenigen, wodurch der
wieder auszugleichende Nachtheil entstanden ist, entgegenwirkt [21],
wieder hergestellt wird mittels Rescission der Wirkung der Bege-
benheit, welche jene Rechtsveränderung herbeigeführt hatte [22]. In § g.
jeder i.i.r. liegt also praktisch die Fiction, daß das factum, wodurch
die Veränderung bewirkt worden, infectum sei [23]; und diese Fiction
gründet sich darauf, daß im einzelnen Falle das merum ius zu
einer Ungerechtigkeit, einer iniquitas, geführt habe [24]. Diese je- § h.
der eigentlichen i.i.r. wesentliche Fiction tritt ein, mag 1) der

---

Cod. de postlim. 8,51.*passim*. Burchardi §.cit. n°.I.II.| Von allen diesen Restitutionen ist hier also nicht die Rede, sondern nur von der durchaus prätorischen auf dem imperium magistratus beruhenden. (*17*) s.die citt.§§129. 130.u.die vorstehende Note 2.| *Mod.L.*3.*D.h.t.4*,1. „Omnes i.i.r. causa cognita a praetore promittuntur, scilicet ut iustitiam earum causarum examinet, an verae sint, quarum nomine singulis subvenit". Sehr häufig, aber nicht ausschließlich, wird die eig.i.i.r. durch succurrit oder subvenit praetor, subvenitur deceptis, lapsis u.dgl. bezeichnet. *Paul.*S.R.*1*,7.§1. „Integri restitutio est redintegrandae rei vel causae actio". (vgl.Note 24.) Welche Magistrate i.i.restituieren können. s.Note 37. (*18*) *Paul.L.*35.*pr.D.de O.et A.44*,7. „cum rescissa usucapione redditur (Publiciana actio), anno finitur, quia *contra ius civile datur*". Denn wäre die eingetretene Veränderung nach den allgemeinen Rechtsgrundsätzen (merum ius) unhaltbar, so bedürfte es keiner Imperialhandlungen, sondern die Jurisdiction reichte vollkommen aus. *L.*16.*pr.D.*in §129.Note 33. (*19*) Der wiederherzustellende Zustand kommt nur um der damit verbundenen Vermögensrechte willen (propter rem vel summam: *L.* 4.*D.h.t.*) bei der i.i.r. in Betracht, er braucht aber nicht selbst ein Vermögensrechtsverhältniß zu sein, wie z.B. Restitution gegen eine geschehene Arrogation. *L.*3.§6.*D.de minor.4*,4. *Paul.l.c.* „..rei vel causae ..". *Ulp.L.*44.*D.de minor.* „..vel ab aliis circumventi vel sua facilitate decepti aut quod habuerunt amiserunt, aut quod adquirere emolumentum potuerunt omiserint, aut se oneri quod non suscipere licuit obligaverunt". *Ulp.L.*1.*D.h.t.4*,1.„..Praetor hominibus vel lapsis vel circumscriptis subvenit..". z.B. *Id.L.*13.§1.*D.de minorib.4*,4. Noten 22.35. (*20*) cit.*L.*1.i.f. und *Paul.L.*2.*D.h.t.* „..circumscriptis subvenit, sive metu, sive calliditate [d.h. *dolo malo*], sive aetate, sive absentia inciderunt in captionem, sive per status mutationem aut iustum errorem". (*21*) *L.*3.*D.h.t.* in Note 17. (*22*) cit. *L.*13.§1. „..ut puta rem a minore emisti et alii vendidisti: potest desiderare interdum adversus possessorem restitui, ne rem suam perdat vel re sua careat, et hoc vel cognitione praetoria [ohne Judicium] vel rescissa alienatione dato in rem iudicio..". (23) Keine i.i.r. ohne daß etwas rescindiert würde, z.B. *Gai.4*,38. vgl.§46.Note 5. und cit.*L.*35.*pr.D.de O.et A.* (*24*) s.Note 18., cit.*L.*35.*pr.D.de O.et A.* *Paul.L.*24.i.f.*D.de minor.4*,4. „..totum enim hoc pendet ex praetoris cognitione". vgl.*Constantin.L.*1.*C.de off. praetorum 1*,39.

Magistratus selbst nach geschehener Untersuchung (ohne ein iudicium, ein Verfahren vor einem iudex, zu veranlaßen) erkennen, daß ein vermögensrechtlicher Nachtheil aus einem an sich zur Gewährung der Restitution ausreichenden Grunde hervorgegangen, durch diese Gewährung wieder auszugleichen und sofort der frü-
§ i. here Zustand wieder herzustellen sei[25]; oder mag 2) causae cognitio und decretum magistratus bloß darauf gerichtet sein, ob und daß der die Restitution nachsuchende, der Impetrant oder Implorant, in iudicio ein Recht noch wieder verfolgen, ein Rechtsmittel (actio, exceptio, replicatio u.s.w.) annoch gebrauchen dürfe, welches ihm in Folge der (vom Magistratus) rescindierten Begebenheit nach bloßen Rechtsbestimmungen verloren sein würde[26];
§ k. oder mag 3) der Magistrat nur decernieren, der Iudex solle die bezeichnete Rechtsverfolgung nicht anders zulaßen und darüber erkennen, als wenn er die vom Impetranten für sich angeführte
§ l. iusta causa factisch begründet befinden werde[27]. In allen die-

---

(25) *Ulp.L.*13.§ 1.*D.de minor. Iul.L.*39.*pr.D.de evict.21*,2. „.. si ei fundus praetoria cognitione ablatus fuerit, aequum erit per eundem praetorem et evictionem restitui“. *Macer L.*8.*D.h.t.4*,1. „.. minores i.i. contra rem iudicatam [nicht rem publicam] restituuntur, cognita scilicet causa; ei vero qui rei p.causa absit ... hac tenus i.i. restitutione subveniri solet, ut appellare his permittatur“. *Mod.L.*32.§4.*D.de adm.et per tut.26*,7. „Interposito curatore adulescens fundum Titio vendidit, postea agnita fraude i.i.restitutus in possessionem induci iussus est..“. vgl. Burchardi § 24.

(26) z.B. eine durch Usucapion erloschene Vindication wird rescissa usu capione gewährt (§ 5.*I.de act.4*,6. cit.*L.*35.*pr.D.de O.et A.*), einem abwesend gewesenen Herrn wird die gewöhnliche Vertheidigung wegen der noxia, die ein dem Beschädigten schon überwiesener Sclave begangen hat, wieder gegeben (*L.*2.§ 1.*D.si ex nox.c.2*,9.), die Eviction einem durch i.i.r. um die Kaufsache gebrachten Käufer, die Appellation einem abwesend gewesenen, dessen Procurator die Ergreifung derselben versäumt hat (Note 25., vgl. *L.2.C.q.ex c.mai.i.i.r.*2,54.), die Klage oder Exception einem in Folge von Drohungen, Irrthum oder einem sonstigen zur Restitution berechtigenden Grunde um dieselben gekommenen (*L.*9.§§ 3.sq.*D.de minor.* und § 46. Note 5. *L.*18.§§ 8.10.*D.de interr.i.i.fac. 11*,1. *L.*9.§ 4.*D. de iure iur.12*,2. *L.ult.*i.f.*D.ad SC.Vell.16*,1.), das Recht, sich noch von der Erbschaft loszusagen, einem durch Drohung zu deren Antritt bewogenen (*L.*21.§ 5.*D.q.met.c.4*,2. *L.*85.*D.de A.v.O.H.29*,2. u.o.). s. Burchardi a.a.O. Hierher gehören auch die Fälle, wo der Prätor ohne weiteres eine in der formula ausgelaßene peremptorische Einrede nach der Litiscontestation gewährte (*Gai.4*,125. *L.2.C. sent.resc.non p.7*,50. *L.*8. vgl. *LL.*12.13.*C.de except.*8,36.).

(27) *Paul. L.*21.§ 6.*D.q.met.c.* „Si coactus hereditatem repudiem, .. praetor mihi succurrit ... actionem quod metus causa praestando ..“. So wird nach *Ulp.L.9.* §§ 3.sqq.*eod.* wegen des, quod *vi* metusve (s. § 86. Note 5.) c.gestum est, vom Prätor entweder die Klage oder Exception wegen metus oder sofort Real- oder Personal-Klage nach Rescission des erzwungenen Geschäfts gegeben. vgl. *L.3.C. de his q.vi* 2,19. *Paul.*S.R.*1*,7.§ 4. Daß auch die doli actio zufolge i.i.r. gegeben wurde, bezeugt Ulpian aus Pomponius nach Labeo, indem er (*L.*1.§6.*D.de

sen Fällen decerniert der Magistratus außerordentlicher Weise, über das merum ius hinaus: im ersten stellt er sofort das nach den allgemeinen Rechtsbestimmungen definitiv verlorene Recht wieder her; er giebt im zweiten Falle unbedingt, im dritten bedingt, ein Rechtsmittel, welches der Impetrant nach gewöhnlichem Recht verloren haben würde, durch dessen Gebrauch ihm nun aber wieder Schutz des Rechts, um dessen Verlust oder Wiederherstellung es sich handelt, möglich wird. In den zwei letz- §m. ten Fällen ist die Sache mit der praetoria cognitio (+iudicium rescindens[28]) nicht beendigt, wie im ersten; sondern es erfolgt im zweiten Fall immer, im dritten nur wenn sich herausstellt, daß die vom Imploranten angeführte iusta restitutionis causa wirklich stattgefunden habe, ein iudicium rescissorium sive restitutorium[29], der Judex erkennt, wie nach dem ordo iudiciorum privatorum, auf das (unbedingte oder bedingte) prätorische Restitutionsdecret[30]. So kann nun dolus und metus bald unmittelbar prätorische Re- §n. scission des dadurch bewirkten Rechtsverhältnisses veranlaßen, bald in Folge eines gewährten Restitutionsgesuches gerichtlich verfolgt, bald können die doli und quod metus causa actio, exceptio u.s.w. als ordentliche, wenngleich subsidiäre, civilrechtliche Schutzmittel geradezu impetriert und gewährt werden[31]: ist unter gegebenen §o. Umständen dolus oder metus als Restitutionsgrund anerkannt,

---

d.m.4,3.) sagt, auch die durch i.i.r. zu gewährende doli actio solle nur ganz subsidiarisch zugelaßen werden. vgl. *L.7.§1.D.h.t.4*,1. s. Burchardi §§19.20. Die überaus große Seltenheit der Restitutionsfälle wegen dolus dürfte wol daraus zu erklären sein, daß bei der Gehäßigkeit des Vorwurfs solcher Schlechtigkeit jeder andere, leicht concurrierende Restitutionsgrund, Minderjährigkeit, Abwesenheit, die generalis clausula, und am allgemeinsten Irrthum, lieber vom Prätor herausgehoben wurde. (28) Daß das Verfahren in iure, vor dem Prätor oder sonstigen magistratus l.D., die zur Restitution wesentliche causae cognitio, in den Quellen nicht iudicium heiße, was Viele übersehen, versteht sich von selbst. (*29*) Dieses ist eigentliches *iudicium*, Verfahren vor einem iudex. vgl. *Dirksen* Manuale hh.vv., aber auch Note 16. (*30*) Noten 26.27. (*31*) Das erste geschah, wenn die causae cognitio über die Beschädigung, deren Herbeiführung durch vis metusve oder dolus, und die Beschaffenheit des Rechtsverhältnisses, namentlich z.B. auch, daß dieses nicht schon durch eine einfache Contracts-Klage oder Exception geheilt oder unschädlich gemacht werden könne, klar dargethan hatte; das andere, wenn der Magistrat nur zu entscheiden vermochte, daß eine die i.i.r. erheischende Benachtheiligung vorliege, sobald jene Widerrechtlichkeiten gehörig erwiesen sein würden; das letzte in den Fällen, für welche das merum ius die (also ordentlichen) Rechtsmittel wegen metus und dolus als gewöhnliche in factum actiones, exceptiones u.s.f., wenngleich mit besonderer Wirksamkeit, aufgestellt hatte.

so sind jene Rechtsmittel eben dadurch aus der Zahl der subsi-
§p. diären ordinaria in die der extraordinaria auxilia gerückt[32]. Von Wichtigkeit ist daher der oft übersehene, oft geläugnete Unterschied zwischen der *in integrum restitutio* wegen dolus oder metus und den civilrechtlichen *actiones* de dolo und quod metus causa[33].

§q. Die Erfordernisse der i.i.r. sind in der aufgestellten Begriffsbestimmung bezeichnet: die außerordentlicher Weise (also nur wenn und sofern kein ordentliches Rechtsmittel ausreicht[34]) ihren Wirkungen nach zu rescindierende Begebenheit muß einen wieder ausgleichbaren Schaden[35], von einem solchen Betrage[36] und aus einem solchen Grunde, iusta i.i. restitutionis causa, bewirkt haben, daß der competente Magistrat[37] in dieser dem Buchstaben des

(32) Burchardi §§18.19. sucht es sogar wahrscheinlich zu machen, daß, wo noch die Digesten Contractsklagen auf Rescission doloser b.f. negotia aufstellen, die kaiserlichen Constitutionen mehrfach auf die i.i.r. verweisen, z.B. *Consult.vet. ICti c.2. L.10.C.de resc.vend.4*,44. Aber Ulpian sagt (*L.16.§3.D.de minor.*) durchaus richtig: „Et generaliter probandum est Ubi contractus non valet, pro certo praetorem se non debere interponere“. (33) Verschieden sind theils die Voraussetzungen der Zuläßigkeit der i.i.r. und der bezeichneten Civilklagen (z.B.*L*.18.§3. *LL*.24.34.38.*D.de d.m.4*,3. Note 27.a.E.); theils das Verfahren, indem die i.i.r. wesentlich cognitio praetoria erfordert; jene Civilklagen im ordo iud. privatorum verhandelt werden; theils die Wirkungen, indem z.B. der i.i. restitutus ein Recht auf Wiederherstellung des früheren Zustandes hat, soweit dieses thunlich ist, während auf jene civiles arbitrariae actiones der Beklagte auf Restitution oder Schadensersatz condemniert wird; die i.i.r., auch wegen dolus, in rem, gegen dritte Besitzer, gehen kann, die doli actio nur in personam, gegen den Betrüger selbst; die Infamie wegen i.i.r. propter dolum ihn nicht trifft, wol aber, wenn er auf die doli actio condemniert wird; theils die Verjährungsfristen der i.i.r. und die jener Civilklagen.

(34) *Ulp.L.16.pr.D.de minor.* „In causae cognitione etiam hoc versabitur, num forte alia actio possit competere citra i.i.restitutionem: nam *et c.*“ s.Noten 18.32. (35) Und zwar nicht bloß der positive, sondern auch der negative Schade, das s.g.lucrum cessans, und das singuläre Interesse (§102.*m.*) kommt in Betracht. Note 19. *Ulp.L.7.§6.D.de minor.* „Hodie certo iure utimur, ut et in lucro minoribus succurratur“. *Herm.L.35.eod.* „... minor.. implorans i.i. restitutionem audietur, si eius interesse emptam ab eo rem fuisse adprobetur, vel uti quod maiorum eius fuisset..“. *Antonin.L.un.pr.C.de reputationibus ... i.i.r.2*,47(48). „Qui restituitur i.i. sicut in damno morari non debet, ita nec in lucro, et ideo quidquid ad eum pervenit ... debet restituere“. Aber gegen Verlust einer Pönalklage oder gar gegen Verzicht oder Verlust einer Accusation wird nicht restituiert. *L.37.D.de minorib. L.18.D.ex q.c.mai.4*,6. (36) *Call.L.4.D.h.t.4*,1. „... ne propter satis minimam rem vel summam, si maiori rei vel summae praeiudicetur, audiatur is qui i.i. restitui postulat“. z.B. grande damnum *in L.49.D.de minorib.4*,4.

(37) Nach *Ulp.L.16.i.f. Herm.L.17.D.de minorib.* die praefecti urbis u. praetorio und alii magistratus pro iuris dictione sua; nach justinian. Rechte jeder ordentliche Richter, aber nicht Municipalmagistrate (*L.26.D.ad munic.50*,1.), noch auch Schiedsrichter. *Cod.* Ubi et apud quem cognitio i.i.r. agitanda sit

Rechts entsprechenden Wirkung eine Verletzung des wirklichen Rechts, des wahren Willens des Staates, erkennt[38] und durch das anzuwendende außerordentliche Rechtsmittel nicht ein schlimmerer Widerspruch gegen das Recht bewirkt werde, als in dem wiederaufzuhebenden Verhältnisse liegt*).

Die einzelnen Restitutionsgründe kommen theils einer beson- § r.
deren Schutzbedürftigkeit der zur i. i. r. berechtigten Person entgegen, welches Schutzbedürfniß entweder das generelle der Unreife des Alters (minor aetas)[39] oder ein zwar für alle Personen überhaupt, aber nur unter bestimmten, an sich zufälligen Voraussetzungen begründetes ist, Abwesenheit[40] und sonst entschuldbare Veranlaßung zu nachtheiligen Unterlaßungen (generalis clausula)[41], Veränderung der Vermögensrechtsfähigkeit eines Schuldners durch veränderte Stellung in der familia, capitis minutio[42], und Irrthum[43]; theils verhüten sie, daß man aus Widerrechtlichkeiten § s.

2,46(47). *Nov.119*.c.6. vgl.Burchardi §28. (38) Dieses bezeichnet die hier so häufige Beziehung auf die aequitas im Gegensatze zu dem merum ius, dem ius civile, ipsum ius u.s.w. Deshalb auch rechnet Justinian den Anspruch auf i.i.r. zu den privilegia, *L.8.C.de rest.milit.*2,50(51). (*) Daraus erklärt sich auch warum die i.i.r. gegen rechtskräftiges Urtheil nicht leicht (s. Note 25.), und gegen manche andere eingetretene Rechtswirkungen gar nicht ertheilt wird, z.B. gegen Freiheit, Ehe, deferierter Eid, Fiscalverkäufe und gewisse Verjährungen. (39) §38.*l.*ff. De minoribus: *Paul.*S.R.*1*,9. *Greg.Cod.2*, 3*...5*. (ed. Haenel. p.10...12.) *Th.C.2*,17. *Dig.4*,4. *Cod.* 2,22...45(23...46). *Ulp.L.*1.§1.*D.h.t.4*,4. „Praetor edicit QVOD CVM MINORE QVAM XXV ANNIS NATV GESTVM ESSE DICETVR, VTI QVAEQVE RES ERIT ANIMADVERTAM". (40) Das Edict steht, aber mehrfach verderbt, bei *Ulp.L.*1.*D.ex quib.caus.maiores i.i.r.* 4,6. und lautet nach der Florentina also: „Verba.. edicti talia sunt SI CVIVS QVID DE BONIS [erit deminutum *ins.Gothofr.*] CVM IS METV AVT SINE DOLO MALO REI PVBLICAE CAVSA ABESSET, INVE VINCVLIS SERVITVTE HOSTIVMQVE POTESTATE ESSET, SIVE CVIVS ACTIONIS EORVM CVI DIES EXISSE DICETVR; ITEM SI QVIS QVID VSV SVVM FECISSET AVT QVOD NON VTENDO AMISIT, CONSECVTVS ACTIONEVE QVA SOLVTVS OB ID QVOD DIES EIVS EXIERIT CVM ABSENS NON DEFENDERETVR INVE VINCVLIS ESSET SECVMVE AGENDI POTESTATEM NON FACERET, AVT CVM EVM INVITVM IN IVS VOCARI NON LICERET NEQVE DEFENDERETVR, CVMVE MAGISTRATVS DE EA RE APPELLATVS ESSET, SIVE CVI PRO MAGISTRATV SINE DOLO IPSIVS ACTIO EXEMPTA ESSE DICETVR: EARVM RERVM ACTIONEM INTRA ANNVM QVO PRIMVM DE EA RE EXPERIVNDI POTESTAS ERIT ...". | *Cod.2*, 50.51.53.(51.52.54.) vgl.§40.*f.*ff. *L.*17.§3.*D.de usur.*22,1. (41) cit.*L.* 1.i.f.*D.* „..ITEM SI QVA ALIA MIHI IVSTA CAVSA [außer den im Edict unmittelbar vorher aufgezählten Fällen der Abwesenheit] ESSE VIDEBITVR, IN INTEGRVM RESTITVAM QVOD EIVS PER LEGES PLEBISCITA SENATVS CONSVLTA EDICTA DECRETA PRINCIPVM LICEBIT". *Id.L.*26.§9.*eod.* u. *L.*38.i.f.*D.ex q.c.mai.4*,6. vgl. Burchardi §12. (42) s.§46.c.a.E. und die Quellen zu §58. (43) *Dig.* Quod falso tutore auctore gestum esse dicatur 27,6. *Ulp.L.*1.§§1.6.*D.h.t.* „Verba edicti haec sunt QVOD EO AVCTORE QVI TVTOR NON FVERIT (GESTVM ESSE DICETVR) SI ID ACTOR IGNORAVIT, DABO IN INTEGRVM RESTITVTIONEM". vgl.

Vortheile ziehe, indem sie schon ihrer Form nach dem Rechte widersprechende Willensäußerungen wieder ausgleichen, Gewalt oder Drohung und Betrug unschädlich machen[44].

§ t. Von der Form des Verfahrens[45] und den dabei geltenden Zeitbestimmungen[46] ist das zum einleitenden Verständnisse dieses Rechtsmittels erforderliche schon angeführt, und die Wirkungen der Wiedereinsetzung in den vorigen Stand im allgemeinen ergeben sich aus dem über ihren Begriff, ihre Arten und Gründe vorgetragenen[47]. Es galt hier nur die Natur dieses außerordentlichen Rechtsschutzmittels überhaupt darzustellen[48].

---

oben §87. u. §97. Note 4. (44) s. §§86. 105. *m.* und die daselbst citierten Quellen. *Ulp. L. 1. D. quod met. c. 4,2.* „Ait praetor QVOD *VI* METVS*VE* CAVSA GESTVM ERIT, RATVM NON HABEBO". *Id. L. 1. §1. D. de d. m. 4,3.* „Verba edicti talia sunt QVAE DOLO MALO FACTA ESSE DICENTVR, SI DE HIS REBVS ALIA ACTIO NON ERIT ET IVSTA CAVSA ESSE VIDEBITVR, IVDICIVM DABO". u. De alienatione iudicii mutandi causa facta: *Dig. 4,7. Cod. 2,55.* bes. *Diocl. et Max. L. un. C. eod.* „Cum in rem actionem possessio pariat adversario, alienatione etiam iudicii mutandi causa celebrata in integrum restitutio edicto perpetuo permittatur..". *Gai. L. 3. §4. D. eod. 4,7.* „..apparet quod proconsul in integrum restituturum se pollicetur, ut hac actione officio tantum iudicis consequatur actor, quantum eius intersit alium adversarium non habuisse, forte si quas impensas fecerit aut si quam aliam incommoditatem passus erit alio adversario substituto".

(45) *Cod. 2,43. 44. 46...48* (44. u. s. w.). (46) § 122. *l. Cod.* De temporibus in integrum restitutionis tam minorum et aliarum personarum quae restitui possunt, quam etiam heredum eorum 2,52(53). (47) *Cod.* Si in communi eademque causa in integrum restitutio postuletur 2,25(26). Si saepius in integrum restitutio postuletur 2,43(44). De reputationibus quae fiunt in iudicio in integrum restitutionis 2,47(48). I. i. r. postulata ne quid novi fiat 2,49(50). (48) Die ausführlichere Darstellung gehört dem Actionen- und Processs-Rechte an.

Anhänge.

Anhang I.

Uebersicht des Plans und der Eintheilung der Digesten in Partes, libri und tituli, in die drei Digesten und drei Drittheile.

Pars	Buch	Titel.		Codicis libri et titt.
	[Digestum vetus: Buch 1...24. Tit. 2.]			
			(Erstes Drittheil.)	
I Prota.	1	1...4	Recht und Rechtsquellen im allgemeinen.	1,14...17,19...25. 8,53.
		5...7	Rechtssubjecte. Väterliche Gewalt.	8,47...50.
		8	Rechtsobjecte.	
		9...22	Stellung der Behörden.	1,26...54.57. 12,1.ff.
	2	1...12	Jurisdiction und deren Handhabung.	2,2.56.ff.
		13...15	Edition, pacta, Vergleich.	2,1.3.4.
	3	1...6	Vertretung vor Gericht.	2,6...18.58.
	4	1...7	In integrum restitutio.	2,19...54.
		8	Schiedsrichter, receptum arbitri.	2,55.
		9	(Anh.) Receptum nautae etc.	
II De Iudiciis.	5	1	Gerichte und Gerichtsstand. De Iudiciis.	3,1...10.13...27.
		2...6	Dingliche und ähnl. Klagen: Klagen aus Erbschaften.	3,28...31.
	6	1...3	Kl. des Eigenthümers, bonae fidei possessor und Emphyteuta.	3,22. 4,66.
	7	1...9	Servitutes a) personarum.	3,33.
	8	1...6	" b) rerum.	3,34.
	9	1...4	Kl.weg.Beschädigung (od.Gefährd.)	3,35.41.
	10	1...3	Theilungsklagen.	3,36...39.
		4	Exhibition.	3,42.
	11	1.2	Nachträge zu 2,1...12. 5,1.	
		3...6	" " 9,1...4.(?)	6,2.1. 3,43.
		7.8	" " 6,1.(?)	3,44.
III De Rebus (creditis).	12	1...3	Klagen aus Darlehn und vom Eid.	4,1. (5,33.)
		4...7	Kl. auf Zurückgeb. Realcontr. Consens.c.: Condictiones.	4,5...9.
	13	1...3		
		4	Aenderung des Orts der Leistung.	(3,18.)
		5	Anerkenn.derObl.durchConstitutum.	4,18.
		6.7	Kl. aus Commodat und pignus.	4,23.24.
			Kl. wegen Stellvertretung	
	14	1...4	a) ohne Rücks. auf potestas,	4,25.
		5.6	b) der Vertreter ist in pot.	4,26...28.
	15	1...4	Unvollkommene Verbindlichkeit der	
	16	1	Frauenbürgschaft.	4,29.
		2	Compensatio.	4,31.
		3	Klagen aus Depositum.	4,34.
	17	1.2	Klagen aus Mandat und Societät.	4,35...37.
	18	1...7	Klagen aus Kauf und Neben-	
	19	1	verträgen.	4,38...57.59.60.63.
		2	Klagen aus locatio conductio.	4,65.66. (11,70.)
		3...5	Kl. aus unbenannten Contracten.	4,64.
			(Zweites Drittheil.)	
IV (Umbi-	20 Antipapinianus.	1...6	Pfandrecht.	8,14...35.
	21	1...3	Nachträge: zu 18,1.ff. Aedilic. Edict, Eviction, exc. rei venditae et traditae.	4,58. 8,45.46.
	22	1.2	zu pars III. Zinsen u.a. Modificatt. der Obligationen.	4,32.33.
		3...5	z. p. II.III. Beweis u. Beweismitt.	4,19...22.30.
		6	z. p. II.III. Unwißenh. u. Irrthum.	1,18. (2,5.)

Pars	Buch	Titel			Codicis libri et titt.
I	23	1...5	Ehe-Recht. (Cod. V. 1...27.)	Eingehung der Ehe und dos.	5,1.2.4...12.14.15.23.
	24	1		Verbot der Schenk. unter Ehegatten.	5,16.
i		2		Aufhebung der Ehe.	5,17.24.
[Infortiat				um: Buch 24. Tit.3. bis Buch 38.]	
c		3		Zurückforderung der dos.	5,13.18...20.22.
u	25	1...3		Sonstiger Einfluß der Aufhebung der Ehe auf die Vermögens-R.	5,21.24.25.
s.)		4...6		Sicherung wegen aus der Ehe zu gebärender Kinder.	
		7		Concubinat.	5,26.27.
	26	1...10		Vormundschafts-Recht: De tutelis et de curatoribus.	5,28...75.
	27	1...10			
V (Libri Singulares.)	28	1...8	Erb-Recht. (Cod. IV. 3...62.) De test.	Form, Inhalt, Eröffnung der Testamente.	6,21...35.39.40.
	29	1...6			
		7		Codicille.	6,36.
	30.31.32		De leg. et fideic.	Vermächtnisse überhaupt.	6,37.38.41...54.
	33	1...10		Einzelne Arten.	
	34	1...3			
		4...9		Anordnung und Nebenbestimm.	
	35	1			
		2*) 3		Rechtsverhältnisse des Erben und Vermächtnisnehmers.	
	36	1...4			
VI	37	1...13	Bon. poss.	Bonorum Possessio.	6,3...7.9...20.55...62.
		14.15		Einschaltg: Vom Patronat. (Cod. 6,3...7.13.)	
	38	1...5			
		6...15(16)		Fortsetzung von der B. P.	
		16.17(17.18)		Intestat-Erbfolge.	6,55...58.
[Digestum				novum: Buch 39..50.]	
				(Drittes Drittheil.)	
	39	1...3		Operis novi nuntiatio und Civilklagen auf Unterlaßen.	8,10.11.
		4		De publicanis et vectigalibus.	4,61.62.
		5.6		Schenkung.	8,54...57. (3,29. 5,16.)
	40	1...16		Freilaßungen.	6,8. 7,1...25. 8,52.
	41	1...3		Eigenthum, Besitz, Usucapion.	7,30...41.
		4...10(11)		Einzelne Usucapionstitel.	7,26...29.
	42	1...8(9)		Urtheil und Vollstreckung.	7,42...60.71...75.
	43	1...33(32)		Interdicta.	8,1...9.
	44	1...6		Exceptiones u. and. Wirkungen der Kl.	7,39.40. 8,36.37.
		7		Obligationes et Actiones im allgem.	4,10...17.
VII	45	1...3		Stipulationen und deren Arten und Tilgung der Obligationen.	8,38...44.
	46	1...8			
	47	1...23	*Terrib. libri*	Privatdelicte u. Popularkl.	6,2. 9,19.32...39.
	48	1...24(25)	Straf-Recht.	Oeffentliche Verbrechen.	9,1...18.20...31.40...51.
	49	1...13		Appellationen.	7,61...70.
		14		De iure fisci.	(7,73.)
		15...18		Militärrecht.	8,51. 12,30.33...46.
	50	1...15		Städteverfaßung und Municipalrecht.	1,55.56. 8,12.13. 10,
		16.17		De verborum significationibus und De regulis iuris.	31...70. 11,13...39.57.

*) Das Stück von den Worten 'tres partes' in L. 82. D. ad L. Falc. 35,2. an bis zu Ende des Infortiatum (lib.38.incl.) heißt bei den Glossatoren Tres Partes.

Anhang II.

Uebersicht des Plans und der Eintheilung des justinianischen Constitutionencodex.

[Codex: Buch I...IX.]

Lib.	Tituli		(Erstes Drittheil.)	Digestorum libri et titt.
1	1...13		Kirchenrecht.	
	14...25		Rechtsquellen u. damit verbund. Formen.	1,1...4. 22,6.
	26...57		Stellung der Behörden.	1,9...22. 50,1.2.4.
2	1...5		Edition, in ius vocatio, Pacta, Vergleich, Rechnungsfehler.	2,13.4...11.14.15.
	6...18(19)		Vertretung vor Gericht u. negotia gesta.	3,1...3.5.
	19...54(20...55)		In integrum restitutio.	4,1...7.
	55(56)		Schiedsrichter, receptum arbitri.	4,8.
	56...58(57...59)		Sicherungen bei Einleit. d. Civilprocesses.	2,8.
3	1...27		Civilverfahren (Iudicia, iurisdictio, forum *et c.*)	5,1. 2,12.
	28...31	Dingl. u. ähnl. Klagen.	Erbschaftsklagen.	5,2.3.
	32		Eigenthumsklage.	6,1.
	33		Servitutes *a*) personarum.	7.
	34		„ *b*) rerum.	8.
	35		Lex Aquilia.	9,2.
	36...39		Theilungsklagen.	10,1...3.
	40		Litis Consortium.	(3,3.)
	41		Noralklagen.	9,4.
	42		Exhibition.	10,4.
	43.44		Nachträge (zu titt. 35.32.?)	11,5.7.
4	1...9	Klag. aus Realcontracten u. ähnl.	Klagen auf certum. Condictionen.	12...13,4.
	10		Obligationes et Actiones.	44,7.
	11...17		Verhaftung weg. Klagerechten Anderer oder gegen Andere.	
	18		Constituta pecunia.	13,5.
	19...22		Beweis und Beweismittel.	22,3...5.
	23.24		Klagen aus Commodat und pignus.	13,6.7.
	25...28		Klagen wegen Stellvertretung.	14,1.3.5.6. 15,1.2.4.
	29		Unvollkommene Bürgschaftsverpflichtung der Frauen.	16,1.
	30		Non numerata pecunia.	
	31		Compensation.	16,2.
	32.33		Zinsen.	22,1.2.
	34		Klagen aus Depositum.	16,3.
	35.36	Kl. a. Consensualcontr.	Klagen aus Mandat.	17,1.
	37		Klagen aus Societät.	17,2.
	38...58		Vom Kauf und Verkauf.	18,1...19,1. 21,1.
	59...63		Auf Kauf u. Miethe bezügl. staatsrechtliche Bestimmungen.	50,11. 39,4.
	64		(Einschaltung:) S. g. unbenannte Contracte.	19,4.5.
	65		Klagen aus locatio conductio.	19,2.
	66		Emphyteuse.	(6,3.)
			(Zweites Drittheil.)	
5	1...27		Eherecht und Concubinat.	23...25.
	28...75		Vormundschaftsrecht.	26.27.

Lib.	Tituli		Digestorum libri et titt.
6	1.2	Erbrecht: (Vorausgeschickt:) de servis fugitivis *etc.*, de furtis et servo corrupto.	11,3.4. 47,2.
	3...8	Patronat.	37,14...38,5. 40,10.11.
	9...20	Bonorum possessio.	37,1...13. 38,6...15.
	21...36	Testamente und Codicille.	28.29.34,9.
	37...54(53)	Vermächtnisse.	30...36.
	55...62(54...61)	Intestaterbrecht.	38,16.17.
		(Drittes Drittheil.)	
7	1...24	Freiwerden der servi.	40.
	25...41	Eigenthum, Besitz, Usucapion.	41.
	42...60	Urtheil und Vollstreckung.	42,1.2.
	61...70	Appellation und Rechtsmittel.	49,1...13.
	71...75	Vollstreckung gegen das Vermögen.	42,3...8.
8	1...9	Interdicta.	43.
	10...13(12)	Baupoliceiliches und Novi op. nunt.	39,1. 50,10.
	14...35(13...34)	Pfandrecht.	20.
	36.37(35.36)	Exceptiones und Litigiosität der Sache.	44,1.6.
	38...44(37...43)	Verbalobligationen u. Tilgung der Obll.	45.46.
	45.46(44.45)	Eviction (Nachtr. zu 4,38.ff.)	21,2.
	47...50(46...49)	Väterliche Gewalt, Begründung, Aufheb.	1,6.7.
	51(50)	Gefangenschaft und Rückkehr daraus.	49,15.
	52(51)	Kinderaussetzung.	
	53(54)	Quae sit longa consuetudo. (Fugitiv-Titel?)	1,3.
	54...57(53...56)	Schenkungen.	39,5.6.
	58.59(57.58)	Aufhebung der Nachtheile des Cälibats und der Orbität.	
9	1...51	Strafrecht.	47.48.
		[Tres Libri: Codicis X...XII.]	
10	1...77(76)	Verfaßungs- und Regierungs-Recht mit Einschluß des Municipal- und Militär-Rechts.	49,14. 50,1...7.
11	1...77(78)		(19,2.) 50,8.15.
12	1...63(64)		1,9...22. 49,16...18.

Anhang III.

Verzeichniſs der unglossierten Stellen des Corpus iuris civilis.

Die Institutionen sind durchaus glossiert.

Nicht von den Glossatoren recipiert sind aus den Digesten nur:
L.7.§5... L.11. D. de bonis damnator. 48,20. L.10... L.19. D. de interd. et releg. 48,22. Auch LL.30. (*Si ancilla*), 31. (*Commemorationem*) D. de probationibus 22,3. sind *nicht* mit Glossen versehen, aber sie sind dennoch zu dem recipierten Corpus iuris civilis gehörig.

[Für unerklärbar hielt man lange und bezeichnete deshalb als septem Cruces Iuris consultorum oder als Leges damnatae folgende 7 Digestenstellen:

1) L.22. (*Vinum*) de rebus creditis *12*,1. von Julianus,
2) L.40. (*Lecta*) eod. von Paulus,
3) L.38. (*Frater a fratre*) de condictione indebiti *12*,6. von Africanus,
4) L. 8. (*Centum Capuae*) de eo quod certo loco dari op. *13*,4. von demselben,
5) L.69. (*Cum societas*) pro socio *17*,2., von Ulpianus,
6) L. 5. (*Periculi pretium*) de nautico fenore 22,2. von Scävola,
7) L.29. (*Gallus*) de liberis et postumis 28,2., von demselben,

worüber des Niederländers *Cornelius van Eck* Diss. inaug. de VII damnatis legib. Pandectar. Lugd. Bat. 1682. 4°. (Wiederabdruck Jena 1745.) auch in den Supplementband des meermannschen Novus thesaur. iur. civ. Hag. 1780. fol. p. 571...86. aufgenommen ist. Die Glossatoren zählen (nach Witte, Art. 'Paulus' in Ersch u. Grubers Encycl. Note 45.) nur 6 leges damnatas: *Paul. L.* 19. *D. de inoff. test.* 5,2. *Id. L.* 40. u. *Afric. L.* 41. *D. de R. C.* 12,1., die *L.* Frater a fratre, *L.* Gallus, und *Diocl. et Max. L.* 24. *C. fam. herc.* 3,36.]

Im Coder dagegen sind folgende Constitutionen unglossiert:

LL. 3. 5. 6. 7. C. de summa trinitate *1*,1.
LL. 15. 17. 18. 20. 24 ... 26. C. de sacrosanctis ecclesiis *1*,2.
LL. 29. 30. 36. 39. 40. 42 ... 48. 53. 55. 57. C. de episcopis *1*,3.
LL. 14. 17. 18. 20. 22. 23. 25. 26. 29. 30. 32 ... 34. C. de episcopali audientia *1*,4.
LL. 9. 11 ... 18. 20. C. de haereticis et Manichaeis *1*,5.
LL. 2. 18. C. de Iudaeis et Caelicolis *1*,9.
L. 2. C. ne Christianum mancipium *1*,10.
LL. 9. 10. C. de paganis *1*,11.
LL. 3. 7. 8. C. de his qui ad eccl. confug. *1*,12.
L. 10. C. de legib. et const. princ. et edict. *1*,14.
L. 2. C. de mandatis principum *1*,15.
L. 3. C. de vet. iure enucl. *1*,17. (*Constitutio* '*Δέδωκεν*').
L. 6. C. de off. Pf. P. Orient. *1*,26.
L. 1. § 8. u. L. 2. § 19. von den Worten 'singulis sol. 5.' bis § 23. zu den W. 'hominibus eius similiter' C. de off. Pf. P. Africae *1*,27.
L. 2. C. de off. Comitis rer. privatar. *1*,33.
L. 13. C. de Adsessoribus *1*,52.
L. 4. C. de in ius vocando *2*,2.
LL. 18. 19. C. de advocatis diversorum iudiciorum *2*,7.
LL. 27. 28. C. de procuratoribus *2*,13.
L. 3. C. de iure iurando propter calumniam dando *2*,59.
LL. 11. 12. C. de iudiciis *3*,1.
LL. 2. 4. C. de sportulis *3*,2.
LL. 1. 2. C. de plus petitionibus *3*,10.
LL. 1. 2. C. de aleatoribus *3*,43.
L. 15. C. de religiosis *3*,44.
LL. 1. 13. 15. 16. C. de testibus *4*,20.
LL. 16. 22. C. de fide instrumentor. *4*,21.
L. 1. C. de pignoraticia actione *4*,24.
LL. 29. 30. C. de usuris *4*,32.
L. 24. C. mandati vel contra *4*,35.
L. 5. C. vectigalia nova institui non posse *4*,62.
L. 33. C. de locato et conducto *4*,65.
L. 6. C. de sponsalibus *5*,1.
L. '*Manifestum*' zw. L. 8. u. 9. u. die L. 29. C. de nuptiis *5*,4.
Die restituierten Stellen nach L. 10. C. de secundis nuptiis *5*,9.
L. 12. C. de repudiis *5*,17.
L. 4. C. de bonis libertorum *6*,4.
Titulus 'De incertis personis' C. *6*,48.
L. 15. C. de sentent. et interl. *7*,45.
L. 5. C. de fructibus et litium expensis *7*,51.
LL. 35. 36. C. de appellationibus *7*,62.
L. 12. C. de aedificiis privatis *8*,10.
L. 3. C. de operibus publicis *8*,12.
L. 1. C. de duobus reis *8*,40.
L. 29. C. de fideiussoribus *8*,41.
L. 4. C. de infantibus expositis *8*,52.
L. 6. C. de custodia reorum *9*,4.
L. 2. C. de privatis carceribus inhibendis *9*,5.
L. 2. C. si reus .. mortuus fuerit *9*,6.
L. 6. C. ad L. Iuliam maiestatis *9*,8.
L. 37. C. ad L. Iuliam de adulteriis *9*,9.
L. '*Liceat cuilibet*' nach L. 4. C. ad L. Corneliam de sicariis *9*,16.
L. 2. C. de crimine sacrilegii *9*,29.
L. 26. C. de poenis *9*,47.
L. 11. C. de bonis proscriptorum *9*,49.
L. 11. C. de iure fisci *10*,1.
L. 7. C. de fide et iure hastae *10*,3.
LL. 7. 8. C. de delatoribus *10*,11.
LL. 1. 13. C. de annonis et tributis *10*,16.
L. 9. C. de exactoribus tributorum *10*,19.
LL. 2. 3. C. ut nemini liceat in empt. *10*,27.
L. 4. C. de discussoribus *10*,30.
L. 1. C. quibus munerib. excusantur *10*,55.
LL. 1. 2. C. de naviculariis *11*,1.
L. 16. C. de murilegulis *11*,7.
L. 7. C. de spectaculis *11*,40.
L. 18. C. de agricolis *11*,47.
L. 2. C. ut nemo ad suum patrocin. *11*,53.
L. 8. C. qui militare possunt *12*,34.
LL. 18. 19. C. de erogatione militaris annonae *12*,38.
L. 12. C. de metatis *12*,41.
L. 3. C. de filiis officialium *12*,48.
L. 7. C. de executoribus et exactoribus *12*,61.
L. 2. C. publicae laetitiae *12*,64.

Die unglossierten Novellen sind in der folgenden Tabelle bezeichnet.

Anhang IV.

Ueberſicht der juſtinianiſchen Novellen nach ihrer Ordnung in den verſchiedenen Sammlungen, u. ſ. w.

Zum Gebrauche dieſer Tabelle iſt zu bemerken: die erſte Spalte bezieht ſich auf die Sammlung der 168 Novellen, welche unter Tiberius II. (578...82.) oder kurz nachher entſtanden und ſeit Contius, 1571, in allen ungloſſierten Ausgaben des Corpus iuris civilis aufgenommen iſt; die Novellen von Juſtinus II., 140,144,148,149, die von Tiberius II.,161,163,164, und die 4 Eparchica oder Formae Pff., 165...168., ſind in [ ] eingeſchloßen. Die doppelt in der Sammlung vorkommenden Novellen, 32 und 34, 41 u. 50, 75 u. 104, 143 u. 150, ſind durch ein † bezeichnet. Die zweite Spalte giebt die Sprache an, worin die einzelnen Novellen erlaßen worden ſind; griechiſche Abfaßung iſt durch den leergelaßenen Raum angedeutet, lateiniſche durch lat.; lb bei Nov.17. ſoll andeuten, daß der Anfang lateiniſch, der liber mandatorum in beiden Sprachen abgefaßt; das b bei Nov.18., daß dieſe (nach Nov.66. c.1.) nach Africa lateiniſch, alſo in beiden Sprachen erlaßen worden iſt. Die dritte Spalte giebt die Zeit des Erlaßes der einzelnen Verordnung an; das = ſteht ſtatt Wiederholung der in derſelben Spalte vorangehenden Zahl; die in () eingeſchloßenen Zahlen, welche neben nichteingeſchloßenen ſtehen, bezeichnen, daß die Quellen zum Theil auf jene Zahlen hindeuten; wo nur eine in () eingeſchloßene Zahl ſich findet, beruht deren Annahme mehr auf Vermutungen, als eigentlichen Quellen; 2 Jahrzahlen nebeneinander bezeichnen, daß Biener zwiſchen denſelben ſchwankt, und zwei in () ſtehende, daß Quellenbeweiſe für keine beider vorliegen. Das bloße ? bezeichnet gänzliche chronologiſche Ungewiſsheit. Die vierte Spalte bezeichnet die gloſſierten und die nichtgloſſierten Novellen, letztere durch o. In der fünften Spalte ſind die 97 Authentiken der Gloſſatoren, nach 9 Collationen und 98 Titeln, wie ſie die gloſſierten Ausgaben ſeit Fradin, 1512., (mit Ausnahme von Contius 1576, Gothofred und Baudoza), enthalten, angegeben; daneben zeigt die ſechste Spalte die Collationen und Titel nach Contius, 1571. Die ſiebente Rubrik zeigt die Ordnung des julianiſchen Novellenauszugs, und die achte die der Sammlung der 134 Novellen, woraus die Gloſſatoren ihr Autenticum ausgezogen haben, wie ſie in der Wiener Handſchrift (abweichend von der Zählung bei Oſenbr. zu Novv.112...20.123...25.127.128.130...33.143.150.) ſich findet, nur daß die hierin fehlende Nov.133. als Nov.134. dieſer Sammlung hinzugefügt iſt.

Nov.	Sprache.	Jahr des 6. Jahrh.	Gloſſ.	Autentic. Coll.	Autentic. Tit.	Contius Coll.	Contius Tit.	Iuliani const.	Wiener 134 Nov.
1		35		I.	1	I.	1	1	1
2		35(34)		=	2	=	2	2	2
3		35	1)	=	3	=	3	5	3
4		=		=	4	=	4	3	4
5		=		2) =	5	=	5	4	5
6		=		=	6	=	6	6	6
7		=		II.	1	II.	1	7	7
8		=	3)	=	2.3	=	2.3	15	8
9	lat.	=		=	4	=	4	8	9
10		=		=	5	=	5	16	10
11	lat.	=	o	o		=	6	9	11
12		=		=	6	=	7	32	12

(1) Von cap.1. pr. verb. '*quoniam quidem non propr.* an,' ſagt Accurſius „non legitur", d. h. bezeichnet ſie Acc. als unpraktiſch. (2) Vgl. die von Savigny (Ztſch. f. g. R.W. II. S.128...36.) aus einer Pariſer Hdſchr. mitgetheilte Ueberſ. des Anſelm von Lucca. (3) Enthält auch Edict.VIII. Zu den Anhängen bemerkt Accurſius „inutilis constitutio".

Nov.	Sprache.	Jahr des 6. Jahrh.	Gloss.	Autentic.		Contius		Iuliani const.	Wiener 134 Nov.
				Coll.	Tit.	Coll.	Tit.		
13		35	o	o		II.	8	23	13
14		=		III.	1	III.	1	31	14
15		35 (36)		=	2	=	2	30	15
16		= =		=	3	=	3	12	16
17	lb	= =		=	4	=	4	21	17
18 [1]	b	35. 36		=	5	=	5	34	18
19		36		=	6	=	6	o	19
20		=	[2]	=	7	=	7	25. 120	20
21		=	o	o		=	8	(cf. 29[3])	21
22		=		IV.	1	IV.	1	36	22
23	lat.	=		=	2	=	2	24	23
24		35	o	o		=	3	17	24
25		=	o	o	[5]	=	4	18	25
26		=	o	o		=	5	19	26
27		=	o	o		=	6	20	27
28		=	o	o		=	7	27	28
29		=	o	o		=	8	28	29
30		36	o	o		=	9	22	30
31		=	o	o		=	10	39	31
† 32		=	o	o		=	11	33	o
33	[4] lat.	(36)		=	4	=	12	o	35
† 34	lat.	36		=	5	=	13	33	36
35	lat.	35	o	o		=	14	26	37
36	lat.	=	o	o		=	15	o	38
37	lat.	=	o	o		=	16	o	39
38		36 (48).	[5]	o		=	17	35	40
39		36		=	6	=	18	37	41
40		=	o	o		=	19	11	42
† 41 [6]		=	o	o		=	20	(38)	o
42		=	o	o		=	21	10	43
43		36 (37)	o	o		=	22	13	44
44		37		=	7	=	23	40	45
45		37 (36)	o	o		=	24	41	52
46		= =		V.	1	V.	1	14	46
47		37		=	3	=	2	42	48
48		=		=	2	=	3	43	47
49		36 (37)		=	11	=	4	44	58
† 50	[7]	37	o	o [8]		=	5	o	49

(1) Zum Theil wiederholt in Nov. 89. (2) „Hanc non lego" *Accurs.* „Parum valet". *Ioann.* (3) Iuliani const. 29. = Edict. III. (4) Lateinisches Begleitungsschreiben der Nov. 134., welche griech. Nov. 132. ist. (5) Nur die Glosse der Nov. 38. findet sich in den Ausgg. zwischen Collat. IV. titt. 3. 4. (6) Fehlt: das Original, vermutlich griechisch, ist eine durch Nov. 50. abgeänderte Constitution, und in der Sammlung der 168 Novellen stand die jetzige Nov. 50. auch als Nov. 41. (7) S. zu Nov. 41. Vielleicht existierte auch ein lat. Originaltext. (8) Von den Novellen 50, 62, 64, 65, 68, 87, 104 (75) giebt Biener Gesch. der Nov. S. 486...99. großentheils zum ersten Mal

Nov.	Sprache.	Jahr des 6. Jahrh.	Gloss.	Autentic. Coll.	Tit.	Contius Coll.	Tit.	Iuliani const.	Wiener 134 Nov.
51		37		V.	4	V.	6	45	50
52		=		=	5	=	7	46	51
53		=		=	6	=	8	47	53
54		=		=	7	=	9	48	54
55		=		=	8	=	10	49	55
56		=		=	9	=	11	50	56
57		37 (38)		=	10	=	12	51	57
58		37		=	12	=	13	52	59
59		=	o	o		=	14	53	60
60		=		=	13	=	15	54	61
61		=		=	14	=	16	55	62
62	lat.	=	o	o		=	17	56	64
63		38	o	=	15[1])	=	18	57	66
64	lat.	=	o	o		=	19	58	65
65		=	o	o		=	20	59	67
66		=		=	16	=	21	60	68
67		=		=	17	=	22	61	69
68		=	o	o		=	23	62	70
69		=		=	20	=	24	63	73
70		=		=	19	=	25	64	72
71		=		=	18	=	26	121	71
72		=		VI.	2	VI.	1	65	75
73		=		=	3	=	2	66	76
74		=		=	1	=	3	67	74
† 75	lat.	(36)	o	o		=	4	68.97	o
76		38	[2])	=	4	=	5	70	77
77		(38.39)		=	5	=	6	71	78
78		39		=	6	=	7	72	79
79		=		=	7	=	8	73	80
80		=	[3])	=	8	=	9	74	81
81		=		=	9	=	10	75	82
82		=		=	10	=	11	76	83
83		=		=	11	=	12	77	84
84		=		=	12	=	13	78	85
85		=	[4])	=	13	=	14	79	86
86		=		IX.	10	=	15	69	129
87		=	o	o [5])		=	16	80	87
88		(39)		VI.	14	=	17	81	88
89[6])		39		VII.	1	VII.	1	82	89

aus einer Wiener Handschrift eine alte Uebersetzung. Vgl. die osenbrügg. Ausg. der Novellen im kriegel. Corp. jur. zu den genannten. (1) Nach *Accurs.* in die Handschrr. u. neueren glossierten Ausgg. aufgenommen, aber unglossiert. (2) Von der Schlußclausel sagt *Accurs.* „Haec constitutio est inutilis“. (3) *Accurs.* „Hanc non lego“, giebt aber 43 Glossen. (4) *Accurs.* „Hanc non lego“; sie ist aber glossiert. (5) s. die vorhergehende Note 2. (6) Vgl. zu Nov. 18.

Nov.	Sprache.	Jahr des 6. Jahrh.	Gloss.	Autentic. Coll.	Tit.	Contius Coll.	Tit.	Iuliani const.	Wiener 134 Nov.
90		39		VII.	2	VII.	2	83	90
91		=		=	5	=	3	84	93
92		(39)		=	3	=	4	85	91
93		=		VIII.	2	=	5	86	100
94		39		VII.	4	=	6	87	92
95		=		=	6	=	7	88	94
96		=		=	7	=	8	89	95
97		=		=	8	=	9	90	96
98		39. 40		VIII.	1	=	10	91	99
99		39		VII.	9	=	11	92	97
100		=		=	10	VIII.	1	93	98
101		=	0	0		=	2	94	101
102		36	0	0		=	3	95	32
103		=	0	0		=	4	96	33
† 104	lat.	=	0	0 [1]		=	5	68. 97	63
105		=		IV.	3	=	6	98	34
106		(40)		IX.	11	=	7	99	130
107		41		VIII.	3	=	8	100	102
108		=		=	4	=	9	101	103
109		=		=	5	=	10	102	104
110		=	0 [1]	=	6	=	11	103	105
111 [2]	lat.	=		=	7	=	12	104	106
112	[3]	=		=	8	=	13	105	107
113		=		=	11	=	14	106	110
114	lat.	=		=	10	=	15	0	109
115		42		=	12	=	16	107	111
116		42 (41)		=	9	=	17	0	108
117		42		=	13	=	18	108	112
118		43 (44)		IX.	1	IX.	1	109	113
119		44 (45)		=	2	=	2	110	114
120		44		=	3	=	3	111	115
121		35?	0	0		=	4	0 [4]	0
122		42	0	0		=	5	0	0
123		46		=	15	=	6	115	133
124		45		=	5	=	7	122	117
125		44		=	4	=	8	112	116
126		43...46	0	0		=	9	113	0
127		47	0	=	7	=	10	114	121 [5]
128		45		=	14	=	11	124	120
129		51	0	0		=	12	116	123

(1) *Accurs.* „Hanc legem quidam non habent et non legitur"; dennoch ist sie in den neueren glossierten Ausgaben aufgenommen, obgleich ohne Glosse.
(2) Auch griechisch als Edictum V. (3) Vielleicht ist die Vulgata ein lateinischer Originaltext. (4) Von P. Pithou 1576. mit Unrecht als const. 127. eingetragen. (5) Die Const. 122. = Edictum VIII.

Nov.	Sprache.	Jahr des 6. Jahrh.	Gloss.	Autentic. Coll. Tit.	Contius Coll. Tit.	Iuliani const.	Wiener 134 Nov.
130		45	0	0	IX. 13	123	118
131		„		IX. 6	„ 14	119	119
132		44 *)		„ 12	„ 15	0	131
133		39	0	0	„ 16	0	134
134		56		„ 9	„ 17	125 [1])	128
135		?	0	0	„ 18	0	0
136		41 ?	0	0	„ 19	118	0
137		64. 65	0	0	„ 20	0	0
138	lat.	(35)	0	0	„ 21	0 [2])	0
139		(35.36)	0	0	„ 22	0	0
[140]		66	0	0	„ 23	0	0
141		59	0	0	„ 24	0	0
142		(52.53)	0	0	„ 25	0	0
† 143	lat.	63		„ 13	„ 26	0	132
[144]		69. 72	0	0	„ 27	0	0
145		53	0	0	„ 28	0	124
146		„	0	0	„ 29	0	125
147		54(44)	0	0	„ 30	0	126
[148]		66(45)	0	0	„ 31	0	0
[149]		69. 73	0	0	„ 32	0	0
† 150	lat.	(63)	0 [3])	0	„ 33	0	0
151		51...63	0	0	„ 34	0	0
152		35...41	0	0	„ 35	0	0
153		41	0	0	„ 36	0	0
154		(35.36)	0	0	„ 37	0	0
155		(40)	0	0	„ 38	0	0
156		?	0	0	„ 39	0	0
157		35	0	0	„ 40	0	0
158		?	0	0	„ 41	0	0
159		45 [4])	[5])	„ 8	„ 42	117	127
160		?	0	0	„ 43	0	0
[161]		78...82	0	0	„ 44	0	0
162		39	0	0	„ 45	0	0
[163]		78...82	0	0	„ 46	0	0
[164]		„ „	0	0	„ 47	0	0
[165]		?	0	0	„ 48	0	0
[166]		?	0	0	„ 49	0	0
[167]		?	0	0	„ 50	0	0
[168]		?	0	0	„ 51	0	0

(*) Osenbr.545. (1) Vielleicht nicht von Iulianus, sondern gleichzeitiger Zusatz. (2) Von P. Pithou mit Unrecht als const.126. eingetragen. (3) Die Glosse geht nicht auf Nov.150., die ein Auszug aus Nov.143. ist, sondern auf diese. (4) s. *Athanasius* bei *Heimbach* Ἀνέκδοτα. (5) *Accurs.* „Litteram non lego". Die Glosse aber fehlt nicht.

Anhang V.

Ueber Handschriften und Ausgaben der justinianischen Rechtswerke.

'**Corpus iuris civilis**' ist, seit Dionysius Gothofredus (Godefroy) diesen Titel zuerst für seine (Genev. bei Stoer 1583.4°. gedruckte) Gesammtausgabe der justinianischen Rechtswerke sammt Anhängen gebraucht hat, technische Bezeichnung des Inbegriffs der in §21. näher bezeichneten Sammlungen und Gesetze geworden; der Zusatz '*clausum*', welcher seit Ende des vorigen Jahrhunderts von dem Corpus iuris canonici, für welches er aus Irrthum aufgekommen ist, mitunter auch auf das Corp.Iur.Civ. übertragen wird, soll die Ausschließung der gemeinrechtlich nicht geltenden Bestandtheile anzeigen, so daß 'Corpus iur. civ. clausum' heiße die Institutionen, Digesten, Codex und Novellen sammt den libri feudorum und angehängten deutschen Reichsgesetzen, soweit diese Sammlungen und Gesetze glossiert sind (§24.u.u.Anh.III.). Seit dem 7.Decennium des 15. Jahrhunderts bis zu der angegebenen gothofredischen Ausgabe wurden ausschließlich, und von da an bis zum Anfang des dritten Decenniums des 17ten Jahrhunderts noch häufig, die einzelnen Bestandtheile des Corp. iur. civ. als separate Werke gedruckt, wenngleich schon seit Ende des 15ten Jahrhunderts immer häufiger so, daß aus ihnen ein gleichförmiges Ganzes zusammengestellt werden konnte. Dieses bestand dann, wenn es die Glosse enthielt, mit wenigen Ausnahmen [1]) aus 5 Theilen oder Bänden, deren die 3 ersten das ***Digestum vetus***, das ***Infortiatum*** und das ***Dig.novum*** (Anhang I.), der vierte den Codex, d.h. dessen erste 9 Bücher, der 5te, ***Volumen*** oder ***Volumen parvum*** oder ***Volumen legum parvum*** genannt, die Tres libri (Codicis X...XII.) und die Authenticae, d.h. die Novellen sammt ihren Anhängen, befaßen (s. Anh. II. u. IV.); diesem Volumen gehen in der Regel die Institutiones unter ihrem besonderen Titel voran. Diese Einrichtung hat auch noch die erste nichtglossierte Ausgabe des Corp.iur.civ.(Paris.ap. Claud.Chevallon.1525...27. 12°.); zuerst ist sie verlaßen in der bei Rob. Stephanus (Etienne) zu Paris 1527...28. in 8°. erschienenen Ausgabe der Digesten in 5 Bänden, dann in der von Haloander (s.S.*15.), welche bei den Digesten weder die Glossatoreneintheilung, noch die in partes befolgt; dieses letztere thut die dritte (oder, wenn die haloandersche eingerechnet wird, die vierte) unglossierte Ausgabe des Corp.iur. (Par.1552...53.8°. von Le Mire [Miraeus] besorgt) zuerst, indem hier die 7 partes in 7 Theilen, der Codex in 2, die Novellen und Institutionen je in 1, und in einem 12ten Theile ein Index erscheinen. Wieder eine andere Einrichtung hat die Ausgabe von Louis Le Caron (Charondas) Antv. 1575.fol., indem hier Digesten, Codex, Novellen, Edicte Justinians sammt den nachjustinianischen Constitutionen, so wie den Canones apostolorum und den Libri feudorum, und zuletzt die Institutionen, je ihr besonderes Titelblatt haben, zu welchen 5 an Umfang sehr ungleichen Theilen in einem sechsten Indices zu den justinianischen Rechtswerken kommen. Mit den gothofredischen unglossierten, theils mit seinen eigenen Noten versehenen (Lugd.1583.4°.u.ö.), theils bloß den Text enthaltenden Ausgaben (Lugd.1589.8°. u.ö.) ist die seitdem üblichste Eintheilung des Corp.iur.civ. in 2 Bänden, deren erster Institutionen und Digesten, der andere alles übrige enthält, aufgekommen. — Wir sprechen hier zuerst von den 4 einzelnen Theilen der justinianischen Rechtswerke, deren Handschriften, Ausgaben und damit in Verbindung stehenden Puncten; dann sollen die Ausgaben des gesammten Corpus iuris, zuerst die glossierten, dann die unglossierten genannt werden.

---

(1) So besteht die von *Baudoza* (Baudoche) Lugd.1593.4°. aus 4 Bänden: 1) Dig.partes 1...4. 2) Dig.partes 5...7. 3) Codicis libb.12. 4) Institutiones und Parvum Volumen (d.h. Novellen und Anh.). Den gothofredischen glossierten Ausgaben, Lugduni 1589.fol., zuletzt studio et opera *Io. Fehii*. Lugd.1627. fol. ist ein 6ter Band, Register und Indices enthaltend, zugegeben.

A. Die einzelnen justinianischen Rechtswerke.

1. Institutiones.

Von den zahlreichen **Handschriften** derselben, welche am vollständigsten aufgezählt und beschrieben sind in dem Prodromus corp. iur. civ. a Schradero, Clossio, Tafelio edendi. Berol. 1823. 8°. p. 36. sqq., (womit noch zu verbinden *I. L. G. Beck* Indicis codicum [MSS.] et editionum iur. Iust. prodromus. Lips. 1823. 8°. *G. Haenel* Catalogi libb. MSS. Lips. 1830. 4°. und *Schrader* Corp. iur. civ. tom. I. p. I. sqq.) ist die älteste ein Bruchstück von drei 4° Blättern in der veron. Capitularbibliothek, num. 36., wol noch aus dem 7. Jahrh.; unter den vollständigeren sind drei vorbolognesische, schwerlich älter als das 10te Jahrhundert; voraccursische 10; bei weitem die meisten stammen erst aus dem 14. und viele aus dem 15. Jahrhundert. Die Abweichungen dieser Handschriften untereinander sind von der Art, daß eine durchgreifende und sichere Zurückführung derselben auf charakteristisch verschiedene Classen bisher nicht gelungen ist.

Die **Ausgaben** sind sehr zahlreich: *Hain* Repertorium bibliographicum n°. 9486...9541. zählt 56 bis 1499. auf, ebenso viele mit der Jahreszahl versehene und außerdem 6 sine anno *Biener* in dem Index editionum hinter seiner Institutionenausgabe (Berol. 1812. 8°.), der von 1500 bis 1805. dreihundert und achtzehn Drucke des Werkes angiebt. Damit ist noch zu vergleichen Spangenbergs Einleit. S. 456. ff. 645. ff., der angeführte Prodromus p. 155. und *Schrader* a. a. O. Wir nennen hier nur folgende:

1) Der aus einer mittelmäßigen Handschrift gedruckten mit der Glosse bei Peter Schoyffer de Gernssheim. Mogunt. 1468. 24. Maii. fol. gehen bei *Hain* l. c. (s. *Biener* p. xv. sq.) 2 Ausgaben s. l. et a. und eine jensonsche s. a. voraus.

2) Die erste ungloss. Ausg. mit einer praef. Petri Gratianopolitani. Parisius. Gaufr. de Marnek. 1511. 2. Oct. 16°.

3) Die ungloss. von *Gregor. Haloander* (Hoffmann) Institvtionvm ... libri qvatvor.... Norembergae IIII. Nonas Maias. Anno M.D.XXIX. 8°.

4) Die ungloss. von *Iac. Cuiacius.* Paris. 1585. fol. und kurz darauf auch 8°., am besten wiederholt von Köhler. Gotting. 1782. 8°., wonach die Ausg. im gebauer-spangenbergschen Corp. iur. civ. abgedruckt ist.

5) D. Iustiniani Institutionum libri IV. Recensuit ... *F. A. Biener.* Berol. 1812. 8°.

6) Gaii et Iustiniani Institutiones .... coniunctas edider. *C. A. C. Klenze* et *E. Böcking.* Berol. 1829. 4°. (Die justinianischen Institutionen sind von letzterem Herausgeber besorgt.)

7) Die von *E. Schrader* im Corp. iur. civ. Berol. 1832. 4°. tom. I., woraus der Text stereotypiert Berol. 1836. 12°.

2. Digesta oder Pandectae.

Die mittelalterlichen Schriftsteller bedienen sich theils der letzteren, theils der ersteren Benennung vorzugsweise; die Glossatoren gebrauchen am häufigsten 'Digestum', und verstehen meistens unter 'Pandectae' oder 'Pandecta' die damals pisanische Handschrift. Die Sigle ff zur Bezeichnung der Digesten ist aus dem verzogenen Anfangsbuchstaben D entstanden, und nur indem man sie irrig aus einem *Π* (*Πανδέκται* oder *Πανδέκτης*) ableitete, kam auch diese letzte Bezeichnungsform, wiewol nie allgemein, in Gebrauch. (Vgl. Kämmerer üb. die zur Bezeichn. der Pand. gebräuchl. Sigle ff. Rostock 1834.) Von der Eintheilung in Dig. vetus, Infortiatum und Dig. novum, so wie der Benennung eines Theiles des Infortiatum als Tres partes, s. oben S. *2. f. und v. Savigny Gesch. des R. R. im M. A. III. §§ 147. 156...64. Eichhorn Deutsche St. u. R. G. § 267.

Eine genügende Nachweisung der **Handschriften** der Digesten, so wie der des Codex fehlt uns. Ueber jene sind zu vergl. *H. Brencmanni* Historia Pandectarum. Trai. ad Rh. 1722. 4°. lib. III. cap. 5., Spangenberg Einleit. S. 497. ff., *Beck* Prodr. cit. p. 9...21. und *Haenel* Catalog. cit. Ueber die nur in kleinen Bruchstücken erhaltenen neapolitanischen, Gaibacher und die jetzt Berliner Pandektenhandschriften, aus dem 7. bis 9. Jahrh. s. *Gaupp* de quatuor foliis antiq. alic. Digestor. cod. *et c.* Vratisl. 1823. 4°. Zachariä in Ztsch. f. g. R. W. XI. n°. 8. *Haenel* in 'Berichte .. der .. Gesellsch. der Wiien zu Lpz. 1850. p. 73...89. Die älteste und bei weitem die berühmteste, fast unter allen, sicher die besprochenste unter allen Handschriften überhaupt, ist die seit der Unterwerfung der Pisaner[2] unter die Herrschaft von Florenz (1406) jetzt in der herzogl. laurentianischen Bibliothek dieser Stadt, und so schon früher von den Pisanern seit der Mitte des 12. Jahrh. wie ein Heiligthum verwahrt wird[3]. Im Gegensatze zu dieser im 7. Jahrh. und wahrscheinlich im mittleren oder unteren Italien geschriebenen, jetzt wol von niemand mehr für eine Urhandschrift aus Justinians Zeit gehaltenen Handschrift werden die übrigen, in der Bluthezeit der Glossatoren und spater geschriebenen, allen alten Drucken zum Grunde liegenden, 'Vulgat-Handschriften' genannt. Diese, unter sich in einzelnen Lesarten sehr vielfach abweichend, laßen die Inscriptionen der einzelnen Stellen und das Griechische durchaus weg, dagegen haben sie manche Stellen vollstandiger und richtiger als die Florentina, und müßen also aus anderen Urhandschriften abstammen; sind aber in mehreren Stucken, insbesondere betreffend die Verwirrung der 2 letzten Blatter, welche in der Florentina losgegangen waren und falsch eingefügt worden sind[4], von dem Einfluße dieser durchgangig nicht frei geblieben. „Der Pandektentext der Glossatoren (sagt Savigny „a.a.O. § 168.) war aus alten, von der pisanischen Handschrift unabhängigen Ur- „handschriften genommen (litera vetus, communis). Daneben aber kannten sie „auch die pisanische, und betrachteten dieselbe im ganzen als den ächteren und „beßeren Text. Aus beiden gemeinschaftlich bildeten sie durch freiere Auswahl [soweit ihnen der pisanische Text im Unterschiede von dem ihrer Handschriften bekannt war] „einen neuen Text, den wir den bolognesischen nennen können..". (Vgl. nun auch Biener in Savigny Gesch. d. R. R. VII. p. 82...87.) Und § 170. fahrt jener Schriftsteller fort: „Die Vulgata entstand, so viel wir wißen, nicht durch „ein förmlich bestimmtes Verfahren, sondern durch die allgemein anerkannte und „gebilligte Arbeit Einzelner. In Ansehung der kleineren Varianten nun, welche „oft nur einzelne Worte betreffen, blieb ohne Zweifel sehr vieles unentschieden, „theils weil sie vielleicht noch von keinem untersucht waren, theils weil dabei in „vielen Stellen verschiedene Meinungen übrig bleiben mochten. Und selbst in „solchen Fallen, worin eine einzelne Leseart als Vulgata wirklich angenommen war, „konnten doch neue Abweichungen der Abschriften nie ganz verhütet werden... „Die Vulgata existiert für viele Stellen gar nicht, weil sie nie ganz fertig geworden „ist, und wo sie existiert, können wir sie nicht immer ausmitteln, weil sie niemals „in einer einzelnen Urkunde niedergelegt wurde". Aus dem bisherigen ergiebt sich von selbst, was wir unter florentinischen und Vulgat-Lesarten, lectio Florentina und vulgata oder Bononiensis, zu verstehen haben. Von beiden unterscheidet man noch die haloandrischen Lesarten, lectio Haloandrina oder Norica, d. h. die von Gregor Haloander (Hoffmann) aus Zwickau in seiner Ausgabe der Digesten (s. unten n°. 2.) aus Vergleichung der Florentina mit vielen Vulgat-Handschriften constituierte. Die meisten neueren Ausgaben liefern einen aus diesen drei Recensionen gemischten Text; jedoch herrschen im ganzen seit der torellischen Ausgabe (s. unten n°. 3.) die florentinischen Lesarten vor.

Unter den Separat-Ausgaben bemerken wir:

1) als editio princeps (mit der Glosse) a) das *Digestum vetus. Henricus Clayn*

---

(2) Daß diese Handschrift den Pisanern nach Erbeutung von Amalfi oder Malfi im J. 1135. von Kaiser Lothar II. zum Geschenk gemacht worden sei, ist eine im 14. Jahrh. aufgekommene Sage. Savigny a.a.O. §§ 35...38. (3) Die von verschiedenen Schreibern geschriebene Handschrift besteht aus 2 Bden gros 4°. (Buch 1...19. 20...50.) vom feinsten Pergament, und hat durch Wiedereinbinden und durch Feuchtigkeit und Wirkung der Tinte mitunter gelitten. Ein Facsimile von einer Seite findet sich unter anderen in der gebauer-spangenb. Ausg. des Corp. iur. civ. tom. I. zu p. 802. Eine Beschreibung dieser Hdschr. giebt Zachariä Reise in den Orient. Hdlbg. 1840. 8°. S. 49...57. (4) Hugo Civil. Mag. V. n°. 10.

Ulmae ... ortus in aug. urbe Perusia .. impressit. anno dñi 1476. fol. (*Hain* Repertor. bibliograph. n°.9545., der eine jensonsche Ausg. s. a. voranstellt.) Nach *Montfaucon* bibl. MSS. p. 157. existiert eine 1473. gedruckte Ausgabe von Digesti pars I. et II. b) *Infortiatum* c. gl. *Vitus Puecher* impress. Rom. 1475. fol. max. (*Hain* l.c. n°.9563., der 3 Ausgg. s. a. vorher aufführt.) c) *Digestum novum* c. gl. von demselben, Rom. 1476. fol. max. *Hain* n°.9579. führt ein s.l. et a. (wahrsch. bei Berthold Rodt in Basel) gr. Fol. erschienenes Dig. novum (auch in meinem Besitze) zuerst auf.

2) Digestorvm sev Pandectarvm libri qvinqvaginta ... Editi Norembergæ per *Gregorium Haloandrum* ... Anno M.D.XXIX. Cal. Apr. 3 Bde. 4°. min. (mit durchlaufenden Seitenzahlen, daher auch wol in 2 Bden gebunden, so daß mit pars V. p. 1019. der zweite beginnt). Ohne Glosse.

3) Digestorvm sev Pandectarvm libri qvinqvaginta ex Florentinis Pandectis repraesentati. Florentiae In off. Laurentii Torrentini Dvcalis Typogr. M.D.LIII fol. 3 Bde. (oder in 2 Bden, so daß mit pars V. der 2te beginnt, indem auch diese Ausgabe durch das ganze fortlaufende Seitenzahlen hat). Diese kostbare (unglossierte) Ausgabe, von *Lelio Torelli* und seinem Sohne *Francesco* besorgt, ist bei der gebauer-spangenb. Ausg. des Corp. iur. zum Grunde gelegt, jedoch unter Zuziehung der zu Anfang der vorigen Jahrhunderts gemachten brencmanischen Vergleichung derselben mit dem florentinischen Manuscript.

3. Iustinianeus Codex.

Ueber die Handschriften des Codex vgl. Spangenbergs, Becks und Hänels citt. Verzeichnisse. Vor der Glossatorenzeit geschriebene sind sehr selten: zwei aus dem 10. Jahrh. hat Bluhme in Pistoja und Monte Cassino gefunden, Niebuhr zu Perugia einen spätestens im 9. Jahrh. geschriebenen Auszug aus den ersten 8 Büchern (bis VIII.53. de donationib.), worin die einzelnen Constitutionen mit Beibehaltung der Inscriptionen, aber Weglaßung der Subscriptionen, zu meist sehr kurzen und barbarisch gefaßten Inhaltsangaben umgeschrieben sind. Diese Summa Perusina ist jetzt in *G. E. Heimbach* '*Ἀνέκδοτα*. tom. II. Lips. 1840. 4°. p. 1...144. ediert und mit sehr ausführlichen Prolegomenen p. I...XXVII. begleitet. (Vgl. auch Zachariä in Hdlb. Jahrbb. der Liter. 1841. 8°. n°. 34.) Vor den Glossatoren wurden die drei letzten Bücher des Codex als unpraktisch regelmäßig nicht abgeschrieben, und Irnerius hatte anfangs nur die ersten 9 Bücher (Savigny Gesch. des R.R. III. §159.), die auch fortwährend bei den Glossatoren allein unter dem Namen 'Codex' verstanden und von den '*Tres libri*' unterschieden werden (s. S. *4. f. u. *12.). Auch wurden meistens die In- u. Subscriptionen, deren Werth man nicht einsah, vernachläßigt, und nicht allein die griechischen Constitutionen aus Unkunde der Sprache weggelaßen und nicht einmal überall ihr Fehlen durch die Worte 'constitutio graeca' angedeutet, sondern auch manche lateinischen wurden nicht oder an verkehrten Orten aufgenommen. Die Bemühungen der Glossatoren um Wiederherstellung des Codex waren hauptsächlich auf Eintragung und Ordnung der lateinischen Constitutionen gerichtet, wobei jedoch hier und da auch unächtes von dem Rande in den Text sich eingeschlichen hat. „Die Beendigung dieser kritischen Arbeit der Glossatoren (sagt Biener Beitr. z. Revis. des just. Cod. S. 9. ff., dem wir hier ganz folgen) „kann ungefähr in das Ende des 12. Jahrh. „gesetzt werden, und die daraus hervorgegangene Bononienser Recension ist durch „die Einrichtung der stationes librorum festgehalten worden ... Die Handschrif-„ten seit der Mitte des 13. Jahrh. stimmen ziemlich mit einander überein, nur die „Ordnung der Constitutionen, welche hier und da abweichend ist, erinnert noch „an die alte Zeit ... Im 16. Jahrh. tritt eine zweite fernere Ergänzung des Co-„dex hervor, welche durch die kritischen Herausgeber bewirkt wurde, und von den „Mängeln der ältesten Zeit noch manches vertilgte. Die letzten 3 Bücher wur-„den mit den 9 ersten verbunden, die Inscriptionen und Subscriptionen nach „Möglichkeit wieder hergestellt, endlich die griech. Constitt., so gut es gehen wollte, „restituiert, auch die Rubriken, wo sie etwa durch griechische Titel unklar ge-„worden waren, berichtigt. Haloander [s. unten n°. 3.] hat zuerst die 12 Bücher

„verbunden, und für die Subscriptionen ausgezeichnetes gethan... Die gloss. Ausg. „Lyon 1551.4°. hat zuerst in einer besonderen Zugabe 8 griech. Constitt. mit einer „Uebers. von Fr. Hotomannus geliefert. Russardus 1560. hat mehrere Hdschrr. „und den Cod. Theod. für die Subscriptionen benutzt... Die grösten Verdienste „um den Codex haben sich erworben Cujacius [in verschiedenen Schriften: 1566 „...79.], Augustinus [Constitutionum Graecar. Codicis Iust. collectio et interpre-„tatio. Ilerdae 1567. fol. u. in Opp. Luc. 1765. ff. fol. tom. II.] u. Contius [Ausgg. des „Corp. iur. 1559...71.]". Andere für die Kritik und Wiederherstellung des Codex verdiente Männer sind Leunclav (1575.), Charondas (1575.) und Pacius (1580.), Dionysius Gothofredus (1583.), Peter und Franz Pithou (Obss. ad Codic. Paris. fol. 1689.), und in unseren Tagen besonders Biener, Witte und die Gebrüder Heimbach (vgl. § 21. Note 37.). Der Codex der kriegelschen Ausg. des Corp. iur. civ. Lips. 1833. sqq. 4°. ist von Aemil Herrmann besorgt.

Noch ist vorzüglich der 'Authenticae', welche wir in allen Ausgaben des Codex (libb. 1...9.) als Bestandtheil der bononischen Recension, und von der accursischen Glosse anerkannt, manchen Constitutionen angehängt oder ihnen eingeschaltet finden, hier Erwähnung zu thun, obgleich ähnliche Zusätze oder Einschaltungen auch in Hdschrr. und zum Theil auch in Ausgaben aller übrigen Rechtswerke Justinians, die Digesten ausgenommen, vorkommen. (Vgl. *F. A. Biener* Hist. Authenticar. Lips. 1807. 4°. u. Savigny Gesch. des R. R. i. M. A. III. §§ 159. f. 208. IV. §§ 14...22. der 2. Ausg.) Es sind diese Authentiken nämlich ursprünglich und zum grösten Theile Auszüge aus Novellen (dem Autenticum, woraus jede einzelne Stelle eine autentica war), welche an den betreffenden Stellen als neueres Recht oder sonstige Berichtigung oder Ergänzung von Irnerius und Nachfolgern desselben hinzugefügt worden sind; später, aber schon vor der accursischen Glosse, kamen noch 2 Verordnungen von Kaiser Friedrich I. und 11 von Friedrich II., letztere auf Aufforderung des Kaisers selbst, hinzu, welche vorher in dem Anhange der 9 Novellen-Collationen mit den Lehnrechtsbüchern in der decima collatio des liber Autenticorum gestanden hatten. Neuere Kaiserconstitutionen wurden nicht mehr aufgenommen, weil mit der accursischen Glosse die justinianischen Rechtsbücher als fest abgeschloßen betrachtet wurden.

Von den besonderen Ausgaben des Codex sind hier zu nennen:

1) die (glossierten) edd. principes a) des Codex oder der ersten 9 Bücher, gedruckt bei Peter Schoyffer von Gernßheim zu Mainz 1475. fol. (*Hain* n°. 9598., der eine jensonsche Ausg. voranstellt) und b) die der Tres libri nebst den Novellen und den Lehnrechtsbüchern in dem Volumen, 'impress. Rome ap. S. Marcum anno 1576. die lune· xv· mēsis. iul.' fol. max. (*Hain* n°. 9622.)

2) Als erste unglossierte Ausgabe des Codex (9 Bücher) führe ich hier die bei den Neueren ganz unerwähnt gebliebene von 1511. 8°., die ich selbst besitze, an: ¶ Textus Codicis Iustiniani. [Druckerzeichen des] Guillaume eustace. | ¶ Uenundantur Parisi⁹ in vico Iudaico sub signo duo|rum Sagittarioru̅ aut in Palatio regio tertio Pilari. Schließt mit fol. CCCCXXXIX." „fine datus est scd'o Idus Nouem-|bris. Anno a natali saluatoris q̅n|gentesimo vndecimo supra mille-|simum". Das folg. Blatt enthält Iohannis Chappuis | tumultuarii elegi 12 Distichen. Die Rubriken u. die Summen von Baldus u. Salicetus, Paulus de Castro rc. sind roth, das ganze zweispaltig, regelmäßig 43 Zeilen auf jeder Spalte gedruckt.

3) Codicis DN. Iustiniani... ex repetita praelectione libri XII. ... à *Greg. Haloandro* diligentissime purgati recognitiq;. Norembergae ap. *Io. Petreium.* Anno M.D.XXX. fol. (öfters nachgedruckt in Gesammtausgaben des Corp. iur. civ., unter denen auch die oben angezeigten Ausgaben des Codex von *le Conte, le Caron, Dion. Godefroy* u. s. f. nachzusehen sind.

4. Novellae Iustiniani imp.

Nicht allein über die Handschriften, worüber die öfters angeführten Verzeichnisse von Spangenberg, Beck und Hänel zu vergleichen sind, sondern über den ganzen Umfang der 'Geschichte der Novellen Justinians' giebt Biener (Berlin 1824. 8°.) die gründlichste Belehrung, wozu jetzt auch die Prolegomena in Heimbachs Ausgabe des Authenticum [unten n°.7.] kommen. Es ist schon bemerkt (§21 s.), daß die Glossatoren außer dem julianischen Novellenauszuge auch die versio vulgata der 134 Novellen besaßen, woraus sie ihren liber Autenticorum bildeten. Die Sammlung der 168 Novellen haben wir aus einer von Agustin noch vollständig benutzten, jetzt am Schluße defecten (mit Nov.163. cap. 2. abbrechenden), in Haloanders Ausgabe (s.unten n°.2.) mit Ausschluß der Novell.166...68., abgedruckten florentinischen Hdschr. (bibl. Medic. Laurent. plut.LXXX.cod.4.), aus einer lückenhaften, mit Nov. 162. schließenden, venetianischen (bibl. Marc. Cod. LXXIX. 4°.), die am vollstandigsten und genauesten in der Ausg. von Scrymgeour (s.unten n°.3.) abgedruckt ist, und aus einem von Cujacius (Expositio Novellar.Lugd.1570.fol.) ex bibliotheca reginae lateinisch, jetzt von G.E.Heimbach (Ἀνέκδοτα. tom.II. Lips.1840.4°. p.237...46. cf.Prolegom. p.LXVI...LXIX.) griechisch mit lateinischer Uebersetzung (aus dem cod. bibl. reg. Paris. n°.1349, olim 1840.) herausgegebenen Verzeichnisse der Rubriken von 168 Novellen, dem s. g. Novellarum Iustiniani Index Reginae. Die nachaccursischen (nach 1220 geschriebenen) Handschriften, so wie die glossierten Ausgaben befolgen nicht gleichmäßig die Auswahl und Anordnung des Accursius, und haben bald mehr, bald weniger extravagantes oder extraordinarias Novellas*; zudem haben die Ausgaben seit 1487. u. 1492. Summarien aus Bartolus (1314...57.) und Baldus (1327... 1400.) erst der Glosse, dann dem Texte der Novellen hinzugefügt. Erst seit Anfang des 16. Jahrh. wird die Eintheilung in 9 Collationen und 98 Titel durch Bezeichnung mit Zahlen sorgfältiger beachtet.

Aus dem trefflichen die einzelnen gründlich recensierenden Verzeichnisse der Ausgaben, welches Biener S.317.ff.mittheilt, heben wir hier nur folgende hervor:

1) Ed. princeps der versio vulg. c. gloss. in dem Volumen, gedruckt bei *Vit. Puecher*. Rom.1476.fol.max., und folgende unglossierte Ausgaben:

2) *Νεαρων Ιουστι-|νιανου βασιλεως, των εν τω.. νυν ευρι-|σκομενων, και ως ευρισκον-|ται, βιβλιον.*||| Novellarvm| constitvtionvm dn.Ivstiniani| principis, qvae exstant, et | vt exstant, volvmen ||| Gregorio Haloandro interprete |||| Norembergæ, siue in castro Norico, apud Io. Petreium.|||| Anno domini || M.D.XXXI. fol.

3) *Αυτοκρατορων, Ιουστι-|νιανοῦ, Ἰουςίνου, Λέοντος νεαραὶ διατάξεις.| Ἰουςινιανοῦ ἔδικτα.*| Impp. Ivstiniani ..|... nouellæ conſtitutiones|..|||.... Ivstiniani quidem opus antea editum, sed nunc primum ex vetu|ſtis exemplaribus studio et diligentia Henrici Scrimgeri Scoti restitutum| atque emendatum, et vigintitribus Cōſtitutionibus, quæ desiderabantur, | auctum.... ||| Anno M.D.LVIII| Excudebat Henricus Stephanus ...| [zu Genf]. fol.

4) Novellarum Iustiniani principis constitutionum supplementum, antehac non editum una cum Haloandri ac Scrimgeri editionum collatione, per *Henricum Agylaeum*. Coloniae ap. haer. Arn. Birckmanni.1560.8°. und

5) Iustiniani principis novellae constitutiones latine ex Gregorii Haloandri et Henrici Agylaei interpretatione, ad graecum Scrimgeri exemplar nunc primum editae... Basil. per Io. Hervag.1561.4°. min.

6) Novellae constitutiones dn. Iustiniani ... ex graeco in latinum conversae et notis illustratae a *Io. Frid. Hombergk* zu Bach. Marburgi Cattorum 1717.4°.

7) Authenticum von Heimbach s. oben §21. Note 46*.

Andere wichtige Ausgaben kommen in dem folgenden Verzeichnisse der Ausgaben des gesammten Corpus iuris civilis vor.

(*) d. h. nicht in die glossierte Sammlung gehörige, bei den Vorlesungen nicht berücksichtigte. (vgl.Anhang IV.) Diese hatten die ältesten Glossatoren in 3 Collationen eingetheilt, so daß die Novellensammlung 9 Collationes ordinarias befaßte, wie der Codex 9 libros ordinarios, d. h. was die Glossatoren allein Codex nannten (S.*15.med.), und die 3 Collationes extraordinariae der Novellen den Tres libri des Codex entsprachen. Diese drei Anhangscollationen der Novellen haben sich aber bei den späteren Glossatoren nicht als solche erhalten. s.Biener Gesch. der Nov. S.271.ff.

B. Ausgaben des ganzen Corpus iuris civilis.

1. Glossierte.

[Nach eignen Notizen, Spangenbergs Einl. Thl. V. und *Beck* Prodrom. p. 22. ff. | Alle Ausgg., wozu nicht ein anderes angemerkt ist, haben 5 Bände. s. S. *12.]

1) Ob bei *Vit. Puecher* zu Rom 1475. f. alle 5 Theile des Corp. iur. civ. herausgekommen seien, ist zweifelhaft, da bis jetzt Dig. vet. und Codex in dieser Ausg. nicht bekannt geworden sind; als erste Ausg. aller 5 Theile (sammt Institutiones) nennen wir also die Venetiis 1476...78. per *Iac. Rubeum* in fol. max.

2) Venet. ap. *Nicol. Ienson.* 1476...77. (zum Theil s. l. et a.) fol. m.

3) Venet. bei *Andreas Calabrensis* oder *Papiensis.* 1481...90. fol. (*Hain* 9552. 9567. 9569. 9589. *sq.* 9606. 9629.)

4) Nurenberg. bei *Ant. Koberger* (auf einigen Theilen Koburger) 1482... 1504. fol. min. [Dig. vet. 1482. u. wieder 1492.; das Volumen 1504. ist 'Volumen de tortis' betitelt. s. n°. 6.] (*Hain* 9550. 9585. 9609.)

4*) Lugduni per magistrum Ioh. syber almanum. 1482. fol. (*Hain* n°. 9542. 9603.) Auch das Volumen?

5) Mediolani per *Io. Ant. de Honate.* 1482...83. fol. (*Hain* 9548. 9583. 9604. 9626.)

6) Venet. ap. *Baptist. de Tortis.* 1484...88. fol. und wieder 1487...90., 1491... 94., 1494...95., 1496...98., 1497...99., 1500...01., 1502..., 1506...07., 1508..., 1512...14. [wahrscheinlich existieren die 5 Bände aller eilf Ausgaben.]

7) Venet. ap. fratres *Furlivienses.* 1484...85. fol.

8) Venet. per *Georg. Arrivabene.* 1490...93. fol. u. wieder (ganz?) 1494. fol.

9) Venet. per *Bernardinum de Tridino de Monteferrato.* 1494...95. fol.

10) Venet. 1498. fol. Die 3 Digesten s. *Hain* 9543.

10*) Lugduni. 1500. fol.

11) Lugduni ap. *Nicol. de Benedictis.* 1506...07. fol. (Unsicher ob auch das Infortiatum und die Institutiones) und wieder 1508. fol. und 1509. fol.

12) Paris. bei *Io. Bonhomme, Io. Petit* und *Thielemann Kerver.* 1508...11. und wieder 1513...16. und 1536., alle in 4°.

13) Lugduni ap. *Franc. Fradin.* 1510...14. fol. und wieder in 8 folgg. groß Folio-Ausgg. 1513...16., 1516...18., 1519., 1524., 1527...29., 1529...30., 1531...32. [v. Spangenberg übergangen; in meinem Besitze], 1532...34., 1536...37.

14) Lutet. ap. *Iodoc. Ascensium.* 1511. 4°., von Brencman. p. 264. angeführt.

15) Lugdun. ap. *Louis Martin* u. Anderen. 1511. [bei *Iac. Mareschall* alias *Roland* gedruckt; die beiden Digesten und Infort. unsicher.] und 1514...15. fol max.

16) Paris. ed. Aegid. Daurigny ap. *Franc. Regnault.* 1518. und s. a. 8°. und wieder 1523...31. 8°.? [s. S. *19. n°. 1*.]

17) Parisius ap. *Berthold. Rembolt.* 1515...16. fol. und noch 3 mal 1518...24., 1526...30., 1537...38. (Die Digesten der zweiten Ausgabe sind von *Louis Blaublomme* aus Genf besorgt.)

18) Paris. ap. *Regnault..* 1532. 4°. (und wieder 1539. 4°.)

19) Paris. cur. Aegid. Perrin. ap. *Claud. Chevallon.* 1534. fol.; eine andere Ausgabe bei dessen Wittwe *Carola Guillard.* Paris. 1558...59. fol.

20) Lugduni ap. *Hugonem a Porta* (Forts. von n°. 13.) 1538...40. fol. und dann in folgenden 11 zu Lyon gedruckten Folio-Ausgaben: 1540...41., 1542., 1545. (die erste mit lateinischen, nicht wie die früheren, mit gothischen Lettern gedruckte portasche Ausgabe), 1547., 1548...50., 1551...53., 1556...58., 1560., 1562., 1572., 1575. und ap. Hug. a Porta et Ant. Vincent. Lugd. 1551. 4°. und 1558. 4°.

21) Lugduni. Excud. Dionys. ab Harsio, impens. *Ant. Vincentii.* 1541...42. fol.

22) Paris. ap. *Carolam Guillard* et *Guil. Desbois.* 1548...50. 4°. 5 Bde. (3: Digesten, 4: Codex 12 Bücher, 5: Novellen *etc.* und Institutionen.) Von Miraeus (Louis le Mire) besorgt, und gewöhnlich 'Corpus iuris Augustini' genannt, weil Agustins Emendationen darin benutzt sind.

23) Lugduni ap. fratres *Senneton.* 1549...50. fol. und wieder 1554. fol.

24) Paris. ap. *Guilelm. Merlin* .. et *Guilelm. Desboys* .. ac *Seb. Nivellium.* 1559.

fol. und wieder daselbst 1566.fol., 1569.fol. u. Lugd.1576.fol. (1559. enthält die erste glossierte Ausgabe des Codex und der Novellen von *Contius*; die Prachtausgabe von 1576. giebt den Text des Contius von 1571.)

25) Lugduni (sub signo erecti leonis [ap. fratres *de Gabiano*?]) 1562.fol. und wieder daselbst 1566...67.,1575.,1580.,1585.

26) Lugduni. 1565.fol. (von Brencman p.272. angeführt.)

27) Lugduni. (sub signo coronae). 1569.fol.

28) Venetiis ap. *Nic.Bevilaqua*.1569.4°. (Nachdr.von n°.20. Lugd.1551.4°.)

29) Antverp. ap. *Chphor.Plantin*.1573. fol. und wieder 1575.fol.

30) Venetiis. c. scholiis *Ant.Persii*.1574.4°. und wieder ap. *Alex.Gryphium*. 1581.4°. und ap. *Iuntas*.1591...92.4°. [vgl. unten n°.37.]

31) Antverp. ap. *Phil.Nutium*.1575...76.fol. (Nachdruck der merlinschen Ausg. von 1566., wovon oben n°.24.)

32) Augustae Taurinor. ap. haeredes *N.Bevilaquae*. 1576.fol. (u.1620 fol.?)

33) Lugduni ap. *Phil.Tinghi*.1581.fol.(Nachdr.der n°.24.erwähnten von 1559.)

34) Lugdun. ohne Namen des Druckers (au lion moucheté). 1584.fol. und eine andere ebenso, aber verschiedene, 1585. fol.

35) Lugduni mit der von *Dionys. Gothofred* verbeßerten und aus Contii Anmerkungen und Cuiacii Paratitla vermehrten Glosse und angehängtem s. g. Thesaurus Accursianus. 1589. fol. 6 Bde. (au lion moucheté). Nachdr. Genev. 1589. u.1600.fol. 6 Bde.; neue Ausg. Lugdun. ap. Io. Vignon et Ant. Hierat. oder auch mit dem Simson und dem Thore, dem Zeichen des Hugo a Porta, 1604.fol. 6 Bde. u. wieder Lugd.1612.sumpt.typogr.societ.fol.6 Bde. oder Colon.Allobrog. (Genf) bei Stephan.Gamonet.fol. 6 Bde., und Genev.ap.Io.Vignon.1615.fol.5 Bde. und ebendas.1619.fol. 5 Bde. Veränderte Nachdrücke sind erschienen Lugdun.sumptib. Io. Pillehotte (auch sumpt. haeredum Guil.Rouillii) 1618.fol. 6 Bde. Aureliae oder Genevae sumpt.Theod. des Iuges. (auch wol Lugduni) 1625.fol. 6 Bde., und op.et st.Io.Fehii.Lugd.1627.fol. 6 Bde. (auch lion moucheté).

36) Venet. sub signo aquilae. 1591.4°. Am Schluß des Dig.vet., p.1509.: VENETIIS, | *Hieronymus Polus, ſumptibus Societatis Aquilæ* | *ſe renouantis, excudebat.* | M D XCI. Alle 5 Bände liegen mir vor.

37) Venetiis ap. *Iuntas*, c. annot.Iac.Anelli de Bottis et A.Caravittae. 1591. (auf dem 2ten Titelblatt 1592.) 4°. [von Spangenberg übergangen; *in meinem Besitze*.], und wieder 1598.4°., 1606.4°.und 1621.4°.

38) Lugduni. op. et st. *Petri ab Area Baudoza Cestii*. 1593.4°. 4 Bde., mit einem neuen Titelblatte Lugduni ap. Barthol.Vincent. (lion moucheté) 1600.4°. (auch Genf.1614.4°.?) Vgl.oben S.*12.Note 1.

Ueber die Ausgaben ohne Angabe des Druckorts und Druckjahres (s.l.et a.) vgl.Spangenb.a.a.O.S.927...29. *Beck* Prodrom.p.22...24. *Hain* Repert.bibliogr.

2. unglossierte Ausgaben des Corpus iuris civilis.

1*) Parisius,... in edibus Francisci regnault. in vico scti Iacobi.8°.min. sine anno; ich kenne Infort. (*Hain* 9562.) und Dig. nov. [s.S.*18.n°.16.]

1) Paris. ap. *Claud.Chevallon*.1525...27.12°. (Text aus der oben n°.17. genannten von 1518...24.) s. oben S.*12. | Eine andere Ausgabe ebendas.1536.8°. 7 Bde. nennt Brencman S.267.

2) Paris.ap. *Rob.Stephanum*.1527...28.8°. (s. oben S.*12. Ob auch Codex und Volumen in dieser Ausgabe erschienen sind, ist zweifelhaft.)

3) Haloanders Ausg., die die Institutionen in 1 vol. 8°., die Digesten in 3 (oder 2) voll. 4°., den Codex und die Novellen in 2 Foliobänden von verschiedenem Formate giebt, s. oben S.*13, n°.3. S.*15. n°.2. S.*16. n°.3. S.*19. n°.2. Abdrücke Basil.ap. *Io.Hervagium*.(1540.) 1541.fol.u.das.ap. *Thom.Guarin*.1570.fol. 3 Bde.

4) Paris.ap. *Carolam Guillard* und *Guilelm.Desbois*.1540...52.8°. 9 Bde. und wieder daselbst 1548.8°. von *Iac. Vintimillius* aus Rhodus besorgt, und ebendas. 1552...53.8°. von *L.Le Mire* (Lud.Miraeus) besorgt. (Zuletzt 1580.8°.?)

5) Lugduni ap. *Guil.Rouille*. (1550.) 1551.12°. hauptsächlich nach Hal. n°.3.

6) Paris. ap. *Merlin, Desbois* u. *Nivelle*.1560..62.8°. 5 (od.7) Bde. Institut.

und Coder von *le Conte* (Contius) besorgt. Wieder ebendas. 1572.8°. 10 Bde.

7) Lugduni ap. Rouille. 1560...61. fol. von *L. Russardus* unter Mitwirkung des Duarenus besorgt. Die Digesten führen den Titel „Ius civile mss. librorum ope ... emendatum *etc.* Abdrücke Antverp. ex off. Chphor. Plantin. 1566... 67.8°. 9 Bde, 1569...70.8°. 9 Bde.

8) Lugduni ap. Rouille. 1571.8°. min. 15 (oder 11) Bde. Die erste ganz von *Contius* besorgte (daher '*Contiana*' genannte) Ausgabe ohne Glosse. Mit neuem Titelblatte ebendas. 1581.

9) Antverp. ap. Chphor. Plantin. 1575. fol. (6, 5, 2 Bde. oder auch in einem einzigen; s. oben S. *12.) op. et st. *Lud. Charondae* (le Caron).

10) Genev. ap. Eustath. Vignon. 1580. fol. (gewöhnl. 3 Bde.) und 8°. (gewöhnl. 9 Bde.), von *Iulius Pacius a Beriga* besorgt.

11) Die gothofredischen Ausgaben (vgl. oben n°. 35.)

a) mit seinen eigenen Noten: *α*) Genev. ap. Iac. Stoer. 1583.4°. oder mit neuem Titel Lugdun. ex off. Barth. Honorati. 1585. Nachgedr. Ffurti ad M. 1587. fol. *β*) Lugduni ap. haer. Barth. Honorati. 1590. fol. u. Colon. Allobrog. oder Genev. ap. haer. Eustathii Vignon. fol. u. 4°., 1594. u. 1595. u. 1599. 4°. *γ*) Genev. ap. Vignon. 1602. fol., 1604. 4°. *δ*) Lugd. ap. Vignon. 1607. fol. oder Colon. Allobr. ap. Vignon. 1615. fol. und ebendas. 1614. 4°. 1616.(?) und 1619. und 1620. 4°. (und 1656. 4°.?) *ε*) Genf bei Vignon 1624. fol. (von Jac. Godefroy besorgt) und 1628. 4°. Nachdrücke in Fol.: Paris. 1628. Lugd. 1630. 1650. 1660. Diese fünfte ächte gothofr. Ausgabe liegt in allem wesentlichen zum Grunde den Ausgaben a) von *N. Antoninus*. Lugd. sumpt. Anisson 1652. 4°. (u. 1662. 4°.?) b) von *Sim. van Leeuwen*. Amstelod. ap. Elzevir. 1663. fol. Diese ist nachgedruckt Ffurti ad M. 1663. 1688. (beide Ausgg. „mit geschlungenen Handen" zu sehr geschätzt) 4°., 1687., 1690. fol., Lips. 1688., 1705., 1720., 1726., 1740. 4°., Antverp. 1726. fol., Colon. Munat. (Basel) 1756., 1781. fol. u. 1782. 4°.

b) ohne Noten: *α*) Lugd. 1585. 1589. 8°. *β*) (Genf) Excud. G. Laemarius impensis haer. Eust. Vignon et Iac. Chouet. 1598. 8°. *γ*) S. Gervasii (Genf) imp. haer. E. Vignon. 1606. 8°. oder Lugd. ap. Iac. Chouet. 1606. 8°. *δ*) Genev. ap. Iac. Stoer. 1625. 8°. Nachdrücke: Amstel. ap. Elzevir. 1664. 8°. [der s. g. *Pars secundus*, wegen seines schönen, jedoch seiner Correctheit halber viel zu sehr belobten Druckes und bequemen Formates sehr geschätzt; die Exemplare sind meistens in Folge eines Brandes aus Lagen verschiedener Auflagen zusammengesetzt. Die folgenden 3 Amsterdamer Abdrücke haben immer schlechteren Druck, je neuer sie sind.] 1681., 1687., 1700. 8°., Ff. et Lips. 1705. 4°., Ffurti 1713. 8°., Halae 1735. 4°. | Der gothofredische Text liegt zum Grunde den

12) Ausgaben von Chph. Heinr. Freyesleben, alias Ferromontanus, Corpus iur. civ. academicum, Altenb. et Lips. 1721. 8°. Basil. od. Colon. Munat. 1734. 1748. 1759. 1775. 1780. 1785. 1789. 4°. Colon. 1735. 4°. u. 1776. 8°. Altenb. 1751. 1753. 8°.

13) Corp. iur. civ. Augustae Taurin. ap. *Raby*. 1757. 4°. (gothofredische Ausg.?)

14) Corp. iur. civ.: recensuit *Georg. Christian. Gebauer*, et post eius obitum editionem curavit *Geo. Aug. Spangenberg*. Gotting. 1776. 1797. 4°. mai. 2 Bde.

15) Corp. iur. civ. edid. *Io. Lud. Guil. Beck*. Lips. 1825...36. 8°. 5 Bde, stereotypiert Lips. 4°. 2 Bde, auch wol in 1 Bd.

16) Corp. iur. civ. Recognoverunt *Alb.* et *Maur. Kriegelii*. Lips. 1833. sqq. 4°.; den Coder hat besorgt *Aemil Herrmann*, die Novellen *Eduard Osenbrüggen*.

17) Von der großen schraderschen Ausgabe des Corp. iur. civ. ist bis jetzt leider nur der erste Band erschienen. s. oben S. *13. n°. 7.

Ueber die in den Ausgaben des Corp. iur. gebrauchten kritischen Zeichen.

Die torellische Ausgabe der Digesten (Florent. 1553. fol.) und, bis auf die in den Noten bezeichneten Abweichungen, eben so die russardsche (Lugd. 1560. 1561. fol. u. Antv. 1567. 8°. 1569. 8°. 1570. 8°.) und die charondische (Ant. 1575. fol.), [nicht die contische von 1559.] erklären sich über die gebrauchten Zeichen so: „*Notas praeterea nonnullas adhibuimus, diuersa vobis significaturi. ali-*

*qua enim in contextum pandectarum non inserta, verùm postea addita per antiquum librarium, tali signo notauimus, * * et hoc quidem plurimum, si et absque ijs rectus sensus constabat. nam quae defectu certo supplendo addita rebamur, ea non curauimus demonstrare. Quae verò superflua visa sunt, his notis [1] conclusimus. ➤) Quae parenthesi sunt comprehensa, non habentur pandectis* [d. h. im florentinischen Mspt.]; *nos autem perfecto rectóque sensu reddendo ea tali nota apposita adhibuimus.* ( ) *Parenthesin aliàs omnino reiecimus, quòd numquam in saxis aut manu scriptis codicibus, eo quo in praesens usu recepta sit, inueniatur. Locos suspectos atque incertos, vel a regulis latini sermonis alienos hoc signo [2] demonstrauimus.* *) *Duas diuersas lectiones ita recepimus, si ambae congruae sunt visae. tum quae primo loco scripta erat, in contextum inserendam curauimus: alteram interiori margini adponendam cum huiusmodi signo.* †

Dann fügen Russard und Charondas am Schluß hinzu: „Accessit his (ne quid te lateat Lector) vt quod his notis || || inclusum reperies hoc in toto iuris corpore, illud ipsum nunc primum additum esse vltrá quam in Pandectis Florentinis, aut aliis hactenus legebatur, recognoscas". Dieses oft unrichtig gedeutete russardsche Zeichen || || deutet also Conjecturen des Kritikers an. In der gebauer-spangenbergschen Ausgabe (Gott. 1776. 4°.) ist das Zeichen || || gebraucht, um die vom Schluß des 25. Buchs der Digesten an bei Halcander großentheils fehlenden Inscriptionen der einzelnen Stellen, an deren Statt Haloander nur den Namen des Juristen, von welchem die Stelle herrührt, setzt, ohne jedesmalige Anmerkung als aus der Florentina ergänzt anzudeuten.

Haloander bemerkt in der Vorrede seiner Digestenausgabe (Noremb. 1529. 4°.) nur, daß er den Stellen, welche im Original (wie jetzt in den neueren Ausgg. durchgängig) griechisch abgefaßt gewesen seien, das Zeichen ✛ vorgesetzt habe, ein Kleeblatt ☘ aber dem, was dazwischen Lateinisches vorkomme. Und kurz darauf erklärt er das ff. zur Bezeichnung der Digesten als aus Ɖ oder ℱ entstanden. Vgl. oben S. *13.

Baudoche (1593. 4°.) deutet durch ein Kreuzchen + die Varianten, durch ein Sternchen * Anmerkungen zum Texte, durch Buchstaben Anmerkungen zu den Glossen an; diesen selbst sind die alten Paragraphenzeichen ¶¶ und den mit Cursivschrift dem Text eingeschalteten Summen des Bartolus und Baldus ein rothes Händchen ☞ vorgesetzt.

Die kriegelsche Ausgabe gebraucht nur die bei den Neueren durchgängig üblichen Zeichen in der herkömmlich gewordenen Weise: „litteris obliquis ea distinguuntur, quae non a legislatore ipso prodierunt; uncini quadrati [ ] verba suspecta includunt, rotundi ( ) vero nonnisi intellectus causa interponuntur".

3. Reconcinnationen und Uebersetzungen des Corpus iuris civilis oder einzelner Theile desselben.

Unter den Umarbeitungen nennen wir hier *Euseb. Beger* Corp. iur. civ. reconcinnatum c. praef. Senckenberg. Ff. et Lips. 1767...68. 4°. 3 partes, deren erste das in den Institutionen übergangene öffentliche Recht aus Codex und Novellen zusammenstellt; der zweite Theil enthält den Text der Institutionen und darunter nach diesen zurechtgestellte Texte aus Codex und Novellen; im dritten sind die Digesten nach Ordnung der Institutionen herumgestellt. Wichtiger und brauchbarer, als diese im Verhältniß zu ihrem Umfange sehr unbedeutende Arbeit, ist der oben § 17. Note 10. a. E.) genannte (aus der torellischen Ausg. [s. S. *15. n°. 3.] sehr incorrect gemachte) Abdruck der Digestenstellen nach deren Inscriptionen, welche, freilich die Werke der alten Juristen nicht wiederherstellende, Umstellung nach Verfaßern, Werken und Bücherzahlen dennoch öfters den Zusammenhang einzelner, von den justinianischen Compilatoren auseinandergeriße-

---

(1) Russard und Charondas *conslusimus.* { } Statt dieses Zeichens hat Godefroy eckige Klammern [ ] (2) Russard und Charondas: demonstravimus. [ ]

ner Stellen wieder auffinden hilft. Wie Hommel seine 'Palingenesia' aus der 'Iurisprudentia restituta' des Abr. Wieling (Amst.1727.8°.) p.1...400. hat drucken laßen, so könnte nach derselben Iurispr.rest.pars posterior u. *C.F.C. Wenck* Indicum corporis iur civ. suppl. Lips.1811.8°. ein Abdruck der kaiserlichen Constitutionen (in welchen auch wol die außer Justinians Coder erhaltenen an ihren Ort zu stellen wären) in chronologischer Anordnung derselben gemacht werden, wodurch manches für Geschichte und Kritik der röm. Rechtsquellen zu gewinnen wäre.

Die Ueberſetzungen der justinianischen Institutionen zählt die biener'sche Institutionenausgabe (s. S.*13. n°.5.) p. XXXIII...XXXVIII. auf, wo noch die deutsche von Roßberger, Berlin 1826. 8°. und die französische von *Blondeau* Paris.1839.8°.) tom. I. hinzugefügt werden kann. s. auch Spangenberg Einleit. S.351. u. *in* Ersch u. Gruber Encyclop. XIX. S.368. Ueberſetzungen des ganzen Corp. iur. civ. sind 1) die französische mit zur Seite stehendem latein. Text, Paris bei Rondonneau, oder Metz bei Lamort.1805...11.: a) Institt. von *Hulot*, 1 vol.4°. oder 5 voll.12°. b) Digeste von *Hulot* u. *Berthelot* 7 voll.4°. oder 35 voll.12°. c) Code von *Tissot*. 4 voll. 4°. oder 18 voll.12°. d) Novelles von *Berenger* 2 voll.4°. oder 10 voll.12°.; dazu e) la Clef des lois Rom. ou Dictionn. *etc.* 2 voll. 4°. 2) Das Corp. iur. civ. in's Deutsche übers. von einem Vereine Rechtsgelehrter und herausg. von *C.E.Otto*, *Bruno Schilling* u. *C.F.F.Sintenis*. Leipz.1830...33.8°. 7 Bde.

Anhang VI. (zu §28.) [1].
Tabellen zur Ueberſicht des Syſtems der gaianiſchen und juſtinianiſchen Inſtitutionen.

„Omne autem ius quo utimur, vel ad personas pertinet, vel ad res vel ad actiones". *G.*[= Gaius] *1*,8. *I.*[= Inst.Iust.] *1*,2.§ 12. [2]

I. Ius quod ad personas pertinet. [*G.* u. *I.* lib. I.]

Dieses ist die Rechtslehre von den Menschen je nach ihrer verschiedenen Stellung zum und im röm. Staate, wonach deren Rechts- und Handlungs-Fähig-

---

(1) S. oben § 28. Note 2. (2) S. oben § 28. Note 3. Treffend sagt *Duaren.* Disputt.anniv.lib.I.cap 55. „... Haec verba [„*Omne ius vel ad personas pert.* etc."] sic intellexerunt [quidam nostri temporis iuris professores —: und die späteren haben es immer schlimmer nachgemacht:], quasi nulla sit aptior nec commodior iuris tractandi docendique ratio, quam si de his tribus separatim disseratur. Verum longe aliter sensisse Caium non dubito: nempe nullam partem iuris esse, nullum contractum, nullum negotium, nullam actionem, nullum iudicium, in quo tractando hi loci simul non incurrant,... hi namque sunt praecipui loci omnium disputationum iuris civilis. Quamobrem cum Institutiones iuris civilis conscriberet Caius, non immerito divisiones quasdam ac definitiones personarum, rerum et actionum initio proponere voluit studiosis, nimirum intelligens, graviores illas subtilioresque disputationes quae iure civili continentur, quaeque ad hos locos referri solent, percipi aliter non posse ...". | Daß jenes Omne ius vel ad pers. pert. u.s.w. wirklich die Grundlage ausmache der gaianischen Institutionen, welche eine Darstellung der Grundbegriffe des römischen Privatrechts, der Arten, Entstehung und Beendigung derselben, nicht Darstellung der röm. Privatrechtsverhältnisse selbst, nicht Auseinandersetzung der Wirksamkeit jener in ihren mannichfaltigen Beziehungen und Verbindungen sein wollen und sind, hat auch Puchta im Rh. Mus. l.c. S.116. *nicht* erkannt oder doch nicht anerkannt; Savigny aber (Syst.I.§ 59.) sieht im ersten Buche des Gaius ein Familienrecht, nur daß die Verwandtschaft, die jener ebenfalls für ein Familienrechtsverhältniß hält, (s. dagegen § 49. Note*), bei Gaius keine Stelle gefunden habe; im zweiten und dritten Buch des Gaius ein Vermögensrecht, im vierten „die gemeinschaftliche Lehre von der Verfolgung

keit verschieden ist. Die Verwechselung dieser Lehre mit dem Familienrechte [3] hat unter unseren Juristen viele und arge Irrthümer veranlaßt. Jene Lehre wird auf zwei [4] divisiones, eine summa, welche iuris gentium, und eine alia divisio, welche streng römischrechtlich, iuris civilis ist, zurückgeführt:

I. *Omnes homines* aut *liberi* sunt aut *servi*.

1. Servi. Von ihnen sagt Gaius [§ 9.] hier nichts weiter, da sie eigentlich gar nicht Personen, civilrechtlich für sich weder rechts- noch handlungs-fähig sind [5]. Die just. Inst. [1,3.] sprechen vom Ursprung der Sclaverei, der Etymologie des Worts, den Entstehungsgründen des Verhältnisses und der gleichmäßigen negativen Bedeutung aller Sclaven im Rechte.

2. Liberorum hominum alii *ingenui* sunt, alii *libertini*:

A. Ingenui, die liberi nati sunt. [*G.1*,11.*I.1*,4.]

B. Libertini [6]. [*G.1*,11...47. cf. *Epit.1*,1.pr.; *I.1*,5...7.] Diese sind dreierlei Art: cives Romani, Latini und qui dediticiorum numero sunt; Verschiedenh. ihrer rechtl. Stellung; daher hier die Stelle der Lehre von den Freilaßungen.

II. *Quaedam personae sui iuris sunt, quaedam alieno iuri sunt subiectae* [*G.1*,48...200. *I.1*,8...26.]

1. *Alieno iuri subiectae personae* aut *in potestate*, aut *in manu*, aut *in mancipio* (oder in mancipii causa) sunt. (*G.1*,49...141. *I.1*,8...12.)

---

der Rechte". Ich glaube diese Ansicht widerlegt zu haben. (3) Das „Familienrecht" ist einerseits umfaßender, als das ius q. p. ad personas, indem es das eheliche, das Eltern- und Kindes-, das Ehe- und Vormundschafts-Verhältniß (nach röm. R. auch den Patronat, Colonat u.s.w.) in sich begreift, während das Rechtsverhältniß der Eltern und Kinder nur als potestas u. Begründung derselben, das eheliche nur als manus u. deren Begründung, Patronat und Colonat gar nicht in das ius q. p. ad personas gehören: andererseits befaßt letztres mehr, indem die ganze summa divisio deßelben (homines aut liberi sunt aut servi) nicht in das Familienrecht gehört. (4) Nicht auf drei, wie die Lehre der Neueren von dem dreifachen s.g. status civilis (libertatis, civitatis, familiae) und auch die diese vielfach berichtigende Abh. Savignys (Syst. II. Beil. 6.) annimmt. vgl. das. I. S. 404. Note r. u. bes. § 58, a. dies. Lehrb. (5) Als gleichsam personae, wenigstens mit sehr deutlichen Anfängen auch juristisch anerkannter Persönlichkeit, gehören die servi zur zweiten divisio (2.B.); als Eigenthumsgegenstände in das ius quod pertinet ad res; in der Mancipationsformel (*Gai.* 2,23. *1*,119.) ist der homo das Object. cf. *Gai. 1*,54.; als mögliche Personen, d.h. die es durch Manumission wirklich werden (§ 47.), gehören sie in die folgende Unterabtheilung, die von den Freigelaßenen handelt. Hiedurch beseitigt sich der dem Gaius von Savigny (Syst. I. S. 405. Note r.) gemachte Vorwurf.

(6) Der Unterschied der cives, Latini und peregrini überhaupt gehört nicht in das Privatrecht, sondern in das ius publicum der Römer; Gaius nennt im folgenden auch nur die Peregrinen, welche dediticiorum numero sunt: Freigeborne konnten so gut cives Rom., als Latini oder peregrini sein; Gaius behandelt aber den Unterschied nicht als einen völker- und staats-rechtlichen, sondern als civil-rechtlichen, und als solcher tritt er nur im Gegensatz der der einen oder anderen der genannten drei Classen angehörigen Freigelaßenen hervor. (§§ 34.47.) Savigny (Syst. II. S. 461. f.) meint, der Patronat fülle die ganze erste divisio des Gaius, deren dieser drei aufstelle (näml. 1) patronatus, 2) potestas über Sclaven u. Kinder, Ehe, manus u. mancipii causa, 3) tutela u. curatio). Beides ist nicht richtig: nicht vom Patronat handelt Gaius *1*,13...47., sondern von den Freilaßungen und der Rechtsfähigkeit der Freigelaßenen; vom Patronat kann nach dem System des Gaius im ersten Commentar, abgesehen von der Vormundschaft (*G.1*,165.sqq.), gar nicht die Rede sein, weil er jetzt nur noch aus ad res (*G.3*,39...76.) und ad actiones (*G.4*,183.187.) gehörigen Rechten bestand; daß aber die beiden (nicht drei) divisiones des Gaius auch weder das Rechtsverhältniß der Ehe, noch das der Vormundschaft in der von Savigny bezeichneten Bedeutung befaßen, beweist unsere Darlegung des gaianischen Systems.

A. Entstehung dieses ius od. der civilrechtl. Beschränkung der Rechtsfähigkeit:

a. der potestas:

α. über servi [7] [*G.1*,52...54. *I.1*,8.§§ 1.2.],

β. über liberi nostri. [*G.1*,55. *I.1*,9.] Die patria pot. entsteht

a. durch Geburt aus Ehe [8] mit connubium (iustum matrimonium, iustae nuptiae) [*G.1*,56...64. *I.1*,10.pr....§12.];

b. bei den aus einer Ehe ohne connubium (einer nur nach ius gentium, *nicht nach* röm. Civilrecht voll wirksamen Ehe, non iustae, non legitimae nuptiae) Geborenen dadurch, daß der Mangel durch causae probatio oder andere besondere Rechtsgründe [*G.1*,65...96.], oder nach neuerem Rechte [*I.1*,10.§13.] durch Legitimation gehoben wird;

c. durch Annahme an Kindes Statt, adoptio. [*G.1*,97...107. *I.1*,11.]

b. der manus, worin nur Personen weibliches Geschlechts stehen. Sie wird begründet entweder usu oder confarreatione oder coemptione, und letztere Form wird der Ehe oder sonstiger juristischer Zwecke wegen gebraucht [*G.1*,108...15. *I. antiquiert*] [9].

c. der mancipii causa. In mancipio sind die freien mancipierten Personen. [*G.1*,116...23. *I. antiquiert.*]

B. Beendigung des ius: a) der potestas. [*G.1*,125...36. *I.1*,12.] b) der manus. [*G.1*,137.] c) der mancipii causa. [*G.1*,138...41.] [10]

2. Die keinem ius eines Anderen unterworfenen, die für sich r e c h t s fähigen Personen stehen entw. unter tutela oder curatio (sind in ihrer H a n d l u n g s-fähigkeit beschränkt), oder sie stehen auch nicht unter Vormundschaft (, sind vollkommen rechts- und handlungs-fähige Personen). [*G.1*,142. *I.1*,13.pr.] [11]

---

(7) Hier vom Umfang der Rechtsunfähigkeit der servi, die im R. der Kaiserzeit wirkliche Personen zu werden anfangen, wenn sie gleich noch ohne Vermögensrechtsfähigkeit sind, und von dem in der potestas domini vorausgesetzten Eigenthumsrecht am servus. Die Entstehung des Rechts über servi als über bloße Eigenthumsgegenstände steht dem Erwerb des Eigenthums an den Jungen unserer Thiere im ganzen gleich; an den servis ist, wie an anderen Eigenthumsobjecten das dominium ex iure Quiritium und das in bonis habere statthaft; die *potestas* über den servus hat wer ihn in bonis hat. (*Gai.1*,54.)

(8) Diese Stellung der Ehe bloß als Entstehungsgrund der vät. Gewalt wäre falsch, wenn das erste Buch der Inst. eine Darstellung des F a m i l i e n rechts sein sollte; in das ius quod pertinet ad personas gehört aber die Ehe nicht als ein selbständiges Rechtsverhältniß; die Ehe modificiert die Rechts- und Handlungs-Fähigkeit der Person an sich gar nicht. Nur inwiefern die Ehe potestas über die daraus entsprungenen Kinder wirke, stellen hier die Institutionen dar; ein eigentliches Eherecht enthalten sie nicht.

(9) Eine sehr verwirrende Folge der Verwechselung des Familienrechts mit dem ius quod pertinet ad personas ist die Vermengung der Begriffe manus und Ehe, wie sie sich in den schlechten Kunstausdrücken der Neueren „strenge und freie Ehe“ kund giebt (s. § 46.*u*). Manus und Ehe sind an sich ganz verschiedene Rechtsverhältnisse, wenn gleich jene nur ausnahmsweise und nur erst bei ausgebildeterer Rechtswißenschaft ohne diese, und diese ursprünglich wol nicht ohne jene, oder doch nicht ohne auf jene gerichtete Absicht (wenn durch usus die manus begründet werden sollte cf. § 46.) vorkam.

(10) Der Patronat und der Colonat, welche Savigny (Syst. I. S.360.f. 362.f.) zu den „künstlichen Erweiterungen des Familienrechts oder den künstlichen Familienverhältnissen“ stellt, konnten auch in den justinianischen Institutionen im ersten Buche keine Stelle finden, wenn nicht dessen Bedeutung als Darstellung des ius ad personas pertinens aufgegeben und dasselbe in eine Darstellung des Familienrechts umgeändert werden sollte: der Patron beschränkt weder die Rechts- noch die Handlungs-Fähigkeit des Freigelaßnen, ebenso wenig der Gutsherr (patronus, dominus, possessor) die des Hörigen (colonus, adscripticius, servus terrae), welcher trotz seiner sclavenmäßigen Stellung doch ingenuus war.

(11) Daher von ihnen hier, wo die Beschränkungen der

A. Tutela.

a. Entstehung:

α. Testamentarische [*G.1*,144...54. *I.1*,13.14.]

a. Sie findet statt über unsere *a*) Kinder, *b*) Frau in manu.

b. Wer kann testamentarisch zum Tutor bestellt werden? [*I.* *1*,14. s.Note 11.a.E.]

β. Legitima tutela: [*G.1*,155...84. *I.1*,15...19.]

a. regelmäßige

a. über Freigeborne, die sich nach dem Gesetze durch Agnation bestimmt; diese aber wird durch capitis minutio vernichtet [*G.1*,155...64. *I.1*,15.16.]

b. über liberti [*G.1*,165. cf.§167. *I.1*,17.]

c. über freigelaßene Kinder. [*G.1*,166. *I 1*,18.19.]

b. Besondere im justinianischen Rechte veraltete Arten der gesetzlichen Tutel: [*G.1*,168...84.]

γ. Obrigkeitlich angeordnete Tutel. [*G.1*,185...87. *I.1*,20.]

Recapitulation der Arten der Tutel. [*G.1*,188.]

b. Vergleichung der Tutel über Unmündige und der über Frauenzimmer, und von der auctoritas tutoris. [*G.1*,189...93. *I.1*,20.§§6.7.u.*1*,21.]

c. Beendigung der Tutel. [*G.1*,194...96. *I.1*,22.]

B. Curatio. [*G.1*,197...98. *I.1*,23.]

C. Sicherheitsleistungen des Vormunds. [*G.1*,199.200.*I.1*,24.s.Not.11.a.E.]

Ablehnungsgründe der Vormundschaft. [*I.1*,25. s.Note 11.a.E.]

Absetzung des Vormunds. [*I.1*,26. s.Note 11.a.E.]

II. Ius quod ad res pertinet. [*G.2.3. I.2...4*,5.]

Res sind die Rechtsobjecte, körperliche und unkörperliche, rechtlich für sich

---

Rechts- und Handlungs-Fähigkeit der Personen nach röm. Civilrecht abzuhandeln war, weiter nichts gesagt wird. Dieses aliam bei *Gai.1*,142. oder *pr.I.1*,13. steht nicht im Gegensatze zu der alia divisio (*G.1*,48. od. *pr.I.1*,8.), wie es Savigny (s.Note 4.) aufgefaßt hat; sondern zu dem rursus aliae u.s.w. bei *Gai 1*,49. oder cit. *pr.I*. Dem „*quae alieno iuri subiectae sunt*" unter 1. entspricht hier das „*quae neque in potestate, n. i. manu, n. i. manc. sunt*". Sollten wir die zweite, die civilrechtliche Haupteintheilung des ius quod pertinet ad personas nach unserer Weise schematisiren, so erhielte sie diese Gestalt:

II. personae	a. mariti sui,
A. alieno iuri subiectae	b. extranei;
1. in potestate	3. in mancipio.
a. domini,	B. sui iuris
b. parentis;	1. in tutela sunt vel in curatione,
2. in manu	2. neutro iure tenentur.

Nach Savigny (Syst.I.S.404. Note *r*. sagt hier Gaius: „Alle Menschen stehen entweder unter Vormundschaft oder nicht, demnach wollen wir jetzt von der Vormundschaft handeln". Das sagt aber der diesen Spott nicht verdienende Gaius gewiss nicht, und er handelt auch gar nicht „von der Vormundschaft" überhaupt, sondern nur von ihr als einem Beschränkungsgrund der civilrechtlichen Handlungsfähigkeit des Bevormundeten; in diesem Sinne durfte im ius quod pertinet ad personas der Gegensatz derer, welche in tutela vel curatione sunt, zu denen quae neutro *iure* tenentur, nicht fehlen. Die just. Inst. haben das System des Gaius hier insofern auch verkannt, als sie Rechtsverhältnisse der Vormünder selbst (I.tit.24.§1. bis Ende des Buchs) und des Bevormundeten zu Dritten und zum Vormund (I. tit.21.) darstellen, wovon Gaius nichts hat, welcher von den Satisdationen der Vormünder, Voraussetzungen für die vormundschaftliche Herrschaft, nur angiebt, wo sie erforderlich seien. Streng genommen gehört auch der Titel *Qui testamento tutores dari possunt* (*Iust.1*,14.), wovon Gaius *1*,149. der Einsetzungsformel gedenkt, nicht in das ius quod ad personas pertinet, sondern in die Lehre von dem (außerwesentlichen) Inhalte des Testaments. Vgl. *Gai.2*,289.

willenlose Dinge, über welche dem Privatwillen die rechtliche Herrschaft nach röm. Civilrecht zusteht, abgesehen von der Geltendmachung dieser Herrschaft durch gerichtliche Mitwirkung (§ 67.). Das auf diese res bezügliche Recht ist nicht gleichbedeutend mit demjenigen, was man bei uns 'Vermögensrecht' nennt [12]. Wie im ersten Theile die personarum, so stehen hier die rerum divisiones an der Spitze, worauf von Erwerb und Verlust der res in drei Abschnitten gehandelt wird: A) Erwerb und Verlust einzelner Sachen, mit Ausschluß des durch Todesfall und der obligationes, B) Erwerb von Sachengesammtheiten und Erwerb durch Todesfall überhaupt, C) Erwerb und Verlust von obligationes. | Oberste Eintheilung der res ist die naturale, je nachdem der privatrechtliche Wille des Einzelnen Herrschaft über die res haben kann oder nicht [*G.*2,1. *I.*2,1.pr. „Res — und zwar omnes — vel in nostro patrimonio sunt, vel extra nostrum patrimonium habentur".]; sie gestaltet sich bei Gaius in ihrer Anwendung auf das röm. Privatrecht (in duos articulos deducitur) als Unterschied der res divini und der humani iuris [*G.*2,2...11.], während die just. Inst. [2,1.§§7...11.] aus den marcianischen und aus den Aureis des Gaius, diese letztre, nun in ihrer Bedeutung sehr veränderte Unterscheidung nachstellen und die der Sachen in solche, die schon durch ihre Natur, oder durch ihre Bestimmung im rechtlichen Verkehr, der ausschließlichen Herrschaft des Einzelnen entzogen sind, im Gegensatze zu den diese Herrschaft zulaßenden einfügen. Die zweite im Civilrecht bedeutende, an sich rein naturale rerum divisio ist die in körperliche und unkörperliche [*G.*2,12...14. *I.*2,2...5.); unter letzteren werden hier die servitutes hervorgehoben, je nachdem dabei die römischen civilen, bei der hereditas und den obligationes ausgeschloßenen Erwerbsformen der in iure cessio oder mancipatio statthaft sind; und um nun die Lehre vom Erwerb und Verlust der Sachen nach röm. Civilrecht darstellen zu können, geht Gaius [2,§§15.sqq.] zu der rein civilrechtlichen Eintheilung der res in mancipi und nec mancipi über, an welche er die Lehre vom Erwerbe einzelner Sachen, je nachdem derselbe durch eine civilrechtliche oder eine naturale Erwerbsform geschieht, anknüpft; während die just. Inst. [2,1.§§ 11.*sqq.*], diese nun antiquierte Eintheilung ganz weglaßend, vor der Eintheilung der Sachen nach ihrer Körperlichkeit oder Unkörperlichkeit die naturalen Erwerbsarten einzelner Sachen abhandeln.

(12) Analog der Schwierigkeit, welche für die Stellung mancher familienrechtlichen Verhältnisse und Lehren entsteht (Note 3.), wenn man das ius q. p. ad personas als F a m i l i e n recht auffaßt, oder Ehe nur als Begründung der vät. Gewalt, (Patronat und Colonat etwa als Anhang zur Sclaverei,) die capitis minutiones als Beendigungsgrund der legitima tutela, und die Lehre von denen, die in mancipio sunt, als familienrechtliche darstellt, was sogar die von denen, quae in manu sunt, in der That nicht ist; wie man dann für die s.g. status naturales, die bürgerliche Ehre, die Lehre von den juristischen Personen u.dgl. doch wieder einen (ebenfalls unrömischen) Abschnitt 'von den Personen im allgemeinen' machen muß: analog muß, wenn man 'das Vermögensrecht' mit dem ius q. p. ad res (et ad actiones) identisch nimmt, die für das ius q. p. ad res richtige, für das V e r m ö g e n s recht aber unverständige Stellung des Erbrechts zu den adquisitiones per universitatem auffallen. Uebrigens kommt das ius quod ad res pertinet mehr mit unserem 'Vermögensrecht', als das ius q. ad personas pertinet mit unserem 'Familienrecht' oder 'Personen- und Familien-Recht' überein: die Verhältnisse der Personen, welche in letzterem ihrer rechtlichen Seite nach Gegenstand der Darstellung sind, sind ihrer Natur nach gegenseitige, während das ius quod pertinet ad aliquid die rechtliche Herrschaft über das Object, das aliquid, zum Inhalte hat; im Vermögensrechte aber verhält sich der Vermögensgegenstand, auf welchen sich das Recht der Person bezieht, natürlicher Weise auch bloß passiv, wie im ius quod pertinet ad res; dieses aber setzt nicht die V e r m ö g e n s r e c h t s verhältnisse in ihrer juristischen Wirksamkeit auseinander, sondern zeigt, welches die civilrechtliche Natur der Sachen oder Vermögensgegenstände sei und wie man Rechte auf dieselben erwerbe und zu haben aufhöre.

A. Erwerb und Veräußerung einzelner Sachen [*G.*2,19...96. *I.*2,1.§13...2,9.§5.]

1. durch den Erwerber oder Veräußerer selbst.

A. Civile Formen.

a. Regel.

α. Traditio rerum nec mancipi. [*G.*2,19...21. cf.*I.*2,1.§§ 40...43.]

β. Mancipatio und in iure cessio. [*G.*2,22...39. *I.* antiquiert.]

γ. Usu capio. [*G.*2,40...61. *I.*2,6.]

δ. Donatio. [*I.*2,7. s.oben §106.Note 27.]

b. Verbot der Veräußerung eigner und Statthaftigkeit der Veräußerung fremder Sachen. [*G.*2,62...64. *I.*2,8.pr.§ 1.]

B. Naturale Erwerbsarten. [*G.*2,65...79. cf.*I.*2,1.§§11...48.]

2. durch Bevormundete. [*G.*2,80...85. *I* 2,8.§ 2.]

3. durch personae alieno iuri subiectae. [*G.*2,86...96. *I.*2,9.pr. ...§ 5.]

B. Per universitatem adquisitiones. [*G.*2,97...3,87. *I.*2,9.§ 6...3,12.]

1. Hereditates. [*G.*2,99...3,76. *I.*2,9.§ 6...3,8.]

A. Testamentarische Erbschaft. [*G.*2,100...190. *I.*2,10. .19.]

a. Von Testamenten.

α. Wie und von wem sie errichtet werden. [*G.*2,101...14. *I.*2,10...12.]

β. Wesentlicher Inhalt, Erbeseinsetzung. [*G.*2,115...37. *I.*2,13. cf.18.]

γ. Gründe der Unwirksamkeit des Test. [*G.*2,138...51. *I.*2,13.17.18.]

b. Von den testamentarischen Erben:

α. des ersten Grades. [*G.*2,152...73. *I.*2,19.]

β. Substitutionen. [*G.*2,174...84. *I.*2,15.16.]

γ. Einsetzungen eines servus. [*G.*2,185...90. *I.*2,14.]

c. (Anhang[13]:) Vermächtnisse. [*G.*2,191...288. *I.*2,20...25.]

α. Legata. [*G.*2,191...245. *I.*2,20.22.21. cf.25.]

a. Arten: 1) per vindicationem, 2) per damnationem, 3) sinendi modo, 4) per praeceptionem [*G.*2,191...223.], deren Unterscheidung für das justinianische Recht hinwegfällt. [*I.*2,20.§§ 1...24.]

b. Beschränkung d. Quantität d. Vermächtnisse. [*G.*2,224...28. *I.*2,22.]

c. Gründe der Unwirksamkeit. [*G.*2,229...45. *I.*2,20.§§25.sq.2,21.]

β. Fidei commissa [*G.*2,246...88. *I.*2,23.24.]

a. universelle. [*G.*2,247...59. *I.*2,23.]

b. einzelner Gegenstände. [*G.*2,260...67. *I.*2,24.]

γ. Unterschiede der Fideicommisse und der directen testamentarischen Anordnungen [*G.*2,268...89.], die in den just. Inst. als veraltet nicht berührt werden, wogegen diese die zu Gaius Zeit civilrechtlich noch nicht ausgebildete Lehre de codicillis [*I.*2,25.] vortragen.

B. Intestaterbfolge[14]. [*G.*3,1...76. *I.*3,1...9.]

a. Freigeborner:

α. nach altem Civilrecht. [*G.*3,1...17. *I.*3,1.2.]

β. nach prätorischem Rechte: bonorum possessio. [*G.*3,18...38. *I.*3,9.]

---

(13) Als Anhang erscheint hier die Lehre von den Legaten und Fideicommissen, weil ursprünglich Vermächtnisse nur in einem Testament angeordnet werden konnten. Das Vermächtniss gehört eigentlich zu den Civilerwerbsarten einzelner Sachen, nur daß das Civilrecht bald auch den Universalfideicommissar wie einen successor in universum ius defuncti behandelte (SC. Trebellianum). Daß auch die Bedeutung der legata und fidei commissa als außerwesentlicher Inhalt des Testaments auf die Stellung der Lehre im gaianischen System Einfluß gehabt hat, zeigt sich u. a. daran, daß Gaius (2,289.) sie mit der Bemerkung, wie Tutoren im Testamente zu ernennen seien, schließt. (14) Die Abweichungen der just. Inst. in der Lehre von der Intestaterbfolge, so wie in der von den unter n°. 2. ff. angedeuteten per universitatem adquisitiones erklären sich genügend aus den seit den Zeiten der Antonine bis auf Justinian eingetretenen Rechtsänderungen.

γ. nach neuerem Civilrecht. [*I.3*,3...6.]
b. Freigelaßner. [*G.3*,39...76. *I.3*,7.8.]
2. Bonorum emptiones. [*G.3*,77...81. cf.2,98. *I.3*,12.pr.]
3. Zufolge der Unterwerfung unter das ius eines Anderen. [*G.3*,82...84. *I.3*,10.]
4. In jure Cession einer Erbschaft. [*G.3*,85...87. *I.* antiquiert.]
5. Addiction eines Nachlaßes zur Erhaltung der Freiheitsanordnungen. [*I.3*,11.]
6. Bonorum emptiones [s.vor.n°.2.] u.SC.Claudianum. [*I.3*,12.cf.*G.1*,84.160.]

C. Obligationes [15]. [*G.3*,88...225. *I.3*,13...*4*,5.]

Als summa divisio nennt Gaius die nach dem Entstehungsgrunde aus civil-

---

(15) Gegen die von beiden Institutionen ganz bestimmt ausgesprochene Trichotomie des ius quo utimur als ad personas, ad res und ad actiones pertinens, und gegen die Stellung der obligationes zu dem mittleren Theile, (cf.*Gai.2*,38.*sq.* und § 6.*I.de usu* 2,5., auch *pr* §1.*I.de actionib.4*,6.) hat sich unter den Neueren Hugo (Civ. Magaz.IV.S.1...50.V.S.385...431. „Die Obligationen gehören in den letzten Theil des Privatrechts" u.bes.Gött.gel.Anz.1840.S.1033.ff. vgl.auch **Marezoll** de ordine Inst.p.11.sqq.) sehr entschieden erklärt, und seine Ansicht scheint durch folgende Aeußerungen des Theophilus unterstützt zu werden (3,13[14].*pr.*),„Nachdem wir von den „Sachen gesprochen haben, kommen wir zu den Obligationen. Doch könnte „jemand diese Stellung tadeln und sagen, wir sprächen gegen die Ankündigung „[*1*,2.§12.] von den Obligationen... Wir haben von den Personen gesprochen, „auch von den Sachen gehandelt, und müßen folglich auch von den Klagen „reden. Wie nun, daß wir mit Aussetzung der Klagen uns nun zu den Obli„gationen wenden?... Wer von den Obligationen handelt, handelt stillschweigend „auch von den Klagen; denn die Obligationen sind die Mütter der Actionen"; und *4*,6.*pr.*„Da wir nun die Eintheilung der Personen im 1. Buche der In„stitutionen abgehandelt und auch von den Sachen im zweiten und einem Theile „des dritten gelehrt und auch die Obligationen dargestellt haben, so wollen „wir auch von den Klagen reden". Diese theophilinischen Aeußerungen würden, die erste auf diese drei Theile 1) Personen, 2) Sachen, 3) Obligationen und Actionen, die andere eigentlich auf vier Theile 1) Personen, 2) Sachen, 3) Obligationen, 4) Actionen führen. In *pr.1*,3. nennt er nur Personen, Sachen, Actionen. Noch verworrener und ganz unwißend spricht des Psellus Synopse (s.§23.ς'.oben) so für die Verbindung der Obligationen mit den Actionen: „Das „Recht hat es zu thun mit Personen, Sachen und Klagen (*ἀγωγαῖς*): dieser „actiones aber sind viele, vier jedoch sind die Mütter, welche Obligationes (*ἐνο„χαί*) heißen, rechtliche Bänder, die re, verbis, litteris und die consensu" u.s.w. Verständlicher und verständiger erklärt sich für jene Verbindung die Glosse zu *pr.I.de oblig.3*,13[14]. „Dictum est supra de *personis* lib.I., de *rebus* in II. „et III. usque huc; nunc de *actionibus* debet dicere..; vel quia obligatio „est mater actionis, ut ff. de procu. l. licet §. ea oblig. [*L.42.*§2.*D.de procura„torib.3*,3.'Ea obligatio ... actionem parit.'], ideo praemittit de his obliga„tionibus. Ac*cursius*"; und Franz von Arezzo (s.§24.*n.*) fügt hinzu: „Hic „incipit tertia pars principalis divisionis totius istius operis gratia commo„dioris divisionis et etiam materiarum: quoniam versatur circa tria... ut „supra *etc.* usque huc tractavit de *personis* et *rebus*;.. igitur aliam et ter„tiam partem faciemus de *obligationibus et actionibus*, et per consequens de „tertia materia totius iuris civilis". Von dieser Ansicht hat der s.g. Brachylogus (s.§24.*e.*) nichts, wenn er gleich den obligationes das dritte, den actiones (oder eigentlicher den actiones mit dem Processe) das vierte Buch angewiesen hat; dagegen stimmen alle Glossatoren und Scribenten, welche diesen Punct berühren, mit jener Ansicht überein, ohne jedoch bestimmt für die drei Theile, Personen, Sachen, Obligationen und Actionen, sich zu erklären; beispielsweise theilen wir aus Azo folgende Stellen mit (Summa in Inst. ad *tit.de obligatt.*) „Explicuimus ius illud quo quid fit nostrum; nunc prosequamur illud, quo quid fit nobis debitum. Vel aliter: Supra in princ. I. lib. diximus Omne ius quo

rechtlich giltigem Vertrag, Contract, oder aus Widerrechtlichkeit. Die just. Inst. behandeln diese Lehre ausführlicher und fügen jenen beiden Arten noch zwei ihnen analog wirkende hinzu; die Eintheilung nach der die obligatio anerkennenden Rechtsquelle in civiles und praetoriae verfolgen sie nicht weiter, so wie sie auch, obgleich dieses ihrem, nicht aber dem Plan des Gaius angemeßen gewesen wäre, einen Titel über Naturalverträge, pacta, *nicht* haben.

1. Entstehung der Obligatio
   A. aus contractus, [*G.3*,89...162. *I.3*,14...26.]
      a. die wir selbst abschließen:
         α. Re contractae obligationes. [*G.3*,90.91. *I.3*,14.]
         β. Verborum obligationes: [*G.3*,92...127. *I.3*,15...20.]
            a. Hauptobligatio:
               a. die Abschließung des Vertrags. [*G.3*,92...96. *I.3*,15.16.18.]
               b. Erfordernisse in Beziehung auf
                  a. den Inhalt, Hauptgegenstand und Nebenbestimmungen. [*G.3*,97...102. *I.3*,19.pr...§5.§§5.21.sqq.11.13.]
                  b. Rechts- und Handlungsfähigkeit der Contrahenten. [*G.3*,103...9. *I.3*,19.§§5.6. 3,17.u.19.§§7...10.]
            b. Nebenobligationen. [*G.3*,110...27. *I.3*,20. cf. 19. §§4.19.sqq.]
         γ. Litterarum obligationes. [*G.3*,128...34. cf. *I.3*,21.]
         δ. Consensu contractae obligationes. [*G.3*,135...62. *I.3*,22...26.]
   (A². Obligationes quae quasi ex contractu nascuntur. [*I.3*,27.])
      b. aus contractus, die unserem ius unterworfene Menschen abschließen. [*G.3*,163...67. *I.3*,28.].

---

utimur pertinere ad personas vel ad res (et de istis dictum est) vel ad actiones, et de his videamus: sed quia actiones nascuntur ex obligationibus, et de obligationibus tanquam de matribus earum primo loquamur. Videndum ergo quid sit obligatio..." und ad *pr. I. de action.* 4,6. „Explicuimus de obligationibus, et quia ex his oriuntur actiones tanquam ex matribus, audiamus de actionibus. Vel aliter: Expedivimus supra de personis et rebus: sequitur ut videamus de actionibus secundum ordinem assignatum supra de iure nat. §. ult. Videndum ergo quid sit actio..." Wenn ferner auch die tabellarische Uebersicht der justinian. Institutionen in den annotierten gothofredischen Ausgaben des Corpus iuris das dritte Buch mit dem Titel de obligationibus eröffnet, bemerkend „Secuti sumus hanc librorum partitionem, quae in multis codicibus ita habet, ut liber III. incipiat a tit. De obligationibus" (wie ich selbst Ausgaben besitze, denen schon im 16. Jahrh. zu dem genannten Titel beigeschrieben worden ist „Tertia pars Institutionum ac totius iuris civilis"), so beweist auch dieses nicht, daß man die Lehre von den Obligationen als nicht zum ius quod ad res, sondern zu dem quod ad actiones pertinet gehörig angesehen habe. Jedoch könnte man zugeben, daß man, selbst schon zu Justinians Zeiten, für das Institutionensystem eine Anordnung angenommen habe, nach welcher die Lehre de obligationibus von der de rebus getrennt und bald als erster Abschnitt eines dritten Theiles, de obligg. et actionib., bald als ein dritter Theil, de obligg., dem ein vierter, de actionibus, folgte, behandelt worden sei, ohne daß damit die Behauptung irgend gerechtfertigt erschiene, Gaius und die justinianischen Institutionen hätten die Obligationen nicht zum ius quod ad res pertinet gestellt, sie *nicht* als res incorporales aufgefaßt: das gaianische System beruht wesentlich mit auf dieser Behandlungsweise der Obligationen, und es kann *nicht* dagegen sondern nur dafür in Betracht kommen, daß auch sonst häufig obligationes et actiones verbunden vorkommen (namentlich in den hierhergehöri- Titeln der Digesten und des Codex): diese Verbindung beruht auf ganz anderen systematischen Gründen, als sie für die Institutionen gelten. s. auch *Heffter* Obs. I. ad Gaii Comm. IV. Berol. 1827. 4°. Weiß, Stellung der Obll. im R.R. Gieß. 1828. 8°. *Schrader* ad §12. I. de iure nat. in der Quartausg. der Institt. Savigny I. S. 401. ff. Leist cit. § 28. Note *. (16) Die Einschaltung der Lehre vom Erwerb obligatorischer

2. Beendigung der Obligationes. [*G*.3,168...81. *I*.3,29.] [16]
B. Obligationes aus Delicten. [*G*.3,182...225. *I*.4,1...4.]
(B². Obligationes quae quasi ex delicto nascuntur. [*I*.4,5.])

III. Ius quod ad actiones pertinet. [*G*.4. *I*.4,6...17.]

Die Lehre von den Modificationen, welche die Privatrechte, sowol die auf Personen, als die auf Sachen bezüglichen, dadurch erleiden, daß sie gerichtlich durchgeführt werden, unterscheidet sich dadurch einerseits von dem Proceßrecht oder den für das gerichtliche Verfahren selbst geltenden Rechtsvorschriften, andererseits von der Lehre, welche häufig de obligationibus et actionibus bezeichnet wird, d. h. von den civilrechtlichen Personalansprüchen, besonders aus obligationes, wie sie an sich, ohne Rücksicht auf einen Rechtsstreit, begründet sind. Trotz der großen inneren Verschiedenheit des von Gaius dargestellten ius quod ad actiones pertinet von dem nach den iust. Inst. geltenden weichen diese dennoch in der systematischen Behandlung dieses Rechtstheils weniger von jenem ab, als nach ihrer Bestimmung eigentlich hätte geschehen müßen.

1. Actiones. [*G*.4,1...14. *I*.4,6...12.]
A. Eintheilungen nach
a*. der sie aufstellenden Rechtsquelle: civiles u. praetoriae [*I*.4,6.§§3...12.];
a. dem Inhalte:
α. in rem, in personam actiones [*G*.4,1...5. *I*.4,6.§§1.sqq.14.15.]; praeiudiciales und mixtae. [*I*.4,6.§§13.20.]
β. rei persequendae causa comparatae, poenales, mixtae actiones. [*G*.4,6...9. *I* 4,6.§§16...29.]
γ*. in simplum bis in quadrupl. conceptae actiones. [*I*.4,6.§§21...27.]
δ*. actiones quibus solidum vel minus persequimur. [*I*.4,6.§§36...38.]
b. der Form: ad legis actiones expressae oder sua vi ac potestate constantes actiones. [*G*.4,10.]
α. Legis actiones. [*G*.4,11...31.]
β. Formulae:
a. Arten. [*G*.4,32...38.]
b. Einzelne Theile der formula. [*G*.4,39...44.]
c. Verschiedenheit d. Wirkung nach Verschiedenheit d. einzelnen Theile:
a. In ius, in factum conceptae formulae. [*G*.4,45...47.]
b. Mit condemnatio certae aut incertae pecuniae. [*G*.4, 48...52. cf. *I*.4,6.§ 32.]
c. Eine plus petitio enthaltende und Nachtheile dieser. [*G*.4, 53...60. *I*.4,6.§§33...35.]
d. Arbitrariae und bonae fidei oder stricti iuris. [*G*.4,61. ..68. *I*.4,6.§§ 28...30.39.40.]
B. Entstehung der actio:][*G*.4,69. cf.82.]
a. wegen eigner Handlung [cf. *G*.4,82.] [17];

Rechte durch unserem ius unterworfene Personen und von der Aufhebung der Obligationen zwischen die Lehre von den Contracts- und den Delicts-Obligationen erklärt Gaius (*L*.4.*D*. *de O. et A*. 44,7. cf. *pr*.*I*.*de obl.q. ex del*.4,1.) daraus, daß die letzteren eigentlich alle re, durch eine Handlung, nämlich das Delict, begründet würden. Und, abgesehen davon, daß von den hier zu erörternden Gründen zur Aufhebung der Delictsobligationen nur die solutio anwendbar war, schließt sich auch die Lehre von den auf Entstehung von Obligationen gerichteten Handlungen nach Civilrecht mit den contractus: denn die Quasicontracts-, die Delicts- und Quasidelicts-Handlungen oder Ereignisse sind nicht auf Hervorbringung obligatorischer Verhältnisse gerichtet, sondern haben diese nur zur Folge; ihr Wesen ist nicht, Entstehungsgrund von obligationes zu sein.

(17) Einer Ausführung bedarf dieser Punct nicht, da sich aus dem bisherigen und daraus, daß es besondere Voraussetzungen giebt, unter denen allein man in fremdem Namen klagen und verklagt werden kann, ergiebt, daß man

b. ohne selbst gehandelt zu haben, können wir verklagt werden

α. wegen der Handlung eines Andern oder einer Beschädigung, die von unserem ius unterworfenen Menschen oder von unseren Thieren verübt wird. [*G.4*,69. cf.80.82.]

a. weg.contractus od.Widerrechtlichkeit unf.potestas Unterworfener, u. zwar wegen *a*) contractus.[*G.4*,70...74.*I.4*,7.] *b*)Delicten.[*G.4*,75...79.*I.4*,8.]

b. wegen contractus oder Delicten unsrer manus unterworfener oder derjenigen Personen, welche wir in mancipio haben. [*G.4*,80. *I.*antiquiert.]

c. wegen Beschädigung durch unsere Thiere. [*G.4*,81. *I.4*,9.] [18].

β. Worauf gründet sich die Befugniss, den Rechtsanspruch eines Andern klagend zu verfolgen? [*G.4*,82...87. *I.4*,10.]

γ. Von den Sicherheitsleistungen, welche die Parteien im Rechtsstreite zu erbringen haben. [*G.4*,88...102. *I.4*,11.]

C. Beendigung der actio.

a. Iudicia legitima und quae imperio continentur. [*G.4*,103...9.]

b. Perpetuae und temporales actiones. (*G.4*,110.111. *I.4*,12.pr.]

c. Auf und gegen die Erben übergehende oder nicht übergehende Klagen. [*G.4*,112.113. *I.4*,12.§1.]

d. Befriedigung des Klaganspruchs vor dem Urtheil. [*G.4*,114. *I.4*,12.§2.]

2. Exceptiones [19]:

A. Eigentliche. [*G.4*,115...25. *I.4*,13.]

B. Fernere Parteieinsprüche. [*G.4*,126...29. *I.4*,14.]

C. Praescriptiones seitens des Klägers. [*G.4*,130...37. *I.* antiquiert.]

3. Interdicta: [*G.4*,138...70. *I.4*,15.]

A. Begriffsbestimmung. [*G.4*,139...41. *I.4*,15.pr.]

B. Arten:

a. prohibitorische, restitutorische, exhibitorische. [*G.4*,142. *I.4*,15.§1.]

b. Besitzinterdicte. [*G.4*,143...55. *I.4*,15.§§2...6.]

c. Simplicia und duplicia interdicta. [*G.4*,156...60. *I.4*,15.§7.]

C. Verfahren und Ausgang. [*G.4*,161...70. cf.*I.4*,15.§8.]

4. Temere litigandi poenae: [*G.4*,171...87. *I.4*,16.]

A. gegen den Beklagten. [*G.4*,171...73. *I.4*,16.pr.§1.]

B. gegen den Kläger. [*G.4*,174...81. *I.*l.c.]

C. Infamia des Condemnierten. [*G.4*,182. *I.4*,16.§2.]

D. In ius vocatio und vadimonia. [*G.4*,183...87. *I.4*,16.§3.]

De officio iudicis [*I.4*,17.] [20].

Anhang: De publicis iudiciis [*I.4*,18.] [21].

---

proprio nomine wegen jedes vollkommenen Privatrechts klagen und verklagt werden kann. (18) Zwar ist die Seite 220. der veronef.Handschr., auf welcher diese Lehre gestanden haben müste, unleserlich; aber aus *Inst.4*,9. ist mit allem Grunde anzunehmen, daß auch Gaius wenigstens die alte civile de pauperie actio, wenn auch nicht die ädilicischen Klagen wegen Beschädigung durch Thiere, hier abgehandelt habe. (19) Die Exceptiones konnten auch als Unterabtheilung der actiones aufgeführt und so das ius quod ad actiones pertinet in die 3 Abschnitte eingetheilt werden: I. Actiones 1) im eng.S. 2) Andere Parteivorbringungen. II. Interdicta. III. Mittel zur Verhütung frivoler Rechtsstreitigkeiten. Im System der alten actiones aber, welches Gaius darstellt, gab es nicht solche exceptiones. *Gai.4*,108. (20) Der Inhalt dieses Institutionentitels hat bei Gaius, soweit er in dessen Darstellung gehört, eine richtigere Stellung in der Lehre von den Formulae, welche die justinianischen Compilatoren freilich nicht wol aufnehmen konnten; dagegen würde jener Titel in den de actionibus zu verarbeiten gewesen sein, damit er nicht, wie es jetzt der Fall ist, als bloßer Nachtrag erschiene. (21) Daß dieser Titel ein bloßer, für das Studium der justinianischen Digesten vorbereitender Anhang und in ein zur Einleitung in das römische Civilrecht bestimmtes Werk nicht gehörig sei, deutet er selbst am Anfang und Schluße deutlich an.

Anhang VII.

*) Mihi Propiores sobrino sobrinave.
**) Sobrinus, *Sobrina* mihi.
***) § 4. *I. h. t.* 3,6. „.. *Consobrinus, consobrina*, i. e. qui quaeve ex fratribus aut sororibus progenerantur. Sed quidam recte *consobrinos* eos proprie dici putant qui ex duabus sororibus progenerantur, quasi *consororinos*; eos vero qui ex duobus fratribus progenerantur, proprie *fratres patrueles* vocari; si autem ex duobus fratribus filiae nascuntur, *sorores patrueles* appellari; at eos qui ex fratre et sorore propagantur, *amitinos* proprie dici. amitae tuae filii *consobrinum* te appellant, tu illos *amitinos*".

					MAIO-
					6 Tritavus.
					5 Atavus.
6. Abpatruus. / *Abamita.*					4 Abavus.
	5. Propatruus. / *Proamita.*				3 Proavus.
	6. Propatrui, *Proamitae* filius / *filia.*	4. Patruus magnus. / *Amita magna.*			2 Avus.
		5. Patrui m. *Amitae magnae* filius. / *filia.* *)	3. Patruus. / *Amita.*		1 Pater.
		6. Patrui m. *Amitae magnae* nepos. / *neptis.* **)	4. Patrui s. *Amitae* filius. / *filia.* ***)	2. Frater. d)	E- ipse. a)
		7. Sobrino *Sobrinave* natus / *nata.*	5. Patrui *Amitaeve* nepos. / *neptis.*	3. Fratris filius. / *filia.* e)	1 Filius. b)
			6. Patrui *Amitaeve* pronepos. / *proneptis.*	4 Fratris nepos. / *neptis.* f)	2 Nepos. c)
				5. Fratris pronepos / *proneptis.*	3 Pronepos.
				6 Fratris abnepos / *abneptis.*	4 Abnepos.
					5 Adnepos.
					6 Trinepos.
					POSTE-

In den die Verwandtschafts- und Affinitäts-Verhältnisse darstellenden Bildern pflegt man sich zur Bezeichnung einer Person, auf deren Geschlecht es nicht ankommt und zu der einer männlichen (vgl. § 37. *d.*) eines Kreißes, zu der einer weiblichen Person eines Dreiecks (oder Vierecks) zu bedienen. Die Ehe (oder auch wol sonstige Geschlechtsverbindung) wird durch einen beide Figuren verbindenden Kreißabschnitt angedeutet, Abstammung durch einen nach der unteren Stufe gezogenen Strich, z. B. Eltern mit einer Tochter und zwei jüngeren Söhnen:

Die als verstorben zu bezeichnenden Personen werden regelmäßig durch eine durchstrichene Figur und im Erbrechte die Person, von deren Erbschaft die Rede ist, durch eine durchkreuzte Figur bezeichnet, z. B. beim Tode des x lebt sein mütterlicher Großvater, sein Vater, sein vollbürtiger Bruder a und sein uterinus frater b.

zu §§ 49...54.

*) Mihi Propiores sobrino sobrinave.
**) Sobrinus, *Sobrina* mihi.

b und e sind fratres sororesve patrueles; β und ε sind consobrini, consobrinae; b und ε, β und e amitini, amitinae; die Kinder dieser aller f c γ ς, e f ς, γ f ς, ς f c γ sind unter einander sobrini, sobrinae.

RES.					
6 *Tritavia.*					
5 *Atavia.*					
4 *Abavia.*					6. Abavunculus. | *Abmatertera.*
3 *Proavia.*				5. Proavunculus. | *Promatertera.*	
2 *Avia.*			4. Avunculus magnus | *Matertera magna.*	6. Proav. aut *Promaterterae* filius. | *filia.*	
1 *Mater.*		3. Avunculus. | *Matertera.*	5. Av. magni aut *Mat. magnae* filius. | *filia.* *)		
GO *ipsa.* α)	2. *Soror.* δ)	4. Avunculi aut *Materterae* filius. | *filia.* *)	6. Av. magni aut *Mat. magnae* nepos. | *neptis.* **)		
1 *Filia.* β)	3. *Sororis* filius. | *filia.* ε)	5. Avunculi aut *Materterae* nepos. | *neptis.*	7. Sobrino *Sobrinave* natus | *nata.*		
2 *Neptis.* γ)	4. *Sororis* nepos. | *neptis.* ς)	6. Avunculi aut *Materterae* pronepos. | *proneptis.*			
3 *Proneptis.*	5. *Sororis* pronepos. | *proneptis.*				
4 *Abneptis.*	6. *Sororis* abnepos. | *abneptis.*				
5 *Adneptis.*					
6 *Trineptis.*					
RIORES					

Willkürlich sind die Bezeichnungen der in manum conventio, der Adoptionen, Emancipationen, Ehescheidungen u. dgl., z. B.

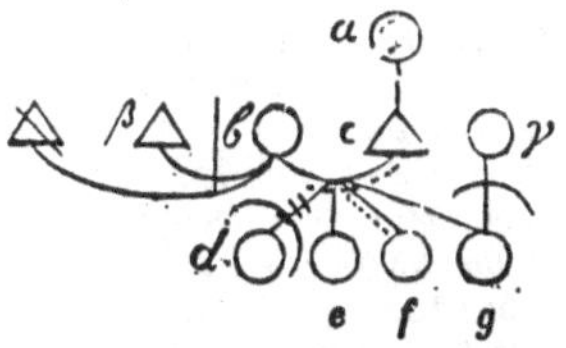

Die Tochter des *a*, die *c* ist, nachdem die erste Frau des *b* gestorben, die andere *β* von ihm geschieden ist, nun in manu desselben; die beiden ersten Frauen waren nicht in manu eius; der *b* hat seinen Sohn *d* emancipiert, den *f* arrogiert, von *γ* dessen Sohn, den *g*, in Adoption bekommen,

Anhang VIII. (zu § 74.)

Ueber Behandlung und Benennung der Ländereien bei den Römern.

Von

A. A. F. Rudorff.

§ *a*. Das Landgebiet einer dem römischen Reich angehörigen Gemeinde ist entweder 1) von Staats wegen aufgetheilt (ager divisus et adsignatus) oder 2) bloß im ganzen vermeßen (ager per extremitatem mensura comprehensus) oder 3) unvertheilt und unvermeßen (ager qui nulla mensura continetur)[1]. Der wichtigste praktische Unterschied dieser drei Classen besteht darin, daß bei der ersten und zweiten Karten (formae) und andere öffentliche Urkunden über die Vermeßung und Vertheilung aufgenommen und entstehende Streitigkeiten durch die Regierungsfeldmeßer (agrimensores) bloß auf Grund dieser Documente ohne gerichtliches Verfahren entschieden werden, während die über die unvertheilten und unvermeßenen Ländereien dritter Classe etwa aufgenommenen Privaturkunden als Zeugnisse in eigener Sache keinen öffentlichen Glauben haben, mithin selst vor Gericht nicht genügende Beweismittel sind[2].

§ *b*. Die unvermeßenen Landgebiete haben nämlich die alten Landwehren behalten, welche in vorrömischer Zeit durch völkerrechtlichen Vertrag oder feindlichen Conflict mit der von der andern Seite vorrückenden Ansiedelung entstanden sind: von diesen Acten des ius gentium schreiben sich die Benennungen arcifinius, arcifinalis[3], occupatorius ager[4], territorium[5] her; der Name soluti, in absoluto relicti agri dagegen weist schon auf den Gegensatz derer hin, welche in Folge civilrechtlicher Anordnungen der römischen Staatsgewalt durch limites

§ *c*. und termini 'obligiert' sind[6]. Während nun die ältesten und rohesten jener völkerrechtlichen Landwehren zugleich auf reinen Naturgränzen (naturae locorum)[7], wie hohen Gebirgen, Waßerscheiden, Bächen, Flüßen, großen Gränzwäldern, beruhen, tritt allmählich eine Vermarkung (observatio) durch künstliche Marken (observationes, observabilia, notae)[8], wie Malbäume (arbores antemissae, notatae), Hochwachten (templa), Lichtungen (luci), Grabmäler (monumenta), hinzu, bis endlich rein künstliche und ausschließliche Vermarkungsurkunden (termini) in wachsender Vollkommenheit und Genauigkeit jene roheren Gränzzeichen ver-

§ *d*. drängen[9]. Der ganze so gewahrte Gränzzug eines Territoriums wird im Kreiße

---

Die römischen Gromatiker sind in den folgenden Noten der Kürze wegen bloß nach Zahlen citiert, von denen die erste auf die Seite, die zweite auf die Zeile der Gromatici veteres ex rec. *C. Lachmanni*. Berol. 1848. 8º. zu beziehen ist. (1) Agrorum qualitates sunt tres; una agri divisi et adsignati, altera mensura per extremitatem comprehensi, tertia arcifinii, qui nulla mensura continetur 1,3...5. (2) Horum (occupatoriorum) ergo agrorum nullum est aes, nulla forma, quae publicae fidei possessoribus testimonium reddat, quoniam non ex mensuris actis unus quisque modum accepit, sed quod aut excoluit aut in spem colendi occupavit. quidam vero possessionum suarum privatim formas fecerunt, quae nec ipsos vicinis nec sibi vicinos obligant, quoniam res est voluntaria 138,11...17. cf. 153,13... 155,2. (3) ab arcendis hostibus, vicinis, finibus 284,8.9., 369,16. (4) quod occupatus est a victore populo territis inde fugatisque hostibus 115,7. quibus victor populus occupando nomen dedit 138,4. Etwas anderes ist der occupatorius oder occupaticius ager, der vom Staate den einzelnen zur Occupation und Possession überlaßen wird. s. Note 64. (5) a territis fugatisque hostibus 20,12.; 137,17. *L*. 239. § 8. *D. de V. S*. 50,16. (6) Denn absolut genommen ist kein ager, auch der arcifinius nicht, solutus: 137,23. soluti non sunt quorum fines deprehendi possunt. vgl. 138,15...17.; 181,10.; 198,19. (7) Natura loci 220,13. *L*. 2. *pr*. *D. de aqua pluv*. 39,3. Naturgränzen und arcifinische Gränzen werden fast immer verwechselt, während doch die ersteren iuris naturalis, die letzteren iuris gentium sind. [s. § 92*. Note 10.] (8) 5,7.; 151,24.; 205,9.; 213,12. (9) Termini dicti, quod terrae mensuras distinguunt atque

von einem Merkmal zum andern und bis zum Ausgangspunct zurück (significanter) bezogen und beschrieben [10].

Vermeßung im ganzen ohne Auftheilung des Gebiets tritt ein 1) wenn eine § e.
Gemeinde zur Vereinfachung der Verwaltung und Besteuerung einer größern einverleibt wird (adtribuitur, contribuitur) [11], 2) um die geistlichen Territorien der römischen Priestercollegien und Vestalinnen [12], so wie 3) die Staatsdomänen gegen unbefugte Occupationen der Privaten zu schirmen [13]. Diese conservativen Zwecke der amtlichen Vermeßung und Beurkundung schließen zwar nicht die Theilung der Domänen in sogenannte Landziegel (laterculi, plinthi, plinthides) [14], wol aber die Auftheilung an einzelne Individuen oder Centurien aus; wo dergleichen in der Karte verzeichnet war, stand es bloß auf dem Papier [15].

Die Auftheilung eines Territoriums an Einzelne (viritim dividere) [16] wird spä- § f.
ter nur noch bei dem ager colonicus, d. h. an eine römische Tochtergemeinde, erwähnt. In der städtischen Periode kommt in der Nähe Roms ein ager viritanus [17] auch wol ohne Coloniegründung vor [18], desgleichen ein ager quaestorius, davon benannt, daß die Militärquästoren erobertes Land in Parcellen von 50 Jugern für den Staatsschatz verkauften [19]; allein abgesehen davon, daß dieser Verkauf weder eine wahre Veräußerung noch Auftheilung enthält, verschwand der ager viritanus wie der quaestorius, als die Republik in Italien keinen Krieg mehr führte. Es wurde Grundsatz Ager divisus adsignatus est coloniarum [20], und § g.
zwar nicht der Colonien, welche die Republik als Gränzfestungen und Mittel römischer Cultur nach außen vorschob, sondern es sind die Militärcolonien gemeint, die von den Imperatoren in Italien, dem Garten Roms und dem Kernlande der unterjochten Republik, gegründet wurden.

Ein solches Colonialgebiet läßt der Staat durch vereidete Regierungsfeld- § h.
meßer limitieren, d. h. durch Längen- und Quer-Linien kreuzförmig in quadratische Compagnieloose (centuriae) zerschneiden und diesen Act durch Urkunden beglaubigen, welche in doppelter Ausfertigung im Archiv der Colonie angeheftet (aes fixum) und im Sanctuarium des Principats niedergelegt werden. Unter den üblichen Bezeichnungen ist limitatio, wie bemerkt, von der Kreuzung der Linien und Wege [21], centuriatio von der Zertheilung des Bodens in Carrés für ursprünglich hundert viri, cancellatio, pertica, metatio, typus, von der Auftheilungs-, Vermeßungs- und Beurkundungsform entlehnt [22].

---

declarant. his enim testimonia finium intelleguntur et agrorum intentio et certamen aufertur (366,19...22.). Auf der Platte (vertex, frons) oder an den Seiten (latera) erhalten die termini Zeichen oder Buchstaben (nobilitates, litterae singulares 142,22.; 173,10.); unter dem Gefäß im Lager (statio, fossa) liegen geheime Kunden oder Belage (signa subdita 305,9.; 142,19.; 317,6.). Die Haupt- Ort- oder Eck-Steine heißen epidecticales, incipientes, praesidentes, die Laufer cursorii 241,9.; 250,20.

(10) Ein Formular giebt 114,16, ein Beispiel das S.C. de Genuatibus bei Orelli n°.3121. *Rudorff* Q. et M. Minuciorum sententia de finibus inter Genuates et Viturios dicta. Berol. 1841. 4°.

(11) 4,3...5,5. *Caesar B.C. 7*,76. *Plin. nat. hist. 3*,5. oppida ignobilia XXIV Nemausensibus attributa.

(12) 117,5...11.; 163,3.4.; 125,19.

(13) 122,21.

(14) 152,25.

(15) Hunc agrum multis locis mensores, quamvis extremum mensura conprehenderint, in formam in modum limitati condiderunt. 5,3...5.

(16) *Paul. ex Festo p.* 378. *Müll.* Viritim dicitur dari quod datur per singulos viros. Cato 'Praeda quae capta est viritim divisa'. *Non. 43*,4. (Mercer.) viritim dictum est separatim ac per singulos viros.

(17) *Paul. ex Festo*: 'Viritanus ager dicitur qui viritim populo distribuitur'.

(18) *Liv.* 4,48.; 5,30.

(19) 152,24.; 136,16.; 253,17...20.; 349,17...21.

(20) 2,1.

(21) Die (wie gewöhnlich gar nicht zu verachtende) Etymologie der Alten von limus = transversus (*Paul. ex Festo*: 'Limites in agris nunc viae transversae nunc termini'. vgl. 167,17.) giebt den richtigen Gedanken. Die andere von limen 153,7., woher später die Reichsgränzen limites hießen, ist freilich auch sachlich falsch.

(22) 154,16...18.

§ i. Zur Erläuterung der wichtigsten hiebei vorkommenden technischen Ausdrücke bedienen wir uns folgender Figur:

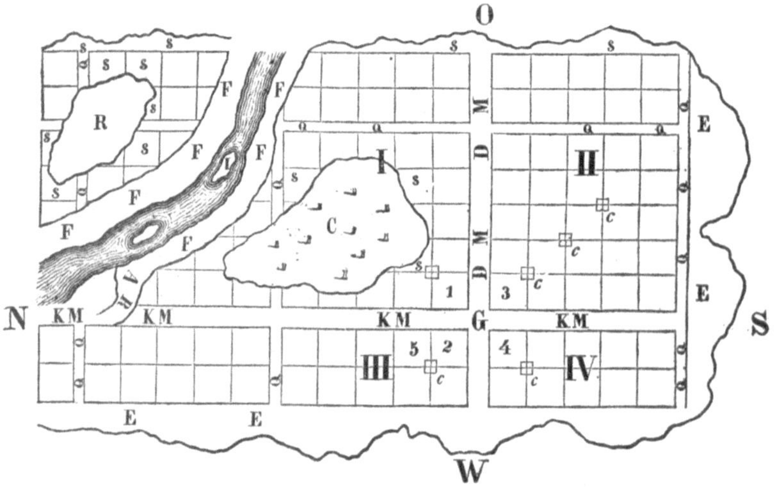

§ k. Sämmtliche Kreuzpuncte dieses Netzes, hauptsächlich aber der Knotenpunct G, in welchem sich die Hauptstraßen schneiden, führen den Namen groma oder tetrans nach dem vierarmigen Diopterlineal, dessen sich die eben daher benannten Gromatiker zum Limitieren bedienten [23]. Bei ganz neuen Anlagen (ager rudis) konnte dieser Hauptpunct zum Marktplatz und Mittelpunct der Stadtanlage gewählt werden, so daß die vier Hauptstraßen, wie im römischen Lager, zu den vier Thoren hinaus führten. Da jedoch die Colonien gewöhnlich in schon bestehende Municipien deduciert wurden, so lag die groma nicht selten vor dem Thor, und die Stadt in einem der Quartiere ihrer Feldmark, ja möglicher Weise, was besonders bei Bergfestungen vorkommt, ganz außer derselben [24].

§ l. Jeder der beiden Arme des Kreuzes UW und NS theilt nämlich das Coloniegebiet in zwei Hälften (partes, tribus, regiones): die Hälfte vor dem auf der groma stehenden Mensor (ante, citra mensorem) ist die antica oder citrata, die hinter ihm liegende die postica oder ultrata; die beiden Regionen zu seiner Rechten bilden die dextrata, die beiden Viertel zur Linken die sinistrata; die von seinem Standpunct gerade aus laufenden Kreuzarme werden prorsi, die Querarme transversi limites genannt.

§ m. Da nun die ursprüngliche Stellung mit dem Gesicht gegen W war, so liefen anfangs die prorsi limites gegen Abend, dextrae partes waren die mitter-

---

(23) *Hygin. de munit. castr.* 12. (*Lange*) in introitu partis mediae ad viam principalem *groma* locus appellatur, quod turba ibi congruat sive in dictatione metarum posito in eodem loco ferramento groma superponatur, ut portae castrorum in conspectu rigoris stellam efficiant. Et professores eius artis causa supra scripta *gromatici* sunt cognominati. *Non.* 63,5. (*Mercer.*) *Grumae* sunt loca media, in quae directae quatuor congregantur et conveniunt viae. Est autem *gruma* mensura quaedam qua fixa viae ad lineam dirigantur, ut est agri mensorum et talium. (24) 178,11...16.19... 179,10.; 194,4...8. Bei Verwandlung eines Municipiums in eine Colonie muß wegen des alten Bundesverhältnisses schonender, und daher mit Beachtung seiner Anträge (secundum suam postulationem), verfahren werden. 203,7...10., *Horat. serm.* 1,5.26.

nächtigen Regionen I III, sinistrae die mittägigen II IIII; später wurde die Richtung gegen Sonnenaufgang O als die günstigere angesehen[25]; in Folge dieser Umkehrung ist die östliche Hälfte I II zur antica oder citrata pars, die westliche III IIII zur postica oder ultrata, die nördliche I III zur sinistrata, die südliche II IIII zur dextrata geworden; endlich führte das Nützlichkeitsprincip oder die Unwißenheit der Feldmeßer zu völliger Vernachläßigung der ratio mundi[26].

Der erste prorsus limes, welcher von W nach O laufend die groma G § n.
durchschneidet und die Feldmark in eine nördliche (I III) und südliche (II IIII) Hälfte sondert, wird den Zweitheiler (decimanus) genannt[27], der transversus limes von N nach S, welcher den decimanus in G kreuzt und die Feldmark in vier Regionen theilt, heißt dagegen kardo, nicht weil er die Hauptlinie wäre, (denn diese ist der Zweitheiler, der viertheilende Kardo ist secundär) sondern weil er dem kardo mundi, der Erdaxe entspricht. In gleicher Weise werden die übrigen Meridiane kardines, die Parallelen des Zweitheilers decumani genannt[28].

Jeder Limes, welcher als Fahrstraße zur innern Verbindung der Colonie § o.
dienen soll, heißt actuarius von (ire) agere; nach mehreren Gesetzen war aber auch dem Staate die Staatsservitut des Truppendurchmarsches vorbehalten (iter populo debetur), und daher die Pflasterung und Anlage von Abzugsgräben für diese Etappenstraßen vorgeschrieben[29]. Als Fahrstraßen dienten jedoch nur der decimanus maximus OW, die Hauptquerstraße (kardo maximus) NS, und je die fünfte (oder die Hauptstraße mitgezählt die sechste) Parallele beider, die quintarii Q. Die vier zwischen den quintarii laufenden limites dagegen sind bloß linearii, nicht lati, Linien zur weitern Abtheilung des 'saltus' in 25 Centurien. Zwar in Italien dienten die linearii auch als Wege, jedoch nur für die bäuerlichen Zwecke der Militärcolonie, z. B. zum Abfahren der Aernte, nicht für die militärischen des Staats; daher hatten sie statt 10...120 füßiger nur 8 füßige Breite und bildeten keine chaussierte Heerstraße, sondern waren nur nothdürftig durch die Hacke[30] von Gestrüpp gesäubert, wovon sie den Namen subruncivi erhalten haben.

Die Limitation ist demnach eine geregelte Städtegründung und Abtheilung, § p.
welche die ganze einer Colonie zugemeßene, aus dem Territorium herausgeschnittene 'pertica' in regiones, diese in saltus, diese in centuriae[31] sondert,

---

(25) postea placuit omnem religionem eo convertere, ex qua parte terra illuminatur 169,18. (26) Dahin gehört z. B. die Limitation einiger süditalischen Colonien, in denen der Decumanus von N nach S, der Kardo von W nach O lief (29,3...6.; 170,15.; 208,17...22.; 210,1.2.; 292,1...17.; 294,16...295,4.), weil die Agrimensoren Länge und Breite verwechselt hatten.

(27) Nach Varro von einem veralteten duocere oder duo und caedere 27,13...28,17.; 166,10.; 167,14.; 290,25.; 294,3...16. Auch hier darf die Vorstellung nicht mit und wegen der Etymologie verworfen werden, da diese jener angepasst ist, nicht umgekehrt. (28) Die Nachricht des *Servius* Georg. *1*,126. 'cum agri colonis dividerentur, fossa ducebatur ab oriente in occidentem, quae *kardo* nuncupabatur, et alia de septentrione ad meridianum, qui *decumanus limes* vocabatur, et alii minores erant in obliquum discreti, qui *lineares* appellabantur et agros per centurias sive per iugera divisos coercebant', ist voll offenbarer Fehler. vgl. Note 26. Die Abweichungen bei den Auspicien haben theologische Gründe. (29) Doch war der Weg keine via publica, es heißt nur iter populo *sicut* per viam publicam debetur 168,18., ausgenommen wenn eine Staatsstraße mit dem Kardo oder Decumanus zusammentrifft 179,13. Die Breite schwankt zwischen 10 und 120 Fuß: 111,9...15.; 231,9.; 233,1.; 236,4. (30) *Pallad. 1*,43.3. runconibus quibus vepreta persequimur. (31) Die altrömischen Centurien maßen 200 iugera und enthielten das Loos einer centuria virorum iusto numero, zwei iugera für den Mann. Dieses Maß beobachtete noch die lex Caesariana 224,15.; 213,6. und triumviralis 213,1.; 214,4.10.; indes kamen in einzelnen italischen Colonien Centurien von 210 und 50 iugera vor (30,19.), in den Provincialcolonien stieg das Maß bis zu 400: 159,10.;

ja selbst innerhalb der Centurien noch die iugera, die Morgenzahl, durch eine iugeratio innerhalb der centuriatio hervorhebt.

§ q. Drei Winkel jeder Centurie erhalten Steine mit Bezeichnung desjenigen Kardo und Decumanus, der das caput centuriae bildet, d. h. an welchem die Centurie anhebt, z.B. die Centurien 1,2,3,4 am Kardo und Decumanus maximus Steine mit den Buchstaben KM DM, die Centurie 5 KM DI = kardo maximus decumanus primus; der vierte und Schlußwinkel der Centurie (angulus clusaris) c wird mit einem terminus besetzt, an dessen Schlußseite (latus clusare) die Angabe der Region zu lesen ist, z. B. in der regio sinistrata et ultrata SDI VKI = sinistra decumanum primum ultra kardinem primum, links

§ r. vom ersten Decumanus, jenseits des ersten Kardo [32]. Die Mitte der Centurien wurde durch sogenannte medii oder epipedonici termini [33], die Jugeration aber meist nur durch eichene Pflöcke (pali actuarii) vermarkt, die je 120 Fuß (die Länge der Grundlinie eines Quadratactus von 14400 □Fuß) von einander stehen [34]. Die äußersten Gränzen der ganzen pertica erhalten steinerne arae mit dem Namen des Stifters der Colonie und der angränzenden Gemeinden [35].

§ s. Ist die Limitation vollendet, so werden die Looße den einzelnen Landempfängern durch datio adsignatio [36] vom Staat überwiesen und durch acceptio civilrechtlich erworben; der Ausdruck cultura bedeutet nicht, daß die acceptae sortes den Colonen bloß zum Anbau überlaßen würden, sondern daß nur nutzbares Land (cultus ager, cultura [37], qua [milex] falx et arater ierit) [38] zum Eigenthum gegeben wird.

§ t. Von der Assignation ausgeschloßen sind 1) die fundi excepti und concessi, welche bei der Vertheilung entweder dem Vertheiler oder den früheren Eigenthümern vorbehalten oder den letzteren als Aequivalent für ihre Grundstücke gegeben sind (redditum suum veteri possessori, commutatum pro suo), die excepti waren sogar von der Jurisdiction der Colonie eximiert [39]; 2) die subseciva, d. h. Schnitzel und Reste unter einer vollen Centurie, es sei am Saum oder im innern der Pertica [40] S.; 3) die loca relicta, welche von den vorigen nur durch ihren größern Flächengehalt unterschieden sind, der Lage nach aber gleich ihnen in extra clusa, E, außerhalb, und eigentliche relicta, R, innerhalb der Pertica zerfallen [41]; 4) gemeine Weiden und Waldungen (compascua), C, d.h. *a*) Gemeindeweiden und Gemeindewaldungen für die Zwecke der Gesammtheit (pascua publica ipsius coloniae s. territorii) [42], *b*) gemeine Weiden zum Gebrauch aller einzelnen (pascua colonorum) [43] oder *c*) bestimmter fundi (commu-

170,19.; 171,1. (32) 172,17.; 194,20.; 195,1.7.; 196,11. (33) 213,9. (34) 192,9...12. (35) 4,22.; 199,3. (36) Von den signa, worunter aber nicht die gromatischen, sondern die militärischen Feldzeichen zu verstehen sind, 176,11. cum signis et aquila et primis ordinibus ac tribunis deducebantur. *Appian.B.C.2*,133. ὑπὸ σημείοις. Assignation ohne Theilung kommt bei Häusern und Kaufäckern, Theilung ohne Assignation beim ager redditus veteri possessori und commutatus pro suo vor. 154,9...12.; 160,14...22.
(37) 156,1...3.; 236,14. (38) 112,24.; 201,8.; 246,19. Gleichbedeutend ist colonia *Colum.*11,1. und auf der velejatischen Alimentartafel; gewöhnlich aber mit der Nebenbedeutung eines Pachtgrundstücks: *L.*24.§4. *D.loc.cond.* 19,2. *L.* 20.§3.*D.de instr.leg.33*,7. (39) excepti sunt fundi bene meritorum, ut in totum privati iuris essent nec ullam coloniae munificentiam deberent et essent in solo populi Romani 197,10. (40) Die Clausel Quod subsecivum amplius iugera centum erit (also von 101 an), pro centuria procedito, quod subsecivum non minus iugera quinquaginta est (also von 50 an), id pro dimidia centuria procedito, durch deren Mißverständniß die Unterscheidung zweier Classen von subsecivis, eines maius und eines minus, entstanden ist (6,20...22.), hat nur den Sinn, daß, wenn die Vermeßung centurienweise verdungen ist, dem redemptor oder conductor operis 101 iugera für eine ganze, 50 iugera oder darüber für eine halbe Centurie gerechnet werden sollen.
(41) 8,7.; 21,8...22,4.; 198,16. (42) 17,1...18,2.; 19,4.5. (43) 54,19.;

nia, communalia, pro indiviso)[44]; 5) das dem Fluß für Ueberschwemmungen vorbehaltene Gebiet F, so wie die Alluvionen, Flußinseln, I, und das alte Flußbett, A R[45]; 6) in manchen Colonien auch die Landwege; anderswo jedoch wurden die Limites und selbst der Fluß in das Looß eingerechnet und die Eigenthümer nur der Eigenthumsbeschränkung der Durchfahrt und des öffentlichen Durchgangs unterworfen[46].

Reicht das zur Assignation bestimmte Territorium nicht zu, so wird von den § u.
Gebieten benachbarter Gemeinden zugenommen. Dieses kann so geschehen, daß das hinzugenommene Stück zwar aus dem bisherigen Gemeindeverbande ausscheidet, gleichwol aber der Colonie nicht völlig einverleibt wird; dann entsteht eine praefectura, welche besonders limitiert und in der die Jurisdiction von der Colonie aus durch delegierte Präfecte verwaltet wird[47].

Der Limitation durch Kreuzung, der Centuriation nach Carrés, wird die § v.
Strigation und Scamnation, d. h. die Zerstückelung in länglich e Vierecke oder Halbcenturien entgegengesetzt, zu deren Veranschaulichung folgende Figur diene:

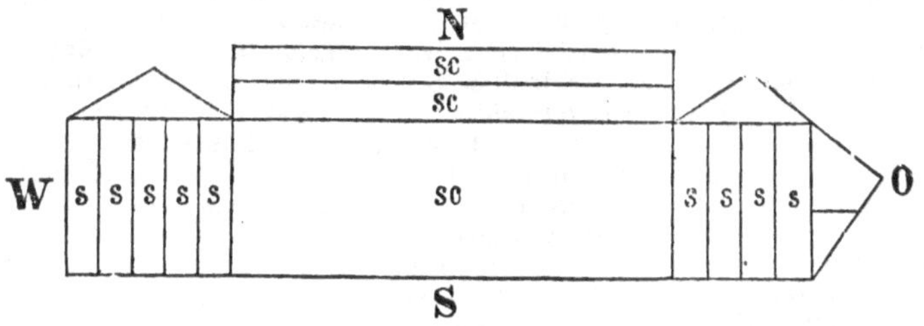

Striga nämlich heißt das Oblongum, wenn es einen Längenstreifen s, scamnum wenn es einen Querstreifen bildet sc, und zwar ist Länge die Richtung von Norden nach Süden, Breite die von Westen nach Osten[48].

154,12.; 198,3...6.; 202,1...4. (44) 15,5...7.; 48,22...24. *L.*20.§ 1.*D. si serv.*8,5. *Tabula alim. Velei.col.*3,54. *col.*4,84. (45) 157,20.23. *Florentin. L.*16.*D. de A.R.D. 41*,1. 'in agris limitatis ius alluvionis locum non habere constat. idque et divus Pius constituit et Trebatius ait, agrum qui hostibus devictis ea condicione concessus sit, ut in civitatem veniret, habere alluvionem neque esse limitatum. agrum autem manu captum limitatum fuisse, ut sciretur quid cuique datum esset, quid venisset, quid in publico relictum esset'. Anders bei arcifinischem Land, wo Accession eintritt. vgl. 1) § 23. *I. de rer. div.* 2,1. *L.*1.§ 7. cf.§ 10.*D. de fluminib.*43,12. *L.*7.§ 5.*D. de A.R.D.41*,1. *L.*3.§ 2.*D. de aqua cot.* 43,20. (über alveus relictus); 2) *Gai.* 2,72. § 22.*I. de rer. div.* 2,1. *L.*1.*D.cit.*§ 6. *L.*7.*D.cit.*§§ 2.4. *L.*65.§§ 1.4.*D.eod.* (wo § 1. so schließen „publica sunt non secus atque in continenti agro" § 2. so anfangen muß „Idem iuris est si qua (wegen der insula in flumine nata); 3) *Gai.*2,70.71. §§ 20.21.*I.tit.cit.* *L.*7.*D.cit.*§§ 1.2. *Cod.* de alluvionibus 7,40. (wegen der alluvio und der vis fluminis). (46) Die Meinung, daß die Centurien oder Looße hierdurch verkleinert worden wären, ist ein Irrthum 158,11...15. (47) *Praefecturae* appellantur ideo quoniam singularum regionum divisiones aliis praefecerunt, vel ex eo quod in diversis regionibus magistratus coloniarum iuris dictionem mittere soliti sunt 160,4.; 26,6.; 110,9...11. (48) quidquid autem secundum hanc condicionem in longitudinem est delimitatum, *per strigas* appellatur, quidquid per latitudinem, *per scamna.* 3,2...5. *strigatus ager* est qui a septentrione in longitudinem in meridianum decurrit; *scamnatus* autem qui eo modo ab occidente in orientem crescit. 110,2...4. omnem mensurae huius quadraturam dimidio longiorem sive latiorem facere debebimus: et quod in latitudinem longius fuerit, *scamnum* est, quod in longitudinem, *striga.* 206,15...207,2.

§w. Die Streifen stellen zerstückelte und zwar regelmäßig gerade halbierte Centurien dar, denn die eine Seite muste eigentlich noch einmal so lang sein als die andere, womit es aber nicht immer genau genommen wurde. Nach alter Völkersitte (more antiquo) galt diese Form als ein Zeichen der Demütigung und Unterwerfung eines Gemeinwesens unter die Oberherrschaft eines andern. Daher wurde sie im römischen Lager auf die Standorte der Socialtruppen, bei den Colonien wahrscheinlich auf die latinischen und zuletzt noch auf den eroberten Provincialboden stipendiarischer Stadtgebiete angewendet. Centuriation und Strigation verhalten sich also wie Stiftung und Zerstörung einer Gemeinde, der centuriatus ager ist der freie römische, der strigatus und scamnatus der unfreie Provincialboden [49].

§x. Da hier keine Kreuzwege und Quadrate vorkommen, so heißen die Linien nicht limites, sondern rigores, und zwar proximi, wegen des ungleichen Abstandes [50]. Die späteren Agrimensoren haben zwar auch auf dem ager strigatus und scamnatus einen 20füßigen decumanus und kardo maximus angebracht, die rigores actuarii, von denen die transversi je zwei scamna und eine striga, die prorsi vier scamna und vier strigae einschließen, zu zwölffüßigen Fahrstraßen, die rigores lineares zu achtfüßigen Communalwegen hergerichtet, sie haben unbedenklich von regiones und limites gesprochen und sich in den einzelnen Provinzen eine Menge Verschiedenheiten erlaubt [51]. Das aber haben sie festgehalten, daß der steuerpflichtige Provincialboden nicht in unversehrte Carrés (centuriae), sondern nur in oblonge Halbcenturien zerschnitten werden dürfe, damit die rechtliche Verschiedenheit auch in der äußern Gestalt sichtbar werde [52].

§y. Von jeder Limitationsform unabhängig sind die Bezeichnungen fundus, locus und finis. Fundus ist ein Grundstück auf limitiertem, strigiertem oder arcifinischem Gebiet, welches nach der Bestimmung des Inhabers ein ganzes bildet, dessen Gränzen also mit den limites und rigores nirgends zusammenzutreffen brauchen, welches einen Theil einer Centurie, Striga, oder Scamnum, oder

§z. viele derselben, oder auf arcifinischem Gebiet gar keins umfaßen kann. Die Scheide mehrerer Fundi ist der Finis, ein Raum von 6, meist 5 Fuß, zu welchem jeder Angränzer, mochte das Land limitiert oder strigiert sein oder nicht, die Hälfte der Breite dergestalt hergeben muste, daß der Nachbar seinen fundus bis zur Mitte des finis bepflügen konnte; er war also Privateigenthum wie der fundus selbst, nur mit der Legallast des Pflugwegs (actus) und der An-

§a'. wende (circumactus aratri) belastet. Irrungen innerhalb des Finis wurden mit Ausschluß des ordentlichen Rechtswegs, also unter andern der Usucapion, bloß von Agrimensoren nach Ausweis der Gränzzeichen summarisch geschlichtet [53].

---

(49) ager per strigas et per scamna divisus et adsignatus est more antiquo in hanc similitudinem, qua in provinciis arva publica coluntur. 3,6... 4,2. vgl. 10...12. multi huius modi agrum more colonico decimanis et kardinibus diviserunt, hoc est per centurias .... mihi videtur huius soli mensura alia ratione agenda. debet interesse inter inmunem et vectigalem. nam quem ad modum illis condicio diversa est, mensurarum quoque actus dissimilis esse debet. 205,1...7. Auf die Zerstörung weisen auch die limites intercisivi, praecisurae und laciniae (230,6. 236,8. 237,13.) hin. (50) Ager ergo divisus adsignatus est coloniarum. hic habet condiciones duas, unam qua plerumque limitibus continetur, alteram qua per proximos possessionum rigores adsignatum est, sicut in Campania Suessae Auruncae. 2,1...3,2. (51) nec tam anguste professio nostra concluditur, ut non etiam per singulas provincias privatas limitum observationes dirigere possit. 205,7...9. (52) Noten 48. 49. und 206,8. mensuram per strigas et scamna agemus. (53) de fine si ageretur....quae res intra pedum quinque aut sex latitudinem quaestionem habet, quoniam hanc latitudinem vel iter ad culturas accedentium occupat, vel circumactus aratri. 126,3. vgl. 144,19. 269,2. 269,17. *Cic.* de leg. *1*, 21. (55.) controversia .. de finibus, in qua quoniam usu capionem XII tabulae intra quinque pedes esse [n]oluerunt, ... nec Mamilia lege singuli, sed ex

Locus bezeichnet im Gegensatz des fundus einen reellen Theil desselben [54], im §β.
Gegensatz des finis, in der controversia de loco, einen Streitfleck über 5 Fuß [55].
In rechtlicher Beziehung ist aller Grund und Boden (solum) entweder nul- §γ.
lius oder alicuius in bonis, und letzterer entweder im Privateigenthum (ager privatus), oder im öffentlichen Eigenthum (ager publicus), oder in einem gemischten Rechtsverhältniß (ager publicus privatusque).
Freies Privateigenthum ist alles Land, welches der Staat oder die Gemeinde §δ.
durch einen Veräußerungsact von dem ihrigen ausgeschieden und einem Geschlecht zu erblichem und weiter veräußerlichem Eigenthum überwiesen haben. Auf dem eigentlichen ager Romanus betrug ein solches heredium ursprünglich zwei iugera [56], auf dem ager viritanus sieben [57], in den Colonien noch mehr, je nach dem Betrag der zu vertheilenden Fläche [58]. Da es dem nomen gegeben war [59], bildete es ein Stammgut, welches in der Gens forterbte [60], wenn nicht der Eigenthümer vermöge des in den zwölf Tafeln gestatteten freien Testierungs- und Veräußerungs-Rechts [61] eine andere Bestimmung getroffen hatte. Dieses Land §ε.

---

his tres arbitri fines regemus. Q. Quamnam igitur sententiam dicimus? M. Requiri placere terminos ... iisque parere. Die Annahme sichtbarer fester Gränzraine (z.B. Puchta Inst. § 234. S. 609.) läßt sich durch 152,1. nicht begründen.

(54) z.B. im Interdict Uti possidetis eum fundum oder eum locum. *L.*60.*D. de V.S.50*,16. (*Ulp.lib.*69. *ad edictum*) '*Locus* est non fundus, sed portio aliqua fundi; *fundus* autem integrum aliquid est, et plerumque sine villa locum accipimus. Ceterum adeo opinio nostra et constitutio locum a fundo separat, ut et modicus locus possit *fundus* dici, si fundi animo eum habuimus: non enim magnitudo locum a fundo separat, sed nostra affectio, et quae libet portio fundi poterit *fundus* dici, si iam hoc constituerimus; nec non et fundus *locus* constitui potest; nam si eum alii adiunxerimus fundo, locus fundi efficietur. § 1. *Loci* appellationem non solum ad rustica, verum ad urbana quoque praedia pertinere Labeo scribit. § 2. Sed fundus quidem suos habet fines, locus vero latere potest, qua tenus determinetur et definietur'. cf. *Pomp.L.*24. §§ 2.3.*D. de leg.I°.30.* Lage und Gränzen des fundus werden durch Angabe des Territorium, Pagus, Vicus und der vier Gränznachbarn bezeichnet, z.B. fundus Arrianus qui est in Veleiate pago Valerio, adfinibus re publica Lucensium et Minicio Varo et Vicrio Sabino et L. Atilio, und bei Gränzstreitigkeiten und Rechtsübertragungen vorgewiesen (demonstratio finium): *L.39.D.de A.E.V.19*,1. [*Modest.lib.v.Responsorum.* „Quaero Si quis ita fundum vendiderit VTI VENVM DATVM ESSE VIDEATVR QVOD INTRA TERMINOS IPSE POSSEDISSET, sciens tamen aliquam partem se non possidere, non certioraverit emptorem, an ex empto iudicio teneatur ..".] *Huschke* analect. litt. p.277.278.

(55) *L.5.C.fin.reg.3*,39. Im weitern Sinne heißt auch der locus wol finis. *Isidor.*5,25. finium regundorum actio... dum modo non angustiore quinque pedum loco ea controversia sit.

(56) *Varro* de re rust.*1*,10. bina iugera quod a Romulo primum divisa viritim, quae heredem sequerentur, *heredium* appellarunt. haec postea *Centumcenturia* dicta. *Liv.* *6*,36.

(57) *Liv.*5,30. *Plin.*nat.hist.*18*,3.4. *Frontin.*strateg.*4*,3.12. *Colum.*de re rust. 1.*pr.*

(58) *Liv.35*,9. *Cic.*agr.2,28.29. ad Att.2,16.1. Philipp.2,34.39.84.101. *Gromat.vet.*214,14...215,1. 295,6. 201,3...6.

(59) dividuntur ergo agri ... per centurias, adsignantur viritim nominibus. 154,12. vgl. 199,18. 201,3...6.

(60) Daher die Gentilnamen und die Uncialtheilung der fundi im Gegensatz der casae. *Henzen* tab.alim.Baebianorum 1845.p.97,15. Die Gefahr durch die Frauen der Gens entfremdet zu werden, war durch die Entziehung der Testierfreiheit und den Grundsatz der Intestaterbfolge 'mulier familiae suae et caput et finis est' (*L.*195.§ 5.*D.de V.S. 50*,16.) abgewendet.

(61) *Fr.Vat.*50. [„..quia et mancipationem et in iure cessionem lex XII tabularum confirmant".] Auf die divisio parentum inter liberos gehen die termini comportionales 40,5...12.; 211,18...20.; 213,10...13.; 347,21...23. Niebuhrs Annahme geschloßener Hufen mit unveränderlichen Gränzen (R.G.II.708...10.) ist nicht richtig. Veräußerungsver-

zahlte keinen Tribut oder sonstige Kriegssteuer, sondern nur eine Handänderungsgebühr, die vicesima hereditatium und legatorum von fünf, die centesima rerum venalium von einem Procent und die Schenkungssteuer; darauf beziehen sich die öffentlichen Erbregister, die census, vasaria, polyptici, die in den Städten mit italischem Recht zur Eintragung (insinuatio) der Besitztitel gehalten wurden [62].

§ς'. Freies Staats- und Gemeinde-Eigenthum bleibt das Land, welches weder veräußert noch zu festem Privatbesitz gegeben ist, mithin vom Staat oder der Gemeinde jederzeit eingezogen werden kann. Dieser Theil des Grundes und Bodens steht entweder in publico oder in privato usu. Die öffentliche Benutzung ist wiederum theils für die weltlichen, theils für die religiösen Gemeindezwecke denkbar [63]; die Privatnutzung kann eine gemeinschaftliche, wie bei den compascua, und eine exclusive sein, wie an den agri occupatorii (in diesem Sinne des Worts), d. h. an den eroberten Staatsländereien, deren occupatio und possessio der Staat den einzelnen gestattete [64]. Die letztern verloren sich jedoch, seitdem die agrarischen Gesetze die possessiones in Privatland verwandelt und Domitian auch die subseciva verschenkt hatte, wenigstens in Italien ganz und gar.

§ζ'. Ein gemischtes Verhältniss tritt ein, wenn der Staat oder die Gemeinde 1) Ländereien ohne Veräußerung zu festem Privatbesitz weggiebt, so daß der Staat Eigenthümer bleibt, aber auf die Einziehung verzichtet, welches wiederum theils bedingt, theils unbedingt geschehen kann, oder 2) wenn sie dieses Einziehungsrecht durch unvordenkliche Verjährung verliert. Dieses gewöhnlich ganz verkannte Verhältniss wird durch die scheinbar widersprechenden, aber treffenden Ausdrücke ager publicus privatusque, privatus vectigalisque, comprivatus, bezeichnet. §η'. Einen bedingten Verzicht leistete der Staat bei dem ager vectigalis in Italien; die Bedingung war, ut quamdiu id vectigal solveretur, neque ipsi conductori neque heredi eius praedium auferretur [65]. Dieses Vectigalrecht kennen die Agrimensoren noch bei den subsecivis, den Gütern der Priestercollegien, Vestalinnen, Colonien, Municipien und freien Provincialstädte [66]; §θ'. die Pandekten erwähnen es nur noch bei den agri municipum [67]. Unbedingt dagegen verzichtet der Staat auf Einziehung des Provincialbodens, welchen er dem alten Eigenthümer zum Besitz (possessio) und Fruchtgenuß (usus fructus) gegen ein vectigal, stipendium, tributum (praestandi tributi condicione) zurückgegeben hat (ager redditus, stipendiarius, tributarius, vectigalis) [68]. Die Nichtzahlung des Tributs ist hier nicht, wie bei den zu emphyteutischem Recht gegebenen Vectigalgrundstücken, potestative Resolutivbedingung, sondern der Staat hat bloß ein Pfandrecht, welches im Fall des Rückstandes realisiert werden kann [69];

---

bote kommen nur ganz vorübergehend vor. *Appian.B.C.1*,27. (62) *Mommsen* inscr. Neap. n.216. *L.5. Th. C. sine censu 11*,3. *Spangenberg* tab. neg. p.172. 249. (63) 56,21.; 21,1.; 53,15.; 122,21. Etwas anderes sind die res divini oder humani iuris, quarum commercium non est, diese sind nullius in bonis. [§ 69.] (64) Diese Aecker heißen occupatorii oder arcifinales wegen der Vertreibung (agro pellere) der kleinen Leute durch die mächtigeren (*Liv.6*,37. *Non.*p.149,2...6. *Sic.Fl.*138,8. *Plin.*nat.hist.*18*,4.), gegen welche die Ackergesetze den Rückschlag bildeten; von ihrer Größe wurden sie latifundia, late patentes im Gegensatze der Heredien genannt (115,7...9.; 138,14.), nach dem Rechtsverhältnisse des Besitzers possessiones. Note 72. (65) *Gai.3*,145. (66) 116,6.; 117,5.; 162,25. (67) *Dig.*6,3. Si ager vectigalis id est emphyteuticarius petatur. (68) Prima enim condicio possidendi haec est ac per Italiam, ubi nullus ager est tributarius .... at si ad provincias respiciamus, habent .... et stipendiarios --- qui nexum non habent, neque possidendo ab alio quaeri possunt. possidentur tamen a privatis, sed alia condicione... possidere enim illis quasi fructus tollendi causa et prestandi tributi condicione concessum est. 35,13...36,8. *Gai.2*,7. dominium populi Romani est vel Caesaris, nos autem possessionem tantum et usumfructum habere videmur. *L.*12.§2.*D.de Publ.in rem 6*,2. [s.§74.Note 25.] (69) *L.*7. *pr.D.de publican.39*,4. [*Papir.Iust.lib.11.de Constitutionibus.* „Imperatores An-

der Provincialpossessor gilt daher materiell als Eigenthümer und das Staatseigenthum [70] ist fast nur „eine publicistische Fiction zur Erklärung der Grundsteuer". Einen theils bedingten, theils unbedingten Verzicht leistet der Staat § *i*. bei dem ager quaestorius; die trientabula [71] z. B. waren unter dem für den Käufer potestativen Vorbehalt gegen einen Nominalzins verkauft worden, ut si quis, cum solvere posset populus, pecuniam habere quam agrum mallet, restitueret agrum populo. Dadurch unterschied sich der quaestorius ager vom divisus et adsignatus, an dem der Staat das Eigenthum gänzlich veräußerte, ein Nominalzins (vectigal testandi causa publicum agrum esse) mithin undenkbar ist. Ohne Verzicht des Staats kann ein Privatrecht an öffentlichem § *x*. Eigenthum [72] durch Verjährung entstehen, worunter aber nicht die an res publicae unmögliche Usucapion, sondern die publicistische Immemorialverjährung (vetustas) [73] zu verstehen ist, auf die sich die possessores des ager occupatorius den agrarischen Gesetzen gegenüber — oft genug vergeblich — zu berufen pflegten [74].

Anhang IX. (zu § 77.)

Uebersicht des römischen Gewichts-, Münz- und Maß-Wesens.

In den folgenden Tabellen sind die römischen Gewichte, Münzen und Maße § *a*. nebst Vergleichung mit den heutigen zusammengestellt, soweit sie zum Verständniß der Rechtsquellen bekannt sein müßen. Die der Vollständigkeit wegen mit aufgeführten Benennungen, welche in den juristischen Schriften nicht vorkommen, sind cursiv gedruckt. (Unter den hergehörigen Schriften nennen wir *I.C.Eisenschmid* de ponderibus ac mensuris veterum Romanorum *etc.* Argent.ed.2.1737.8°. *C. Arbuthnot* Tabulae antiquor. nummor. *etc.* ed.D.König. Tr. ad Rh.1756.4°. *I.F. Wurm* de pond. numm. mensur. ap.Roman. et Graec. Stuttg.1820.8°. H.L.Hartmann Tabell.Uebers.der gew. altröm.Münzen. Leipz.1828.4°., ganz vorzüglich aber *A. Böckh* Metrologische Untersuchungen über Gewichte, Münzfüsse und Masse des Alterthums. Berl.1838.8°. u. *Mommsen* Ueber das röm. Münzwesen in den Abhandlungen der philol. hist. Classe der k.sächs.Gesellsch. der Wiss.1850.8°. max.S.223...427.und in den Berichten ders.Gesellsch.1851.8°.S.180...312. 'Ueber den Verfall des röm.Münzwesens in der Kaiserzeit'. vgl. auch oben § 18.*g*. § 25.Note 14.)

---

toninus et Verus rescripserunt *In vectigalibus ipsa praedia, non personas conveniri. et ideo possessores etiam praeteriti temporis vectigal solvere debere ...*".] *L.*5.§ 3.*D.de censib.*50,15. *L.*39.§ 7.*D.de legat.i.*30.

(70) *Gai.*2,7. (Note 68.) cf.*L.*5.§ 12.*D. de reb.eor.q.sub tut.*27,9. *L.*7.*D.de incendio* 47,9. (71) *Liv.*31,13. Lex (Thoria) agr.c.15. (72) *Festus p.*241. *Müll.* Possessiones appellantur agri late patentes publici privatique qui non mancipatione sed usu tenebantur et ut quisque occupaverat, possidebat. Daraus *Isidor.*15,13. Nachdem durch die Ackergesetze ein festes Rechtsverhältniß geschaffen war, wurden auch eigenthümliche Grundstücke possessiones genannt. *Paul. L.*78.*D.de V.S.*50,16 „Interdum proprietatem quoque verbum *possessionis* significat, sicut in eo qui possessiones suas legasset responsum est". *L.*78.§1.*D.de legat.ii*,31. *L.*5.§10.*D.de reb.eor.*27,9. (73) Savigny System IV.119. [§120. oben.] (74) *Cic.agr.*2,21.(57.) qui agrum Recentoricum possident, vetustate possessionis se non iure, (Note 68.) misericordia senatus, non agri condicione defendunt; nam illum agrum publicum esse fatentur, se moveri possessionibus... negant oportere. de off.2,22,79. quam autem habet aequitatem, ut agrum multis annis aut etiam saeculis possessum qui nullum habuit habeat, qui autem habuit amittat? *Florus* 3,13. (*lib.*2.*c.*1.*Iahn.*) reduci plebs in agros unde poterat sine possidentium eversione, qui ipsi pars populi erant et iam relictas sibi a maioribus sedes aetate quasi iure possidebant.

§ b.

I. Gewichte.

Libra, *) . .	1													
Semis, **) . .	2	1												
Triens (⚌) .	3	1½	1											
Quadrans (⚌-) .	4	2	1⅓	1										
Sextans (=) .	6	3	2	1½	1									
Sescuncia, ***)	8	4	2⅔	2	1⅓	1								
Uncia (-) . .	12	6	4	3	2	1½	1							
Semuncia (S)	24	12	8	6	4	3	2	1						
Duella, †) . .	36	18	12	9	6	4½	3	1½	1					
Sicilicus (Ͻ) .	48	24	16	12	8	6	4	2	1⅓	1				
Sextula (') . .	72	36	24	18	12	9	6	3	2	1½	1			
Scripulus, m ††)	288	144	96	72	48	36	24	12	8	6	4	1		
Obolus †††) .	576	288	192	144	96	72	48	24	16	12	8	2	1	
Siliqua §) .	1728	864	576	432	288	216	144	72	48	36	24	6	3	1
Semisiliqua §§)	3456	1728	1152	864	576	432	288	144	96	72	48	12	6	2

Die Hälfte der Semisiliqua ist *lens*, deren also 6912 auf die libra gehen, während nach *Böckh* (S.164.f.) das altröm. Pfund 6165 (und etwa ²/₅) Pariser Gran (Eisenschmid nimmt 6216 Paris. Gran an), das heutige röm. Pfund, welches Manche mit dem altrömischen für gleich halten, 6386²/₅ Pariser Gran wiegt. Solcher Pariser Grane gehen 9216 auf das Pariser Pfund oder 8806 und etwas über ¹/₅ auf das Kölner Pfund von 16 Unzen oder 32 Loth, oder 128 Quentchen.

§ c. Uebrigens theilt sich das Pfund, wie jede Einheit, as, in 12 Unciae, so:

As	= 12	Unciae		
Deunx	= 11	„	(S⚌-=)	¹¹/₁₂
Dextans	= 10	„	(S⚌)	⁵/₆
Dodrans	= 9	„	(S⚌-)	³/₄
Bes, bessis	= 8	„	(S=) .	²/₃
Septunx	= 7	„	(S-) .	⁷/₁₂
Semis	= 6	„	(S) .	¹/₂
Quincunx	= 5	„	(=-=) .	⁵/₁₂
Triens	= 4	„	(⚌) .	¹/₃
Quadrans (*Teruncius*) .	= 3	„	(=-) .	¹/₄
Sextans	= 2	„	(=) .	¹/₆
Uncia	= 1	„	(-)	¹/₁₂

§ d. Die Vervielfältigungen des Pfundes sind:

Dupondius, *Dussis*	= 2	Pfund.	*Tricessis*	= 30	Pfund.
Tressis	= 3	„	*Quadragessis* . . .	= 40	„
Quadrussis . .	= 4	„	*Quinquagessis* . .	= 50	„
Quinquessis . .	= 5	„	*Sexagessis* . . .	= 60	„
Sexis	= 6	„	*Septuagessis* . . .	= 70	„
Septus, Septussis	= 7	„	*Octogessis* . . .	= 80	„
Octussis	= 8	„	*Nonagessis* . . .	= 90	„
Nonussis	= 9	„	*Centussis* sive		
Decussis	= 10	„	*Centumpondium* . .	= 100	„
Vicessis	= 20	„			

§ e. Das alte römische Pfund, leichter als das heutige, zu 6165 Pariser Gran angenommen, stellt sich also die Bedeutung der Pfundtheile so:

Libra . . .	= 6165	Pariser	Gran.
Uncia . . .	= 513³/₄	„	„
Semuncia . .	= 256⁷/₈	„	„
Sicilicus . .	= 128⁷/₁₆	„	„
Scrupulus, fast	= 21¹/₃	„	„

*) Pondo, As (L,P,ᚼ) **) *Selibra*, (S) ***) Sescunx (-\\\\)
†) *Binae sextulae* ('') ††) Scrupulus, m, *Scriptulum*, (⌤) †††) *Dimidium scriptulum, simplium* (⋋) §) χεράτιον (N) §§) (NS)

II. Münzen.

[1] Bis auf Servius Tullius hatten die Römer kein geprägtes oder gegoßenes Geld; jener Rex ließ zuerst mit dem Zeichen eines Stückes Vieh Erzstücke prägen, d. h. gießen, deren eins ein volles Pfund wog, as, aes grave [2], oder, § f.

---

(1) *Plin.*H.N.*33*,3.sect.13. „Populus Rom. ne argento quidem signato ante Pyrrhum regem devictum usus est: librales, unde etiam nunc *libella* dicitur et *dupondius*, appendebantur asses: quare *aeris gravis poena* dicta, et adhuc '*expensa*' in rationibus dicuntur, item '*impendia*' et '*dependere*'; quin et militum '*stipendia*' h.e. stipis pondera, '*dispensatores*', '*libripendes*' dicuntur; qua consuetudine in his emptionibus quae mancipii sunt, etiam nunc libra interponitur. Servius rex primus signavit aes: antea rudi usos Romae Timaeus tradit: signatum est nota pecudum, unde et '*pecunia*' appellata [*Id.18*,3. „Servius rex ovium boumque effigie primus aes signavit".]... Argentum signatum est a.u. 485. Q. Fabio cos., quinque annis ante primum bellum Punicum: et placuit denarium pro decem libris aeris, quinarium pro quinque, sestertium pro dupondio ac semisse: librale autem pondus aeris imminutum bello Punico primo, cum impensis res p. non sufficeret, constitutumque ut asses sextantario pondere ferirentur: ita quinque partes factae lucri dissolutumque aes alienum: .. quadrans antea '*teruncius*' vocatus a tribus unciis. Postea Hannibale urgente, Q. Fabio Maximo dictatore asses unciales facti, placuitque denarium sedecim assibus permutari, quinarium octonis, sestertium quaternis: ita resp. dimidium lucrata est: in militari tamen stipendio semper denarius pro X assibus datus... Mox lege Papiria semunciales asses facti. Livius Drusus in tribunatu plebis octavam partem aeris argento miscuit.... Aureus nummus post annum LXII. percussus est quam argenteus, ita ut scrupulum valeret sestertiis vicenis, quod effecit in libras, ratione sestertiorum qui tunc erant (d.h. von 4 asses), sestertios 900 [oder 1440 Sesterzen von $2\frac{1}{2}$ As; es machte für den Scrupel oder $\frac{1}{288}$ Pfund Gold 5 dritthalbassige Sesterzen Unterschied.] .. post haec placuit X.XL [d.h. denarios quadraginta] signari ex auri libris, paulatimque principes inminuere pondus, minutissime Nero ad XLV." (Constantin dann ad LXXII.)| *Varro* ap.*Non*.v.Vervecem. „.. aut bovem aut ovem aut vervecem habet signum". *Id.*de R.R.2,1.§10. „aes antiquissimum, quod est flatum, pecore est notatum". *Plut.*Poplic.11. *Paul.*ex Fest.v. „*Grave aes* dictum a pondere, quia deni asses, singuli pondo libras, efficiebant denarium, ab hoc ipso numero dictum. sed. bello Punico populus Rom. pressus aere alieno ex singulis assibus librariis senos fecit, qui tantundem ut illi valerent..". *Id.*v. „*Contrarium aes*, grave aes". (2) *Böckh* S.383.f. „Auch das kleinste Nominal der Münze, wenn sein Gewicht dem richtigen Gewichtpfunde verhältnißmäßig entspricht, ist aes grave; eine Geldunze, die $\frac{1}{12}$ des Gewichtpfundes wiegt, ist also eben so gut aes grave als ein Decussis von 10 Gewichtpfunden, und Gewichtpfunde aus beliebigen vollwichtigen Münzsorten sind ebensowol aes grave als dasselbe Gewicht in einem einzelnen Decussis dargestellt: ja wenn so viel Münzstücke des allerniedrigsten Münzfußes, als zu einem vollen Pfunde erforderlich sind, zusammen gewogen werden, bilden auch diese ein Pfund aeris gravis. Dagegen ist ein noch so schweres Stück, wenn sein Gewicht in Bezug auf das volle Pfund geringer ist als nach seinem Nominal, kein aes grave... Wog man statt gemünzter Stücke ungemünztes Kupfer nach richtigem Pfundgewicht zu, so war es eben so gut aes grave" u.s.w. Diese Bemerkung beweist, besonders wenn man den häufigen Wechsel des Münzfußes und die Ungenauigkeiten der Prägung sammt dem Verkleinern der Münzen aus edleren Metallen mit in Erwägung zieht, wie sich die Geschäfte per aes et libram so lange erhalten mußten, und wie sehr mit Unrecht die Neueren die emptiones quae mancipii sunt ohne weiteres „symbolische Handlungen" nennen, die freilich zu Gaius Zeit schon meistens, aber noch nicht immer, imaginariae venditiones waren, symbolische niemals. vgl. § 73. und § 88. Note 10.

weil es gegen Gewichte, ponderibus contra gesetzt wurde, 'contrarium aes'. Im
§ g. Jahre d. St. 485. prägte man zuerst Silber, und a. u. 547. Gold. Ursprünglich giengen 10 as auf die deshalb Denarius genannte (nach Böckh $^1/_{40}$ Pfund oder 154 $^1/_8$ Pariser Gran wiegende) Silbermünze, deren $^1/_2$ Quinarius, deren $^1/_4$ Ses-
§ h. tertius heißt. Die Goldmünzen von 1, 2, 3 Scrupel (= $^1/_{288}$, $^1/_{144}$, $^3/_{288}$ Pfund) = 20, 40, 60 Sesterzen. Schon in den ersten Jahren des Kupfergeldes goß oder prägte man dasselbe leichter als 12 Unzen, wie erhaltene Stücke, die zwischen 12 und 2 Unzen und darunter wiegen, beweisen; und schon im ersten punischen Kriege (a.u.490...513.) setzte man die Sextantarreduction fest, d. h. die Asse betrugen nun $^1/_6$ Pfund oder 2 Unzen, = 1 Sextans; auch der Denarius wurde nun herabgesetzt, jedoch so, daß der Werth des Kupfers im Verhältniss zu dem des Silbers ein erhöheter blieb; der Denar war nun nicht mehr = 10 pfündi-
§ i. gen Assen. Während des Freistaats betrug der Denar $^1/_{84}$ Pfund oder fast 73 $^2/_5$ Pariser Gran, und so lange 10 Asse auf denselben giengen, verhielt sich nun
§ k. Kupfer zu Silber = 140 : 1. Im Jahr d. St. 537. begann man Asses von 1 Unze zu münzen, deren man 16 auf den unverändert gelaßenen Denar rechnete;
§ l. also Kupfer zu Silber = 112 : 1. Die lex Papiria (um 670?) ordnete sogar die Prägung des As zu einer halben Unze (semunciales asses) an, wonach also der Kupferwerth im Verhältniss zum Silber in den Münzen verdoppelt erscheint.
§ m. In der Kaiserzeit verringert sich der Denar zu 96 auf das römische Pfund.

Denarius	1									
Quinarius (*Victoriatus*)	2	1								
Sestertius (Nummus)	4	2	1							
As, Libella	10	5	2½		oder As	16	8	4	1	
Sembella (*Semilibella*)	20	10	5	2	*Sembella*	32	16	8	2	1
Teruncius	40	20	10	4	*Teruncius*	64	32	16	4	2

§ n. In den Schriften der klassischen Juristen ist durchgängig der Denar zu 10 Asses berechnet. Die Neueren schlagen ihn verschieden an, zu 4 ggl. (guten Groschen), zu 5 ggl. und noch höher, also den Quinar zu 2 bis 2 $^1/_2$ ggl., den Sesterz (nummus) zu 1 bis 1 $^1/_4$ ggl., den As zu 4 $^4/_5$ bis 6 schweren (oder 6 bis 7 $^1/_2$ Silber-)
§ o. Pfennigen. Die regelmäßige Rechnungsweise war die nach Sesterzen, sestertiaria ratio, ad sestertium ratio conficitur: den sestertius bezeichnete man so IIS, d. h. duo asses et semis, woraus HS üblich geworden ist. Tausend Sesterzen heißen 1 sestertium, oder $\overline{\text{HS}}$, mille HS (= 2500 Assen, 250 Denaren). Diese 1000 Sesterzen sind in unseren Quellen gemeint, wo die bloße Cardinalzahl gebraucht ist, z.B. decem, centum dato u.dgl., d.h. 10,000, 100,000 Sesterzen. Die Numeraladverbien mit sestertium, $\overline{\text{HS}}$ oder aeris verbunden, oder auch ohne Hinzufügung eines Substantivs gebraucht (wie z.B. in *L.*77. § 3. *D. de cond. et dem.* 35,1. „decies restitueret"), bezeichnen die Hunderttausende, z. B. $\overline{\text{IIII}}$ $\overline{\text{HS}}$ oder quater $\overline{\text{HS}}$ = 400,000 Sesterzen, = 1,000,000 Asses; $\overline{\text{X}}$ $\overline{\text{HS}}$ oder decies $\overline{\text{HS}}$ = 1,000,000 Sesterzen. Decies centena (in *L.*6. § 1. *D. de usur.* 22,1.) ist = decies centena milia sestertiorum, 1 Million Sesterzen oder nach obiger Verwerthung Thlr. 41666 $^2/_3$ bis 52083 $^1/_3$.
§ p. Die Goldmünzen (aurei, denarii aurei) wechselten in ihrem Werthverhältnisse zum Silber (denarii argentei) oft und bedeutend: anfangs standen sie über 17 : 1; im 7. Jahrhundert galt das griechische Verhältniss 10 : 1; um Augusts
§ q. Zeit 12 : 1, dann 12 $^1/_2$: 1; unter Constantin 21 : 1; später sank es wieder. Constantin (*L.*1.*Th.C.de ponderatorib.*12,7.) rechnet den solidus zu 4 Scrupel, wonach also 72 solidi auf das Pfund gehen (72 × 4 = 288), wie auch die Söhne jenes Kaisers (*L.*3.*i.f.Th.C.de susceptorib.*12,6. *L.*5.*Iust.Cod.eod.*10,70.) ausdrücklich verordnen, daß 72 solidi auf das Pfund gerechnet werden sollen; dennoch sagt die erstre Constitution nach den gedruckten Texten, es sollten 7 solidi auf 1 uncia, 14 solidi auf 2 unciae gerechnet werden: es muß aber, trotz Gothofreds Widerspruch, heißen „Si quis solidos appendere voluerit auri cocti, VI (nicht VII) solidos quaternorum scripulorum nostris vultibus figuratos appendat pro singulis unciis, XII (nicht XIIII) uero pro duabus". (Aus XII° entstand XIIII

und dann fügte man dieser Zahl das ū, d.h. vero, wieder hinzu.) In der That § r. sind auch die constantinischen solidi zu $85^5/_8$ Pariser Gran oder 4 Scrupeln, und selbst noch um ein geringes schwerer ausgeprägt, wie Böckh (S.14.) lehrt. Gothofred nimmt für jene Stelle Unzen zu 28 Scrupel, statt zu 24 an. Den Werth des solidus schlagen Arcadius und Honorius i.J. 396. (*L.2.Th.C.de collat.aer.21*,21. *L.un.Iust.C.eod.10*,29.) zu 25 Pfund Erz an; zu 144 Sesterzen beträgt er also nach obiger Veranschlagung dieser zu 4 bis 5 ggl. die Summe von Thlr. 6 bis $7^1/_2$.

III. Maße. § s.

1. Längenmaße:

Actus . .	1							
Decempeda	12	1						
Passus .	24	2	1					
Gradus .	48	4	2	1				
Cubitus .	80	$6\frac{2}{3}$	$3\frac{1}{3}$	$1\frac{2}{3}$	1			
Pes . .	120	10	5	$2\frac{1}{2}$	$1\frac{1}{2}$	1		
Palmus .	480	40	20	10	6	4	1	
Uncia . .	1440	120	60	30	18	12	3	1
Digitus .	1920	160	80	40	24	16	4	$1\frac{1}{3}$

Der römische pes beträgt etwas über 131 Pariser Linien (139 solcher Linien = § t. 1 Fuß rheinisch, 144 = 1 Pariser Fuß), ist also, so genau es hier darauf ankommt, fast dem kölnischen Fuß gleich, etwas schwächer.| Von den Flächenmaßen ist im vorhergehenden Anhange das nöthigste bemerkt.

2. Flüßigkeitsmaße: § u.

Culeus	1						
Amphora oder *Quadrantal*	20	1					
Congius oder Congiarium	160	8	1				
Sextarius, m.	960	48	6	1			
Hemina	1920	96	12	2	1		
Quartarius	3840	192	24	4	2	1	
Acetabulum	7680	384	48	8	4	2	1
Cyathus	11520	576	72	12	6	3	$1\frac{1}{2}$

Die Amphora oder das Quadrantal = 80 Pfund Regenwaßer oder Wein, etwas § v. mehr als ein römischer Kubikfuß. Sonstige Gefäße für Flüßigkeiten, z.B. dolia, cupae oder cuppae, seriae, cadi, trullae, pelves, ancones, urcei, urceoli, calices, conchae, cochlearia, und andere vasa vinaria und torcularia waren keine bestimmten Maße.

3. Maße für trockene Dinge: § w.

Modius ($^1/_3$ amphora)	1					
Semodius	2	1				
Sextarius, m. . . .	16	8	1			
Hemina	32	16	2	1		
Quartarius	64	32	4	2	1	
Acetabulum	128	64	8	4	2	1
Cyathus	192	96	12	6	3	$1\frac{1}{2}$

Auch hier kommen sonstige Verschläge, Säcke, Körbe, Schüßeln u.dgl., aerones § x. (erones, herones), *cophini*, folles, paropsides u.s.w. vor, welche von beliebiger Größe waren.

Anhang X. (zu § 80.)

Zur Lehre vom römischen Zinsfuße.

In der älteren Zeit wurden die Zinsen nach dem Duodecimalsystem berechnet: unciarium fenus ist 1 uncia, $^1/_{12}$ vom as, dem ganzen Capital, für das Jahr; dieses beträgt also $8^1/_3$ Procent für das alte 10monatliche, 10% für das 12monatliche Jahr. Semunciarium fenus ist die Hälfte des unciarium. (vgl.

*Liv.*7,16.21.26.) Schon während des Freistaates berechnete man jedoch die Zinsen nach Procenten, centesimae, aber monatweise; centesimae usurae sind nun 1% monatlich, also 12% jährlich; diese Centesima bildet nun das As für die niedrigeren Zinsfüße: jährliche 8% sind besses, 6% sind semisses, 4% trientes usurae u.s.w. (s. Anhang IX. § *c*. S.*44.) Seit der christlichen Kaiserzeit rechnete man als centesimas die im Betrage von 3 siliquae (siliqua = 1/1728 Pfund) von jedem solidus des Capitals (72 solidi aber wurden aus dem Pfund Gold geprägt); da nun 1 solidus also 24 siliquas wog (72 : 1728 = 1 : 24), so betrugen eigentlich die 3 siliquae oder 3/24 = 1/8 des Capitals; diese neueren centesimae usurae, wie sie das justinianische Recht hat, sind danach 12½, nicht 12%; die besses 8⅓, semisses 6¼, trientes (oder 1 siliqua vom solidus, *Nov.32.c.1.34.c.1.*) 4⅙ Procent. (vgl. *Gothofred. ad L.2.Th.C.h.t.2*,33.) Bei uns werden durchweg auch die centesimae usurae des justinianischen Rechts für 12% genommen.

Anhang XI. (zu § 121.)

Der römische Kalender.

Unsre Monats-Tage	Ianuar. August. Decemb.	XXXI dierum	Februarius XXVIII (XXIX) dierum		Martius Maius Iulius Octob.	XXXI dierum	Aprilis Iunius Septemb. Novemb.	XXX dierum
1.	*Kalendis*		*Kalendis*		*Kalendis*		*Kalendis*	
2.	IIII.	ante	IIII.	ante	VI.		IIII.	ante
3.	III.	Nonas	III.	Nonas	V.	ante	III.	Nonas
4.	Pridie Nonas		Pridie Nonas		IIII.	Nonas	Pridie Nonas	
5.	*Nonis*		*Nonis*		III.		*Nonis*	
6.	VIII.		VIII.		Pridie Nonas		VIII.	
7.	VII.		VII.		*Nonis*		VII.	
8.	VI.	ante	VI.	ante	VIII.		VI.	ante
9.	V.		V.		VII.		V.	
10.	IIII.	Idus	IIII.	Idus	VI.	ante	IIII.	Idus
11.	III.		III.		V.		III.	
12.	Pridie Idus		Pridie Idus		IIII.	Idus	Pridie Idus	
13.	*Idibus*		*Idibus*		III.		*Idibus*	
14.	XVIIII.		XVI.		Pridie Idus		XVIII.	
15.	XVIII.		XV.		*Idibus*		XVII.	
16.	XVII.	an-	XIIII.		XVII.		XVI.	an-
17.	XVI.	te	XIII.	an-	XVI.	an-	XV.	te
18.	XV.		XII.	te	XV.	te	XIIII.	Ka-
19.	XIIII.	Ka-	XI.		XIIII.		XIII.	
20.	XIII.	len-	X.	Ka-	XIII.	Ka-	XII.	len-
21.	XII.	das	VIIII.	len-	XII.	len-	XI.	das
22.	XI.		VIII.		XI.	das	X.	
23.	X.	se-	VII.	das	X.		VIIII.	se-
24.	VIIII.	quen-	VI.	Mar-	VIIII.	se-	VIII.	quen-
25.	VIII.	tis	V.	tias	VIII.	quen-	VII.	tis
26.	VII.		IIII.		VII.	tis	VI.	men-
27.	VI.	men-	III.		VI.		V.	
28.	V.	sis	Pridie Kalendas		V.	men-	IIII.	sis
29.	IIII.		Martias		IIII.	sis	III.	
30.	III.				III.		Pridie Kalendas	
31.	Pridie Kalendas				Pridie Kalendas		sequentis mensis	
	sequentis mensis				sequentis mensis			

Register.

Die Zahlen, denen nicht ein § vorgesetzt ist, beziehen sich auf die Seiten, die mit vorgesetztem * auf die der Anhänge, die römischen auf die der Vorreden. Das Quellenregister, d.h. das Verzeichnifs derjenigen Quellenstellen, zu deren Erklärung oder Berichtigung dieser Band Beiträge enthält, ist in den Artikel 'Quellen' eingeschaltet; die Verweisungen auf die Seiten dieses Bandes stehen daselbst in Klammern ( ).

Zusätze und Verbeßerungen.

Seite	Zeile	
I	18	(der Vorrede) lies: zu (statt zur)
17	27	zu Note (5) a. E.: *Tertullian.* de corona c. 4. „Consuetudo autem etiam in civilibus rebus pro lege suscipitur, cum deficit lex".
45	44	lies: Labbe's Ausg.] in
46	39	vgl. S. 119. Z. 41.: *K. A. F. Pertz* de cosmographia Ethici. Berol. 1853. 8°. zeigt, daß diese s. g. cosmographia ein von dem h. Hieronymus übersetztes Werk eines Slaven aus Istrien, aus der ersten Hälfte des 4ten Jahrh. ist.
49	41	zu Note (*20*). Eine Ausgabe der Notae des Probus wird nächstens Mommsen liefern.
75	44	zu Note (23) a. E.: s. auch *Stobbe* de L. Rom. Utinensi diss. Regim. 1853. 8°.
94		Rubrik lies: *94* § 23.
122	47	zu Note (*11*) a. E.: Beistimmend *L. Lange* Die osk. Inschr. der tab. Bant. Gött. 1853 8°., der p. 87. eine lateinische Uebersetzung zufügt.
151	19	nach *L.* 93. § 3. *D.* 32. setze: und besonders *Ulp L.* 11. § 2. *D. de his qui not. infam.* 3, 2., wo die Vulgata und Haloander ohne Noth Si qua geben. vgl. auch die Rubrik *Ulp.* 9. „De his qui in manu sunt".
156	41	lies: *L.* 65. § 1. *L.* 4. § 5. *D. de aed.*
169		Rubrik lies: Alienum ius
220	8	lies: Mitgliedes
234	19	lies: dgl. Insbesondere gehört hierher auch, daß bei einem Processe über Abpflügung des Saumes eines Grundstücks, lis finalis, im finium regundorum iudicium, „magis fundo quam personis adiudicari fines intelleguntur". *Paul. L.* 4. § 5. *D. fin. reg.* *10*, 1. s. Röm. Feldm. I. p. 277.
238	38	lies: gebraucht (*L.* 1. §§ 3. 4. *D. de aedil. ed.* *21*, 1.);
	41	– : (§ 71. Note 9. § 107. Note 4.)
244	35	setze: reicht die (den griechischen Philosophen — vgl. *Lucret.* de R. N. *1*, 304. „Tangere enim et tangi nisi corpus nulla potest res" u. *Gell.* N. A. 5, 15. — entlehnte) Legaldefinition
—	43	zu Note (*6*): *L.* 4. *pr. D. comm. div.* *10*, 3.
258		Rubrik: § 73.
262	36	lies: (22)
317	39	setze vor *Nov.*: *L. un. i. f. C. de Lat. lib. toll.* *7*, 6.
337	39	lies: est". *L.* 1. *D. quem ad mod. serv amitt.* *7*, 6.
339	44	– : Note 18.); Verlust von Einreden s. § 131. Note 102.
416	43	lies: vgl. *L.* 5. *pr. D. si serv. vind.* 8, 5. *L.* 6.
418	37	füge dem Ende der Note *31* hinzu: *L.* 12. § 3. *D. de captivis* *49*, 15.
447	19	lies: Hindernisse[35];
476	21	lies: Verstärkungen
*39	29	lies: *L.* 65. §§ 1. 4. *D. de A. R. D.*

Druck von Carl Georgi in Bonn.

FSC
www.fsc.org
MIX
Papier | Fördert
gute Waldnutzung
FSC® C083411

Kolibri 360 GmbH
Ferdinand-Jühlke-Straße 7
99095 Erfurt, Deutschland
produktsicherheit@kolibri360.de